NEUES TESTAMENT
mit Psalmen

© 2010, Karl-Heinz Vanheiden
www.derbibelvertrauen.de

ISBN 978-3-86353-383-0 „Blätter"   Bestell-Nr. 271.383
ISBN 978-3-86353-384-7 „Torbogen"   Bestell-Nr. 271.384

Textstand 16 11

© 2017 Christliche Verlagsgesellschaft Dillenburg
Postfach 1251, 35683 Dillenburg
www.cv-dillenburg.de
Satz: CV Dillenburg
Bildquellen: © Tatiana Davidova/shutterstock (Blätter);
© S.Borisov/Shutterstock (Torbogen)

Druck: C.H. Beck, Nördlingen
Printed in Germany

Inhalt

Vorwort des Übersetzers

Die *Neue evangelistische Übersetzung* (NeÜ) ist eine Übertragung der Bibel ins heutige Deutsch (bibel.heute). Sie wurde unter Zuhilfenahme deutsch- und englischsprachiger Übersetzungen und Kommentare und unter Beachtung des hebräischen, aramäischen und griechischen Grundtextes erarbeitet. Die Übersetzung versucht, Sinn und Struktur des Textes zu erfassen und auch für einen Leser aus nichtchristlichem Umfeld verständlich wiederzugeben. Dabei legt sie wesentlich größeren Wert auf die sprachliche Klarheit als auf eine wörtliche Wiedergabe.

Unsere Übersetzung verzichtet darauf, bestimmte Begriffe des Grundtextes immer gleich zu übersetzen, sondern passt sie dem jeweiligen Textzusammenhang und dem deutschen Sprachgefühl an. Bei den poetischen Stücken der Bibel haben wir versucht, die Texte in einem gewissen Sprachrhythmus wiederzugeben, den man beim lauten Lesen gut erkennt (im Satz mit Virgel [/] markiert). Überhaupt ist die *NeÜ bibel.heute* bewusst für hörbares Lesen konzipiert. Deshalb ist sie auch gut zum Vorlesen geeignet.

Die Übersetzung ist als Einführung in die Bibel gedacht, die ein großflächiges Lesen ermöglicht. Sie soll einen Eindruck von der lebendigen Kraft, aber auch von der Schönheit des Wortes Gottes vermitteln. Letztlich soll sie – wie jede Übersetzung – zum Glauben an Jesus Christus, den Messias Israels und Sohn Gottes, führen.

Die Fußnoten

Die Anmerkungen in den Fußnoten erklären die Begriffe und Hintergründe, die nicht aus dem unmittelbaren Textzusammenhang heraus verständlich sind, sobald sie das erste Mal in einem biblischen Buch auftauchen.

Die Grundlage aller unserer Bibelausgaben bilden Handschriften, Abschriften von Abschriften der inspirierten Originale. Aus den Tausenden von erhaltenen Handschriften des Alten und Neuen Testaments können wir den Grundtext so gut rekonstruieren, dass wir praktisch vom Original ausgehen können. Es gibt nur wenige Textstellen, an denen die Quellen kein eindeutiges Bild vermitteln. Auf solche abweichenden Lesarten wird in den Anmerkungen verwiesen.

Der Gottesname im Alten Testament

In dieser Übersetzung wird der alttestamentliche Gottesname, der im Hebräischen nur aus den vier Konsonanten JHWH besteht, mit *Jahwe* wiedergegeben. Er kommt im Alten Testament mehr als 6800-mal vor und wurde von den Israeliten mit Ehrfurcht aber unbefangen zur Bezeichnung und Anbetung Gottes gebraucht.

Im Neuen Testament kommt JHWH nicht vor. Dort ist uns der Name *Jesus* gegeben worden, mit dem wir Gott ansprechen und ihn reden dürfen. Im Hebräischen wird *Jesus* übrigens *Jeschu'ah* ausgesprochen und bedeutet: *Jahwe ist Rettung.* So rufen wir durch den Namen *Jesus* den dreieinigen Gott an.

Im Alten Testament wurde der Gottesname nach allem, was wir wissen, wie *Jahwe* ausgesprochen. Diese Aussprache kommt der Bedeutung des Namens nach 2. Mose 3,14 am nächsten. Doch seit der Zeit des Pharisäismus und Hellenismus, die etwa 150 Jahre vor Christus begann, wagten es die Juden nicht mehr, den Gottesnamen überhaupt in den Mund zu nehmen. Nach jüdischer Überlieferung war es nur dem Hohen Priester noch erlaubt, diesen Namen einmal im Jahr am großen Versöhnungstag auszusprechen.

Deshalb wurde JHWH auch beim Vorlesen der hebräischen Bibel in der Synagoge nicht mehr ausgesprochen, sondern durch *Adonai* (Herr) oder *ha-schem* (der Name) ersetzt. Nun ist der gesamte hebräische Bibeltext aber bis ins achte Jahrhundert nach Christus immer nur als reiner Konsonantentext überliefert worden. Die Vokale hat man beim Lesen automatisch ergänzt. Weil dies aber zu Missverständnissen führen konnte und nach den vielen Jahrhunderten die richtige Aussprache auch bei den meisten Juden nicht mehr geläufig war, fügten jüdische Schriftgelehrte, die sogenannten Masoreten, etwa zwischen 800 und 1000 nach Christus, Vokalzeichen zum schriftlichen Text hinzu. Bei JHWH setzten sie aber nicht die „richtigen" Vokale ein, sondern meist die von *Adonai*. Spätere mittelalterliche Gelehrte, die diesen Hintergrund nicht kannten, lasen dann *Jehowah*. So entstand der für Juden falsche Name *Jehova*.

Die meisten deutschen Bibelübersetzungen folgen deshalb seit Luther der spätjüdischen Praxis und ersetzen den Namen Gottes durch den Begriff „HERR". Das führt im Alten Testament häufig zu der unschönen Konstruktion „Herr HERR" wo im hebräischen Text *Adonai Jahwe* steht (281-mal). Die vorliegende Arbeit wollte jedoch den heiligen Gottesnamen *Jahwe* im Bibeltext erhalten, der von Petrus und Paulus (Apostelgeschichte 2,21; Römer 10,13) sogar direkt auf den Namen *Jesus* bezogen wird.

Der Messias (Christus)

Der hebräische Begriff *Messias* bedeutet *Gesalbter* und heißt auf Griechisch *Christus*. In Israel wurden Könige und Hohe Priester durch eine feierliche Salbung in ihr Amt eingeführt. Gott hatte seinem Volk Israel nun einen Messiaskönig versprochen, der ein Nachkomme Davids und gleichzeitig Hoher Priester sein würde. Deshalb wird *der Christus* im Neuen Testament noch einige Male im Sinn des Messiaskönigs verwendet, tendiert in seinem Gebrauch aber mehr und mehr zum Eigennamen. Gemeint ist immer *Jesus Christus,* der alle rettet, die an ihn glauben.

Die Tageszeiten

Die im Neuen Testament vorkommenden Angaben für die Tageszeit wie 7. Stunde, 11. Stunde können nie mit einer exakten Uhrzeit wiedergegeben werden, etwa 13 oder 17 Uhr. Stunde meint immer eine ganze Zeitspanne, ein Zwölftel des hellen Tages oder ein Zwölftel der Nacht. Die Länge dieser Zeitspannen schwankte beträchtlich, nicht nur zwischen Tag und Nacht, sondern auch mit der Jahreszeit. Nur zweimal im Jahr, zur Tag-und-Nacht-Gleiche, waren diese Zeitspannen gleich lang und entsprachen unserer 60-Minuten-Stunde. Nähere Erläuterungen sind unter *www.derbibelvertrauen.de* Suchwort: „Tageszeiten" zu finden.

Wir haben deshalb in dieser Übersetzung die Stundenangaben so wiedergegeben, wie man es mit heutigen Begriffen ohne Kenntnis einer Uhr ausdrücken könnte, z.B. „kurz nach dem Mittag" oder „am späten Nachmittag". In den jeweiligen Fußnoten ist die wörtliche Stundenangabe vermerkt.

Maße und Gewichte

Für Maße, Gewichte, Geld- und Zeiteinheiten sind grundsätzlich Umrechnungen und Begriffe verwendet worden, die im deutschsprachigen Umfeld verständlich und vorstellbar sind. Dabei wurde gewöhnlich auf- oder abgerundet. Die Originalangaben finden sich dann in den Fußnoten.

Abkürzungen und Schreibweisen

LXX   Griechische Übersetzung des Alten Testaments, die im 3.-2. Jahrhundert v. Chr. in Alexandria entstand, die sogenannte Septuaginta (=LXX). Sie hatte Jahrhunderte lang eine große Bedeutung für Juden und Christen.

n. Chr.   nach Christus. Die Zählung wurde erst im Jahr 532 n. Chr. eingeführt (im 248. Jahr nach der Thronbesteigung des römischen Kaisers Diokletian) und hat sich allgemein durchgesetzt, obwohl sie heute meist mit „u. Z." (unsere Zeitrechnung) wiedergegeben wird.

v. Chr.   vor Christus. Man beachte, dass es ein Jahr Null nie gegeben hat. Dem Jahr 1 v. Chr. folgt in den Berechnungen unmittelbar das Jahr 1 n. Chr.

oï, ië   Trema. Der horizontale Doppelpunkt über einem Vokal bedeutet, dass nebeneinanderstehende Vokale getrennt gesprochen werden, zum Beispiel Lo-ïs, Eli-ëser.

Der Übersetzer bedankt sich herzlich bei allen, die durch Korrekturen und Verbesserungsvorschläge mitgeholfen haben, dass das Werk soweit gedeihen konnte. Er ist immer noch für jeden Hinweis dankbar.

Karl-Heinz Vanheiden
www.derbibelvertrauen.de
bibel@kh-vanheiden.de

Vorwort des Herausgebers

Jährlich werden in Deutschland mehr als 80 000 Buchtitel aufgelegt. Wenn wir den ganzen Tag nur lesen würden, so könnten wir doch mit der gewaltigen Flut von Veröffentlichungen bei Weitem nicht Schritt halten. Wir müssen deshalb Qualität herausfiltern und entscheiden, was wir lesen und was nicht. Das Buch, dem wir dabei absoluten Vorrang einräumen sollten, ist zweifellos die Bibel. Sie ist ein Bestseller, der die Welt verändert hat. Sie spricht über das Leben, den Tod und die Ewigkeit; sie lehrt uns, wie Gott ist, was er von uns will und wie wir ihm begegnen können; sie öffnet uns die Augen über uns selbst; sie zeigt uns, wie wir wahres Leben finden können.

Das Buch, das Sie in den Händen halten, enthält das Neue Testament – den zweiten Teil der Bibel – in einer leicht verständlichen Übersetzung auf Grundlage der Originalsprache. Es will Ihnen helfen, einen Eindruck von der Botschaft des Neuen Testaments zu gewinnen und soll Sie mit der Person bekannt machen, die im Mittelpunkt der ganzen Bibel steht: Jesus Christus.

Gottes Wort hat auch heute noch die Kraft, ein Menschenleben zu verändern. Lesen Sie die Bibel! Beginnen Sie mit dem Neuen Testament. Hören Sie auf das, was Gott Ihnen durch seine Worte sagt! Dann werden Sie erfahren: „Die Bibel ist wie eine Ladung Dynamit. Ihre Kraftwirkung setzt ein, wenn sie eingesetzt wird" (Theo Lehmann).

Wir wünschen Ihnen Gottes Segen
beim Lesen dieses einzigartigen Dokuments!

Der Herausgeber

Tipps zum Bibellesen

- **Regelmäßig lesen.** Am besten legt man sich eine ganz bestimmte Zeit am Tag fest, die für das Bibellesen reserviert bleibt. Viele Menschen haben schon die Erfahrung gemacht, dass solch eine regelmäßige „Stille Zeit" ihnen hilft.

- **Systematisch lesen.** Wer die Bibel an irgendeiner Stelle aufschlägt und zu lesen beginnt, ist schnell verwirrt. Kleine, fortlaufende „Happen" sind besser, z. B. eines der Evangelien. Viele Christen benutzen einen fortlaufenden Bibelleseplan.

- **Die ganze Bibel berücksichtigen.** Wenn ich versuche, einen Text zu verstehen, dann darf ich mich ruhig daran erinnern, was in den anderen Texten stand. Die Bibeltexte geben mir ein Bild von Gott wie bei einem Puzzlespiel. Alle Texte gehören irgendwie zusammen.

- **Lesen mit Phantasie.** Was wollte der Schreiber? Was die handelnden Personen? Was haben die ersten Zuhörer oder Leser gedacht? Viele notieren sich nach dem Bibellesen ein oder zwei Merksätze.

- **Meine Antwort.** Gott redet zu mir durch die Bibel. Und er wünscht sich meine Antwort. Wenn ich Gottes Reden gehört habe, soll ich in meinem Alltag danach leben – und Gott dankbar sein für sein Reden. Es kommt nicht darauf an, wie viel ich gelesen habe, sondern ob ich nach dem Gelesenen handle.

- **Schwierige Bibelstellen.** Nicht alle Bibelstellen muss ich gleich verstehen. Schlaue Leute haben meterweise Bücher zur Bibel geschrieben – und haben immer noch viele Fragen. Aber es gibt genug Texte, die ich verstehen kann – und die gilt es zu erforschen.

- **Keine großen Geheimnisse.** Natürlich redet die Bibel in vielen Bildern. Aber nicht hinter jedem Wort steht ein großes Geheimnis. Wir müssen also nicht endlos stöbern, um alles ganz genau zu begreifen.

- **Kein Glücksbringer-Horoskop.** Die Bibel ist kein Zauberbuch. Wir können sie nicht an einer beliebigen Stelle aufschlagen und dann eine göttliche Zauberantwort erwarten. Die Bibel ist Gottes Botschaft an uns. Sie enthält alles, was wir brauchen.

- **Keine Bibeldiät.** Gott will uns vieles sagen. Darum sollen wir nicht immer nur dieselben Texte lesen, sondern uns mutig auch mal an neue Abschnitte heranwagen. Bibellesehilfen sind auch gerade dafür sehr nützlich.

- **Bibelgespräch.** Mit Freunden, Bekannten oder in der Familie über das zu sprechen, was man beim Bibellesen entdeckt hat, lässt andere teilhaben an den gefundenen Schätzen und festigt gleichzeitig das erworbene Wissen.

Was Gott den Menschen sagen will

Auf den nächsten Seiten haben wir Ihnen die wichtigsten Aussagen des Neuen Testaments als Zitate zusammengestellt, die den Plan Gottes zur Rettung der Menschen erkennen lassen. Dann folgt ein kurzer Text darüber, wie man ein Leben mit Jesus Christus beginnt. Anschließend noch einmal Zitate aus dem NT, die Ihnen eine erste Hilfe geben, wie man die Beziehung zu Gott vertiefen kann.

Aber alle diese Aussagen sind nur Abschnitte aus einem größeren Zusammenhang. Diesen zu verstehen, laden wir Sie herzlich ein, denn das Wort Gottes ist noch viel tiefer und reicher. Und es gibt noch viel zu entdecken.

Karl-Heinz Vanheiden

Gott ist der Schöpfer aller Dinge

Im Anfang war das Wort. Das Wort war bei Gott, ja das Wort war Gott. Von Anfang an war es bei Gott. Alles ist dadurch entstanden. Ohne das Wort entstand nichts von dem, was besteht. (Johannes 1,1-3)

Gott hat die Welt geschaffen und alles, was dazu gehört. Als Herr von Himmel und Erde wohnt er natürlich nicht in Tempeln, die Menschen gebaut haben. Er braucht auch keine Bedienung von Menschen, so als ob er noch etwas nötig hätte. Denn er ist es ja, der uns das Leben und die Luft zum Atmen und überhaupt alles gibt. Aus einem einzigen Menschen hat er alle Völker hervorgehen lassen. Er wollte, dass sie die Erde bewohnen, und bestimmte die Zeit ihres Bestehens und die Grenzen ihres Gebietes. Er wollte, dass sie nach ihm fragen, dass sie sich bemühen, ihn irgendwie zu finden, obwohl er keinem von uns wirklich fern ist. Denn durch ihn leben wir, bestehen wir und sind wir. (Apostelgeschichte 17,24-28)

Er, Christus, ist das Abbild des unsichtbaren Gottes, und steht über allem Geschaffenen. Denn in ihm ist alles, was es im Himmel und auf der Erde gibt, erschaffen worden: das Sichtbare und das Unsichtbare; Thronende und Herrschende; Mächte und Gewalten; alles ist durch ihn und für ihn geschaffen. Er steht über allem und alles besteht durch ihn. (Kolosser 1,15-17)

Gottes unsichtbare Wirklichkeit, seine ewige Macht und sein göttliches Wesen sind seit Erschaffung der Welt in seinen Werken zu erkennen. Die Menschen haben also keine Entschuldigung. (Römer 1,20)

Alle Menschen sind vor Gott schuldig geworden

So steht es in der Schrift: „Keiner ist gerecht, auch nicht einer. Keiner hat Einsicht und fragt nach Gott. Alle haben sie den rechten Weg verlassen und sind unbrauchbar geworden. Niemand ist da, der Gutes tut, kein Einziger." (Römer 3,10-12)

Da gibt es keinen Unterschied zwischen Jude und Nichtjude, denn alle haben gesündigt und die Herrlichkeit Gottes verloren. (Römer 3,22-23)

Durch einen einzigen Menschen ist die Sünde in die Welt gekommen und mit der Sünde der Tod. Und auf diese Weise ist der Tod zu allen Menschen hingekommen. Infolgedessen haben auch alle gesündigt. Selbst als es das Gesetz noch nicht gab, war die Sünde schon in der Welt. Doch wird sie da, wo es kein Gesetz gibt, nicht als Schuld angerechnet. Trotzdem herrschte schon in der Zeit zwischen Adam und Mose der Tod auch über die Menschen, die kein ausdrückliches Gebot übertraten, also nicht in derselben Weise wie Adam sündigten. (Römer 5,12-14)

Wenn wir behaupten, ohne Schuld zu sein, betrügen wir uns selbst und verschließen uns der Wahrheit. (1. Johannes 1,8)

Denn auch wir waren früher unverständig und ungehorsam und waren vom rechten Weg abgeirrt. Wir waren Sklaven aller möglichen Leidenschaften und Begierden. Unser Leben war von Bosheit und Neid erfüllt, wir waren verhasst und hassten uns gegenseitig. (Titus 3,3)

Diese Schuld zieht Gottes Gericht nach sich

Gott lässt nämlich seinen Zorn sichtbar werden. Vom Himmel her wird er über alle Gottlosigkeit und Ungerechtigkeit der Menschen hereinbrechen, die durch Unrecht die Wahrheit niederhalten. Denn was Menschen von Gott wissen können, ist ihnen bekannt, er selbst hat es ihnen vor Augen gestellt. (Römer 1,18-19)

Trotz allem, was sie von Gott wussten, ehrten sie ihn nicht als Gott und brachten ihm keinerlei Dank. Stattdessen verloren sich ihre Gedanken ins Nichts, und in ihren uneinsichtigen Herzen wurde es finster. (Römer 1,21)

Sie vertauschten die Wahrheit Gottes mit der Lüge. Sie beteten die Geschöpfe an und verehrten sie anstelle des Schöpfers, der doch für immer und ewig zu preisen ist. Amen! (Römer 1,25)

Sie sind unbelehrbar, unzuverlässig, gefühllos und kennen kein Erbarmen. Obwohl sie wissen, dass jeder, der so handelt, nach Gottes Gesetz den Tod verdient, tun sie es nicht nur selbst, sondern finden es auch noch gut, wenn andere es ebenso machen. (Römer 1,31-32)

Deshalb bist du nicht zu entschuldigen, lieber Mensch, auch wenn du das alles verurteilst. Du sitzt zwar über einen anderen zu Gericht, doch verurteilst du dich damit selbst, denn du tust ja genau das, was du verurteilst. Nun wissen wir natürlich, dass Gott die verurteilt, die so etwas tun, und dass sein Urteil absolut gerecht ist. Meinst du etwa, du könntest dem Gericht Gottes dadurch entgehen, wenn du die verurteilst, die so etwas tun, aber doch genau dasselbe machst? (Römer 2,1-3)

Gott hat einen Tag festgesetzt, an dem er über die ganze Menschheit Gericht halten und ein gerechtes Urteil sprechen wird. Und zum Richter hat er einen Mann bestimmt, den er für die ganze Welt dadurch beglaubigte, dass er ihn von den Toten auferweckt hat. (Apostelgeschichte 17,31)

Bei einigen Menschen liegen die Sünden schon jetzt offen zutage. Sie laufen dem Gericht Gottes gleichsam voraus. Bei anderen kommen sie erst dann ans Licht. (1. Timotheus 5,24)

Und so, wie jeder Mensch nur einmal sterben muss und dann vor das Gericht Gottes gestellt wird, so wurde auch der Messias nur einmal geopfert, um die Sünden vieler Menschen wegzunehmen. (Hebräer 9,27-28)

Doch Gott liebt die Menschen und will sie durch seinen Sohn retten

Gottes Liebe zu uns ist darin sichtbar geworden, dass er seinen einzigen Sohn in die Welt sandte, um uns in ihm das Leben zu geben. Die Liebe hat ihren Grund nicht darin, dass wir Gott geliebt haben, sondern dass er uns geliebt und seinen Sohn als Sühnopfer für unsere Sünden gesandt hat. (1. Johannes 4,9-10)

Aber Gott hat seine Liebe zu uns dadurch bewiesen, dass Christus für uns starb, als wir noch Sünder waren. (Römer 5,8)

Denn so hat Gott der Welt seine Liebe gezeigt: Er gab seinen einzigen Sohn dafür, dass jeder, der an ihn glaubt, nicht ins Verderben geht, sondern ewiges Leben hat. (Johannes 3,16)

Gott hat seinen Sohn ja nicht in die Welt geschickt, um sie zu verurteilen, sondern um sie durch ihn zu retten. Wer ihm vertraut, wird nicht verurteilt, wer aber nicht glaubt, ist schon verurteilt. Denn der, an dessen Namen er nicht geglaubt hat, ist der einzigartige Sohn Gottes. (Johannes 3,17-18)

Darum ist Jesus Christus zu unserer Rettung in die Welt gekommen

Denn ich bin nicht vom Himmel herabgekommen, um meinen Willen durchzusetzen, sondern um zu tun, was der will, der mich geschickt hat. (Johannes 6,38)

Auch der Menschensohn ist nicht gekommen, um sich bedienen zu lassen, sondern um zu dienen und sein Leben als Lösegeld für viele zu geben. (Matthäus 20,28)

Jesus entgegnete: „Nicht die Gesunden brauchen den Arzt, sondern die Kranken. Ich bin nicht gekommen, um Gerechte zu rufen, sondern Sünder." (Markus 2,17)

Der Menschensohn ist ja gekommen, um zu suchen und zu retten, was verloren ist. (Lukas 19,10)

Ich bin als Licht in die Welt gekommen, damit jeder, der an mich glaubt, nicht in der Finsternis bleibt. Wer hört, was ich sage, und sich nicht danach richtet, den verurteile nicht ich. Denn ich bin nicht in die Welt gekommen, um die Welt zu richten, sondern um sie zu retten. (Johannes 12,46-47)

Ja, ich versichere euch: Wer auf meine Botschaft hört und dem glaubt, der mich gesandt hat, der hat das ewige Leben. Auf ihn kommt keine Verurteilung mehr zu; er hat den Schritt vom Tod ins Leben schon hinter sich. (Johannes 5,24)

Ja, diese Botschaft ist absolut zuverlässig und verdient unser volles Vertrauen: „Jesus Christus ist in die Welt gekommen, um Sünder zu retten." – Und ich bin der schlimmste von ihnen. (1. Timotheus 1,15)

Jesus Christus war einzigartig

Dann sagte Jesus wieder zu allen Leuten: „Ich bin das Licht der Welt! Wer mir folgt, wird nicht mehr in der Finsternis umherirren, sondern wird das Licht haben, das zum Leben führt." (Johannes 8,12)

Da sagte Jesus: „Ich bin die Auferstehung und das Leben. Wer an mich glaubt, wird leben, auch wenn er stirbt. (Johannes 11,25)

Wer von euch kann mir auch nur eine Sünde nachweisen? Wenn ich aber die ahrheit sage, warum glaubt ihr mir dann nicht? (Johannes 8,46)

Daraufhin erklärte Pilatus den Hohen Priestern und der Volksmenge: „Ich finde keine Schuld an diesem Mann." (Lukas 23,4)

Er hat keine Sünde begangen und kein unwahres Wort ist je über seine Lippen gekommen. (1. Petrus 2,22)

Und ihr wisst, dass Jesus auf der Erde erschien, er, der selbst ganz ohne Sünde ist, um die Sünden der Menschen wegzunehmen. (1. Johannes 3,5)

Er ist der einzige Weg zu Gott

Gott will, dass alle Menschen gerettet werden und die Wahrheit erkennen. Denn es gibt nur einen Gott und nur einen Vermittler zwischen Gott und den Menschen: Das ist Jesus Christus, der Mensch wurde und sich selbst als Lösegeld für alle ausgeliefert hat. Damit wurde zur rechten Zeit das Zeugnis erbracht, dass Gott die Menschen retten will. (1. Timotheus 2,4-6)

In keinem anderen ist Rettung zu finden, denn unter dem ganzen Himmelsgewölbe gibt es keinen vergleichbaren Namen. Nur dieser Name ist den Menschen gegeben worden. Durch ihn müssen wir gerettet werden. (Apostelgeschichte 4,12)

„Ich bin der Weg!", antwortete Jesus. „Ich bin die Wahrheit und das Leben! Zum Vater kommt man nur durch mich." (Johannes 14,6)

Ich bin der gute Hirt; ich kenne meine Schafe, und meine Schafe kennen mich – so wie der Vater mich kennt und ich den Vater kenne. Und ich lasse mein Leben für die Schafe. (Johannes 10,14-15)

Er hat sich selbst für die Menschen geopfert

Er war genauso wie Gott / und hielt es nicht gewaltsam fest, Gott gleich zu sein. / Er legte alles ab / und wurde einem Sklaven gleich. / Er wurde Mensch / und alle sahen ihn als Menschen. / Er erniedrigte sich selbst / und gehorchte Gott bis zum Tod – zum Verbrechertod am Kreuz. (Philipper 2,6-8)

Und weil ich mein Leben hergebe, liebt mich mein Vater. Ich gebe es her, um es wiederzunehmen. Niemand nimmt es mir, sondern ich gebe es freiwillig her. Ich habe die Macht, es zu geben, und die Macht, es wieder an mich zu nehmen. So lautet der Auftrag, den ich von meinem Vater erhalten habe." (Johannes 10,17-18)

Das Blut des Christus bewirkt viel mehr (als das Blut von Tieren), weil er sich in der Kraft des ewigen Geistes Gott als fehlerloses Opfer dargebracht hat. Sein Blut reinigt unser Gewissen von all diesen toten Werken, damit wir nun dem lebendigen Gott dienen. (Hebräer 9,14)

Er kam nicht mit dem Blut von Böcken und Kälbern, sondern mit seinem eigenen Blut, und hat uns eine Erlösung gebracht, die für immer gilt. (Hebräer 9,12)

Und so, wie jeder Mensch nur einmal sterben muss und dann vor das Gericht Gottes gestellt wird, so wurde auch der Messias nur einmal geopfert, um die Sünden vieler Menschen wegzunehmen. Wenn er zum zweiten Mal erscheinen wird, kommt er nicht mehr wegen der Sünde, sondern wird die endgültige Rettung für die bringen, die auf ihn warten. (Hebräer 9,27-28)

Und aufgrund dieses Willens sind wir geheiligt, weil Jesus Christus seinen Leib ein für alle Mal als Opfer dargebracht hat. (Hebräer 10,10)

Denn mit einem einzigen Opfer hat er alle, die er für sich ausgesondert hat, völlig und für immer von ihrer Schuld befreit. (Hebräer 10,14)

Ohne das Blut eines Opfers gibt es keine Vergebung. (Hebräer 9,22)

Und sie singen ein neues Lied: „Du bist würdig, das Buch zu nehmen / und seine Siegel zu öffnen! / Denn du wurdest als Opfer geschlachtet. / Und mit deinem vergossenen Blut / hast du Menschen erkauft, / Menschen aus allen Stämmen und Völkern, / aus jeder Sprache und Kultur. / Du hast sie freigekauft für unseren Gott." (Offenbarung 5,9)

Denn Gott wollte mit seiner ganzen Fülle in Christus wohnen und durch ihn alles mit sich versöhnen. Durch sein Blut am Kreuz schloss er Frieden mit allem, was es auf der Erde und im Himmel gibt. (Kolosser 1,19-20)

Ihr wisst ja, dass ihr nicht mit vergänglichen Dingen wie Silber oder Gold von dem sinnlosen Leben freigekauft worden seid, das ihr von euren Vorfahren übernommen hattet, sondern mit dem kostbaren Blut eines reinen, makellosen Opferlammes, dem Blut von Christus. Schon vor Erschaffung der Welt ist er zu diesem Opfer ausgesucht worden. Aber erst jetzt, am Ende der Zeiten, wurde er euch zugut auf der Erde offenbart. (1. Petrus 1,18-20)

Durch die Auferweckung von Jesus hat Gott das Opfer bestätigt

„So steht es geschrieben", erklärte er ihnen, „und so musste der Messias leiden und sterben und am dritten Tag danach von den Toten auferstehen. Und in seinem Namen wird man allen Völkern predigen, dass sie zu Gott umkehren sollen, um Vergebung der Sünden zu erhalten." (Lukas 24,46-47)

Er ist nicht hier, er ist auferstanden. Erinnert ihr euch nicht an das, was er euch in Galiläa sagte, dass der Menschensohn in die Hände sündiger Menschen ausgeliefert und gekreuzigt werden muss, und dass er am dritten Tag auferstehen würde? (Lukas 24,6-7)

„Der Herr ist wirklich auferstanden", riefen diese ihnen entgegen, „er ist Simon erschienen!" (Lukas 24,34)

Als er von den Toten auferstanden war, dachten seine Jünger an diesen Satz. Da glaubten sie den Worten der Schrift und dem, was Jesus gesagt hatte. (Johannes 2,22)

Das war nun schon das dritte Mal, dass Jesus sich den Jüngern nach seiner Auferweckung von den Toten zeigte. (Johannes 21,14)

Diesen Jesus hat Gott auferweckt. Wir alle sind Zeugen davon. Nun hat Gott ihn auf den Platz an seiner rechten Seite erhöht. (Apostelgeschichte 2,32-33)

Darum hat Gott ihn über alles erhöht / und ihm den Namen geschenkt, / der über allen Namen steht. (Philipper 2,9)

Auf der Grundlage der Heiligen Schrift öffnete er ihnen das Verständnis für den Messias. Er legte ihnen dar, dass der Messias nach Gottes Plan leiden, sterben und danach vom Tod auferstehen müsse. „Und dieser Jesus, von dem ich zu euch spreche, ist der Messias", sagte Paulus. (Apostelgeschichte 17,2-3)

Nun wird jeder, der an Jesus Christus glaubt, gerettet

Ihr sollt deshalb wissen: Durch diesen Jesus wird euch Vergebung der Sünden angeboten. Das Gesetz des Mose konnte euch nicht von ihnen freisprechen. Durch Jesus aber ist das möglich. Jeder, der an ihn glaubt, wird von aller Schuld freigesprochen. (Apostelgeschichte 13,38-39)

Wenn du mit deinem Mund bekennst, dass Jesus der Herr ist, und in deinem Herzen glaubst, dass Gott ihn aus den Toten auferweckt hat, wirst du gerettet werden. Denn man wird für gerecht erklärt, wenn man mit dem Herzen glaubt, man wird gerettet, wenn man seinen Glauben mit dem Mund bekennt. Denn die Schrift sagt: „Wer ihm vertraut, wird nicht enttäuscht werden." (Römer 10,9-11)

Alle haben gesündigt und die Herrlichkeit Gottes verloren. Doch werden sie allein durch seine Gnade ohne eigene Leistung gerecht gesprochen, und zwar aufgrund der Erlösung, die durch Jesus Christus geschehen ist. Ihn hat Gott als Sühnopfer öffentlich dargestellt. Durch sein vergossenes Blut ist die Sühne vollzogen worden, und durch den Glauben kommt sie uns zugut. So hat Gott auch den Beweis erbracht, dass er gerecht gehandelt hatte, obwohl er die bis dahin begangenen Sünden der Menschen ungestraft ließ. (Römer 3,23-25)

Wer glaubt und sich taufen lässt, wird gerettet werden. Wer aber ungläubig bleibt, wird von Gott verurteilt werden. (Markus 16,16)

Denn so hat Gott der Welt seine Liebe gezeigt: Er gab seinen einzigen Sohn dafür, dass jeder, der an ihn glaubt, nicht zugrunde geht, sondern ewiges Leben hat. Gott hat seinen Sohn ja nicht in die Welt geschickt, um sie zu verurteilen, sondern um sie durch ihn zu retten. Wer ihm vertraut, wird nicht verurteilt, wer aber nicht glaubt, ist schon verurteilt. Denn der, an dessen Namen er nicht geglaubt hat, ist der einzigartige Sohn Gottes. (Johannes 3,16-18)

Ja, ich versichere euch: Wer auf meine Botschaft hört und dem glaubt, der mich gesandt hat, der hat das ewige Leben. Auf ihn kommt keine Verurteilung mehr zu; er hat den Schritt vom Tod ins Leben schon hinter sich. (Johannes 5,24)

Schon die Propheten haben von ihm geredet. Sie bezeugen übereinstimmend, dass jeder, der an ihn glaubt, durch ihn Vergebung für seine Sünden erhält. (Apostelgeschichte 10,43)

Durch Jesus aber ist das möglich. Jeder, der an ihn glaubt, wird von aller Schuld freigesprochen. (Apostelgeschichte 13,39)

Wenn aber jemand keine Leistungen vorweisen kann, sondern sein Vertrauen auf den setzt, der den Gottlosen gerecht spricht, dann wird ihm sein Glaube als Gerechtigkeit angerechnet. (Römer 4,5)

Wer an den Sohn Gottes glaubt, weiß in seinem Inneren, dass wahr ist, was Gott sagt. Wer es nicht glaubt, macht Gott zum Lügner, weil er nicht wahrhaben will, was Gott über seinen Sohn ausgesagt hat. Und was bedeutet das für uns? Es besagt: Gott hat uns ewiges Leben geschenkt, das Leben, das in seinem Sohn ist. Wer also mit dem Sohn Gottes verbunden ist, hat das Leben. Wer nicht, hat es nicht. Ich habe euch das alles geschrieben, damit ihr wisst, dass ihr das ewige Leben habt, denn ihr glaubt ja an den Sohn Gottes. (1. Johannes 5,10-13)

Dieser Glaube kommt aus der empfangenen Botschaft
Der Glaube kommt aus dem Hören der Botschaft und die Verkündigung aus dem Wort von Christus. (Römer 10,17)

Glücklich ist, wer diese prophetischen Worte liest, und alle, die sie hören und danach handeln. (Offenbarung 1,3)

Der Glaube ist aber ein reines Geschenk von Gott
Denn durch die Gnade seid ihr gerettet worden aufgrund des Glaubens. Ihr selbst habt nichts dazu getan, es ist Gottes Geschenk und nicht euer eigenes Werk. Denn niemand soll sich etwas auf seine guten Taten einbilden können. (Epheser 2,8-9)

Als dann aber die Güte und Menschenliebe von Gott, unserem Retter, sichtbar wurde, hat er uns aus reinem Erbarmen gerettet und nicht, weil wir gute und gerechte Taten vorweisen konnten. Durch die Wiedergeburt hat er uns gewaschen und durch den Heiligen Geist uns erneuert. (Titus 3,4-5)

Ich kann nichts weiter tun,
als meine Einstellung zu Gott ändern und ihm das im Gebet sagen
So ändert nun eure Einstellung und kehrt zu ihm um, damit der Herr eure Schuld auslöscht und die Zeit der Erholung anbrechen lässt. (Apostelgeschichte 3,19)

„Jeder, der den Namen des Herrn (im Gebet) anruft, wird gerettet werden." (Römer 10,13)

Gott wird mich überreich beschenken
Nachdem wir nun aufgrund des Glaubens für gerecht erklärt wurden, haben wir Frieden mit Gott durch unseren Herrn Jesus Christus. (Römer 5,1)

Gepriesen sei Gott, der Vater unseres Herrn Jesus Christus! In seiner großen Barmherzigkeit hat er uns wiedergeboren und uns durch die Auferstehung von Jesus Christus aus den Toten eine lebendige Hoffnung geschenkt. (1. Petrus 1,3)

Ihr habt den Geist empfangen, der euch zu Kindern Gottes macht, den Geist, in dem wir „Abba!", Vater, zu Gott sagen. So macht sein Geist uns im Innersten gewiss, dass wir Kinder Gottes sind. (Römer 8,15-16)

Diesen Geist hat er durch Jesus Christus, unseren Retter, in reichem Maß über uns ausgegossen. So sind wir durch seine Gnade gerecht gesprochen und zu Erben des ewigen Lebens eingesetzt worden, auf das wir voller Hoffnung warten. (Titus 3,6-7)

Der menschliche Körper ist eine Einheit und besteht doch aus vielen Teilen. Aber all die vielen Teile des Körpers bilden zusammen den einen Organismus. So ist es auch bei Christus. Denn wir alle sind durch den einen Geist in einen einzigen Leib eingegliedert und mit dem einen Geist getränkt worden: Juden und Nichtjuden, Sklaven und freie Bürger. (1. Korinther 12,12-13)

In Jesus Christus sind wir Gottes Meisterstück. Er hat uns geschaffen, dass wir gute Werke tun, gute Taten, die er für uns vorbereitet hat, damit wir sie in seinem Namen tun. (Epheser 2,10)

Wie man ein Leben mit Jesus Christus beginnt

Wenn Sie wissen wollen, wie Sie ein Leben mit Jesus Christus beginnen können, geben wir Ihnen folgende Schritte als Hilfestellung:

1. Wenden Sie sich an Jesus Christus und sagen Sie ihm alles.

Reden Sie mit ihm. Die Bibel nennt dies Gebet. Er versteht und liebt Sie.
Denn so hat Gott der Welt seine Liebe gezeigt: Er gab seinen einzigen Sohn dafür, dass jeder, der an ihn glaubt, nicht zugrunde geht, sondern das ewige Leben hat. (Johannes 3,16 – Seite 153)

2. Sagen Sie ihm, dass Sie bisher in der Trennung von Gott gelebt haben

und ein Sünder sind. Denn es ist niemand ohne Sünde. Und Sünde bedeutet den Tod – die ewige Trennung von Gott. Bekennen Sie Gott Ihre Schuld und nennen Sie konkret, was Ihnen an Sünden bewusst ist.
Doch wenn wir unsere Sünden bekennen, zeigt Gott sich treu und gerecht: Er vergibt uns die Sünden und reinigt uns von allem Unrecht. (1. Johannes 1,9 – Seite 415)

3. Bitten Sie Jesus Christus, in Ihr Leben zu kommen.

Vertrauen und glauben Sie ihm von Herzen. Wenn Sie sich Jesus Christus so anvertrauen, macht er Sie zu einem Kind Gottes und Sie dürfen Gott Vater nennen.
Doch allen, die ihn aufnahmen und an seinen Namen glaubten, gab er das Recht, Kinder Gottes zu werden. (Johannes 1,12 – Seite 149)

4. Danken Sie Jesus Christus, dem Sohn Gottes,

dass er für Ihre Sünden am Kreuz gestorben ist. Danken Sie ihm, dass er Sie aus dem sündigen Zustand erlöst und Ihre einzelnen Sünden vergeben hat.
Ja, weil wir mit Christus verbunden sind, wurden wir aus der Macht des Bösen freigekauft, und die Sünden sind uns vergeben. (Kolosser 1,14 – Seite 344)

5. Bitten Sie den Herrn Jesus Christus, die Führung in Ihrem Leben zu übernehmen.

Suchen Sie den täglichen Kontakt mit ihm durch Bibellesen und Gebet. Gehen Sie in eine christliche Gemeinde an Ihrem Ort! Wählen Sie eine Gemeinde, in der Jesus Christus im Mittelpunkt steht und wo Sie biblische Lehre hören können. Der Kontakt zu anderen Christen hilft, als Christ ermutigt zu werden.
Und richtet euch nicht nach den Maßstäben dieser Welt, sondern lasst die Art und Weise, wie ihr denkt, von Gott erneuern und euch so umgestalten, dass ihr prüfen könnt, ob etwas Gottes Wille ist. (Römer 12,2 – Seite 274)

Wenn Sie Jesus Christus in Ihr Leben aufnehmen wollen, können Sie folgendes Gebet zu Ihrem Gebet machen:

„Herr Jesus Christus, mir ist klar geworden, dass ich bisher ohne dich gelebt habe und getrennt von dir bin. In diesem Augenblick wende ich mich von meinen Sünden ab und bitte dich, mir meine Schuld zu vergeben. Danke, dass du am Kreuz für meine Sünden gestorben und mein Retter geworden bist. Herr Jesus, bitte komm in mein Leben und übernimm du die Herrschaft über mich. Verändere mich so, wie du mich haben willst. Danke, dass du mir jetzt meine Schuld vergeben hast und mir ewiges Leben geschenkt hast. Amen."

Die Zusage, dass Sie aus dieser Vergebung leben können, gibt Ihnen Jesus Christus selbst:

Amen. Ich versichere euch: Wer auf meine Botschaft hört und glaubt dem, der mich gesandt hat, hat das ewige Leben. Auf ihn kommt keine Verurteilung mehr zu; er hat den Schritt vom Tod zum Leben schon hinter sich. (Johannes 5,24 – Seite 158)

Lesen Sie die Bibel wie einen Liebesbrief!

Sind Sie jemals verliebt gewesen? Ich will es hoffen. Ich habe mich in die junge Dame, die später meine Frau wurde, durch einen Briefwechsel verliebt. Fünf Jahre lang war ich hinter dieser Frau her, bis sie mich endlich einfing.

Raten Sie mal, was ich tat, wenn einer ihrer Briefe ankam? Knurrte ich mir dann etwa in den Bart: „Oh nein, schon wieder ein Brief von Jeanne (Seufzer)"? Setzte ich mich hin und sagte mir dabei pflichtbewusst: „Ich lese ihn wohl besser sofort"? Habe ich nach den ersten Sätzen gedacht: „Okay, das reicht für heute"? Weit gefehlt! Jeden einzelnen ihrer Briefe habe ich vier oder fünf Mal gelesen.

In der Warteschlange im Speisesaal der Universität, an der ich studierte. Oder abends, bevor ich zu Bett ging. Ich steckte sie mir sogar unters Kopfkissen, damit ich sie griffbereit hatte, falls ich mitten in der Nacht aufwachte. Und warum tat ich das? Weil ich verliebt war in die Person, die sie geschrieben hatte. Auf die gleiche Weise sollten Sie mit der Bibel umgehen. Lesen Sie sie, als ob sie Gottes Liebesbrief an Sie persönlich wäre.

Howard G. Hendricks

Wie man die Beziehung zu Gott vertiefen kann

Durch das Studium von Gottes Wort
Du aber bleib bei dem, was du gelernt hast und was dir zur völligen Gewissheit wurde! Du weißt ja, wer deine Lehrer waren, und bist von frühester Kindheit an mit den heiligen Schriften vertraut, die dir die Weisheit vermitteln können, die zur Rettung nötig ist – zur Rettung durch den Glauben an Jesus Christus. Die ganze Schrift ist von Gottes Geist gegeben und von ihm erfüllt. Ihr Nutzen ist entsprechend: Sie lehrt uns die Wahrheit zu erkennen, überführt uns von Sünde, bringt uns auf den richtigen Weg und erzieht uns zu einem Leben, wie es Gott gefällt. Mit der Schrift ist der Mensch, der Gott gehört und ihm dient, allen seinen Aufgaben gewachsen und zu jedem guten Werk gerüstet. (2. Timotheus 3,14-17)

Zu den Juden, die an ihn geglaubt hatten, sagte Jesus nun: „Wenn ihr bei dem bleibt, was ich euch gesagt habe, seid ihr wirklich meine Jünger. Dann werdet ihr die Wahrheit erkennen und die Wahrheit wird euch frei machen." (Johannes 8,31-32)

Gebt dem Wort von Christus viel Raum und lasst es seinen ganzen Reichtum in euch entfalten! Belehrt und ermahnt euch gegenseitig mit aller Weisheit! Und weil ihr Gottes Gnade erfahren habt, singt Gott aus vollem Herzen Psalmen, Lobgesänge und geistliche Lieder! (Kolosser 3,16)

Legt also alle Bosheit von euch ab, alle Falschheit und Heuchelei, allen Neid und alle Verleumdungen! Verlangt stattdessen wie Neugeborene nach der reinen Muttermilch – dem Wort Gottes. Ihr braucht sie, um in die ewige Rettung hineinzuwachsen. (1. Petrus 2,1-2)

Das Wort Gottes ist lebendig und wirksam. Es ist schärfer als das schärfste zweischneidige Schwert, das die Gelenke durchtrennt und das Knochenmark freilegt. Es dringt bis in unser Innerstes ein und trennt das Seelische vom Geistlichen. Es richtet und beurteilt die geheimen Wünsche und Gedanken unseres Herzens. (Hebräer 4,12)

Durch regelmäßiges und anhaltendes Gebet
Macht euch keine Sorgen, sondern bringt eure Anliegen im Gebet mit Bitte und Danksagung vor Gott! (Philipper 4,6)

Und auch das versichere ich euch: Wenn zwei von euch hier auf der Erde sich einig werden, irgendeine Sache zu erbitten, dann wird sie ihnen von meinem Vater im Himmel gegeben werden. (Matthäus 18,19)

Zuallererst fordere ich die Gemeinde zum Gebet für alle Menschen auf: zum Bitten und Flehen, zu Fürbitten und Danksagungen, besonders für die Regierenden, und alle, die Macht haben. Wir beten für sie, damit wir in Ruhe und Frieden ein Leben führen können, das Gott in jeder Hinsicht ehrt und das auch von Menschen geachtet werden kann. Das ist gut, und es gefällt Gott, unserem Retter. Er will ja, dass alle Menschen gerettet werden und die Wahrheit erkennen. (1. Timotheus 2,1-4)

Wenn ihr betet, macht es nicht so wie die Heuchler, die sich dazu gern in die Synagogen und an die Straßenecken stellen, damit sie von den Leuten gesehen werden. Ich versichere euch: Diese Ehrung ist dann schon ihr ganzer Lohn. Wenn du betest, geh in dein Zimmer, schließ die Tür, und bete zu deinem Vater, der im Verborgenen ist. Dann wird dein Vater, der ins Verborgene sieht, dich belohnen. Beim Beten sollt ihr nicht plappern wie die Menschen, die Gott nicht kennen. Sie denken, dass sie erhört werden, wenn sie viele Worte machen. Macht es nicht wie sie! Denn euer Vater weiß ja, was ihr braucht, noch bevor ihr ihn bittet. (Matthäus 6,5-8)

Deshalb können wir auch voller Zuversicht sein, dass Gott uns hört, wenn wir ihn um etwas bitten, das seinem Willen entspricht. Und wenn wir wissen, dass er uns bei allem erhört, was wir erbitten, können wir auch sicher sein, dass er uns das Erbetene gibt – so, als hätten wir es schon erhalten. (1. Johannes 5,14-15)

Durch das persönliche Zeugnis von meinem Retter

Wenn du mit deinem Mund bekennst, dass Jesus der Herr ist, und in deinem Herzen glaubst, dass Gott ihn aus den Toten auferweckt hat, wirst du gerettet werden. Denn man wird für gerecht erklärt, wenn man mit dem Herzen glaubt, man wird gerettet, wenn man seinen Glauben mit dem Mund bekennt. (Römer 10,9-10)

„Geh nach Hause zu deinen Angehörigen und berichte ihnen, wie viel der Herr in seinem Erbarmen an dir getan hat." (Markus 5,19)

Geht in die ganze Welt und verkündet allen Menschen die gute Botschaft. (Markus 16,15)

Darum geht zu allen Völkern und macht die Menschen zu meinen Jüngern. Dabei sollt ihr sie auf den Namen des Vaters, des Sohnes und des Heiligen Geistes taufen und sie belehren, alles zu befolgen, was ich euch geboten habe. Und seid gewiss: Ich bin jeden Tag bei euch, bis zum Ende der Zeit. (Matthäus 28,19-20)

Du sollst ihnen die Augen öffnen, dass sie umkehren, dass sie aus der Finsternis zum Licht kommen, aus der Gewalt Satans zu Gott. So werden ihnen die Sünden vergeben, und sie erhalten ein ewiges Erbe zusammen mit denen, die durch den Glauben an mich zu Gottes heiligem Volk gehören. (Apostelgeschichte 26,18)

Durch die Gemeinschaft der Gläubigen

Und lasst uns aufeinander achten und uns gegenseitig zur Liebe und zu guten Taten anspornen. Deshalb ist es wichtig, unsere Zusammenkünfte nicht zu versäumen, wie es sich schon einige angewöhnt haben. Wir müssen uns doch gegenseitig ermutigen, und das umso mehr, je näher ihr den Tag heranrücken seht, an dem der Herr kommt. (Hebräer 10,24-25)

Am letzten Abend – es war Sonntag, der erste Tag der Woche – kamen wir zum Mahl des Herrn zusammen. Paulus, der am nächsten Tag weiterreisen wollte, sprach zu den Versammelten. Und weil sie noch so viele Fragen hatten, blieb er bis Mitternacht. (Apostelgeschichte 20,7)

Nachdem er wieder hinaufgestiegen war und mit den Geschwistern das Mahl des Herrn gefeiert hatte, nahm er einen Imbiss und redete noch lange mit ihnen. Erst als der Tag anbrach, verabschiedete er sich. (Apostelgeschichte 20,11)

Denn wo zwei oder drei in meinem Namen zusammenkommen, da bin ich in ihrer Mitte. (Matthäus 18,20)

Sie hielten beharrlich an der Lehre der Apostel fest, an der geschwisterlichen Gemeinschaft, am Brechen des Brotes und an den gemeinsamen Gebeten. (Apostelgeschichte 2,42)

Durch das Bekenntnis der Taufe

Darum geht zu allen Völkern und macht die Menschen zu meinen Jüngern. Dabei sollt ihr sie auf den Namen des Vaters, des Sohnes und des Heiligen Geistes taufen. (Matthäus 28,19)

Wer glaubt und sich taufen lässt, wird gerettet werden. Wer aber ungläubig bleibt, wird von Gott verurteilt werden. (Markus 16,16)

„Ändert eure Einstellung", erwiderte Petrus, „und lasst euch auf die Vergebung eurer Sünden hin im Namen von Jesus, dem Messias, taufen! Dann werdet ihr als Gabe Gottes den Heiligen Geist bekommen ..." Alle nun, die seine Botschaft bereitwillig annahmen, wurden getauft. Etwa 3000 Personen kamen an jenem Tag dazu. (Apostelgeschichte 2,38.41)

Oder wisst ihr nicht, dass alle von uns, die auf Jesus Christus getauft wurden, in seinen Tod mit eingetaucht worden sind? Durch die Taufe sind wir also mit Christus in den Tod hinein begraben worden, damit so, wie Christus durch die herrliche Macht des Vaters von den Toten auferweckt wurde, wir nun ebenfalls in dieser neuen Wirklichkeit leben. Denn wenn wir mit seinem Tod vereinigt worden sind, werden wir auch eins mit seiner Auferstehung sein. (Römer 6,3-5)

In der Taufe wurdet ihr ja mit ihm begraben und mit ihm zu neuem Leben erweckt. Das ist geschehen, weil ihr an die wirksame Kraft Gottes geglaubt habt, der ihn aus den Toten auferstehen ließ. (Kolosser 2,12)

Durch die Teilnahme Mahl des Herrn

Am letzten Abend – es war Sonntag, der erste Tag der Woche – kamen wir zum Mahl des Herrn zusammen. (Apostelgeschichte 20,7)

Denn ich habe es vom Herrn überliefert bekommen, was ich auch euch weitergegeben habe: In der Nacht, in der er ausgeliefert wurde, nahm der Herr Jesus Brot, dankte Gott, brach es und sagte: „Das ist mein Leib für euch. Tut dies zur Erinnerung an mich!" Ebenso nahm er den Kelch nach dem Mahl und sagte: „Dieser Kelch ist der neue Bund, der durch mein Blut begründet wird. Sooft ihr daraus trinkt, tut es zu meinem Gedächtnis!" Denn sooft ihr dieses Brot esst und aus dem Kelch trinkt, verkündigt ihr den Tod des Herrn bis er wiederkommt ... Jeder prüfe sich also selbst, bevor er vom Brot isst und aus dem Kelch trinkt. (1. Korinther 11,23-26.28)

Sie hielten beharrlich an der Lehre der Apostel fest, an der geschwisterlichen Gemeinschaft, am Brechen des Brotes und an den gemeinsamen Gebeten. (Apostelgeschichte 2,42)

Durch den Einsatz meiner Gaben

Jeder von uns hat den Anteil an der Gnade erhalten, so wie er ihm von Christus zugemessen wurde ... Und er hat die einen als Apostel gegeben und andere als Propheten. Er gab Evangelisten, Hirten und Lehrer, damit sie die, die Gott geheiligt hat, zum Dienst ausrüsten und so der Leib des Christus aufgebaut wird mit dem Ziel, dass wir alle die Einheit im Glauben und in der Erkenntnis des Sohnes Gottes erreichen; dass wir zu mündigen Christen heranreifen und in die ganze Fülle hineinwachsen, die Christus in sich trägt. Dann sind wir keine unmündigen Kinder mehr, die sich vom Wind aller möglichen Lehren umtreiben lassen und wie Wellen hin- und hergeworfen werden. Dann fallen wir nicht mehr auf das falsche Spiel von Menschen herein, die andere hinterlistig in die Irre führen. Lasst uns deshalb fest zur Wahrheit und zur Liebe stehen und in jeder Hinsicht zu Christus, unserem Haupt, hinwachsen. Von ihm her wird der ganze Leib zusammengefügt und durch verbindende Glieder zusammengehalten. Das geschieht in der Kraft, die jedem der einzelnen Teile zugemessen ist So bewirkt Christus das Wachstum seines Leibes: Er baut sich auf durch Liebe. (Epheser 4,7.11-16)

Noch etwas: Nie habe ich Geld oder Kleidung von jemand gefordert. Ihr wisst, dass diese meine Hände für alles gesorgt haben, was ich und meine Begleiter zum Leben brauchten. Mit meiner ganzen Lebensführung habe ich euch gezeigt, dass wir hart arbeiten müssen, um den Bedürftigen etwas abgeben zu können. Dabei sollen wir immer an die Worte denken, die Jesus, unser Herr, gesagt hat: „Auf dem Geben liegt mehr Segen als auf dem Nehmen." (Apostelgeschichte 20,33-35)

Denkt daran: Wer sparsam sät, wird auch sparsam ernten. Aber wer reichlich sät, wird auch reichlich ernten. Jeder gebe so viel, wie er sich im Herzen vorgenommen hat – nicht mit Verdruss oder aus Zwang. Gott liebt fröhliche Geber, und er hat die Macht, alle Gaben über euch auszuschütten, sodass ihr nicht nur jederzeit genug für euch selbst habt, sondern auch noch anderen reichlich Gutes tun könnt. (2. Korinther 9,6-8)

DAS NEUE TESTAMENT

Die gute Botschaft, aufgeschrieben von Matthäus

Um die Zeit der Apostelversammlung herum (48 n. Chr.) muss es dem ehemaligen Zöllner Matthäus von Gott her klar geworden sein, dass er die Botschaft, die er bisher in seiner Heimat nur gepredigt hatte, auch für seine Landsleute aufschreiben sollte. Das Evangelium könnte so durchaus schon im Jahr 50 n. Chr. in aramäischer Sprache vollendet worden sein. Die Datierung stützt sich vor allem auf die Zeugnisse der Kirchenväter. Für den Zeitpunkt um das Jahr 50 herum spricht aber auch, dass eine gewisse Zeit seit der Auferstehung verstrichen sein muss, denn Matthäus verwendet mehrmals die Wendung: „Bis auf den heutigen Tag". Es ist aber noch nicht so viel Zeit verstrichen, dass die Bräuche oder Geschichten bereits vergessen wären. Andererseits nennt er Jerusalem die Heilige Stadt (Kapitel 4,5; 27,53) und erwähnt ihre Zerstörung im Jahr 70 n. Chr. mit keiner Silbe. Von daher muss das Evangelium etliche Jahre vorher verfasst worden sein.

Später wurde es von dem Apostel Matthäus selbst oder einem anderen in die griechische Sprache übersetzt, wie es bis heute erhalten ist. Matthäus wollte den jüdischen Christen ein Werk in die Hand geben, mit dem sie ihren Landsleuten zeigen konnten, dass Jesus wirklich der im Alten Testament angekündigte Messias war, und mit dem sie außerdem den falschen Gerüchten entgegen treten konnten, die z. B. über die Geburt und Auferstehung von Jesus in Umlauf waren. Deshalb berichtete er als einziger Evangelist vom Traum des Josef (1,20-24), dem Besuch der Weisen (2,1-12), der Bestechung der Wache (28,12-15).

Matthäus beginnt mit dem Geschlechtsregister von Jesus, um seine direkte Abstammung von Abraham, dem Stammvater Israels, zu beweisen und er zeigt an vielen Beispielen, wie sich die Prophezeiungen des Alten Testaments in seinem Leben erfüllen. Besonders wichtig waren Matthäus die Lehren seines Herrn. Deshalb gruppierte er die Geschehnisse aus dem Leben von Jesus Christus um fünf große Redeblöcke herum. Die bekanntesten davon sind die Bergpredigt (Kapitel 5-7) oder auch die Endzeitreden (Kapitel 24-25). Sein Text ist also mehr logisch als chronologisch angeordnet.

Die Vorfahren von Jesus

1 *1* Buch des Ursprungs von Jesus Christus, dem Nachkommen von König David und dem Stammvater Abraham. *2* Abraham wurde der Vater von Isaak, Isaak der Vater von Jakob und Jakob der Vater von Juda und seinen Brüdern. *3* Juda wurde der Vater von Perez und Serach. Ihre Mutter war Tamar. Perez wurde der Vater von Hezron, und Hezron der von Ram. *4* Ram wurde der Vater von Amminadab, Amminadab der von Nachschon, Nachschon von Salmon. *5* Salmon wurde der Vater von Boas. – Die Mutter war Rahab. – Boas wurde der Vater von Obed. – Die Mutter war Rut. – Obed wurde der Vater von Isai *6* und Isai der von König David. David wurde der Vater von Salomo.

Die Mutter war Urias Frau. *7* Salomo wurde der Vater von Rehabeam, Rehabeam der von Abija, Abija der von Asa, *8* Asa der von Joschafat, Joschafat der von Joram, Joram der von Usija; *9* Usija der von Jotam, Jotam der von Ahas, Ahas der von Hiskija. *10* Hiskija wurde der Vater von Manasse, Manasse der von Amon, Amon der von Joschija. *11* Joschija wurde der Vater von Jojachin und seinen Brüdern. Damals wurde das Volk in die Verbannung nach Babylon geführt. *12* Danach wurde Jojachin der Vater von Schealtiël, Schealtiël der von Serubbabel, *13* Serubbabel der von Abihud, Abihud der von Eljakim, Eljakim der von Asor, *14* Asor der von Zadok, Zadok der von Achim, Achim der von Eliud, *15* Eliud der von Eleasar, Eleasar der von Mattan, Mattan der von Jakob. *16* Jakob wurde der Vater von Josef, dem Mann der Maria. Sie wurde die Mutter von Jesus, der auch Christus genannt wird.

17 Insgesamt sind es also von Abraham bis David vierzehn Generationen, von David bis zum Beginn der Verbannung nach Babylon vierzehn und von da an bis zum Messias[a] noch einmal vierzehn Generationen.[b]

Die Geburt von Jesus

18 Es folgt die Geschichte der Geburt von Jesus, dem Messias: Seine Mutter Maria war mit Josef verlobt.[c] Da stellte sich heraus, dass Maria ein Kind erwartete, obwohl sie noch nicht miteinander geschlafen hatten. Sie war durch den Heiligen Geist schwanger geworden. *19* Josef, der schon als ihr Ehemann galt, war ein gewissenhafter und gottesfürchtiger Mann. Er nahm sich deshalb vor, den Ehevertrag stillschweigend rückgängig zu machen, um sie nicht bloßzustellen. *20* Während er noch darüber nachdachte, erschien ihm ein Engel des Herrn im Traum. „Josef", sagte er, „du Sohn Davids, zögere nicht, Maria als deine Frau zu dir zu nehmen. Denn das Kind, das sie erwartet, stammt vom Heiligen Geist. *21* Sie wird einen Sohn zur Welt bringen, den du Jesus, Retter, nennen sollst, denn er wird sein Volk von seinen Sünden befreien. *22* Das alles ist geschehen, damit in Erfüllung geht, was der Herr durch den Propheten angekündigt hat: *23* ‚Seht, das unberührte Mädchen wird schwanger sein und einen Sohn zur Welt bringen, den man Immanuël nennen wird'[d]", denn das bedeutet: Gott ist mit uns.[e] *24* Als Josef

---

a 1,17: *Messias.* Siehe Vorwort des Übersetzers.

b 1,17: Dieses Geschlechtsregister ist bewusst selektiv zusammengestellt und stellt offenbar das Verzeichnis der Erben des davidischen Königshauses dar, wobei diese auch über eine Nebenlinie verwandt sein können. Die Zahl 14 entspricht dem Zahlenwert (siehe auch die Fußnote zu Offenbarung 13,17) des Namens David.

c 1,18: Eine *Verlobung* begann mit dem Abschluss eines rechtsgültigen Ehevertrags und dauerte ein Jahr (um festzustellen, ob die Braut wirklich noch Jungfrau war). Dann nahm der Mann seine Braut zu sich.

d 1,23: Jesaja 7,14.

e 1,23: *Gott ist mit uns.* Der Messias würde den Namen Jesus tragen und der Immanuël sein. Er würde in Person das sein, was Immanuël bedeutet.

aufwachte, befolgte er, was der Engel des Herrn ihm aufgetragen hatte, und holte seine Frau zu sich. *25* Er schlief aber nicht mit ihr, bis dieser Sohn geboren war, den er Jesus nannte.

Die Sterndeuter aus dem Osten

2 *1* Als Jesus während der Herrschaft von König Herodes[f] in Bethlehem[g], einer Stadt in Judäa[h], geboren war, kamen Sterndeuter[i] aus einem Land im Osten nach Jerusalem. *2* „Wo finden wir den König der Juden, der kürzlich geboren wurde?", fragten sie. „Wir haben seinen Stern aufgehen sehen und sind hergekommen, um ihn anzubeten." *3* Als König Herodes davon hörte, geriet er in Bestürzung und ganz Jerusalem mit ihm. *4* Er befahl alle Hohen Priester[j]

und Gesetzeslehrer des jüdischen Volkes zu sich und erkundigte sich bei ihnen, wo der Messias geboren werden sollte. *5* „In Bethlehem in Judäa", erwiderten sie, „denn so ist es in der Heiligen Schrift durch den Propheten vorausgesagt:

6 ‚Du Bethlehem im Land Juda, /
bist keinesfalls die unbedeutendste /
von Judas führenden Städten, / denn
ein Fürst wird aus dir kommen, /
der als Hirt mein Volk Israel führt.'"[k]

7 Danach rief Herodes die Sterndeuter heimlich zu sich und fragte sie, wann genau sie den Stern zum ersten Mal gesehen hatten. *8* Dann schickte er sie nach Bethlehem. „Geht, und erkundigt euch sorgfältig nach dem Kind", sagte er, „und gebt mir Nachricht, sobald ihr es gefunden habt, damit ich auch hingehen und ihm die Ehre erweisen kann." *9* Nach diesen Worten des Königs machten sie sich auf den Weg. Und der Stern, den sie bei seinem Aufgang beobachtet hatten, zog vor ihnen her, bis er schließlich genau über dem Ort stehen blieb, wo das Kind war. *10* Als sie den Stern sahen, kam eine sehr große Freude über sie. *11* Sie gingen in das Haus und fanden das Kind mit seiner Mutter Maria. Da warfen sie sich vor ihm nieder und erwiesen ihm die Ehre. Dann holten sie ihre mitgebrachten Schätze hervor und legten sie dem

---

f 2,1: Gemeint ist *Herodes* der Große, 37-4 v. Chr., „Freund und Verbündeter Roms", dessen Reich ganz Israel und Gebiete im Osten und Nordosten des Landes umfasste.

g 2,1: *Bethlehem* liegt 7 km südlich von Jerusalem und war die Heimatstadt von König David.

h 2,1: *Judäa.* Von Juden bewohntes Gebiet zwischen dem Toten Meer und dem Mittelmeer.

i 2,1: *Sterndeuter* waren Mitglieder einer babylonischen Klasse von Weisen, die für außergewöhnliche Einsichten im Zusammenhang mit Traum- und Sterndeutung bekannt waren.

j 2,4: *Hoher Priester.* In neutestamentlicher Zeit bestimmten die Römer, wer in Israel Hoher Priester werden konnte. Wenn im Neuen Testament eine Mehrzahl von Hohen Priestern erwähnt wird, sind sowohl die amtierende als auch die inzwischen abgesetzten Hohen Priester

gemeint sowie weitere Mitglieder aus deren Familien, die hohe Positionen in der Tempelverwaltung innehatten.

k 2,6: Micha 5,1

Kind hin: Gold, Weihrauch[a] und Myrrhe[b]. *12* Als sie dann im Traum eine göttliche Weisung erhielten, nicht wieder zu Herodes zurückzukehren, reisten sie auf einem anderen Weg in ihr Land zurück.

Die Flucht nach Ägypten

13 Nachdem die Sterndeuter abgereist waren, erschien auch Josef im Traum ein Engel, der zu ihm sagte: „Steh auf, nimm das Kind und seine Mutter, und flieh nach Ägypten! Und bleib dort, bis ich dir Bescheid gebe. Denn Herodes will das Kind suchen und umbringen lassen." *14* Da stand Josef auf und brach noch in der Nacht mit dem Kind und seiner Mutter nach Ägypten auf. *15* Dort blieb er dann bis zum Tod von Herodes. So erfüllte sich, was der Herr durch den Propheten vorausgesagt hat: „Aus Ägypten habe ich meinen Sohn gerufen."[c]

16 Als Herodes merkte, dass die Sterndeuter ihn hintergangen hatten, war er außer sich vor Zorn. Er befahl, in Bethlehem und der ganzen Umgebung alle Jungen im Alter von zwei Jahren und darunter zu töten. Das entsprach dem Zeitpunkt, nach dem er sich bei den Sterndeutern so genau erkundigt hatte. *17* Auf diese Weise erfüllte sich, was durch den Propheten Jeremia vorausgesagt worden war: *18* „Angstschreie hört man in Rama, lautes Weinen und Klagen: Rahel weint um ihre Kinder und lässt sich nicht trösten, denn sie sind nicht mehr."[d]

19 Als Herodes gestorben war, erschien Josef wieder ein Engel des Herrn im Traum. *20* Er sagte: „Steh auf und bring das Kind mit seiner Mutter zurück nach Israel! Denn die, die das Kind töten wollten, sind tot." *21* Da stand Josef auf und kehrte mit dem Kind und seiner Mutter nach Israel zurück. *22* Er fürchtete sich aber, nach Judäa zu ziehen, weil er gehört hatte, dass Archelaus[e] anstelle seines Vaters Herodes jetzt dort herrsche. Im Traum erhielt er eine neue Weisung und zog darauf nach Galiläa[f]. *23* Dort ließ er sich in der Stadt Nazaret nieder. So erfüllte sich, was durch die Propheten gesagt ist: „Er soll Nazarener[g] genannt werden."

---

a 2,11: *Weihrauch.* Weißes Harz eines Strauches, das beim Verbrennen einen aromatisch-duftenden Rauch entwickelte.

b 2,11: *Myrrhe.* Ein sehr kostbares wohlriechendes Harz afrikanisch-arabischer Herkunft, das in Salbölen und Arzneien verarbeitet wurde.

c 2,15: Hosea 11,1

d 2,18: Jeremia 31,15

e 2,22: *Archelaus* hatte den schlechtesten Ruf aller Herodessöhne. Er regierte von 4 v. Chr. bis 6 n. Chr. über Judäa, Idumäa und Samaria und wurde dann von den Römern abgesetzt.

f 2,22: *Galiläa.* Von Juden und Griechen bewohntes Gebiet im Norden Israels, etwa zwischen dem See Gennesaret und dem Mittelmeer.

g 2,23: *Nazarener.* Der Name ist vom hebräischen *Nezer*, das heißt „Zweig" oder „Sproß" abgeleitet, was laut Jesaja 11,1 eine Weissagung auf den Messias ist.

Johannes der Täufer

3 *1* Damals trat Johannes der Täufer in der Wüste von Judäa auf und predigte: *2* „Ändert eure Einstellung, denn die Himmelsherrschaft bricht bald an!" *3* Johannes war es, von dem der Prophet Jesaja sagt:

„Hört, in der Wüste ruft eine Stimme: / Bereitet dem Herrn den Weg! / Ebnet die Pfade für ihn!"[h]

4 Johannes trug ein Gewand aus gewebtem Kamelhaar und einen Lederriemen um die Hüften. Seine Nahrung bestand aus Heuschrecken und Honig von wild lebenden Bienen. *5* Die Bevölkerung von Jerusalem, Judäa und der ganzen Jordangegend kam zu Johannes hinaus. *6* Sie ließen sich im Jordan[i] von ihm taufen[j] und bekannten dabei ihre Sünden. *7* Als Johannes viele von den Pharisäern[k] und Sadduzäern[l] zu seiner Taufe kommen sah, sagte er: „Ihr Schlangenbrut! Wer hat euch eingeredet, dass ihr dem kommenden Zorngericht Gottes entgeht? *8* Bringt Früchte hervor, die zeigen, dass ihr eure Einstellung geändert habt! *9* Und fangt nicht an zu denken, dass ihr doch die Nachkommen Abrahams seid. Ich sage euch: Gott kann Abraham aus diesen Steinen hier Kinder erwecken! *10* Die Axt ist schon an die Wurzel der Bäume gelegt. Jeder Baum, der keine guten Früchte bringt, wird umgehauen und ins Feuer geworfen. *11* Ich taufe euch zwar mit Wasser aufgrund eurer Umkehr, aber es wird einer kommen, der mächtiger ist als ich. Ich bin nicht einmal gut genug, ihm die Sandalen auszuziehen. Er wird euch mit dem Heiligen Geist und mit Feuer taufen. *12* Er hat die Worfschaufel[m] in der Hand, um alle Spreu vom Weizen zu trennen. Den Weizen wird er in die Scheune bringen, die Spreu aber wird er mit einem Feuer verbrennen, das nie mehr ausgeht."

13 Dann kam Jesus aus Galiläa zu Johannes an den Jordan, um sich von ihm taufen zu lassen. *14* Aber Johannes versuchte ihn davon abzubringen und sagte: „Ich hätte es nötig, von dir getauft zu werden, und du kommst zu mir?" *15* Doch Jesus antwortete: „Lass es für diesmal geschehen. Denn nur so können wir alles erfüllen, was Gottes

---

h 3,3: Jesaja 40,3

i 3,6: Der *Jordan* ist der wichtigste Fluss Israels, der als geologisches Phänomen das tiefstgelegene Tal der Erde durchfließt. Er entspringt im Norden im Gebiet des Berges Hermon, etwa 500 m über dem Meeresspiegel, und mündet 200 km südlich ins Tote Meer, dessen Wasserspiegel sich 392 m unter Meeresniveau befindet. Die Taufstelle ist traditionell 7 km nördlich vom Toten Meer zu suchen.

j 3,6: *taufen*. Symbolische Handlung, bei der ein Mensch kurz unter Wasser getaucht wurde.

k 3,7: *Pharisäer*. Religionspartei, die auf genaue Einhaltung der Gesetze und Überlieferungen Wert legte.

l 3,7: *Sadduzäer*. Politisch einflussreiche, römerfreundliche religiöse Gruppe, deren Mitglieder aus den vornehmen Familien stammten. Sie behaupteten, es gäbe keine Auferstehung nach dem Tod.

m 3,12: *Worfschaufel*. Hölzerne Schaufel, mit der die ausgedroschenen Getreidekörner durch Hochwerfen im Wind von der groben Spreu getrennt wurden.

Gerechtigkeit fordert." Da fügte sich Johannes. *16* Als Jesus nach seiner Taufe aus dem Wasser stieg, öffnete sich der Himmel über ihm und er sah den Geist Gottes wie eine Taube auf sich herabkommen. *17* Und aus dem Himmel sprach eine Stimme: „Das ist mein lieber Sohn. An ihm habe ich meine Freude!"

Jesus wird auf die Probe gestellt

4 *1* Dann wurde Jesus vom Geist Gottes ins Bergland der Wüste hinaufgeführt, weil er dort vom Teufel versucht werden sollte. *2* Vierzig Tage und Nächte lang aß er nichts. Als der Hunger ihn quälte, *3* trat der Versucher an ihn heran und sagte: „Wenn du Gottes Sohn bist, dann befiehl, dass diese Steine hier zu Brot werden." *4* Aber Jesus antwortete: „Nein, in der Schrift steht: ‚Der Mensch lebt nicht nur von Brot, sondern von jedem Wort, das aus Gottes Mund kommt.'ᵃ" *5* Daraufhin ging der Teufel mit ihm in die Heilige Stadt, stellte ihn auf den höchsten Vorsprung im Tempel *6* und sagte: „Wenn du Gottes Sohn bist, dann stürz dich hier hinunter! Es steht ja geschrieben:

‚Er schickt seine Engel für dich
aus, / um dich zu beschützen. /
Auf den Händen werden sie dich
tragen, / damit dein Fuß nicht an
einen Stein stößt.'ᵇ"

7 Jesus gab ihm zur Antwort: „Es heißt aber auch: ‚Du sollst den Herrn, deinen Gott, nicht herausfordern!'"ᶜ *8* Schließlich ging der Teufel mit ihm auf einen sehr hohen Berg, zeigte ihm alle Königreiche der Welt *9* und sagte: „Das alles will ich dir geben, wenn du dich vor mir niederwirfst und mich anbetest. *10* Da sagte Jesus: „Weg mit dir, Satan! Es steht geschrieben: ‚Du sollst den Herrn, deinen Gott, anbeten und ihm allein dienen!'ᵈ" *11* Da ließ der Teufel von Jesus ab, und Engel kamen und versorgten ihn.

Erste Taten in Galiläa

12 Als Jesus hörte, dass man Johannes ins Gefängnis geworfen hatte, zog er sich nach Galiläa zurück. *13* Er blieb aber nicht in Nazaret, sondern verlegte seinen Wohnsitz nach Kafarnaumᵉ am See im Gebiet der Stämme Sebulon und Naftali. *14* So erfüllte sich, was durch den Propheten Jesaja vorausgesagt wurde:

15 „Du Land Sebulon und
Naftali, / am See gelegen und
jenseits des Jordan, / Galiläa
der heidnischen Völker. / *16* Das
Volk, das im Finstern lebte, /
hat ein großes Licht gesehen. /
Über denen, die im Land der
Todesschatten wohnten, / ist Licht
aufgegangen."ᶠ

17 Von da an begann Jesus zu predigen: „Ändert eure Einstellung, denn die Himmelsherrschaft bricht bald an!"

---

a 4,4: 5. Mose 8,3

b 4,6: Psalm 91,11-12

c 4,7: 5. Mose 6,16

d 4,10: 5. Mose 6,13

e 4,13: *Kafarnaum.* Stadt am Nordwestufer des Sees Gennesaret.

f 4,16: Jesaja 8,23 – 9,1

18 Als Jesus am See von Galiläa[g] entlanggging, sah er Fischer, die das Netz[h] auswarfen. Es waren Simon und sein Bruder Andreas. **19** Jesus sagte zu ihnen: „Kommt mit, folgt mir! Ich werde euch zu Menschenfischern machen." **20** Sofort ließen sie die Netze liegen und folgten ihm. **21** Als er ein Stück weitergegangen war, sah er wieder zwei Brüder, Jakobus und Johannes, die Söhne des Zebedäus. Sie waren mit ihrem Vater im Boot und brachten die Netze in Ordnung. Auch sie forderte er auf, mit ihm zu kommen. **22** Da verließen sie das Boot und ihren Vater und folgten ihm.

23 Jesus zog in ganz Galiläa umher. Er lehrte in den Synagogen und verkündigte die gute Botschaft vom Reich Gottes[i] und heilte alle Kranken und Leidenden im Volk. **24** Bald wurde überall von ihm gesprochen, selbst in Syrien. Man brachte alle Leidenden zu ihm, Menschen, die an den unterschiedlichsten Krankheiten und Beschwerden litten, auch Besessene, Epileptiker und Gelähmte. Er heilte sie alle. **25** Große Menschenmengen folgten ihm aus Galiläa, aus dem Zehnstädtegebiet[j], aus

Jerusalem und Judäa und aus der Gegend jenseits des Jordan.

Die Bergpredigt

5 **1** Als Jesus die vielen Menschen sah, stieg er auf den Berg dort und setzte sich. Da versammelten sich seine Jünger um ihn, **2** und er begann, sie zu lehren. Er sagte:

3 „Wie glücklich sind die, die begreifen, wie arm sie vor Gott sind, / denn sie gehören dem Himmelreich an! **4** Wie glücklich sind die, die Leid über Sünde[k] tragen, / denn Gott wird sie trösten! **5** Wie glücklich sind die, die sich nicht selbst durchsetzen! / Sie werden das Land besitzen.
6 Wie glücklich sind die, die nach Gerechtigkeit hungern und dürsten! / Gott macht sie satt. **7** Wie glücklich sind die Barmherzigen! / Ihnen wird Gott seine Zuwendung schenken. **8** Wie glücklich sind die, die ein reines Herz haben! / Sie werden Gott sehen. **9** Wie glücklich sind die, von denen Frieden ausgeht! / Sie werden Kinder Gottes genannt.
10 Wie glücklich sind die, die man verfolgt, weil sie Gottes Willen tun, / denn sie gehören dem Himmelreich an!

11 Wie beneidenswert glücklich seid ihr, wenn sie euch beschimpfen,

---

g 4,18: *See von Galiläa.* Das ist der See Gennesaret im Norden Israels, 21 km lang und bis zu 14 km breit. Er wird vom Jordan durchflossen und liegt etwa 209 m unter dem Meeresspiegel.

h 4,18 *Netz.* Ein rundes Wurfnetz, das ein Fischer im flachen Wasser stehend auswarf.

i 4,23: *Reich Gottes.* Herrschaft Gottes, das Reich, das von Gott (bei Matthäus steht meist: vom Himmel) regiert wird.

j 4,25: *Zehnstädtegebiet.* Bund von zehn

freien Städten im Ostjordanland, die von griechischer Kultur geprägt waren.

k 5,4: Wegen des Zusammenhangs hier und in Jesaja 61,2-3 und Psalm 40,13 wurde „über Sünde" hinzugefügt.

verfolgen und verleumden, weil ihr zu mir gehört. *12* Freut euch und jubelt! Denn im Himmel wartet ein großer Lohn auf euch. Und genauso haben sie vor euch schon die Propheten verfolgt."

Von Salz und Licht

13 „Ihr seid das Salz der Erde. Wenn das Salz aber seine Wirkung verliert, womit soll man es wieder salzig machen? Es taugt zu nichts anderem mehr, als auf den Weg geschüttet und von den Leuten zertreten zu werden. *14* Ihr seid das Licht der Welt. Eine Stadt, die auf einem Berg liegt, kann nicht verborgen bleiben. *15* Man zündet doch nicht eine Lampe an und stellt sie dann unter einen Kübel. Im Gegenteil: Man stellt sie auf den Lampenständer, damit sie allen im Haus Licht gibt. *16* So soll euer Licht vor den Menschen leuchten: Sie sollen eure guten Werke sehen und euren Vater im Himmel preisen."

Über das Gesetz

17 „Denkt nicht, dass ich gekommen bin, um das Gesetz oder die Propheten außer Kraft zu setzen. Ich bin nicht gekommen, ihre Forderungen abzuschaffen, sondern um sie zu erfüllen. *18* Denn ich versichere euch: Solange Himmel und Erde bestehen, wird auch nicht ein Punkt oder Strich vom Gesetz vergehen; alles muss sich erfüllen. *19* Wer auch nur eins von den kleinsten Geboten aufhebt und die Menschen in diesem Sinn lehrt, gilt unter der Herrschaft des Himmels als der Geringste. Wer aber danach handelt und entsprechend lehrt, der wird in diesem Reich hochgeachtet sein. *20* Ich sage euch:

Wenn es um eure Gerechtigkeit nicht viel besser bestellt ist als bei den Gesetzeslehrern und Pharisäern, werdet ihr nie in das Reich kommen, in dem der Himmel regiert."

Wo Mord beginnt

21 „Ihr habt gehört, dass zu den Vorfahren gesagt worden ist: ,Du sollst keinen Mord begehen.'[a] Wer mordet, soll vor Gericht gestellt werden.' *22* Ich aber sage euch: Schon wer auf seinen Bruder zornig ist, gehört vor Gericht. Wer aber zu seinem Bruder ,Schwachkopf' sagt, der gehört vor den Hohen Rat[b]. Und wer zu ihm sagt: ,Du Idiot!', gehört ins Feuer der Hölle. *23* Wenn du also deine Opfergabe zum Altar bringst und· fällt dir dort ein, dass dein Bruder etwas gegen dich hat, *24* dann lass deine Gabe vor dem Altar liegen; geh und versöhne dich zuerst mit deinem Bruder! Dann komm und bring Gott dein Opfer. *25* Wenn du jemand eine Schuld zu bezahlen hast, einige dich schnell mit deinem Gegner, solange du noch mit ihm auf dem Weg zum Gericht bist. Sonst wird er dich dem Richter ausliefern, und der wird dich dem Gerichtsdiener übergeben, und du kommst ins Gefängnis. *26* Ich

---

a 5,21: 2. Mose 20,13

b 5,22: Der *Hohe Rat*, das Synedrium, war zu jener Zeit der oberste Gerichtshof Israels. Er bestand aus 70 Personen und dem Hohen Priester. Die Mitglieder gehörten zu drei Gruppen: den ehemaligen Hohen Priestern (und Angehörigen der Tempelhierarchie), den Ältesten (geachtete Männer aus den führenden Familien) und den Gesetzeslehrern (hauptsächlich Pharisäer).

versichere dir, du kommst erst dann wieder heraus, wenn du den letzten Cent[c] bezahlt hast.“

Wo Ehebruch beginnt

27 „Ihr wisst, dass es heißt: ‚Du sollst nicht Ehebruch begehen!‘[d] 28 Ich aber sage euch: Wer die Frau eines anderen begehrlich ansieht, hat in seinem Herzen schon Ehebruch mit ihr begangen. 29 Wenn du durch dein rechtes Auge verführt wirst, dann reiß es aus und wirf es weg! Es ist besser für dich, du verlierst eins deiner Glieder, als dass du mit unversehrtem Körper in die Hölle kommst. 30 Und wenn dich deine rechte Hand zur Sünde verführt, dann hau sie ab und wirf sie weg. Es ist besser für dich, du verlierst eins deiner Glieder, als dass du mit unversehrtem Körper in die Hölle kommst.

31 Es heißt: ‚Wer sich von seiner Frau trennen will, muss ihr einen Scheidebrief ausstellen.‘[e] 32 Ich aber sage euch: Jeder, der sich von seiner Frau trennt – es sei denn, sie ist ihm untreu geworden –, treibt sie in den Ehebruch. Und wer eine geschiedene Frau heiratet, begeht auch Ehebruch.“

Schwur und Vergeltung

33 „Ihr wisst auch, dass zu den Vorfahren gesagt worden ist: ‚Du sollst keinen Meineid schwören; was du aber dem Herrn geschworen hast,

musst du halten!‘[f] 34 Ich aber sage euch: Schwört überhaupt nicht, weder beim Himmel – er ist ja Gottes Thron – 35 noch bei der Erde – sie ist der Schemel seiner Füße –, noch bei Jerusalem, denn sie ist die Stadt des großen Königs. 36 Nicht einmal mit deinem Kopf sollst du dich verbürgen, wenn du etwas schwörst, denn du kannst nicht ein einziges Haar weiß oder schwarz werden lassen. 37 Euer Ja sei ein Ja und euer Nein ein Nein! Alles, was darüber hinausgeht, stammt vom Bösen.

38 Ihr wisst, dass es heißt: ‚Auge für Auge, Zahn für Zahn.‘[g] 39 Ich aber sage euch: Verzichtet auf Gegenwehr, wenn euch jemand Böses antut! Mehr noch: Wenn dich jemand auf die rechte Wange schlägt, dann halte ihm auch die linke hin. 40 Und wenn dich einer vor Gericht bringen will, um dir das Hemd wegzunehmen, dem lass auch den Mantel. 41 Und wenn dich jemand zwingt, eine Meile[h] mitzugehen, mit dem geh zwei. 42 Gib dem, der dich bittet, und weise den nicht ab, der etwas von dir borgen will.

43 Ihr wisst, dass es heißt: ‚Du sollst deinen Nächsten lieben und deinen Feind hassen!‘[i] 44 Ich aber sage euch:

---

c 5,26: *Cent.* Wörtlich: Quadrans, die kleinste römische Münze. Der 64. Teil eines Tagesverdienstes.

d 5,27: 2. Mose 20,14

e 5,31: 5. Mose 24,1

f 5,33: Nach 3. Mose 19,12 und 4. Mose 30,3.

g 5,38: Das zitierte Gesetz (2. Mose 21, 22-27) beschränkt schon die Vergeltung und ermöglicht sogar Ersatzleistungen.

h 5,41: *eine Meile.* Römische Soldaten konnten einen Juden jederzeit zu einer wegkundigen Begleitung oder zum Lastentragen zwingen, allerdings nur für eine Meile = 1478,5 m.

i 5,43: Nach 3. Mose 19,18 und 5. Mose 23,6-7.

Liebt eure Feinde und betet für die, die euch verfolgen. *45* So erweist ihr euch als Kinder eures Vaters im Himmel. Denn er lässt seine Sonne über Bösen und Guten aufgehen und lässt regnen über Gerechte und Ungerechte. *46* Wenn ihr nur die liebt, die euch lieben, welchen Lohn habt ihr dafür wohl verdient? Denn das machen auch die Zöllner. *47* Und wenn ihr nur zu euren Brüdern freundlich seid, was tut ihr damit Besonderes? Das tun auch die, die Gott nicht kennen. *48* Deshalb sollt ihr vollkommen sein, wie euer Vater im Himmel vollkommen ist."

Falsche und wahre Frömmigkeit

6 *1* „Hütet euch, eure Frömmigkeit vor den Menschen zur Schau zu stellen. Sonst könnt ihr keinen Lohn vom Vater im Himmel erwarten. *2* Wenn du zum Beispiel den Armen etwas gibst, dann lass es nicht vor dir her ausposaunen, wie es die Heuchler in den Synagogen und auf den Gassen tun, um von den Leuten geehrt zu werden. Ich versichere euch: Diese Ehrung ist dann schon ihr ganzer Lohn. *3* Wenn du den Armen etwas gibst, dann soll deine linke Hand nicht wissen, was die rechte tut, *4* damit deine Mildtätigkeit im Verborgenen bleibt. Dann wird dein Vater, der ins Verborgene sieht, dich belohnen.

5 Wenn ihr betet, macht es nicht so wie die Heuchler, die sich dazu gern in die Synagogen und an die Straßenecken stellen, damit sie von den Leuten gesehen werden. Ich versichere euch: Diese Ehrung ist dann schon ihr ganzer Lohn. *6* Wenn du betest, geh in dein Zimmer, schließ die Tür und bete zu deinem Vater, der im Verborgenen

ist. Dann wird dein Vater, der ins Verborgene sieht, dich belohnen. *7* Beim Beten sollt ihr nicht plappern wie die Menschen, die Gott nicht kennen. Sie denken, dass sie erhört werden, wenn sie viele Worte machen. *8* Macht es nicht wie sie! Denn euer Vater weiß ja, was ihr braucht, noch bevor ihr ihn bittet. *9* Ihr sollt vielmehr so beten:

Unser Vater im Himmel! / Dein heiliger Name werde geehrt! *10* Deine Herrschaft komme! / Dein Wille geschehe auf der Erde so wie im Himmel! *11* Gib uns, was wir heute brauchen! *12* Und vergib uns unsere ganze Schuld! / Auch wir haben denen vergeben, / die an uns schuldig geworden sind. *13* Und führe uns nicht in Versuchung, / sondern befreie uns von dem Bösen![a]

14 Denn wenn ihr den Menschen ihre Verfehlungen vergebt, wird euer Vater im Himmel euch auch vergeben. *15* Wenn ihr den Menschen aber nicht vergebt, dann wird euer Vater auch eure Verfehlungen nicht vergeben.

16 Wenn ihr fastet, dann setzt keine wehleidige Miene auf wie die Heuchler. Sie vernachlässigen ihr Äußeres, damit die Leute ihnen ansehen, dass sie fasten. Ich versichere euch: Diese Ehrung ist dann auch ihr ganzer Lohn. *17* Wenn *du* fastest, dann pflege dein Haar und wasche dein Gesicht, *18* damit die Leute

---

a 6,13: Spätere Handschriften haben hier noch einen Lobpreis wie 1. Chronik 29,11-13 eingefügt: „Denn dein ist das Reich und die Kraft und die Herrlichkeit in Ewigkeit. Amen."

nicht merken, dass du fastest, sondern nur dein Vater, der im Verborgenen ist. Und dein Vater, der auch das Verborgene sieht, wird dich belohnen.

19 Sammelt euch keine Reichtümer hier auf der Erde, wo Motten und Rost sie zerfressen oder Diebe einbrechen und stehlen. *20* Sammelt euch lieber Schätze im Himmel, wo sie weder von Motten noch von Rost zerfressen werden können und auch vor Dieben sicher sind. *21* Denn wo dein Schatz ist, da wird auch dein Herz sein. *22* Dein Auge bringt deinem Körper das Licht. Wenn dein Auge klar ist, kannst du dich im Licht bewegen. *23* Ist es schlecht, dann steht dein Körper im Finstern. Wenn nun das Licht in dir Dunkelheit ist, welch eine Finsternis wird das sein!

24 Niemand kann gleichzeitig zwei Herren unterworfen sein. Entweder wird er den einen bevorzugen und den anderen vernachlässigen, oder dem einen treu sein und den anderen hintergehen. Ihr könnt nicht Gott und dem Mammon[b] gleichzeitig dienen. *25* Deshalb sage ich euch: Sorgt euch nicht um Essen und Trinken zum Leben und um die Kleidung für den Körper. Das Leben ist doch wichtiger als die Nahrung und der Körper wichtiger als die Kleidung. *26* Schaut euch die Vögel an! Sie säen nicht, sie ernten nicht und haben auch keine Vorratsräume, und euer himmlischer Vater ernährt sie doch. Und ihr? Ihr seid doch viel mehr wert als diese Vögel. *27* Wer von euch kann sich denn durch Sorgen das Leben auch nur um einen Tag[c] verlängern? *28* Und warum macht ihr euch Sorgen um die Kleidung? Seht euch die Wiesenblumen an, wie sie ohne Anstrengung wachsen und ohne sich Kleider zu nähen. *29* Ich sage euch, selbst Salomo war in all seiner Pracht nicht so schön gekleidet wie eine von ihnen. *30* Wenn Gott sogar das wilde Gras, das heute steht und morgen in den Backofen gesteckt wird, so schön schmückt, wie viel mehr wird er sich dann um euch kümmern, ihr Kleingläubigen! *31* Macht euch also keine Sorgen! Fragt nicht: Was sollen wir essen? Was sollen wir trinken? Was sollen wir anziehen? *32* Denn damit plagen sich die Menschen dieser Welt herum. Euer Vater weiß doch, dass ihr das alles braucht! *33* Euch soll es zuerst um Gottes Reich und um seine Gerechtigkeit gehen, dann wird er euch alles Übrige dazugeben. *34* Sorgt euch also nicht um das, was morgen sein wird! Denn der Tag morgen wird für sich selbst sorgen. Die Plagen von heute sind für heute genug!"

7 *1* „Richtet nicht, damit ihr nicht gerichtet werdet! *2* Denn so wie ihr über andere urteilt, wird man auch euch beurteilen, und das Maß, mit dem ihr bei anderen messt, wird auch euch zugemessen werden. *3* Weshalb siehst du den Splitter im Auge deines Bruders, bemerkst aber den Balken in deinem eigenen Auge nicht? *4* Wie kannst du zu deinem Bruder sagen: ‚Halt still, ich will dir den Splitter aus

b 6,24: *Mammon.* Aramäischer Begriff für Besitz oder Vermögen.

c 6,27: *Einen Tag.* Wörtlich: eine Elle. Der Ausdruck ist hier im übertragenen Sinn gebraucht.

dem Auge ziehen!' –, und dabei ist der Balken doch in deinem Auge? 5 Du Heuchler! Zieh zuerst den Balken aus deinem Auge! Dann wirst du klar sehen und den Splitter aus dem Auge deines Bruders ziehen können.

6 Gebt das Heilige nicht den Hunden, und werft eure Perlen nicht vor die Schweine. Die trampeln doch nur auf ihnen herum und versuchen dann, euch selbst in Stücke zu reißen.

7 Bittet, und euch wird gegeben; sucht, und ihr werdet finden; klopft an, und euch wird geöffnet! 8 Denn wer bittet, empfängt; wer sucht, findet; und wer anklopft, dem wird geöffnet. 9 Würde jemand unter euch denn seinem Kind einen Stein geben, wenn es ihn um ein Stück Brot bittet? 10 Würde er ihm denn eine Schlange geben, wenn es ihn um einen Fisch bittet? 11 So schlecht wie ihr seid, wisst ihr doch, was gute Gaben für eure Kinder sind, und gebt sie ihnen auch. Wie viel mehr wird der Vater im Himmel denen Gutes geben, die ihn darum bitten.

12 Alles, was ihr von anderen erwartet, das tut auch für sie! Das ist es, was das Gesetz und die Propheten fordern.

13 Geht durch das enge Tor! Denn das weite Tor und der breite Weg führen ins Verderben, und viele sind dorthin unterwegs. 14 Wie eng ist das Tor und wie schmal der Weg, der ins Leben führt, und nur wenige sind es, die ihn finden!

15 Hütet euch vor den falschen Propheten! Sie sehen aus wie sanfte Schafe, in Wirklichkeit aber sie reißende Wölfe. 16 An ihren Früchten werdet ihr sie erkennen. Von Dornen erntet man keine Weintrauben, und von Disteln kann man keine Feigen lesen. 17 So trägt jeder gute Baum gute Früchte und ein schlechter Baum schlechte. 18 Ein guter Baum wird keine schlechten Früchte tragen und ein schlechter Baum keine guten. 19 Jeder Baum, der keine guten Früchte bringt, wird abgehauen und ins Feuer geworfen. 20 Deshalb sage ich: An ihren Früchten werden sie erkannt.

21 Nicht jeder, der dauernd ‚Herr‘ zu mir sagt, wird in das Reich kommen, in dem der Himmel regiert, sondern nur der, der den Willen meines Vaters im Himmel tut. 22 An jenem Tag des Gerichts werden viele zu mir sagen: ‚Herr, haben wir nicht mit deinem Namen geweissagt? Herr, haben wir nicht mit deinem Namen Dämonen ausgetrieben und mit deinem Namen Wunder getan?‘ 23 Doch dann werde ich ihnen unmissverständlich erklären: ‚Ich habe euch nie gekannt! Macht euch fort, ihr habt euch gegen Gott gestellt!‘ᵃ"

Wer ein festes Fundament hat

24 „Darum gleicht jeder, der auf meine Worte hört und tut, was ich sage, einem klugen Mann, der sein Haus auf felsigen Grund baut. 25 Wenn dann ein Wolkenbruch niedergeht und die Wassermassen heranfluten, wenn der Sturm tobt und an dem Haus rüttelt, stürzt es nicht ein, denn es ist auf Felsen gegründet. 26 Doch wer meine Worte hört und sich nicht danach richtet, gleicht einem unvernünftigen Mann, der sein Haus einfach auf den Sand setzt. 27 Wenn

---

a 7,23: Psalm 6,9.

dann ein Wolkenbruch niedergeht und die Wassermassen heranfluten, wenn der Sturm tobt und an dem Haus rüttelt, bricht es zusammen und wird völlig zerstört."

28 Als Jesus seine Rede beendet hatte, war die Menge überwältigt von seiner Lehre, *29* denn er sprach mit Vollmacht – ganz anders als ihre Gesetzeslehrer.

Heilungen

8 *1* Als Jesus vom Berg heruntergestiegen war, zog er weiter und eine große Menschenmenge folgte ihm. *2* Da kam ein Aussätziger zu ihm, warf sich vor ihm nieder und sagte: „Herr, wenn du willst, kannst du mich rein machen." *3* Da berührte Jesus ihn mit der Hand und sagte: „Ich will es, sei rein!" Sofort verschwand der Aussatz[b], und er war rein. *4* Jesus schärfte ihm ein: „Pass auf, dass du niemand davon erzählst! Geh stattdessen zum Priester, zeig dich ihm und bring das Opfer für deine Reinigung, wie Mose es angeordnet hat! Das soll ein Beweis für sie sein."

5 Als Jesus in Kafarnaum eintraf, trat der dort stationierte Hauptmann an ihn heran. *6* „Herr", sagte er, „mein Diener liegt gelähmt zu Hause und hat furchtbare Schmerzen." *7* Jesus erwiderte: „Ich will kommen und ihn heilen." *8* Da entgegnete der Hauptmann: „Herr, ich bin es nicht wert, dass du unter mein Dach kommst. Sprich nur ein Wort, und mein Diener wird gesund! *9* Ich unterstehe ja auch dem Befehl von Vorgesetzten und habe meinerseits Soldaten unter mir. Sage ich zu einem von ihnen: ‚Geh!', dann geht er, und zu einem anderen: ‚Komm!', dann kommt er. Und wenn ich zu meinem Diener sage: ‚Tu das!', dann tut er es." *10* Jesus war sehr erstaunt, das zu hören, und sagte zu der Menschenmenge, die ihm folgte: „Ich versichere euch: Solch einen Glauben habe ich in ganz Israel bei niemand gefunden. *11* Und ich sage euch: Aus allen Himmelsrichtungen werden Menschen kommen und zusammen mit Abraham, Isaak und Jakob ihre Plätze im Reich des Himmels einnehmen. *12* Aber die Bürger des Reiches werden hinausgeworfen in die tiefste Finsternis. Dort wird dann das große Weinen und Zähneknirschen anfangen." *13* Darauf wandte sich Jesus dem Hauptmann zu und sagte: „Geh nach Hause! Was du mir zugetraut hast, soll geschehen!" Zur gleichen Zeit wurde der Diener gesund.

14 Jesus ging in das Haus von Petrus. Dessen Schwiegermutter war von einem heftigen Fieber befallen und lag im Bett. *15* Jesus berührte ihre Hand. Da verschwand das Fieber, und sie stand auf und sorgte für sein Wohl.

16 Am Abend brachte man viele Besessene zu ihm. Er vertrieb ihre bösen Geister durch sein Wort und heilte alle Kranken. *17* So erfüllte sich, was durch den Propheten Jesaja vorausgesagt worden war: „Er hat unsere Leiden auf sich genommen und unsere Krankheiten getragen."[c]

---

b 8,3: *Aussatz*. Bezeichnung für rasch um sich greifende Hautkrankheiten, Lepra eingeschlossen.

c 8,17: Jesaja 53,4-5

Armut und Vollmacht

18 Als Jesus die vielen Menschen sah, die sich um ihn drängten, befahl er seinen Jüngern, mit ihm an die andere Seite des Sees zu fahren. *19* Da sagte ein Gesetzeslehrer zu ihm: „Rabbi[a], ich will dir folgen, wohin du auch gehst." *20* „Die Füchse haben ihren Bau", entgegnete ihm Jesus, „und die Vögel haben ihre Nester, aber der Menschensohn[b] hat keinen Platz, wo er sich ausruhen kann." *21* Ein anderer – es war einer von seinen Jüngern – sagte zu Jesus: „Herr, erlaube mir, zuerst nach Hause zu gehen und meinen Vater zu begraben." *22* „Lass die Toten ihre Toten begraben!", entgegnete ihm Jesus. „Folge du mir nach!"

23 Danach stieg Jesus ins Boot und seine Jünger folgten ihm. *24* Als sie auf dem See waren, kam plötzlich ein schwerer Sturm auf, sodass die Wellen das Boot zu begraben drohten. Aber Jesus schlief. *25* Die Jünger stürzten zu ihm und weckten ihn auf: „Herr", schrien sie, „rette uns! Wir gehen unter!" *26* Aber Jesus sagte zu ihnen: „Warum habt ihr solche Angst, ihr Kleingläubigen?" Dann stand er auf und bedrohte den Wind und den See. Da trat eine große Stille ein. *27* Die Menschen fragten sich voller Staunen: „Wer ist das nur, dass ihm sogar Wind und Wellen gehorchen?"

28 So kamen sie in das Gebiet der Gadarener[c] auf der anderen Seite des Sees. Dort begegnete er zwei Besessenen. Sie kamen von den Grabhöhlen und waren so gefährlich, dass niemand es wagte, auf diesem Weg vorbeizugehen. *29* „Was willst du von uns, Sohn Gottes?", schrien sie. „Bist du hergekommen, um uns schon vor der Zeit zu quälen?" *30* Nun weidete in einiger Entfernung eine große Herde Schweine. *31* Die Dämonen baten ihn: „Wenn du uns austreibst, lass uns doch in die Schweine fahren!" *32* „Geht!", sagte Jesus. Da verließen sie die Männer und fuhren in die Schweine. Daraufhin raste die ganze Herde den Abhang hinunter in den See, und die Tiere ertranken in den Fluten. *33* Die Schweinehirten liefen davon und erzählten in der Stadt alles, was geschehen war, auch das mit den Besessenen. *34* Da machte sich die ganze Stadt auf den Weg, um Jesus zu begegnen. Als sie sahen, was geschehen war, baten sie Jesus, ihr Gebiet zu verlassen.

9 *1* Jesus stieg wieder ins Boot, fuhr über den See und kehrte in seine Stadt zurück. *2* Da brachten einige Männer einen Gelähmten zu ihm. Er lag auf einer Matte. Als Jesus ihren Glauben sah, sagte er zu dem Gelähmten: „Du musst keine Angst haben, mein Sohn, deine Sünden sind dir vergeben." *3* Einige

---

a 8,19: *Rabbi*. Respektvolle Anrede im Judentum: „Mein Lehrer".

b 8,20: *Menschensohn* ist eine von Jesus bevorzugte Selbstbezeichnung. Er knüpft damit an ein Wort Daniels (7,13) an, wo der zukünftige Herrscher des Gottesreiches angekündigt wird.

c 8,28: *Gebiet der Gadarener*. Südöstlicher Uferstreifen des Sees Gennesaret mit Hafen. Das Gebiet gehörte zu Gadara, die als mächtigste Stadt im Zehnstädtegebiet selbst Kriegsschiffe auf dem See unterhielt.

Gesetzeslehrer dachten im Stillen: „Das ist ja Gotteslästerung!" *4* Jesus durchschaute, was sie dachten, und sagte: „Warum gebt ihr so schlechten Gedanken Raum in euch? *5* Was ist leichter zu sagen: ‚Deine Sünden sind dir vergeben' oder ‚Steh auf und geh umher'? *6* Doch ihr sollt wissen, dass der Menschensohn die Vollmacht hat, hier auf der Erde Sünden zu vergeben." Damit wandte er sich zu dem Gelähmten und befahl ihm: „Steh auf, nimm deine Matte und geh nach Hause!" *7* Der Mann stand auf, nahm seine Matte und ging nach Hause. *8* Die Leute waren erschrocken und priesen Gott, der den Menschen solche Vollmacht gegeben hat.

Matthäus folgt Jesus

9 Als Jesus weiterging und an der Zollstelle vorbeikam, sah er dort einen Mann sitzen, der Matthäus hieß. Er sagte zu ihm: „Komm, folge mir!" Matthäus stand auf und folgte ihm. *10* Später war Jesus in seinem Haus zu Gast. Aber viele Zolleinnehmer und ähnliche Sünder waren ebenfalls zu dem Essen gekommen, um mit Jesus und seinen Jüngern zusammen zu sein. *11* Als einige Pharisäer das sahen, sagten sie zu seinen Jüngern: „Wie kann euer Rabbi sich nur mit Zöllnern und Sündern an einen Tisch setzen?" *12* Jesus hörte das und erwiderte: „Nicht die Gesunden brauchen den Arzt, sondern die Kranken. *13* Nun geht und denkt einmal darüber nach, was mit dem Wort gemeint ist: ‚Barmherzigkeit will ich und nicht Opfer!'ᵈ

Dann versteht ihr auch, dass ich nicht gekommen bin, die Gerechten zu rufen, sondern die Sünder."

14 Einmal kamen die Jünger des Johannes zu Jesus und fragten: „Wie kommt es, dass wir und die Pharisäer so viel fasten, deine Jünger aber nicht?" *15* Jesus erwiderte: „Können die Hochzeitsgäste denn trauern, wenn der Bräutigam bei ihnen ist? Die Zeit kommt früh genug, dass der Bräutigam von ihnen weggenommen wird. Dann werden sie fasten. *16* Niemand näht doch ein neues Stück Stoff auf ein altes Gewandᵉ, sonst reißt das neue Stück aus, und der Riss im alten Stoff wird noch größer. *17* Und niemand wird doch neuen Wein in alte Schläuche füllen. Er gärt ja noch und würde die Schläuche zum Platzen bringen. Dann würde der Wein auslaufen und die Schläuche wären verdorben. Nein, neuen Wein füllt man in neue Schläuche, und beide bleiben erhalten."

Jesus heilt durch Glauben

18 Während Jesus ihnen das erklärte, kam einer der führenden Männer des Ortes zu ihm. Er warf sich vor ihm nieder und rief: „Meine Tochter ist eben gestorben. Aber komm bitte und lege ihr die Hand auf, dann wird sie wieder leben!" *19* Jesus stand auf und folgte ihm. Auch seine Jünger kamen mit.

20 Unterwegs drängte sich eine Frau von hinten heran und berührte einen Zipfel seines Gewandes. Sie litt seit zwölf Jahren an starken Blutungen *21* und sagte sich: „Wenn ich nur sein Gewand berühre, werde ich wieder

---

d 9,13: Hosea 6,6

e 9,16: *Gewand*. Denn der Flicken wird beim Waschen einlaufen.

gesund." 22 Jesus drehte sich um, sah die Frau an und sagte: „Du musst keine Angst haben, meine Tochter, dein Glaube hat dich gerettet." Im selben Augenblick war die Frau geheilt.

23 Als Jesus in das Haus des Vorstehers kam und die Flötenspieler und die aufgeregten Menschen sah, 24 sagte er: „Hinaus mit euch! Das Mädchen ist nicht gestorben, es schläft nur." Da lachten sie ihn aus. 25 Als die Leute endlich draußen waren, ging Jesus zu dem Mädchen hinein und fasste es bei der Hand. Da stand es auf. 26 Die Nachricht davon verbreitete sich in der ganzen Gegend.

27 Als Jesus von dort weiterging, folgten ihm zwei Blinde und schrien: „Sohn Davids, hab Erbarmen mit uns!" 28 Sie folgten ihm bis in das Haus, wo er wohnte. Er fragte sie: „Glaubt ihr, dass ich euch helfen kann?" – „Ja, Herr", sagten sie. 29 Da berührte er ihre Augen und sagte: „Weil ihr glaubt, soll es geschehen." 30 Sofort konnten sie sehen. Doch Jesus verbot ihnen streng, jemand davon zu erzählen. 31 Aber kaum waren sie aus dem Haus, machten sie Jesus in der ganzen Gegend bekannt.

32 Als die beiden gegangen waren, brachten die Leute einen Stummen zu ihm, der von einem Dämon besessen war. 33 Als der böse Geist von dem Mann ausgefahren war, konnte der Stumme reden. Die Leute staunten und sagten: „So etwas hat man in Israel noch nie gesehen!" 34 Die Pharisäer aber behaupteten: „Kein Wunder, er treibt die Dämonen ja durch den Oberdämon aus."

Der Auftrag der Apostel

35 Jesus zog durch alle Städte und Dörfer in dieser Gegend. Er lehrte in den Synagogen, verkündigte die Botschaft vom Reich Gottes und heilte alle Kranken und Leidenden. 36 Als er die vielen Menschen sah, ergriff ihn tiefes Mitgefühl, denn sie waren hilflos und erschöpft wie Schafe ohne Hirten. 37 Dann sagte er zu seinen Jüngern: „Die Ernte ist groß, aber es gibt nur wenig Arbeiter. 38 Bittet deshalb den Herrn der Ernte, mehr Arbeiter auf seine Felder zu schicken!"

10 1 Jesus rief die zwölf Jünger zusammen und gab ihnen Vollmacht, die bösen Geister auszutreiben und jede Krankheit und jedes Leiden zu heilen. 2 Die Namen der zwölf Apostel sind folgende: An erster Stelle Simon, der Petrus genannt wird, und sein Bruder Andreas, Jakobus Ben-Zebedäus und sein Bruder Johannes, 3 Philippus und Bartholomäus, Thomas und der Zöllner Matthäus, Jakobus Ben-Alphäus und Thaddäus, 4 Simon, der zu den Zeloten[a] gehört hatte, und Judas, der in Sikarier[b] gewesen war und Jesus später verraten hat.

---

a 10,4: *Zeloten*. Wörtlich: Kananäer, wahrscheinlich von hebr. *kana*, „eifern". Simon gehörte wohl zur jüdischen Partei der „Eiferer", die aktiven Widerstand gegen die Römer leistete, es ablehnte, Steuern zu zahlen, und das messianische Reich mit Gewalt herbeizwingen wollte.

b 10,4: *Sikarier*. Die militanteste Gruppe unter den Zeloten, Dolchmänner (von *sika* = Dolch), die römerfreundliche Juden umbrachten (vgl. Apostelgeschichte 21,38). Andere deuten *Judas Iskariot* als *Mann aus Kariot*.

5 Diese Zwölf sandte Jesus mit folgendem Auftrag aus: „Meidet die Orte, wo Nichtjuden wohnen, und geht auch nicht in die Städte der Samaritaner, 6 sondern geht zu den verlorenen Schafen des Volkes Israel! 7 Geht und verkündigt ihnen: ‚Die Himmelsherrschaft bricht bald an!‘ 8 Heilt Kranke, weckt Tote auf, macht Aussätzige rein, treibt Dämonen aus! Was ihr kostenlos bekommen habt, das gebt kostenlos weiter. 9 Besorgt euch kein Reisegeld, weder Gold noch Silberstücke oder Kupfermünzen! 10 Besorgt euch auch keine Vorratstasche, kein zweites Hemd, keine Sandalen und keinen Wanderstab. Denn wer arbeitet, hat Anspruch auf seinen Lebensunterhalt.

11 Wenn ihr in eine Stadt oder ein Dorf kommt, findet heraus, wer es wert ist, euch aufzunehmen; und bleibt dann, bis ihr weiterzieht. 12 Wenn ihr das Haus betretet, grüßt seine Bewohner und wünscht ihnen Frieden. 13 Wenn sie es wert sind, wird der Frieden, den ihr bringt, bei ihnen einziehen. Wenn sie es nicht wert sind, wird euer Gruß wirkungslos sein. 14 Und wenn die Leute euch nicht aufnehmen oder anhören wollen, dann geht aus jenem Haus oder jenem Ort und schüttelt den Staub von euren Füßen ab. 15 Ich versichere euch: Sodom und Gomorra wird es am Tag des Gerichts erträglicher ergehen als solch einer Stadt.

Die Anforderungen des Auftrags

16 Seht, ich sende euch wie Schafe mitten unter Wölfe. Seid deshalb klug wie die Schlangen und aufrichtig wie die Tauben! 17 Nehmt euch in acht vor den Menschen! Sie werden euch in ihren Synagogen vor Gericht stellen und auspeitschen. 18 Und weil ihr zu mir gehört, werdet ihr vor Machthaber und Könige geführt werden. Doch auch sie und alle Völker müssen ein Zeugnis von mir hören. 19 Und wenn sie euch vor Gericht stellen, dann macht euch keine Sorgen, wie ihr reden oder was ihr sagen sollt. Sagt einfach das, was euch dann eingegeben wird. 20 Denn nicht ihr seid dann die Redenden, sondern der Geist eures Vaters redet durch euch. 21 Brüder werden einander dem Tod ausliefern und Väter ihre Kinder. Kinder werden sich gegen ihre Eltern stellen und sie in den Tod schicken. 22 Und weil ihr euch zu mir bekennt, werdet ihr von allen gehasst werden. Aber wer bis zum Ende standhaft bleibt, wird gerettet.

23 Wenn sie euch in der einen Stadt verfolgen, dann flieht in eine andere! Ich versichere euch: Noch bevor ihr mit den Städten Israels zu Ende seid, wird der Menschensohn kommen. 24 Ein Jünger ist doch nicht besser als sein Lehrer, und ein Diener steht doch nicht über seinem Herrn. 25 Der Jünger muss sich damit begnügen, dass es ihm so geht wie seinem Lehrer, und der Diener, dass es ihm so geht wie seinem Herrn. Wenn sie schon den Hausherrn Beelzebul⟨c⟩ genannt haben, wie viel mehr dann seine Leute?

26 Doch fürchtet euch nicht vor denen, die euch bedrohen. Es kommt die Zeit, da wird alles offenbar werden. Alles, was jetzt noch geheim ist, wird öffentlich bekannt gemacht werden.

---

c 10,25: *Beelzebul*. Ein anderer Name für Satan, den Obersten aller Dämonen.

27 Was ich euch im Dunkeln sage, gebt am hellen Tag weiter, und was ihr ins Ohr geflüstert hört, ruft von den Dachterrassen herunter. 28 Habt keine Angst vor denen, die nur den Leib töten, der Seele aber nichts anhaben können. Fürchtet aber den, der Seele und Leib dem Verderben in der Hölle preisgeben kann. 29 Ihr wisst doch, dass zwei Spatzen für ein paar Cent[a] verkauft werden. Doch nicht einer von ihnen fällt auf die Erde, ohne dass euer Vater es zulässt. 30 Und bei euch sind selbst die Haare auf dem Kopf alle gezählt. 31 Habt also keine Angst! Ihr seid doch mehr wert als noch so viele Spatzen."

32 „Wer sich vor den Menschen zu mir bekennt, zu dem werde auch ich mich vor meinem Vater im Himmel bekennen. 33 Wer mich aber vor den Menschen nicht kennen will, den werde auch ich vor meinem Vater im Himmel nicht kennen.

34 Denkt nicht, dass ich gekommen bin, Frieden auf die Erde zu bringen. Ich bin nicht gekommen, Frieden zu bringen, sondern das Schwert. 35 Ich bin gekommen, den Sohn mit seinem Vater zu entzweien, die Tochter mit ihrer Mutter und die Schwiegertochter mit ihrer Schwiegermutter; 36 die eigenen Angehörigen werden zu Feinden.

37 Wer Vater oder Mutter mehr liebt als mich, ist es nicht wert, mein Jünger zu sein. Wer Sohn oder Tochter mehr liebt als mich, ist es nicht wert, mein Jünger zu sein. 38 Und wer nicht sein Kreuz aufnimmt und mir folgt, ist es nicht wert, mein Jünger zu sein. 39 Wer sein Leben festhalten will, wird es verlieren. Wer sein Leben aber meinetwegen verliert, der wird es finden.

40 Wer euch aufnimmt, nimmt mich auf, und wer mich aufnimmt, nimmt den auf, der mich gesandt hat. 41 Wer einen Propheten aufnimmt, weil er ein Prophet ist, wird den Lohn eines Propheten erhalten. Wer einen Gerechten aufnimmt, weil er ein Gerechter ist, wird den Lohn eines Gerechten erhalten. 42 Und wer einem von diesen Geringgeachteten hier auch nur einen Becher kalten Wassers zu trinken gibt, weil er mein Jünger ist – ich versichere euch: Er wird gewiss nicht ohne Lohn bleiben."

11 1 Als Jesus den zwölf Jüngern seine Anweisungen gegeben hatte, zog er weiter, um in den Städten des Landes zu lehren und zu predigen.

Jesus über den Täufer

2 Johannes der Täufer hörte im Gefängnis vom Wirken des Messias und schickte einige seiner Jünger zu ihm. 3 Er ließ ihn fragen: „Bist du wirklich der, der kommen soll, oder müssen wir auf einen anderen warten?" 4 Jesus gab ihnen zur Antwort: „Geht zu Johannes und berichtet ihm, was ihr hört und seht: 5 Blinde sehen, Lahme gehen, Aussätzige werden rein, Taube hören, Tote werden auferweckt, Armen wird gute Botschaft verkündigt. 6 Und glücklich ist der zu nennen, der sich nicht vor mir abwendet."

7 Als die Boten gegangen waren, wandte sich Jesus an die Menge und

---

a 10,29: *ein paar Cent*. Wörtlich: *ein Assarion*. Die Kupfermünze Assarion war 1/16 Denar wert, d.h. 1/16 Tageslohn eines Arbeiters.

fing an, über Johannes zu sprechen: „Was wolltet ihr eigentlich sehen, als ihr in die Wüste hinausgezogen seid? Ein Schilfrohr vielleicht, das vom Wind hin- und herbewegt wird? *8* Oder was wolltet ihr sonst dort draußen sehen? Einen fein angezogenen Mann? Nein, Leute mit teuren Kleidern und Luxus findet man in den Königspalästen. *9* Aber was wolltet ihr dann dort draußen sehen? Einen Propheten? Ja, ich versichere euch: Ihr habt mehr als einen Propheten gesehen. *10* Johannes ist der, von dem es in der Heiligen Schrift heißt: ‚Ich sende meinen Boten vor dir her. Er wird dein Wegbereiter sein.‘[b] *11* Ich versichere euch: Unter allen Menschen, die je geboren wurden, gibt es keinen Größeren als Johannes den Täufer. Und doch ist der Kleinste im Reich des Himmels größer als er. *12* Von der Zeit Johannes‘ des Täufers an bis heute wird dem Reich, in dem der Himmel regiert, Gewalt angetan, doch die Menschen drängen sich mit aller Gewalt hinein. *13* Denn alle Propheten und das Gesetz haben diese Zeit angekündigt, bis Johannes kam. *14* Und wenn ihr es sehen wollt: Er ist Elija, dessen Kommen vorausgesagt ist.[c] *15* Wer hören kann, der höre zu!

16 Mit whem soll ich die Menschen dieser Generation nur vergleichen? Sie sind wie Kinder, die auf dem Markt herumsitzen und sich gegenseitig zurufen: *17* ‚Wir haben euch auf der Flöte Hochzeitslieder gespielt, aber ihr habt

nicht getanzt; wir haben euch Klagelieder gesungen, aber ihr habt nicht geheult.‘ *18* Als Johannes der Täufer kam, der fastete und keinen Wein trank, sagten sie: ‚Er ist von einem Dämon besessen.‘ *19* Als der Menschensohn kam, der ganz normal isst und trinkt, sagtet ihr: ‚Seht, was für ein Schlemmer und Säufer, dieser Freund von Zöllnern und Sündern!‘ Und doch bestätigt sich die Weisheit Gottes durch das, was sie bewirkt.“

Die richtige Einstellung

20 Dann begann Jesus den Städten, in denen er die meisten Wunder getan hatte, vorzuwerfen, dass sie ihre Einstellung nicht geändert hatten: *21* „Weh dir, Chorazin[d]! Weh dir, Betsaida[e]! Wenn in Tyrus und Sidon[f] die Wunder geschehen wären, die unter euch geschehen sind, sie hätten längst ihre Einstellung geändert, einen Trauersack angezogen und sich Asche auf den Kopf gestreut. *22* Doch Tyrus und Sidon wird es im Gericht erträglicher ergehen als euch. *23* Und du, Kafarnaum, meinst du etwa, du wirst zum Himmel erhoben werden? Nein, in die Hölle[g] musst du hinunter.

---

d 11,21: *Chorazin*. Stadt in Obergaliläa, 5 km nördlich von Kafarnaum.

e 11,21: *Betsaida*. Fischerdorf an der Mündung des Jordan in den See Gennesaret. Heute wahrscheinlich El-Aradsch.

f 11,21: *Sidon und Tyrus* waren die wichtigsten Hafenstädte Phöniziens (heute: Libanon).

g 11,23: *Hölle*. Griechisch: Hades. Das Neue Testament meint damit aber kein neutrales Totenreich, sondern den Todeszustand, der für Ungläubige schon

---

b 11,10: Maleachi 3,1

c 11,14: Maleachi 3,23

Wenn in Sodom[a] die Wunder geschehen wären, die in dir geschehen sind, es würde heute noch stehen. 24 Ich sage euch, es wird Sodom am Tag des Gerichts erträglicher ergehen als dir."

25 Damals rief Jesus aus: „Vater, du Herr über Himmel und Erde, ich preise dich, dass du das alles den Klugen und Gelehrten verborgen, aber den Unmündigen offenbar gemacht hast. 26 Ja, Vater, so hast du es gewollt. 27 Alles ist mir von meinem Vater übergeben worden. Niemand außer dem Vater kennt den Sohn wirklich, und niemand kennt den Vater wirklich außer dem Sohn und denjenigen, denen der Sohn es offenbaren will.

28 Kommt alle zu mir, die ihr geplagt und mit Lasten beschwert seid! Bei mir erholt ihr euch. 29 Unterstellt euch mir und lernt von mir! Denn ich bin freundlich und von Herzen zum Dienen bereit. Dann kommt Ruhe in euer Leben. 30 Denn *mein* Joch trägt sich gut, und *meine* Last ist leicht."

Herr über den Sabbat

12 1 In dieser Zeit ging Jesus an einem Sabbat durch Kornfelder. Seine Jünger waren hungrig. Deshalb fingen sie an, Ähren abzurupfen und die Körner zu essen. 2 Als einige Pharisäer das sahen, sagten sie zu ihm: „Was deine Jünger da tun, ist doch am Sabbat nicht erlaubt[b]!" 3 Jesus entgegnete: „Habt ihr denn nie gelesen, was David getan hat, als er und seine Begleiter hungrig waren? 4 Wie er ins Haus Gottes ging und von den geweihten Broten aß, die weder er noch seine Begleiter essen durften, sondern nur die Priester? 5 Oder habt ihr nie im Gesetz gelesen, dass die Priester auch am Sabbat im Tempel Dienst tun? Damit übertreten sie die Sabbatvorschriften und werden doch nicht schuldig. 6 Und ich sage euch: Hier ist einer, der mehr ist als der Tempel. 7 Wenn ihr begriffen hättet, was das heißt: ‚Barmherzigkeit ist mir lieber als Opfer!', dann hättet ihr nicht Unschuldige verurteilt. 8 Denn der Menschensohn ist Herr über den Sabbat."

9 Nach diesen Worten ging er weiter und kam in ihre Synagoge. 10 Dort saß ein Mann, dessen Hand verkrüppelt war. Da fragten sie ihn: „Ist es erlaubt, am Sabbat zu heilen?", denn sie wollten einen Grund finden, ihn anzuklagen. 11 Jesus erwiderte: „Wenn am Sabbat einem von euch ein Schaf in eine Grube stürzt, zieht er es dann nicht sofort wieder heraus? 12 Nun ist ein Mensch doch viel mehr wert als ein Schaf. Also ist es erlaubt, am Sabbat Gutes zu tun." 13 Dann befahl er dem Mann; „Streck die Hand aus!" Der gehorchte, und seine Hand war heil und gesund wie die andere. 14 Da verließen die Pharisäer die Synagoge und berieten miteinander, wie sie ihn umbringen könnten.

---

vor dem Endgericht eine schreckliche Qual bedeutet (Lukas 16,23).

a 11,23: *Sodom*. Stadt im Tal Siddim, die wegen der Sünde ihrer Bewohner von Gott vernichtet wurde, heute vermutlich unter dem Toten Meer; vgl. 1. Mose 13,10-13 und 1. Mose 19.

b 12,2: *nicht erlaubt*. Sie fassten das als „ernten" auf, was als Arbeit am Sabbat verboten war.

Gottes Beauftragter

15 Jesus wusste, was sie vorhatten, und ging weg. Scharen von Menschen folgten ihm, und er heilte sie alle. 16 Aber er verbot ihnen nachdrücklich, in der Öffentlichkeit von ihm zu reden. 17 Damit sollte in Erfüllung gehen, was der Prophet Jesaja angekündigt hatte:

18 „Seht, das ist mein Diener, den ich erwählte, / den ich liebe und über den ich mich freue. / Ich werde meinen Geist auf ihn legen, / und er verkündet den Völkern das Recht. 19 Er wird nicht streiten und herumschreien. / Man wird seine Stimme nicht auf den Straßen hören. 20 Ein geknicktes Rohr wird er nicht zerbrechen, / einen glimmenden Docht löscht er nicht aus. / So verhilft er dem Recht zum Sieg. 21 Und auf ihn werden die Völker hoffen."c

Wer Böses in sich hat

22 Damals brachte man einen Besessenen zu Jesus, der blind und stumm war. Als er ihn geheilt hatte, konnte der Mann wieder reden und sehen. 23 Die Leute waren außer sich vor Staunen und sagten: „Ist das etwa der Sohn Davids?" 24 Doch als die Pharisäer es hörten, sagten sie: „Der treibt die Dämonen ja nur durch Beelzebul, den Oberdämon, aus." 25 Jesus wusste genau, was sie dachten, und sagte zu ihnen: „Ein Königreich, das gegen sich selbst kämpft, ist dem Untergang geweiht. Eine Stadt oder eine Familie, die in sich zerstritten ist, geht zugrunde. 26 Und wenn der Satan den Satan austreibt, wäre er in sich zerstritten. Wie soll sein Reich dann bestehen können? 27 Und – wenn ich die Dämonen tatsächlich mit Hilfe von Beelzebul austreibe, wer gibt dann euren Leuten die Macht, Dämonen auszutreiben? Sie selbst werden deshalb das Urteil über euch sprechen. 28 Wenn ich aber die Dämonen durch den Geist Gottes austreibe, dann ist doch das Reich Gottes zu euch gekommen! 29 Oder wie kann jemand in das Haus eines Starken eindringen und ihm seinen Besitz rauben, wenn er ihn nicht vorher fesselt? Erst dann kann er sein Haus ausrauben. 30 Wer nicht auf meiner Seite steht, ist gegen mich, und wer nicht mit mir sammelt, zerstreut.

31 Deshalb sage ich: Alle Sünden können den Menschen vergeben werden, selbst die Gotteslästerungen, die sie aussprechen. Wer aber den Heiligen Geist lästert, wird keine Vergebung finden. 32 Wer etwas gegen den Menschensohn sagt, dem kann vergeben werden. Wer aber gegen den Heiligen Geist redet, dem wird nicht vergeben werden, weder in dieser Welt noch in der kommenden.

33 Wenn ein Baum gut ist, sind auch seine Früchte gut, ist er schlecht, sind auch seine Früchte schlecht. An den Früchten erkennt man den Baum. 34 Ihr Giftschlangenbrut! Wie könnt ihr Gutes reden, wenn ihr böse seid? Denn aus dem Mund kommt das, was das Herz erfüllt. 35 Ein guter Mensch bringt Gutes hervor, weil er mit Gutem erfüllt ist. Ein böser Mensch bringt Böses hervor, weil er Böses in

---

c 12,21: Jesaja 42,1-4

sich hat. 36 Ich sage euch: Am Tag des Gerichts werden die Menschen Rechenschaft über jedes nutzlose Wort ablegen müssen, das sie gesagt haben. 37 Denn aufgrund deiner eigenen Worte wirst du freigesprochen oder verurteilt werden."

38 Daraufhin sagten einige der Gesetzeslehrer und Pharisäer zu ihm: „Rabbi, wir wollen ein Zeichen von dir sehen!" 39 „Diese verdorbene Generation, die von Gott nichts wissen will, verlangt nach einem Zeichen!", antwortete Jesus. „Doch es wird ihnen keins gegeben werden, nur das des Propheten Jona. 40 Denn wie Jona drei Tage und drei Nächte[a] im Bauch des großen Fisches war, so wird der Menschensohn drei Tage und drei Nächte im Schoß der Erde sein. 41 Im Gericht werden die Männer von Ninive auftreten und diese Generation schuldig sprechen. Denn sie haben ihre Einstellung auf Jonas Predigt hin geändert – und hier steht einer, der mehr bedeutet als Jona. 42 Die Königin des Südens wird beim Gericht gegen die Männer dieser Generation auftreten und sie verurteilen. Denn sie kam vom Ende der Erde, um die Weisheit Salomos zu hören – und hier steht einer, der mehr bedeutet als Salomo.

43 Wenn ein böser Geist einen Menschen verlässt, zieht er durch öde Gegenden und sucht nach einem Ruheplatz, findet aber keinen. 44 Dann

sagt er sich: ‚Ich werde wieder in die Behausung zurückgehen, die ich verlassen habe.' Er kehrt zurück und findet alles leer, sauber und aufgeräumt. 45 Dann geht er los und holt sieben andere Geister, die noch schlimmer sind als er selbst, und sie ziehen gemeinsam dort ein. So ist dieser Mensch am Ende schlechter dran als am Anfang. Genauso wird es auch dieser bösen Generation ergehen."

46 Während Jesus noch zu der Menschenmenge sprach, waren seine Mutter und seine Brüder angekommen. Sie blieben vor dem Haus und verlangten, ihn zu sprechen. 47 „Deine Mutter und deine Brüder sind draußen und fragen nach dir", sagte ihm einer. 48 „Wer ist meine Mutter und wer sind meine Brüder?", antwortete ihm Jesus. 49 Dann wies er mit der Hand auf seine Jünger und sagte: „Das hier ist meine Mutter und das sind meine Brüder! 50 Jeder, der nach dem Willen meines Vaters im Himmel lebt, ist mir Bruder, Schwester und Mutter."

Gleichnisse vom Säen

13 1 Noch am selben Tag verließ Jesus das Haus und setzte sich ans Ufer des Sees. 2 Es versammelten sich so viele Menschen um ihn, dass er sich in ein Boot setzen musste, um von dort aus zur Menge am Ufer sprechen zu können. 3 Er redete lange und erklärte vieles in Gleichnissen. Unter anderem sagte er: „Hört zu! Ein Bauer ging zum Säen auf sein Feld. 4 Beim Ausstreuen fiel ein Teil der Körner auf den Weg. Da kamen die Vögel und pickten sie auf. 5 Ein anderer Teil fiel auf felsigen Boden, der nur von einer dünnen Erdschicht

---

a 12,40: *Drei Tage und drei Nächte.* Altjüdische Redewendung, die drei Zeiteinheiten (*Ona*) meint, wobei eine angebrochene *Ona* immer als Ganze gezählt wurde. Es ist eine ungefähre Zeitangabe und meint nicht exakt 72 Stunden.

bedeckt war. Weil die Saat dort wenig Erde hatte, ging sie bald auf. *6* Als dann aber die Sonne höher stieg, verbrannten die jungen Pflanzen und vertrockneten, weil sie keine tiefer gehenden Wurzeln hatten. *7* Wieder ein anderer Teil fiel unter Disteln, die die Saat bald überwucherten und erstickten. *8* Ein anderer Teil schließlich fiel auf guten Boden und brachte Frucht: zum Teil hundertfach, zum Teil sechzig- oder dreißigfach." *9* Jesus schloss: „Wer Ohren hat und hören kann, der höre zu!"

10 Da kamen seine Jünger zu ihm und fragten: „Warum sprichst du in Gleichnissen zu ihnen?" *11* Er erwiderte: „Euch wurden die Geheimnisse des Himmelreichs anvertraut; ihnen nicht. *12* Denn wer hat, dem wird gegeben, und er wird im Überfluss haben, wer aber nicht hat, dem wird auch das genommen, was er hat. *13* Deshalb verwende ich Gleichnisse, wenn ich zu ihnen rede. Sie sehen und sehen doch nichts, sie hören und hören und verstehen trotzdem nichts. *14* An ihnen erfüllt sich die Prophezeiung Jesajas:

‚Hört nur zu, ihr versteht doch nichts; / seht nur hin, ihr werdet trotzdem nichts erkennen.

15 Denn das Herz dieses Volkes ist verstockt, / ihre Ohren hören schwer, / und ihre Augen sind zu. / Sie wollen mit ihren Augen nichts sehen, / mit ihren Ohren nichts hören / und mit ihrem Herz nichts verstehen. / Sie wollen nicht umkehren, dass ich sie heile.'b

16 Ihr aber seid glücklich zu preisen! Denn eure Augen sehen und eure Ohren hören. *17* Denn ich versichere euch: Viele Propheten und Gerechte hätten gern gesehen, was ihr seht, und haben es nicht gesehen; gern hätten sie gehört, was ihr hört, doch sie haben es nicht gehört.

18 Ich will euch nun das Gleichnis vom Säen erklären. *19* Wenn jemand die Botschaft von der Herrschaft des Himmels hört und nicht versteht, bei dem ist es wie mit der Saat, die auf den Weg fällt. Der Böse kommt und reißt weg, was in das Herz dieses Menschen gesät wurde. *20* Die Saat auf dem felsigen Boden entspricht Menschen, die das Wort hören und es gleich freudig aufnehmen. *21* Doch weil sie unbeständig sind, kann es bei ihnen keine Wurzeln schlagen. Wenn sie wegen der Botschaft in Schwierigkeiten geraten oder gar verfolgt werden, wenden sie sich gleich wieder ab. *22* Andere Menschen entsprechen der Saat, die unter die Disteln fällt. Sie haben die Botschaft gehört, doch dann gewinnen die Sorgen ihres Alltags und die Verlockungen des Reichtums die Oberhand und ersticken das Wort. Es bleibt ohne Frucht. *23* Die Menschen schließlich, die dem guten Boden entsprechen, hören die Botschaft und verstehen sie und bringen auch Frucht, einer hundertfach, einer sechzig- und einer dreißigfach."

24 Jesus stellte ihnen noch ein anderes Gleichnis vor: „Mit der Himmelsherrschaft verhält es sich wie mit einem Mann, der guten Samen auf seinen Acker säte. *25* Eines Nachts, als alles schlief, kam sein Feind und säte

---

b 13,15: Jesaja 6,9-10

Unkraut[a] zwischen den Weizen und machte sich davon. 26 Als die Saat aufging und Ähren ansetzte, kam auch das Unkraut zum Vorschein. 27 Da gingen die Arbeiter zum Gutsherrn und fragten: ‚Herr, hast du nicht guten Samen auf deinen Acker gesät? Woher kommt jetzt das Unkraut?‘ 28 ‚Das hat einer getan, der mir schaden will‘, erwiderte er. ‚Sollen wir das Unkraut entfernen?‘, fragten die Arbeiter. 29 ‚Nein‘, entgegnete er, ‚ihr würdet mit dem Unkraut auch den Weizen ausreißen. 30 Lasst beides wachsen bis zur Ernte. Wenn es dann so weit ist, werde ich den Erntearbeitern sagen: Sammelt zuerst das Unkraut auf und bindet es zum Verbrennen in Bündel. Und dann bringt den Weizen in meine Scheune.‘“

31 Jesus vertraute ihnen ein weiteres Gleichnis an: „Mit der Himmelsherrschaft verhält es sich wie mit einem Senfkorn[b], das ein Mann auf seinen Acker sät. 32 Es ist zwar das kleinste aller Samenkörner,[c] aber was daraus wächst, wird größer als alle anderen Gartenpflanzen. Es wird ein richtiger Baum daraus, sodass die Vögel kommen und in seinen Zweigen nisten.“

33 Und noch ein Gleichnis erzählte er ihnen: „Mit der Himmelsherrschaft ist es wie mit dem Sauerteig, den eine Frau nimmt und unter einen halben Sack[d] Mehl mischt. Am Ende ist die ganze Masse durchsäuert.“

Der Sinn der Gleichnisse

34 Das alles sagte Jesus der Menschenmenge, er gebrauchte dabei aber nur Gleichnisse. 35 So erfüllte sich, was durch den Propheten angekündigt ist:

„Ich will in Gleichnissen reden und verkündige so, was seit Erschaffung der Welt verborgen war.“[e]

36 Dann schickte Jesus die Leute weg und ging ins Haus. Dort wandten sich die Jünger an ihn: „Erkläre uns das Gleichnis vom Unkraut auf dem Acker!“, baten sie. 37 Jesus antwortete: „Der Mann, der den guten Samen aussät, ist der Menschensohn. 38 Der Acker ist die Welt. Der gute Same sind die Menschen, die zur Herrschaft Gottes gehören. Das Unkraut sind die Menschen, die dem Bösen gehören. 39 Der Feind, der das Unkraut gesät hat, ist der Teufel. Die Ernte ist das Ende der Welt, und die Erntearbeiter sind die Engel. 40 So wie das Unkraut aufgesammelt und verbrannt wird, so wird es auch am Ende der Welt sein: 41 Der Menschensohn wird seine Engel schicken, und sie werden aus seinem Reich alle entfernen, die ein

---

a 13,25: *Unkraut*. Wahrscheinlich ist damit Taumellolch gemeint (*lolium temulentum*), eine 70 cm hohe weizenähnliche Grasart, deren Körner das Mehl verderben, wenn sie mitgemahlen werden.

b 13,31: *Senfkorn*. Gemeint ist wahrscheinlich der „Schwarze Senf“ (*Brassica nigra*), dessen 1 mm großes Samenkorn in Israel für seine Kleinheit sprichwörtlich ist.

c 13,32: *das kleinste aller Samenkörner*, die man in der Landwirtschaft verwendete.

d 13,33: *halben Sack*. Wörtlich: *drei Sata*. Ein Saton war ein Hohlmaß und fasste etwa 13 Liter.

e 13,35: Psalm 78,2

gesetzloses Leben geführt und andere zur Sünde verleitet haben, *42* und werden sie in den glühenden Ofen werfen. Dann wird das große Weinen und Zähneknirschen anfangen. *43* Und dann werden die Gerechten im Reich ihres Vaters leuchten wie die Sonne. Wer Ohren hat, der höre zu!

44 Mit dem Reich, in dem der Himmel regiert, verhält es sich wie mit einem im Acker vergrabenen Schatz, der von einem Mann entdeckt wird. Voller Freude versteckt er ihn wieder. Dann geht er los, verkauft alles, was er hat, und kauft jenen Acker. *45* Mit diesem Reich ist es auch wie mit einem Kaufmann, der schöne Perlen sucht. *46* Als er eine besonders wertvolle entdeckt, geht er los, verkauft alles, was er hat, und kauft sie.

47 Mit der Himmelsherrschaft ist es auch wie mit einem Schleppnetz, das im See ausgebracht wird. Mit ihm fängt man Fische jeder Art. *48* Wenn es voll ist, ziehen es die Männer ans Ufer. Dann setzen sie sich hin und sortieren die Fische aus. Die guten lesen sie in Körbe und die ungenießbaren werfen sie weg. *49* So wird es auch am Ende der Welt sein. Die Engel werden die Menschen, die Böses getan haben, von den Gerechten trennen *50* und in den glühenden Ofen werfen. Dann wird das große Weinen und Zähneknirschen anfangen."

51 „Habt ihr alles verstanden?", fragte Jesus seine Jünger. „Ja!", erwiderten sie. *52* Da sagte er zu ihnen: „Also ist jeder Gesetzeslehrer, der ein Jünger in dem Reich geworden ist, in dem der Himmel regiert, einem Hausherrn gleich, der aus seinem Schatz Neues und Altes hervorholt."

53 Im Anschluss an diese Gleichnisreden zog Jesus weiter. *54* Er kam in seinen Heimatort und ging in die Synagoge und lehrte. Erstaunt fragten seine Zuhörer: „Wo hat er diese Weisheit nur her? Und woher hat er die Kraft, solche Wunder zu tun? *55* Ist er denn nicht der Sohn des Bauhandwerkers^f? Ist nicht Maria seine Mutter, und sind nicht Jakobus, Josef, Simon und Judas seine Brüder? *56* Und seine Schwestern leben doch auch bei uns! Wo hat er das alles nur her?" *57* Und sie ärgerten sich über ihn. Da sagte Jesus zu ihnen: „Überall wird ein Prophet geehrt, nur nicht in seinem Heimatort und in seiner Familie." *58* Wegen ihres Unglaubens tat er dort nicht viele Wunder.

Der Tod des Täufers

14 *1* Um diese Zeit hörte auch Herodes Antipas, der Landesherr^g von Galiläa, was man über Jesus erzählte. *2* „Das ist niemand anderes als Johannes der Täufer", sagte er zu seinen Leuten. „Er ist von den Toten auferstanden, deshalb gehen solche Kräfte von ihm aus." *3* Herodes hatte Johannes nämlich festnehmen und gefesselt ins Gefängnis bringen

---

f 13,55: *Sohn des Bauhandwerkers.* Den Beruf des Zimmermanns im Sinn eines Holzfacharbeiters gab es damals noch nicht. Holz war im 1. Jahrhundert eine ausgesprochene Mangelware.

g 14,1: *Landesherr.* Wörtlich: *Tetrarch*, Regent über den vierten Teil eines Landes. Herodes Antipas war unter römischer Oberherrschaft Fürst von Galiläa und Peräa.

lassen. Schuld daran war Herodias[a], die Frau seines Stiefbruders Philippus, *4* denn Johannes hatte ihm gesagt: „Du hattest kein Recht, sie zur Frau zu nehmen." *5* Herodes hätte ihn am liebsten umgebracht, fürchtete aber das Volk, das Johannes für einen Propheten hielt. *6* Die Gelegenheit kam, als Herodes Geburtstag hatte. Dabei trat die Tochter der Herodias als Tänzerin auf. Sie gefiel Herodes so gut, *7* dass er unter Eid versprach, ihr alles zu geben, was sie sich wünschte. *8* Da sagte sie, von ihrer Mutter angestiftet: „Ich will, dass du mir hier auf einer Schale den Kopf von Johannes dem Täufer überreichst." *9* Der König war bestürzt, aber weil er vor allen Gästen einen Eid abgelegt hatte, befahl er, ihr den Wunsch zu erfüllen, *10* und ließ Johannes im Gefängnis enthaupten. *11* Sein Kopf wurde auf einer Schale hereingebracht und dem Mädchen übergeben, das ihn seiner Mutter weiterreichte. *12* Dann kamen die Jünger des Johannes, holten den Toten und begruben ihn. Anschließend gingen sie zu Jesus und berichteten ihm, was geschehen war.

Jesus speist 5000 Menschen

13 Als Jesus das hörte, zog er sich zurück; er fuhr mit dem Boot an eine einsame Stelle, um dort allein zu sein. Aber die Leute in den umliegenden Städten hörten davon und gingen ihm

auf dem Landweg nach. *14* Als Jesus aus dem Boot stieg und die vielen Menschen sah, ergriff ihn tiefes Mitgefühl, und er heilte ihre Kranken. *15* Am Abend kamen seine Jünger zu ihm und sagten: „Wir sind hier an einem einsamen Fleck, und es ist schon spät. Schick die Leute weg, damit sie in den Dörfern etwas zu essen kaufen können." *16* Aber Jesus erwiderte: „Sie brauchen nicht wegzugehen. Gebt ihr ihnen doch zu essen!" *17* „Wir haben aber nur fünf Fladenbrote und zwei Fische hier", hielten sie ihm entgegen. *18* „Bringt sie mir her!", sagte Jesus. *19* Dann forderte er die Leute auf, sich auf dem Gras niederzulassen, und nahm die fünf Fladenbrote und die zwei Fische in die Hand. Er blickte zum Himmel auf und dankte Gott. Dann brach er die Brote in Stücke und gab sie den Jüngern, damit sie diese an die Leute austeilten. *20* Und alle aßen sich satt. Zum Schluss sammelten sie ein, was von den Brotstücken übrig geblieben war – zwölf Tragkörbe voll. *21* Etwa fünftausend Männer hatten an dem Essen teilgenommen, Frauen und Kinder nicht gerechnet.

Jesus kommt auf dem Wasser

22 Gleich darauf nötigte Jesus seine Jünger, ins Boot zu steigen und an das gegenüberliegende Ufer vorauszufahren. Er wollte inzwischen die Leute nach Hause schicken. *23* Nachdem er sich von der Menge verabschiedet hatte, stieg er auf den Berg, um ungestört beten zu können. Beim Einbruch der Dunkelheit war Jesus allein an Land. *24* Das Boot war schon mitten auf dem See und musste schwer mit den Wellen kämpfen, weil ein starker

---

a 14,3: *Herodias.* Die Enkelin von Herodes, dem Großen, war zunächst mit ihrem Onkel Herodes Philippus (nicht dem Fürsten Philippus) verheiratet. Auch Herodes Antipas, ihr jetziger Ehemann, war ein Onkel von ihr.

Gegenwind aufgekommen war. *25* Im letzten Viertel der Nacht[b] kam er dann zu ihnen. Er ging über den See. *26* Als die Jünger ihn auf dem Wasser gehen sahen, schrien sie von Furcht gepackt auf: „Es ist ein Gespenst!" *27* Sofort rief er ihnen zu: „Erschreckt nicht! Ich bin's! Habt keine Angst!" *28* Da sagte Petrus: „Herr, wenn du es bist, dann befiehl mir, auf dem Wasser zu dir zu kommen!" *29* „Komm!", sagte Jesus. Da stieg Petrus aus dem Boot und ging auf dem Wasser auf Jesus zu. *30* Doch als er merkte, wie stark der Wind war, bekam er es mit der Angst zu tun. Er fing an zu sinken und schrie: „Herr, rette mich!" *31* Sofort streckte Jesus ihm die Hand hin und hielt ihn fest. „Du Kleingläubiger", sagte er, „warum hast du gezweifelt?" *32* Als sie ins Boot gestiegen waren, legte sich der Wind. *33* Und alle, die im Boot waren, warfen sich vor ihm nieder. „Du bist wirklich Gottes Sohn!", sagten sie.

34 Sie fuhren hinüber ans Land und legten in der Nähe von Gennesaret[c] an. *35* Als ihn die Leute dort erkannten, verbreitete sich das in der ganzen Gegend. Schon bald brachten sie alle ihre Kranken zu ihm *36* und baten ihn, er möge sie nur den Saum seines Gewandes berühren lassen. Und alle, die ihn berührten, wurden völlig geheilt.

Was Menschen unrein macht

15 *1* Damals kamen Pharisäer und Gesetzeslehrer aus Jerusalem zu Jesus und sagten: *2* „Warum halten deine Jünger sich nicht an die überlieferten Vorschriften[d] und waschen nicht die Hände vor dem Essen?" *3* Jesus entgegnete: „Und ihr, warum haltet ihr euch mit euren Überlieferungen nicht an Gottes Gebote? *4* Gott hat doch gesagt: ‚Ehre Vater und Mutter!'[e] und ‚Wer Vater oder Mutter verflucht, wird mit dem Tod bestraft!'[f] *5* Ihr aber lehrt, dass man zu seinem Vater oder seiner Mutter sagen kann: ‚Was du von mir bekommen müsstest, habe ich als Opfer für Gott bestimmt.' *6* Dann brauche man seine Eltern nicht mehr zu unterstützen. So setzt ihr Gottes Wort durch eure Vorschriften außer Kraft. *7* Ihr Heuchler! Auf euch trifft genau zu, was Jesaja geweissagt hat:

8 ‚Dieses Volk ehrt mich mit den Lippen, / aber sein Herz ist weit von mir fort. *9* Ihr Dienst an mir ist ohne Wert, / denn sie lehren, was Menschen erdachten.'[g]"

10 Dann rief Jesus die Menge wieder zu sich und sagte: „Hört mir zu

---

b 14,25: In neutestamentlicher Zeit teilte man die Nacht in vier Nachtwachen: zwei von Sonnenuntergang bis Mitternacht und zwei von Mitternacht bis Sonnenaufgang.

c 14,34: *Gennesaret*. Ort und Landschaft am Westufer des Sees.

---

d 15,2: Mündlich überlieferte *Vorschriften* der großen jüdischen Gesetzeslehrer regelten das Leben gesetzestreuer Juden bis ins Einzelne. Sie gingen über das alttestamentliche Gesetz hinaus und galten als verbindliche Norm.

e 15,4: 2. Mose 20,12; 5. Mose 5,16

f 15,4: 2. Mose 21,17; 3. Mose 20,9

g 15,8-9: Jesaja 29,13

und versteht, was ich euch sage! *11* Nicht das, was der Mensch durch den Mund aufnimmt, macht ihn vor Gott unrein, sondern das, was aus seinem Mund herauskommt, verunreinigt ihn."

12 Da kamen die Jünger zu ihm und sagten: „Weißt du, dass die Pharisäer sich sehr über deine Worte geärgert haben?" *13* Jesus erwiderte: „Jede Pflanze, die mein himmlischer Vater nicht selbst gepflanzt hat, wird ausgerissen werden. *14* Lasst sie! Sie sind blinde Blindenführer. Und wenn ein Blinder einen Blinden führt, werden beide in die nächste Grube fallen."

15 Da bat ihn Petrus: „Erkläre uns doch, was du mit deinem Bild vorhin meintest!" *16* „Habt ihr das auch nicht begriffen?", erwiderte Jesus. *17* „Versteht ihr nicht, dass alles, was in den Mund kommt, in den Magen geht und im Abort wieder ausgeschieden wird? *18* Doch was aus dem Mund herauskommt, kommt aus dem Herzen. Das macht den Menschen unrein. *19* Denn aus dem Herzen des Menschen kommen die bösen Gedanken, und mit ihnen alle Arten von Mord, Ehebruch, sexueller Unmoral, Diebstahl, falschen Aussagen, Verleumdungen. *20* Das ist es, was den Menschen vor Gott unrein macht; aber wenn er mit ungewaschenen Händen isst, wird er nicht unrein."

Der Glaube einer Nichtjüdin

21 Jesus brach von dort auf und zog sich in die Gegend von Tyrus und Sidon zurück. *22* Da kam eine kanaanäische Frau aus dem Gebiet und rief: „Herr, du Sohn Davids, hab Erbarmen mit mir! Meine Tochter wird von einem bösen Geist furchtbar gequält." *23* Aber Jesus gab ihr keine Antwort. Schließlich drängten ihn seine Jünger: „Fertige sie doch ab, denn sie schreit dauernd hinter uns her!" *24* Er entgegnete: „Ich bin nur zu den verlorenen Schafen des Hauses Israel gesandt." *25* Da kam die Frau näher und warf sich vor Jesus nieder. „Herr", sagte sie, „hilf mir!" *26* Er entgegnete: „Es ist nicht recht, den Kindern das Brot wegzunehmen und es den Haushunden vorzuwerfen." *27* „Das ist wahr, Herr", erwiderte sie, „aber die Hündchen unter dem Tisch dürfen doch die Brotkrumen fressen, die ihre Herren fallen lassen." *28* Da sagte Jesus zu ihr: „Frau, dein Vertrauen ist groß! Was du willst, soll geschehen!" Von diesem Augenblick an war ihre Tochter gesund.

4000 Menschen werden satt

29 Jesus zog weiter und ging zum See von Galiläa zurück. Dort stieg er auf einen Berg und setzte sich. *30* Da strömten Scharen von Menschen herbei und brachten Gelähmte, Blinde, Krüppel, Stumme und viele andere Kranke zu ihm und legten sie vor seinen Füßen nieder. Er heilte sie alle, *31* sodass die Leute nicht aus dem Staunen herauskamen. Stumme konnten wieder sprechen, Krüppel wurden wiederhergestellt, Gelähmte konnten wieder gehen und Blinde wieder sehen. Und sie priesen den Gott Israels.

32 Da rief Jesus die Jünger zu sich und sagte: „Diese Leute tun mir sehr leid. Seit drei Tagen sind sie hier bei mir und haben nichts zu essen. Ich will sie nicht hungrig nach Hause schicken, damit sie nicht unterwegs zusammenbrechen." *33* „Wo sollen wir denn hier in der Einöde so viel Brot hernehmen, um diese Menschen alle satt zu machen?", fragten die Jünger. *34* Doch Jesus fragte zurück: „Wie viele Brote habt ihr?" – „Sieben", antworteten sie, „und ein paar kleine Fische." *35* Da forderte er die Leute auf, sich auf die Erde zu setzen. *36* Er nahm die sieben Fladenbrote und die Fische, dankte Gott dafür, brach sie in Stücke und gab sie seinen Jüngern zum Austeilen. Die Jünger verteilten sie an die Menge, *37* und die Leute aßen, bis sie satt waren. Am Schluss sammelten sie auf, was übrig geblieben war: sieben Körbe voll. *38* Viertausend Männer hatten an der Mahlzeit teilgenommen, Frauen und Kinder nicht gerechnet. *39* Als Jesus die Leute dann nach Hause geschickt hatte, stieg er ins Boot und fuhr in die Gegend von Magadan[a].

Jesus verweigert ein Zeichen

16 *1* Da kamen die Pharisäer und Sadduzäer zu Jesus. Sie wollten ihn auf die Probe stellen und verlangten ein Zeichen vom Himmel. *2* Er erwiderte: „Wenn sich der Himmel am Abend rot färbt, sagt ihr: ‚Es gibt schönes Wetter.' *3* Doch wenn er sich am Morgen rot färbt und trübe ist, sagt ihr: ‚Heute gibt es Sturm.' Das Aussehen des Himmels könnt ihr richtig einschätzen. Wieso könnt ihr

dann die Zeichen dieser Zeit nicht beurteilen? *4* Eine verdorbene Generation, die von Gott nichts wissen will, verlangt nach einem Zeichen! Doch es wird ihnen keins gegeben werden, nur das des Propheten Jona." Damit ließ er sie stehen und ging weg.

Gefährlicher Sauerteig

5 Bei der Fahrt auf die andere Seite des Sees hatten die Jünger vergessen, Brot mitzunehmen. *6* Als Jesus nun warnend sagte: „Hütet euch vor dem Sauerteig der Pharisäer und Sadduzäer!", *7* dachten sie, er sage das, weil sie kein Brot mitgenommen hatten. *8* Als Jesus merkte, was sie beschäftigte, sagte er: „Was macht ihr euch Gedanken darüber, dass ihr kein Brot habt? Ihr Kleingläubigen! *9* Begreift ihr es immer noch nicht? Erinnert ihr euch nicht daran, wie viel Körbe voll Brotstücke ihr eingesammelt habt, als ich die fünf Brote für die Fünftausend austeilte? *10* Und bei den sieben Broten für die Viertausend, wie viel Körbe voll Brocken habt ihr da eingesammelt? *11* Begreift ihr denn immer noch nicht, dass ich nicht vom Brot zu euch geredet habe, als ich euch vor dem Sauerteig der Pharisäer und Sadduzäer warnte?" *12* Da endlich verstanden sie, dass er die Lehre der Pharisäer und Sadduzäer gemeint hatte und nicht den Sauerteig, der zum Brotbacken verwendet wird.

Der Messias und das Kreuz

13 Als Jesus in das Gebiet von Cäsarea Philippi[b] kam, fragte er seine Jünger:

a 15,39: *Magadan* bedeutet „die (glücklichen) Wasser des Gad". Markus 8,10 gebraucht den Begriff *Dalmanuta*. Beides deutet auf Tabgha hin, das damals zu Kafarnaum gehörte. Der Platz, zwei Kilometer südlich von Kafarnaum in der Nähe von sieben Quellen, war der Ort, an den sich Jesus gern zurückzog.

b 16,13: *Cäsarea Philippi.* Philippus II. hatte die Stadt Paneas am südwestlichen Abhang des Hermon im Quellgebiet

„Für wen halten die Leute den Menschensohn?" *14* „Einige halten dich für Johannes den Täufer", antworteten sie, „andere für Elija und wieder andere für Jeremia oder einen der alten Propheten." *15* „Und ihr", fragte er weiter, „für wen haltet ihr mich?" *16* „Du bist der Messias", erwiderte Petrus, „der Sohn des lebendigen Gottes." *17* Darauf sagte Jesus zu ihm: „Wie glücklich bist du, Simon Bar-Jona[a]; denn das hat dir mein Vater im Himmel offenbart. Von einem Menschen konntest du das nicht haben. *18* Deshalb sage ich dir jetzt: Du bist Petrus[b], und auf diesen Felsen[c] werde ich meine Gemeinde bauen, und alle Mächte des Todes können ihr nichts anhaben. *19* Ich werde dir die Schlüssel zu dem Reich geben, in dem der Himmel regiert. Was du auf der Erde bindest, wird im Himmel gebunden sein, und was du auf der Erde löst, das wird im Himmel gelöst sein.[d]"

20 Anschließend schärfte Jesus seinen Jüngern ein, niemand zu sagen, dass er der Messias sei. *21* Und dann begann er ihnen klarzumachen, dass er nach Jerusalem gehen und dort von den Ratsältesten, den Hohen Priestern und Gesetzeslehrern vieles erleiden müsse. „Ich muss getötet werden", sagte er, „und am dritten Tag[e] werde ich auferweckt." *22* Da nahm Petrus ihn beiseite und fuhr ihn an. „Niemals, Herr!", sagte er. „Das darf auf keinen Fall mit dir geschehen!" *23* Doch Jesus drehte sich um und sagte zu Petrus: „Geh mir aus den Augen, du Satan! Du willst mich zu Fall bringen. Was du denkst, kommt nicht von Gott, sondern von Menschen."

24 Dann sagte Jesus zu seinen Jüngern: „Wenn jemand mein Jünger sein will, dann muss er sich selbst verleugnen, er muss sein Kreuz aufnehmen und mir folgen. *25* Denn wer sein Leben[f] unbedingt bewahren will, wird es verlieren. Wer aber sein Leben meinetwegen verliert, der wird es gewinnen. *26* Denn was hat ein Mensch davon, wenn er die ganze Welt gewinnt, dabei aber das Leben einbüßt? Was könnte er schon als Gegenwert für sein Leben geben?

27 Denn der Menschensohn wird in der Herrlichkeit seines Vaters mit seinen Engeln kommen und jedem nach seinem Tun vergelten. *28* Ich versichere euch: Einige von denen, die hier stehen, werden nicht sterben,

---

des Jordan zur Hauptstadt seines Herrschaftsgebietes gemacht und zu Ehren des Kaisers Cäsarea genannt. Die Stadt, die aus einer Anhäufung kleinerer Siedlungseinheiten bestand, lag etwa 45 km nördlich von Betsaida.

a 16,17: *Bar* heißt auf Aramäisch *Sohn*.

b 16,18: *Petrus*. Griechisch: *petros = Stein* oder *Felsbrocken*.

c 16,18: *Felsen*. Griechisch: *petra = Felsmassiv*.

d 16,19: *Binden und Lösen*. Vergleiche die Fußnote zu Matthäus 18,18.

e 16,21: *am dritten Tag*. Nach jüdischer Zählweise bedeutet das nicht drei, sondern zwei Tage später, weil die angebrochenen Tage gewöhnlich als volle Tage gerechnet wurden. Am ersten Tag würde er sterben, am dritten Tag auferstehen.

f 16,25: *Leben*. Wörtlich: *psyche = Leben* und Seele bzw. das wahre Selbst, die Persönlichkeit.

bis sie den Menschensohn in seiner Königswürde haben kommen sehen."

Zeugen seiner Herrlichkeit

17 ¹ Sechs Tage später nahm Jesus Petrus, Jakobus und dessen Bruder Johannes mit und führte sie auf einen hohen Bergᵍ, wo sie allein waren. *2* Dort, vor ihren Augen, veränderte sich sein Aussehen. Sein Gesicht begann zu leuchten wie die Sonne, und seine Kleidung wurde blendend weiß wie das Licht. *3* Dann erschienen Mose und Elija vor ihnen und fingen an, mit Jesus zu reden. *4* „Herr, wie gut, dass wir hier sind!", rief Petrus da, „wenn du willst, werde ich hier drei Hütten bauen: eine für dich, eine für Mose und eine für Elija." *5* Während er noch redete, fiel der Schatten einer lichten Wolke auf sie, und aus der Wolke sagte eine Stimme: „Das ist mein lieber Sohn, an dem ich meine Freude habe. Hört auf ihn!" *6* Diese Stimme versetzte die Jünger in solchen Schrecken, dass sie sich zu Boden warfen, mit dem Gesicht zur Erde. *7* Da trat Jesus zu ihnen, rührte sie an und sagte: „Steht auf! Ihr müsst keine Angst haben." *8* Als sie sich umschauten, sahen sie niemand mehr. Nur Jesus war noch bei ihnen.

9 Während sie den Berg hinabstiegen, sagte Jesus den drei Jüngern mit Nachdruck: „Sprecht mit niemand über das, was ihr gesehen habt, bis der Menschensohn von den Toten auferstanden ist!" *10* Da fragten ihn die Jünger: „Warum behaupten die Gesetzeslehrer, dass Elija zuerst kommen muss?" *11* „Das stimmt schon, Elija kommt zuerst", erwiderte Jesus, „und er wird alles wiederherstellen. *12* Aber ich sage euch, Elija ist schon gekommen, doch sie haben ihn nicht erkannt, sondern mit ihm gemacht, was sie wollten. Genauso wird auch der Menschensohn durch sie zu leiden haben." *13* Da verstanden die Jünger, dass er von Johannes dem Täufer sprach.

Mangelndes Vertrauen

14 Als sie zu der Menschenmenge zurückkehrten, kam ein Mann zu Jesus. Er warf sich vor ihm auf die Knie *15* und sagte: „Herr, erbarme dich über meinen Sohn. Er hat schwere Anfälle und leidet furchtbar. Oft fällt er sogar ins Feuer oder ins Wasser. *16* Ich habe deine Jünger gebeten, ihn zu heilen, aber sie konnten es nicht." *17* „Was seid ihr nur für ein ungläubiges und verkehrtes Geschlecht!", sagte Jesus zu ihnen. „Wie lange muss ich denn noch bei euch sein und euch ertragen? Bring deinen Sohn her!" *18* Jesus bedrohte den bösen Geist, der den Jungen in seiner Gewalt hatte; da verließ er ihn. Von diesem Augenblick an war der Junge gesund. *19* Als sie später wieder unter sich waren, fragten die Jünger Jesus: „Warum haben wir den Dämon nicht austreiben können?" *20* „Wegen eures

---

g 17,1: *Berg.* Traditionell wird darunter der Berg Tabor in Galiläa verstanden, doch zur Zeit Jesu befand sich auf dessen runder Kuppe eine befestigte Burg – kein Ort, wo man allein sein konnte. Die vorherige Erwähnung von Cäsarea Philippi verweist eher auf den Berg Hermon nordöstlich dieses Ortes, und wir sollten uns das Geschehen an einem der Hänge jenes majestätischen Berges vorstellen.

Kleinglaubens", antwortete er. „Ich versichere euch: Wenn euer Vertrauen nur so groß wäre wie ein Senfkorn, könntet ihr zu diesem Berg sagen: ‚Rück weg von hier nach dort!' Und er wird wegrücken. Nichts wird euch unmöglich sein." (21)[a]

22 Als sie durch Galiläa zogen, sagte Jesus zu ihnen: „Der Menschensohn wird bald in der Gewalt von Menschen sein, 23 und die werden ihn töten. Aber am dritten Tag wird er auferstehen." Da wurden die Jünger sehr traurig.

Tempelsteuer

24 Als sie nach Kafarnaum kamen, traten die Beauftragten für die Tempelsteuer[b] zu Petrus und fragten: „Zahlt euer Rabbi eigentlich keine Tempelsteuer?" 25 „Natürlich!", sagte Petrus. Doch als er dann ins Haus kam, sprach Jesus ihn gleich an: „Was meinst du Simon, von wem erheben die Könige der Erde Zölle oder Steuern? Von ihren eigenen Söhnen oder von den anderen Leuten?" 26 „Von den anderen Leuten", sagte Petrus. Da sagte Jesus zu ihm: „Also sind die Söhne davon befreit. 27 Damit wir sie aber nicht vor den Kopf stoßen, geh an den See und wirf die Angel

aus. Öffne dem ersten Fisch, den du fängst, das Maul. Dort wirst du einen Stater[c] finden. Nimm ihn und bezahle damit die Tempelsteuer für mich und für dich."

Der Größte

18 1 Etwa zu dieser Zeit kamen die Jünger zu Jesus und fragten: „Wer ist eigentlich der Größte im Reich des Himmels?" 2 Da rief Jesus ein Kind herbei, stellte es in ihre Mitte 3 und sagte: „Ich versichere euch: Wenn ihr nicht umkehrt und wie die Kinder werdet, könnt ihr nicht in das Reich kommen, in dem der Himmel regiert. 4 Darum ist einer, der es auf sich nimmt, von den Menschen so gering dazustehen wie dieses Kind, der Größte in diesem Reich. 5 Und wer einen solchen Menschen in meinem Namen aufnimmt, nimmt mich auf.

6 Wer aber einen von diesen Geringgeachteten, die an mich glauben, zu Fall bringt, für den wäre es besser, wenn er mit einem Mühlstein[d] um den Hals ins tiefe Meer geworfen würde. 7 Weh der Welt wegen all der Dinge, durch die Menschen zu Fall kommen! Es ist zwar unausweichlich, dass solche Dinge geschehen, doch weh dem Menschen, der daran schuld ist! 8 Und wenn es deine Hand oder dein Fuß ist, die dich zum Bösen verführen, dann hack sie ab und wirf sie weg! Es

---

a 17,21: Spätere Handschriften haben hier eingefügt: „Diese Art von Dämonen aber kann nur durch Beten und Fasten ausgetrieben werden."

b 17,24: Tempelsteuer. Wörtlich: Doppeldrachme, das ist der Betrag, den jeder männliche Jude jedes Jahr im Februar/ März für den Tempel zu zahlen hatte. Er entsprach dem Wert von zwei Tagelöhnen eines Arbeiters.

c 17,27: Stater. Silbermünze im Wert von vier Drachmen.

d 18,6: Mühlstein. Wörtlich: Eselsmühlstein, gemeint ist der obere Mühlstein, der bei einer großen Mühle nicht von Menschen, sondern von einem Esel bewegt wurde.

ist besser, du gehst verstümmelt oder als Krüppel ins Leben ein, als mit beiden Händen und beiden Füßen in die Hölle zu kommen, in das ewige Feuer. 9 Und wenn es dein Auge ist, das dich verführt, so reiß es heraus und wirf es weg! Es ist besser für dich, du gehst einäugig in das Leben ein, als dass du beide Augen behältst und in das Feuer der Hölle geworfen wirst.

10 Hütet euch davor, einen dieser Geringgeachteten überheblich zu behandeln! Denn ich sage euch: Ihre Engel im Himmel haben jederzeit Zugang zu meinem himmlischen Vater. (11)ᵉ 12 Was meint ihr? Wenn jemand hundert Schafe hat und eins davon verirrt sich, lässt er dann nicht die neunundneunzig in den Bergen zurück und zieht los, um das verirrte Schaf zu suchen? 13 Und wenn er es dann findet – ich versichere euch: Er wird sich über das eine Schaf mehr freuen als über die neunundneunzig, die sich nicht verlaufen haben. 14 Genauso ist es bei eurem Vater im Himmel: Er will nicht, dass auch nur einer von diesen Geringgeachteten ins Verderben geht."

Der Bruder

15 „Wenn dein Bruder sündigt, dann geh zu ihm und stell ihn unter vier Augen zur Rede. Wenn er mit sich reden lässt, hast du deinen Bruder zurückgewonnen. 16 Wenn er nicht auf dich hört, dann nimm einen oder zwei andere mit und geht noch einmal

zu ihm, damit alles von zwei oder drei Zeugen bestätigt wird. 17 Wenn er auch dann nicht hören will, bring die Angelegenheit vor die Gemeinde. Wenn er nicht einmal auf die Gemeinde hört, dann behandelt ihn wie einen Gottlosen oder Betrüger.

18 Ich versichere euch: Alles, was ihr hier auf der Erde binden werdet, wird im Himmel gebunden sein, und was ihr auf der Erde lösen werdet, wird im Himmel gelöst sein.ᶠ 19 Und auch das versichere ich euch: Wenn zwei von euch hier auf der Erde sich einig werden, irgendeine Sache zu erbitten, dann wird sie ihnen von meinem Vater im Himmel gegeben werden. 20 Denn wo zwei oder drei in meinem Namen zusammenkommen, da bin ich in ihrer Mitte."

21 Dann kam Petrus zu Jesus und fragte: „Herr, wie oft darf mein Bruder gegen mich sündigen und ich muss ihm vergeben? Siebenmal?" 22 „Nein", antwortete Jesus, „nicht siebenmal, sondern siebenundsiebzig Mal.ᵍ 23 Deshalb ist es mit der Himmelsherrschaft wie mit einem König, der von seinen Dienern Rechenschaft verlangte.24 Gleich am Anfang brachte

---

e 18,11: Einige spätere Handschriften haben hier wie Lukas 19,10 eingefügt: „Denn der Menschensohn ist gekommen, das Verlorene zu retten."

f 18,18: Die Bedeutung der Ausdrücke *binden* und *lösen* ist umstritten. Manche deuten sie auf die Lehrautorität – *verbieten* und *erlauben*, andere auf die Gemeinde – *ausschließen* und *aufnehmen*, und wieder andere auf *vergeben* und die *Vergebung verweigern* (evtl. durch Verkündigung oder Nichtverkündigung des Evangeliums).

g 18,22: *siebenundsiebzig Mal.* Andere übersetzen mit Einfügung eines zweiten „mal": *siebzig mal siebenmal.* Siehe aber das biblische Gegenstück in 1. Mose 4,24!

man einen zu ihm, der ihm zehntausend Talente[a] schuldete. *25* Und weil er nicht zahlen konnte, befahl der Herr, ihn mit seiner Frau, den Kindern und seinem ganzen Besitz zu verkaufen, um die Schuld zu begleichen. *26* Der Mann warf sich vor ihm nieder und bat ihn auf Knien: ‚Herr, hab Geduld mit mir! Ich will ja alles bezahlen.' *27* Da bekam der Herr Mitleid. Er gab ihn frei und erließ ihm auch noch die ganze Schuld. *28* Doch kaum war der Diener zur Tür hinaus, traf er einen anderen Diener, der ihm hundert Denare schuldete. Er packte ihn an der Kehle, würgte ihn und sagte: ‚Bezahle jetzt endlich deine Schulden!' *29* Da warf sich der Mann vor ihm nieder und bat ihn: ‚Hab Geduld mit mir! Ich will ja alles bezahlen.' *30* Er aber wollte nicht, sondern ließ ihn auf der Stelle ins Gefängnis werfen, bis er ihm die Schulden bezahlt hätte. *31* Als die anderen Diener das sahen, waren sie entsetzt. Sie gingen zu ihrem Herrn und berichteten ihm alles. *32* Da ließ sein Herr ihn rufen und sagte zu ihm: ‚Was bist du für ein böser Mensch! Deine ganze Schuld habe ich dir erlassen, weil du mich angefleht hast. *33* Hättest du nicht auch mit diesem anderen Diener Erbarmen haben müssen, so wie ich es mit dir gehabt habe?' *34* Der König war so zornig, dass er ihn den Folterknechten übergab, bis er alle seine Schulden zurückgezahlt haben würde. *35* So wird auch mein Vater im Himmel jeden von euch behandeln, der seinem Bruder nicht von Herzen vergibt."

Ehescheidung

19 *1* Als Jesus diese Rede beendet hatte, zog er weiter. Er verließ Galiläa und kam in das Gebiet von Judäa und das Ostjordanland. *2* Die Menschen kamen in Scharen zu ihm, und er heilte sie. *3* Dann kamen einige Pharisäer und wollten ihm eine Falle stellen. Sie fragten: „Darf ein Mann aus jedem beliebigen Grund seine Frau aus der Ehe entlassen?" *4* „Habt ihr nie gelesen", erwiderte Jesus, „dass Gott die Menschen von Anfang an als Mann und Frau geschaffen hat?[b] *5* Und dass er dann sagte: ‚Deshalb wird ein Mann seinen Vater und seine Mutter verlassen und sich an seine Frau binden, und die zwei werden völlig eins sein.'[c] *6* Sie sind also nicht mehr zwei, sondern eins. Und was Gott so zusammengebracht hat, sollen Menschen nicht scheiden!" *7* „Warum hat Mose dann aber gesagt", entgegneten sie, „dass man der Frau einen Scheidebrief ausstellen soll,[d] bevor man sie wegschickt?" *8* Jesus erwiderte: „Nur, weil ihr so harte Herzen habt, hat Mose euch erlaubt, eure Frauen wegzuschicken. Von Anfang an ist das aber nicht so gewesen. *9* Doch ich sage euch: Wer sich von seiner Frau trennt und eine andere heiratet – es sei denn, sie wäre ihm untreu

---

a 18,24: *Talente*. Größte damalige Geldeinheit. 1 *Talent* = 6000 Denare = Arbeitslohn für 20 Jahre Arbeit. 10 000 Talente wäre also eine Schuld von 200 000 Jahren Arbeit.

b 19,4: 1. Mose 1,27; 5,2.

c 19,5: 1. Mose 2,24

d 19,7: 5. Mose 24,1

geworden –, begeht Ehebruch. Auch wer eine Geschiedene heiratet, begeht Ehebruch.""[e] 10 Da sagten die Jünger: „Dann wäre es ja besser, gar nicht zu heiraten!" 11 Jesus erwiderte: „Das ist etwas, was nicht alle fassen können, sondern nur die, denen es von Gott gegeben ist. 12 Manche sind nämlich von Geburt an unfähig zur Ehe, andere sind es durch einen späteren Eingriff geworden, und wieder andere verzichten von sich aus auf die Ehe, weil sie ganz für das Reich da sein wollen, in dem der Himmel regiert. Wer es fassen kann, der fasse es!"

Jesus und die Kinder

13 Danach wurden Kinder zu Jesus gebracht, damit er ihnen die Hände auflege und für sie bete. Doch die Jünger wiesen sie unfreundlich ab. 14 Aber Jesus sagte: „Lasst doch die Kinder zu mir kommen, und hindert sie nicht daran! Das Himmelreich ist ja gerade für solche wie sie bestimmt." 15 Und er legte den Kindern die Hände auf. Dann zog er weiter.

Nachfolge und Reichtum

16 Da kam ein Mann zu ihm und fragte: „Rabbi, was muss ich Gutes tun, um das ewige Leben zu bekommen?" 17 „Was fragst du mich nach dem Guten?", entgegnete Jesus. „Gut ist nur einer. Doch wenn du das Leben bekommen willst, dann halte die Gebote!" 18 „Welche denn?", fragte der Mann. Jesus antwortete: „Du sollst nicht morden, nicht die Ehe brechen,

nicht stehlen und keine Falschaussagen machen. 19 Ehre deinen Vater und deine Mutter, und liebe deinen Nächsten wie dich selbst!" 20 Der junge Mann erwiderte: „Das alles habe ich befolgt. Was fehlt mir noch?" 21 „Wenn du vollkommen sein willst", sagte Jesus zu ihm, „dann geh, und verkaufe alles, was du hast, und gib den Erlös den Armen – du wirst dann einen Schatz im Himmel haben –, und komm, folge mir nach!" 22 Als der junge Mann das hörte, ging er traurig weg, denn er hatte ein großes Vermögen. 23 Da sagte Jesus zu seinen Jüngern: „Ich versichere euch: Für einen Reichen ist es schwer, in das Reich hineinzukommen, in dem der Himmel regiert. 24 Ich sage es noch einmal: Eher kommt ein Kamel durch ein Nadelöhr als ein Reicher in Gottes Reich." 25 Als die Jünger das hörten, gerieten sie völlig außer sich und fragten: „Wer kann dann überhaupt gerettet werden?" 26 Jesus blickte sie an und sagte: „Für Menschen ist das unmöglich, nicht aber für Gott. Für Gott ist alles möglich."

27 Da erklärte Petrus: „Du weißt, wir haben alles verlassen und sind dir gefolgt. Was werden wir dafür bekommen?" 28 „Ich versichere euch", erwiderte Jesus, „wenn der Menschensohn in der kommenden Welt auf dem Thron seiner Herrlichkeit sitzt, werdet auch ihr, die ihr mir gefolgt seid, auf zwölf Thronen sitzen, um die zwölf Stämme Israels zu richten. 29 Und jeder, der meinetwegen Haus, Brüder, Schwestern, Vater, Mutter, Kinder oder Äcker verlassen hat, bekommt es hundertfach zurück und wird das ewige Leben erhalten. 30 Aber viele, die jetzt

e 19,9: Der letzte Satz fehlt in namhaften Handschriften.

die Großen sind, werden dann die Geringsten sein, und die jetzt die Letzten sind, werden dann die Ersten sein."

Arbeiter im Weinberg

20 *1* „Denn mit dem Reich, in dem der Himmel regiert, ist es wie mit einem Gutsherrn, der sich früh am Morgen aufmachte, um Arbeiter für seinen Weinberg einzustellen. *2* Er einigte sich mit ihnen auf den üblichen Tageslohn von einem Denar und schickte sie in seinen Weinberg. *3* Als er mitten am Vormittag[a] noch einmal auf den Marktplatz ging, sah er dort noch andere arbeitslos herumstehen. *4* ‚Ihr könnt in meinem Weinberg arbeiten‘, sagte er zu ihnen, ‚ich werde euch dafür geben, was recht ist.‘ *5* Da gingen sie an die Arbeit. Genauso machte er es um die Mittagszeit und am Nachmittag.[b] *6* Als er am späten Nachmittag[c] das letzte Mal hinausging, fand er immer noch einige herumstehen. ‚Warum tut ihr den ganzen Tag nichts?‘, fragte er sie. *7* ‚Weil uns niemand eingestellt hat‘, gaben sie zur Antwort. ‚Ihr könnt auch noch in meinem Weinberg arbeiten!‘, sagte der Gutsherr.

8 Am Abend sagte er dann zu seinem Verwalter: ‚Ruf die Arbeiter zusammen und zahle ihnen den Lohn aus. Fang bei denen an, die zuletzt gekommen sind, und hör bei den Ersten auf.‘ *9* Die Männer, die erst am späten Nachmittag angefangen hatten, bekamen je einen Denar. *10* Als nun die Ersten an der Reihe waren, dachten sie, sie würden mehr erhalten. Aber auch sie bekamen je einen Denar. *11* Da murrten sie und beschwerten sich beim Gutsherrn. *12* ‚Diese da, die zuletzt gekommen sind‘, sagten sie, ‚haben nur eine Stunde gearbeitet, und du behandelst sie genauso wie uns. Dabei haben wir den ganzen Tag über geschuftet und die Hitze ertragen.‘ *13* Da sagte der Gutsherr zu einem von ihnen: ‚Mein Freund, ich tue dir kein Unrecht. Hatten wir uns nicht auf einen Denar geeinigt? *14* Nimm dein Geld und geh! Ich will nun einmal dem Letzten hier genauso viel geben wie dir. *15* Darf ich denn mit meinem Geld nicht machen, was ich will? Oder bist du neidisch, weil ich so gütig bin?‘ *16* – So wird es kommen, dass die Letzten die Ersten sind und die Ersten die Letzten."

Der bittere Becher

17 Auf dem Weg nach Jerusalem hinauf nahm Jesus die zwölf Jünger beiseite und sagte zu ihnen: *18* „Passt auf, wenn wir jetzt nach Jerusalem kommen, wird der Menschensohn an die Hohen Priester und die Gesetzeslehrer ausgeliefert. Die werden ihn zum Tod verurteilen *19* und den Fremden übergeben, die Gott nicht kennen. Diese werden ihren Spott mit ihm treiben, ihn auspeitschen und töten. Aber am dritten Tag wird er wieder auferstehen."

20 Da trat die Mutter der Zebedäussöhne in Begleitung ihrer Söhne an Jesus heran und warf sich vor ihm nieder. Sie wollte etwas von ihm erbitten. *21* „Was möchtest du?", fragte er. Sie

---

a 20,3: Wörtlich: um die dritte Stunde.

b 20,5: Wörtlich: um die sechste und neunte Stunde.

c 20,6: Wörtlich: um die elfte Stunde

antwortete: „Erlaube doch, dass meine beiden Söhne in deinem Reich links und rechts neben dir sitzen!" *22* Aber Jesus erwiderte: „Ihr wisst nicht, was ihr da verlangt! Könnt ihr den bitteren Becher austrinken, den ich trinken werde?" – „Ja, das können wir", erklärten sie. *23* Jesus erwiderte: „Aus dem Leidensbecher, den ich austrinken muss, werdet ihr auch trinken, aber ich kann trotzdem nicht bestimmen, wer auf den Plätzen links und rechts von mir sitzen wird. Das hat mein Vater entschieden."

24 Die anderen zehn hatten das Gespräch mit angehört und ärgerten sich über die beiden Brüder. *25* Da rief Jesus sie zu sich und sagte: „Ihr wisst, wie die Herrscher sich als Herren aufspielen und die Großen ihre Macht missbrauchen. *26* Bei euch aber soll es nicht so sein. Wer bei euch groß sein will, soll euer Diener sein, *27* und wer bei euch der Erste sein will, soll euer Sklave sein. *28* Auch der Menschensohn ist nicht gekommen, um sich bedienen zu lassen, sondern um zu dienen und sein Leben als Lösegeld für viele zu geben."

Erbarmen

29 Als Jesus mit seinen Jüngern und einer großen Menschenmenge Jericho wieder verließ, *30* saßen da zwei Blinde am Weg. Sie hörten, dass Jesus vorbeikam, und riefen laut: „Herr, Sohn Davids, hab Erbarmen mit uns!" *31* Die Leute fuhren sie an, still zu sein. Doch sie schrien nur umso lauter: „Herr, Sohn Davids, hab Erbarmen mit uns!" *32* Jesus blieb stehen und ließ sie rufen. „Was möchtet ihr von mir?", fragte er sie. *33* „Herr",

sagten die Blinden, „wir möchten sehen können!" *34* Da hatte Jesus Mitleid mit ihnen und berührte ihre Augen. Im gleichen Augenblick konnten sie sehen, und von da an folgten sie Jesus.

Triumphzug nach Jerusalem

21 *1* Als sie in die Nähe von Jerusalem kamen, kurz vor Betfage[d] am Ölberg, schickte Jesus zwei Jünger voraus. *2* „Geht in das Dorf", sagte er, „das ihr dort vor euch seht! Gleich, wenn ihr hineingeht, werdet ihr eine Eselin angebunden finden und ein Fohlen bei ihr. Bindet sie los und bringt sie her. *3* Sollte jemand etwas zu euch sagen, dann antwortet einfach: ‚Der Herr braucht sie und wird sie nachher gleich wieder zurückbringen lassen.'" *4* Das geschah, weil sich erfüllen sollte, was der Prophet gesagt hat:

5 „Sagt der Tochter Zion[e]: / Dein König kommt zu dir. / Er ist sanftmütig und reitet auf einem Esel, / und zwar auf dem Fohlen, dem Jungen des Lasttiers."[f]

6 Die beiden machten sich auf den Weg und führten alles so aus, wie Jesus es ihnen aufgetragen hatte. *7* Sie brachten die Eselin und das Fohlen.

---

d 21,1: *Betfage.* „Haus der unreifen Feigen", Dorf am östlichen Abhang des Ölbergs, 1,5 km von Jerusalem entfernt.

e 21,5: *Zion.* Einer der Hügel von Jerusalem, oft als Bezeichnung für die ganze Stadt gebraucht.

f 21,5: Sacharja 9,9

Dann legten sie ihre Umhänge[a] über die Tiere, und er setzte sich auf das Fohlen. *8* Sehr viele Menschen breiteten jetzt ihre Umhänge auf den Weg aus, andere hieben Zweige von den Bäumen ab und legten sie auf den Weg. *9* Die Leute, die vorausliefen, und auch die, die Jesus folgten, riefen: „Hosanna[b] dem Sohn Davids! Gesegnet sei er, der kommt im Namen des Herrn! Hosanna, Gott in der Höhe!" *10* Als Jesus in Jerusalem einzog, kam die ganze Stadt in Aufregung, und alle fragten: „Wer ist dieser Mann?" *11* Die Menge, die Jesus begleitete, antwortete: „Das ist der Prophet Jesus aus Nazaret in Galiläa."

Tempelreinigung

12 Jesus ging in den Tempel und fing an, die Händler und die Leute, die bei ihnen kauften, hinauszujagen. Die Tische der Geldwechsler und die Sitze der Taubenverkäufer stieß er um. *13* „In der Schrift heißt es:", rief er, „Mein Haus soll ein Ort des Gebets sein. Aber ihr habt eine Räuberhöhle daraus gemacht.'"[c] *14* Als er im Tempel war, kamen Blinde und Gelähmte zu ihm, und er machte sie gesund. *15* Als die Hohen Priester und Gesetzeslehrer die Wunder sahen, die er tat, und den Jubel der Kinder hörten, die im Tempel riefen: „Hosanna dem Sohn Davids!", wurden sie wütend *16* und sagten zu Jesus: „Hörst du, was die da schreien?" – „Gewiss", erwiderte Jesus, „aber habt ihr denn nie gelesen: ,Unmündigen und kleinen Kindern hast du dein Lob in den Mund gelegt'[d]?" *17* Er ließ sie stehen und ging aus der Stadt nach Betanien[e], um dort zu übernachten.

Vollmacht von Gott

18 Als er am Morgen in die Stadt zurückkehrte, hatte er Hunger. *19* Da sah er einen einzelnen Feigenbaum am Weg stehen. Er ging auf ihn zu, fand aber nur Blätter daran.[f] Da sagte Jesus zu dem Baum: „Nie wieder sollst du Früchte tragen!" Und augenblicklich verdorrte der Feigenbaum. *20* Als die Jünger das sahen, fragten

---

a 21,7: *Umhänge* oder Mäntel. Großes quadratisches Stück festen Stoffs, das über dem Untergewand (eine Art Hemd, das bis zu den Knien reichte) getragen wurde. Man konnte auch Gegenstände darin tragen, und die Armen, z. B. Hirten, wickelten sich nachts darin ein.

b 21,9: *Hosanna*. Hebräisch: *Hilf doch!* Aus Psalm 118,25 stammender Hilferuf an Gott, der als feststehende Formel und schließlich auch als Lobpreis verwendet wurde.

c 21,13: Mischzitat aus Jesaja 56,7 und Jeremia 7,11.

d 21,16: Psalm 8,3

e 21,17: *Betanien.* „Haus des Ananja", 3 km östlich von Jerusalem, einer der drei Orte, in denen nach der Tempelrolle von Qumran Aussätzige wohnen sollten.

f 21,19: *nur Blätter daran.* Jesus suchte nach den kleinen, trockenen „Vorfeigen" (*paggim*), die aus Blütenanlagen des Vorjahres entstehen und schon Anfang April unter den neuen Trieben des Baumes zu finden sind. Sie werden dann abgeworfen, wenn später an der gleichen Stelle die sogenannten „Frühfeigen" (*bikkurah*) wachsen, die Anfang Juni reif sind. Im August sind dann die Feigen reif, die an den neuen Trieben gewachsen sind (*tena*).

sie erstaunt: „Wie konnte der Feigenbaum so plötzlich verdorren?" *21* Jesus antwortete: „Ich versichere euch:
Wenn ihr Vertrauen zu Gott habt und
nicht zweifelt, könnt ihr nicht nur das
tun, was ich mit dem Feigenbaum getan habe; ihr könnt dann sogar zu
diesem Berg hier sagen: ‚Heb dich
hoch und stürz dich ins Meer!', und
es wird geschehen. *22* Alles, was ihr
beim Beten erbittet, werdet ihr bekommen, wenn ihr glaubt."

23 Als Jesus in den Tempel ging
und anfing, dort zu lehren, traten die
Hohen Priester und Ältesten des Volkes zu ihm und fragten: „Mit welchem
Recht tust du das alles? Wer hat dir
die Vollmacht dazu gegeben?" *24* „Ich
euch nur eine Frage stellen", erwiderte
Jesus, „wenn ihr sie mir beantwortet,
werde ich euch sagen, wer mir die
Vollmacht gegeben hat, so zu handeln.
25 Taufte Johannes im Auftrag Gottes
oder im Auftrag von Menschen?" Sie
überlegten miteinander: „Wenn wir
sagen, ‚im Auftrag Gottes', wird er fragen: ‚Warum habt ihr ihm dann nicht
geglaubt?' *26* Wenn wir aber sagen:
‚Von Menschen', dann müssen wir uns
vor dem Volk fürchten, denn sie glauben alle, dass Johannes ein Prophet
war." *27* So sagten sie zu Jesus: „Wir
wissen es nicht." – „Nun", erwiderte
Jesus, „dann sage ich euch auch nicht,
von wem ich die Vollmacht habe, das
alles zu tun.

28 Doch was haltet ihr von folgender Geschichte? Ein Mann hatte
zwei Söhne und sagte zu dem älteren:
‚Mein Sohn, geh heute zum Arbeiten
in den Weinberg!' *29* ‚Ich will aber
nicht!', erwiderte der. Aber später bereute er seine Antwort und ging doch.

30 Dem zweiten Sohn gab der Vater
denselben Auftrag. ‚Ja, Vater!', antwortete dieser, ging aber nicht. *31* – Wer
von den beiden hat nun dem Vater
gehorcht?" – „Der Erste", antworteten
sie. Da sagte Jesus zu ihnen: „Ich versichere euch, dass die Zöllner und die
Huren eher ins Reich Gottes kommen
als ihr. *32* Denn Johannes hat euch
den Weg der Gerechtigkeit gezeigt,
aber ihr habt ihm nicht geglaubt. Die
Zöllner und die Huren haben ihm geglaubt. Ihr habt es gesehen und wart
nicht einmal dann bereit, eure Hal-
tung zu ändern und ihm Glauben zu
schenken."

Der Eckstein

33 „Hört noch ein anderes Gleichnis:
Ein Gutsherr legte einen Weinberg
an, zog eine Mauer darum, hob eine
Grube aus, um den Wein darin zu
keltern, und baute einen Wachtturm.
Dann verpachtete er ihn an Winzer
und reiste ins Ausland. *34* Als die Zeit
der Weinlese gekommen war, schickte
er seine Arbeiter zu den Winzern, um
seinen Anteil an der Ernte abzuholen.
35 Doch die Winzer fielen über seine
Arbeiter her; den einen verprügelten
sie, einen anderen schlugen sie tot,
und wieder einen anderen steinigten sie. *36* Da schickte der Gutsherr
noch einmal Arbeiter, mehr als beim
ersten Mal. Aber mit denen machten
sie es genauso. *37* Zuletzt schickte er
seinen Sohn zu ihnen, weil er dachte: ‚Meinen Sohn werden sie sicher
nicht antasten.' *38* Doch als die Winzer den Sohn sahen, sagten sie zueinander: ‚Das ist der Erbe! Kommt,
wir bringen ihn um und behalten
das Land für uns!' *39* So fielen sie

über ihn her, stießen ihn zum Weinberg hinaus und brachten ihn um." *40* – „Was wird nun der Eigentümer des Weinbergs mit diesen Winzern machen, wenn er kommt?", fragte Jesus. *41* „Er wird diesen bösen Leuten ein böses Ende bereiten und den Weinberg an andere verpachten, die ihm den Ertrag pünktlich abliefern", antworteten sie. *42* Da sagte Jesus zu ihnen: „Habt ihr denn nie die Stelle in der Schrift gelesen: ‚Der Stein, den die Fachleute als unbrauchbar verworfen haben, ist zum Eckstein geworden; das hat der Herr getan; es ist ein Wunder für uns'?[a] *43* Deshalb sage ich euch: Das Reich Gottes wird euch weggenommen und einem Volk gegeben werden, das die rechten Früchte hervorbringt. *44* Jeder, der auf diesen Stein fällt, wird zerschmettert, und jeder, auf den er fällt, wird zermalmt." *45* Als die Hohen Priester und die Pharisäer das hörten, war ihnen klar, dass er sie mit diesen Gleichnissen gemeint hatte. *46* Daraufhin hätten sie Jesus am liebsten festgenommen, aber sie fürchteten das Volk, denn das hielt Jesus für einen Propheten.

Die Einladung zur Hochzeit

22 *1* Jesus sagte ihnen noch ein Gleichnis: *2* „Mit der Himmelsherrschaft verhält es sich wie mit einem König, der seinem Sohn die Hochzeit ausrichtete. *3* Als es so weit war, schickte er seine Diener los, um die, die er zum Fest eingeladen hatte, rufen zu lassen. Doch sie wollten nicht kommen. *4* Da schickte er noch einmal Diener los und ließ den Eingeladenen sagen: ‚Das Festmahl ist angerichtet, Ochsen und Mastkälber geschlachtet, alles ist bereit. Beeilt euch und kommt!' *5* Doch sie kümmerten sich überhaupt nicht darum. Der eine hatte auf dem Feld zu tun, der andere im Geschäft. *6* Einige jedoch packten die Boten, misshandelten sie und brachten sie um. *7* Da wurde der König zornig. Er schickte seine Truppen aus, ließ jene Mörder umbringen und ihre Stadt in Brand stecken. *8* Dann sagte er zu seinen Dienern: ‚Das Hochzeitsfest ist vorbereitet, aber die Gäste, die ich eingeladen hatte, waren es nicht wert. *9* Geht jetzt auf die Straßen und ladet alle ein, die ihr trefft.' *10* Das taten sie und holten alle herein, die sie fanden, Böse und Gute. So füllte sich der Hochzeitssaal mit Gästen. *11* Als der König hereinkam, um zu sehen, wer da gekommen war, fand er einen, der kein festliches Gewand anhatte. *12* ‚Mein Freund', sagte er zu ihm, ‚wie bist du überhaupt ohne Festgewand hereingekommen?' Der Mann wusste darauf nichts zu antworten. *13* Da befahl der König seinen Dienern: ‚Fesselt ihm Hände und Füße, und werft ihn hinaus in die Finsternis.' Da wird das große Weinen und Zähneknirschen anfangen. *14* Denn viele sind gerufen, aber nur wenige sind erwählt."

Steuern zahlen?

15 Da kamen die Pharisäer zusammen und berieten, wie sie Jesus mit seinen eigenen Worten in eine Falle locken könnten, *16* und schickten dann ihre Jünger zusammen mit

---

a 21,42: Psalm 118,22-23

einigen Anhängern des Herodes[b] zu ihm. „Rabbi", sagten diese, „wir wissen, dass du aufrichtig bist und uns wirklich zeigst, wie man nach Gottes Willen leben soll. Du fragst nicht nach der Meinung der Leute und bevorzugst niemand. *17* Nun sage uns, was du darüber denkst: Ist es richtig, dem Kaiser Steuern zu zahlen, oder nicht?" *18* Jesus durchschaute ihre Bosheit sofort und sagte: „Ihr Heuchler, warum wollt ihr mir eine Falle stellen? *19* Zeigt mir die Münze, mit der ihr die Steuern bezahlt!" Sie reichten ihm einen Denar[c]. *20* Da fragte er: „Wessen Bild und Name ist darauf?" *21* „Des Kaisers", erwiderten sie. „Nun", sagte Jesus, „dann gebt dem Kaiser, was dem Kaiser gehört, und Gott, was Gott gehört." *22* Über diese Antwort waren sie so verblüfft, dass sie sprachlos weggingen.

Gibt es eine Auferstehung?

23 An diesem Tag kamen auch noch einige der Sadduzäer[d] zu Jesus, die behaupteten, es gäbe keine Auferstehung nach dem Tod. Sie fragten: *24* „Rabbi, Mose hat uns vorgeschrieben: Wenn ein Mann stirbt und keine Kinder hat, dann soll sein Bruder die Frau heiraten und seinem Bruder Nachkommen verschaffen.[e] *25* Nun waren da sieben Brüder. Der Älteste von ihnen heiratete, starb jedoch kinderlos und hinterließ die Frau seinem Bruder. *26* Ebenso ging es auch dem Zweiten, dem Dritten, bis zum Siebten. *27* Zuletzt starb auch die Frau. *28* Wessen Frau wird sie nun nach der Auferstehung sein? Denn alle waren ja mit ihr verheiratet." *29* Jesus erwiderte: „Ihr irrt euch, weil ihr weder die Schrift noch die Kraft Gottes kennt. *30* Denn wenn die Toten auferstehen, heiraten sie nicht mehr, sondern werden wie die Engel im Himmel sein. *31* Was aber die Auferstehung der Toten überhaupt betrifft: Habt ihr nicht gelesen, was Gott euch sagt: *32* ‚Ich bin der Gott Abrahams, der Gott Isaaks und der Gott Jakobs‘[f]? Das heißt doch: Er ist nicht ein Gott von Toten, sondern von Lebenden!" *33* Die ganze Menschenmenge, die ihm zugehört hatte, war von seinen Worten tief beeindruckt.

Fangfragen

34 Als die Pharisäer hörten, dass Jesus die Sadduzäer zum Schweigen gebracht hatte, kamen sie zusammen. *35* Nun versuchte einer von ihnen, ein Gesetzeslehrer, Jesus eine Falle zu stellen. *36* „Was ist das wichtigste Gebot von allen?", fragte er ihn. *37* Jesus antwortete: „„Liebe den Herrn, deinen Gott, von ganzem Herzen, mit ganzer Seele und mit deinem ganzen Verstand!'[g] *38* Das

---

b 22,16: *Anhänger des Herodes.* Jüdische Minderheit, die römerfreundlich eingestellt war und die Herrschaft des Herodes Antipas unterstützte.

c 22,19: *Denar.* Römische Silbermünze, die dem Tageslohn eines gut bezahlten Arbeiters entsprach.

d 22,23: *Sadduzäer.* Politisch einflussreiche, römerfreundliche religiöse Gruppe, deren Mitglieder aus den vornehmen Familien stammten.

e 22,24: 5. Mose 25,5.

f 22,32: 2. Mose 3,6

g 22,37: 5. Mose 6,5

ist das erste und wichtigste Gebot. *39* Das zweite ist ebenso wichtig: ‚Liebe deinen Nächsten wie dich selbst!‘ª *40* Mit diesen beiden Geboten ist alles gesagt, was das Gesetz und die Propheten wollen."

41 Nun fragte Jesus die versammelten Pharisäer: *42* „Was denkt ihr über den Messias? Wessen Sohn ist er?" – „Der Sohn Davids", erwiderten sie. *43* Da sagte Jesus: „Warum hat ihn David dann aber – durch den Heiligen Geist geleitet – Herr genannt? Er sagte nämlich: *44* ‚Der Herr sprach zu meinem Herrn: Setz dich an meine rechte Seite, bis ich deine Feinde zum Fußschemel für dich gemacht habe.‘ᵇ *45* Wenn David ihn also Herr nennt, wie kann er ihn dann gleichzeitig sein Sohn sein?" *46* Keiner konnte ihm darauf eine Antwort geben. Und von da an wagte auch niemand mehr, ihm eine Frage zu stellen.

Pharisäer und Gesetzeslehrer im Urteil von Jesus

23 *1* Dann wandte sich Jesus an die Menschenmenge und an seine Jünger: *2* „Die Gesetzeslehrer und die Pharisäer", sagte er, „sitzen heute auf dem Lehrstuhl des Mose. *3* Richtet euch deshalb nach dem, was sie sagen, folgt aber nicht ihrem Tun. Denn sie selbst handeln nicht nach dem, was sie euch sagen. *4* Sie bürden den Menschen schwere, fast unerträgliche Lasten auf, denken aber nicht daran, die gleiche Last auch nur mit einem Finger anzurühren. *5* Und was sie tun, machen sie nur, um die Leute zu beeindrucken. So machen sie ihre Gebetsriemenᶜ besonders breit und die Quastenᵈ an ihren Gewändern besonders lang. *6* Bei Festessen und in Synagogen lieben sie es, die Ehrenplätze einzunehmen. *7* Sie genießen es, wenn sie auf der Straße ehrfurchtsvoll gegrüßt und Rabbi genannt werden.

8 Ihr jedoch sollt euch niemals Rabbi nennen lassen, denn nur einer ist euer Rabbi, und ihr alle seid Brüder. *9* Ihr sollt auch niemand von euren Brüdern auf der Erde mit ‚Vater‘ anreden, denn nur einer ist euer Vater, nämlich der im Himmel. *10* Lasst euch auch nicht Lehrer nennen, denn nur einer ist euer Lehrer: der Messias. *11* Der Größte unter euch soll euer Diener sein. *12* Denn wer sich selbst erhöht, wird von Gott erniedrigt werden, wer sich aber selbst gering achtet, wird von Gott erhöht werden.

13 Weh euch, ihr Gesetzeslehrer und Pharisäer, ihr Heuchler! Ihr verschließt den Menschen das Reich, in dem der Himmel regiert, denn ihr selbst geht nicht hinein, und die, die hineinwollen, lasst ihr nicht hinein. *(14)*ᵉ

---

c 23,5: *Gebetsriemen.* Kapseln, die ein kleines Stück Pergament mit vier Stellen aus dem Gesetz enthielten (2. Mose 13,1-10.11-16; 5. Mose 6,4-9; 11,13-21) und mit Lederriemen am linken Oberarm und an der Stirn befestigt wurden.

d 23,5: *Quasten* oder Troddeln. Nach 4. Mose 15,37-41 wurden sie an den vier Ecken des Obergewandes zur Erinnerung an Gottes Gebote getragen.

e 23,14: Spätere Handschriften haben hier wie Markus 12,40 und Lukas 20,47 eingefügt: „Weh euch, ihr Gesetzeslehrer und Pharisäer, ihr Heuchler! Ihr bringt Witwen um ihren Besitz

---

a 22,39: 3. Mose 19,18

b 22,44: Psalm 110,1

15 Weh euch, ihr Gesetzeslehrer und Pharisäer, ihr Heuchler! Ihr reist über Land und Meer, um einen einzigen Menschen für euren Glauben zu gewinnen; und wenn ihr ihn gewonnen habt, dann macht ihr ihn zu einem Anwärter auf die Hölle, der doppelt so schlimm ist wie ihr.

16 Weh euch, ihr verblendeten Führer! Ihr sagt: ‚Wenn jemand beim Tempel schwört, muss er seinen Eid nicht halten; wenn er aber beim Gold des Tempels schwört, ist er an den Eid gebunden.‘ 17 Ihr verblendeten Narren! Was ist denn wichtiger: das Gold oder der Tempel, der das Gold erst heiligt? 18 Ihr sagt auch: ‚Wenn jemand beim Altar schwört, muss er seinen Eid nicht halten; wenn er aber beim Opfer auf dem Altar schwört, ist er an den Eid gebunden.‘ 19 Wie verblendet seid ihr nur! Was ist denn wichtiger: die Opfergabe oder der Altar, der das Opfer heiligt? 20 Wer beim Altar schwört, schwört doch nicht nur beim Altar, sondern auch bei allem, was darauf liegt. 21 Und wer beim Tempel schwört, schwört nicht nur beim Tempel, sondern auch bei dem, der darin wohnt. 22 Und wer beim Himmel schwört, der schwört bei Gottes Thron und bei dem, der darauf sitzt.

23 Weh euch, ihr Gesetzeslehrer und Pharisäer, ihr Heuchler! Ihr gebt noch von Gartenminze, Dill und Kümmel den zehnten Teil, lasst aber die wichtigeren Forderungen des Gesetzes außer Acht: Gerechtigkeit, Barmherzigkeit und Treue! Das eine

hättet ihr tun und das andere nicht lassen sollen! 24 Ihr verblendeten Führer! Die Mücke siebt ihr aus, aber das Kamel verschluckt ihr.

25 Weh euch, ihr Gesetzeslehrer und Pharisäer, ihr Heuchler! Ihr reinigt das Äußere von Becher und Schüssel, aber was ihr drin habt, zeigt eure Gier und Maßlosigkeit. 26 Du blinder Pharisäer! Wasch den Becher doch zuerst von innen aus, dann wird auch das Äußere rein sein.

27 Weh euch, ihr Gesetzeslehrer und Pharisäer, ihr Heuchler! Ihr seid wie weiß getünchte Gräber[f]: Von außen ansehnlich, von innen aber voller Totenknochen und allem möglichen Unrat. 28 Von außen erscheint ihr den Menschen gerecht, von innen aber seid ihr voller Heuchelei und Gesetzlosigkeit.

29 Weh euch, ihr Gesetzeslehrer und Pharisäer, ihr Heuchler! Ihr baut ja die Grabmäler für die Propheten und schmückt die Gräber der Gerechten. 30 Und dann behauptet ihr noch: ‚Wenn wir zur Zeit unserer Vorfahren gelebt hätten, hätten wir niemals mitgemacht, als sie die Propheten ermordeten.‘ 31 Damit bestätigt ihr allerdings, dass ihr die Nachkommen der Prophetenmörder seid. 32 Ja, macht nur das Maß eurer Vorfahren voll! 33 Ihr Nattern und Giftschlangenbrut! Wie wollt ihr dem Strafgericht der Hölle entkommen? 34 Deshalb hört zu: Ich

---

und sprecht zum Schein lange Gebete. Deshalb erwartet euch ein besonders hartes Urteil."

---

f 23,27: *getünchte Gräber.* Gräber lagen manchmal dicht neben einem Weg und waren mit Steinplatten oder Rollsteinen verschlossen. Diese wurden weiß gekalkt, damit Fremde sich nicht durch Berührung verunreinigten.

werde Propheten, Weise und echte Gesetzeslehrer zu euch schicken. Einige von ihnen werdet ihr töten, ja sogar kreuzigen, andere werdet ihr in euren Synagogen auspeitschen und von einer Stadt zur anderen verfolgen. 35 So werdet ihr schließlich an der Ermordung aller Gerechten[a] mitschuldig, angefangen vom gerechten Abel bis hin zu Secharja Ben-Berechja, den ihr zwischen dem Brandopferaltar und dem Haus Gottes umgebracht habt. 36 Ich versichere euch: Diese Generation wird die Strafe für alles das bekommen.

Jerusalem wird verwüstet werden

37 Jerusalem, Jerusalem, du tötest die Propheten und steinigst die Boten, die zu dir geschickt werden. Wie oft wollte ich deine Kinder sammeln, wie die Henne ihre Küken unter die Flügel nimmt. Doch ihr habt nicht gewollt. 38 Seht, euer Haus wird verwüstet und verlassen sein. 39 Denn ich sage euch: Von jetzt an werdet ihr mich nicht mehr sehen, bis ihr ruft: ‚Gepriesen sei er, der kommt im Namen des Herrn!'"

24 1 Jesus wollte den Tempel verlassen. Als er gerade im Begriff war wegzugehen, kamen seine

---

a 23,35: Gemeint sind wohl alle Gerechten seit Erschaffung der Menschen bis in die Zeit von Jesus Christus. Damit bestätigt der Herr die Gültigkeit des gesamten Alten Testaments, weil er ein Ereignis aus dem ersten (1. Mose 4,8.10: Abel) und eins aus dem letzten Buch (2. Chronik 24,20-21: Secharja Ben-Jojada. Jojada könnte hier den Großvater dieses Secharja meinen, dessen Vater dann auch Berechja hieß) der hebräischen Bibel aufgreift.

Jünger zu ihm und machten ihn auf die Pracht der Tempelbauten aufmerksam. 2 „Ihr bewundert das alles?", erwiderte Jesus. „Doch ich versichere euch: Hier wird kein Stein auf dem anderen bleiben; es wird alles zerstört werden." 3 Als er später auf dem Ölberg saß und mit seinen Jüngern allein war, fragten sie ihn: „Wann wird das alles geschehen? Gibt es ein Zeichen, an dem wir deine Wiederkehr und das Ende der Welt erkennen können?"

Nicht irreführen lassen!

4 „Gebt acht, dass euch niemand irreführt!", erwiderte Jesus. 5 „Viele werden unter meinem Namen auftreten und von sich sagen: ‚Ich bin der Messias!' Damit werden sie viele verführen. 6 Erschreckt nicht, wenn ihr von Kriegen hört oder wenn Kriegsgefahr droht. Das muss so kommen, aber es ist noch nicht das Ende. 7 Ein Volk wird sich gegen das andere erheben und ein Staat den anderen angreifen. In vielen Teilen der Welt wird es Hungersnöte und Erdbeben geben. 8 Doch das ist erst der Anfang – der Beginn von Geburtswehen.

9 Dann wird man euch bedrängen, misshandeln und töten. Die ganze Welt wird euch hassen, weil ihr zu mir gehört. 10 Viele werden sich von mir abwenden; sie werden einander verraten und sich hassen. 11 Viele falsche Propheten werden auftreten und viele in die Irre führen. 12 Und weil die Gesetzlosigkeit überhand nehmen wird, wird auch die Liebe bei den meisten erkalten. 13 Wer aber bis zum Ende standhaft bleibt, wird gerettet. 14 Und diese gute Botschaft von der

Gottesherrschaft wird in der ganzen Welt gepredigt werden, damit alle Völker sie hören. Dann erst kommt das Ende.

15 Wenn ihr aber das ‚Scheusal der Verwüstung‘, von dem der Prophet Daniel geredet hat[b], am heiligen Ort stehen seht – wer das liest, der merke auf! –, *16* dann sollen die Einwohner Judäas in die Berge fliehen. *17* Wer auf seiner Dachterrasse sitzt, soll keine Zeit damit verlieren, noch etwas aus dem Haus zu holen; *18* und wer auf dem Feld ist, soll nicht mehr zurücklaufen, um seinen Umhang zu holen. *19* Am schlimmsten wird es dann für schwangere Frauen und stillende Mütter sein. *20* Betet darum, dass ihr nicht im Winter oder am Sabbat fliehen müsst! *21* Denn dann wird die Not so schrecklich sein, dass sie alles übertrifft, was je seit Erschaffung der Welt geschah. Auch danach wird es eine solche Bedrängnis nie mehr geben. *22* Würde diese Schreckenszeit nicht verkürzt, würde kein Mensch gerettet werden. Seinen Auserwählten zuliebe aber hat Gott die Zeit verkürzt.

23 Wenn dann jemand zu euch sagt: ‚Schaut her, da ist der Messias!‘, oder: ‚Seht, er ist dort!‘, so glaubt es nicht! *24* Denn es werden falsche Messiasse und falsche Propheten auftreten. Sie werden sich durch große Zeichen und Wundertaten ausweisen und würden sogar die Auserwählten verführen, wenn sie es könnten. *25* Denkt daran: Ich habe euch alles vorausgesagt.

26 Wenn sie also zu euch sagen: ‚Seht, er ist in der Wüste draußen!‘,

dann geht nicht hinaus! Oder: ‚Seht, hier im Haus ist er!‘, dann glaubt es nicht! *27* Denn wenn der Menschensohn wiederkommt, wird es wie bei einem Blitz den ganzen Horizont erhellen. *28* Wo das Aas liegt, da sammeln sich die Geier.

29 Doch unmittelbar nach dieser schrecklichen Zeit wird sich die Sonne verfinstern und der Mond wird nicht mehr scheinen. Die Sterne werden vom Himmel stürzen und die Kräfte des Himmels aus dem Gleichgewicht geraten. *30* Und dann wird das Zeichen des Menschensohns am Himmel erscheinen. Alle Völker der Erde werden jammern und klagen, und dann werden sie den Menschensohn mit großer Macht und Herrlichkeit von den Wolken her kommen sehen. *31* Dann wird er die Engel mit mächtigem Posaunenschall aussenden, um seine Auserwählten aus allen Himmelsrichtungen und von allen Enden der Welt zusammenzubringen.

32 Vom Feigenbaum könnt ihr Folgendes lernen: Wenn seine Zweige weich werden und die Blätter zu sprießen beginnen, wisst ihr, dass es bald Sommer wird. *33* Genauso ist es, wenn ihr seht, dass alle diese Dinge geschehen. Dann steht sein Kommen unmittelbar bevor. *34* Ich versichere euch: Dieses Geschlecht[c] wird nicht untergehen, bis das alles geschieht. *35* Himmel und Erde werden vergehen, aber meine

---

b 24,15: Daniel 11,31

c 24,34: *Geschlecht* (griechisch: *genea*) meint entweder Menschen, die in der gleichen Zeit geboren wurden (= Generation, Zeitgenossen) oder die durch gemeinsame Abstammung verbunden sind (= Sippe, Stamm, Volk).

Worte vergehen nie. *36* Doch Tag und Stunde von diesen Ereignissen weiß niemand, nicht einmal die Engel im Himmel;ª nur der Vater weiß es."

Bereit sein!

37 „Und wenn der Menschensohn kommt, wird es so wie in Noahs Zeit sein. *38* Damals, vor der großen Flut, aßen und tranken die Menschen, sie heirateten und wurden verheiratet – bis zu dem Tag, an dem Noah in die Arche ging. *39* Sie ahnten nichts davon, bis die Flut hereinbrach und alle umbrachte. So wird es auch bei der Ankunft des Menschensohnes sein. *40* Wenn dann zwei Männer auf dem Feld arbeiten, wird der eine angenommen und der andere zurückgelassen. *41* Wenn zwei Frauen an derselben Handmühleᵇ mahlen, wird die eine angenommen und die andere zurückgelassen werden. *42* Seid also wachsam! Denn ihr wisst nicht, an welchem Tag euer Herr kommt.

43 Und das ist doch klar: Wenn ein Hausherr wüsste, zu welchem Zeitpunkt der Dieb kommt, würde er wach bleiben und nicht zulassen, dass in sein Haus eingebrochen wird. *44* So solltet auch ihr immer bereit sein, denn der Menschensohn wird dann kommen, wenn ihr es gerade nicht erwartet."

Treu sein!

45 „Wer ist denn der treue und kluge Diener, dem sein Herr aufgetragen hat, der ganzen Dienerschaft zur rechten Zeit das Essen zuzuteilen? *46* Wenn nun sein Herr kommt und ihn bei dieser Arbeit findet – wie sehr darf sich dieser Diener freuen! *47* Ich versichere euch: Sein Herr wird ihm die Verantwortung über seine ganze Habe übertragen. *48* Wenn der Diener aber ein böser Mensch ist und denkt: ‚Mein Herr kommt noch lange nicht‘, *49* und anfängt, die anderen Diener zu schlagen, während er sich selbst üppige Mahlzeiten gönnt und sich gemeinsam mit anderen Trunkenbolden betrinkt, *50* dann wird sein Herr an einem Tag zurückkommen, an dem er es nicht erwartet hat, und zu einer Stunde, die er nicht vermutet. *51* Er wird diesen Diener hart bestrafen und ihn dorthin bringen lassen, wo die Heuchler sind und wo das große Weinen und Zähneknirschen anfängt."

Wachsam sein!

25 *1* „In dieser Zeit wird es mit der Himmelsherrschaft wie mit zehn Brautjungfern sein, die ihre Fackelnᶜ nahmen und dem Bräutigam entgegengingen. *2* Fünf von ihnen handelten klug und fünf waren gedankenlos. *3* Die Gedankenlosen nahmen zwar ihre Fackeln mit, aber keinen Ölvorrat. *4* Die Klugen dagegen hatten

---

a 24,36: Wenige Handschriften fügen nach Markus 13,32 hinzu: oder der Sohn selbst.

b 24,41: *Handmühle*, die aus zwei runden Steinscheiben von 50 cm Durchmesser bestand. Der obere Stein wurde mit einem Holzgriff um eine Achse gedreht, die im unteren Stein befestigt war.

c 25,1: *Fackeln*. Stöcke, an deren oberem Ende in Öl getränkte Lappen (vielleicht in einer Schale) angebracht waren. Von Zeit zu Zeit mussten die Lappen neu mit Öl versorgt werden.

neben ihren Fackeln auch Ölgefäße mit. *5* Als nun der Bräutigam lange nicht kam, wurden sie alle müde und schliefen ein. *6* Um Mitternacht ertönte plötzlich der Ruf: ,Der Bräutigam kommt! Geht ihm entgegen!' *7* Da standen die Brautjungfern auf und richteten ihre Fackeln her. *8* Die Gedankenlosen sagten zu den Klugen: ,Gebt uns etwas von eurem Öl; unsere Fackeln gehen aus!' *9* Doch diese entgegneten: ,Das geht nicht! Unser Öl reicht unmöglich für alle. Geht doch zu einem Kaufmann und holt euch welches!' *10* Während sie noch unterwegs waren, um Öl zu kaufen, kam der Bräutigam. Die fünf, die bereit waren, gingen mit in den Hochzeitssaal. Dann wurde die Tür verschlossen. *11* Schließlich kamen die anderen Brautjungfern und riefen: ,Herr, Herr, mach uns auf!' *12* Doch der Bräutigam wies sie ab: ,Ich kann euch nur sagen, dass ich euch nicht kenne.'" *13* – „Seid also wachsam!", schloss Jesus, „denn ihr kennt weder den Tag noch die Stunde."

Zuverlässig sein!

14 „Es ist wie bei einem Mann, der vorhatte, ins Ausland zu reisen. Er rief seine Diener zusammen und vertraute ihnen sein Vermögen an, *15* so wie es ihren Fähigkeiten entsprach. Einem gab er fünf Talente[d], einem anderen zwei und noch einem anderen eins.

---

d 25,15: *Talent.* Größte damalige Geldeinheit. 1 *Talent* = 6000 Denare = Arbeitslohn für 20 Jahre Arbeit. Fünf Talente entsprechen also einer Summe für die ein Tagelöhner 100 Jahre arbeiten müsste.

Dann reiste er ab. *16* Der Diener mit den fünf Talenten begann sofort, damit zu handeln, und konnte das Geld verdoppeln. *17* Der mit den zwei Talenten machte es ebenso und verdoppelte die Summe. *18* Der dritte grub ein Loch und versteckte das Geld seines Herrn.

19 Nach langer Zeit kehrte der Herr zurück und wollte mit ihnen abrechnen. *20* Zuerst kam der, dem die fünf Talente anvertraut worden waren. Er brachte die anderen fünf Talente mit und sagte: ,Herr, fünf Talente hast du mir gegeben. Hier sind weitere fünf, die ich dazugewonnen habe.' *21* ,Hervorragend!', sagte sein Herr. ,Du bist ein guter Mann! Du hast das Wenige zuverlässig verwaltet, ich will dir viel anvertrauen. Komm herein zu meinem Freudenfest!' *22* Dann kam der, dem die zwei Talente anvertraut worden waren. Er brachte die anderen zwei Talente mit und sagte: ,Herr, zwei Talente hast du mir gegeben. Hier sind weitere zwei, die ich dazugewonnen habe.' *23* ,Hervorragend!', sagte sein Herr. ,Du bist ein guter Mann! Du hast das Wenige zuverlässig verwaltet, ich will dir viel anvertrauen. Komm herein zu meinem Freudenfest!' *24* Schließlich kam der, dem das eine Talent anvertraut worden war. ,Herr', sagte er, ,ich wusste, dass du ein strenger Mann bist. Du forderst Gewinn, wo du nichts angelegt hast, und erntest, wo du nicht gesät hast. *25* Da hatte ich Angst und vergrub dein Talent in der Erde. Hier hast du das Deine zurück.' *26* ,Du böser und fauler Mensch!', sagte der Herr. ,Du wusstest also, dass ich Gewinn fordere, wo ich nichts angelegt, und ernte, wo ich nichts gesät habe? *27* Warum hast du mein Geld dann nicht auf eine Bank gebracht? Dann hätte ich es wenigstens mit Zinsen zurückbekommen.' 28 ‚Nehmt ihm das Talent weg, und gebt es dem, der die fünf Talente erworben hat! 29 Denn jedem, der einen Gewinn vorweisen kann, wird noch mehr gegeben werden, und er wird Überfluss haben. Aber von dem, der nichts gebracht hat, wird selbst das, was er hatte, weggenommen. 30 Doch diesen nichtsnutzigen Sklaven werft in die Finsternis hinaus, wo dann das große Weinen und Zähneknirschen anfangen wird.'"

Das Gericht über die Völker

31 „Wenn der Menschensohn in seiner Herrlichkeit kommt und mit ihm alle Engel, wird er auf seinem Thron der Herrlichkeit sitzen. 32 Dann werden alle Völker der Erde vor ihm zusammengebracht, und er wird sie in zwei Gruppen teilen, so wie ein Hirt die Schafe von den Ziegen trennt.[a] 33 Die Schafe wird er rechts von sich aufstellen, die Ziegen links.

34 Dann wird der König zu denen auf seiner rechten Seite sagen: ‚Kommt her! Euch hat mein Vater gesegnet. Nehmt das Reich in Besitz, das von Anfang der Welt an für euch geschaffen worden ist! 35 Denn als ich Hunger hatte, habt ihr mir zu essen gegeben; als ich Durst hatte, gabt ihr mir zu trinken; als ich fremd war, habt ihr mich aufgenommen; 36 als ich nackt war, habt ihr mir

Kleidung gegeben; als ich krank war, habt ihr mich besucht, und als ich im Gefängnis war, kamt ihr zu mir.' 37 ‚Herr', werden dann die Gerechten fragen, ‚wann haben wir dich denn hungrig gesehen und dir zu essen gegeben oder durstig und dir zu trinken gegeben? 38 Wann haben wir dich als Fremden bei uns gesehen und aufgenommen? Wann hattest du nichts anzuziehen und wir haben dir Kleidung gegeben? 39 Wann haben wir dich krank gesehen oder im Gefängnis und haben dich besucht?' 40 Darauf wird der König erwidern: ‚Ich versichere euch: Was ihr für einen meiner gering geachteten Geschwister getan habt, das habt ihr für mich getan.'

41 Dann wird er zu denen auf der linken Seite sagen: ‚Geht mir aus den Augen, ihr Verfluchten! Geht in das ewige Feuer, das für den Teufel und seine Engel vorbereitet ist! 42 Denn als ich Hunger hatte, habt ihr mir nichts zu essen gegeben; als ich Durst hatte, gabt ihr mir nichts zu trinken; 43 als ich fremd war, habt ihr mich nicht aufgenommen; als ich nackt war, habt ihr mir nichts zum Anziehen gegeben; als ich krank und im Gefängnis war, habt ihr mich nicht besucht.' 44 Dann werden auch sie fragen: ‚Herr, wann haben wir dich denn hungrig gesehen oder durstig oder als Fremden oder nackt oder krank oder im Gefängnis und haben dir nicht geholfen?' 45 Darauf wird er ihnen erwidern: ‚Ich versichere euch: Was ihr für einen meiner gering geachteten Geschwister zu tun versäumt habt, das habt ihr auch an mir versäumt.' 46 So werden diese an

---

a 25,32: In Israel trennten die Hirten nachts die Ziegen von den Schafen und trieben sie eng zusammen, weil die Kälte nicht so gut vertrugen wie die Schafe.

den Ort der ewigen Strafe gehen, die Gerechten aber in das ewige Leben."

Mordplan gegen Jesus

26 *1* Als Jesus seine Reden abgeschlossen hatte, sagte er zu den Jüngern: *2* „Ihr wisst, dass in zwei Tagen das Passafest[b] beginnt. Dann wird der Menschensohn ausgeliefert und ans Kreuz genagelt werden."

3 Etwa um die gleiche Zeit kamen die Hohen Priester und die Ältesten des Volkes im Palast des Hohen Priesters Kajafas zusammen *4* und fassten den Beschluss, Jesus heimlich festzunehmen und dann zu töten. *5* „Auf keinen Fall darf es während des Festes geschehen", sagten sie, „sonst gibt es einen Aufruhr im Volk."

Ein Vermögen für Jesus

6 Jesus war in Betanien bei Simon dem Aussätzigen zu Gast. *7* Während des Essens kam eine Frau herein, die ein Alabastergefäß[c] mit sehr kostbarem Salböl[d] mitbrachte. Sie goss Jesus das Öl über den Kopf. *8* Als die Jünger das sahen, waren sie empört. „Was soll diese Verschwendung?", sagten sie. *9* „Man hätte dieses Öl

teuer verkaufen und das Geld den Armen geben können." *10* Jesus merkte es und sagte zu ihnen: „Warum macht ihr es der Frau so schwer? Sie hat ein gutes Werk an mir getan. *11* Arme wird es immer bei euch geben, aber mich habt ihr nicht mehr lange bei euch. *12* Als sie das Öl über mich goss, hat sie meinen Körper im Voraus zum Begräbnis gesalbt. *13* Und ich versichere euch: Überall in der Welt, wo man die gute Botschaft predigen wird, wird man auch von dem reden, was diese Frau getan hat."

Judas wird zum Verräter

14 Danach ging einer der Zwölf, es war Judas, der Sikarier, zu den Hohen Priestern *15* und sagte: „Was gebt ihr mir, wenn ich euch Jesus ausliefere?" Sie zahlten ihm dreißig Silberstücke. *16* Von da an suchte er nach einer günstigen Gelegenheit, Jesus zu verraten.

Passamahl

17 Am ersten Tag der Festwoche der „Ungesäuerten Brote" fragten die Jünger Jesus: „Wo sollen wir das Passamahl vorbereiten?" *18* Er sagte: „Geht in die Stadt zu dem und dem und sagt ihm: ,Der Rabbi lässt sagen: Meine Zeit ist gekommen. Ich will mit meinen Jüngern bei dir das Passamahl feiern.'" *19* Die Jünger machten alles genauso, wie Jesus es ihnen gesagt hatte, und bereiteten das Passa vor.

20 Am Abend legte sich Jesus mit den Zwölf zu Tisch[e]. *21* Während der

---

b 26,2: *Passafest.* Siehe 2. Mose 12-13.

c 26,7: *Alabaster* ist ein marmorähnlicher Gips, der sich leicht bearbeiten und gut polieren lässt. Er wurde deshalb gern zu henkellosen Gefäßen für Salben verarbeitet.

d 26,7: *Salböl.* Nach Markus 14,3 war es Nardenöl. Narde ist eine duftende aromatische Pflanze, die in den Bergen des Himalaja in Höhen zwischen 3500 und 5000 m wächst. Mit dem aus der indischen Narde gewonnenen Öl wurde schon zur Zeit Salomos gehandelt.

e 26,20: *Tisch.* Bei festlichen Anlässen lag man auf Polstern, die um einen niedrigen Tisch in der Mitte gruppiert waren. Man stützte sich auf den linken

Mahlzeit sagte er: „Ich versichere euch: Einer von euch wird mich ausliefern." 22 Sie waren bestürzt, und einer nach dem anderen fragte ihn: „Das bin doch nicht ich, Herr?" 23 Jesus erwiderte: „Einer, der mit mir die Hand in die Schüssel taucht, wird mich ausliefern. 24 Der Menschensohn geht zwar den Weg, der ihm in der Schrift vorausgesagt ist; doch weh dem Menschen, durch den er ausgeliefert wird. Für diesen Menschen wäre es besser, er wäre nie geboren." 25 Da sagte auch Judas, der Verräter, zu ihm: „Ich bin es doch nicht etwa, Rabbi?" – „Doch", antwortete Jesus, „du bist es."

26 Noch während sie aßen, nahm Jesus ein Fladenbrot, dankte Gott dafür, brach es in Stücke und gab es seinen Jüngern mit den Worten: „Nehmt und esst, das ist mein Leib!" 27 Dann nahm er einen Kelch, sprach das Dankgebet, reichte ihn an sie weiter und sagte: „Trinkt alle daraus! 28 Das ist mein Blut, das Blut, das für viele zur Vergebung der Sünden vergossen wird und den Bund zwischen Gott und Menschen besiegelt. 29 Und ich versichere euch, dass ich bis zu dem Tag, an dem Gott seine Herrschaft aufrichtet, keinen Wein mehr trinken werde. Dann allerdings, im Reich meines Vaters, werde ich neuen Wein mit euch trinken." 30 Als sie dann ein Loblied gesungen hatten, gingen sie zum Ölberg hinaus.

Petrus wird Jesus verleugnen

31 „In dieser Nacht werdet ihr mich alle verlassen", sagte Jesus unterwegs zu ihnen, „denn es steht geschrieben: ‚Ich werde den Hirten erschlagen, und die Schafe werden sich zerstreuen.'ᵃ 32 Aber nach meiner Auferstehung werde ich euch nach Galiläa vorausgehen. 33 Da sagte Petrus zu ihm: „Und wenn alle an dir irre werden – ich werde dich nie verlassen!" 34 „Ich versichere dir", erwiderte Jesus, „noch heute Nacht, noch bevor der Hahn kräht, wirst du mich dreimal verleugnen." 35 „Nein!", erklärte Petrus. „Und wenn ich mit dir sterben müsste! Niemals werde ich dich verleugnen!" Das Gleiche beteuerten auch alle anderen.

Jesus in Getsemani

36 Dann kamen sie zu einem Olivenhain namens Getsemani. Dort sagte Jesus zu seinen Jüngern: „Setzt euch hier her! Ich gehe noch ein Stück weiter, um zu beten." 37 Petrus und die beiden Zebedäussöhne jedoch nahm er mit. Auf einmal wurde er von schrecklicher Angst und von Grauen gepackt 38 und sagte zu ihnen: „Die Qualen meiner Seele bringen mich fast um. Bleibt hier und wacht mit mir!" 39 Er ging noch ein paar Schritte weiter, warf sich nieder, mit dem Gesicht zur Erde, und betete: „Mein Vater, wenn es möglich ist, lass diesen bitteren Kelch an mir vorübergehen! Aber nicht wie ich will, sondern wie du willst." 40 Als er zurückkam, fand er die Jünger schlafend und sagte zu Petrus: „Konntet ihr nicht eine einzige Stunde mit mir wachen? 41 Seid wachsam und betet, damit ihr nicht

---

Ellbogen und langte mit der rechten Hand zu. Die Füße waren nach hinten vom Tisch weg ausgestreckt.

---

a 26,31: Sacharja 13,7

in Versuchung kommt! Der Geist ist willig, aber der Körper ist schwach." *42* Danach ging er ein zweites Mal weg und betete: „Mein Vater, wenn es nicht anders sein kann und ich diesen Kelch austrinken muss, dann geschehe dein Wille!" *43* Als er zurückkam, fand er sie wieder eingeschlafen. Sie konnten ihre Augen vor Müdigkeit nicht offen halten. *44* Er ließ sie schlafen, ging wieder weg und betete zum dritten Mal dasselbe. *45* Dann kehrte er zu den Jüngern zurück und sagte zu ihnen: „Schlaft ihr denn immer noch? Ruht ihr euch immer noch aus? Genug damit, es ist so weit! Die Stunde ist gekommen. Jetzt wird der Menschensohn den Sündern in die Hände gegeben. *46* Steht auf, lasst uns gehen! Der Verräter ist schon da."

Die Verhaftung

47 Kaum hatte er das gesagt, kam Judas, einer der Zwölf, mit einer großen Schar von Bewaffneten. Sie trugen Schwerter und Knüppel und waren von den Hohen Priestern und Ältesten geschickt. *48* Der Verräter hatte ein Zeichen mit ihnen verabredet: „Der, den ich zur Begrüßung küssen werde, der ist es. Den müsst ihr festnehmen." *49* Judas ging gleich auf Jesus zu. „Sei gegrüßt, Rabbi!", sagte er und küsste ihn. *50* Jesus entgegnete ihm: „Dazu bist du gekommen, Freund?" Da traten die Männer heran, packten Jesus und nahmen ihn fest. *51* Doch einer von den Männern, die bei Jesus waren, zog ein Schwert. Er schlug auf den Sklaven des Hohen Priesters ein und hieb ihm ein Ohr ab. *52* „Steck dein Schwert weg!", sagte Jesus zu ihm. „Denn alle, die zum Schwert greifen,

werden durchs Schwert umkommen. *53* Meinst du nicht, dass ich meinen Vater um Hilfe bitten könnte und er mir sofort mehr als zwölf Legionen[b] Engel stellen würde? *54* Wie könnten sich dann aber die Aussagen der Schrift erfüllen, nach denen es so geschehen muss?"

55 Dann wandte sich Jesus an die Bewaffneten und sagte: „Bin ich denn ein Verbrecher, dass ihr mit Schwertern und Knüppeln auszieht, um mich zu verhaften? Ich saß doch täglich bei euch im Tempel und lehrte. Da habt ihr mich nicht festgenommen. *56* Aber es muss sich natürlich erfüllen, was in den Prophetenschriften über mich vorausgesagt ist." Da ließen ihn alle Jünger im Stich und flohen.

Verhör vor Kajafas

57 Die, die Jesus festgenommen hatten, brachten ihn zu dem Hohen Priester Kajafas, wo sich bereits die Ratsältesten und die Gesetzeslehrer versammelt hatten. *58* Petrus folgte ihnen in weitem Abstand bis in den Innenhof des Palastes. Dort setzte er sich zu den Dienern und wärmte sich am Feuer. Er wollte sehen, wie alles ausgehen würde.

59 Währenddessen suchten die Hohen Priester und der ganze Hohe Rat nach einer Zeugenaussage gegen Jesus, die es rechtfertigen würde, ihn zum Tod zu verurteilen. *60* Doch ihre Bemühungen waren vergeblich, obwohl viele falsche Zeugen gegen Jesus aussagten. Schließlich standen zwei falsche Zeugen auf *61* und sagten: „Der

---

b *26,53: Legion* war die größte römische Heereseinheit von etwa 6000 Mann.

da hat behauptet: ‚Ich kann den Tempel Gottes niederreißen und in drei Tagen wieder aufbauen.'" 62 Da erhob sich der Hohe Priester und fragte Jesus: „Hast du darauf nichts zu sagen? Wie stellst du dich zu diesen Anklagen?" 63 Aber Jesus schwieg. Darauf fragte ihn der Hohe Priester noch einmal: „Ich beschwöre dich bei dem lebendigen Gott: Bist du der Messias, der Sohn Gottes, oder nicht?" 64 „Ich bin es!", erwiderte Jesus. „Doch ich sage euch: In Zukunft werdet ihr den Menschensohn sehen, wie er an der rechten Seite des Allmächtigen sitzt und mit den Wolken des Himmels kommt." 65 Da riss der Hohe Priester sein Gewand am Halssaum ein[a] und rief: „Er hat gelästert! Was brauchen wir noch Zeugen? Jetzt habt ihr die Gotteslästerung gehört! 66 Was ist eure Meinung?" – „Schuldig!", riefen sie. „Er muss sterben!" 67 Dann spuckten sie Jesus ins Gesicht und schlugen ihn mit Fäusten. Andere gaben ihm Ohrfeigen 68 und höhnten: „Na, wer war es, Messias? Du bist doch ein Prophet!"

Petrus verleugnet Jesus

69 Während Petrus noch draußen im Hof saß, kam eine Dienerin auf ihn zu und sagte: „Du warst doch auch mit dem Jesus aus Galiläa zusammen!" 70 Aber Petrus stritt es vor allen ab.

„Ich weiß nicht, wovon du redest!", sagte er 71 und ging zum Torgebäude hinaus. Dabei sah ihn eine andere Dienerin und sagte zu denen, die herumstanden: „Der war auch mit dem Jesus aus Nazaret zusammen." 72 Wieder stritt Petrus das ab und schwor: „Ich kenne den Mann überhaupt nicht!" 73 Kurz darauf fingen auch die Umstehenden an: „Sicher gehörst du zu ihnen, dein Dialekt verrät dich ja." 74 Da fing Petrus an zu fluchen und schwor: „Ich kenne den Mann nicht!" In diesem Augenblick krähte ein Hahn. 75 Da erinnerte sich Petrus an das, was Jesus zu ihm gesagt hatte: „Bevor der Hahn kräht, wirst du mich dreimal verleugnen." Und er ging hinaus und fing an, bitterlich zu weinen.

Judas bringt sich um

27 1 Früh am nächsten Morgen traten die Hohen Priester mit den Ratsältesten zusammen und fassten den offiziellen Beschluss, Jesus hinrichten zu lassen. 2 Dann ließen sie ihn fesseln, führten ihn ab und übergaben ihn Pilatus[b].

3 Als Judas nun klar wurde, dass sein Verrat zur Verurteilung von Jesus geführt hatte, bereute er seine Tat und brachte den Hohen Priestern und Ältesten die dreißig Silberstücke zurück. 4 „Ich habe gesündigt", sagte er. „Ich habe einen Unschuldigen verraten." – „Was geht uns das an?", erwiderten sie, „das ist deine Sache." 5 Da nahm Judas das Geld und warf es in den Tempel.

---

a 26,65: Er griff in seinen Halsausschnitt und riss den Stoff mit einem heftigen Ruck eine Handlänge ein, sodass ein Teil der Brust bloß lag. Ein frommer Mann durfte eine Gotteslästerung nicht ohne diese Gebärde des Entsetzens anhören. Nach 3. Mose 10,6; 21,10 war dies aber dem Hohen Priester verboten.

b 27,2: *Pilatus*. Von 26-36 n. Chr. Statthalter des römischen Kaisers für Judäa und Samaria.

Dann ging er weg und erhängte sich. 6 Die Hohen Priester nahmen die Silberstücke an sich und sagten: „Das Geld darf man nicht zum Tempelschatz tun, weil Blut daran klebt." 7 Sie beschlossen, den sogenannten „Töpferacker" dafür zu kaufen, als Friedhof für die Ausländer. 8 Deshalb heißt dieses Stück Land heute noch „Blutacker". 9 So erfüllte sich die Voraussage des Propheten Jeremia: „Sie nahmen die dreißig Silberstücke – die Summe, die er den Israeliten wert war – 10 und kauften davon den Töpferacker, wie mir der Herr befohlen hatte."c

Das Pilatusurteil

11 Als Jesus dem Statthalter vorgeführt wurde, fragte ihn dieser: „Bist du der König der Juden?" – „Es ist so, wie du sagst", erwiderte Jesus. 12 Daraufhin brachten die Hohen Priester und Ältesten schwere Beschuldigungen gegen ihn vor. Doch Jesus gab keine Antwort. 13 Pilatus fragte ihn: „Hörst du nicht, was sie alles gegen dich vorbringen?" 14 Aber zu seinem Erstaunen gab Jesus auch ihm keine einzige Antwort. 15 Nun war es üblich, dass der Statthalter jedes Jahr zum Passafest einen Gefangenen freiließ, den das Volk selbst bestimmen durfte. 16 Damals saß gerade ein berüchtigter

Aufrührer namens Jesus Barabbasd im Gefängnis. 17 Da fragte Pilatus in die Menge, die sich versammelt hatte: „Wen soll ich euch losgeben – Jesus Barabbas oder Jesus, den man den Messias nennt?" 18 Er wusste ja, dass sie ihm Jesus nur aus Neid ausgeliefert hatten.

19 Während Pilatus auf dem Richterstuhl saß, ließ seine Frau ihm ausrichten: „Lass die Hände von diesem Mann, er ist unschuldig! Seinetwegen hatte ich heute Nacht einen schlimmen Traum." 20 Doch die Hohen Priester und Ratsältesten hetzten die Menge auf, die Freilassung von Barabbas und die Hinrichtung von Jesus zu fordern. 21 Der Statthalter fragte: „Wen von beiden soll ich euch freigeben?" – „Barabbas!", schrien sie. 22 „Was soll ich dann mit Jesus tun, der Messias genannt wird?" – „Kreuzigen!", schrien sie alle. 23 „Aber warum?", fragte Pilatus. „Was hat er denn verbrochen?" Doch sie schrien nur noch lauter: „Kreuzige ihn!" 24 Als Pilatus sah, dass er nichts erreichte und der Tumult immer schlimmer wurde, ließ er sich Wasser bringen. Vor den Augen der Menge wusch er sich die Hände und sagte: „Ich bin schuldlos am Tod dieses Mannes! Das müsst ihr verantworten!" 25 Da schrie das ganze Volk: „Wir und unsere Kinder wollen schuldig sein an seinem Tod!" 26 Daraufhin gab Pilatus ihnen den Barabbas frei. Jesus aber ließ er mit

---

c 27,10: Es handelt sich hier um ein Mischzitat, bei dem nur der bekannteste der zitierten Autoren genannt wird. Der Wortlaut findet sich in Sacharja 11,12-13. Doch Matthäus findet auch Parallelen in Jeremia 19,1-13 und 32,6-15.

d 27,16: *Barabbas* heißt: *Sohn des Vaters*. Mehrere Handschriften haben tatsächlich auch den Vornamen des Barabbas verzeichnet: *Jesus*.

der schweren Lederpeitsche[a] geißeln und übergab ihn dann den Soldaten zur Kreuzigung.

Die Soldaten

27 Die führten ihn zunächst in den Palast des Statthalters, das sogenannte Prätorium, und riefen die ganze Mannschaft zusammen. 28 Sie zogen ihn aus und hängten ihm ein scharlachrotes Gewand um. 29 Dann flochten sie eine Krone aus Dornenzweigen und setzten sie ihm auf. Schließlich drückten sie einen Stock in seine rechte Hand, salutierten und riefen: „Sei gegrüßt, König der Juden!" 30 Sie spuckten ihn an, nahmen ihm den Stock aus der Hand und schlugen ihn damit auf den Kopf. 31 Als sie genug davon hatten, ihn zu verspotten, nahmen sie ihm den Umhang wieder ab, zogen ihm seine eigenen Gewänder an und führten ihn ab, um ihn zu kreuzigen. 32 Unterwegs begegnete ihnen ein Mann namens Simon. Er stammte aus Zyrene. Die Soldaten zwangen ihn, das Kreuz für Jesus zu tragen.

33 So brachten sie ihn bis zu der Stelle, die Golgota heißt, das bedeutet „Schädelplatz". 34 Dann wollten sie ihm Wein zu trinken geben, mit einem Zusatz, der bitter war wie Galle[b]. Als er gekostet hatte, wollte er aber nicht davon trinken. 35 So nagelten sie ihn ans Kreuz und verlosten dann seine Kleidung unter sich. 36 Dann setzten sie sich hin und bewachten ihn. 37 Über seinem Kopf hatten sie ein Schild angebracht, auf dem der Anklagegrund für seine Hinrichtung stand: „Das ist Jesus, der König der Juden." 38 Zusammen mit Jesus kreuzigten sie zwei Räuber, einen rechts und einen links von ihm.

Die Leute

39 Die Leute, die vorbeikamen, schüttelten den Kopf 40 und riefen höhnisch: „Du wolltest ja den Tempel abreißen und in drei Tagen wieder aufbauen! Rette dich doch selbst! Wenn du Gottes Sohn bist, steig vom Kreuz herab!" 41 Auch die Hohen Priester, die Gesetzeslehrer und die Ratsältesten machten sich über ihn lustig. 42 „Andere hat er gerettet", riefen sie, „sich selbst kann er nicht retten! Er ist ja der König von Israel. Soll er doch jetzt vom Kreuz herabsteigen, dann werden wir an ihn glauben! 43 Er hat auf Gott vertraut, soll der ihm jetzt helfen, wenn er wirklich Freude an ihm hat. Er hat ja gesagt: ‚Ich bin Gottes Sohn.'" 44 Auch die Verbrecher, die mit ihm gekreuzigt waren, beschimpften ihn so.

Tod am Kreuz

45 Aber von Mittag an und noch den halben Nachmittag[c] lag eine schwere Finsternis über dem ganzen Land. 46 Zuletzt[d] schrie Jesus laut: „Eli, Eli, lema sabachthani?" Das heißt: „Mein

---

a 27,26: *schwere Lederpeitsche*. In die Riemen waren Bleistücke oder scharfe Knochensplitter eingeflochten.

b 27,34: *Galle*. Offenbar war das als zusätzliche Quälerei gedacht. Manche denken auch an ein Betäubungsmittel. Es ist außerdem eine Anspielung auf Psalm 69,22.

c 27,45: Wörtlich: *von der sechsten bis zur neunten Stunde.*

d 27,46: Wörtlich: *um die neunte Stunde.*

Gott, mein Gott, warum hast du mich verlassen?" 47 Einige der Herumstehenden hörten das und sagten: „Seht, er ruft Elija!" 48 Einer von ihnen holte schnell einen Schwamm, tauchte ihn in sauren Wein, steckte ihn auf einen Stock und hielt ihn Jesus zum Trinken hin. 49 „Wartet!", riefen die anderen, „wir wollen doch sehen, ob Elija kommt, um ihn zu retten." 50 Jesus aber stieß einen lauten Schrei aus und starb. 51 In diesem Augenblick riss der Vorhang im Tempel von oben bis unten entzwei. Die Erde fing an zu beben, Felsen zerrissen 52 und Grüfte öffneten sich. Viele verstorbene Heilige wurden auferweckt. 53 Nach der Auferstehung von Jesus kamen sie aus ihren Grüften, gingen in die Heilige Stadt und erschienen vielen Menschen.

54 Der Hauptmann und die Soldaten, die mit ihm Jesus bewachten, erschraken sehr, als sie das Erdbeben erlebten und die anderen Dinge wahrnahmen. „Dieser Mann war wirklich Gottes Sohn", sagten sie. 55 Es standen auch viele Frauen dort, die von weitem zugesehen hatten. Sie waren Jesus seit der Zeit seines Wirkens in Galiläa gefolgt und hatten ihm gedient. 56 Unter ihnen waren Maria aus Magdala, Maria, die Mutter von Jakobus und Josef, sowie die Mutter der Zebedäussöhne.

Das Begräbnis

57 Als es Abend wurde, kam Josef, ein reicher Mann aus Arimathäa, der auch ein Jünger von Jesus war. 58 Er ging zu Pilatus und bat ihn um den Leichnam von Jesus. Pilatus ordnete an, Josef den Leib zu überlassen. 59 Da nahm Josef ihn, wickelte ihn in reines Leinentuch 60 und legte ihn in seine eigene Gruft, die neu aus dem Felsen gehauen war. Bevor er ging, wälzte er einen großen Stein vor den Eingang. 61 Maria aus Magdala und die andere Maria waren dabei. Sie hatten sich dem Grab gegenüber hingesetzt.

Die Wache am Grab

62 Am nächsten Tag – es war der Sabbat – kamen die Hohen Priester und Pharisäer bei Pilatus zusammen. 63 „Herr", sagten sie, „uns ist eingefallen, dass dieser Verführer, als er noch lebte, behauptet hat: ‚Nach drei Tagen werde ich wieder auferstehen.' 64 Gib deshalb bitte den Befehl, dass die Gruft bis zum dritten Tag bewacht wird! Sonst könnten seine Jünger kommen und ihn stehlen und dann dem Volk gegenüber behaupten, er sei von den Toten auferstanden. Die zweite Verführung wäre dann noch schlimmer als die erste." 65 „Ihr sollt eure Wache haben", erwiderte Pilatus. „Geht und sichert die Gruft, so gut ihr könnt!" 66 So zogen sie los, versiegelten den Stein am Eingang und sicherten das Grab mit der Wache.

Das leere Grab

28 1 Nach dem Sabbat, in der Dämmerung[e] vom ersten Tag der neuen Woche, machten sich die Maria aus Magdala und die andere Maria auf den Weg, um nach dem Grab zu sehen. 2 Plötzlich gab es ein starkes Erdbeben. Ein Engel des Herrn war vom Himmel gekommen und zum Grab getreten. Er wälzte den Stein weg und setzte sich darauf.

---

e 28,1: Die *Dämmerung* beginnt eine knappe Stunde vor Sonnenaufgang.

3 Seine Gestalt flammte wie ein Blitz, und sein Gewand war weiß wie Schnee. 4 Da zitterten und bebten die Wächter vor Angst und fielen wie tot zu Boden. 5 Aber zu den Frauen sagte der Engel: „Ihr müsst nicht erschrecken! Ich weiß, ihr sucht Jesus, den Gekreuzigten. 6 Er ist nicht hier, er ist auferstanden, wie er es gesagt hat. Kommt her, und seht euch die Stelle an, wo er gelegen hat. 7 Und nun geht schnell zu seinen Jüngern und sagt ihnen, dass er von den Toten auferstanden ist. Er geht euch nach Galiläa voraus. Dort werdet ihr ihn sehen. Ihr könnt euch auf meine Worte verlassen!" 8 Erschrocken und doch voller Freude liefen die Frauen von der Gruft weg. Sie eilten zu den Jüngern, um ihnen alles zu berichten.

9 Auf einmal kam Jesus ihnen entgegen. „Seid gegrüßt!", sagte er. Da liefen sie zu ihm hin, warfen sich nieder und umfassten seine Füße. 10 „Habt keine Angst!", sagte Jesus zu ihnen. „Geht und sagt meinen Brüdern, sie sollen nach Galiläa gehen! Dort werden sie mich sehen."

Die Bestechung der Wache

11 Während die Frauen noch auf dem Weg waren, kamen einige Soldaten von der Wache in die Stadt und berichteten den Hohen Priestern alles, was geschehen war. 12 Sofort versammelten sie sich mit den Ratsältesten und fassten den Beschluss, die Soldaten zu bestechen. Sie gaben ihnen viel Geld 13 und vereinbarten mit ihnen: „Ihr müsst sagen: ‚Seine Jünger kamen in der Nacht, als wir schliefen, und haben den Leichnam gestohlen.' 14 Wenn der Statthalter davon erfährt, werden wir mit ihm reden und ihn beschwichtigen, sodass ihr nichts zu befürchten habt." 15 Die Soldaten nahmen das Geld und machten es so, wie man es ihnen erklärt hatte. Auf diese Weise wurde das Gerücht in Umlauf gebracht, das bei den Juden noch heute verbreitet ist.

Der Auftrag

16 Die elf Jünger gingen dann nach Galiläa und stiegen auf den Berg, auf den Jesus sie bestellt hatte. 17 Als sie ihn dort sahen, warfen sie sich vor ihm nieder, doch einige andere zauderten. 18 Da trat Jesus auf sie zu und sagte: „Mir ist alle Macht im Himmel und auf der Erde gegeben. 19 Darum geht zu allen Völkern und macht die Menschen zu meinen Jüngern. Dabei sollt ihr sie auf den Namen des Vaters, des Sohnes und des Heiligen Geistes taufen 20 und sie belehren, alles zu befolgen, was ich euch geboten habe. Und seid gewiss: Ich bin jeden Tag bei euch, bis zum Ende der Zeit!"

Die gute Botschaft, aufgeschrieben von Markus

Der aus Jerusalem stammende Johannes Markus begleitete den Apostel Petrus wahrscheinlich schon, als dieser die Stadt im Jahr 42 n. S verlassen musste und nach Rom reiste. Als Petrus wieder zurückkehren wollte, baten die Gläubigen dort Markus, das, was Petrus predigte, für sie aufzuschreiben, was er auch tat. So könnten die ersten Teile seines Evangeliums bereits um das Jahr 45 in Rom entstanden sein. Markus war zwar kein Augenzeuge der Worte und Taten des Herrn, aber als Begleiter des Apostels schrieb er zuverlässig alles auf, woran dieser sich erinnerte. Er vollendete sein Evangelium wohl um das Jahr 57 als er mit Petrus wieder in Rom war und dieser es für die Lesung in den Gemeinden freigab. Das Markusevangelium stellt besonders die Taten von Jesus Christus in den Vordergrund. Der Stil ist lebendig und anschaulich.

Johannes der Täufer

1 *1* Anfang der guten Botschaft von Jesus Christus, dem Sohn Gottes: *2* Es begann, wie es beim Propheten Jesaja geschrieben steht: „Ich werde meinen Boten vor dir her senden. Er wird dein Wegbereiter sein. *3* Hört, in der Wüste ruft eine Stimme: ‚Bereitet dem Herrn den Weg! Ebnet seine Pfade!'"[a]

4 Das erfüllte sich, als Johannes der Täufer in der Wüste[b] auftrat. Er predigte den Menschen, sie sollten zu Gott umkehren und sich als Zeichen dafür taufen lassen, damit sie Vergebung ihrer Sünden empfingen.

5 Aus ganz Judäa[c] und Jerusalem kamen die Leute zu Johannes in die Wüste. Sie ließen sich im Jordan[d] von ihm taufen und bekannten dabei ihre Sünden.

6 Johannes trug ein grobes Gewand aus Kamelhaar, um das er einen Lederriemen geknotet hatte. Seine Nahrung bestand aus Heuschrecken und Honig von wild lebenden Bienen. *7* Er kündigte an: „Nach mir kommt einer, der stärker ist als ich. Ich bin nicht einmal gut genug, mich zu bücken und ihm die Riemen seiner Sandalen zu lösen. *8* Ich habe

---

a 1,3: Maleachi 3,1 und Jesaja 40,3. Bei einem zusammengesetzten Zitat aus dem Alten Testament wird nach jüdischem Brauch lediglich ein Autor genannt, gewöhnlich der bekannteste von ihnen.

b 1,4: Vermutlich in der *Wüste* Juda, einem gebirgigen Dürregebiet westlich und nordwestlich des Toten Meeres.

c 1,5: *Judäa*. Von Juden bewohntes Gebiet zwischen dem Toten Meer und dem Mittelmeer.

d 1,5: Der *Jordan* ist der wichtigste Fluss Israels, ein geologisches Phänomen das tiefstgelegene Tal der Erde durchfließt. Er entspringt im Norden im Gebiet des Berges Hermon, etwa 500 m über dem Meeresspiegel, und mündet 200 km südlich ins Tote Meer, dessen Wasserspiegel sich 392 m unter Meeresniveau befindet. Die Taufstelle ist etwa 7 km nördlich vom Toten Meer zu suchen.

euch mit Wasser getauft, er wird euch mit dem Heiligen Geist taufen."

9 Damals kam auch Jesus aus Nazaret[a] in Galiläa[b] und ließ sich im Jordan von Johannes taufen. 10 Noch während er aus dem Wasser stieg, sah er, wie der Himmel aufriss und der Geist Gottes wie eine Taube auf ihn herabfuhr. 11 Und aus dem Himmel sprach eine Stimme: „Du bist mein lieber Sohn. An dir habe ich meine Freude!"

12 Bald darauf wurde Jesus vom Geist gedrängt, in die Wüste hinauszugehen. 13 Vierzig Tage blieb er dort und in dieser Zeit versuchte der Satan, ihn zur Sünde zu verführen. Jesus lebte bei den wilden Tieren, und Engel dienten ihm.

Erste Aufgaben in Galiläa

14 Nachdem Johannes dann verhaftet worden war, ging Jesus nach Galiläa und verkündigte dort die gute Botschaft von Gott. 15 Er sagte dabei: „Es ist jetzt so weit, die Herrschaft Gottes ist nah. Ändert eure Einstellung und glaubt diese gute Botschaft!"

16 Als Jesus am See von Galiläa[c] entlangging, sah er Fischer, die ihre runden Wurfnetze auswarfen. Es waren Simon und sein Bruder Andreas. 17 Jesus sagte zu ihnen: „Kommt, folgt mir! Ich werde euch zu Menschenfischern machen." 18 Sofort ließen sie die Netze liegen und folgten ihm. 19 Als er ein Stück weitergegangen war, sah er Jakobus und Johannes, die Söhne des Zebedäus, in einem Boot die Netze in Ordnung bringen. 20 Auch sie forderte er gleich auf, mit ihm zu kommen. Da ließen sie ihren Vater Zebedäus mit den Lohnarbeitern im Boot zurück und folgten ihm.

21 Sie kamen nach Kafarnaum[d]. Gleich am folgenden Sabbat ging er in die Synagoge und sprach zu den Menschen dort. 22 Die waren sehr überrascht von seiner Lehre, denn er lehrte nicht, wie sie es von den Gesetzeslehrern kannten, sondern sprach mit Vollmacht. 23 Nun war da gerade in ihrer Synagoge ein Mann, der von einem bösen Geist besessen war. Der schrie plötzlich auf: 24 „Was willst du von uns, Jesus von Nazaret? Bist du gekommen, uns zu vernichten? Ich weiß, wer du bist: Der Heilige Gottes." 25 „Schweig!", befahl ihm Jesus da. „Verlass den Mann!" 26 Darauf zerrte der böse Geist den Mann hin und her und verließ ihn mit einem lauten Schrei. 27 Die Leute waren so überrascht und erschrocken, dass sie sich gegenseitig fragten: „Was ist das? Eine neue Lehre mit göttlicher Vollmacht? Sogar den bösen Geistern gibt er Befehle, und sie gehorchen ihm." 28 Sein Ruf verbreitete sich mit Windeseile im ganzen galiläischen Umland.

---

a 1,9: Der kleine Ort *Nazaret* mit etwa 150 Einwohnern lag in der Mitte zwischen dem Mittelmeer und dem See Gennesaret und war etwa 100 km von der Taufstelle entfernt.

b 1,9: *Galiläa*. Von Juden und Griechen bewohntes Gebiet im Norden Israels, etwa zwischen dem See Gennesaret und dem Mittelmeer.

c 1,16: *See von Galiläa*. Das ist der See Gennesaret im Norden Israels, 21 km lang und bis zu 14 km breit. Er wird vom Jordan durchflossen und liegt etwa 209 m unter dem Meeresspiegel.

d 1,21: *Kafarnaum* war eine Stadt am Westufer des Sees Gennesaret.

29 Nachdem sie die Synagoge verlassen hatten, gingen sie zusammen mit Jakobus und Johannes in das Haus von Simon und Andreas. 30 Simons Schwiegermutter lag mit Fieber im Bett, und gleich erzählten sie es ihm. 31 Da ging er zu ihr hin, fasste sie bei der Hand und richtete sie auf. Im selben Augenblick verschwand das Fieber und sie konnte ihre Gäste bewirten.

32 Am Abend, es war nach Sonnenuntergang, brachte man alle Kranken und Besessenen zu Jesus. 33 Die ganze Stadt war vor der Haustür versammelt. 34 Und Jesus heilte viele Menschen, die an den verschiedensten Krankheiten litten. Er trieb auch viele Dämonen aus, die er aber nicht zu Wort kommen ließ, weil sie wussten, wer er war.

35 Früh am Morgen, als es noch völlig dunkel war, stand er auf und ging aus dem Haus fort an eine einsame Stelle, um dort zu beten. 36 Simon und die, die bei ihm waren, eilten ihm nach. 37 Als sie ihn gefunden hatten, sagten sie zu ihm: „Alle suchen dich!" 38 Doch er erwiderte: „Lasst uns anderswohin gehen, in die umliegenden Ortschaften, damit ich auch dort predige; denn dazu bin ich gekommen."

39 So zog er durch ganz Galiläa, predigte in den Synagogen und trieb die Dämonen aus. 40 Einmal kam ein Aussätziger. Er kniete sich vor ihm hin und bat ihn flehentlich: „Wenn du willst, kannst du mich rein machen." 41 Jesus hatte Mitleid mit ihm, berührte ihn mit seiner Hand und sagte: „Ich will es, sei rein!" 42 Sofort verschwand der Aussatz[e], und der Mann war geheilt. 43 Jesus schickte ihn auf der Stelle weg und befahl ihm mit aller Entschiedenheit: 44 „Pass auf, dass du niemand auch nur ein Wort davon sagst. Geh stattdessen zum Priester, zeig dich ihm und bring das Opfer für deine Reinigung, wie Mose es angeordnet hat. Das soll ein Beweis für sie sein." 45 Der Mann ging weg, erzählte aber überall von seiner Heilung und machte die Sache bekannt, so dass Jesus in keine Stadt mehr gehen konnte, ohne Aufsehen zu erregen. Er hielt sich nur noch außerhalb der Ortschaften an einsamen Stellen auf. Doch die Leute kamen von überall her zu ihm.

Jesus vergibt Schuld und heilt

2 1 Einige Tage später kehrte Jesus nach Kafarnaum zurück. Schnell sprach sich herum, dass er wieder zu Hause sei. 2 Da kamen so viele Menschen bei ihm zusammen, dass sie keinen Platz mehr hatten, nicht einmal vor der Tür. Während er ihnen die Botschaft Gottes verkündigte, 3 trugen vier Männer einen Gelähmten heran. 4 Doch es herrschte ein solches Gedränge, dass sie nicht zu ihm durchkamen. Da brachen sie die Lehmdecke über der Stelle auf, wo Jesus sich befand. Durch das Loch ließen sie den Gelähmten auf seiner Matte hinunter. 5 Als Jesus ihren Glauben sah, sagte er zu dem Gelähmten: „Mein Sohn, deine Sünden sind dir vergeben."

6 Es saßen jedoch einige Gesetzeslehrer dabei, die im Stillen dachten: 7 „Was bildet der sich ein? Das ist ja Gotteslästerung! Niemand kann

---

e 1,42: *Aussatz*. Bezeichnung für rasch um sich greifende Hautkrankheiten, Lepra eingeschlossen.

Sünden vergeben außer Gott!" *8* Jesus hatte sofort erkannt, was in ihnen vorging, und sprach sie an: „Warum gebt ihr solchen Gedanken Raum in euch? *9* Ist es leichter, zu einem Gelähmten zu sagen: ‚Deine Sünden sind dir vergeben', oder: ‚Steh auf, nimm deine Matte und geh umher'? *10* Doch ihr sollt wissen, dass der Menschensohn^a die Vollmacht hat, hier auf der Erde Sünden zu vergeben." Damit wandte er sich dem Gelähmten zu: *11* „Ich befehle dir: Steh auf, nimm deine Matte und geh nach Hause!" *12* Der Mann stand sofort auf, nahm seine Matte und ging vor den Augen der ganzen Menge hinaus. Da gerieten alle außer sich; sie priesen Gott und sagten: „So etwas haben wir noch nie gesehen!"

13 Danach ging Jesus wieder einmal an den See hinaus. Die ganze Menschenmenge kam zu ihm, und er belehrte sie. *14* Als er weiterging und an der Zollstelle vorbei kam, sah er Levi, den Sohn von Alphäus, dort sitzen und sagte zu ihm: „Komm, folge mir!" Der stand auf und folgte ihm. *15* Später war Jesus in seinem Haus zu Gast. Mit ihm und seinen Jüngern waren auch viele Zolleinnehmer eingeladen und andere, die einen ebenso schlechten Ruf hatten. Viele von ihnen gehörten schon zu denen, die ihm nachfolgten. *16* Als die Gesetzeslehrer von der Partei der Pharisäer^b

sahen, dass Jesus mit solchen Leuten aß, sagten sie: „Wie kann er sich nur mit Zöllnern und Sündern an einen Tisch setzen?" *17* Jesus hörte das und entgegnete: „Nicht die Gesunden brauchen den Arzt, sondern die Kranken. Ich bin nicht gekommen, um Gerechte zu rufen, sondern Sünder."

Was ist mit Fasten und Sabbat?

18 Die Jünger des Johannes und die Pharisäer pflegten regelmäßig zu fasten. Einige Leute kamen deshalb zu Jesus und fragten: „Wie kommt es, dass die Jünger des Johannes und die der Pharisäer fasten, deine Jünger aber nicht?" *19* Jesus erwiderte: „Können die Hochzeitsgäste denn fasten, wenn der Bräutigam noch bei ihnen ist? Nein, solange der Bräutigam da ist, können sie nicht fasten. *20* Die Zeit kommt früh genug, dass der Bräutigam von ihnen weggenommen sein wird. Dann werden sie fasten. *21* Niemand näht doch ein neues Stück Stoff auf ein altes Gewand^c, sonst reißt das neue Stück aus und der Riss im alten Stoff wird noch größer. *22* Und niemand wird doch neuen Wein, der noch gärt, in alte Schläuche füllen. Der junge Wein würde die Schläuche zum Platzen bringen. Dann wären Wein und Schläuche verdorben. Nein, neuen Wein füllt man in neue Schläuche."

23 An einem Sabbat ging Jesus durch Kornfelder. Seine Jünger fingen

---

a 2,10: *Menschensohn* ist eine von Jesus bevorzugte Selbstbezeichnung. Er knüpft damit an Daniel 7,13 an, wo der zukünftige Herrscher des Gottesreiches angekündigt wird.

b 2,16: *Pharisäer*. Religionspartei, die auf

genaue Einhaltung der Gesetze und Überlieferungen Wert legte.

c 2,21: *Gewand*. Denn der Flicken wird beim Waschen einlaufen.

unterwegs an, Ähren abzurupfen und die Körner zu essen. 24 Da sagten die Pharisäer zu ihm: „Sieh mal, was sie da tun! Das ist doch am Sabbat nicht erlaubt."[d] 25 Jesus entgegnete: „Habt ihr nie gelesen, was David getan hat, als er und seine Begleiter hungrig waren und etwas zu essen brauchten? 26 Wie er damals – als der Hohe Priester Abjatar lebte[e] – ins Haus Gottes ging, von den geweihten Broten aß und auch seinen Begleitern davon gab, obwohl nach dem Gesetz doch nur die Priester davon essen dürfen?" 27 Und Jesus fügte hinzu: „Der Sabbat wurde für den Menschen geschaffen und nicht der Mensch für den Sabbat. 28 Darum kann der Menschensohn auch über den Sabbat bestimmen."

3 1 Als Jesus ein anderes Mal in eine Synagoge ging, saß dort ein Mann mit einer gelähmten Hand. 2 Seine Gegner passten genau auf, ob er ihn am Sabbat heilen würde, denn sie wollten einen Grund finden, ihn anzuklagen. 3 Jesus sagte zu dem Mann mit der gelähmten Hand: „Steh auf und stell dich in die Mitte!" 4 Dann fragte er die Anwesenden: „Soll man am Sabbat Gutes tun oder Böses? Soll man ein Leben retten oder es zugrunde gehen lassen?" Sie schwiegen. 5 Da sah er sie zornig der Reihe nach an und war zugleich traurig über ihre verstockten Herzen. Dann befahl er dem Mann: „Streck die Hand aus!" Der gehorchte, und seine Hand war geheilt. 6 Die Pharisäer gingen sofort hinaus und berieten mit den Anhängern von Herodes Antipas[f], wie sie ihn umbringen könnten.

Wer wirklich zu Jesus gehört

7 Jesus zog sich mit seinen Jüngern an den See zurück. Eine Menschenmenge aus Galiläa folgte ihm. Auch aus Judäa, 8 Jerusalem und Idumäa[g], aus dem Ostjordanland und der Gegend von Tyrus und Sidon[h] kamen sie in Scharen zu ihm, weil sie von seinen Taten gehört hatten. 9 Da befahl er seinen Jüngern, ein Boot bereitzuhalten, damit die Menge ihn nicht so bedrängte, 10 denn er heilte viele. Und alle, die ein Leiden hatten, drängten sich an ihn heran, um ihn zu berühren. 11 Und wenn von bösen Geistern besessene Menschen ihn sahen, warfen sie sich vor ihm nieder und schrien: „Du bist der Sohn Gottes!" 12 Doch Jesus verbot ihnen streng, ihn bekannt zu machen.

---

d 2,24: *nicht erlaubt.* Sie fassten das als „ernten" auf, was als Arbeit am Sabbat verboten war.

e 2,26: *Abjatar.* Amtierender Hoher Priester war zu dieser Zeit noch der Vater Abjatars, Ahimelech (siehe 1. Samuel 21,1-7).

f 3,6: *Anhänger von Herodes Antipas.* Antipas war ein Sohn von Herodes dem Großen. Er regierte unter römischer Oberherrschaft die Gebiete Galiläa und Peräa. Seine Anhänger bildeten eine romfreundliche Partei, die den Pharisäern normalerweise feindlich gegenüberstand.

g 3,8: *Idumäa.* Von Edomitern bewohntes Gebiet südlich von Juda und westlich des Toten Meeres, etwa 200 km südlich vom See Gennesaret.

h 3,8: *Sidon und Tyrus* waren die wichtigsten Hafenstädte Phöniziens (heute: Libanon).

13 Dann stieg Jesus auf einen Berg und rief die zu sich, die er bei sich haben wollte. Sie traten zu ihm, 14 und er wählte zwölf von ihnen aus, die er ständig um sich haben und später aussenden wollte, damit sie predigten 15 und in seiner Vollmacht Dämonen austrieben. 16 Die Zwölf, die er dazu bestimmte, waren: Simon, den er Petrus nannte, 17 Jakobus Ben-Zebedäus und Johannes, sein Bruder – die er übrigens Boanerges nannte, das heißt „Donnersöhne" –, 18 Andreas, Philippus und Bartholomäus, Matthäus, Thomas und Jakobus Ben-Alphäus, Thaddäus, Simon, der zu den Zeloten[a] gehört hatte, 19 und Judas, der ein Sikarier[b] gewesen war und ihn später verraten hat.

20 Jesus ging nach Hause, und wieder strömten so viele Menschen bei ihm zusammen, dass er mit seinen Jüngern nicht einmal zum Essen kam. 21 Als seine Angehörigen das erfuhren, machten sie sich auf, um ihn mit Gewalt zurückzuholen, denn sie sagten sich: „Er muss den Verstand verloren haben."

22 Die Gesetzeslehrer, die von Jerusalem hergekommen waren, sagten:

„Er ist mit Beelzebul[c] im Bund. Und die Dämonen treibt er nur mit Hilfe des Obersten aller bösen Geister aus." 23 Jesus rief sie zu sich und gab ihnen durch einige Vergleiche Antwort:

„Wie kann denn Satan den Satan austreiben? 24 Wenn ein Reich mit sich selbst im Streit liegt, kann es nicht bestehen. 25 Und eine Familie, die sich zerstreitet, zerfällt. 26 Wenn also der Satan gegen sich selbst aufsteht und mit sich selbst in Streit gerät, kann sein Reich nicht bestehen; es ist aus mit ihm. 27 Andererseits kann niemand einfach so in das Haus eines starken Mannes einbrechen und ihm den Besitz rauben. Erst wenn der Starke gefesselt ist, kann man sein Haus ausrauben. 28 Ich versichere euch: Alle Sünden können den Menschen vergeben werden, selbst die Gotteslästerungen, die sie aussprechen. 29 Wer aber den Heiligen Geist lästert, wird in Ewigkeit keine Vergebung finden. Mit dieser Sünde hat er ewige Schuld auf sich geladen." 30 Das sagte er zu ihnen, weil sie behauptet hatten, er sei von einem bösen Geist besessen.

31 Inzwischen waren seine Mutter und seine Brüder angekommen. Sie blieben vor dem Haus und ließen ihn herausrufen. 32 Die Menschen, die dicht gedrängt um Jesus herumsaßen, gaben ihm die Nachricht weiter: „Deine Mutter und deine Brüder sind draußen und fragen nach dir." 33 „Wer ist meine Mutter, und wer sind meine Brüder?", antwortete Jesus. 34 Er sah die Menschen an, die im Kreis um ihn herum saßen: „Das hier ist meine

---

a 3,18: *Zeloten*. Wörtlich: Kananäer. Wahrscheinlich von *kana* („eifern") abgeleitet. Es handelte sich offenbar um die jüdische Partei der „Eiferer", die aktiven Widerstand gegen die Römer leistete, es ablehnte, Steuern zu zahlen, und das messianische Reich mit Gewalt herbeizwingen wollte.

b 3,19: *Sikarier*. Die militanteste Gruppe unter den Zeloten, Dolchmänner (von *sika* = Dolch), die römerfreundliche Juden umbrachten (vgl. Apostelgeschichte 21,38).

c 3,22: *Beelzebul*. Ein anderer Name für Satan, den Obersten aller Dämonen.

Mutter, und das sind meine Brüder! 35 Jeder, der nach Gottes Willen lebt, ist mir Bruder, Schwester und Mutter."

Das Geheimnis vom Reich Gottes

4 1 Wieder einmal war Jesus am See und lehrte. Diesmal hatten sich so viele Menschen um ihn versammelt, dass er sich in ein Boot setzen musste, um vom See aus zur Menge am Ufer sprechen zu können. 2 Er redete lange und erklärte vieles in Gleichnissen. Unter anderem sagte er: 3 „Hört zu! Ein Bauer ging auf den Acker, um zu säen. 4 Beim Ausstreuen fiel ein Teil der Körner auf den Weg. Da kamen die Vögel und pickten sie auf. 5 Ein anderer Teil fiel auf felsigen Boden, der nur von einer dünnen Erdschicht bedeckt war. Weil die Wurzeln nicht tief in den Boden dringen konnten, ging die Saat zwar bald auf, 6 als dann aber die Sonne höher stieg, wurde sie versengt und vertrocknete, weil sie keine tiefer gehenden Wurzeln hatte. 7 Wieder ein anderer Teil fiel unter Disteln, die die Saat bald überwucherten und erstickten, so dass sie keine Frucht brachte. 8 Ein anderer Teil schließlich fiel auf guten Boden. Die Saat ging auf, wuchs und brachte Frucht: dreißig-, sechzig- oder sogar hundertfach." 9 Jesus schloss: „Wer Ohren hat und hören kann, der höre zu!"

10 Als die Zwölf und die anderen Jünger wieder mit Jesus allein waren, fragten sie ihn nach dem Sinn der Gleichnisse. 11 Er sagte: „Euch hat Gott das Geheimnis seines Reiches anvertraut; den Außenstehenden wird alles nur in Gleichnissen gegeben, 12 ‚damit sie mit sehenden Augen sehen und doch nichts erkennen, damit sie mit hörenden Ohren hören und doch nichts verstehen, damit sie nicht etwa umkehren und ihnen vergeben wird.'d" 13 Dann fuhr er fort: „Ihr versteht das Gleichnis nicht? Wie wollt ihr dann die anderen alle verstehen?

14 Der Bauer mit dem Saatgut sät das Wort. 15 Das, was auf den Weg gefallen ist, meint Menschen, die Gottes Botschaft hören. Aber dann kommt gleich der Satan und nimmt ihnen das gesäte Wort wieder weg. 16 Das, was auf den felsigen Boden fiel, meint Menschen, die das Wort hören und es gleich freudig aufnehmen. 17 Doch weil sie unbeständig sind, kann es bei ihnen keine Wurzeln schlagen. Wenn sie wegen der Botschaft in Schwierigkeiten geraten oder gar verfolgt werden, wenden sie sich gleich wieder ab. 18 Andere Menschen entsprechen der Saat, die unter die Disteln fällt. Sie haben die Botschaft gehört, 19 doch dann gewinnen die Sorgen ihres Alltags, die Verlockungen des Reichtums und andere Begierden die Oberhand und ersticken das Wort. Es bleibt ohne Frucht. 20 Die Menschen schließlich, die dem guten Boden gleichen, hören die Botschaft, nehmen sie auf und bringen Frucht: dreißig-, sechzig- und hundertfach."

21 Er fuhr fort: „Holt man denn eine Lampe, um sie unter einen Kübel zu stellen oder unters Bett? Natürlich nicht! Man stellt sie auf einen passenden Ständer. 22 So wird auch alles, was jetzt noch verborgen ist, ans Licht

---

d 4,12: Jesaja 6,9-10 auszugsweise zitiert.

kommen; was jetzt noch geheim ist, soll bekannt gemacht werden. 23 Wer Ohren hat und hören kann, der höre zu!" 24 Und weiter sagte er: „Passt auf, was ihr jetzt hört! Nach dem Maß, mit dem ihr messt, wird euch zugeteilt werden, und ihr werdet noch mehr bekommen. 25 Denn wer hat, dem wird gegeben, wer aber nicht hat, dem wird auch das genommen, was er hat."

26 „Mit dem Reich Gottes", erklärte er, „verhält es sich wie mit einem Bauern, der seinen Acker besät hat. 27 Er legt sich schlafen, steht wieder auf, ein Tag folgt dem anderen. Währenddessen geht die Saat auf und wächst – wie, das weiß er selber nicht. 28 Die Erde bringt von selbst die Frucht hervor: zuerst den Halm, dann die Ähre und zuletzt das volle Korn in der Ähre. 29 Und sobald das Korn reif ist, lässt er es schneiden. Die Ernte ist gekommen."

30 „Womit sollen wir die Herrschaft Gottes noch vergleichen?", fragte Jesus. „Mit welchem Gleichnis sollen wir sie darstellen? 31 Es ist wie bei einem Senfkorn.ᵃ Das ist das kleinste aller Samenkörner, die man in die Erde sät. 32 Und wenn es gesät ist, geht es auf und wird größer als alle anderen Gartenpflanzen. Es treibt so große Zweige, dass Vögel in seinem Schatten nisten können."

33 Jesus gebrauchte viele solcher Gleichnisse, um den Menschen die Botschaft Gottes verständlich zu machen.

34 Er verwendete immer Gleichnisse, wenn er zu den Leuten sprach. Aber seinen Jüngern erklärte er alles, wenn er mit ihnen allein war.

Wie Jesus seine Macht zeigt

35 Am Abend jenes Tages sagte Jesus zu seinen Jüngern: „Wir wollen ans andere Ufer fahren!" 36 Sie schickten die Leute nach Hause und nahmen ihn, so wie er war, im Boot mit. Einige andere Boote fuhren Jesus nach. 37 Plötzlich brach ein schwerer Sturm los, so dass die Wellen ins Boot schlugen und es mit Wasser voll lief. 38 Jesus aber schlief im Heck auf einem Kissen. Die Jünger weckten ihn und schrien: „Rabbiᵇ, macht es dir nichts aus, dass wir umkommen?" 39 Jesus stand auf, bedrohte den Sturm und sagte zum See: „Schweig! Sei still!" Da legte sich der Wind, und es trat völlige Stille ein. 40 „Warum habt ihr solche Angst?", fragte Jesus. „Habt ihr immer noch keinen Glauben?" 41 Da wurden sie erst recht von Furcht gepackt und flüsterten einander zu: „Wer ist das nur, dass ihm sogar Wind und Wellen gehorchen?"

5 1 So kamen sie in das Gebiet der Gerasenerᶜ auf der anderen Seite des Sees. 2 Als er aus dem Boot stieg, rannte ihm ein Besessener entgegen. Er

---

ᵃ 4,31: *Senfkorn*. Gemeint ist wahrscheinlich der „Schwarze Senf" (*Brassica nigra*), dessen *ein* Millimeter großes Samenkorn in Israel für seine Kleinheit sprichwörtlich war. Siehe auch Matthäus 13,32.

ᵇ 4,38: *Rabbi*. Respektvolle Anrede im Judentum: „Mein Lehrer".

ᶜ 5,1: *Gerasener*. Bewohner des südöstlichen Uferstreifens des Sees Gennesaret mit Hafen. Das Gebiet gehörte zu Gadara, die als mächtigste Stadt im Zehnstädtegebiet selbst Kriegsschiffe auf dem See unterhielt.

kam von den Grabhöhlen, *3* in denen er hauste, und niemand konnte ihn mehr bändigen, nicht einmal mit Ketten. *4* Schon oft hatte man ihn an Händen und Füßen gefesselt, doch jedes Mal hatte er die Ketten zerrissen und die Fußfesseln zerrieben. Keiner wurde mit ihm fertig. *5* Tag und Nacht war er in den Grabhöhlen oder auf den Bergen, und immer schrie er und schlug sich mit Steinen. *6* Schon von weitem hatte er Jesus erblickt, rannte auf ihn zu, warf sich vor ihm hin *7* und schrie mit lauter Stimme: „Was willst du von mir, Jesus, Sohn Gottes, du Sohn des Allerhöchsten? Ich beschwöre dich bei Gott, quäle mich nicht!" *8* Jesus hatte dem bösen Geist nämlich befohlen, den Mann zu verlassen. *9* Nun fragte er ihn: „Wie heißt du?" – „Ich heiße Legion", antwortete der, „denn wir sind viele." *10* Und dann flehte er Jesus an, sie nicht aus der Gegend fortzuschicken. *11* Nun weidete dort in der Nähe eine große Herde Schweine an einem Berghang. *12* Da baten sie ihn: „Lass uns doch in die Schweine fahren!" *13* Jesus erlaubte es ihnen und die bösen Geister verließen den Mann und fuhren in die Schweine. Da raste die ganze Herde den Abhang hinunter in den See und ertrank. Es waren immerhin 2000 Tiere. *14* Die Schweinehirten liefen davon und erzählten in der Stadt und auf den Dörfern alles, was geschehen war. Die Leute wollten das mit eigenen Augen sehen und machten sich gleich auf den Weg. *15* Als sie zu Jesus kamen, sahen sie den, der bisher von einer Legion böser Geister besessen gewesen war, bekleidet und vernünftig bei ihm sitzen. Da bekamen sie es mit der Angst zu tun. *16* Und nachdem ihnen Augenzeugen berichtet hatten, was mit dem Besessenen und den Schweinen passiert war, *17* baten sie Jesus, ihr Gebiet zu verlassen. *18* Als Jesus dann ins Boot stieg, bat ihn der Geheilte, bei ihm bleiben zu dürfen. *19* Doch er gestattete es nicht, sondern sagte: „Geh nach Hause zu deinen Angehörigen und berichte ihnen, wie viel der Herr in seinem Erbarmen an dir getan hat." *20* Der Mann gehorchte und fing an, im ganzen Zehnstädtegebiet[d] zu verkünden, was Jesus an ihm getan hatte. Und alle wunderten sich.

21 Jesus fuhr mit dem Boot wieder ans andere Ufer, wo sich bald eine große Menschenmenge um ihn versammelte. Er war noch am See, *22* als ein Synagogenvorsteher kam und sich vor ihm niederwarf. Er hieß Jaïrus *23* und bat ihn sehr: „Meine kleine Tochter liegt im Sterben. Komm und leg ihr die Hände auf, damit sie gesund wird und am Leben bleibt." *24* Jesus ging mit, und viele Leute folgten und drängten sich um ihn.

25 Darunter war auch eine Frau, die seit zwölf Jahren an starken Blutungen litt. *26* Sie war schon bei vielen Ärzten gewesen und dabei sehr geplagt worden. Ihr ganzes Vermögen hatte sie aufgewendet, und es hatte ihr nichts geholfen, im Gegenteil: Es war noch schlimmer geworden. *27* Diese Frau hatte von Jesus gehört und drängte sich nun durch die Menge von hinten heran. Sie berührte sein Gewand,

---

d 5,20: *Zehnstädtegebiet*. Die Dekapolis, ein Verband von ursprünglich zehn Städten im Ostjordangebiet mit Griechisch sprechender Bevölkerung und hellenistischer Kultur.

28 denn sie dachte: „Wenn ich nur sein Gewand anfasse, werde ich geheilt." 29 Sofort hörte die Blutung auf, und sie spürte, dass sie ihre Plage los war. 30 Im selben Augenblick spürte auch Jesus, dass eine Kraft von ihm ausgegangen war. Er drehte sich in der Menge um und fragte: „Wer hat mein Gewand berührt?" 31 Da sagten seine Jünger zu ihm: „Du siehst doch wie die Menge dich drängt, und da fragst du, wer dich berührt hat?" 32 Aber Jesus blickte sich nach der um, die das getan hatte. 33 Zitternd vor Angst trat die Frau vor, die ja wusste, was mit ihr vorgegangen war. Sie warf sich vor ihm nieder und erzählte ihm alles. 34 „Meine Tochter", sagte Jesus da zu ihr, „dein Glaube hat dich gerettet. Geh in Frieden! Du bist gesund!"

35 Während Jesus noch mit ihr sprach, kamen Leute aus dem Haus des Synagogenvorstehers und sagten zu Jaïrus: „Deine Tochter ist gestorben. Du brauchst den Rabbi nicht weiter zu bemühen." 36 Jesus hatte mitgehört und sagte zu dem Vorsteher: „Fürchte dich nicht, glaube nur." 37 Dann ging er weiter, erlaubte aber niemand, ihn zu begleiten, außer Petrus, Jakobus und dessen Bruder Johannes. 38 Als sie zum Haus des Vorstehers kamen und Jesus die Aufregung sah und die laut weinenden und klagenden Menschen, 39 ging er hinein und sagte: „Was soll der Lärm? Warum weint ihr? Das Kind ist nicht tot, es schläft nur." 40 Da lachten sie ihn aus. Er aber warf sie alle hinaus und ging nur mit dem Vater und der Mutter des Kindes und mit den Jüngern, die bei ihm waren, zu dem Mädchen hinein. 41 Er fasste es bei der Hand und sagte: „Talita kum!"

– Das heißt übersetzt: „Mädchen, steh auf!" 42 Mit fassungslosem Erstaunen sahen alle, wie das Mädchen sich sofort erhob und anfing umherzugehen. Es war nämlich zwölf Jahre alt. 43 Jesus verbot ihnen nachdrücklich, anderen davon zu erzählen, und ordnete an, dem Kind etwas zu essen zu geben.

Jünger im Praktikum

6 1 Jesus brach von dort auf und kam wieder in seinen Heimatort. Seine Jünger begleiteten ihn. 2 Am Sabbat lehrte er in der Synagoge. Viele seiner Zuhörer fragten sich erstaunt: „Wo hat er das nur her? Was ist das für eine Weisheit, die ihm da gegeben ist? Und erst die Wunder, die durch ihn geschehen! 3 Ist das denn nicht der Bauhandwerker[a], der Sohn von Maria[b] und ein Bruder von Jakobus, Joses, Judas und Simon? Und seine Schwestern leben doch auch alle bei uns!" Und sie ärgerten sich über ihn. 4 Da sagte Jesus zu ihnen: „Überall wird ein Prophet geehrt, nur nicht in seiner Heimatstadt, seiner Verwandtschaft und seiner Familie." 5 Deshalb konnte er dort überhaupt kein Wunder tun; nur einigen Kranken legte er die Hände auf und heilte sie. 6 Er

---

a 6,3: *Bauhandwerker*. Den Beruf des Zimmermanns im Sinn eines Holzfacharbeiters gab es damals noch nicht. Holz war im 1. Jahrhundert eine ausgesprochene Mangelware.

b 6,3: Dass einige Jesus als *Marias Sohn* bezeichneten, war eine bewusste Diffamierung, denn ein Mann wurde in Israel auch dann nicht als Sohn seiner Mutter bezeichnet, wenn diese bereits Witwe war, es sei denn, man wollte ihn beleidigen.

wunderte sich über ihren Unglauben und zog weiter durch die umliegenden Dörfer und lehrte dort.

7 Dann rief er die Zwölf zu sich und fing an, sie zu zweit auszusenden. Er gab ihnen Vollmacht über die bösen Geister 8 und befahl ihnen, außer einem Wanderstab nichts mitzunehmen, kein Brot, keine Vorratstasche, kein Geld. 9 „Sandalen dürft ihr anziehen, aber nicht zwei Hemden übereinander. 10 Wenn ihr in ein Haus aufgenommen werdet, dann bleibt dort, bis ihr den Ort wieder verlasst. 11 Und wenn ihr in einen Ort kommt, wo die Leute euch nicht aufnehmen und auch nicht anhören wollen, dann zieht gleich weiter und schüttelt den Staub von euren Füßen ab, um ihnen deutlich zu machen, dass das Gericht auf sie wartet." 12 Die Zwölf machten sich auf den Weg und predigten, dass die Leute ihre Einstellung ändern sollten. 13 Sie trieben viele Dämonen aus, rieben viele Kranke mit Öl ein und heilten sie.

Herodes und der Täufer

14 Inzwischen hatte auch König Herodes von Jesus gehört, denn überall sprach man von ihm. Die einen sagten: „Johannes der Täufer ist von den Toten auferstanden, deshalb kann er solche Wunder tun." 15 Andere meinten: „Es ist Elija." Wieder andere sagten: „Es ist ein Prophet wie einer der früheren Propheten." 16 Doch Herodes sagte, als er von ihm hörte: „Das ist Johannes, den ich enthaupten ließ. Und jetzt ist er auferweckt worden."

17 Herodes hatte Johannes nämlich festnehmen und gefesselt ins Gefängnis bringen lassen. Schuld daran war Herodias, die Frau seines Stiefbruders Philippus. Herodes hatte sie zu seiner Frau gemacht, 18 worauf Johannes ihm sagen musste: „Du hattest kein Recht, die Frau deines Bruders zu nehmen." 19 Die Herodias verzieh ihm das nicht und wollte ihn umbringen lassen. Doch sie konnte sich nicht durchsetzen, 20 denn Herodes hatte Hochachtung vor ihm. Er wusste, dass Johannes ein gerechter und heiliger Mann war, und schützte ihn deshalb. Er wurde zwar sehr unruhig, wenn er mit ihm sprach, hörte ihm aber trotzdem gern zu. 21 Eines Tages ergab sich für Herodias die Gelegenheit. Herodes hatte Geburtstag und gab dazu ein Festessen für seine hohen Regierungsbeamten, die Offiziere und die angesehensten Bürger von Galiläa. 22 Dabei trat die Tochter der Herodias als Tänzerin auf. Sie gefiel Herodes und den Gästen so gut, dass der König zu dem Mädchen sagte: „Wünsch dir, was du willst; ich werde es dir geben!" 23 Er schwor ihr sogar: „Ich werde dir alles geben, was du willst, und wenn es die Hälfte meines Reiches wäre." 24 Sie ging hinaus und fragte ihre Mutter: „Was soll ich mir wünschen?" – „Den Kopf von Johannes dem Täufer", erwiderte diese. 25 Schnell ging das Mädchen wieder zum König hinein und sagte: „Ich will, dass du mir hier sofort auf einer Schale den Kopf von Johannes dem Täufer überreichst." 26 Der König war bestürzt, aber weil er vor allen Gästen einen Eid abgelegt hatte, wollte er sie nicht zurückweisen. 27 Er schickte den Henker los und befahl ihm, den Kopf des Täufers zu bringen. Der

ging ins Gefängnis und enthauptete Johannes. **28** Dann brachte er den Kopf auf einer Schale herein und überreichte ihn dem Mädchen. Und das Mädchen gab ihn an seine Mutter weiter. **29** Als die Jünger des Johannes davon hörten, holten sie den Toten und legten ihn in ein Grab.

Rückkehr vom Praktikum

30 Die Apostel versammelten sich dann wieder bei Jesus und berichteten ihm alles, was sie in seinem Auftrag gelehrt und getan hatten. **31** Da sagte er zu ihnen: „Kommt mit an einen einsamen Platz, wo wir allein sind, und ruht ein wenig aus." Denn es war ein ständiges Kommen und Gehen, so dass sie nicht einmal Zeit zum Essen fanden. **32** Sie fuhren also mit dem Boot an eine einsame Stelle, um dort allein zu sein. **33** Doch viele sahen sie wegfahren und hatten ihre Absicht bemerkt. So kam es, dass die Menschen aus allen Orten am See angelaufen kamen und auf dem Landweg noch vor ihnen dort waren.

Jesus speist 5000 Menschen

34 Als Jesus aus dem Boot stieg und die vielen Menschen sah, ergriff ihn tiefes Mitgefühl, denn sie waren wie Schafe ohne Hirten. Da nahm er sich viel Zeit, um sie zu belehren. **35** Am Abend kamen seine Jünger zu ihm und sagten: „Wir sind hier an einem einsamen Fleck, und es ist schon spät. **36** Schick die Leute weg, damit sie sich in den umliegenden Bauernhöfen und Dörfern etwas zu essen kaufen können." **37** Aber Jesus erwiderte: „Gebt ihr ihnen doch zu essen!" – „Sollen wir wirklich losgehen", sagten sie da, „und für 200 Denare^a Brot kaufen, damit wir ihnen zu essen geben können?" **38** „Wie viel Brote habt ihr?", fragte er zurück. „Geht und seht nach!" Sie taten es und sagten dann zu ihm: „Fünf und zwei Fische." **39** Dann befahl er ihnen, dafür zu sorgen, dass die Leute sich in Tischgemeinschaften ins grüne Gras niedersetzten. **40** Als sie sich in Gruppen zu hundert und zu fünfzig zusammengesetzt hatten, **41** nahm Jesus die fünf Brote und die zwei Fische in die Hand. Er blickte zum Himmel auf und dankte Gott dafür. Dann brach er die Fladenbrote in Stücke und gab sie den Jüngern, damit sie diese an die Leute austeilen. Auch die zwei Fische ließ er unter alle verteilen. **42** Und alle aßen sich satt. **43** Sie füllten sogar noch zwölf Tragkörbe mit den Resten, die von den Brotstücken und Fischen übrig geblieben waren. **44** Etwa fünftausend Männer hatten an der Mahlzeit teilgenommen.

Jesus kommt auf dem Wasser

45 Gleich darauf nötigte Jesus seine Jünger, unverzüglich ins Boot zu steigen und an das gegenüberliegende Ufer Richtung Betsaida^b vorauszufahren. Er wollte inzwischen die Leute nach Hause schicken. **46** Nachdem er sich von der Menge verabschiedet hatte, stieg er auf den Berg, um zu beten. **47** Bei Einbruch der Dunkelheit war das Boot mitten auf dem See

---

a 6,37: Ein *Denar* entsprach einem vollen Tageslohn.

b 6,45: *Betsaida.* Fischerdorf an der Mündung des Jordan in den See Gennesaret. Heute wahrscheinlich El-Aradsch.

und Jesus allein an Land. *48* Er sah, wie sich seine Jünger beim Rudern abmühten, weil sie gegen den Wind ankämpfen mussten. Im letzten Viertel der Nacht^c kam er dann zu ihnen. Er ging über den See, und es schien, als wollte er an ihnen vorüberlaufen. *49* Als die Jünger ihn auf dem Wasser gehen sahen, meinten sie, es sei ein Gespenst, und schrien auf, *50* denn alle sahen ihn und wurden von Furcht gepackt. Sofort rief er sie an: „Erschreckt nicht! Ich bin's! Habt keine Angst!" *51* Dann stieg er zu ihnen ins Boot, und der Wind legte sich. Da gerieten sie vor Entsetzen ganz außer sich, *52* denn selbst nach dem Wunder mit den Broten hatten sie noch nichts begriffen, weil ihre Herzen immer noch verschlossen waren.

53 Sie fuhren hinüber ans Land und legten in der Nähe von Gennesaret an. *54* Als sie aus dem Boot stiegen, wurde Jesus von den Leuten dort gleich erkannt. *55* Sofort liefen sie los, um die Kranken aus der ganzen Gegend zu holen. Sie brachten sie auf Tragbahren immer an den Ort, von dem sie erfuhren, dass Jesus dort sei. *56* In allen Dörfern, Städten oder Einzelhöfen, in die er kam, legten sie die Kranken ins Freie und baten ihn, sie nur den Saum seines Gewandes berühren zu lassen. Und alle, die ihn berührten, wurden geheilt.

Was wirklich unrein macht

7 *1* Einige Pharisäer und Gesetzeslehrer aus Jerusalem kamen gemeinsam zu Jesus. *2* Sie hatten gesehen, dass seine Jünger mit unreinen, das heißt mit ungewaschenen, Händen aßen. *3* Denn die Pharisäer und alle Juden essen nichts, wenn sie sich nicht vorher in der vorgeschriebenen Weise die Hände gewaschen haben. So halten sie sich an die Überlieferungen der Alten. *4* Auch wenn sie vom Markt kommen, essen sie nichts, ohne sich vorher einer Reinigung zu unterziehen. So befolgen sie noch eine Reihe anderer überlieferter Vorschriften über das Reinigen von Bechern, Krügen, Kupfergefäßen und Sitzpolstern. *5* Die Pharisäer und die Gesetzeslehrer fragten ihn also: „Warum richten deine Jünger sich nicht nach den Vorschriften, die uns von den Alten überliefert sind, und essen mit ungewaschenen Händen?" *6* „Ihr Heuchler! Auf euch trifft genau zu, was Jesaja geweissagt hat", gab Jesus zur Antwort. „So steht es nämlich geschrieben:

,Dieses Volk ehrt mich mit den Lippen, / aber sein Herz ist weit von mir fort. *7* Ihr Dienst an mir ist ohne Wert, / denn sie lehren, was sich Menschen erdachten.'^d

8 Ja, ihr gebt Gottes Gebot preis und haltet dafür die Vorschriften, die sich Menschen ausgedacht haben." *9* Dann fügte Jesus hinzu: „Sehr geschickt setzt ihr Gottes Gebot außer

---

c 6,48: In neutestamentlicher Zeit teilte man die Nacht in vier Nachtwachen: zwei von Sonnenuntergang bis Mitternacht und zwei von Mitternacht bis Sonnenaufgang.

d 7,7: Jesaja 29,13

Kraft und haltet dafür eure eigenen Vorschriften ein. *10* Mose hat zum Beispiel gesagt: ‚Ehre deinen Vater und deine Mutter!‘[a] und ‚Wer Vater oder Mutter verflucht, wird mit dem Tod bestraft!‘[b] *11* Ihr aber lehrt, dass man zu seinem Vater oder seiner Mutter sagen kann: ‚Was du von mir bekommen müsstest, habe ich als Opfer für Gott bestimmt.‘ *12* Auf diese Weise lasst ihr ihn nichts mehr für seine Eltern tun *13* und setzt so Gottes Wort durch eure eigenen Vorschriften außer Kraft. Das ist nur ein Beispiel für viele.“

14 Dann rief Jesus die Menge wieder zu sich und sagte: „Hört mir alle zu und versteht, was ich euch sage! *15* Nichts, was von außen in den Menschen hineinkommt, kann ihn vor Gott unrein machen. Unrein macht ihn nur, was aus ihm selber kommt.“ (*16*)[c]

17 Als er sich von der Menge zurückgezogen hatte und ins Haus gegangen war, fragten ihn seine Jünger, wie er das gemeint habe. *18* „Habt ihr das auch nicht begriffen?“, erwiderte Jesus. „Versteht ihr nicht, dass alles, was von außen in den Menschen hineinkommt, ihn nicht unrein machen kann? *19* Denn es kommt ja nicht in sein Herz, sondern geht in den Magen und wird im Abort wieder ausgeschieden.“ Damit erklärte Jesus alle Speisen für rein. *20* Dann fuhr er fort: „Was

aus dem Menschen herauskommt, das macht ihn unrein. *21* Denn von innen, aus dem Herzen des Menschen, kommen die bösen Gedanken und mit ihnen alle Arten von sexueller Unmoral, Diebstahl, Mord, *22* Ehebruch, Habgier und Bosheit. Dazu Betrug, Ausschweifung, Neid, Verleumdung, Überheblichkeit und Unvernunft. *23* All dieses Böse kommt von innen heraus und macht den Menschen vor Gott unrein.“

Jesus im Ausland

24 Jesus brach von dort auf und ging in die Gegend von Tyrus[d]. Weil er nicht wollte, dass jemand von seiner Anwesenheit erfuhr, zog er sich in ein Haus zurück. Doch es ließ sich nicht verbergen, dass er da war. *25* Schon hatte eine Frau von ihm gehört, deren kleine Tochter von einem bösen Geist besessen war. Sie kam und warf sich Jesus zu Füßen. *26* Die Frau war eine Griechin und stammte aus dieser Gegend, dem syrischen Phönizien[e]. Sie bat ihn, den Dämon aus ihrer Tochter auszutreiben. *27* Aber Jesus wehrte ab: „Zuerst müssen die Kinder satt werden. Es ist nicht recht, ihnen das Brot wegzunehmen und es den Haushunden hinzuwerfen.“ *28* „Das ist wahr, Herr“, erwiderte sie, „aber die Hündchen unter dem Tisch fressen doch

a 7,10: 2. Mose 20,12; 5. Mose 5,16

b 7,10: 2. Mose 21,17; 3. Mose 20,9

c 7,16: Spätere Handschriften haben hier noch einmal die Formel, wie sie in Markus 4,9.23 steht.

d 7,24: *Tyrus.* Phönizische Hafenstadt, etwa 65 km nordwestlich des Sees Gennesaret.

e 7,26: *Phönizien.* Landstrich am Mittelmeer nördlich von Israel mit den Städten Tyrus und Sidon im Gebiet des heutigen Libanon. Phönizien gehörte zur römischen Provinz Syrien.

auch die Brotkrumen, die die Kinder fallen lassen." *29* „Richtig", sagte Jesus zu ihr. „Und wegen dieser Antwort kannst du getrost nach Hause gehen. Der Dämon hat deine Tochter verlassen." *30* Als die Frau nach Hause kam, lag das Mädchen ruhig im Bett und der Dämon war fort.

31 Jesus verließ die Gegend von Tyrus und ging über Sidon^f zum See von Galiläa, mitten in das Zehnstädtegebiet^g. *32* Dort brachten sie einen tauben Mann zu ihm, der nur mühsam reden konnte, und baten Jesus, ihm die Hand aufzulegen. *33* Jesus führte ihn beiseite, weg von der Menge. Er legte seine Finger in die Ohren des Kranken und berührte dann dessen Zunge mit Speichel. *34* Schließlich blickte er zum Himmel auf, seufzte und sagte zu dem Mann: „Effata!" – „Öffne dich!" *35* Im selben Augenblick konnte der Mann hören und normal sprechen. *36* Jesus verbot den Leuten, etwas davon weiterzusagen. Doch je mehr er es ihnen verbot, desto mehr machten sie es bekannt, *37* weil sie vor Staunen völlig außer sich waren. Immer wieder sagten sie: „Wie wunderbar ist alles, was er macht! Tauben gibt er das Gehör und Stummen die Sprache."

4000 Menschen werden satt

8 *1* Damals war wieder eine große Menschenmenge bei Jesus, die nichts zu essen hatte. Da rief Jesus die Jünger zu sich und sagte: *2* „Diese Leute tun mir leid. Seit drei Tagen sind sie hier bei mir und haben nichts zu essen. *3* Und wenn ich sie jetzt hungrig nach Hause schicke, werden sie unterwegs zusammenbrechen, denn sie sind zum Teil von weit her gekommen." *4* „Wo soll man denn hier in dieser Einöde Brot hernehmen, um all die Menschen satt zu machen?", fragten die Jünger. *5* Doch Jesus fragte zurück: „Wie viel Brote habt ihr?" – „Sieben", antworteten sie. *6* Da forderte er die Leute auf, sich auf die Erde zu setzen. Er nahm die sieben Fladenbrote, dankte Gott dafür, brach sie in Stücke und gab sie seinen Jüngern zum Austeilen. Die Jünger verteilten sie an die Menge. *7* Sie hatten auch noch einige kleine Fische dabei. Jesus ließ sie ebenfalls austeilen, nachdem er sie gesegnet hatte. *8* Die Leute aßen, bis sie satt waren, und füllten sogar noch sieben große Körbe mit den übrig gebliebenen Brocken. *9* Es waren wenigstens viertausend Menschen.

Es geht um Zeichen

Als Jesus dann die Leute nach Hause geschickt hatte, *10* stieg er mit seinen Jüngern in ein Boot und fuhr in die Gegend von Dalmanuta^h. *11* Gleich

---

f 7,31: *Sidon*. Er ging zunächst 40 km nach Norden und dann wieder 120 km in südliche Richtung.

g 7,31: *Zehnstädtegebiet*. Das Gebiet, in dem der ehemals besessene Gerasener überall von Jesus und seiner Heilung erzählt hatte (siehe Markus 5,20).

h 8,10: *Dalmanuta*. Das ist wohl eine aramäische Wendung, die den Jüngern bekannt war, und bedeutet „sein Zufluchtsort". Der Begriff *Magadan*, den Matthäus 15,39 für die gleiche Stelle verwendet, bedeutet „die (glücklichen) Wasser des Gad". Beides deutet auf Tabgha hin, das damals zu Kafarnaum gehörte. Der Platz, 2 km südlich von

kamen die Pharisäer und begannen ein Streitgespräch mit ihm. Sie wollten ihn auf die Probe stellen und verlangten ein Zeichen vom Himmel. *12* Da seufzte er tief und sagte: „Was verlangt diese Generation ständig nach einem Zeichen? Ich versichere euch: Dieses Geschlecht wird niemals ein Zeichen bekommen." *13* Dann ließ er sie stehen, stieg wieder ins Boot und fuhr ans gegenüberliegende Ufer. *14* Die Jünger vergaßen, Brote mitzunehmen. Nur ein einziges Fladenbrot hatten sie bei sich im Boot. *15* Als Jesus nun warnend sagte: „Hütet euch vor dem Sauerteig der Pharisäer und dem Sauerteig des Herodes!", *16* dachten sie, er sage das, weil sie kein Brot mitgenommen hatten. *17* Als Jesus merkte, was sie beschäftigte, sagte er: „Was macht ihr euch Gedanken darüber, dass ihr kein Brot habt? Begreift ihr es immer noch nicht? Versteht ihr denn gar nichts? Sind eure Herzen so verschlossen? *18* Ihr habt doch Augen – könnt ihr nicht sehen? Ihr habt Ohren – könnt ihr nicht hören? Erinnert ihr euch nicht daran, *19* wie viele Körbe voll Brotstücke ihr eingesammelt habt, als ich die fünf Brote für die Fünftausend austeilte?" – „Zwölf", antworteten sie. *20* „Und als ich die sieben Brote für die Viertausend teilte, wie viele Körbe voll Brocken habt ihr da aufgesammelt?" – „Sieben", antworteten sie. *21* Da sagte er: „Begreift ihr es immer noch nicht?"

22 Als sie nach Betsaida kamen, brachten die Leute einen Blinden zu Jesus und baten ihn, den Mann anzurühren. *23* Jesus fasste ihn an der Hand und führte ihn aus dem Dorf hinaus. Dort benetzte er die Augen des Blinden mit Speichel, legte ihm die Hände auf und fragte dann: „Siehst du etwas?" *24* Der Mann blickte auf und sagte: „Ja, ich sehe Menschen, aber sie sehen aus wie umhergehende Bäume." *25* Da legte Jesus ihm noch einmal die Hände auf die Augen. Nun war er geheilt und konnte alles genau und deutlich erkennen. *26* Jesus schickte ihn nach Hause und sagte: „Geh aber nicht durchs Dorf!"

Wer ist Jesus?

27 Jesus zog mit seinen Jüngern weiter in die Dörfer von Cäsarea Philippi[a]. Unterwegs fragte er sie: „Für wen halten mich die Leute?" *28* „Einige halten dich für Johannes den Täufer", antworteten sie, „andere für Elija und wieder andere für einen der alten Propheten." *29* „Und ihr", fragte er weiter, „für wen haltet ihr mich?" – „Du bist der Messias", erwiderte Petrus. *30* Aber Jesus schärfte ihnen ein, mit niemand darüber zu reden. *31* Dann begann er ihnen klarzumachen, dass der Menschensohn vieles erleiden und von den Ratsältesten,

---

Kafarnaum in der Nähe von sieben Quellen, war der Ort, an den Jesus sich gern zurückzog.

---

a 8,27: *Cäsarea Philippi.* Philippus II. hatte die Stadt Paneas am südwestlichen Abhang des Hermon im Quellgebiet des Jordan zur Hauptstadt seines Herrschaftsgebietes gemacht und zu Ehren des Kaisers Cäsarea genannt. Die Stadt, die aus einer Anhäufung kleinerer Siedlungseinheiten bestand, lag etwa 45 km nördlich von Betsaida.

den Hohen Priestern[b] und Gesetzeslehrern verworfen werden müsse, er müsse getötet werden und nach drei Tagen[c] auferstehen. *32* Als er ihnen das so offen sagte, nahm Petrus ihn beiseite und machte ihm Vorwürfe. *33* Doch Jesus drehte sich um, sah die anderen Jünger an und wies Petrus scharf zurecht: „Geh mir aus den Augen, du Satan! Was du denkst, kommt nicht von Gott, sondern von Menschen."

34 Dann rief Jesus seine Jünger und die Menge zu sich und sagte: „Wenn jemand mein Jünger sein will, dann muss er sich selbst verleugnen, er muss sein Kreuz aufnehmen und mir folgen. *35* Denn wer sein Leben unbedingt bewahren will, wird es verlieren. Wer aber sein Leben meinetwegen und wegen der guten Botschaft verliert, der wird es retten. *36* Denn was hat ein Mensch davon, wenn er die ganze Welt gewinnt, dabei aber seine Seele verliert? *37* Was könnte er denn als Gegenwert für sein Leben geben? *38* Denn wer in dieser von Gott

abgefallenen sündigen Welt nicht zu mir und meiner Botschaft steht, zu dem wird auch der Menschensohn nicht stehen, wenn er in der Herrlichkeit seines Vaters mit den heiligen Engeln kommt."

9 *1* Und er fuhr fort: „Ich versichere euch: Einige von denen, die hier stehen, werden nicht sterben, bis sie Gottes Herrschaft mit Macht haben kommen sehen."

2 Sechs Tage später nahm Jesus Petrus, Jakobus und Johannes mit und führte sie auf einen hohen Berg[d], nur sie allein. Dort, vor ihren Augen, veränderte sich plötzlich sein Aussehen. *3* Seine Kleidung wurde blendend weiß, so weiß, wie sie kein Walker[e] der ganzen Erde hätte bleichen können. *4* Dann erschienen Elija und Mose vor ihnen und fingen an, mit Jesus zu reden. – *5* „Rabbi, wie gut, dass wir hier sind!", rief Petrus da. „Wir wollen drei Hütten bauen: eine für dich, eine für Mose und eine für Elija." *6* Er wusste nämlich nicht, was er sagen sollte, denn er und die beiden anderen Jünger waren vor Schreck ganz verstört. *7* Da fiel der Schatten einer Wolke

b 8,31: In neutestamentlicher Zeit bestimmten die Römer, wer in Israel *Hoher Priester* werden konnte. Wenn im Neuen Testament eine Mehrzahl von Hohen Priestern erwähnt wird, sind sowohl der amtierende als auch die inzwischen abgesetzten Hohen Priester gemeint sowie weitere Mitglieder der hohenpriesterlichen Familien, die hohe Positionen in der Tempelverwaltung inne hatten.

c 8,31: *Drei Tage*. Nach jüdischer Zählweise bedeutet das nicht drei Tage später, weil die angebrochenen Tage gewöhnlich als volle Tage gerechnet wurden. Am ersten Tag würde er sterben, am dritten Tag auferstehen.

d 9,2: *Berg*. Traditionell wird darunter der Berg Tabor in Galiläa verstanden, doch zur Zeit des Herrn befand sich auf dessen runder Kuppe eine befestigte Burg – kein Ort, wo man allein sein konnte. Die vorherige Erwähnung von Cäsarea Philippi verweist eher auf den Berg Hermon nordöstlich dieses Ortes, und wir sollten uns das Geschehen an einem der Hänge jenes majestätischen Berges vorstellen.

e 9,3: Ein *Walker* im Altertum reinigte, bleichte und verfilzte Stoffe.

auf sie und aus der Wolke sagte eine Stimme: „Das ist mein lieber Sohn. Hört auf ihn!" *8* Sie schauten sich um und sahen auf einmal niemand mehr. Nur Jesus war noch bei ihnen. *9* Als sie dann den Berg hinabstiegen, schärfte ihnen Jesus ein, mit niemand über das zu reden, was sie gesehen hatten, bis der Menschensohn von den Toten auferstanden sei. *10* Diese letzte Bemerkung ließ die Jünger nicht los, und sie überlegten miteinander, was er wohl mit der Auferstehung aus den Toten gemeint habe. *11* Schließlich fragten sie: „Warum behaupten die Gesetzeslehrer, dass Elija zuerst kommen muss?" *12* „Das stimmt schon, Elija kommt zuerst", erwiderte Jesus, „und er wird alles vorbereiten. Und doch heißt es in der Schrift, dass der Menschensohn vieles leiden muss und verachtet sein wird. *13* Aber ich sage euch, Elija ist schon gekommen, und sie haben mit ihm gemacht, was sie wollten, so wie es geschrieben steht."

Anschauungsunterricht

14 Als sie dann zu den anderen Jüngern kamen, fanden sie diese von einer großen Menge umringt und im Streit mit einigen Gesetzeslehrern. *15* Als die Leute Jesus sahen, wurden sie ganz aufgeregt; sie liefen auf ihn zu und begrüßten ihn. *16* „Worüber streitet ihr euch denn?", fragte er sie. *17* Einer aus der Menge erwiderte: „Rabbi, ich bin mit meinem Sohn hergekommen und wollte ihn zu dir bringen. Er kann nicht sprechen, weil er von einem bösen Geist besessen ist. *18* Und immer, wenn dieser Geist ihn packt, zerrt er ihn zu Boden. Er hat dann Schaum vor dem Mund,

knirscht mit den Zähnen und wird ganz starr. Ich habe deine Jünger gebeten ihn auszutreiben, aber sie konnten es nicht." *19* „Was seid ihr nur für ein ungläubiges Geschlecht!", sagte Jesus zu ihnen. „Wie lange muss ich denn noch bei euch sein! Wie lange muss ich euch bloß noch ertragen! Bringt den Jungen zu mir!" *20* Sie brachten den Jungen zu ihm. Als der böse Geist Jesus sah, schüttelte er den Jungen mit so heftigen Krämpfen, dass er hinfiel und sich mit Schaum vor dem Mund auf der Erde wälzte. *21* „Wie lange hat er das schon?", fragte Jesus den Vater. „Von klein auf", antwortete dieser, *22* „und oft hat der Geist ihn schon ins Feuer oder ins Wasser geworfen, weil er ihn umbringen wollte. Aber wenn du etwas kannst, dann hab Erbarmen mit uns und hilf uns!" *23* „Wenn du etwas kannst?", erwiderte Jesus. „Was soll das heißen? Für den, der Gott vertraut, ist alles möglich!" *24* Da schrie der Vater des Jungen: „Ich glaube ja! Hilf mir bitte aus dem Unglauben!" *25* Als Jesus sah, dass immer mehr Leute zusammenliefen, bedrohte er den bösen Geist: „Du stummer und tauber Geist", sagte er, „ich befehle dir, aus diesem Jungen auszufahren und nie wieder zurückzukommen!" *26* Da schrie der Geist anhaltend auf, zerrte den Jungen wie wild hin und her und verließ ihn schließlich. Der Junge lag regungslos da, sodass die meisten dachten, er sei gestorben. *27* Doch Jesus fasste ihn bei der Hand und richtete ihn auf. Da stand der Junge auf. *28* Als Jesus später im Haus allein war, fragten ihn die Jünger: „Warum konnten wir den Geist nicht austreiben?" *29* „Solche Geister können nur durch Gebet[a] ausgetrieben werden", erwiderte Jesus.

30 Sie gingen von dort weiter und zogen durch Galiläa. Jesus wollte aber nicht, dass jemand davon erfuhr, *31* denn er hatte vor, seine Jünger zu unterrichten. Er sagte ihnen: „Der Menschensohn wird bald in der Gewalt von Menschen sein, und die werden ihn töten. Doch drei Tage nach seinem Tod wird er auferstehen." *32* Aber die Jünger wussten nicht, was er damit sagen wollte, wagten aber auch nicht, ihn danach zu fragen.

Die Maßstäbe Gottes

33 Dann kamen sie nach Kafarnaum. Zu Hause fragte er sie: „Worüber habt ihr unterwegs gesprochen?" *34* Sie schwiegen, denn sie hatten sich auf dem Weg gestritten, wer von ihnen der Größte wäre. *35* Da setzte er sich, rief die Zwölf herbei und sagte: „Wenn jemand der Erste sein will, muss er den letzten Platz einnehmen und der Diener von allen sein." *36* Dann winkte er ein Kind heran, stellte es in ihre Mitte, nahm es in seine Arme und sagte: *37* „Wer solch ein Kind in meinem Namen aufnimmt, nimmt mich auf; und wer mich aufnimmt, nimmt nicht nur mich auf, sondern auch den, der mich gesandt hat."

38 Johannes sagte zu ihm: „Rabbi, wir haben gesehen, wie jemand in deinem Namen Dämonen ausgetrieben hat, und haben versucht, ihn daran zu hindern, weil er sich nicht zu uns hält." *39* „Lasst ihn doch!", sagte Jesus. „Denn wer meinen Namen gebraucht,

um Wunder zu tun, kann nicht gleichzeitig schlecht von mir reden. *40* Wer nicht gegen uns ist, ist für uns. *41* Selbst wenn jemand euch nur einen Becher Wasser zu trinken gibt, weil ihr zum Messias gehört, dann wird er ganz gewiss – das versichere ich euch – nicht ohne Lohn bleiben.

42 Doch wer Schuld daran ist, dass einer von diesen Geringgeachteten, die an mich glauben, zu Fall kommt, für den wäre es besser, wenn er mit einem Mühlstein[b] um den Hals ins Meer geworfen würde. *43* Und wenn deine Hand dich zum Bösen verführt, dann hack sie ab! Es ist besser, du gehst verstümmelt ins Leben ein, als mit beiden Händen in die Hölle zu kommen, in das nie erlöschende Feuer. (*44*)[c] *45* Und wenn dein Fuß dir Anlass zur Sünde wird, dann hack ihn ab! Es ist besser, du gehst als Krüppel ins Leben ein, als mit zwei Füßen in die Hölle geworfen zu werden. (*46*)[c] *47* Und wenn dein Auge dich verführt, so reiß es heraus! Es ist besser für dich, einäugig in das Reich Gottes zu kommen, als dass du beide Augen behältst und in die Hölle geworfen wirst, *48* wo die Qual nicht endet und das Feuer nicht erlischt. *49* Jeder muss mit Feuer gesalzen werden, und jedes Schlachtopfer mit Salz.[d] *50* Salz ist etwas Gutes. Wenn

---

a 9,29: Spätere Handschriften haben hier eingefügt: „und Fasten".

b 9,42: Wörtlich: *Eselsmühlstein*, gemeint ist der obere *Mühlstein*, der bei einer großen Mühle nicht von Menschen, sondern von einem Esel bewegt wurde.

c 9,44.46: In späteren Abschriften steht hier zusätzlich der Satz von Vers 48.

d 9,49: Der zweite Satzteil fehlt in einigen Handschriften. Zum *Salzen* vergleiche 3. Mose 2,13.

es aber seinen Geschmack verliert, womit wollt ihr es würzen? Ihr müsst die Kraft des Salzes in euch haben und Frieden untereinander halten."

Gottes Gebote

10 ¹ Jesus zog von dort in das Gebiet von Judäa und das Ostjordanland. Wieder kamen die Menschen in Scharen zu ihm, und er unterrichtete sie nach seiner Gewohnheit. *2* Da kamen einige Pharisäer und fragten: „Darf ein Mann seine Frau aus der Ehe entlassen?" Damit wollten sie ihm eine Falle stellen. *3* „Was hat Mose über die Scheidung gesagt?", fragte Jesus zurück. *4* „Er hat es erlaubt", erwiderten sie, „wenn man der Frau einen Scheidebrief ausstellt."ᵃ *5* Da entgegnete Jesus: „Diese Anordnung gab er euch nur, weil ihr so harte Herzen habt. *6* Aber Gott hat die Menschen von Anfang an als Mann und Frau geschaffen.ᵇ *7* ,Deshalb wird ein Mann seinen Vater und seine Mutter verlassen und sich an seine Frau binden, *8* und die zwei werden völlig eins sein.'ᶜ Sie sind also nicht mehr zwei, sondern eins. *9* Und was Gott zusammengefügt hat, sollen Menschen nicht scheiden." *10* Im Haus wollten die Jünger dann noch mehr darüber wissen. *11* Jesus sagte ihnen: „Wer sich von seiner Frau trennt und eine andere heiratet, begeht Ehebruch gegenüber seiner ersten Frau. *12* Auch eine Frau begeht Ehebruch, wenn sie

sich von ihrem Mann trennt und einen anderen heiratet."

13 Eines Tages wollten einige Leute Kinder zu Jesus bringen, damit er sie mit der Hand berührte. Doch die Jünger wiesen sie unfreundlich ab. *14* Als Jesus das sah, sagte er den Jüngern ärgerlich: „Lasst doch die Kinder zu mir kommen, und hindert sie nicht daran! Gottes Reich ist ja gerade für solche wie sie bestimmt. *15* Ich versichere euch: Wer sich Gottes Reich nicht wie ein Kind schenken lässt, wird nie hineinkommen." *16* Dann nahm er die Kinder in die Arme, legte ihnen die Hände auf und segnete sie.

17 Als Jesus sich gerade wieder auf den Weg machte, kam ein Mann angelaufen, warf sich vor ihm auf die Knie und fragte: „Guter Rabbi, was muss ich tun, um das ewige Leben zu bekommen?" *18* „Was nennst du mich gut?", entgegnete Jesus. „Gut ist nur Gott, sonst niemand! *19* Du kennst doch die Gebote: ,Du sollst nicht morden, nicht die Ehe brechen, nicht stehlen, du sollst keine Falschaussagen machen und niemand um das Seine bringen; ehre deinen Vater und deine Mutter!'" *20* „Rabbi", erwiderte der Mann, „das alles habe ich von Jugend an befolgt." *21* Jesus sah ihn voller Liebe an. „Eins fehlt dir", sagte er, „geh und verkaufe alles, was du hast, und gib den Erlös den Armen – du wirst dann einen Schatz im Himmel haben –, und komm, folge mir nach!" *22* Der Mann war entsetzt, als er das hörte, und ging traurig weg, denn er hatte ein großes Vermögen. *23* Da blickte Jesus seine Jünger der Reihe nach an und sagte: „Wie schwer ist es doch für Menschen, in Gottes Reich hineinzukommen,

---

a 10,4: 5. Mose 24,1

b 10,6: 1. Mose 5,2

c 10,8: 1. Mose 2,24

wenn sie viel besitzen!" *24* Die Jünger waren bestürzt. Aber Jesus wiederholte: „Kinder, wie schwer ist es, in das Reich Gottes zu kommen! *25* Eher kommt ein Kamel durch ein Nadelöhr, als ein Reicher in Gottes Reich." *26* Da gerieten die Jünger völlig außer sich und fragten einander: „Wer kann dann überhaupt gerettet werden?" *27* Jesus blickte sie an und sagte: „Für Menschen ist das unmöglich, nicht aber für Gott. Für Gott ist alles möglich."

28 Da sagte Petrus: „Du weißt, wir haben alles verlassen und sind dir gefolgt." *29* „Ich versichere euch", erwiderte Jesus, „jeder, der meinetwegen oder wegen der guten Botschaft Haus, Brüder, Schwestern, Mutter, Vater, Kinder oder Äcker verlassen hat, *30* wird das Hundertfache dafür empfangen: jetzt in dieser Zeit Häuser, Brüder, Schwestern, Mütter, Kinder und Äcker – wenn auch unter Verfolgungen – und in der kommenden Welt das ewige Leben. *31* Aber viele, die jetzt die Großen sind, werden dann die Geringsten sein, und die jetzt die Letzten sind, werden dann die Ersten sein."

Auf dem Weg nach Jerusalem

32 Als sie auf dem Weg nach Jerusalem hinauf waren, ging Jesus voran. Die Jünger waren sehr beunruhigt, und die, die mitgingen, hatten Angst. Da nahm er die Zwölf noch einmal beiseite und machte ihnen klar, was mit ihm geschehen werde: *33* „Passt auf, wenn wir jetzt nach Jerusalem kommen, wird der Menschensohn an die Hohen Priester und die Gesetzeslehrer ausgeliefert. Die werden ihn zum Tod verurteilen und den

Fremden übergeben, die Gott nicht kennen. *34* Diese werden ihren Spott mit ihm treiben, ihn anspucken, auspeitschen und töten. Doch drei Tage später wird er wieder auferstehen."

35 Da traten Jakobus und Johannes, die Söhne von Zebedäus, an Jesus heran und sagten: „Rabbi, wir wollen, dass du uns eine Bitte erfüllst." *36* „Was wollt ihr?", fragte er. „Was soll ich für euch tun?" *37* Sie sagten: „Wir möchten, dass du uns in deiner Herrlichkeit links und rechts neben dir sitzen lässt!" *38* Doch Jesus erwiderte: „Ihr wisst nicht, was ihr da verlangt! Könnt ihr den bitteren Becher austrinken, den ich trinken werde, und die Taufe auf euch nehmen, mit der ich getauft werden muss?" *39* „Ja, das können wir", erklärten sie. Jesus erwiderte: „Aus dem Leidensbecher, den ich austrinken muss, werdet ihr auch trinken, und die Taufe, die mir bevorsteht, werdet ihr auch empfangen, *40* aber ich kann trotzdem nicht bestimmen, wer auf den Plätzen links und rechts von mir sitzen wird. Das hat mein Vater entschieden."

41 Die anderen zehn hatten das Gespräch mit angehört und ärgerten sich über Jakobus und Johannes. *42* Da rief Jesus sie zu sich und sagte: „Ihr wisst, wie die Herrscher sich als Herren aufspielen und die Großen ihre Macht missbrauchen. *43* Bei euch aber soll es nicht so sein. Wer bei euch groß sein will, soll euer Diener sein, *44* und wer bei euch der Erste sein will, soll der Sklave von allen sein. *45* Auch der Menschensohn ist nicht gekommen, um sich bedienen zu lassen, sondern um zu dienen und sein Leben als Lösegeld für viele zu geben."

46 So erreichten sie Jericho[a]. Als Jesus mit seinen Jüngern und einer großen Menschenmenge die Stadt wieder verließ, saß da ein blinder Bettler am Weg, Bartimäus, der Sohn von Timäus. **47** Er hörte, dass es Jesus von Nazaret war, der da vorbeizog, und fing an zu rufen: „Jesus, Sohn Davids, hab Erbarmen mit mir!" **48** Viele ärgerten sich darüber und fuhren ihn an, still zu sein. Doch er schrie nur umso lauter: „Sohn Davids, hab Erbarmen mit mir!" **49** Jesus blieb stehen und sagte: „Ruft ihn her!" Da liefen einige zu dem Blinden und sagten: „Nur Mut! Komm, er ruft dich!" **50** Der warf seinen Umhang ab, sprang auf und kam zu Jesus. **51** „Was möchtest du von mir?", fragte Jesus ihn. „Rabbuni[b]", sagte der Blinde, „ich möchte sehen können!" **52** Jesus sagte ihm: „Geh nur! Dein Glaube hat dich geheilt!" Im gleichen Augenblick konnte der Mann sehen und folgte Jesus auf dem Weg.

Jesus reitet in Jerusalem ein

11 **1** Als sie in die Nähe von Jerusalem kamen, kurz vor Betfage[c]

und Betanien[d] am Ölberg, schickte Jesus zwei Jünger voraus. **2** „Geht in das Dorf", sagte er, „das ihr dort vor euch seht! Gleich, wenn ihr hineingeht, werdet ihr ein Fohlen angebunden finden, auf dem noch nie jemand geritten ist. Bindet es los und bringt es her. **3** Wenn jemand fragt, was ihr da tut, sagt einfach: ‚Der Herr braucht das Tier und wird es nachher sofort wieder zurückbringen lassen.'" **4** Die beiden machten sich auf den Weg und fanden das Fohlen in der Gasse. Es war an ein Tor angebunden. Als sie es losmachten, **5** fragten einige, die dort herumstanden: „Was macht ihr da? Warum bindet ihr das Tier los?" **6** Sie sagten, was Jesus ihnen aufgetragen hatte, und man ließ sie gehen. **7** Dann brachten sie das Jungtier zu Jesus und warfen ihre Umhänge[e] darüber. Jesus setzte sich darauf. **8** Viele Menschen breiteten jetzt ihre Umhänge auf dem Weg aus, andere schnitten Laubbüschel auf den Feldern ab und legten sie auf den Weg. **9** Die Leute, die vorausliefen, und auch die, die Jesus folgten, riefen: „Hosianna[f], gepriesen sei Gott!

---

a 10,46: Die Palmenstadt *Jericho* liegt 10 km nördlich des Toten Meeres und 8 km westlich des Jordan, eine Oase in öder Landschaft. Sie ist mit etwa 250 Metern unter dem Meeresspiegel die tiefstgelegene Stadt der Erde und etwa 25 km von Jerusalem (750 Meter über dem Meeresspiegel) entfernt.

b 10,51: *Rabbuni.* Ehrenvolle Anrede für hervorragende Gesetzeslehrer.

c 11,1: *Betfage.* „Haus der unreifen Feigen", Dorf am östlichen Abhang des Ölbergs, 1,5 km von Jerusalem entfernt.

d 11,1: *Betanien.* „Haus des Ananja", 3 km östlich von Jerusalem, einer der drei Orte, in denen nach der Tempelrolle von Qumran Aussätzige wohnen sollten.

e 11,7: *Umhänge* oder: *Mäntel.* Großes quadratisches Stück festen Stoffs, das über dem Untergewand (eine Art Hemd, das bis zu den Knien getragen wurde) getragen wurde. Man konnte auch Gegenstände darin tragen, und die Armen, z. B. Hirten, wickelten sich nachts darin ein.

f 11,9: *Hosianna.* Hebräisch: *Hilf doch!* Aus Psalm 118,25 stammender Hilferuf an Gott, der als feststehende Formel

Gesegnet sei er, der kommt im Namen des Herrn! *10* Gepriesen sei das Reich unseres Vaters David, das nun kommt! Hosianna, Gott in der Höhe!" *11* So zog Jesus in Jerusalem ein. Dann ging er in den Tempel und sah sich alles genau an. Weil es aber schon spät geworden war, ging er mit den zwölf Jüngern nach Betanien zurück.

Göttliche Autorität

12 Als sie am nächsten Tag Betanien wieder verließen, hatte Jesus Hunger. *13* Da sah er von weitem einen Feigenbaum, der schon Blätter trug. Er ging hin, um zu sehen, ob auch Früchte dran wären. Er fand aber nur Blätter, denn es war nicht die Jahreszeit für Feigen[g]. *14* Da sagte Jesus zu dem Baum: „Nie wieder soll jemand von dir Früchte essen." Seine Jünger konnten es hören.

15 In Jerusalem angekommen, ging Jesus in den Tempel und fing an, die Händler und die Leute, die bei ihnen kauften, hinauszujagen. Die Tische der Geldwechsler und die Sitze der Taubenverkäufer stieß er um. *16* Er duldete auch nicht, dass jemand etwas über den Tempelhof trug, *17* und erklärte:

"In der Schrift heißt es: ‚Mein Haus soll ein Ort des Gebets für alle Völker sein. Aber ihr habt eine Räuberhöhle daraus gemacht.'"[h] *18* Als die Hohen Priester und Gesetzeslehrer davon hörten, suchten sie nach einer Möglichkeit, Jesus zu beseitigen, denn sie fürchteten ihn, weil das ganze Volk mit seiner Lehre tief beeindruckte.

19 Abends verließ Jesus mit seinen Jüngern immer die Stadt. *20* Als sie am nächsten Morgen wieder an dem Feigenbaum vorbeikamen, sahen sie, dass er bis zu den Wurzeln verdorrt war. *21* Da erinnerte sich Petrus und rief: „Rabbi, sieh nur, der Feigenbaum, den du verflucht hast, ist verdorrt!" *22* Jesus sagte zu ihnen: „Ihr müsst Vertrauen zu Gott haben! *23* Ich versichere euch: Wenn jemand zu diesem Berg sagt: ‚Heb dich hoch und stürz dich ins Meer!', und dabei keinen Zweifel in seinem Herzen hat, sondern fest darauf vertraut, dass geschieht, was er sagt, dann wird es geschehen. *24* Darum sage ich euch: Worum ihr im Gebet auch bittet, glaubt, dass ihr es empfangen habt, dann werdet ihr es auch erhalten. *25* Doch wenn ihr betet, müsst ihr zuerst jedem vergeben, gegen den ihr etwas habt, damit euer Vater im Himmel auch eure Verfehlungen vergeben kann." (*26*)[i]

27 Dann gingen sie wieder nach Jerusalem hinein. Als Jesus im Tempel

---

und schließlich auch als Lobpreis verwendet wurde.

g 11,13: *Feigen.* Jesus suchte nach den kleinen, trockenen „Vorfeigen" (*paggim*), die aus Blütenanlagen des Vorjahres entstehen und schon Anfang April unter den neuen Trieben des Baumes zu finden sind. Sie werden dann abgeworfen, wenn später an der gleichen Stelle die sogenannten „Frühfeigen" (*bikkurah*) wachsen, die Anfang Juni reif sind. Im August sind dann die Feigen reif, die an den neuen Trieben gewachsen sind (*tena*).

h 11,17: Mischzitat aus Jesaja 56,7 und Jeremia 7,11.

i 11,26: Spätere Handschriften haben hier wie Matthäus 6,15 eingefügt: „Wenn ihr aber nicht vergebt, dann wird auch euer Vater im Himmel eure Verfehlungen nicht vergeben."

umherging, traten die Hohen Priester, die Gesetzeslehrer und Ältesten zu ihm **28** und fragten: „Mit welchem Recht tust du das alles? Wer hat dir die Vollmacht dazu gegeben?" **29** „Ich will euch nur eine Frage stellen", erwiderte Jesus, „wenn ihr sie mir beantwortet, werde ich euch sagen, wer mir die Vollmacht gegeben hat. **30** Taufte Johannes im Auftrag Gottes oder im Auftrag von Menschen? Antwortet mir!" **31** Sie überlegten miteinander. „Wenn wir sagen, ‚im Auftrag Gottes', wird er fragen: ‚Warum habt ihr ihm dann nicht geglaubt?' **32** Sollen wir also sagen: ‚Von Menschen'?" Doch das wagten sie nicht, weil sie Angst vor dem Volk hatten, denn das hielt Johannes wirklich für einen Propheten. **33** So sagten sie zu Jesus: „Wir wissen es nicht." – „Gut", erwiderte Jesus, „dann sage ich euch auch nicht, von wem ich die Vollmacht habe, das alles zu tun."

Eine Geschichte gegen Israels Führer

12 **1** Dann fing Jesus an, ihnen Gleichnisse zu erzählen. Er begann: „Ein Mann legte einen Weinberg an, zog eine Mauer darum, hob eine Grube aus, um den Wein darin zu keltern, und baute einen Wachtturm. Dann verpachtete er den Weinberg an Winzer und reiste ab. **2** Als die Zeit gekommen war, schickte er einen seiner Arbeiter zu den Pächtern, um seinen Anteil an der Ernte zu erhalten. **3** Doch die packten den Mann, verprügelten ihn und jagten ihn mit leeren Händen fort. **4** Da schickte der Eigentümer einen zweiten Arbeiter. Dem schlugen sie den Kopf blutig und beschimpften ihn. **5** Danach schickte

er einen dritten; den töteten sie. Ähnlich ging es vielen anderen; die einen wurden verprügelt, die anderen umgebracht. **6** Schließlich blieb ihm nur noch einer, sein über alles geliebter Sohn. Den schickte er als Letzten zu ihnen, weil er dachte: ‚Meinen Sohn werden sie sicher nicht antasten.' **7** Aber die Winzer sagten zueinander: ‚Das ist der Erbe! Kommt, wir bringen ihn um und behalten das Land für uns!' **8** So fielen sie über ihn her, töteten ihn und warfen ihn aus dem Weinberg hinaus. **9** Was wird nun der Eigentümer des Weinbergs tun?", fragte Jesus. „Ich sage euch, er wird kommen, sie alle töten und den Weinberg anderen geben. **10** Habt ihr denn nie die Stelle in der Schrift gelesen: ‚Der Stein, den die Fachleute als unbrauchbar verworfen haben, ist zum Eckstein geworden; **11** das hat der Herr getan; es ist ein Wunder für uns'?"[a] **12** Daraufhin hätten sie Jesus am liebsten festgenommen, denn es war ihnen klar, dass er sie mit diesem Gleichnis gemeint hatte. Aber sie fürchteten das Volk, deshalb ließen sie ihn in Ruhe und gingen weg.

Fangfragen

13 Später schickten sie einige Pharisäer und dazu einige Anhänger des Herodes zu Jesus. Sie hofften, ihn mit seinen eigenen Worten in eine Falle locken zu können, **14** und legten ihm folgende Frage vor: „Rabbi", sagten sie, „wir wissen, dass du aufrichtig bist und nicht nach der Meinung der Leute fragst. Du zeigst uns wirklich,

---

a 12,11: Psalm 118,22-23

wie man nach Gottes Willen leben soll. Ist es nun richtig, dem Kaiser Steuern zu zahlen, oder nicht? Sollen wir sie ihm geben oder nicht?" *15* Jesus durchschaute ihre Heuchelei sofort und sagte: „Warum wollt ihr mir eine Falle stellen? Zeigt mir einen Denar[b], ich will ihn sehen." *16* Als sie es taten, fragte er: „Wessen Bild und Name ist darauf?" „Des Kaisers", erwiderten sie. *17* „Nun", sagte Jesus, „dann gebt dem Kaiser, was dem Kaiser gehört, und Gott, was Gott gehört." Über diese Antwort waren sie sehr erstaunt.

18 Dann kamen einige Sadduzäer[c] zu Jesus. Diese religiöse Gruppierung behauptete, es gäbe keine Auferstehung nach dem Tod. Sie fragten: *19* „Rabbi, Mose hat uns vorgeschrieben: Wenn ein Mann stirbt und eine Frau hinterlässt, aber keine Kinder, dann soll sein Bruder die Frau heiraten und seinem Bruder Nachkommen verschaffen.[d] *20* Nun waren da sieben Brüder. Der älteste von ihnen heiratete und starb kinderlos. *21* Daraufhin nahm der zweite Bruder die Witwe zur Frau. Doch auch er starb bald und hinterließ keine Kinder. Beim dritten war es ebenso. *22* Keiner der sieben hinterließ Nachkommen. Zuletzt starb auch die Frau. *23* Wessen Frau wird sie nun nach der Auferstehung sein?

Denn alle waren ja mit ihr verheiratet." *24* Jesus erwiderte: „Ihr irrt euch, weil ihr weder die Schrift noch die Kraft Gottes kennt. *25* Denn wenn die Toten auferstehen, heiraten sie nicht mehr, sondern werden wie die Engel im Himmel sein. *26* Was aber nun die Auferstehung der Toten überhaupt betrifft: Habt ihr nicht bei Mose gelesen, wie Gott am Dornbusch zu ihm sagte: ‚Ich bin der Gott Abrahams, der Gott Isaaks und der Gott Jakobs.'?[e] *27* Das heißt doch: Er ist nicht ein Gott von Toten, sondern von Lebenden! Ihr seid schwer im Irrtum!"

28 Einer der Gesetzeslehrer hatte ihrem Streitgespräch zugehört und bemerkt, wie treffend Jesus den Sadduzäern antwortete. Nun trat er näher und fragte ihn: „Was ist das wichtigste Gebot von allen?" *29* „Das wichtigste", erwiderte Jesus, „ist: ‚Höre Israel! Der Herr, unser Gott, ist der alleinige Herr. *30* Und du: Liebe den Herrn, deinen Gott, von ganzem Herzen, mit ganzer Seele, mit ganzem Verstand und mit all deiner Kraft!'[f] *31* An zweiter Stelle steht: ‚Liebe deinen Nächsten wie dich selbst!'[g] Kein anderes Gebot ist wichtiger als diese beiden." *32* Da sagte der Gesetzeslehrer: „Rabbi, das hast du sehr gut gesagt. Es ist wirklich so, wie du sagst: Es gibt nur einen einzigen Gott und außer ihm keinen. *33* Und ihn zu lieben von ganzem Herzen, mit all seinen Gedanken und mit ganzer Kraft und seinen Nächsten zu lieben wie sich selbst, das ist viel mehr wert

---

b 12,15: *Denar*. Römische Silbermünze, die dem Tageslohn eines gut bezahlten Arbeiters entsprach.

c 12,18: *Sadduzäer*. Politisch einflussreiche, römerfreundliche religiöse Gruppe, deren Mitglieder aus den vornehmen Familien stammten.

d 12,19: Siehe 5. Mose 25,5-10.

---

e 12,26: 2. Mose 3,6

f 12,30: 5. Mose 6,4-5

g 12,31: 3. Mose 19,18

als alle unsere Opfer." *34* Als Jesus sah, mit welcher Einsicht der Mann geantwortet hatte, sagte er zu ihm: „Du bist nicht weit weg vom Reich Gottes." Danach wagte niemand mehr, ihm eine Frage zu stellen.

35 Als Jesus später im Tempel lehrte, stellte er eine Frage an alle: „Wie können die Gesetzeslehrer behaupten, der Messias sei der Sohn Davids? *36* David selbst hat doch, geleitet vom Heiligen Geist, gesagt: ‚Der Herr sprach zu meinem Herrn: Setz dich an meine rechte Seite, bis ich deine Feinde zum Fußschemel für dich gemacht habe.'ᵃ *37* Wenn David ihn also Herr nennt, wie kann er dann gleichzeitig sein Sohn sein?" Die große Menschenmenge hörte ihm begierig zu. *38* Er belehrte sie weiter und sagte: „Hütet euch vor den Gesetzeslehrern! Sie zeigen sich gern in ihren langen Gewändern und erwarten, dass man sie auf den Märkten ehrerbietig grüßt. *39* In der Synagoge sitzen sie in der vordersten Reihe, und bei Gastmählern beanspruchen sie die Ehrenplätze. *40* Gleichzeitig aber verschlingen sie den Besitz schutzloser Witwen und sprechen scheinheilig lange Gebete. – Ein sehr hartes Urteil wird sie erwarten!"

Der Wert einer Spende

41 Dann setzte sich Jesus in die Nähe des Opferkastens und sah zu, wie die Leute Geld hineinwarfen. Viele Reiche legten viel ein. *42* Dann kam eine arme Witwe und steckte zwei kleine Kupfermünzen, zwei Lepta, hinein. Das entspricht dem Wert von einem Quadransᵇ in römischem Geld. *43* Jesus rief seine Jünger herbei und sagte zu ihnen: „Ich versichere euch, diese arme Witwe hat mehr in den Opferkasten gesteckt als alle anderen. *44* Denn die anderen haben nur etwas von ihrem Überfluss gegeben. Aber diese arme Frau, die nur das Nötigste zum Leben hat, hat alles gegeben, was sie besaß, ihren ganzen Lebensunterhalt."

Was kommen wird

13 *1* Als Jesus den Tempel verließ, sagte einer von seinen Jüngern: „Rabbi, sieh doch! Was für gewaltige Steine und was für herrliche Bauten." *2* Jesus sagte zu ihm: „Du bewunderst diese großen Gebäude? Hier wird kein Stein auf dem anderen bleiben; es wird alles zerstört werden." *3* Als er später auf dem Ölberg saß und zum Tempel hinüberblickte, kamen Petrus, Jakobus, Johannes und Andreas zu ihm und fragten: *4* „Wann wird das alles geschehen? Gibt es ein Zeichen, an dem wir erkennen können, wann es sich erfüllen wird?" *5* „Gebt acht, dass euch niemand irreführt!", erwiderte Jesus. *6* „Viele werden unter meinem Namen auftreten und von sich sagen: ‚Ich bin es!' Damit werden sie viele verführen. *7* Erschreckt nicht, wenn ihr von Kriegen hört oder wenn Kriegsgefahr droht. Das muss so kommen, aber es ist noch nicht das Ende. *8* Ein Volk wird sich gegen das andere erheben und ein Staat den anderen angreifen. In vielen Teilen der Welt wird es Erdbeben

---

a 12,36: Psalm 110,1

b 12,42: *Quadrans*. Das entspricht etwa dem 64. Teil eines Tagelohns.

und Hungersnöte geben. Doch das ist erst der Anfang – der Beginn von Geburtswehen.

9 Und was euch angeht, so macht euch darauf gefasst, vor Gericht gestellt und in Synagogen ausgepeitscht zu werden. Weil ihr zu mir gehört, werdet ihr euch vor Machthabern und Königen verantworten müssen. Doch auch sie müssen ein Zeugnis von mir hören. *10* Aber zuerst muss allen Völkern die gute Botschaft verkündigt werden. *11* Und wenn sie euch verhaften und vor Gericht stellen, dann macht euch vorher keine Sorgen, was ihr sagen sollt. Sagt einfach das, was euch dann eingegeben wird. Denn nicht ihr seid dann die Redenden, sondern der Heilige Geist.

12 Brüder werden einander dem Tod ausliefern und Väter ihre Kinder. Kinder werden sich gegen ihre Eltern stellen und sie in den Tod schicken. *13* Und weil ihr euch zu mir bekennt, werdet ihr von allen gehasst werden. Aber wer bis zum Ende standhaft bleibt, wird gerettet.

14 Wenn ihr aber das ‚Scheusal der Verwüstung‘[c] stehen seht, wo es nicht stehen sollte – Wer das liest, der merke auf! –, dann sollen die Einwohner Judäas in die Berge fliehen. *15* Wer auf seiner Dachterrasse sitzt, soll keine Zeit damit verlieren, noch etwas aus dem Haus zu holen; *16* und wer auf dem Feld ist, soll nicht mehr zurücklaufen, um seinen Umhang zu holen. *17* Am schlimmsten wird es dann für schwangere Frauen und stillende Mütter sein. *18* Betet

darum, dass das alles nicht im Winter geschieht! *19* Denn jene Tage werden so schrecklich sein, dass sie alles übertreffen, was je geschah, seit Gott 'die Welt geschaffen hat. Auch danach wird es eine solche Bedrängnis nie mehr geben. *20* Wenn der Herr diese Zeit nicht verkürzt hätte, würde kein Mensch gerettet werden. Seinen Auserwählten zuliebe aber hat er die Zeit verkürzt.

21 Wenn dann jemand zu euch sagt: ‚Schaut her, da ist der Messias!‘, oder: ‚Seht, er ist dort!‘, so glaubt es nicht! *22* Denn es werden falsche Messiasse und falsche Propheten auftreten. Sie werden sich durch Zeichen und Wundertaten ausweisen und würden sogar die Auserwählten verführen, wenn sie es könnten. *23* Gerade ihr müsst euch also vorsehen! Ich habe euch alles vorausgesagt.

24 Doch dann, nach dieser schrecklichen Zeit, wird sich die Sonne verfinstern und der Mond wird nicht mehr scheinen. *25* Die Sterne werden vom Himmel stürzen und die Kräfte des Himmels aus dem Gleichgewicht geraten. *26* Dann werden sie den Menschensohn mit großer Macht und Herrlichkeit von den Wolken her kommen sehen. *27* Und dann wird er die Engel in alle Himmelsrichtungen aussenden, um seine Auserwählten von überall her zusammenzubringen.

28 Vom Feigenbaum könnt ihr Folgendes lernen: Wenn seine Knospen weich werden und die Blätter zu sprießen beginnen, wisst ihr, dass es bald Sommer wird. *29* Genauso ist es, wenn ihr seht, dass diese Dinge geschehen. Dann steht sein Kommen

---

c 13,14: Vergleiche Daniel 11,31.

unmittelbar bevor. *30* Ich versichere euch: Dieses Geschlecht[a] wird nicht untergehen, bis das alles geschieht. *31* Himmel und Erde werden vergehen, aber meine Worte gelten allezeit, sie vergehen nie. *32* Doch Tag und Stunde von diesen Ereignissen weiß niemand, nicht einmal die Engel im Himmel oder der Sohn selbst; nur der Vater weiß es. *33* Seht euch also vor und seid wachsam! Ihr wisst ja nicht, wann das alles geschieht.

34 Es ist wie bei einem Mann, der verreist. Er verlässt das Haus und überträgt die Verantwortung dafür seinen Bediensteten. Jedem teilt er seine Aufgabe zu. Dem Türhüter schärft er ein, besonders wachsam zu sein. *35* Darum seid auch ihr wachsam! Ihr wisst ja nicht, wann der Herr des Hauses kommt – ob am Abend, mitten in der Nacht, beim ersten Hahnenschrei oder früh am Morgen.[b] *36* Sorgt dafür, dass er euch nicht im Schlaf überrascht. *37* Was ich euch hier sage, das sage ich allen: Seid wachsam!"

Verschwörung gegen Jesus

14 *1* Es waren nur noch zwei Tage bis zum Passafest[c] und der darauf folgenden Festwoche der „Ungesäuerten Brote". Die Hohen Priester und die Gesetzeslehrer suchten immer noch nach einer Gelegenheit, Jesus heimlich festnehmen und dann töten zu können. *2* „Auf keinen Fall darf es während des Festes geschehen", sagten sie, „sonst gibt es einen Aufruhr."

3 Jesus war in Betanien bei Simon dem Aussätzigen zu Gast. Während des Essens kam eine Frau herein, die ein Alabastergefäß[d] mit reinem, kostbarem Nardenöl[e] in der Hand hatte. Sie brach den Hals des Fläschchens ab und goss Jesus das Öl über den Kopf. *4* Einige am Tisch waren empört. „Was soll diese Verschwendung?", sagten sie zueinander. *5* „Man hätte dieses Öl für mehr als 300 Denare[f] verkaufen und das Geld den Armen geben können." Und sie machten der Frau heftige Vorwürfe. *6* Aber Jesus sagte: „Lasst sie in Ruhe! Warum bringt ihr sie in Verlegenheit? Sie hat ein gutes Werk an mir getan. *7* Es wird immer Arme bei euch geben, und sooft ihr wollt, könnt ihr ihnen Gutes tun. Aber mich habt ihr nicht mehr lange bei euch. *8* Sie hat getan, was sie konnte, und meinen

---

a 13,30: *Geschlecht* (griechisch: *genea*) meint entweder Menschen, die in der gleichen Zeit geboren wurden (= Generation, Zeitgenossen) oder die durch gemeinsame Abstammung verbunden sind (= Sippe, Stamm, Volk).

b 13,35: Das sind die Namen der vier römischen Nachtwachen von jeweils drei Stunden: Abend 18-21 Uhr, Mitternacht 21-24 Uhr, Hahnenschrei 0-3 Uhr, Morgen 3-6 Uhr.

c 14,1: *Passafest*. Siehe 2. Mose 12-13.

d 14,3: *Alabaster* ist ein marmorähnlicher Gips, der sich leicht bearbeiten und gut polieren lässt. Er wurde deshalb gern zu henkellosen Gefäßen für Salben verarbeitet.

e 14,3: *Narde* ist eine duftende aromatische Pflanze, die in den Bergen des Himalaja in Höhen zwischen 3500 und 5000 m wächst. Mit dem aus der indischen Narde gewonnenen Öl wurde schon zur Zeit Salomos gehandelt.

f 14,5: *300 Denare*. Das war etwa der Jahresverdienst eines damaligen Arbeiters.

Körper im Voraus zum Begräbnis gesalbt. *9* Und ich versichere euch: Überall in der Welt, wo man die gute Botschaft predigen wird, wird man auch von dem reden, was diese Frau getan hat."

10 Danach ging einer der Zwölf, es war Judas, der Sikarier, zu den Hohen Priestern und bot ihnen an, Jesus an sie auszuliefern. *11* Sie waren hocherfreut, als sie das hörten, und versprachen ihm Geld dafür. Von da an suchte er nach einer günstigen Gelegenheit, Jesus zu verraten.

Das letzte Passamahl

12 Am ersten Tag der Festwoche der „Ungesäuerten Brote", an dem die Passalämmer geschlachtet wurden, fragten die Jünger Jesus: „Wo sollen wir das Passamahl für dich vorbereiten?" *13* Jesus schickte zwei von ihnen los und sagte: „Geht in die Stadt! Dort werdet ihr einen Mann sehen, der einen Wasserkrug trägt. Folgt ihm, *14* bis er in ein Haus hineingeht. Sagt dort zu dem Hausherrn: ‚Unser Rabbi lässt fragen, wo der Raum ist, in dem er mit seinen Jüngern das Passamahl feiern kann.' *15* Er wird euch einen großen Raum im Obergeschoss zeigen, der für das Festmahl ausgestattet und hergerichtet ist. Dort bereitet alles für uns vor. *16* Die Jünger machten sich auf den Weg in die Stadt und fanden alles genauso, wie Jesus es ihnen gesagt hatte, und bereiteten das Passa vor. *17* Am Abend kam Jesus mit den Zwölf. *18* Während der Mahlzeit sagte er: „Ich versichere euch: Einer von euch wird mich verraten, einer, der hier mit mir isst." *19* Sie waren bestürzt, und einer nach

dem anderen fragte ihn: „Das bin doch nicht ich, oder?" *20* „Es ist einer von euch zwölf", sagte Jesus, „einer, der das Brot mit mir in die Schüssel taucht. *21* Der Menschensohn geht zwar den Weg, der ihm in der Schrift vorausgesagt ist; doch für seinen Verräter wird es furchtbar sein. Für diesen Menschen wäre es besser, er wäre nie geboren."

22 Noch während sie aßen, nahm Jesus ein Fladenbrot, dankte Gott dafür, brach es in Stücke und gab es seinen Jüngern mit den Worten: „Nehmt, das ist mein Leib." *23* Dann nahm er einen Kelch, sprach das Dankgebet und reichte ihnen auch den; und alle tranken daraus. *24* Er sagte: „Das ist mein Blut, das Blut, das für viele vergossen wird und den Bund zwischen Gott und Menschen besiegelt. *25* Und ich versichere euch, dass ich bis zu dem Tag, an dem Gott seine Herrschaft aufrichtet, keinen Wein mehr trinken werde. Dann allerdings werde ich neuen Wein trinken." *26* Als sie noch ein Loblied gesungen hatten, gingen sie zum Ölberg hinaus.

27 „Ihr werdet mich alle verlassen", sagte Jesus zu ihnen, „denn es steht geschrieben: ‚Ich werde den Hirten erschlagen und die Schafe werden sich zerstreuen.'[g] *28* Aber nach meiner Auferstehung werde ich euch nach Galiläa vorausgehen." *29* Da sagte Petrus zu ihm: „Und wenn alle an dir irre werden – ich werde dich nie verlassen!" *30* „Ich versichere dir", erwiderte Jesus, „noch heute Nacht, noch bevor der Hahn zweimal gekräht hat, wirst du

---

g 14,27: Sacharja 13,7

mich dreimal verleugnen." *31* „Nein!", erklärte Petrus mit aller Entschiedenheit. „Und wenn ich mit dir sterben müsste! Niemals werde ich dich verleugnen!" Das Gleiche beteuerten auch alle anderen.

Jesus in Getsemani

32 Sie kamen in einen Olivenhain namens Getsemani. Dort sagte Jesus zu seinen Jüngern: „Setzt euch hier her, bis ich gebetet habe." *33* Petrus, Jakobus und Johannes jedoch nahm er mit. Auf einmal wurde er von schrecklicher Angst und von Grauen gepackt *34* und sagte zu ihnen: „Die Qualen meiner Seele bringen mich fast um. Bleibt hier und haltet euch wach!" *35* Er selbst ging noch ein paar Schritte weiter, warf sich auf die Erde und bat Gott, ihm diese Leidensstunde zu ersparen, wenn es möglich wäre. *36* „Abba[a], Vater", sagte er, „dir ist alles möglich. Lass diesen bitteren Kelch an mir vorübergehen! Aber nicht, wie ich will, sondern wie du willst." *37* Als er zurückging, fand er die Jünger schlafend. „Simon", sagte er zu Petrus, „du schläfst? Konntest du nicht eine einzige Stunde mit mir wachen? *38* Seid wachsam und betet, damit ihr nicht in Versuchung kommt! Der Geist ist willig, aber der Körper ist schwach." *39* Danach ging er wieder weg und betete noch einmal dasselbe. *40* Als er zurückkam, fand er sie wieder eingeschlafen. Sie konnten ihre Augen vor Müdigkeit nicht offen halten und wussten nicht, was sie ihm antworten sollten. *41* Als er das dritte Mal zurückkam, sagte er zu ihnen: „Schlaft ihr denn immer noch? Ruht ihr euch immer noch aus? Genug damit, es ist so weit! Die Stunde ist gekommen. Jetzt wird der Menschensohn den Sündern in die Hände gegeben. *42* Steht auf, lasst uns gehen! Der Verräter ist schon da."

Verraten, verhaftet und verleugnet

43 Kaum hatte er das gesagt, kam Judas, einer von den zwölf Jüngern, mit einer großen Schar von Bewaffneten. Sie trugen Schwerter und Knüppel und waren von den Hohen Priestern, den Gesetzeslehrern und Ältesten geschickt. *44* Der Verräter hatte ein Zeichen mit ihnen verabredet: „Der, den ich zur Begrüßung küssen werde, der ist es. Den müsst ihr festnehmen und gut bewacht abführen." *45* Sobald sie angekommen waren, ging Judas auf Jesus zu. „Rabbi!", rief er und küsste ihn. *46* Da packten sie ihn und nahmen ihn fest. *47* Doch einer von den Männern, die bei Jesus waren, zog ein Schwert. Er schlug auf den Sklaven des Hohen Priesters ein und hieb ihm ein Ohr ab. *48* Jesus sagte zu den Männern: „Bin ich denn ein Verbrecher, dass ihr mit Schwertern und Knüppeln auszieht, um mich zu verhaften? *49* Ich war doch täglich bei euch im Tempel und lehrte dort. Da habt ihr mich nicht festgenommen. Aber es muss sich natürlich erfüllen, was die Schrift über mich vorausgesagt hat." *50* Da ließen ihn alle seine Jünger im Stich und flohen. *51* Ein junger

---

a 14,36: *Abba* (aramäisch) bedeutet Vater. Der Ausdruck wurde als liebe- und respektvolle Anrede nur im Familienkreis gebraucht.

Mann allerdings folgte Jesus. Er hatte nur einen Leinenkittel über den bloßen Leib geworfen, und als man ihn packte, *52* ließ er den Kittel fahren und rannte nackt davon.

53 Jesus wurde zum Palast des Hohen Priesters gebracht, wo sich alle Hohen Priester, die Ratsältesten und die Gesetzeslehrer versammelten. *54* Petrus folgte ihnen in weitem Abstand bis in den Innenhof des Palastes. Dort setzte er sich zu den Dienern und wärmte sich am Feuer. *55* Währenddessen suchten die Hohen Priester und der ganze Hohe Rat nach einer Zeugenaussage gegen Jesus, die es rechtfertigen würde, ihn zum Tod zu verurteilen. Doch ihre Bemühungen waren vergeblich. *56* Es sagten zwar viele falsche Zeugen gegen Jesus aus, aber ihre Aussagen stimmten nicht überein. *57* Schließlich standen einige falsche Zeugen auf und sagten: *58* „Wir haben ihn sagen hören: ‚Ich werde diesen Tempel, der von Menschenhand errichtet wurde, niederreißen und in drei Tagen einen anderen aufrichten, der nicht von Menschenhand erbaut ist.'" *59* Doch auch ihre Aussagen stimmten nicht überein.

60 Da erhob sich der Hohe Priester, trat in die Mitte und fragte Jesus: „Hast du nichts zu diesen Anklagen zu sagen? Wie stellst du dich dazu?" *61* Aber Jesus schwieg und sagte kein Wort. Darauf fragte ihn der Hohe Priester noch einmal: „Bist du der Messias, der Sohn des Hochgelobten?" *62* „Ich bin es!", erwiderte Jesus. „Und ihr werdet den Menschensohn sehen, wie er an der rechten Seite des Allmächtigen sitzt und mit den Wolken des Himmels kommt." *63* Da riss der Hohe Priester sein Gewand am Halssaum ein[b] und rief: „Was brauchen wir noch Zeugen? *64* Ihr habt die Gotteslästerung gehört. Was ist eure Meinung?" Alle erklärten, er sei schuldig und müsse sterben. *65* Einige begannen, Jesus anzuspucken; sie verbanden ihm die Augen, schlugen ihn mit Fäusten und sagten: „Na, wer war es, du Prophet?" Auch die Wachen schlugen ihm ins Gesicht.

66 Während sich Petrus noch unten im Hof aufhielt, kam eine von den Dienerinnen des Hohen Priesters vorbei. *67* Als sie Petrus wahrnahm, der sich am Feuer wärmte, sah sie ihn genauer an und meinte: „Du warst doch auch mit dem Jesus aus Nazaret zusammen!" *68* Aber Petrus stritt es ab. „Ich weiß nicht, wovon du redest!", sagte er. „Ich verstehe überhaupt nicht, was du willst!", und ging in den Vorhof hinaus. Da krähte ein Hahn. *69* Als die Dienerin ihn sah, fing sie wieder an und sagte zu denen, die herumstanden: „Das ist einer von ihnen!" *70* Doch Petrus stritt es wieder ab. Kurz darauf fingen auch die Umstehenden an: „Sicher gehörst du zu ihnen, du bist doch auch ein Galiläer[c]!" *71* Da begann Petrus zu fluchen und schwor: „Ich kenne

b **14,63:** *riss … ein.* Er griff in seinen Halsausschnitt und riss den Stoff mit einem heftigen Ruck eine Handlänge ein, so dass ein Teil der Brust bloß lag. Ein frommer Mann durfte eine Gotteslästerung nicht ohne diese Gebärde des Entsetzens anhören. Nach 3. Mose 10,6; 21,10 war dies aber dem Hohen Priester verboten.

c **14,70:** Einen *Galiläer* erkannte man an seinem unverwechselbaren Dialekt.

den Mann überhaupt nicht, von dem ihr redet!" *72* In diesem Augenblick krähte der Hahn zum zweiten Mal und Petrus erinnerte sich an das, was Jesus zu ihm gesagt hatte: „Bevor der Hahn zweimal kräht, wirst du mich dreimal verleugnen." Da stürzte er hinaus und fing an zu weinen.

Das Verhör

15 *1* Früh am nächsten Morgen traten die Hohen Priester mit den Ratsältesten und den Gesetzeslehrern – also der ganze Hohe Rat – zusammen und fassten den offiziellen Beschluss gegen Jesus. Dann ließen sie ihn fesseln, führten ihn ab und übergaben ihn Pilatus[a]. *2* Pilatus fragte ihn: „Bist du der König der Juden?" – „Es ist so, wie du sagst", erwiderte Jesus. *3* Daraufhin brachten die Hohen Priester schwere Beschuldigungen gegen ihn vor. *4* Doch Pilatus fragte ihn noch einmal: „Hast du nichts dazu zu sagen? Hörst du nicht, was sie alles gegen dich vorbringen?" *5* Aber zu seinem Erstaunen sagte Jesus kein Wort mehr.

6 Nun war es üblich, dass der Statthalter jedes Jahr zum Passafest einen Gefangenen freiließ, den das Volk selbst bestimmen durfte. *7* Damals saß gerade ein Mann namens Barabbas im Gefängnis, der bei einem Aufstand zusammen mit anderen einen Mord begangen hatte. *8* Eine große Menschenmenge bedrängte nun Pilatus und bat ihn, wie üblich einen Gefangenen zu begnadigen. *9* „Soll ich euch den König der Juden losgeben?", fragte Pilatus die Menge. *10* Er wusste, dass die Hohen Priester Jesus nur aus Neid ihm ausgeliefert hatten. *11* Doch die Hohen Priester hetzten die Menge auf, lieber die Freilassung von Barabbas zu fordern. *12* „Wenn ich den freilasse", sagte Pilatus, „was soll ich dann mit dem tun, den ihr König der Juden nennt?" *13* „Kreuzigen!", schrien sie. *14* „Aber warum?", fragte Pilatus. „Was hat er denn verbrochen?" Doch sie schrien nur noch lauter: „Kreuzige ihn!" *15* Pilatus wollte die Menge zufriedenstellen und gab ihnen Barabbas frei. Jesus aber ließ er mit der schweren Lederpeitsche[b] geißeln und übergab ihn dann den Soldaten zur Kreuzigung.

Die Kreuzigung

16 Die führten ihn in den Palast, das sogenannte Prätorium, und riefen die ganze Mannschaft zusammen. *17* Sie hängten ihm einen purpurroten Umhang um, flochten eine Krone aus Dornenzweigen und setzten sie ihm auf. *18* Dann salutierten sie und riefen: „Sei gegrüßt, König der Juden!" *19* Mit einem Stock schlugen sie Jesus auf den Kopf und spuckten ihn an. Dann knieten sie sich vor ihm hin und huldigten ihm wie einem König. *20* Als sie genug davon hatten, ihn zu verspotten, nahmen sie

---

a 15,1: *Pilatus.* Von 26-36 n. Chr. Statthalter des römischen Kaisers für Judäa und Samaria.

b 15,15: *Lederpeitsche.* Die Peitsche der Römer hatte an einem Stock schmale Lederriemen, in die Bleistücke oder scharfe Knochensplitter eingeflochten waren. Die Zahl der Schläge war, anders als bei den Juden, unbegrenzt. Die Geißelung endete oft mit dem Tod des Gequälten.

ihm den Umhang wieder ab, zogen ihm seine eigenen Gewänder an und führten ihn ab, um ihn zu kreuzigen. 21 Unterwegs begegnete ihnen ein Mann, der gerade vom Feld kam. Es war Simon aus Zyrene, der Vater von Alexander und Rufus. Die Soldaten zwangen ihn, das Kreuz für Jesus zu tragen. 22 So brachten sie ihn bis zu der Stelle, die Golgota heißt, das bedeutet „Schädelstätte". 23 Dann wollten sie ihm Wein zu trinken geben, der mit Myrrhe[c] vermischt war, doch er nahm ihn nicht. 24 So nagelten sie ihn ans Kreuz und verteilten dann seine Kleidung unter sich. Sie losten aus, was jeder bekommen sollte. 25 Es war mitten am Vormittag[d] als sie ihn kreuzigten. 26 Als Grund für seine Hinrichtung hatten sie auf ein Schild geschrieben: „Der König der Juden." 27 Zusammen mit Jesus kreuzigten sie zwei Verbrecher, einen rechts und einen links von ihm. (28)[e]

Lebendig angenagelt

29 Die Leute, die vorbeikamen, schüttelten den Kopf und riefen höhnisch: „Ha! Du wolltest den Tempel abreißen und in drei Tagen wieder aufbauen! 30 Rette dich doch selbst und steig vom Kreuz herab!" 31 Auch die Hohen Priester und Gesetzeslehrer machten sich über ihn lustig. „Andere hat er gerettet", riefen sie, „sich selbst kann er nicht retten! 32 Der Messias, der König von Israel möge doch jetzt vom Kreuz herabsteigen. Wenn wir das sehen, werden wir an ihn glauben!" Auch die Männer, die mit ihm gekreuzigt waren, beschimpften ihn.

33 Als es dann Mittag[f] wurde, legte sich eine schwere Finsternis über das ganze Land. Den halben Nachmittag[g] blieb es so. 34 Zuletzt[h] schrie Jesus laut: „Eloi, Eloi, lema sabachthani?" Das heißt: „Mein Gott, mein Gott, warum hast du mich verlassen?" 35 Einige der Herumstehenden hörten das und sagten: „Seht, er ruft Elija!" 36 Einer von ihnen holte schnell einen Schwamm, tauchte ihn in sauren Wein, steckte ihn auf einen Stock und hielt Jesus zum Trinken hin. „Wartet", rief er, „wir wollen doch sehen, ob Elija kommt, um ihn herabzuholen!" 37 Jesus aber stieß einen lauten Schrei aus und starb. 38 In diesem Augenblick zerriss der Vorhang im Tempel von oben bis unten in zwei Stücke.

Das Begräbnis

39 Als der Hauptmann, der vor dem Kreuz stand, Jesus so sterben sah, sagte er: „Dieser Mann war wirklich Gottes Sohn." 40 Einige Frauen hatten von weitem zugesehen. Unter ihnen

---

c 15,23: *Myrrhe*. Wohlriechendes Harz, hier als Bitterstoff verwendet. Offenbar war das als zusätzliche Quälerei gedacht. Manche denken auch an ein Betäubungsmittel.

d 15,25: Wörtlich: *die dritte Stunde*. Wegen der Angabe in Johannes 19,14 können wir die Kreuzigungszeit nicht genauer als zwischen Mitte des Vormittags und Mittag angeben.

e 15,28: Manche spätere Handschriften haben hier wie in Lukas 22,37 eingefügt: „So wurde das Wort der Schrift erfüllt: Er wurde zu den Gesetzlosen gezählt".

f 15,33: Wörtlich: *in der sechsten Stunde*.

g 15,33: Wörtlich: *bis zur neunten Stunde*.

h 15,34: Wörtlich: *in der neunten Stunde*.

waren Maria aus Magdala, Maria, die Mutter von Jakobus, dem Kleinen, und von Joses, und Salome. 41 Frauen, die ihm schon gefolgt waren und gedient hatten, als er noch in Galiläa war. Und noch viele andere standen dabei, die alle mit Jesus nach Jerusalem hinaufgezogen waren.

42 Es wurde nun schon Abend, und es war Rüsttag, der Tag vor dem Sabbat. 43 Da wagte es Josef aus Arimathäa, zu Pilatus zu gehen und ihn um den Leichnam von Jesus zu bitten. Er war ein angesehenes Mitglied des Hohen Rates und einer von denen, die auf das Kommen des Reiches Gottes warteten. 44 Pilatus war erstaunt zu hören, dass Jesus schon tot sein solle. Er ließ den Hauptmann kommen und fragte ihn, ob Jesus wirklich schon gestorben sei. 45 Als der das bestätigte, überließ er Josef den Leib. 46 Josef kaufte ein Leinentuch, nahm Jesus vom Kreuz ab und wickelte ihn darin ein. Dann legte er ihn in eine aus dem Felsen gehauene Grabhöhle und wälzte einen Stein vor den Eingang. 47 Maria aus Magdala und Maria, die Mutter von Joses, beobachteten, wohin der Leichnam von Jesus gelegt wurde.

Die Auferstehung

16 1 Am nächsten Abend, als der Sabbat vorüber war, kauften Maria aus Magdala, Salome und Maria, die Mutter von Jakobus, wohlriechende Öle, um zum Grab zu gehen und den Leichnam von Jesus zu salben. 2 Sehr früh am Sonntagmorgen machten sie sich auf den Weg zum Grab. Die Sonne war gerade aufgegangen, als sie dort ankamen. 3 Unterwegs hatten sie sich noch gefragt:

„Wer wird uns den Stein vom Eingang des Grabes wegwälzen?" 4 Doch als sie jetzt hinblickten, sahen sie, dass der riesige Stein zur Seite gewälzt war. 5 Sie gingen in die Grabkammer hinein und erschraken sehr, als sie innen auf der rechten Seite einen jungen Mann in weißem Gewand sitzen sahen. 6 Der sprach sie gleich an und sagte: „Erschreckt nicht! Ihr sucht Jesus von Nazaret, den Gekreuzigten. Er ist auferstanden, er ist nicht hier. Seht, das ist die Stelle, wo sie ihn hingelegt hatten. 7 Und nun geht zu seinen Jüngern und sagt ihnen und dem Petrus: ,Er geht euch nach Galiläa voraus. Dort werdet ihr ihn sehen, wie er es euch angekündigt hat.'" 8 Zitternd vor Furcht und Entsetzen stürzten die Frauen aus der Gruft und liefen davon. Sie hatten solche Angst, dass sie mit niemand darüber redten.[a]

9 Nach seiner Auferstehung am frühen Sonntagmorgen erschien Jesus zuerst der Maria aus Magdala, aus der er sieben Dämonen ausgetrieben hatte. 10 Sie ging zu den Jüngern, die

a 16,8: Hier bricht das Markusevangelium nach den ältesten und besten Textzeugen ab. Die Verse 9-20 sind jedoch schon sehr früh entstanden und wurden bereits in der 1. Hälfte des 2. Jahrhunderts von den Christen einmütig als kanonisch anerkannt. Das spricht stark für eine apostolische Herkunft. In einigen Handschriften findet sich jedoch auch ein kürzerer Schluss des Evangeliums. Er lautet: „Schließlich berichteten sie Petrus und den anderen Jüngern alles, was ihnen aufgetragen war. Später beauftragte Jesus seine Jünger selbst, überall in der Welt die heilige und unvergängliche Botschaft von der Erlösung weiterzusagen."

um ihn trauerten und weinten und berichtete ihnen, *11* dass Jesus lebe und sie ihn gesehen habe. Doch sie glaubten ihr nicht. *12* Danach zeigte sich Jesus in anderer Gestalt zwei von ihnen, die zu einem Ort auf dem Land unterwegs waren. *13* Sie kehrten gleich zurück und berichteten es den anderen. Doch auch ihnen glaubten sie nicht. *14* Schließlich zeigte sich Jesus den elf Jüngern selbst, als sie beim Essen waren. Er rügte ihren Unglauben und Starrsinn, weil sie denen nicht hatten glauben wollen, die ihn als Auferstandenen gesehen hatten. *15* Dann sagte er zu ihnen: „Geht in die ganze Welt und verkündet allen Menschen die gute Botschaft. *16* Wer glaubt und sich taufen lässt, wird gerettet werden. Wer aber ungläubig bleibt, wird von Gott verurteilt werden. *17* Folgende Zeichen werden die begleiten, die glauben: Sie werden in meinem Namen Dämonen austreiben, sie werden in neuen Sprachen reden, *18* wenn sie Schlangen anfassen oder etwas Tödliches trinken, wird es ihnen nichts schaden, Kranken, denen sie die Hände auflegen, wird es gut gehen."

19 Nachdem der Herr mit ihnen gesprochen hatte, wurde er in den Himmel aufgenommen und setzte sich an die rechte Seite Gottes. *20* Sie aber gingen überall hin und predigten die gute Botschaft. Der Herr wirkte durch sie und bestätigte ihr Wort durch wunderbare Zeichen.

Die gute Botschaft, aufgeschrieben von Lukas

Der griechische Arzt Lukas hatte Paulus bis nach Jerusalem begleitet. Nachdem dieser verhaftet und verhört worden war, kam es zu einer Verschwörung von 40 jüdischen Männern. Daraufhin wurde Paulus stark bewacht nach Cäsarea überführt und blieb dort in Haft. Der Statthalter Felix verzögerte jedoch eine gerichtliche Entscheidung bis zu seiner Ablösung, obwohl er von der Unschuld des Angeklagten überzeugt war. So vergingen zwei Jahre. In dieser Zeit hatte Lukas Gelegenheit zu gründlichen Nachforschungen und Zeugenbefragungen in Israel. Wir können annehmen, dass sein Evangelium in dieser Zeit, also zwischen 57 und 59 v. Chr., in Cäsarea entstand.

Lukas widmete sein Werk einem gewissen Theophilus, der dann wohl auch für die Vervielfältigung und Verbreitung sorgte. Theophilus sollte erkennen, dass sein Glaube auf sicheren historischen Tatsachen beruhte. In seinem Evangelium zeigt Lukas Jesus als den Menschensohn, der die Verlorenen suchen und retten wollte, aber von Israel abgelehnt wurde.

Vorwort

1 *1* Schon viele haben sich darangesetzt, einen Bericht über die Ereignisse zu schreiben, die bei uns geschehen sind *2* und die wir von denen erfahren haben, die von Anfang an als Augenzeugen dabei waren und dann den Auftrag erhielten, die Botschaft weiterzusagen. *3* Nun habe auch ich mich dazu entschlossen, allem von Anfang an sorgfältig nachzugehen und es für dich, verehrter Theophilus, der Reihe nach aufzuschreiben. *4* So kannst du dich von der Zuverlässigkeit der Dinge überzeugen, in denen du unterwiesen worden bist.

Ankündigung der Geburt des Boten

5 Es begann in der Zeit, als Herodes[a] König von Judäa[b] war. Damals lebte dort ein Priester namens Zacharias, der zur Priesterabteilung des Abija[c] gehörte. Seine Frau hieß Elisabet und stammte aus dem Priestergeschlecht Aarons[d]. *6* Beide führten ein Leben in Verantwortung vor Gott und richteten sich in allem nach den Geboten und Anweisungen des Herrn. *7* Sie waren kinderlos geblieben, weil Elisabet keine Kinder bekommen konnte. Und nun waren beide schon alt geworden. *8* Als seine Abteilung wieder einmal an der Reihe war, den Priesterdienst vor Gott zu verrichten, *9* wurde Zacharias nach priesterlichem Brauch durch ein Los

---

a 1,5: Gemeint ist *Herodes* der Große, der von 37 bis 4 v. Chr. unter römischer Oberherrschaft das Gebiet Israels regierte.

b 1,5: *Judäa.* Von Juden bewohntes Gebiet zwischen dem Toten Meer und dem Mittelmeer.

c 1,5: Seit der Zeit Davids war die Priesterschaft Israels in 24 Abteilungen gegliedert. *Abija* war nach 1. Chronik 24,10 und Nehemia 12,12 das Oberhaupt einer dieser Abteilungen.

d 1,5: *Aaron,* der Bruder Moses, war der erste Hohe Priester Israels, vgl. 2. Mose 28,1.

dazu bestimmt, das Räucheropfer[e] im Heiligtum des Herrn darzubringen. **10** Während er opferte, stand eine große Menschenmenge draußen und betete. **11** Doch ihm erschien auf einmal ein Engel des Herrn. Er stand rechts neben dem Altar. **12** Zacharias erschrak, als er ihn wahrnahm, und bekam es mit der Angst zu tun. **13** Doch der Engel sagte zu ihm: „Fürchte dich nicht, Zacharias! Gott hat dein Gebet erhört. Deine Frau Elisabet wird dir einen Sohn schenken, und den sollst du Johannes nennen. **14** Du wirst überglücklich sein, und auch viele andere werden sich über seine Geburt freuen, **15** denn vor Gott wird er ein Großer sein. Er wird keinen Wein und auch keine anderen berauschenden Getränke anrühren und von Mutterleib an mit dem Heiligen Geist erfüllt sein. **16** Und viele Israeliten wird er zum Herrn, ihrem Gott, zurückführen. **17** Im Geist und in der Kraft des Propheten Elija wird er dem Herrn als Bote vorausgehen. Er wird die Herzen der Väter zu ihren Kindern umkehren lassen und Ungehorsame zur Gesinnung von Gerechten zurückführen, um so das Volk für das Kommen des Herrn bereit zu machen." **18** „Wie kann ich sicher sein, dass das wirklich geschieht?", fragte Zacharias. „Schließlich bin ich ein alter Mann und auch meine Frau ist nicht mehr jung." **19** „Ich bin

Gabriel!", erwiderte der Engel. „Ich stehe unmittelbar vor Gott und bin extra zu dir geschickt worden, um mit dir zu reden und dir diese gute Nachricht zu bringen! **20** Was ich gesagt habe, wird zur gegebenen Zeit eintreffen. Aber du wirst stumm sein, weil du mir nicht geglaubt hast! Du wirst so lange nicht mehr sprechen können, bis alles geschehen ist, was ich dir angekündigt habe."

21 Draußen wartete das Volk auf Zacharias und wunderte sich, dass er so lange im Tempel blieb. **22** Als er dann herauskam, konnte er nicht zu ihnen sprechen. Er machte sich durch Handzeichen verständlich, blieb aber stumm. Da merkten sie, dass er im Tempel eine Erscheinung gehabt hatte. **23** Als seine Dienstwoche vorüber war, ging er wieder nach Hause. **24** Bald darauf wurde seine Frau Elisabet schwanger und zog sich fünf Monate völlig zurück. Sie sagte: **25** „Der Herr hat mir geholfen. Er hat meinen Kummer gesehen und die Schande meiner Kinderlosigkeit von mir genommen."

Ankündigung der Geburt des Herrschers

26 Als Elisabet im sechsten Monat schwanger war, sandte Gott den Engel Gabriel nach Galiläa[f] in eine Stadt namens Nazaret[g] **27** zu einer jungen

---

e 1,9: *Räucheropfer*. Der *Räucheraltar* stand im Tempel unmittelbar vor dem Vorhang, der das Höchstheilige vom Heiligtum trennte. Dort musste jeden Morgen und Abend Weihrauch angezündet werden (2. Mose 30,6-8).

f 1,26: *Galiläa*. Von Juden und Griechen bewohntes Gebiet im Norden Israels, etwa zwischen dem See Gennesaret und dem Mittelmeer.

g 1,26: *Nazaret*. Der kleine Ort mit etwa 150 Einwohnern lag in der Mitte zwischen dem Mittelmeer und dem See Gennesaret.

Frau, die Maria hieß. Sie war noch unberührt und mit einem Mann namens Josef verlobt, einem Nachfahren Davids. **28** Der Engel kam zu ihr herein und sagte: „Sei gegrüßt, du mit hoher Gunst Beschenkte! Der Herr, ist mit dir!" **29** Maria erschrak, als sie so angesprochen wurde und überlegte, was der Gruß bedeuten sollte. **30** „Hab keine Angst, Maria!", sagte der Engel. „Gott hat dich mit seiner Gunst beschenkt. **31** Du wirst schwanger werden und einen Sohn zur Welt bringen, den du Jesus nennen sollst. **32** Er wird große Autorität haben und Sohn des Höchsten genannt werden. Gott wird ihn die Königsherrschaft seines Stammvaters David[a] weiterführen lassen. **33** Für immer wird er die Nachkommenschaft Jakobs[b] regieren und seine Herrschaft wird nie mehr zu Ende gehen."

34 „Wie wird das geschehen?", fragte Maria. „Ich habe ja noch nie mit einem Mann geschlafen." **35** „Der Heilige Geist wird über dich kommen", erwiderte der Engel, „die Kraft des Höchsten wird dich überschatten. Deshalb wird das Kind, das du zur Welt bringst, heilig sein und Sohn Gottes genannt werden. **36** Sieh doch, auch deine Verwandte Elisabet ist noch in ihrem Alter schwanger geworden und erwartet einen Sohn. Von ihr hieß es ja, sie könne keine Kinder bekommen. Und jetzt ist sie schon im sechsten Monat. **37** Für Gott ist nichts

unmöglich." **38** Da sagte Maria: „Ich gehöre ganz dem Herrn. Was du gesagt hast, soll mit mir geschehen." Darauf verließ sie der Engel.

Maria besucht Elisabet

39 Nicht lange danach machte sich Maria auf den Weg ins Bergland von Judäa. So schnell wie möglich wollte sie in die Stadt kommen, **40** in der Zacharias wohnte. Als sie das Haus betrat und Elisabet begrüßte, **41** hüpfte das Kind in Elisabets Leib. In diesem Augenblick wurde Elisabet mit dem Heiligen Geist erfüllt **42** und rief laut: „Dich hat Gott mehr gesegnet als alle Frauen, und gesegnet ist das Kind in deinem Leib! **43** Welche Ehre, dass die Mutter meines Herrn mich besucht! **44** Als ich deinen Gruß vernahm, hüpfte das Kind vor Freude in meinem Leib. **45** Wie glücklich bist du, dass du geglaubt hast! Denn was der Herr dir sagen ließ, wird sich erfüllen." **46** Da sagte Maria:

„Meine Seele staunt über die Größe des Herrn **47** und mein Geist freut sich über Gott, meinen Retter! **48** Seiner geringsten Sklavin hat er Beachtung geschenkt! / Noch künftige Generationen werden mein Glück preisen! **49** Heilig ist der Mächtige, der Großes an mir getan hat!

50 Sein Erbarmen gilt jedem, der sich ihm unterstellt, / in jeder Generation. **51** Hoch hebt er seinen gewaltigen Arm / und fegt die Hochmütigen weg. **52** Mächtige stürzt er vom Thron / und Geringe setzt er darauf. **53** Hungrige macht er mit guten Dingen satt /

---

a 1,32: *David* war Israels zweiter und größter König (ca. 1040-970 v. Chr.).

b 1,33: *Jakob* war einer der Stammväter des Volkes Israel.

und Reiche schickt er mit leeren Händen fort.

54 Und Israel, sein Kind, nimmt er selbst an die Hand / und schenkt ihm seine Barmherzigkeit, 55 denn so hatte er es für immer versprochen / dem Abraham und seiner ganzen Nachkommenschaft."

56 Maria blieb ungefähr drei Monate bei Elisabet und kehrte dann wieder nach Hause zurück.

Die Geburt des Boten

57 Für Elisabet kam nun die Zeit der Entbindung, und sie brachte einen Sohn zur Welt. 58 Als ihre Nachbarn und Verwandten davon hörten, dass der Herr sich so großartig über sie erbarmt hatte, freuten sie sich mit ihr. 59 Und als das Kind acht Tage alt war, kamen sie zu seiner Beschneidungᶜ zusammen. Dabei wollten sie ihm den Namen seines Vaters Zacharias geben. 60 „Nein!", widersprach da seine Mutter. „Er soll Johannes heißen." 61 „Aber es gibt doch niemand in deiner Verwandtschaft, der so heißt", wandten sie ein. 62 Durch Zeichen fragten sie den Vater, wie das Kind heißen sollte. 63 Der ließ sich ein Schreibtäfelchen geben und schrieb zum Erstaunen aller darauf: „Sein Name ist Johannes." 64 Im gleichen Augenblick konnte er wieder sprechen und fing an, Gott zu loben. 65 Alle, die in jener Gegend wohnten, wurden von einem ehrfürchtigen Staunen ergriffen, und im ganzen Bergland von

Judäa sprachen die Leute über das, was geschehen war. 66 Alle, die es hörten, wurden nachdenklich und fragten sich: „Was wird wohl aus diesem Kind einmal werden?" Denn es war offensichtlich, dass der Herr etwas Großes mit ihm vorhatte.

67 Sein Vater Zacharias wurde mit dem Heiligen Geist erfüllt und begann als Prophet zu sprechen:

68 „Gepriesen sei der Herr, Israels Gott! / Er hat sein Volk wieder beachtet / und ihm die Erlösung gebracht: 69 Aus Davids Geschlecht ging ein starker Retter hervor, / ein Horn des Heils aus dem Haus seines Dieners. 70 So hat er es uns vor sehr langer Zeit / durch heilige Propheten gesagt. 71 Er ist die Rettung vor unseren Feinden, / vor unserer Hasser Gewalt. 72 So zeigte sich sein Erbarmen an uns, / das er schon unseren Vätern erwies, / so bestätigte er seinen heiligen Bund 73 und den Eid, den er unserem Stammvater Abraham schwor. 74 Befreit aus der Hand unserer Feinde / dürfen wir ihm nun ohne Furcht dienen, 75 in Heiligkeit und Gerechtigkeit, / so lange wir am Leben sind.

76 Und du, mein Kind, wirst ein Prophet des Höchsten sein, / ein Wegbereiter des Herrn. 77 Du wirst sein Volk zur Einsicht bringen, / dass die Vergebung der Schuld ihre Rettung ist. 78 Weil unser Gott voller Barmherzigkeit ist, / kommt das Licht des Himmels zu uns. 79 Es wird denen leuchten, die im Finstern sitzen und in Furcht vor dem Tod, / und

---

c 1,59: *Beschneidung.* Siehe 1. Mose 17,9-14!

uns wird es leiten, den Weg des Friedens zu gehen."

80 Johannes wuchs heran, und sein Geist wurde stark. Dann zog er sich in die Wüste zurück und lebte dort bis zu dem Tag, an dem er öffentlich in Israel auftrat.

Die Geburt des Messias

2 *1* Damals befahl der Kaiser Augustus[a], alle Bewohner des Römischen Reiches zu zählen und in Steuerlisten einzutragen. *2* Es war das erste Mal, dass solch eine Volkszählung durchgeführt wurde. Sie geschah, als Quirinius[b] Statthalter der Provinz Syrien war. *3* So ging jeder in die Stadt, aus der er stammte, um sich eintragen zu lassen. *4* Auch Josef machte sich auf den Weg. Er gehörte zur Nachkommenschaft Davids und musste deshalb aus der Stadt Nazaret in Galiläa nach der Stadt Bethlehem[c] in Judäa reisen, *5* um sich dort mit Maria, seiner Verlobten, eintragen zu lassen. Maria war schwanger, *6* und als sie in Bethlehem waren,

kam für sie die Zeit der Entbindung. *7* Sie brachte ihr erstes Kind zur Welt. Es war ein Sohn. Sie wickelte ihn in Windeln und legte ihn dann in eine Futterkrippe, weil sie keinen Platz in der Unterkunft fanden.

8 In der gleichen Nacht hielten ein paar Hirten draußen auf dem freien Feld Wache bei ihren Herden. *9* Plötzlich trat ein Engel des Herrn zu ihnen, und das Licht der Herrlichkeit Gottes umstrahlte sie. Sie erschraken sehr und hatten Angst, *10* aber der Engel sagte zu ihnen: „Ihr müsst euch nicht fürchten, denn ich bringe euch eine gute Nachricht, über die sich das ganze Volk freuen wird. *11* Heute Nacht ist in der Stadt Davids euer Retter geboren worden. Es ist der Messias, der Herr. *12* Ihr werdet ihn daran erkennen, dass ihr ein Kind findet, das in Windeln gewickelt in einer Krippe liegt." *13* Plötzlich waren sie von ganzen Heerscharen des Himmels umgeben, die alle Gott lobten und riefen:

14 „Ehre und Herrlichkeit Gott
in der Höhe / und Frieden den
Menschen im Land, / auf denen
sein Gefallen ruht."

15 Als die Engel in den Himmel zurückgekehrt waren, sagten die Hirten zueinander: „Kommt, wir gehen nach Bethlehem! Sehen wir uns an, was da geschehen ist, was der Herr uns sagen ließ." *16* Schnell brachen sie auf und fanden Maria und Josef und auch das Kind, das in der Futterkrippe lag. *17* Als sie es gesehen hatten, erzählten sie, was ihnen über dieses Kind gesagt worden war. *18* Und alle, mit denen sie sprachen, wunderten sich über

---

a 2,1: *Augustus*. Vom römischen Senat verliehener Ehrentitel „Erhabener". Gemeint ist hier Octavian, er lebte von 63 v. Chr. bis 14 v. Chr.

b 2,2: Der römische Feldherr und Konsul Publius Sulpicius *Quirinius* wurde 11 v. Chr. Legat von Syrien und leitete bis 16 v. Chr. in verschiedenen amtlichen Stellungen den orientalischen Teil des Imperiums. Die Steuerschätzung begann 8 v. Chr. in Ägypten und Syrien und erreichte 7 v. Chr. das Gebiet Israels.

c 2,4: *Bethlehem* liegt 7 km südlich von Jerusalem und war die Heimatstadt von König David.

das, was ihnen die Hirten berichteten. *19* Maria aber bewahrte das Gehörte in ihrem Herzen und dachte immer wieder darüber nach. *20* Die Hirten gingen dann wieder zu ihren Herden zurück. Sie priesen und lobten Gott für alles, was sie gehört und gesehen hatten. Es war genauso gewesen, wie der Engel es ihnen gesagt hatte.

Jesus wird im Tempel Gott geweiht

21 Als das Kind acht Tage später beschnitten wurde, gab man ihm den Namen Jesus, den Namen, den der Engel genannt hatte, noch bevor Maria schwanger war. *22* Und als dann die im Gesetz des Mose festgelegte Zeit der Reinigung[d] vorüber war, trugen Josef und Maria das Kind nach Jerusalem, um es dem Herrn zu weihen. *23* So war es im Gesetz vorgeschrieben: „Jede männliche Erstgeburt soll Gott gehören."[e] *24* Dabei brachten sie auch das Opfer dar, wie es im Gesetz des Herrn steht: ein Paar Turteltauben oder zwei junge Tauben.[f]

25 Damals lebte in Jerusalem ein gerechter und gottesfürchtiger Mann namens Simeon. Er wartete auf die Ankunft des Messias, der Israel Trost und Rettung bringen würde. Der Heilige Geist ruhte auf ihm *26* und hatte ihm die Gewissheit gegeben, dass er nicht sterben werde, bevor er den vom Herrn gesandten Messias gesehen

habe. *27* Als die Eltern von Jesus das Kind hereinbrachten, um mit ihm zu tun, wie es nach dem Gesetz üblich war, kam Simeon, vom Geist Gottes geführt, gerade in den Tempel. *28* Er nahm das Kind in seine Arme und pries Gott: *29* „Herr", sagte er, „nun kann dein Diener in Frieden sterben, denn du hast deine Zusage erfüllt. *30* Mit meinen eigenen Augen habe ich die Rettung gesehen, *31* die du für alle Völker vorbereitet hast – *32* ein Licht, das die Nationen erleuchten und dein Volk Israel zu Ehren bringen wird."

33 Josef und die Mutter von Jesus[g] wunderten sich, als sie hörten, was Simeon über dieses Kind sagte. *34* Simeon segnete sie und sagte zu Maria, seiner Mutter: „Er ist dazu bestimmt, dass viele in Israel an ihm zu Fall kommen und viele durch ihn aufgerichtet werden. Er wird ein Zeichen Gottes sein, gegen das viele sich auflehnen werden *35* – so sehr, dass der Kummer deine Seele wie ein Schwert durchbohren wird. Doch so kommt an den Tag, welche Gedanken in ihren Herzen sind."

36 Damals lebte auch eine alte Prophetin in Jerusalem. Sie hieß Hanna und war eine Tochter Penuëls aus dem Stamm Ascher. Nur sieben Jahre war sie verheiratet gewesen *37* und war jetzt eine Witwe von 84 Jahren. Sie verließ den Tempel gar nicht mehr und diente Gott Tag und Nacht mit Fasten und Beten. *38* Auch sie kam jetzt dazu und lobte Gott. Und zu allen, die auf die Erlösung Jerusalems warteten, sprach sie über dieses Kind.

---

d 2,22: *Zeit der Reinigung.* Das waren 40 Tage ab der Geburt, wie 3. Mose 12,2-4 vorschrieb.

e 2,23: 2. Mose 13,2.12

f 2,24: *Tauben.* Nach 3. Mose 12,8 war das ein Opfer armer Menschen.

g 2,33: Nach anderen Handschriften: *Sein Vater und seine Mutter.*

39 Als Maria und Josef alles getan hatten, was das Gesetz des Herrn verlangte, kehrten sie nach Galiläa in ihre Heimatstadt Nazaret zurück. **40** Das Kind wuchs heran und wurde kräftig. Es war mit Weisheit erfüllt und Gottes Gnade ruhte sichtbar auf ihm.

Der zwölfjährige Jesus im Tempel

41 Jedes Jahr zum Passafest[a] reisten seine Eltern nach Jerusalem. **42** Als Jesus zwölf Jahre alt war, gingen sie wieder zum Fest, wie es der Sitte entsprach, und nahmen auch den Jungen mit. **43** Nach den Festtagen machten sie sich auf den Heimweg. Doch Jesus blieb in Jerusalem, ohne dass die Eltern davon wussten. **44** Sie dachten, er sei irgendwo in der Reisegesellschaft. Nach der ersten Tagesetappe suchten sie ihn unter den Verwandten und Bekannten. **45** Als sie ihn nicht fanden, kehrten sie am folgenden Tag nach Jerusalem zurück und suchten ihn dort. **46** Nach drei Tagen endlich entdeckten sie ihn im Tempel. Er saß mitten unter den Gesetzeslehrern, hörte ihnen zu und stellte ihnen Fragen. **47** Alle, die zuhörten, staunten über sein Verständnis und seine Antworten. **48** Seine Eltern waren sehr überrascht, ihn hier zu sehen. „Kind", sagte seine Mutter zu ihm, „wie konntest du uns das antun? Dein Vater und ich haben dich verzweifelt gesucht." **49** „Warum habt ihr mich denn gesucht?", erwiderte Jesus. „Wusstet ihr nicht, dass ich im Haus meines Vaters sein muss?" **50** Doch sie verstanden nicht, was er

damit meinte. **51** Jesus kehrte mit seinen Eltern nach Nazaret zurück und war ihnen ein gehorsamer Sohn. Seine Mutter aber bewahrte das alles in ihrem Herzen. **52** Jesus nahm weiter an Weisheit zu und wuchs zu einem jungen Mann heran. Gott und die Menschen hatten ihre Freude an ihm.

Johannes, der Wegbereiter

3 **1** Es war im 15. Regierungsjahr des Kaisers Tiberius[b]; Pontius Pilatus[c] war Statthalter von Judäa; Herodes Antipas[d] regierte als Fürst[e] in Galiläa, sein Bruder Philippus in Ituräa[f] und Trachonitis[g] und Lysanias in Abilene[h]. **2** Hohe Priester waren Hannas und Kajafas. In dieser Zeit erhielt Johannes, der Sohn des Zacharias, draußen in der Wüste einen Auftrag von Gott. **3** Daraufhin durchzog er die ganze Jordangegend und predigte den Menschen, sie sollten zu Gott umkehren und sich

---

a 2,41: *Passa*. Siehe 2. Mose 12-13.

b 3,1: *Tiberius*. Römischer Kaiser, war seit Oktober 12 v. Chr. Mitregent und regierte von 14–37 v. Chr. allein. Sein *15. Regierungsjahr* war also 27 v. Chr.

c 3,1: *Pontius Pilatus*. Kaiserlicher Statthalter in Judäa und Samaria von 26–36 v. Chr.

d 3,1: *Herodes Antipas*, Sohn Herodes des Großen (4 v. Chr. bis 39 v. Chr.).

e 3,1: *Fürst*. Eigentlich „Vierfürst", das war ursprünglich der Titel eines Fürsten, der den vierten Teil eines Reiches regierte.

f 3,1: *Ituräa*. Gebiet nördlich von Israel um den Antilibanon herum.

g 3,1: *Trachonitis*. Landschaft nordöstlich vom See Genezaret.

h 3,1: *Abilene*. Landschaft zwischen Ituräa und Damaskus.

als Zeichen dafür taufen lassen, damit sie Vergebung ihrer Sünden empfingen. 4 So steht es schon im Buch des Propheten Jesaja: „Hört, in der Wüste ruft eine Stimme: ‚Bereitet den Weg für den Herrn! Ebnet seine Pfade! 5 Die Täler sollen aufgefüllt, die Berge und Hügel eingeebnet werden. Krumme Wege sollen begradigt werden und holprige eben gemacht. 6 Dann werden alle Menschen das Heil sehen, das von Gott kommt.‘“[i]

7 Die Menschen kamen in Scharen zu Johannes, um sich von ihm taufen zu lassen. Doch er sagte zu ihnen: „Ihr Schlangenbrut! Wer hat euch eingeredet, dass ihr dem kommenden Zorngericht Gottes entgeht? 8 Bringt die Früchte hervor, die beweisen, dass ihr eure Einstellung geändert habt! Und fangt nicht an zu denken, dass ihr doch die Nachkommen Abrahams seid. Ich sage euch: Gott kann Abraham aus diesen Steinen hier Kinder erwecken! 9 Die Axt ist schon an die Wurzel der Bäume gelegt. Jeder Baum, der keine guten Früchte bringt, wird umgehauen und ins Feuer geworfen.“ 10 Da fragten ihn die Leute: „Was sollen wir denn tun?“ 11 „Wer zwei Hemden hat“, gab er zur Antwort, „soll dem einen geben, der keins hat! Wer zu essen hat, soll es mit dem teilen, der nichts hat!“ 12 Auch Zolleinnehmer wollten sich taufen lassen. „Rabbi“[j], fragten sie, „und was sollen wir tun?“ 13 „Fordert nicht mehr, als euch zusteht!“, erwiderte Johannes. 14 „Und wir“, fragten einige Soldaten, „was sollen wir tun?“ „Beraubt und erpresst niemand“, war seine Antwort. „Gebt euch mit eurem Sold zufrieden!“

15 Das Volk war voller Erwartung, und alle fragten sich, ob Johannes etwa der Messias, der versprochene Retter, sei. 16 Doch Johannes erklärte vor allen: „Ich taufe euch zwar mit Wasser, aber es wird einer kommen, der mächtiger ist als ich. Ich bin nicht einmal gut genug, mich zu bücken und ihm die Riemen seiner Sandalen zu lösen. Er wird euch mit dem Heiligen Geist und mit Feuer taufen. 17 Er hat die Worfschaufel in der Hand, um die Spreu vom Weizen zu trennen. Den Weizen wird er in die Scheune bringen, die Spreu aber wird er mit einem Feuer verbrennen, das nie mehr ausgehen wird.“

18 Mit diesen und vielen anderen mahnenden Worten verkündigte er dem Volk die gute Botschaft. 19 Johannes wies auch Herodes Antipas zurecht. Der Fürst hatte nämlich seinem Bruder die Frau weggenommen, Herodias[k], und auch sonst viel Unrecht getan. 20 Deswegen ließ Herodes ihn ins Gefängnis werfen und fügte das zu allem Unrecht noch hinzu.

Taufe und Ahnentafel von Jesus

21 Zusammen mit den vielen Menschen hatte auch Jesus sich taufen lassen. Als er danach betete, riss der Himmel auf, 22 und der Heilige Geist kam sichtbar auf ihn herab, anzusehen wie eine Taube. Und aus dem

---

i 3,6: Jesaja 40,3-5.

j 3,12: *Rabbi*. Respektvolle Anrede im Judentum: „Mein Lehrer“.

k 3,19: *Herodias*. Enkelin Herodes des Großen, war zunächst mit ihrem Onkel Herodes Philippus (nicht dem Fürsten Philippus) verheiratet. Auch Herodes Antipas, ihr jetziger Ehemann, war ein Onkel von ihr.

Himmel sprach eine Stimme: „Du bist mein lieber Sohn. An dir habe ich meine Freude!"

23 Als Jesus öffentlich zu wirken begann, war er ungefähr dreißig Jahre alt. Man hielt ihn für den Sohn Josefs, dessen Vater Eli hieß. *24* Seine weiteren Vorfahren waren Mattat, Levi, Melchi, Jannai, Josef, *25* Mattitja, Amos, Nahum, Hesli, Naggai, *26* Mahat, Mattitja, Schimi, Josech, Joda, *27* Johanan, Resa, Serubbabel, Schealtiël, Neri, *28* Melchi, Addi, Kosam, Elmadam, Er, *29* Joschua, Eliëser, Jorim, Mattat, Levi, *30* Simeon, Juda, Josef, Jonam, Eljakim, *31* Melea, Menna, Mattata, Natan, David, *32* Isai, Obed, Boas, Salmon, Nachschon, *33* Amminadab, Admin, Arni, Hezron, Perez, Juda, *34* Jakob, Isaak, Abraham, Terach, Nahor, *35* Serug, Regu, Peleg, Eber, Schelach, *36* Kenan, Arpachschad, Sem, Noah, Lamech, *37* Metuschelach, Henoch, Jered, Mahalalel, Kenan, *38* Enosch, Set, Adam – Gott.[a]

Versuchung in der Wüste

4 *1* Vom Heiligen Geist erfüllt, verließ Jesus den Jordan und ging in die Wüste. Der Geist hatte ihn dazu gedrängt. Vierzig Tage blieb er dort *2* und wurde vom Teufel versucht. Während der ganzen Zeit hatte er nichts gegessen, so dass er am Ende sehr hungrig war. *3* Da sagte der Teufel zu ihm: „Wenn du Gottes Sohn bist, dann befiehl diesem Stein hier, dass er zu Brot werde." *4* Aber Jesus antwortete: „Nein, in der Schrift steht: ‚Der Mensch lebt nicht nur von Brot.'[b]" *5* Der Teufel führte ihn auch auf einen hohen Berg, zeigte ihm in einem einzigen Augenblick alle Reiche der Welt *6* und sagte: „Diese ganze Macht und Herrlichkeit will ich dir geben, denn sie ist mir überlassen worden und ich gebe sie, wem ich will. *7* Alles soll dir gehören, wenn du dich vor mir niederwirfst und mich anbetest." *8* Aber Jesus entgegnete: „Es steht geschrieben: ‚Du sollst den Herrn, deinen Gott, anbeten und ihm allein dienen!'[c]" *9* Der Teufel brachte Jesus sogar nach Jerusalem, stellte ihn auf den höchsten Vorsprung im Tempel und sagte: „Wenn du Gottes Sohn bist, dann stürz dich hier hinunter! *10* Es steht ja geschrieben: ‚Er wird seine Engel aufbieten, um dich zu beschützen. *11* Auf den Händen werden sie dich tragen, damit du mit deinem Fuß nicht an einen Stein stößt.'[d]" *12* Jesus gab ihm zur Antwort: „Es heißt aber auch: ‚Du sollst den Herrn, deinen Gott, nicht herausfordern!'[e]" *13* Als der Teufel sah, dass er mit keiner Versuchung zum Ziel kam, ließ er ihn für einige Zeit in Ruhe.

Ein Prophet gilt nichts im Heimatort

14 Jesus kehrte in der Kraft, die ihm der Geist Gottes verlieh, nach Galiläa zurück. Bald sprach man in

---

a 3,38: Dieses Geschlechtsregister unterscheidet sich von dem des Matthäus dadurch, dass es rückwärts läuft und entweder Josefs physischen Stammbaum darstellt oder den von Maria.

b 4,4: 5. Mose 8,3

c 4,8: 5. Mose 6,13

d 4,11: Psalm 91,11-12

e 4,12: 5. Mose 6,16

der ganzen Gegend von ihm. *15* Er lehrte in den Synagogen und wurde von allen hoch geachtet. *16* So kam er auch nach Nazaret, wo er aufgewachsen war. Wie gewöhnlich ging er am Sabbat in die Synagoge. Als er zum Vorlesen aufstand, *17* reichte man ihm die Schriftrolle des Propheten Jesaja. Er rollte sie auf und fand die Stelle, wo es heißt: *18* „Der Geist des Herrn ruht auf mir, weil er mich gesalbt hat. Er hat mich gesandt, den Armen gute Botschaft zu bringen, den Gefangenen ihre Freilassung zu verkünden, den Blinden zu sagen, dass sie sehend werden, den Unterdrückten die Freiheit zu bringen *19* und ein Jahr der Gnade des Herrn auszurufen.“ᶠ *20* Er rollte das Buch zusammen, gab es dem Synagogendiener zurück und setzte sich. Alle in der Synagoge sahen ihn erwartungsvoll an. *21* „Heute ist dieses Schriftwort, das ihr eben gehört habt, in Erfüllung gegangen“, fing er an. *22* Seine Zuhörer waren beeindruckt und wunderten sich zugleich über die Worte, die ihm geschenkt wurden. „Ist das nicht der Sohn von Josef?“, fragten sie. *23* Da sagte er zu ihnen: „Sicher werdet ihr mir jetzt mit dem Sprichwort kommen: ‚Arzt, hilf dir selbst!‘ und denken: ‚Du musst auch hier bei dir, in deiner Vaterstadt, das tun, was wir von Kafarnaumᵍ gehört haben.‘ *24* Aber ihr wisst doch, dass ein Prophet in seinem Heimatort nichts gilt. *25* Und es ist auch wahr, dass es zur Zeit des Propheten Elija viele Witwen in Israel gab, damals, als es drei Jahre und sechs Monate lang nicht regnete und im ganzen Land eine große Hungersnot herrschte. *26* Trotzdem wurde Elija zu keiner von ihnen geschickt, sondern zu einer Witwe in Sareptaʰ, im Gebiet von Sidon. *27* Und viele Aussätzige gab es zur Zeit des Propheten Elischa in Israel, aber keiner von ihnen wurde geheilt, nur der Syrer Naaman.“ *28* Als sie das hörten, gerieten alle in der Synagoge in Wut. *29* Sie sprangen auf, zerrten Jesus zur Stadt hinaus und führten ihn bis zum Abhang des Berges, auf dem ihre Stadt erbaut war; dort wollten sie ihn hinabstürzen. *30* Aber Jesus schritt mitten durch die Menge hindurch und zog weg.

Erstaunen in Kafarnaum

31 Er ging dann nach Kafarnaum hinab, das ist eine Stadt in Galiläa, und sprach dort am Sabbat zu den Menschen. *32* Seine Lehre wühlte sie auf, denn er redete mit Vollmacht. *33* Es gab auch einen Mann in der Synagoge, der von einem bösen Geist, einem Dämon, besessen war. Der fing plötzlich laut zu schreien an: *34* „Was willst du von uns, Jesus von Nazaret? Bist du hergekommen, um uns zu vernichten? Ich weiß genau, wer du bist:

---

f 4,19: Jesaja 61,1-2; 3. Mose 25,10.

g 4,23: *Kafarnaum*. Der Ort am See Gennesaret war von Nazaret etwa 50 km entfernt und lag 560 Meter tiefer (etwa 210 Meter unter dem Meeresspiegel).

h 4,26: *Sarepta* oder *Zarpat* (1. Könige 17). Phönizischer Ort im heutigen Libanon, 13 km südlich von Sidon, also im heidnischen Ausland. Elija half der Witwe in einer Hungersnot und erweckte ihren Sohn vom Tod.

der Heilige Gottes." *35* „Schweig!", herrschte Jesus ihn an. „Verlass ihn sofort!" Da warf der Dämon den Mann mitten unter ihnen zu Boden, verließ ihn aber, ohne ihm weiter zu schaden. *36* Die Leute erschraken sehr und sagten zueinander: „Was für ein Wort! Welche Vollmacht und Kraft! Er befiehlt den bösen Geistern und sie fahren tatsächlich aus." *37* Bald sprach man in der ganzen Gegend von ihm.

38 Nachdem er die Synagoge verlassen hatte, ging Jesus in das Haus Simons. Dessen Schwiegermutter war von einem heftigen Fieber befallen und man bat ihn, ihr zu helfen. *39* Er trat an ihr Bett und bedrohte das Fieber. Es verschwand sofort. Gleich stand sie auf und bediente ihre Gäste.

40 Als die Sonne unterging, brachten die Leute ihre Kranken zu Jesus – Menschen mit den verschiedensten Leiden. Jedem von ihnen legte er die Hände auf und heilte sie. *41* Von vielen fuhren auch Dämonen aus und schrien: „Du bist der Sohn Gottes!" Aber Jesus herrschte sie an und verbot ihnen, weiterzureden, weil sie wussten, dass er der Messias war.

42 Bei Tagesanbruch ging er aus dem Haus fort an eine einsame Stelle. Doch die Leute suchten ihn, bis sie ihn gefunden hatten. Sie wollten ihn festhalten und verhindern, dass er von ihnen wegging. *43* Aber er sagte zu ihnen: „Ich muss auch den anderen Städten die gute Botschaft vom Reich Gottes verkündigen, denn dazu hat Gott mich gesandt." *44* So predigte er in allen Synagogen des Landes.

Die ersten Jünger

5 *1* Eines Tages stand Jesus am Ufer des Sees Gennesaret. Die Menschen drängten sich um ihn und wollten das Wort Gottes hören. *2* Da bemerkte er zwei Boote am Ufer. Die Fischer waren ausgestiegen und reinigten ihre Netze. *3* Jesus stieg in eins der Boote, das Simon gehörte, und bat ihn, ein Stück auf den See hinauszufahren. So konnte er sich setzen und die Menge vom Boot aus unterweisen. *4* Als er aufgehört hatte zu reden, sagte er zu Simon: „Fahr hinaus auf den See und wirf mit deinen Leuten die Netze zum Fang aus!" *5* „Aber Rabbi", wandte Simon ein, „wir haben die ganze Nacht geschuftet und nichts gefangen. Doch weil du es sagst, will ich die Netze noch einmal auswerfen." *6* Als sie es dann getan hatten, umschlossen sie eine solche Menge Fische, dass die Netze zu reißen begannen. *7* Deshalb winkten sie ihren Mitarbeitern im anderen Boot, sie sollten kommen und ihnen helfen. Zusammen füllten sie beide Boote bis zum Rand, so dass sie fast sanken. *8* Als Simon Petrus das sah, kniete er sich vor Jesus hin und sagte: „Herr, geh weg von mir! Ich bin ein sündiger Mensch!" *9* Denn er und seine Begleiter waren tief erschrocken, weil sie einen solchen Fang gemacht hatten. *10* Und genauso ging es Jakobus und Johannes, den Söhnen von Zebedäus, die mit Simon zusammenarbeiteten. Doch Jesus sagte zu Simon: „Du musst dich nicht fürchten. Von jetzt an wirst du ein Menschenfischer sein." *11* Dann zogen sie die Boote an Land, ließen alles zurück und folgten Jesus.

Ein Beweis für die Priester

12 In einer der Städte war ein Mann, der am ganzen Körper Aussatz[a] hatte. Als der Jesus sah, warf er sich vor ihm nieder, beugte das Gesicht zur Erde und bat ihn flehentlich: „Herr, wenn du willst, kannst du mich rein machen." *13* Da berührte Jesus ihn mit seiner Hand und sagte: „Ich will es, sei rein!" Sofort verschwand der Aussatz. *14* Jesus verbot dem Geheilten, mit jemand darüber zu sprechen. „Geh stattdessen zum Priester", sagte er, „zeig dich ihm und bring das Opfer für deine Reinigung, wie Mose es angeordnet hat. Das soll ein Beweis für sie sein." *15* Doch die Nachricht von Jesus verbreitete sich umso mehr. Die Menschen strömten in Scharen herbei, um ihn zu hören und von ihren Krankheiten geheilt zu werden. *16* Jesus aber zog sich in die Einsamkeit zurück, um zu beten.

Jesus darf Sünden vergeben

17 Eines Tages, als Jesus wieder lehrte, saßen unter den Zuhörern auch Pharisäer[b] und Gesetzeslehrer. Sie waren aus allen Dörfern Galiläas, aus Judäa und Jerusalem gekommen. Und die Kraft des Herrn drängte Jesus zu heilen. *18* Da brachten einige Männer einen Gelähmten auf einer Trage herbei. Sie wollten ihn ins Haus hineintragen und vor Jesus hinlegen. *19* Weil sie aber wegen des Gedränges der Leute keinen Weg fanden, wie sie ihn hineinbringen sollten, stiegen sie aufs Dach, deckten einige Ziegel ab und ließen die Trage mit dem Kranken mitten unter sie hinunter, genau vor Jesus. *20* Als Jesus ihren Glauben sah, sagte er zu dem Mann: „Deine Sünden sind dir vergeben." *21* Die Gesetzeslehrer und Pharisäer fragten sich empört: „Was bildet der sich ein? Das ist ja Gotteslästerung! Niemand kann Sünden vergeben außer Gott!" *22* Jesus wusste, was sie dachten, und fragte sie: „Was macht ihr euch da für Gedanken? *23* Was ist leichter – zu sagen: ‚Deine Sünden sind dir vergeben', oder: ‚Steh auf und geh!'? *24* Doch ihr sollt sehen, dass der Menschensohn[c] die Vollmacht hat, hier auf der Erde Sünden zu vergeben!" Dann wandte er sich zu dem Gelähmten und sagte: „Ich befehle dir: Steh auf, nimm deine Trage und geh nach Hause!" *25* Sofort stand der Mann auf, nahm vor aller Augen die Trage, auf der er gelegen hatte, und ging nach Hause. Dabei pries er Gott unaufhörlich. *26* Alle gerieten außer sich, lobten Gott und sagten voller Furcht: „Unglaubliches haben wir heute gesehen."

Neuer Wein in neue Schläuche

27 Später, als Jesus die Stadt verließ, sah er am Zollhaus einen Steuereinnehmer sitzen. Er hieß Levi. Jesus sagte zu ihm: „Komm, folge mir!"

---

a 5,12: *Aussatz*. Bezeichnung für rasch um sich greifende Hautkrankheiten, Lepra eingeschlossen.

b 5,17: *Pharisäer*. Religionspartei, die auf genaue Einhaltung der Gesetze und Überlieferungen Wert legte.

c 5,24: *Menschensohn* ist eine von Jesus bevorzugte Selbstbezeichnung. Er knüpft damit an Daniel 7,13 an, wo der zukünftige Herrscher des Gottesreiches angekündigt wird.

28 Ohne zu zögern stand er auf und folgte Jesus. Er ließ alles zurück. 29 Später gab er Jesus zu Ehren ein großes Festessen in seinem Haus und lud dazu noch viele Zolleinnehmer und andere Leute mit zweifelhaftem Ruf ein. 30 Aber die Pharisäer und die Gesetzeslehrer, die zu ihrer Partei gehörten, sagten ärgerlich zu den Jüngern von Jesus: „Wie könnt ihr nur mit Steuereintreibern und diesem Gesindel zusammen essen und trinken!" 31 Da griff Jesus ein und gab ihnen zur Antwort: „Nicht die Gesunden brauchen den Arzt, sondern die Kranken. 32 Ich bin nicht gekommen, um Gerechten zu sagen, dass sie ihre Einstellung ändern müssen, sondern Sündern." 33 Daraufhin sagten sie zu Jesus: „Die Jünger des Johannes fasten oft und beten viel. Die der Pharisäer tun das auch, aber deine Jünger essen und trinken." 34 Jesus erwiderte: „Könnt ihr die Hochzeitsgäste denn fasten lassen, wenn der Bräutigam bei ihnen ist? 35 Die Zeit kommt früh genug, dass der Bräutigam ihnen entrissen wird; dann werden sie fasten."

36 Er machte es ihnen auch noch mit einem Vergleich deutlich: „Niemand schneidet ein Stück Stoff aus einem neuen Kleid, um damit ein altes zu flicken. Dann hätte er das neue Kleid zerschnitten und das Stück würde ja auch nicht zu dem alten passen. 37 Und niemand füllt jungen Wein, der noch gärt, in alte Weinschläuche. Der Wein würde die Schläuche zerreißen und auslaufen. So wären Wein und Schläuche verdorben. 38 Nein, jungen Wein füllt man in neue Schläuche!

39 Aber niemand, der alten Wein getrunken hat, will anschließend neuen. ‚Der alte ist besser', wird er sagen."

Herr über den Sabbat

6 1 An einem Sabbat ging Jesus durch Kornfelder. Seine Jünger rupften unterwegs Ähren ab, zerrieben sie mit den Händen und aßen die Körner. 2 Da sagten einige Pharisäer zu ihnen: „Was tut ihr da? Das ist doch am Sabbat nicht erlaubt!"[a] 3 Jesus entgegnete: „Habt ihr denn nie gelesen, was David getan hat, als er und seine Begleiter hungrig waren? 4 Wie er ins Haus Gottes ging und von den geweihten Broten aß, die nach dem Gesetz doch nur die Priester essen dürfen, und dass er auch seinen Begleitern davon gab?" 5 Und Jesus fügte hinzu: „Der Menschensohn kann auch über den Sabbat bestimmen!"

6 An einem anderen Sabbat, als Jesus in die Synagoge ging und zu den Menschen sprach, saß dort ein Mann, dessen rechte Hand gelähmt war. 7 Die Gesetzeslehrer und die Pharisäer passten genau auf, ob er ihn am Sabbat heilen würde, denn sie wollten einen Grund finden, ihn anzuklagen. 8 Jesus wusste, was sie dachten, und sagte deshalb zu dem Mann mit der gelähmten Hand: „Steh auf und stell dich in die Mitte!" Der Mann stand auf und trat vor. 9 Dann fragte Jesus die Anwesenden: „Soll man am Sabbat Gutes tun oder Böses? Soll man ein Leben retten oder es zugrunde

---

a 6,2: *nicht erlaubt.* Sie fassten das als „ernten" auf, was als Arbeit am Sabbat verboten war.

gehen lassen?" *10* Er sah sie der Reihe nach an und befahl dem Mann: „Streck die Hand aus!" Der gehorchte und seine Hand war geheilt. *11* Da wurden sie von sinnloser Wut gepackt und berieten miteinander, was sie gegen ihn unternehmen könnten.

Auswahl der Zwölf

12 Damals zog Jesus sich auf einen Berg zurück, um zu beten. Er betete die ganze Nacht. *13* Als es Tag wurde, rief er seine Jünger herbei und wählte zwölf von ihnen aus. Er nannte sie Apostel. *14* Es waren: Simon, dem er den Namen Petrus gab, und Andreas, sein Bruder, Jakobus und Johannes, Philippus und Bartholomäus, *15* Matthäus, Thomas und Jakobus Ben-Alphäus, Simon, der zu den Zeloten[b] gehört hatte, *16* Judas Ben-Jakobus und Judas, der ein Sikarier[c] gewesen war und ihn später verraten hat.

Die Bergpredigt

17 Mit ihnen stieg Jesus den Berg hinunter bis zu einem ebenen Platz, wo sich eine große Schar seiner Jünger versammelt hatte. Sie hatten zusammen mit einer großen Menschenmenge aus ganz Judäa, aus Jerusalem und dem Küstengebiet von Tyrus und Sidon[d] auf ihn gewartet *18* und waren gekommen, um ihn zu hören und von ihren Krankheiten geheilt zu werden. Auch Menschen, die von bösen Geistern geplagt waren, wurden geheilt. *19* Alle versuchten, ihn zu berühren, denn es ging eine Kraft von ihm aus, die alle gesund machte.

20 Jesus sah seine Jünger an und sagte:

„Wie beneidenswert glücklich seid ihr Armen, / denn euch gehört das Reich Gottes! *21* Wie glücklich seid ihr, die ihr jetzt hungert, / denn Gott wird euch satt machen! / Wie glücklich seid ihr, die ihr jetzt weint, / denn ihr werdet lachen!

22 Wie glücklich seid ihr, wenn die Menschen euch hassen, wenn sie euch ausstoßen und euren Namen in den Schmutz ziehen, weil ihr zum Menschensohn gehört! *23* Freut euch, wenn das geschieht, springt vor Freude! Denn im Himmel wartet eine große Belohnung auf euch. Mit den Propheten haben ihre Vorfahren es nämlich genauso gemacht.

24 Aber weh euch, ihr Reichen, / denn ihr habt euren Anteil schon kassiert! *25* Weh euch, ihr Satten, / denn ihr werdet hungern! / Weh euch, ihr Lachenden, / denn ihr werdet trauern und weinen! *26* Und weh euch, wenn alle Menschen gut von euch

---

b 6,15: *Zeloten.* Jüdische Partei der „Eiferer", die aktiven Widerstand gegen die Römer leistete, es ablehnte, Steuern zu zahlen, und das messianische Reich mit Gewalt herbeizwingen wollte.

c 6,16: *Sikarier.* Die militanteste Gruppe unter den Zeloten, Dolchmänner (von *sika* = Dolch), die römerfreundliche Juden umbrachten (siehe Apostelgeschichte 21,38).

d 6,17: *Tyrus und Sidon.* Phönizische Städte am Mittelmeer, etwa 60 und 90 km nordwestlich vom See Gennesaret.

reden, / denn genauso haben es ihre Vorfahren mit den falschen Propheten gemacht."

27 „Doch euch, die ihr mir wirklich zuhört, sage ich: Liebt eure Feinde, tut denen Gutes, die euch hassen! 28 Segnet die, die euch verfluchen! Betet für die, die euch beleidigen! 29 Schlägt dir jemand ins Gesicht, dann halt ihm auch die andere Wange hin! Wenn jemand deinen Umhang[a] will, dann lass ihm auch das Hemd! 30 Gib jedem, der dich bittet! Und wenn dir etwas weggenommen wird, dann versuche nicht, es wiederzubekommen! 31 Behandelt alle Menschen so, wie ihr von ihnen behandelt werden wollt!

32 Wenn ihr nur die liebt, die euch lieben, welche Anerkennung habt ihr wohl dafür verdient? Denn so handeln auch die Sünder. 33 Und wenn ihr nur denen Gutes tut, die euch Gutes tun, welche Anerkennung habt ihr dafür verdient? Denn das tun auch die Sünder. 34 Und wenn ihr nur denen etwas leiht, von denen ihr es sicher zurückbekommt, welche Anerkennung verdient ihr dafür? Auch die Sünder leihen Sündern in der Hoffnung, alles wiederzubekommen. 35 Ihr aber sollt gerade eure Feinde lieben! Ihr sollt Gutes tun, ihr sollt leihen und euch keine Sorgen darüber machen, ob ihr es wiederbekommt. Dann wartet

eine große Belohnung auf euch und ihr handelt als Kinder des Höchsten. Denn er ist auch gütig gegen die Undankbaren und Bösen. 36 Seid barmherzig, wie euer Vater barmherzig ist!

37 Richtet nicht, dann werdet auch ihr nicht gerichtet werden! Verurteilt niemand, dann werdet auch ihr nicht verurteilt! Sprecht frei, dann werdet auch ihr freigesprochen werden! 38 Gebt, und es wird euch gegeben: Ein volles, gedrücktes, gerütteltes und überlaufendes Maß wird man euch in den Schoß schütten. Denn das Maß, mit dem ihr bei anderen messt, wird auch für euch verwendet werden."

39 Er machte es noch an einigen Vergleichen deutlich: „Kann denn ein Blinder einen Blinden führen? Werden nicht beide in die nächste Grube fallen? 40 Ein Jünger ist doch nicht besser als sein Lehrer. Erst wenn er alles von ihm gelernt hat, wird er so weit sein wie dieser. 41 Was kümmerst du dich um den Splitter im Auge deines Bruders, bemerkst aber den Balken in deinem eigenen Auge nicht? 42 Wie kannst du zu deinem Bruder sagen: ,Halt still, ich will dir den Splitter aus dem Auge ziehen!' – siehst aber den Balken in deinem eigenen Auge nicht? Du Heuchler! Zieh zuerst den Balken aus deinem Auge! Dann wirst du klar sehen und den Splitter aus dem Auge deines Bruders ziehen können. 43 Ein guter Baum trägt keine schlechten Früchte und ein schlechter Baum keine guten. 44 Einen Baum erkennt man an seinen Früchten. Von Dornen pflückt man keine Feigen und von Gestrüpp kann man keine Weintrauben ernten. 45 Ein guter Mensch bringt Gutes hervor, weil er in seinem Herzen gut ist.

---

a 6,29: *Umhang* oder *Mantel*. Großes quadratisches Stück festen Stoffs, das über dem Untergewand (eine Art Hemd, das bis zu den Knien reichte) getragen wurde. Man konnte auch Gegenstände darin tragen, und die Armen, z. B. Hirten, wickelten sich nachts darin ein.

Ein böser Mensch bringt Böses hervor, weil sein Herz mit Bösem erfüllt ist. Dein Reden ist von dem bestimmt, was in deinem Herzen ist.

46 Was nennt ihr mich immerzu ‚Herr', wenn ihr doch nicht tut, was ich sage? 47 Ich will euch zeigen, mit wem ich den vergleiche, der zu mir kommt, auf meine Worte hört und tut, was ich sage: 48 Er gleicht einem Mann, der ein Haus baut und dabei so tief ausschachtet, dass er das Fundament auf Felsengrund legen kann. Wenn dann das Hochwasser kommt und die Flut gegen das Haus drückt, bleibt es stehen, denn es ist gut gegründet. 49 Doch wer meine Worte hört und sich nicht danach richtet, ist wie ein Mann, der sein Haus ohne Fundament einfach auf die Erde setzt. Wenn dann die Flut gegen das Haus drückt, stürzt es in sich zusammen und wird völlig zerstört."

Ein frommer Hauptmann und sein Sklave

7 1 Nachdem Jesus das alles vor dem Volk gesagt hatte, ging er nach Kafarnaum. 2 Der dort stationierte Hauptmann hatte einen Diener, der ihm viel bedeutete; dieser war schwer krank und lag im Sterben. 3 Als der Hauptmann von Jesus hörte, schickte er einige von den jüdischen Ältesten zu ihm. Sie sollten ihn bitten, zu kommen und seinem Diener das Leben zu retten. 4 Die Männer kamen zu Jesus und baten ihn inständig. „Er verdient es, dass du ihm diese Bitte erfüllst", sagten sie. 5 „Er liebt unser Volk und hat uns sogar die Synagoge gebaut." 6 Jesus ging mit ihnen. Als er nicht mehr weit vom Haus entfernt

war, schickte der Hauptmann einige seiner Freunde zu ihm und ließ ihm sagen: „Herr, bemühe dich nicht! Ich bin es nicht wert, dass du unter mein Dach kommst. 7 Deshalb bin ich auch nicht persönlich zu dir gekommen. Sprich nur ein Wort und mein Diener wird gesund. 8 Ich unterstehe ja auch dem Befehl von Vorgesetzten und habe meinerseits Soldaten unter mir. Sage ich zu einem von ihnen: ‚Geh!', dann geht er, und zu einem anderen: ‚Komm!', dann kommt er. Und wenn ich zu meinem Diener sage: ‚Tu das!', dann tut er es." 9 Jesus war sehr erstaunt, das zu hören. Er drehte sich um und sagte zu der Menschenmenge, die ihm folgte: „Ich versichere euch: Solch einen Glauben habe ich in ganz Israel nicht gefunden." 10 Als die Freunde des Hauptmanns in dessen Haus zurückkamen, war der Diener gesund.

Eine Witwe und ihr einziger Sohn

11 Einige Zeit später ging er, begleitet von seinen Jüngern und einer großen Menschenmenge, nach Naïn[b]. 12 Als er sich dem Stadttor näherte, kam ihm ein Trauerzug entgegen. Der Tote war der einzige Sohn einer Witwe gewesen. Viele Menschen aus der Stadt begleiteten die Mutter. 13 Als der Herr die Witwe sah, wurde er von tiefem Mitgefühl ergriffen. „Weine nicht!", sagte er zu ihr. 14 Dann trat er an die Bahre und berührte sie. Die Träger blieben stehen. „Junger Mann, ich befehle dir, steh auf!", sagte er zu dem Toten. 15 Da setzte sich der Tote

---

b 7,11: *Naïn*. Kleiner galiläischer Ort, 8 km südöstlich von Nazaret.

auf und fing an zu reden, und Jesus gab ihn seiner Mutter zurück. *16* Alle wurden von Angst und Ehrfurcht gepackt. Sie priesen Gott und sagten: „Ein großer Prophet ist unter uns aufgetreten. Heute hat Gott sein Volk besucht." *17* Die Nachricht von dem, was Jesus getan hatte, verbreitete sich im ganzen jüdischen Land und darüber hinaus.

Der Täufer und seine Fragen

18 Durch seine Jünger erfuhr auch Johannes der Täufer von diesen Dingen. *19* Er rief zwei von ihnen zu sich, schickte sie zum Herrn und ließ ihn fragen: „Bist du wirklich der, der kommen soll, oder müssen wir auf einen anderen warten?" *20* Die beiden Männer kamen zu Jesus und sagten: „Johannes der Täufer hat uns zu dir geschickt und lässt dich fragen: ‚Bist du wirklich der, der kommen soll, oder müssen wir auf einen anderen warten?'" *21* Während sie bei ihm waren, heilte Jesus gerade viele Kranke und Leidende und von bösen Geistern Geplagte, und vielen Blinden schenkte er das Augenlicht. *22* Jesus gab ihnen zur Antwort: „Geht zu Johannes und berichtet ihm, was ihr gesehen und gehört habt: Blinde sehen, Lahme gehen, Aussätzige werden rein, Taube hören, Tote werden auferweckt, Armen wird gute Botschaft verkündigt. *23* Und glücklich ist der zu nennen, der nicht an mir irre wird."

24 Als die Boten gegangen waren, wandte sich Jesus an die Menge und fing an, über Johannes zu sprechen: „Was wolltet ihr eigentlich sehen, als ihr in die Wüste hinausgezogen seid? Ein Schilfrohr vielleicht, das vom Wind hin und her bewegt wird? *25* Oder was wolltet ihr sonst dort draußen sehen? Einen fein angezogenen Mann? Nein, Leute mit teuren Kleidern und Luxus findet man in den Königspalästen. *26* Aber was wolltet ihr dann dort draußen sehen? Einen Propheten? Ja, ich versichere euch: Ihr habt mehr als einen Propheten gesehen. *27* Johannes ist der, von dem es in der Heiligen Schrift heißt: ‚Ich sende meinen Boten vor dir her. Er wird dein Wegbereiter sein.'ª *28* Ich sage euch: Unter allen Menschen, die je geboren wurden, gibt es keinen Größeren als Johannes den Täufer. Und doch ist der Kleinste im Reich Gottes größer als er. *29* Alle, die ihm zugehört hatten – selbst die Zöllner –, unterwarfen sich dem Urteil Gottes und ließen sich von Johannes taufen. *30* Doch die Pharisäer und Gesetzeslehrer lehnten Gottes Plan zu ihrer Rettung hochmütig ab und ließen sich nicht taufen.

31 Mit wem soll ich die Menschen dieser Generation nur vergleichen? Welches Bild trifft auf sie zu? *32* Sie sind wie Kinder, die auf dem Markt herumsitzen und sich gegenseitig zurufen: ‚Wir haben euch auf der Flöte Hochzeitslieder gespielt, aber ihr habt nicht getanzt; wir haben euch Klagelieder gesungen, aber ihr habt nicht geweint.' *33* Als Johannes der Täufer kam, der fastete und keinen Wein trank, sagtet ihr: ‚Er ist von einem Dämon besessen.' *34* Als der Menschensohn kam, der ganz normal isst und trinkt, sagtet ihr: ‚Seht, was für ein Schlemmer und Säufer, dieser Freund von Zöllnern

---

a 7,27: Maleachi 3,1

und Sündern!' 35 Und doch bestätigt sich die Weisheit Gottes im Werk von beiden – für die, die sie annehmen."

Die Hure und der Pharisäer

36 Ein Pharisäer hatte Jesus zum Essen eingeladen. Jesus war in sein Haus gekommen und hatte sich zu Tisch gelegt.[b] 37 In dieser Stadt lebte auch eine Frau, die für ihren unmoralischen Lebenswandel bekannt war. Als sie erfahren hatte, dass Jesus im Haus des Pharisäers zu Gast war, nahm sie ein Alabastergefäß[c] voll Salböl und ging dorthin. 38 Sie trat an das Fußende des Liegepolsters, auf dem Jesus sich ausgestreckt hatte, kniete sich hin und fing so sehr zu weinen an, dass ihre Tränen seine Füße benetzten. Sie trocknete sie dann mit ihren Haaren ab, küsste sie immer wieder und salbte sie mit dem Öl.

39 Als der Pharisäer, der Jesus eingeladen hatte, das sah, sagte er sich: „Wenn der wirklich ein Prophet wäre, würde er doch merken, was für eine Frau das ist, die ihn da berührt. Er müsste doch wissen, dass das eine Sünderin ist." 40 „Simon, ich habe dir etwas zu sagen", sprach Jesus da seinen Gastgeber an. „Sprich, Rabbi", sagte dieser. 41 Jesus begann: „Zwei Männer hatten Schulden bei einem Geldverleiher. Der eine schuldete ihm fünfhundert Denare[d], der andere fünfzig. 42 Doch keiner von ihnen konnte ihm das Geld zurückzahlen. Da erließ er es beiden. Was meinst du, wer von beiden wird wohl dankbarer sein?" 43 „Ich nehme an, der, dem die größere Schuld erlassen wurde", antwortete Simon. „Richtig!", sagte Jesus 44 zu Simon und drehte sich zu der Frau um. „Siehst du diese Frau? Ich bin in dein Haus gekommen, und du hast mir nicht einmal Wasser angeboten, dass ich den Staub von meinen Füßen waschen konnte. Doch sie hat meine Füße mit ihren Tränen gewaschen und mit ihren Haaren getrocknet. 45 Du hast mir keinen Begrüßungskuss gegeben, aber sie hat gar nicht aufgehört, mir die Füße zu küssen, seit ich hier bin. 46 Du hast mir den Kopf nicht einmal mit gewöhnlichem Öl gesalbt, aber sie hat meine Füße mit teurem Balsam eingerieben. 47 Ich kann dir sagen, woher das kommt: Ihre vielen Sünden sind ihr vergeben worden, darum hat sie mir viel Liebe erwiesen. Wem wenig vergeben wird, der zeigt auch wenig Liebe." 48 Dann sagte er zu der Frau: „Ja, deine Sünden sind dir vergeben!"

49 Die anderen Gäste fragten sich: „Für wen hält der sich eigentlich, dass er auch Sünden vergibt?" 50 Doch Jesus sagte zu der Frau: „Dein Glaube hat dich gerettet. Geh in Frieden!"

---

b 7,36: *zu Tisch gelegt.* Bei festlichen Anlässen lag man auf Polstern, die um einen niedrigen Tisch in der Mitte gruppiert waren. Man stützte sich auf den linken Ellbogen und langte mit der rechten Hand zu. Die Füße waren nach hinten vom Tisch weg ausgestreckt.

c 7,37: *Alabaster* ist ein marmorähnlicher Gips, der sich leicht bearbeiten und gut polieren ließ. Er wurde deshalb gern zu henkellosen Gefäßen für Salben verarbeitet.

d 7,41: Ein *Denar* entsprach einem vollen Tageslohn.

Das Gleichnis von der Saat

8 *1* In der folgenden Zeit zog Jesus durch viele Städte und Dörfer und verkündigte überall die gute Botschaft vom Reich Gottes. Begleitet wurde er von den zwölf Jüngern *2* und von einigen Frauen, die er von bösen Geistern befreit und von Krankheiten geheilt hatte. Es waren Maria aus Magdala[a], aus der er sieben Dämonen ausgetrieben hatte, *3* Johanna, die Frau Chuzas, eines hohen Beamten von Herodes Antipas, und Susanna und viele andere. All diese Frauen dienten Jesus und seinen Jüngern mit ihrem Besitz.

4 Einmal hatte sich eine große Menschenmenge um ihn versammelt. Aus allen Orten waren sie herbeigeströmt. Da erzählte er ihnen folgendes Gleichnis: *5* „Ein Bauer ging auf seinen Acker, um zu säen. Beim Ausstreuen fiel ein Teil der Körner auf den Weg. Dort wurden sie zertreten und von den Vögeln aufgefressen. *6* Andere Körner fielen auf felsigen Boden. Sie gingen auf, vertrockneten aber bald, weil sie nicht genug Feuchtigkeit bekamen. *7* Wieder ein anderer Teil fiel mitten unter Disteln, die dann mit der Saat in die Höhe wuchsen und sie erstickten. *8* Ein anderer Teil schließlich fiel auf guten Boden. Die Saat ging auf und brachte hundertfache Frucht." Jesus schloss: „Wer Ohren hat und hören kann, der höre zu!"

9 Die Jünger fragten Jesus später, was er mit diesem Gleichnis sagen wollte. *10* Er sagte: „Euch hat Gott das Geheimnis seines Reiches anvertraut, aber den Außenstehenden wird alles nur in Gleichnissen gesagt, denn ‚sie sollen sehen und doch nichts erkennen, hören und doch nichts verstehen'[b]. *11* Das Gleichnis bedeutet Folgendes: Das Saatgut ist Gottes Wort. *12* Das, was auf den Weg gefallen ist, meint Menschen, die Gottes Botschaft hören. Aber dann kommt der Teufel und nimmt ihnen das gesäte Wort wieder aus dem Herzen weg, sodass sie nicht glauben und deshalb auch nicht gerettet werden. *13* Die Menschen, die dem felsigen Boden entsprechen, hören das Wort und nehmen es freudig auf. Aber sie haben keine Wurzeln. Eine Zeit lang glauben sie, doch wenn eine Zeit der Prüfung kommt, wenden sie sich wieder ab. *14* Andere Menschen entsprechen der Saat, die unter die Disteln fällt. Sie haben die Botschaft gehört, sie aber im Lauf der Zeit von den Sorgen, vom Reichtum und den Genüssen des Lebens ersticken lassen, sodass keine Frucht reifen kann. *15* Die Menschen schließlich, die dem guten Boden gleichen, hören die Botschaft und nehmen sie mit aufrichtigem Herzen bereitwillig auf. Sie halten daran fest, lassen sich nicht entmutigen und bringen durch ihre Ausdauer Frucht.

Wer richtig hört

16 Niemand zündet eine Lampe an und bedeckt sie dann mit einem Gefäß oder stellt sie unters Bett. Im Gegenteil: Man stellt sie auf den Lampenständer, damit die Hereinkommenden Licht haben. *17* Denn alles, was verborgen oder geheim ist, wird

---

a 8,2: *Magdala*. Ort am Westufer des Sees Gennesaret.

b 8,10: Jesaja 6,9

irgendwann ans Licht kommen und bekannt werden. 18 Passt also auf und hört richtig zu! Denn wer hat, dem wird gegeben, wer aber nicht hat, dem wird auch das genommen, was er zu haben meint."

19 Einmal kamen seine Mutter und seine Brüder. Doch wegen der Menschenmenge konnten sie nicht zu ihm durchkommen. 20 Da sagte man ihm: „Deine Mutter und deine Brüder stehen draußen und wollen dich sehen." 21 Doch Jesus erwiderte: „Meine Mutter und meine Brüder sind die, die das Wort Gottes hören und befolgen."

Herr über den Sturm

22 Eines Tages stieg er mit seinen Jüngern in ein Boot und sagte: „Fahren wir ans andere Ufer hinüber!" So fuhren sie ab, 23 und während der Fahrt schlief Jesus ein. Plötzlich kam ein Sturm auf, ein Fallwind von den Bergen. Die Wellen schlugen ins Boot und sie kamen in Gefahr. 24 Die Jünger stürzten zu Jesus, weckten ihn und riefen: „Rabbi, Rabbi, wir sind verloren!" Da stand er auf und bedrohte den Wind und die tosenden Wellen. Da hörten sie auf zu toben und es wurde ganz still. 25 „Wo ist euer Glaube?", fragte Jesus seine Jünger. Doch sie waren sehr erschrocken und sagten erstaunt zueinander: „Wer ist das nur, dass er sogar dem Wind und dem Wasser befehlen kann, und die gehorchen ihm auch?"

Der Besessene

26 Sie kamen in das Gebiet der Gerasener[c] auf der anderen Seite des Sees,

gegenüber von Galiläa. 27 Als er aus dem Boot stieg, rannte ihm ein Mann aus der Stadt entgegen, der von Dämonen besessen war. Er trug schon lange keine Kleidung mehr und hauste abseits von den Häusern in Grabhöhlen. 28 Als er Jesus erblickte, schrie er auf, warf sich vor ihm hin und rief laut: „Was willst du von mir, Jesus, Sohn Gottes, du Sohn des Allerhöchsten? Bitte, quäle mich nicht!" 29 Jesus hatte dem bösen Geist nämlich befohlen, den Mann zu verlassen, den er schon so lange in seiner Gewalt hatte. Wiederholt war der Besessene wie ein Gefangener an Händen und Füßen gefesselt worden, doch jedes Mal hatte er die Ketten zerbrochen, und der Dämon hatte ihn in menschenleere Gegenden getrieben. 30 Nun fragte ihn Jesus: „Wie heißt du?" – „Ich heiße Legion", antwortete der; denn es waren viele Dämonen in ihn gefahren. 31 Diese flehten Jesus an, sie nicht in den Abgrund zu schicken. 32 Nun weidete dort in der Nähe eine große Herde Schweine an einem Berghang. Sie baten ihn, in die Schweine fahren zu dürfen. Er erlaubte es. 33 Da verließen die bösen Geister den Mann und fuhren in die Schweine. Daraufhin raste die ganze Herde den Abhang hinunter in den See und ertrank.

34 Als die Schweinehirten das sahen, liefen sie davon und erzählten in der Stadt und auf den Dörfern alles, was geschehen war. 35 Die Leute

---

c 8,26: *Gebiet der Gerasener.* Südöstlicher Uferstreifen des Sees Gennesaret mit Hafen. Das Gebiet gehörte zu Gadara, die als mächtigste Stadt im Zehnstädtegebiet selbst Kriegsschiffe auf dem See unterhielt.

wollten das mit eigenen Augen sehen und machten sich auf den Weg. Als sie zu Jesus kamen, sahen sie den Mann, aus dem die bösen Geister ausgefahren waren, bekleidet und vernünftig bei ihm sitzen. Sie bekamen es mit der Angst zu tun, *36* und die Augenzeugen berichteten ihnen, wie der Besessene geheilt worden war. *37* Daraufhin drängte die ganze Menge der Gerasener Jesus, ihr Gebiet zu verlassen, so sehr hatte die Angst sie gepackt. Jesus stieg ins Boot, um wieder zurückzufahren. *38* Da bat ihn der Mann, aus dem die Dämonen ausgefahren waren, bei ihm bleiben zu dürfen. Doch er schickte ihn weg und sagte: *39* „Geh nach Hause und erzähle, wie viel Gott an dir getan hat!" Der Mann gehorchte und verbreitete in der ganzen Stadt, was Jesus an ihm getan hatte.

Jesus heilt, weil Menschen glauben

40 Als Jesus ans andere Ufer zurückkam, empfing ihn eine große Menschenmenge, denn sie hatten auf ihn gewartet. *41* Da kam ein Synagogenvorsteher zu ihm, namens Jaïrus. Er warf sich vor ihm nieder und bat ihn, in sein Haus zu kommen, *42* weil seine einzige Tochter, ein Mädchen von zwölf Jahren, im Sterben lag.

Auf dem Weg dorthin drängte sich die Menge um Jesus. *43* Darunter war auch eine Frau, die seit zwölf Jahren an starken Blutungen litt. Ihr ganzes Vermögen hatte sie für die Ärzte aufgewendet, doch niemand hatte sie heilen können. *44* Sie kam von hinten heran und berührte einen Zipfel seines Gewandes. Sofort hörte die Blutung auf. *45* „Wer hat mich berührt?",

fragte Jesus. Doch niemand wollte es gewesen sein. Petrus sagte: „Rabbi, die Menge drängt und drückt dich von allen Seiten!" *46* Doch Jesus bestand darauf: „Es hat mich jemand angerührt, denn ich habe gespürt, dass eine Kraft von mir ausgegangen ist." *47* Als die Frau sah, dass sie nicht verborgen bleiben konnte, fiel sie zitternd vor Jesus nieder. Vor allen Leuten erklärte sie, warum sie ihn berührt hatte und dass sie im selben Augenblick geheilt worden war. *48* „Meine Tochter", sagte Jesus da zu ihr, „dein Glaube hat dich gerettet. Geh in Frieden!"

49 Während Jesus noch mit ihr sprach, kam jemand aus dem Haus des Synagogenvorstehers und sagte zu Jaïrus: „Deine Tochter ist gestorben. Du brauchst den Rabbi nicht weiter zu bemühen." *50* Jesus hörte es und sagte zu dem Vorsteher: „Hab keine Angst! Vertrau mir, dann wird sie gerettet werden!" *51* Er ging in das Haus, erlaubte aber niemand, ihn zu begleiten, außer Petrus, Johannes und Jakobus und den Eltern des Kindes. *52* Das ganze Haus war voller Menschen, die laut weinten und das Mädchen beklagten. „Hört auf zu weinen!", sagte Jesus zu ihnen. „Das Kind ist nicht tot, es schläft nur." *53* Da lachten sie ihn aus, denn sie wussten, dass es gestorben war. *54* Doch Jesus fasste es bei der Hand und rief: „Kind, steh auf!" *55* Da kehrte Leben in das Mädchen zurück und es stand gleich auf. Jesus ordnete an, ihr etwas zu essen zu geben. *56* Die Eltern konnten kaum fassen, was da geschehen war, aber Jesus verbot ihnen, anderen davon zu erzählen.

Aussendung der Zwölf

9 *1* Jesus rief die Zwölf zusammen und gab ihnen Kraft und Vollmacht, alle bösen Geister auszutreiben und die Kranken zu heilen. *2* Er beauftragte sie, die Botschaft von Gottes Herrschaft zu verkündigen und die Kranken gesund zu machen. *3* „Nehmt nichts mit auf den Weg", sagte er ihnen, „keinen Wanderstab, keine Vorratstasche, kein Brot, kein Geld und auch nicht zwei Hemden! *4* Wenn ihr in ein Haus aufgenommen werdet, dann bleibt dort, bis ihr den Ort wieder verlasst. *5* Und wenn ihr in einen Ort kommt, wo die Leute euch nicht aufnehmen wollen, dann zieht gleich weiter und schüttelt den Staub von euren Füßen ab, um ihnen deutlich zu machen, dass das Gericht auf sie wartet." *6* Die Zwölf machten sich auf den Weg und zogen von Dorf zu Dorf. Sie verkündigten die gute Botschaft und heilten überall die Kranken.

Herodes fragt nach Jesus

7 Herodes Antipas, der Fürst[a] von Galiläa, hörte von diesen Dingen. Er wusste nicht, was er davon halten sollte. Denn die einen sagten: „Johannes der Täufer ist von den Toten auferweckt worden", *8* andere meinten: „Elija ist wieder erschienen." Wieder andere sagten: „Einer der früheren Propheten ist wieder auferstanden." *9* Herodes sagte: „Johannes habe ich

enthaupten lassen. Aber wer ist das, von dem ich solche Dinge höre?" Und er wollte ihn unbedingt sehen.

Fünftausend Menschen werden satt

10 Die Apostel kamen dann wieder zu Jesus zurück und berichteten ihm alles, was sie getan hatten. Da nahm er sie mit und zog sich mit ihnen allein in die Nähe der Stadt Betsaida[b] zurück. *11* Als die Leute das merkten, folgten sie ihm in Scharen. Jesus wies die Menschen nicht ab, sondern redete zu ihnen über das Reich Gottes. Und alle, die Heilung brauchten, machte er gesund. *12* Als es auf den Abend zuging, kamen die Zwölf zu ihm und sagten: „Schick die Leute weg, damit sie sich in den umliegenden Bauernhöfen und Dörfern etwas zu essen kaufen und übernachten können, denn wir sind hier an einem einsamen Fleck." *13* Aber Jesus erwiderte: „Gebt ihr ihnen doch zu essen!" – „Wir haben aber nicht mehr als fünf Fladenbrote und zwei Fische", entgegneten sie. „Sollen wir wirklich losgehen und für dieses ganze Volk Essen kaufen?" *14* Es waren etwa 5000 Männer dort. Jesus sagte zu seinen Jüngern: „Sorgt dafür, dass die Leute sich hinsetzen. Sie sollen Gruppen zu je fünfzig Personen bilden!" *15* Das taten die Jünger. Und als sich alle gesetzt hatten, *16* nahm Jesus die fünf Brote und die zwei Fische in die Hand. Er blickte zum Himmel auf und dankte Gott dafür. Dann brach er die Fladenbrote in Stücke und gab

---

a 9,7: *Fürst*. Wörtlich: *Tetrarch*, Regent über den vierten Teil eines Landes. Herodes Antipas war unter römischer Oberherrschaft Fürst von Galiläa und Peräa.

b 9,10: *Betsaida*. Fischerdorf an der Mündung des Jordan in den See Gennesaret. Heute wahrscheinlich El-Aradsch.

alles den Jüngern, damit sie es an die Leute austeilten. *17* Und alle aßen sich satt. Sie füllten sogar noch zwölf Körbe mit den Resten, die von den Brotstücken übrig geblieben waren.

Jesus ist der Messias

18 Einmal hatte Jesus sich zum Gebet zurückgezogen, und nur seine Jünger waren bei ihm. Da fragte er sie: „Für wen halten mich die Leute?" *19* „Einige halten dich für Johannes den Täufer", antworteten sie, „andere für Elija und wieder andere denken, es sei einer der alten Propheten auferstanden." *20* „Und ihr", fragte er weiter, „für wen haltet ihr mich?" „Du bist der von Gott gesandte Messias", erwiderte Petrus. *21* Aber Jesus schärfte ihnen nachdrücklich ein, mit niemand darüber zu reden: *22* „Denn der Menschensohn wird vieles erleiden müssen", sagte er, „und von den Ratsältesten, den Hohen Priestern[a] und Gesetzeslehrern verworfen werden. Er wird getötet werden und drei Tage[b] danach auferstehen."

23 Und zu allen sagte er: „Wenn jemand mein Jünger sein will, dann muss er sich selbst verleugnen, er muss täglich sein Kreuz aufnehmen und mir folgen. *24* Denn wer sein Leben retten will, wird es verlieren. Wer aber sein Leben meinetwegen verliert, der wird es retten. *25* Denn was hat ein Mensch davon, wenn er die ganze Welt gewinnt, dabei aber sich selbst verliert oder unheilbaren Schaden nimmt? *26* Denn wer nicht zu mir und meiner Botschaft steht, zu dem wird auch der Menschensohn nicht stehen, wenn er in seiner Herrlichkeit und der Herrlichkeit seines Vaters und der heiligen Engel kommt." *27* Und er fuhr fort: „Ich versichere euch: Einige von denen, die hier stehen, werden nicht sterben, bis sie Gottes Herrschaft mit Macht haben kommen sehen."

Die Herrlichkeit des Messias

28 Etwa acht Tage, nachdem Jesus das gesagt hatte, nahm er Petrus, Jakobus und Johannes mit und stieg auf einen Berg[c], um zu beten. *29* Und als er betete, veränderte sich plötzlich das Aussehen seines Gesichts. Sein Gewand wurde strahlend weiß. *30* Auf einmal standen zwei Männer dort und sprachen mit ihm. Es waren Mose und Elija. *31* Auch sie waren von himmlischem Glanz umgeben und redeten mit ihm über das Ende,

---

a 9,22: *Hohe Priester*. In neutestamentlicher Zeit verfügten die Römer über die Besetzung des Hohen-Priester-Amtes. Wenn eine Mehrzahl von Hohen Priestern erwähnt wird, sind sowohl der amtierende als auch die inzwischen abgesetzten Hohen Priester gemeint.

b 9,22: *Drei Tage*. Nach jüdischer Zählweise bedeutet das nicht drei Tage später, weil die angebrochenen Tage gewöhnlich als volle Tage gerechnet wurden. Am ersten Tag würde er sterben, am dritten Tag auferstehen.

c 9,28: *Berg*. Traditionell wird darunter der Berg Tabor in Galiläa verstanden, doch zur Zeit des Herrn befand sich auf dessen runder Kuppe eine befestigte Burg – kein Ort, wo man allein sein konnte. Die vorherige Erwähnung von Cäsarea Philippi verweist eher auf den Berg Hermon nordöstlich dieses Ortes, und wir sollten uns das Geschehen an einem der Hänge jenes majestätischen Berges vorstellen.

das er nach Gottes Plan in Jerusalem nehmen sollte. *32* Doch Petrus und die zwei anderen Jünger waren vom Schlaf überwältigt worden. Als sie wieder wach wurden, sahen sie Jesus in seiner Herrlichkeit und die zwei Männer bei ihm. *33* Als diese gerade weggehen wollten, sagte Petrus zu Jesus: „Rabbi, wie gut, dass wir hier sind. Wir wollen drei Hütten bauen: eine für dich, eine für Mose und eine für Elija." Doch Petrus wusste selbst nicht, was er da sagte. *34* Und noch während er redete, fiel der Schatten einer Wolke auf sie. Als die Wolke sie dann ganz einhüllte, bekamen sie Angst. *35* Da sagte eine Stimme aus der Wolke: „Das ist mein Sohn, mein Auserwählter, hört auf ihn!" *36* Als die Stimme verhallt war, stand Jesus wieder allein da. Die Jünger schwiegen über das, was sie erlebt hatten und erzählten damals niemand etwas davon.

Die Macht des Messias

37 Als sie am folgenden Tag den Berg hinabstiegen, kam ihnen eine große Menschenmenge entgegen. *38* Einer aus der Menge rief: „Rabbi, ich bitte dich, sieh nach meinem Sohn. Er ist mein einziges Kind. *39* Immer wieder wird er von einem bösen Geist gepackt. Dann schreit er plötzlich auf, wird von dem Geist hin und her gezerrt und hat Schaum vor dem Mund. Der Geist lässt ihn kaum wieder los und richtet ihn noch ganz zugrunde. *40* Ich habe deine Jünger gebeten, ihn auszutreiben, aber sie konnten es nicht." *41* „Was seid ihr nur für ein ungläubiges Geschlecht!", sagte Jesus zu ihnen. „Wie lange muss ich denn noch bei euch sein und euch ertragen? Bring deinen Sohn her!" *42* Als der Junge in die Nähe von Jesus kam, warf der Dämon ihn zu Boden und schüttelte ihn mit heftigen Krämpfen. Jesus bedrohte den bösen Geist, heilte den Jungen und gab ihn seinem Vater zurück. *43* Alle waren überwältigt von der herrlichen Macht Gottes. Und während die Leute sich noch über alle seine Taten wunderten, sagte Jesus zu seinen Jüngern: *44* „Merkt euch gut, was ich jetzt sage: Der Menschensohn wird bald in der Gewalt von Menschen sein." *45* Doch sie konnten den Sinn seiner Worte nicht verstehen, er blieb ihnen verborgen. Sie begriffen ihn nicht, wagten aber auch nicht, Jesus danach zu fragen.

Jünger müssen viel lernen

46 Unter den Jüngern kam die Frage auf, wer von ihnen wohl der Größte sei. *47* Jesus wusste, was sie dachten. Er nahm ein Kind, stellte es neben sich *48* und sagte zu ihnen: „Wer dieses Kind in meinem Namen aufnimmt, nimmt mich auf; und wer mich aufnimmt, nimmt den auf, der mich gesandt hat. Wer also der Geringste unter euch ist, der ist wirklich groß."

49 Johannes sagte zu ihm: „Rabbi, wir haben gesehen, wie jemand in deinem Namen Dämonen ausgetrieben hat, und wir haben versucht, ihn daran zu hindern, weil er dir nicht mit uns nachfolgt." *50* „Lasst ihn doch!", sagte Jesus. „Denn wer nicht gegen euch ist, ist für euch."

51 Als die Zeit näherrückte, in der Jesus in den Himmel zurückkehren sollte, machte er sich entschlossen auf den Weg nach Jerusalem. *52* Er schickte Boten voraus. Diese kamen in ein Dorf in Samarien[a] und wollten eine Unterkunft für ihn vorbereiten. *53* Doch die Samaritaner nahmen ihn nicht auf, weil er nach Jerusalem ziehen wollte. *54* Als die beiden Jünger Jakobus und Johannes das hörten, sagten sie zu Jesus: „Herr, sollen wir befehlen, dass Feuer vom Himmel fällt und sie vernichtet?" *55* Doch Jesus drehte sich zu ihnen um und wies sie streng zurecht. *56* Sie übernachteten dann in einem anderen Dorf.

57 Als sie weitergingen, wurde Jesus von einem Mann angesprochen: „Ich will dir folgen, wohin du auch gehst", sagte er. *58* Doch Jesus entgegnete ihm: „Die Füchse haben ihren Bau und die Vögel haben ihre Nester, aber der Menschensohn hat keinen Platz, wo er sich ausruhen kann." *59* Zu einem anderen sagte Jesus: „Komm, folge mir!" Doch der antwortete: „Herr, erlaube mir, zuerst nach Hause zu gehen und meinen Vater zu begraben." *60* „Lass die Toten ihre Toten begraben!", entgegnete ihm Jesus. „Deine Aufgabe ist es, die Botschaft vom Reich Gottes zu verkündigen." *61* Wieder ein anderer sagte: „Herr, ich will ja gerne mit dir gehen, aber erlaube mir doch, erst noch von meiner Familie Abschied zu nehmen." *62* Doch Jesus sagte: „Wer seine Hand an den Pflug legt und dann nach hinten sieht, der ist für das Reich Gottes nicht brauchbar."

Aussendung der Siebzig

10 *1* Danach wählte der Herr siebzig andere Jünger aus und schickte sie zu zweit voraus in alle Städte und Dörfer, die er später selbst aufsuchen wollte. *2* Er sagte zu ihnen: „Die Ernte ist groß, aber es gibt nur wenig Arbeiter. Bittet deshalb den Herrn der Ernte, mehr Arbeiter auf seine Felder zu schicken. *3* Geht! Ich sende euch wie Lämmer unter Wölfe. *4* Nehmt keinen Geldbeutel mit, keine Vorratstasche und keine Sandalen. Und haltet euch unterwegs nicht auf, um Leute zu begrüßen. *5* Wenn ihr in ein Haus kommt, sagt zuerst: ‚Friede sei mit diesem Haus!' *6* Wenn dort jemand bereit ist, den Frieden zu empfangen, wird euer Friede auf ihm ruhen, andernfalls wird er zu euch zurückkehren. *7* Bleibt in diesem Haus, esst und trinkt, was sie euch vorsetzen; denn wer arbeitet, hat Anspruch auf Lohn.[b] Geht aber nicht von Haus zu Haus! *8* Wenn ihr in eine Stadt kommt und sie euch dort aufnehmen, dann esst, was man euch anbietet, *9* heilt die Kranken, die da sind, und sagt den Leuten: ‚Jetzt beginnt Gottes Herrschaft bei euch!'

10 Wenn ihr in eine Stadt kommt, wo euch niemand aufnehmen will, dann geht durch ihre Straßen und sagt: *11* ‚Selbst den Staub eurer Stadt schütteln wir von unseren Füßen, damit ihr gewarnt seid. Doch das eine sollt ihr wissen: Gottes Herrschaft bricht an.' *12* Ich sage euch, es wird Sodom[c] am

---

a 9,52: *Samarien*. Landschaft zwischen Galiläa im Norden und Judäa im Süden Israels.

b 10,7: Wird von Paulus in 1. Timotheus 5,18 zitiert.

c 10,12: *Sodom*. Stadt im Tal Siddim, die

Tag des Gerichts erträglicher ergehen, als solch einer Stadt.

13 Weh dir, Chorazin[d]! Weh dir, Betsaida! Wenn in Tyrus und Sidon die Wunder geschehen wären, die unter euch geschehen sind, sie hätten längst ihre Einstellung geändert, einen Trauersack angezogen und sich Asche auf den Kopf gestreut. *14* Doch Tyrus und Sidon wird es im Gericht erträglicher ergehen als euch. *15* Und du, Kafarnaum, meinst du etwa, du wirst zum Himmel erhoben werden? In die Hölle[e] musst du hinunter.

16 Wer auf euch hört, hört auf mich; und wer euch ablehnt, lehnt mich ab. Doch wer mich ablehnt, lehnt auch den ab, der mich gesandt hat."

17 Die Siebzig kehrten voller Freude zurück. „Herr", sagten sie, „selbst die Dämonen müssen uns gehorchen, wenn wir sie in deinem Namen ansprechen!" *18* Jesus sagte ihnen: „Ich sah den Satan wie einen Blitz vom Himmel fallen. *19* Ja, ich habe euch Vollmacht gegeben, auf Schlangen und Skorpione zu treten und die ganze Macht des Feindes zunichte zu machen. Nichts wird euch schaden können. *20* Aber nicht darüber sollt

ihr euch freuen, dass euch die Geister gehorchen. Freut euch viel mehr, dass eure Namen im Himmel aufgeschrieben sind."

21 In derselben Stunde wurde Jesus von der Freude des Heiligen Geistes erfüllt und rief: „Vater, du Herr über Himmel und Erde, ich preise dich, dass du das alles den Klugen und Gelehrten verborgen, aber den Unmündigen offenbar gemacht hast. Ja, Vater, so hast du es gewollt." *22* Dann sagte er: „Alles ist mir von meinem Vater übergeben worden. Niemand außer dem Vater kennt den Sohn wirklich, und niemand kennt den Vater, außer dem Sohn und denen, welchen der Sohn es offenbaren will." *23* Zu seinen Jüngern sagte Jesus dann: „Glücklich zu preisen sind die, die sehen, was ihr seht. *24* Denn ich sage euch: Viele Könige und Propheten hätten gern gesehen, was ihr seht, und haben es nicht gesehen; gern hätten sie gehört, was ihr hört, doch sie haben es nicht gehört."

Das Liebesgebot

25 Ein Gesetzeslehrer wollte Jesus auf die Probe stellen. „Rabbi", fragte er, „was muss ich getan haben, um das ewige Leben zu bekommen?" *26* Jesus fragte zurück: „Was steht denn im Gesetz? Was liest du dort?" *27* Er erwiderte: „Du sollst den Herrn, deinen Gott, lieben von ganzem Herzen, mit ganzer Hingabe, mit all deiner Kraft und mit deinem ganzen Verstand. Und deinen Nächsten sollst du lieben wie dich selbst."[f] *28* „Du hast richtig

---

wegen der Sünde ihrer Bewohner von Gott vernichtet wurde (1. Mose 13,10-13; 19). Heute liegt sie vermutlich unter dem Toten Meer.

d 10,13: *Chorazin*. Stadt in Obergaliläa, 5 km nördlich von Kafarnaum.

e 10,15: *Hölle*. Griechisch: *Hades*. Das Neue Testament meint damit aber kein neutrales Totenreich, sondern den Todeszustand, der für Ungläubige schon vor dem Endgericht eine schreckliche Qual bedeutet (Lukas 16,23).

f 10,27: 3. Mose 19,18

geantwortet", sagte Jesus. „Tu das, dann wirst du leben!" **29** Doch der Gesetzeslehrer wollte sich rechtfertigen. Deshalb fragte er Jesus: „Und wer ist mein Nächster?"

30 Jesus nahm die Frage auf und erzählte die folgende Geschichte: „Ein Mann ging von Jerusalem nach Jericho[a] hinunter. Unterwegs wurde er von Räubern überfallen. Sie nahmen ihm alles weg, schlugen ihn zusammen und ließen ihn halbtot liegen. **31** Zufällig ging ein Priester den gleichen Weg hinunter. Er sah den Mann liegen und machte einen Bogen um ihn. **32** Genauso verhielt sich ein Levit. Auch er machte einen großen Bogen um den Überfallenen. **33** Schließlich näherte sich ein Samaritaner. Als er den Mann sah, empfand er tiefes Mitleid. **34** Er ging zu ihm hin, behandelte seine Wunden mit Öl und Wein und verband sie. Dann setzte er ihn auf sein eigenes Reittier, brachte ihn in ein Gasthaus und versorgte ihn dort. **35** Am nächsten Morgen zog er zwei Denare aus seinem Geldbeutel, gab sie dem Wirt und sagte: ‚Kümmere dich um ihn! Wenn du noch mehr brauchst, will ich es dir bezahlen, wenn ich zurückkomme.' – **36** Was meinst du?", fragte Jesus den Gesetzeslehrer. „Wer von den dreien hat als Nächster an dem Überfallenen gehandelt?" **37** „Der, der barmherzig

---

a 10,30: Die Palmenstadt *Jericho* liegt 10 km nördlich des Toten Meeres und 8 km westlich des Jordans, eine Oase in öder Landschaft. Sie ist mit etwa 250 Metern unter dem Meeresspiegel die tiefstgelegene Stadt der Welt und etwa 25 km von Jerusalem (750 Meter über dem Meeresspiegel) entfernt.

war und ihm geholfen hat", erwiderte er. „Dann geh und mach es genauso!", sagte Jesus.

Marta und Maria

38 Auf ihrer Weiterreise kam Jesus in ein Dorf, wo ihn eine Frau mit Namen Marta in ihr Haus einlud. **39** Sie hatte eine Schwester, die Maria hieß. Maria setzte sich dem Herrn zu Füßen und hörte ihm zu. **40** Marta dagegen war sehr mit der Vorbereitung des Essens beschäftigt. Schließlich stellte sie sich vor Jesus hin. „Herr", sagte sie, „findest du es richtig, dass meine Schwester mich die ganze Arbeit allein tun lässt? Sag ihr doch, sie soll mir helfen!" **41** „Aber Marta", entgegnete ihr Jesus, „Marta, du bist beunruhigt und machst dir Sorgen um so viele Dinge! **42** Notwendig ist aber nur eins. Maria hat das Bessere gewählt, und das soll ihr nicht genommen werden."

Beten lernen

11 **1** Einmal hatte Jesus sich irgendwo zum Gebet zurückgezogen. Als er damit fertig war, sagte einer seiner Jünger zu ihm: „Herr, lehre uns beten. Johannes hat seine Jünger auch beten gelehrt." **2** Jesus sagte zu ihnen: „Wenn ihr betet, dann sprecht:

Vater, dein heiliger Name werde geehrt! / Deine Herrschaft komme! **3** Gib uns jeden Tag, was wir zum Leben brauchen! **4** Und vergib uns unsere Sünden! / Auch wir vergeben jedem, der an uns schuldig geworden ist. / Und führe uns nicht in Versuchung!"

5 Dann sagte er zu seinen Jüngern: „Angenommen, einer von euch geht mitten in der Nacht zu seinem Freund und sagt: ‚Bitte leih mir doch drei Fladenbrote! 6 Ein Freund von mir ist unerwartet auf Besuch gekommen und ich habe nichts zu essen im Haus.‘ 7 Und stellt euch vor, jener würde von innen rufen: ‚Lass mich in Ruhe! Die Tür ist schon abgeschlossen und meine Kinder liegen bei mir im Bett. Ich kann jetzt nicht aufstehen und dir etwas geben.‘ 8 Ich sage euch, er wird es ihm schließlich doch geben – wenn auch nicht gerade aus Freundschaft. Aber schon wegen seiner Unverschämtheit wird er aufstehen und ihm geben, was er braucht.

9 Und ich sage euch: Bittet, und ihr werdet bekommen, was ihr braucht; sucht, und ihr werdet finden, klopft an, und es wird euch geöffnet! 10 Denn wer bittet, empfängt; wer sucht, findet; und wer anklopft, dem wird geöffnet. 11 Welcher Vater würde seinem Kind denn eine Schlange geben, wenn es ihn um einen Fisch bittet? 12 Oder einen Skorpion, wenn es ihn um ein Ei bittet? 13 So schlecht wie ihr seid, wisst ihr doch, was gute Gaben für eure Kinder sind, und gebt sie ihnen auch. Wie viel eher wird dann der Vater aus dem Himmel den Heiligen Geist denen geben, die ihn bitten.“

Die Macht hinter Jesus

14 Einmal trieb Jesus einen stummen Dämon aus. Als der böse Geist von dem Mann ausgefahren war, konnte der Stumme reden. Die Leute staunten, 15 aber einige sagten: „Kein Wunder, er treibt die Dämonen ja durch Beelzebul, den Oberdämon, aus.“ 16 Andere wollten ihn auf die Probe stellen und forderten ein Zeichen aus dem Himmel von ihm. 17 Jesus wusste genau, was sie dachten, und sagte zu ihnen: „Ein Königreich, das gegen sich selbst kämpft, ist dem Untergang geweiht, und seine Familien richten sich gegenseitig zugrunde. 18 Wenn also der Satan gegen sich selbst kämpft und mir erlaubt, seine Dämonen auszutreiben, wie soll sein Reich dann bestehen können? 19 Und wenn ich die Dämonen tatsächlich mit Hilfe von Beelzebul austreibe, wer gibt dann euren Leuten die Macht, Dämonen auszutreiben? Sie werden deshalb das Urteil über euch sprechen. 20 Wenn ich aber die Dämonen mit dem Finger Gottes austreibe, dann ist doch das Reich Gottes zu euch gekommen!

21 Solange ein starker Mann gut bewaffnet sein Grundstück bewacht, ist sein Besitz in Sicherheit. 22 Wenn ihn jedoch ein Stärkerer angreift und besiegt, nimmt er ihm alle seine Waffen weg, auf die er sich verlassen hat, und verteilt die Beute.

23 Wer nicht auf meiner Seite steht, ist gegen mich, und wer nicht mit mir sammelt, zerstreut.

24 Wenn ein böser Geist einen Menschen verlässt, zieht er durch öde Gegenden und sucht nach einer Bleibe. Weil er aber keine findet, sagt er: ‚Ich werde wieder in meine alte Behausung zurückgehen.‘ 25 Er kehrt zurück und findet alles sauber und aufgeräumt. 26 Dann geht er los und holt sieben andere Geister, die noch schlimmer sind als er selbst, und sie ziehen gemeinsam dort ein. So ist dieser Mensch am Ende schlechter dran, als am Anfang.“

Das Zeichen Jonas

27 Als Jesus das sagte, rief eine Frau aus der Menge: „Wie glücklich ist die Frau, die dich geboren hat und stillen durfte!" 28 „Ja", sagte Jesus, „doch wirklich glücklich sind die Menschen, die das Wort Gottes hören und befolgen."

29 Als immer mehr Leute sich herandrängten, sagte er: „Diese verdorbene Generation verlangt dauernd nach einem Zeichen. Doch es wird ihnen keins gegeben werden – nur das des Propheten Jona. 30 Denn wie Jona für die Menschen von Ninive ein Zeichen war, so wird es der Menschensohn für diese Generation sein. 31 Die Königin des Südens wird beim Gericht gegen die Männer dieser Generation auftreten und sie verurteilen. Denn sie kam vom Ende der Erde, um die Weisheit Salomos zu hören – und hier steht einer, der mehr bedeutet als Salomo. 32 Im Gericht werden auch die Männer von Ninive auftreten und diese Generation schuldig sprechen. Denn sie haben ihre Einstellung auf Jonas Predigt hin geändert – und hier steht einer, der mehr bedeutet als Jona.

33 Niemand zündet eine Lampe an und versteckt sie dann irgendwo oder stellt sie unter einen Eimer, sondern er stellt sie auf den Lampenständer, damit die Hereinkommenden Licht haben. 34 Dein Auge bringt deinem Körper das Licht. Wenn dein Auge klar ist, kannst du dich im Licht bewegen. Ist es schlecht, dann steht dein Körper im Finstern. 35 Pass auf, dass das Licht, das du hast, nicht Dunkelheit ist! 36 Wenn du ganz vom Licht durchdrungen bist und kein Teil von dir im Finstern blieb, wirst du selbst zu leuchten beginnen, als ob dich ein helles Licht anstrahlt."

Bei Pharisäern zu Gast

37 Kaum hatte Jesus aufgehört zu reden, bat ihn ein Pharisäer, zu ihm zum Essen zu kommen. Jesus ging mit ins Haus und legte sich zu Tisch. 38 Der Pharisäer war überrascht, dass Jesus vor dem Essen nicht die übliche Waschung vorgenommen hatte. 39 Da sagte der Herr zu ihm: „So seid ihr Pharisäer! Das Äußere von Bechern und Schüsseln haltet ihr sauber, was ihr aber drin habt, ist voller Habgier und Bosheit. 40 Wie dumm von euch! Hat Gott, der das Äußere schuf, nicht auch das Innere gemacht? 41 Gebt einmal den Armen, was ihr in den Bechern und Schüsseln habt, dann werdet ihr sehen, wie schnell euch alles rein wird.

42 Doch weh euch, ihr Pharisäer! Von den kleinsten Küchenkräutern gebt ihr noch den zehnten Teil ab und lasst doch die Forderungen der Gerechtigkeit und Liebe Gottes außer acht. Das eine hättet ihr tun und das andere nicht lassen sollen. 43 Weh euch Pharisäer! Ihr liebt die Ehrenplätze in den Synagogen und die Grüße auf den Märkten. 44 Weh euch! Ihr seid wie unkenntlich gemachte Gräber. Die Menschen laufen darüber hinweg und merken nicht, wie sie verunreinigt werden."

45 „Rabbi", sagte einer der Gesetzeslehrer, „damit greifst du auch uns an!" 46 Jesus erwiderte: „Ja, weh auch euch Gesetzeslehrern! Ihr ladet den Menschen kaum tragbare Lasten auf und macht selbst keinen Finger dafür krumm. 47 Weh euch! Ihr

baut Grabmäler für die Propheten, die doch von euren Vorfahren umgebracht wurden. *48* Damit bestätigt ihr die Schandtaten eurer Vorfahren und heißt sie auch noch gut, denn *sie* haben die Propheten getötet, und *ihr* errichtet die Grabmäler. *49* Deshalb hat die Weisheit Gottes auch gesagt: ,Ich werde Propheten und Apostel zu ihnen schicken; einige von ihnen werden sie umbringen, andere verfolgen.' *50* Darum wird diese Generation zur Rechenschaft gezogen werden für die Ermordung aller Propheten seit Erschaffung der Welt, *51* angefangen bei Abel bis hin zu Secharja[a], der zwischen dem Brandopferaltar und dem Haus Gottes umgebracht wurde. *52* Weh euch, ihr Gesetzeslehrer! Ihr habt den Schlüssel zur Erkenntnis beiseite geschafft. Selbst seid ihr nicht hineingegangen, und die hineingehen wollten, habt ihr daran gehindert."

53 Als Jesus das Haus wieder verließ, setzten ihm die Gesetzeslehrer und die Pharisäer mit vielen Fragen hart zu. *54* Sie lauerten darauf, ihn bei einer verfänglichen Äußerung zu ertappen.

Wen man wirklich fürchten muss

12 *1* Inzwischen waren Tausende von Menschen herbeigeströmt, so dass sie im Gedränge einander auf die Füße traten. Da wandte sich Jesus an seine Jünger. „Hütet euch vor dem Sauerteig der Pharisäer – vor der Heuchelei!", sagte er. *2* „Es kommt die Zeit, da wird alles offenbar werden. Alles, was jetzt noch geheim ist, wird öffentlich bekannt gemacht werden. *3* Deshalb lasst euch warnen: Alles, was ihr im Dunkeln sagt, wird am hellen Tag zu hören sein; und was ihr hinter verschlossenen Türen flüstert, wird man von den Dachterrassen rufen. *4* Meine Freunde, ich sage euch: Habt keine Angst vor denen, die nur den Leib töten, euch darüber hinaus aber nichts anhaben können. *5* Ich will euch sagen, wen ihr fürchten müsst: Fürchtet den, der euch nach dem Töten auch noch in die Hölle werfen kann. Den müsst ihr fürchten! *6* Ihr wisst doch, dass fünf Spatzen für ein paar Cent[b] verkauft werden. Doch nicht einer wird von Gott vergessen. *7* Und selbst die Haare auf eurem Kopf sind alle gezählt. Habt also keine Angst! Ihr seid doch mehr wert als noch so viele Spatzen.

8 Ich sage euch: Wer sich vor den Menschen zu mir, dem Menschensohn, bekennt, zu dem werde auch ich mich vor den Engeln Gottes bekennen. *9* Wer mich aber vor den Menschen nicht kennen will, den wird man auch vor den Engeln Gottes nicht kennen. *10* Wer etwas gegen den Menschensohn sagt, dem kann vergeben werden. Wer aber den Heiligen Geist lästert, dem wird nicht vergeben werden.

---

a 11,51: *Secharja*. Vergleiche 1. Mose 4,8.10 und 2. Chronik 24,20-21! Gemeint sind wohl alle Gerechten seit Erschaffung der Menschen bis in die Zeit von Jesus Christus. Damit bestätigt der Herr die Gültigkeit des gesamten Alten Testaments, weil er ein Ereignis aus dem ersten und eins aus dem letzten Buch der hebräischen Bibel aufgreift.

---

b 12,6: *Cent*. Wörtlich: *zwei Assaria*. Die Kupfermünze Assarion war 1/16 Denar wert, u. a. 1/16 Tageslohn eines Arbeiters.

11 Wenn sie euch vor die Synagogengerichte zerren oder euch bei den Behörden und Machthabern anzeigen, dann macht euch keine Sorgen, wie ihr euch verteidigen oder was ihr sagen sollt. 12 Der Heilige Geist wird euch in jenem Moment eingeben, was ihr sagen könnt."

Habgier ist gefährlich

13 „Rabbi", wandte sich einer aus der Menge an Jesus, „sag meinem Bruder doch, er soll das Erbe mit mir teilen!" 14 „Lieber Mann", erwiderte Jesus, „wer hat mich denn als Richter für eure Erbstreitigkeiten eingesetzt?" 15 Dann sagte er zu allen: „Passt auf, und nehmt euch vor jeder Art von Habsucht in acht! Denn auch wenn einer noch so viel besitzt, kann er sich das Leben nicht kaufen."

16 Dann erzählte er ihnen ein Gleichnis: „Ein reicher Bauer hatte eine gute Ernte zu erwarten. 17 Er überlegte hin und her: ‚Was kann ich tun? Ich weiß gar nicht, wo ich das alles unterbringen soll.' 18 Dann sagte er sich: ‚Ich werde meine Scheunen niederreißen und größere bauen. Dort werde ich mein ganzes Getreide und alle meine Vorräte unterbringen können. 19 Und dann werde ich mir sagen, so, jetzt hast du es geschafft! Du bist auf viele Jahre versorgt. Ruh dich aus, iss und trink und genieße das Leben!' 20 Da sagte Gott zu ihm: ‚Du Narr! Noch in dieser Nacht wird man das Leben von dir fordern! Wem gehört dann alles, was du dir aufgehäuft hast?' 21 – So geht es jedem, der nur auf seinen Gewinn aus ist, und nicht reich ist in seiner Beziehung zu Gott."

22 Dann wandte sich Jesus wieder an seine Jünger: „Deshalb sage ich euch: Sorgt euch nicht um das Essen, das ihr zum Leben, und die Kleidung, die ihr für den Körper braucht. 23 Das Leben ist doch wichtiger als das Essen und der Körper wichtiger als die Kleidung. 24 Schaut euch die Raben an! Sie säen nicht, sie ernten nicht; sie haben weder Vorratskammern noch Scheunen; und Gott ernährt sie doch. Und ihr? Ihr seid doch viel mehr wert als diese Vögel! 25 Wer von euch kann sich denn durch Sorgen das Leben auch nur um einen Tag[a] verlängern? 26 Wenn ihr also nicht einmal solch eine Kleinigkeit zustandebringt, warum macht ihr euch dann Sorgen um all das andere? 27 Seht euch die Wiesenblumen an, wie sie ohne Anstrengung wachsen und ohne sich Kleider zu nähen. Ich sage euch: Selbst Salomo war in all seiner Pracht nicht so schön gekleidet wie eine von ihnen. 28 Wenn Gott sogar das wilde Gras, das heute steht und morgen in den Backofen gesteckt wird, so schön schmückt, wie viel mehr wird er sich dann um euch kümmern, ihr Kleingläubigen! 29 Und ihr? Ihr sollt euch nicht von der Sorge um Essen oder Trinken in Unruhe versetzen lassen. 30 Denn damit plagen sich die Menschen dieser Welt herum. Euer Vater weiß doch, dass ihr das alles braucht. 31 Euch soll es vielmehr um das Reich Gottes gehen, dann wird er euch das andere dazugeben. 32 Hab also keine Angst, du kleine Herde! Euer Vater

---

a 12,25: *Tag.* Wörtlich: *eine Elle.* Der Ausdruck ist hier im übertragenen Sinn gebraucht.

hat Freude daran, euch sein Reich anzuvertrauen. *33* Verkauft euren Besitz und gebt das Geld für die Armen. Und macht euch Geldbeutel, die keine Löcher bekommen; legt euch einen unvergänglichen Schatz im Himmel an, wo kein Dieb ihn findet und keine Motte ihn zerfrisst. *34* Denn euer Herz wird immer dort sein, wo ihr euren Schatz habt."

Immer bereit sein!

35 „Haltet euch bereit und sorgt dafür, dass eure Lampen brennen. *36* Ihr müsst wie Diener sein, die auf ihren Herrn warten, der auf der Hochzeit ist. Wenn er dann zurückkommt und an die Tür klopft, können sie ihm sofort aufmachen. *37* Sie dürfen sich freuen, wenn der Herr sie bei seiner Ankunft wach und dienstbereit findet. Ich versichere euch: Er wird sich die Schürze umbinden, sie zu Tisch bitten und sie selbst bedienen. *38* Vielleicht kommt er spät in der Nacht oder sogar erst am frühen Morgen. Sie dürfen sich jedenfalls freuen, wenn er sie bereit findet.

39 Und das ist doch klar: Wenn ein Hausherr wüsste, zu welchem Zeitpunkt der Dieb kommt, würde er wach bleiben und nicht zulassen, dass in sein Haus eingebrochen wird. *40* So solltet auch ihr immer bereit sein, denn der Menschensohn wird dann kommen, wenn ihr es gerade nicht erwartet."

41 „Herr", fragte Petrus, „meinst du mit diesem Gleichnis uns oder auch alle anderen?" *42* Der Herr aber sagte: „Wer ist denn der treue und kluge Verwalter, dem sein Herr die Verantwortung überträgt, der ganzen Dienerschaft zur rechten Zeit das Essen zuzuteilen? *43* Wenn nun sein Herr kommt und ihn bei dieser Arbeit findet – wie sehr darf sich dieser Diener dann freuen! *44* Ich versichere euch: Sein Herr wird ihm die Verantwortung über seine ganze Habe übertragen. *45* Wenn jener Diener aber denkt: ‚Mein Herr kommt noch lange nicht‘, und anfängt, die Dienerschaft zu schikanieren, während er sich selbst üppige Mahlzeiten gönnt und betrinkt, *46* dann wird sein Herr an einem Tag zurückkommen, an dem er es nicht erwartet, und zu einer Stunde, die er nicht vermutet. Er wird diesen Diener hart bestrafen und ihm dasselbe Los bereiten wie den Ungläubigen. *47* Jeder Diener, der den Willen seines Herrn kennt, sich aber nicht darauf einstellt und tut, was sein Herr will, wird hart bestraft werden. *48* Wer ihn dagegen nicht kennt und etwas tut, wofür er Strafe verdient hätte, wird mit einer leichteren Strafe davonkommen. Wem viel gegeben wurde, von dem wird viel gefordert werden, und wem viel anvertraut ist, von dem wird man umso mehr verlangen."

Zeit der Entzweiung

49 „Ich bin gekommen, um ein Feuer auf die Erde anzuzünden, und ich wünschte, es würde schon brennen. *50* Aber mir steht eine Taufe bevor, und ich bin sehr bedrückt, bis sie vollzogen ist. *51* Denkt ihr vielleicht, dass ich gekommen bin, Frieden auf die Erde zu bringen? Nein, sage ich euch, sondern Entzweiung. *52* Denn von jetzt an wird es so sein: Wenn fünf Menschen in einem Haus wohnen, werden sich drei gegen zwei stellen und zwei gegen drei. 53 Der Vater wird gegen den Sohn sein und der Sohn gegen den Vater, die Mutter gegen die Tochter und die Tochter gegen die Mutter; die Schwiegermutter wird gegen die Schwiegertochter sein und die Schwiegertochter gegen die Schwiegermutter."

Zeit der Entscheidung

54 Jesus wandte sich wieder an die Menschenmenge und sagte: „Wenn ihr im Westen eine Wolke aufsteigen seht, sagt ihr gleich: ‚Es gibt Regen‘, und dann regnet es auch. 55 Und wenn ihr merkt, dass der Südwind weht, sagt ihr: ‚Es wird Hitze geben‘, und so kommt es dann auch. 56 Ihr Heuchler! Das Aussehen von Himmel und Erde könnt ihr richtig einschätzen. Wieso könnt ihr die Zeichen dieser Zeit nicht beurteilen? 57 Warum könnt ihr nicht selbst entscheiden, was vor Gott recht ist?

58 Wenn du jemand eine Schuld zu bezahlen hast und mit ihm vor Gericht musst, dann gib dir unterwegs alle Mühe, dich mit ihm zu einigen, damit er dich nicht vor den Richter schleppt. Denn dort wirst du womöglich verurteilt, dem Gerichtsdiener übergeben und ins Gefängnis geworfen. 59 Ich sage dir, du kommst dort erst wieder heraus, wenn du den letzten Cent[a] bezahlt hast."

Umkehren oder umkommen

13 1 Um diese Zeit kamen einige Leute zu Jesus und berichteten ihm von den Galiläern, die Pilatus beim Opfern umbringen ließ, so dass sich ihr Blut mit dem ihrer Opfertiere vermischte. 2 Da sagte Jesus zu ihnen: „Meint ihr, diese Leute seien schlimmere Sünder gewesen als die anderen Galiläer, weil sie so grausam zu Tode kamen? 3 Nein, sage ich euch; und wenn ihr eure Einstellung nicht ändert, werdet ihr alle ebenso umkommen! 4 Oder denkt an die achtzehn, die beim Einsturz des Schiloach-Turms[b] ums Leben kamen. Meint ihr, dass sie mehr Schuld auf sich geladen hatten als die anderen Einwohner Jerusalems? 5 Nein, sage ich euch; und wenn ihr eure Einstellung nicht ändert, werdet ihr alle ebenso umkommen!"

6 Dann erzählte Jesus folgendes Gleichnis: „Ein Mann hatte einen Feigenbaum in seinem Weinberg stehen. Doch wenn er kam, um nach Früchten zu sehen, fand er keine. 7 Schließlich sagte er zu seinem Gärtner: ‚Seit drei Jahren suche ich Frucht an diesem Feigenbaum und finde keine. Hau ihn um! Wozu soll er den Boden aussaugen?‘ 8 ‚Herr‘, erwiderte der Gärtner, ‚lass ihn dieses Jahr noch stehen! Ich will den Boden um ihn herum aufgraben und düngen. 9 Vielleicht trägt er dann im nächsten Jahr Frucht – wenn nicht, kannst du ihn umhauen lassen.‘"

Jesus heilt eine Frau, und das am Sabbat!

10 Als Jesus am Sabbat in einer Synagoge lehrte, 11 befand sich eine Frau unter den Zuhörern, die seit achtzehn

---

a 12,59: *Cent.* Wörtlich: *Lepton,* die kleinste damalige Münze. Ein Lepton ist der 128. Teil eines Denars, eines Tagelohns.

b 13,4: Der *Schiloach-Turm* stand in der Nähe des Schiloach-Teichs, ganz im Süden Jerusalems.

Jahren krank war. Ein böser Geist hatte sie verkrüppeln lassen. Sie war ganz verkrümmt und konnte sich nicht mehr aufrichten. *12* Als Jesus sie sah, rief er sie zu sich: „Frau", sagte er, „du bist frei von deinem Leiden!" *13* Dann legte er seine Hände auf sie. Da konnte sie sich wieder aufrichten, und sie lobte und rühmte Gott. *14* Der Synagogenvorsteher aber ärgerte sich darüber, dass Jesus am Sabbat heilte, und sagte zu der versammelten Menge: „Es gibt sechs Tage, die zum Arbeiten da sind. Kommt an diesen Tagen, um euch heilen zu lassen, aber nicht am Sabbat." *15* Der Herr entgegnete ihm: „Ihr Heuchler! Jeder von euch bindet am Sabbat seinen Ochsen oder Esel von der Krippe los und führt ihn zur Tränke. *16* Und diese Frau hier, die der Satan achtzehn Jahre lang gebunden hatte, und die doch auch zu Gottes Volk gehört, sie sollte an einem Sabbat nicht von ihrer Fessel befreit werden dürfen?" *17* Diese Antwort beschämte seine Widersacher. Aber das ganze Volk freute sich über die wunderbaren Dinge, die durch Jesus geschahen.

Das Reich Gottes

18 Dann sagte Jesus: „Welches Bild kann das Reich Gottes am besten wiedergeben? Womit soll ich es vergleichen? *19* Es gleicht einem Senfkorn^c, das ein Mann in seinen Garten sät. Es geht auf und wächst und wird zu einem Baum, in dessen Zweigen Vögel nisten können." *20* „Womit soll ich das Reich Gottes noch vergleichen?", sagte Jesus. *21* „Es ist wie mit dem Sauerteig, den eine Frau nimmt und unter einen halben Sack^d Mehl mischt. Am Ende ist die ganze Masse durchsäuert."

22 Auf dem Weg nach Jerusalem zog Jesus durch Städte und Dörfer und lehrte überall. *23* Einmal sagte jemand zu ihm: „Herr, sind es nur wenige, die gerettet werden?" Er erwiderte: *24* „Die Tür ist eng. Setzt alles dran, hineinzukommen! Denn ich sage euch: Viele werden es versuchen, aber es wird ihnen nicht gelingen. *25* Wenn der Hausherr aufgestanden ist und die Haustür abgeschlossen hat, werdet ihr draußen stehen, klopfen und bitten: ‚Herr, mach uns auf!' Doch er wird euch antworten: ‚Ich kenne euch nicht und weiß auch nicht, wo ihr her seid!' *26* Dann werdet ihr sagen: ‚Aber wir haben doch mit dir gegessen und getrunken, und auf unseren Straßen hast du gelehrt.' *27* Doch er wird antworten: ‚Ich kenne euch nicht und weiß auch nicht, wo ihr her seid! Macht euch fort, ihr Schufte!' *28* Wenn ihr dann sehen werdet, dass Abraham, Isaak und Jakob zusammen mit allen Propheten im Reich Gottes sind, ihr selbst aber draußen, dann wird das große Weinen und Zähneknirschen anfangen. *29* Doch dann werden Menschen aus allen Himmelsrichtungen kommen und ihre Plätze im Reich Gottes einnehmen. *30* Und denkt daran: Es gibt

---

c 13,19: *Senfkorn*. Gemeint ist wahrscheinlich der „Schwarze Senf" (*Brassica nigra*), dessen *ein* Millimeter großes Samenkorn in Israel für seine Kleinheit sprichwörtlich war.

---

d 13,21: *halber Sack*. Wörtlich: *drei Sata*. Ein Saton war ein Hohlmaß und fasste etwa 13 Liter.

Letzte, die werden Erste sein und Erste, die werden Letzte sein."

Jesus trauert über Jerusalem

31 Da kamen einige Pharisäer zu Jesus und warnten ihn: „Verlass die Gegend, Herodes Antipas will dich töten!" *32* Jesus erwiderte: „Geht und sagt diesem Fuchs: Heute treibe ich Dämonen aus und morgen heile ich Kranke und am dritten Tag bin ich am Ziel. *33* Ja, heute und morgen und auch am folgenden Tag noch muss ich meinen Weg gehen. Denn es kann ja nicht sein, dass ein Prophet außerhalb von Jerusalem umkommt.

34 Jerusalem, Jerusalem, du tötest die Propheten und steinigst die, die Gott dir schickt. Wie oft wollte ich deine Kinder sammeln, wie eine Henne ihre Küken unter ihre Flügel bringt. Aber ihr habt nicht gewollt. *35* Seht, euer Haus wird verlassen sein! Und ich sage euch: Ihr werdet mich erst wiedersehen, wenn ihr rufen werdet: ‚Gepriesen sei er, der kommt im Namen des Herrn!‘"

Bei einem Pharisäer zu Gast

14 *1* An einem Sabbat ging Jesus zum Essen in das Haus eines führenden Pharisäers. Er wurde aufmerksam beobachtet. *2* Da stand auf einmal ein Mann vor ihm, der an Wassersucht[a] litt. *3* Jesus fragte die anwesenden Gesetzeslehrer und Pharisäer: „Ist es erlaubt, am Sabbat zu heilen oder nicht?" *4* Als sie ihm keine Antwort gaben, berührte er

den Kranken, heilte ihn und ließ ihn gehen. *5* Dann sagte er zu den Anwesenden: „Wenn einem von euch der eigene Sohn in den Brunnen stürzt oder auch nur ein Rind, zieht er sie dann nicht sofort wieder heraus, auch wenn Sabbat ist?" *6* Sie konnten ihm nichts darauf antworten.

7 Als er bemerkte, wie die Eingeladenen sich die Ehrenplätze aussuchten, machte er sie mit einem Vergleich auf ihr Verhalten aufmerksam. *8* „Wenn du von jemand zur Hochzeit eingeladen wirst, dann besetze nicht gleich den Ehrenplatz. Es könnte ja sein, dass noch jemand eingeladen ist, der angesehener ist als du. *9* Der Gastgeber, der euch beide eingeladen hat, müsste dann kommen und dir sagen: ‚Mach ihm bitte Platz!‘ Dann müsstest du beschämt ganz nach unten rücken. *10* Nimm lieber von vornherein den letzten Platz ein. Wenn dann der Gastgeber kommt und zu dir sagt: ‚Mein Freund, nimm doch weiter oben Platz!‘, wirst du vor allen Gästen geehrt sein. *11* Denn jeder, der sich selbst erhöht, wird erniedrigt werden, und wer sich selbst erniedrigt, wird erhöht werden."

12 Dann wandte er sich an seinen Gastgeber: „Wenn du mittags oder abends ein Essen gibst, dann lade nicht deine Freunde, deine Brüder oder deine Verwandten ein, auch nicht deine reichen Nachbarn. Denn sie würden dich wieder einladen, und das wäre dann deine Belohnung. *13* Nein, wenn du ein Essen gibst, dann lade Arme, Behinderte, Gelähmte und Blinde ein! *14* Dann wirst du dich freuen können, weil sie nichts haben, um sich zu revanchieren. Gott

---

a 14,2: *Wassersucht*. Abnorme, krankhafte Ansammlung von Flüssigkeit im Körper.

aber wird es dir bei der Auferstehung der Gerechten vergelten."

15 Da sagte einer von den anderen Gästen zu Jesus: „Was für ein Glück muss es sein, im Reich Gottes zum Essen eingeladen zu werden!" 16 Ihm antwortete Jesus folgendermaßen: „Ein Mann plante ein großes Festessen für den Abend und lud viele dazu ein. 17 Als das Fest beginnen sollte, schickte er seinen Diener und ließ den Eingeladenen sagen: ‚Kommt, es ist alles bereit!' 18 Doch jetzt begann sich einer nach dem anderen zu entschuldigen. Der Erste erklärte: ‚Ich habe einen Acker gekauft, den ich mir unbedingt ansehen muss. Bitte entschuldige mich.' 19 Ein anderer sagte: ‚Ich habe fünf Ochsengespanne gekauft, die ich gleich prüfen muss. Bitte entschuldige mich.' 20 Und ein Dritter sagte: ‚Ich habe gerade erst geheiratet, darum kann ich nicht kommen.' 21 Als der Diener zurückkam und das seinem Herrn berichtete, wurde dieser zornig. Er befahl ihm: ‚Lauf schnell auf die Straßen und Gassen der Stadt und hole die Armen, die Behinderten, die Blinden und die Gelähmten herein!' 22 Bald meldete der Diener: ‚Herr, es ist geschehen, was du befohlen hast, aber es ist noch Platz für weitere Gäste.' 23 Da befahl ihm der Herr: ‚Geh schnell auf die Landstraßen und an die Zäune und dränge alle, die du dort findest, hereinzukommen, damit mein Haus voll wird. 24 Denn das eine sage ich euch: Keiner von denen, die ich zuerst eingeladen hatte, wird an meinen Tisch kommen!'"

Kosten der Nachfolge

25 Als Jesus weiterzog, begleiteten ihn viele Menschen. Er drehte sich zu ihnen um und sagte: 26 „Wenn jemand zu mir kommen will, muss ich ihm wichtiger sein als sein eigener Vater, seine Mutter, seine Frau, seine Kinder, seine Geschwister und selbst sein eigenes Leben; sonst kann er nicht mein Jünger sein. 27 Wer nicht sein Kreuz trägt und mir nachkommt, kann nicht mein Jünger sein.

28 Wenn jemand von euch ein hohes Haus bauen will, muss er sich doch vorher hinsetzen und die Kosten überschlagen, um zu sehen, ob sein Geld dafür reicht. 29 Sonst hat er vielleicht das Fundament gelegt, kann aber nicht weiterbauen. Und alle, die das sehen, fangen an zu spotten. 30 ‚Das ist der', sagen sie, ‚der ein hohes Haus bauen wollte und es nicht weitergebracht hat.'

31 Oder stellt euch einen König vor, der gegen einen anderen König Krieg führen muss. Wird er sich nicht vorher hinsetzen und überlegen, ob er mit zehntausend Mann stark genug ist, sich seinem Gegner zu stellen, der mit zwanzigtausend Mann anrückt? 32 Wenn nicht, wird er, solange der andere noch weit weg ist, eine Gesandtschaft schicken und Friedensbedingungen aushandeln.

33 Darum kann auch keiner von euch mein Jünger sein, der nicht von allem Abschied nimmt, was er hat. 34 Salz ist etwas Gutes. Wenn es aber seinen Geschmack verliert, womit soll man es wieder salzig machen? 35 Es ist nicht einmal mehr als Dünger für den Acker tauglich. Man kann es nur noch wegschütten.

Wer Ohren hat und hören kann, der höre zu!"

Verloren und wiedergefunden

15 *1* Immer wieder hielten sich auch Zolleinnehmer und andere Leute mit schlechtem Ruf in der Nähe von Jesus auf; auch sie wollten ihn hören. *2* Die Pharisäer und die Gesetzeslehrer waren darüber empört. „Der nimmt Sünder auf", sagten sie, „und isst sogar mit ihnen!" *3* Da erzählte Jesus ihnen folgendes Gleichnis:

4 „Wenn jemand von euch hundert Schafe hat und eins davon sich verirrt, lässt er dann nicht die neunundneunzig in der Steppe weitergrasen und geht dem verlorenen nach, bis er es findet? *5* Und wenn er es gefunden hat, trägt er es voller Freude auf seinen Schultern nach Hause. *6* Dann ruft er seine Freunde und Nachbarn zusammen und sagt zu ihnen: ‚Freut euch mit mir! Ich habe mein verlorenes Schaf wiedergefunden!' *7* Ich sage euch: Im Himmel wird man sich genauso freuen. Die Freude über einen Sünder, der seine Einstellung geändert hat, ist größer als über neunundneunzig Gerechte, die es nicht nötig haben, umzukehren.

8 Oder wenn eine Frau zehn Drachmen[a] hat und eine davon verliert, zündet sie dann nicht eine Lampe an, fegt das ganze Haus und sucht in allen Ecken, bis sie die Münze findet? *9* Und wenn sie sie dann gefunden hat, ruft sie ihre Freundinnen und Nachbarinnen zusammen und sagt zu ihnen: ‚Freut euch mit mir! Ich hab die verlorene Drachme

wiedergefunden!' *10* Ich sage euch: Genauso freuen sich die Engel Gottes über einen Sünder, der seine Einstellung geändert hat."

11 Jesus fuhr fort: „Ein Mann hatte zwei Söhne. *12* Der jüngere sagte zu seinem Vater: ‚Ich möchte schon jetzt den Teil der Erbschaft haben, der mir zusteht.' Da teilte der Vater seinen Besitz unter seine Söhne auf.[b] *13* Wenige Tage später hatte der jüngere seinen ganzen Anteil zu Geld gemacht und reiste in ein fernes Land. Dort lebte er in Saus und Braus und vergeudete sein ganzes Vermögen. *14* Als er alles ausgegeben hatte, brach in jenem Land eine große Hungersnot aus, und es ging ihm schlecht. *15* Da ging er zu einem Bürger jenes Landes und drängte sich ihm auf. Der schickte ihn zum Schweinehüten aufs Feld. *16* Gern hätte er seinen Hunger mit den Schoten[c] für die Schweine gestillt. Aber er bekam nichts davon. *17* Jetzt kam er zur Besinnung. ‚Alle Tagelöhner meines Vaters haben mehr als genug zu essen', sagte er sich, ‚aber ich komme hier vor Hunger um. *18* Ich will mich aufraffen und zu meinem Vater gehen. Dann werde ich ihm sagen: Vater, ich habe mich versündigt – gegen den Himmel und auch gegen dich. *19* Ich bin es nicht mehr wert, dein Sohn genannt zu werden. Mach mich doch zu einem deiner

---

a 15,8: *Drachme.* Griechische Silbermünze vom gleichen Wert wie der römische Denar.

b 15,12: *Besitz … auf.* Bei zwei Söhnen bekam der ältere Sohn normalerweise zwei Drittel, der jüngere ein Drittel des Erbes.

c 15,16: *Schoten.* Die Früchte des Johannesbrotbaums wurden wohl auch von armen Menschen verzehrt.

Tagelöhner!' *20* So machte er sich auf den Weg zu seinem Vater. Er war noch weit entfernt, als der Vater ihn kommen sah. Das bewegte sein Herz, er lief ihm entgegen, fiel ihm um den Hals und küsste ihn. *21* ,Vater', sagte der Sohn, ,ich habe mich gegen den Himmel versündigt und auch gegen dich; ich bin es nicht mehr wert, dein Sohn genannt zu werden.' *22* Doch der Vater befahl seinen Dienern: ,Bringt schnell das beste Gewand heraus und zieht es ihm an! Steckt ihm einen Ring an den Finger und bringt ihm ein Paar Sandalen! *23* Holt das Mastkalb und schlachtet es! Wir wollen ein Fest feiern und uns freuen. *24* Denn dieser Sohn hier war tot und ist ins Leben zurückgekehrt. Er war verloren und ist wiedergefunden worden.' Dann begannen sie zu feiern.

25 Der ältere Sohn war noch auf dem Feld. Als er zurückkam, hörte er schon von weitem Musik und Reigentanz. *26* Er rief einen Diener herzu und erkundigte sich, was das sei. *27* ,Dein Bruder ist zurückgekommen', sagte dieser, ,und dein Vater hat das gemästete Kalb schlachten lassen, weil er ihn gesund wiederhat.' *28* Da wurde der ältere Sohn zornig und wollte nicht hineingehen. Sein Vater kam heraus und redete ihm zu. *29* Doch er hielt seinem Vater vor: ,So viele Jahre habe ich wie ein Sklave für dich geschuftet und mich nie deinen Anordnungen widersetzt. Aber mir hast du nie auch nur einen Ziegenbock gegeben, dass ich mit meinen Freunden hätte feiern können. *30* Und nun kommt der da zurück, dein Sohn, der dein Geld mit Huren durchgebracht hat, und du schlachtest ihm

gleich das Mastkalb!' *31* ,Aber Kind', sagte der Vater zu ihm, ,du bist doch immer bei mir, und alles, was mir gehört, gehört auch dir! *32* Jetzt mussten wir doch feiern und uns freuen! Denn dein Bruder war tot und ist ins Leben zurückgekommen, er war verloren und ist nun wiedergefunden.'"

Der kluge Verwalter

16 *1* Dann wandte sich Jesus seinen Jüngern zu: "Ein reicher Mann hatte einen Verwalter. Der wurde bei ihm angeklagt, er würde sein Vermögen verschwenden. *2* Sein Herr stellte ihn zur Rede: ,Was muss ich von dir hören? Leg die Abrechnung über deine Arbeit vor! Du wirst nicht länger mein Verwalter sein.' *3* Der Verwalter sagte sich: ,Was soll ich machen, wenn mein Herr mir die Verwaltung abnimmt? Für schwere Arbeit tauge ich nicht, und zu betteln schäme ich mich. *4* Doch! Jetzt weiß ich, was ich tun muss, damit sie mich in ihre Häuser aufnehmen, wenn ich entlassen werde.' *5* Er rief nacheinander alle zu sich, die bei seinem Herrn Schulden hatten. ,Wie viel schuldest du meinem Herrn?', fragte er den Ersten. *6* ,Hundert Fass[d] Olivenöl', sagte dieser. ,Hier ist dein Schuldschein', sagte der Verwalter, ,setz dich hin und schreib fünfzig!' *7* Dann fragte er den Nächsten: ,Und du, wie viel Schulden hast du?' ,Fünfhundert Sack[e] Weizen',

---

d 16,6: *Hundert Fass*. Wörtlich: *Hundert Bat*, das sind etwa 3600 Liter, eine Ölmenge, die aus der Frucht von 450 Ölbäumen gewonnen werden konnte.

e 16,7: *Fünfhundert Sack*. Wörtlich: *Hundert Kor*. Das Trockenhohlmaß fasste

antwortete der. ‚Hier ist dein Schuldschein‘, sagte der Verwalter, ‚setz dich hin und schreib vierhundert[a]!‘“

8 Der Herr lobte den unehrlichen Verwalter, weil er klug gehandelt hatte. „Denn“, sagte er, „die Menschen dieser Welt sind klüger im Umgang miteinander als die Menschen des Lichts. **9** Und ich sage euch: Macht euch Freunde mit dem Mammon[b], an dem so viel Unrecht hängt, damit man euch dann, wenn es damit zu Ende ist, in die ewigen Wohnungen aufnimmt. **10** Wer in den kleinen Dingen treu ist, ist auch in großen treu; und wer in den kleinen Dingen unzuverlässig ist, ist es auch in den großen. **11** Wenn ihr also im Umgang mit dem ungerechten Mammon nicht treu seid, wer wird euch dann die wahren Güter anvertrauen? **12** Und wenn ihr mit fremdem Eigentum nicht treu seid, wer wird euch dann das anvertrauen, was euch gehören soll? **13** Kein Diener kann zwei Herren dienen. Entweder wird er den einen bevorzugen und den anderen vernachlässigen oder dem einen treu sein und den anderen hintergehen. Ihr könnt nicht Gott dienen und gleichzeitig dem Mammon.“

14 Das alles hatten auch die Pharisäer mitgehört, die sehr an ihrem Geld hingen, und sie machten sich über ihn lustig. **15** Da sagte er zu ihnen: „Ihr wollt den Leuten weismachen, dass ihr die Gerechten seid! Aber Gott kennt eure Herzen. Was bei den Menschen Eindruck macht, ist Gott ein Gräuel.“

Das Gesetz hat Bestand

16 „Bis Johannes der Täufer zu predigen begann, hattet ihr nur Mose und die Propheten. Seitdem wird die gute Botschaft vom Reich Gottes verkündigt, und die Menschen drängen sich mit Gewalt hinein. **17** Doch eher vergehen Himmel und Erde, als dass auch nur ein Strichlein vom Gesetz hinfällig wird. **18** Zum Beispiel begeht jeder, der sich von seiner Frau scheiden lässt und eine andere heiratet, Ehebruch. Und wer eine geschiedene Frau heiratet, begeht ebenfalls Ehebruch.

19 Da war ein reicher Mann, der teure Kleidung trug und jeden Tag im Luxus lebte. **20** Vor dem Tor seines Hauses lag ein Armer namens Lazarus. Sein Körper war voller Geschwüre. **21** Gern hätte er seinen Hunger mit den Küchenabfällen gestillt, doch nur die Hunde kamen und leckten an seinen Geschwüren. **22** Der Arme starb und wurde von den Engeln zu Abraham gebracht. Er erhielt dort den Ehrenplatz an seiner Seite. Auch der Reiche starb und wurde begraben. **23** Als er in der Hölle[c] wieder zu sich kam und Folterqualen litt, sah er in weiter Ferne Abraham und Lazarus an seiner Seite. **24** Da rief er: ‚Vater Abraham, hab Erbarmen mit mir! Schick mir doch Lazarus! Lass ihn seine Fingerspitze ins Wasser tauchen

---

etwa 10 Bat, das sind 360 Liter oder 275 Kilogramm Weizen. 100 Kor entspricht also 27,5 Tonnen Weizen.

a 16,7: *vierhundert*. Wörtlich: *achtzig*. Das bezieht sich auf die Einheit „Kor“.

b 16,9: *Mammon*. Aramäischer Begriff für Besitz oder Vermögen.

c 16,23: *Hölle*. Siehe Fußnote zu Lukas 10,15.

und meine Zunge kühlen, denn ich werde in der Glut dieser Flammen sehr gequält.' 25 Doch Abraham erwiderte: ‚Mein Kind, denk daran, dass du schon in deinem Leben alles Gute bekommen hast, Lazarus aber nur das Schlechte. Jetzt wird er dafür hier getröstet, und du hast zu leiden. 26 Außerdem liegt zwischen uns und euch ein so tiefer Abgrund, dass niemand von uns zu euch hinüberkommen kann, selbst wenn er es wollte; und auch von euch kann niemand zu uns herüberkommen.' 27 ‚Vater Abraham', bat der Reiche, ‚dann schick ihn doch wenigstens in das Haus meines Vaters! 28 Denn ich habe noch fünf Brüder. Er soll sie warnen, damit sie nicht auch an diesen Ort der Qual kommen.' 29 Doch Abraham sagte: ‚Sie haben die Weisung von Mose und den Propheten, auf die sollen sie hören.' 30 ‚Nein, Vater Abraham', wandte er ein, ‚es müsste einer von den Toten zu ihnen kommen, dann würden sie ihre Einstellung ändern.' 31 Darauf sagte Abraham zu ihm: ‚Wenn sie nicht auf Mose und die Propheten hören, werden sie sich auch nicht überzeugen lassen, wenn einer von den Toten aufersteht.'"

Vergeben und glauben

17 1 Jesus sagte zu seinen Jüngern: „Es wird immer Verführungen geben, doch wehe dem, der daran schuld ist. 2 Für den wäre es besser, er würde mit einem Mühlstein um den Hals ins Meer geworfen, als dass er einen dieser Geringgeachteten hier zu Fall bringt. 3 Seht euch also vor!

Wenn dein Bruder sündigt, weise ihn zurecht; und wenn er Reue zeigt, vergib ihm. 4 Und wenn er siebenmal am Tag an dir schuldig wird und siebenmal wieder zu dir kommt und sagt: ‚Es tut mir leid!', sollst du ihm vergeben!"

5 Die Apostel baten den Herrn: „Stärke unseren Glauben!" 6 Da sagte der Herr: „Wenn euer Vertrauen nur so groß wäre wie ein Senfkorn, könntet ihr zu diesem Maulbeerfeigenbaum hier sagen: ‚Zieh deine Wurzeln aus der Erde und pflanz dich ins Meer!' Er würde euch gehorchen."

Dienst und Dankbarkeit

7 „Wenn einer von euch einen Sklaven hat und dieser vom Pflügen oder Schafehüten zurückkommt, wird er ihm vielleicht sagen: ‚Komm gleich zum Essen!'? 8 Vielmehr wird er zu ihm sagen: ‚Mach das Abendessen fertig, binde dir eine Schürze um und bediene mich am Tisch! Wenn ich fertig bin, kannst du auch essen und trinken!' 9 Und bedankt er sich vielleicht bei seinem Sklaven, dass er das Befohlene getan hat? 10 So soll es auch bei euch sein. Wenn ihr alles getan habt, was euch aufgetragen war, dann sagt: ‚Wir sind Sklaven, weiter nichts. Wir haben nur unsere Pflicht getan.'"

11 Auf dem Weg nach Jerusalem zog Jesus durch das Grenzgebiet von Samarien und Galiläa. 12 Kurz vor einem Dorf kamen ihm zehn Aussätzige entgegen. Sie blieben in einiger Entfernung stehen 13 und riefen: „Jesus, Herr, hab Erbarmen mit uns!" 14 Jesus sah sie an und sagte zu ihnen: „Geht zu den Priestern und stellt euch ihnen vor!" Auf dem Weg dorthin wurden sie gesund. 15 Einer

aus der Gruppe kam zurück, als er es merkte, und lobte Gott mit lauter Stimme. *16* Er warf sich vor Jesus nieder und dankte ihm. Und das war ein Samaritaner. *17* Da sagte Jesus: „Sind denn nicht alle zehn geheilt worden? Wo sind die anderen neun? *18* Ist es keinem in den Sinn gekommen, Gott die Ehre zu erweisen, als nur diesem Fremden hier?" *19* Dann sagte er zu dem Mann: „Steh auf und geh nach Hause! Dein Glaube hat dich gerettet."

Das Reich Gottes kommt

20 Einige Pharisäer fragten Jesus, wann das Reich Gottes komme. Er antwortete: „Das Reich Gottes kommt nicht so, dass man es an äußeren Zeichen erkennen kann. *21* Man wird auch nicht sagen können: ‚Seht, hier ist es!', oder: ‚Seht einmal, dort!' Nein, das Reich Gottes ist schon jetzt mitten unter euch."

22 Dann sagte Jesus zu seinen Jüngern: „Es wird eine Zeit kommen, wo ihr euch danach sehnt, auch nur einen Tag des Menschensohnes zu erleben, aber es wird euch nicht vergönnt sein. *23* Sie werden zu euch sagen: ‚Seht einmal, dort ist er!', oder: ‚Seht hier!' Geht dann nicht hin, und lauft auch keinem nach! *24* Denn wenn der Menschensohn kommt, wird es wie bei einem Blitz den ganzen Horizont erhellen. *25* Vorher muss er aber noch vieles leiden und von der jetzigen Generation verworfen werden. *26* Und wenn der Menschensohn kommt, wird es so wie in Noahs Zeit sein. *27* Die Menschen aßen, tranken, heirateten und wurden verheiratet – bis zu dem Tag, an dem Noah in die Arche ging. Dann kam die Flut und brachte alle um. *28* Und es wird so sein wie in Lots Zeit: Die Menschen aßen und tranken, sie kauften und verkauften, sie pflanzten und bauten *29* – bis zu dem Tag, an dem Lot Sodom verließ. Da regnete es Feuer und Schwefel vom Himmel und brachte alle um. *30* Genauso wird es an dem Tag sein, an dem der Menschensohn für alle sichtbar werden wird. *31* Wer sich dann gerade auf der Dachterrasse seines Hauses aufhält und seine Sachen im Haus hat, soll nicht erst hinuntersteigen, um sie zu holen; und wer auf dem Feld ist, soll nicht erst zurückkehren. *32* Denkt an Lots Frau! *33* Wer sein Leben zu retten versucht, wird es verlieren, wer es aber verliert, wird es bewahren. *34* Ich sage euch: Wenn in jener Nacht zwei in einem Bett liegen, wird der eine angenommen und der andere zurückgelassen. *35* Wenn zwei an derselben Mühle mahlen, wird die eine angenommen und die andere zurückgelassen werden." (*36*)[a] *37* „Herr, wo wird das geschehen?", fragten die Jünger. Er erwiderte: „Wo das Aas liegt, da sammeln sich die Geier."

Hartnäckig beten

18 *1* Durch folgendes Gleichnis machte er ihnen deutlich, dass sie immer beten sollten, ohne sich entmutigen zu lassen: *2* „In einer Stadt lebte ein Richter", sagte er,

---

a 17,36: Spätere Handschriften haben hier wie Matthäus 24,40 eingefügt: „Wenn zwei Männer auf dem Feld arbeiten, wird der eine angenommen und der andere zurückgelassen werden."

„der achtete weder Gott noch die Menschen. 3 In derselben Stadt lebte auch eine Witwe, die immer wieder zu ihm kam und ihn aufforderte, ihr zum Recht gegen jemand zu verhelfen, der ihr Unrecht getan hatte. 4 Lange Zeit wollte der Richter nicht, doch schließlich sagte er sich: ‚Ich mache mir zwar nichts aus Gott, und was die Menschen denken, ist mir egal, 5 doch diese aufdringliche Witwe wird mir lästig. Ich muss ihr zum Recht verhelfen, sonst wird sie am Ende noch handgreiflich.‘"

6 Der Herr fuhr fort: „Habt ihr gehört, was dieser Richter sagt, dem es ja gar nicht um Gerechtigkeit geht? 7 Sollte Gott da nicht erst recht seinen Auserwählten zu ihrem Recht verhelfen, die Tag und Nacht zu ihm rufen? Wird er sie etwa lange warten lassen? 8 Ich sage euch: Er wird dafür sorgen, dass sie schnell zu ihrem Recht kommen. Aber wird der Menschensohn wohl solch einen Glauben auf der Erde finden, wenn er kommt?"

9 Dann wandte sich Jesus einigen Leuten zu, die voller Selbstvertrauen meinten, in Gottes Augen gerecht zu sein, und deshalb für die anderen nur Verachtung übrig hatten. Er erzählte ihnen folgendes Gleichnis: 10 „Zwei Männer, ein Pharisäer und ein Zolleinnehmer, gingen zum Gebet in den Tempel. 11 Der Pharisäer stellte sich hin und betete für sich: ‚Ich danke dir, Gott, dass ich nicht so bin wie die anderen Menschen, all diese Räuber, Betrüger, Ehebrecher oder wie dieser Zolleinnehmer dort. 12 Ich faste zweimal in der Woche und spende den zehnten Teil von all meinen Einkünften.‘ 13 Der Zolleinnehmer jedoch

blieb weit entfernt stehen und wagte nicht einmal, zum Himmel aufzublicken. Er schlug sich an die Brust und sagte: ‚Gott, sei mir gnädig. Ich bin ein Sünder.‘ 14 Ich sage euch: Dieser Mann wurde von Gott für unschuldig erklärt, der andere nicht. Denn jeder, der sich selbst erhöht, wird von Gott erniedrigt werden; und wer sich selbst erniedrigt, wird von Gott erhöht werden."

Wer ins Reich Gottes kommt

15 Es wurden auch kleine Kinder zu Jesus gebracht, damit er sie mit der Hand berührte. Als die Jünger das sahen, fuhren sie die Leute an. 16 Doch Jesus rief sie zu sich und sagte: „Lasst doch die Kinder zu mir kommen und hindert sie nicht daran! Gottes Reich ist ja gerade für solche wie sie bestimmt. 17 Ich versichere euch: Wer Gottes Reich nicht wie ein Kind annimmt, wird nie hineinkommen."

18 Einmal wurde Jesus von einem angesehenen Mann gefragt: „Guter Rabbi, was muss ich tun, um das ewige Leben zu bekommen? 19 „Was nennst du mich gut?", entgegnete Jesus. „Gut ist nur Gott, sonst niemand. 20 Du kennst doch die Gebote: ‚Du sollst die Ehe nicht brechen, nicht morden, nicht stehlen, du sollst keine Falschaussagen machen, ehre deinen Vater und deine Mutter!‘" 21 „Das alles habe ich von Jugend an befolgt", erwiderte der Mann. 22 Da sagte Jesus zu ihm: „Eins fehlt dir noch: Verkaufe alles, was du hast, und gib den Erlös den Armen – du wirst dann einen Schatz im Himmel haben – und komm, folge mir nach!" 23 Der Mann wurde sehr traurig, als er das hörte, denn er hatte ein großes Vermögen. 24 Als Jesus ihn

so traurig sah, sagte er: „Wie schwer ist es doch für Wohlhabende, in Gottes Reich zu kommen! *25* Eher kommt ein Kamel durch ein Nadelöhr, als ein Reicher in Gottes Reich." *26* Da fragten die Zuhörer: „Wer kann dann überhaupt gerettet werden?" *27* Jesus sagte: „Das für Menschen Unmögliche ist möglich bei Gott."

28 Da erklärte Petrus: „Du weißt, wir haben alles verlassen und sind dir gefolgt. *29* „Ich versichere euch", erwiderte Jesus, „jeder, der wegen Gottes Reich Haus, Frau, Brüder, Eltern oder Kinder verlassen hat, *30* bekommt jetzt in dieser Zeit alles vielfach wieder und in der kommenden Welt das ewige Leben."

Auf dem Weg zum Leiden

31 Dann nahm er die Zwölf beiseite und sagte: „Passt auf, wir gehen jetzt nach Jerusalem hinauf. Dort wird sich alles erfüllen, was die Propheten über den Menschensohn geschrieben haben. *32* Er wird den Fremden übergeben, die Gott nicht kennen. Er wird verspottet, gedemütigt und angespuckt werden. *33* Und wenn sie ihn ausgepeitscht haben, werden sie ihn töten. Doch am dritten Tag wird er wieder auferstehen." *34* Die Jünger verstanden kein Wort. Der Sinn des Gesagten blieb ihnen verborgen; sie verstanden einfach nicht, was damit gemeint war.

Wunder in Jericho

35 Als Jesus in die Nähe von Jericho kam, saß ein Blinder an der Straße und bettelte. *36* Er hörte eine große Menschenmenge vorbeiziehen und erkundigte sich, was das zu bedeuten habe. *37* „Jesus von Nazaret kommt vorbei", erklärte man ihm. *38* Da fing er an zu rufen: „Jesus, Sohn Davids, hab Erbarmen mit mir!" *39* Die Vorübergehenden fuhren ihn an, still zu sein. Doch er schrie nur umso lauter: „Sohn Davids, hab Erbarmen mit mir!" *40* Jesus blieb stehen und befahl, den Mann zu ihm zu bringen. Als er herangekommen war, fragte Jesus: *41* „Was möchtest du von mir?" – „Herr, dass ich wieder sehen kann!", erwiderte der Blinde. *42* „Du sollst wieder sehen können", sagte Jesus, „dein Glaube hat dich geheilt!" *43* Im gleichen Augenblick konnte der Mann sehen. Er folgte Jesus und pries Gott. Und auch die ganze Menge, die dabei war, pries Gott.

19 *1* Jesus kam nach Jericho und zog mitten durch die Stadt. *2* Dort gab es einen reichen Mann namens Zachäus. Er war der oberste Zolleinnehmer *3* und wollte unbedingt sehen, wer Jesus war. Aber es gelang ihm nicht, weil er klein war und die vielen Leute ihm die Sicht versperrten. *4* Da lief er voraus und kletterte auf einen Maulbeerfeigenbaum. Er hoffte, ihn dann sehen zu können, denn Jesus sollte dort vorbeikommen. *5* Als Jesus an die Stelle kam, blickte er hoch, sah ihn an und rief: „Zachäus, komm schnell herunter! Ich muss heute noch zu dir kommen!" *6* Schnell stieg Zachäus vom Baum herunter und nahm Jesus voller Freude bei sich auf. *7* Die Leute waren empört, als sie das sahen. „Bei einem ausgemachten Sünder ist er eingekehrt!", murrten sie. *8* Zachäus aber trat vor den Herrn und sagte: „Herr, die Hälfte meines Vermögens werde ich den Armen geben, und wenn ich vor jemand etwas erpresst habe, werde ich es ihm vierfach zurückerstatten." *9* Da sagte Jesus zu ihm: „Heute hat dieses Haus Rettung erfahren." Und dann fügte er hinzu: „Er ist doch auch ein Sohn Abrahams. *10* Der Menschensohn ist ja gekommen, um zu suchen und zu retten, was verloren ist."

Das anvertraute Geld

11 Weil Jesus schon nah bei Jerusalem war, meinten die Leute, die ihm zuhörten, dass das Reich Gottes nun anbrechen würde. Deshalb fügte Jesus noch folgendes Gleichnis an:

12 „Ein Mann aus fürstlichem Haus wollte in ein fernes Land reisen, um sich dort zum König über sein eigenes Land krönen zu lassen. *13* Er rief zehn seiner Diener zu sich und gab jedem ein Pfund Silbergeld[a]. ‚Arbeitet damit, bis ich wiederkomme!', sagte er. *14* Aber seine Landsleute hassten ihn. Sie schickten eine Abordnung hinter ihm her und ließen sagen: ‚Diesen Mann wollen wir nicht als König über uns haben!' *15* Trotzdem wurde er zum König eingesetzt. Als er zurückkam, ließ er die Diener, denen er das Geld gegeben hatte, zu sich rufen. Er wollte erfahren, welchen Gewinn jeder erzielt hatte. *16* Der Erste kam und berichtete: ‚Herr, dein Pfund hat weitere zehn eingebracht.' *17* Da sagte der König zu ihm: ‚Hervorragend, du bist ein guter Mann! Weil du im Kleinsten zuverlässig warst, sollst du Verwalter von zehn Städten werden.' *18* Der Zweite kam und berichtete: ‚Herr, dein Pfund hat weitere fünf eingebracht.' *19* Auch ihn lobte der König: ‚Du sollst Herr über fünf Städte werden.' *20* Doch der Nächste, der kam, erklärte: ‚Herr, hier ist dein Pfund Silbergeld. Ich habe es in einem Schweißtuch[b] aufbewahrt, *21* denn ich hatte Angst vor dir, weil du ein so strenger Mann bist. Du forderst Gewinn, wo du nichts angelegt hast, und erntest, wo du nicht gesät hast.' *22* ‚Du nichtsnutziger Sklave!', sagte der König. ‚Mit deinen eigenen Worten verurteilst du dich. Du wusstest also, dass ich ein strenger Mann bin, dass ich Gewinn fordere, wo ich nichts angelegt, und ernte, wo ich nichts gesät habe? *23* Warum hast du mein Geld dann nicht auf eine Bank gebracht? Dann hätte ich es wenigstens mit Zinsen zurückbekommen.' *24* Dann wandte er sich zu den Herumstehenden: ‚Nehmt ihm das Pfund weg', sagte er, ‚und gebt es dem, der die zehn Pfund erworben hat!' *25* ‚Aber Herr', sagten sie, ‚er hat doch schon zehn Pfund!' *26* ‚Ja', erwiderte der König, ‚aber denen, die einen Gewinn vorweisen können, wird noch mehr gegeben werden, und denen, die nichts gebracht haben, wird selbst das, was sie hatten, weggenommen. *27* Und nun zu meinen Feinden, die mich nicht zum

---

a 19,13: *ein Pfund Silbergeld*. Wörtlich: *eine Mine*, das ist Silbergeld im Gewicht von etwa 600 Gramm und im Wert von hundert Tagesverdiensten.

b 19,20: Das *Schweißtuch* war eine Art großes Taschentuch, mit dem man sich den Schweiß vom Gesicht wischte.

König haben wollten: Holt sie her und bringt sie hier vor mir um!'"

Einzug in Jerusalem

28 Nachdem er das erzählt hatte, setzte Jesus seinen Weg nach Jerusalem fort.[a] 29 Als er in die Nähe von Betfage[b] und Betanien[c] am Ölberg kam, schickte er zwei seiner Jünger mit dem Auftrag los: 30 „Geht in das Dorf dort drüben. Gleich, wenn ihr hineingeht, werdet ihr ein Fohlen angebunden finden, auf dem noch niemand geritten ist. Bindet es los und bringt es her. 31 Wenn jemand fragt, warum ihr es losbindet, sagt einfach: ‚Der Herr braucht es.'" 32 Die beiden machten sich auf den Weg und fanden alles so, wie Jesus es ihnen beschrieben hatte. 33 Als sie das Fohlen losmachten, fragten die Leute, denen es gehörte: „Warum bindet ihr das Tier los?" 34 „Der Herr braucht es!", antworteten sie. 35 Dann brachten sie das Jungtier zu Jesus, warfen ihre Mäntel darüber und ließen Jesus aufsteigen. 36 Während er so seinen Weg fortsetzte, breiteten andere ihre Mäntel auf dem Weg aus. 37 Als Jesus an die Stelle kam, wo der Weg vom Ölberg in die Stadt hinabführte, brach die ganze Menge der Jünger in Freudenrufe aus. Sie lobten Gott mit lauter Stimme für all die Wunder, die sie miterlebt hatten:

38 „Gepriesen sei der König, / der kommt im Namen des Herrn! / Frieden dem, der im Himmel ist, / Ehre dem, der in der Höhe wohnt!"

39 Da riefen ihm einige Pharisäer aus der Menge zu: „Rabbi, bring deine Jünger doch zur Vernunft!" 40 Doch er erwiderte: „Ich sage euch: Würden sie schweigen, dann würden die Steine schreien." 41 Als er näher kam und die Stadt vor sich liegen sah, weinte er über sie 42 und sagte: „Wenn du wenigstens heute noch erkennen würdest, was dir den Frieden bringt! Doch du bist blind dafür. 43 Es kommt für dich eine Zeit, da werden deine Feinde einen Wall um dich bauen; sie werden dich belagern und dich von allen Seiten bedrängen. 44 Sie werden dich und deine Bewohner niederwerfen und in der ganzen Stadt keinen Stein mehr auf dem anderen lassen, weil du die Gelegenheit, in der Gott dich besuchte, verpasst hast."

Auseinandersetzungen im Tempel

45 Dann ging er in den Tempel und fing an, die Händler hinauszujagen. 46 „In der Schrift heißt es:", rief er, „‚Mein Haus soll ein Haus des Gebets sein.' Aber ihr habt ‚eine Räuberhöhle' daraus gemacht."[d] 47 Jeden Tag lehrte Jesus im Tempel, aber die Hohen Priester, die Gesetzeslehrer und die führenden Männer des Volkes suchten

---

a 19,28: Das war eine Strecke von etwa 25 km bei einem Höhenunterschied von mehr als 1000 Metern.

b 19,29: *Betfage*. Dorf am Osthang des Ölbergs, ganz in der Nähe der Römerstraße nach Jericho.

c 19,29: *Betanien*. Dorf am Osthang des Ölbergs, etwa 3 km von Jerusalem entfernt.

---

d 19,46: Mischzitat aus Jesaja 56,7 und Jeremia 7,11.

nach einer Möglichkeit, ihn zu beseitigen. 48 Doch sie wussten nicht, wie sie es anfangen sollten, denn das ganze Volk war dauernd um ihn und ließ sich keins seiner Worte entgehen.

20 1 Als Jesus an einem der Tage wieder im Tempel lehrte und dem Volk die gute Botschaft verkündigte, traten die Hohen Priester und die Gesetzeslehrer in Begleitung der Ältesten zu ihm 2 und fragten: „Mit welchem Recht tust du das alles? Wer hat dir die Vollmacht dazu gegeben?" 3 „Auch ich will euch eine Frage stellen", erwiderte Jesus. 4 „Taufte Johannes im Auftrag des Himmels oder im Auftrag von Menschen?" 5 Sie überlegten miteinander. „Wenn wir sagen, ‚im Auftrag des Himmels', wird er fragen: ‚Warum habt ihr ihm dann nicht geglaubt?' 6 Wenn wir aber sagen: ‚Von Menschen', dann wird uns das ganze Volk steinigen, denn sie alle sind überzeugt, dass Johannes ein Prophet war." 7 So erwiderten sie, sie wüssten es nicht. 8 „Gut", entgegnete Jesus, „dann sage ich euch auch nicht, von wem ich die Vollmacht habe, das alles zu tun."

9 Daraufhin erzählte Jesus dem Volk ein Gleichnis. Er begann: „Ein Mann legte einen Weinberg an, verpachtete ihn an Winzer und reiste für längere Zeit ins Ausland. 10 Als die Zeit gekommen war, schickte er einen seiner Arbeiter zu den Pächtern, um seinen Anteil an der Ernte zu erhalten. Doch die Winzer verprügelten den Mann und jagten ihn mit leeren Händen fort. 11 Da schickte der Eigentümer einen zweiten Arbeiter. Aber auch den verprügelten sie, beschimpften ihn und schickten ihn mit leeren Händen fort. 12 Er schickte noch einen dritten. Aber auch den schlugen sie blutig und warfen ihn aus dem Weinberg hinaus. 13 ‚Was soll ich tun?', fragte sich der Eigentümer des Weinbergs. ‚Ich will meinen Sohn schicken, dem meine ganze Liebe gilt. Ihn werden sie sicher nicht antasten.' 14 Als die Winzer den Sohn sahen, überlegten sie miteinander: ‚Das ist der Erbe! Kommt, wir bringen ihn um, dann gehört das Erbe uns.' 15 Sie warfen ihn aus dem Weinberg hinaus und töteten ihn. Was wird nun der Eigentümer des Weinbergs mit ihnen tun?", fragte Jesus. 16 „Er wird kommen, diese Winzer umbringen und den Weinberg anderen geben." – „Das darf nicht geschehen!", sagten die Zuhörer. 17 Jesus sah sie an und sagte dann: „Was bedeuten denn diese Worte in der Schrift: ‚Der Stein, den die Fachleute als unbrauchbar verworfen haben, ist zum Eckstein geworden.'ᵉ? 18 Jeder, der auf diesen Stein fällt, wird zerschmettert und jeder, auf den er fällt, wird zermalmt." 19 Daraufhin hätten die Hohen Priester und Gesetzeslehrer Jesus am liebsten gleich festgenommen, denn es war ihnen klar, dass er sie mit diesem Gleichnis gemeint hatte.

Steuern zahlen?

20 Doch ließen sie ihn nicht mehr aus den Augen und schickten Spitzel zu ihm, die sich den Anschein geben sollten, als meinten sie es ehrlich. Sie hofften, ihn mit seinen eigenen Worten zu fangen, damit sie ihn der

---

e 20,17: Psalm 118,22

Gerichtsbarkeit des römischen Statthalters ausliefern könnten. *21* „Rabbi", sagten sie, „wir wissen, dass du aufrichtig bist und nicht nach der Meinung der Leute fragst. Du zeigst uns wirklich, wie man nach Gottes Willen leben soll. *22* Ist es nun richtig, dem Kaiser Steuern zu zahlen oder nicht?" *23* Jesus durchschaute ihre Heuchelei und sagte: *24* „Zeigt mir einen Denar[a]! Wessen Bild und Name ist darauf?" „Des Kaisers", erwiderten sie. *25* „Nun", sagte Jesus, „dann gebt dem Kaiser, was dem Kaiser gehört, und Gott, was Gott gehört." *26* Sie konnten ihn zu keiner verfänglichen Aussage vor dem Volk verleiten. Im Gegenteil, sie waren von seiner Antwort so überrascht, dass sie nichts mehr zu sagen wussten.

Gibt es eine Auferstehung?

27 Dann kamen einige Sadduzäer[b] zu Jesus. Diese religiöse Gruppe behauptete, es gäbe keine Auferstehung nach dem Tod. Sie fragten: *28* „Rabbi, Mose hat uns vorgeschrieben: Wenn ein verheirateter Mann kinderlos stirbt, dann soll sein Bruder die Frau heiraten und seinem Bruder Nachkommen verschaffen.[c] *29* Nun waren da sieben Brüder. Der älteste von ihnen heiratete und starb kinderlos. *30* Daraufhin nahm der zweite Bruder die Witwe zur Frau. Doch auch er starb bald und hinterließ keine Kinder. *31* Nach ihm der dritte und so alle sieben. Sie heirateten die Frau, hinterließen keine Kinder und starben. *32* Zuletzt starb auch die Frau. *33* Wessen Frau wird sie nun nach der Auferstehung sein? Denn alle sieben waren ja mit ihr verheiratet." *34* Jesus sagte zu ihnen: „Heiraten ist eine Sache für die gegenwärtige Welt. *35* Aber die Menschen, die für würdig gehalten werden, in der kommenden Welt leben zu dürfen und von den Toten aufzuerstehen, werden nicht mehr heiraten. *36* Sie können dann auch nicht mehr sterben, sondern sind den Engeln gleich. Als Menschen der Auferstehung sind sie dann Söhne Gottes. *37* Dass aber die Toten auferstehen, hat schon Mose deutlich werden lassen, als er in der Geschichte vom Dornbusch den Herrn als den Gott Abrahams, den Gott Isaaks und den Gott Jakobs bezeichnet.[d] *38* Er ist also nicht ein Gott von Toten, sondern von Lebenden; denn für ihn sind alle lebendig." *39* Da sagten einige von den Gesetzeslehrern: „Rabbi, das war eine gute Antwort!" *40* Denn sie wagten es nicht mehr, ihn über irgendetwas zu befragen.

41 Nun wandte sich Jesus an alle und fragte: „Wieso wird eigentlich behauptet, der Messias sei der Sohn Davids? *42* David selbst sagt doch im Buch der Psalmen: ‚Der Herr sprach zu meinem Herrn: Setze dich an meine rechte Seite, *43* bis ich deine Feinde zum Fußschemel für dich gemacht

---

a 20,24: *Denar*. Römische Silbermünze, die dem Tageslohn eines gut bezahlten Arbeiters entsprach.

b 20,27: *Sadduzäer*. Politisch einflussreiche, römerfreundliche religiöse Gruppe, deren Mitglieder aus den vornehmen Familien stammten.

c 20,28: 5. Mose 25,5.

d 20,37: 2. Mose 3,6.

habe.'ᵉ **44** Wenn David ihn also Herr nennt, wie kann er dann gleichzeitig sein Sohn sein?"

45 Vor dem ganzen versammelten Volk warnte Jesus seine Jünger: **46** „Hütet euch vor den Gesetzeslehrern! Sie zeigen sich gern in ihren langen Gewändern und erwarten, dass man sie auf den Märkten ehrerbietig grüßt. In der Synagoge sitzen sie in der ersten Reihe, und bei Gastmählern beanspruchen sie die Ehrenplätze. **47** Gleichzeitig aber verschlingen sie den Besitz schutzloser Witwen und sprechen scheinheilig lange Gebete. Darum erwartet sie ein sehr hartes Urteil."

Der Wert einer Spende

21 **1** Jesus blickte auf und sah, wie reiche Leute Geld in den Opferkasten warfen. **2** Er sah auch, wie eine arme Witwe zwei kleine Kupfermünzen, zwei Leptaᶠ, hineinsteckte. **3** Da sagte er: „Ich versichere euch, diese arme Witwe hat mehr eingelegt als alle anderen. **4** Denn die anderen haben nur etwas von ihrem Überfluss abgegeben. Sie aber hat alles hergegeben, was sie selbst dringend zum Lebensunterhalt gebraucht hätte."

Die Zeichen des Endes

5 Als einige sich über den Tempel unterhielten und die herrlichen Steine bewunderten, mit denen er gebaut, und die Weihgaben, mit denen er geschmückt war, sagte er: **6** „Es kommt eine Zeit, da wird von dem, was ihr hier seht, kein Stein auf dem anderen bleiben; es wird alles zerstört werden." **7** Da fragten sie ihn: „Rabbi, wann wird das alles geschehen? Gibt es ein Zeichen, an dem wir erkennen können, wann es sich erfüllen wird?" **8** „Gebt acht, dass euch niemand irreführt!", erwiderte Jesus. „Viele werden unter meinem Namen auftreten und von sich sagen: ,Ich bin es!', und: ,Die Zeit ist da!' Lauft ihnen nicht nach! **9** Erschreckt nicht, wenn ihr von Kriegen und Unruhen hört! Das muss vorher geschehen, aber das Ende kommt nicht gleich danach." **10** Dann fügte er hinzu: „Ein Volk wird sich gegen das andere erheben, und ein Staat den anderen angreifen. **11** Es wird schwere Erdbeben geben und in vielen Teilen der Welt Hungersnöte und Seuchen. Furchtbare Dinge geschehen, und am Himmel werden gewaltige Zeichen zu sehen sein. **12** Aber bevor das alles passiert, werden sie gewaltsam gegen euch vorgehen und euch verfolgen. Man wird euch vor Synagogengerichte stellen und ins Gefängnis werfen. Und weil ihr zu mir gehört, werdet ihr auch vor Machthaber und Könige gestellt werden. **13** Das wird euch aber Gelegenheit zum Zeugnis für mich geben. **14** Verzichtet bewusst darauf, im Voraus festzulegen, wie ihr euch verteidigen sollt. **15** Denn ich selbst werde euch Worte in den Mund legen, denen eure Gegner nichts entgegenzusetzen haben. Ich werde euch eine Weisheit geben, der sie nicht widersprechen können. **16** Sogar eure Eltern und Geschwister, eure Verwandten und Freunde werden euch ausliefern. Und einige von euch wird man

---

e 20,43: Psalm 110,1

f 21,2: *zwei Lepta*. Das entspricht etwa dem 64. Teil eines Tagelohns.

töten. *17* Weil ihr euch zu mir bekennt, werdet ihr von allen gehasst werden. *18* Doch nicht ein Haar von eurem Kopf wird verloren gehen. *19* Bleibt also standhaft, dann werdet ihr das Leben gewinnen.

20 Wenn ihr seht, dass Jerusalem von feindlichen Heeren eingeschlossen ist, könnt ihr sicher sein, dass seine Zerstörung unmittelbar bevorsteht. *21* Dann sollen die Bewohner Judäas in die Berge fliehen. Wer in der Stadt ist, soll sie verlassen, und wer auf dem Land ist, soll nicht Schutz in der Stadt suchen. *22* Denn dann sind die Tage der Bestrafung da, an denen alles in Erfüllung geht, was in der Schrift darüber gesagt ist. *23* Am schlimmsten wird es dann für schwangere Frauen und stillende Mütter sein. Denn das ganze Land wird in schreckliche Not kommen, weil der Zorn Gottes über dieses Volk hereinbricht. *24* Die Menschen werden mit dem Schwert erschlagen oder als Gefangene in alle Länder verschleppt. Jerusalem wird so lange von fremden Völkern niedergetreten werden, bis auch deren Zeit abgelaufen ist.

25 An Sonne, Mond und Sternen werden Zeichen erscheinen, und auf der Erde werden die Völker in Angst und Schrecken geraten und weder aus noch ein wissen vor dem tobenden Meer und seinen Wellen. *26* In Erwartung der schrecklichen Dinge, die noch über die bewohnte Erde kommen, werden die Menschen vor Angst vergehen, denn sogar die Kräfte des Himmels werden aus dem Gleichgewicht geraten. *27* Dann werden sie den Menschensohn mit großer Macht und Herrlichkeit auf einer Wolke kommen sehen. *28* Wenn das alles anfängt, dann hebt den Kopf und richtet euch auf, denn dann ist eure Erlösung nicht mehr weit."

29 Jesus gebrauchte noch einen Vergleich: „Seht euch den Feigenbaum oder irgendeinen anderen Baum an. *30* Wenn sie ausschlagen, wisst ihr, dass es bald Sommer wird. *31* Genauso ist es, wenn ihr seht, dass diese Dinge geschehen. Dann ist das Reich Gottes ganz nah. *32* Ich versichere euch: Dieses Geschlecht[a] wird nicht untergehen, bis das alles geschieht. *33* Himmel und Erde werden vergehen, aber meine Worte vergehen nie. *34* Seht euch also vor, und lasst euch nicht vom Rausch eines ausschweifenden Lebens umnebeln oder von Lebenssorgen gefangen nehmen, damit jener Tag dann nicht plötzlich über euch hereinbricht *35* wie eine Falle, die zuschnappt. Denn er wird über alle Bewohner der Erde kommen. *36* Seid wachsam und hört nicht auf zu beten, damit ihr die Kraft habt, all dem, was geschehen wird, zu entkommen, und damit ihr zuversichtlich vor den Menschensohn treten könnt."

37 Tagsüber lehrte Jesus im Tempel, doch abends verließ er die Stadt und übernachtete auf dem Ölberg. *38* Und schon frühmorgens kam das ganze Volk, um ihn im Tempel zu hören.

---

a 21,32: *Geschlecht* (griechisch: *genea*) meint entweder Menschen, die in der gleichen Zeit geboren wurden (= Generation, Zeitgenossen) oder die durch gemeinsame Abstammung verbunden sind (= Sippe, Stamm, Volk).

Das letzte Passamahl

22 **1** Das Fest der ungesäuerten Brote, das man auch Passa nennt, stand unmittelbar bevor. **2** Die Hohen Priester und die Gesetzeslehrer suchten nach einer Gelegenheit, Jesus umbringen zu können. Sie wollten das aber heimlich tun, weil sie das Volk fürchteten. **3** Da fuhr der Satan in Judas, der zu den zwölf Jüngern gehörte und Iskariot genannt wurde. **4** Er ging zu den Hohen Priestern und den Hauptleuten der Tempelwache und machte ihnen einen Vorschlag, wie er Jesus an sie ausliefern könnte. **5** Sie freuten sich und versprachen ihm eine Geldsumme als Belohnung. **6** Judas war einverstanden und suchte von da an nach einer günstigen Gelegenheit, Jesus an sie auszuliefern, ohne dass das Volk etwas merkte.

7 Es kam nun der erste Tag vom Fest der ungesäuerten Brote, an dem das Passalamm geschlachtet werden musste. **8** Jesus schickte Petrus und Johannes in die Stadt. „Geht und bereitet das Passamahl für uns vor!", sagte er. **9** „Wo sollen wir das tun?", fragten sie. **1** „Hört zu! Wenn ihr in die Stadt kommt, werdet ihr einen Mann sehen, der einen Wasserkrug trägt. Folgt ihm in das Haus, in das er hineingeht, **11** und sagt dort zu dem Hausherrn: ‚Der Rabbi lässt fragen, wo der Raum ist, in dem er mit seinen Jüngern das Passa feiern kann.' **12** Er wird euch einen großen, mit Polstern ausgelegten Raum im Obergeschoss zeigen. Dort bereitet alles für uns vor!" **13** Die beiden Jünger machten sich auf den Weg und fanden alles genauso, wie Jesus es ihnen gesagt hatte, und bereiteten das Passa vor.

14 Als es dann so weit war, legte sich Jesus mit den Aposteln zu Tisch **15** und sagte: „Ich habe mich sehr danach gesehnt, dieses Passamahl mit euch zu genießen, bevor ich leiden muss. **16** Denn ich sage euch: Ich werde dieses Fest nicht mehr feiern, bis es im Reich Gottes seine volle Erfüllung findet." **17** Dann nahm er einen Kelch, sprach das Dankgebet und sagte: „Nehmt ihn und trinkt alle daraus! **18** Denn ich sage euch: Bis zu dem Tag, an dem Gott seine Herrschaft aufrichtet, werde ich vom Saft der Reben nichts mehr trinken." **19** Dann nahm Jesus ein Fladenbrot, dankte Gott dafür, brach es in Stücke und gab es seinen Jüngern mit den Worten: „Das ist mein Leib, der für euch hingegeben wird. Nehmt und esst! Tut dies zur Erinnerung an mich!" **20** Nachdem sie gegessen hatten, nahm er in gleicher Weise den Kelch und gab ihn den Jüngern. „Dieser Kelch steht für den neuen Bund", sagte er, „der mit meinem Blut besiegelt wird, das ich für euch vergießen werde. **21** Doch ihr müsst wissen, der Verräter ist hier an diesem Tisch. **22** Der Menschensohn geht zwar den Weg, der ihm bestimmt ist, aber wehe dem Menschen, der ihn ausliefern wird!" **23** Da fingen die Jünger an, sich gegenseitig zu fragen, wer von ihnen wohl so etwas tun würde.

24 Es kam auch zu einem Streit unter ihnen über die Frage, wer von ihnen wohl der Größte sei. **25** Da sagte Jesus: „In der Welt herrschen die Könige über ihre Völker, und die Mächtigen lassen sich Wohltäter nennen. **26** Doch bei euch soll es nicht so sein. Im Gegenteil: Der Größte unter euch soll sich auf eine Stufe mit dem Geringsten stellen, und der Führer sei wie ein Diener. *27* Wer ist denn größer: der, der zu Tisch liegt oder der, der ihn bedient? Natürlich der am Tisch! Aber ich bin unter euch wie ein Diener. *28* Doch ihr seid in allem, was ich durchmachen musste, treu bei mir geblieben. *29* Dafür werde ich euch an der Herrschaft beteiligen, die mir mein Vater übertragen hat. *30* Ihr werdet in meinem Reich an meinem Tisch essen und trinken und auf Thronen sitzen, um die zwölf Stämme Israels zu richten."

Prophetische Worte

31 Dann sagte der Herr: „Simon, Simon, der Satan hat euch haben wollen, um euch durchsieben zu können wie den Weizen. *32* Doch ich habe für dich gebetet, dass du deinen Glauben nicht verlierst. Wenn du also später umgekehrt und zurechtgekommen bist, stärke den Glauben deiner Brüder!" *33* „Herr", sagte Petrus, „ich bin bereit, mit dir ins Gefängnis und sogar in den Tod zu gehen." *34* Doch Jesus erwiderte: „Ich sage dir, Petrus: Noch heute Nacht, bevor der Hahn kräht, wirst du dreimal geleugnet haben, mich überhaupt zu kennen."

35 Dann fragte Jesus die Jünger: „Als ich euch ohne Geldbeutel, Vorratstasche und Sandalen aussandte, habt ihr da etwas entbehren müssen?" – „Nein, gar nichts", antworteten sie. *36* „Aber jetzt", sagte er, „nehmt Geldbeutel und Vorratstasche mit, wenn ihr sie habt. Und wer nichts davon hat, soll seinen Mantel verkaufen und sich ein Schwert kaufen. *37* Denn auch das folgende Schriftwort muss sich noch an mir erfüllen: ,Er wurde unter die Verbrecher gezählt.'[a] Doch alles, was mich betrifft, ist jetzt bald vollendet." *38* Die Jünger sagten: „Herr, hier sind zwei Schwerter." –„Das genügt", sagte er.

Auf dem Ölberg

39 Dann verließ er die Stadt und ging wie gewohnt zum Ölberg. Die Jünger folgten ihm. *40* Als er dort war, sagte er zu seinen Jüngern: „Betet darum, dass ihr nicht in Versuchung geratet." *41* Dann zog er sich ungefähr einen Steinwurf weit von den Jüngern zurück. Er kniete sich hin und betete: *42* „Vater, wenn du willst, erspare es mir, diesen bitteren Kelch auszutrinken! Doch nicht mein Wille soll geschehen, sondern der deine." *43* Da erschien ihm ein Engel vom Himmel und stärkte ihn. *44* Jesus betete mit solcher Anspannung, dass sein Schweiß wie Blut auf den Erdboden tropfte.[b] *45* Als er vom Gebet aufstand und wieder zu den Jüngern kam, fand er sie vor Kummer eingeschlafen. *46* „Wie könnt ihr nur schlafen?", sagte er. „Steht auf und betet, dass ihr nicht in Versuchung geratet!"

47 Kaum hatte er das gesagt, tauchte eine große Schar von Männern auf, an ihrer Spitze Judas, einer der Zwölf. Er ging auf Jesus zu und wollte ihn mit einem Kuss begrüßen.

---

a 22,37: Jesaja 53,12

b 22,43-44: Die Verse 43 und 44 fehlen zwar in mehreren alten Handschriften, werden aber schon sehr früh von Kirchenvätern zitiert.

48 „Judas", sagte Jesus zu ihm, „mit einem Kuss verrätst du den Menschensohn?" **49** Als die, die bei Jesus waren, merkten, in welcher Absicht die Männer gekommen waren, fragten sie: „Herr, sollen wir kämpfen? Wir haben die Schwerter mitgebracht." **50** Einer von ihnen ging auch gleich auf den Sklaven des Hohen Priesters los und schlug ihm das rechte Ohr ab. **51** Aber Jesus rief: „Hört auf damit!" Er berührte das Ohr und heilte den Mann. **52** Zu den Hohen Priestern, den Hauptleuten der Tempelwache und den Ältesten, die gegen ihn angerückt waren, sagte er: „Bin ich denn ein Verbrecher, dass ihr mit Schwertern und Knüppeln auszieht, um mich zu verhaften? **53** Ich war doch täglich bei euch im Tempel. Da habt ihr mich nicht festgenommen. Aber das ist eure Stunde und die der Finsternismacht."

Im Palast des Hohen Priesters

54 Sie packten Jesus, führten ihn ab und brachten ihn in den Palast des Hohen Priesters. Petrus folgte ihnen in weitem Abstand. **55** Im Innenhof war ein Feuer angezündet worden, und viele saßen darum herum. Petrus setzte sich zu ihnen. **56** Eine Dienerin bemerkte ihn im Schein des Feuers, blickte ihn scharf an und sagte: „Der war auch mit ihm zusammen!" **57** Aber Petrus stritt es ab: „Frau, den Mann kenne ich gar nicht!" **58** Kurz danach schaute ihn jemand anderes an und sagte: „Du musst auch einer von ihnen sein." – „Mensch!", sagte Petrus. „Das stimmt nicht." **59** Etwa eine Stunde später behauptete ein Dritter: „Natürlich war der auch mit ihm zusammen, er ist ja auch ein Galiläer!"

60 Aber Petrus wehrte ab: „Ich weiß gar nicht, wovon du redest, Mensch!" In diesem Augenblick, noch während Petrus redete, krähte der Hahn. **61** Der Herr wandte sich um und blickte Petrus an. Da erinnerte sich Petrus an das, was der Herr zu ihm gesagt hatte: „Bevor der Hahn heute kräht, wirst du mich dreimal verleugnen." **62** Und er ging hinaus und fing an, bitterlich zu weinen. .

63 Die Männer, die Jesus bewachten, trieben ihren Spott mit ihm und schlugen ihn. **64** Sie verhüllten sein Gesicht und sagten: „Du bist ja ein Prophet. Sag uns doch, wer dich geschlagen hat!" **65** Und noch viele andere Entwürdigungen musste er ertragen.

Vor dem Hohen Rat

66 Als es Tag wurde, versammelten sich die Ältesten des Volkes, die Hohen Priester und die Gesetzeslehrer, die zum Hohen Rat gehörten, zu einer Sitzung. Sie ließen Jesus vorführen **67** und forderten ihn auf: „Wenn du der Messias bist, dann sag es uns!" Jesus erwiderte: „Wenn ich es euch sage, so würdet ihr mir doch nicht glauben, **68** und wenn ich euch frage, antwortet ihr ja nicht. **69** Doch von jetzt an wird der Menschensohn an der rechten Seite des allmächtigen Gottes sitzen." **70** Da riefen sie alle: „Dann bist du also der Sohn Gottes?" – „Ihr sagt es", erwiderte er, „ich bin es." **71** Da riefen sie: „Was brauchen wir noch Zeugen? Wir haben es ja selbst aus seinem Mund gehört!"

Vor Pilatus und Herodes

23 ¹ Der gesamte Rat erhob sich und führte Jesus zu Pilatus[a]. ² Dort trugen sie ihre Anklage vor: „Wir haben festgestellt, dass dieser Mann unser Volk verführt. Er hält die Leute davon ab, dem Kaiser Steuern zu zahlen, und behauptet, der Messias, also ein König, zu sein." ³ Pilatus fragte Jesus: „Bist du der König der Juden?" – „Es ist so, wie du sagst", erwiderte dieser. ⁴ Daraufhin erklärte Pilatus den Hohen Priestern und der Volksmenge: „Ich finde keine Schuld an diesem Mann." ⁵ Doch sie widersprachen heftig und erklärten: „Er wiegelt das Volk auf und verbreitet seine Lehre in ganz Judäa. Angefangen hat er damit in Galiläa, und jetzt ist er bis hierher gekommen."

⁶ Als Pilatus das hörte, fragte er, ob der Mann aus Galiläa sei. ⁷ Man bestätigte ihm, dass Jesus aus dem Herrschaftsbereich des Herodes Antipas stamme. Da ließ er ihn zu Herodes führen, der sich in diesen Tagen ebenfalls in Jerusalem aufhielt. ⁸ Herodes freute sich sehr, als er Jesus sah, denn er wollte ihn schon lange einmal kennenlernen. Er hatte viel von ihm gehört und hoffte nun, eines seiner Wunder mitzuerleben. ⁹ Er stellte ihm viele Fragen, aber Jesus gab ihm nicht eine Antwort. ¹⁰ Dann standen die Hohen Priester und Gesetzeslehrer auf und klagten ihn scharf an. ¹¹ Schließlich begannen Herodes und seine Soldaten, Jesus zu verhöhnen. Sie trieben ihren Spott mit ihm und schickten ihn schließlich zu Pilatus zurück, nachdem sie ihm ein Prachtgewand umgehängt hatten. ¹² Pilatus und Herodes Antipas, die bisher verfeindet gewesen waren, wurden an diesem Tag Freunde.

Das Urteil

¹³ Pilatus ließ die Hohen Priester, die anderen Ratsmitglieder und das Volk zusammenrufen ¹⁴ und erklärte ihnen: „Ihr habt diesen Mann vor mich gebracht und behauptet, er würde das Volk aufhetzen. Nun, ich habe ihn in eurem Beisein verhört und keine einzige von euren Anklagen bestätigt gefunden. ¹⁵ Auch Herodes hat nichts herausgefunden, sonst hätte er ihn nicht zu uns zurückgeschickt. Ihr seht also: Der Mann hat nichts getan, wofür er den Tod verdient hätte. ¹⁶ Darum werde ich ihn jetzt auspeitschen lassen und dann freigeben." (¹⁷)[b] ¹⁸ Da ging ein Aufschrei durch die Menge: „Weg mit dem! Gib uns Barabbas frei!" ¹⁹ Barabbas war in einen Aufruhr in der Stadt verwickelt gewesen und hatte dabei einen Mord begangen. Deswegen saß er im Gefängnis. ²⁰ Pilatus wollte Jesus freilassen und redete der Menge zu. ²¹ Aber sie schrien noch lauter: „Ans Kreuz mit ihm! Kreuzige ihn!" ²² Da machte Pilatus noch einen dritten Versuch. „Was hat er denn verbrochen?", fragte er sie. „Ich habe keinen Grund für ein Todesurteil gefunden. Darum werde ich ihn auspeitschen lassen und anschließend

---

a 23,1: *Pilatus.* Von 26–36 v. Chr. Statthalter des römischen Kaisers für Judäa und Samaria.

b 23,17: Manche alte Handschriften haben hier eingefügt: „Denn er musste ihnen aus Anlass des Festes einen Gefangenen freigeben", wie es Matthäus und Markus berichten.

freigeben." *23* Doch sie setzten ihm mit lautem Geschrei zu und forderten mit aller Macht, dass Jesus gekreuzigt würde. Schließlich beugte sich Pilatus der schreienden Menge *24* und entschied, dass ihre Forderung erfüllt werde. *25* Den Mann, der wegen Aufruhr und Mord im Gefängnis saß, ließ er auf ihr Verlangen hin frei; Jesus dagegen opferte er ihrem Willen.

Die Kreuzigung

26 Als sie ihn dann abführten, kam gerade ein gewisser Simon, der aus Zyrene stammte, vom Feld zurück. Den packten sie und luden ihm das Kreuz auf. Er musste es hinter Jesus hertragen. *27* Eine große Menschenmenge folgte Jesus, darunter viele Frauen, die laut klagten und jammerten. *28* Jesus drehte sich zu ihnen um und sagte: „Ihr Frauen von Jerusalem, weint nicht über mich! Weint über euch selbst und über eure Kinder! *29* Denn es kommt die Zeit, da wird man sagen: ‚Wie gut sind die Frauen dran, die keine Kinder bekommen konnten, die nie ein Kind geboren und gestillt haben!‘ *30* Dann wird man zu den Bergen sagen: ‚Fallt auf uns herab!‘, und zu den Hügeln: ‚Begrabt uns unter euch!‘ *31* Denn wenn dies hier dem lebendigen Baum geschieht, wie wird es dann erst dem verdorrten ergehen?"

32 Zusammen mit Jesus wurden auch zwei Verbrecher zur Hinrichtung geführt. *33* Als sie an die Stelle kamen, die „Schädel" genannt wird, kreuzigten sie ihn und die beiden Verbrecher, den einen rechts und den anderen links von ihm. *34* Jesus sagte: „Vater, vergib ihnen, denn sie wissen nicht, was sie tun!" Aber die Soldaten verlosten seine Kleidung unter sich. *35* Das Volk stand da und sah zu. Ihre führenden Männer aber spotteten: „Anderen hat er geholfen, jetzt soll er sich selbst helfen, wenn er wirklich der Auserwählte ist, der von Gott gesandte Messias!" *36* Auch die Soldaten verspotteten ihn. Sie brachten ihm sauren Wein *37* und sagten: „Wenn du der König der Juden bist, dann hilf dir selbst!" *38* Über ihm hatte man eine Tafel angebracht. Darauf stand^c: „Dies ist der König der Juden." *39* Einer der beiden Verbrecher höhnte: „Bist du nun der Messias oder nicht? Dann hilf dir selbst und auch uns!" *40* Doch der andere fuhr ihn an: „Hast du denn gar keinen Respekt vor Gott? Du bist genauso zum Tod verurteilt wie er, *41* und du bist es mit Recht! Wir beide bekommen, was wir verdient haben, aber der da hat nichts Unrechtes getan." *42* Dann sagte er: „Jesus, denk an mich, wenn deine Herrschaft beginnt!" *43* Jesus erwiderte ihm: „Ich versichere dir: Heute noch wirst du mit mir im Paradies sein."

Der Tod

44 Inzwischen war es Mittag geworden.^d Da verlor die Sonne plötzlich ihren Schein. Bis zur Mitte des Nachmittags^e legte sich eine schwere Finsternis über das ganze Land. *45* Dann

---

c 23,38: Spätere Handschriften haben hier nach Johannes 19,20 eingefügt: *auf Griechisch, Lateinisch und Hebräisch.*

d 23,44: Wörtlich: *schon um die sechste Stunde.*

e 23,45: Wörtlich: *bis zur neunten Stunde.*

riss der Vorhang im Tempel mitten entzwei und *46* Jesus schrie: „Vater, in deine Hände gebe ich meinen Geist." Mit diesen Worten starb er. *47* Als der Hauptmann ihn so sterben sah, gab er Gott die Ehre und sagte: „Dieser Mann war wirklich ein Gerechter!" *48* Und die vielen Leute, die zu dem Schauspiel der Kreuzigung gekommen waren und alles miterlebt hatten, schlugen sich an die Brust und gingen betroffen nach Hause. *49* Aber alle, die mit Jesus bekannt gewesen waren, standen weitab, darunter auch die Frauen, die ihm seit der Zeit seines Wirkens in Galiläa gefolgt waren. Sie hatten alles mit angesehen.

Das Begräbnis

50 Unter den Mitgliedern des Hohen Rates war ein Mann von edler und gerechter Gesinnung. Er hieß Josef *51* und stammte aus Arimathäa[a], einer jüdischen Stadt. Er wartete auf das Kommen des Reiches Gottes und hatte den Beschlüssen und dem Vorgehen der anderen Ratsmitglieder nicht zugestimmt. *52* Dieser Josef ging zu Pilatus und bat um den Leichnam von Jesus. *53* Dann nahm er den Toten vom Kreuz, wickelte ihn in ein Leinentuch und legte ihn in eine Felsengruft, in der noch niemand bestattet worden war. *54* Das geschah noch am Rüsttag[b], unmittelbar vor Beginn des Sabbats. *55* Die Frauen aus Galiläa waren Josef gefolgt. Sie sahen die Grabhöhle und schauten zu, wie der Leichnam von Jesus hineingelegt wurde. *56* Nachdem sie in die Stadt zurückgekehrt waren, bereiteten sie wohlriechende Öle und Salben zu. Doch den Sabbat verbrachten sie in Ruhe, wie es das Gesetz vorschreibt.

Das leere Grab

24 *1* Am ersten Tag der neuen Woche, ganz in der Frühe, nahmen die Frauen die wohlriechenden Öle, die sie zubereitet hatten, und gingen zur Felsengruft. *2* Da sahen sie, dass der Stein, der den Eingang verschlossen hatte, weggewälzt war. *3* So gingen sie in die Grabhöhle hinein, fanden den Leib von Jesus, ihrem Herrn, aber nicht. *4* Während sie noch ratlos dastanden, traten plötzlich zwei Männer zu ihnen, die in strahlend helle Gewänder gekleidet waren. *5* Die Frauen erschraken und blickten zu Boden. Doch die beiden Männer sagten zu ihnen: „Was sucht ihr den Lebendigen bei den Toten? *6* Er ist nicht hier, er ist auferstanden. Erinnert ihr euch nicht an das, was er euch in Galiläa sagte, *7* dass der Menschensohn in die Hände sündiger Menschen ausgeliefert und gekreuzigt werden muss, und dass er am dritten Tag auferstehen würde?" *8* Da erinnerten sie sich an seine Worte. *9* Sie verließen die Felsengruft und berichteten alles den elf Aposteln und den übrigen Jüngern.

---

a 23,51: *Arimathäa*. Der Ort ist vermutlich mit Ramathajim Zophim identisch, dem Geburtsort Samuels (1. Samuel 1,1), und liegt 15 km nordöstlich von Lydda.

b 23,54: *Rüsttag*. Der Tag, an dem man sich auf den Sabbat vorbereitete. Der Sabbat begann am Freitag gegen 18 Uhr und dauerte bis Sonnabend, 18 Uhr.

10 Es waren Maria aus Magdala, Johanna und Maria, die Mutter des Jakobus, und noch einige andere. Sie erzählten den Aposteln, was sie erlebt hatten. *11* Doch die hielten das für leeres Geschwätz und glaubten ihnen nicht. *12* Petrus allerdings sprang auf und lief zum Felsengrab. Er beugte sich vor, um hineinzuschauen, sah aber nur die Leinenbinden daliegen. Dann ging er wieder zurück und fragte sich verwundert, was da wohl geschehen war.

Auf dem Weg nach Emmaus

13 Am gleichen Tag gingen zwei von den Jüngern nach dem Dorf Emmaus, das elf Kilometer^c von Jerusalem entfernt liegt. *14* Unterwegs unterhielten sie sich über alles, was in den letzten Tagen geschehen war. *15* Als sie so miteinander sprachen und sich Gedanken machten, kam Jesus selbst hinzu und schloss sich ihnen an. *16* Aber sie waren wie mit Blindheit geschlagen und erkannten ihn nicht. *17* „Was beschäftigt euch denn so sehr?", fragte Jesus. „Worüber redet ihr?" Da blieben sie traurig stehen, *18* und einer von ihnen – er hieß Kleopas – sagte: „Du bist wohl der einzige Mensch in Jerusalem, der nicht weiß, was sich in den letzten Tagen dort abgespielt hat?" *19* „Was denn?", fragte Jesus. Sie erwiderten: „Das, was mit Jesus von Nazaret geschehen ist. Er war ein Prophet und hat in seinen Worten und Werken vor Gott und dem ganzen Volk seine

Macht erwiesen. *20* Unsere Hohen Priester und die anderen Oberen haben ihn zum Tod verurteilt und ans Kreuz nageln lassen. *21* Dabei haben wir gehofft, dass er der sei, der Israel erlösen würde. Heute ist außerdem schon der dritte Tag, seitdem dies geschehen ist. *22* Dann haben uns auch noch einige Frauen von uns, die am frühen Morgen an der Felsengruft gewesen sind, aus der Fassung gebracht. *23* Sie haben seinen Leichnam nicht gefunden, und als sie dann zurückkamen, erzählten sie, Engel wären ihnen erschienen und hätten gesagt, dass er lebe. *24* Daraufhin gingen einige von uns zur Gruft und fanden es so, wie die Frauen berichtet hatten. Aber ihn selbst sahen sie nicht."

25 Da sagte Jesus zu ihnen: „Was seid ihr doch schwer von Begriff! Warum fällt es euch nur so schwer, an alles zu glauben, was die Propheten gesagt haben? *26* Musste der Messias nicht das alles erleiden, bevor er verherrlicht wird?" *27* Dann erklärte er ihnen in der ganzen Schrift alles, was sich auf ihn bezog; er fing bei Mose an und ging durch sämtliche Propheten. *28* So erreichten sie das Dorf, zu dem sie unterwegs waren. Jesus tat so, als wollte er weitergehen, *29* doch die Jünger hielten ihn zurück und baten: „Bleib doch bei uns! Es ist schon Abend und gleich wird es dunkel." Da ging er mit ihnen ins Haus. *30* Als sie sich dann am Tisch niedergelassen hatten, nahm Jesus das Fladenbrot, sprach das Segensgebet darüber, brach es in Stücke und reichte es ihnen. *31* Da gingen ihnen die Augen auf, und sie erkannten ihn. Doch im selben Augenblick wurde er vor

---

c 24,13: *elf Kilometer.* Wörtlich: *60 Stadien.* Stadion ist ein griechisches Längenmaß von etwa 185 Metern.

ihnen unsichtbar. *32* „Brannte nicht unser Herz, als er unterwegs mit uns sprach und uns den Sinn der Schrift aufschloss?", sagten sie da zueinander. *33* Unverzüglich brachen sie auf und kehrten nach Jerusalem zurück. Dort fanden sie alle versammelt, die Elf und alle, die sich zu ihnen hielten. *34* „Der Herr ist wirklich auferstanden", riefen diese ihnen entgegen, „er ist Simon erschienen!" *35* Da berichteten die beiden, was sie selbst unterwegs erlebt hatten und wie sie ihn am Brechen des Brotes erkannten.

Der Auferstandene bei den Jüngern

36 Während sie noch erzählten, stand der Herr plötzlich selbst in ihrer Mitte. „Friede sei mit euch!", grüßte er sie. *37* Doch sie erschraken sehr und bekamen Angst, weil sie meinten, einen Geist zu sehen. *38* „Warum seid ihr so erschrocken?", sagte Jesus zu ihnen. „Warum kommen euch solche Gedanken? *39* Seht euch meine Hände an und meine Füße: Ich bin es ja! Fasst mich an und überzeugt euch selbst! Ein Geist hat doch nicht Fleisch und Knochen, wie ihr sie an mir seht." *40* Mit diesen Worten hielt er ihnen seine Hände hin und zeigte ihnen seine Füße. *41* Und als sie es in ihrer Freude und Verwunderung immer noch nicht glauben konnten, fragte er: „Habt ihr etwas zu essen hier?" *42* Da gaben sie ihm ein Stück gebratenen Fisch. *43* Er nahm es und

aß es vor ihren Augen auf. *44* Dann sagte er zu ihnen: „Nun ist in Erfüllung gegangen, was ich euch gesagt habe, als ich noch bei euch war: ‚Alles, was im Gesetz des Mose, in den Propheten und Psalmen über mich geschrieben steht, musste sich erfüllen.'" *45* Dann öffnete er ihnen die Augen für die Schrift und half ihnen, sie zu verstehen. *46* „So steht es geschrieben", erklärte er ihnen, „und so musste der Messias leiden und sterben und am dritten Tag danach von den Toten auferstehen. *47* Und in seinem Namen wird man allen Völkern predigen, dass sie zu Gott umkehren sollen, um Vergebung der Sünden zu erhalten. Das beginnt in Jerusalem. *48* Ihr seid Zeugen für das alles. *49* Und seid gewiss: Was mein Vater euch versprochen hat, werde ich zu euch herabsenden. Bleibt so lange hier in der Stadt, bis ihr mit der Kraft aus der Höhe ausgerüstet worden seid."

50 Jesus führte seine Jünger noch aus der Stadt hinaus bis in die Nähe von Betanien. Dort erhob er die Hände, um sie zu segnen. *51* Und während er sie segnete, wurde er von ihnen weggenommen und zum Himmel emporgehoben. *52* Die Jünger warfen sich vor ihm nieder. Und dann kehrten sie mit großer Freude nach Jerusalem zurück. *53* Von da an waren sie ständig im Tempel und priesen Gott.

Die gute Botschaft, aufgeschrieben von Johannes

Wenn die Nachrichten der Alten Kirche richtig sind, schrieb der Apostel Johannes um das Jahr 85 n. Chr. das letzte der vier Evangelien, vermutlich in der Großstadt Ephesus. Der Geist Gottes machte ihm dabei deutlich, keinen Lebensabriss von Jesus Christus zu zeichnen, sondern die drei Evangelien, die schon seit Jahrzehnten in Umlauf waren, zu ergänzen. In einer Zeit, in der die Gemeinde durch falsche Heilsangebote und Verfolgung gefährdet war, zielte das Johannesevangelium darauf ab, den Glauben zu erwecken und zu erhalten.

Das Wort des Lebens

1 *1* Im Anfang war das Wort. Das Wort war bei Gott, ja das Wort war Gott. *2* Von Anfang an war es bei Gott. *3* Alles ist dadurch entstanden. Ohne das Wort entstand nichts von dem, was besteht. *4* In ihm war Leben und dieses Leben war Licht für die Menschen. *5* Das Licht scheint in der Finsternis und die Finsternis hat es nicht erfasst.

6 Da trat ein Mensch auf. Er war von Gott gesandt und hieß Johannes. *7* Er kam, um als Zeuge auf das Licht hinzuweisen. Alle sollten durch ihn daran glauben. *8* Er war nicht selbst das Licht, er sollte nur darauf hinweisen. *9* Der, auf den er hinwies, war das wahre Licht, das in die Welt kommen und jeden Menschen erleuchten sollte. *10* Er war schon immer in der Welt, doch die Welt, die durch ihn geschaffen wurde, erkannte ihn nicht. *11* Er kam in sein Eigentum, aber sein Volk wollte nichts von ihm wissen. *12* Doch allen, die ihn aufnahmen, die an seinen Namen glaubten, gab er das Recht, Kinder Gottes zu werden. *13* Sie wurden das nicht auf Grund natürlicher Abstammung, durch menschliches Wollen oder den Entschluss eines Mannes, sondern durch eine Geburt aus Gott.

14 Er, das Wort, wurde Mensch und lebte unter uns. Wir haben seine Herrlichkeit gesehen, eine Herrlichkeit voller Gnade[a] und Wahrheit, wie sie nur der einzigartige Sohn vom Vater bekommen hat. *15* Johannes trat als Zeuge für ihn auf. „Der ist es!", rief er, „von ihm habe ich gesagt: ‚Nach mir kommt einer, der weit über mir[b] steht!', denn er war schon vor mir da." *16* Und wir alle haben aus seinem unendlichen Reichtum Gnade und immer wieder Gnade empfangen. *17* Durch Mose wurde das Gesetz gegeben, aber durch Jesus Christus sind Gnade und Wahrheit zu uns gekommen. *18* Niemand hat Gott jemals gesehen. Nur der Eine und Einzige seiner Art, der an der Seite des Vaters selbst Gott ist, hat uns Aufklärung über Gott gegeben.

Johannes der Täufer

19 Folgende Begebenheit macht klar, wie Johannes auf ihn hinwies: Die Juden von Jerusalem hatten Priester

---

a 1,14: *Gnade.* Gunst, die völlig umsonst erwiesen wird und beim Empfänger Freude auslöst.

b 1,15: über mir. Wörtlich: „der vor mir war". Im Altertum wurde jemand, der älter war, immer als der Größere angesehen.

und Leviten zu ihm geschickt, die ihn fragen sollten, wer er sei. *20* „Ich bin nicht der Messias", machte er ihnen unmissverständlich klar. *21* „Was denn?", fragten sie weiter. „Bist du Elija?" – „Nein, der bin ich auch nicht", erwiderte er. „Bist du der Prophet?" – „Nein!" *22* „Dann sag uns doch, wer du bist", entgegneten sie, „wir müssen ja denen, die uns geschickt haben, eine Antwort bringen. Was sagst du über dich selbst?" *23* Johannes antwortete mit den Worten des Propheten Jesaja: „Ich bin eine Stimme, die in der Wüste ruft: ,Ebnet den Weg für den Herrn!'"[a]

24 Unter den Abgesandten waren auch einige Pharisäer[b], *25* die jetzt weiterfragten: „Wenn du weder der Messias bist, noch Elija und auch nicht der Prophet, weshalb taufst du dann?" *26* „Ich taufe mit Wasser", entgegnete Johannes, „aber mitten unter euch steht jemand, den ihr nicht kennt. *27* Es ist der, der nach mir kommt. Ich bin nicht einmal würdig, ihm die Riemen seiner Sandalen zu lösen." *28* Das spielte sich in Betanien[c] ab, einem Dorf auf der anderen Seite des Jordan[d], wo Johannes taufte.

29 Am nächsten Tag sah Johannes Jesus auf sich zukommen und sagte: „Seht, das ist das Opferlamm Gottes, das die Sünde der ganzen Welt wegnimmt. *30* Ihn meinte ich, als ich sagte: ,Nach mir kommt einer, der weit über mir steht, denn er war schon vor mir da'. *31* Auch ich kannte ihn nicht. Aber gerade deshalb bin ich gekommen und taufe mit Wasser, damit Israel erkennt, wer er ist." *32* Dann machte Johannes diese Aussage: „Ich sah den Geist Gottes wie eine Taube vom Himmel herabschweben und auf ihm bleiben. *33* Ich hätte nicht gewusst, wer es war, aber der, der mir den Auftrag gab, mit Wasser zu taufen, der hat mir gesagt: ,Wenn du den Geist auf jemand herabschweben und auf ihm bleiben siehst, dann ist das der, der mit dem Heiligen Geist tauft.' *34* Ich habe es gesehen und bezeuge: ,Dieser Mann ist der Sohn Gottes.'"

35 Am nächsten Tag war Johannes mit zwei von seinen Jüngern wieder dort. *36* Als er Jesus vorbeigehen sah, sagte er: „Seht, das ist das Opferlamm Gottes!" *37* Die zwei Jünger hörten das und gingen Jesus nach. *38* Jesus drehte sich um und sah, dass sie ihm folgten. Da fragte er: „Was sucht ihr?" – „Rabbi[e], wo wohnst du?", entgegneten sie. – Rabbi heißt übrigens

---

a 1,23: Jesaja 40,3

b 1,24: *Pharisäer*. Religionspartei, die auf genaue Einhaltung der Gesetze und Überlieferungen Wert legte.

c 1,28: Dieses *Betanien* darf nicht mit dem verwechselt werden, das nur drei Kilometer von Jerusalem entfernt am Hang des Ölbergs lag (Johannes 11,18).

d 1,28: Der *Jordan* ist der wichtigste Fluss Israels, der als geologisches Phänomen das tiefstgelegene Tal der Erde durchfließt. Er entspringt im Norden im

---

Gebiet des Berges Hermon, etwa 500 Meter über dem Meeresspiegel und mündet 200 km südlich ins Tote Meer, dessen Wasserspiegel sich 392 Meter unter Meeresniveau befindet. Die Taufstelle ist etwa 7 km nördlich vom Toten Meer zu suchen.

e 1,38: *Rabbi*. Respektvolle Anrede im Judentum: „Mein Lehrer".

„Lehrer". – *39* „Kommt mit", erwiderte er, „dann werdet ihr es sehen." So kamen sie mit. Es war am späten Nachmittag.[f] Sie sahen, wo er sich aufhielt und blieben den Tag über bei ihm.

Die ersten Jünger

40 Einer von den beiden, die Jesus gefolgt waren, weil sie das Zeugnis von Johannes gehört hatten, war Andreas, der Bruder von Simon Petrus. *41* Der fand gleich darauf seinen Bruder Simon und sagte zu ihm: „Wir haben den Messias gefunden!" – „Messias" ist das hebräische Wort für „Christus"[g]. *42* Dann brachte er ihn zu Jesus. Jesus sah ihn an und sagte: „Du bist Simon Ben-Johannes. Man wird dich einmal Kephas nennen." – Kephas bedeutet „Fels", griechisch: „Petrus".

43 Als Jesus am nächsten Tag nach Galiläa[h] aufbrechen wollte, traf er Philippus und sagte zu ihm: „Komm, folge mir!" *44* Philippus stammte wie Andreas und Petrus aus der Stadt Betsaida[i]. *45* Danach traf Philippus Natanaël und sagte zu ihm: „Wir haben den gefunden, von dem Mose im Gesetz schreibt und den auch die Propheten angekündigt haben: Es ist Jesus aus Nazaret[j], ein Sohn von Josef." *46* „Nazaret? Kann von da etwas Gutes kommen?", fragte Natanaël. Philippus erwiderte nur: „Komm und sieh selbst!" *47* Als Jesus Natanaël kommen sah, sagte er: „Das ist ein wahrer Israelit, ein Mann ohne Falschheit." *48* „Woher kennst du mich?", fragte Natanaël. Jesus antwortete: „Ich sah dich, als du noch unter dem Feigenbaum saßt, bevor Philippus dich rief." *49* Da erklärte Natanaël: „Rabbi, du bist der Sohn Gottes! Du bist der König Israels!" *50* Jesus erwiderte: „Das glaubst du, weil ich dir gesagt habe, dass ich dich unter dem Feigenbaum sah. Du wirst noch viel größere Dinge sehen." *51* Dann fügte er hinzu: „Ja, ich versichere euch: Ihr werdet den Himmel offen sehen und erleben, wie die Engel Gottes vom Menschensohn[k] zum Himmel aufsteigen und wieder herabkommen."

Das erste Wunder: 600 Liter Wein

2 *1* Am dritten Tag fand in Kana[l], in Galiläa, eine Hochzeit statt. Die Mutter von Jesus nahm daran teil *2* und auch Jesus war mit seinen Jüngern dazu eingeladen. *3* Als während

---

f 1,39: Wörtlich: *um die zehnte Stunde.*

g 1,41: *Christus.* Siehe Vorwort des Übersetzers.

h 1,43: *Galiläa.* Von Juden und Griechen bewohntes Gebiet im Norden Israels, etwa zwischen dem See Gennesaret und dem Mittelmeer.

i 1,44: *Betsaida.* Fischerdorf an der Mündung des Jordan in den See Gennesaret. Heute wahrscheinlich El-Aradsch.

j 1,45: *Nazaret.* Der kleine Ort mit etwa 150 Einwohnern lag in der Mitte zwischen dem Mittelmeer und dem See Gennesaret und wurde im Alten Testament nie erwähnt.

k 1,51: *Menschensohn* ist eine von Jesus bevorzugte Selbstbezeichnung. Er knüpft damit an Daniel 7,13 an, wo der zukünftige Herrscher des Gottesreiches angekündigt wird.

l 2,1: *Kana.* Der Ort liegt etwa 14 km nördlich von Nazaret.

des Festes der Wein ausging, sagte seine Mutter zu ihm: „Sie haben keinen Wein mehr!" *4* „Frau, in was für eine Sache willst du mich da hineinziehen?", entgegnete Jesus. „Meine Zeit ist noch nicht gekommen." *5* Da wandte sich seine Mutter an die Diener und sagte: „Tut alles, was er euch aufträgt. *6* In der Nähe standen sechs Wasserkrüge aus Stein, wie sie von den Juden für zeremonielle Waschungen benötigt wurden. Jeder von ihnen fasste etwa 100 Liter[a]. *7* Jesus sagte zu den Dienern: „Füllt die Krüge mit Wasser!" Sie füllten die Gefäße bis zum Rand. *8* Dann befahl er ihnen: „Nun schöpft etwas und bringt es dem Küchenmeister." Sie taten es; *9* und als der Küchenmeister von dem Wasser, das Wein geworden war, gekostet hatte, rief er den Bräutigam. Er wusste ja nicht, woher der Wein kam. Nur die Diener, die das Wasser geschöpft hatten, wussten davon. *10* Er sagte zu ihm: „Jeder bringt zunächst den guten Wein auf den Tisch und setzt erst dann den weniger guten vor, wenn die Gäste schon betrunken sind. Aber du hast den guten Wein bis jetzt aufgehoben."

11 Dieses Wunderzeichen in Kana in Galiläa war das erste, das Jesus tat. Damit offenbarte er seine Herrlichkeit, und seine Jünger glaubten an ihn. *12* Danach ging er mit seiner Mutter, seinen Brüdern und seinen Jüngern nach Kafarnaum hinunter[b]. Seine Angehörigen blieben aber nur wenige Tage dort.

Die erste Konfrontation

13 Als das jüdische Passafest[c] näher kam, zog Jesus nach Jerusalem hinauf. *14* Auf dem Tempelgelände sah er Geldwechsler sitzen und Händler, die Rinder, Schafe und Tauben verkauften. *15* Da machte er sich eine Peitsche aus Stricken und jagte sie alle mit den Schafen und Rindern aus dem Tempel hinaus. Die Münzen der Wechsler fegte er auf den Boden und ihre Tische kippte er um. *16* Den Taubenverkäufern befahl er: „Schafft das weg von hier und macht das Haus meines Vaters nicht zu einer Markthalle!" *17* Seine Jünger erinnerten sich dabei an das Schriftwort: „Der Eifer um dein Haus wird mich verzehren".[d] *18* Die Juden aber stellten ihn zur Rede: „Mit welchem Wunderzeichen kannst du beweisen, dass du das Recht hast, so etwas zu tun?" *19* Jesus entgegnete: „Zerstört diesen Tempel, und ich werde ihn in drei Tagen wieder aufbauen." *20* „Sechsundvierzig Jahre ist an diesem Tempel gebaut worden", erwiderten die Juden, „und du willst das in drei Tagen schaffen?" *21* Mit dem Tempel hatte Jesus aber seinen eigenen Körper gemeint. *22* Als er von den Toten auferstanden war, dachten seine Jünger an diesen Satz. Da glaubten sie den Worten der Schrift und dem, was Jesus gesagt hatte.

---

a 2,6: *100 Liter*. Wörtlich: *zwei oder drei Metretes*. Metretes ist ein Hohlmaß von etwa 39 Litern Inhalt.

b 2,12: *Kafarnaum* lag am See Genesaret, ungefähr 200 Meter unter dem Meeresspiegel, während Kana etwa 300 Meter darüber liegt.

c 2,13: *Passa*. Siehe 2. Mose 12-13.

d 1,17: Psalm 69,10

23 Jesus hielt sich während des ganzen Passafestes in Jerusalem auf. Viele glaubten in dieser Zeit an ihn, weil sie die Wunder sahen, die er tat. 24 Doch Jesus vertraute sich diesen Leuten nicht an, weil er sie alle durchschaute. 25 Niemand musste ihm etwas über die Menschen sagen, weil er wusste, was in ihrem Innern vorging.

Die neue Geburt

3 1 Einer der führenden Juden, ein Pharisäer namens Nikodemus, 2 kam eines Nachts zu Jesus. „Rabbi", sagte er, „wir alle wissen, dass du ein Lehrer bist, den Gott uns geschickt hat, denn deine Wunderzeichen beweisen, dass Gott mit dir ist." 3 „Ich versichere dir", erwiderte Jesus, „wenn jemand nicht von neuem geboren wird, kann er das Reich Gottes nicht einmal sehen." 4 „Wie kann ein Mensch denn geboren werden, wenn er schon alt ist?", wandte Nikodemus ein. „Er kann doch nicht in den Bauch seiner Mutter zurückkehren und ein zweites Mal geboren werden!" 5 „Ja, ich versichere dir", erwiderte Jesus, „und bestätige es noch einmal: Wenn jemand nicht aus Wasser und Geist geboren wird, kann er nicht in das Reich Gottes kommen. 6 Menschliches Leben wird von Menschen geboren, doch geistliches Leben von Gottes Geist. 7 Wundere dich also nicht, dass ich dir sagte: Ihr müsst von neuem geboren werden. 8 Der Wind weht, wo er will. Du hörst ihn zwar, aber du kannst nicht sagen, woher er kommt und wohin er geht. So ist es bei jedem, der aus dem Geist geboren ist."

9 „Wie ist so etwas möglich?", fragte Nikodemus. 10 Jesus erwiderte: „Du als Lehrer Israels weißt das nicht?

11 Ja, ich versichere dir: Wir reden nur von dem, was wir kennen. Und was wir bezeugen, haben wir gesehen. Doch ihr nehmt unsere Worte nicht ernst. 12 Ihr glaubt ja nicht einmal, wenn ich über Dinge rede, die hier auf der Erde geschehen. Wie wollt ihr mir dann glauben, wenn ich euch sage, was im Himmel geschieht? 13 Es ist noch nie jemand in den Himmel hinaufgestiegen. Der einzige, der dort war, ist der, der aus dem Himmel herabgekommen ist, der Menschensohn. 14 Und wie Mose damals in der Wüste die Schlange für alle sichtbar aufgerichtet hat, so muss auch der Menschensohn sichtbar aufgerichtet^e werden, 15 damit jeder, der ihm vertraut, ewiges Leben hat. 16 Denn so hat Gott der Welt seine Liebe gezeigt: Er gab seinen einzigen Sohn dafür, dass jeder, der an ihn glaubt, nicht ins Verderben geht, sondern ewiges Leben hat. 17 Gott hat seinen Sohn ja nicht in die Welt geschickt, um sie zu verurteilen, sondern um sie durch ihn zu retten. 18 Wer ihm vertraut, wird nicht verurteilt, wer aber nicht glaubt, ist schon verurteilt. Denn der, an dessen Namen er nicht geglaubt hat, ist der einzigartige Sohn Gottes. 19 Und so vollzieht sich das Gericht: Das Licht ist in die Welt gekommen, aber die Menschen liebten die Finsternis mehr als das Licht, denn ihre Taten waren schlecht. 20 Wer Böses tut, scheut das Licht. Er

---

e 3,14: *aufgerichtet.* Eigentlich: erhöht, erhaben gemacht. Das Wort kann im direkten oder übertragenen Sinn verstanden werden und bezieht sich hier auf das Aufrichten des Kreuzes mit dem daran angenagelten Körper.

kommt nicht ans Licht, damit seine Taten nicht aufgedeckt werden. *21* Wer sich aber nach der Wahrheit richtet, tritt ans Licht, denn so wird sichtbar, dass sein Tun in Gott gegründet ist."

Der Täufer über Jesus

22 Danach ging Jesus mit seinen Jüngern in das Gebiet von Judäa[a]. Er blieb einige Zeit dort, um Menschen zu taufen. *23* Auch Johannes taufte damals in Änon, nicht weit von Salim[b], weil es dort reichlich Wasser gab. Immer noch kamen Menschen zu ihm, um sich taufen zu lassen, *24* denn er war noch nicht im Gefängnis. *25* Da kam es zwischen einigen Jüngern des Johannes und einem Juden zu einem Streit über die Reinigungsvorschriften. *26* Deshalb gingen sie zu Johannes. „Rabbi", sagten sie, „der Mann, der auf der anderen Jordanseite zu dir gekommen ist und auf den du hingewiesen hast, der tauft jetzt auch, und alle gehen zu ihm." *27* Johannes entgegnete: „Kein Mensch kann sich auch nur das Geringste nehmen, wenn es ihm nicht vom Himmel gegeben ist. *28* Ihr selbst könnt bezeugen, dass ich sagte: ‚Ich bin nicht der Messias, ich bin ihm nur vorausgeschickt worden.' *29* Wer die Braut bekommt, ist der Bräutigam.

Der Freund des Bräutigams steht dabei und freut sich von Herzen, wenn er dessen Stimme hört. Das ist auch jetzt meine ganze Freude. *30* Er muss immer größer werden, ich dagegen geringer."

Johannes[c] über Jesus

31 Ja, er ist von oben gekommen und größer als alle anderen. Wer von der Erde stammt, redet aus irdischer Sicht. Der vom Himmel kommt, steht über allen *32* und bezeugt, was er dort gesehen und gehört hat, aber keiner nimmt ihm seine Botschaft ab. *33* Doch wer auf ihn hört, bestätigt damit, dass Gott wahrhaftig ist. *34* Denn er ist von Gott gesandt und verkündigt Gottes eigene Worte, weil Gott ihm den Geist ohne jede Einschränkung gegeben hat. *35* Der Vater liebt den Sohn und hat alles in seine Hand gelegt. *36* Wer an den Sohn glaubt, wer ihm vertraut, hat ewiges Leben. Wer den Sohn aber nicht glauben will, wird das ewige Leben nie zu sehen bekommen, denn Gottes Zorn wird auf ihm bleiben.

Reise durch Samarien: die Frau am Brunnen

4 *1* Jesus erfuhr, dass die Pharisäer auf ihn aufmerksam wurden, weil er mehr Menschen zu Jüngern machte und taufte als Johannes. – *2* Er taufte allerdings nicht selbst; das taten seine Jünger. – *3* Da verließ er Judäa und ging wieder nach Galiläa. *4* Dabei fühlte er sich gedrängt, den

---

a 3,22: *Judäa*. Von Juden bewohnte Gegend zwischen dem Mittelmeer und dem Toten Meer.

b 3,23: *Salim* liegt 12 km südlich von Skythopolis (dem alttestamentlichen Beth-Schean), der einzigen westjordanischen Stadt des Zwölfstädtegebietes. Änon meint die Quellen beim heutigen Tell Schalem, die so stark sind, dass sie große Fischteiche speisen.

c 3,31: Hier fügt *Johannes*, der Verfasser des Evangeliums, offenbar sein eigenes Zeugnis über Jesus an.

Weg durch Samarien[d] zu nehmen. *5* So kam er zu einem samaritanischen Ort namens Sychar[e]. Er lag in der Nähe des Grundstücks, das Jakob einst seinem Sohn Josef vererbt hatte. *6* Dort ist auch der Jakobsbrunnen. Ermüdet von der langen Wanderung setzte Jesus sich an den Brunnen. Es war um die Mittagszeit.[f] *7* Da kam eine samaritanische Frau, um Wasser zu holen. Jesus bat sie: „Gib mir etwas zu trinken!" *8* Seine Jünger waren nämlich in den Ort gegangen, um etwas zu essen zu kaufen. *9* Überrascht fragte die Frau: „Wie kannst du mich um etwas zu trinken bitten? Du bist doch ein Jude und ich eine Samaritanerin." – Die Juden vermeiden nämlich jeden Umgang mit Samaritanern. *10* Jesus antwortete: „Wenn du wüsstest, welche Gabe Gott für dich bereit hält und wer es ist, der zu dir sagt: ‚Gib mir zu trinken', dann hättest du ihn gebeten und er hätte dir lebendiges Wasser gegeben." *11* „Herr", sagte die Frau, „du hast doch nichts, womit du Wasser schöpfen kannst; und der Brunnen ist tief. Woher willst du denn das Quellwasser haben? *12* Bist du etwa größer als unser Stammvater Jakob, der uns diesen Brunnen hinterließ? Kannst du uns besseres Wasser geben, als das, was er mit seinen Söhnen und seinen Herden trank?" *13* Jesus erwiderte: „Jeder, der von diesem Wasser trinkt, wird wieder durstig werden. *14* Wer aber von dem Wasser trinkt, das ich ihm geben werde, wird niemals mehr Durst bekommen. Das Wasser, das ich ihm gebe, wird in ihm eine Quelle werden, aus der Wasser für das ewige Leben heraussprudelt." *15* „Herr, gib mir dieses Wasser", bat die Frau. „Dann werde ich keinen Durst mehr haben und muss nicht mehr zum Wasserholen herkommen."

16 „Geh und hole deinen Mann hierher!", sagte Jesus. *17* „Ich habe keinen Mann", entgegnete die Frau. „Das ist richtig", erwiderte Jesus. „Du hast keinen Mann. *18* Fünf Männer hast du gehabt, und der, den du jetzt hast, ist nicht dein Mann. Da hast du etwas Wahres gesagt." *19* „Herr, ich sehe, dass du ein Prophet bist", sagte die Frau darauf. *20* „Unsere Vorfahren haben Gott auf diesem Berg angebetet. Ihr Juden aber sagt, dass nur in Jerusalem der Ort ist, wo man Gott anbeten darf." *21* „Glaube mir, Frau", gab Jesus zur Antwort, „es kommt die Zeit, wo ihr den Vater weder auf diesem Berg[g] noch in Jerusalem anbeten werdet. *22* Ihr Samaritaner betet zu Gott, ohne ihn zu kennen. Wir jedoch wissen, wen wir anbeten, denn die Rettung für die Menschen kommt von den Juden. *23* Doch es wird die Zeit kommen – sie hat sogar schon angefangen –, wo die

---

d 4,4: *Samarien.* Von Samaritern bewohnte Gegend zwischen Galiläa im Norden und Judäa im Süden. Die Samariter waren ein Mischvolk aus Israeliten und Heiden (vgl. 2. Könige 17,24-40) und wurden von Juden verachtet.

e 4,5: *Sychar.* Stadt am Osthang des Berges Ebal.

f 4,6: Wörtlich: *um die sechste Stunde.*

---

g 4,21: *Berg.* Gemeint ist der 881 Meter hohe und direkt gegenüberliegende Berg Garizim, auf dem das Hauptheiligtum der Samariter bis 128 v. Chr. gestanden hatte.

wahren Anbeter den Vater anbeten, weil sie von seinem Geist erfüllt sind und die Wahrheit erkannt haben. Von solchen Menschen will der Vater angebetet werden. 24 Gott ist Geist, und die, die ihn anbeten wollen, müssen dabei von seinem Geist bestimmt und von der Wahrheit erfüllt sein."

25 „Ich weiß, dass der Messias kommt!", sagte die Frau darauf. – Messias bedeutet „der Gesalbte" und heißt auf griechisch: „Christus". – „Wenn er kommt, wird er uns all diese Dinge erklären." 26 Da sagte Jesus zu ihr: „Du sprichst mit ihm; ich bin es."

27 In diesem Augenblick kamen seine Jünger zurück. Sie wunderten sich, dass er mit einer Frau sprach. Doch keiner wagte ihn zu fragen, was er von ihr wolle oder worüber er mit ihr rede. 28 Die Frau nun ließ ihren Wasserkrug neben dem Brunnen stehen, ging in den Ort und verkündete den Leuten: 29 „Da ist einer, der mir alles auf den Kopf zugesagt hat, was ich getan habe. Kommt mit und seht ihn euch an! Vielleicht ist er der Messias." 30 Da strömten die Leute aus dem Ort hinaus, um Jesus zu sehen.

31 Inzwischen drängten die Jünger Jesus: „Rabbi, iss doch etwas!" 32 Aber Jesus sagte: „Ich lebe von einer Nahrung, die ihr nicht kennt." 33 „Wer hat ihm denn etwas zu essen gebracht?", fragten sich die Jünger. 34 Da erklärte Jesus: „Meine Nahrung ist, dass ich den Willen Gottes tue, der mich gesandt hat, und das Werk vollende, das er mir aufgetragen hat. 35 Sagt ihr nicht: ‚Es braucht vier Monate bis zur Ernte?' Nun, ich sage euch: Blickt euch doch um und seht euch die Felder an. Sie sind reif für die Ernte. 36 Er, der

sie einbringt, erhält schon jetzt seinen Lohn und sammelt Frucht für das ewige Leben. So freuen sich Sämann und Schnitter gemeinsam. 37 Das Sprichwort trifft hier genau zu: Einer sät, und ein anderer erntet. 38 Ich habe euch zum Ernten auf ein Feld geschickt, auf dem ihr nicht gearbeitet habt. Andere haben sich vor euch dort abgemüht, und ihr erntet die Frucht ihrer Mühe."

39 Viele Samaritaner aus dem Ort glaubten an Jesus, weil die Frau ihnen bestätigt hatte: „Er hat mir alles gesagt, was ich getan habe." 40 Als sie dann zu Jesus hinauskamen, baten sie ihn, länger bei ihnen zu bleiben. Er blieb zwei Tage dort, 41 und auf sein Wort hin glaubten noch viel mehr Menschen an ihn. 42 „Nun glauben wir, weil wir ihn selbst gehört haben und nicht nur aufgrund deiner Worte. Jetzt wissen wir, dass er wirklich der Retter der Welt ist", sagten sie zu der Frau.

43 Nach diesen zwei Tagen setzte Jesus seine Reise nach Galiläa fort. 44 Jesus hatte selbst einmal erklärt, dass ein Prophet in seiner Heimat nicht geachtet wird. 45 Doch als er jetzt dort ankam, nahmen ihn die Galiläer freundlich auf. Denn sie waren zum Passafest in Jerusalem gewesen und hatten gesehen, was er dort getan hatte.

Das zweite Wunder in Galiläa

46 Er kam nun wieder nach Kana, dem Ort in Galiläa, wo er das Wasser zu Wein gemacht hatte. Zu dieser Zeit lebte ein Beamter des Königs in Kafarnaum, dessen Sohn schwer erkrankt war. 47 Als er hörte, dass Jesus von Judäa zurück nach Galiläa gekommen war, suchte er ihn auf und bat ihn, mit nach Kafarnaum

hinunter zu kommen und seinen Sohn zu heilen, der schon im Sterben lag. *48* Jesus sagte zu ihm: „Wenn ihr keine Wunder oder besondere Zeichen seht, glaubt ihr nicht." *49* Doch der Beamte des Königs flehte ihn an: „Herr, bitte komm, bevor mein Kind stirbt!" *50* „Geh ruhig heim", sagte Jesus da zu ihm, „dein Sohn lebt." Der Mann glaubte an das, was Jesus ihm gesagt hatte, und machte sich wieder auf den Weg. *51* Unterwegs kamen ihm einige seiner Diener entgegen und verkündeten: „Dein Junge lebt und ist gesund!" *52* Er fragte sie aus, seit wann genau es dem Jungen besser gehe. „Gestern kurz nach dem Mittag[a] verschwand das Fieber." *53* Da wusste der Vater, dass das genau der Zeitpunkt war, an dem Jesus zu ihm gesagt hatte: „Dein Sohn lebt." Und er glaubte an Jesus, er und alle in seinem Haus. *54* Mit diesem Zeichen bewies Jesus ein zweites Mal seine Macht, als er von Judäa nach Galiläa zurückgekommen war.

Heilung am Sabbat

5 *1* Einige Zeit später ging Jesus zu einem der jüdischen Feste nach Jerusalem hinauf. *2* Dort gab es in der Nähe des Schaftors eine Teichanlage mit fünf Säulenhallen, die auf hebräisch „Betesda" genannt wird. *3* In diesen Hallen lagen Scharen von kranken Menschen, Blinde, Gelähmte, Verkrüppelte. (*4*)[b] *5* Einer der

Männer dort war seit achtunddreißig Jahren krank. *6* Als Jesus ihn sah, wurde ihm klar, dass er schon lange krank war, und er fragte ihn: „Willst du gesund werden?" *7* „Herr", erwiderte der Kranke, „ich habe niemand, der mir hilft, in den Teich zu kommen, wenn das Wasser sich bewegt. Und wenn ich es selbst versuche, kommt immer schon ein anderer vor mir hinein." *8* „Steh auf, nimm deine Matte und geh!", sagte Jesus da zu ihm. *9* Im selben Augenblick war der Mann geheilt. Er nahm seine Matte und konnte wieder gehen. Das geschah an einem Sabbat.

10 Einige von den führenden Männern unter den Juden sagten deshalb zu dem Geheilten: „Heute ist Sabbat! Da darfst du deine Matte nicht tragen." *11* Er antwortete: „Der Mann, der mich geheilt hat, sagte zu mir: ‚Nimm deine Matte und geh!'" *12* „Welcher Mensch hat dir denn so etwas befohlen?", fragten die Juden. *13* Aber der Geheilte wusste nicht, wer es war, denn Jesus hatte den Ort wegen der vielen Menschen schon wieder verlassen.

14 Später traf Jesus den Mann im Tempel und sagte: „Hör zu! Du bist jetzt gesund. Sündige nicht mehr, damit dir nicht noch Schlimmeres passiert!" *15* Danach ging der Geheilte zu den führenden Juden und sagte ihnen, dass Jesus ihn gesund gemacht hatte.

Jesus ist der Sohn Gottes

16 Von da an begannen die führenden Juden Jesus zu verfolgen, weil er solche Dinge am Sabbat tat. *17* Doch

---

a 4,52: Wörtlich: *zur siebten Stunde.*

b 5,4: Spätere Handschriften fügen zu V. 3 hinzu: „die auf die Bewegung des Wassers warteten. *4* Denn von Zeit zu Zeit kam ein Engel des Herrn und bewegte das Wasser. Und wer danach als Erster ins Wasser stieg, wurde geheilt."

Jesus sagte ihnen: „Mein Vater ist ständig am Werk, und deshalb bin ich es auch." *18* Das brachte sie noch mehr gegen ihn auf. Sie waren jetzt entschlossen, ihn zu töten. Denn Jesus hatte nicht nur ihre Sabbatvorschriften außer Kraft gesetzt, sondern Gott sogar als seinen eigenen Vater bezeichnet und sich damit Gott gleichgestellt.

19 Auf ihre Anschuldigungen erwiderte Jesus: „Ja, ich versichere euch: Der Sohn kann nichts von sich aus tun; er tut nur, was er den Vater tun sieht. Was der Vater tut, das genau tut auch der Sohn. *20* Denn der Vater hat den Sohn lieb und zeigt ihm alles, was er selber tut. Und er wird ihm noch viel größere Dinge zu tun zeigen – Dinge, über die ihr staunen werdet. *21* Denn wie der Vater die Toten zum Leben erweckt, so gibt auch der Sohn das Leben, wem er will, *22* weil nicht der Vater das Urteil über die Menschen spricht, sondern der Sohn. Der Vater hat die ganze richterliche Macht dem Sohn übertragen, *23* damit alle den Sohn ebenso ehren wie den Vater. Doch wer den Sohn nicht ehrt, ehrt auch den Vater nicht, der ihn gesandt hat.

24 Ja, ich versichere euch: Wer auf meine Botschaft hört und dem glaubt, der mich gesandt hat, der hat das ewige Leben. Auf ihn kommt keine Verurteilung mehr zu; er hat den Schritt vom Tod ins Leben schon hinter sich. *25* Ja, ich versichere euch: Die Zeit kommt, ja sie ist schon da, dass die Toten die Stimme des Gottessohnes hören. Wer auf sie hört, wird leben. *26* Denn wie der Vater aus sich selbst heraus Leben hat, hat auch der Sohn Leben aus sich selbst heraus, weil der Vater es ihm gegeben hat. *27* Und er hat ihm auch die Vollmacht gegeben, Gericht zu halten; denn er ist der angekündigte Menschensohn.

28 Ihr müsst euch darüber nicht wundern, denn es wird die Stunde kommen, in der alle Toten in den Gräbern seine Stimme hören *29* und herauskommen werden. Diejenigen, die das Gute getan haben, werden zum ewigen Leben auferweckt werden, und diejenigen, die das Böse getan haben, zu ihrer Verurteilung. *30* Ich kann nichts von mir aus tun; selbst dann, wenn ich urteile, höre ich auf den Vater. Und mein Urteil ist gerecht, weil es nicht meinem eigenen Willen entspricht, sondern dem meines Vaters, der mich gesandt hat.

Zeugen für Jesus

31 Wenn ich als Zeuge für mich selbst auftreten würde, wäre mein Zeugnis nicht glaubwürdig. *32* Es gibt einen anderen Zeugen, der für mich aussagt, und ich weiß, dass er die Wahrheit sagt. *33* Ihr habt eure Leute zu Johannes geschickt, und er hat euch die Wahrheit bezeugt. *34* Nicht, dass ich auf die Aussage eines Menschen angewiesen wäre; ich sage das nur, weil ich möchte, dass ihr gerettet werdet. *35* Johannes war wie eine brennende, hell scheinende Lampe. Aber ihr wolltet euch nur eine Zeit lang an seinem Licht erfreuen.

36 Doch ich habe ein größeres Zeugnis als das des Johannes: Das sind die Werke, die der Vater mir zu tun aufgibt. Diese Taten bezeugen, dass er mich gesandt hat. *37* Auch der Vater selbst hat als Zeuge für mich gesprochen. Ihr habt seine Stimme nie gehört und seine Gestalt nie gesehen. *38* Und nun habt ihr auch sein Wort nicht länger in euch. Denn ihr glaubt ja nicht an den, den er gesandt hat. *39* Ihr forscht in der Schrift, weil ihr meint, in ihr das ewige Leben zu finden, doch sie spricht ja gerade von mir. *40* Und doch wollt ihr nicht zu mir kommen, wo ihr das Leben erhalten würdet.

41 Ich bin nicht darauf aus, von euch geehrt zu werden, *42* weil ich weiß, dass ihr Gottes Liebe nicht in euch habt. *43* Ich bin im Namen meines Vaters gekommen, und ihr lehnt mich ab. Wenn dann ein anderer in seinem eigenen Namen kommt, empfangt ihr ihn gern. *44* Kein Wunder, dass ihr nicht glauben könnt, denn bei euch will ja nur einer vom anderen Anerkennung bekommen. Nur die Anerkennung bei dem einen wahren Gott sucht ihr nicht.

45 Denkt nicht, dass ich euch beim Vater anklagen werde. Mose wird das tun, der Mose, auf den ihr eure Hoffnung setzt. *46* Denn wenn ihr Mose wirklich geglaubt hättet, würdet ihr auch mir glauben, denn er hat ja von mir geschrieben. *47* Wenn ihr aber nicht einmal glaubt, was Mose geschrieben hat, wie wollt ihr dann meinen Worten glauben?"

5000 Männer werden satt

6 *1* Einige Zeit später fuhr Jesus an das Ostufer des Sees von Galiläa, den man auch See von Tiberias[a]

nennt. *2* Eine große Menge Menschen folgte ihm, weil sie die Wunder Gottes an den geheilten Kranken sahen. *3* Jesus stieg auf einen Berg und setzte sich dort mit seinen Jüngern. *4* Es war kurz vor dem Passafest, das die Juden jährlich feiern.

5 Als Jesus aufblickte und die Menschenmenge auf sich zukommen sah, fragte er Philippus: „Wo können wir Brot kaufen, dass all diese Leute zu essen bekommen?" *6* Er sagte das aber nur, um ihn auf die Probe zu stellen, denn er wusste schon, was er tun wollte. *7* Philippus entgegnete: „Es würde mehr als zweihundert Denare[b] kosten, um jedem auch nur ein kleines Stück Brot zu geben." *8* Ein anderer Jünger namens Andreas, es war der Bruder von Simon Petrus, sagte zu Jesus: *9* „Hier ist ein Junge, der fünf Gerstenbrote und zwei Fische hat. Aber was ist das schon für so viele."

10 „Sorgt dafür, dass die Leute sich setzen!", sagte Jesus. Es waren allein an Männern ungefähr fünftausend. Dort, wo sie sich niederließen, gab es viel Gras. *11* Jesus nahm nun die Fladenbrote, sprach das Dankgebet darüber und verteilte sie an die Menge. Ebenso machte er es mit den Fischen. Alle durften so viel essen, wie sie wollten. *12* Als sie satt waren, sagte er zu seinen Jüngern: „Sammelt auf, was übrig geblieben ist, damit nichts umkommt!" *13* Die Jünger füllten zwölf Handkörbe mit den Brotstücken. So viel war von den fünf Gerstenbroten übrig geblieben.

---

a 6,1: *Tiberias.* Neue Landeshauptstadt des Herodes Antipas am See von Galiläa, 18 n. Chr. gegründet.

b 6,7: Ein *Denar* entsprach einem vollen Tageslohn.

14 Als die Leute begriffen, was für ein Wunder Gottes Jesus getan hatte, sagten sie: „Das ist wirklich der Prophet, auf den wir schon so lange warten!" *15* Jesus merkte, dass sie als Nächstes kommen und ihn mit Gewalt zu ihrem König machen wollten. Da zog er sich wieder auf den Berg zurück, er ganz allein.

Angst auf dem Wasser

16 Am Abend gingen seine Jünger zum See hinunter. *17* Sie stiegen ins Boot und fuhren Richtung Kafarnaum los, denn es war inzwischen finster geworden, und Jesus war immer noch nicht zu ihnen gekommen. *18* Der See wurde durch einen starken Wind aufgewühlt. *19* Als sie dann eine Strecke von etwa fünf Kilometern[a] gerudert waren, sahen sie auf einmal Jesus, wie er über das Wasser ging und auf ihr Boot zukam. Sie erschraken fürchterlich, *20* doch er rief ihnen zu: „Ich bin's, habt keine Angst!" *21* Sie nahmen ihn zu sich ins Boot, und da waren sie auch schon an dem Ufer, das sie erreichen wollten.

Verwirrung an Land

22 Am nächsten Tag warteten die Menschen auf der anderen Seite des Sees wieder auf Jesus, denn sie hatten gesehen, dass die Jünger allein losfuhren, ohne dass Jesus zu ihnen in das Boot gestiegen war, das als einziges am Ufer gelegen hatte. *23* Inzwischen legten mehrere Boote aus Tiberias an der Stelle an, wo die Menge das Brot nach dem Dankgebet des Herrn gegessen hatte. *24* Als die Leute nun merkten, dass Jesus und seine Jünger nicht mehr da waren, stiegen sie in diese Boote, setzten nach Kafarnaum über und suchten dort nach ihm. *25* Als sie ihn endlich gefunden hatten, fragten sie ihn: „Rabbi, wann bist du denn hierhergekommen?"

26 Jesus erwiderte: „Ich kann euch mit Sicherheit sagen, warum ihr mich sucht. Ihr sucht mich nur, weil ihr von den Broten gegessen habt und satt geworden seid. Was Gott euch mit diesem Zeichen sagen wollte, interessiert euch nicht. *27* Ihr solltet euch nicht so viel Mühe um die vergängliche Speise machen, sondern euch um die bemühen, die für das ewige Leben vorhält. Diese Nahrung wird der Menschensohn euch geben, denn ihm gab Gott, der Vater, die Beglaubigung dafür." *28* Da fragten sie ihn: „Was sollen wir denn nach Gottes Willen tun?" *29* Jesus antwortete ihnen: „Gott will von euch, dass ihr dem vertraut, den er gesandt hat." *30* Doch da sagten sie zu ihm: „Wenn wir dir glauben sollen, dann musst du uns ein Wunder sehen lassen. Was wirst du tun? *31* Unsere Vorfahren haben immerhin das Manna in der Wüste gegessen, wie es ja auch in der Schrift heißt: ‚Brot vom Himmel gab er ihnen zu essen.'[b] *32* Jesus erwiderte: „Ich versichere euch nachdrücklich, es war nicht Mose, der euch das Brot aus dem Himmel gegeben hat, sondern es ist mein Vater, der euch das wahre Brot aus dem Himmel gibt. *33* Denn

---

a 6,19: *fünf Kilometern.* Wörtlich: *25 oder 30 Stadien.* Stadion ist ein griechisches Längenmaß von etwa 185 Metern.

b 6,31: Psalm 78,24

das Brot, das Gott schenkt, ist der, der vom Himmel herabkommt und der Welt das Leben gibt."

Jesus das Brot des Lebens

34 „Herr", sagten sie da zu ihm, „gib uns immer von diesem Brot!" 35 Jesus entgegnete: „Ich bin das Brot des Lebens. Wer zu mir kommt, wird nie mehr hungrig sein, und wer an mich glaubt, wird nie wieder Durst haben. 36 Aber ich habe es euch ja schon gesagt: Trotz allem, was ihr an mir gesehen habt, glaubt ihr nicht. 37 Alle, die der Vater mir gibt, werden zu mir kommen und ich werde sie niemals zurückweisen. 38 Denn ich bin nicht vom Himmel herabgekommen, um meinen Willen durchzusetzen, sondern um zu tun, was der will, der mich geschickt hat. 39 Und er will, dass ich keinen von denen verliere, die er mir gegeben hat, sondern sie an jenem letzten Tag von den Toten auferwecke. 40 Denn mein Vater will, dass jeder, der den Sohn sieht und an ihn glaubt, das ewige Leben hat. Und an jenem letzten Tag werde ich ihn von den Toten auferwecken."

41 Seine jüdischen Zuhörer waren empört darüber, dass er gesagt hatte: „Ich bin das Brot, das vom Himmel herabgekommen ist." 42 „Ist das nicht Jesus, der Sohn Josefs?", murrten sie. „Wir kennen doch seinen Vater und seine Mutter! Wie kann er da behaupten, aus dem Himmel gekommen zu sein?" 43 „Ihr müsst euch darüber nicht beschweren", sagte Jesus. 44 „Es kann sowieso niemand zu mir kommen, ohne dass der Vater, der mich gesandt hat, ihn zu mir zieht. Und wer zu mir kommt, den werde ich an jenem letzten Tag von den Toten auferwecken. 45 In den Prophetenschriften heißt es ja: ‚Sie werden alle von Gott unterwiesen sein.'c Wer also auf den Vater hört und von ihm lernt, kommt zu mir. 46 Das heißt natürlich nicht, dass jemand den Vater gesehen hat. Nur der Eine, der von Gott gekommen ist, hat den Vater gesehen. 47 Ja, ich versichere euch: Wer glaubt, hat das ewige Leben. 48 Ich bin das Brot des Lebens. 49 Eure Vorfahren haben das Manna in der Wüste gegessen und sind dann doch gestorben. 50 Aber hier ist das wahre Brot, das vom Himmel kommt, damit man davon essen kann und nicht sterben muss. 51 Ich bin das lebendige Brot, das vom Himmel gekommen ist. Wenn jemand von diesem Brot isst, wird er ewig leben. Und das Brot, das ich ihm gebe, bin ich selbst. Es ist mein Körper, den ich gebe für das Leben der Welt."

52 Das löste einen heftigen Streit unter den Juden aus. „Wie kann der uns sein Fleisch zu essen geben?", schimpften sie. 53 Aber Jesus fuhr fort: „Ich versichere euch mit allem Nachdruck: Wenn ihr das Fleisch des Menschensohnes nicht esst und sein Blut nicht trinkt, könnt ihr das ewige Leben nicht in euch haben. 54 Wer mein Fleisch isst und mein Blut trinkt, hat das ewige Leben und ich werde ihn an jenem letzten Tag von den Toten auferwecken. 55 Denn mein Fleisch ist wirkliche Speise und mein Blut wirklicher Trank. 56 Wer mein Fleisch isst und mein Blut trinkt, bleibt innerlich mit mir verbunden und ich mit ihm.

---

c 6,45: Jesaja 54,13

57 Genauso wie ich durch den lebendigen Vater lebe, der mich gesandt hat, so wird auch der, der mich isst, durch mich leben. **58** So verhält es sich mit dem Brot, das vom Himmel gekommen ist. Wer von diesem Brot isst, wird ewig leben und nicht wie eure Vorfahren sterben, die doch das Manna gegessen hatten." **59** Das alles sagte Jesus in seinem Lehrgespräch in der Synagoge von Kafarnaum.

Viele Jünger verlassen Jesus

60 Darüber ärgerten sich selbst viele seiner Jünger: „Was er da sagt, geht zu weit! Das kann man ja nicht anhören!" **61** Jesus wusste gleich, dass seine Jünger sich über seine Worte beschwerten und sagte zu ihnen: „Daran nehmt ihr Anstoß? **62** Was dann, wenn ihr seht, wie der Menschensohn in den Himmel zurückkehrt? **63** Der Geist macht lebendig, ihr selber könnt das nicht. Aber die Worte, die ich euch gesagt habe, sind von diesem Geist erfüllt und bringen das Leben. **64** Allerdings gibt es einige unter euch, die glauben trotzdem nicht." Jesus wusste nämlich von Anfang an, wer die waren, die nicht glaubten, und wer ihn ʿseinen Verfolgernʾ ausliefern würde. **65** Er schloss: „Deshalb habe ich zu euch gesagt: Niemand kann von sich aus zu mir kommen. Das kann nur mein Vater bewirken." **66** Von da an zogen sich viele seiner Jünger zurück und folgten ihm nicht mehr.

67 Da fragte Jesus die Zwölf: „Und ihr, wollt ihr mich etwa auch verlassen?" **68** „Herr, zu wem sollen wir denn gehen?", antwortete Simon Petrus. „Du hast Worte, die zum ewigen Leben führen. **69** Wir glauben und wissen, dass du der Heilige bist, der das Wesen Gottes in sich trägt." **70** Daraufhin sagte Jesus zu ihnen: „Euch Zwölf habe ich doch selber ausgewählt. Und doch ist einer von euch ein Teufel." **71** Damit meinte er Judas Ben-Simon, den Sikarier[a]. Denn Judas, einer der Zwölf, war es, der ihn später verriet.

Ungläubige Brüder

7 **1** Jesus blieb noch eine Zeit lang in Galiläa und zog von Ort zu Ort. Er mied Judäa, weil die führenden Männer des jüdischen Volkes seinen Tod beschlossen hatten. **2** Kurz bevor die Juden ihr Laubhüttenfest feierten, **3** sagten seine Brüder zu ihm: „Geh nach Judäa, damit deine Jünger auch dort sehen können, was für Wunder du tust. **4** Wer bekannt werden möchte, versteckt seine Taten doch nicht. Falls du wirklich so wunderbare Dinge tust, dann zeige dich auch vor aller Welt." **5** Denn nicht einmal seine Brüder glaubten an ihn.

6 Jesus erwiderte: „Für mich ist die richtige Zeit noch nicht gekommen, aber für euch ist jede Zeit recht. **7** Euch kann die Welt nicht hassen, aber mich hasst sie, weil ich ihr immer wieder bezeuge, dass ihre Taten böse sind. **8** Ihr könnt ruhig zu dem Fest gehen. Ich komme jetzt nicht. Für mich ist die Zeit noch nicht da." **9** Mit dieser Antwort ließ er sie gehen und blieb in Galiläa.

---

a 6,71: Die *Sikarier* waren die militanteste Gruppe unter den Zeloten, Dolchmänner (von *sika* = Dolch), die römerfreundliche Juden umbrachten (vgl. Apostelgeschichte 21,38).

10 Nachdem seine Brüder zum Fest gezogen waren, machte sich Jesus auch auf den Weg nach Jerusalem.[b] Er zeigte sich dabei aber nicht in der Öffentlichkeit. *11* Während des Festes suchten ihn die führenden Juden. „Wo ist er nur?", fragten sie. *12* Überall tuschelten die Leute über ihn. „Er ist ein guter Mensch", meinten die einen. „Nein", widersprachen die anderen, „er verführt das Volk!" *13* Doch keiner sagte seine Meinung öffentlich, denn sie hatten Angst vor den führenden Juden.

Diskussionen im Tempel

14 In der Mitte der Festwoche ging Jesus zum Tempel hinauf und begann dort das Volk zu unterrichten. *15* Da wunderten sich die Juden: „Wie kommt es, dass er die Schriften so gut kennt? Er hat doch keinen Lehrer gehabt!" *16* Jesus ging gleich darauf ein und sagte: „Meine Lehre stammt nicht von mir. Ich habe sie von dem, der mich gesandt hat. *17* Wer bereit ist, das zu tun, was Gott will, wird erkennen, ob meine Lehre von Gott ist oder ob ich sie mir selbst ausgedacht habe. *18* Wer seine eigenen Ansichten vorträgt, dem geht es um seine eigene Ehre. Glaubwürdig ist jemand, dem es um die Ehre eines anderen geht, um die Ehre von dem, der ihn gesandt hat. Der hat keine falschen Absichten. *19* Mose hat euch doch das Gesetz gegeben. Aber keiner von euch lebt danach und mich wollt ihr sogar töten."

20 „Du bist ja besessen!", riefen die Zuhörer. „Wer will dich denn töten?"

21 Jesus gab ihnen zur Antwort: „Nur eine Sache habe ich am Sabbat getan, und ihr alle wundert euch immer noch darüber. *22* Ihr beschneidet einen Menschen doch auch am Sabbat, wenn es sein muss, weil Mose euch die Beschneidung[c] vorgeschrieben hat. Tatsächlich geht sie aber schon auf unsere Stammväter zurück. *23* Wenn ein Mensch also auch am Sabbat beschnitten wird, um das Gesetz des Mose nicht zu brechen, warum seid ihr dann so aufgebracht, weil ich einen ganzen Menschen am Sabbat gesund gemacht habe? *24* Urteilt nicht nach dem äußeren Eindruck, sondern so, wie es wirklich dem Gesetz entspricht."

25 Einige Jerusalemer sagten zueinander: „Ist das nicht der, den sie umbringen wollten? *26* Da lehrt er hier in aller Öffentlichkeit und sie sagen kein Wort. Sollten unsere Oberen wirklich erkannt haben, dass er der Messias ist? *27* Doch den hier kennen wir ja und wissen, woher er ist. Wenn der Messias kommt, weiß aber niemand, woher er stammt." *28* Da rief Jesus, während er das Volk im Tempel unterwies: „Ja, ihr kennt mich und wisst, woher ich bin! Aber ich bin nicht aus eigenem Antrieb gekommen. Es gibt einen, der ganz wahrhaftig ist. Der hat mich gesandt, und den kennt ihr nicht! *29* Doch ich kenne ihn, weil ich von ihm bin. Er ist es, der mich gesandt hat." *30* Da wollten sie ihn festnehmen lassen. Doch keiner wagte es, Hand an ihn zu legen, weil seine Stunde noch nicht gekommen war.

31 Viele in der Menge glaubten an ihn. Sie sagten zueinander: „Wird der

---

b 7,10: *Jerusalem* lag 4 bis 5 Tagereisen entfernt.

c 7,22: *Beschneidung.* Siehe 1. Mose 17,9-14!

Messias, wenn er kommt, wohl mehr Wunder tun, als dieser Mann sie getan hat?" 32 Als die Pharisäer dieses Gerede im Volk mitbekamen, sorgten sie dafür, dass die obersten Priester einige Männer von der Tempelwache losschickten, um Jesus verhaften zu lassen.

33 Währenddessen sagte Jesus zu der Menschenmenge: „Ich werde nur noch kurze Zeit hier bei euch sein, dann gehe ich zu dem zurück, der mich gesandt hat. 34 Ihr werdet mich suchen, aber nicht finden. Und wo ich dann bin, da könnt ihr nicht hinkommen." 35 „Wo will er denn hin?", fragten sich die Juden verständnislos. „Wo sollen wir ihn nicht finden können? Will er etwa zu den Juden ins Ausland gehen oder gar den Griechen seine Lehre bringen? 36 Was soll das heißen, wenn er sagt: ‚Ihr werdet mich suchen, aber nicht finden'? und: ‚Wo ich bin, da könnt ihr nicht hinkommen'?"

37 Am letzten Tag, dem Höhepunkt des Festes, stellte sich Jesus vor die Menge hin und rief: „Wenn jemand Durst hat, soll er zu mir kommen und trinken! 38 Wenn jemand an mich glaubt, werden Ströme von lebendigem Wasser aus seinem Inneren fließen, so wie es die Schrift sagt."ª 39 Er meinte damit den Geist, den die erhalten sollten, die an ihn glauben würden. Der Heilige Geist war ja noch nicht gekommen, weil Jesus noch nicht in Gottes Herrlichkeit zurückgekehrt war.

40 Als sie das gehört hatten, sagten einige aus der Menge: „Das ist wirklich der Prophet, der kommen soll." 41 Manche sagten sogar: „Er ist der Messias!" – „Der Messias kommt doch nicht aus Galiläa!", entgegneten andere. 42 „Hat die Schrift nicht gesagt, dass der Messias ein Nachkomme Davids sein und aus Bethlehemᵇ kommen wird, dem Dorf, in dem David lebte?" 43 So kam es wegen Jesus zu einer Spaltung in der Menge. 44 Einige wollten ihn verhaften lassen, aber keiner wagte es, ihn anzufassen.

45 Als die Männer der Tempelwache zu den obersten Priestern und den Pharisäern zurückkamen, fragten diese: „Warum habt ihr ihn nicht hergebracht?" 46 „Noch nie haben wir einen Menschen so reden hören", erwiderten die Männer. 47 „Hat er euch denn auch verführt?", herrschten die Pharisäer sie an. 48 „Glaubt denn ein einziger von den oberen Priestern oder den Pharisäern an ihn? 49 Das macht doch nur dieses verfluchte Volk, das keine Ahnung vom Gesetz hat!"

50 Da sagte Nikodemus, der selbst ein Pharisäer war und Jesus einmal aufgesucht hatte: 51 „Verurteilt unser Gesetz denn einen Menschen, ohne dass man ihn vorher verhört und seine Schuld festgestellt hat?" 52 „Bist du etwa auch aus Galiläa?", gaben sie zurück. „Untersuch doch die Schriften, dann wirst du sehen, dass kein Prophet aus Galiläa

---

a 7,38: *wie es die Schrift sagt*. Jesus bezieht sich hier offenbar auf mehrere Stellen im Alten Testament, wie z. B. Jesaja 58,11 und Sacharja 14,8.

b 7,42: *Bethlehem* liegt 7 km südlich von Jerusalem. Es war schon im Alten Testament eine ummauerte Stadt, zur Zeit des Herrn aber so sehr heruntergekommen, dass Johannes es hier als *Dorf* bezeichnet.

kommen kann!" *53* Dann gingen sie alle nach Hause.^c

Jesus und die Ehebrecherin

8 *1* Jesus aber ging zum Ölberg. *2* Doch schon früh am nächsten Morgen war er wieder im Tempel. Als dann das ganze Volk zu ihm kam, setzte er sich und begann sie zu unterweisen. *3* Da führten die Gesetzeslehrer und die Pharisäer eine Frau herbei, die beim Ehebruch ertappt worden war. Sie stellten sie in die Mitte *4* und sagten zu ihm: „Rabbi, diese Frau wurde beim Ehebruch auf frischer Tat ertappt. *5* Im Gesetz schreibt Mose vor, solche Frauen zu steinigen. Was sagst du nun dazu?" *6* Mit dieser Frage wollten sie ihm eine Falle stellen, um ihn dann anklagen zu können. Aber Jesus beugte sich vor und schrieb mit dem Finger auf die Erde. *7* Doch sie ließen nicht locker und wiederholten ihre Frage. Schließlich richtete er sich auf und sagte: „Wer von euch noch nie gesündigt hat, soll den ersten Stein auf sie werfen!" *8* Dann beugte er sich wieder vor und schrieb auf die Erde. *9* Von seinen Worten getroffen, zog sich einer nach dem anderen zurück, die Ältesten zuerst. Schließlich war Jesus mit der Frau allein. Sie stand immer noch an der gleichen Stelle. *10* Er richtete sich wieder auf und sagte: „Frau, wo sind sie hin? Hat keiner dich verurteilt?" *11* „Keiner, Herr", erwiderte sie. Da sagte Jesus: „Ich verurteile dich auch nicht. Du kannst gehen. Doch hör auf zu sündigen."

Jesus, das Licht der Welt

12 Dann sagte Jesus wieder zu allen Leuten: „Ich bin das Licht der Welt! Wer mir folgt, wird nicht mehr in der Finsternis umherirren, sondern wird das Licht haben, das zum Leben führt." *13* Da sagten die Pharisäer zu ihm: „Jetzt bist du unglaubwürdig, denn du trittst als Zeuge für dich selbst auf." *14* Jesus erwiderte: „Auch wenn ich als Zeuge für mich selbst spreche, ist meine Aussage dennoch wahr. Denn ich weiß, woher ich gekommen bin und wohin ich gehe. Aber ihr wisst nicht, woher ich komme und wohin ich gehe. *15* Ihr urteilt nach menschlichen Maßstäben, ich verurteile niemand. *16* Und selbst wenn ich ein Urteil ausspreche, so ist es doch richtig, weil ich nicht allein dastehe, sondern in Übereinstimmung mit dem Vater bin, der mich gesandt hat. *17* Auch in eurem Gesetz steht ja geschrieben, dass die übereinstimmende Aussage von zwei Zeugen gültig ist. *18* Der eine Zeuge bin ich und der andere ist der Vater, der mich gesandt hat." *19* „Wo ist denn dein Vater?", fragten sie. Jesus erwiderte: „Weil ihr nicht wisst, wer ich bin, wisst ihr auch nicht, wer mein Vater ist. Würdet ihr mich kennen, dann würdet ihr auch meinen Vater kennen." *20* Diese Worte sagte Jesus, als er im Tempel in der Nähe der Kästen für Geldopfer lehrte. Aber niemand nahm ihn fest, denn seine Stunde war noch nicht gekommen.

---

c 7,53: Der Abschnitt von Kapitel 7,53 bis 8,11 fehlt in den ältesten uns erhaltenen Handschriften. Der Text ist jedoch mit großer Wahrscheinlichkeit authentisch, da er schon von den frühen Christen als apostolisch anerkannt wurde.

21 Jesus wandte sich wieder an seine Zuhörer. „Ich werde fortgehen", sagte er. „Ihr werdet mich suchen, aber ihr werdet in eurer Sünde sterben, denn ihr könnt nicht dorthin kommen, wo ich hingehe." 22 „Will er sich etwa das Leben nehmen?", fragten sich die Juden. „Warum sagt er sonst: ‚Da wo ich hingehe, da könnt ihr nicht hinkommen'?" 23 Doch Jesus fuhr fort: „Ihr seid von hier unten, aber ich komme von oben. Ihr seid von dieser Welt, aber ich bin nicht von dieser Welt. 24 Aus diesem Grund sagte ich, dass ihr in euren Sünden sterben werdet. Denn wenn ihr nicht glaubt, dass ich der bin, werdet ihr in euren Sünden sterben!" 25 „Wer bist du denn?", fragten sie. „Das habe ich euch doch schon immer gesagt", erwiderte Jesus. 26 „Und was euch betrifft, könnte ich noch viel sagen und hätte allen Grund, euch zu verurteilen. Aber ich sage der Welt nur das, was ich von dem gehört habe, der ganz wahrhaftig ist. Der hat mich gesandt." 27 Aber sie verstanden immer noch nicht, dass er von Gott, dem Vater, zu ihnen sprach. 28 Deshalb fügte er hinzu: „Wenn ihr den Menschensohn erhöht habt, werdet ihr erkennen, wer ich bin. Dann werdet ihr begreifen, dass ich nichts von mir selbst aus tue, sondern rede, wie der Vater mich gelehrt hat. 29 Und er, der mich gesandt hat, steht mir bei und lässt mich nicht allein. Denn ich tue immer, was ihm gefällt." 30 Als Jesus das sagte, glaubten viele an ihn.

Diskussion: Freiheit oder Sklaverei

31 Zu den Juden, die an ihn geglaubt hatten, sagte Jesus nun: „Wenn ihr bei dem bleibt, was ich euch gesagt habe, seid ihr wirklich meine Jünger. 32 Dann werdet ihr die Wahrheit erkennen und die Wahrheit wird euch frei machen." 33 „Aber wir sind doch Nachkommen Abrahams!", entgegneten sie. „Wir sind nie Sklaven von irgendjemand gewesen. Wie kannst du da sagen: Ihr müsst frei werden?" 34 „Ich versichere euch nachdrücklich", erwiderte Jesus: „Jeder, der sündigt, ist Sklave der Sünde. 35 Ein Sklave gehört nicht für immer zur Familie, nur der Sohn gehört immer dazu. 36 Wenn euch also der Sohn frei macht, seid ihr wirklich frei.

37 Ich weiß, dass ihr Nachkommen Abrahams seid. Trotzdem wollt ihr mich umbringen, und zwar deshalb, weil meine Worte keinen Raum in euch finden. 38 Ich rede von dem, was ich bei meinem Vater gesehen habe. Auch ihr tut, was ihr von eurem Vater gehört habt." 39 „Unser Vater ist Abraham!", protestierten sie. „Nein", erwiderte Jesus, „wenn ihr wirklich Nachkommen Abrahams wärt, würdet ihr auch so handeln wie er. 40 Stattdessen versucht ihr, mich zu töten – mich, der ich euch die Wahrheit von Gott gesagt habe. So etwas hätte Abraham nicht getan. 41 Nein, ihr handelt so wie euer wirklicher Vater!" – „Wir stammen doch nicht aus einem Ehebruch!", protestierten sie. „Wir haben nur einen einzigen Vater, und das ist Gott!" 42 „Wenn Gott euer Vater wäre", hielt Jesus ihnen entgegen, „dann würdet ihr mich lieben. Denn ich bin von Gott zu euch gekommen, in seinem Auftrag und nicht von mir aus. 43 Warum ist mein Reden nur so unverständlich für euch? Weil ihr gar nicht fähig seid, mein Wort zu hören. 44 Euer Vater ist

nämlich der Teufel und ihr wollt das tun, was euer Vater will. Er war von Anfang an ein Mörder und hat die Wahrheit immer gehasst, weil keine Wahrheit in ihm ist. Wenn er lügt, entspricht das seinem ureigensten Wesen. Er ist der Lügner schlechthin und der Vater jeder Lüge. *45* Und gerade weil ich die Wahrheit sage, glaubt ihr mir nicht. *46* Wer von euch kann mir auch nur eine Sünde nachweisen? Wenn ich aber die Wahrheit sage, warum glaubt ihr mir dann nicht? *47* Wer Gott zum Vater hat, hört auf das, was Gott sagt. Aber ihr hört es nicht, weil ihr nicht von Gott stammt."

48 „Haben wir nicht recht?", empörten sich die Juden. „Du bist ein samaritanischer Teufel, ein Dämon hat dich in seiner Gewalt!" *49* „Nein", sagte Jesus, „ich bin nicht von einem Dämon besessen, sondern ich ehre meinen Vater. Aber ihr beleidigt mich! *50* Doch ich suche keine Ehre für mich selbst. Das tut ein anderer für mich – und das ist der Richter! *51* Ja, ich versichere euch: Wer sich nach meinen Worten richtet, wird niemals sterben."

52 Da sagten die Juden: „Jetzt sind wir sicher, dass du von einem Dämon besessen bist. Abraham ist gestorben und die Propheten auch, aber du sagst: ‚Wer sich nach meinen Worten richtet, wird niemals sterben.' *53* Bist du etwa größer als unser Vater Abraham und die Propheten, die alle gestorben sind? Für wen hältst du dich eigentlich?" *54* Jesus erwiderte: „Wenn ich mich selbst ehren würde, wäre meine Ehre nichts wert. Doch es ist mein Vater, der mich ehrt, es ist der, von dem ihr behauptet, er sei euer Gott. *55* Und dabei habt ihr ihn nie gekannt. Doch

ich kenne ihn. Wenn ich sagen würde, dass ich ihn nicht kenne, wäre ich ein Lügner wie ihr. Aber ich kenne ihn und richte mich nach seinem Wort. *56* Euer Vater Abraham sah dem Tag meines Kommens mit Jubel entgegen. Er sah ihn dann auch und war froh." *57* „Du bist noch keine fünfzig Jahre alt und willst Abraham gesehen haben?", hielten ihm die Juden entgegen. *58* „Ja, ich versichere euch", sagte Jesus, „ich war schon da[a], bevor Abraham überhaupt geboren wurde." *59* Da hoben sie Steine auf, um ihn damit zu töten. Doch Jesus entzog sich ihren Blicken und verließ den Tempel.

Der Sehende und die Blinden

9 *1* Im Vorbeigehen sah Jesus einen Mann, der von Geburt an blind war. *2* „Rabbi", fragten ihn seine Jünger, „wie kommt es, dass er blind geboren wurde? Hat er selbst gesündigt oder seine Eltern?" *3* „Es ist weder seine Schuld noch die seiner Eltern", erwiderte Jesus. „Er ist blind, damit Gottes Macht an ihm sichtbar wird. *4* Wir müssen den Auftrag von dem, der mich gesandt hat, ausführen, solange es noch Tag ist. Es kommt die Nacht, in der niemand mehr wirken kann. *5* Doch solange ich noch in der Welt bin, bin ich das Licht der Welt."

6 Dann spuckte er auf den Boden, machte einen Brei aus seinem Speichel und strich ihn auf die Augen des Blinden. *7* „Geh zum Teich Schiloach"[b],

---

a 8,58: *Ich war schon da*. Wörtlich: „Ich bin", was nach 2. Mose 3,14 ein Titel Gottes ist.

b 9,7: *Schiloach*. Ein aus der Gihon-Quelle gespeister Teich im Süden Jerusalems.

befahl er ihm, „und wasch dir das Gesicht!" – Schiloach bedeutet „Gesandter". Der Mann ging hin, wusch sich und kam sehend zurück.

8 Seine Nachbarn und andere, die ihn bisher nur als Bettler gekannt hatten, fragten sich verwundert: „Ist das nicht der, der hier immer bettelte?" 9 Einige meinten: „Er ist es!", andere sagten: „Nein, er sieht ihm nur ähnlich." – „Doch, ich bin es!", erklärte der Blindgeborene. 10 „Aber wieso kannst du auf einmal sehen?", fragten sie ihn. 11 „Der Mann, der Jesus heißt", erwiderte er, „machte einen Brei, strich ihn auf meine Augen und sagte: ‚Geh zum Schiloach und wasch dir dort das Gesicht!' Das tat ich und konnte auf einmal sehen." 12 „Und wo ist er jetzt?", fragten sie. „Ich weiß es nicht", erwiderte er.

13 Daraufhin brachten sie den ehemaligen Blinden zu den Pharisäern. 14 Es war nämlich ein Sabbat gewesen, als Jesus den Brei gemacht und den Blinden geheilt hatte. 15 Nun fragten auch die Pharisäer den Mann, wie es kam, dass er nun sehen könne. „Er strich einen Brei auf meine Augen, ich wusch mich und konnte sehen." 16 Da sagten einige der Pharisäer: „Dieser Mensch kann nicht von Gott sein, denn er hält den Sabbat nicht ein." – „Aber wie kann ein sündiger Mensch solche Wunder vollbringen?", hielten andere entgegen. Ihre Meinungen waren geteilt. 17 Da fragten sie den Blindgeborenen noch einmal: „Was sagst du von ihm? Dich hat er ja sehend gemacht." – „Er ist ein Prophet", gab dieser zur Antwort.

18 Aber die führenden Juden wollten dem Geheilten nun nicht glauben, dass er blind gewesen war. Deshalb ließen sie seine Eltern holen 19 und fragten: „Ist das euer Sohn? Stimmt es, dass er blind geboren wurde? Wie kommt es, dass er jetzt sehen kann?" 20 Seine Eltern antworteten: „Das ist unser Sohn und wir wissen, dass er blind geboren wurde. 21 Wie es kommt, dass er jetzt sehen kann, wissen wir nicht. Wir haben auch keine Ahnung, wer ihn geheilt hat. Fragt ihn doch selbst! Er ist alt genug und kann am besten darüber Auskunft geben." 22 Sie sagten das aus Angst vor den führenden Juden, denn die hatten bereits beschlossen, jeden aus der Synagoge auszuschließen, der sich zu Jesus als dem Messias bekennen würde. 23 Aus diesem Grund hatten die Eltern gesagt: „Er ist alt genug, fragt ihn doch selbst."

24 Da riefen sie den Blindgeborenen zum zweiten Mal herein. „Gib Gott die Ehre und sag die Wahrheit!", forderten sie ihn auf. „Wir wissen, dass dieser Mensch ein Sünder ist." 25 „Ob er ein Sünder ist, weiß ich nicht", entgegnete der Geheilte. „Ich weiß nur, dass ich blind war und jetzt sehen kann." 26 „Was hat er mit dir gemacht?", fragten sie. „Wie hat er dich von deiner Blindheit geheilt?" 27 „Das habe ich euch doch schon gesagt", entgegnete er. „Habt ihr denn nicht zugehört? Warum wollt ihr es noch einmal hören? Wollt ihr vielleicht auch seine Jünger werden?"

Den Tunnel von der außerhalb der Stadt liegenden Quelle durch den Felsen des Stadthügels hindurch hatte schon König Hiskia um 705 v. Chr. bauen lassen (vgl. 2. Chronik 32,30).

28 Da beschimpften sie ihn. „Du bist ein Jünger von diesem Menschen! Wir sind Jünger von Mose! 29 Wir wissen, dass Gott zu Mose geredet hat. Aber bei diesem Menschen wissen wir nicht, woher er kommt." 30 Der Geheilte entgegnete: „Das ist aber erstaunlich! Er hat mich von meiner Blindheit geheilt, und ihr wisst nicht, woher er kommt? 31 Wir wissen doch alle, dass Gott nicht auf Sünder hört. Er hört nur auf Menschen, die gottesfürchtig leben und tun, was er will. 32 Und noch nie hat man davon gehört, dass jemand einen blind geborenen Menschen von seiner Blindheit geheilt hat. 33 Wenn dieser Mann nicht von Gott käme, könnte er so etwas nicht tun." 34 „Du Sünder, du willst uns belehren?", fuhren sie ihn an. „Du bist ja schon in Sünde geboren!" Dann warfen sie ihn hinaus.

35 Jesus hörte von seinem Hinauswurf und suchte ihn auf. „Glaubst du an den Menschensohn[a]?", fragte er. 36 „Herr, wenn du mir sagst, wer es ist, will ich an ihn glauben." 37 „Er steht vor dir und spricht mit dir", sagte Jesus. 38 „Herr, ich glaube an dich!", rief da der Geheilte und warf sich vor ihm nieder.

39 „An mir müssen die Geister sich scheiden!", sagte Jesus. „Ich bin in die Welt gekommen, um solche, die nicht sehen können, zum Sehen zu bringen und denen, die sich für sehend halten, zu zeigen, dass sie blind sind." 40 Einige Pharisäer, die in der Nähe standen, hörten das. „Sind wir etwa auch blind?", sagten sie zu Jesus. 41 „Wenn ihr blind wärt", entgegnete Jesus,

„dann wärt ihr ohne Schuld. Weil ihr aber behauptet, Sehende zu sein, bleibt eure Schuld bestehen."

Der gute Hirt

10 1 „Ich versichere euch mit allem Nachdruck: Wer nicht durch das Tor in den Pferch für die Schafe hineingeht, sondern anderswo über die Mauer klettert, ist ein Dieb und ein Räuber. 2 Der Hirt geht durch das Tor zu den Schafen hinein. 3 Ihm öffnet der Wächter am Eingang, und auf seine Stimme hören auch die Schafe. Er ruft seine Schafe mit Namen einzeln aus der Herde heraus und führt sie ins Freie. 4 Wenn er sie dann draußen hat, geht er vor ihnen her. Und sie folgen ihm, weil sie seine Stimme kennen. 5 Einem Fremden würden sie nicht folgen, sondern weglaufen, weil sie seine Stimme nicht kennen."

6 Die Zuhörer verstanden nicht, was Jesus mit diesem Bild meinte. 7 Jesus begann noch einmal: „Ja, ich versichere euch: Ich bin das Tor zu den Schafen. 8 Alle, die vor mir gekommen sind, sind Diebe und Räuber. Aber die Schafe haben nicht auf sie gehört. 9 Ich bin das Tor. Wenn jemand durch mich hineinkommt, wird er gerettet. Er wird ein- und ausgehen und gute Weide finden. 10 Ein Dieb kommt nur, um Schafe zu stehlen und zu schlachten und Verderben zu bringen. Ich bin gekommen, um ihnen Leben zu bringen und alles reichlich dazu. 11 Ich bin der gute Hirt. Ein guter Hirt setzt sein Leben für die Schafe ein. 12 Ein bezahlter Hirt, dem die Schafe nicht selbst gehören, läuft davon, wenn er den Wolf kommen sieht. Dann fällt der Wolf über die Schafe her und jagt die Herde auseinander. 13 Einem

a 9,35: *Menschensohn*. Nach anderen Handschriften: *Sohn Gottes*.

bezahlten Hirten geht es nur um die Bezahlung. Die Schafe sind ihm gleichgültig. *14* Ich bin der gute Hirt; ich kenne meine Schafe, und meine Schafe kennen mich *15* – so wie der Vater mich kennt und ich den Vater kenne. Und ich lasse mein Leben für die Schafe. *16* Ich habe auch noch andere Schafe, die nicht aus diesem Pferch sind. Auch sie muss ich herführen. Sie werden auf meine Stimme hören, und alle werden eine einzige Herde unter einem Hirten sein.

17 Und weil ich mein Leben hergebe, liebt mich mein Vater. Ich gebe es her, um es wiederzunehmen. *18* Niemand nimmt es mir, sondern ich gebe es freiwillig her. Ich habe die Macht, es zu geben, und die Macht, es wieder an mich zu nehmen. So lautet der Auftrag, den ich von meinem Vater erhalten habe."

19 Wegen dieser Worte entstand wieder ein Zwiespalt unter den Juden. *20* Viele von ihnen sagten: „Er ist von einem bösen Geist besessen! Er ist verrückt! Warum hört ihr ihm überhaupt zu?" *21* Aber andere meinten: „Nein, so redet kein Besessener. Kann etwa ein Dämon Blinden das Augenlicht geben?"

Vorwurf der Gotteslästerung

22 Damals war gerade Winter, und in Jerusalem fand das Fest der Tempelweihe[a] statt. *23* Auch Jesus hielt sich im Tempel auf, in der Säulenhalle Salomos. *24* Da umringten ihn die Juden und fragten: „Wie lange willst du uns noch hinhalten? Wenn du der Messias bist, dann sage es frei heraus!" *25* „Ich habe es euch doch schon gesagt", erwiderte Jesus, „aber ihr glaubt mir ja nicht. Alles, was ich im Namen meines Vaters tue, beweist, wer ich bin. *26* Aber ihr gehört nicht zu meiner Herde, wie ich euch schon gesagt habe, und darum glaubt ihr nicht. *27* Meine Schafe hören auf meine Stimme. Ich kenne sie, sie folgen mir *28* und ich gebe ihnen das ewige Leben. Sie werden niemals verlorengehen. Niemand wird sie mir aus den Händen reißen. *29* Denn mein Vater, der sie mir gegeben hat, ist größer als alles, was es gibt. Niemand ist in der Lage, sie ihm zu entreißen. *30* Ich und der Vater sind untrennbar eins."

31 Da hoben die Juden wieder Steine auf, um ihn damit zu töten. *32* Jesus sagte ihnen: „Viele gute Werke habe ich im Auftrag meines Vaters unter euch getan. Für welches davon wollt ihr mich steinigen?" *33* „Wegen eines guten Werkes steinigen wir dich nicht", wüteten die Juden, „sondern wegen Gotteslästerung! Denn du machst dich selbst zu Gott, obwohl du nur ein Mensch bist." *34* Jesus erwiderte: „Steht in eurem Gesetz nicht auch der Satz: ‚Ich habe gesagt, ihr seid Götter!'[b]? *35* Wenn also diejenigen Götter genannt werden, an die das Wort Gottes erging – und die Schrift kann nicht außer Kraft gesetzt werden – *36* wie könnt

---

a 10,22: *Tempelweihe.* Das Fest wurde zur Erinnerung an die Wiedereinweihung des Tempels 164 v. Chr. durch die Makkabäer gefeiert. Seine Entweihung durch den heidnischen Herrscher Antiochus Epiphanes IV. führte 167 v. Chr. zum Makkabäeraufstand.

---

b 10,34: Psalm 82,6

ihr da behaupten: ‚Du lästerst Gott!‘, weil ich sagte: ‚Ich bin Gottes Sohn‘; ich, der vom Vater gerade dazu erwählt und in die Welt gesandt wurde? 37 Wenn das, was ich tue, nicht die Werke meines Vaters sind, müsst ihr mir nicht glauben. 38 Sind sie es aber, dann lasst euch wenigstens von den Werken überzeugen, wenn ihr schon mir nicht glauben wollt. An ihnen müsstet ihr doch erkennen, dass der Vater in mir ist, und dass ich im Vater bin." 39 Da versuchten sie wieder, ihn festzunehmen. Aber er entzog sich ihren Händen.

40 Er überquerte den Jordan und ging an die Stelle, an der Johannes getauft hatte. Dort blieb er, 41 und viele Menschen kamen zu ihm. „Johannes hat zwar keine Wunder getan", sagten sie, „aber alles, was er über diesen Mann gesagt hat, entspricht der Wahrheit." 42 So kamen dort viele zum Glauben an Jesus.

Dafür muss er sterben!

11 1 Nun wurde ein Mann in Betanien krank. Er hieß Lazarus. Betanien war das Dorf, in dem auch Maria und ihre Schwester Marta wohnten. 2 Maria war die Frau, die dem Herrn das kostbare Salböl über die Füße gegossen und sie dann mit ihren Haaren abgetrocknet hatte. Lazarus war ihr Bruder. 3 Da schickten die Schwestern eine Botschaft zu Jesus und ließen ihm sagen: „Herr, der, den du lieb hast, ist krank!"

4 Als Jesus das hörte, sagte er: „Am Ende dieser Krankheit steht nicht der Tod, sondern die Herrlichkeit Gottes. Der Sohn Gottes soll dadurch geehrt werden." 5 Jesus hatte Marta, ihre Schwester und Lazarus sehr lieb. 6 Als er nun hörte, dass Lazarus krank sei, blieb er noch zwei Tage an dem Ort, wo er war. 7 Erst dann sagte er zu seinen Jüngern: „Wir gehen wieder nach Judäa zurück!" 8 „Rabbi", wandten die Jünger ein, „eben noch haben die Juden dort versucht, dich zu steinigen. Und jetzt willst du wieder dahin?" 9 Jesus entgegnete: „Ist es am Tag nicht zwölf Stunden hell? Solange es hell ist, kann ein Mensch sicher seinen Weg gehen, ohne anzustoßen, weil er das Tageslicht hat. 10 Wer aber in der Nacht unterwegs ist, stolpert, weil er ja kein Licht in sich selbst hat." 11 Dann sagte er zu seinen Jüngern: „Unser Freund Lazarus ist eingeschlafen. Aber ich gehe jetzt hin, um ihn aufzuwecken." 12 „Herr, wenn er schläft, wird er gesund werden", sagten die Jünger. 13 Sie dachten, er rede vom natürlichen Schlaf. Jesus hatte aber von seinem Tod gesprochen. 14 Da sagte er es ihnen ganz offen: „Lazarus ist gestorben. 15 Und wegen euch bin ich froh, dass ich nicht dort war, damit ihr glauben lernt. Aber kommt, lasst uns zu ihm gehen!" 16 Thomas, den man auch Zwilling nannte, sagte zu den anderen Jüngern: „Ja, lasst uns mitgehen und mit ihm sterben!"

17 Als Jesus ankam, erfuhr er, dass Lazarus schon vier Tage in der Grabhöhle lag. 18 Betanien war nur drei Kilometerᶜ von Jerusalem entfernt, 19 und viele Leute aus der Stadt waren zu Marta und Maria gekommen, um sie wegen ihres Bruders zu trösten.

---

c 11,18: *drei Kilometer*. Wörtlich: *fünfzehn Stadien*. Siehe Fußnote zu Johannes 6,19.

20 Als Marta hörte, dass Jesus auf dem Weg zu ihnen war, lief sie ihm entgegen. Maria blieb im Haus. 21 „Herr", sagte Marta zu Jesus, „wenn du hier gewesen wärst, dann wäre mein Bruder nicht gestorben. 22 Aber ich weiß, dass Gott dir auch jetzt keine Bitte abschlagen wird." 23 „Dein Bruder wird auferstehen!", sagte Jesus zu ihr. 24 „Ich weiß, dass er auferstehen wird", entgegnete Marta, „bei der Auferstehung an jenem letzten Tag." 25 Da sagte Jesus: „Ich bin die Auferstehung und das Leben. Wer an mich glaubt, wird leben, auch wenn er stirbt. 26 Und wer lebt und an mich glaubt, wird niemals sterben. Glaubst du das?" 27 „Ja, Herr!", antwortete sie, „ich glaube, dass du der Messias bist, der Sohn Gottes, der in die Welt kommen soll."

28 Danach ging sie weg, um ihre Schwester Maria zu holen. „Der Rabbi ist da!", sagte sie unbemerkt zu ihr. „Er will dich sehen!" 29 Da stand Maria sofort auf und lief ihm entgegen. 30 Jesus war noch nicht ins Dorf hineingekommen. Er war immer noch an der Stelle, wo Marta ihn getroffen hatte. 31 Die Juden, die bei Maria im Haus gewesen waren, um sie zu trösten, sahen, wie sie plötzlich aufstand und hinausging. Sie dachten, sie wolle zur Gruft gehen, um dort zu weinen, und folgten ihr.

32 Als Maria nun an die Stelle kam, wo Jesus war, warf sie sich ihm zu Füßen und sagte: „Herr, wenn du hier gewesen wärst, dann wäre mein Bruder nicht gestorben." 33 Als Jesus die weinende Maria sah und die Leute, die mit ihr gekommen waren, wurde er zornig und war sehr erregt. 34 „Wo habt ihr ihn hingelegt?", fragte er sie. „Komm und sieh selbst", antworteten die Leute. 35 Da brach Jesus in Tränen aus. 36 „Seht einmal, wie lieb er ihn gehabt hat", sagten die Juden. 37 Aber einige von ihnen meinten: „Er hat doch den Blinden geheilt. Hätte er nicht auch Lazarus vor dem Tod bewahren können?"

38 Da wurde Jesus wieder zornig und ging zur Gruft. Das war eine Höhle, die mit einem Stein verschlossen war. 39 „Hebt den Stein weg!", sagte Jesus. Doch Marta, die Schwester des Verstorbenen wandte ein: „Herr, der Geruch! Er liegt ja schon vier Tage hier." 40 Jesus erwiderte: „Ich habe dir doch gesagt, dass du die Herrlichkeit Gottes sehen wirst, wenn du mir vertraust!" 41 Da nahmen sie den Stein weg. Jesus blickte zum Himmel auf und sagte: „Vater, ich danke dir, dass du mich erhört hast. 42 Ich weiß, dass du mich immer erhörst. Aber wegen der Menschenmenge, die hier steht, habe ich es laut gesagt. Sie sollen glauben, dass du mich gesandt hast." 43 Danach rief er mit lauter Stimme: „Lazarus, komm heraus!" 44 Da kam der Tote heraus, Hände und Füße mit Grabbinden umwickelt und das Gesicht mit einem Schweißtuch[a] zugebunden. „Macht ihn frei und lasst ihn gehen!", sagte Jesus.

45 Als sie das gesehen hatten, glaubten viele der Juden, die zu Maria gekommen waren, an Jesus. 46 Doch einige von ihnen gingen zu den Pharisäern und berichteten, was Jesus getan hatte. 47 Da riefen die Hohen Priester und Pharisäer den Hohen Rat zusammen. „Was sollen wir tun?", fragten sie.

---

a 11,44: Das *Schweißtuch* war eine Art großes Taschentuch, mit dem man sich den Schweiß vom Gesicht wischte.

„Dieser Mensch tut viele aufsehenerregende Dinge! **48** Wenn wir ihn so weitermachen lassen, werden schließlich noch alle an ihn glauben. Und dann werden die Römer eingreifen. Sie werden unseren Tempel und das ganze Volk vernichten." **49** Einer von ihnen, Kajafas, der in jenem Jahr der amtierende Hohe Priester war, sagte: „Ihr begreift aber auch gar nichts! **50** Versteht ihr denn nicht, dass es viel besser für uns ist, wenn einer für alle stirbt und nicht das ganze Volk umkommt?" **51** Er hatte das nicht von sich aus gesagt, sondern in seiner Eigenschaft als Hoher Priester die Weissagung ausgesprochen, dass Jesus für diese Nation sterben sollte. **52** Jesus starb allerdings nicht nur für das jüdische Volk, sondern auch, um die in aller Welt verstreuten Kinder Gottes zu einem Volk zusammenzuführen. **53** Von diesem Tag an waren sie fest entschlossen, ihn zu töten.

54 Jesus zeigte sich deshalb nicht mehr öffentlich unter den Juden, sondern hielt sich mit seinen Jüngern in einer Gegend am Rand der Wüste auf, in einer Ortschaft namens Ephraim[b]. **55** Doch das jüdische Passafest kam näher und viele Menschen aus dem ganzen Land zogen nach Jerusalem, um sich dort den Reinigungszeremonien für das Fest zu unterziehen. **56** Sie hielten Ausschau nach Jesus. Wenn sie im Tempel zusammenstanden, fragten sie einander: „Was meint ihr? Ob er wohl zum Fest

kommen wird?" **57** Die Hohen Priester und die Pharisäer hatten angeordnet, dass jeder es melden müsste, wenn ihm der Aufenthaltsort von Jesus bekannt wäre. Denn sie wollten ihn verhaften.

Begräbnisvorbereitung mit Salböl

12 **1** Sechs Tage vor dem Passafest kam Jesus wieder nach Betanien, wo Lazarus wohnte, den er vom Tod auferweckt hatte. **2** Die Geschwister gaben Jesus zu Ehren ein Festmahl. Marta bediente und Lazarus lag mit den anderen zu Tisch[c]. **3** Maria aber nahm eine Flasche mit einem Pfund[d] Salböl, es war echte, sehr kostbare Narde[e], und salbte Jesus damit die Füße. Dann tupfte sie diese mit ihrem Haar ab. Der Duft des Salböls erfüllte das ganze Haus.

4 Da sagte einer von den Jüngern ärgerlich – es war Judas, der Sikarier, der Jesus später verriet: **5** „Warum hat man dieses Salböl nicht verkauft? Man hätte dreihundert Denare[f] dafür bekommen und das Geld den Armen geben können." **6** Er sagte das nicht

---

b 11,54: *Ephraim.* Der kleine Ort liegt etwa 20 km nördlich von Jerusalem auf einem Bergrücken und ist mit dem alttestamentlichen Ofra bzw. Efron gleichzusetzen.

c 12,2: *lag … zu Tisch.* Bei festlichen Anlässen lag man auf Polstern, die um einen niedrigen Tisch in der Mitte gruppiert waren. Man stützte sich auf den linken Ellbogen und langte mit der rechten Hand zu. Die Füße waren nach hinten vom Tisch weg ausgestreckt.

d 12,3: Gemeint ist das römische *Pfund* mit einem Gewicht von 327 Gramm.

e 12,3: *Narde* ist eine duftende aromatische Pflanze, die in den Bergen des Himalaja in Höhen zwischen 3500 und 5000 Metern wächst. Mit dem aus der indischen Narde gewonnenen Öl wurde schon zur Zeit Salomos gehandelt.

f 12,5: *dreihundert Denare.* Ein guter Jahresverdienst eines Arbeiters.

etwa, weil er sich um die Armen sorgte, sondern weil er ein Dieb war. Er verwaltete die gemeinsame Kasse und bediente sich daraus. 7 „Lass sie in Ruhe!", sagte Jesus. „Sie hat das als Vorbereitung für mein Begräbnis getan. 8 Es wird immer Arme geben, um die ihr euch kümmern könnt. Aber mich habt ihr nicht mehr lange bei euch."

9 Als es sich herumgesprochen hatte, dass Jesus in Betanien war, strömten die Leute in Scharen dorthin. Sie kamen nicht nur wegen Jesus, sondern auch, weil sie Lazarus sehen wollten, den Jesus vom Tod auferweckt hatte. 10 Da beschlossen die Hohen Priester, auch Lazarus zu töten, 11 weil seinetwegen so viele Juden hingingen und anfingen, an Jesus zu glauben.

Triumphaler Einzug in Jerusalem

12 Am nächsten Tag erfuhren viele von denen, die zum Passafest gekommen waren, dass Jesus sich auf den Weg nach Jerusalem gemacht hatte. 13 Da nahmen sie Palmzweige in die Hand und zogen ihm entgegen. „Hosianna!"[a], riefen sie. „Gelobt sei Gott! Gepriesen sei der da kommt im Namen des Herrn! Heil dem König von Israel!" 14 Jesus hatte einen jungen Esel geliehen und ritt auf ihm in die Stadt, wie es schon in der Heiligen Schrift steht: 15 „Fürchte dich nicht, Tochter von Zion[b]!

Dein König kommt zu dir! Er reitet auf einem Eselsfohlen."[c] 16 Doch das verstanden seine Jünger damals noch nicht. Erst nachdem Jesus in Gottes Herrlichkeit zurückgekehrt war, erinnerten sie sich, dass man ihn genauso empfangen hatte, wie es in der Schrift vorausgesagt war. 17 Die Leute in der Menge, die dabei gewesen waren, als Jesus Lazarus aus dem Grab gerufen und vom Tod auferweckt hatte, hatten überall davon erzählt. 18 Deswegen zogen ihm jetzt so viele Menschen entgegen. Sie hatten alle von dem Wunder gehört. 19 Da sagten die Pharisäer zueinander: „Ihr seht doch, dass wir so nicht weiterkommen. Alle Welt läuft ihm nach."

Jesus spricht von seinem Tod

20 Unter den Festbesuchern, die zur Anbetung Gottes nach Jerusalem kamen, waren auch einige Griechen. 21 Sie wandten sich an Philippus, der aus Betsaida in Galiläa stammte, und sagten: „Herr, wir möchten Jesus sehen!" 22 Philippus sprach mit Andreas darüber, dann gingen beide zu Jesus und sagten es ihm. 23 Doch Jesus erwiderte: „Die Zeit ist gekommen, in der die Herrlichkeit des Menschensohnes sichtbar wird. 24 Ja, ich versichere euch: Wenn das Weizenkorn nicht in die Erde kommt und stirbt, bleibt es allein. Wenn es aber stirbt, wird es viele neue Körner hervorbringen. 25 Wer sein Leben liebt, wird es verlieren. Aber wer sein Leben in

---

a 12,13: *Hosianna*. Hebräisch: *Hilf doch!* Aus Psalm 118,25 stammender Hilferuf an Gott, der als feststehende Formel und schließlich auch als Lobpreis verwendet wurde.

b 12,15: *Zion* ist einer der Hügel Jerusalems, der für die ganze Stadt stehen

kann. *Tochter von Zion* meint also die Einwohner der Stadt.

c 12,15: Sacharja 9,9

dieser Welt gering achtet, wird es für das ewige Leben erhalten. *26* Wenn jemand mir dienen will, muss er mir auf meinem Weg folgen. Mein Diener wird dann auch dort sein, wo ich bin, und mein Vater wird ihn ehren.

27 Ich bin jetzt voller Angst und Unruhe. Soll ich beten: ‚Vater, rette mich vor dem, was auf mich zukommt?‘ Aber deswegen bin ich ja gerade in diese Zeit hineingekommen. *28* Vater, offenbare die Herrlichkeit deines Namens!" Da sprach eine Stimme vom Himmel: „Das habe ich bis jetzt getan und werde es auch diesmal tun." *29* Von den Menschen, die dort standen und zuhörten, sagten einige: „Es hat gedonnert." Andere meinten: „Ein Engel hat mit ihm geredet." *30* Aber Jesus sagte: „Diese Stimme wollte nicht mir etwas sagen, sondern euch! *31* Für die Welt ist jetzt die Stunde des Gerichts gekommen. Jetzt wird der Herrscher dieser Welt vertrieben werden. *32* Und wenn ich von der Erde erhöht worden bin, werde ich alle zu mir ziehen." *33* Mit diesen Worten deutete er an, auf welche Weise er sterben würde.

34 Die Menge hielt ihm entgegen: „*Wir* lesen in der Schrift, dass der Messias für immer bleiben wird. Wie kannst *du* da behaupten, der Menschensohn müsse erhöhtd werden? Wer ist überhaupt dieser Menschensohn?" *35* „Das Licht wird nur noch kurze Zeit für euch leuchten", sagte Jesus. „Nutzt das Licht, so lange ihr es habt, damit euch die Dunkelheit nicht überfällt! Wer in der Dunkelheit unterwegs ist, weiß nicht, wohin er geht.

36 Glaubt an das Licht solange ihr es noch habt, damit ihr Menschen des Lichts werdet!" Nachdem er das gesagt hatte, zog Jesus sich aus der Öffentlichkeit zurück.

An Jesus glauben!

37 Obwohl Jesus so viele Wunderzeichen vor den Menschen getan hatte, glaubten sie ihm nicht. *38* Es sollte nämlich so kommen, wie der Prophet Jesaja vorausgesagt hat: „Herr, wer hat unserer Botschaft geglaubt? Wer erkennt, dass Gott hinter diesen mächtigen Taten steht?"e *39* Sie konnten nicht glauben, weil Jesaja auch Folgendes vorausgesagt hat: *40* „Er hat ihre Augen geblendet und ihr Herz hart gemacht. So kommt es, dass ihre Augen nichts sehen und ihr Herz nichts versteht und sie nicht umkehren, um sich von mir heilen zu lassen."f *41* Jesaja sprach hier von Jesus, denn er hatte seine Herrlichkeit gesehen.

42 Dennoch glaubten sogar von den führenden Männern viele an Jesus. Aber wegen der Pharisäer bekannten sie sich nicht öffentlich dazu, denn sie befürchteten, aus der Synagoge ausgeschlossen zu werden. *43* Ihr Ansehen bei den Menschen war ihnen wichtiger als die Anerkennung von Gott.

44 Jesus rief laut: „Wer an mich glaubt, der glaubt eigentlich nicht an mich, sondern an den, der mich gesandt hat. *45* Und wer mich sieht, sieht den, der mich gesandt hat. *46* Ich bin als Licht in die Welt gekommen, damit

---

d 12,34: *erhöht*. Gemeint ist wie in Johannes 3,14; 8,28; 12,32 die Kreuzigung.

e 12,38: Jesaja 53,1

f 12,40: Jesaja 6,10

jeder, der an mich glaubt, nicht in der Finsternis bleibt. *47* Wer hört, was ich sage, und sich nicht danach richtet, den verurteile nicht ich. Denn ich bin nicht in die Welt gekommen, um die Welt zu richten, sondern um sie zu retten. *48* Wer mich verachtet und nicht annimmt, was ich sage, hat seinen Richter schon gefunden: Das Wort, das ich gesprochen habe, wird ihn an jenem letzten Tag verurteilen. *49* Denn ich habe ja nicht aus eigener Vollmacht gesprochen, sondern aus der meines Vaters. Er hat mich gesandt und mir aufgetragen, was ich sagen und reden soll. *50* Und ich weiß, dass sein Auftrag das ewige Leben bringt. Ich gebe euch also genau das weiter, was mir der Vater gesagt hat."

Eine Sklavenarbeit als Vorbild

13 *1* Das Passafest stand jetzt unmittelbar bevor. Jesus wusste, dass die Zeit für ihn gekommen war, diese Welt zu verlassen und zum Vater zu gehen. Nun bewies er den Seinen in dieser Welt das ganze Ausmaß seiner Liebe. *2* Es war beim Abendessen. Der Teufel hatte den Sikarier Judas Ben-Simon schon zu dem Plan verleitet, Jesus zu verraten. *3* Jesus aber wusste, dass der Vater ihm uneingeschränkte Macht über alles gegeben hatte und dass er von Gott gekommen war und bald wieder zu Gott zurückkehren würde. *4* Er stand vom Tisch auf, zog sein Obergewand aus und band sich ein Leinentuch um. *5* Dann goss er Wasser in eine Schüssel und begann, den Jüngern die Füße zu waschen und mit dem Tuch abzutrocknen, das er sich umgebunden hatte. *6* Als er zu

Simon Petrus kam, wehrte der ab und sagte: „Herr, du willst mir die Füße waschen?" *7* Jesus erwiderte ihm: „Was ich tue, verstehst du jetzt nicht. Du wirst es aber später begreifen." *8* „Nie und nimmer wäschst du mir die Füße!", widersetzte sich Petrus. Doch Jesus antwortete: „Wenn ich sie dir nicht wasche, gehörst du nicht zu mir!" *9* „Dann, Herr, wasch mir nicht nur die Füße, sondern auch die Hände und den Kopf!", sagte Simon Petrus. *10* Jesus entgegnete: „Wer gebadet hat, ist ganz rein, er muss sich später nur noch die Füße waschen. Ihr seid rein, allerdings nicht alle." *11* Jesus wusste nämlich, wer ihn verraten würde. Darum hatte er gesagt: „Nicht alle von euch sind rein."

12 Nachdem Jesus ihnen die Füße gewaschen hatte, zog er sich das Obergewand wieder an und legte sich an seinen Platz am Tisch. „Versteht ihr, was ich eben gemacht habe? *13* Ihr nennt mich Rabbi und Herr. Das ist auch in Ordnung so, denn ich bin es ja. *14* Wenn nun ich, der Herr und der Rabbi, euch die Füße gewaschen habe, dann seid auch ihr verpflichtet, euch gegenseitig die Füße zu waschen. *15* Ich habe euch ein Beispiel gegeben, damit ihr genauso handelt. *16* Ja, ich versichere euch: Ein Sklave ist nicht größer als sein Herr und ein Bote nicht wichtiger als der, der ihn schickt. *17* Wenn ihr das begreift, seid ihr gesegnet wenn ihr es tut."

Jesus und sein Verräter

18 „Doch ich rede nicht von euch allen; ich kenne ja die, die ich erwählt habe. Aber was die Schrift sagt, muss sich erfüllen: ‚Der, der mein Brot isst, tritt nach mir.'ᵃ *19* Ich sage euch das schon jetzt, bevor es eintrifft, damit ihr dann, wenn es geschieht, nicht daran irre werdet, dass ich wirklich der bin, der ich bin. *20* Ich versichere euch und verbürge mich dafür: Wer einen Menschen aufnimmt, den ich sende, nimmt mich auf. Und wer mich aufnimmt, nimmt den auf, der mich gesandt hat."

21 Nach diesen Worten sagte Jesus im Innersten erschüttert: „Ja, ich versichere euch: Einer von euch wird mich ausliefern." *22* Die Jünger blickten sich ratlos an und konnten sich nicht denken, wen er meinte. *23* Der Jünger, den Jesus besonders lieb hatte, lag direkt neben ihm zu Tisch. *24* Diesem Jünger gab Petrus einen Wink, er solle fragen, von wem er reden würde. *25* Da lehnte sich der Jünger etwas zurück an die Brust von Jesusᵇ und fragte: „Herr, wer ist es?" *26* „Ich werde ein Stück Brot in die Schüssel tauchen", erwiderte Jesus, „und es dem geben, der es ist." Er nahm ein Stück von dem Fladenbrot, tauchte es in die Schüssel und gab es Judas Ben-Simon, dem Sikarier. *27* Als Judas das Brotstück genommen hatte, fuhr der Satan in ihn und nahm ihn in Besitz. Jesus sagte zu ihm: „Beeile dich und tue, was du tun willst!" *28* Keiner von denen, die mit zu Tisch lagen, verstand, weshalb er das zu ihm gesagt hatte. *29* Weil Judas die Kasse verwaltete, dachten einige, Jesus habe

ihn aufgefordert, noch einige Einkäufe für das Fest zu machen, oder ihn beauftragt, den Armen etwas zu bringen. *30* Als Judas den Bissen gegessen hatte, ging er sofort hinaus in die Nacht.

Das Liebesgebot

31 Nachdem Judas den Raum verlassen hatte, sagte Jesus: „Jetzt wird der Menschensohn in seiner Herrlichkeit sichtbar und auch die Herrlichkeit Gottes wird durch ihn offenbar. *32* Und wenn der Menschensohn die Herrlichkeit Gottes sichtbar gemacht hat, dann wird auch Gott die Herrlichkeit des Menschensohnes offenbar machen. Das wird bald geschehen. *33* Ich bin nicht mehr lange bei euch, meine Kinder. Ihr werdet mich suchen, aber was ich schon den Juden sagte, muss ich auch euch sagen: Da, wo ich hingehe, könnt ihr nicht mitkommen. *34* Ich gebe euch jetzt ein neues Gebot: Liebt einander! Genauso wie ich euch geliebt habe, sollt ihr einander lieben! *35* An eurer Liebe zueinander werden alle erkennen, dass ihr meine Jünger seid."

36 „Herr", sagte Simon Petrus, „wo gehst du hin?" – „Wo ich hingehe", erwiderte Jesus, „dahin kannst du jetzt nicht mitkommen. Aber später wirst du mir dorthin nachfolgen." *37* „Herr", entgegnete Petrus, „warum kann ich dir jetzt nicht folgen? Ich bin auch bereit, für dich zu sterben." *38* „Dein Leben willst du für mich lassen?", erwiderte Jesus. „Ja, ich versichere dir: Noch bevor der Hahn kräht, wirst du mich dreimal verleugnen."

---

a 13,18: Psalm 41,10

b 13,25: *Brust von Jesus.* Das erklärt sich von der damaligen Tischsitte her. Johannes lag praktisch „vor" Jesus (vgl. Fußnote zu Kapitel 12,2).

Der Weg zum Vater zurück

14 ¹ „Lasst euch nicht in Verwirrung bringen. Glaubt an Gott und glaubt auch an mich! ² Im Haus meines Vaters es gibt viele Wohnungen. Wenn es nicht so wäre, dann hätte ich es euch gesagt. Ich gehe jetzt voraus, um einen Platz für euch vorzubereiten. ³ Und wenn ich dann alles vorbereitet habe, komme ich zurück und werde euch zu mir holen, damit ihr auch da seid, wo ich bin. ⁴ Den Weg dorthin kennt ihr ja." ⁵ „Herr", sagte Thomas, „wir wissen nicht einmal, wo du hingehst. Wie sollen wir da den Weg kennen?" ⁶ „Ich bin der Weg!", antwortete Jesus. „Ich bin die Wahrheit und das Leben! Zum Vater kommt man nur durch mich. ⁷ Wenn ihr erkannt habt, wer ich bin, dann habt ihr auch meinen Vater erkannt. Schon jetzt erkennt ihr ihn und habt ihn bereits gesehen." ⁸ „Herr, zeige uns den Vater", sagte Philippus, „das genügt uns". ⁹ „So lange bin ich schon bei euch, Philippus, und du kennst mich immer noch nicht?", erwiderte Jesus. „Wer mich gesehen hat, hat den Vater gesehen! Wie kannst du da sagen: ‚Zeige uns den Vater!'? ¹⁰ Glaubst du denn nicht, dass ich im Vater bin und der Vater in mir ist? Was ich zu euch gesprochen habe, stammt doch nicht von mir. Der Vater, der in mir ist, handelt durch mich. Es ist sein Werk! ¹¹ Glaubt mir, dass ich im Vater bin und der Vater in mir ist! Wenn aber nicht, dann glaubt wenigstens aufgrund dessen, was ich getan habe! ¹² Ja, ich versichere euch: Wer mir vertraut und glaubt, wird auch solche Dinge tun, ja sogar noch größere Taten vollbringen. Denn ich gehe zum Vater, ¹³ und alles, worum ihr dann in meinem Namen bittet, werde ich tun. Denn so wird der Vater im Sohn geehrt. ¹⁴ Was ihr also in meinem Namen erbittet, werde ich tun.

Jesus kündigt seinen Stellvertreter an

¹⁵ Wenn ihr mich liebt, werdet ihr meine Gebote befolgen. ¹⁶ Und ich werde den Vater bitten, dass er euch an meiner Stelle einen anderen Beistand gibt, der für immer bei euch bleibt. ¹⁷ Das ist der Geist der Wahrheit, den die Welt nicht bekommen kann, weil sie ihn nicht sieht und ihn nicht kennt. Aber ihr kennt ihn, denn er bleibt bei euch und wird in euch sein. ¹⁸ Ich werde euch nicht allein und verwaist zurücklassen. Ich komme zu euch! ¹⁹ Es dauert nur noch eine kurze Zeit, dann wird die Welt mich nicht mehr sehen. Ihr aber werdet mich sehen. Und weil ich lebe, werdet auch ihr leben. ²⁰ Wenn dieser Tag kommt, werdet ihr erkennen, dass ich in meinem Vater bin und ihr in mir seid und ich in euch. ²¹ Wer meine Gebote kennt und sie befolgt, der liebt mich wirklich. Und wer mich liebt, wird von meinem Vater geliebt werden. Und ich werde ihn lieben und mich ihm zu erkennen geben."

²² Da fragte ihn Judas (nicht der Sikarier): „Herr, wie kommt es, dass du dich nur uns zu erkennen geben willst und nicht der Welt?" ²³ „Wenn jemand mich liebt", gab Jesus ihm zur Antwort, „wird er sich nach meinem Wort richten. Mein Vater wird ihn lieben, und wir werden kommen und bei ihm wohnen. ²⁴ Wer mich nicht liebt,

wird sich nicht nach meinen Worten richten – und dabei kommt das Wort, das ihr hört, nicht einmal von mir, sondern vom Vater, der mich gesandt hat.

25 Ich habe euch das gesagt, solange ich noch bei euch bin. 26 Aber der Beistand, den der Vater in meinem Namen senden wird, der Heilige Geist, wird euch alles Weitere lehren und euch an alles erinnern, was ich euch gesagt habe. 27 Was ich euch hinterlasse, ist mein Frieden. Ich gebe euch einen Frieden, wie die Welt ihn nicht geben kann. Lasst euch nicht in Verwirrung bringen, habt keine Angst. 28 Denkt an das, was ich euch gesagt habe: Ich gehe weg und komme wieder zu euch. Wenn ihr mich wirklich liebt, dann werdet ihr euch für mich freuen, weil ich jetzt zum Vater gehe, denn der Vater ist größer als ich. 29 Ich habe euch das alles im Voraus gesagt, damit ihr dann, wenn es geschieht, im Glauben fest bleibt. 30 Viel werde ich nicht mehr mit euch reden können, denn der Herrscher dieser Welt ist schon gegen mich unterwegs. Er wird zwar nichts an mir finden, 31 aber die Welt soll erkennen, dass ich den Vater liebe und das tue, was er mir aufgetragen hat. – Steht auf, wir wollen gehen!"

Weinstock und Reben

15 1 „Ich bin der wahre Weinstock und mein Vater ist der Weingärtner. 2 Jede Rebe an mir, die keine Frucht bringt, schneidet er weg, und jede, die Frucht bringt, schneidet er zurück und reinigt sie so, damit sie noch mehr Frucht bringt. 3 Ihr allerdings seid schon rein; ihr seid es aufgrund der Botschaft, die ich euch anvertraut habe. 4 Bleibt in mir, und ich bleibe in euch! Eine Rebe kann nicht aus sich selbst heraus Frucht bringen; sie muss am Weinstock bleiben. Auch ihr könnt keine Frucht bringen, wenn ihr nicht mit mir verbunden bleibt. 5 Ich bin der Weinstock; ihr seid die Reben. Wer in mir bleibt und ich in ihm, der bringt reichlich Frucht. Denn getrennt von mir könnt ihr gar nichts bewirken. 6 Wenn jemand nicht mit mir verbunden bleibt, wird er weggeworfen und verdorrt wie eine nutzlose Rebe. Solche Reben sammelt man nur noch auf, um sie zu verbrennen. 7 Wenn ihr in mir bleibt und wenn meine Worte in euch bleiben, dann könnt ihr bitten, um was ihr wollt: Ihr werdet es bekommen. 8 Die Herrlichkeit meines Vaters wird dadurch sichtbar, dass ihr viel Frucht bringt und euch so als meine Jünger erweist.

9 Ich habe euch genauso geliebt, wie der Vater mich geliebt hat. Bleibt in meiner Liebe! 10 Ihr bleibt darin, wenn ihr meinen Anweisungen folgt. Auch ich habe immer die Weisungen meines Vaters befolgt und bin so in seiner Liebe geblieben. 11 Ich habe euch das gesagt, damit meine Freude euch erfüllt und eure Freude vollkommen wird. 12 Meine Weisung lautet: ‚Liebt einander so, wie ich euch geliebt habe!' 13 Die größte Liebe beweist der, der sein Leben für seine Freunde hingibt. 14 Und ihr seid meine Freunde, wenn ihr meinen Anweisungen folgt. 15 Ich nenne euch Freunde und nicht mehr Diener. Denn einem Diener sagt sein Herr nicht, was er vorhat. Aber euch habe ich alles anvertraut, was ich von

meinem Vater gehört habe. *16* Nicht *ihr* habt mich erwählt, sondern *ich* euch. Ich habe euch dazu bestimmt, dass ihr losgeht und Frucht bringt – Frucht, die Bestand hat. Wenn ihr dann den Vater in meinem Namen um irgendetwas bittet, wird er es euch geben. *17* Ich befehle euch, einander zu lieben!"

Der Hass der Welt

18 „Wenn die Welt euch hasst, denkt daran, dass sie mich vor euch gehasst hat. *19* Wenn ihr zur Welt gehören würdet, würde sie euch als ihre Kinder lieben. Doch ihr gehört nicht zur Welt, denn ich habe euch ja aus der Welt heraus erwählt. Das ist der Grund, warum sie euch hasst. *20* Denkt an das, was ich euch gesagt habe: ‚Ein Diener ist nicht größer als sein Herr.‘ Wenn sie mich verfolgt haben, werden sie auch euch verfolgen. Wenn sie auf mein Wort gehört haben, werden sie auch auf das eure hören. *21* Aber alles, was sie euch antun, ist gegen meinen Namen gerichtet, denn sie kennen den nicht, der mich gesandt hat. *22* Sie hätten keine Schuld, wenn ich nicht gekommen wäre und zu ihnen gesprochen hätte. Doch so haben sie keine Entschuldigung mehr für ihre Sünde. *23* Wer mich hasst, hasst auch meinen Vater. *24* Sie hätten keine Schuld, wenn ich nicht die Wunder unter ihnen getan hätte, die noch kein Mensch getan hat. Doch jetzt haben sie diese Dinge gesehen und hassen mich trotzdem, mich und meinen Vater. *25* Aber das musste so kommen, damit sich erfüllen würde, was in ihrem Gesetz steht: ‚Sie haben mich ohne Grund

gehasst.'ª *26* Wenn dann der Beistand gekommen ist, wird er mein Zeuge sein. Es ist der Geist der Wahrheit, der vom Vater ausgeht. Ich werde ihn zu euch senden, wenn ich beim Vater bin. *27* Aber auch ihr seid meine Zeugen, weil ihr von Anfang an bei mir gewesen seid."

16 *1* „Ich habe euch das gesagt, damit ihr nicht unsicher werdet. *2* Man wird euch aus den Synagogen ausschließen. Ja, es kommt sogar eine Zeit, in der die, die euch töten, meinen, Gott einen Dienst damit zu tun. *3* Sie werden euch das antun, weil sie weder den Vater noch mich kennen. *4* Ich habe euch das gesagt, damit ihr euch, wenn die Zeit dafür gekommen ist, an meine Worte erinnert."

Der Beistand wird kommen

„Bisher habe ich nicht mit euch darüber gesprochen, weil ich ja bei euch war. *5* Aber jetzt gehe ich zu dem zurück, der mich gesandt hat. Doch keiner von euch fragt mich, wohin ich gehe. *6* Stattdessen hat euch das, was ich gesagt habe, mit Traurigkeit erfüllt. *7* Doch glaubt mir: Es ist das Beste für euch, wenn ich fortgehe. Denn wenn ich nicht wegginge, käme der Beistand nicht zu euch. Wenn ich jedoch fortgehe, wird er kommen, denn ich werde ihn zu euch senden. *8* Und wenn er gekommen ist, wird er die Welt überführen. Er wird den Menschen die Augen öffnen über Sünde, Gerechtigkeit und Gericht. *9* Ihre Sünde besteht darin, dass sie

---

a 15,25: Psalm 35,19; 69,5

nicht an mich glauben. *10* Die Gerechtigkeit erweist sich dadurch, dass ich zum Vater gehe und ihr mich nicht mehr seht. *11* Und das Gericht werden sie daran erkennen, dass der Fürst dieser Welt schon verurteilt ist.

12 Ich hätte euch noch so viel zu sagen, aber ihr könnt es jetzt noch nicht tragen. *13* Wenn dann jedoch der Geist der Wahrheit gekommen ist, wird er euch zum vollen Verständnis der Wahrheit führen. Denn er wird nicht seine eigenen Anschauungen vertreten, sondern euch nur sagen, was er gehört hat, und euch verkündigen, was die Zukunft bringt. *14* Er wird meine Herrlichkeit sichtbar machen, denn was er euch verkündigt, hat er von mir empfangen. *15* Alles, was der Vater hat, gehört ja auch mir. Deshalb habe ich gesagt: Was er euch verkündigen wird, hat er von mir.“

Aus Trauer wird Freude werden

16 „Es dauert nur noch ein wenig, dann werdet ihr mich nicht mehr sehen. Doch eine Weile danach werdet ihr mich wiedersehen.“ *17* „Wie sollen wir das verstehen?“, sagten einige seiner Jünger zueinander. „‚Es dauert nur noch ein wenig, dann werdet ihr mich nicht mehr sehen. Doch eine Weile danach werdet ihr mich wiedersehen.‘ Und was bedeutet: ‚Ich gehe zum Vater‘“? *18* Sie überlegten hin und her: „Was ist das für eine ‚kleine Weile‘, von der er gesprochen hat? Wir verstehen nicht, was er damit meint.“ *19* Jesus merkte, dass sie ihn fragen wollten, und sagte: „Überlegt ihr miteinander, was ich damit meinte: ‚Es dauert nur noch ein wenig, dann werdet ihr mich nicht mehr

sehen. Doch eine Weile danach werdet ihr mich wiedersehen‘? *20* Ja, ich versichere euch: Ihr werdet weinen und klagen, aber die Welt wird sich freuen. Ihr werdet traurig sein, doch eure Trauer wird sich in Freude verwandeln. *21* Wenn eine Frau ein Kind bekommt, macht sie bei der Geburt Schweres durch. Wenn das Kind jedoch geboren ist, hat sie vor Freude, dass ein Mensch zur Welt gekommen ist, alle Schmerzen vergessen. *22* Auch ihr seid jetzt traurig, aber ich werde euch wiedersehen. Dann wird euer Herz voller Freude sein, die euch niemand wegnehmen kann. *23* Wenn es soweit ist, werdet ihr mich nichts mehr fragen müssen. Ja, ich versichere euch: Wenn ihr dann den Vater in meinem Namen um etwas bittet, wird er es euch geben. *24* Bis jetzt habt ihr noch nichts in meinem Namen erbeten. Bittet nur – ihr werdet es bekommen. Und dann wird eure Freude vollkommen sein.

25 Ich habe euch das alles in Bildern gesagt. Aber es kommt eine Zeit, in der ich nicht mehr in Rätseln zu euch rede, sondern offen über den Vater sprechen werde. *26* Dann werdet ihr ihn in meinem Namen bitten. Ich sage nicht, dass ich dann den Vater für euch bitten werde, *27* denn der Vater selbst hat euch lieb. Denn ihr liebt mich ja und glaubt, dass ich von Gott gekommen bin. *28* Ja, ich bin vom Vater aus in die Welt gekommen, und ich werde die Welt verlassen und zum Vater zurückkehren.“

29 Da sagten seine Jünger: „Endlich sprichst du offen und nicht mehr in Rätselworten. *30* Jetzt verstehen wir, dass du alles weißt und unsere

Fragen kennst, bevor wir sie stellen. Darum glauben wir, dass du von Gott gekommen bist." **31** „Jetzt glaubt ihr?", sagte Jesus. **32** „Passt auf, es kommt die Zeit – sie ist sogar schon da – wo ihr auseinanderlaufen werdet, jeder dorthin, wo er herkommt. Und ihr werdet mich allein lassen. Aber ich bin nicht allein; der Vater ist ja bei mir. **33** Ich habe euch das gesagt, damit ihr in meinem Frieden geborgen seid. In der Welt wird man Druck auf euch ausüben. Aber verliert nicht den Mut! Ich habe die Welt besiegt!"

Jesus betet für seine Jünger

17 **1** Nachdem Jesus das gesagt hatte, blickte er zum Himmel auf und betete: „Vater, die Stunde ist gekommen. Offenbare die Herrlichkeit deines Sohnes, damit auch der Sohn deine Herrlichkeit offenbar machen kann. **2** Du hast ihm die Macht über alle Menschen anvertraut, damit er denen, die du ihm gegeben hast, ewiges Leben schenkt. **3** Das ewige Leben bedeutet ja, dich zu erkennen, den einzigen wahren Gott, und den, den du gesandt hast, Jesus Christus. **4** Ich habe deine Herrlichkeit hier auf der Erde sichtbar gemacht. Ich habe das Werk vollendet, das du mir aufgetragen hast. **5** Vater, gib mir erneut die Herrlichkeit, die ich schon vor Erschaffung der Welt bei dir hatte.

6 Ich habe dich den Menschen bekannt gemacht, die du mir aus der Welt gegeben hast. Sie gehörten schon immer dir, und du hast sie mir gegeben. Sie haben sich nach deinem Wort gerichtet. **7** Sie wissen jetzt, dass alles, was du mir gegeben hast, von dir kommt. **8** Denn ich habe ihnen das weitergegeben, was du mir gesagt hast. Und sie haben es angenommen und erkannt, dass ich wirklich von dir gekommen bin. Sie glauben auch daran, dass du mich gesandt hast.

9 Für sie bete ich. Ich bitte nicht für die Welt, sondern für die, die du mir gegeben hast, denn sie gehören dir. **10** Ja, was alle mein sind, gehören sie dir, und die dein sind, gehören mir. Und ich werde in ihnen geehrt. **11** Bald bin ich nicht mehr in der Welt, ich komme ja zu dir, Vater, du heiliger Gott. Sie aber sind noch in der Welt. Bewahre sie in der Macht, die du mir gegeben hast, in der Macht deines Namens, damit sie eins sind so wie wir. **12** Solange ich bei ihnen war, habe ich sie in deinem Namen bewahrt. Ich habe über sie gewacht, dass nicht einer von ihnen verloren ging – außer dem, der den Weg des Verderbens gegangen ist, so wie es die Schrift vorausgesagt hat.

13 Doch jetzt komme ich zu dir. Aber dies alles wollte ich sagen, solange ich noch hier in der Welt bin, damit sie ganz von meiner Freude erfüllt sind. **14** Ich habe ihnen deine Botschaft weitergegeben. Nun hasst sie die Welt, weil sie nicht mehr zu ihr gehören, so wie auch ich kein Teil von ihr bin. **15** Ich bitte dich nicht darum, sie aus der Welt wegzunehmen, aber ich bitte dich, sie vor dem Bösen zu bewahren. **16** Sie gehören nicht zur Welt, genauso wie ich nicht zu ihr gehöre. **17** Mach sie durch die Wahrheit zu Menschen, die ganz für dich da sind! Dein Wort ist Wahrheit. **18** So wie du mich in die Welt gesandt hast, habe auch ich sie in die Welt gesandt. **19** Und für sie gebe ich mich dir hin, damit auch sie durch die Wahrheit dir hingegeben sind.

20 Ich bitte aber nicht nur für sie, sondern auch für die Menschen, die durch ihr Wort an mich glauben werden. **21** Ich bete, dass sie alle eins sind, und zwar so wie du, Vater, in mir bist und ich in dir, so sollen sie in uns eins sein. Dann wird die Welt glauben, dass du mich gesandt hast. **22** Ich habe ihnen die Herrlichkeit geschenkt, die du mir gegeben hast, damit sie eins sind, so wie wir eins sind – **23** ich in ihnen und du in mir, damit sie die vollkommene Einheit gewinnen und damit die Welt erkennt, dass du mich gesandt und sie geliebt hast, so wie ich von dir geliebt bin. **24** Vater, ich will, dass alle, die du mir gegeben hast, dort bei mir sind, wo ich bin. Sie sollen nämlich meine Herrlichkeit sehen können, die du mir gegeben hast, weil du mich liebtest – schon vor Erschaffung der Welt.

25 Gerechter Vater, die Welt kennt dich nicht, aber ich kenne dich; und diese hier haben erkannt, dass du mich gesandt hast. **26** Ich habe ihnen deinen Namen bekannt gemacht und werde das auch weiterhin tun. Ich tue das, damit die Liebe, die du zu mir hast, auch sie erfüllt und ich selbst in ihnen bin."

Jesus lässt sich verhaften

18 **1** Nach diesem Gebet verließ Jesus mit seinen Jüngern die Stadt. Sie überquerten den Kidronbach[a] und gingen in einen Olivenhain, der sich auf der anderen Seite des Tals befand. **2** Weil Jesus oft mit

---

a 18,1: *Kidronbach*. Bach, der im Winter das gleichnamige Tal durchfließt, das den Tempelberg vom Ölberg trennt. Im Sommer ist das Tal trocken.

seinen Jüngern dort gewesen war, kannte auch der Verräter Judas den Platz. **3** Und Judas kam jetzt dorthin. Er wurde von einem Trupp römischer Soldaten begleitet und von Männern der Tempelwache, die ihm die Hohen Priester und Pharisäer zur Verfügung gestellt hatten. Sie waren bewaffnet und trugen Laternen und Fackeln. **4** Jesus wusste, was nun mit ihm geschehen würde, und ging ihnen bis vor den Eingang des Gartens entgegen. „Wen sucht ihr?", fragte er sie. **5** „Jesus von Nazaret", gaben sie ihm zur Antwort. „Ich bin es", sagte er. Der Verräter Judas stand bei ihnen. **6** Als nun Jesus zu ihnen sagte: „Ich bin es", wichen sie zurück und fielen zu Boden. **7** Da fragte er sie noch einmal: „Wen sucht ihr?" – „Jesus von Nazaret", antworteten sie wieder. **8** „Ich habe euch doch gesagt, dass ich es bin", entgegnete Jesus. „Wenn ihr also mich sucht, dann lasst diese hier gehen." **9** So sollte sich das Wort erfüllen, das Jesus selbst gesagt hatte: „Von denen, die du mir gegeben hast, habe ich keinen verloren."

10 Plötzlich zog Simon Petrus das Schwert, das er bei sich hatte, und hieb damit auf den Sklaven des Hohen Priesters ein. Dabei schlug er ihm das rechte Ohr ab. Der Mann hieß Malchus. **11** „Steck das Schwert weg!", befahl Jesus seinem Jünger. „Soll ich den Kelch etwa nicht austrinken, den mir der Vater gegeben hat?"

12 Die Soldaten, ihr Befehlshaber und die Männer der jüdischen Tempelwache nahmen Jesus fest. Sie fesselten ihn **13** und brachten ihn zuerst zu Hannas. Hannas war der Schwiegervater von Kajafas, der in jenem Jahr als Hoher Priester amtierte. *14* Kajafas war es gewesen, der den Juden klargemacht hatte, dass es besser sei, wenn ein Einzelner für das Volk stirbt.

Petrus verleugnet seinen Herrn

15 Simon Petrus und noch ein anderer Jünger folgten Jesus. Dieser andere Jünger war mit dem Hohen Priester bekannt und konnte deshalb mit Jesus in den Palasthof hineingehen. *16* Petrus musste draußen vor dem Tor stehen bleiben. Da kam der andere Jünger, der Bekannte des Hohen Priesters, wieder zurück, verhandelte mit der Pförtnerin und nahm Petrus dann mit hinein. *17* Es war diese Dienerin am Tor, die Petrus fragte: „Bist du nicht auch einer von den Jüngern dieses Mannes?" – „Nein", sagte Petrus, „das bin ich nicht." *18* Es war kalt. Die Sklaven und die Diener hatten ein Kohlenfeuer gemacht und standen nun darum herum und wärmten sich. Petrus stellte sich zu ihnen und wärmte sich ebenfalls.

19 Inzwischen begann der Hohe Priester, Jesus über seine Lehre und seine Jünger zu befragen. *20* Jesus erklärte: „Ich habe immer offen vor aller Welt geredet und nie im Geheimen gelehrt, sondern immer in den Synagogen und im Tempel, wo alle Juden zusammenkommen. *21* Warum fragst du dann mich? Frag doch die, die mich gehört haben; sie wissen, was ich gesagt habe." *22* Empört über diese Worte schlug ihn einer der dabeistehenden Wächter ins Gesicht und sagte: „Wie kannst du so mit dem Hohen Priester reden?" *23* Jesus entgegnete: „Wenn ich etwas Unrechtes gesagt habe, dann beweise es mir! Bin ich aber im Recht,

warum schlägst du mich dann?" *24* Hannas ließ Jesus dann gefesselt zu Kajafas, dem amtierenden Hohen Priester, bringen.

25 Simon Petrus stand immer noch am Feuer und wärmte sich. „Bist du nicht auch einer von seinen Jüngern?", wurde er da gefragt. „Nein, ich bin es nicht!", log Petrus. *26* Einer der Sklaven des Hohen Priesters, ein Verwandter von dem, dem Petrus das Ohr abgehauen hatte, hielt ihm entgegen: „Habe ich dich nicht dort im Garten bei ihm gesehen?" *27* Wieder stritt Petrus es ab. In diesem Augenblick krähte ein Hahn.

Das Verhör vor Pilatus

28 Frühmorgens führten sie Jesus von Kajafas zum Prätorium, dem Amtssitz des römischen Statthalters. Sie selbst betraten das Amtsgebäude nicht, um sich nicht zu verunreinigen[a], denn sonst hätten sie nicht am Passamahl[b] teilnehmen dürfen.

---

a 18,28: *verunreinigen.* Die Wohnungen von Nichtjuden in Israel wurden grundsätzlich als unrein betrachtet, weil die Juden befürchteten, in Haus oder Hof könnte eine Fehlgeburt vergraben sein. Dann hätten sie sich beim Betreten dieser Stelle für sieben Tage unrein gemacht.

b 18,28: *Passamahl.* Der Hohe Priester seine Anhänger hatten im Gegensatz zu den anderen Juden ihr Passamahl also noch vor sich (siehe auch Johannes 19,14). Das hatte seinen Grund vermutlich in den Kalenderstreitigkeiten zwischen den Pharisäern und den Sadduzäern, die erst mit der Zerstörung des Tempels endeten.

29 Deshalb kam Pilatus[c] zu ihnen heraus und fragte: „Was habt ihr gegen diesen Mann vorzubringen?" **30** „Wir hätten ihn nicht vorgeführt, wenn er kein Verbrecher wäre", gaben sie zurück. **31** „Dann nehmt ihn doch und richtet ihn nach eurem Gesetz!", sagte Pilatus. „Wir dürfen ja niemand hinrichten", erwiderten sie. **32** So sollte sich die Voraussage erfüllen, mit der Jesus die Art seines Todes angedeutet hatte.

33 Pilatus ging ins Prätorium zurück und ließ Jesus vorführen. „Bist du der König der Juden?", fragte er. **34** „Bist du selbst auf diesen Gedanken gekommen oder haben andere dir das gesagt?", fragte Jesus zurück. **35** „Bin ich etwa ein Jude?", entgegnete Pilatus. „Dein eigenes Volk und die Hohen Priester haben dich mir ausgeliefert. Was hast du getan?" **36** „Mein Reich ist nicht von dieser Welt", antwortete Jesus. „Wenn es so wäre, hätten meine Diener gekämpft, damit ich den Juden nicht in die Hände gefallen wäre. Doch jetzt ist mein Königreich nicht von hier." **37** „Also bist du doch ein König", sagte Pilatus. „Du hast Recht", erwiderte Jesus, „ich bin ein König, ich bin dazu geboren. Und ich bin in die Welt gekommen, um für die Wahrheit einzustehen. Wem es um die Wahrheit geht, der hört auf mich." **38** „Wahrheit?", meinte Pilatus, „was ist das schon?" Dann ging er wieder zu den Juden hinaus und erklärte: „Ich kann keine Schuld an ihm finden.

39 Es gibt aber doch den Brauch, dass ich euch am Passafest einen Gefangenen freilasse. Wollt ihr nun, dass ich euch den König der Juden freigebe?" **40** „Nein, den nicht!", schrien sie. „Wir wollen Barabbas!" Barabbas war ein Straßenräuber.

Das Todesurteil

19 **1** Daraufhin ließ Pilatus Jesus auspeitschen. **2** Dann flochten die Soldaten eine Krone aus Dornenzweigen und setzten sie Jesus auf den Kopf. Sie hängten ihm einen Purpurmantel um, **3** stellten sich vor ihn hin und schrien: „Hoch lebe der Judenkönig!" Dabei schlugen sie ihm ins Gesicht.

4 Dann ging Pilatus noch einmal zu den Juden hinaus und sagte: „Seht her, ich bringe ihn jetzt zu euch, denn ihr sollt wissen, dass ich keine Schuld an ihm finde." **5** Als Jesus herauskam, trug er die Dornenkrone und den Purpurmantel. „Da, seht den Menschen", sagte Pilatus zu ihnen. **6** Als die Hohen Priester und ihre Leute Jesus erblickten, schrien sie: „Kreuzigen! Kreuzigen!" – „Nehmt ihn doch selbst und kreuzigt ihn!", rief Pilatus. „Ich jedenfalls finde keine Schuld an ihm!" **7** „Nach unserem Gesetz muss er sterben", hielten ihm die Juden entgegen, „denn er hat sich selbst zu Gottes Sohn gemacht."

8 Als Pilatus das hörte, geriet er erst recht in Panik. **9** Er ging ins Prätorium zurück und fragte Jesus: „Woher kommst du?" Aber Jesus gab ihm keine Antwort. **10** „Willst du denn nicht mit mir reden?", sagte Pilatus zu ihm. „Weißt du nicht, dass ich die Macht habe, dich freizulassen? Ich kann dich

---

c 18,29: *Pilatus*. Vom Kaiser in Rom eingesetzter Statthalter über Judäa und Samaria. Er war von 26-36 n. Chr. im Amt.

aber auch ans Kreuz bringen!" *11* „Du hättest keine Macht über mich", erwiderte Jesus, „wenn sie dir nicht von oben gegeben wäre. Deshalb hat der, der mich dir ausgeliefert hat, größere Schuld." *12* Daraufhin versuchte Pilatus noch einmal, ihn freizulassen. Doch die Juden schrien: „Wenn du den freilässt, bist du kein ‚Freund des Kaisers'ᵃ! Wer sich als König ausgibt, stellt sich gegen den Kaiser!"

13 Auf diese Worte hin ließ Pilatus Jesus auf den Platz hinausführen, den man „Steinpflaster" nannte, auf Hebräisch: „Gabbata". Dort setzte er sich auf den Richterstuhl. *14* Es war der Tag vor dem Passafest, am späten Vormittag.ᵇ Pilatus sagte zu den Juden: „Da, seht euren König!" *15* „Weg mit ihm, weg!", schrien sie. „Ans Kreuz mit ihm!" – „Euren König soll ich kreuzigen lassen?", rief Pilatus. Die Hohen Priester entgegneten: „Wir haben keinen König außer dem Kaiser." *16* Da gab Pilatus ihrer Forderung nach und befahl, Jesus zu kreuzigen.

Die Hinrichtung

Jesus wurde abgeführt. *17* Er trug sein Kreuz selbst und schleppte sich aus der Stadt hinaus zu dem sogenannten Schädelplatz, der auf Hebräisch „Golgota" heißt. *18* Dort nagelten sie ihn ans Kreuz, ihn und noch zwei andere links und rechts von ihm. Jesus hing in der Mitte.

19 Pilatus ließ auch ein Schild an das Kreuz von Jesus nageln, auf dem stand: „Jesus von Nazaret, König der Juden." *20* Dieses Schild wurde von vielen Juden gelesen, denn der Ort, wo Jesus gekreuzigt wurde, war ganz in der Nähe der Stadt, und der Text war auf Hebräisch, Lateinisch und Griechisch abgefasst. *21* Die Hohen Priester erhoben Einspruch bei Pilatus. „Nicht ‚König der Juden' muss da stehen", sagten sie, „sondern: ‚Er behauptete, König der Juden zu sein.'" *22* Doch Pilatus erwiderte: „Geschrieben bleibt geschrieben!"

23 Die vier Soldaten, die Jesus gekreuzigt hatten, teilten seine Kleidung unter sich auf. Auch sein Untergewand nahmen sie an sich. Es war von oben bis unten durchgehend gewebt, ohne Naht. *24* „Das zerreißen wir nicht", sagten sie zueinander, „lassen wir das Los entscheiden, wer es bekommt!" Damit erfüllte sich, was die Schrift vorausgesagt hatte: „Sie haben meine Kleider unter sich verteilt und über mein Gewand das Los geworfen."ᶜ Und genau das haben die Soldaten getan.

25 In der Nähe des Kreuzes, an dem Jesus hing, standen seine Mutter Maria und ihre Schwester. Außerdem Maria, die Frau des Klopas und Maria aus Magdala. *26* Als Jesus seine Mutter neben dem Jünger stehen sah, den er besonders liebte, sagte er zu ihr: „Das ist jetzt dein Sohn!" *27* Und zu dem Jünger sagte er: „Das ist nun deine Mutter!" Der Jünger nahm sie zu sich und sorgte von da an für sie.

28 Weil Jesus wusste, dass nun alles vollbracht war, sagte er: „Ich habe Durst!" Denn er wollte auch in diesem

---

a 19,12: *Freund des Kaisers* war ein Ehrentitel, dessen Aberkennung schlimme Folgen haben konnte.

b 19,14: Wörtlich: *um die sechste Stunde.* Siehe aber Markus 15,25.

c 19,24: Psalm 22,19

Punkt die Voraussagen der Schrift erfüllen. 29 Da tauchten die Soldaten einen Schwamm in das Gefäß mit Weinessig^d, das dort stand, steckten ihn auf einen Ysopstängel^e und hielten ihn Jesus an den Mund. 30 Als Jesus von dem Essig genommen hatte, sagte er: „Es ist vollbracht!" Dann ließ er den Kopf sinken und starb.

31 Es war der Tag vor dem Sabbat, der diesmal ein hoher Festtag sein würde. Deshalb baten die führenden Juden Pilatus, dass den Gekreuzigten die Beine gebrochen^f würden. Man wollte sie vom Kreuz abnehmen lassen, damit sie nicht den Sabbat über dort hängen blieben^g. 32 Die Soldaten gingen nun zunächst zu dem einen, der mit Jesus gekreuzigt war, und brachen ihm die Beine, und dann zu dem anderen. 33 Als sie an Jesus vorbeikamen, merkten sie, dass er schon gestorben war. Deshalb brachen sie ihm die Beine nicht. 34 Einer von den Soldaten stach ihm allerdings mit dem Speer in die Seite. Da kamen Blut und Wasser heraus.

35 Dieser Bericht stammt von einem Augenzeugen. Was er sagt, ist zuverlässig, und er weiß, dass es wahr ist. Er bezeugt es, damit auch ihr zum Glauben findet. 36 Denn das alles geschah, damit die Voraussagen der Schrift erfüllt würden: „Es wird ihm kein Knochen gebrochen werden."^h 37 Und an einer anderen Stelle: „Sie werden auf den schauen, den sie durchbohrt haben."^i

Das Begräbnis

38 Danach bat Josef von Arimathäa Pilatus um die Erlaubnis, den Leichnam von Jesus abnehmen zu dürfen. Josef war auch ein Jünger, allerdings nur heimlich, weil er sich vor den führenden Juden fürchtete. Als er von Pilatus die Genehmigung erhalten hatte, ging er zum Hinrichtungsplatz und nahm den Leichnam von Jesus ab. 39 Auch Nikodemus, der Jesus einmal in der Nacht aufgesucht hatte, kam dazu. Er brachte eine Mischung von Myrrhe^j und Aloë^k mit, ungefähr 33 Kilogramm^l. 40 Sie wickelten den Leib unter Beigabe der wohlriechenden Öle in Leinenbinden, wie es der jüdischen Begräbnissitte entsprach.

---

d 19,29: *Weinessig* oder saurer Wein, ein beliebter Durstlöscher bei Soldaten.

e 19,29: *Ysop*, ein Busch mit stark riechenden Blättern, der bei Reinigungsopfern zum Besprengen verwendet wurde. Seine *Stängel* werden bis zu 80 Zentimeter lang.

f 19,31: *Beine gebrochen*. Manchmal brach man den Gekreuzigten die Beine, indem man sie mit Keulen zerschlug. Denn dann konnten sie sich beim Atmen nicht mehr abstützen und starben schnell.

g 19,31: *hängen blieben*. Sie hätten das Land nach 5. Mose 21,23 kultisch verunreinigt.

h 19,36: 2. Mose 12,46; 4. Mose 9,12; Psalm 34,21

i 19,37: Sacharja 12,10

j 19,39: *Myrrhe*. Öl aus wohlriechendem Harz arabisch-afrikanischer Herkunft.

k 19,39: *Aloë*. Öl aus dem Harz eines Baumes, der in Indien wuchs.

l 19,39: *33 Kilogramm*. Wörtlich: hundert Pfund. Das war eine ungeheure Menge und erinnert an das Begräbnis von Königen (vgl. 2. Chronik 16,14).

41 Der Ort der Kreuzigung lag in der Nähe eines Gartens. Dort befand sich eine neu ausgehauene Grabhöhle, in der noch niemand gelegen hatte. 42 In dieses Grab legten sie Jesus, weil es ganz in der Nähe war und er dort noch vor dem Ende des Rüsttags[a] der Juden begraben werden konnte.

Das leere Grab

20 1 Früh, am ersten Wochentag, als es noch dunkel war, ging Maria aus Magdala zum Grab. Sie sah, dass der Stein, der den Eingang zur Grabhöhle verschloss, weggerollt war. 2 Da lief sie schnell zu Simon Petrus und dem anderen Jünger, den Jesus besonders lieb hatte, und sagte: „Sie haben den Herrn aus der Gruft weggenommen, und wir wissen nicht, wo sie ihn hingebracht haben." 3 Die beiden Jünger brachen sofort auf und eilten zum Grab. 4 Sie liefen miteinander los, aber der andere Jünger war schneller als Petrus und kam zuerst an der Grabhöhle an. 5 Er beugte sich vor und sah die Leinenbinden daliegen, ging aber noch nicht hinein. 6 Als Simon Petrus ankam, ging er gleich in die Grabkammer. Er sah die Leinenbinden daliegen 7 und auch das Schweißtuch, das man dem Toten um den Kopf gebunden hatte. Es lag nicht bei dem Leinenzeug, sondern zusammengewickelt an einer anderen Stelle. 8 Jetzt ging auch der andere Jünger, der zuerst angekommen war,

hinein. Er sah es sich an und glaubte. 9 Denn bis dahin hatten sie noch nicht verstanden, dass Jesus nach dem Zeugnis der Schrift von den Toten auferstehen musste.

Der Auferstandene

10 Die beiden Jünger gingen wieder nach Hause, 11 aber Maria stand inzwischen wieder draußen an der Grabhöhle und weinte. Weinend beugte sie sich vor, um in die Gruft hineinzusehen. 12 Auf einmal sah sie zwei weiß gekleidete Engel dasitzen, wo der Körper von Jesus gelegen hatte, einer am Kopfende und der andere am Fußende. 13 „Frau, warum weinst du?", fragten sie. Maria erwiderte: „Sie haben meinen Herrn fortgetragen und ich weiß nicht, wo sie ihn hingelegt haben." 14 Als sie über die Schulter zurückblickte, sah sie auf einmal Jesus dastehen, erkannte ihn aber nicht. 15 Er sagte: „Frau, warum weinst du? Wen suchst du?" Sie dachte, es sei der Gärtner und sagte: „Herr, wenn du ihn fortgenommen hast, sag mir bitte, wo er jetzt liegt. Dann gehe ich und werde ihn holen." 16 „Maria!", sagte Jesus. Da drehte sie sich um und rief: „Rabbuni[b]!" Das ist Hebräisch und heißt: Lehrer! 17 „Lass mich los!", sagte Jesus zu ihr. „Ich bin noch nicht zum Vater im Himmel zurückgekehrt. Geh zu meinen Brüdern und sag ihnen von mir: Ich kehre zurück zu meinem Vater und eurem Vater, zu meinem Gott und eurem Gott." 18 Da ging Maria aus Magdala zu den Jüngern. „Ich habe den Herrn

a 19,42: *Rüsttag.* Der Tag, an dem man sich auf den Sabbat oder ein Fest vorbereitete. Der Sabbat begann am Freitag gegen 18 Uhr und dauerte bis Sonnabend, 18 Uhr.

b 20,16: *Rabbuni.* Ehrenvolle Anrede für hervorragende Gesetzeslehrer.

gesehen!", verkündete sie und richtete ihnen aus, was er ihr aufgetragen hatte.

Der Unglaube der Jünger

19 Am Abend jenes Sonntags trafen sich die Jünger hinter verschlossenen Türen, weil sie Angst vor den Juden hatten. Plötzlich stand Jesus mitten unter ihnen und sagte: „Friede sei mit euch!" *20* Dann zeigte er ihnen seine Hände und seine Seite. Da wurden die Jünger froh, als sie den Herrn sahen. *21* „Friede sei mit euch!", sagte er noch einmal zu ihnen. „Wie der Vater mich gesandt hat, sende ich nun euch." *22* Dann hauchte er sie an und sagte: „Empfangt den Heiligen Geist! *23* Wem ihr die Sünden vergebt, dem sind sie vergeben, und wem ihr sie nicht vergebt, dem sind sie nicht vergeben."[c]

24 Thomas, der auch „Zwilling" genannt wurde, einer der Zwölf, war nicht dabei gewesen, als Jesus zu den Jüngern gekommen war. *25* Die anderen erklärten ihm: „Wir haben den Herrn gesehen!" Doch Thomas erwiderte: „Erst muss ich die Nagelwunden in seinen Händen sehen und mit meinen Fingern berühren und meine Hand in seine durchbohrte Seite legen. Vorher glaube ich das keinesfalls." *26* Acht Tage später waren seine Jünger wieder beisammen. Diesmal war

auch Thomas dabei. Die Türen waren verschlossen, doch plötzlich stand Jesus genau wie zuvor in ihrer Mitte und sagte: „Friede sei mit euch!" *27* Dann wandte er sich an Thomas und sagte: „Leg deinen Finger hier auf die Stelle und sieh dir meine Hände an! Gib deine Hand her und lege sie in meine Seite! Und sei nicht mehr ungläubig, sondern glaube!" *28* „Mein Herr und mein Gott!", gab Thomas ihm da zur Antwort. *29* Jesus erwiderte: „Du glaubst, weil du mich gesehen hast. Glücklich zu nennen sind die, die mich nicht sehen und trotzdem glauben."

30 Jesus tat vor den Augen seiner Jünger noch viele andere Wunderzeichen, die aber nicht in diesem Buch aufgeschrieben sind. *31* Was hier berichtet ist, wurde aufgeschrieben, damit ihr glaubt, dass Jesus der Messias ist, der Sohn Gottes, und damit ihr durch den Glauben an ihn in seinem Namen das Leben habt.

Der Auferstandene in Galiläa

21 *1* Später zeigte sich Jesus den Jüngern noch einmal am See von Tiberias. Das geschah so: *2* Simon Petrus und Thomas, der auch „Zwilling" genannt wurde, Natanaël aus Kana in Galiläa, die Söhne des Zebedäus und noch zwei andere Jünger waren zusammen. *3* Petrus sagte: „Ich gehe fischen." – „Wir kommen mit", meinten die anderen. Also fuhren sie im Boot hinaus, fingen in dieser Nacht aber nichts. *4* Als es Tag wurde, stand Jesus am Ufer, doch die Jünger erkannten ihn nicht. *5* „Kinder, habt ihr vielleicht etwas zu essen dabei?", rief er ihnen zu. „Nein!", riefen sie zurück. *6* „Werft das Netz auf der rechten Seite

---

c 20,23: *vergeben.* Ein Jünger des Herrn darf einem Menschen die Vergebung der Sünden zusprechen, wenn dieser Mensch an Jesus glaubt. Wenn er dessen Opfer jedoch verwirft, muss er ihm sagen, dass seine Sünden dann auch nicht vergeben sind.

des Bootes aus!", forderte er sie auf. „Dort werdet ihr welche finden." Das taten sie. Doch dann konnten sie das Netz nicht mehr ins Boot ziehen, so viele Fische hatten sie gefangen.

7 Da sagte der Jünger, den Jesus besonders lieb hatte, zu Petrus: „Es ist der Herr!" Daraufhin warf sich Simon Petrus das Obergewand über, das er bei der Arbeit abgelegt hatte, band es hoch und sprang ins Wasser. 8 Die anderen Jünger kamen mit dem Boot nach, das Netz mit den Fischen im Schlepptau. Sie waren ja nur noch hundert Meter[a] vom Land entfernt.

9 Als sie ausstiegen und an Land gingen, sahen sie ein Kohlenfeuer, auf dem Fische brieten; auch Fladenbrot lag dabei. 10 „Holt ein paar von den Fischen, die ihr gerade gefangen habt!", sagte Jesus zu ihnen. 11 Da ging Petrus zum Boot und zog das Netz an Land. Und obwohl es mit 153 großen Fischen gefüllt war, zerriss es nicht. 12 „Kommt her und frühstückt!", sagte Jesus. Am liebsten hätten die Jünger ihn gefragt, wer er sei. Doch keiner von ihnen wagte es, denn sie wussten, dass es der Herr war. 13 Jesus trat zum Feuer, nahm das Brot und reichte es ihnen und ebenso den Fisch. 14 Das war nun schon das dritte Mal, dass Jesus sich den Jüngern nach seiner Auferweckung von den Toten zeigte.

Das Gespräch mit Petrus

15 Als sie gefrühstückt hatten, sagte Jesus zu Simon Petrus: „Simon Ben-Johannes, liebst du mich mehr als die anderen hier[b]?" – „Gewiss, Herr", antwortete Petrus, „du weißt, dass ich dich lieb habe." – „Dann weide meine Lämmer!", sagte Jesus. 16 Gleich darauf wiederholte er die Frage: „Simon Ben-Johannes, liebst du mich?" – „Ja, Herr", antwortete Petrus, „du weißt, dass ich dich lieb habe." – „Dann hüte meine Schafe!", sagte Jesus. 17 Noch einmal fragte er ihn: „Simon Ben-Johannes, hast du mich lieb?" Petrus wurde traurig, weil Jesus ihn zum dritten Mal fragte, ob er ihn lieb habe, und sagte: „Herr, du weißt alles. Du weißt, dass ich dich lieb habe." – „Dann sorge für meine Schafe!", sagte Jesus. 18 „Und ich muss dir noch etwas sagen: Als du jung warst, hast du dir selbst den Gürtel gebunden und bist gegangen, wohin du wolltest. Doch wenn du alt bist, wirst du deine Hände ausstrecken und ein anderer wird dir den Gürtel binden und dich dorthin bringen, wo du nicht hingehen willst." 19 Jesus wollte damit andeuten, auf welche Weise Petrus sterben würde, um Gott damit zu verherrlichen. Dann sagte er ihm: „Komm, folge mir!"

20 Petrus drehte sich um und sah, dass der Jünger, den Jesus besonders lieb hatte, hinter ihnen herging. Es war derselbe Jünger, der sich damals beim Abendessen zu Jesus hinübergelehnt und ihn gefragt hatte: ‚Herr, wer von uns wird dich verraten?' 21 Petrus fragte Jesus: „Herr, was wird

a 21,8: Wörtlich: zweihundert Ellen.

b 21,15: die anderen hier. Wörtlich: diese. Das könnte sich sprachlich auch auf das Vorherige, also den Fischereibetrieb, beziehen. Dann müsste man übersetzen: „diese anderen Dinge hier".

denn aus ihm?" *22* Jesus erwiderte: „Wenn ich will, dass er am Leben bleibt, bis ich wiederkomme, was geht dich das an? Folge du mir nach!" *23* So entstand das Gerücht unter den Brüdern, jener Jünger würde nicht sterben. Aber Jesus hatte nicht gesagt, dass er nicht sterben würde, sondern nur: „Wenn ich will, dass er am Leben bleibt, bis ich wiederkomme, was geht dich das an?"

Schlusswort

24 Der Jünger, von dem Jesus das sagte, ist auch der, der bezeugt, was in diesem Buch steht. Er hat es niedergeschrieben und wir^c wissen, dass alles wahr ist. *25* Es gibt aber noch vieles andere, was Jesus getan hat. Wenn das alles einzeln aufgeschrieben würde – ich denke, die ganze Welt könnte die Bücher nicht fassen, die dann geschrieben werden müssten.

c 21,24: *wir*. Entweder deutet das eine Bestätigung der Herausgeber an oder Johannes meint das Gesamtzeugnis seiner Mitapostel wie in Kapitel 1,14; 1. Johannes 1,1-4; 3. Johannes 12.

Die Taten der Apostel, aufgeschrieben von Lukas (Apostelgeschichte)

Der Arzt Lukas hatte Paulus begleitet, als dieser im Jahr 60 n. Chr. mit anderen Gefangenen nach Rom gebracht wurde. Auch vorher war er bei vielen seiner Reisen dabei und konnte auf diese Weise die notwendigen Informationen sammeln. So war er in der Lage, im Jahr 62 n. Chr. in Rom sein zweites Werk zu vollenden: die Apostelgeschichte. Er widmete sie wie schon das Evangelium einem gewissen Theophilus. Das war offenbar ein hochgestellter Römer, der die Schrift des Lukas gezielt verbreiten sollte, vielleicht auch, um am kaiserlichen Hof Verständnis für den „Fall Paulus" zu erwecken.

Die Apostelgeschichte berichtet über den Lauf des Evangeliums von Jerusalem bis zur damaligen Welthauptstadt Rom. Im ersten Teil, der über die Entstehung von Gemeinden in Jerusalem, Judäa, Samarien und Syrien berichtet, steht der Apostel Petrus im Mittelpunkt. Im zweiten Teil, Kapitel 13-28, zeigt Lukas, wie durch den Dienst des Paulus und seiner Mitarbeiter Gemeinden in Kleinasien, Mazedonien, Griechenland und Rom entstehen. Viele Ereignisse (16,10-17; 20,5-21,18; 27,1-28,16) berichtet Lukas in der 1. Person Plural („wir", „uns"), weil er sie als Augenzeuge miterlebte.

1 *1* In meinem ersten Buch, verehrter Theophilus, habe ich über alles berichtet, was Jesus getan und gelehrt hat, und zwar von Anfang an *2* bis zu dem Tag, an dem er in den Himmel aufgenommen wurde. Vorher gab er den Aposteln, die er sich ausgewählt hatte, noch einige klare Anweisungen. Der Heilige Geist hatte ihn dazu geführt. *3* Diesen Männern hatte er sich nach seinem Leiden gezeigt und ihnen viele sichere Beweise dafür geliefert, dass er wieder am Leben war. Vierzig Tage lang ließ er sich unter ihnen sehen und redete mit ihnen über die Herrschaft Gottes. *4* Einmal aß er mit ihnen zusammen. Dabei wies er sie an, Jerusalem nicht zu verlassen. „Wartet bis die Zusage des Vaters in Erfüllung geht, die ihr von mir vernommen habt: *5* ‚Johannes hat mit

Wasser getauft, aber ihr werdet schon bald – in ein paar Tagen – mit dem Heiligen Geist getauft werden.'"

Zwischen Himmelfahrt und Pfingsten

6 Deshalb fragten sie ihn bei nächster Gelegenheit: „Herr, wirst du dann das Reich Israel wiederherstellen?" *7* Jesus erwiderte: „Der Vater hat die Zeiten und Fristen dafür selbst bestimmt. Ihr müsst das nicht wissen. *8* Wenn aber der Heilige Geist auf euch gekommen ist, werdet ihr Kraft empfangen und als meine Zeugen auftreten: in Jerusalem, in ganz Judäa und Samarien und bis in den letzten Winkel der Welt." *9* Als er das sagte, sahen sie, wie er emporgehoben wurde. Dann verhüllte ihn eine Wolke vor ihren Augen. *10* Als sie nach seinem Weggang immer noch gespannt zum Himmel aufschauten, standen auf einmal zwei Männer bei ihnen. Sie waren in leuchtendes Weiß gekleidet. *11* „Ihr Männer von Galiläa", sagten sie, „was steht ihr hier und starrt in den Himmel? Dieser Jesus, der von euch weg in den Himmel aufgenommen wurde, wird genauso wiederkommen, wie ihr ihn habt in den Himmel gehen sehen."

12 Dann kehrten die Jünger[a] vom Ölberg nach Jerusalem zurück. Der Berg liegt nur einen Sabbatweg[b], von der Stadt entfernt. *13* Als sie angekommen waren, stiegen sie in den Obersaal hinauf, in dem sie sich gewöhnlich aufhielten. Es waren Petrus und Johannes, Jakobus und Andreas, Philippus und Thomas, Bartholomäus und Matthäus, Jakobus Ben-Alphäus, Simon der Zelot[c] und Judas Ben-Jakobus. *14* Es

waren auch einige Frauen dabei, darunter Maria, die Mutter von Jesus, und außerdem seine Brüder. Sie waren einmütig beieinander und beteten beharrlich miteinander.

Ersatz für Judas

15 An einem dieser Tage hatten sich etwa 120 Personen versammelt, als Petrus aufstand und sagte: *16* „Liebe Brüder! Was in der Schrift steht, musste sich erfüllen; es musste so kommen, wie es der Heilige Geist schon durch David über Judas vorausgesagt hat. Er wurde ein Führer für die, die Jesus festnahmen, *17* denn man zählte ihn zu uns. Und er hatte denselben Auftrag empfangen wie wir. *18* Von der Belohnung, die er für seine Untat bekam, wurde dann in seinem Namen[d] ein Acker gekauft. Er selbst wurde ja kopfüber hinabgestürzt, sodass sein Leib zerbarst und alle seine Eingeweide heraustraten. *19* Alle Einwohner von Jerusalem haben davon erfahren und jenen Acker in ihrer Sprache ‚Hakeldamach', das heißt ‚Blutacker' genannt. *20* Im Buch der Psalmen steht das so: ‚Seine Wohnung soll öde werden, niemand wohne mehr darin.' Und: ‚Sein Leitungsamt soll ein anderer bekommen.'[e] *21* Das muss nun einer von den Männern sein, die zusammen mit uns die ganze Zeit dabei waren, als der Herr Jesus bei uns ein- und ausging, *22* und zwar von dem Tag an, als Johannes

---

a 1,12: Die *Jünger* waren Schüler von Jesus, die ihm auf seinen Wanderungen gefolgt waren und sich völlig seiner Autorität unterstellten. Nachfolge im übertragenen Sinn und Gehorsam gegenüber dem Wort ihres Herrn zeichnet auch die Christen aus, die deshalb von Lukas oft Jünger genannt werden, vgl. Apostelgeschichte 6,1.7; 9,1.10.36 usw. Eine andere Bezeichnung für die Christen war „Heilige", vgl. die Fußnote zu Apostelgeschichte 9,13.

b 1,12: *Sabbatweg*. Höchstens einen Kilometer weit durfte sich ein frommer Jude am Sabbat von seiner Wohnung entfernen. Man hatte das von 4. Mose 35,5 abgeleitet.

c 1,13: *Zelot*. „Eiferer". Der Beiname verweist entweder auf frommen Eifer dieses Simon oder darauf, dass er früher Mitglied der Zeloten war, einer Terrorgruppe, die die römische Herrschaft mit Gewalt beseitigen wollte.

d 1,18: *in seinem Namen*. Wörtlich: „hat er ... gekauft". Nach Matthäus 27,6-8 taten das die Priester mit seinem Geld, sozusagen in seinem Namen.

e 1,20: Psalm 69,26 und 109,8

ihn taufte, bis zu dem Tag, als er von uns weg in den Himmel aufgenommen wurde. Von denen muss einer Zeuge seiner Auferstehung mit uns werden."

23 So stellten sie denn zwei Männer auf. Es waren Josef, der auch Barsabbas und mit Beinamen Justus genannt wurde, und Matthias. 24 Dann beteten sie: „Herr, du, der die Herzen aller Menschen kennt, zeige uns, welchen von beiden du ausgewählt hast, 25 diesen apostolischen Dienst zu übernehmen. Judas hat ihn ja verlassen, um dahin zu gehen, wohin er gehört." 26 Dann ließ man das Los über sie entscheiden. Es fiel auf Matthias, der nun als Zwölfter zu den Aposteln gezählt wurde.

Das Eintreffen des Heiligen Geistes

2 1 Als der Pfingsttag anbrach, waren alle wieder beieinander. 2 Plötzlich setzte vom Himmel her ein Brausen ein. Es klang wie das Tosen eines heftigen Sturms und erfüllte das ganze Haus, in dem sie zusammensaßen. 3 Sie sahen etwas, das wie Feuerzungen aussah, sich zerteilte und sich auf jeden Einzelnen von ihnen setzte. 4 Alle wurden mit dem Heiligen Geist erfüllt und fingen auf einmal an, in fremden Sprachen zu reden, so wie es ihnen der Geist eingab.

5 Zu dieser Zeit hielten sich gottesfürchtige jüdische Männer aus aller Welt in Jerusalem auf. 6 Als dann dieses Geräusch entstand, lief die Menge zusammen. Fassungslos hörte jeder die Apostel in seiner eigenen Sprache reden. 7 Außer sich vor Staunen riefen sie: „Sind denn das nicht alles Galiläer, die hier reden? 8 Wie kann es sein,

dass wir sie in unserer Muttersprache hören? 9 Wir sind hier Parther, Meder und Elamiter. Wir kommen aus Mesopotamien, aus Judäa, Kappadozien, Pontus und aus der Asia, 10 aus Phrygien, Pamphylien, Ägypten und aus der Gegend um Zyrene in Libyen. Dazu kommen noch die hier ansässigen Römer, egal, ob gebürtige Juden oder zum Judentum Übergetretene. 11 Selbst Kreter und Araber sind hier. Wie kann es nur sein, dass wir sie in unseren eigenen Sprachen von den großen Taten Gottes reden hören?" 12 Sie waren bestürzt. „Was ist das nur?", fragte einer den anderen ratlos und erstaunt. 13 Einige allerdings sagten spöttisch: „Die haben nur zu viel vom süßen Wein getrunken."

Die Pfingstpredigt des Petrus

14 Da trat Petrus mit den anderen elf Aposteln vor die Menge und rief mit Begeisterung: „Ihr Männer von Juda und ihr alle in Jerusalem! Ich will euch erklären, was hier geschieht! Hört mir zu! 15 Diese Männer hier sind nicht betrunken, wie ihr denkt, es ist ja noch früh am Vormittag.[a] 16 Nein, es ist das, was Gott durch den Propheten Joël gesagt hat:[b]

17 ,In den letzten Tagen werde ich meinen Geist auf alle Menschen ausgießen, spricht Gott. Eure Söhne und Töchter werden prophetisch reden, eure jungen Männer werden Visionen sehen und eure Ältesten

---

a 2,15: Wörtlich: *die dritte Stunde des Tages*, das heißt etwa zwischen 8 und 9 Uhr.

b 2,16: Joel 3,1-5

Traumgesichte haben. *18* Sogar auf die Sklaven[c] und Sklavinnen, die mir gehören, werde ich dann meinen Geist ausgießen, und auch sie werden prophetisch reden. *19* Oben am Himmel werde ich Wunder tun und Zeichen unten auf der Erde: Blut, Feuer und Rauchwolken; *20* die Sonne wird sich in Finsternis verwandeln und der Mond in Blut, bevor der große und strahlende Tag des Herrn kommt. *21* Aber jeder, der den Namen des Herrn anruft, wird gerettet.'

22 Männer von Israel, hört zu! Ihr wisst selbst, dass Gott durch Jesus von Nazaret mächtige Taten, Wunder und Zeichen unter euch vollbracht hat. Auf diese Weise hat Gott ihn vor euch bestätigt. *23* Und diesen Mann habt ihr durch Menschen, die nichts vom Gesetz wissen, ans Kreuz nageln und töten lassen. Allerdings war es so von Gott beschlossen und vorherbestimmt. *24* Und dann hat Gott ihn aus der Macht des Todes befreit und auferweckt. Wie hätte er auch vom Tod festgehalten werden können, denn *25* schon David sagt von ihm: ‚Ich sehe den Herrn immer vor mir. Er steht mir zur Seite, damit ich nicht falle. *26* Das macht mein Herz froh und lässt mich

jubelnd singen. Selbst im Grab wird mein Leib noch in Hoffnung ruhen, *27* denn du lässt mich nicht im Tod zurück, gibst deinen Frommen der Verwesung nicht preis. *28* Du hast mir den Weg zum Leben gezeigt. Vor dir zu sein, das macht mich froh.'[d]

29 Liebe Brüder, es sei mir gestattet ganz offen zu reden. Unser Stammvater David ist gestorben und wurde begraben. Sein Grabmal ist heute noch bei uns zu sehen. *30* Weil David nun ein Prophet war und wusste, dass Gott ihm unter Eid zugesichert hatte, einen seiner Nachkommen auf seinen Thron zu setzen, *31* hat er vorausschauend von der Auferstehung des Messias geredet. Von ihm sagte er: ‚Er wurde nicht im Tod zurückgelassen, sein Körper ist der Verwesung nicht preisgegeben worden.'[e] *32* Diesen Jesus hat Gott auferweckt. Wir alle sind Zeugen davon. *33* Nun hat Gott ihn auf den Platz an seiner rechten Seite erhöht. Dort hat er die vom Vater versprochene Gabe des Heiligen Geistes erhalten und ihn jetzt über uns ausgegossen – wie ihr hier sehen und hören könnt. *34* Denn David ist nicht in den Himmel aufgestiegen. Er hat ja selbst gesagt: ‚Der Herr sprach zu meinem Herrn: ‚Setz dich an meine rechte Seite, *35* bis ich dir deine Feinde zur Fußbank gemacht habe.'[f] *36* Ganz Israel soll nun mit Sicherheit wissen: Diesen Jesus, den ihr gekreuzigt habt, den hat Gott zum Herrn und zum Messias gemacht."

---

c 2,18: Ein *Sklave* (griech. *doulos*) ist ein Mensch, der rechtlich und wirtschaftlich als Eigentum eines anderen Menschen völlig von diesem abhängt. Der zeitgenössischen Wertung des Sklavenstandes tritt Jesus dadurch entgegen, dass er einen Menschen in seinem Verhältnis zu Gott als Sklave bezeichnet. Die Apostel verstehen diese Abhängigkeit als Auszeichnung und bezeichnen sich selbst als *Sklaven von Jesus Christus*.

d 2,28: Psalm 16,8-11

e 2,31: Psalm 16,10

f 2,35: Psalm 110,1

Die Entstehung der ersten Gemeinde

37 Von diesen Worten waren die Zuhörer bis ins Innerste getroffen. „Liebe Brüder, was sollen wir jetzt tun?", fragten sie Petrus und die anderen Apostel. 38 „Ändert eure Einstellung", erwiderte Petrus, „und lasst euch auf die Vergebung eurer Sünden hin im Namen von Jesus, dem Messias, taufen! Dann werdet ihr als Gabe Gottes den Heiligen Geist bekommen. 39 Denn diese Zusage gilt euch und euren Kindern und allen, die jetzt noch weit weg sind. Sie gilt allen, die der Herr, unser Gott, noch hinzurufen wird." 40 Er redete ihnen lange eindringlich zu und ermahnte sie: „Lasst euch aus dieser schuldbeladenen Generation herausretten!" 41 Alle nun, die seine Botschaft bereitwillig annahmen, wurden getauft. Etwa 3000 Personen kamen an jenem Tag dazu.

42 Sie hielten beharrlich an der Lehre der Apostel fest, an der geschwisterlichen Gemeinschaft, am Brechen des Brotes[a] und an den gemeinsamen Gebeten. 43 Jeden Einzelnen ergriff eine tiefe Ehrfurcht vor Gott, und durch die Apostel geschahen viele Wunder und außergewöhnliche Zeichen. 44 Alle Gläubiggewordenen aber bildeten eine Gemeinschaft und hatten alles gemeinsam. 45 Wer ein Grundstück oder anderen Besitz hatte, verkaufte es und verteilte den Erlös an die Bedürftigen. 46 Tag für Tag waren sie einmütig im Tempel zusammen, trafen sich in ihren Häusern zum Brechen des Brotes[b] und zu gemeinsamen Mahlzeiten. Alles geschah mit jubelnder Freude und redlichem Herzen. 47 Sie lobten Gott und waren im ganzen Volk angesehen. Täglich fügte der Herr solche, die gerettet wurden[c], ihrer Gemeinschaft hinzu.

Die Folgen einer Heilung

3 1 Eines Nachmittags, in der Stunde des öffentlichen Gebets,[d] stiegen Petrus und Johannes zum Tempel hinauf. 2 Da wurde gerade ein Mann herbeigetragen, der von Geburt an gelähmt war. Man setzte ihn täglich an die sogenannte „Schöne Pforte"[e], damit er von den Leuten, die in den Tempel gingen, Almosen erbitten konnte. 3 Als er Petrus und Johannes ins Tempeltor eintreten sah, bat er sie gleich um eine Gabe. 4 Die beiden blickten ihn scharf an, und Petrus sagte: „Sieh uns an!" 5 Der tat es in der Erwartung, etwas von ihnen zu bekommen. 6 Doch Petrus sagte: „Silber und Gold habe ich nicht. Aber was ich habe, werde ich dir geben: Im Namen von Jesus aus Nazaret, dem Messias: Steh auf und geh!" 7 Dabei fasste er seine rechte Hand und half

---

a 2,42: *Brechen des Brotes*. Sie taten das, was Jesus seinen Jüngern beim letzten Abendmahl befohlen hatte, siehe Lukas 22,14-20.

b 2,46: Siehe Fußnote zu Vers 42.

c 2,47: *gerettet wurden*. Oder: gerettet werden würden.

d 3,1: Vermutlich war diese mit dem Abendopfer am späten Nachmittag (2. Mose 29,38-42) verbunden. Lukas nennt die *neunte Stunde*.

e 3,2: *Schöne Pforte*. Das war der volkstümliche Name für eines der vielen Tempeltore, das aber heute nicht mehr genau identifiziert werden kann.

ihm auf. Sofort wurden die Füße und Gelenke des Mannes kräftig. *8* Er sprang auf und konnte tatsächlich stehen und gehen. Mit Petrus und Johannes ging er in den Tempelhof, lief herum, sprang in die Luft und lobte Gott. *9* Die ganze Menschenmenge dort sah ihn herumlaufen und Gott loben. *10* Als die Leute in ihm den Bettler erkannten, der sonst immer an der „Schönen Pforte" gesessen hatte, waren sie fassungslos vor Staunen und wunderten sich über das, was mit ihm geschehen war. *11* Der Geheilte wich Petrus und Johannes nicht mehr von der Seite, und das ganze Volk strömte zu ihnen hin in die sogenannte Säulenhalle Salomos.

Stegreifrede auf dem Tempelplatz

12 Als Petrus die vielen Menschen sah, sprach er zu ihnen: „Ihr Männer Israels, warum seid ihr so überrascht? Was seht ihr uns so erstaunt an? Denkt ihr vielleicht, wir hätten es mit unserer Kraft oder unserer Frömmigkeit zustande gebracht, dass er jetzt gehen kann? *13* Nein, es war der Gott Abrahams, Isaaks und Jakobs, der auf diese Weise seinen Diener, Jesus, verherrlicht hat. Diesen Jesus habt ihr an Pilatus ausgeliefert. Ihr habt ihn preisgegeben, obwohl Pilatus schon entschieden hatte, ihn freizulassen. *14* Von dem Heiligen und Gerechten habt ihr nichts wissen wollen und stattdessen die Freigabe eines Mörders verlangt. *15* Den Urheber des Lebens aber habt ihr getötet. Das ist der, den Gott aus den Toten erweckt hat. Wir sind Zeugen davon. *16* Und dieser Mann hier, den ihr ja kennt und vor euch seht, ist durch den Glauben an den Namen von Jesus wieder zu Kraft gekommen. Der Glaube, den Jesus ihm geschenkt hat, hat ihn gesund gemacht, wie ihr alle sehen könnt.

17 Ich weiß, liebe Brüder, dass ihr so wie eure Obersten nicht wirklich wusstet, was ihr getan habt. *18* Aber Gott hat das, was er durch alle seine Propheten schon lange angekündigt hatte, auf diese Weise in Erfüllung gehen lassen: Sein Messias sollte leiden!

Aufforderung zur Umkehr

19 So ändert nun eure Einstellung und kehrt zu ihm um, damit der Herr eure Schuld auslöscht und die Zeit der Erholung anbrechen lässt; *20* und damit er euch den Messias sende, den er für euch bestimmt hat, nämlich Jesus. *21* Freilich musste er zunächst in den Himmel zurückkehren, bis wirklich alles wiederhergestellt ist, was Gott schon lange durch seine heiligen Propheten angekündigt hat. *22* Schon Mose hat gesagt[f]: ‚Einen Propheten wie mich wird der Herr, euer Gott, aus eurem Volk für euch berufen. Auf ihn sollt ihr hören und alles tun, was er euch sagt. *23* Wer nicht auf diesen Propheten hört, soll völlig aus dem Volk Gottes ausgelöscht werden.' *24* Ebenso haben alle anderen Propheten seit Samuel angekündigt, was in diesen Tagen in Erfüllung geht. *25* Ihr seid die Nachkommen der Propheten und gehört auch zu dem Bund, den Gott mit euren Vorfahren geschlossen hat, als er zu Abraham sagte: ‚Durch einen von

---

f 3,22: 5. Mose 18,15.18.19

deinen Nachkommen werden alle Völker und Stämme der Erde gesegnet werden.‘ª **26** Als Gott nun seinen Diener berief, hat er ihn zuerst zu euch gesandt. Euch wollte er segnen, indem er jeden von seinen bösen Taten abbringt.“

4 **1** Während Petrus und Johannes noch zu den Leuten redeten, kamen Priester mit dem Tempelhauptmann[b] und einigen Sadduzäern[c] zu ihnen heran. **2** Sie waren empört darüber, dass die Apostel das Volk belehrten und am Beispiel von Jesus die Auferstehung aus den Toten verkündeten. **3** So nahmen sie beide fest und sperrten sie bis zum nächsten Morgen ins Gefängnis. Es war nämlich schon Abend geworden. **4** Aber viele von den Zuhörern kamen zum Glauben und die Zahl der gläubigen Männer wuchs dadurch auf etwa fünftausend an.

a 3,25: 1. Mose 22,18

b 4,1: *Tempelhauptmann.* Das war der zweithöchste Tempelbeamte. Er hatte für die Ordnung im Tempelbezirk zu sorgen, stand der Tempelpolizei vor und war für die Verwaltung der Tempelsteuern verantwortlich.

c 4,1: *Sadduzäer.* Politisch einflussreiche römerfreundliche religiöse Gruppe, zu der hauptsächlich die oberen Priester und Vertreter hochgestellter Familien gehörten. Sie glaubten nicht an eine Auferstehung der Toten, weil sie alle Lehren ablehnten, die nicht wörtlich in der Thora, den fünf Büchern Mose, enthalten waren. Vergleiche auch Lukas 20,27 und Apostelgeschichte 23,8!

Zwei Apostel vor Gericht

5 Am nächsten Morgen kam der Hohe Rat in Jerusalem zusammen. Dazu gehörten die führenden Beamten, die Ratsältesten und die Gesetzeslehrer, **6** und außerdem der Hohe Priester Hannas, sowie Kajafas, Johannes und Alexander und die anderen Mitglieder der hohepriesterlichen Familien. **7** Sie ließen Petrus und Johannes vorführen und fragten sie: „Mit was für einer Kraft habt ihr diesen Mann geheilt? In wessen Namen habt ihr das getan?“

8 Vom Heiligen Geist erfüllt erwiderte Petrus: „Führer des Volkes, verehrte Ratsälteste! **9** Wir werden heute wegen der Wohltat an einem kranken Menschen verhört. Wir werden gefragt, wodurch dieser Mann gesund wurde. **10** Nun, ihr sollt es wissen und das ganze Volk Israel auch: Es geschah im Namen von Jesus, dem Messias aus Nazaret, im Namen dessen, den ihr gekreuzigt habt, den Gott aber wieder aus den Toten auferstehen ließ. In der Kraft seines Namens steht dieser Mann hier gesund vor euch. **11** Ja, das ist der Stein, der von euch, den Fachleuten, als unbrauchbar verworfen wurde, der nun zum Eckstein geworden ist.[d] **12** In keinem anderen ist Rettung zu finden, denn unter dem ganzen Himmelsgewölbe gibt es keinen vergleichbaren Namen. Nur dieser Name ist den Menschen gegeben worden. Durch ihn müssen wir gerettet werden.“

13 Es beeindruckte die Mitglieder des Hohen Rates, wie furchtlos Petrus und Johannes sich verteidigten, denn es waren offensichtlich einfache

d 4,11: Petrus spielt auf Psalm 118,22 an.

Leute, keine Gelehrten. Sie wussten auch, dass beide mit Jesus zusammen gewesen waren. *14* Weil sie aber den Geheilten neben ihnen stehen sahen, konnten sie nichts dagegen vorbringen. *15* So ließen sie beide aus dem Sitzungssaal führen, um miteinander zu beraten: *16* „Was sollen wir nur mit diesen Leuten machen? Alle Jerusalemer wissen, dass ein offensichtliches Wunder durch sie geschehen ist. Wir können das nicht leugnen. *17* Damit sich die Sache aber nicht noch weiter im Volk ausbreitet, müssen wir ihnen strengstens verbieten, in diesem Namen zu irgendeinem Menschen zu reden."

Die Urteilsverkündigung

18 Als sie die Apostel wieder hereingerufen hatten, untersagten sie ihnen, diesen Namen jemals wieder zu erwähnen oder gar im Namen von Jesus zu lehren. *19* Doch Petrus und Johannes erwiderten: „Entscheidet selbst, ob es vor Gott recht ist, euch mehr zu gehorchen als ihm. *20* Was wir gesehen und gehört haben, können wir unmöglich verschweigen."

21 Da drohten ihnen noch einmal und ließen sie dann gehen. Sie fanden einfach keine Möglichkeit, sie zu bestrafen, um das Volk nicht gegen sich aufzubringen. Denn alle lobten Gott für das, was sich ereignet hatte. *22* Schließlich war der Mann, an dem dieses Heilungswunder geschehen war, über vierzig Jahre alt.

Gebet der Gemeinde

23 Nach ihrer Freilassung gingen Petrus und Johannes zu ihren Mitchristen und berichteten alles, was die Hohen Priester und Ratsältesten zu ihnen gesagt hatten. *24* Als Reaktion darauf beteten alle miteinander einmütig zu Gott. Sie sagten:

„Du alleiniger Herrscher! Du hast den Himmel, die Erde und das Meer geschaffen und alles, was in ihnen ist. *25* Durch den Heiligen Geist hast du unseren Vater David, deinen Diener, sagen lassen: ‚Was soll das Toben der Völker? Weshalb schmieden sie nutzlose Pläne? *26* Die Herrscher der Erde empörten sich und die Machthaber verbündeten sich gegen den Herrn und seinen Messias.'e *27* Tatsächlich haben sich hier in dieser Stadt Herodes und Pontius Pilatus mit den Heidenvölkern und den Stämmen Israels gegen deinen heiligen Diener verbündet, gegen den, den du gesalbt hast, Jesus. *28* Doch haben sie damit nur das getan, was du in deiner Macht schon längst beschlossen und bestimmt hattest. *29* Und jetzt, Herr, sieh ihre Drohungen an und hilf deinen Sklaven, die Botschaft von dir mutig und frei zu verkündigen. *30* Erweise deine Macht und lass durch den Namen deines heiligen Dieners Jesus Heilungen, Zeichen und Wunder geschehen."

31 Als sie so gebetet hatten, bebte die Erde an dem Ort, wo sie versammelt waren. Sie alle wurden mit dem Heiligen Geist erfüllt und verkündigten die Botschaft Gottes mutig und frei.

Harmonie in der Gemeinde

32 Die ganze Menge der Gläubigen war ein Herz und eine Seele.

---

e 4,26: Psalm 2,1-2.

Niemand betrachtete etwas von seinem Besitz als privates Eigentum. Was sie besaßen, gehörte ihnen gemeinsam. 33 Machtvoll bezeugten die Apostel die Auferstehung des Herrn Jesus und ein großer Segen[a] lag auf ihnen allen. 34 Keiner in der Gemeinde musste Not leiden, denn wer ein Haus oder ein Grundstück besaß, verkaufte es, wenn nötig, und stellte das Geld der Gemeinde zur Verfügung. 35 Man tat das, indem man es vor die Apostel hinlegte. Davon wurde jedem Bedürftigen zugeteilt, was er brauchte. 36 So machte es auch Joseph, ein Levit, der aus Zypern stammte und von den Aposteln den Beinamen Barnabas erhalten hatte, was bedeutet, „einer, der andere ermutigt". 37 Er besaß ein Grundstück, verkaufte es und legte das Geld vor die Apostel hin.

Selbstsucht und Heuchelei

5 1 Auch ein Mann namens Hananias verkaufte mit seiner Frau Saphira ein Grundstück. 2 Mit ihrem Wissen schaffte er einen Teil des Erlöses beiseite. Den Rest legte er als Gesamterlös vor die Apostel hin. 3 Doch Petrus sagte zu ihm: „Warum hat der Satan dein Herz erfüllt? Warum hast du den Heiligen Geist belogen und etwas von der Einnahme für euer Grundstück beiseite geschafft? 4 Du hättest es doch behalten können. Und selbst nach dem Verkauf stand das Geld zu deiner freien Verfügung. Warum hast du dich nur auf

---

a 4,33: *großer Segen*, wörtlich: große Gnade. Das kann auch so aufgefasst werden: „Sie erfreuten sich großer Beliebtheit."

so etwas eingelassen? Du hast nicht Menschen belogen, sondern Gott."

5 Bei diesen Worten brach Hananias zusammen und starb. Ein tiefes Erschrecken erfasste alle, die davon hörten. 6 Die jungen Männer, die in der Versammlung waren, wickelten den Toten in ein Tuch, trugen ihn hinaus und begruben ihn.

7 Etwa drei Stunden später kam seine Frau Saphira völlig ahnungslos herein. 8 „Sag mir", fragte Petrus sie, „habt ihr das Grundstück für diesen Betrag hier verkauft?" – „Ja", erwiderte sie, „das ist der Betrag." 9 Da sagte Petrus: „Warum habt ihr euch nur verabredet, den Geist des Herrn zu versuchen? – Hörst du die Schritte? Die, die deinen Mann begraben haben, stehen schon vor der Tür. Sie werden auch dich hinaustragen." 10 Im selben Augenblick brach Saphira zusammen und starb. Als die jungen Männer hereinkamen, sahen sie ihren Leichnam auf dem Boden vor Petrus liegen. Sie trugen auch sie hinaus und begruben sie neben ihrem Mann. 11 Ein tiefes Erschrecken erfasste die ganze Gemeinde und alle, die davon hörten.

Das Ansehen der Gemeinde wächst

12 Durch die Apostel geschahen unter dem Volk eine Menge erstaunlicher Zeichen und Wunder. Die Gläubigen waren eines Sinnes und trafen sich regelmäßig in der Säulenhalle, die man Salomohalle nannte. 13 Das Volk sprach voller Hochachtung von ihnen, aber niemand wagte, ihnen zu nahe zu treten. 14 Umso mehr Menschen, die an den Herrn glaubten, kamen dazu, Scharen von Männern und Frauen. 15 Es kam soweit, dass die Leute

Kranke auf die Straßen brachten und dort auf Betten und Matten legten. Sie hofften, dass wenigstens der Schatten von Petrus auf einen von ihnen fallen würde. *16* Selbst aus der Umgebung von Jerusalem strömten die Leute zusammen. Sie brachten Kranke und von bösen Geistern Geplagte herbei, die dann alle geheilt wurden.

Alle Apostel verhaftet

17 Der Hohe Priester und die ganze Partei der Sadduzäer, die auf seiner Seite stand, wurden eifersüchtig und beschlossen einzugreifen. *18* Sie ließen die Apostel festnehmen und ins öffentliche Gefängnis bringen. *19* Doch in der Nacht öffnete ein Engel des Herrn die Gefängnistüren und führte sie hinaus. *20* „Geht in den Tempel", sagte er zu ihnen, „stellt euch vor die Leute und verkündet ihnen die Botschaft vom Leben."

21 Die Apostel gehorchten den Anweisungen. Sie gingen bei Tagesanbruch in den Tempel und begannen, die Menschen zu unterweisen. Der Hohe Priester und sein Anhang hatten inzwischen den Hohen Rat mit der ganzen Ältestenschaft des Volkes Israel einberufen. Nun schickten sie ins Gefängnis, um die Apostel vorführen zu lassen. *22* Als die Männer der Tempelwache hinkamen, fanden sie die Apostel dort nicht vor. Sie kehrten unverrichteter Dinge zurück und meldeten: *23* „Das Gefängnis war ordnungsgemäß verschlossen und die Wachen standen vor den Türen. Als wir aber aufgeschlossen hatten, war niemand drin." *24* Der Tempelhauptmann und die Hohen Priester waren sprachlos, als sie das hörten. Betreten überlegten

sie, wie das wohl enden würde. *25* Da kam plötzlich einer und meldete: „Die Männer, die ihr ins Gefängnis gebracht habt, stehen im Tempel und belehren das Volk." *26* Der Tempelhauptmann ging mit der Wache hin, um sie zu holen. Sie vermieden es aber, Gewalt anzuwenden, weil sie befürchteten, von der Menge gesteinigt zu werden. *27* So brachten sie die Apostel herbei und stellten sie vor den Hohen Rat. Der Hohe Priester begann das Verhör: *28* „Haben wir euch nicht ausdrücklich verboten, im Namen dieses Mannes aufzutreten und zu lehren? Und ihr, ihr habt ganz Jerusalem mit eurer Lehre erfüllt und wollt uns für den Tod dieses Menschen verantwortlich machen." *29* Doch Petrus und die anderen Apostel entgegneten: „Man muss Gott mehr gehorchen als den Menschen. *30* Der Gott unserer Väter hat Jesus vom Tod auferweckt, den Jesus, den ihr an ein Holz gehängt[b] und so umgebracht habt. *31* In seiner Macht hat Gott ihn zum Führer und Retter erhoben, dass Israel seine Einstellung ändern und Vergebung seiner Schuld erhalten kann. *32* Für diese Tatsachen stehen wir als Zeugen und ebenso der Heilige Geist, den Gott denen gegeben hat, die ihm gehorchen." *33* Als sie das hörten, gerieten sie in Wut und beschlossen, die Apostel zu beseitigen.

Gamaliels weiser Rat

34 Da stand ein Pharisäer im Rat auf und verlangte, die Angeklagten

---

b 5,30: *Holz gehängt*. Mit der Kreuzigung erklärten sie Jesus nach 5. Mose 21,23 auch zu einem von Gott Verfluchten.

vorübergehend hinauszubringen. Er hieß Gamaliel und war ein im ganzen Volk angesehener Gesetzeslehrer. 35 „Männer von Israel", sagte er dann, „seht euch bei diesen Menschen vor! Überlegt genau, was ihr mit ihnen tun wollt. 36 Es ist schon einige Zeit her, als Theudas auftrat und behauptete etwas Besonderes zu sein. Ungefähr 400 Männer hatten sich ihm angeschlossen. Doch er wurde getötet und alle seine Anhänger zerstreuten sich und die Sache war zu Ende. 37 Später, zur Zeit der Volkszählung[a], zettelte Judas, der Galiläer, einen Aufstand an und scharte eine Menge Leute um sich. Auch der kam um und alle seine Anhänger wurden auseinandergetrieben. 38 Im vorliegenden Fall rate ich deshalb: Lasst diese Leute in Ruhe! Lasst sie gehen! Denn wenn das, was sie wollen, und das, was sie tun, von Menschen kommt, wird es scheitern. 39 Wenn es aber von Gott kommt, werdet ihr es nicht zerstören können. Vielleicht steht ihr dann als solche da, die gegen Gott kämpfen."

Das überzeugte sie. 40 Sie riefen die Apostel wieder herein und ließen die Strafe der Geißelung[b] an ihnen vollstrecken. Dann verboten sie ihnen nochmals, im Namen von Jesus aufzutreten, und ließen sie frei. 41 Die Apostel verließen den Hohen Rat und waren voller Freude, dass Gott sie gewürdigt hatte, für den Namen ihres Herrn gedemütigt zu werden. 42 Sie hörten keinen Tag damit auf, im Tempel und in Privathäusern zu lehren und die gute Botschaft zu verkündigen, dass Jesus der Messias ist.

Spannung in der Gemeinde

6 1 Damals vermehrte sich die Zahl der Jünger ständig. Doch gab es auch Unzufriedenheit in der Gemeinde. Die Hellenisten[c] beschwerten sich nämlich über die Hebräer[d], weil ihre Witwen bei der täglichen Versorgung übersehen wurden. 2 Da riefen die Zwölf die ganze Versammlung der Jünger zusammen und sagten: „Es ist nicht richtig, dass wir die Verkündigung des Wortes Gottes vernachlässigen und uns um die Verteilung der Lebensmittel kümmern. 3 Seht euch deshalb nach sieben Männern unter euch um, liebe Brüder, denen wir diese Aufgabe übertragen können. Sie müssen einen guten Ruf haben und mit dem Heiligen Geist und mit Weisheit erfüllt sein. 4 Wir selbst werden uns weiterhin dem Gebet und der Weitergabe des Gotteswortes widmen." 5 Mit

---

a 5,37: Nach Josephus fand eine solche *Volkszählung* mit Vermögenseinschätzung für die Steuerzahlung zuletzt 6 n. Chr. statt. Er berichtet auch von einem Judas aus Gamla, der bei dieser (oder einer früheren Volkszählung, die 8 v. Chr. begann) einen Aufstand gegen die Römer anführte.

b 5,40: Die *Geißelung* der Juden wurde mit einer Peitsche aus weichen breiten Lederriemen durchgeführt und durfte nach 5. Mo 25,3 höchstens 40 Schläge betragen. Um ein Verzählen zu

vermeiden, gab man dem Verurteilten nur 39 (40-1) Schläge.

c 6,1: *Hellenisten*. Griechisch sprechende Juden, die außerhalb Israels geboren und erst im Alter nach Jerusalem gezogen waren.

d 6,1: *Hebräer*. In Israel geborene Juden, die Hebräisch bzw. Aramäisch sprachen.

diesem Vorschlag waren alle einverstanden. Sie wählten Stephanus, einen glaubensvollen und mit dem Heiligen Geist erfüllten Mann, dann Philippus, Prochorus und Nikanor, Timon und Parmenas und Nikolaus, einen Mann aus Antiochia, der zum Judentum übergetreten war. 6 Diese sieben stellten sie vor die Apostel, die ihnen betend die Hände auflegten.

7 Das Wort Gottes breitete sich immer weiter aus und die Zahl der Jünger in Jerusalem vermehrte sich stark. Selbst eine große Zahl von Priestern folgte gehorsam dem Ruf zum Glauben.

Stephanus vor Gericht

8 Stephanus war besonders begnadet. Gott hatte ihn mit einer Kraft erfüllt, in der er Wunder und erstaunliche Zeichen unter den Menschen wirkte. 9 Doch eines Tages verwickelten ihn Leute, die zur Synagoge der Freigelassenen[e] gehörten, in ein Streitgespräch. Es waren Juden aus Zyrene und Alexandria, Zilizien und der Asia.[f] 10 Doch sie waren der Weisheit, mit der Stephanus redete, und dem Geist, der aus ihm sprach, nicht gewachsen. 11 Da hetzten sie heimlich

ein paar Männer auf, die das Gerücht verbreiten sollten: „Wir haben gehört, wie er Mose und Gott gelästert hat." 12 Damit brachten sie das Volk, die Ratsältesten und die Gesetzeslehrer gegen ihn auf. Sie fielen über ihn her und schleppten ihn vor den Hohen Rat. 13 Dort ließen sie falsche Zeugen auftreten, die aussagten: „Dieser Mensch greift in seinen Reden immer wieder unseren heiligen Tempel und das Gesetz an. 14 Wir haben ihn selbst sagen hören: ‚Der Jesus von Nazaret wird diesen Tempel hier niederreißen und die Gebräuche verändern, die Mose uns im Auftrag Gottes übergeben hat.'" 15 Alle im Rat blickten gespannt auf Stephanus und sahen sein Gesicht wie das eines Engels leuchten.

Verteidigung als Bekenntnis

7 1 Dann fragte der Hohe Priester: „Ist das wahr?" 2 Stephanus antwortete: „Ihr Männer Israels, meine Brüder und Väter, hört mich an! Der Gott, dem alle Herrlichkeit gehört, erschien unserem Vater Abraham in Mesopotamien, als er noch nicht nach Haran gezogen war. 3 Er sagte zu ihm: ‚Verlass deine Heimat und deine Verwandtschaft und komm in das Land, das ich dir zeigen werde.'[g] 4 Da verließ Abraham das Land der Chaldäer und zog nach Haran. Nach dem Tod seines Vaters führte Gott ihn in dieses Land, in dem ihr heute lebt. 5 Er gab ihm aber keinen Grundbesitz darin, nicht einen Fußbreit. Doch er versprach, ihm und seinen Nachkommen das Land zu geben – obwohl Abraham

---

e 6,9: *Freigelassene.* Es handelt sich wahrscheinlich um ehemalige jüdische Sklaven bzw. deren Nachkommen, vermutlich um die, die 63 v. Chr. von Pompejus als Kriegsbeute nach Rom gebracht und später freigelassen worden waren.

f 6,9: Es lässt sich aus dem Text nicht klären, ob es sich um mehrere Griechisch sprechende Synagogengemeinschaften handelte, oder um eine der Freigelassenen, die aus verschiedenen Gegenden nach Jerusalem gezogen waren.

---

g 7,3: 1. Mose 12,1

damals noch kein Kind hatte. **6** Die Worte Gottes lauteten folgendermaßen: ‚Deine Nachkommen werden als Fremde in einem fremden Land leben. Vierhundert Jahre lang wird man sie versklaven und misshandeln. **7** Doch ich werde das Volk, das sie zum Sklavendienst zwingt, zur Rechenschaft ziehen‘, sagte Gott. ‚Danach werden sie aus dem Land ziehen und mir an diesem Ort dienen.‘ᵃ **8** Dann gewährte Gott Abraham den Bund, dessen Zeichen die Beschneidungᵇ ist. Deshalb beschnitt Abraham den Isaak am achten Tag, nachdem er geboren wurde. Isaak tat es genauso mit Jakob, und Jakob mit unseren zwölf Stammvätern.

9 Unsere Stammväter waren jedoch neidisch auf Josef und verkauften ihn als Sklaven nach Ägypten. Doch Gott stand ihm bei **10** und half ihm aus allen Schwierigkeiten heraus. Er ließ ihn die Gunst des Pharao gewinnen und schenkte ihm Weisheit vor ihm. So setzte ihn der König von Ägypten als Verwalter über das Land und den ganzen königlichen Haushalt ein.

11 Dann brach eine Hungersnot in ganz Ägypten und Kanaan aus und brachte großes Elend. Auch unsere Väter hatten nichts mehr zu essen. **12** Als Jakob erfuhr, dass es in Ägypten noch Getreide gab, schickte er unsere Stammväter das erste Mal hin. **13** Beim zweiten Mal gab Josef sich seinen Brüdern zu erkennen und so erfuhr der Pharao, wo Josef herkam. **14** Dann ließ Josef seinen Vater Jakob und die ganze Verwandtschaft zu sich rufen,

75 Menschenᶜ. **15** So kam Jakob nach Ägypten. Dort starben er und auch unsere Väter. **16** Später wurden ihre Leichname nach Sichem überführt und in dem Familiengrab beigesetzt, das Abraham von den Söhnen Hamors dort gekauft hatte.

17 Als dann die Zeit näher kam, in der Gott seine Zusage an Abraham einlösen wollte, wuchs und vermehrte sich unser Volk in Ägypten, **18** bis ein König auf den ägyptischen Thron kam, der nichts mehr von Josef wusste. **19** Heimtückisch und grausam ging er gegen unser Volk vor. Er zwang unsere Vorfahren, ihre Säuglinge auszusetzen. Keiner sollte am Leben bleiben. **20** In dieser Zeit wurde Mose geboren, ein Kind, an dem Gott Gefallen hatte. Drei Monate lang konnten seine Eltern für ihn sorgen. **21** Als sie ihn dann doch aussetzen mussten, wurde er von der Tochter des Pharao aufgenommen, die ihn als Sohn aufzog. **22** So erhielt Mose eine umfassende ägyptische Ausbildung und zeichnete sich durch seine Worte und Taten aus.

23 Mit vierzig Jahren fasste er den Entschluss, sich nach seinen Brüdern und Schwestern, den Israeliten, umzusehen. **24** Als er einmal sah, wie einer von ihnen ohne Grund misshandelt wurde, griff er ein. Er rächte den Unterdrückten und schlug den Ägypter nieder. **25** Mose dachte, seine Landsleute würden verstehen, dass Gott sie durch ihn retten wollte. Aber sie verstanden das nicht. **26** Am nächsten Tag kam er nämlich gerade dazu, wie zwei von ihnen miteinander

---

a 7,7: 1. Mose 15,13-14

b 7,8: *Beschneidung*. Siehe 1. Mose 17,9-14

c 7,14: *75 Menschen*. Siehe Fußnote zu 1. Mose 46,27.

stritten. Er wollte sie versöhnen, damit sie Frieden hielten. ‚Männer‘, sagte er, ‚ihr seid doch Brüder! Warum schlagt ihr euch?‘ 27 Aber der, der den Streit angefangen hatte, stieß ihn zur Seite und schrie: ‚Wer hat dich eigentlich zum Aufseher und Richter über uns gemacht? 28 Willst du mich etwa auch umbringen, wie du gestern den Ägypter umgebracht hast?‘ 29 Als Mose das hörte, floh er ins Land Midian. Dort lebte er als Ausländer und zeugte zwei Söhne.

30 So vergingen 40 Jahre. Eines Tages erschien ihm in der Wüste am Berg Sinai ein Engel in der Flamme eines brennenden Dornbuschs. 31 Mose wunderte sich über die Erscheinung. Er ging näher heran, um sich das genauer anzusehen. Da hörte er die Stimme des Herrn: 32 ‚Ich bin der Gott deiner Väter, der Gott Abrahams, Isaaks und Jakobs.‘ᵈ Mose zitterte vor Angst und wagte nicht hinzusehen. 33 Der Herr aber sagte: ‚Zieh deine Sandalen aus, denn der Ort, auf dem du stehst, ist heiliges Land. 34 Ich habe sehr wohl gesehen, wie mein Volk Israel in Ägypten misshandelt wird, und habe sein Stöhnen gehört. Nun bin ich zu seiner Befreiung gekommen. Und jetzt geh: Ich will dich nach Ägypten senden.‘

35 Gerade den Mose, den sie abgelehnt hatten, als sie sagten: ‚Wer hat dich als Aufseher und Richter eingesetzt?‘, gerade den schickte Gott ihnen jetzt als Anführer und Befreier. Er beauftragte ihn durch den Engel, der ihm im Dornbusch erschienen war.

36 Gerade dieser Mose führte sie aus dem Land heraus. Er vollbrachte dabei Wunder und außergewöhnliche Zeichen in Ägypten, im Roten Meer und während der 40 Jahre in der Wüste. 37 Gerade dieser Mose sagte zu den Israeliten: ‚Einen Propheten wie mich wird Gott aus eurer Mitte erwecken.‘ 38 Und als unsere Vorfahren sich in der Wüste vor Gott versammelten, war es gerade dieser Mose, der Vermittler zwischen ihnen und dem Engel wurde, der auf dem Berg zu ihm redete. Dort erhielt er Worte, die zum Leben führen, und gab sie uns weiter.

39 Doch unsere Vorfahren wollten Mose nicht gehorchen. Sie lehnten sich gegen ihn auf und waren mit ihrem Herzen schon auf dem Rückweg nach Ägypten, 40 als sie zu Aaron sagten: ‚Mach uns Götter, die uns führen können! Denn was aus diesem Mose geworden ist, der uns aus Ägypten herausgeführt hat, weiß keiner.‘ 41 So machten sie sich damals ein Götzenbild – die Nachbildung eines jungen Stiers –, brachten ihm Opfer und feierten das Werk ihrer Hände.

42 Da wandte sich Gott von ihnen ab und gab sie preis, das Himmelsheer zu verehren, wie es im Zwölfprophetenbuchᵉ geschrieben steht: ‚Habt ihr etwa für mich 40 Jahre in der Wüste Schlacht- und Speisopfer dargebracht, ihr Israeliten? 43 Ihr habt das Zeltheiligtum des Moloch mitgenommen und das Sternbild des Gottes Räfan

---

d 7,32: 2. Mose 3,6.

e 7,42: *Zwölfprophetenbuch.* Die Texte der zwölf sogenannten „kleinen Propheten" (Hosea bis Maleachi) waren ursprünglich in einer einzigen Schriftrolle zusammengefasst.

verehrt! Götzenbilder habt ihr euch gemacht, um sie anzubeten! Deshalb werde ich euch in die Verbannung schicken – noch über Babylon hinaus.'[a]

44 In der Wüste hatten unsere Vorfahren das Zelt mit dem Bundesgesetz dabei, das nach den Anweisungen Gottes und dem Modell, das Mose gesehen hatte, angefertigt worden war. 45 Unsere Väter hatten es übernommen und mitgebracht, als sie mit Josua das Land in Besitz nahmen, deren Bewohner Gott vor ihnen vertrieb. Noch bis zur Zeit Davids wurde es benutzt. 46 Gott war David besonders gnädig. Und David bat ihn, ein festes Heiligtum für die Israeliten bauen zu dürfen. 47 Salomo durfte es dann für Gott bauen. 48 Aber der Höchste wohnt doch nicht in Häusern, die Menschenhände gebaut haben! Der Prophet sagt das so: 49 ‚Der Himmel ist mein Thron und die Erde ist meine Fußbank. Was für ein Haus wollt ihr mir denn bauen, sagt der Herr, wo wollt ihr denn eine Bleibe für mich finden? 50 Habe ich nicht mit eigener Hand das All und alles erschaffen?'[b]

51 Ihr Unbelehrbaren und Unbeschnittenen[c]! Ja, unbeschnitten seid ihr an Herz und Ohren! Andauernd widersetzt ihr euch dem Heiligen Geist – genauso wie eure Väter. 52 Gibt es einen Propheten, den eure Väter nicht verfolgt haben? Sie haben sogar die getötet, die das Kommen des Gerechten ankündigten – des Gerechten, den ihr nun verraten und ermordet habt. 53 Ihr habt das Gesetz durch Vermittlung von Engeln erhalten – und doch nicht befolgt!"

Stephanus wird gesteinigt

54 Als die Mitglieder des Hohen Rates das hörten, gerieten sie in solche Wut über Stephanus, dass sie mit den Zähnen knirschten. 55 Aber Stephanus war mit dem Heiligen Geist erfüllt und schaute gespannt zum Himmel hinauf. Er sah die Herrlichkeit Gottes und Jesus an Gottes rechter Seite stehen. 56 „Ich sehe den Himmel offen", sagte er, „und der Menschensohn steht an der rechten Seite Gottes." 57 Da schrien sie laut auf, hielten sich die Ohren zu und stürzten sich miteinander auf ihn. 58 Dann zerrten sie ihn aus der Stadt hinaus und steinigten ihn. Dabei legten die Zeugen[d] ihre Obergewänder vor einem jungen Mann hin, der Saulus hieß. 59 Stephanus betete, als sie ihn steinigten: „Herr Jesus", sagte er, „nimm meinen Geist auf!" 60 Auf die Knie gestürzt rief er noch einmal laut: „Herr, rechne ihnen diese Sünde nicht an!" Mit diesen Worten starb er.

Die erste Christenverfolgung

8 1 Saulus war mit dieser Hinrichtung völlig einverstanden. Und von diesem Tag an wurde die Gemeinde in Jerusalem schwer verfolgt, sodass die

---

a 7,43: Amos 5,25-27

b 7,50: Jesaja 66,1-2

c 7,51: *Unbeschnittene.* Verächtlicher Ausdruck für Menschen, die nicht zum Bund Gottes gehörten. Siehe 1. Mose 17,9-14!

d 7,58: Die *Zeugen* der Anklage, die nach 5. Mose 17,7 mit der Exekution beginnen mussten.

Gläubigen sich über ganz Judäa und Samarien zerstreuten. Nur die Apostel blieben in der Stadt. *2* Einige fromme Juden bestatteten den Stephanus und veranstalteten eine große Trauerfeier. *3* Aber Saulus wollte die Gemeinde vernichten. Überall durchsuchte er die Häuser der Gläubigen und ließ Männer wie Frauen gewaltsam abführen und ins Gefängnis bringen.

Verfolgung als Missionsstrategie Gottes

4 Die zerstreuten Gläubigen aber machten das Evangelium bekannt. *5* Philippus zum Beispiel ging in eine Stadt von Samarien[e] und predigte, dass Jesus der Messias ist. *6* Die Menge hörte Philippus mit großer Aufmerksamkeit zu. Sie nahmen auch die Zeichen von Gottes Macht wahr, die durch ihn geschahen. *7* Bei vielen Besessenen hatten sie miterlebt, wie Dämonen laut schreiend ausfuhren, und hatten gesehen, wie viele Gelähmte und Verkrüppelte geheilt wurden. *8* Es herrschte große Freude in der Stadt.

9 Nun hatte schon vorher ein Mann namens Simon in der Stadt gelebt, der sich mit okkulten Dingen befasste. Er behauptete, ein großer Magier zu sein, und hatte das Volk von Samarien in Begeisterung versetzt. *10* Alle waren von ihm eingenommen, Groß und Klein. „Dieser Mann ist die sogenannte ‚Große Kraft' Gottes", sagten sie. *11* Sie standen ganz in seinem Bann, weil er sie lange Zeit mit seinen okkulten Machenschaften beeindruckt hatte.

12 Als sie dann aber dem Philippus Glauben schenkten, der ihnen die gute Botschaft von der Herrschaft Gottes verkündigte und über die Person und das Werk von Jesus, dem Messias, sprach, ließen sich Männer und Frauen taufen. *13* Sogar Simon selbst kam zum Glauben. Er wurde getauft und schloss sich eng an Philippus an. Die großartigen Zeichen und Wunder versetzten ihn in höchstes Erstaunen.

14 Als nun die Apostel in Jerusalem hörten, dass die Leute in Samarien die Botschaft Gottes angenommen hatten, schickten sie Petrus und Johannes zu ihnen. *15* Nach ihrer Ankunft beteten beide für sie, dass Gott ihnen den Heiligen Geist geben möge, *16* denn er war noch auf keinen von ihnen herabgekommen. Sie waren nur auf den Namen des Herrn Jesus getauft worden. *17* Nach dem Gebet legten Petrus und Johannes ihnen die Hände auf, und jetzt empfingen sie den Heiligen Geist.

18 Als Simon sah, dass der Heilige Geist denen gegeben wurde, denen die Apostel die Hände auflegten, bot er ihnen Geld an *19* und sagte: „Gebt auch mir diese Macht, dass jeder, dem ich die Hände auflege, den Heiligen Geist bekommt." *20* „Zur Hölle mit dir und deinem Geld!", fuhr Petrus ihn an. „Glaubst du wirklich, du kannst die Gabe Gottes kaufen? *21* Nein, du hast keinen Anteil daran und kein Recht darauf, denn du bist nicht aufrichtig vor Gott! *22* Ändere deine Einstellung, wende dich von deiner Bosheit ab und bete zum Herrn. Vielleicht vergibt er dir deine bösen Absichten. *23* Ich sehe

---

e 8,5: *Stadt von Samarien*. Wahrscheinlich ist Sychar gemeint, die am Osthang des Berges Ebal gelegene „religiöse Hauptstadt" der Samariter, die wenige Jahre vorher auch Jesus gern aufgenommen hatten (Johannes 4,5.39-41).

ja, dass deine Gedanken völlig vergiftet sind und du im Bösen verstrickt bist." *24* Da bat Simon die Apostel: „Betet ihr für mich zum Herrn. Betet bitte, dass nichts von dem eintrifft, was ihr gesagt habt."

25 Nachdem Petrus und Johannes den Herrn bezeugt und seine Botschaft bekannt gemacht hatten, kehrten sie nach Jerusalem zurück. Auf dem Weg durch Samarien verkündigten sie das Evangelium noch in vielen Dörfern.

Der erste Nichtjude wird Christ

26 Philippus aber wurde von einem Engel des Herrn beauftragt: „Geh Richtung Süden[a] auf die selten benutzte Straße, die von Jerusalem nach Gaza[b] hinunterführt." *27* Philippus machte sich sofort auf. Unterwegs traf er einen Äthiopier. Der war ein Eunuch, ein hoher Würdenträger: der oberste Finanzverwalter der Kandake, der äthiopischen Königin[c]. Er war nach Jerusalem gekommen, um dort Gott anzubeten, *28* und befand sich

jetzt auf der Rückreise. Der Mann saß auf seinem Wagen und las in der Schriftrolle des Propheten Jesaja. *29* Gottes Geist sagte zu Philippus: „Lauf hin und folge diesem Wagen!" *30* Philippus lief hin und hörte den Mann halblaut aus Jesaja lesen. Er fragte: „Verstehst du denn, was du liest?" *31* „Wie soll ich das können", erwiderte dieser, „wenn es mir niemand erklärt." So bat er Philippus aufzusteigen und sich zu ihm zu setzen. *32* Er hatte gerade folgenden Abschnitt gelesen:

„Er wurde wie ein Schaf zum Schlachten weggeführt, und wie ein Lamm, das beim Scheren stumm ist, kam kein Klagelaut aus seinem Mund. *33* In seiner Erniedrigung wurde das Strafgericht über ihm aufgehoben. Wer wird seine Nachkommen zählen können? Denn sein Leben wurde von der Erde weg emporgehoben."[d]

34 Der Eunuch wandte sich an Philippus: „Sag mir bitte, von wem hier die Rede ist! Spricht der Prophet von sich selbst oder von einem anderen?" *35* Da begann Philippus zu reden. Er knüpfte an dieses Schriftwort an und erklärte dem Äthiopier das Evangelium von Jesus. *36* Als sie nun so auf der Straße dahinfuhren, kamen sie an ein Gewässer. „Hier gibt es Wasser", sagte der Eunuch, „was steht meiner Taufe noch im Weg?" (*37*)[e] *38* Er

---

a 8,26: *Süden.* Das kann auch bedeuten: „um die Mittagszeit".

b 8,26: *Gaza.* Ehemalige Philisterstadt an der Mittelmeerküste, etwa 80 km von Jerusalem entfernt. Sie war 57 v. Chr. als römische Stadt wieder aufgebaut worden.

c 8,27: äthiopischen Königin. Das Königreich Äthiopien entspricht nicht dem heutigen Äthiopien. Es war das alte Nubien, südlich von Assuan bis nach Khartum im heutigen Sudan. Das Reich bestand seit dem 8. Jahrhundert v. Chr. *Kandake* war der Titel der Königsmutter. Die Regierungsmacht ruhte in ihren Händen.

d 8,33: *emporgehoben.* Das könnte sich auf die Himmelfahrt beziehen, denn Jesaja 53,7-8 wurde nach der LXX zitiert.

e 8,37: Spätere Handschriften fügen hinzu: „Wenn du von ganzem Herzen glaubst", sagte Philippus, „kannst du getauft werden." – „Ja", sagte der

ließ den Wagen anhalten, und beide, Philippus und der Äthiopier, stiegen ins Wasser, und Philippus taufte ihn. *39* Als sie wieder aus dem Wasser kamen, wurde Philippus vom Geist des Herrn entrückt. Der Eunuch sah ihn nicht mehr, trotzdem setzte er voller Freude seine Reise fort. *40* Und Philippus fand sich in Aschdod wieder. Er zog von Stadt zu Stadt und verkündigte überall die gute Botschaft. Schließlich kam er nach Cäsarea[f].

Der Verfolger wird Christ

9 *1* Saulus, der die Jünger des Herrn immer noch mit großer Wut verfolgte und sie mit dem Tod bedrohte, ging zum Hohen Priester *2* und erbat sich Schreiben an die Synagogen von Damaskus. Die Briefe würden ihn bevollmächtigen, Männer und Frauen aufzuspüren, die Anhänger des neuen Weges waren, und sie gefesselt nach Jerusalem zu bringen. *3* Auf dem Weg nach Damaskus, kurz vor der Stadt, strahlte plötzlich ein Licht aus dem Himmel. Es blendete ihn von allen Seiten, *4* sodass er zu Boden stürzte. Gleichzeitig hörte er, wie eine Stimme zu ihm sagte: „Saul, Saul, warum verfolgst du mich?" *5* „Wer bist du, Herr?", fragte er. „Ich bin Jesus, den

du verfolgst", erwiderte dieser. *6* „Steh jetzt auf und geh in die Stadt. Dort wird man dir sagen, was du tun sollst." *7* Die Männer, die ihn auf der Reise begleiteten, standen sprachlos da. Sie hörten zwar eine Stimme, sahen aber niemand. *8* Saulus richtete sich vom Boden auf und öffnete seine Augen – doch er konnte nichts sehen. Man musste ihn an der Hand nach Damaskus führen. *9* Drei Tage lang war er blind und aß und trank nichts.

10 In Damaskus lebte ein Jünger namens Hananias. Dem erschien der Herr in einer Vision. „Hananias!", sagte er. „Ja, Herr", antwortete dieser. *11* „Steh auf und geh in die ‚Gerade Straße' in das Haus von Judas", befahl ihm der Herr. „Frage dort nach einem Saulus aus Tarsus. Er betet nämlich *12* und hat in einer Vision einen Mann namens Hananias gesehen, der hereinkam und ihm die Hände auflegte, damit er wieder sehen könnte." *13* „Herr", entgegnete Hananias, „ich habe von vielen Seiten gehört, wie viel Böses dieser Mann deinen Heiligen[g] in Jerusalem angetan hat. *14* Und auch hier ist er von den Hohen Priestern bevollmächtigt, alle zu verhaften, die deinen Namen anrufen." *15* Doch der Herr sagte: „Geh nur hin! Denn gerade ihn habe ich als Werkzeug für mich ausgewählt. Er soll meinen Namen bei Nichtjuden und ihren Königen

---

Äthiopier, „ich glaube, dass Jesus Christus der Sohn Gottes ist." (Diese Frage und die Antwort entsprachen der altkirchlichen Praxis und sind wahrscheinlich von daher in einige Handschriften hineingeraten.)

f 8,40: *Cäsarea.* Hafenstadt am Meer. Sitz der römischen Prokuratoren. Wurde von Herodes dem Großen an Stelle einer älteren phönizischen Siedlung als neue Stadt erbaut (20-10 v. Chr.).

g 9,13: *Heilige* sind alle, die an Jesus Christus glauben, nicht etwa nur einige besonders Fromme, weil alle Christen als Volk Gottes dazu berufen sind, heilig zu sein, wie Gott selbst heilig ist (siehe auch Vers 32, 41 usw.). Eine andere Bezeichnung für die Christen ist „Jünger" (siehe Fußnote zu Apostelgeschichte 1,12).

genauso bekannt machen wie bei den Israeliten. *16* Ich werde ihm zeigen, wie viel er nun für meinen Namen leiden muss." *17* Da ging Hananias in jenes Haus. Er legte Saulus die Hände auf und sagte: „Saul, mein Bruder! Der Herr hat mich geschickt – Jesus, der dir auf dem Weg hierher erschienen ist. Du sollst wieder sehen können und mit dem Heiligen Geist erfüllt werden." *18* Im selben Augenblick fiel es Saulus wie Schuppen von den Augen und er konnte wieder sehen. Er stand auf und ließ sich taufen. *19* Dann aß er etwas und kam wieder zu Kräften.

Er war erst einige Tage bei den Jüngern in Damaskus, *20* da predigte er auch schon in den Synagogen, dass Jesus der Sohn Gottes ist. *21* Alle, die ihn hörten, waren fassungslos. „Ist das nicht der Mann, der in Jerusalem alle erbarmungslos verfolgte, die diesen Namen anrufen?", sagten sie. „Und ist er nicht deswegen hierher gekommen, um sie als Gefangene den Hohen Priestern auszuliefern?" *22* Saulus aber trat umso entschiedener auf und brachte die Juden von Damaskus durcheinander, weil er ihnen beweisen konnte, dass Jesus der Messias ist.

Saulus wird nach Hause geschickt

23 Als nun eine geraume Zeit vergangen war, fassten die Juden den Beschluss, Saulus zu beseitigen, *24* aber er hatte davon erfahren. Sie bewachten nämlich Tag und Nacht die Stadttore, um ihn nicht entkommen zu lassen. *25* Seine Anhänger aber ließen ihn eines Nachts in einem Korb die Stadtmauer hinab.

26 Als Saulus wieder nach Jerusalem kam, versuchte er, sich dort den Jüngern anzuschließen. Aber sie alle hatten Angst vor ihm, weil sie nicht wirklich glaubten, dass er ein Jünger geworden war. *27* Da nahm sich Barnabas seiner an. Er brachte ihn zu den Aposteln und erzählte ihnen, wie Saulus auf seiner Reise den Herrn gesehen und wie der Herr zu ihm gesprochen hatte. Er schilderte auch, wie mutig Saulus in Damaskus im Namen von Jesus aufgetreten war. *28* Von da an ging Saulus bei den Jüngern in Jerusalem aus und ein. Mit ihnen zusammen trat er unerschrocken im Namen des Herrn auf. *29* Er redete und diskutierte auch mit den griechisch sprechenden Juden. Doch sie versuchten ihn umzubringen. *30* Als die führenden Brüder in der Gemeinde das erfuhren, brachten sie ihn nach Cäsarea und schickten ihn von dort nach Tarsus weg.

Zwischenbilanz in Israel

31 Nun erlebte die Gemeinde in ganz Judäa, Galiläa und Samarien eine friedliche Zeit. Die Christen wurden gefestigt und lebten in Ehrfurcht vor dem Herrn. Und weil der Heilige Geist ihnen zur Seite stand, vermehrte sich ihre Zahl.

Petrus in Judäa

32 Auf einer Reise durch das ganze Gebiet kam Petrus zu den Heiligen in Lydda[a]. *33* Er erfuhr dort von einem gelähmten Mann namens Äneas, der seit acht Jahren ans Bett gefesselt war. *34* Petrus sagte zu ihm: „Äneas, Jesus, der Messias, heilt dich jetzt! Steh auf und mach dein Bett selbst!" Im selben

---

a 9,32: *Lydda*. Das heutige Lod, 18 km südlich von Tel Aviv.

Augenblick stand Äneas auf. 35 Alle Bewohner von Lydda und der ganzen Scharon-Ebene[b] sahen ihn gesund umherlaufen. Da wandten sie sich dem Herrn zu.

36 In Joppe[c] lebte eine Jüngerin mit Namen Tabita. Das heißt soviel wie „Gazelle". Sie tat viel Gutes und half den Armen, wo sie nur konnte. 37 Nun war sie gerade in dieser Zeit krank geworden und gestorben. Man wusch den Leichnam und bahrte ihn im oberen Stockwerk des Hauses auf. 38 Als die Jünger in Joppe gehört hatten, dass Petrus sich in Lydda aufhielt, schickten sie sofort zwei Männer zu ihm und ließen ausrichten: „Bitte komm so schnell wie möglich zu uns." Von Joppe war es nicht weit[d] nach Lydda. 39 Petrus ging sofort mit ihnen. Als er angekommen war, führten sie ihn gleich in das Obergemach. Dort hatten sich viele Witwen eingefunden. Weinend traten sie zu Petrus und zeigten ihm die Unter- und Obergewänder, die Tabita für sie gemacht hatte, als sie noch lebte. 40 Doch Petrus schickte alle hinaus. Dann kniete er nieder und betete. Schließlich wandte er sich zu dem Leichnam und sagte: „Tabita, steh auf!" Da öffnete sie die Augen. Und als sie Petrus erblickte, setzte sie sich auf. 41 Er fasste sie an der Hand und half ihr auf die Füße. Dann rief er die Witwen und die anderen Heiligen herein und gab ihnen Tabita lebend zurück. 42 Bald wusste ganz Joppe, was geschehen war, und viele kamen zum Glauben an den Herrn. 43 Petrus blieb noch lange in der Stadt und wohnte während dieser Zeit bei einem Gerber namens Simon.

Dürfen Nichtjuden zur Gemeinde gehören?

10 *1* In Cäsarea lebte damals ein römischer Offizier namens Kornelius. Er war Hauptmann der sogenannten Italischen Kohorte[e], 2 ein frommer Mann, der mit seiner ganzen Hausgemeinschaft Gott verehrte. Er tat viel für Not leidende Juden und betete regelmäßig. 3 Eines Tages – es war um die Mitte des Nachmittags[f] – hatte er eine Vision und sah deutlich, wie ein Engel Gottes zu ihm hereinkam und ihn hörbar ansprach: „Kornelius!" 4 Erschrocken starrte er den Engel an: „Was ist, Herr?" – „Gott hat deine Gebete gehört und gesehen, wie viel Gutes du den Armen tust", sagte der Engel. 5 „Schick jetzt einige Männer nach Joppe[g] und lass einen gewissen Simon, den man auch Petrus nennt, zu dir kommen. 6 Er wohnt bei einem Gerber, der auch Simon heißt und dessen Haus direkt am Meer liegt." 7 Gleich nachdem der Engel wieder gegangen

---

b 9,35: Die *Scharon-Ebene* ist ein 15 km breiter und 75 km langer sehr fruchtbarer Streifen am Mittelmeer von Lydda im Süden bis zum Berg Karmel im Norden.

c 9,36: *Joppe*. Heute Jaffa, arabische Vorstadt südlich des modernen Tel Aviv.

d 9,38: *nicht weit*. Etwa 17 Kilometer.

e 10,1: Kornelius war einer von zehn römischen Offizieren in der *Italischen Kohorte*, einem militärischen Verband von Hilfstruppen, ca. 500 bis 1000 Mann.

f 10,3: Wörtlich: *um die neunte Stunde*.

g 10,5: *Joppe*. Etwa 45 Kilometer südlich von Cäsarea, anderthalb Tagereisen.

war, rief er zwei seiner Hausdiener und einen gläubigen Soldaten aus seinem Gefolge. *8* Er berichtete ihnen alles, was geschehen war, und schickte sie nach Joppe.

9 Am nächsten Tag um die Mittagszeit – die Männer näherten sich bereits der Stadt – stieg Petrus zum Beten auf die Dachterrasse. *10* Kurz darauf bekam er Hunger und wollte essen. Während ihm etwas zubereitet wurde, hatte er eine Vision. *11* Er sah den Himmel offen und etwas wie ein großes leinenes Tuch auf die Erde herabkommen. Es wurde an vier Zipfeln gehalten, und *12* in ihm befanden sich alle möglichen Arten von Vierfüßlern, Kriechtieren und Vögeln. *13* Eine Stimme sagte: „Los, Petrus, schlachte und iss!" *14* „Auf keinen Fall, Herr!", sagte Petrus. „In meinem ganzen Leben habe ich noch niemals etwas Verbotenes oder Unreines gegessen!" *15* Doch die Stimme forderte ihn ein zweites Mal heraus: „Was Gott für rein erklärt hat, halte du nicht für unrein." *16* Das alles geschah drei Mal, dann wurde das Tuch wieder in den Himmel hinaufgezogen. *17* Während Petrus noch darüber rätselte, was die Vision wohl bedeuten sollte, standen die Männer, die Kornelius geschickt hatte, schon vor dem Tor. Sie hatten sich nach Simons Haus durchgefragt. *18* Durch Rufen machten sie sich bemerkbar und fragten: „Ist hier ein Simon zu Gast, der Petrus genannt wird?" *19* Petrus dachte immer noch über die Vision nach, als der Geist Gottes zu ihm sagte: „Pass auf! Da sind drei Männer, die dich suchen. *20* Steh auf und geh nach unten! Du kannst ihnen ohne Bedenken folgen, denn ich habe sie geschickt." *21* Petrus ging jetzt zu den Männern

hinunter und sagte: „Ich bin der, den ihr sucht. Was führt euch zu mir?" *22* „Der Hauptmann Kornelius", sagten sie, „ein gerechter, gottesfürchtiger und bei der ganzen jüdischen Bevölkerung angesehener Mann hat uns geschickt. Er ist von einem heiligen Engel angewiesen worden, dich in sein Haus holen zu lassen, um zu hören, was du zu sagen hast." *23* Da ließ Petrus die Männer eintreten und sorgte für ein Quartier.

Am nächsten Morgen machte er sich mit ihnen auf den Weg. Einige Brüder aus Joppe begleiteten sie. *24* Am folgenden Tag erreichten sie Cäsarea. Kornelius hatte sie schon erwartet und seine Verwandten und engsten Freunde bei sich eingeladen. *25* Als Petrus durchs Hoftor trat, kam Kornelius ihm entgegen und warf sich ehrfürchtig vor ihm nieder. *26* Doch Petrus zog ihn hoch und sagte: „Steh auf! Ich bin doch nur ein Mensch." *27* Während sie sich unterhielten, betraten sie das Haus. Petrus fand dort viele Leute versammelt. *28* „Ihr wisst ja", sagte er, „dass es für einen Juden nicht erlaubt ist, engen Kontakt mit einem Nichtjuden zu haben oder ihn gar zu besuchen. Doch Gott hat mir gezeigt, keinen Menschen als unrein oder unberührbar zu betrachten. *29* Darum kam ich auch ohne Widerrede, als ich geholt wurde. Nun möchte ich fragen, warum ihr mich geholt habt."

30 Kornelius erwiderte: „Vor vier Tagen betete ich den halben Nachmittag[a] in meinem Haus. Plötzlich stand ein Mann in einem leuchtend weißen

---

a 10,30: Wörtlich: *bis zu dieser, der neunten Stunde.*

Gewand vor mir *31* und sagte: ‚Kornelius! Gott hat deine Gebete gehört und gesehen, wie viel Gutes du den Armen tust. *32* Schick Boten nach Joppe und lass einen gewissen Simon, den man auch Petrus nennt, zu dir kommen. Er wohnt bei einem Gerber namens Simon, dessen Haus direkt am Meer liegt.‘ *33* Da habe ich sofort einige Leute zu dir geschickt. Und es ist sehr schön, dass du gleich gekommen bist. Nun haben wir uns hier in der Gegenwart Gottes versammelt, um all das zu hören, was der Herr dir aufgetragen hat."

34 Petrus begann: „Jetzt begreife ich, wie wahr es ist, dass Gott nicht bestimmte Menschen anderen vorzieht. *35* Er nimmt aus jedem Volk alle an, die in Ehrfurcht vor ihm leben und seinen Willen tun. *36* Ihr kennt ja die Botschaft, die Gott dem Volk Israel gesandt hat. Es ist das Evangelium des Friedens durch den, der Herr über alle Menschen ist: Jesus, der Messias. *37* Ebenso kennt ihr die Ereignisse, die sich in ganz Judäa zugetragen haben. Angefangen hat es schon in Galiläa, nachdem Johannes die Menschen zur Taufe aufgerufen hatte: *38* Gott hatte Jesus von Nazaret mit dem Heiligen Geist gesalbt und mit Kraft erfüllt. Gott war mit ihm, und so zog er umher, tat den Menschen Gutes und heilte alle, die der Teufel in seiner Gewalt hatte. *39* Wir sind Zeugen für alles, was er im ganzen jüdischen Land und in Jerusalem getan hat. Dann haben sie ihn ans Kreuz gehängt und getötet. *40* Aber Gott hat ihn am dritten Tag wieder zum Leben erweckt und ihn als Auferstandenen präsentiert *41* – allerdings nicht dem ganzen Volk, sondern nur den Zeugen, die Gott schon vorher dazu bestimmt hatte. Das waren wir, die mit ihm gegessen und getrunken haben, nachdem er vom Tod auferstanden war. *42* Er hat uns beauftragt, dem Volk Israel zu predigen und eindringlich zu bezeugen, dass er der von Gott bestimmte Richter über Lebende und Tote ist. *43* Schon die Propheten haben von ihm geredet. Sie bezeugen übereinstimmend, dass jeder, der an ihn glaubt, durch ihn Vergebung der Sünden erhält."

44 Während Petrus diese Worte sagte, kam der Heilige Geist auf alle, die seine Ansprache hörten. *45* Die Gläubigen jüdischer Herkunft, die mit Petrus gekommen waren, konnten es kaum fassen, dass die Gabe des Heiligen Geistes auch nichtjüdischen Menschen geschenkt worden war. *46* Sie hörten nämlich, wie die Versammelten Gottes Größe in nichtgelernten Sprachen priesen. Da sagte Petrus zu seinen Begleitern: *47* „Kann denn jemand diesen Menschen das Wasser zur Taufe verweigern? Sie haben doch genau wie wir den Heiligen Geist empfangen." *48* Und er ordnete an, sie auf den Namen von Jesus, dem Messias, zu taufen. Danach baten sie Petrus, noch einige Tage bei ihnen zu bleiben.

Petrus muss sich rechtfertigen

11 *1* Die Apostel und die Brüder in Judäa hörten bald davon, dass auch die Nichtjuden Gottes Botschaft angenommen hatten. *2* Als dann Petrus nach Jerusalem kam, stritten die Verfechter der Beschneidung mit ihm. *3* „Du bist bei unbeschnittenen Leuten eingekehrt und hast sogar mit ihnen gegessen", hielten sie ihm vor.

4 Da setzte Petrus es ihnen der Reihe nach auseinander. Er erklärte: *5* „Ich war in der Stadt Joppe und betete gerade, da hatte ich eine Vision: Ich sah etwas wie ein großes leinenes Tuch, das an seinen vier Zipfeln gehalten und vom Himmel zu mir herabgelassen wurde. *6* Gespannt sah ich hinein und erblickte alle möglichen Vierfüßler, Wildtiere, Kriechtiere und Vögel. *7* Dann hörte ich auch eine Stimme zu mir sagen: ,Los, Petrus, schlachte und iss!' *8* ,Auf keinen Fall, Herr!', sagte ich. ,In meinem ganzen Leben habe ich noch nie etwas Verbotenes oder Unreines gegessen!' *9* Doch die Stimme wiederholte die Aufforderung: ,Was Gott für rein erklärt hat, halte du nicht für unrein.' *10* Das alles geschah drei Mal, dann wurde das Tuch wieder in den Himmel hinaufgezogen. *11* In diesem Augenblick kamen drei Männer vor das Haus, in dem ich wohnte. Sie waren von Cäsarea aus zu mir geschickt worden. *12* Der Geist Gottes sagte mir, ich solle ohne Bedenken mit ihnen gehen. Auch diese sechs Brüder hier kamen mit und so kehrten wir in das Haus des Mannes ein, der nach mir geschickt hatte.

13 Er erzählte uns, dass er gesehen habe, wie ein Engel in sein Haus kam und sagte: ,Schick nach Joppe und lass einen Simon holen, der Petrus genannt wird! *14* Er wird euch eine Botschaft übermitteln, die dir und allen anderen in deinem Haus die Rettung bringt.' *15* Ich hatte kaum mit dem Reden begonnen, da kam der Heilige Geist auf sie, genauso wie damals am Anfang auf uns. *16* Mir fiel gleich das Wort ein, das der Herr gesagt hatte: ,Johannes hat mit Wasser getauft, ihr aber, ihr werdet mit dem Heiligen Geist getauft werden.' *17* Gott hat ihnen also die gleiche Gabe gegeben wie auch uns, als wir zum Glauben an den Herrn Jesus, den Messias, kamen. Wer bin ich, dass ich es mir da hätte erlauben dürfen, Gott im Weg zu stehen?"

18 Als sie das gehört hatten, beruhigten sie sich. Sie priesen Gott und sagten: „Gott hat also auch den Nichtjuden die Umkehr zum Leben ermöglicht!"

Gemeinde aus Nichtjuden

19 Die Christen nun, die sich wegen der Verfolgung, die beim Tod des Stephanus entstanden war, von Jerusalem aus zerstreut hatten, kamen zum Teil bis nach Phönizien[a], Zypern und Antiochia[b]. Die gute Botschaft sagten sie aber nur den Juden weiter. *20* Einige von ihnen – sie kamen ursprünglich von der Insel Zypern und aus der Gegend von Zyrene in Nordafrika – verkündigten auch den nichtjüdischen Einwohnern Antiochias die gute Botschaft von Jesus, dem Herrn. *21* Der Herr stand ihnen zur Seite

---

a 11,19: *Phönizien.* Landstrich am Mittelmeer nördlich von Israel mit den Städten Tyrus und Sidon im Gebiet des heutigen Libanon. Phönizien gehörte zur römischen Provinz Syrien.

b 11,19: *Antiochia* war die drittgrößte Stadt des römischen Reiches, am Fluss Orontes gelegen, etwa 500 km nördlich von Jerusalem. Sie war die berühmteste der 16 Städte gleichen Namens, die der mazedonische Reiterführer Seleukos I. Nikator um 300 v. Chr. gründete und nach seinem Vater Antiochus benannte.

und eine große Zahl von Nichtjuden glaubte ihrer Botschaft und bekehrte sich zum Herrn.

Barnabas in Antiochia

22 Als die Gemeinde in Jerusalem davon hörte, schickte sie Barnabas hin. **23** Der war sehr glücklich, als er sah, was durch die Gnade Gottes entstanden war. Er machte allen Mut, dem Herrn mit ganzem Herzen treu zu bleiben. **24** Denn er war ein vortrefflicher Mann, erfüllt mit dem Heiligen Geist und festem Glauben. Viele Menschen kamen damals zum Glauben an den Herrn.

25 Barnabas reiste dann nach Tarsus^c, um Saulus zu suchen. **26** Als er ihn gefunden hatte, nahm er ihn mit nach Antiochia. Ein ganzes Jahr lang waren sie mit der Gemeinde zusammen und unterwiesen viele Menschen im Glauben. In Antiochia wurden die Jünger übrigens zuerst Christen genannt.

27 Während dieser Zeit kamen einige Propheten von Jerusalem nach Antiochia. **28** Einer von ihnen hieß Agabus. Er stand in einer Gemeindeversammlung auf und sagte – vom Geist Gottes geführt – eine schwere Hungersnot über die ganze römische Welt voraus, die dann auch unter Kaiser Klaudius^d eintrat. **29** Da beschlossen die Jünger, den Geschwistern in Judäa eine Unterstützung zukommen zu lassen; jeder von ihnen sollte nach seinen finanziellen Möglichkeiten dazu beitragen. **30** Das taten sie dann auch und schickten Barnabas und Saulus mit dem Geld zu den Ältesten.

Gewalt gegen die führenden Männer

12 **1** Um diese Zeit ging König Herodes^e gegen Mitglieder der Gemeinde vor und ließ sie misshandeln. **2** Jakobus, den Bruder von Johannes, ließ er enthaupten. **3** Als er merkte, dass das den Juden gefiel, ließ er auch Petrus festnehmen. Das geschah während des Festes der ungesäuerten Brote.^f **4** Er ließ ihn ins Gefängnis schaffen und von vier Gruppen zu je vier Soldaten bewachen. Nach dem Passafest wollte er ihn vor dem Volk aburteilen. **5** Während Petrus streng bewacht im Gefängnis saß, betete die Gemeinde inständig ür ihn zu Gott. **6** In der Nacht vor der von Herodes geplanten Verurteilung schlief Petrus zwischen zwei Soldaten. Er war an jeden mit einer Kette gefesselt, während

---

c 11,25: *Tarsus* lag etwa 200 km nordwestlich von Antiochia. Die Heimatstadt des Paulus am Kydnos-Fluss (16 km vom Mittelmeer entfernt) war ein bedeutendes wirtschaftliches und kulturelles Zentrum.

d 11,28: *Klaudius* war von 41-54 n. Chr. römischer Kaiser. Die Hungersnot fiel wahrscheinlich in die Jahre 45 bis 48. Missernten in Ägypten führten zu einer starken Verteuerung der Lebensmittel im ganzen Römischen Reich.

e 12,1: *Herodes* Agrippa I., ein Enkel von Herodes dem Großen, dem Kindesmörder von Bethlehem, und ein Neffe von Herodes Antipas, der Johannes den Täufer hinrichten ließ.

f 12,3: *Festes der ungesäuerten Brote*. Das war die Festwoche, die sich an das Passa (2. Mose 12-13) anschloss (3. Mose 23,5-8). Manchmal wurden beide Feste zusammen wie in Vers 4 „Passa"genannt.

zwei andere vor der Tür seiner Zelle Wache hielten. *7* Plötzlich stand ein Engel des Herrn vor ihm und ein helles Licht erfüllte die Zelle. Er stieß Petrus in die Seite, um ihn zu wecken. „Steh schnell auf!", sagte er. Sofort fielen ihm die Ketten von den Handgelenken ab. *8* „Binde den Gürtel um und zieh deine Sandalen an!", befahl der Engel. Petrus tat es. „Wirf den Mantel über und komm!" *9* Petrus folgte dem Engel hinaus. Doch er wusste nicht, ob es Wirklichkeit war, was er mit dem Engel erlebte. Er meinte zu träumen. *10* Sie gingen an der ersten Wache vorbei, dann an der zweiten und kamen an das eiserne Tor, das in die Stadt führte. Das öffnete sich ihnen von selbst. Sie traten hinaus und gingen eine Gasse hinunter. Da verschwand der Engel neben ihm plötzlich. *11* Jetzt kam Petrus zu sich. „Nun weiß ich wirklich, dass der Herr seinen Engel geschickt hat", sagte er. „Er hat mich vor Herodes gerettet und vor dem, was die Juden sich erhofften."

12 Als ihm das klar geworden war, ging er zum Haus der Maria, der Mutter von Johannes Markus[a]. Dort waren viele zusammengekommen, um zu beten. *13* Als Petrus an die Tür im Hofeingang klopfte, kam eine Dienerin und wollte nachsehen, wer da wäre. Sie hieß Rhode. *14* Als sie die Stimme des Petrus erkannte, lief sie gleich ins Haus und rief: „Es ist Petrus! Petrus steht vor dem Tor!" Vor lauter Freude hatte sie vergessen, das Tor zu öffnen. *15* „Du bist wohl nicht ganz bei Verstand", sagten sie zu ihr. Doch sie behauptete steif und fest, dass es Petrus sei. Da meinten sie: „Dann ist es sein Engel." *16* Aber Petrus klopfte unaufhörlich weiter, bis sie schließlich aufmachten. Als sie ihn sahen, gerieten sie vor Staunen außer sich. *17* Doch er brachte sie mit einer Handbewegung zum Schweigen und erzählte ihnen dann, wie der Herr ihn aus dem Gefängnis herausgeführt hatte. „Berichtet das auch Jakobus und den Brüdern!", bat er sie. Dann ging er hinaus und verließ die Stadt.

18 Als es Tag wurde, gerieten die Soldaten in große Bestürzung. Keiner wusste, was mit Petrus geschehen war. *19* Und als Herodes ihn holen lassen wollte, war er nirgends zu finden. Er verhörte die Wachen und befahl, sie abzuführen. Anschließend begab er sich von Judäa wieder in seine Residenzstadt Cäsarea.

Tod von Herodes Agrippa I.

20 Damals lag Herodes im Streit mit den Bewohnern von Tyrus und Sidon[b]. Nun schickten diese eine gemeinsame Delegation zu ihm. Der Abordnung gelang es, den königlichen Palastverwalter Blastus als Fürsprecher zu gewinnen. So baten sie um Frieden, weil ihr Gebiet von den Lebensmittellieferungen des königlichen Landes abhängig war. *21* An dem Tag, an dem die Beilegung des Streits verkündet werden sollte, erschien Herodes in königlichem Prachtgewand, nahm auf der Tribüne

---

a 12,12: *Johannes Markus*. Der spätere Verfasser des Markus-Evangeliums.

b 12,20: *Sidon und Tyrus* waren die wichtigsten Hafenstädte Phöniziens (heute: Libanon).

des Theaters Platz und hielt eine feierliche Ansprache. **22** Das Volk von Cäsarea schrie begeistert: „So spricht ein Gott und nicht ein Mensch!" **23** Im gleichen Augenblick aber schlug ihn ein Engel des Herrn, weil er sich als Gott feiern ließ und nicht Gott die Ehre gab. Von Würmern zerfressen starb er unter Qualen.

24 Immer mehr Menschen hörten das Wort Gottes und kamen zum Glauben.

25 Nachdem Barnabas und Saulus ihre Aufgabe in Jerusalem erfüllt hatten, kehrten sie in Begleitung von Johannes Markus nach Antiochia zurück.

Die Ältesten von Antiochia

13 **1** In der Gemeinde von Antiochia gab es damals folgende Propheten und Lehrer: Barnabas und Simeon, genannt Niger[c], Luzius von Zyrene und Manaën, der zusammen mit dem Vierfürsten Herodes[d] aufgewachsen war, und Saulus. **2** Als sie einmal für einige Zeit fasteten und sich ganz dem Gebet widmeten, sprach der Heilige Geist: „Stellt mir doch Barnabas und Saulus für die Aufgabe frei, zu der ich sie berufen habe." **3** Nach einer weiteren Zeit des Fastens und Betens legten sie ihnen die Hände auf und ließen sie ziehen.

---

c 13,1: *Niger*. Lateinisch: der Schwarze.

d 13,1: *Herodes* Antipas, der Sohn von Herodes dem Großen und Onkel von Agrippa I. Er herrschte von 4 v. Chr. bis 39 n. Chr. über Galiläa und Peräa, also nur über einen Teil des Landes. Deswegen war er nur „Tetrarch", das heißt eigentlich „Viertelfürst".

Beginn der ersten Missionsreise

4 So vom Heiligen Geist ausgesandt, gingen die beiden nach Seleuzia[e] und nahmen dort ein Segelschiff nach Zypern. **5** In Salamis[f] angekommen, verkündigten sie die Botschaft Gottes in den jüdischen Synagogen der Stadt. Als Helfer hatten sie Johannes Markus dabei. **6** Sie durchzogen die ganze Insel bis nach Paphos[g]. Dort trafen sie auf einen Juden, der sich Barjesus nannte. Das war ein Magier und falscher Prophet, **7** der zum Gefolge des römischen Statthalters der Insel gehörte. Dieser Prokonsul[h], Sergius Paulus, war ein gebildeter und vernünftiger Mann. Er hatte Barnabas und Saulus zu sich gerufen, weil er die Botschaft von Gott hören wollte. **8** Doch Elymas, der Zauberer, – so heißt nämlich sein Name übersetzt – trat ihnen entgegen und versuchte mit allen Mitteln, den Prokonsul vom Glauben abzuhalten. **9** Aber Saulus, der auch Paulus genannt wird, blickte ihn scharf an. Vom Heiligen Geist erfüllt **10** sagte er: „Du elender und

---

e 13,4: *Seleuzia*. Die Hafenstadt von Antiochia, etwa 30 km entfernt.

f 13,5: *Salamis*. Damalige Hauptstadt von Zypern. An der Ostküste gelegen, etwa 150 km von Seleuzia entfernt.

g 13,6: Die Hafenstadt *Paphos* liegt an der Südwestspitze von Zypern und war Sitz der römischen Verwaltung.

h 13,7: Ein *Prokonsul* (nur hier und 13,8.12 und 19,38) wurde vom römischen Senat bestimmt und verwaltete vorwiegend friedliche Provinzen. Im Gegensatz dazu wurde ein Prokurator (sonst immer mit *Statthalter* übersetzt) vom Kaiser in unruhigen Provinzen eingesetzt, z. B. in Judäa.

gerissener Betrüger, du Sohn des Teufels und Feind aller Gerechtigkeit! Wann hörst du endlich auf, die geraden Wege des Herrn krumm zu machen. *11* Doch jetzt wirst du die Hand des Herrn zu spüren bekommen. Du wirst blind sein! Eine Zeit lang wirst du die Sonne nicht sehen." Im selben Augenblick fand sich der Magier von tiefster Dunkelheit umgeben. Er tappte umher und suchte jemand, der ihn an der Hand führte. *12* Als der Prokonsul sah, was geschehen war, kam er zum Glauben, höchst erstaunt über die Lehre des Herrn.

13 Von Paphos stachen Paulus und seine Begleiter wieder in See und kamen nach Perg[a] in Pamphylien[b]. Hier trennte sich Johannes von ihnen und kehrte wieder nach Jerusalem zurück. *14* Paulus und Barnabas aber zogen von Perge aus landeinwärts weiter, bis sie in das pisidische[c] Antiochia[d] kamen. Am Sabbat gingen sie in die dortige Synagoge und setzten sich unter die Zuhörer. *15* Nach der Schriftlesung aus dem Gesetz und den Propheten ließen die Synagogenvorsteher ihnen

ausrichten: „Liebe Brüder, wenn ihr ein Wort der Ermutigung für unsere Leute habt, dann redet!"

Im südlichen Galatien[e]: Antiochia

16 Da stand Paulus auf, bat mit einer Handbewegung um Ruhe und begann: „Männer von Israel und alle, die ihr Gott fürchtet, hört mir zu! *17* Der Gott unseres Volkes, der Gott Israels, hat unsere Vorfahren erwählt. Er ließ sie in der Fremde Ägyptens zu einem großen Volk werden und führte sie dann mit gewaltiger Macht von dort weg. *18* Ungefähr vierzig Jahre lang ertrug er sie in der Wüste. *19* Dann vernichtete er sieben Nationen und gab deren Land unserem Volk zum Besitz. *20* All das geschah in einem Zeitraum von etwa 450 Jahren.[f] Danach gab Gott ihnen Richter bis zur Zeit des Propheten Samuel. *21* Jetzt wollten sie einen König haben, und Gott gab ihnen Saul Ben-Kisch, einen Mann aus dem Stamm Benjamin. Der regierte sie vierzig Jahre. *22* Dann verstieß Gott ihn und machte David zu ihrem König. Ihm stellte er das Zeugnis aus: ‚In David Ben-Isai habe ich einen Mann gefunden, der alles tut,

---

a 13,13: *Perge.* Metropole der Provinz Pamphylien, 15 km nordöstlich der heutigen Stadt Antalya.

b 13,13: *Pamphylien.* Küstenregion im Süden Kleinasiens, 130 km lang und an der breitesten Stelle 30 km breit.

c 13,14: *Pisidien.* Hochlandgebiet in Kleinasien 190 km lang und 80 km breit, nördlich von Pamphylien.

d 13,14: *Antiochia.* Stadt in der römischen Provinz Galatien dicht an der Grenze zu der Landschaft Pisidien, etwa 1000 Meter hoch gelegen, römische Kolonie.

e 13,16: *Galatien* ist der Name einer Landschaft im nördlichen Kleinasien. Die römische Provinz Galatien schloss aber seit einigen Jahrzehnten auch die südlicher liegenden Landschaften Pisidien, Phrygien und Lykaonien ein.

f 13,20: *450 Jahren.* Die Zahl ergibt sich aus den 400 Jahren in Ägypten (Apostelgeschichte 7,6), den 40 Jahren Wüstenwanderung und etwa 10 Jahren von der Eroberung des Landes bis zur Landverteilung (Josua 14,1-17,18).

was ich von ihm will.'ᵍ **23** Und einen von den Nachkommen dieses Mannes hat Gott dem Volk Israel, wie er es versprochen hatte, als Retter gesandt: Jesus. **24** Bevor er aber auftrat, predigte Johannes dem ganzen Volk Israel, dass sie ihre Einstellung ändern und sich taufen lassen sollten. **25** Johannes sagte am Ende seines Wirkens: ‚Der, für den ihr mich haltet, bin ich nicht, aber seid euch im Klaren darüber: Nach mir kommt der Erwartete, und ich bin nicht einmal würdig, ihm die Riemen seiner Sandalen zu lösen.'ʰ"

26 „Liebe Brüder, ihr Nachkommen Abrahams, und ihr, die ihr Gott fürchtet: Uns allen hat Gott die rettende Botschaft gesandt. **27** Die Einwohner Jerusalems und ihre führenden Männer haben Jesus nicht erkannt. Sie verstanden auch die Worte der Propheten nicht, die doch jeden Sabbat vorgelesen werden. Trotzdem haben sie deren Ankündigungen erfüllt, als sie Jesus den Prozess machten. **28** Obwohl sie keine todeswürdige Schuld an ihm fanden, verlangten sie seine Hinrichtung von Pilatus. **29** Nachdem sie dann alles ausgeführt hatten, was über ihn geschrieben steht, nahmen sie ihn vom Kreuz herunter und legten ihn in ein Grab. **30** Aber Gott hat ihn von den Toten auferweckt. **31** Und er hat sich als Auferstandener etliche Tage denen gezeigt, die ihm von Galiläa nach Jerusalem gefolgt waren. Das sind jetzt seine Zeugen vor dem Volk Israel.

32 So bringen wir euch nun diese gute Botschaft: Gott hat die Zusage, die er unseren Vätern gegeben hat, **33** an uns, ihren Nachkommen, eingelöst. Er tat das, indem er Jesus berief. So steht es auch im zweiten Psalm: ‚Du bist mein Sohn; ich habe dich heute gezeugt!'ⁱ **34** Dass er ihn mit der Auferweckung aus den Toten aber für immer der Verwesung entrissen hat, kündigte er so an: ‚Ich gebe euch die heiligen und unvergänglichen Güter, die ich David versprochen habe.'ʲ **35** Deshalb heißt es auch an einer anderen Stelle: ‚Du wirst deinen heiligen Diener nicht der Verwesung preisgeben.'ᵏ **36** David freilich ist gestorben, nachdem er seiner eigenen Generation nach Gottes Willen gedient hat. Er wurde neben seinen Vorfahren beigesetzt, und sein Körper verweste. **37** Der aber, den Gott auferweckt hat, ist nicht verwest. **38** Ihr sollt deshalb wissen, liebe Brüder: Durch diesen Jesus wird euch Vergebung der Sünden angeboten. Das Gesetz des Mose konnte euch nicht von ihnen freisprechen. **39** Durch Jesus aber ist das möglich. Jeder, der an ihn glaubt, wird von aller Schuld freigesprochen. **40** Seht zu, dass nicht eintrifft, was im Zwölfprophetenbuch geschrieben steht: **41** ‚Schaut her, ihr Verächter, wundert euch und verschwindet! Denn schon bald werde ich etwas tun, das ihr nicht glauben würdet, wenn es euch jemand erzählte.'ˡ"

---

g 13,22: Nach Psalm 89,21 und 1. Samuel 13,14

h 13,25: Markus 1,7

i 13,33: Psalm 2,7

j 13,34: Jesaja 55,3

k 13,35: Psalm 16,10

l 13,41: Habakuk 1,5 sinngemäß nach der LXX zitiert.

Auch Nichtjuden gilt die Botschaft

42 Als Paulus und Barnabas die Synagoge verließen, wurden sie gebeten, am nächsten Sabbat weiter über diese Dinge zu reden. *43* Und als die Versammlung sich aufgelöst hatte, kamen viele mit Paulus und Barnabas mit, Juden und Nichtjuden, die sich zur Synagoge gehalten hatten. Die beiden sprachen lange mit ihnen und ermahnten sie, sich immer ganz auf die Gnade Gottes zu verlassen. *44* Am nächsten Sabbat aber kam fast die ganze Stadt zusammen, um die Botschaft Gottes zu hören. *45* Als die Juden die vielen Menschen sahen, wurden sie eifersüchtig. Sie widersprachen dem, was Paulus sagte, und beschimpften ihn.

46 Schließlich erklärten Paulus und Barnabas fest und offen: „Zuerst musste euch das Wort Gottes gesagt werden. Weil ihr es aber abweist und euch des ewigen Lebens nicht für würdig haltet, wenden wir uns jetzt den Nichtjuden zu, *47* wie der Herr uns beauftragt hat. Er sagte: ‚Ich mache dich zum Licht für die anderen Völker. Du sollst das Heil bis ans Ende der Welt bringen.‘ᵃ“ *48* Als die Nichtjuden in der Synagoge das hörten, freuten sie sich und priesen das Wort des Herrn. Und alle, die zum ewigen Leben bestimmt waren, kamen zum Glauben.

49 Das Wort des Herrn verbreitete sich in der ganzen Gegend. *50* Aber die Juden hetzten die vornehmen griechischen Frauen, die sich zur Synagoge hielten, und die führenden Männer der Stadt gegen Paulus und Barnabas auf. Sie zettelten eine Verfolgung an und vertrieben sie aus der Gegend. *51* Da schüttelten beide den Staub von ihren Füßen – ihnen zur Warnung – und zogen nach Ikonionᵇ weiter. *52* Die Jünger in Antiochia aber wurden mit Freude und mit dem Heiligen Geist erfüllt.

Im südlichen Galatien: Ikonion

14 *1* In Ikonion gingen Paulus und Barnabas wie gewöhnlich in die Synagoge der Juden. Sie sprachen dort in derselben Weise wie in Antiochia und eine große Menge von Juden und Nichtjuden kam zum Glauben. *2* Aber die Juden, die nicht auf die Botschaft hören wollten, hetzten die nichtjüdische Bevölkerung gegen die Christen auf und verleumdeten sie. *3* Paulus und Barnabas hielten sich ja eine längere Zeit dort auf und verkündigten im Vertrauen auf den Herrn unerschrocken die Botschaft von seiner Gnade. Der Herr bestätigte die Botschaft, indem er Zeichen und Wunder durch sie geschehen ließ. *4* Die Einwohner der Stadt spalteten sich in zwei Lager: die einen hielten es mit den Juden, die anderen mit den Aposteln. *5* Als nun die feindlich gesinnte Gruppe – Nichtjuden und Juden einschließlich ihrer führenden Männer – einen Anschlag auf die Apostel vorbereitete, um sie zu misshandeln und zu steinigen, *6* flohen sie

---

a 13,47: Jesaja 49,6

b 13,51: *Ikonion*. Die Stadt, das heutige Konja, lag 140 km südöstlich vom pisidischen Antiochia, in der römischen Provinz Galatien an der „Via Sebaste". Als römische Ehrenkolonie erhielt sie die Verfassung einer hellenistischen Stadt. Man sprach Griechisch.

nach Lykaonien[c] in die Städte Lystra[d] und Derbe[e]. Dort und in der weiteren Umgebung *7* verkündigten sie nun das Evangelium.

Im südlichen Galatien: Lystra

8 In Lystra lebte ein Mann, der keine Kraft in den Beinen hatte. Er war von Geburt an gelähmt und hatte noch nie einen Schritt getan. *9* Der hörte zu, wie Paulus redete. Als der ihn fest anblickte und sah, dass er den Glauben hatte, er könne geheilt werden, *10* sagte er mit lauter Stimme zu ihm: „Steh auf! Stell dich gerade auf die Beine!" Da sprang der Mann auf und begann umherzugehen. *11* Viele Leute hatten gesehen, was Paulus tat, und riefen auf Lykaonisch: „Die Götter sind als Menschen zu uns herabgekommen!" *12* Sie nannten Barnabas Zeus und Paulus Hermes[f], weil er

das Wort geführt hatte. *13* Der Priester des Zeustempels vor der Stadt ließ Stiere und Kränze zum Stadttor schaffen und wollte den Aposteln zusammen mit der Bevölkerung Opfer bringen. *14* Als die beiden Apostel Barnabas und Paulus davon hörten, rissen sie entsetzt ihre Obergewänder ein, rannten in die Menge und riefen: *15* „Ihr Leute, was macht ihr da? Wir sind doch auch nur Menschen, genau wie ihr! Und wir verkündigen euch die Heilsbotschaft, dass ihr euch gerade von diesen Nichtigkeiten zu dem lebendigen Gott bekehren sollt, zu dem Gott, der den Himmel, die Erde und das Meer mit allem, was darin ist, geschaffen hat. *16* Zwar ließ er in der Vergangenheit alle nichtjüdischen Völker ihre eigenen Wege gehen, *17* doch hat er sie nicht ohne Zeugnis von sich gelassen, indem er ihnen Gutes tat. Er hat euch vom Himmel her Regen geschenkt. Er gab euch immer wieder reiche Ernten. Er gab euch Nahrung und machte euch froh und glücklich." *18* Selbst mit diesen Worten konnten sie die Volksmenge nur mühsam davon abhalten, ihnen Opfer zu bringen.

19 Aber dann kamen Juden aus Antiochia und Ikonion. Sie schafften es, die Bevölkerung auf ihre Seite zu ziehen. Dann steinigten sie Paulus. Und als sie ihn für tot hielten, schleiften sie ihn zur Stadt hinaus. *20* Doch während ihn die Jünger umringten, stand er wieder auf und ging in die Stadt zurück.

---

c 14,6: *Lykaonien*. Landschaft im südlichen Innern Kleinasiens, Hochebene nördlich des Taurus-Gebirges, Teil der römischen Provinz Galatien. Es gab nämlich die Regionen „Lycaonia Galatica", wozu Lystra und Derbe gehörten und wo die meisten Einwohner Lykaonisch sprachen, und „Phrygia Galatica", wozu Ikonion gehörte.

d 14,6: *Lystra*. 30 km südwestlich von Ikonion, römische Kolonie, Heimatstadt des Timotheus.

e 14,6: *Derbe* liegt 100 km südöstlich von Lystra.

f 14,12: *Hermes*. Zeus galt als höchster Gott der Griechen und zugleich als örtlicher Gott von Lystra. Hermes galt als der Götterbote. Nach einer alten Sage waren sie schon einmal in menschlicher Gestalt in Lystra gewesen – und abgewiesen worden, was Unglück über die Stadt gebracht hatte.

Jetzt wollten die Einwohner es also besser machen.

Im südlichen Galatien: Derbe

Am nächsten Tag zog er mit Barnabas weiter nach Derbe. *21* Auch in Derbe verkündigten sie das Evangelium, und viele Einwohner wurden durch sie zu Jüngern des Herrn.

Rückreise nach Antiochia in Syrien

Dann kehrten sie nach Lystra, Ikonion und schließlich auch nach Antiochia zurück. *22* Überall ermutigten sie die Jünger und ermahnten sie, im Glauben standhaft zu bleiben. „Wir müssen durch manche Bedrängnis hindurch", sagten sie, „bevor wir in Gottes Reich einkehren." *23* In jeder Gemeinde wählten sie Älteste aus und befahlen sie mit Fasten und Gebet dem Herrn an, an den sie nun glaubten.

24 Sie zogen dann weiter durch Pisidien nach Pamphylien. *25* Nachdem sie auch in Perge Gottes Botschaft gepredigt hatten, gingen sie hinunter nach Attalia[a]. *26* Dort nahmen sie ein Schiff zurück nach Antiochia, wo man sie der Gnade Gottes für die Aufgabe anvertraut hatte, die nun von ihnen erfüllt worden war. *27* In Antiochia angekommen, riefen sie die Gemeinde zusammen und berichteten alles, was Gott durch sie getan hatte. „Gott hat den Nichtjuden wirklich die Tür zum Glauben geöffnet", schlossen sie.

28 Paulus und Barnabas blieben nun für längere Zeit bei den Jüngern in Antiochia.

---

a 14,25: *Attalia.* Bester Hafen an der Küste von Pamphylien, etwa 15 km von Perge entfernt, heute: Antalya.

Die Apostelversammlung in Jerusalem

15

1 Dann kamen einige Leute aus Judäa nach Antiochia und erklärten den Brüdern in der Gemeinde: „Wenn ihr euch nicht nach mosaischem Brauch beschneiden lasst, könnt ihr nicht gerettet werden." *2* Paulus und Barnabas bestritten das energisch und hatten deshalb eine heftige Auseinandersetzung mit ihnen. Schließlich wurden Paulus und Barnabas zusammen mit einigen anderen aus der Gemeinde beauftragt, zu den Aposteln und Ältesten nach Jerusalem zu reisen, um diese Streitfrage zu klären. *3* Sie wurden also von der Gemeinde feierlich verabschiedet und machten sich auf den Weg. Als sie durch Phönizien und Samarien zogen, erzählten sie überall in den Gemeinden von der Bekehrung der Nichtjuden. Damit machten sie allen Geschwistern eine große Freude. *4* In Jerusalem wurden sie von den Aposteln und Ältesten und der ganzen Gemeinde freundlich aufgenommen. Sie berichteten ihnen alles, was Gott durch sie getan hatte. *5* Einige, die zur Partei der Pharisäer gehört hatten und zum Glauben an Jesus gekommen waren, standen auf und erklärten: „Man muss die Nichtjuden beschneiden und sie anweisen, das Gesetz Moses zu halten."

6 Daraufhin setzten sich die Apostel und Ältesten zusammen, um diese Frage zu beraten. *7* Nach einer langen Diskussion stand Petrus auf und sagte: „Liebe Brüder! Gott hat euch schon vor langer Zeit seine Entscheidung klargemacht. Ihr wisst, dass die nichtjüdischen Völker durch meinen Mund die Heilsbotschaft hören und zum Glauben kommen sollten. *8* Und Gott, der die Herzen aller Menschen kennt, hat bestätigt, dass auch sie dessen würdig sind, indem er ihnen genauso wie uns den Heiligen Geist gegeben hat. *9* Gott machte zwischen ihnen und uns keinen Unterschied. Und durch den Glauben hat er auch ihre Herzen gereinigt. *10* Warum wollt ihr Gott jetzt herausfordern und ein Joch auf den Hals dieser Jünger legen, ein Joch, das weder unsere Vorfahren noch wir selbst tragen konnten? *11* Im Gegenteil: Wir sind davon überzeugt, dass wir – genauso wie sie – allein durch die Gnade des Herrn gerettet werden."

12 Da beruhigte sich die ganze Versammlung, und alle hörten Barnabas und Paulus zu, die von all den Zeichen und Wundern erzählten, die Gott durch sie unter den Nichtjuden getan hatte. *13* Als sie schwiegen, ergriff Jakobus das Wort:

„Liebe Brüder, hört mir zu! *14* Simon hat gerade berichtet, wie Gott selbst die Initiative ergriffen hat, um aus den Nichtjuden ein Volk zu gewinnen, das seinen Namen trägt. *15* Das stimmt auch mit den Worten der Propheten überein, denn so steht es geschrieben: *16* ‚Danach will ich zurückkehren‘, sagt der Herr, ‚und die zerfallene Hütte Davids wieder aufbauen. Aus ihren Trümmern werde ich sie wieder errichten, *17* damit auch die übrigen Menschen nach mir fragen, die Menschen aller Völker, die ich zu meinem Eigentum erklärt habe. Ich, der Herr, werde tun, *18* was ich von jeher angekündigt habe.‘[b] *19* Darum

halte ich es für richtig, dass wir den Nichtjuden, die sich zu Gott bekehren, nicht unnötige Lasten aufbürden, *20* sondern ihnen schreiben, dass sie folgende Dinge unterlassen sollen: die Beteiligung an Götzenopfern, jede Form von sexueller Unmoral, den Genuss von nicht ausgeblutetem Fleisch und von Tierblut überhaupt. *21* Denn diese Forderungen, die sich im Gesetz Moses finden,[c] werden von alters her in jeder Stadt gepredigt, weil das Gesetz jeden Sabbat in den Synagogen vorgelesen wird."

22 Daraufhin beschlossen die Apostel und die Ältesten im Einvernehmen mit der ganzen Gemeinde, zwei Männer aus ihrer Mitte zusammen mit Paulus und Barnabas nach Antiochia zu schicken. Sie wählten Judas mit dem Beinamen Barsabbas und Silas, führende Männer unter den Brüdern, *23* und gaben ihnen folgendes Schreiben mit:

„Die Apostel und die Ältesten, eure Brüder, grüßen ihre nichtjüdischen Geschwister in Antiochia, ganz Syrien und Zilizien[d]. *24* Wir haben ehört, dass einige Leute aus unserer Gemeinde ohne unseren Auftrag zu euch gereist sind und euch durch ihre Lehren verwirrt und verunsichert haben. *25* Nachdem wir in dieser Frage zu einer Meinung gekommen sind,

---

b 15,18: Jakobus zitiert Amos 9,11-12 nach der LXX und wendet den Text auf die aktuelle Situation an.

c 15,21: Siehe 3. Mose 17-18. Es waren nur die vier Forderungen, die auch für Nicht-Israeliten galten, die im Gottesvolk als Fremde lebten. Beschneidung gehörte nicht dazu.

d 15,23: *Zilizien.* Heimatprovinz des Paulus zwischen Kleinasien und Syrien. Hier mussten inzwischen auch Gemeinden entstanden sein.

haben wir beschlossen, zwei Männer von uns auszuwählen und zu euch zu schicken. Sie reisen zusammen mit unseren lieben Brüdern Barnabas und Paulus, *26* die ihr Leben ganz für unseren Herrn Jesus Christus eingesetzt haben. *27* Unsere beiden Abgesandten Judas und Silas werden euch mündlich alles bestätigen und erklären. *28* Es erschien dem Heiligen Geist nämlich gut – und er führte auch uns zu dieser Überzeugung –, euch keine größeren Lasten aufzulegen als die folgenden unerlässlichen Dinge: *29* Esst kein Fleisch, das Götzen geopfert wurde, verzehrt kein Tierblut und kein Fleisch, das nicht ausgeblutet ist, und haltet euch fern von jeder sexuellen Unmoral. Wenn ihr euch vor diesen Dingen in acht nehmt, werdet ihr recht tun. Lebt wohl!"

30 Die Reisenden wurden nun von der Gemeinde verabschiedet und kamen nach Antiochia. Dort beriefen sie eine Gemeindeversammlung ein und übergaben den Brief. *31* Er wurde vorgelesen und alle freuten sich über die Ermutigung. *32* Judas und Silas, die selbst auch Propheten waren, ermutigten die Geschwister mit vielen Worten und stärkten sie im Glauben. *33* Sie blieben noch einige Zeit dort und wurden dann mit Segenswünschen von den Brüdern verabschiedet, um zu denen zurückzukehren, die sie geschickt hatten. (*34*)ᵃ *35* Paulus und Barnabas blieben zunächst in Antiochia. Zusammen mit vielen anderen unterrichteten sie die

Gläubigen in der Botschaft des Herrn und verkündigten das Evangelium in der ganzen Stadt.

Beginn der zweiten Missionsreise

36 Einige Zeit später sagte Paulus zu Barnabas: „Lass uns wieder aufbrechen und all die Städte besuchen, in denen wir das Wort des Herrn gepredigt haben. Wir sollten sehen, wie es den Geschwistern dort geht." *37* Doch Barnabas wollte auch den Johannes Markus wieder mitnehmen. *38* Paulus aber hielt es nicht für richtig, den mitzunehmen, der sie in Pamphylien im Stich gelassen und die Zusammenarbeit abgebrochen hatte. *39* Es kam nun zu einer so heftigen Auseinandersetzung, dass beide sich trennten. Barnabas nahm Markus mit sich und segelte nach Zypern. *40* Paulus dagegen wählte sich Silas zum Begleiter. Und nachdem er von den Geschwistern der Gnade Gottes anbefohlen worden war, reiste er ab. *41* Er zog durch Syrien und Zilizien und stärkte die Gemeinden im Glauben.

16 ¹ Paulus kam auch wieder nach Derbe und dann nach Lystra. In Lystra wohnte ein Jünger mit Namen Timotheus. Er war der Sohn einer gläubig gewordenen jüdischen Frau und eines griechischen Vaters. *2* Diesen Timotheus, der einen guten Ruf bei den Geschwistern in Lystra und Ikonion hatte, *3* wollte Paulus auf seine Reise mitnehmen. Weil die Juden in diesem Gebiet wussten, dass sein Vater ein Grieche war, ließ Paulus ihn beschneiden.

4 In allen Städten, durch die sie kamen, teilten sie den Gläubigen die Beschlüsse mit, die die Apostel und

---

a 15,34: Spätere Handschriften vermerken hier in mehreren Varianten, dass Silas in Antiochia geblieben sei.

Ältesten in Jerusalem gefasst hatten, und trugen ihnen auf, sich daran zu halten. *5* So wurden die Gemeinden im Glauben gefestigt und die Zahl der Christen wuchs täglich.

Der Ruf aus Mazedonien

6 Danach zogen sie durch das phrygische Galatien weiter[b], denn der Heilige Geist hatte ihnen nicht erlaubt, die Botschaft in die Provinz Asia[c] zu tragen. *7* Als sie dann an die Grenze von Mysien[d] kamen, versuchten sie nach Bithynien[e] weiterzureisen, aber durch seinen Geist erlaubte ihnen Jesus das auch nicht. *8* So zogen sie ohne Aufenthalt durch Mysien, bis sie in die Hafenstadt Troas[f] kamen. *9* Dort hatte Paulus in der Nacht eine Vision. Er sah einen Mazedonier vor sich stehen, der ihn bat: „Komm nach Mazedonien[g] herüber und hilf uns!" *10* Daraufhin suchten wir[h] unverzüglich nach einem Schiff, das uns nach Mazedonien mitnehmen konnte, denn wir hatten aus der Vision geschlossen, Gott habe uns gerufen, den Menschen dort das Evangelium zu bringen.

Das Evangelium kommt nach Europa

11 So fuhren wir von Troas ab und segelten auf kürzestem Weg zur Insel Samothrake. Am nächsten Tag erreichten wir schon Neapolis[i]. *12* Von dort ging es landeinwärts nach Philippi[j], der bedeutendsten römischen Kolonie in diesem Teil Mazedoniens. Hier blieben wir einige Tage. *13* Am Sabbat gingen wir vor das Stadttor hinaus an den Fluss, wo wir eine jüdische Gebetsstätte vermuteten. Nachdem wir sie gefunden hatten, setzten wir uns und sprachen zu den Frauen, die dort zusammenkamen.

---

b 16,6: Die römische Provinz *Galatien* schloss seit 25 v. Chr. den größten Teil des Königreichs Galatien in der zentralen Hochebene der heutigen Türkei ein, wozu auch die südlicher liegenden Landschaften Pisidien, Lykaonien und Teile von Phrygien gehörten.

c 16,6: *Asia*. Römische Provinz, die den westlichen Teil Kleinasiens umfasste.

d 16,7: *Mysien*. Landschaft im Westen Kleinasiens, Teil der Provinz Asia.

e 16,7: *Bithynien*. Gebiet im nördlichen Kleinasien, südlich des Schwarzen Meeres.

f 16,8: *Troas*. Ein bedeutender Hafen im Nordwesten der römischen Provinz Asia, 20 km südlich von Troja.

g 16,9: *Mazedonien*. Römische Provinz auf der Balkanhalbinsel. Sie umfasste den nördlichen Teil des heutigen Griechenland.

h 16,10: Die *Wir*-Form deutet an, dass von diesem Zeitpunkt an Lukas, der Verfasser der Apostelgeschichte, an der Reise teilnahm.

i 16,11: *Neapolis*. „Neue Stadt", Hafen von Philippi. Die Häuser der Stadt liegen wie ein Amphitheater in Felshängen. Heute: Kavalla. Von hier aus konnten die Missionare der berühmten Straße „Via Egnatia" folgen, die über Philippi bis nach Thessalonich führte.

j 16,12: *Philippi*. 16 Kilometer von Neapolis entfernt. In Erinnerung an seinen Sieg über die Cäsarmörder Brutus und Cassius 42 v. Chr. hatte Augustus die Stadt zur Kolonie erhoben. Dort wurden römische Veteranen (ausgediente Soldaten) angesiedelt, erhielten Haus und Land als eine Art Pension. Die Stadt bekam das römische Bürgerrecht.

14 Eine dieser Frauen hieß Lydia und war eine Purpurhändlerin aus Thyatira[a]. Sie glaubte an den Gott Israels. Der Herr öffnete ihr das Herz, so dass sie gut zuhörte und bereitwillig aufnahm, was Paulus sagte. *15* Sie ließ sich dann mit allen, die in ihrem Haus lebten, taufen. Danach lud sie uns ein und sagte: „Wenn ihr wirklich überzeugt seid, dass ich an den Herrn glaube, dann kommt in mein Haus und seid meine Gäste." Sie nötigte uns geradezu.

16 Als wir einmal auf dem Weg zu der Gebetsstätte waren, begegnete uns eine Sklavin. Sie war von einem Wahrsagegeist besessen und brachte ihren Besitzern viel Geld mit Wahrsagen ein. *17* Die Frau lief dem Paulus und uns hinterher und schrie: „Diese Leute sind Sklaven des höchsten Gottes! Sie können euch den Weg zur Rettung zeigen!" *18* So ging das viele Tage, bis Paulus es nicht mehr ertragen konnte. Er drehte sich um und sagte zu dem Geist: „Im Namen von Jesus Christus befehle ich dir: Verlass diese Frau!" Im gleichen Augenblick fuhr der Wahrsagegeist von ihr aus.

Im Gefängnis

19 Als die Besitzer der Sklavin begriffen, dass damit auch ihre Hoffnung auf Gewinn ausgefahren war, packten sie Paulus und Silas und schleppten sie auf den Marktplatz, wo die Behörde ihren Sitz hatte. *20* Sie führten sie den Stadtobersten[b] vor und sagten: „Diese Juden hier bringen unsere ganze Stadt in Aufruhr! *21* Sie wollen Sitten einführen, die wir als römische Bürger keinesfalls annehmen dürfen." *22* Als dann die aufgebrachte Menschenmenge ebenfalls ihre Bestrafung verlangte, ließen die Stadtobersten Paulus und Silas die Kleidung vom Leib reißen und befahlen, sie mit Stöcken zu schlagen. *23* Nachdem man ihnen viele Schläge verabreicht hatte, ließen die Obersten sie ins Gefängnis schaffen und befahlen dem Aufseher, sie sicher zu verwahren. *24* Auf diesen Befehl hin sperrte er beide in die innerste Zelle und schloss ihre Füße in den Block.

Eine doppelte Befreiung

25 Es war gegen Mitternacht, als Paulus und Silas beteten und Gott mit Lobliedern priesen. Die anderen Gefangenen hörten zu. *26* Plötzlich bebte die Erde so heftig, dass selbst die Grundmauern des Gefängnisses erschüttert wurden. Gleichzeitig sprangen alle Türen auf und von allen Gefangenen fielen die Ketten ab. *27* Der Gefängnisaufseher fuhr aus dem Schlaf hoch. Und als er die Türen des Gefängnisses offen sah, zog er sein Schwert und wollte sich töten, denn er dachte, die Gefangenen wären entflohen. *28* Aber Paulus rief, so laut er konnte: „Tu dir nichts an! Wir sind alle noch hier!" *29* Da forderte der Aufseher Licht, stürzte ins Gefängnis und warf sich zitternd vor Paulus und Silas zu Boden. *30* Dann führte er sie

---

a 16,14: *Thyatira.* Stadt in der Provinz Asia, etwa 200 km südöstlich von Troas, Handelszentrum für Purpurstoffe. Heute: Akhisar in der Türkei.

b 16,20: *Stadtobersten.* Das waren hier in Philippi zwei römische Beamte.

heraus und fragte: „Ihr Herren, was muss ich tun, um gerettet zu werden?" 31 Sie sagten: „Glaube an Jesus, den Herrn! Dann wirst du gerettet und deine Familie mit dir." 32 Anschließend erklärten sie ihm und allen, die in seinem Haus lebten, die Botschaft des Herrn. 33 Der Gefängnisaufseher nahm Paulus und Silas noch in derselben Nachtstunde zu sich und wusch ihnen die blutigen Striemen ab. Dann ließ er sich mit allen, die in seinem Haus lebten, taufen. 34 Anschließend führte er die beiden in sein Haus hinauf und ließ ihnen den Tisch decken. Er und alle, die zu ihm gehörten, waren überglücklich, dass sie zum Glauben an Gott gefunden hatten.

Die Entschuldigung der Richter

35 Als es Tag geworden war, schickten die Stadtobersten die Gerichtsdiener mit der Weisung zum Gefängnisaufseher, die beiden Männer zu entlassen. 36 Der Aufseher berichtete es Paulus: „Die Stadtobersten haben eben befohlen, euch freizulassen. Verlasst also das Gefängnis und zieht im Frieden Gottes weiter." 37 Doch Paulus sagte den Gerichtsdienern: „Erst haben sie uns ohne richterliches Urteil öffentlich auspeitschen lassen, obwohl wir doch römische Bürger[c] sind, dann haben sie uns ins Gefängnis geworfen und jetzt wollen sie uns heimlich abschieben. Das kommt nicht in Frage. Sie sollen persönlich herkommen und uns freilassen." 38 Die Gerichtsdiener meldeten den Stadtobersten, was Paulus gesagt hatte. Die bekamen es mit der Angst zu tun, als sie hörten, dass Paulus und Silas das römische Bürgerrecht besaßen. 39 Sie kamen persönlich und entschuldigten sich für das Geschehene. Dann führten sie beide aus dem Gefängnis und baten sie, die Stadt zu verlassen. 40 Vom Gefängnis aus gingen sie zunächst zum Haus der Lydia. Dort trafen sie sich mit den Geschwistern und machten ihnen Mut. Dann verließen sie die Stadt.

Die Arbeit in Thessalonich

17 1 Über Amphipolis[d] und Apollonia[e] kamen Paulus und Silas nach Thessalonich[f]. Dort gab es eine jüdische Gemeinde. 2 Wie gewohnt ging Paulus als Erstes in ihre

---

c 16,37: Ein *römischer Bürger* hatte Anrecht auf ein besonderes Rechtsverfahren, er war gegen die Willkür der Provinzbehörden in mancher Hinsicht geschützt und konnte an den Kaiser als obersten Richter appellieren (Apg 25,11). Das Auspeitschen eines römischen Bürgers galt als ein Verbrechen, das mit dem Tod bestraft wurde.

d 17,1: *Amphipolis.* Alle drei genannten Städte lagen an der römischen Straße „Via Egnatia". Amphipolis befand sich etwa 50 km südwestlich von Philippi. Es war die Hauptstadt des ersten Bezirks von Mazedonien, 5 km von der Strymonmündung entfernt. Der Fluss umströmte fast die ganze Stadt, von daher auch der Name. Heute: Neochori.

e 17,1: *Apollonia.* Die Stadt war nach dem Sonnengott Apollos benannt und lag inmitten von Eichen-, Akazien- und Kastanienwäldern, 44 km westlich von Amphipolis und 56 km östlich von Thessalonich. Heute: Pollino.

f 17,1: *Thessalonich.* Bedeutendste Stadt Mazedoniens, etwa 200 000 Einwohner, Hauptstadt des zweiten mazedonischen Bezirks, wichtiger Seehafen. Heute: Thessaloniki.

Synagoge. An drei aufeinander folgenden Sabbaten redete er mit den Versammelten. Auf der Grundlage der Heiligen Schrift 3 öffnete er ihnen das Verständnis für den Messias. Er legte ihnen dar, dass der Messias nach Gottes Plan leiden, sterben und danach vom Tod auferstehen müsse. „Und dieser Jesus, von dem ich zu euch spreche, ist der Messias", sagte Paulus. 4 Einige von den jüdischen Zuhörern ließen sich überzeugen und schlossen sich Paulus und Silas an. Auch von den Griechen, die sich zur Synagoge hielten, kamen viele zum Glauben, darunter eine ganze Reihe prominenter Frauen.

5 Das machte die Juden eifersüchtig. Sie holten sich einige skrupellose Männer, die auf dem Markt herumlungerten, und wiegelten mit ihrer Hilfe die Menschenmenge auf, so dass die ganze Stadt in Aufruhr geriet. Dann zogen sie vor das Haus Jasons, um Paulus und Silas dort herauszuholen und vor die Bürgerversammlung[a] zu stellen. 6 Als sie die beiden aber nicht fanden, schleppten sie Jason und einige andere Brüder vor die Politarchen, die Stadtobersten[b], und schrien: „Diese Leute bringen Aufruhr in die römische Welt! Jetzt sind sie auch hierher gekommen. 7 Jason hat sie bei sich aufgenommen! Sie alle verstoßen gegen die Verordnungen des Kaisers, denn sie behaupten, ein anderer sei der wahre König, nämlich Jesus!" 8 Damit versetzten sie die Menschenmenge und die Stadtobersten in große Aufregung. 9 Und erst als Jason und die anderen Christen eine Bürgschaft gestellt hatten, wurden sie wieder freigelassen.

10 Noch in derselben Nacht brachten die Brüder Paulus und Silas auf den Weg nach Beröa[c]. Als die beiden dort angekommen waren, suchten sie als Erstes wieder die Synagoge auf. 11 Die Juden in Beröa aber waren unvoreingenommener als die in Thessalonich. Sie nahmen die Botschaft bereitwillig auf und studierten täglich die Heiligen Schriften, um zu sehen, ob das, was Paulus lehrte, wirklich zutraf. 12 Viele von ihnen kamen daraufhin zum Glauben, auch nicht wenige prominente griechische Frauen und Männer.

13 Als die Juden von Thessalonich aber erfuhren, dass Paulus auch in Beröa die Botschaft Gottes verkündigte, reisten sie ebenfalls dorthin, um die Masse mit ihren Hetzreden aufzuwiegeln. 14 Da schickten die Brüder Paulus fort an die Küste. Silas und Timotheus blieben jedoch in Beröa. 15 Die Brüder, die Paulus begleiteten, brachten ihn bis nach Athen[d] und kehrten

---

a 17,5: *Bürgerversammlung.* Weil Thessalonich seit 42 v. Chr. eine freie Stadt war, hatte die Bürgerversammlung gesetzgeberische und richterliche Kompetenz.

b 17,6: *Stadtobersten.* Das waren in Thessalonich – im Unterschied zur römischen Kolonie Philippi – einheimische Beamte.

c 17,10: *Beröa.* Die wohlhabende Stadt lag 80 km südwestlich von Thessalonich am Fuß des Berimos, 40 km vom Ägäischen Meer entfernt. Heute: Veria.

d 17,15: *Athen,* mehr als 350 km südlich von Beröa, war eine der berühmtesten Städte der Gelehrsamkeit im Altertum. Sie genoss den Status einer freien, mit Rom verbündeten Stadt. Sie war voll von Altären und Götterbildern (etwa 3000),

dann wieder zurück. Für Silas und Timotheus nahmen sie den Auftrag mit, dass sie so bald wie möglich nachkommen sollten.

In Athen

16 Während Paulus nun in Athen auf die beiden wartete, stellte er fest, dass die Stadt voll von Götzenbildern war. Das empörte und erschütterte ihn im Innersten. 17 So redete er mit den Juden und den griechischen Gottesfürchtigen in der Synagoge und diskutierte jeden Tag auf dem Markt mit denen, die er dort antraf. 18 Dabei wurde er auch von epikureischen[e] und stoischen[f] Philosophen angegriffen. Einige von ihnen sagten: „Was will dieser komische Vogel[g] eigentlich?" Andere meinten: „Er scheint Propaganda für fremde Götter zu machen." Das sagten sie, weil Paulus das Evangelium von Jesus und der Auferstehung verkündigte. 19 Schließlich nahmen sie

---

Statuen, Tempeln und Säulenhallen.

e 17,18: *Epikureer.* Schüler des Epikur (341-270 v. Chr.), dessen ethisches System Freude und Ausgeglichenheit zum Lebensziel erklärte und dessen Götter sich nicht um menschliche Angelegenheiten kümmern würden.

f 17,18: *Stoiker.* Schüler des Zenon von Kition (334-263 v. Chr.), die ihren Namen von ihrem Versammlungsort, der Stoa ableiteten. Sie lehrten, dass ein pantheistisch gedachter Gott die Seele des Kosmos sei. Die Menschen sollten in Harmonie mit der Natur leben, ihre eigene Unabhängigkeit erkennen und jede Leidenschaft unterdrücken.

g 17,18: *Komischer Vogel.* Wörtlich: Körnerpicker, d. h. einer, der herumliegende Brocken sammelt, Schwätzer.

ihn mit auf den Areopag[h]. „Wir wollen erfahren", sagten sie, „was das für eine neue Lehre ist, die du da vorträgst. 20 Denn du bringst etwas Fremdes vor unsere Ohren und wir möchten wissen, worum es dabei geht." 21 Die Athener nämlich und alle Fremden in der Stadt hatten für nichts so viel übrig, als Neuigkeiten zu erzählen oder zu hören.

22 Da stellte sich Paulus mitten auf den Areopag und begann: „Ihr Männer von Athen, nach allem, was ich sehe, seid ihr außergewöhnlich religiöse Leute. 23 Denn als ich durch die Straßen ging und eure Heiligtümer betrachtete, stieß ich auf einen Altar mit der Inschrift: ‚Dem unbekannten Gott'. Diese Gottheit, die ihr ohne zu kennen verehrt, verkündige ich euch. 24 Meine Botschaft handelt von dem Gott, der die Welt geschaffen hat und alles, was dazu gehört. Als Herr von Himmel und Erde wohnt er natürlich nicht in Tempeln, die Menschen gebaut haben. 25 Er braucht auch keine Bedienung von Menschen, so als ob er noch etwas nötig hätte. Denn er ist es ja, der uns das Leben und die Luft zum Atmen und überhaupt alles gibt. 26 Aus einem einzigen Menschen hat er alle Völker hervorgehen lassen. Er wollte, dass sie die Erde bewohnen, er bestimmte die Zeit ihres Bestehens und die Grenzen ihres Gebietes. 27 Er

---

h 17,19: *Areopag.* Ein dem griechischen Kriegsgott Ares geweihter Hügel in der Stadt, westlich der Akropolis, auf dem seit alter Zeit Recht gesprochen wurde. Dort tagte die höchste politische und richterliche Instanz des römischen Athen.

wollte, dass sie nach ihm fragen, dass sie sich bemühen, ihn irgendwie zu finden, obwohl er keinem von uns wirklich fern ist. *28* Denn ,durch ihn leben wir, bestehen wir und sind wir'ᵃ. Oder wie es einige eurer Dichterᵇ ausgedrückt haben: ,Denn auch wir sind von seiner Art.' *29* Wenn wir nun von Gott abstammen, sollten wir nicht denken, das Göttliche sei so wie ein goldenes, silbernes oder steinernes Gebilde, das menschliche Erfindungskunst hervorgebracht hat. *30* Gott hat zwar über die Unwissenheit vergangener Zeiten hinweggesehen, doch jetzt fordert er alle Menschen überall auf, ihre Einstellung zu ändern. *31* Er hat nämlich einen Tag festgesetzt, an dem er über die ganze Menschheit Gericht halten und ein gerechtes Urteil sprechen wird. Und zum Richter hat er einen Mann bestimmt, den er für die ganze Welt dadurch beglaubigte, dass er ihn von den Toten auferweckt hat."

32 Als sie von einer Auferstehung der Toten hörten, lachten ihn einige der Zuhörer aus. Andere aber sagten: "Darüber wollen wir später noch mehr von dir hören." *33* Als Paulus dann die Versammlung verließ, *34* schlossen sich ihm einige Leute an und kamen zum Glauben. Unter ihnen war

Dionysiusc, ein Mitglied des Gerichts auf dem Areopag, eine Frau namens Damaris und noch einige andere.

In Korinth

18 *1* Danach verließ Paulus Athen und kam nach Korinthᵈ. *2* Dort lernte er Aquila kennen, einen Juden, der aus der Landschaft Pontusᵉ stammte. Kurz vorher war er zusammen mit seiner Frau Priszilla aus Italien gekommen, weil Kaiser Klaudiusᶠ ein Gesetz erlassen hatte, das alle Juden aus Rom verbannte. Paulus suchte die beiden auf, *3* und weil er das gleiche Handwerk wie sie ausübte – sie waren Zeltmacher –, blieb er dort und arbeitete mit ihnen zusammen.

4 An jedem Sabbat sprach Paulus in der Synagoge mit Juden und Griechen und versuchte sie zu überzeugen. *5* Als dann Silas und Timotheus aus Mazedonien nachkamen, konnte Paulus sich ganz der Verkündigung widmen.

---

a 17,28: Das klingt an ein Zitat des kretischen Dichters Epimenides (6. Jh. v. Chr.) an, der auch in Athen wirkte.

b 17,28: *Dichter.* Gemeint sind der stoische Dichter Aratus aus Soloni in Zilizien, der Heimat des Paulus (3. Jh. v. Chr.) und Kleanthes aus Assos in Kleinasien (304-233 v. Chr.), die es ursprünglich auf Zeus oder einen Logos bezogen.

c 17,34: *Dionysius.* Er gehörte dem Gerichtshof über Religion und Erziehung an und wurde später der führende Älteste der Gemeinde Athen.

d 18,1: *Korinth* war eine wichtige Stadt in Griechenland, die auf der Landenge zum Peloponnes den Handel vom Norden nach dem Süden beherrschte und durch zwei Häfen auch den Seehandel von Ost nach West. Hauptstadt der römischen Provinz Achaja.

e 18,2: *Pontus.* Landschaft, die südlich an das Schwarze Meer grenzt. Aus den Stadtstaaten an der Küste zogen Juden zum Pfingstfest nach Jerusalem, vgl. Apostelgeschichte 2,9.

f 18,2: Dieses Gesetz hatte *Klaudius*, der von 41-54 n. Chr. Kaiser war, im Jahr 49 n. Chr. erlassen.

Nachdrücklich bezeugte er den Juden, dass Jesus der Messias ist. *6* Weil sie aber nichts davon wissen wollten und ihn beschimpften, schüttelte er den Staub aus seinen Gewändern und sagte zu ihnen: „Wenn das Gericht euch trifft, seid ihr selbst daran schuld. Ich habe meine Pflicht getan und werde mich jetzt an die Nichtjuden wenden." *7* Er verließ die Synagoge und predigte von da an bei Titius Justus, einem Griechen, der an den Gott Israels glaubte und dessen Haus unmittelbar an die Synagoge stieß. *8* Schließlich kam sogar der Synagogenvorsteher Krispus zum Glauben an den Herrn – er und alle, die in seinem Haus wohnten. Auch viele andere Korinther, die Gottes Botschaft hörten, kamen zum Glauben und ließen sich taufen.

9 Eines Nachts, in einer Vision, sagte der Herr zu Paulus: „Fürchte dich nicht! Verkündige das Evangelium und lass dich durch nichts zum Schweigen bringen. *10* Ich bin bei dir! Niemand wird sich an dir vergreifen und dir ein Leid antun. Denn in dieser Stadt gehört mir ein großes Volk." *11* So blieb Paulus noch anderthalb Jahre in Korinth und unterrichtete die Menschen über die Botschaft Gottes.

12 Nachdem Gallio[g] Prokonsul von Achaja[h] geworden war, verschworen

sich die Juden gegen Paulus und brachten ihn vor seinen Richterstuhl. *13* Sie erklärten: „Dieser Mann überredet die Menschen, Gott in einer Weise zu verehren, die gegen das Gesetz verstößt." *14* Paulus wollte gerade mit seiner Verteidigung beginnen, da sagte Gallio zu den Juden: „Wenn es sich um ein Verbrechen oder einen böswilligen Anschlag handeln würde, ihr Juden, dann wäre es meine Pflicht, euch anzuhören. *15* Wenn es sich aber nur um Begriffe und Namen handelt, die mit eurem Gesetz zu tun haben, müsst ihr euch schon selbst darum kümmern. Ich gedenke jedenfalls nicht, dafür den Richter zu spielen." *16* Damit ließ er sie vom Richterstuhl wegführen.

17 Da packten sie alle Sosthenes, den Synagogenvorsteher, und verprügelten ihn noch auf dem Gerichtsplatz. Gallio aber kümmerte sich nicht darum.

Rückreise nach Antiochia

18 Paulus jedoch blieb noch etliche Tage in Korinth, bis er schließlich von den Geschwistern Abschied nahm und zusammen mit Priszilla und Aquila nach Syrien absegelte. Bevor sie in Kenchreä[i] an Bord gingen, ließ Paulus sich noch das Haar abschneiden, das er aufgrund eines Gelübdes hatte wachsen lassen. *19* Sie kamen dann nach Ephesus[j], wo Paulus seine

---

g 18,12: Lucius Iunius *Gallio* Annaeus, der Bruder des römischen Philosophen Seneca, war von 51-52 (oder 52/53) n. Chr. im Auftrag des römischen Senats Prokonsul. Der Vorfall gehört wahrscheinlich an den Anfang seiner Amtszeit.

h 18,12: *Achaja*. Römische Provinz, die den südlichen Teil Griechenlands umfasste.

i 18,18: *Kenchreä*. Der östliche Hafen von Korinth am Sarinischen Golf, etwa 7 km von der Stadt entfernt.

j 18,19: *Ephesus* war die Hauptstadt der Provinz Asia und zweitgrößte Stadt des römischen Reiches. Der reiche

Begleiter zurückließ. Vor seiner Weiterreise suchte er aber die Synagoge auf und sprach zu den Juden. **20** Als diese ihn baten, länger in der Stadt zu bleiben, willigte er nicht ein, **21** sondern verabschiedete sich von ihnen. „Wenn Gott will", sagte er, „werde ich zu euch zurückkommen." Dann reiste er von Ephesus ab. **22** Mit dem Schiff fuhr er bis nach Cäsarea und ging von dort zu Fuß nach Jerusalem hinauf. Er begrüßte die Gemeinde und kehrte schließlich nach Antiochia zurück.

Aufbruch zur dritten Missionsreise

23 Nachdem er einige Zeit dort verweilt hatte, brach er wieder auf. Er reiste zunächst durch das Gebiet von Galatien und anschließend durch Phrygien[a]. Überall ermutigte er die Jünger im Glauben.

24 Inzwischen war ein Jude namens Apollos nach Ephesus gekommen. Er stammte aus Alexandria[b]

Handelsknotenpunkt lag etwa 5 km vom Meer entfernt am Fluss Kaystros, auf dem man praktisch bis in den Hafen der Stadt segeln konnte. Berühmt war Ephesus durch seinen Artemis-Tempel (römisch: Diana), der zu den sieben Weltwundern zählte.

c 18,23: *Phrygien*. Hier wahrscheinlich der von Phrygiern bewohnte Teil der Provinz Asia, eine große gebirgige Region, deren bedeutendste Städte Laodizea, Kolossä und Hierapolis waren.

b 18,24: *Alexandria*. Die Kulturmetropole, die 331 v. Chr. von Alexander dem Großen im Nildelta gegründet wurde, hatte in ihrer Blütezeit 700 000 Einwohner. Hier entstand im 3. Jahrhundert v. Chr. die griechische Übersetzung des Alten Testaments, die sogenannte Septuaginta (LXX).

und war ein gebildeter, wortgewandter Mann, der eine umfassende Kenntnis der Heiligen Schriften besaß **25** und außerdem in der Lehre des Herrn unterwiesen war. Er sprach mit glühender Begeisterung und belehrte seine Zuhörer genau über das Leben von Jesus, obwohl er keine andere Taufe als die von Johannes kannte. **26** Dieser Apollos begann freimütig in der Synagoge zu sprechen. Als Priszilla und Aquila ihn dort hörten, luden sie ihn zu sich nach Hause ein und erklärten ihm die Lehre Gottes noch genauer. **27** Als Apollos dann in die Provinz Achaja reisen wollte, bestärkten ihn die Brüder in dieser Absicht. Sie schrieben an die Jünger dort und baten sie, ihn freundlich aufzunehmen. Tatsächlich konnte er den Gläubigen in Achaja mit seiner besonderen Gabe eine große Hilfe sein. **28** In öffentlichen Streitgesprächen widerlegte er die Juden und bewies ihnen anhand der Schrift, dass Jesus der Messias ist.

Missionsarbeit in Ephesus

19 **1** Während Apollos in Korinth war, zog Paulus durch das kleinasiatische Hochland und dann hinunter in die Küstenstadt Ephesus. Dort traf er einige Männer, die er zunächst für Jünger des Herrn hielt. **2** Er fragte sie: „Habt ihr den Heiligen Geist empfangen, als ihr zum Glauben gekommen seid?" Sie erwiderten: „Wir haben noch nicht einmal gehört, dass der Heilige Geist schon gekommen ist." **3** „Was für eine Taufe habt ihr denn empfangen?", fragte er weiter. „Die Taufe des

Johannes", erwiderten sie. 4 Da sagte Paulus: „Johannes rief die Menschen auf, ihre Einstellung zu ändern, und taufte sie dann. Doch er sagte ihnen dabei, dass sie an den glauben sollten, der nach ihm kommen würde: an Jesus." 5 Als sie das hörten, ließen sie sich auf den Namen von Jesus, dem Herrn, taufen. 6 Und als Paulus ihnen die Hände aufgelegt hatte, kam der Heilige Geist auf sie. Da redeten sie in Fremdsprachen und machten prophetische Aussagen. 7 Etwa zwölf Männer gehörten zu dieser Gruppe.

8 In den nächsten drei Monaten ging Paulus regelmäßig in die Synagoge und sprach dort ohne jede Hemmung über das Reich Gottes. Er diskutierte mit den Juden und versuchte sie zu überzeugen. 9 Doch einige von ihnen verschlossen sich der Botschaft und waren nicht bereit, sich ihr zu unterstellen. Als sie dann den Weg des Glaubens vor der ganzen Versammlung verspotteten, brach Paulus den Kontakt zu ihnen ab. Zusammen mit denen, die Jünger des Herrn geworden waren, trennte er sich von der Synagogengemeinde und sprach von nun an täglich im Lehrsaal eines gewissen Tyrannus[c]. 10 Das tat er zwei Jahre lang, so dass im Laufe der Zeit die gesamte Bevölkerung der Provinz Asia – Juden wie Nichtjuden – die Botschaft des Herrn hörte. 11 Außerdem ließ Gott ganz ungewöhnliche Wunder durch Paulus geschehen. 12 Die Leute nahmen sogar Schweißtücher[d] oder Schürzen, die er getragen hatte, und legten sie auf Kranke, worauf die Krankheiten verschwanden und böse Geister ausfuhren.

13 Nun versuchten auch einige der umherziehenden jüdischen Geisterbeschwörer den Namen des Herrn, den Namen Jesus, bei ihren Geisteraustreibungen zu benutzen. Sie sagten dann: „Ich beschwöre euch bei dem Jesus, den Paulus verkündigt." 14 Es waren besonders die sieben Söhne eines gewissen Skevas, eines jüdischen Hohen Priesters[e], die das taten. 15 Doch bei einer dieser Gelegenheiten sagte der böse Geist in dem Besessenen: „Jesus kenne ich, und wer Paulus ist, weiß ich auch. Aber ihr, wer seid denn ihr?" 16 Und der Besessene stürzte sich auf sie und warf sie zu Boden. Er richtete sie derartig zu, dass sie blutend und halbnackt aus dem Haus flüchteten. 17 Die Geschichte war bald in ganz Ephesus bekannt. Juden und Nichtjuden wurden von Furcht gepackt, und der Name des Herrn Jesus wurde geehrt und gepriesen.

---

c 19,9: *Tyrannus*. Philosophen hielten ihre Vorlesungen häufig in gemieteten Sälen. Gewöhnlich endeten sie gegen Mittag. Deshalb ist der Zusatz in einem griechischen Manuskript, dass Paulus täglich von 11 bis 16 Uhr lehrte, durchaus einleuchtend. Paulus wird die „Jünger" dort nicht nur ausgebildet, sondern sie auch zum Verkündigungsdienst in die Provinz geschickt haben.

d 19,12: Das *Schweißtuch* war eine Art großes Taschentuch, mit dem man sich den Schweiß vom Gesicht wischte.

e 19,14: *Hohen Priesters*. Entweder war er tatsächlich ein Mitglied der jüdischen Tempelaristokratie oder er hatte sich diesen Titel einfach angeeignet, was bei Magiern durchaus üblich war.

18 Nun traten viele von denen, die zum Glauben gekommen waren, vor die Gemeinde und bekannten, sich auch mit okkulten Praktiken abgegeben zu haben. **19** Eine ganze Anzahl von ihnen brachte ihre Zauberbücher und verbrannte sie öffentlich. Man schätzte ihren Wert auf 50 000 Silberdrachmen.[a] **20** So erwies die Botschaft des Herrn ihre Macht und breitete sich immer weiter aus.

Aufstand der Silberschmiede

21 Nach diesen Ereignissen beschloss Paulus, über Mazedonien und Achaja nach Jerusalem zu reisen. Er sagte: „Und wenn ich dort gewesen bin, muss ich auch Rom sehen." **22** Er schickte zwei seiner Mitarbeiter, Timotheus und Erastus, nach Mazedonien voraus, blieb selbst aber noch eine Zeit lang in der Provinz Asia. **23** Um jene Zeit kam es in Ephesus wegen des neuen Glaubens zu schweren Unruhen. **24** Ein Silberschmied namens Demetrius verschaffte den Kunsthandwerkern in der Stadt mit Nachbildungen vom Tempel der Artemis[b] einen guten Gewinn. **25** Eines Tages rief Demetrius alle, die in diesem Gewerbe beschäftigt waren, zusammen. „Männer", sagte er, „ihr wisst, dass wir diesem Gewerbe unseren Wohlstand verdanken. **26** Nun habt

ihr sicher schon erfahren, dass dieser Paulus den Leuten einredet, Götter, die von Menschen geformt werden, seien keine Götter. Mit diesem Gerede hat er nicht nur hier in Ephesus Erfolg, sondern fast in der ganzen Provinz Asia. **27** Aber es geht ja nicht nur darum, dass unser Berufsstand in Misskredit gerät, nein, es besteht auch die Gefahr, dass die Achtung vor dem Tempel der großen Göttin Artemis verloren geht. Am Ende kommt es noch dahin, dass die Göttin selbst ihr Ansehen einbüßt – sie, die heute in der ganzen Asia und überall in der römischen Welt für ihre herrliche Größe verehrt wird."

28 Als sie das hörten, wurden sie von Wut gepackt und schrien: „Groß ist die Artemis von Ephesus!" **29** Die ganze Stadt geriet in Aufruhr und alle stürmten einmütig ins Theater.[c] Dabei schleppten sie zwei Reisegefährten des Paulus, die Mazedonier Gajus und Aristarch, mit. **30** Als Paulus selbst unter das Volk gehen wollte, ließen die Jünger es nicht zu. **31** Einige von den obersten Beamten der Provinz, die Paulus freundschaftlich verbunden waren, warnten ihn durch Boten davor, ins Theater zu gehen. **32** Dort herrschte ein großes Durcheinander. Die einen schrien dies, die anderen das, und die meisten wussten nicht einmal, weshalb sie zusammengekommen waren. **33** Die Juden schickten Alexander nach vorn, und einige aus der Menge erklärten ihm den Anlass. Alexander wollte sich dann mit einer Handbewegung Gehör verschaffen, um eine Erklärung abzugeben.

---

a 19,19: Die *Drachme*, eine Silbermünze, entsprach etwa dem Tageslohn eines Arbeiters. 50 000 Drachmen waren mehr als acht Talente, etwa 4 Millionen Euro.

b 19,24: *Artemis*. Göttin der Jagd und der Fruchtbarkeit (römisch: Diana). Ihr Tempel in Ephesus galt als eines der sieben Weltwunder der Antike.

c 19,29: *Theater*. Das Amphitheater fasste etwa 25 000 Menschen.

34 Doch als sie merkten, dass er ein Jude war, begannen alle wie aus einem Mund zwei Stunden lang zu schreien: „Groß ist die Artemis von Ephesus!" 35 Schließlich gelang es dem Stadtsekretär[d], die Menge zu beruhigen. „Männer von Ephesus", rief er, „gibt es denn einen Menschen in der Welt, der nicht wüsste, dass die Stadt Ephesus die Beschützerin der großen Artemis und ihres vom Himmel gefallenen Standbildes ist? 36 Weil das völlig unbestreitbar ist, beruhigt euch also und lasst euch zu keiner unüberlegten Sache hinreißen. 37 Ihr habt diese Männer hergeschleppt, obwohl sie weder den Tempel beraubt noch unsere Göttin gelästert haben. 38 Wenn Demetrius und seine Kunsthandwerker Anklage gegen jemand erheben wollen, so gibt es dafür Gerichtstage und den Prokonsul[e]. Dort können sie sich gegenseitig verklagen. 39 Wenn ihr aber irgendwelche anderen Forderungen habt, so wird das in einer ordentlichen Bürgerversammlung entschieden. 40 Wir stehen nämlich in Gefahr, dass man uns wegen der heutigen Vorkommnisse der Rebellion anklagt, denn wir können keinen triftigen Grund für diesen Aufruhr nennen." Danach löste er die Versammlung auf.

Paulus in Mazedonien und Griechenland

20 1 Als der Tumult sich gelegt hatte, ließ Paulus die Jünger zu sich kommen und sprach ihnen Mut zu. Dann nahm er Abschied und machte sich auf die Reise nach Mazedonien. 2 Dort besuchte er die Gläubigen und nahm sich viel Zeit, sie zu ermutigen. Schließlich kam er nach Griechenland 3 und hielt sich drei Monate dort auf. Als er dann mit dem Schiff nach Syrien fahren wollte, planten die Juden einen Anschlag auf ihn. So entschloss er sich, den Rückweg wieder über Mazedonien zu nehmen.

4 Auf dieser Reise begleiteten ihn Sopater, der Sohn von Pyrrhus, aus Beröa, Aristarch und Sekundus aus Thessalonich und Gajus aus Derbe, außerdem Timotheus und schließlich Tychikus und Trophimus aus der Provinz Asia. 5 Sie reisten voraus und wollten in Troas auf uns warten. 6 Wir selbst segelten erst nach dem Fest der ungesäuerten Brote[f] von Philippi ab. Nach fünftägiger Fahrt erreichten wir Troas und blieben eine Woche dort.

Abschiedsbesuch in Troas

7 Am letzten Abend – es war Sonntag, der erste Tag der Woche – kamen wir zum Mahl des Herrn zusammen. Paulus, der am nächsten Tag weiterreisen wollte, sprach zu den Versammelten. Und weil sie noch

---

d 19,35: *Stadtsekretär.* Einer der höchsten Verwaltungsbeamten, verantwortlich für die Einberufung von Volksversammlungen.

e 19,38: *Prokonsul.* Der Statthalter einer Provinz, die hier dem römischen Senat unterstand, sprach regelmäßig in der Hauptstadt des Gerichtsbezirks Recht und war für die Aufrechterhaltung von Ruhe und Ordnung zuständig.

f 20,6: *Fest der ungesäuerten Brote.* Dieses siebentägige Fest schloss sich direkt an das Passafest an. Während dieser Zeit durfte nur solches Brot gegessen werden, das ohne Sauerteig zubereitet war.

so viele Fragen hatten, blieb er bis Mitternacht. *8* In unserem Versammlungsraum im Obergeschoss brannten viele Lampen. *9* Ein junger Mann – er hieß Eutychus – saß auf der Fensterbank. Weil Paulus nun so lange redete, wurde er vom Schlaf überwältigt und fiel drei Stockwerke tief aus dem Fenster. Als die Gläubigen hinuntereilten und ihn aufhoben, war er tot. *10* Paulus, der ebenfalls hinabgegangen war, legte sich auf ihn und umfasste den leblosen Körper. Dann sagte er: „Beruhigt euch, er lebt!" *11* Nachdem er wieder hinaufgestiegen war und mit den Geschwistern das Mahl des Herrn gefeiert hatte, nahm er einen Imbiss und redete noch lange mit ihnen. Erst als der Tag anbrach, verabschiedete er sich. *12* Den jungen Mann aber konnten sie lebendig und gesund nach Hause bringen, was sie sehr ermutigte.

Treffen mit den Ältesten von Ephesus
13 Wir anderen waren inzwischen an Bord eines Schiffes gegangen und nach Assos[a] abgesegelt. Paulus wollte den Landweg nehmen und dort an Bord kommen. *14* Als er in Assos wieder zu uns stieß, nahmen wir ihn an Bord und fuhren miteinander weiter nach Mitylene[b]. *15* Am nächsten Tag kamen wir auf die Höhe von Chios[c].

Am Tag darauf legten wir in Samos[d] an und einen Tag später erreichten wir Milet[e]. *16* Um nicht zu viel Zeit in der Provinz Asia zu verlieren, hatte Paulus beschlossen, an Ephesus vorbeizufahren, denn er wollte schnell weiterkommen, um möglichst am Pfingsttag in Jerusalem zu sein.

17 Von Milet aus schickte Paulus jedoch eine Nachricht an die Ältesten von Ephesus und bat sie, zu ihm zu kommen. *18* Als sie sich bei ihm eingefunden hatten, sagte er ihnen Folgendes:

„Ihr wisst, wie ich vom ersten Tag an, als ich in die Asia kam, unter euch gelebt habe, *19* wie ich dem Herrn demütig wie ein Sklave diente, manchmal unter Tränen und schweren Anfechtungen, in die ich durch die Angriffe der Juden kam. *20* Ihr wisst, dass ich euch nichts von dem verschwiegen habe, was wichtig für euch ist. Ich habe euch öffentlich und in den Häusern alles verkündigt und gelehrt. *21* Juden und Nichtjuden habe ich beschworen, ihre Einstellung zu Gott zu ändern und ihr Vertrauen auf Jesus, unseren Herrn, zu setzen.

---

a 20,13: *Assos.* Die kleine Hafenstadt lag am Golf von Adramyttion (heute: Edremit) am Hang eines vulkanischen Felsens. Das heutige Behramköy liegt etwa 25 Kilometer von Troas entfernt.

b 20,14: *Mitylene.* Hauptstadt der Insel Lesbos mit einem großen Hafen.

c 20,15: *Chios.* Die Insel liegt westlich von Smyrna. Der Stadt Chios hatte

Herodes d. Gr. einmal eine Spende zur Erneuerung der Säulengänge gegeben.

d 20,15: *Samos.* Insel im ägäischen Meer, südwestlich von Ephesus.

e 20,15: *Milet.* Alte griechische Hafenstadt, 48 km südlich von Ephesus. Vor der Zeit des Paulus war es die bedeutendste Stadt Ioniens, von der aus 80 Kolonien gegründet wurden, und Heimatstadt einiger bekannter Philosophen. Inzwischen war Ephesus die wichtigste Stadt. Heute ist Milet nur noch ein Dorf.

22 Seht, durch die Weisung des Geistes gebunden, gehe ich jetzt nach Jerusalem und weiß nicht, was mir dort begegnen wird. 23 Aber ich weiß, dass der Heilige Geist mir in jeder Stadt, durch die ich komme, ankündigt, dass Gefangenschaft und Leiden dort auf mich warten. 24 Doch halte ich mein persönliches Ergehen und mein Leben für nicht der Rede wert. Wichtig ist nur, dass ich das Ziel erreiche und den Auftrag erfülle, den mir Jesus, der Herr, aufgetragen hat: den Menschen die gute Botschaft von Gottes Gnade zu bringen. 25 Und nun muss ich euch noch etwas sagen: Ich weiß, dass ihr und alle, bei denen ich gewesen bin und die Botschaft von der Herrschaft Gottes gepredigt habe, mich nicht wiedersehen werdet. 26 Deshalb erkläre ich heute vor euch allen: Mich trifft keine Schuld, wenn einer von euch ins Verderben geht. 27 Denn ich habe euch nichts vorenthalten, sondern euch den Heilswillen Gottes vollständig verkündigt.

28 Gebt acht auf euch selbst und auf die ganze Herde, in die euch der Heilige Geist als Leiter eingesetzt hat, damit ihr treue Hirten der Gemeinde Gottes seid. Gott hat sie ja durch das Blut seines eigenen Sohnes erworben. 29 Ich weiß, dass nach meinem Abschied gefährliche Wölfe bei euch eindringen und erbarmungslos unter der Herde wüten werden. 30 Selbst aus euren eigenen Reihen werden Männer auftreten und die Wahrheit verdrehen, um die Jünger des Herrn zu *ihren* Nachfolgern zu machen. 31 Seid also wachsam und denkt daran, dass ich mich drei Jahre lang Tag und Nacht um jeden Einzelnen in der Gemeinde bemüht habe, manchmal sogar unter Tränen.

32 Und nun vertraue ich euch Gott und dem Wort seiner Gnade an, das die Kraft hat, euch im Glauben wachsen zu lassen und euch das Erbe unter denen zu geben, die auch zu seinem heiligen Volk gehören. – 33 Noch etwas: Nie habe ich Geld oder Kleidung von jemand gefordert. 34 Ihr wisst, dass diese meine Hände für alles gesorgt haben, was ich und meine Begleiter zum Leben brauchten. 35 Mit meiner ganzen Lebensführung habe ich euch gezeigt, dass wir hart arbeiten müssen, um den Bedürftigen etwas abgeben zu können. Dabei sollen wir immer an die Worte denken, die Jesus, unser Herr, gesagt hat: ‚Auf dem Geben liegt mehr Segen als auf dem Nehmen.‘"

36 Nachdem Paulus geendet hatte, kniete er sich zusammen mit allen hin und betete. 37 Da fingen sie alle an zu weinen, fielen ihm um den Hals und küssten ihn. 38 Am meisten bedrückte sie, dass er gesagt hatte, sie würden ihn nicht wiedersehen. Dann begleiteten sie ihn zum Schiff.

Reise nach Jerusalem

21 1 Schließlich rissen wir uns von ihnen los. Unser Schiff legte ab und wir segelten direkt zur Insel Kos^g. Am nächsten Tag kamen

---

f 20,35: Es handelt sich offenbar um einen mündlich überlieferten Ausspruch des Herrn, der nicht in den Evangelien enthalten ist, man vergleiche aber Lukas 6,38; 11,9; Johannes 13,34.

g 21,1: *Kos*. Die Insel liegt 150 km südlich von Ephesus, nordwestlich von Knidos.

wir nach Rhodos[a] und von da nach Patara[b]. 2 Dort fanden wir ein Schiff, das direkt nach Phönizien segelte und gingen an Bord. 3 Als Zypern in Sicht kam, ließen wir es links liegen und hielten weiter Kurs auf Syrien, bis wir in Tyrus[c] anlegten. Dort musste das Schiff seine Ladung löschen.

4 In Tyrus suchten wir die Jünger auf und blieben eine Woche bei ihnen. Der Heilige Geist zeigte diesen Jüngern, dass Paulus in Jerusalem Gefahren drohten. Deshalb warnten sie ihn wiederholt vor der Weiterreise. 5 Trotzdem brachen wir nach Ablauf der Woche wieder auf. Die Jünger begleiteten uns mit ihren Frauen und Kindern bis vor die Stadt. Am Strand knieten wir nieder und beteten. 6 Dann nahmen wir Abschied von ihnen und gingen wieder an Bord, während sie nach Hause zurückkehrten.

7 Von Tyrus aus fuhren wir noch bis nach Ptolemais[d], wo die Schiffsreise für uns zu Ende war. Wir begrüßten die Brüder und blieben einen Tag bei ihnen. 8 Am nächsten Morgen zogen wir nach Cäsarea[e] weiter. Dort angekommen kehrten wir in das Haus des Evangelisten Philippus ein. Das war einer aus dem Kreis der Sieben. 9 Er hatte vier Töchter, die unverheiratet geblieben waren und die Gabe der Prophetie besaßen.

10 Wir blieben ein paar Tage bei ihnen. In dieser Zeit traf der Prophet Agabus aus Judäa hier ein. 11 Er trat in unsere Mitte, nahm den Gürtel des Paulus, fesselte sich damit Füße und Hände und sagte: „So spricht der Heilige Geist: ‚Genauso wird es dem Mann ergehen, dem dieser Gürtel gehört. Er wird von den Juden in Jerusalem gefesselt und den Fremden, die Gott nicht kennen, ausgeliefert werden.'" 12 Als wir das hörten, baten wir und die einheimischen Geschwister ihn dringend, nicht nach Jerusalem hinaufzuziehen. 13 Paulus erwiderte: „Was weint ihr? Warum macht ihr mir das Herz so schwer? Ich bin nicht nur bereit, mich in Jerusalem verhaften zu lassen, sondern auch für den Namen unseres Herrn Jesus zu sterben." 14 Weil er sich nicht umstimmen ließ, beruhigten wir uns schließlich und sagten: „Dann soll geschehen, was der Herr will."

15 Nach Ablauf dieser Tage machten wir uns reisefertig und zogen nach Jerusalem hinauf. 16 Einige von den

---

Sie war berühmt durch das Heiligtum des Asklepios, des Gottes der Heilkunst.

a 21,1: *Rhodos*. Die wasser- und waldreiche Insel liegt 150 km südöstlich von Kos und ist selbst etwa 80 km lang und bis zu 30 km breit. Die Hafenstadt Rhodos liegt an der nördlichen Inselspitze. Der berühmte Koloss von Rhodos, der wohl als Leuchtturm an der Hafeneinfahrt diente, war allerdings schon im Jahr 85 v. Chr. durch ein Erdbeben zerstört worden.

b 21,1: *Patara* war eine bedeutende Hafenstadt im Südwesten von Kleinasien, etwa 100 km von Rhodos entfernt.

c 21,3: *Tyrus*. Siehe Apostelgeschichte 12,20. Von Patara bis Tyrus sind es etwa 650 km über das offene Meer.

d 21,7: *Ptolemais*. Griechischer Name für das phönizische Akko, Hafenstadt am Nordende der Bucht von Haifa, etwa 50 km südlich von Tyrus.

e 21,8: *Cäsarea*. Fast 60 km von Akko entfernt (Apostelgeschichte 8,40).

Jüngern aus Cäsarea begleiteten uns und brachten uns zu einem gewissen Mnason, der aus Zypern stammte und ein Jünger aus der Anfangszeit war. Bei ihm übernachteten wir. *17* Als wir dann in Jerusalem angekommen waren, bereiteten uns die Geschwister einen herzlichen Empfang.

Der Rat des Jakobus

18 Gleich am nächsten Tag ging Paulus mit uns zu Jakobus, wo sich auch alle Ältesten der Gemeinde einfanden. *19* Paulus begrüßte die Versammelten und berichtete dann ausführlich, was Gott durch seinen Dienst unter den Nichtjuden getan hatte. *20* Seine Zuhörer priesen Gott dafür. Dann aber sagten sie zu ihm:

„Du siehst, lieber Bruder, dass auch bei den Juden Zehntausende zum Glauben gekommen sind, und alle halten sich nach wie vor streng an das Gesetz. *21* Nun hat man ihnen über dich erzählt, du würdest den Juden im Ausland Abfall vom Gesetz des Mose predigen; du würdest sie auffordern, ihre Kinder nicht mehr zu beschneiden und sich überhaupt nicht länger an unsere Bräuche zu halten. *22* Was können wir dagegen tun? Auf jeden Fall werden sie hören, dass du gekommen bist. *23* Wir raten dir nun Folgendes: Bei uns sind vier Männer, die ein Gelübde einlösen müssen. *24* Kümmere dich um sie! Unterziehe dich gemeinsam mit ihnen der vorgeschriebenen Reinigung und übernimm die Kosten, damit sie sich das Haar schneiden lassen und die vorgeschriebenen Opfer bringen können. Dann werden alle erkennen, dass die Berichte über dich falsch sind und du sehr wohl zum Gesetz stehst und seine Vorschriften befolgst. *25* Und was die Nichtjuden betrifft, die zum Glauben gekommen sind, haben wir ja schon eine Entscheidung getroffen. Wir haben ihnen brieflich mitgeteilt, dass sie kein Fleisch von Götzenopfern essen sollen, dass sie kein Blut genießen und kein Fleisch, das nicht richtig ausgeblutet ist, und dass sie sich vor jeder Unmoral hüten."

Verhaftung des Paulus

26 Paulus folgte dem Rat und half den Männern bei der Erfüllung ihres Gelübdes. Gleich am nächsten Tag begann er mit den Vorbereitungen für das Reinigungsritual. Dann ging er in den Tempel und meldete den Priestern, wann die siebentägige Frist für die Reinigung abgelaufen sein würde, damit dann für jeden von ihnen das vorgeschriebene Opfer dargebracht werden könnte. *27* Die sieben Tage waren schon fast vorüber, da wurde Paulus von Juden aus der Provinz Asia im Tempel gesehen. Die packten ihn und hetzten das Volk auf, *28* indem sie schrien: „Männer von Israel, helft uns! Das ist der Verräter, der mit seiner Lehre überall in der Welt gegen unser Volk, gegen das Gesetz und gegen diesen Tempel hetzt. Jetzt hat er sogar Nichtjuden in den Tempel mitgebracht und diesen heiligen Ort entweiht!" *29* Sie hatten ihn nämlich vorher in der Stadt zusammen mit Trophimus aus Ephesus gesehen und angenommen, Paulus hätte ihn mit in den Tempel gebracht. *30* Bald war die ganze Stadt auf den Beinen.

Von allen Seiten strömten die Leute zusammen. Sie packten Paulus und zerrten ihn aus dem inneren Tempelhof. Sobald er draußen war, wurden die Tore geschlossen.

31 Die Menge schlug auf ihn ein und war schon dabei ihn umzubringen; da wurde dem Kommandanten der römischen Garnison gemeldet: „Ganz Jerusalem ist in Aufruhr!" 32 Sofort rief der Kommandant einen Trupp Soldaten und einige Offiziere herbei und rannte mit ihnen zum Tempelplatz hinunter. Als die Leute den Kommandanten und die Soldaten sahen, ließen sie von Paulus ab. 33 Der Kommandant bahnte sich einen Weg zu Paulus, nahm ihn fest und ließ ihn mit zwei Ketten fesseln. Dann wollte er von den Umstehenden wissen, wer der Mann sei und was er getan habe. 34 Doch der Tumult war so groß, dass er nichts Sicheres herausbekommen konnte. Die einen schrien dies, die anderen das. Deshalb befahl er, ihn in die Burg zu bringen. 35 Als die Soldaten zu der Freitreppe kamen, die vom Tempelplatz zur Burg hinaufführte, mussten sie Paulus tragen, um ihn vor der tobenden Menge zu schützen. 36 Denn das ganze Volk drängte nach und schrie: „Weg mit ihm!"

Rede an eine tobende Menge

37 Bevor Paulus in die Burg geführt wurde, wandte er sich an den Kommandanten und sagte: „Darf ich ein Wort mit dir reden?" – „Du sprichst Griechisch?", wunderte sich der Kommandant. 38 „Dann bist du also nicht der Ägypter, der vor einiger Zeit einen Aufstand angezettelt und die 4000 Sikarier[a] in der Wüste um sich gesammelt hatte?" 39 Paulus entgegnete: „Ich bin ein Jude aus Zilizien, Bürger von Tarsus, einer nicht gerade unbekannten Stadt. Erlaube mir bitte, zu den Leuten zu sprechen." 40 Der Kommandant war einverstanden. Paulus stellte sich auf die oberste Stufe der Freitreppe und bat die Menge mit einer Handbewegung um Ruhe. Als sich der Lärm ganz gelegt hatte, begann er in hebräischer Sprache[b] zu ihnen zu reden:

22 1 „Liebe Brüder und Väter! Hört, was ich zu meiner Verteidigung sagen kann." 2 Als sie merkten, dass er sie in ihrer Muttersprache anredete, wurden sie ganz still. Er fuhr fort: 3 „Ich bin ein Jude wie ihr. Geboren wurde ich in Tarsus in der Provinz Zilizien, aber aufgewachsen bin ich hier in Jerusalem. Mein Lehrer war Gamaliel. Bei ihm erhielt ich eine gründliche Ausbildung im Gesetz unserer Väter, und ich kämpfte leidenschaftlich für die Ehre Gottes, so wie ihr es heute auch tut. 4 Mit allen Mitteln bin ich gegen die neue Lehre vorgegangen und habe sie bis auf den Tod bekämpft. Männer und Frauen ließ ich in Ketten legen und ins Gefängnis bringen. 5 Der Hohe

---

a 21,38: *Sikarier*. „Dolchmänner", jüdische Nationalisten, erbitterte Feinde von römerfreundlichen Juden. Unter anderem mischten sie sich während der Festzeiten unter die Menge und stachen jüdische Römerfreunde nieder.

b 21,40: *hebräischer Sprache*. Gemeint ist wohl das dem Hebräischen verwandte Aramäisch, das damals in Israel gesprochen wurde.

Priester und die ganze Ältestenschaft können mir das bezeugen. Von ihnen ließ ich mir Empfehlungsbriefe an die jüdische Gemeinde in Damaskus geben, um auch dort die Anhänger der neuen Lehre gefesselt zur Bestrafung nach Jerusalem zu bringen.

6 Doch auf dem Weg nach Damaskus, kurz vor der Stadt, geschah etwas. Es war um die Mittagszeit, als plötzlich vom Himmel her ein helles Licht aufleuchtete; ein unbeschreiblicher Glanz umstrahlte mich von allen Seiten. 7 Ich stürzte geblendet zu Boden und hörte eine Stimme zu mir sagen: ‚Saul, Saul, warum verfolgst du mich?' 8 ‚Wer bist du, Herr?', fragte ich, und die Stimme erwiderte: ‚Ich bin der, den du verfolgst – Jesus von Nazareth.' 9 Meine Begleiter sahen zwar das Licht, verstanden aber nicht, was die Stimme sagte. 10 Ich fragte: ‚Was soll ich tun, Herr?' – ‚Steh auf und geh nach Damaskus', erwiderte der Herr. ‚Dort wirst du alles erfahren, was dir zu tun aufgetragen ist.'

11 Von dem strahlenden Glanz des Lichtes war ich aber so geblendet, dass ich nichts mehr sehen konnte. Meine Begleiter mussten mich bei der Hand nehmen und nach Damaskus führen. 12 Dort wohnte ein gewisser Hananias, ein frommer und gesetzestreuer Mann, der bei allen Juden in der Stadt hoch angesehen war. 13 Der suchte mich auf und sagte zu mir: ‚Lieber Bruder Saul, du sollst wieder sehen können!' Im gleichen Augenblick sah ich ihn vor mir stehen. Ich konnte wieder sehen. 14 Er sagte: ‚Der Gott unserer Väter hat dich erwählt, seinen Willen zu erkennen. Er hat dich dazu bestimmt, den Gerechten zu sehen und

einen Ruf aus seinem Mund zu hören. 15 Denn du sollst sein Zeuge sein und allen Menschen von dem berichten, was du gesehen und gehört hast. 16 Also, was zögerst du noch? Steh auf und lass dich taufen! Und rufe dabei den Namen des Herrn an! Dann wirst du von deinen Sünden reingewaschen werden.'

17 Als ich dann wieder nach Jerusalem zurückgekehrt war und im Tempel betete, hatte ich eine Vision. 18 Ich sah den Herrn und der sagte zu mir: ‚Verlass Jerusalem auf dem schnellsten Weg, denn die Leute hier werden nicht annehmen, was du ihnen als mein Zeuge über mich sagst.' 19 Ich erwiderte: ‚Herr, sie wissen aber doch, dass ich von einer Synagoge zur anderen ging, um die, die an dich glauben, verhaften und auspeitschen zu lassen. 20 Und sie wissen auch, dass ich damals, als dein Zeuge Stephanus sein Leben ließ, ganz damit einverstanden war und die Kleidung seiner Mörder bewachte.' 21 Doch er befahl mir: ‚Geh, denn ich will dich weit weg zu den anderen Völkern senden!'"

Paulus und der Kommandant

22 Bis zu diesem Wort hatte die Menge ruhig zugehört. Doch jetzt begannen sie zu schreien: „Weg mit ihm! Bringt ihn um! So einer darf nicht leben!" 23 Sie tobten, rissen sich die Kleider vom Leib und warfen Staub in die Luft. 24 Da befahl der Kommandant, Paulus in die Burg zu bringen. Er wollte ihn unter Peitschenhieben verhören lassen, um herauszubringen, weshalb die Menge ihn so hasserfüllt angeschrien hatte. 25 Als die Soldaten ihn für die Auspeitschung

festbanden, sagte Paulus zu dem dabeistehenden Hauptmann: „Ist es bei euch denn erlaubt, einen römischen Bürger auszupeitschen, noch dazu ohne Gerichtsverfahren?" 26 Als der Hauptmann das hörte, lief er zum Kommandanten und sagte: „Weißt du, was du da tust? Der Mann hat das römische Bürgerrecht!" 27 Da ging der Kommandant selbst zu Paulus und fragte ihn: „Stimmt es, dass du römischer Bürger bist?" – „Ja, das stimmt", erwiderte Paulus. 28 „Mich hat es eine Menge Geld gekostet, dieses Bürgerrecht zu bekommen", sagte der Kommandant. „Und ich besitze es seit meiner Geburt", entgegnete Paulus. 29 Die Männer, die ihn verhören sollten, ließen sofort von ihm ab. Und der Kommandant bekam es mit der Angst zu tun, weil er einen römischen Bürger hatte fesseln lassen. 30 Weil er aber genau wissen wollte, was die Juden ihm vorwarfen, ordnete er am nächsten Tag eine Zusammenkunft der Hohen Priester und des ganzen Hohen Rates an. Er ließ Paulus die Ketten abnehmen und stellte ihn vor die Versammlung.

Rede vor dem Hohen Rat

23 1 Paulus sah die Mitglieder des Hohen Rates mit festem Blick an. „Meine Brüder", begann er, „ich habe Gott immer mit einem reinen Gewissen gedient und daran hat sich bis heute nichts geändert." 2 „Schlagt ihm auf den Mund!", befahl da der Hohe Priester Hananias den dabeistehenden Gerichtsdienern. 3 „Dich wird Gott schlagen, du übertünchte Wand!", sagte Paulus zu ihm. „Du sitzt scheinheilig da, um mich im Namen

des Gesetzes zu richten, und missachtest selbst das Gesetz, indem du mich schlagen lässt!" 4 „Wie kannst du es wagen, den Hohen Priester Gottes zu beleidigen?", fuhren die Umstehenden ihn an. 5 Da erwiderte Paulus: „Ich wusste nicht, Brüder, dass er der Hohe Priester ist. Denn ich weiß natürlich, dass in der Schrift steht: ‚Du sollst nicht abfällig über einen Führer deines Volkes reden.'ª" 6 Weil Paulus nun aber wusste, dass der Hohe Rat zum Teil aus Sadduzäernᵇ und zum anderen Teil aus Pharisäern bestand, rief er in die Versammlung hinein: „Brüder, ich bin ein Pharisäer und stamme aus einer Pharisäerfamilie. Wegen der messianischen Hoffnung Israels stehe ich hier vor Gericht und weil ich glaube, dass die Toten auferstehen!"

7 Kaum hatte Paulus das gesagt, da brach ein Streit zwischen den Pharisäern und den Sadduzäern los und der Rat spaltete sich in zwei Lager. 8 Im Gegensatz zu den Pharisäern behaupten die Sadduzäer nämlich, es gäbe keine Auferstehung, und bestreiten die Existenz von Engeln und anderen unsichtbaren Wesen. 9 So kam es zu einer lautstarken Auseinandersetzung. Und einige Gesetzeslehrer von der Partei der Pharisäer sprangen sogar auf und erklärten kampfbereit: „Wir können an diesem Menschen kein Unrecht

---

a 23,5: 2. Mose 22,27

b 23,6: *Sadduzäern*. Angehörige einer politisch einflussreichen religiösen Richtung des Judentums, deren Mitglieder aus den vornehmen Familien stammten und offen für hellenistisches Denken waren.

finden. Vielleicht hat ja tatsächlich ein Engel oder ein Geist zu ihm gesprochen." 10 Der Tumult wurde am Ende so heftig, dass der Kommandant fürchtete, sie würden Paulus in Stücke reißen. Er ließ seine Mannschaft ausrücken und befahl ihnen, Paulus herauszuholen und wieder in die Burg zu bringen.

11 In der folgenden Nacht trat der Herr zu ihm und sagte zu ihm: „Nur Mut! Denn genauso wie du in Jerusalem mein Zeuge warst, wirst du auch in Rom für mich eintreten."

Verschwörung gegen Paulus

12 Bei Tagesanbruch trafen sich eine Anzahl Juden zu einer geheimen Absprache. Sie schworen unter feierlicher Selbstverfluchung, nichts zu essen und zu trinken, bis sie Paulus getötet hätten. 13 Mehr als 40 Männer beteiligten sich an dieser Verschwörung. 14 Sie gingen zu den Hohen Priestern und Ratsältesten und sagten: „Wir haben feierlich geschworen, nichts zu essen und zu trinken, bis wir diesen Paulus getötet haben. 15 Ihr könnt uns dabei helfen, wenn ihr im Namen des Hohen Rates zum Kommandanten geht und ihn auffordert, Paulus noch einmal vorzuführen; ihr wolltet seinen Fall genauer untersuchen. Und wir werden uns bereithalten ihn umzubringen, noch bevor er bei euch eingetroffen ist."

16 Aber ein Neffe von Paulus, der Sohn seiner Schwester, hörte von dem geplanten Anschlag. Er machte sich sofort auf den Weg in die Burg und erzählte es Paulus. 17 Der rief einen von den Offizieren herbei und sagte: „Bring diesen jungen Mann hier zum Kommandanten! Er hat eine wichtige

Nachricht für ihn." 18 Der Offizier ging mit dem Neffen von Paulus zum Kommandanten und sagte: „Der Gefangene Paulus bat mich, diesen jungen Mann zu dir zu führen. Er soll eine wichtige Nachricht für dich haben." 19 Der Kommandant fasste den Neffen des Paulus am Arm, führte ihn beiseite und fragte: „Was hast du mir zu berichten?" 20 „Die Juden", sagte er, „wollen dich bitten, Paulus morgen noch einmal dem Hohen Rat vorzuführen, angeblich um die Vorwürfe gegen ihn genauer zu untersuchen. 21 Aber du darfst ihnen nicht glauben! Denn in Wirklichkeit planen mehr als 40 Männer einen Anschlag gegen ihn. Sie haben mit Selbstverfluchung geschworen, nichts zu essen und zu trinken, bis sie ihn umgebracht haben. Alle sind bereit und warten nur darauf, dass du ihre Bitte erfüllst." 22 Der Kommandant schärfte dem jungen Mann ein: „Verrate keinem, dass du mir davon erzählt hast!" Dann ließ er ihn gehen. 23 Gleich darauf ließ er zwei von seinen Offizieren kommen und befahl ihnen: „Zweihundert Soldaten sollen sich zum Abmarsch nach Cäsarea bereit machen, dazu siebzig Reiter und zweihundert Leichtbewaffnete. Ihr brecht gleich zur Ablösung der Abendwache[c] auf! 24 Haltet auch Reittiere für Paulus bereit und bringt ihn sicher zum Statthalter Felix[d]."

---

c 23,23: Wörtlich: *von der dritten Stunde der Nacht an*. Das meint die Zeit vom Beginn der zweiten Nachtwache an, die um Mitternacht endete.

d 23,24: *Felix*, ein ehemaliger Sklave, war von 52-59/60 n. Chr. Statthalter von Judäa.

Überführung nach Cäsarea

25 Dann schrieb er folgenden Brief: **26** „Klaudius Lysias grüßt den hochverehrten Statthalter Felix. **27** Den Mann, den ich hier zu dir schicke, hatten die Juden in ihrer Gewalt und hätten ihn beinahe getötet. Als ich erfuhr, dass er das römische Bürgerrecht besitzt, ließ ich ihn durch meine Soldaten in Sicherheit bringen. **28** Und weil ich herausbekommen wollte, weshalb sie ihn verfolgen, brachte ich ihn vor ihren Hohen Rat. **29** Dabei zeigte sich, dass er nichts getan hat, was ein Todesurteil oder auch nur eine Gefängnisstrafe rechtfertigen würde. Ihre Vorwürfe bezogen sich nur auf strittige Fragen ihres Gesetzes. **30** Nun ist mir gemeldet worden, dass ein Anschlag auf ihn vorbereitet wurde. Deshalb habe ich ihn sofort zu dir geschickt, und die Kläger werde ich anweisen, ihre Sache gegen ihn bei dir vorzutragen."

31 Die Soldaten übernahmen Paulus und brachten ihn befehlsgemäß noch in der Nacht bis nach Antipatris[a]. **32** Am nächsten Tag kehrten die Fußtruppen nach Jerusalem in die Burg zurück und ließen die Reiter allein mit Paulus weiterziehen. **33** Diese brachten ihn nach Cäsarea, übergaben dem Statthalter den Brief und führten den Gefangenen vor. **34** Der Statthalter las den Brief und fragte Paulus, aus welcher Provinz er stamme. Als er hörte, dass er aus Zilizien[b] kam, **35** erklärte er: „Ich werde deine Angelegenheit klären, sobald deine Ankläger hier eingetroffen sind." Dann ordnete er an, Paulus bis dahin in seinem Amtssitz, dem ehemaligen Palast des Herodes, gefangen zu halten.

Paulus vor dem Statthalter

24 **1** Fünf Tage später kam der Hohe Priester Hananias mit einigen Ratsältesten und Tertullus, einem Anwalt, nach Cäsarea, um beim Statthalter Anklage gegen Paulus zu erheben. **2** Nachdem man Paulus herbeigeholt hatte, begann Tertullus seine Anklagerede:

„Hochverehrter Felix! Dein Verdienst ist es, dass wir schon so lange in Frieden leben. Deiner Umsicht verdanken wir zahlreiche Reformen zum Wohl unseres Volkes. **3** Das erkennen wir immer und überall mit großer Dankbarkeit an. **4** Um deine kostbare Zeit aber nicht unnötig in Anspruch zu nehmen, bitte ich dich, uns für einen Augenblick freundlich anzuhören. **5** Wir haben nämlich festgestellt, dass dieser Mann hier gefährlich ist wie die Pest: Er stiftet alle Juden in der römischen Welt zum Aufruhr an und ist der führende Kopf der Nazarener-Sekte. **6** Er hat sogar versucht, den Tempel zu entweihen. Dabei haben wir ihn festgenommen.

---

a 23,31: *Antipatris*. Die Stadt liegt etwa 55 km von Jerusalem entfernt. Herodes d. Gr. baute sie anstelle des alten Afek als wichtigen Militärstützpunkt aus und nannte sie nach seinem Vater Antipater.

b 23,34 *Zilizien* und Syrien (wozu auch Israel gehörte) bildeten damals zusammen eine römische Provinz, sodass auch ein Unterstatthalter wie Felix befugt war, diesen Rechtsfall zu entscheiden.

(7)[c] *8* Wenn du ihn verhörst, kannst du dir selbst ein Urteil bilden und wirst feststellen, dass unsere Anklagen in jedem Punkt zutreffen."

9 Die mitgereisten Juden schlossen sich der Anklage an und behaupteten, dass es so sei. *10* Dann wurde Paulus durch einen Wink des Statthalters aufgefordert zu sprechen. Er begann:

„Weil ich weiß, dass du in unserem Volk schon vielen Jahren Recht sprichst, verteidige ich meine Sache voller Zuversicht. *11* Wie du leicht nachprüfen kannst, bin ich erst vor zwölf Tagen nach Jerusalem gekommen, um dort im Tempel anzubeten. *12* Niemand hat gesehen, dass ich in dieser Zeit mit Leuten diskutiert oder sie gar aufgehetzt hätte – weder im Tempel noch in einer der Synagogen noch sonst irgendwo in der Stadt. *13* Sie können dir keinerlei Beweise für ihre Anschuldigungen gegen mich vorbringen. *14* Das eine allerdings bekenne ich dir: Ich diene dem Gott meiner Väter in der Weise der neuen Glaubensrichtung, die sie eine Sekte nennen, und ich glaube an alles, was im Gesetz und den Schriften der Propheten steht. *15* Und ich habe die gleiche Hoffnung auf Gott wie meine Ankläger auch, nämlich dass es eine Auferstehung der Gerechten und der Ungerechten geben wird. *16* Deshalb bemühe ich mich auch immer, vor Gott und den Menschen ein reines Gewissen zu haben. *17* Nachdem ich nun mehrere Jahre im Ausland verbracht habe, bin ich hergekommen, um meinem Volk Spenden zu übergeben und Gott Opfer zu bringen. *18* Als ich dazu gerade im Tempel war – ich hatte mich der vorgeschriebenen Reinigung unterzogen, war von keiner Menschenmenge umgeben und in keinen Tumult verwickelt –, *19* da sahen mich einige Juden aus der Asia. Diese Leute sollten jetzt eigentlich hier sein und ihre Anklage vorbringen, falls sie mir etwas vorzuwerfen haben. *20* Du kannst aber auch diese Männer hier fragen, was für ein Vergehen sie mir nachweisen konnten, als ich vor dem Hohen Rat stand. *21* Es könnte höchstens der eine Satz sein, den ich damals in die Versammlung hineinrief: ,Weil ich an die Auferstehung der Toten glaube, stehe ich heute vor eurem Gericht!'"

22 Felix, der über die neue Glaubensrichtung ziemlich genau Bescheid wusste, vertagte den Fall und sagte: „Wenn der Kommandant Lysias aus Jerusalem herkommt, werde ich eure Sache entscheiden." *23* Den zuständigen Offizier wies er an, Paulus in leichter Haft zu halten und keinen von seinen Freunden daran zu hindern, für ihn zu sorgen.

24 Einige Tage später erschien Felix mit seiner Frau Drusilla[d], einer Jüdin, in seinem Amtssitz und ließ Paulus zu

---

c 24,7: Einige spätere Handschriften fügen hier ein: „und wollten ihn nach unserem Gesetz richten. 7 Doch der Kommandant Lysias kam mit einem großen Aufgebot an Soldaten und entriss ihn uns. 8 Er befahl, dass seine Ankläger zu dir kommen sollten."

d 24,24: *Drusilla*, die jüngere Schwester von Agrippa II. und Berenike, war zunächst mit Azizus von Emesa in Syrien verheiratet, ließ sich aber von Felix überreden, ihren Mann zu verlassen, um seine Frau zu werden.

sich kommen, weil er noch mehr über den Glauben an Jesus, den Messias, erfahren wollte. 25 Doch als Paulus dann von Gerechtigkeit und Enthaltsamkeit sprach und von dem künftigen Gericht, bekam Felix es mit der Angst zu tun. Er sagte zu Paulus: „Für diesmal ist es genug, du kannst gehen. Wenn ich später Gelegenheit habe, werde ich dich wieder rufen lassen." 26 Gleichzeitig hoffte er auch, von Paulus Bestechungsgelder zu bekommen. Deshalb ließ er ihn öfter kommen und unterhielt sich mit ihm. 27 Als Felix zwei Jahre später[a] von Porzius Festus[b] abgelöst wurde, wollte er den Juden noch einen Gefallen tun und ließ Paulus weiter im Gefängnis.

Paulus vor dem Nachfolger angeklagt

25 1 Drei Tage nach seinem Amtsantritt in der Provinz reiste Festus von Cäsarea nach Jerusalem. 2 Die Hohen Priester und die angesehensten Männer des jüdischen Volkes sprachen bei ihm vor und erneuerten ihre Anzeige gegen Paulus. 3 Sie baten ihn um den Gefallen, den Gefangenen nach Jerusalem verlegen zu lassen. Sie planten nämlich einen Anschlag und wollten ihn unterwegs umbringen. 4 Festus erklärte jedoch, Paulus werde in Cäsarea bleiben, und er selbst kehre in Kürze wieder dorthin zurück. 5 „Eure Bevollmächtigten", sagte er,

„können ja mit mir reisen und ihre Anklage vorbringen, wenn wirklich etwas gegen den Mann vorliegt."

6 Festus hielt sich nicht länger als acht oder zehn Tage bei ihnen auf und kehrte dann nach Cäsarea zurück. Gleich am nächsten Tag eröffnete er die Gerichtsverhandlung und ließ Paulus vorführen. 7 Als dieser im Gerichtssaal erschien, umringten ihn die Juden, die von Jerusalem mitgekommen waren, und beschuldigten ihn zahlreicher schwerer Vergehen, die sie aber alle nicht beweisen konnten. 8 Paulus setzte sich entschieden zur Wehr: „Ich habe mich weder gegen das Gesetz der Juden noch gegen den Tempel oder den Kaiser in irgendeiner Weise vergangen." 9 Festus wollte den Juden nun doch einen Gefallen tun und fragte Paulus: „Wärst du damit einverstanden, dass wir deinen Prozess unter meinem Vorsitz in Jerusalem weiterführen?" 10 Aber Paulus erwiderte: „Ich stehe hier vor dem kaiserlichen Gericht, und vor ihm muss mein Fall entschieden werden. Den Juden habe ich kein Unrecht getan, wie du selbst genau weißt. 11 Sollte ich wirklich ein Unrecht begangen haben, das mit dem Tod bestraft werden muss, dann bin ich bereit zu sterben. Wenn aber nichts an der Anklage dieser Leute dran ist, darf mich niemand ihnen ausliefern. Ich berufe mich hiermit auf den Kaiser!" 12 Festus besprach sich mit seinen Beratern und entschied: „Auf den Kaiser hast du dich berufen – vor den Kaiser sollst du kommen!"

---

a 24,27: *zwei Jahre später.* Er musste sich in Rom wegen Aufruhr und Unregelmäßigkeiten in seiner Herrschaft verantworten.

b 24,27: *Festus.* Wohl von 59-61 n. Chr. Statthalter in Judäa.

König Agrippa interessiert sich für Paulus

13 Ein paar Tage später kamen König Agrippa[c] und Berenike[d] nach Cäsarea, um Festus anlässlich seines Amtsantritts zu besuchen. *14* Da sie einige Tage in Cäsarea blieben, informierte Festus den König über Paulus: „Felix hat mir einen Gefangenen zurückgelassen. *15* Und als ich in Jerusalem war, sprachen die Hohen Priester und die Ratsältesten der Juden bei mir vor, klagten ihn an und drängten mich, ihn zu verurteilen. *16* Ich habe ihnen gesagt, dass es bei den Römern nicht üblich ist, einen Angeklagten abzuurteilen, nur um jemand einen Gefallen zu tun. Erst müsse dieser seinen Anklägern gegenübergestellt werden und Gelegenheit bekommen, sich zu verteidigen. *17* Als sie dann hierher kamen, habe ich am nächsten Tag gleich eine Verhandlung angesetzt und den Mann vorführen lassen. *18* Doch bei der Gegenüberstellung brachten die Kläger keine Beschuldigungen wegen irgendwelcher Rechtsverletzungen vor, wie ich erwartet hatte. *19* Alles drehte sich nur um Streitfragen ihrer Religion und betraf einen gewissen Jesus, der längst gestorben ist und von dem Paulus behauptet, dass er lebe. *20* Weil ich von diesen Dingen zu wenig verstehe, um eine angemessene Untersuchung führen zu können, schlug ich vor, die Verhandlung in Jerusalem weiterzuführen. *21* Als Paulus dann aber Berufung einlegte und verlangte, dass er bis zur Entscheidung der kaiserlichen Majestät in Haft bleiben müsse, ordnete ich an, ihn hier in Haft zu behalten, bis ich ihn zum Kaiser schicken kann." *22* „Ich würde diesen Mann gern kennenlernen", sagte Agrippa zu Festus, „und hören, was er zu sagen hat." – „Morgen sollst du Gelegenheit dazu bekommen", erwiderte Festus.

Rede vor Agrippa und Gästen des Festus

23 Am folgenden Tag erschienen Agrippa und Berenike in prunkvoller Aufmachung und betraten, von hohen römischen Offizieren[e] und den angesehensten Männern der Stadt begleitet, den Gerichtssaal. Auf Befehl des Festus wurde Paulus vorgeführt. *24* Dann ergriff Festus das Wort: „König Agrippa! Meine verehrten Gäste! Hier seht ihr den Mann, wegen dem mich die ganze Judenschaft in Jerusalem und auch hier bestürmt hat, dass er nicht am Leben bleiben dürfe. *25* Ich bin mir jedoch klar darüber geworden, dass er kein todeswürdiges Verbrechen begangen hat. Doch weil er sich auf die kaiserliche Majestät berufen hat, habe ich beschlossen, ihn nach Rom zu schicken. *26* Ich habe allerdings

---

c 25,13: Herodes *Agrippa* II. (28-100 n. Chr.), Sohn von Agrippa I., ein treuer Freund Roms (auch im jüdischen Krieg), regierte ein kleines Königreich nördlich und nordöstlich vom See Genezareth. Er hatte zu dieser Zeit die Oberaufsicht über den Tempel und das Recht, Hohe Priester zu ernennen.

d 25,13: *Berenike*, die Schwester Agrippas II., war verschiedentlich verheiratet, lebte aber meist im Haus ihres Bruders.

e 25,23: *Offiziere*. Nach Josephus gab es fünf Kohorten in Cäsarea, jede unter dem Kommando eines Chiliarchen (Führer einer Tausendschaft).

kaum etwas Stichhaltiges, das ich unserem Herrn schreiben könnte. Darum habe ich ihn euch und vor allem dir, König Agrippa, vorführen lassen, damit ich nach dieser Vernehmung weiß, was ich schreiben kann. 27 Denn es scheint mir unsinnig, einen Gefangenen nach Rom zu schicken, ohne zugleich die gegen ihn erhobenen Beschuldigungen anzugeben."

26 1 Darauf sagte Agrippa zu Paulus: "Es ist dir gestattet in eigener Sache zu sprechen." Paulus hob die Hand und begann seine Verteidigungsrede: 2 "König Agrippa! Ich schätze mich glücklich, dass ich mich heute vor dir gegen die Angriffe der Juden verteidigen kann, 3 vor allem, weil du ein hervorragender Kenner aller jüdischen Sitten und Streitfragen bist. Bitte, hör mich geduldig an!

4 Mein Leben, wie ich es seit meiner Jugend unter meinem Volk und in Jerusalem geführt habe, ist allen Juden von Anfang an bekannt. 5 Alle wissen es – und können, wenn sie es wollen, jederzeit bezeugen –, dass ich damals nach der strengsten Richtung unserer Religion gelebt habe, nämlich als Pharisäer. 6 Und wenn ich jetzt vor Gericht stehe, dann nur, weil ich der festen Überzeugung bin, dass Gott die Zusage, die er unseren Vätern gegeben hat, erfüllen wird. 7 Unser ganzes zwölfstämmiges Volk dient Gott Tag und Nacht in der Hoffnung, diese Erfüllung erleben zu dürfen. Und wegen dieser Hoffnung, o König, werde ich ausgerechnet von den Juden angeklagt. 8 Warum fällt

es euch Juden denn so schwer zu glauben, dass Gott Tote auferweckt?

9 Zunächst allerdings hatte ich auch gemeint, ich müsste den Glauben an diesen Jesus von Nazaret mit allen Mitteln bekämpfen. 10 Das habe ich auch getan. Ausgestattet mit einer Vollmacht der Hohen Priester, brachte ich in Jerusalem viele Christen ins Gefängnis, und wenn sie hingerichtet werden sollten, stimmte ich dafür. 11 Und in allen Synagogen habe ich immer wieder versucht, sie durch Strafen zur Lästerung zu zwingen. In maßloser Wut verfolgte ich sie sogar bis in die ausländischen Städte.

12 In dieser Absicht reiste ich dann auch im Auftrag der Hohen Priester und mit ihrer Vollmacht ausgestattet nach Damaskus. 13 Auf dem Weg dorthin sah ich mitten am Tag plötzlich vom Himmel her ein Licht aufleuchten, o König, heller als die Sonne, das mich und meine Begleiter umstrahlte. 14 Wir alle stürzten zu Boden, und ich hörte eine Stimme auf Hebräisch zu mir sagen: ‚Saul, Saul, warum verfolgst du mich? Du schlägst vergeblich gegen den Ochsenstachel[a] aus!' 15 ‚Wer bist du, Herr?', fragte ich. Der Herr antwortete: ‚Ich bin Jesus! Ich bin der, den du verfolgst. 16 Doch jetzt steh auf! Denn ich bin dir erschienen, um dich zu meinem Diener zu machen. Du sollst mein Zeuge von dem sein, was du heute erlebt hast und was ich dir noch offenbaren werde. 17 Ich werde dich zu deinem Volk und zu fremden

---

a 25,14: *Ochsenstachel*. Zum Antreiben der Rinder gebrauchte man einen Stab mit einer scharfen Spitze.

Völkern senden und dich vor ihnen beschützen. *18* Du sollst ihnen die Augen öffnen, dass sie umkehren, dass sie aus der Finsternis zum Licht kommen, aus der Gewalt Satans zu Gott. So werden ihnen die Sünden vergeben, und sie erhalten ein ewiges Erbe zusammen mit denen, die durch den Glauben an mich zu Gottes heiligem Volk gehören.'

19 Deshalb habe ich mich der himmlischen Erscheinung nicht widersetzt, König Agrippa, *20* und verkündete die Botschaft zuerst in Damaskus und in Jerusalem, dann in Judäa und schließlich unter den nichtjüdischen Völkern. Ich sagte den Menschen, dass sie ihre Einstellung ändern, zu Gott umkehren und ein Leben führen sollen, das ihre veränderte Einstellung beweist. *21* Aus diesem Grund sind die Juden im Tempel über mich hergefallen und haben versucht mich umzubringen. *22* Aber Gott kam mir zu Hilfe, und deshalb stehe ich bis heute als sein Zeuge vor den Menschen. Und ich bezeuge den Geringen und den Mächtigen nichts anderes als das, was die Propheten angekündigt haben und wovon bereits Mose gesprochen hat. *23* Der Messias, sagten sie, muss leiden und sterben, und er wird als Erster von den Toten auferstehen, um dem jüdischen Volk und allen anderen Nationen das Licht des Evangeliums zu bringen."

24 „Paulus, du bist verrückt geworden", unterbrach Festus ihn lautstark in seiner Verteidigungsrede, „deine große Gelehrsamkeit treibt dich in den Wahnsinn!" *25* Doch Paulus entgegnete: „Ich bin nicht verrückt, hochverehrter Festus. Was ich sage, ist wahr und vernünftig. *26* Der König, zu dem ich so freimütig spreche, weiß, wovon ich rede. Ich bin überzeugt, dass ihm nichts von diesen Dingen entgangen ist. Das alles hat sich ja nicht in irgendeinem Winkel abgespielt. *27* König Agrippa, glaubst du den Propheten? Ich weiß, dass du ihnen glaubst." *28* Agrippa erwiderte: „Gleich überredest du mich noch, Christ zu werden." *29* Darauf sagte Paulus: „Ich bete zu Gott, dass früher oder später nicht nur du, sondern alle, die mich heute hören, das werden, was ich geworden bin – ausgenommen natürlich diese Fesseln." *30* Darauf standen der König, der Statthalter, Berenike und die anderen auf. *31* Beim Hinausgehen unterhielten sie sich über Paulus. „Der Mann verdient weder den Tod noch das Gefängnis", war das einmütige Urteil. *32* Und Agrippa sagte zu Festus: „Der Mann könnte jetzt frei sein, wenn er sich nicht auf den Kaiser berufen hätte."

Abreise nach Rom

27 *1* Als unsere Abreise nach Italien beschlossen war, wurden Paulus und einige andere Gefangene einem Hauptmann namens Julius aus der sogenannten „Kaiserlichen Kohorte"[b] übergeben. *2* Wir gingen an Bord eines Schiffes aus Adramyttion[c], das die Küstenstädte der Provinz

---

b 27,1: *Kaiserliche Kohorte*. Syrische Hilfstruppe von etwa 500-1000 Mann.

c 27,2: *Adramyttion*. Seehafen in der Ägäis, etwa 50 km nördlich von Pergamon, heute: Edremit.

Asia anlaufen sollte. Aristarch, ein Mazedonier aus Thessalonich, begleitete uns. *3* Am nächsten Tag legten wir in Sidon an. Julius behandelte Paulus sehr entgegenkommend und erlaubte ihm, seine Freunde aufzusuchen und sich von ihnen mit allem Nötigen versorgen zu lassen. *4* Wieder auf See zwang uns ein Gegenwind, im Schutz der Ostküste von Zypern weiterzusegeln. *5* Wir durchfuhren das Meer entlang der Küste von Zilizien und Pamphylien und erreichten schließlich Myra[a] in Lyzien. *6* Dort fand der Hauptmann ein Schiff aus Alexandria, das nach Italien segelte, und brachte uns an Bord. *7* Viele Tage machten wir nur wenig Fahrt und kamen mit Mühe auf die Höhe von Knidos[b]. Weil wir Knidos wegen des starken Windes aber nicht anlaufen konnten, nahmen wir Kurs auf Kreta. Wir steuerten an Kap Salmone[c] vorbei und segelten dann an der windgeschützten Seite der Insel entlang. *8* Mit großer Mühe erreichten wir so einen Ort namens Kaloi Limenes[d], nicht weit von der Stadt Lasäa entfernt. *9* Inzwischen war geraume Zeit verflossen; sogar der jüdische Fastentag im Herbst[e] war schon vorüber. Weil jetzt die Schifffahrt gefährlich zu werden begann, warnte Paulus die Besatzung. *10* „Männer", sagte er, „ich sehe große Gefahren auf uns zukommen, wenn wir die Reise fortsetzen. Wir riskieren nicht nur die Ladung und das Schiff, sondern auch unser Leben." *11* Aber der Hauptmann schenkte dem Steuermann und dem Schiffseigentümer mehr Vertrauen als den Worten des Paulus. *12* Außerdem war der Hafen zum Überwintern nicht geeignet. So sprach sich die ganze Mannschaft dafür aus, noch einmal in See zu stechen. Man wollte versuchen, bis nach Phönix zu gelangen, einem griechischen Hafen für Kreta[f], der nach Südwesten und Nordwesten hin offen ist. Dort wollte man überwintern.

Irrfahrt im Sturm

13 Als dann ein leichter Südwind einsetzte, meinten sie, ihr Vorhaben

---

a 27,5: *Myra*. Wichtiger Umschlaghafen der Getreideflotte von Alexandria in Ägypten. Das dazugehörige Küstengebiet hieß Lyzien und grenzte westlich an Pamphylien.

b 25,7: *Knidos*. Stadt am Ende der weit vorspringenden Südwestspitze Kleinasiens mit zwei guten Häfen.

c 25,7: *Kap Salmone*. Heute: Kap Sideron an der Nordostspitze der Insel Kreta.

d 25,8: *Kaloi Limenes*. „Gute Häfen", kleine bogenförmige Bucht, gilt als bester Naturhafen Südkretas, ist aber Stürmen aus östlicher Richtung schutzlos preisgegeben.

e 27,9: *Fastentag im Herbst*. Der Jom Kippur, der große Versöhnungstag, der im Jahr 59 n. Chr. auf einen besonders späten Zeitpunkt (Anfang Oktober) fiel.

f 27,12: *Hafen für Kreta*. Damit ist kein Hafen *auf* Kreta gemeint (man wollte Kreta ja verlassen, wie Paulus Vers 21 sagt), sondern ein Hafen für den Seeverkehr von und nach Kreta. Wahrscheinlich handelt es sich um den Hafen von Phönikus an der Südspitze von Messenien. Das ist die westlichste der drei Südspitzen der griechischen Halbinsel Peloponnes (170 km südwestlich von Korinth).

sei schon geglückt. Sie lichteten die Anker und segelten so dicht wie möglich an der Küste Kretas entlang. 14 Doch kurz darauf brach von den Bergen der Insel her ein Wirbelsturm los, der sogenannte Eurakylon, 15 und riss das Schiff mit. Weil wir dem Sturm gegenüber machtlos waren, mussten wir uns treiben lassen. 16 Im Schutz der kleinen Insel Kauda[g] gelang es uns mit größter Mühe, das Beiboot unter Kontrolle zu bringen 17 und an Bord zu ziehen. Dann sicherten die Seeleute das Schiff, indem sie Taue um den Rumpf spannten. Und weil sie fürchteten, in die Syrte[h] verschlagen zu werden, brachten sie einen Treibanker[i] aus und ließen das Schiff treiben. 18 Weil der Sturm uns stark zusetzte, warfen die Seeleute am nächsten Tag einen Teil der Ladung[j] ins Meer, 19 und einen Tag später warfen sie sogar Teile der Schiffsausrüstung eigenhändig über Bord. 20 Tagelang waren

weder Sonne noch Sterne zu sehen.[k] Der Sturm ließ nicht nach, und so schwand zuletzt jede Hoffnung auf Rettung.

21 Niemand wollte mehr essen. Da erhob sich Paulus und sagte: „Ihr Männer! Man hätte allerdings auf mich hören und nicht von Kreta abfahren sollen. Dann wären uns dieses Unglück und der Schaden erspart geblieben. 22 Doch jetzt ermahne ich euch, nicht den Mut zu verlieren, denn keiner von euch wird umkommen. Nur das Schiff wird verloren gehen. 23 Letzte Nacht kam nämlich ein Engel Gottes zu mir, des Gottes, dem ich gehöre und dem ich diene. 24 Er sagte zu mir: ‚Paulus, du musst dich nicht fürchten! Gott will, dass du vor den Kaiser trittst, und er wird deinetwegen allen, die mit dir fahren, das Leben schenken.' 25 Habt also Mut, Männer! Ich vertraue Gott, dass es so kommen wird, wie er mir sagen ließ. 26 Und er hat bestimmt, dass wir an einer Insel stranden."

Der Schiffbruch

27 In der vierzehnten Nacht, als wir auf dem adriatischen Meer[l] dahintrieben, merkten die Seeleute gegen Mitternacht, dass wir uns der Küste

---

g 27,16: *Kauda.* Kleine Insel, etwa 60 km westlich von Kaloi Limenes und 50 km südlich der Küstenlinie von Kreta.

h 27,17: Die Große *Syrte,* die sich westlich der Kyrenaika befindet, war wegen ihrer wandernden Sandbänke und unberechenbaren Strömungen von den Seeleuten gefürchtet (heute: Golf von Bengasi).

i 27,17: *Treibanker.* Eine große Holzplanke, die durch Gewichte unten und eine leere Tonne oben senkrecht im Wasser gehalten wurde und die Fahrtgeschwindigkeit des Schiffes abbremste.

j 27,18: *Ladung.* Es war Getreide (vgl. Vers 38), das durch die zunehmende Feuchtigkeit im Laderaum aufquellen und den Rumpf bersten lassen könnte.

k 27,20: Im Spätherbst entwickelten sich im östlichen Mittelmeer Tiefdruckwirbel mit großer Gewalt, die eine dichte Wolkenhülle mit sich brachten und alle Landmarken verschleierten. Zusammen mit dem peitschenden Regen und der Verdüsterung des Tageslichts machten sie eine Orientierung unmöglich.

l 27,27: *adriatisches Meer.* Entgegen der Befürchtung der Seeleute war das Schiff nicht südwärts in die Syrte getrieben, sondern nordwärts Richtung Adria.

näherten.[a] **28** Sie warfen das Lot aus und maßen eine Wassertiefe von 37 Metern. Kurze Zeit später warfen sie das Lot noch einmal aus und kamen auf 28 Meter. **29** Weil sie nun fürchteten auf Klippen aufzulaufen, warfen sie vom Heck vier Anker aus und wünschten sich den Tag herbei. **30** Dann aber machten sie einen Versuch, das Schiff zu verlassen und zu fliehen. Unter dem Vorwand, auch vom Bug aus Anker auszubringen, ließen sie das Beiboot ins Wasser hinab. **31** Da warnte Paulus den Hauptmann und die Soldaten: „Wenn diese Männer nicht auf dem Schiff bleiben, könnt ihr nicht gerettet werden." **32** Da kappten die Soldaten die Taue des Beiboots und ließen es wegtreiben.

33 Kurz vor Tagesanbruch redete Paulus allen zu, unbedingt noch etwas zu essen. „Ihr wartet nun schon 14 Tage auf Rettung", sagte er, „und habt die ganze Zeit überhaupt nichts gegessen. **34** Deshalb bitte ich euch jetzt dringend, etwas zu essen. Ihr müsst euch stärken, weil das zu eurer Rettung nötig ist! Ich versichere euch, niemand wird ein einziges Haar von seinem Kopf verlieren." **35** Mit diesen Worten nahm Paulus Brot, dankte Gott vor aller Augen dafür, brach ein Stück ab und begann zu essen. **36** Da fassten sie neuen Mut und fingen ebenfalls an zu essen. **37** Wir waren insgesamt 276 Personen an Bord. **38** Als sich alle satt gegessen hatten, schütteten sie die restliche Getreideladung ins Meer, um das Schiff zu erleichtern.

39 Als es dann endlich Tag wurde, sahen die Seeleute eine unbekannte Küste vor sich. Doch als sie eine Bucht mit flachem Strand entdeckten, wollten sie das Schiff dort auf Grund laufen lassen. **40** Sie kappten die Ankertaue, sodass die Anker im Meer zurückblieben. Gleichzeitig lösten sie die Taue, mit denen sie die beiden Steuerruder während des Sturms festgebunden hatten, und hissten das Vorsegel. Als das Schiff im Wind wieder Fahrt machte, hielten sie auf die Küste zu. **41** Dabei gerieten sie aber auf einen Sandrücken[b] und liefen auf Grund. Der Bug rammte sich so fest ein, dass das Schiff nicht wieder flott zu machen war und das Heck unter der Wucht der Wellen zerschlagen wurde. **42** Da beschlossen die Soldaten, alle Gefangenen zu töten, damit keiner schwimmend entkommen könnte. **43** Doch der Hauptmann, der Paulus das Leben retten wollte, verhinderte es. Er befahl den Schwimmern, als Erste über Bord zu springen und sich an Land zu retten. **44** Die anderen sollten auf Planken und Wrackteilen folgen. **45** Und tatsächlich konnten sich alle an Land retten.

---

a 27,27: *der Küste nähern.* Untiefen machen sich bei bewegter See durch eine Krone weißer Brandung und deren Geräusch bemerkbar.

b 27,41: *Sandrücken.* Sandige Landzunge zwischen dem Ufer und einem aufragenden Felsenriff, die teilweise überspült wurde. Der griechische Ausdruck bedeutet eine „auf beiden Seiten vom Meer umspülte Stelle". Solch eine Stelle befindet sich im Livadi-Golf von Kephallenia.

Aufenthalt auf Melite

28 *1* Nach unserer Rettung erfuhren wir, dass die Insel Melite[c] hieß. *2* Die Inselbewohner[d] waren überaus freundlich zu uns. Sie machten ein Feuer im Freien und holten uns dazu, denn es hatte angefangen zu regnen, und es war kalt. *3* Als nun Paulus einen Haufen Reisig zusammenraffte und aufs Feuer legte, schoss eine Sandviper[e] heraus und biss sich an seiner Hand fest. Die Hitze hatte sie aufgescheucht. *4* Als die Inselbewohner die Schlange an seiner Hand hängen sahen, sagten sie zueinander: „Der Mann muss ein Mörder sein! Aus dem Meer hat er sich noch retten können, doch jetzt fordert Dike[f] sein Leben." *5* Aber Paulus schleuderte die Schlange ins Feuer und erlitt keinen Schaden. *6* Die Leute erwarteten, dass er plötzlich anschwellen oder tot umfallen würde. Nachdem sie ihn aber eine Zeitlang beobachtet hatten, ohne dass etwas Ungewöhnliches mit ihm geschah, änderten sie ihre Meinung und sagten, er sei ein Gott.

7 In der Gegend, in der wir gestrandet waren, lagen die Landgüter von Publius, dem obersten Regierungsbeamten der Insel. Der nahm uns freundlich bei sich auf. Für drei Tage waren wir seine Gäste. *8* Der Vater des Publius hatte allerdings gerade die Ruhr und lag mit hohem Fieber im Bett. Paulus ging zu ihm ins Zimmer und betete für ihn. Dann legte er ihm die Hände auf, und der Kranke war wieder gesund. *9* Darauf kamen alle anderen Kranken der Insel und ließen sich heilen. *10* Die Folge war, dass sie uns mit ehrenvollen Geschenken überschütteten und uns bei der Abreise alles mitgaben, was wir brauchten.

Von Melite nach Rom

11 Drei Monate[g] später verließen wir die Insel jedoch mit einem Schiff aus Alexandria, das auf der Insel überwintert hatte und die Dioskuren als Galionsfigur[h] führte. *12* Wir liefen

---

c 28,1: *Melite.* Damit ist sehr wahrscheinlich der südliche Rumpf der westgriechischen Insel Kephallenia gemeint, der bis in die Neuzeit hinein den Namen Melite trug, und nicht Malta, mit dem es üblicherweise identifiziert wird. Kephallenia entspricht exakt allen Angaben der Apostelgeschichte.

d 28,2: *Inselbewohner.* Wörtlich: Barbaren. Das bezeichnete im Altertum alles Nichtgriechische, dann aber auch den Bildungsstand. Auch als westgriechischen Volksstämme wurden damals so bezeichnet. Die Wasserstraße östlich von Kephallenia bildete die Grenze zwischen Barbaren und Hellenen.

e 28,3: *Sandviper.* Eine gefährliche Giftschlange. Auch das spricht für Kephallenia, denn auf Malta gab es schon im Altertum nur ungiftige Schlangen.

f 28,4: *Dike.* Die griechische Göttin der Gerechtigkeit, bzw. der Rache.

g 28,11: *Drei Monate.* Es war jetzt Mitte Januar. Um diese Zeit, mitten im Winter, pflegt sich im kephallenischen Raum eine Periode schöner freundlicher Tage einzustellen, die man die Eisvogeltage nannte, und die der Kapitän für die Überquerung des Ionisch-sizilischen Meeres nutzte.

h 28,11: *Galionsfigur.* Eine geschnitzte Figur am Bug des Schiffes, das in diesem Fall die Zwillinge Kastor und Pollux, die Söhne des Zeus, darstellte, die als Beschützer der Seefahrt galten.

Syrakus[a] an und blieben drei Tage dort. *13* Von dort aus segelten wir am Küstenbogen entlang nach Rhegion[b]. Einen Tag, nachdem wir dort angelegt hatten, kam Südwind auf, sodass wir nur noch zwei Tage bis nach Puteoli[c] brauchten. *14* Hier trafen wir Christen, die uns einluden, sieben Tage bei ihnen zu bleiben. Und so kamen wir nach Rom: *15* Die Christen dort hatten von unserer Ankunft in Puteoli gehört und kamen uns bis Tres Tabernae[d] entgegen, einige sogar bis Forum Apii[e]. Als Paulus sie sah, dankte er Gott und fasste Mut.

Als Gefangener in Rom

16 In Rom angekommen, bekam Paulus die Erlaubnis, zusammen mit dem Soldaten, der ihn bewachte, in eine eigene Wohnung zu ziehen. *17* Drei Tage später lud er die führenden Juden der Stadt zu einem Treffen bei sich ein. Als sie alle zusammengekommen

waren, sagte er: „Liebe Brüder, ich habe nichts gegen unser Volk getan und auch nicht gegen das Gesetz unserer Vorfahren verstoßen. Trotzdem wurde ich in Jerusalem festgenommen und an die römischen Behörden ausgeliefert. *18* Die Römer verhörten mich und wollten mich wieder freilassen, weil sie nichts fanden, was die geforderte Todesstrafe rechtfertigen würde. *19* Doch als die Juden Einspruch erhoben, war ich gezwungen, den Kaiser anzurufen. Ich hatte also nicht die Absicht, mein Volk anzuklagen. *20* Das wollte ich euch sagen und deshalb habe ich euch hergebeten. Denn wegen der Hoffnung Israels trage ich diese Ketten hier." *21* erwiderten ihm: „Aus Judäa hat uns niemand etwas über dich geschrieben. Es ist auch keiner von unseren Brüdern gekommen, um offiziell oder privat etwas Belastendes über dich auszusagen. *22* Wir würden aber gern von dir hören, welche Ansichten du vertrittst. Denn bisher ist uns nur bekannt, dass diese Glaubensrichtung überall auf Widerspruch stößt."

23 Sie vereinbarten ein weiteres Treffen mit Paulus und kamen dann in noch größerer Zahl zu ihm ins Quartier. Vom Morgen bis in den Abend hinein sprach er mit ihnen über das Reich Gottes. Er erklärte ihnen, wie Gott seine Herrschaft aufrichtet, und versuchte, sie vom Gesetz Moses her und aus den Schriften der Propheten zu überzeugen, dass Jesus der Messias ist. *24* Einige von ihnen ließen sich durch seine Worte tatsächlich überzeugen. Die anderen glaubten ihm nicht. *25* Sie konnten sich darüber nicht einig werden und

---

a 28,12: *Syrakus.* Berühmter Hafen an der Ostküste Siziliens, 450 km von Melite entfernt. Die Überfahrt dauerte gewöhnlich 2-3 Tage.

b 28,13: *Rhegion.* Hafen an der südlichen „Stiefelspitze" Italiens, 120 km von Syrakus entfernt.

c 28,13: *Puteoli.* Hafenstadt in der Bucht von Neapel, 350 km von Rhegion entfernt.

d 28,15: *Tres Tabernae.* „Drei Tavernen", 49 km südlich von Rom, Station an der Via Appia, der Straße, die von Rom bis nach Capua führt (das 30 km nördlich von Puteoli liegt).

e 28,15: *Forum Apii.* „Appiusmarkt", Marktflecken, 64 km südlich von Rom an der Via Appia.

brachen schließlich auf. Paulus sagte ihnen noch: „Wie zutreffend hat der Heilige Geist durch den Propheten Jesaja doch zu euren Vorfahren geredet: *26* ,Geh zu diesem Volk und sag zu ihnen: Hört nur zu, ihr versteht ja doch nichts; seht nur hin, ihr werdet nichts erkennen! *27* Denn das Herz dieses Volkes ist hart, ihre Ohren sind verstopft und ihre Augen machen sie zu. Sie wollen mit den Augen nichts sehen, mit den Ohren nichts hören und mit dem Herzen nichts verstehen. Sie wollen sich nicht bekehren, dass ich sie heilen könnte.'" *28* Und Paulus fügte hinzu: „Ihr sollt wissen, dass Gott sein Heil jetzt den anderen Völkern anbietet. Und bei ihnen wird er offene Ohren finden."(*29*)ᵍ

30 Paulus blieb zwei volle Jahre in der von ihm gemieteten Wohnung und konnte dort alle empfangen, die ihn aufsuchen wollten. *31* Er predigte ihnen frei und offen und völlig ungehindert die Botschaft vom Reich Gottes und lehrte sie alles, was Jesus Christus, unseren Herrn, betraf.

---

f 28,27: Jesaja 6,9-10

g 28,29: Spätere Handschriften fügen hinzu: „29 Als Paulus das gesagt hatte, gingen die Juden weg und diskutierten heftig miteinander."

Brief des Paulus an die Christen in Rom

Im Winter 56/57 n. Chr. besuchte der Apostel Paulus das dritte Mal die Gemeinde in Korinth. Er wohnte bei Gajus, in dessen Haus auch die Gemeinde zusammenkam, und blieb etwa drei Monate in der Stadt. Weil er seine Missionsarbeit in den Städten der ägäischen Küste nun als abgeschlossen ansah, hielt er nach einem neuen Arbeitsfeld Ausschau. Das sah er in Spanien und hoffte für die Arbeit dort auf die Unterstützung der Gemeinde in Rom. Weil er vorher aber noch nie in dieser Gemeinde gewesen war, wollte er sich und seine Lehre ausführlich vorstellen. Das tat er in diesem Brief an die Christen in Rom, den er von Phöbe, einer Diakonin der Gemeinde Kenchreä, überbringen ließ. Er selbst wollte allerdings zunächst die Geldsammlung der Gemeinden Mazedoniens und Achajas nach Jerusalem bringen. Auf dem Weg nach Spanien wollte er dann in Rom vorbeikommen.

Als Paulus den Brief schrieb, bestand die Gemeinde in Rom offenbar schon länger als zwei Jahrzehnte, so lange, wie er bekehrt war. Sie war ganz unabhängig von ihm gewachsen und hatte sich in verschiedenen Hauskreisen organisiert.

Das Hauptthema des Römerbriefes könnte man so formulieren: Die Gerechtigkeit, die vor Gott Bestand hat. Paulus entfaltet diesen Gedanken in vier Hauptpunkten: die Gerechtigkeit, die vor dem Zorn Gottes rettet (1-5); die Gerechtigkeit, die das Leben des Christen regiert (5-8); die Gerechtigkeit, die für das Volk Israel gilt (9-11) und die Gerechtigkeit, die im Alltag des Christen sichtbar wird (12-15).

Paulus und sein Auftrag in Rom

1 *1* Es schreibt Paulus, ein Sklave[a] von Jesus Christus, zum Apostel berufen und dazu bestimmt, Gottes gute Botschaft bekannt zu machen. *2* Dieses Evangelium hat Gott schon vor langer Zeit durch seine Propheten in heiligen Schriften angekündigt. *3* Es ist die Botschaft von seinem Sohn, der als Mensch ein Nachkomme Davids ist *4* und sich durch die Auferstehung aus den Toten in der Kraft des Heiligen Geistes als Sohn Gottes erwiesen hat: die Botschaft von Jesus Christus, unserem Herrn. *5* Er hat uns in seiner Gnade zu Aposteln gemacht und uns beauftragt, Menschen aus allen Völkern zum Gehorsam des Glaubens zu führen, damit sein Name dadurch geehrt wird. *6* Auch ihr gehört zu ihnen, denn auch ihr wurdet von Jesus Christus berufen.

7 Mein Brief geht an euch, von Gott geliebte und berufene Heilige in Rom. Gnade und Frieden wünsche ich euch von Gott, unserem Vater, und von Jesus Christus, dem Herrn.

---

a 1,1: Ein *Sklave* (griech. *doulos*) ist ein Mensch, der rechtlich und wirtschaftlich Eigentum eines anderen Menschen ist. Christen verstanden sich als Sklaven von Jesus Christus, weil dieser sie aus der Sklaverei der Sünde „freigekauft" hatte, und betrachteten diesen Titel als Auszeichnung.

8 Als Erstes danke ich meinem Gott durch Jesus Christus für euch alle, denn in der ganzen Welt spricht man von eurem Glauben. **9** Gott, dem ich mit ganzem Herzen diene, indem ich das Evangelium seines Sohnes verkündige, ist mein Zeuge, dass ich euch ständig erwähne, **10** wenn ich zu ihm bete. Und ich flehe ihn an, dass er es mir doch endlich ermöglicht, zu euch zu kommen, wenn das seinem Willen entspricht. **11** Denn ich sehne mich sehr danach, euch persönlich kennenzulernen, damit ich euch etwas von dem weitergeben kann, was Gott mir geschenkt hat, und ihr gestärkt werdet – **12** besser gesagt, damit wir, wenn ich bei euch bin, durch unseren gemeinsamen Glauben gegenseitig ermutigt werden. **13** Ihr sollt wissen, liebe Geschwister, dass ich es mir schon oft vorgenommen habe, zu euch zu kommen, damit ich wie bei den anderen Völkern auch unter euch einige Frucht ernten kann. Doch bis jetzt wurde ich daran gehindert. **14** Denn ich fühle mich allen Menschen verpflichtet: solchen aus zivilisierten genauso wie solchen aus unzivilisierten Völkern, Gebildeten ebenso wie Ungebildeten. **15** Darum möchte ich auch euch in Rom gern die gute Botschaft verkündigen.

Gottes Botschaft bringt Rettung

16 Denn ich bekenne mich offen und ohne Scham zu dieser Botschaft: Sie ist ja Gottes Kraft und rettet jeden, der ihr glaubt. Das gilt zunächst für Juden, aber auch für alle anderen Menschen. **17** Denn im Evangelium zeigt Gott uns seine Gerechtigkeit, eine Gerechtigkeit, die aus dem Vertrauen auf Gott kommt und zum Glauben hinführt, wie es in der Schrift steht: „Der Gerechte wird leben, weil er glaubt."[b]

Die Ungerechtigkeit der Menschen

18 Gott lässt nämlich seinen Zorn sichtbar werden. Vom Himmel her wird er über alle Gottlosigkeit und Ungerechtigkeit der Menschen hereinbrechen, die durch Unrecht die Wahrheit niederhalten. **19** Denn was Menschen von Gott wissen können, ist ihnen bekannt, er selbst hat es ihnen vor Augen gestellt. **20** Denn seine unsichtbare Wirklichkeit, seine ewige Macht und sein göttliches Wesen sind seit Erschaffung der Welt in seinen Werken zu erkennen. Die Menschen haben also keine Entschuldigung. **21** Trotz allem, was sie von Gott wussten, ehrten sie ihn nicht als Gott und brachten ihm keinerlei Dank. Stattdessen verloren sich ihre Gedanken ins Nichts, und in ihren uneinsichtigen Herzen wurde es finster. **22** Sie hielten sich für Weise und wurden zu Narren. **23** Die Herrlichkeit des unvergänglichen Gottes vertauschten sie mit Bildern von sterblichen Menschen, mit Abbildern von Vögeln, vierfüßigen und kriechenden Tieren.

24 Darum hat Gott sie den Begierden ihrer Herzen ausgeliefert; er hat sie ihrer Unsittlichkeit preisgegeben, so dass sie ihre eigenen Körper schändeten. **25** Sie vertauschten die Wahrheit Gottes mit der Lüge. Sie beteten die Geschöpfe an und verehrten sie

---

b 1,17: Habakuk 2,4 sinngemäß nach der LXX zitiert.

anstelle des Schöpfers, der doch für immer und ewig zu preisen ist. Amen[a]!

26 Darum hat Gott sie entehrenden Leidenschaften ausgeliefert. Ihre Frauen vertauschten den natürlichen Geschlechtsverkehr mit dem widernatürlichen, 27 und ihre Männer machten es genauso. Sie gaben den natürlichen Verkehr mit den Frauen auf und wurden von wildem Verlangen zueinander gepackt. Männer trieben es schamlos mit Männern. So empfingen sie den gebührenden Lohn für ihre Verirrung[b] an sich selbst.

28 Und weil sie es nicht für gut hielten, Gott anzuerkennen, lieferte Gott sie einem verworfenen Denken aus, so dass sie tun, was man nicht tun darf. 29 Jede Art von Unrecht, Bosheit, Habsucht und Gemeinheit ist bei ihnen zu finden. Sie sind voller Neid, Mord, Streit, List und Tücke. 30 Sie reden gehässig über andere und verleumden sie. Sie hassen Gott, sind gewalttätig, hochmütig und prahlerisch. Im Bösen sind sie sehr erfinderisch, und ihre Eltern verachten sie. 31 Sie sind unbelehrbar, unzuverlässig, gefühllos und kennen kein Erbarmen. 32 Obwohl sie wissen, dass jeder, der so handelt, nach Gottes Gesetz den Tod verdient, tun sie es nicht nur selbst, sondern finden es auch noch gut, wenn andere es ebenso machen.

---

a 1,25: *Amen.* Hebräisch: *Es werde wahr!* Oder: *So sei es!*

b 1,27: *Verirrung.* Gemeint ist offenbar die Verirrung ihrer Gottesverehrung, wie es der Zusammenhang nahelegt.

Die Selbstgerechtigkeit der Juden

2 1 Deshalb bist du nicht zu entschuldigen, lieber Mensch, auch wenn du das alles verurteilst. Du sitzt zwar über einen anderen zu Gericht, doch verurteilst du dich damit selbst, denn du tust ja genau das, was du verurteilst. 2 Nun wissen wir natürlich, dass Gott die verurteilt, die so etwas tun, und dass sein Urteil absolut gerecht ist. 3 Meinst du etwa, du könntest dem Gericht Gottes entgehen, wenn du die verurteilst, die so etwas tun, aber doch genau dasselbe machst? 4 Oder verachtest du nur seine große Güte, Nachsicht und Geduld? Begreifst du denn nicht, dass er dich mit seiner Güte zur Umkehr bringen will? 5 Doch du bist starrsinnig und nicht bereit, deine Einstellung zu ändern. So lädst du dir selbst den Zorn Gottes auf und vermehrst ihn noch, bis er schließlich am „Tag des Zorns" über dich hereinbricht, an dem Tag, an dem offenbar wird, dass Gottes Urteil gerecht ist.

6 Gott wird jedem das geben, was er für sein Tun verdient hat. 7 Den einen, die unermüdlich das Gute tun und alles dransetzen, um an Gottes Herrlichkeit, Ehre und Unvergänglichkeit teilzuhaben, gibt er das ewige Leben. 8 Den anderen aber, die nur an sich selbst denken und sich weigern, der Wahrheit zu gehorchen, stattdessen aber dem Unrecht gehorsam sind, gilt sein grimmiger Zorn. 9 Bedrängende Angst wird über die Menschen kommen, die Böses tun. Das gilt zuerst für Juden, aber auch für alle anderen Menschen. 10 Ewige Herrlichkeit jedoch und Ehre und Frieden werden die erhalten, die Gutes tun. Auch das

gilt zuerst für Juden, dann aber auch für alle anderen Menschen. *11* Denn bei Gott gibt es keinerlei Bevorzugung.

12 Alle Menschen, die sündigen und keine Beziehung zum Gesetz Gottes haben, werden auch ohne Gesetz ins Verderben gehen. Und alle, die trotz des Gesetzes sündigen, werden durch dieses Gesetz verurteilt werden. *13* Denn nicht die, die hören, was das Gesetz sagt, werden von Gott für unschuldig erklärt, sondern die, die tun, was es verlangt. *14* Und wenn nun Menschen aus nichtjüdischen Völkern, die keine Beziehung zum Gesetz Gottes haben, von sich aus so handeln, wie es das Gesetz fordert, dann tragen sie das Gesetz in sich. *15* Sie beweisen damit, dass ihnen die Forderungen des Gesetzes ins Herz geschrieben sind. Das zeigt sich auch an der Stimme ihres Gewissens und am Widerstreit ihrer Gedanken, die sich gegenseitig anklagen oder auch entschuldigen. *16* Der Tag des Gerichts wird das ans Licht bringen, der Tag, an dem Gott durch Jesus Christus die verborgensten Dinge der Menschen richten wird. So entspricht es der guten Botschaft, die mir anvertraut ist.

17 Nun zu dir: Du kannst von dir sagen, ein Jude zu sein, und fühlst dich sicher, weil du das Gesetz hast. Du bist stolz auf deine Beziehung zu Gott. *18* Aus dem Gesetz kennst du seinen Willen und kannst beurteilen, worauf es ankommt. *19* Du traust dir zu, die Blinden zu führen und denen im Dunkeln das Licht zu bringen; *20* du willst ein Erzieher für die Unverständigen und ein Lehrer für die Unwissenden sein, weil du das Gesetz Gottes hast, den Inbegriff von Erkenntnis und Wahrheit.

21 Du belehrst andere, warum nicht auch dich selbst? Du predigst, man dürfe nicht stehlen – und warum stiehlst du? *22* Du sagst, man soll die Ehe nicht brechen – warum brichst du sie? Du verabscheust die Götzen – und warum bereicherst du dich dann an ihren Tempeln? *23* Du bist stolz auf das Gesetz – und warum brichst du es selbst und machst Gott Schande damit? *24* So steht es schon in der Schrift: „Euretwegen wird der Name Gottes bei den Völkern verlästert."[c]

25 Auch die Beschneidung nützt nur dann etwas, wenn du das Gesetz befolgst. Übertrittst du das Gesetz, bist du praktisch ein Unbeschnittener[d] geworden. *26* Und wenn ein Unbeschnittener die Forderungen des Gesetzes erfüllt, gilt er vor Gott dann etwa nicht als Beschnittener? *27* So wird der Unbeschnittene, der das Gesetz gehalten hat, über dich das Urteil sprechen, der das Gesetz zwar buchstabengenau kennt und auch beschnitten ist, es aber doch übertreten hat. *28* Nicht der ist nämlich ein Jude, der es nach außen hin ist, und nicht der körperliche Vollzug ist die wirkliche Beschneidung. *29* Ein wahrer Jude ist der, der es innerlich ist, und die wahre Beschneidung ist die, die am Herzen geschieht. Sie kommt nicht durch die genaue Befolgung der Vorschrift zustande, sondern durch den Geist Gottes. Ein solcher Jude sucht nicht den Beifall von Menschen. Sein Lob kommt von Gott.

---

c 2,24: Jesaja 52,5 nach der LXX zitiert; siehe auch Hesekiel 36,20-23.

d 2,25: *Unbeschnittener.* Ausdruck für einen Menschen, der nicht zum Bund Gottes gehört. Siehe 1. Mose 17,9-14!

Die Gerechtigkeit Gottes

3 *1* Aber was für einen Vorteil haben dann die Juden noch, und was nützt dann noch die Beschneidung? *2* Nun, die Juden haben den anderen Völkern in jeder Hinsicht viel voraus, vor allem, dass Gott ihnen seine Worte anvertraut hat. *3* Es stimmt zwar, dass einige dieses Vertrauen enttäuscht haben. Aber kann ihr Unglaube etwa die Treue Gottes aufheben? *4* Auf keinen Fall! Vielmehr sollte dadurch klar werden, dass Gott zuverlässig und wahrhaftig ist, jeder Mensch aber letztlich ein Lügner, so wie es in der Schrift heißt: „Du sollst Recht behalten mit deinen Worten, sie werden sich als zuverlässig erweisen, und du wirst dich siegreich behaupten, wenn man dich zur Rechenschaft ziehen will."ᵃ

5 Wenn aber unsere Ungerechtigkeit Gottes Gerechtigkeit erst richtig zur Geltung bringt, was sagen wir dann? Ist Gott vielleicht ungerecht, wenn er seinen Zorn über uns kommen lässt? – Ich frage sehr menschlich. – *6* Auf keinen Fall! Denn wie könnte Gott sonst die Welt richten? *7* Wenn nun aber die Wahrheit Gottes erst dadurch richtig zur Geltung kommt, dass ich ein Lügner bin, und sein Ruhm erst dadurch richtig groß wird, warum werde ich dann noch als Sünder gerichtet? *8* Könnten wir dann nicht gleich sagen: „Tun wir doch das Böse, damit Gutes dabei herauskommt!"? Einige verleumden uns ja und behaupten, das sei es, was wir lehren. Gottes Gericht wird sie zu Recht treffen.

9 Aber wie ist es nun? Machen wir etwa Ausflüchte? Ganz und gar nicht. Wir haben ja schon den Beweis erbracht, dass die Juden genauso wie die anderen Völker in der Gewalt der Sünde sind. *10* So steht es in der Schrift: „Keiner ist gerecht, auch nicht einer. *11* Keiner hat Einsicht und fragt nach Gott. *12* Alle haben sie den rechten Weg verlassen und sind unbrauchbar geworden. Niemand ist da, der Gutes tut, kein Einziger."ᵇ *13* „Ihre Kehle ist ein offenes Grab und mit ihrer Zunge formen sie Lügen."ᶜ „Schlangengift verbirgt sich hinter ihren Lippen."ᵈ *14* „Ihr Mund ist voller Flüche und Drohungen."ᵉ *15* „Ihre Füße sind schnell, wenn es darum geht, Blut zu vergießen. *16* Sie hinterlassen Verwüstung und Elend, *17* und was zum Frieden führt, kennen sie nicht."ᶠ *18* „Von Gottesfurcht wissen sie nichts."ᵍ

19 Das sagt das Gesetz, und wir wissen: Alles, was es sagt, richtet sich an die, denen es verordnet wurde. So wird jeder Mund gestopft und die ganze Welt sieht sich dem Urteil Gottes verfallen. *20* Denn durch das Halten von Geboten wird kein Mensch vor Gott gerecht. Das Gesetz führt nur dazu, dass man seine Sünde erkennt.

a 3,4: Psalm 51,6

b 3,12: Psalm 14,1-3; 53,4.

c 3,13: Psalm 5,10

d 3,13: Psalm 140,4

e 3,14: Psalm 10,7

f 3,17: Jesaja 59,7-8

g 3,18: Psalm 36,2

Gerecht werden durch Glauben

21 Doch jetzt ist die Gerechtigkeit Gottes sichtbar geworden, und zwar unabhängig vom Gesetz, aber in Übereinstimmung mit dem Gesetz und den Worten der Propheten. *22* Es ist die Gerechtigkeit Gottes, die durch den Glauben an Jesus Christus geschenkt wird und allen zugutekommt, die glauben. Da gibt es keinen Unterschied, *23* denn alle haben gesündigt und die Herrlichkeit Gottes[h] verloren. *24* Doch werden sie allein durch seine Gnade ohne eigene Leistung gerecht gesprochen, und zwar aufgrund der Erlösung, die durch Jesus Christus geschehen ist. *25* Ihn hat Gott als Sühnopfer öffentlich dargestellt. Durch sein vergossenes Blut ist die Sühne vollzogen worden, und durch den Glauben kommt sie uns zugut. So hat Gott auch den Beweis erbracht, dass er gerecht gehandelt hatte, obwohl er die bis dahin begangenen Sünden der Menschen ungestraft ließ. *26* Und heute beweist er seine Gerechtigkeit dadurch, dass er den für gerecht erklärt, der aus dem Glauben an Jesus lebt.

27 Kann man da noch selbst auf etwas stolz sein? Das ist ausgeschlossen. Durch was für ein Gesetz kommt das? Durch das Gesetz, das Werke fordert? Nein! Es kommt durch das Gesetz, das auf den Glauben abzielt. *28* Denn wir sind zu dem Schluss gekommen, dass ein Mensch durch Glauben für gerecht erklärt wird und nicht durch das Einhalten von Gesetzesvorschriften. *29* Ist Gott denn nur ein Gott der Juden und nicht auch der Gott der anderen Völker? Natürlich auch der anderen Völker! *30* Denn es gibt nur den einen Gott. Er wird die Beschnittenen ebenso wie die Unbeschnittenen auf der gleichen Grundlage des Glaubens für gerecht erklären. *31* Setzen wir nun aber durch den Glauben das Gesetz außer Kraft? Im Gegenteil: Wir bestätigen das Gesetz!

Abraham der Vater des Glaubens

4 *1* Was hat denn bei unserem Stammvater Abraham – von dem wir Juden ja abstammen – dazu geführt, *2* dass er für gerecht erklärt wurde? Etwa seine eigenen Leistungen? Dann hätte er Grund, stolz auf sich zu sein. Aber das zählt nichts vor Gott, *3* denn die Schrift sagt: „Abraham glaubte Gott, und das ist ihm als Gerechtigkeit angerechnet worden."[i] *4* Wenn jemand Leistungen erbracht hat, erhält er den Arbeitslohn, den er verdient. Er bekommt ihn nicht geschenkt. *5* Wenn aber jemand keine Leistungen vorweisen kann, sondern sein Vertrauen auf den setzt, der den Gottlosen gerecht spricht, dann wird ihm sein Glaube als Gerechtigkeit angerechnet. *6* Im gleichen Sinn nennt auch David den beneidenswert glücklich, dem Gott ohne Gegenleistung Gerechtigkeit zuspricht: *7* „Wie glücklich ist der, dem die Übertretung des Gesetzes vergeben und dem die Sünde zugedeckt ist. *8* Wie sehr ist der zu beneiden, dem der Herr die Sünde nicht anrechnet."[j]

---

h 3,23: *Herrlichkeit Gottes.* Damit ist wohl die ursprüngliche Herrlichkeit gemeint, die der Mensch als Ebenbild Gottes hatte.

i 4,3: 1. Mose 15,6

j 4,8: Psalm 32,1-2

9 Werden hier nur die glücklich genannt, die beschnitten sind, oder gilt das auch für die Unbeschnittenen? Wir haben ja schon gesagt, dass Abraham der Glaube als Gerechtigkeit angerechnet wurde. 10 Wann geschah das eigentlich? Als er beschnitten oder als er unbeschnitten war? Er war noch unbeschnitten! 11 Das Zeichen der Beschneidung besiegelte für ihn die Tatsache, dass Gott ihn schon vor seiner Beschneidung aufgrund seines Glaubens gerecht gesprochen hatte. Er sollte nämlich der Vater für alle werden, die Gott vertrauen, ohne beschnitten zu sein, und denen der Glaube als Gerechtigkeit angerechnet wird. 12 Durch seine Beschneidung ist Abraham aber auch der Vater der Beschnittenen geworden, vor allem, wenn sie dem Beispiel des Glaubens folgen, den unser Vater Abraham hatte, als er noch unbeschnitten war.

13 Dasselbe gilt für die Zusage, die Abraham und seinen Nachkommen die Welt als Besitz versprach. Diese Zusage wurde ihm nicht gegeben, weil er das Gesetz befolgte, sondern weil ihm aufgrund seines Glaubens die Gerechtigkeit zugesprochen wurde. 14 Wenn dieser Besitz nämlich denen zugesprochen würde, die auf das Gesetz vertrauen, dann wäre der Glaube wertlos und die Zusage hinfällig. 15 Denn das Gesetz führt durch seine ständige Übertretung nur zu Gottes Zorn. Wo es das Gesetz aber nicht gibt, da gibt es auch keine Übertretung. 16 Das Prinzip des Glaubens gilt deshalb, damit alles auf Gnade beruhe. Nur so bleibt die Zusage für alle Nachkommen gültig, und zwar nicht nur für die, die nach dem Gesetz leben, sondern auch für die, die wie Abraham der Zusage Gottes vertrauen. So ist Abraham der Vater von uns allen, 17 wie es in der Schrift heißt: „Ich habe dich zum Vater vieler Völker gemacht."[a] Vor Gott ist er das auch, denn er vertraute auf den, der die Toten lebendig macht und das Nichtexistierende ins Dasein ruft. 18 Obwohl nichts mehr zu hoffen war, gab er die Hoffnung nicht auf und glaubte, dass Gott ihn zum Vater vieler Völker machen würde, denn er hatte ihm gesagt: „So zahlreich werden deine Nachkommen sein."[b] 19 Obwohl er damals schon fast hundert Jahre alt war und wusste, dass er keine Kinder mehr zeugen und seine Frau Sara keine Kinder mehr bekommen könnte, wurde er im Glauben nicht schwach 20 und zweifelte nicht an der Zusage Gottes. Er ehrte Gott, indem er ihm vertraute, und wurde so im Glauben gestärkt. 21 Er war sich völlig gewiss, dass Gott auch tun kann, was er verspricht. 22 Eben darum wurde ihm der Glaube als Gerechtigkeit angerechnet.

23 Dass Abraham der Glaube angerechnet wurde, steht aber nicht nur seinetwegen in der Schrift, 24 sondern auch wegen uns. Auch uns wird der Glaube als Gerechtigkeit angerechnet werden, weil wir auf den vertrauen, der Jesus, unseren Herrn, aus den Toten auferweckt hat, 25 ihn, der ausgeliefert wurde wegen unserer Verfehlungen und auferweckt wurde für unseren Freispruch.

a 4,17: 1. Mose 17,5

b 4,18: 1. Mose 15,5

**Für gerecht erklärt und
mit Hoffnung erfüllt**

5 *1* Nachdem wir nun aufgrund des Glaubens für gerecht erklärt wurden, haben wir Frieden mit Gott durch unseren Herrn Jesus Christus. *2* Durch ihn haben wir auch freien Zugang zu der Gnade bekommen, in der wir jetzt leben. Das geschah im Glauben, und wir sind stolz auf die Hoffnung, mit der wir nun der Herrlichkeit Gottes entgegengehen dürfen. *3* Aber nicht nur das: Wir sind auch stolz auf die Bedrückungen, denen wir ausgesetzt sind, denn wir wissen, dass wir durch Leiden Geduld lernen; *4* und wer Geduld gelernt hat, ist bewährt, und das wiederum festigt die Hoffnung. *5* Und in dieser Hoffnung werden wir nicht enttäuscht, denn Gott hat uns mit dem Heiligen Geist, den er uns geschenkt hat, auch seine Liebe ins Herz ausgegossen.

6 Christus ist ja schon zu einer Zeit gestorben, als wir noch ohnmächtig der Sünde ausgeliefert waren. Und er starb für gottlose Menschen. *7* Nun wird sich kaum jemand finden, der für einen Gerechten stirbt; eher noch würde sich jemand für eine gute Sache opfern. *8* Aber Gott hat seine Liebe zu uns dadurch bewiesen, dass Christus für uns starb, als wir noch Sünder waren. *9* Und nachdem wir jetzt durch sein Blut gerechtfertigt sind, werden wir durch ihn erst recht vor dem kommenden Strafgericht gerettet. *10* Denn durch den Tod seines Sohnes hat Gott uns ja schon versöhnt, als wir noch seine Feinde waren. Deshalb werden wir jetzt, nachdem wir versöhnt sind, erst recht durch die Kraft seines Lebens gerettet werden. *11* Aber es ist nicht nur diese Hoffnung, die uns mit Stolz und Freude erfüllt, sondern auch die Beziehung zu Gott, die uns durch Jesus Christus geschenkt ist. Denn durch ihn sind wir schon jetzt mit Gott versöhnt.

Christus anstelle von Adam

12 Durch einen einzigen Menschen ist die Sünde in die Welt gekommen und mit der Sünde der Tod. Und so ist der Tod zu allen Menschen hingekommen. Infolgedessen haben auch alle gesündigt. *13* Selbst als es das Gesetz noch nicht gab, war die Sünde schon in der Welt. Doch wird sie da, wo es kein Gesetz gibt, nicht als Schuld angerechnet. *14* Trotzdem herrschte schon in der Zeit zwischen Adam und Mose der Tod auch über die Menschen, die kein ausdrückliches Gebot übertraten, also nicht in derselben Weise wie Adam sündigten. Mit seinem Ungehorsam ist Adam das genaue Gegenteil von dem, der kommen soll. *15* Doch die Begnadigung ist nicht einfach ein Gegenstück für die Übertretung. Denn wenn die Übertretung eines Einzigen der ganzen Menschheit den Tod brachte, so wird das durch die Gnade Gottes mehr als aufgewogen, denn die ganze Menschheit wird durch die Gnade eines einzigen Menschen, nämlich durch Jesus Christus, überaus reich beschenkt. *16* Dieses Geschenk ist nicht vergleichbar mit dem, was durch den einen Sünder verursacht wurde. Denn das Urteil Gottes, das der Übertretung des einen folgte, führt zur Verdammnis. Aber der Gnadenerweis, der auf zahllose Verfehlungen folgte, führt zum

Freispruch. *17* Ist durch die Verfehlung eines Einzigen der Tod zur Herrschaft gekommen, so werden erst recht alle, die Gottes Gnade und das Geschenk der Gerechtigkeit in so reichem Maß empfangen haben, durch den Einen, durch Jesus Christus, leben und herrschen. *18* So wie eine einzige Verfehlung allen Menschen die Verdammnis brachte, so bringt eine einzige Tat, die Gottes Rechtsforderung erfüllte, allen Menschen den Freispruch und das Leben. *19* Genauso wie durch den Ungehorsam eines einzigen Menschen alle zu Sündern wurden, so werden durch den Gehorsam eines Einzigen alle zu Gerechten.

20 Das Gesetz ist erst nachträglich dazugekommen, um die Tragweite der Übertretungen deutlich zu machen. Und gerade dort, wo sich die ganze Macht der Sünde zeigte, ist die Gnade noch sehr viel mächtiger geworden. *21* Denn genauso wie die Sünde geherrscht und den Menschen den Tod gebracht hat, soll die Gnade herrschen und uns durch die geschenkte Gerechtigkeit zum ewigen Leben führen durch Jesus Christus, unseren Herrn.

Frei von der Sklaverei der Sünde

6 *1* Was heißt das nun? Sollen wir an der Sünde festhalten, damit die Gnade sich noch mächtiger auswirken kann? *2* Auf keinen Fall! Für die Sünde sind wir doch schon gestorben, wie können wir da noch in ihr leben? *3* Oder wisst ihr nicht, dass alle von uns, die auf Jesus Christus getauft wurden, in seinen Tod mit eingetaucht worden sind? *4* Durch die Taufe sind wir also mit Christus in den Tod hinein begraben worden,

damit so, wie Christus durch die herrliche Macht des Vaters von den Toten auferweckt wurde, wir nun ebenfalls in dieser neuen Wirklichkeit leben. *5* Denn wenn wir mit seinem Tod vereinigt worden sind, werden wir auch eins mit seiner Auferstehung sein.

6 Wir sollen also begreifen, dass unser alter Mensch mit Christus gekreuzigt worden ist, damit unser sündiges Wesen unwirksam gemacht wird und wir der Sünde nicht mehr wie Sklaven dienen. *7* Denn wer gestorben ist, ist vom Herrschaftsanspruch der Sünde befreit. *8* Wenn wir nun mit Christus gestorben sind, vertrauen wir darauf, dass wir auch mit ihm leben werden. *9* Wir wissen ja, dass Christus von den Toten auferweckt wurde und nie mehr stirbt. Der Tod hat keine Gewalt mehr über ihn. *10* Denn sein Sterben war ein Sterben für die Sünde, und zwar ein für alle Mal. Aber sein Leben ist ein Leben für Gott. *11* Auch ihr sollt von dieser Tatsache ausgehen, dass ihr für die Sünde tot seid, aber in Jesus Christus für Gott lebt.

12 Die Sünde soll euren vergänglichen Körper also nicht mehr beherrschen und euch dazu bringen, seinen Begierden zu gehorchen. *13* Und stellt eure Glieder nicht mehr der Sünde zur Verfügung als Werkzeuge des Unrechts, sondern stellt euch selbst Gott zur Verfügung als Menschen, die vom Tod zum Leben gekommen sind, und bietet ihm eure Glieder als Werkzeuge der Gerechtigkeit an. *14* Dann wird die Sünde ihre Macht über euch verlieren, denn ihr lebt ja nicht mehr unter dem Gesetz, sondern unter der Gnade.

15 Heißt das nun, dass wir einfach weiter sündigen, weil wir nicht mehr unter der Herrschaft des Gesetzes, sondern unter der Gnade stehen? Auf keinen Fall! *16* Überlegt doch einmal: Wenn ihr euch jemand unterstellt und als Sklaven zum Gehorsam verpflichtet, dann seid ihr damit seine Sklaven. Entweder seid ihr Sklaven der Sünde, dann wird euch das zum Tod führen, oder ihr gehorcht Gott und werdet zur Gerechtigkeit geführt. *17* Aber Gott sei Dank: Ihr, als frühere Sklaven der Sünde, gehorcht jetzt von Herzen der Lehre, von der ihr inzwischen geprägt worden seid. *18* Von der Sünde befreit seid ihr nun in den Dienst der Gerechtigkeit gestellt.

19 Ich gebrauche das Bild vom Sklavendienst, damit ihr versteht, was ich meine. Früher hattet ihr eure Glieder in den Sklavendienst von Unmoral und Zügellosigkeit gestellt und führtet ein Leben gegen Gottes Gesetz. Jetzt sollt ihr eure Glieder in den Dienst der Gerechtigkeit stellen, was euch zu einem Leben in Übereinstimmung mit Gott führt. *20* Als ihr Sklaven der Sünde wart, wart ihr von jeder Gerechtigkeit frei. *21* Und was kam dabei heraus? Ihr habt Dinge getan, für die ihr euch jetzt schämt und die euch letztlich nur den Tod gebracht hätten. *22* Aber jetzt seid ihr vom Dienst der Sünde befreit und Sklaven Gottes geworden. Das bringt euch den Gewinn eines geheiligten Lebens und im Endergebnis das ewige Leben. *23* Denn der Gewinn aus der Sünde ist nur der Tod; das Gnadengeschenk Gottes aber ist das ewige Leben in Jesus Christus, unserem Herrn.

Frei von der Herrschaft des Gesetzes

7 *1* Nun ist euch doch klar, liebe Geschwister – ich rede ja zu Leuten, die das Gesetz kennen –, dass das Gesetz für einen Menschen nur so lange Geltung hat, wie er lebt. *2* So ist zum Beispiel eine verheiratete Frau durch das Gesetz an ihren Mann gebunden, so lange er lebt. Stirbt ihr Mann, ist sie frei von dem Gesetz, das sie an ihn band. *3* Wenn sie sich also zu Lebzeiten ihres Mannes mit einem anderen einlässt, gilt sie als Ehebrecherin. Stirbt aber der Mann, ist sie nicht mehr durch das Gesetz gebunden. Es steht ihr frei, einen anderen zu heiraten. Sie wird deswegen nicht zur Ehebrecherin.

4 So ist es auch mit euch, liebe Geschwister. Durch den körperlichen Tod des Messias seid ihr dem Gesetz gegenüber zu Tode gekommen, so dass ihr jetzt einem anderen angehören könnt, nämlich dem, der von den Toten auferweckt wurde. Und das bedeutet: Jetzt kann unser Leben für Gott Frucht bringen. *5* Denn als wir allein unserer Natur folgten, war alles, was wir taten, von sündigen Leidenschaften bestimmt. Und das Gesetz entfachte sie noch. Was daraus entstand, führte nur zum Tod. *6* Doch jetzt sind wir vom Gesetz freigekommen, wir sind tot für das Gesetz, das uns früher gefangen hielt. Jetzt stehen wir im Dienst einer neuen Ordnung, der des Geistes, und werden nicht mehr von der alten beherrscht, die vom Buchstaben des Gesetzes bestimmt war.

7 Heißt das nun, dass das Gesetz Sünde ist? Auf keinen Fall! Aber ohne Gesetz hätte ich nie erkannt, was Sünde ist. Auch die Begierde wäre nie in mir erwacht, wenn das Gesetz nicht gesagt hätte: „Du sollst nicht begehren!«ª **8** Doch die Sünde nutzte die Gelegenheit und stachelte durch das Gebot jede Begierde in mir auf. Ohne Gesetz ist die Sünde tot. **9** Auch ich lebte einmal ohne Gesetz. Als dann aber das Gebot kam, fing die Sünde an zu leben –, **10** und ich starb. Das Gebot, das mir das Leben erhalten sollte, brachte mir den Tod. **11** Denn die Sünde ergriff die Gelegenheit und benutzte das Gesetz, um mich zu täuschen und zu töten.

12 Es bleibt also dabei: Das Gesetz ist heilig, und seine Forderungen sind heilig, gerecht und gut. **13** Hat nun das Gute mir den Tod gebracht? Auf keinen Fall! Schuld war die Sünde. Sie hat mir den Tod gebracht und das Gute dazu benutzt. So hat sie ihr wahres Gesicht gezeigt. Die Forderungen des Gesetzes haben nur die Abscheulichkeit der Sünde ans Licht gebracht.

14 Wir wissen ja, dass das Gesetz vom Geist Gottes erfüllt ist. Ich dagegen bin von Eigensinn erfüllt und werde von der Sünde beherrscht. **15** Ich verstehe ja selbst nicht, was ich tue. Denn ich tue nicht das, was ich will, sondern gerade das, was ich hasse. **16** Wenn ich aber das tue, was ich gar nicht tun will, gebe ich dem Gesetz Recht und heiße es gut. **17** Dann aber bin nicht mehr ich es, der so handelt, sondern die Sünde, die in mir wohnt.

18 Denn ich weiß, dass in mir, das heißt in meiner Natur, nichts Gutes wohnt. Es fehlt mir nicht am Wollen, aber ich bringe es nicht fertig, das Gute zu tun. **19** Ich tue nicht das Gute, das ich tun will, sondern das Böse, das ich nicht will. **20** Wenn ich aber das tue, was ich gar nicht will, dann bin nicht mehr ich der Handelnde, sondern die Sünde, die in mir wohnt.

21 Ich stelle also ein Gesetz des Bösen in mir fest, obwohl ich doch das Gute tun will. **22** Denn meiner innersten Überzeugung nach stimme ich dem Gesetz Gottes freudig zu, **23** aber in meinen Gliedern sehe ich ein anderes Gesetz wirken, das mit dem Gesetz in meinem Innern in Streit liegt und mich zu seinem Gefangenen macht: das Gesetz der Sünde. **24** Ich unglückseliger Mensch! Gibt es denn niemand, der mich aus dieser tödlichen Verstrickung befreit? **25** Doch! Und dafür danke ich Gott durch Jesus Christus, unseren Herrn.

Es gilt also beides: Meiner innersten Überzeugung nach diene ich dem Gesetz Gottes, meiner Natur nach aber bin ich dem Gesetz der Sünde versklavt.

Der Gottesgeist regiert mein Leben

8 **1** Es gibt demnach kein Verdammungsurteil mehr für die, die ganz mit Jesus Christus verbundenᵇ sind. **2** Denn das Gesetz des Geistes, das dich mit Jesus Christus zum Leben führt, hat dich von dem Gesetz befreit, das nur Sünde und Tod bringt. **3** Das Gesetz des Mose war dazu nicht imstande. Es scheiterte am Widerstand unserer Natur. Deshalb hat Gott seinen Sohn gegen die Sünde in die Welt geschickt. Er kam in der gleichen Gestalt, wie sie die Menschen haben, die im Widerspruch zu Gott leben,

---

a 7,7: 2. Mose 20,17

b 8,1: *ganz mit Jesus Christus verbunden.* Wörtlich: *in Christus Jesus.*

und machte der Sünde in der menschlichen Natur den Prozess. *4* Damit kann jetzt die Rechtsforderung des göttlichen Gesetzes in uns erfüllt werden, und zwar dadurch, dass wir uns nicht mehr vom eigenen Ich, sondern vom Geist Gottes bestimmen lassen. *5* Denn alle, die sich von ihrem Eigensinn bestimmen lassen, sind auf das bedacht, was ihre eigene Natur will. Wer sich aber vom Geist Gottes bestimmen lässt, ist auf das ausgerichtet, was der Geist will. *6* Was die menschliche Natur will, bringt den Tod, was aber der Geist will, bringt Leben und Frieden. *7* Denn der menschliche Eigenwille steht dem Willen Gottes feindlich gegenüber, denn er unterstellt sich dem Gesetz Gottes nicht und kann das auch nicht. *8* Wer also von seiner eigenen Natur bestimmt ist, kann Gott nicht gefallen.

9 Ihr jedoch steht nicht mehr unter der Herrschaft eurer Natur, sondern unter der des Geistes, wenn wirklich Gottes Geist in euch wohnt. Denn wenn jemand diesen Geist von Christus nicht hat, gehört er auch nicht zu ihm. *10* Wenn nun aber Christus in euch ist, bleibt der Körper zwar dem Tod verfallen aufgrund der Sünde, der Geist aber erfüllt euch mit Leben aufgrund der Gerechtigkeit, die Gott euch geschenkt hat. *11* Wenn nun der Geist von dem in euch wohnt, der Jesus aus den Toten auferweckt hat, dann wird er durch den Geist, der in euch wohnt, auch euren sterblichen Körper lebendig machen, eben, weil er Christus aus den Toten auferweckt hat.

12 Darum sind wir jetzt nicht mehr den eigenen Begierden verpflichtet, liebe Geschwister, als müssten wir uns davon bestimmen lassen! *13* Denn wenn euer Leben von Begierden bestimmt ist, werdet ihr sterben. Wenn ihr aber durch den Geist die alten Verhaltensweisen tötet, werdet ihr leben. *14* Denn diejenigen, die von Gottes Geist gelenkt werden, sind Kinder Gottes. *15* Der Geist, den ihr empfangen habt, macht euch ja nicht wieder zu Sklaven, dass ihr wie früher in Furcht leben müsstet. Nein, ihr habt den Geist empfangen, der euch zu Kindern Gottes macht, den Geist, in dem wir „Abba!", Vater^c, zu Gott sagen. *16* So macht sein Geist uns im Innersten gewiss, dass wir Kinder Gottes sind. *17* Wenn wir aber Kinder sind, dann sind wir auch Erben, Erben Gottes und Miterben mit Christus, die jetzt mit ihm leiden, um dann auch an seiner Herrlichkeit teilzuhaben.

Die ganze Schöpfung darf hoffen

18 Übrigens meine ich, dass die Leiden der jetzigen Zeit im Vergleich zu der Herrlichkeit, die an uns sichtbar werden wird, überhaupt nicht ins Gewicht fallen. *19* Die gesamte Schöpfung wartet ja sehnsüchtig auf den Tag, an dem die Kinder Gottes in ihrer ganzen Herrlichkeit erkennbar werden. *20* Denn alles Geschaffene ist der Vergänglichkeit ausgeliefert – unfreiwillig. Gott hat es so verfügt. Es gibt allerdings Hoffnung: *21* Auch die Schöpfung wird einmal von dieser Versklavung an die Vergänglichkeit

---

c 8,15: *Abba* (aramäisch) bedeutet Vater. Der Ausdruck wurde als liebe- und respektvolle Anrede nur im Familienkreis gebraucht.

zur Herrlichkeit der Kinder Gottes befreit werden. 22 Denn wir wissen, dass die gesamte Schöpfung bis heute unter ihrem Zustand seufzt, als würde sie in Geburtswehen liegen.

23 Aber nicht nur das, auch wir selbst, denen Gott doch schon seinen Geist geschenkt hat – als die erste Gabe des neuen Lebens –, auch wir seufzen innerlich und warten sehnsüchtig auf das Offenbarwerden unserer Kindschaft: die Erlösung unseres Körpers. 24 Denn mit dieser Hoffnung sind wir gerettet worden. Aber eine Hoffnung, die man schon erfüllt sieht, ist keine Hoffnung. Denn warum sollte man auf etwas hoffen, was man schon verwirklicht sieht? 25 Wenn wir aber auf etwas hoffen, was wir noch nicht sehen können, warten wir geduldig, bis es sich erfüllt.

26 In gleicher Weise nimmt sich der Geist Gottes auch unserer Schwachheit an, denn wir wissen nicht, wie man richtig beten soll. Er tritt mit einem Seufzen für uns ein, das man nicht in Worte fassen kann. 27 Und Gott, der die Herzen erforscht, weiß, was der Geist damit sagen will, denn der Geist tritt für die Heiligen[a] so ein, wie es vor Gott angebracht ist.

Wenn Gott für uns ist …

28 Wir wissen aber, dass Gott bei denen, die ihn lieben, alles zum Guten mitwirken lässt. Das sind ja die Menschen, die er nach seinem freien Entschluss berufen hat. 29 Denn sie, die er im Voraus erwählt hat, die hat er auch im Voraus dazu bestimmt, in Wesen und Gestalt seinem Sohn gleich zu werden, denn er sollte der Erstgeborene unter vielen Brüdern sein. 30 Und alle, die er dazu erwählt hat, die hat er auch berufen, und die er berufen hat, die hat er auch für gerecht erklärt, und die er für gerecht erklärt hat, denen hat er auch Anteil an seiner Herrlichkeit gegeben.

31 Was sollen wir jetzt noch dazu sagen? Wenn Gott für uns ist, wer könnte dann gegen uns sein? 32 Er hat nicht einmal seinen eigenen Sohn verschont, sondern ihn für uns alle ausgeliefert: Wird er uns dann noch irgendetwas vorenthalten? 33 Wer wird es wagen, diese Auserwählten Gottes anzuklagen? Gott selbst erklärt sie ja für gerecht. 34 Wer kann sie verurteilen? Jesus Christus ist doch für sie gestorben, ja noch mehr: Er ist auferweckt und sitzt an Gottes rechter Seite und tritt dort für uns ein. 35 Was kann uns da noch von Christus und seiner Liebe trennen? Bedrängnis? Angst? Verfolgung? Hunger? Kälte? Lebensgefahr? Das Schwert des Henkers? 36 Es kann uns so ergehen, wie es in der Schrift heißt: „Weil wir zu dir gehören, sind wir mit dem Tod bedroht; man behandelt uns wie Schafe, die zum Schlachten bestimmt sind."[b] 37 Aber durch den, der uns geliebt hat, sind wir in all diesen Dingen überlegene Sieger. 38 Denn ich bin überzeugt: Weder Tod noch Leben, weder Engel noch Teufel, weder Gegenwärtiges noch Zukünftiges, 39 weder hohe Kräfte noch tiefe Gewalten – nichts in der ganzen

a 8,27: *Heilige.* Gemeint sind die Christen, alle, die zu dem heiligen Gott gehören.

b 8,36: Psalm 44,23

Schöpfung kann uns von der Liebe Gottes trennen, die uns verbürgt ist in Jesus Christus, unserem Herrn.

Israel und Gottes Versprechen

9 *1* Was ich jetzt sage, sage ich vor Christus. Mein Gewissen bestätigt es, und der Heilige Geist bezeugt mir, dass es die Wahrheit ist: *2* Mein Herz ist von tiefer Traurigkeit erfüllt, und es quält mich unablässig, *3* wenn ich an die Angehörigen meines Volkes denke, an meine Brüder und Schwestern, mit denen ich durch die gemeinsame Abstammung verbunden bin. Für sie hätte ich es auf mich genommen, verflucht und für immer von Christus getrennt zu sein. *4* Sie sind ja Israeliten; ihnen hat Gott das Vorrecht geschenkt, seine Kinder zu sein. Ihnen hat er seine Herrlichkeit gezeigt; mit ihnen hat er seine Bündnisse geschlossen; ihnen hat er das Gesetz und die Ordnungen des Gottesdienstes gegeben; ihnen gelten seine Zusagen. *5* Sie sind die Nachkommen der von Gott erwählten Väter, und aus ihrer Mitte ist auch der Messias seiner menschlichen Herkunft nach hervorgegangen. Er ist Gott, der über allem steht und für immer und ewig zu preisen ist. Amen!

6 Ich will damit nicht gesagt haben, dass das von Gott gegebene Wort keine Gültigkeit mehr hätte. Aber es gehören eben nicht alle Israeliten zum eigentlichen Israel. *7* Nicht weil sie von Abraham abstammen, sind sie seine Kinder, denn Gott sagte zu ihm: „Durch Isaak gebe ich dir die Nachkommen, die ich dir versprochen habe."[c] *8* Mit anderen Worten: Nicht die Abstammung macht zu Gottes Kindern, sondern die göttliche Zusage führt zur eigentlichen Nachkommenschaft. *9* Die Zusage lautete: „In einem Jahr werde ich wiederkommen, und dann wird Sara einen Sohn haben."[d] *10* Aber nicht nur bei ihr, sondern auch bei Rebekka war es so, als sie von unserem Stammvater Isaak schwanger war. *11* Denn als die Zwillinge noch nicht geboren waren und noch nichts Gutes oder Böses getan hatten – damit sollte der Plan Gottes bekräftigt werden, dass seine Wahl nicht von menschlichen Leistungen abhängig ist, sondern allein von seiner freien Entscheidung –, *12* sagte Gott zu Rebekka: „Der Ältere wird dem Jüngeren dienen."[e] *13* Darum heißt es auch in der Schrift: „Jakob habe ich meine Liebe geschenkt, aber Esau habe ich von mir gestoßen."[f]

Gott schenkt sein Erbarmen, wem er will

14 Heißt das nun, dass Gott ungerecht ist? Auf keinen Fall! *15* Er sagte ja zu Mose: „Ich schenke mein Erbarmen dem, über den ich mich erbarmen will, und mein Mitleid dem, den ich bemitleiden will."[g] *16* Es kommt also nicht auf das Wollen und Bemühen eines Menschen an, sondern allein auf Gott und sein Erbarmen. *17* Auch wird in der Schrift zum Pharao gesagt: „Nur deshalb habe ich dich als

---

c 9,7: 1. Mose 21,12

d 9,9: 1. Mose 18,10.14

e 9,12: 1. Mose 25,23

f 9,13: Maleachi 1,2-3

g 9,15: 2. Mose 33,19

Herrscher auftreten lassen, um dir meine Macht zu demonstrieren und meinen Namen in der ganzen Welt bekannt zu machen."ᵃ **18** Wir sehen also: Gott handelt ganz nach seinem Ermessen: Dem einen schenkt er sein Erbarmen, den anderen macht er starrsinnig und lässt ihn ins Verderben laufen.

19 Nun wirst du einwenden: „Wie kann er uns dann noch Vorwürfe machen? Es kann sich doch niemand seinem Willen widersetzen!" **20** So? Wer bist du eigentlich? Du Mensch willst anfangen, mit Gott zu streiten? Sagt das Werk zu seinem Meister: „Warum hast du mich so gemacht?" **21** Ist der Töpfer nicht Herr über den Ton und kann aus derselben Masse ein Gefäß machen, das auf der Festtafel zu Ehren kommt, und ein anderes, das für den Abfall dienen soll? **22** Und was sagst du dazu, dass Gott die Gefäße, die zur Vernichtung in seinem Zorngericht bereitgestellt sind, mit großer Geduld erträgt? Er will zwar, dass sie seinen Zorn und seine Macht zu spüren bekommen, **23** andererseits will er aber auch an den Gefäßen, die er in seinem Erbarmen zur Herrlichkeit vorherbestimmt hat, zeigen, wie unerschöpflich reich seine Herrlichkeit ist. **24** Das sind nämlich wir, die er nicht nur aus dem jüdischen Volk, sondern auch aus anderen Völkern berufen hat. **25** Das hat er schon durch den Propheten Hosea angekündigt: „Ich werde als mein Volk berufen, was nicht mein Volk war, und als geliebte Frau die, die nicht geliebt

war."ᵇ **26** „Gerade dort, wo zu ihnen gesagt wurde: ‚Ihr seid nicht mein Volk', werden sie ‚Kinder des lebendigen Gottes' genannt werden."ᶜ **27** Und Jesaja ruft über Israel aus: „Selbst wenn es Israeliten gäbe wie Sand am Meer, nur ein Rest von ihnen wird gerettet werden. **28** Denn der Herr wird auf der Erde handeln. Er wird sein Wort einlösen und rasch durchsetzen."ᵈ **29** Es ist so, wie es Jesaja an anderer Stelle vorausgesagt hat: „Hätte der Herr, der allmächtige Gott, nicht einen Rest von unserem Volk übrig gelassen, so wäre es uns wie Sodom und Gomorra ergangen."ᵉ

30 Was heißt das nun? Menschen aus allen Völkern sind vor Gott gerecht geworden, ohne sich darum bemüht zu haben. Sie haben die Gerechtigkeit erhalten, die aus dem Glauben kommt. **31** Das Volk Israel aber, das durch das Gesetz gerecht werden wollte, hat das Ziel des Gesetzes nicht erreicht. **32** Und warum nicht? Weil sie meinten, es durch ihre eigenen Leistungen zu erreichen und nicht durch den Glauben. Sie haben sich am „Stein des Anstoßes" gestoßen, **33** von dem geschrieben steht: „Seht her, ich lege in Zion einen Grundstein, an dem man sich stoßen wird, einen Felsblock, an dem man zu Fall kommt. Doch wer ihm vertraut, wird nicht enttäuscht werden."ᶠ

---

a 9,17: 2. Mose 9,16

b 9,25: Hosea 2,25

c 9,26: Hosea 2,1

d 9,28: Jesaja 10,22-23

e 9,29: Jesaja 1,9 nach der LXX zitiert.

f 9,33: Jesaja 8,14; 28,16

Die Rettung kommt nur durch den Glauben

10 *1* Liebe Geschwister, ich wünsche von Herzen und flehe zu Gott, dass die Angehörigen meines Volkes gerettet werden. *2* Denn ich kann ihnen bezeugen, dass sie sich mit großem Eifer für Gott einsetzen. Doch was ihnen fehlt, ist die richtige Erkenntnis. *3* Sie begreifen nicht, worum es bei der Gerechtigkeit Gottes geht, und versuchen, durch ihre eigene Gerechtigkeit vor Gott zu bestehen. Damit haben sie sich der Gerechtigkeit, die Gott ihnen schenken will, verweigert. *4* Denn mit Christus hat der Weg des Gesetzes sein Ziel erreicht. Jetzt wird jeder, der an ihn glaubt, für gerecht erklärt.

5 Mose beschreibt die Gerechtigkeit, die auf dem Gesetz beruht, so: „Wer sich nach seinen Vorschriften gerichtet hat, gewinnt das Leben."[g] *6* Aber die Gerechtigkeit, die auf dem Glauben beruht, sagt: „Du musst dich nicht fragen: ‚Kann denn jemand in den Himmel hinaufsteigen?'" – als müsste man Christus von dort herabholen –, *7* „oder: ‚Kann jemand in den Abgrund hinuntersteigen?'" – als müsste man Christus von den Toten heraufholen. *8* Im Gegenteil, sie sagt: „Das Wort ist dir ganz nah. Es ist in deinem Mund und in deinem Herzen."[h] Mit diesem Wort ist die Botschaft vom Glauben gemeint, die wir predigen. *9* Wenn du mit deinem Mund bekennst, dass Jesus der Herr ist, und in deinem Herzen glaubst, dass Gott ihn aus den Toten auferweckt hat, wirst du gerettet werden. *10* Denn man wird für gerecht erklärt, wenn man mit dem Herzen glaubt, man wird gerettet, wenn man seinen Glauben mit dem Mund bekennt. *11* Denn die Schrift sagt: „Wer ihm vertraut, wird nicht enttäuscht werden."[i] *12* Es gibt da keinen Unterschied zwischen Juden und Nichtjuden, denn sie haben alle denselben Herrn und er lässt alle an seinem Reichtum Anteil haben, alle, die ihn anrufen. *13* Denn „jeder, der den Namen des Herrn anruft, wird gerettet werden."[j]

14 Doch wie sollen sie den anrufen, an den sie nicht glauben? Und wie sollen sie an den glauben, von dem sie nichts gehört haben? Und wie sollen sie von ihm hören, wenn ihnen keiner die Botschaft bringt? *15* Aber wie soll die Botschaft verkündigt werden, wenn niemand den Auftrag dazu bekommen hat? Doch das ist geschehen. Es ist eingetroffen, was geschrieben steht: „Was für eine Freude ist es, wenn die Boten kommen und die gute Nachricht bringen."[k]

16 Leider haben nicht alle diese gute Nachricht angenommen. Schon Jesaja sagt: „Herr, wer hat unserer Botschaft geglaubt?"[l] *17* Der Glaube

---

g 10,5: 3. Mose 18,5 nach der LXX zitiert.

h 10,8: Die Zitate stammen alle aus 5. Mose 30,12-14.

i 10,11 : Jesaja 28,16

j 10,13: Joel 3,5. Den Namen Gottes, der bei Joël *Jahwe* lautet, bezieht Paulus hier eindeutig auf den Herrn Jesus Christus (vergleiche die Verse 9-12). Petrus tut das ebenso in Apostelgeschichte 2,21.

k 10,15: Jesaja 52,7; Nahum 2,1

l 10,16: Jesaja 53,1.

kommt also aus dem Hören der Botschaft und die Verkündigung aus dem Wort von Christus. *18* Nun frage ich: „Haben sie die Botschaft etwa nicht gehört?" Aber natürlich haben sie sie gehört! „Ihr Ruf ging ja über die ganze Erde, ihre Nachricht bis ans Ende der Welt."[a] *19* Ich frage weiter: „Hat Israel sie etwa nicht verstanden?" Die Antwort steht schon bei Mose: „Ich werde euch eifersüchtig machen über ein Nicht-Volk. Ich werde euch zum Zorn über eine Nation reizen, die gar nichts von mir weiß."[b] *20* Und Jesaja wagt sogar zu sagen: „Ich ließ mich von denen finden, die nicht einmal nach mir suchten, ich habe mich denen gezeigt, die nicht nach mir fragten."[c] *21* Über Israel aber sagt er: „Den ganzen Tag habe ich meine Hände nach einem Volk ausgestreckt, das ungehorsam und widerspenstig ist."[d]

Gott hat sein Volk nicht verstoßen

11 *1* Ich frage nun: „Hat Gott sein Volk etwa verstoßen?" Auf keinen Fall! Ich bin ja selbst ein Israelit, ein Nachkomme Abrahams aus dem Stamm Benjamin. *2* Nein, Gott hat sein Volk nicht verstoßen. Er hat es doch von Anfang an erwählt. Oder wisst ihr nicht, was die Schrift von Elija sagt, als er sich bei Gott über das Volk beklagt? *3* „Herr, sie haben deine Propheten getötet und deine Altäre niedergerissen. Ich allein bin

übrig geblieben und nun wollen sie auch mich noch töten."[e] *4* Und was gab Gott ihm zur Antwort? „Ich habe 7000 Männer für mich übrig gelassen, die sich nicht vor dem Götzen Baal auf die Knie geworfen haben."[f] *5* So ist es auch jetzt: Gott hat einen Rest von seinem Volk übrig gelassen, einen Rest, den er aus Gnade ausgewählt hat – *6* aus Gnade, also nicht aufgrund von Werken, sonst wäre die Gnade ja nicht mehr Gnade.

7 Was heißt das nun? Was Israel erstrebt, hat nicht das ganze Volk, sondern nur der ausgewählte Rest erlangt. Die Übrigen sind starrsinnig geworden, *8* wie die Schrift sagt: „Gott hat einen Geist der Betäubung über sie kommen lassen. Sie haben Augen, die nicht sehen, und Ohren, die nicht hören, und so ist es bis zum heutigen Tag."[g] *9* Und David sagt: „Ihre Opfer sollen ihnen zur Schlinge und zum Fangnetz werden, zur Falle und zum Strafgericht. *10* Ihre Augen sollen erblinden, dass sie nichts mehr sehen, und ihr Rücken soll sich beugen unter der ständigen Last."[h]

11 Nun frage ich: Sind sie etwa gestrauchelt, um nie wieder aufzustehen? – Auf keinen Fall! Vielmehr hat ihr Fehltritt den anderen Völkern die Rettung gebracht, um die Juden wiederum eifersüchtig zu machen. *12* Wenn nun schon die Welt durch ihren Fehltritt reich gemacht wurde und

---

a 10,18 : Psalm 19,5.

b 10,19 : 5. Mose 32,21.

c 10,20 : Jesaja 65,1

d 10,21 : Jesaja 65,2

e 11,3: 1. Könige 19,10.14

f 11,4: 1. Könige 19,18

g 11,8: 5. Mose 29,3

h 11,10: Psalm 69,23-24

ihr Verlust für die anderen Völker einen großen Gewinn brachte, was wird es dann erst sein, wenn Israel in voller Zahl umkehrt?

13 Euch Nichtjuden aber sage ich: Als Apostel für die Völker preise ich meinen Dienst. 14 Denn vielleicht kann ich dadurch mein eigenes Volk eifersüchtig machen und einige von ihnen retten. 15 Denn wenn schon die Verstoßung Israels der Welt die Versöhnung mit Gott brachte, was wird dann erst Israels Wiederannahme bringen? Nicht weniger als dass Tote lebendig werden. 16 Wenn das erste Brot der neuen Ernte Gott geweiht ist, dann ist alles Korn dieser Ernte geheiligt. Wenn die Wurzel des Baumes Gott geweiht ist, dann sind es auch die Zweige.

17 Nun sind einige Zweige ausgebrochen worden, und du wurdest als neuer Zweig unter die übrigen eingepfropft. Obwohl du von einem wilden Ölbaum stammst, hast du jetzt Anteil am Saft aus der Wurzel des edlen Ölbaums. 18 Du hast keinen Grund, verächtlich auf die anderen Zweige herabzusehen. Und wenn du es dennoch tust, sollte dir klar sein: Nicht du trägst die Wurzel, sondern die Wurzel trägt dich! 19 Vielleicht wirst du nun sagen: „Die Zweige sind ja herausgebrochen worden, damit ich eingepfropft werden konnte." 20 Das ist richtig. Aber dass sie ausgebrochen wurden, lag an ihrem Unglauben. Und du hast deinen Stand nur durch den Glauben. Sei also nicht überheblich, sondern pass auf, dass es dir nicht genauso geht. 21 Denn wenn Gott die natürlichen Zweige nicht verschont hat, warum sollte er dann dich verschonen?

22 Du siehst hier also die Güte und die Strenge Gottes: Seine Strenge gilt denen, die sich von ihm abgewandt haben, aber seine Güte gilt dir, sofern du dich auf seine Güte verlässt; sonst wirst auch du herausgeschnitten werden. 23 Doch auch die anderen Zweige können wieder eingepfropft werden, vorausgesetzt, sie halten nicht an ihrem Unglauben fest. Gott hat sehr wohl die Macht dazu. 24 Denn wenn du aus dem wilden Ölbaum, zu dem du von Natur aus gehörtest, ausgeschnitten und gegen die natürliche Ordnung in den edlen Ölbaum eingepfropft wurdest, wie viel leichter wird es dann sein, die Zweige, die natürlicherweise zum edlen Ölbaum gehören, wieder an ihre Stelle einzupfropfen.

25 Und damit ihr euch nichts auf eure Klugheit einbildet und falsche Schlüsse daraus zieht, will ich euch das folgende Geheimnis bekannt machen: Ein Teil von Israel hat sich verhärtet. Aber das gilt nur so lange, bis die volle Zahl von Menschen aus den anderen Völkern zum Glauben gekommen ist. 26 Israel als Ganzes wird allerdings so gerettet werden, wie geschrieben steht: „Aus Zion wird der Retter kommen, der alle Gottlosigkeit von Jakobs Nachkommen entfernt. 27 Und der Bund, den ich mit ihnen schließen werde, besteht darin, dass ich sie von ihren Sünden befreie."[i]

28 Ihre Einstellung zum Evangelium macht sie zwar zu Feinden – was euch zugutekommt –, aber von der Erwählung her gesehen sind sie Geliebte – wegen ihrer Stammväter. 29 Denn

---

i 11,27: Jesaja 59,20-21; 27,9

Gott nimmt seine Gnadenerweise nicht zurück und bereut seine Berufungen nie. **30** Früher hattet ihr Gott nicht gehorcht und habt jetzt doch – wegen Israels Ungehorsam – Gottes Erbarmen gefunden. **31** So sind auch sie jetzt ungehorsam geworden, damit sie dadurch, dass ihr Gottes Erbarmen gefunden habt, schließlich ebenso Erbarmen finden. **32** Denn Gott hat alle zusammen zu Gefangenen ihres Ungehorsams gemacht, weil er allen sein Erbarmen schenken will.

33 Wie unermesslich reich ist Gottes Weisheit, / wie abgrundtief seine Erkenntnis! / Wie unergründlich sind seine Entscheidungen, / wie unerforschlich seine Wege! **34** Denn wer hat jemals die Gedanken des Herrn erkannt, / wer ist je sein Berater gewesen? **35** Wer hat ihm je etwas gegeben, / das Gott ihm zurückgeben müsste? **36** Denn von ihm kommt alles, / durch ihn steht alles / und zu ihm geht alles. / Ihm gebührt die Ehre für immer und ewig! Amen.

Gottesdienst auch im Alltag des Christen

12 **1** Weil Gott uns solches Erbarmen geschenkt hat, liebe Geschwister, ermahne ich euch nun auch, dass ihr euch mit Leib und Leben Gott als lebendiges und heiliges Opfer zur Verfügung stellt. An solchen Opfern hat er Freude, und das ist der wahre Gottesdienst. **2** Und richtet euch nicht nach den Maßstäben dieser Welt, sondern lasst die Art und Weise, wie ihr denkt, von Gott erneuern und euch dadurch umgestalten, sodass ihr prüfen könnt, ob etwas Gottes Wille ist – ob es gut ist, ob es Gott gefallen würde und ob es zum Ziel führt!

3 Aufgrund der Gnade, die Gott mir gegeben hat, warne ich jeden Einzelnen von euch: Denkt nicht höher von euch, als es angemessen ist, und seid besonnen! Maßstab dafür ist der Glaube, von dem Gott jedem ein bestimmtes Maß zugeteilt hat. **4** Es ist wie bei unserem Körper. Er bildet ein lebendiges Ganzes, hat aber viele Glieder, von denen jedes seine besondere Aufgabe hat. **5** Genauso sind wir alle in Verbindung mit Christus ein einziger Leib und einzeln genommen Glieder, die voneinander abhängig sind. **6** Wir haben ganz verschiedene Gaben, so wie Gott sie uns in seiner Gnade gegeben hat. Der eine hat die Gabe, Worte Gottes weiterzugeben. Er soll das in Übereinstimmung mit dem Glauben tun! **7** Ein anderer ist befähigt, praktische Aufgaben zu übernehmen. Er soll diese Gabe einsetzen! Wenn jemand die Gabe des Lehrens hat, soll er lehren! **8** Wenn jemand die Gabe der Seelsorge hat, dann soll er sie ausüben. Wer Bedürftige unterstützt, tue das uneigennützig! Wer Verantwortung übernimmt, muss fleißig sein! Wer sich um Notleidende kümmert, soll es mit fröhlichem Herzen tun!

9 Liebe muss echt sein, ohne Heuchelei! Verabscheut das Böse, haltet am Guten fest! **10** Seid einander in herzlicher geschwisterlicher Liebe zugetan! Übertrefft euch in gegenseitigem Respekt! **11** Werdet im Fleiß nicht nachlässig, lasst den Geist Gottes in euch brennen und dient so dem Herrn! **12** Freut euch, weil ihr Hoffnung habt, bleibt standhaft in Bedrängnis, seid treu im Gebet! **13** Nehmt Anteil an den

Nöten der Gläubigen und helft ihnen! Bemüht euch um Gastfreundschaft! *14* Segnet eure Verfolger, wünscht ihnen Gutes und verflucht sie nicht! *15* Freut euch mit denen, die sich freuen; weint mit denen, die weinen! *16* Seid miteinander auf dasselbe Ziel bedacht! Strebt nicht hoch hinaus, sondern lasst euch auch von geringen Dingen in Anspruch nehmen! Haltet euch nicht selbst für klug!

17 Vergeltet niemand Böses mit Bösem! Bemüht euch um ein vorbildliches Verhalten gegenüber jedermann! *18* Soweit es irgend möglich ist, und soweit es auf euch ankommt, lebt mit allen Menschen in Frieden! *19* Rächt euch nicht selbst, ihr Lieben, sondern lasst Raum für den Zorn Gottes! Denn in der Schrift steht: „Es ist meine Sache, das Unrecht zu rächen, sagt der Herr, ich werde Vergeltung üben!"[a] *20* „Wenn dein Feind hungrig ist, gib ihm zu essen, wenn er Durst hat, gib ihm zu trinken! Denn wenn du das tust, wirst du ihn zutiefst beschämen. *21* Lass dich nicht vom Bösen besiegen, sondern besiege das Böse mit dem Guten!"[b]

Umgang mit Behörden und anderen Menschen

13 *1* Jeder soll sich den Trägern der staatlichen Gewalt unterordnen. Denn alle staatliche Gewalt kommt von Gott, und jede Regierung ist von Gott eingesetzt. *2* Wer sich daher der staatlichen Gewalt widersetzt, stellt sich gegen die von Gott eingesetzte Ordnung und wird zu Recht bestraft werden. *3* Denn wer Gutes tut, hat von den Regierenden nichts zu befürchten. Das hat nur der, der Böses tut. Wenn du also nicht in Furcht vor der Regierung leben willst, dann tue Gutes, und du wirst von ihr gelobt werden. *4* Sie steht ja zu deinem Besten im Dienst Gottes. Tust du aber Böses, hast du allen Grund, sie zu fürchten, schließlich ist sie nicht umsonst die Trägerin von Polizei- und Strafgewalt. Auch darin ist sie Gottes Dienerin. Sie zieht den Schuldigen zur Verantwortung und vollstreckt damit Gottes Urteil an denen, die Böses tun. *5* Es ist also notwendig, sich dem Staat unterzuordnen, nicht nur aus Angst vor Strafe, sondern auch wegen des Gewissens. *6* Deshalb zahlt ihr ja auch Steuern, denn die Beamten sind Gottes Diener und haben sich berufsmäßig damit zu befassen. *7* Gebt jedem das, was ihm zusteht: Steuer, dem die Steuer, Zoll, dem der Zoll, Respekt, dem Respekt, und Ehre, dem Ehre gebührt!

8 Abgesehen davon, dass ihr einander lieben sollt, bleibt keinem etwas schuldig! Wer den anderen liebt, hat das Gesetz erfüllt. *9* Denn das Gesetz sagt: „Du sollst die Ehe nicht brechen, du sollst niemand ermorden, du sollst nicht stehlen, du sollst der Begierde keinen Raum geben."[c] Diese und alle anderen Gebote sind in dem einen Satz zusammengefasst: „Liebe deinen Nächsten wie dich selbst!"[d] *10* Die Liebe tut dem Nächsten nichts Böses an.

---

a 12,19: 5. Mose 32,35

b 12,21: Sprüche 25,21-22

c 13,9: 2. Mose 20,13-17

d 13,9: 3. Mose 19,18

Darum wird durch die Liebe das ganze Gesetz erfüllt.

11 Achtet also auf die Gelegenheiten, die Gott euch gibt! Es ist höchste Zeit, aus dem Schlaf aufzuwachen, denn jetzt ist unsere Rettung noch näher als damals, als wir zum Glauben kamen. *12* Die Nacht geht zu Ende, bald ist es Tag. Darum wollen wir uns von allem trennen, was man im Dunkeln tut, und die Waffen des Lichts ergreifen! *13* Lasst uns ein Leben führen, wie es zum hellen Tag passt, ein Leben ohne Fress- und Saufgelage, ohne Bettgeschichten und Sexorgien, ohne Streit und Rechthaberei! *14* Zieht vielmehr den Herrn Jesus Christus an und tut nichts mehr von dem, was eure Begierden erweckt!

Die Schwachen und die Starken im Glauben

14 *1* Nehmt den, der im Glauben schwach ist, vorbehaltlos an und streitet nicht über seine Ansichten mit ihm! *2* Einer glaubt zum Beispiel, er dürfe alles essen. Der Schwache jedoch ernährt sich rein vegetarisch. *3* Wer alles isst, darf den nicht verachten, der nicht alles isst! Und wer nicht alles isst, darf den nicht verurteilen, der alles isst, denn Gott hat ihn genauso angenommen wie dich. *4* Wie kommst du denn dazu, den Diener eines anderen zur Rechenschaft zu ziehen? Ob er mit seinem Tun bestehen kann oder nicht, geht nur seinen Herrn etwas an. Und er wird bestehen, denn sein Herr ist in der Lage, dafür zu sorgen.

5 Der eine hebt bestimmte Tage hervor, für den anderen ist jeder Tag gleich. Aber jeder soll mit voller Überzeugung zu seiner Auffassung stehen! *6* Wer einen bestimmten Tag bevorzugt, tut das zur Ehre des Herrn. Genauso ist es bei dem, der alles isst. Er tut es zur Ehre des Herrn, denn er dankt Gott dafür. Und auch der, der nicht alles isst, tut das zur Ehre des Herrn und sagt Gott Dank.

7 Denn keiner von uns lebt für sich selbst und keiner von uns stirbt für sich selbst. *8* Wenn wir leben, leben wir für den Herrn, und wenn wir sterben, gehören wir dem Herrn. Im Leben und im Tod gehören wir dem Herrn. *9* Dazu ist Christus ja gestorben und wieder lebendig geworden, dass er über Tote und Lebende der Herr sei. *10* Warum verurteilst du dann deinen Bruder? Und du, warum verachtest du ihn? Wir werden doch alle vor den Richterstuhl Gottes gestellt werden. *11* Denn es heißt in der Schrift: „So wahr ich lebe, sagt der Herr: Alle Knie werden sich vor mir beugen, und jede Zunge wird Gott anerkennen und preisen."[a] *12* Also wird jeder von uns für sich selbst vor Gott Rechenschaft abzulegen haben.

13 Hören wir doch auf, uns gegenseitig zu verurteilen! Achten wir vielmehr darauf, dass wir unserem Bruder kein Hindernis in den Weg legen und ihn zu Fall bringen! *14* Ich weiß und bin durch den Herrn Jesus fest davon überzeugt, dass nichts von Natur aus unrein ist. Aber für den, der etwas als unrein ansieht, ist es auch unrein. *15* Wenn du also deinen Bruder wegen einer Speise in innere Not bringst, dann lebst du nicht mehr in der Liebe.

---

a 14,11: Jesaja 45,23

Bring ihn mit deinem Essen nicht ins Verderben! Christus ist doch auch für ihn gestorben. *16* Lasst das Gute, das Gott euch geschenkt hat, nicht in Verruf kommen! *17* Denn im Reich Gottes geht es doch nicht um Essen und Trinken, sondern um das, was der Heilige Geist bewirkt: Gerechtigkeit, Frieden und Freude. *18* Wer Christus auf diese Weise dient, wird von Gott anerkannt und von den Menschen geachtet.

19 Lasst uns also nach dem streben, was zum Frieden und zum Aufbau der Gemeinde beiträgt! *20* Zerstöre nicht wegen einer Essensfrage das Werk Gottes! Gewiss, es ist alles rein, aber es ist verwerflich, einen anderen durch sein Essen zu Fall zu bringen. *21* Deshalb isst du am besten kein Fleisch und trinkst keinen Wein und vermeidest überhaupt alles, was deinen Bruder zu Fall bringen könnte. *22* Behandle deine Überzeugung als eine Sache zwischen dir und Gott! Wohl dem, der sich in seiner Überzeugung nicht anklagen muss! *23* Wer aber beim Essen ein schlechtes Gewissen hat, ist schon verurteilt, denn er handelt nicht aus der Überzeugung des Glaubens. Und alles, was nicht aus dem Glauben kommt, ist Sünde.

15 *1* Wir, die Starken, haben die Pflicht, die Schwächen der Schwachen zu tragen, anstatt selbstgefällig nur an uns zu denken. *2* Jeder von uns soll auf den anderen Rücksicht nehmen, damit es ihm gut geht und er gefördert wird. *3* Auch der Messias hat nicht für sich selbst gelebt, sondern so, wie es in der Schrift heißt: „Die Beschimpfungen von denen, die dich beschimpfen, haben mich getroffen."[b] *4* Und alles, was in der Heiligen Schrift steht, wurde früher aufgeschrieben, damit wir daraus lernen. Die Schrift ermutigt uns zum Durchhalten, bis sich unsere Hoffnung erfüllt. *5* Und der Gott, von dem Geduld und Ermutigung kommen, gebe euch die Einmütigkeit, wie sie Jesus Christus entspricht, *6* damit ihr ihn, den Vater unseres Herrn Jesus Christus, einmütig wie aus einem Mund preist.

7 Deshalb nehmt euch gegenseitig an, wie auch Christus euch angenommen hat, damit Gott geehrt wird!

Der Auftrag des Völkerapostels

8 Denn ich sage euch: der Messias ist ein Diener der Juden geworden, um die Wahrhaftigkeit Gottes zu bezeugen. Er wollte die Zusagen bestätigen, die er ihren Vätern gegeben hatte, *9* und wollte, dass die Nichtjuden Gott für seine Barmherzigkeit ehren, wie auch geschrieben steht: „Darum will ich dich preisen unter den Völkern. Zum Ruhm deines Namens will ich Loblieder singen."[c] *10* An anderer Stelle heißt es: „Freut euch mit seinem Volk, ihr Völker alle!"[d] *11* Und weiter: „Lobt den Herrn, all ihr Völker, alle Nationen sollen ihn preisen!"[e] *12* Und Jesaja sagt: „Es kommt der Spross, der aus der Wurzel Isais hervorwächst. Er steht auf, um über die Völker zu

---

b 15,3: Psalm 69,10

c 15,9: Psalm 18,50

d 15,10: 5. Mose 32,43

e 15,11: Psalm 117,1

herrschen. Auf ihn werden die Völker hoffen."[a]

13 Möge Gott, die Quelle der Hoffnung, euch im Glauben mit Freude und Frieden erfüllen, damit eure Hoffnung durch die Kraft des Heiligen Geistes immer stärker wird.

14 Ich bin aber persönlich davon überzeugt, liebe Geschwister, dass ihr selbst in der Lage seid zu tun, was gut und richtig ist. Es mangelt euch an keiner Erkenntnis, und ihr seid auch fähig, euch gegenseitig zu ermahnen. *15* Ich habe euch teilweise recht offen geschrieben, weil ich euch einiges in Erinnerung rufen wollte. Gott hat mich in seiner Gnade ja berufen, *16* ein Diener von Jesus Christus unter den nichtjüdischen Völkern zu sein. Wie ein Priester im Dienst der guten Nachricht Gottes arbeite ich darauf hin, dass sie eine Opfergabe werden, an der Gott Freude hat, weil sie durch den Heiligen Geist geheiligt ist. *17* Dass ich vor Gott darauf stolz sein kann, habe ich allein Jesus Christus zu verdanken. *18* Denn ich würde niemals wagen, von etwas zu reden, was nicht Christus durch mich gewirkt hätte: Menschen aus nichtjüdischen Völkern wurden Gott gehorsam, und zwar durch sein Wort und Werk, *19* in der Kraft von Zeichen und Wundern und in der Kraft des Heiligen Geistes. So habe ich von Jerusalem aus in der ganzen Gegend die Botschaft des Messias bekannt gemacht – bis an die Grenze von Illyrien[b]. *20* Ich

habe darauf geachtet, diese gute Botschaft nicht dort zu verkündigen, wo er schon bekannt war, um nicht auf einem fremden Fundament zu bauen. *21* Ich hielt mich an das, was geschrieben steht: „Gerade die, denen noch nicht von ihm gesagt wurde, sollen ihn kennenlernen, gerade die, die noch nicht von ihm gehört haben, sollen verstehen."[c]

Reisepläne des Apostels

22 Das ist es auch, was mich immer wieder gehindert hat, zu euch zu kommen, *23* obwohl ich mich seit vielen Jahren danach sehne, euch zu sehen. Aber jetzt habe ich in diesen Gegenden kein neues Arbeitsfeld mehr *24* und plane, nach Spanien zu reisen. Auf dem Weg dorthin hoffe ich, euch zu besuchen und dann mit eurer Unterstützung die Reise fortzusetzen. Doch vorher möchte ich mich einige Zeit an der Gemeinschaft mit euch erfreuen. *25* Jetzt reise ich aber erst einmal nach Jerusalem, um den Gläubigen dort Hilfe zu bringen. *26* Denn die Gemeinden in Mazedonien[d] und Achaja[e] haben beschlossen, etwas für die Armen unter den Gläubigen in Jerusalem zusammenzulegen. *27* Sie haben das gern getan und stehen ja auch in ihrer Schuld. Denn wenn die Völker Anteil an den

---

a 15,12: *Jesaja* 11,10 nach der LXX zitiert.

b 15,19: *Illyrien*. Römische Provinz nördlich von Mazedonien (heute Albanien).

c 15,21: *Jesaja* 52,15

d 15,26: *Mazedonien*. Römische Provinz auf der Balkanhalbinsel. Sie umfasste den nördlichen Teil des heutigen Griechenland.

e 15,26: *Achaja*. Römische Provinz, die den südlichen Teil Griechenlands umfasste.

geistlichen Gütern der Jerusalemer Gläubigen bekommen haben, sind sie auch verpflichtet, ihnen mit irdischen Gütern zu dienen. 28 Aber wenn ich diese Sache zum Abschluss gebracht und ihnen den Ertrag der Sammlung versiegelt übergeben habe, will ich auf dem Weg nach Spanien bei euch vorbeikommen. 29 Und ich weiß, dass ich euch die ganze Fülle des Segens von Christus mitbringen werde.

30 Ich bitte euch dringend, liebe Geschwister: Helft mir zu kämpfen, und betet für mich zu Gott! Denn durch unseren Herrn Jesus Christus und durch die Liebe, die der Geist wirkt, sind wir doch miteinander verbunden. 31 Betet, dass ich vor den Gefahren geschützt bin, die mir von den Ungläubigen in Judäa drohen, und dass meine Hilfe für Jerusalem von den Gläubigen dort gut aufgenommen wird! 32 Dann kann ich, wenn es Gottes Wille ist, mit Freude zu euch kommen und mich bei euch etwas erholen. 33 Der Gott des Friedens sei mit euch allen! Amen.

Empfehlungen und viele Grüße

16 1 Ich empfehle euch ausdrücklich unsere Schwester Phöbe, Mitarbeiterin[f] in der Gemeinde in Kenchreä[g]. 2 Nehmt sie im Namen des Herrn auf, wie es Heilige tun sollen, und steht ihr in jeder Sache bei, in der sie euch braucht! Auch sie ist vielen – nicht zuletzt mir selbst – eine große Stütze gewesen.

3 Grüßt Priska und ihren Mann Aquila, meine Mitarbeiter im Dienst für Jesus Christus! 4 Für mein Leben haben sie ihren Kopf hingehalten. Nicht nur ich habe ihnen dafür zu danken, sondern auch alle nichtjüdischen Gemeinden. 5 Grüßt auch die Gemeinde, die in ihrem Haus zusammenkommt. Grüßt meinen lieben Epänetus! Er war der erste in der Provinz Asia[h], der zum Glauben an Christus kam. 6 Grüßt Maria, die so viel für euch gearbeitet hat! 7 Grüßt Andronikus und Junias, meine Landsleute, die in ihrem Haus an Christus geglaubt haben! Sie waren auch mit mir im Gefängnis und sind unter den Aposteln sehr angesehen.

8 Grüßt meinen lieben Ampliatus, mit dem ich durch den Herrn verbunden bin! 9 Grüßt Urbanus, unseren Mitarbeiter im Dienst für Christus, und meinen lieben Stachys! 10 Grüßt Apelles, der sich im Glauben an Christus bewährt hat! Grüßt die im Haus des Aristobul! 11 Grüßt meinen Landsmann Herodion! Grüßt die, die zum Haus des Narzissus gehören und an den Herrn glauben! 12 Grüßt Tryphäna und Tryphosa, die sich für den Herrn mühen, und die liebe Persis, die so unermüdlich für den Herrn gearbeitet hat! 13 Grüßt Rufus, den der Herr erwählt hat, und seine Mutter, die auch mir eine Mutter gewesen ist! 14 Grüßt Asynkritus, Phlegon, Hermes, Patrobas, Hermas und die anderen Geschwister bei ihnen! 15 Grüßt Philologus und

---

f 16,1: *Mitarbeiterin*. Eigentlich: Dienerin, Diakonin.

g 16,1: *Kenchreä*. Der östliche Hafen von Korinth am Sarinischen Golf, etwa 7 km von der Stadt entfernt.

h 16,5: *Asia*. Römische Provinz im westlichen Teil Kleinasiens.

Julia, Nereus und seine Schwester, auch Olympas und alle Gläubigen bei ihnen!

16 Grüßt einander mit einem heiligen Kuss![a] Alle Gemeinden, die zu Christus gehören, grüßen euch.

17 Ich bitte euch, Brüder, nehmt euch vor denen in acht, die von der Lehre abweichen, wie ihr sie gelernt habt! Sie rufen nur Spaltungen hervor und bringen den Glauben der Geschwister in Gefahr. Geht ihnen aus dem Weg! **18** Solche Menschen dienen nicht Christus, unserem Herrn, sondern dem eigenen Bauch[b]. Mit eindrucksvollen Reden und schmeichlerischen Worten führen sie arglose Menschen in die Irre.

19 Über euch aber kann ich mich nur freuen, denn jeder weiß, dass ihr dem Wort Gottes gehorsam seid. Doch ich möchte euch auch weise zum Guten und unbeeinflusst vom Bösen wissen. **20** Es wird nicht lange dauern, bis der Gott des Friedens den Satan unter euren Füßen zermalmt hat. Die Gnade unseres Herrn Jesus Christus sei mit euch!

21 Mein Mitarbeiter Timotheus lässt euch grüßen und ebenso meine Landsleute Luzius, Jason und Sosipater.

22 Auch ich, Tertius, dem Paulus diesen Brief diktiert hat, grüße euch, verbunden durch den Herrn.

23 Mein Gastgeber Gajus, in dessen Haus die ganze Gemeinde zusammenkommt, lässt euch ebenfalls grüßen. Auch der Stadtkämmerer Erastus und der Bruder Quartus lassen euch grüßen. (**24**)[c]

25 Dem Gott, der die Macht hat, euch durch das Evangelium, das mir anvertraut ist, und durch die Predigt von Jesus Christus im Glauben zu festigen; dem Gott, der uns das Geheimnis offenbart hat, das seit undenklichen Zeiten verborgen war; **26** dem ewigen Gott, der befohlen hat, diese Botschaft jetzt durch prophetische Schriften allen Völkern bekannt zu machen, damit sie ihr glauben und gehorchen; **27** dem allein weisen Gott, den wir durch Jesus Christus preisen, gebührt alle Ehre in alle Ewigkeit! Amen.

---

a 16,16: *Kuss.* Der Begrüßungskuss auf Stirn oder Wange war unter Familienangehörigen und Freunden üblich. Unter Gläubigen drückte ein keuscher Kuss die geistliche Verwandtschaft aus.

b 16,18: *Bauch.* Gemeint sind: Wohlergehen, Interessen, Begierden.

c 16,24: Spätere Handschriften fügen hier oder nach V. 27 ein: Die Gnade unseres Herrn Jesus Christus sei mit euch allen! Amen.

Erster Brief des Paulus an die Christen in Korinth

Der erste Besuch des Paulus in Korinth dauerte anderthalb Jahre. In dieser Zeit war die Gemeinde dort entstanden. Anschließend reiste er nach Jerusalem und kehrte dann nach Antiochia zurück, in die Gemeinde, die ihn zum Missionsdienst ausgesandt hatte. Noch im gleichen Jahr brach er zu seiner dritten Missionsreise auf. Gegen Ende des Jahres traf er in Ephesus ein. Er ging dort regelmäßig in die Synagoge und versuchte, die Juden davon zu überzeugen, dass Jesus ihr Messias war. Als es dann zu Spannungen kam, brach er den Kontakt zur Synagoge ab und versammelte die Gemeinde im Lehrsaal eines gewissen Tyrannus. Das tat er zwei Jahre lang.

In dieser Zeit, es wird im Jahr 54 n. Chr. gewesen sein, schrieb Paulus einen ersten Brief nach Korinth, den er in Kapitel 5,9 erwähnt. Im Winter kamen Besucher aus Korinth zu ihm, die Nachrichten aus der Gemeinde übermittelten und auch einen Brief mitbrachten. Daraufhin schrieb Paulus einen zweiten Brief an die Gemeinde und ließ ihn von Timotheus überbringen. Dieser Brief aus dem Jahr 55 n. Chr. ist uns als 1. Korintherbrief überliefert.

Ich danke Gott für euch!

1 *1* Es schreiben Paulus, der nach dem Willen Gottes zum Apostel von Jesus Christus berufen wurde, und Sosthenes[a], der Bruder. *2* An die Gemeinde Gottes in Korinth[b], an die, die Jesus Christus geheiligt hat, die berufenen Heiligen[c], und an alle, die irgendwo den Namen von Jesus Christus anrufen, den Namen ihres und unseres Herrn: *3* Gnade und Friede seien mit euch von Gott, unserem Vater, und von Jesus Christus, dem Herrn.

4 Immer wieder danke ich Gott für euch und für die Gnade, die Gott euch durch Jesus Christus geschenkt hat. *5* Denn durch ihn seid ihr in jeder Beziehung und jeder Art von geistgewirktem Wort und geistlicher Erkenntnis reich gemacht worden. *6* Die Botschaft von Christus hat festen Boden unter euch gewonnen. *7* Deshalb fehlt euch keine der Gaben, die Gottes Geist schenkt. Und so wartet ihr zuversichtlich auf das Erscheinen unseres Herrn Jesus Christus. *8* Er wird euch bis ans Ende Festigkeit verleihen, so dass ihr am Tag unseres Herrn Jesus Christus frei von jedem Tadel dasteht. *9* Ja, Gott, der euch dazu berufen hat, mit seinem Sohn verbunden zu sein, mit unserem Herrn Jesus Christus, ist wirklich treu!

---

a 1,1: *Sosthenes*. Es ist möglich, dass es sich bei ihm um den ehemaligen Synagogenvorsteher von Korinth handelt (Apostelgeschichte 18,17).

b 1,1: *Korinth* war eine wichtige Stadt in Griechenland, die auf der Landenge zum Peloponnes den Handel von Nord nach Süd beherrschte und durch zwei Häfen auch den Seehandel von Ost nach West. Sie war die Hauptstadt der römischen Provinz Achaja.

c 1,2: *Heilige*. Gemeint sind die Christen, alle, die zu dem heiligen Gott gehören dürfen.

Duldet keine Spaltungen unter euch!

10 Liebe Geschwister, im Namen unseres Herrn Jesus Christus bitte ich euch dringend: Sprecht alle mit einer Stimme und lasst keine Spaltungen unter euch sein! Haltet in derselben Gesinnung und Überzeugung zusammen! *11* Durch Leute aus dem Haushalt von Cloë habe ich nämlich erfahren, dass es Zank und Streit unter euch gibt. *12* Ich meine damit: Jeder von euch sagt etwas anderes – der eine: „Ich gehöre zu Paulus", der andere: „Ich zu Apollosᵃ", „Ich zu Kephasᵇ", „Ich zu Christus." *13* Ist Christus denn zerteilt? Wurde Paulus etwa für euch gekreuzigt oder seid ihr vielleicht auf den Namen von Paulus getauft worden?

14 Ich bin Gott dankbar, dass ich außer Krispus und Gaius niemand von euch getauft habe, *15* damit keiner auf die Idee kommen kann, er sei auf meinen Namen getauft worden. *16* Da fällt mir ein, dass ich auch den Stephanas und seine Hausgemeinschaft getauft habe. Ob ich sonst noch jemand getauft habe, weiß ich nicht mehr. *17* Christus hat mich ja nicht zum Taufen ausgesandt, sondern zur Verkündigung des Evangeliums.

Habt ihr die Botschaft vom Kreuz richtig verstanden?

Diese Botschaft darf ich aber nicht mit kunstfertigen Worten menschlicher Weisheit weitergeben, denn sonst verliert das Kreuz des Christus seinen Inhalt. *18* Die Botschaft vom Kreuz ist nämlich für die, die ins Verderben gehen, eine Dummheit, aber für uns, die gerettet werden, ist sie Gottes Kraft. *19* Denn Gott hat gesagt: „Ich werde die Weisheit der Weisen zunichtemachen und die Klugheit der Klugen verwerfen."ᶜ *20* Wo bleiben da die Weisen? Wo die Schriftgelehrten? Wo die Wortführer unserer Welt? Hat Gott nicht gerade das als Dummheit entlarvt, was diese Welt für Weisheit hält? *21* Denn obwohl die Welt von Gottes Weisheit umgeben ist, hat sie mit ihrer Weisheit Gott nicht erkannt. Und darum hat Gott beschlossen, alle zu retten, die seiner scheinbar so törichten Botschaft glauben. *22* Die Juden wollen Wunder sehen, die Nichtjuden suchen Weisheit, *23* aber wir verkünden, dass gerade der Gekreuzigte der von Gott versprochene Retter ist. Für die Juden ist das ein Skandal, für die anderen Völker eine Dummheit, *24* aber für die, die Gott berufen hat – Juden oder Nichtjuden – ist der gekreuzigte Christus Gottes Kraft und Gottes Weisheit. *25* Denn was an Gott töricht erscheint, ist weiser als die Menschen, und was an Gott schwach erscheint, ist stärker als die Menschen.

26 Denkt einmal an das, was ihr vor eurer Berufung wart, liebe Geschwister! Da gab es nicht viele, die nach menschlichen Maßstäben weise, einflussreich oder prominent gewesen wären, *27* sondern Gott hat das ausgewählt, was nach dem Maßstab der Welt einfältig und schwach ist – um die

---

a 1,12: *Apollos*. An Christus gläubiger Jude aus Alexandria, vgl. Apostelgeschichte 18,24-28.

b 1,12: *Kephas*. Hebräischer Name von Petrus, vgl. Johannes 1,42.

c 1,19: Jesaja 29,14

Weisen und Mächtigen zu beschämen. 28 Er erwählte das, was in der Welt als niedrig und bedeutungslos gilt; das, was für sie nichts zählt, um das, was für sie zählt, zunichte zu machen. 29 Niemand soll sich vor Gott rühmen können. 30 Euch aber hat Gott mit Jesus Christus verbunden, der uns zur Weisheit wurde, die von Gott kommt, zur Gerechtigkeit, die vor ihm gilt, zur Heiligkeit und zur Erlösung. 31 Es sollte so kommen, wie geschrieben steht: „Wer sich rühmen will, der rühme sich des Herrn."d

2 1 Als ich zu euch kam, liebe Geschwister, um euch das Zeugnise von Gott weiterzugeben, tat ich das nicht mit überragender Redekunst oder tiefer Gelehrsamkeit. 2 Denn ich hatte mich entschlossen, unter euch nichts anderes zu kennen außer Jesus Christus und ihn als den Gekreuzigten. 3 Als schwacher Mensch trat ich vor euch auf und zitterte innerlich vor Angst. 4 Mein Wort und meine Predigt beruhten nicht auf der Überredungskunst menschlicher Weisheit, sondern auf der Beweisführung des Geistes und der Kraft Gottes. 5 Euer Glaube sollte sich nicht auf menschliche Weisheit gründen, sondern auf die Kraft Gottes.

Das Geheimnis der verborgenen Weisheit Gottes

6 Und doch verkündigen auch wir Weisheit – für die, die dafür reif sind.

Das ist jedoch nicht die Weisheit der heutigen Welt, auch nicht die der Machthaber dieser Welt, die ja irgendwann entmachtet werden, 7 sondern wir predigen das Geheimnis der verborgenen Weisheit Gottes. Dass diese Weisheit für uns sichtbar wurde, hat Gott schon vor aller Zeit bestimmt, damit wir an seiner Herrlichkeit Anteil bekommen. 8 Keiner von den Machthabern dieser Welt hat sie erkannt – denn wenn sie diese Weisheit erkannt hätten, dann hätten sie den Herrn der Herrlichkeit nicht gekreuzigt. 9 Nein, wir verkündigen, wie in der Schrift steht: „Was kein Auge je gesehen und kein Ohr jemals gehört, was keinem Menschen je in den Sinn kam, das hält Gott für die bereit, die ihn lieben."f 10 Denn durch seinen Geist hat Gott uns dieses Geheimnis offenbart. Der Geist ergründet nämlich alles, auch das, was in den Tiefen Gottes verborgen ist. 11 Wer von den Menschen weiß denn, was im Innern eines anderen vorgeht – doch nur der Geist, der in dem betreffenden Menschen wohnt. Ebenso weiß auch nur der Geist Gottes, was in Gott vorgeht. 12 Wir haben aber nicht den Geist dieser Welt empfangen, sondern den Geist, der von Gott kommt. So können wir erkennen, was Gott uns geschenkt hat. 13 Und davon reden wir auch, doch nicht in Worten, wie sie menschliche Weisheit lehrt, sondern in Worten, wie sie der Geist lehrt. Was der Geist gewirkt hat, erklären wir Menschen, die den Geist empfangen haben. 14 Ein natürlicher Mensch

---

d 1,31: Jeremia 9,23

e 2,1: Nach anderen Handschriften: „Geheimnis".

f 2,9: Jesaja 64,3

kann nicht erfassen, was vom Geist Gottes kommt. Er hält es für Unsinn und kann nichts damit anfangen, weil es eben durch den Geist beurteilt werden muss. *15* Doch ein Mensch, der den Geist Gottes empfangen hat, kann das alles richtig beurteilen. Er selbst kann allerdings nicht wirklich von einem anderen beurteilt werden, der den Geist nicht hat. *16* Es heißt ja: „Wer kennt die Einsicht des Herrn? Wer will ihn denn belehren?"[a] Wir aber haben die Einsicht von Christus empfangen.

Einer ist so notwendig wie der andere

3 *1* Zu euch konnte ich bisher aber nicht wie zu Geisterfüllten sprechen, sondern ich musste euch wie Menschen behandeln, die nur ihren eigenen Wünschen folgen und im Glauben an Christus noch Kinder sind. *2* Ich musste euch Milch zu trinken geben, nicht feste Nahrung, weil ihr die noch nicht vertragen konntet. Leider könnt ihr das auch jetzt noch nicht, *3* denn ihr seid immer noch vom eigenen Ich bestimmt. Solange Eifersucht und Streit unter euch herrschen, beweist ihr ja nur, dass ihr eigensinnig seid und euch wie die anderen Menschen benehmt.

4 Denn wenn einer sagt: „Ich halte mich an Paulus!", ein anderer: „Ich stehe zu Apollos!" – seid ihr da nicht genauso wie die anderen? *5* Was ist denn schon Apollos? Und was ist Paulus? Sie sind doch nichts als Diener, durch die ihr zum Glauben gekommen seid.

Jeder von uns hat nur das getan, was ihm der Herr aufgetragen hat. *6* Ich habe gepflanzt, Apollos hat gegossen; aber Gott hat es wachsen lassen. *7* So ist weder der, der pflanzt, von Bedeutung, noch der, der es begießt, sondern Gott, der das Wachstum gibt. *8* Der, der pflanzt, und der, der es begießt, arbeiten zwar beide an demselben Werk, aber jeder wird seinen besonderen Lohn erhalten, wie es seinem persönlichen Einsatz entspricht.

Ihr seid doch Gottes Bauwerk!

9 Wir sind also Gottes Mitarbeiter – ihr seid Gottes Ackerfeld und Gottes Bau. *10* Nach der mir verliehenen Gnade Gottes habe ich als weiser Baumeister das Fundament gelegt. Ein anderer baut auf dieser Grundlage weiter. Aber jeder soll darauf achten, wie er weiterbaut. *11* Das Fundament ist schon gelegt, es ist Jesus Christus. Niemand kann ein anderes legen. *12* Ob aber jemand auf dieses Fundament Gold, Silber oder wertvolle Steine verbaut oder nur Holz, Heu und Stroh, *13* das wird der Tag des Gerichts durch Feuer offenbar machen. Das Werk jedes Einzelnen wird im Feuer auf seine Qualität geprüft. *14* Hält das, was er auf das Fundament gebaut hat stand, wird er belohnt. *15* Wenn es verbrennt, wird er den Schaden zu tragen haben. Er selbst wird zwar gerettet werden, aber so wie jemand, den man aus dem Feuer reißt.

16 Wisst ihr nicht, dass ihr Gottes Tempel seid und der Geist Gottes in euch wohnt? *17* Gott wird jeden verderben, der den Tempel Gottes verdirbt, denn Gottes Tempel ist heilig – und der seid ihr!

---

a 2,16: Jesaja 40,13f

18 Niemand soll sich etwas vormachen. Wenn jemand meint, in der heutigen Welt als weise zu gelten, dann soll er sich doch für töricht halten lassen, damit er wirklich weise wird. 19 Denn was diese Welt für weise hält, ist nichts als Dummheit vor Gott. So steht es auch in der Schrift: „Er fängt die Klugen mit ihrer eigenen Schlauheit."[b] 20 Und: „Der Herr kennt die Gedanken der Weisen, er weiß, wie hohl sie sind."[c] 21 Deshalb schwärme niemand für einen Menschen, denn euch gehört doch alles: 22 Paulus, Apollos, Kephas; euch gehört die ganze Welt, das Leben und der Tod, die Gegenwart und die Zukunft. 23 Doch ihr gehört Christus und Christus gehört Gott.

Überlasst das Urteil Gott!

4 1 Uns soll man als Diener betrachten: als Diener von Christus und Verwalter von Gottes Geheimnissen. 2 Von Verwaltern verlangt man außerdem, dass sie zuverlässig sind. 3 Doch was mich betrifft, so ist mir völlig gleichgültig, ob ich von euch oder irgendeinem menschlichen Gericht beurteilt werde. Ja, ich maße mir nicht einmal selbst ein Urteil über mich an. 4 Ich bin mir zwar keiner Schuld bewusst, aber dadurch bin ich noch nicht gerechtfertigt, denn der Herr ist mein Richter. 5 Verurteilt also nichts vor der von Gott bestimmten Zeit, wartet bis der Herr kommt! Er wird das im Finstern Verborgene ans Licht bringen und die geheimen Motive der Menschen offenbaren. Dann

wird jeder das Lob von Gott erhalten, das er verdient.

Ihr könnt von uns lernen!

6 Das habe ich auf mich bezogen, Brüder, und auf Apollos. An unserem Beispiel solltet ihr lernen, nicht über das hinauszugehen, was in der Schrift steht. Dann werdet ihr euch nicht für den einen auf Kosten des anderen wichtig machen. 7 Wer sollte dir denn den Vorzug geben? Hast du etwas, was du nicht von Gott bekommen hast? Und wenn du es bekommen hast, was gibst du damit an, als hättest du es selbst gehabt?

8 Ihr seid ja so satt! Ihr seid schon so reich! Ihr habt die Herrschaft angetreten – ohne uns. Ach hättet ihr es wirklich schon getan, dann könnten wir ja mit euch herrschen. 9 Denn mir scheint, Gott hat uns, die Apostel, auf den letzten Platz gestellt. Wie zum Tod verurteilte Verbrecher stehen wir in der Arena. Für die ganze Welt sind wir ein Schauspiel geworden, für Engel und Menschen. 10 Wir stehen als Narren da, weil wir mit Christus verbunden sind, aber ihr seid durch Christus klug, wir sind schwach, ihr natürlich stark; ihr seid berühmt, wir verachtet. 11 Bis zu diesem Augenblick leiden wir Hunger und Durst und haben nicht genügend anzuziehen, wir werden misshandelt und haben nirgendwo ein Zuhause. 12 Wir plagen uns ab, um mit den eigenen Händen das tägliche Brot zu verdienen. Wenn wir beschimpft werden, segnen wir die Leute, wenn man uns verfolgt, halten wir still aus. 13 Beleidigt man uns, antworten wir freundlich. Bis jetzt sind wir für die ganze

b 3,19: Hiob 5,13

c 3,20: Psalm 94,11

Welt wie der letzte Dreck geworden, ein Abschaum für alle.

14 Ich schreibe das nicht, um euch zu beschämen, sondern um euch auf den rechten Weg zu bringen. Ihr seid doch meine geliebten Kinder! 15 Und selbst wenn ihr Tausende von strengen Aufsehern durch Christus hättet, so doch nicht viele Väter. Denn durch Jesus Christus und durch das Evangelium bin ich euch zum Vater geworden. 16 So bitte ich euch: Nehmt mich zum Vorbild!

Wir werden euch helfen!

17 Aus diesem Grund habe ich auch Timotheus[a] zu euch geschickt. Durch den Herrn ist er ein geliebtes und treues Kind für mich geworden. Er wird euch an meine Weisungen für das Leben mit Christus erinnern. Sie entsprechen genau dem, was ich überall in jeder Gemeinde lehre.

18 Einige von euch machen sich wichtig und behaupten, ich würde es nicht wagen, zu euch zu kommen. 19 Doch, wenn der Herr will, werde ich sehr bald bei euch eintreffen. Und dann werde ich nicht nur sehen, was an den Worten dieser Wichtigtuer dran ist, sondern auch, ob Kraft dahinter steckt. 20 Denn die Herrschaft Gottes ist keine Sache des Redens, sondern der Kraft. 21 Was ist euch lieber? Soll ich mit dem Stock zu euch kommen oder mit Liebe und Nachsicht?

Ein krasser Fall von Unsittlichkeit

5 1 Man hört überhaupt schlimme Dinge von euch. Ihr duldet eine derartige sexuelle Unmoral in der Gemeinde, wie sie nicht einmal unter gottlosen Völkern vorkommt, dass nämlich einer mit seiner Stiefmutter zusammenlebt. 2 Und dann seid ihr auch noch eingebildet! Ihr solltet vielmehr traurig sein und den, der so etwas getan hat, aus eurer Gemeinschaft ausstoßen. 3 Ich bin zwar nicht persönlich bei euch, doch im Geist bin ich anwesend und habe schon das Urteil über den gefällt, der so etwas Schlimmes getan hat. 4 Wenn ihr im Namen unseres Herrn Jesus Christus zusammenkommt und ich im Geist bei euch bin und der Herr Jesus mit seiner Kraft gegenwärtig ist, 5 dann soll dieser Mensch im Namen unseres Herrn Jesus dem Satan ausgeliefert werden, damit sein Körper zugrunde gerichtet, sein Geist aber am Gerichtstag des Herrn gerettet wird.

6 Euer Selbstruhm ist wirklich unangebracht! Wisst ihr denn nicht, dass ein wenig Sauerteig den ganzen Teig durchsäuert? 7 Reinigt euch also vom alten Sauerteig, fegt jeden Krümel davon aus[b], damit ihr wieder ein frischer, ungesäuerter Teig seid, denn auch unser Passalamm[c] ist geschlachtet

---

b 5,7: *Sauerteig ausfegen.* Vor dem Passafest reinigten die Juden ihre Wohnung so gründlich, dass kein Krümel eines mit Sauerteig gebackenen Brotes mehr zu finden war.

c 5,7: *Passalamm.* Beim Passafest, das die Juden in Erinnerung an die göttliche Verschonung Israels beim Auszug aus Ägypten feierten, wurde ein Lamm geschlachtet.

---

a 4,17: *Timotheus.* Ausgezeichneter Mitarbeiter des Paulus aus Lystra, vgl. Apostelgeschichte 16,1-3; Adressat der Timotheusbriefe.

worden: Christus. *8* Darum lasst uns das Fest feiern – nicht mit Brot aus dem alten Sauerteig der Schlechtigkeit und Bosheit, sondern mit dem ungesäuerten Brot von Reinheit und Wahrheit.

9 In meinem vorigen Brief habe ich euch geschrieben, dass ihr keinen Umgang mit Menschen haben sollt, die in sexueller Unmoral leben. *10* Damit habe ich nicht die unmoralischen Menschen dieser Welt gemeint, die Habgierigen, die Räuber oder die Götzenanbeter. Sonst müsstet ihr diese Welt ja verlassen. *11* Nein, ich meinte in dem Brief, dass ihr keinen Umgang mit jemand haben sollt, der sich Bruder nennen lässt und trotzdem in sexueller Unmoral lebt oder ein habgieriger Mensch ist oder ein Götzenanbeter, ein Verleumder, ein Trinker oder ein Räuber. Mit solch einem Menschen sollt ihr nicht einmal zusammen essen.

12 Weshalb sollte ich denn über Außenstehende zu Gericht sitzen? Ihr richtet ja nicht einmal die, die zur Gemeinde gehören. *13* Über die draußen wird Gott Gericht halten. Schafft also den Bösen aus eurer Mitte weg!

Weshalb streitet ihr euch vor Gericht?

6 *1* Wenn jemand von euch mit einem Gläubigen Streit hat, wie bringt er es dann fertig, vor das Gericht der Ungläubigen zu gehen, anstatt sich von den Heiligen[d] Recht sprechen zu lassen? *2* Wisst ihr denn nicht, dass die Heiligen die Welt richten werden? Und wenn durch euch sogar die Welt gerichtet wird, seid ihr dann nicht zuständig für solche Kleinigkeiten? *3* Wisst ihr nicht, dass wir sogar über Engel zu Gericht sitzen werden? Wie viel mehr dann über die Dinge des täglichen Lebens? *4* Wie könnt ihr nur bei diesen alltäglichen Dingen solche Menschen über euch Recht sprechen lassen, die in der Gemeinde nichts gelten? *5* Ihr solltet euch schämen! Gibt es denn keinen unter euch, der weise genug ist, um ein unparteiisches Urteil zwischen Brüdern fällen zu können? *6* Stattdessen zieht ein Bruder den anderen vor Gericht – und das vor Ungläubigen! *7* Es ist schon schlimm genug, dass ihr überhaupt Rechtshändel miteinander austragt. Warum lasst ihr euch nicht lieber Unrecht tun? Warum lasst ihr euch nicht lieber benachteiligen? *8* Stattdessen tut ihr selbst Unrecht und benachteiligt andere – und das unter Brüdern!

9 Wisst ihr denn nicht, dass ungerechte Menschen keinen Platz im Reich Gottes haben werden? Täuscht euch nicht: Menschen, die in sexueller Unmoral leben, Götzen anbeten oder die Ehe brechen, Lustknaben und Knabenschänder[e], *10* Diebe oder Habsüchtige, Trinker, Lästerer oder Räuber werden keinen Platz im Reich Gottes haben. *11* Und das sind manche von euch gewesen. Aber durch den Namen des Herrn Jesus Christus und

---

d 6,1: *Heilige.* Gemeint sind die Christen, alle, die zu dem heiligen Gott gehören dürfen.

e 6,9: *Knabenschänder.* Gemeint sind homosexuelle Männer – die, die sich missbrauchen lassen, und die, die es aktiv tun.

durch den Geist unseres Gottes seid ihr reingewaschen, seid ihr geheiligt, seid ihr gerecht gesprochen worden.

Haltet euch von sexuellen Sünden fern!

12 Alles steht mir frei, aber nicht alles ist förderlich. Alles ist mir erlaubt, aber ich darf mich von nichts beherrschen lassen. *13* Das Essen ist für den Magen bestimmt und der Magen für das Essen. Gott wird beides einmal beseitigen. Aber unser Körper ist nicht für sexuelle Unmoral bestimmt, sondern für den Herrn und der ist der Herr über den Körper. *14* Gott hat den Herrn auferweckt und wird in seiner Macht auch uns auferwecken. *15* Wisst ihr nicht, dass eure Körper wie Glieder zum Leib von Christus gehören? Wollt ihr nun die Glieder von Christus nehmen und sie mit denen einer Hure vereinigen? Auf keinen Fall! *16* Wer sich mit einer Hure einlässt, wird praktisch ein Leib mit ihr – wisst ihr das nicht? Es heißt doch in der Schrift: „Die zwei werden *ein* Fleisch sein."[a] *17* Wer sich aber mit dem Herrn vereint, ist *ein* Geist mit ihm. *18* Flieht vor den sexuellen Sünden! Alle anderen Sünden spielen sich außerhalb vom Körper des Menschen ab. Wer aber seine Sexualität freizügig auslebt, sündigt gegen den eigenen Körper. *19* Wisst ihr denn nicht, dass euer Körper ein Tempel des Heiligen Geistes ist, der in euch wohnt und den ihr von Gott bekommen habt? Ist euch nicht klar, dass ihr euch nicht selbst gehört? *20* Denn ihr seid für ein Lösegeld gekauft worden. Macht also Gott mit eurem Körper Ehre.

Über Ehe und Ehelosigkeit

7 *1* Nun zu dem, was ihr mir geschrieben habt. Ihr sagt: ‚Es ist gut für einen Mann, überhaupt keine sexuelle Beziehung zu einer Frau zu haben.' *2* Meine Antwort ist: Um sexuelle Unmoral zu vermeiden, sollte jeder Mann seine Ehefrau haben und jede Frau ihren Ehemann. *3* Der Mann soll der Frau die eheliche Pflicht erfüllen, aber auch die Frau dem Mann. *4* Die Frau verfügt nicht über ihren Körper, sondern der Mann, ebenso aber verfügt auch der Mann nicht über seinen Körper, sondern die Frau. *5* Verweigert euch einander nicht – höchstens für eine begrenzte Zeit und im gegenseitigen Einverständnis, wenn ihr für das Gebet frei sein wollt. Aber danach sollt ihr wieder zusammenkommen, damit euch der Satan nicht verführt, weil ihr euch ja doch nicht enthalten könnt. *6* Ich sage das als Zugeständnis, nicht als Gebot. *7* Ich wünschte zwar, alle Menschen wären so wie ich, doch dem einen hat Gott diese besondere Gabe geschenkt, dem anderen jene.

8 Zu den Unverheirateten und Witwen sage ich: Es ist gut, wenn sie ehelos bleiben wie ich. *9* Wenn sie aber nicht enthaltsam leben können, dann sollen sie heiraten. Das ist besser, als vor Begierde zu brennen.

Ehe und Scheidung

10 Für die Verheirateten aber gilt ein Gebot – es stammt nicht von mir, sondern vom Herrn: Eine Frau soll

---

a 6,16: 1. Mose 2,24

sich nicht von ihrem Mann scheiden lassen. *11* Hat sie sich aber doch von ihm getrennt, dann soll sie unverheiratet bleiben oder sich wieder mit ihm versöhnen. Auch ein Mann darf seine Frau nicht verstoßen.

12 Den anderen aber sage ich – hier habe ich kein Wort des Herrn: Wenn ein Bruder eine ungläubige Frau hat, die weiter bei ihm bleiben will, so soll er sich nicht von ihr trennen. *13* Dasselbe gilt für eine gläubige Frau, die einen ungläubigen Mann hat: Wenn er weiter bei ihr bleiben will, soll sie sich nicht von ihm trennen. *14* Denn der ungläubige Ehemann ist durch die Frau in die Nähe Gottes gebracht[b] und die ungläubige Frau ist durch den Bruder in die Nähe Gottes gebracht. Sonst müsstet ihr ja auch eure Kinder als fern von Gott betrachten. Nun aber sind auch sie in die Nähe Gottes gebracht. *15* Wenn aber der ungläubige Partner auf einer Trennung besteht, dann willigt in die Scheidung ein. Der Bruder oder die Schwester ist in diesem Fall nicht an die Ehe gebunden. Gott hat uns doch zu einem Leben in Frieden berufen! *16* Wie willst du denn wissen, Frau, ob du deinen Mann zu Christus führen und retten kannst? Oder weißt du, Mann, etwa, dass dir das bei deiner Frau gelingt?

17 Grundsätzlich soll jeder so leben, wie der Herr es ihm zugemessen hat, das heißt, er soll da bleiben, wo Gottes Ruf ihn traf. So ordne ich es in allen Gemeinden an. *18* Wenn einer beschnitten war, als er berufen wurde, soll er nicht versuchen, seine Beschneidung[c] rückgängig zu machen. Wenn er nicht beschnitten war, soll er sich auch nicht beschneiden lassen. *19* Die Beschneidung hat keinen Wert an sich und das Unbeschnittensein auch nicht. Was zählt, ist das Halten der Gebote Gottes. *20* Jeder soll in dem Stand bleiben, in dem er berufen wurde. *21* Wenn du Sklave warst, als Gott dich berief, mach dir nichts daraus. Wenn du aber tatsächlich frei werden kannst, nutze die Gelegenheit umso lieber. *22* Denn wer als Sklave in die Gemeinschaft des Herrn gerufen wurde, ist vor dem Herrn ein freier Mensch. Und wer frei war, als Gott ihn rief, ist jetzt ein Sklave von Christus. *23* Gott hat einen hohen Preis für euch bezahlt. Macht euch also nicht zu Sklaven von Menschen! *24* Liebe Geschwister, jeder soll in Verantwortung vor Gott in dem Stand leben, in dem er berufen wurde.

Die Vorteile der Ehelosigkeit

25 Nun zu den Unverheirateten[d]: Ich habe hier kein Gebot des Herrn, aber ich gebe euch einen Rat als einer, den

---

b 7,14: *in die Nähe Gottes gebracht.* Wörtlich: *geheiligt.* Das kann nicht in dem strengen Sinn gemeint sein, in dem die Christen als Heilige (für Gott Ausgesonderte) bezeichnet werden, denn die Voraussetzung dazu ist Glaube und Bekehrung.

c 7,18: *Beschneidung.* Siehe 1. Mose 17,9-14!

d 7,25: *Unverheirateten.* Im Grundtext steht hier und in den Versen 28, 34 und 36-38 *Jungfrau,* was immer eine ledige unberührte Frau meint. In den Versen 36-38 könnte die Verlobte oder auch ein Mädchen gemeint sein, das dem Betreffenden anvertraut ist und für dessen Verheiratung er sorgt.

der Herr durch sein Erbarmen vertrauenswürdig gemacht hat. *26* Wenn ich an die gegenwärtige Not denke, meine ich, es ist besser, unverheiratet zu bleiben. *27* Bist du aber schon mit einer Frau verbunden, dann versuche nicht, dich von ihr zu lösen. Bist du allerdings noch frei, dann suche keine Frau. *28* Wenn du aber doch heiratest, sündigst du nicht, und auch ein junges Mädchen sündigt nicht, wenn es heiratet. Freilich werden solche dann in ihrem irdischen Leben manchen Bedrängnissen ausgesetzt sein, und das würde ich euch gern ersparen. *29* Denn ich sage euch, Brüder, die Zeit ist kurz bemessen: In Zukunft sollten die, die Frauen haben, so sein, als hätten sie keine. *30* Wer weint, soll sich nicht von Trauer überwältigen lassen, und wer fröhlich ist, nicht von Freude. Wer einkauft, rechne damit, es nicht zu behalten; *31* und wer sich die Welt zunutze macht, soll sich nicht von ihr beschlagnahmen lassen. Denn die Welt in ihrer jetzigen Gestalt wird vergehen.

32 Ich möchte, dass ihr euch keine unnötigen Sorgen machen müsst. Der Unverheiratete sorgt sich um die Angelegenheiten des Herrn – wie er dem Herrn gefallen kann; *33* der Verheiratete sorgt sich um die Angelegenheiten der Welt – wie er der Frau gefallen kann – *34* und so zieht es ihn nach beiden Seiten. Ebenso ist es mit der alleinstehenden oder einer noch ledigen Frau: Sie sorgen sich um die Angelegenheiten des Herrn – dass sie mit Körper und Geist für ihn da sind. Die verheiratete Frau aber sorgt sich um die Angelegenheiten der Welt – wie sie ihrem Mann gefallen kann. *35* Ich sage das zu eurem Besten und nicht, um euch eine Schlinge um den Hals zu legen. Ihr sollt vielmehr mit allem Anstand leben und ohne Ablenkung treu für den Herrn da sein können.

36 Wenn jemand denkt, er handelt unrecht an seiner Verlobten[a], wenn sie über die Jahre der Reife hinauskommt und meint, er müsste sie heiraten, dann soll er tun, was er will; er sündigt nicht. *37* Wer aber in seinem Herzen fest bleibt, weil er sich in der Gewalt hat, und nicht von seinem Verlangen bedrängt wird, wer also in seinem Herzen entschlossen ist, seine Verlobte unberührt zu lassen, der handelt richtig. *38* Also: Wer seine Verlobte heiratet, handelt gut; doch wer ledig bleibt, handelt besser.

39 Eine Frau ist gebunden, so lange ihr Mann lebt. Wenn er stirbt, ist sie frei zu heiraten, wen sie will. Es muss nur in Verbindung mit dem Herrn geschehen. *40* Doch ist sie glücklicher zu preisen, wenn sie bleibt, wie sie ist. Das ist jedenfalls meine Meinung, aber ich denke, dass ich ja auch den Geist Gottes habe.

Freiheit und Gewissen am Beispiel des Götzenopferfleisches

8 *1* Ich komme zu der Frage, ob man Fleisch von Tieren essen darf, die Götzen geopfert wurden. Gewiss, wir alle haben Erkenntnis. Doch das allein lässt uns schnell eingebildet sein. Die Liebe dagegen baut auf. *2* Wenn jemand meint, etwas Besonderes erkannt zu haben, dann hat er noch nicht einmal erkannt, wie

---

a 7,36: *Verlobte*. Siehe Anmerkung zu V. 25.

man erkennen soll. *3* Wenn aber jemand Gott liebt, dann ist er von ihm erkannt worden. *4* Was nun das Essen von Götzenopferfleisch betrifft, wissen wir doch, dass es gar keine Götzen in der Welt gibt und keinen Gott, außer dem einen. *5* Selbst wenn es Größen im Himmel und auf der Erde gibt, die Götter genannt werden – und solche Götter und Herren gibt es viele –, *6* so haben wir doch nur einen Gott, den Vater, von dem alles kommt und zu dem wir gehen. Und wir haben nur einen Herrn, Jesus Christus, durch den alles entstand und durch den wir leben.

7 Aber nicht alle wissen das. Manche essen das Fleisch immer noch als Götzenopferfleisch, weil sie bisher an die Götzen gewöhnt waren, und belasten so ihr schwaches Gewissen. *8* Doch ein Nahrungsmittel wird uns nicht vor Gottes Gericht bringen. Wir haben keinen Nachteil, wenn wir nicht davon essen, und keinen Vorteil, wenn wir davon essen.

9 Ihr müsst aber darauf achten, dass diese eure Freiheit nicht die Schwachen zu Fall bringt. *10* Wenn nämlich einer mit einem schwachen Gewissen dich, der diese Erkenntnis hat, im Götzentempel beim Mahl sieht, wird er dann nicht verleitet, auch Götzenopferfleisch zu essen, obwohl er dabei gegen sein Gewissen handelt? *11* So geht der Schwache an deiner Erkenntnis zugrunde, dein Bruder, für den Christus gestorben ist. *12* Wenn ihr so gegen eure Geschwister sündigt und ihr schwaches Gewissen verletzt, sündigt ihr gegen Christus. *13* Wenn ein Nahrungsmittel dazu führt, dass mein Bruder zu

Fall kommt, dann will ich nie und nimmermehr Fleisch essen. Ich will für meinen Bruder doch nicht zur Falle werden.

Der Umgang mit Freiheit und Privilegien

9 *1* Bin ich nicht frei? Bin ich nicht Apostel? Habe ich nicht Jesus, unseren Herrn, gesehen? Seid ihr nicht das Ergebnis meiner Arbeit für den Herrn? *2* Wenn ich auch für andere kein Apostel sein sollte, so doch wenigstens für euch. Durch den Herrn seid ihr das Siegel meines Apostelamts. *3* Hier ist meine Antwort an die, die mich zur Rechenschaft ziehen wollen: *4* Haben wir etwa kein Recht zu essen und zu trinken? *5* Haben wir etwa kein Recht, eine Schwester als Ehefrau ständig bei uns zu haben, wie die anderen Apostel, die Brüder des Herrn und Kephas? *6* Oder müssen nur ich und Barnabas[b] selbst für unseren Lebensunterhalt aufkommen? *7* Wer ist denn auf eigene Kosten Soldat? Wer pflanzt denn einen Weinberg, ohne von seinen Früchten zu essen? Wer hütet denn eine Herde und trinkt nicht von ihrer Milch? *8* Ich sage das nicht nur von einem menschlichen Standpunkt aus; das Gesetz sagt es genauso. *9* Im Gesetz des Mose steht nämlich geschrieben: „Du sollst einem Ochsen, der drischt, nicht das Maul zubinden."[c] Geht es Gott vielleicht um die Ochsen *10* oder

---

b 9,6: *Barnabas.* Mitarbeiter des Paulus aus Jerusalem, vgl. Apostelgeschichte 4,36-37.

c 9,9: 5. Mose 25,4

sagt er das nicht vielmehr uns? Denn es wurde für uns geschrieben. Jeder, der pflügt und das Getreide drischt, darf doch damit rechnen, seinen Anteil am Ernteertrag zu bekommen. *11* Wenn wir geistlichen Samen unter euch ausgestreut haben, ist es dann zu viel erwartet, wenn wir natürliche Gaben von euch ernten? *12* Andere nehmen dieses Recht in Anspruch und lassen sich von euch versorgen. Hätten wir das nicht erst recht tun können? Aber wir haben keinen Gebrauch von unserem Recht gemacht. Wir nehmen lieber alle Mühen und Entbehrungen auf uns, damit wir dem Evangelium von Christus kein Hindernis in den Weg legen.

13 Wisst ihr nicht, dass alle, die im Tempel Dienst tun, von den Einkünften des Tempels essen, und alle, die am Altar Dienst tun, ihren Anteil von den Opfergaben erhalten? *14* So hat auch der Herr angeordnet, dass die, die das Evangelium verkündigen, auch vom Evangelium leben sollen. *15* Doch ich habe von keinem dieser Rechte für mich Gebrauch gemacht. Ich schreibe das auch nicht, weil ich es jetzt in Anspruch nehmen will. Lieber würde ich sterben, als dass man mir diesen Ruhm zunichte macht. *16* Denn wenn ich die gute Botschaft verkünde, kann ich mich deswegen nicht rühmen, denn ich muss sie predigen. Wehe mir, wenn ich es nicht tue! *17* Wäre es mein freier Entschluss gewesen, könnte ich Lohn dafür erwarten. Wenn das aber nicht so ist, habe ich eine Aufgabe bekommen. *18* Worin besteht dann mein Lohn? Er besteht darin, dass ich das Evangelium kostenfrei weitergebe und auf das verzichte, was mir dafür zusteht.

19 Denn obwohl ich frei und von niemand abhängig bin, habe ich mich allen zum Diener gemacht, um so viele wie möglich zu gewinnen. *20* Den Juden bin ich wie ein Jude geworden, um Juden zu gewinnen. Unter denen, die sich an das Gesetz des Mose halten, lebe ich nach Moses Gesetz, obwohl ich nicht mehr diesem Gesetz unterstellt bin –, nur um sie zu gewinnen. *21* Bei Menschen, die das Gesetz nicht kennen, lebe ich nicht nach dem Gesetz, um sie für Christus zu gewinnen –, obwohl ich keineswegs gesetzlos vor Gott bin, ich stehe ja unter dem Gesetz von Christus. *22* Den Schwachen bin ich wie ein Schwacher geworden, um die Schwachen zu gewinnen. Ich bin allen alles geworden, um unter allen Umständen wenigstens einige zu retten. *23* Das alles tue ich für das Evangelium, damit ich selbst an seinen Segnungen Anteil bekomme.

24 Ihr wisst doch, dass von allen Läufern bei einem Wettkampf im Stadion nur einer den Siegeskranz bekommt. Darum lauft so, dass ihr ihn bekommt! *25* Jeder Wettkämpfer verzichtet auf viele Dinge –, nur um einen vergänglichen Siegeskranz zu bekommen. Wir aber werden einen unvergänglichen erhalten. *26* Darum laufe ich nicht wie ins Blaue hinein und kämpfe nicht wie ein Faustkämpfer, der Luftschläge macht, *27* sondern ich treffe mit meinen Schlägen den eigenen Körper und mache ihn mit Gewalt gefügig. Ich will nicht anderen predigen und selbst disqualifiziert werden.

Lasst euch nicht wie die Israeliten zum Bösen verleiten!

10 *1* Denn das sollte euch klar sein, liebe Geschwister: Unsere Vorfahren waren alle unter dem Schutz der Wolke und gingen alle durchs Meer.ᵃ *2* Und alle wurden in der Wolke und dem Meer auf Mose getauft. *3* Sie alle aßen dieselbe geistliche Speise *4* und tranken denselben geistlichen Trank. Sie tranken ja aus dem geistlichen Felsen, der mit ihnen ging. Und dieser Fels war Christus. *5* Trotzdem hatte Gott an den meisten von ihnen kein Gefallen, denn er ließ sie in der Wüste sterben.

6 Das soll uns als warnendes Beispiel dienen, damit wir uns nicht vom Verlangen nach dem Bösen beherrschen lassen, wie sie es in ihrer Gier taten. *7* Betet auch keine Götzen an, wie es einige von ihnen getan haben, denn es steht in der Schrift: „Sie setzten sich hin, um zu essen und zu trinken, und danach standen sie auf, um sich zu vergnügen."ᵇ *8* Lasst uns auch keinen außerehelichen Sex haben, wie ein Teil von ihnen es machte und deshalb an einem einzigen Tag 23 000 Menschen umkamen. *9* Wir wollen auch Christus nicht herausfordern wie einige von ihnen das taten und von den Schlangen umgebracht wurden. *10* Lehnt euch nicht gegen Gott auf wie manche von ihnen, die deshalb vom Strafengel Gottes umgebracht wurden.

11 Diese Dinge sind beispielhaft an ihnen geschehen, um uns, über die das Ende der Zeiten gekommen ist, als Warnung zu dienen. *12* Wer daher meint, er stehe fest, der gebe acht, dass er nicht fällt! *13* Bisher ist noch keine Versuchung über euch gekommen, die einen Menschen überfordert. Und Gott ist treu; er wird nicht zulassen, dass die Prüfung über eure Kraft geht. Er wird euch bei allen Versuchungen den Weg zeigen, auf dem ihr sie bestehen könnt.

Der Umgang mit Götzen und dem Opferfleisch

14 Haltet euch von allem Götzendienst fern, liebe Geschwister! *15* Ich rede doch zu verständigen Menschen: Beurteilt selbst, was ich sage! *16* Der Kelch des Segensᶜ, für den wir Gott loben, bedeutet er nicht Gemeinschaft mit dem Blut des Christus? Das Brot, das wir brechen, bedeutet es nicht Gemeinschaft mit dem Leib des Christus? *17* Es ist ein einziges Brot. So sind wir als viele Menschen ein einziger Leib, denn wir alle haben Anteil an dem einen Brot. *18* Schaut auf das irdische Israel: Sind nicht alle, die vom Fleisch der Opfertiere essen, in Verbindung mit dem Altar? *19* Will ich damit sagen, dass das Götzenopferfleisch oder ein Götzenbild etwas bedeutet? *20* Nein! Aber was sie opfern, das opfern diese Leute Dämonen und nicht Gott. Ich will aber nicht, dass ihr in Kontakt mit Dämonen kommt! *21* Ihr könnt doch nicht

---

a 10,1: Siehe 2. Mose 13,21 und 14,19-22.

b 10,7: 2. Mose 32,6

c 10,16: *Kelch des Segens*. Beim jüdischen Passafest heißt der dritte Becher Wein, der getrunken wird, ‚Becher des Segens', weil bei ihm der Tischsegen, das Dankgebet für die genossenen Speisen, gesprochen wird.

aus dem Kelch des Herrn trinken und aus dem von Dämonen! Ihr könnt doch nicht am Tisch des Herrn Anteil haben und am Tisch von Dämonen! 22 Oder wollen wir den Herrn zur Eifersucht reizen? Sind wir etwa stärker als er?

23 Alles ist uns erlaubt! – Ja, aber nicht alles ist nützlich. Alles ist erlaubt! – Ja, aber nicht alles baut auf. 24 Ihr sollt nicht euren eigenen Vorteil suchen, sondern den des anderen! 25 Was auf dem Fleischmarkt verkauft wird, könnt ihr alles essen. Ihr müsst nicht aus Gewissensgründen nachforschen, woher es kommt. 26 Denn „dem Herrn gehört die Erde und alles, was sie erfüllt".a 27 Wenn Ungläubige euch zum Essen einladen und ihr die Einladung annehmen wollt, dann esst, ohne viel zu fragen, alles, was euch vorgesetzt wird. Ihr müsst euch kein Gewissen darüber machen. 28 Nur wenn dort jemand zu euch sagt: „Das ist Opferfleisch!", dann esst nichts davon – aus Rücksicht auf den, der euch den Hinweis gab, und wegen des Gewissens. 29 Ich meine nicht das eigene Gewissen, sondern das des anderen. – Aber warum sollte ich meine Freiheit vom Gewissen eines anderen abhängig machen? 30 Wenn ich Gott für das Essen gedankt habe, warum werde ich dann dafür verleumdet? 31 Es ist so: Ob ihr nun esst oder trinkt oder sonst etwas tut – tut alles zur Ehre Gottes! 32 Ihr dürft durch euer Verhalten niemand zur Sünde verleiten – weder Juden noch Griechen noch sonst jemand von Gottes Gemeinde. 33 So mache ich

es auch. Ich versuche, in allen Dingen auf alle Rücksicht zu nehmen. Dabei suche ich nicht meinen eigenen Vorteil, sondern den Vorteil aller, damit sie gerettet werden. 11,1 Nehmt mich zum Vorbild, so wie ich Christus zum Vorbild nehme!

Mann und Frau beim Beten und Weissagen

11 2 Ich lobe euch, dass ihr in allen Dingen an mich denkt und so an den Überlieferungen festhaltet, wie ich sie euch übergeben habe. 3 Nun möchte ich aber, dass ihr auch Folgendes wisst: Christus ist das Oberhaupt jedes Mannes, der Mann das Oberhaupt der Frau und Gott das Oberhaupt von Christus.

4 Jeder Mann, der beim Beten oder Weissagenb eine Kopfbedeckung trägt, entehrt sein Oberhaupt. 5 Und jede Frau, die ihren Kopf beim Beten oder Weissagen nicht verhüllt, entehrt ihr Oberhaupt, denn das wäre so, als ob sie kahl geschoren herumliefe. 6 Wenn eine Frau sich also nicht verhüllt, kann sie sich auch gleich die Haare abschneiden lassen. Wenn es für sie aber entehrend ist, das Haar abgeschnitten oder den Kopf rasiert zu bekommen wie ein Mann, dann soll sie sich verhüllen. 7 Der Mann freilich darf sich den Kopf nicht verhüllen, denn er ist Gottes Abbild und spiegelt seine Herrlichkeit wider. In der Frau spiegelt sich die Herrlichkeit des Mannes. 8 Denn der Mann stammt nicht von der Frau, sondern die Frau vom Mann; 9 denn

---

a 10,26: Psalm 24,1

b 11,4: *Beten* ist das Reden zu Gott hin, *Weissagen* das Reden von Gott her, das Reden im Auftrag Gottes.

der Mann wurde ja nicht für die Frau geschaffen, sondern die Frau für den Mann. *10* Deshalb soll eine Frau mit Rücksicht auf die Engel das Zeichen ihrer Vollmacht auf dem Kopf tragen.

11 Allerdings gibt es vor dem Herrn weder die Frau ohne den Mann noch den Mann ohne die Frau. *12* Denn wie die Frau vom Mann abstammt, so wird der Mann durch die Frau zur Welt gebracht. Und beide kommen von Gott.

13 Urteilt doch selbst: Gehört es sich für eine Frau, unverhüllt zu Gott zu beten? *14* Lehrt euch nicht selbst die Natur, dass es für den Mann eine Schande ist, *15* für die Frau aber eine Ehre, langes Haar zu tragen? Denn das lange Haar ist ihr anstelle eines Umhangs gegeben. *16* Wenn jemand unbedingt auf dem Gegenteil bestehen will, soll er wissen: Wir und auch die Gemeinden Gottes haben eine andere Gewohnheit.

Missstände beim gemeinsamen Mahl

17 Im Zusammenhang mit diesen Anweisungen kann ich euch aber nicht loben, denn ihr kommt nicht zu eurem Nutzen, sondern zum Schaden zusammen. *18* Zuerst höre ich, dass es Spaltungen in euren Gemeindeversammlungen gibt, und zum Teil glaube ich das. *19* Denn es müssen ja Parteien unter euch sein, damit sichtbar wird, wer von euch sich im Glauben bewährt.

20 Wenn ihr nun auch am gleichen Ort zusammenkommt, so ist es doch nicht mehr das Mahl des Herrn, das ihr da esst. *21* Denn bevor alle da sind, isst jeder schon sein Mitgebrachtes auf, so dass wer später kommt, noch hungrig ist, und andere schon betrunken sind.

22 Habt ihr denn keine Häuser, um zu essen und zu trinken? Oder verachtet ihr die Gemeinde Gottes und wollt die beschämen, die nichts haben? Was soll ich dazu sagen? Soll ich euch etwa loben? In diesem Punkt sicher nicht!

23 Denn ich habe es vom Herrn überliefert bekommen, was ich auch euch weitergegeben habe: In der Nacht, in der er ausgeliefert wurde, nahm der Herr Jesus Brot, *24* dankte Gott, brach es und sagte: „Das ist mein Leib für euch. Tut dies zur Erinnerung an mich!" *25* Ebenso nahm er den Kelch nach dem Mahl und sagte: „Dieser Kelch ist der neue Bund, der durch mein Blut begründet wird. Sooft ihr daraus trinkt, tut es zu meinem Gedächtnis!" *26* Denn sooft ihr dieses Brot esst und aus dem Kelch trinkt, verkündigt ihr den Tod des Herrn bis er wiederkommt.

27 Wer darum in unwürdiger Weise vom Brot isst und aus dem Kelch des Herrn trinkt, macht sich am Leib und am Blut des Herrn schuldig. *28* Jeder prüfe sich also selbst, bevor er vom Brot isst und aus dem Kelch trinkt. *29* Denn wer isst und trinkt, ohne zu bedenken, dass es um den Leib des Herrn geht, isst und trinkt sich zum Gericht. *30* Aus diesem Grund sind ja so viele von euch schwach und krank, und nicht wenige sind schon gestorben. *31* Doch wenn wir uns selbst ins Gericht gingen, würden wir nicht gerichtet. *32* Aber selbst wenn wir jetzt vom Herrn gerichtet werden, dann ist das eine Zurechtweisung für uns, damit wir nicht zusammen mit der Welt verurteilt werden. *33* Wenn ihr also zum Essen zusammenkommt, liebe Geschwister, dann wartet aufeinander.

34 Wer Hunger hat, der soll zu Hause etwas essen; sonst wird euch die Zusammenkunft zum Strafgericht. Alles andere werde ich anordnen, wenn ich komme.

Der Stellenwert der Geistesgaben

12 1 Auch über die Wirkungen des Geistes will ich euch, liebe Geschwister, nicht im Unklaren lassen. 2 Ihr wisst ja, wie es euch zu den stummen Götzenbildern hinzog, als ihr noch Ungläubige wart, und wie ihr geradezu hingerissen wurdet. 3 Deshalb erkläre ich euch ausdrücklich: Keiner, der durch den Geist Gottes redet, wird jemals sagen, Jesus sei verflucht. Und ohne den Heiligen Geist kann keiner sagen: „Jesus ist der Herr!"

4 Nun gibt es verschiedene Zuteilungen an geistlichen Gaben, doch nur ein und denselben Geist; 5 es gibt verschiedene Dienste, doch nur ein und denselben Herrn; 6 es gibt verschiedene Kräfte, doch nur ein und denselben Gott, der alles in allen wirkt. 7 Und an jedem von uns will sich der Geist zum Nutzen der Gemeinde offenbaren: 8 Dem einen wird vom Geist das Wort der Weisheit gegeben, ein anderer kann durch denselben Geist Einsicht vermitteln, 9 einem dritten wird eine besondere Glaubenskraft geschenkt, einem anderen wieder Heilungsgaben –alles durch denselben Geist. 10 Der Geist ermächtigt den einen, Wunder zu wirken; einen anderen lässt er Weisungen Gottes verkündigen. Ein dritter erhält die Fähigkeit zu unterscheiden, was vom Geist Gottes kommt und was nicht. Einer wird befähigt, in nicht gelernten fremden Sprachen zu reden, und ein anderer, sie zu übersetzen. 11 Das alles wird von ein und demselben Geist bewirkt, der jedem seine besondere Gabe zuteilt, wie er es beschlossen hat.

12 Denn der menschliche Körper ist eine Einheit und besteht doch aus vielen Teilen. Aber all die vielen Teile des Körpers bilden zusammen den einen Organismus. So ist es auch bei Christus. 13 Denn wir alle sind durch den einen Geist in einen einzigen Leib eingegliedert und mit dem einen Geist getränkt worden, Teil des Körpers zu sein? 16 Und wenn das Ohr erklären würde: „Weil ich kein Auge bin, gehöre ich nicht zum Leib", gehört es deshalb nicht dazu? 17 Wenn der ganze Körper aus einem Auge bestünde, wo wäre dann sein Gehör? Und wenn alles Gehör wäre, womit könnte er riechen? 18 Nun hat aber Gott jedes Teil so in den Leib eingefügt, wie es seinem Plan entsprach. 19 Wären alle zusammen nur ein einziges Glied, wo wäre dann der Leib? 20 Aber nun gibt es viele Glieder und alle gehören zu dem einen Körper. 21 Das Auge kann doch nicht zur Hand sagen: „Ich brauche dich nicht", und der Kopf doch nicht zu den Füßen: „Ich verzichte auf euch." 22 Im Gegenteil, gerade die scheinbar schwächeren Glieder des Körpers sind unentbehrlich. 23 Die unansehnlichen kleiden wir mit größerer Sorgfalt, und die, deren wir uns schämen, mit

besonderem Anstand. *24* Die ansehnlichen Glieder brauchen das ja nicht. Gott hat den Leib so zusammengefügt, dass die geringeren Teile besonders geehrt werden, *25* denn er wollte keine Spaltung im Körper. Alle Glieder sollen einträchtig füreinander sorgen. *26* Wenn ein Glied leidet, leiden alle anderen mit; und wenn eins besonders geehrt wird, freuen sich die anderen mit.

27 Zusammen seid ihr der Leib von Christus und einzeln genommen Glieder davon. *28* Einige hat Gott in der Gemeinde eingesetzt: Das sind erstens die Apostel, zweitens Propheten, drittens Lehrer. Dann kommen die, die Wunder tun; dann die, die Gnadengaben zum Heilen, zu Hilfeleistungen oder zum Leiten haben; schließlich die, die in ungelernten fremden Sprachen reden. *29* Sind nun etwa alle Apostel, alle Propheten, alle Lehrer? Können alle Wunder tun? *30* Haben alle Gnadengaben zum Heilen? Reden alle in fremden Sprachen? Können alle sie übersetzen? *31* Ihr bemüht euch um die größeren Gaben? Dann zeige ich euch einen Weg, der weit besser ist.

Folgt dem Weg der Liebe!

13 *1* Wenn ich die Sprachen von Menschen und Engeln sprechen könnte, aber keine Liebe hätte, wäre ich ein schepperndes Blech, eine lärmende Klingel. *2* Und wenn ich weissagen könnte und alle Geheimnisse wüsste; wenn ich jede Erkenntnis besäße und einen Glauben, der Berge versetzt, aber keine Liebe hätte, wäre ich nichts. *3* Und wenn ich meinen ganzen Besitz zur Armenspeisung verwendete, ja wenn ich mich

selbst aufopferte, um verbrannt zu werden[a], aber keine Liebe hätte, nützte es mir nichts.

4 Liebe hat Geduld. Liebe ist freundlich. Sie kennt keinen Neid. Sie macht sich nicht wichtig und bläst sich nicht auf; *5* sie ist nicht taktlos und sucht nicht sich selbst; sie lässt sich nicht reizen und trägt Böses nicht nach; *6* sie freut sich nicht, wenn Unrecht geschieht, *sie* freut sich, wenn die Wahrheit siegt. *7* Sie erträgt alles; sie glaubt und hofft immer. *Sie* hält allem stand.

8 Die Liebe wird niemals aufhören. Prophetische Eingebungen werden aufhören, Sprachenrede wird verstummen, die Gabe der Erkenntnis wird es nicht mehr geben. *9* Denn wir erkennen und weissagen ja nur einzelne Dinge. *10* Wenn dann aber das Ganze kommt, wird alles Unfertige beseitigt werden. *11* Als ich Kind war, redete ich wie ein Kind, dachte und urteilte wie ein Kind. Als ich Mann wurde, tat ich das Kindliche ab. *12* Jetzt sehen wir wie in einem blank polierten Stück Metall nur rätselhafte Umrisse, dann aber werden wir alles direkt zu Gesicht bekommen. Jetzt erkenne ich nur Teile des Ganzen, dann werde ich alles erkennen, wie auch ich völlig erkannt worden bin. *13* Was bis dahin bleibt, sind Glaube, Hoffnung und Liebe, diese drei. Und die größte davon ist die Liebe.

Weissagen ist wichtiger, als in Sprachen zu reden

14 *1* Folgt also dem Weg der Liebe und bemüht euch um die

---

a 13,3: *verbrannt zu werden.* Nach anderen Handschriften: „um Ruhm zu gewinnen".

Geistesgaben, ganz besonders aber um die Weissagung. *2* Denn wer in Sprachen[a] redet, spricht nicht zu Menschen, sondern zu Gott. Niemand versteht ihn. Durch Wirkungen des Geistes redet er geheimnisvolle Worte. *3* Wer aber weissagt, redet zu den Menschen, baut auf, ermahnt und tröstet. *4* Wer in Sprachen redet, hat nur selbst etwas davon[b], wer aber weissagt, erbaut die Gemeinde. *5* Ich wollte, dass ihr alle in Sprachen redet, aber noch viel mehr wollte ich, dass ihr weissagt. Das hat mehr Gewicht als in Sprachen zu reden, es sei denn, dass sie übersetzt werden, damit die Gemeinde etwas davon hat.

6 Wenn ich jetzt zu euch käme, liebe Geschwister, und in Sprachen reden würde, was hättet ihr davon, wenn ich keine Offenbarung, keine Erkenntnis, keine Weissagung, keine Lehre bringe? *7* Es ist so wie bei einem toten Instrument, zum Beispiel einer Flöte oder Harfe. Wenn man die einzelnen Töne nicht unterscheiden kann, wie soll man dann erkennen, was auf der Flöte oder Harfe gespielt wird? *8* Und wenn die Trompete kein klares Signal

gibt, wer wird sich dann zum Kampf fertig machen? *9* So ist es auch bei euch. Wenn ihr beim Reden in Sprachen keine verständlichen Worte von euch gebt, kann euch niemand verstehen. Ihr werdet nur in den Wind reden. *10* Es gibt wer weiß wie viele Sprachen in der Welt und keine ist an und für sich unverständlich. *11* Wenn ich aber die Bedeutung der Wörter nicht kenne, werde ich den Redenden nicht verstehen können und er mich auch nicht. *12* So ist es auch bei euch. Wenn ihr schon solchen Wert auf die Geistesgaben legt, dann bemüht euch vor allem um die, die dem Aufbau der Gemeinde dienen. *13* Wer in Sprachen redet, soll dann auch darum beten, sie recht übersetzen zu können. *14* Denn wenn ich in Sprachen bete, betet mein Geist, aber meine Aussage bringt keine Frucht. *15* Was soll ich nun tun? Ich will mit dem Geist beten, aber auch mit verständlicher Aussage, ich will mit dem Geist singen, aber auch mit verständlichem Sinn. *16* Denn wenn du mit dem Geist Gott rühmst, wie soll dann jemand, nicht versteht, was du sagst[c], das Amen zu deiner Danksagung sprechen? Er weiß doch nicht, was du gesagt hast. *17* Es kann sein, dass du gut gedankt hast, aber er hat nichts davon.

18 Gott sei Dank rede ich mehr in Sprachen als ihr alle. *19* Aber in der Gemeinde will ich lieber fünf verständliche Sätze sagen, um andere zu unterweisen, als zehntausend Wörter, die niemand versteht. *20* Seid doch

---

a 14,2: *Sprachen.* Bei der *Sprachenrede* im Neuen Testament handelt es sich um das Gottesgeschenk, eine nicht erlernte Fremdsprache bei völliger Selbstkontrolle aktiv sprechen zu können, wie die nachfolgenden Verse deutlich machen (vgl. auch Apostelgeschichte 2,1-21).

b 14,4: *hat nur selbst etwas davon.* Er wurde dadurch, dass er verstand, was er sagte, „erbaut". Auch die Gemeinde konnte nur „erbaut werden", wenn sie verstand, was gesagt wurde (Vers 5). Von der Fähigkeit an sich hat man nichts.

c 14,16: *nicht versteht, was du sagst.* Wörtlich: der die Stelle des Unkundigen einnimmt.

nicht Kinder im Verstand, liebe Geschwister. In der Bosheit, da sollt ihr wie kleine Kinder sein, im Verstand aber seid erwachsen! *21* Im Gesetz steht: „Durch Menschen mit anderen Sprachen und fremden Worten will ich zu diesem Volk reden, sagt der Herr. Aber auch dann werden sie nicht auf mich hören."ᵈ *22* Von daher ist das Reden in Sprachen kein Zeichen für die Gläubigen, sondern eins für die Ungläubigen.ᵉ Das prophetische Reden aber ist kein Zeichen für die Ungläubigen, sondern für die Gläubigen. *23* Wenn also die ganze Gemeinde zusammenkommt und alle fangen an, in Sprachen zu reden, und es kommen Unkundige oder Ungläubige dazu, würden sie euch nicht für verrückt erklären? *24* Wenn ihr aber mit verständlichen Worten Gottes Weisung weitergebt, wenn ihr also prophetisch redet, und irgendein Unkundiger oder Ungläubiger kommt dazu, dann wird ihm von allen ins Gewissen geredet. Er fühlt sich von allen ins Gericht genommen, und *25* seine geheimsten Gedanken kommen ans Licht. Er wird sich niederwerfen, wird Gott anbeten und ausrufen: „Gott ist wirklich unter euch!"

Ordnungen für die Gemeindeversammlung

26 Was folgt nun daraus, Brüder? Wenn ihr zusammenkommt, hat jeder von euch einen Psalm, eine Lehre, eine Offenbarung, eine Sprachenrede, eine Übersetzung. Alles muss dem geistlichen Aufbau der Gemeinde dienen. *27* Wenn einige in Sprachen reden wollen, dann sollen es zwei oder höchstens drei der Reihe nach tun, und einer soll es übersetzen. *28* Wenn kein Übersetzer da ist, soll der Sprachenredner in der Versammlung schweigen und nur für sich zu Gott reden. *29* Auch von denen, die eine von Gott empfangene Botschaft weitergeben, sollen zwei oder drei reden, und die anderen Propheten sollen das Gesagte beurteilen. *30* Und wenn einer von diesen anderen, die da sitzen, eine Offenbarung empfängt, soll der erste schweigen. *31* Ihr könnt doch alle der Reihe nach weissagen, damit alle etwas lernen und alle ermutigt werden. *32* Die Propheten haben ja die Kontrolle über ihre Eingebungen. *33* Denn Gott ist nicht ein Gott der Unordnung, sondern ein Gott des Friedens.

Wie in allen Gemeinden der Heiligen *34* sollen die Frauen in den Versammlungen schweigen. Es ist ihnen nicht gestattet, zu reden, vielmehr sollen sie sich unterordnen, wie es auch das Gesetz sagt.ᶠ *35* Wenn sie etwas wissen wollen, sollen sie zu Hause ihre Ehemänner fragen, denn es gehört sich nicht für eine Frau, in

---

d 14,21: Jesaja 28,11-12

e 14,22: *Zeichen für … die Ungläubigen.* Vorausgesetzt, dass diese Ungläubigen wie in Apostelgeschichte 2,8-10 die Fremdsprache verstehen, denn sonst würden sie wie in Vers 23 beschrieben reagieren.

f 14,34: *Gesetz sagt.* Paulus denkt offenbar an 1. Mose 2,18-23: die Reihenfolge der Erschaffung (vgl. 1. Timotheus 2,13 und 1. Korinther 11,8-9), an die Hilfe für den Mann, an die Namensgebung durch den Mann und an die Konsequenz des Sündenfalls in 1. Mose 3,16 (vgl. 1. Timotheus 2,14).

der Versammlung zu reden. *36* Ist das Wort Gottes denn von euch ausgegangen? Oder ist es nur zu euch gekommen? *37* Wenn jemand meint, ein Prophet zu sein, oder denkt, dass er mit dem Geist erfüllt sei, dann wird er auch erkennen, dass das, was ich euch hier schreibe, eine Anweisung des Herrn ist. *38* Wer das nicht anerkennt, wird auch von Gott nicht anerkannt werden. *39* Bemüht euch also eifrig um das Weissagen, liebe Brüder, und haltet niemand davon ab, in Sprachen zu reden. *40* Nur soll alles anständig und geordnet zugehen.

Die Lehre von der Auferstehung des Christus

15 *1* Ich weise euch noch einmal auf die gute Botschaft hin, die ich euch gebracht habe, liebe Geschwister. Ihr habt sie angenommen und steht darin fest. *2* Durch diese Botschaft werdet ihr gerettet, wenn ihr sie unverfälscht festhaltet und in keinem Punkt davon abweicht. Andernfalls wäret ihr unüberlegt zum Glauben gekommen. *3* Ich habe euch in erster Linie das weitergegeben, was ich auch empfangen habe: Christus ist für unsere Sünden gestorben, wie es die Schriften gesagt haben. *4* Er wurde begraben und am dritten Tag auferweckt, wie es die Schriften gesagt haben. *5* Er ist dem Kephas erschienen, dann dem Kreis der Zwölf. *6* Danach erschien er mehr als 500 Brüdern auf einmal, von denen die meisten noch am Leben sind; nur einige sind schon gestorben. *7* Danach erschien er dem Jakobus, dann allen Aposteln. *8* Zuallerletzt erschien er

auch mir, dieser „Fehlgeburt". *9* Denn ich bin der Geringste unter den Aposteln. Ich verdiene es gar nicht, Apostel genannt zu werden, weil ich die Gemeinde Gottes verfolgt habe. *10* Durch Gottes Gnade aber bin ich, was ich bin; und sein gnädiges Eingreifen ist an mir nicht vergeblich gewesen. Ich habe mich viel mehr gemüht als sie alle – doch nicht ich; es war die Gnade Gottes mit mir. *11* Aber ob ich es bin oder die anderen: So jedenfalls predigen wir, und so seid ihr zum Glauben gekommen.

Die Lehre von der Auferstehung der Toten

12 Wenn nun aber gepredigt wird, dass Christus von den Toten auferweckt wurde, wie können da einige von euch sagen: „Es gibt keine Auferstehung der Toten"? *13* Wenn es nämlich keine Auferstehung der Toten gibt, dann ist auch Christus nicht auferweckt worden. *14* Ist aber Christus nicht auferweckt worden, dann ist auch unsere Predigt sinnlos und euer Glaube ist ohne Inhalt. *15* Wir würden dann als falsche Zeugen für Gott dastehen, denn wir hätten etwas über Gott ausgesagt, das nicht stimmt. Wir haben ja versichert, dass er Christus auferweckt hat. Das kann er aber nicht getan haben, wenn es keine Auferstehung von den Toten gibt. *16* Denn wenn Tote nicht auferweckt werden, ist auch Christus nicht auferweckt worden. *17* Wenn aber Christus nicht auferweckt wurde, ist euer Glaube vergeblich und ihr steckt immer noch in euren Sünden. *18* Und die, die im Vertrauen auf Christus gestorben sind, wären alle verloren. **19** Wenn wir nur für dieses Leben auf Christus hoffen, sind wir die bedauernswertesten von allen Menschen.

20 Nun ist Christus aber von den Toten auferweckt worden und zwar als der Erste der Entschlafenen. **21** Weil durch einen Menschen der Tod kam, kommt auch die Auferstehung vom Tod durch einen Menschen. **22** Denn wie durch die Verbindung mit Adam alle sterben, so werden durch die Verbindung mit Christus alle lebendig gemacht werden; **23** und zwar jeder in der ihm bestimmten Reihenfolge: als Erster Christus, bei seiner Wiederkunft dann die, die zu ihm gehören. **24** Dann kommt die Vollendung, wenn Christus die Herrschaft Gott, dem Vater, übergibt, sobald er jede andere Herrschaft, Gewalt und Macht beseitigt hat. **25** Denn Christus muss herrschen, bis er alle Feinde unter seinen Füßen hat. **26** Als letzten Feind vernichtet er den Tod, **27** denn: „Alles hat Gott ihm unterworfen, alles unter seine Füße gestellt."[a] Wenn es nun heißt, dass ihm alles unterworfen ist, dann ist selbstverständlich der ausgenommen, der ihm alles unterworfen hat. **28** Und wenn ihm dann alles unterworfen ist, wird auch der Sohn selbst dem unterworfen sein, der ihm alles unterworfen hat, damit Gott alles in allem ist.

29 Was haben sonst die davon, die sogar die Todestaufe[b] auf sich nehmen? Wenn Tote überhaupt nicht auferweckt werden, warum sind die Gläubigen dann zu dieser Taufe bereit? **30** Und warum sind auch wir stündlich in Gefahr? **31** Täglich sehe ich dem Tod ins Auge, liebe Geschwister; das ist die Wahrheit, so gewiss ihr durch unseren Herrn Jesus Christus die Ursache meines Ruhmes seid. **32** Was hätte ich davon, dass ich in Ephesus als Mensch mit Bestien gekämpft habe? Wenn Tote nicht auferweckt werden, dann „lasst uns essen und trinken, denn morgen sterben wir"[c]. **33** Täuscht euch nicht! „Schlechter Umgang verdirbt gute Sitten."[d] **34** Werdet wieder richtig nüchtern und hört auf zu sündigen! Denn zu eurer Schande muss ich sagen, dass einige von euch Gott überhaupt nicht kennen.

Die Lehre von der Auferstehung des Körpers

35 Es wird aber jemand fragen: „Wie werden denn die Toten auferweckt, und was für einen Körper werden sie dann haben?" **36** Wie töricht! Was du säst, muss doch erst sterben, damit es lebendig wird. **37** Du säst doch nicht die Pflanze, die erst entstehen soll, sondern ein nacktes Weizenkorn oder irgendeinen anderen Samen. **38** Gott gibt ihm dann eine neue Gestalt. Jede Samenart wird so eine andere Pflanze.

---

a 15,27: Psalm 8,7

b 15,29: *Todestaufe*. Wörtlich: *Sich in Bezug auf die Toten taufen lassen*. Gemeint ist vielleicht das Martyrium. Das passt am besten in den Zusammenhang, und

auch Jesus hat den Begriff Taufe so gebraucht (Lukas 12,50; Markus 10,39).

c 15,32: Sprichwort nach Jesaja 22,13.

d 15,33: Zum Sprichwort gewordenes Zitat des Athener Komödiendichters Menander (um 270 v. Chr.).

39 Nicht jedes Fleisch hat die gleiche Beschaffenheit. Das Fleisch der Menschen ist anders als das des Viehs, der Vögel und der Fische. **40** Dann gibt es himmlische und irdische Körper. Die Himmelskörper haben eine andere Schönheit als die Körper auf der Erde. **41** Der Glanz der Sonne ist anders als der des Mondes und der von den Sternen. Auch die Sterne selbst unterscheiden sich in ihrer Helligkeit.

42 So ähnlich könnt ihr euch die Auferstehung von den Toten vorstellen: Was in die Erde gelegt wird, ist vergänglich, was auferweckt wird, unvergänglich. **43** Was in die Erde gelegt wird, ist armselig, was auferweckt wird, voll Herrlichkeit. Was in die Erde gelegt wird, ist hinfällig, was auferweckt wird, voller Kraft. **44** Was in die Erde gelegt wird, ist ein natürlicher Leib, was auferweckt wird, ein himmlischer Leib. Wenn es einen natürlichen Leib, einen der Seele entsprechenden Körper gibt, muss es auch einen himmlischen Leib, einen dem Geist entsprechenden Körper geben. **45** So steht es auch geschrieben: „Der erste Mensch, Adam, wurde zu einer lebendigen Seele."ᵃ Der letzte Adam jedoch wurde zu einem lebendig machenden Geist. **46** Doch das Geistliche war nicht zuerst da. Zuerst kam das von der Seele bestimmte Leben und dann erst das vom Geist bestimmte. **47** Der erste Mensch stammt von der Erde, vom Staub, der zweite Mensch vom Himmel. **48** Wie der Irdische beschaffen war, so sind auch die irdischen Menschen beschaffen;

und wie der Himmlische beschaffen ist, so werden auch die himmlischen Menschen beschaffen sein. **49** Und so, wie wir jetzt dem gleichen, der von der Erde genommen wurde, werden wir künftig dem gleichen, der vom Himmel ist.

50 Ich versichere euch, liebe Geschwister: Menschen aus Fleisch und Blut können keinen Anteil am Reich Gottes erhalten; ein vergänglicher Körper kann nicht unsterblich werden. **51** Hört zu! Ich sage euch jetzt ein Geheimnis: Wir werden nicht alle sterben, wir werden aber alle verwandelt werden – **52** blitzartig, in einem Augenblick, beim Ton der letzten Posaune. Denn die Posaune wird ertönen, und die Toten werden auferweckt – unvergänglich! Und wir, wir werden verwandelt. **53** Denn dieser verwesliche Körper hier muss Unverweslichkeit anziehen, dieses Sterbliche Unsterblichkeit.

54 Wenn das geschieht, wenn das Vergängliche Unvergänglichkeit und das Sterbliche Unsterblichkeit anziehen wird, dann werden sich die Schriftworte der Propheten erfüllen: „Der Tod ist verschlungen vom Sieg." **55** „Tod, wo ist denn dein Sieg? Tod, wo bleibt dein Stachel?"ᵇ **56** Der Giftstachel des Todes ist die Sünde, und die Kraft der Sünde kommt durch das Gesetz. **57** Doch Gott sei Dank! Durch Jesus Christus, unseren Herrn, gibt er uns den Sieg!

58 Darum bleibt standhaft, liebe Geschwister, lasst euch nicht erschüttern! Tut euer Bestes für die Sache

---

a 15,45: 1. Mose 2,7   b 15,55: Jesaja 25,8; Hosea 13,14

des Herrn, denn ihr wisst: In Verbindung mit dem Herrn ist eure Mühe nie umsonst.

Die Sammlung für Jerusalem

16 *1* Nun zur Geldsammlung für das Volk Gottes: Macht es am besten so, wie ich es für die Gemeinden in Galatien^c angeordnet habe. *2* Jeden Sonntag lege jeder von euch so viel Geld zurück, wie es seinen Möglichkeiten entspricht. Dann muss nicht erst gesammelt werden, wenn ich komme. *3* Gleich nach meiner Ankunft will ich dann Brüder, die ihr für geeignet haltet, mit euren Gaben und Empfehlungsschreiben nach Jerusalem schicken. *4* Wenn es sich empfiehlt, dass auch ich hinreise, dann sollen sie mich begleiten.

Reisepläne

5 Ich habe vor, über Mazedonien^d zu euch zu kommen. Dort werde ich nur durchreisen, *6* bei euch aber möchte ich bleiben, wenn es sich so ergibt, vielleicht sogar über den Winter. Dann könnt ihr mich für meine Weiterreise aussenden und unterstützen. *7* Diesmal will ich euch nicht nur auf der Durchreise besuchen. Wenn der

Herr es erlaubt, möchte ich gern eine Zeit lang bei euch bleiben. *8* Bis Pfingsten bleibe ich aber zunächst in Ephesus^e, *9* denn der Herr hat mir die Tür für eine wirksame Arbeit geöffnet und es gibt auch eine Menge Gegner.

10 Wenn Timotheus zu euch kommt, achtet darauf, dass er ohne Angst bei euch sein kann! Denn er arbeitet genauso für den Herrn wie ich. *11* Keiner soll ihn verächtlich behandeln. Seht zu, dass er in Frieden zu mir zurückkommen kann, und gebt ihm, was er für die Reise braucht. Ich erwarte ihn zusammen mit den Brüdern.

12 Nun zu unserem Bruder Apollos: Ich habe ihn immer wieder gebeten, mit den Brüdern zu euch zu kommen, aber er wollte jetzt noch nicht. Doch sobald er Gelegenheit dazu findet, wird er kommen.

Letzte Mahnungen und Grüße

13 Seid wachsam, steht fest im Glauben, zeigt euch mannhaft und stark. *14* Alles, was ihr tut, soll von der Liebe bestimmt sein.

15 Noch eins, liebe Geschwister: Ihr kennt die Familie des Stephanas. Das waren die ersten, die in Achaja^f an Jesus

---

c 16,1: *Galatien* ist der Name einer Landschaft im nördlichen Kleinasien. Die römische Provinz Galatien schloss aber seit einigen Jahrzehnten auch die südlicher liegenden Landschaften Pisidien, Phrygien und Lyakonien ein. Dort befanden sich die Gemeinden, von denen Paulus hier schreibt.

d 16,5: *Mazedonien*. Römische Provinz auf der Balkanhalbinsel. Sie umfasste den nördlichen Teil des heutigen Griechenland.

e 16,8: *Ephesus*. Hauptstadt der Provinz Asia, zweitgrößte Stadt des römischen Reiches. Der reiche Handelsknotenpunkt lag etwa 5 km vom Meer entfernt am Fluss Kaystros, von dem aus man praktisch bis in den Hafen der Stadt segeln konnte. Berühmt war Ephesus durch seinen Artemis-Tempel (römisch: Diana), der zu den sieben Weltwundern zählte.

f 16,15: *Achaja*. Römische Provinz, die den südlichen Teil Griechenlands

Christus glaubten, und sie haben sich ganz in den Dienst für das Volk Gottes gestellt. Ich bitte euch: *16* Ordnet euch solchen Menschen unter. Begegnet allen, die in der Gemeinde mitarbeiten und sich abmühen, mit Achtung.

17 Ich freue mich, dass Stephanas, Fortunatus und Achaikus zu mir gekommen sind, denn sie haben mir eure Abwesenheit ersetzt.

18 Sie haben mich wie auch euch geistlich erfrischt. Solche Menschen sollt ihr anerkennen.

19 Die Gemeinden der Provinz Asia[a] lassen euch grüßen. Im Herrn verbunden grüßen euch Aquila und Priska ganz herzlich, dazu auch die Gemeinde, die sich in ihrem Haus trifft. *20* Alle Brüder hier lassen euch grüßen. Grüßt euch mit dem Bruderkuss. *21* Auch ich, Paulus, schreibe euch meinen Gruß mit eigener Hand.

22 Wer den Herrn nicht liebt, der sei verflucht[b]! „Maranatha – unser Herr kommt!"[c]

23 Die Gnade des Herrn Jesus sei mit euch! *24* Meine Liebe gilt euch allen, denen ich durch Jesus Christus verbunden bin.

---

a 16,19: *Asia*. Römische Provinz, die den westlichen Teil Kleinasiens umfasste und von Korinth aus von einem Prokonsul regiert wurde.

b 16,22: *verflucht*. Das heißt: dem Untergang geweiht. Es entspricht dem Bann im Alten Testament.

c 16,22: *Maranatha* kann auch bedeuten: „Unser Herr, komm!" oder: „Unser Herr ist gekommen."

Zweiter Brief des Paulus an die Christen in Korinth

Leider bewies die Gemeinde in Korinth keine besondere Festigkeit gegen die Versuchungen der vergnügungssüchtigen Stadt. Von Timotheus erfuhr Paulus, dass auch sein letzter Brief die Probleme keineswegs gelöst hatte. Deshalb entschloss er sich, die Gemeinde persönlich aufzusuchen. Von Ephesus aus setzte er mit dem Schiff direkt nach Korinth über. Doch es war ein trauriger Besuch. Paulus musste unverrichteter Dinge wieder zurückkehren und schrieb dann von Ephesus aus in innerer Beklemmung einen dritten Brief an die Gemeinde, bei dem er viel geweint hat (2. Korinther 2,4). Darin ordnete er strenge disziplinarische Maßnahmen an, die auch den Korinthern wehtun würden, und ließ ihn diesmal von seinem Mitarbeiter Titus überbringen. Auch dieser Brief ist uns nicht erhalten geblieben.

Im Frühjahr 56 n. Chr. brach auf Betreiben der Silberschmiede in Ephesus ein Aufstand aus, der sich gegen die Arbeit des Apostels richtete. Kurz danach verließ Paulus die Stadt und reiste nach Troas. Dort begann er eine erfolgreiche Missionsarbeit. Er hatte mit Titus vereinbart, sich in dieser Stadt wieder mit ihm zu treffen. Doch als die Zeit verging und Titus nicht kam, brach der Apostel sehr beunruhigt die Arbeit ab und reiste nach Mazedonien weiter. Er hoffte, seinem Mitarbeiter unterwegs zu begegnen und traf ihn dann auch irgendwo in Mazedonien. Titus brachte gute Nachrichten aus Korinth mit. Die Einstellung der Korinther gegen den Apostel hatte sich grundlegend gewandelt. Nur eine Gruppe in der Gemeinde stand ihm noch entgegen.

Daraufhin schrieb Paulus von Mazedonien aus seinen vierten Brief an die Gemeinde, der uns als 2. Korintherbrief überliefert ist.

Absender und Gruß

1 *1* Es schreiben Paulus, der nach dem Willen Gottes zum Apostel von Jesus Christus berufen wurde, und Timotheus[a], der Bruder. An die Gemeinde Gottes in Korinth[b] und an alle Heiligen in der Provinz Achaja[c]: *2* Gnade und Frieden wünschen wir euch von Gott, unserem Vater, und von Jesus Christus, dem Herrn.

Wir sind voller Zuversicht für euch

3 Gepriesen sei der Gott und Vater unseres Herrn Jesus Christus. Er ist ein Vater von unendlichem Erbarmen

---

a 1,1: *Timotheus*. Ausgezeichneter Mitarbeiter des Paulus aus Lystra, vgl. Apostelgeschichte 16,1-3; Adressat der Timotheusbriefe.

b 1,1: *Korinth* war eine wichtige Stadt in Griechenland, die auf der Landenge zum Peloponnes den Handel vom Norden nach dem Süden beherrschte und durch zwei Häfen auch den Seehandel von Ost nach West. Es war die Hauptstadt der römischen Provinz Achaja.

c 1,1: *Achaja*. Römische Provinz, den den südlichen Teil Griechenlands umfasste und von Korinth aus von einem Prokonsul regiert wurde.

und ein Gott voller Trost. *4* In allem Druck, unter dem wir stehen, ermutigt er uns, damit wir unsererseits die ermutigen können, die irgendwie bedrückt werden. Weil Gott uns getröstet und ermutigt hat, können wir andere trösten und ermutigen. *5* Denn wie die Leiden des Christus mehr als genug über uns ausgeschüttet werden, so überaus reich ergießt sich auch der Trost über uns, den wir durch Christus empfangen. *6* Wenn wir also bedrängt werden, geschieht das, damit ihr Mut bekommt und gerettet werdet, und wenn wir ermutigt werden, geschieht das, damit ihr den Mut bekommt, die gleichen Leiden wie wir geduldig zu ertragen. *7* Wir sind voller Zuversicht für euch, denn wir sind sicher, dass ihr nicht nur an den Leiden Anteil habt, sondern auch an dem Trost.

8 Wir wollen euch, liebe Geschwister, nämlich nicht in Unkenntnis lassen über die schlimme Notlage, in die wir in der Provinz Asia[a] gekommen sind. Was uns dort passierte, war so übermächtig, so unerträglich schwer, dass wir sogar unser Leben verloren gaben. *9* Tatsächlich fühlten wir uns schon dem Tod geweiht. Wir sollten eben lernen, unser Vertrauen nicht auf uns selbst zu setzen, sondern auf Gott, der die Toten lebendig macht. *10* Und er hat uns ja vor dem sicheren Tod gerettet und rettet uns noch. Auf ihm ruht unsere Hoffnung: Er wird uns auch in Zukunft retten, *11* wenn auch ihr durch eure Gebete mithelft, dass viele Gott für das Gnadengeschenk danken, das wir erhalten haben.

12 Denn unser Ruhm besteht im Zeugnis unseres Gewissens: Überall in der Welt und besonders bei euch war unser Verhalten von Aufrichtigkeit und Lauterkeit Gott gegenüber bestimmt. Wir ließen uns nicht von eigener Klugheit leiten, sondern von der Gnade Gottes. *13* Und wenn wir euch schreiben, denken wir nichts anderes, als was ihr hier wiedererkennt. Ich hoffe aber, dass ihr ganz verstehen werdet, *14* was ihr zum Teil ja schon verstanden habt; dass ihr beim Wiederkommen unseres Herrn Jesus auf uns stolz sein dürft – und wir auf euch.

Warum ich nicht nach Korinth gekommen bin

15 In dieser Überzeugung wollte ich zunächst zu euch kommen und euch zum zweiten Mal die Gnade Gottes bringen. *16* Von euch aus wollte ich dann nach Mazedonien reisen und von dort wieder zu euch zurückkommen, damit ihr mich für die Reise nach Judäa ausstattet. *17* War ich etwa leichtfertig, als ich mir das vorgenommen habe? Plane ich denn so, wie gewisse Menschen planen, dass mein Ja-ja auch ein Nein-nein sein könnte? *18* Gott ist treu, und er bürgt dafür, dass unser Wort euch gegenüber nicht Ja und Nein zugleich ist. *19* Denn Jesus Christus, der Sohn Gottes, den Silvanus[b], Timotheus und ich bei euch gepredigt haben, ist nicht als Ja und Nein gekommen: Nur das Ja ist in ihm verwirklicht. *20* In ihm ist das Ja zu allen Zusagen Gottes.

---

a 1,8: *Asia*. Römische Provinz im westlichen Teil Kleinasiens.

b 1,19: *Silvanus (Silas)* stammte aus Jerusalem und war ein Mitarbeiter des Paulus.

Darum sprechen wir durch ihn auch das Amen zur Ehre Gottes. *21* Gott hat uns mit euch zusammen fest auf Christus, den Gesalbten, gegründet. Ja, er hat uns gesalbt, *22* uns sein Siegel aufgedrückt und als Anzahlung seinen Geist in unsere Herzen gegeben.

23 Ich rufe Gott zum Zeugen für mich an: Nur um euch zu schonen bin ich noch nicht nach Korinth gekommen. *24* Wir sind nicht Herren über euren Glauben, sondern Helfer zu eurer Freude, denn im Glauben steht ihr ja fest.

1 Ich entschloss mich also, nicht noch einmal zu euch zu kommen, um euch nur wieder traurig zu machen. *2* Denn wenn ich euch Kummer bereite, wer soll mich dann wieder froh machen? Etwa der, der durch mich betrübt wurde? *3* Genau das habe ich euch ja geschrieben. Ich wollte nicht kommen und erleben, dass die, die mir eigentlich Freude bereiten sollten, mich traurig machen. Denn ich bin sicher, dass ihr euch freut, wenn ich mich freuen kann. *4* Ich schrieb euch damals aus großer Bedrängnis und innerer Beklemmung mit vielen Tränen. Aber ich wollte euch nicht traurig machen. Ihr solltet vielmehr sehen, wie sehr ich gerade euch liebe.

Verzeiht dem, der seine Einstellung geändert hat!

5 Wenn jemand Kummer gemacht hat, dann hat er nicht mich betrübt, sondern mehr oder weniger – damit ich nicht zu viel sage – euch alle. *6* Für den Betreffenden genügt nun die Bestrafung durch die Mehrheit von euch.

7 Jetzt solltet ihr eher verzeihen und trösten, damit er nicht in Verzweiflung getrieben wird. *8* Deshalb bitte ich euch: Beschließt, ihn wieder in Liebe anzunehmen. *9* Denn ich habe euch ja auch deshalb geschrieben, weil ich prüfen wollte, ob ihr meinen Weisungen in allem Folge leistet. *10* Aber wem ihr verzeiht, dem verzeihe auch ich. Denn auch ich habe vor Christus um euretwillen verziehen – wenn ich hier überhaupt etwas zu verzeihen hatte –, *11* damit wir nicht vom Satan überlistet werden. Wir wissen ja, was seine Absichten sind.

Der Triumphzug des Christus

12 Als ich nach Troas[c] gekommen war, um die gute Botschaft von Christus zu verkündigen, und der Herr mir dort die Tür zu den Menschen weit aufgetan hatte, *13* hatte ich innerlich doch keine Ruhe, weil mein Bruder Titus[d] nicht kam. Deshalb nahm ich Abschied von ihnen und reiste nach Mazedonien[e] weiter.[f]

14 Gott sei Dank, der uns immer im Triumphzug[g] von Christus mitführt

---

c 2,12: *Troas.* Ein bedeutender Hafen im Nordwesten der römischen Provinz Asia, 20 km südlich von Troja.

d 2,13: *Titus.* Wichtiger Mitarbeiter des Paulus, Adressat des Titusbriefes.

e 2,13: *Mazedonien.* Römische Provinz auf der Balkanhalbinsel. Sie umfasste den nördlichen Teil des heutigen Griechenland.

f 2,13: … *weiter.* In Kapitel 7,5 nimmt Paulus den Bericht wieder auf.

g 2,14: Nach einem großen Sieg zogen römische Heerführer mit ihren Soldaten und den Gefangenen in einem und durch uns an allen Orten den Duft von der Erkenntnis des Christus verbreitet. *15* Denn durch Christus sind wir ein Wohlgeruch für Gott. Dieser Duft erreicht sowohl die, die gerettet werden, als auch die, die ins Verderben gehen. *16* Für die einen sind wir ein Todesgeruch, der den Tod bringt, für die anderen ein Lebensduft, der Leben verheißt. Und wer ist dieser Aufgabe gewachsen? *17* Nun, wir machen jedenfalls keine Geschäfte mit der Botschaft von Gott wie viele andere. Wir reden völlig aufrichtig und zwar so, als ob unsere Worte von Gott selbst kommen würden. Wir stehen vor Gott und sind ganz mit Christus verbunden.

3 *1* Fangen wir schon wieder an, uns selbst zu empfehlen? Oder brauchen wir vielleicht Empfehlungsschreiben an euch oder von euch, wie gewisse Leute das nötig haben? *2* Ihr seid unser Empfehlungsbrief: geschrieben in unsere Herzen, anerkannt und gelesen von allen Menschen. *3* Ihr zeigt ja selbst, dass ihr ein Brief von Christus seid, ausgefertigt durch unseren Dienst, geschrieben nicht mit Tinte, sondern mit dem Geist des lebendigen Gottes, eingeprägt nicht in Steintafeln, sondern in menschliche Herzen.

Triumphzug durch Rom. Dabei wurde wohlriechendes Räucherwerk verbrannt. Einige der Gefangenen wurden anschließend hingerichtet, vgl. Vers 15 und 16.

Wir sind Diener des neuen Bundes

4 Solch ein Vertrauen haben wir durch Christus zu Gott! *5* Nicht dass wir von uns aus dazu fähig gewesen wären und uns selbst etwas zuschreiben könnten: Nein, unsere Befähigung kommt von Gott. *6* Er hat uns befähigt, Diener des neuen Bundes zu sein, der nicht vom Buchstaben, sondern vom Geist gekennzeichnet ist. Denn der Buchstabe des Gesetzes bringt den Tod, der Geist Gottes aber führt zum Leben. *7* Schon der Dienst für das Gesetz, das mit Buchstaben in Steintafeln eingraviert war und den Tod brachte, hatte eine so herrliche Ausstrahlung – die später allerdings wieder verging –, dass die Israeliten Mose nicht ins Gesicht sehen konnten. *8* Welche Herrlichkeit muss dann der Dienst haben, der in der Kraft des Geistes geschieht! *9* Wenn schon der Dienst, der den Menschen die Verurteilung brachte, mit solcher Herrlichkeit ausgestattet war, welche herrliche Ausstrahlung wird dann der Dienst haben, der den Menschen den Freispruch bringt. *10* Im Vergleich mit dieser überragenden Herrlichkeit ist jene Herrlichkeit gar nichts. *11* Wenn schon das, was vergehen muss, durch Herrlichkeit gekennzeichnet war, wie viel mehr wird die Herrlichkeit Gottes dann von dem ausstrahlen, was bleibt.

12 Weil wir eine solche Hoffnung haben, treten wir mit großer Offenheit auf. *13* Wir müssen nicht wie Mose das Gesicht mit einem Tuch bedecken. Er tat das damals, damit die Israeliten das Verblassen des Glanzes nicht sehen konnten. *14* Doch bis heute sind sie wie mit Blindheit geschlagen. Ihre

Einstellung hat sich verhärtet, denn wenn die Schriften des Alten Testaments vorgelesen werden, liegt für sie eine Decke darüber, die nur durch eine Verbindung mit Christus weggenommen werden kann. *15* Ja, bis heute liegt diese Decke auf ihrem Herzen, wenn aus den Schriften Moses gelesen wird. *16* Sie wird erst weggenommen, wenn das Volk sich zum Herrn wendet. *17* Der Herr ist aber der Geist Gottes, und wo dieser Geist des Herrn ist, da ist Freiheit. *18* Deshalb schauen wir alle die Herrlichkeit des Herrn mit aufgedecktem Gesicht an. Wir sehen sie wie in einem Spiegel und werden so seinem Bild immer ähnlicher, denn seine Herrlichkeit verwandelt uns. Das alles bewirkt der Geist des Herrn.

Wir Apostel haben nichts zu verbergen

4 *1* Deshalb lassen wir uns in diesem Dienst, den wir durch die Barmherzigkeit Gottes empfangen haben, nicht entmutigen. *2* Wir haben uns von allen beschämenden Heimlichkeiten losgesagt. Wir arbeiten weder mit Tricks noch verfälschen wir das Wort Gottes, sondern lehren die Wahrheit ganz offen. Dadurch empfehlen wir uns vor den Augen Gottes dem Gewissensurteil aller Menschen. *3* Wenn unsere gute Botschaft dennoch verhüllt erscheint, so ist das nur bei denen der Fall, die ins Verderben gehen, *4* bei den Ungläubigen, bei denen der Gott dieser Welt das Denken verdunkelt hat, damit sie das helle Licht des Evangeliums nicht sehen: die Botschaft von der Herrlichkeit des Christus, der Gottes Ebenbild

ist. *5* Denn wir predigen nicht uns selbst, sondern Jesus Christus als den Herrn. Und weil wir ihm gehören, betrachten wir uns als eure Diener. *6* Denn der Gott, der einst aus der Finsternis heraus Licht aufleuchten ließ, hat das Licht auch in unseren Herzen erstrahlen und uns die Herrlichkeit Gottes auf dem Angesicht von Jesus Christus erkennen lassen.

Wir dienen Gott in Schwachheit und Leiden

7 Diesen Schatz tragen wir aber in zerbrechlichen Tongefäßen, wie wir es sind, damit deutlich wird, dass die alles überragende Kraft von Gott stammt und nicht von uns. *8* Von allen Seiten werden wir bedrängt, sind aber nicht erdrückt; wir sind oft ratlos, aber nicht mutlos, *9* wir werden verfolgt, sind aber nicht verlassen, wir werden zu Boden geschlagen, und kommen doch nicht um. *10* Immer und überall tragen wir das Sterben von Jesus an unserem Körper umher, damit auch sein Leben an uns deutlich sichtbar wird. *11* Weil wir zu Jesus gehören, werden wir als Lebende ständig dem Tod ausgeliefert, damit sein Leben auch an unserem sterblichen Körper offenbar wird. *12* So wirkt nun also der Tod in uns, das Leben aber in euch. *13* Doch weil wir denselben Geist des Glaubens besitzen, von dem es in der Schrift heißt: „Ich vertraute auf Gott, darum habe ich geredet"[a], so glauben auch wir und darum reden wir auch. *14* Denn wir wissen, dass der, der den Herrn

---

a 4,13: Psalm 116,10

Jesus auferweckt hat, auch uns mit Jesus auferwecken und zusammen mit euch vor sich hintreten lassen wird. *15* Das alles geschieht für euch, damit immer mehr Menschen von der Gnade Gottes erreicht werden und den Dank zur Ehre Gottes vervielfachen.

16 Deshalb verlieren wir nicht den Mut. Denn wenn wir auch äußerlich aufgerieben werden, so werden wir doch innerlich jeden Tag erneuert. *17* Denn die kleine Last unserer gegenwärtigen Not schafft uns ein unermessliches ewiges Gewicht an Herrlichkeit – *18* uns, die nicht auf das Sichtbare starren, sondern nach dem Unsichtbaren Ausschau halten. Denn alles, was wir jetzt sehen, vergeht nach kurzer Zeit. Das Unsichtbare aber hat ewig Bestand.

Die Perspektive der Ewigkeit

5 *1* Wir wissen ja: Wenn unser irdisches Haus, das Zelt unseres Körpers, abgebrochen wird, erhalten wir eine Wohnung von Gott, ein nicht von Menschen gebautes ewiges Haus im Himmel. *2* Deshalb sehnen wir uns danach, diesen himmlischen Leib anzuziehen wie ein Kleid. *3* So werden wir nicht nackt dastehen, wenn wir den irdischen Körper ablegen müssen. *4* Aber solange wir in diesem Zelt hier leben, sind wir bedrückt, denn wir möchten ja nicht entkleidet, sondern überkleidet werden, damit das Sterbliche vom Leben verschlungen wird. *5* Darauf hat Gott uns vorbereitet und als Garantie dafür schon seinen Geist gegeben. *6* Deshalb sind wir voller Zuversicht, auch wenn wir wissen, dass wir in diesem Körper noch nicht beim Herrn zu Hause

sind. *7* Wir leben ja im Glauben und noch nicht im Schauen. *8* Aber wir rechnen fest damit und möchten am liebsten diesen Leib verlassen, um endlich daheim beim Herrn zu sein.

9 Deshalb setzen wir unsere Ehre darein, ihm zu gefallen, ganz gleich, ob wir noch in der Fremde sind oder schon bei ihm zu Hause. *10* Denn wir alle müssen vor dem Richterstuhl des Christus erscheinen. Und dann wird jeder den Lohn für das bekommen, was er in seinem Leben getan hat, mag es nun gut oder schlecht gewesen sein.

11 Weil wir nun wissen, wie sehr der Herr zu fürchten ist, versuchen wir Menschen zu überzeugen. Vor Gott aber sind wir völlig offenbar und – wie ich hoffe – auch vor eurem Gewissen. *12* Damit empfehlen wir uns nicht wieder selbst bei euch, sondern wollen euch einen Grund liefern, stolz auf uns zu sein. So sei ihr denen gewachsen, die nur auf ihre äußeren Vorzüge stolz sind, innerlich aber nichts vorzuweisen haben. *13* Sollten wir nämlich je „von Sinnen gewesen" sein, so geht das allein Gott etwas an, und wenn wir „bei klarem Verstand" sind, ist das für euch.

14 Denn die Liebe des Christus umfängt uns, wenn wir erklären: Einer ist für alle gestorben, also sind sie alle gestorben. *15* Er ist für sie gestorben, damit sie nicht mehr für sich selbst leben, sondern für den, der für sie gestorben und auferweckt worden ist. *16* Deshalb beurteilen wir jetzt niemand mehr nach menschlichen Maßstäben. Auch wenn wir Christus früher so angesehen haben, so tun wir das jetzt nicht mehr. *17* Wenn also jemand mit Christus verbunden ist, ist er eine neue Schöpfung: Was er früher war, ist vergangen, etwas Neues ist entstanden.

18 Aber das alles kommt von Gott, der uns durch Christus mit sich selbst ausgesöhnt und uns aufgetragen hat, anderen mit dieser Versöhnung zu dienen: *19* Gott war in der Person von Christus, als er durch ihn die Menschen mit sich versöhnte. Er rechnete ihnen ihre Verfehlungen nicht an und übergab uns die Botschaft der Versöhnung. *20* So sind wir nun Botschafter für Christus, und es ist Gott, der durch uns mahnt. Wir bitten im Auftrag von Christus: Nehmt die Versöhnung an, die Gott euch anbietet! *21* Er den, der ohne Sünde war, für uns zur Sünde gemacht, damit wir durch ihn zu der Gerechtigkeit kommen, mit der wir vor Gott bestehen können.

Wir empfehlen uns als Gottes Diener

6 *1* Als Mitarbeiter Gottes ermahnen wir euch, die Gnade Gottes nicht vergeblich empfangen zu haben, *2* denn er sagt: „Ich habe dich rechtzeitig erhört, am Tag der Rettung habe ich dir geholfen."[a] Gebt acht: Jetzt ist die richtige Zeit, jetzt ist der Tag der Rettung! *3* Und dabei geben wir in keiner Hinsicht irgendeinen Anstoß, damit der Dienst nicht in Verruf gerät, *4* sondern wir empfehlen uns in allem als Diener Gottes: durch große Standhaftigkeit in Bedrückungen, Notlagen und Ängsten, *5* bei Schlägen, in Gefängnissen und unter aufgehetztem Volk, bei mühevoller Arbeit, in Wachen und Fasten,

6 in Reinheit, Verständnis, Geduld und Güte, durch Heiligen Geist und ungeheuchelte Liebe, *7* im Reden der Wahrheit und in der Kraft Gottes, im Gebrauch der Waffen der Gerechtigkeit zum Angriff und zur Verteidigung, *8* in Ehre und Unehre, bei böser und guter Nachrede, als Verführer verdächtigt und doch wahrhaftig, *9* als Verkannte und Anerkannte, als Sterbende, die doch leben; als misshandelt und nicht getötet; *10* als Traurige, die sich doch allezeit freuen; als Arme, die viele reich machen; als solche, die nichts haben und doch alles besitzen.

11 Wir haben kein Blatt vor den Mund genommen, ihr Korinther, und unser Herz ist weit geöffnet für euch. *12* In uns ist es nicht zu eng für euch, eng ist es nur in euren Herzen. *13* Als Gegenleistung – ich rede wie zu Kindern – macht auch ihr die Herzen weit. *14* Lasst euch nicht mit Ungläubigen in dasselbe Joch spannen. Wie passen denn Gerechtigkeit und Gesetzlosigkeit zusammen? Oder was haben Licht und Finsternis gemeinsam? *15* Welche Übereinstimmung gibt es zwischen Christus und dem Teufel? Was verbindet einen Gläubigen mit einem Ungläubigen? *16* Und wie verträgt sich der Tempel Gottes mit Götzen? Wir sind doch der Tempel des lebendigen Gottes, wie Gott gesagt hat: „Ich werde in ihnen wohnen und unter ihnen sein. Ich bin dann ihr Gott und sie sind mein Volk."[b] *17* Darum „zieht weg und trennt euch von ihnen", spricht der Herr, „und rührt

---

a 6,2: Jesaja 49,8

b 6,16: 3. Mose 26,12 und Hesekiel 37,27 nach der LXX zitiert.

nichts Unreines an, dann werde ich euch aufnehmen. *18* Ich werde euer Vater und ihr sollt meine Söhne und Töchter sein', spricht der Herr, der Allmächtige.[a]

7 *1* Diese Zusagen gelten uns, liebe Geschwister. Darum wollen wir uns von allem rein halten, was Körper und Geist beschmutzt, und in Ehrfurcht vor Gott die Heiligung verwirklichen.

2 Gebt uns doch Raum in euren Herzen! Wir haben niemand von euch Unrecht getan. Wir haben niemand zugrunde gerichtet, niemand ausgebeutet. *3* Ich sage das nicht, um jemand zu verurteilen, denn ich habe ja schon vorhin erklärt, dass wir euch auf Tod und Leben in unserem Herzen tragen. *4* Ich habe großes Zutrauen und bin sehr stolz auf euch. Trotz all unserer Bedrängnis bin ich zuversichtlich und mit überaus großer Freude erfüllt.

Wir freuen uns, dass ihr umgekehrt seid

5 Denn als wir nach Mazedonien gekommen waren,[b] fanden wir körperlich keine Ruhe. Von allen Seiten wurden wir bedrängt: von außen Kämpfe, von innen Ängste. *6* Doch Gott, der die Niedergeschlagenen ermutigt, hat uns durch die Ankunft des Titus wieder aufgerichtet – *7* nicht nur durch seine Ankunft, sondern auch durch die Ermutigung, die er bei

euch erfahren hat. Er hat uns nämlich von eurer Sehnsucht nach mir, eurer Klage, dass ihr mir Kummer bereitet habt, eurem Eifer für mich erzählt. Das hat mich noch glücklicher gemacht. *8* Denn wenn ich euch durch meinen letzten Brief auch wehgetan habe, tut mir das nicht leid. Es tat mir zwar leid, als ich hörte, wie hart er euch zuerst getroffen hat, *9* doch jetzt freue ich mich darüber – nicht dass ich euch Schmerz bereitet habe, sondern dass der Schmerz eure Einstellung verändert hat. Ihr habt ganz im Sinn Gottes Schmerzen ertragen und damit in keiner Weise Schaden durch uns genommen.

10 Denn ein gottgewollter Schmerz führt zu einer veränderten Einstellung und so zu der Rettung, die man nie bereut. Doch der Schmerz, der von der Welt verursacht wird, führt zum Tod. *11* Seht doch, was für ein eifriges Bemühen dieser gottgewollte Schmerz bei euch bewirkt hat: Wie aufrichtig war eure Entschuldigung, euer Unwille über den Schuldigen, eure Furcht vor und eure Sehnsucht nach uns; wie wirksam eure Anstrengung, den Schuldigen zu bestrafen. Damit habt ihr bewiesen, dass ihr in dieser Sache unschuldig seid. *12* Es ging mir in meinem Brief ja nicht um den, der das Unrecht getan hat, auch nicht um den, der so schwer beleidigt wurde, sondern um euch. Ich schrieb, damit ihr vor Gott und euch selbst beweisen könnt, dass ihr zu uns steht. *13* Deswegen sind wir jetzt getröstet, aber nicht nur das: Wir haben uns noch viel mehr über die Freude des Titus gefreut, denn sein Geist wurde durch euch sehr erfrischt. *14* Ich hatte euch vor ihm gerühmt

a 6,18: Die Verse 17-18 enthalten ein Mischzitat aus Jesaja 52,11; Hesekiel 20,40-41; 2. Samuel 7,14.

b 7,5: *gekommen waren.* Hier nimmt Paulus den Bericht von Kapitel 2,13 wieder auf.

und bin nicht enttäuscht worden, im Gegenteil: Unser Lob vor Titus erwies sich als volle Wahrheit wie alles, was wir zu euch gesagt haben. *15* Er ist euch von Herzen zugetan, wenn er an den Gehorsam von euch allen denkt, und wie ihr ihn mit Angst und Bangen aufgenommen habt. *16* Ich freue mich, dass ich mich in jeder Hinsicht auf euch verlassen kann.

Aufruf zum Spenden

8 *1* Wir wollen euch jetzt berichten, liebe Geschwister, was die Gnade Gottes in den Gemeinden Mazedoniens bewirkt hat. *2* Sie haben sich nicht nur in schwerer Bedrängnis bewährt, sondern ihre übergroße Freude und ihre tiefe Armut hat sich in den Reichtum ihrer Freigebigkeit verwandelt. *3* Ich bezeuge, dass sie gaben, so viel sie konnten, ja noch mehr: Über ihre Kräfte sie freiwillig gegeben. *4* Sie haben sich geradezu aufgedrängt und uns darum gebeten sich an diesem Werk der Gnade, dem Hilfsdienst für die Heiligen, beteiligen zu dürfen. *5* Sie haben mehr getan, als wir erhofft hatten, denn sie gaben sich geradezu selbst hin – zuerst dem Herrn und dann nach Gottes Willen auch uns.

6 Deshalb haben wir Titus zugeredet, dieses Werk der Gnade, mit dem er schon früher bei euch angefangen hat, zu Ende zu führen. *7* Aber so, wie ihr euch in jeder Beziehung hervortut: im Glauben, in der Redegabe und der Erkenntnis, in allem Fleiß und der gegenseitigen Liebe, die wir in euch geweckt haben, so solltet ihr euren Reichtum auch in diesem Gnadenwerk zeigen. *8* Ich sage das nicht als Befehl, sondern ich gebe euch Gelegenheit, durch den Eifer der anderen die Echtheit eurer Liebe zu prüfen. *9* Ihr kennt ja die Gnadentat unseres Herrn Jesus Christus: Er, der reich war, wurde bettelarm für euch, damit ihr durch seine Armut reich würdet. *10* Nach meiner Meinung kann es nur gut für euch sein, euch an der Sammlung zu beteiligen. Ihr wolltet ja bereits im vorigen Jahr und habt auch schon damit angefangen. *11* Jetzt solltet ihr das Begonnene zum Abschluss bringen, damit die Ausführung nicht hinter dem guten Vorsatz zurückbleibt – natürlich nach dem, was ihr habt. *12* Denn wenn der gute Wille da ist, dann ist er willkommen mit dem, was einer hat, und nicht mit dem, was er nicht hat. *13* Es geht nicht darum, dass ihr Mangel leiden sollt, damit andere Erleichterung haben, sondern es geht um einen Ausgleich: *14* Jetzt soll euer Überfluss ihrem Mangel abhelfen, damit auch ihr Überfluss einmal eurem Mangel dient. So soll es zu einem Ausgleich kommen, *15* wie geschrieben steht: „Wer viel sammelte, hatte keinen Überfluss, und wer wenig sammelte, hatte keinen Mangel."[c]

16 Gott sei Dank, dass er Titus den gleichen Eifer für euch ins Herz gegeben hat, *17* denn Titus war mit meinem Vorschlag einverstanden, ja noch mehr: Er hatte schon von sich aus beschlossen, zu euch zu reisen. *18* Und wir haben den Bruder mit ihm geschickt, der wegen seiner Verkündigung des Evangeliums in allen Gemeinden sehr gelobt wird. *19* Aber

---

c 8,15: 2. Mose 16,18

nicht nur das: Die Gemeinden haben ihn auch zu unserem Reisegefährten bestimmt, wenn wir diese Liebesgabe zur Ehre des Herrn und als Zeichen unseres guten Willens überbringen. *20* Denn wir wollen vermeiden, dass man uns verdächtigt, wenn wir diese große Spende allein verwalten. *21* Es liegt uns sehr daran, dass alles einwandfrei abläuft, nicht nur vor Gott, sondern auch vor den Menschen. *22* Zusätzlich schicken wir einen Bruder mit, der seine Tüchtigkeit bei sehr vielen Gelegenheiten bewiesen hat und sich in diesem Fall noch eifriger zeigt, weil er großes Vertrauen zu euch hat.

23 Wenn ich für Titus eintrete, so tue ich das, weil er mein Gefährte und Mitarbeiter im Dienst an euch ist; und was unsere anderen Brüder betrifft: Sie sind Abgesandte der Gemeinden, Menschen, die Christus Ehre machen. *24* Zeigt ihnen, dass eure Liebe echt ist, und beweist so den anderen Gemeinden, dass wir euch zu Recht gelobt haben.

9 *1* Eigentlich ist es unnötig, euch über den Liebesdienst für die Heiligen noch mehr zu schreiben. *2* Ich kenne ja eure Bereitwilligkeit, die ich auch den Mazedoniern gegenüber gelobt habe: „Die Geschwister von Achaja sind schon seit vorigem Jahr bereit." Euer Eifer hat die meisten von ihnen angesteckt. *3* Trotzdem habe ich die Brüder zu euch geschickt, damit wir nicht enttäuscht werden, weil wir euch gelobt und erklärt haben, dass ihr bereit seid. *4* Denn wenn die Mazedonier mit mir kommen und euch unvorbereitet finden sollten,

werden wir in dieser Erwartung beschämt und erst recht ihr. *5* Darum hielt ich es für nötig, die Brüder zu bitten, dass sie zu euch vorausreisen und die angekündigte Segensgabe einsammeln, damit sie dann wirklich bereitliegt und eine echte Gabe des Segens und nicht des Geizes ist.

Wie Christen geben sollen

6 Denkt daran: Wer sparsam sät, wird auch sparsam ernten. Aber wer reichlich sät, wird auch reichlich ernten. *7* Jeder gebe so viel, wie er sich im Herzen vorgenommen hat – nicht mit Verdruss oder aus Zwang. Gott liebt fröhliche Geber, *8* und er hat die Macht, alle Gaben über euch auszuschütten, so dass ihr nicht nur jederzeit genug für euch selbst habt, sondern auch noch anderen reichlich Gutes tun könnt. *9* So steht es auch geschrieben: „Er hat den Armen reichlich gegeben, seine Gerechtigkeit besteht ewig."[a] *10* Gott, der dem Sämann Samen und Brot gibt, der wird auch euch Saatgut geben und es aufgehen lassen, damit die Früchte eurer Gerechtigkeit wachsen. *11* Er wird euch so reich machen, dass ihr jederzeit freigiebig sein könnt, was durch uns wieder zum Dank an Gott führt. *12* Denn die Hilfeleistung, die in diesem „Gottesdienst" besteht, hilft nicht nur dem Mangel der Heiligen ab, sondern bewegt darüber hinaus viele Menschen zum Dank an Gott. *13* Wenn ihr euch in diesem Dienst bewährt, werden sie Gott dafür preisen, dass ihr euch gehorsam

---

a 9,9: Psalm 112,9

zum Evangelium von Christus bekannt und ihnen und allen anderen so freigiebig geholfen habt. *14* Sie werden für euch beten und wären gern mit euch zusammen, weil Gott euch seine Gnade in so überreichem Maß erwiesen hat. *15* Gott sei Dank für seine unsagbar reiche Gabe!

Paulus verteidigt seine Autorität

10 *1* Ich, Paulus, der im persönlichen Umgang mit euch so demütig auftreten, aber aus der Ferne den starken Mann spielen soll, ich ermahne euch mit der Güte und Freundlichkeit von Christus: *2* Zwingt mich bitte nicht, meine Stärke zu zeigen, wenn ich komme. Denn ich habe vor, energisch gegen die aufzutreten, die behaupten, wir würden nach den Maßstäben dieser Welt leben. *3* Natürlich sind wir auch nur Menschen, aber wir kämpfen nicht wie die Menschen dieser Welt. *4* Denn die Waffen unseres Kampfes sind nicht menschlich, sondern es sind die mächtigen Waffen Gottes, geeignet zur Zerstörung von Festungen. *5* Mit ihnen zerstören wir Gedankengebäude und jedes Bollwerk, das sich gegen die Erkenntnis Gottes erhebt, wir nehmen jeden solcher Gedanken gefangen und unterstellen sie Christus. *6* Wir stehen bereit, jeden Ungehorsam zu bestrafen, sobald euer Gehorsam vollendete Tatsache ist.

7 Seht doch, was vor Augen ist! Wenn jemand überzeugt ist, Christus zu gehören, dann sollte er sich überlegen, dass das auch bei uns der Fall ist. *8* Denn selbst wenn ich etwas mehr auf unsere Vollmacht pochen sollte, so brauchte ich mich nicht zu schämen.

Aber der Herr hat sie uns zum Aufbau verliehen und nicht zu eurer Zerstörung. *9* Ihr sollt aber nicht denken, ich wollte euch mit den Briefen einschüchtern. *10* Man sagt ja schon bei euch: „Seine Briefe sind gewichtig und stark, aber sein persönliches Auftreten ist schwach, und was er sagt, ist kläglich." *11* Wer so etwas sagt, soll wissen: Genauso wie wir durch das geschriebene Wort aus der Ferne wirken, werden wir es in der Tat beweisen, wenn wir bei euch sind.

12 Wir würden es natürlich niemals wagen, uns mit gewissen Leuten zu vergleichen, die sich selbst empfehlen, oder uns gar auf eine Stufe mit ihnen stellen. Sie messen sich an sich selbst, vergleichen sich mit sich, so dumm sind sie. *13* Wir wollen uns nicht so maßlos überschätzen, sondern den Maßstab anlegen, den uns Gott zugeteilt hat: dass wir nämlich bis zu euch gekommen sind. *14* Denn wir maßen uns doch nicht zu viel an, so als wären wir gar nicht bis zu euch gekommen, denn wir sind ja mit dem Evangelium von Christus bis zu euch gelangt. *15* Wir rühmen uns also nicht maßlos und prahlen mit fremden Leistungen. Aber wir haben die Hoffnung, dass euer Glaube wächst und wir dann unseren Wirkungskreis zusammen mit euch noch viel weiter ausdehnen können *16* und das Evangelium weit über eure Grenzen hinaustragen; nicht in einen fremden Wirkungskreis, um uns nicht der Arbeit zu rühmen, die andere schon getan haben. *17* „Wer sich aber rühmen will, der rühme sich des Herrn!"[b] *18* Denn wer vom Herrn

---

b 10,17: Jeremia 9,23

empfohlen wird, ist anerkannt; nicht wer sich selbst empfiehlt.

Paulus und die „Superapostel"

11 *1* Lasst euch doch ein wenig Dummheit von mir gefallen. Aber das tut ihr ja schon! *2* Denn ich liebe euch eifersüchtig mit der Eifersucht Gottes. Ich habe euch einem einzigen Mann verlobt, nämlich Christus, und ihm will ich euch als unberührte Braut zuführen. *3* Ich fürchte nur, dass es euch wie Eva geht, die damals durch die Falschheit der Schlange verführt wurde. Genauso könnten eure Gedanken von der aufrichtigen Hingabe an Christus abkommen. *4* Denn wenn einer zu euch kommt und einen anderen Jesus predigt als den, den wir euch vorgestellt haben; und wenn ihr einen andersartigen Geist empfangt als den, den ihr erhalten habt, oder ein anderes Evangelium als ihr angenommen habt, dann ertragt ihr das ganz gern. *5* Ich denke aber, dass ich nicht schlechter war als eure Superapostel. *6* Und wenn ich auch kein Meister in der Rede bin, so doch in der Erkenntnis. Das habe ich euch oft genug und in jeder Hinsicht bewiesen.

7 Oder war es vielleicht unrecht von mir, dass ich mich selbst erniedrigt habe, um euch zu erhöhen, und euch das Evangelium ohne jede Gegenleistung verkündigt habe? *8* Andere Gemeinden habe ich „ausgeplündert". Ich habe Geld von ihnen angenommen, um euch dienen zu können. *9* Und als ich bei euch in Not geriet, fiel ich niemand zur Last, denn die Brüder, die aus Mazedonien kamen, ergänzten, was ich zu wenig hatte. Ich habe nichts

von euch in Anspruch genommen und werde das auch in Zukunft nicht tun. *10* So gewiss die Wahrheit von Christus in mir ist: Diesen Ruhm wird mir im Gebiet von Achaja keiner nehmen können! *11* Warum tue ich das? Liebe ich euch etwa nicht? Gott weiß, wie es damit steht. *12* Wenn ich auch in Zukunft nichts von euch annehme, dann tue ich das nur, um denen, die sich selbst anpreisen, die Gelegenheit zu nehmen, so aufzutreten wie wir. *13* Denn diese Leute sind falsche Apostel, unehrliche Arbeiter, die sich freilich als Apostel von Christus ausgeben. *14* Aber das ist kein Wunder. Auch der Satan tarnt sich ja als Engel des Lichts. *15* Es ist also nichts Besonderes, wenn auch seine Diener mit der Maske von Dienern der Gerechtigkeit auftreten. Doch ihr Ende wird ihrem ganzen Tun entsprechen.

16 Ich sage noch einmal: Keiner soll mich für einen Dummkopf halten! Wenn aber doch, dann lasst euch meine Dummheit einmal gefallen, damit auch ich mich ein wenig anpreisen kann. *17* Was ich jetzt sage, will der Herr eigentlich nicht, sondern ich rede in der Rolle des Narren, damit auch ich ein wenig großtun kann. *18* Und weil so viele sich ihrer äußerlichen Vorzüge rühmen, will ich das auch einmal tun. *19* Ihr klugen Leute lasst euch ja die Narren gern gefallen, *20* denn ihr ertragt es, wenn jemand euch versklavt, ausnützt und einfängt, wenn jemand euch verachtet und ins Gesicht schlägt. *21* Zu meiner Schande muss ich gestehen: Dazu waren wir zu schwach!

Doch wozu andere sich erdreistet haben – ich rede einmal närrisch –, damit kann ich auch angeben! *22* Sie sind Hebräer? Ich auch. Sie sind Israeliten? Ich auch. Sie sind Nachkommen Abrahams? Ich auch. *23* Sie dienen Christus? – Ich rede jetzt unsinnig. – Ich noch sehr viel mehr: Ich habe weit mehr Mühsal auf mich geladen, bin öfter im Gefängnis gewesen, viel mehr geschlagen worden und war häufig in Todesgefahr. *24* Fünfmal habe ich von den Juden die 39 Schläge[a] bekommen. *25* Dreimal wurde ich mit Stöcken geprügelt, und einmal bin ich gesteinigt worden. Dreimal habe ich Schiffbruch erlitten. Eine Nacht und einen Tag trieb ich auf hoher See. *26* Ich habe viele Reisen gemacht und kam in Gefahr durch Flüsse und in Gefahr durch Räuber. Ich wurde bedroht durch mein eigenes Volk und durch fremde Nationen, kam in Gefahr in der Stadt, in der Wüste und auf dem Meer und auch durch falsche Brüder. *27* Wie oft ertrug ich Mühsal und Plage und durchwachte ganze Nächte; ich litt Hunger und Durst und ertrug alle möglichen Entbehrungen; ich fror und hatte nicht genug anzuziehen. *28* Und zu allem kommt noch das, was täglich auf mich eindringt: die Sorge um alle Gemeinden. *29* Wo ist jemand schwach und ich bin es nicht auch? Wo wird jemand zur Sünde verführt und es brennt nicht wie Feuer in mir? *30* Wenn schon geprahlt werden muss, dann will ich mit meiner Schwäche prahlen. *31* Gott, der Vater unseres Herrn Jesus, der in Ewigkeit gepriesen sei, er weiß, dass ich nicht lüge. *32* In Damaskus ließ der Statthalter des Königs Aretas[b] die Damaszenerstadt bewachen, weil er mich verhaften wollte. *33* Ich entkam ihm nur, weil ich durch ein Fenster kletterte und in einem Korb die Mauer hinuntergelassen wurde.

Wenn ich schwach bin, bin ich stark

12 *1* Ich muss mich noch weiter rühmen. Zwar weiß ich, dass es niemand nützt, trotzdem will ich auf Erscheinungen und Offenbarungen des Herrn zu sprechen kommen. *2* Ich kenne jemand, der in enger Verbindung mit Christus lebt und vor vierzehn Jahren bis in den dritten Himmel[c] hinein versetzt wurde. Ich weiß allerdings nicht, ob das körperlich oder nur im Geist geschah. Das weiß allein Gott. *3* Jedenfalls weiß ich von dem Betreffenden – wie gesagt, nur Gott weiß, ob es körperlich oder im Geist geschah –, *4* dass er bis ins Paradies entrückt wurde und

---

a 11,24: *Schläge*. Geißelung die auch zum Tod führen konnte. 39 Schläge wurden verabreicht, damit man nicht aus Versehen die vom Gesetz vorgeschriebene Zahl von 40 überschritt, vgl. 5. Mose 25,3.

b 11,32: *Aretas*. Aretas IV., Schwiegervater von Herodes Antipas, herrschte über Nabatäa, das östlich von Israel liegt. Die Römer hatten zwischen 34 und 40 n. Chr. offenbar auch Damaskus seiner Herrschaft unterstellt. Dafür spricht, dass in dieser Zeit dort kein römisches Münzgeld geprägt wurde.

c 12,2: *dritten Himmel*. Die Bibel unterscheidet drei Dimensionen des Himmels, die im Deutschen alle mit dem gleichen Wort bezeichnet werden: Die Atmosphäre (engl. *sky*), das Weltall (engl. *space*), die unsichtbare Welt Gottes, das Paradies (engl. *heaven*).

dort unsagbare Worte hörte, die ein Mensch nicht aussprechen darf. *5* Für den will ich mich rühmen, im Blick auf mich aber rühme ich nur meine Schwachheit. *6* Wenn ich mich aber doch rühmen wollte, hätte ich zwar nicht den Verstand verloren, denn ich würde ja die Wahrheit sagen. Ich verzichte aber darauf, denn jeder soll mich nur nach dem beurteilen, was er an mir sieht oder aus meinem Mund hört. *7* Ja, ich habe außerordentliche Offenbarungen gehabt. Damit ich mir darauf aber nichts einbilde, hat Gott mir einen Dorn ins Fleisch gedrückt. Ein Engel Satans darf mich mit Fäusten schlagen, damit ich nicht überheblich werde. *8* Dreimal habe ich den Herrn angefleht, mich davon zu befreien. *9* Doch er sagte zu mir: „Meine Gnade muss dir genügen, denn meine Kraft ist in den Schwachen mächtig." Jetzt bin ich sogar stolz auf meine Schwachheit, weil so die Kraft von Christus auf mir ruht. *10* Deshalb freue ich mich über meine körperlichen Schwächen, ja selbst über Misshandlungen, Notlagen, Verfolgungen und Ängste, die ich für Christus ertrage; denn wenn ich schwach bin, bin ich stark.

11 Jetzt bin ich wirklich ein Narr geworden. Aber ihr habt mich ja dazu gezwungen. Eigentlich hätte ich von euch empfohlen werden sollen; denn wenn ich auch nichts bin, stehe ich euren „Superaposteln" doch in keiner Weise nach. *12* Das, woran man einen Apostel erkennt, habe ich mit großer Ausdauer in Zeichen, Wundern und Machttaten unter euch gewirkt. *13* Worin seid ihr denn im Vergleich mit den anderen Gemeinden zu kurz gekommen? Das einzige ist, dass ich euch nicht zur Last gefallen bin. Verzeiht mir dieses Unrecht!

14 Nun bin ich schon dabei, euch das dritte Mal zu besuchen – und ich werde euch nicht zur Last fallen. Ich suche ja nicht euer Geld, sondern euch. Die Kinder sollen nicht für die Eltern sparen, sondern die Eltern für die Kinder. *15* Ich will sehr gern alles aufwenden und mich für euch aufopfern. Sollte ich denn weniger Liebe bei euch erfahren, wenn ich euch mehr liebe? *16* Nun gut, ich bin euch nicht zur Last gefallen. Weil ich aber schlau bin, habe ich euch dann mit List gefangen? *17* Habe ich euch etwa durch einen meiner Boten ausgebeutet? *18* Ja, ich habe Titus und den Bruder zu euch geschickt. Hat Titus euch nun etwa ausgenutzt? Haben wir nicht beide im gleichen Geist gehandelt? Sind wir nicht in den gleichen Fußspuren gegangen?

19 Ihr denkt vielleicht schon lange, dass wir uns vor euch verteidigen. Nein, wir reden vor Gott als solche, die mit Christus verbunden sind. Und alles geschieht doch nur, um euch aufzubauen, meine Lieben. *20* Denn ich fürchte, dass ich euch bei meinem Kommen nicht so vorfinde, wie ich es möchte, und dass ihr mich auch nicht so findet, wie ihr wollt. Ich fürchte, dass Streit und Eifersucht, Zorn und Zänkereien, Verleumdungen und üble Nachrede, Überheblichkeit und große Unordnung da sein werden. *21* Ich fürchte, dass mein Gott mich nochmals vor euch demütigen wird und ich über viele von euch trauern muss. Ich meine die, die schon früher gesündigt und ihre Einstellung zu diesem schmutzigen, sexuell unmoralischen und zügellosen Leben immer noch nicht geändert haben.

Der abschließende Rat

13 *1* Jetzt komme ich schon das dritte Mal zu euch. „Durch die Aussage von zwei oder drei Zeugen wird jede Sache festgestellt."[a] *2* Schon bei meinem zweiten Besuch habe ich es denen, die gesündigt haben, angekündigt, und ich wiederhole es jetzt aus der Ferne: Wenn ich noch einmal komme, werde ich keine Nachsicht mehr üben! *3* Ihr verlangt ja einen Beweis dafür, dass Christus durch mich redet, Christus, der nicht in seiner Schwachheit, sondern in seiner Kraft unter euch wirkt. *4* Er wurde zwar in Schwachheit gekreuzigt, aber er lebt aus Gottes Kraft. So sind auch wir mit Christus schwach, werden aber vor euch mit ihm aus Gottes Kraft leben. *5* Fragt euch doch einmal selbst, ob ihr im Glauben steht, und prüft euch! Erfahrt ihr dann nicht an euch selbst, dass Christus in euch ist? Wenn nicht, dann hättet ihr euch nicht bewährt.

6 Ich hoffe nur, dass ihr erkennt: Wir haben nicht versagt! *7* Doch wir beten zu Gott, dass ihr nichts Böses tut, – nicht damit wir als Bewährte erscheinen, sondern dass ihr das Gute tut und wir wie Versager dastehen. *8* Denn wir können nichts gegen die Wahrheit tun, sondern uns immer nur für sie einsetzen. *9* Deshalb freuen wir uns, wenn wir als Schwache erscheinen und ihr als die Starken, denn wir beten ja um eure Vervollkommnung. *10* Deswegen schreibe ich diesen Brief noch aus der Ferne, damit ich nicht Strenge gebrauchen muss, wenn ich komme. Die Vollmacht, die der Herr mir gab, habe ich ja zum Aufbau und nicht zur Zerstörung der Gemeinde erhalten.

11 Ich komme zum Schluss, liebe Geschwister. Freut euch! Lasst euch ermutigen und zurechtbringen! Seid eines Sinnes und lebt in Frieden. Dann wird der Gott der Liebe und des Friedens mit euch sein. *12* Grüßt einander mit einem heiligen Kuss![b] Es grüßen euch alle Heiligen von hier. *13* Die Gnade unseres Herrn Jesus Christus und die Liebe Gottes und die Gemeinschaft des Heiligen Geistes sei mit euch allen!

---

b 13,12: *Kuss.* Der Begrüßungskuss auf Stirn oder Wange war unter Familienangehörigen und Freunden üblich. Unter Gläubigen drückte ein keuscher Kuss die geistliche Verwandtschaft aus.

---

a 13,1: 5. Mose 19,15

Brief des Paulus an die Christen in Galatien

Im Jahr 45 n. Chr. waren Barnabas und Paulus von der Gemeinde Antiochia zum Missionsdienst ausgesandt worden. Durch ihre Arbeit kam es im Lauf des nächsten Jahres zur Gründung einiger Gemeinden, vor allem im südlichen Teil der römischen Provinz Galatien. Anfang des Jahres 48 n. Chr. kehrten sie wieder nach Antiochia zurück.

Inzwischen waren Berichte von den Gemeindegründungen nach Jerusalem gekommen und hatten viele jüdische Christen verunsichert, vor allem ehemalige Pharisäer. Sie konnten sich nicht vorstellen, dass Nichtjuden, wenn sie das Gesetz nicht halten, überhaupt so leben können, wie es Gott gefällt. Einige von ihnen machten sich deshalb auf und besuchten die von Paulus gegründeten Gemeinden, um sie im Gesetz zu unterweisen.

In dieser Zeit war auch Petrus in Antiochia und freute sich über die Gemeinschaft mit allen Christen dort. Doch dann kamen einige Juden aus Jerusalem, die behaupteten, von Jakobus geschickt worden zu sein. Sie erklärten den Christen, dass sie nicht gerettet werden können, wenn sie sich nicht beschneiden lassen. Dadurch verunsicherten sie selbst Petrus so sehr, dass er die Tischgemeinschaft mit den nichtjüdischen Christen aufgab und Paulus ihm öffentlich entgegentreten musste. Es kam jetzt zu heftigen Auseinandersetzungen mit den Vertretern der Beschneidung. Durch Nachrichten aus Galatien verschärfte sich die Spannung noch. Dort waren viele Gläubige auf die Argumente der judenchristlichen Gesetzeslehrer hereingefallen. Paulus und Barnabas stellten sich den Jerusalemer Vertretern massiv entgegen. Als der Streit nicht aufhörte, wurden Paulus und Barnabas zusammen mit einigen anderen Brüdern beauftragt, nach Jerusalem zu reisen, um diese Streitfrage von den Aposteln und Ältesten dort klären zu lassen (siehe Apostelgeschichte 15). Kurz vor der Abreise im Jahr 48 n. Chr. schrieb Paulus diesen leidenschaftlichen Brief an die Christen in Galatien, um sie vor den judaistischen Lehren zu warnen, die für den Glauben tödlich sind.

Briefgruß

1 *1* Es schreibt Paulus, ein Apostel, der nicht von Menschen gesandt oder durch einen Menschen zum Apostel gemacht wurde, sondern durch Jesus Christus selbst und durch Gott, den Vater, der Jesus aus den Toten auferweckt hat. *2* Mit allen Brüdern, die hier bei mir sind, grüße ich die Gemeinden von Galatien[a].

3 Ich wünsche euch Gnade und Frieden von Gott, unserem Vater, und dem Herrn Jesus Christus, *4* der sich selbst für unsere Sünden geopfert hat, um uns aus der gegenwärtigen bösen

---

a 1,2: *Galatien* ist der Name einer Landschaft im nördlichen Kleinasien um das heutige Ankara in der Türkei herum. Die römische Provinz Galatien schloss aber seit einigen Jahrzehnten vor der Entstehung dieses Briefes auch die südlicher liegenden Landschaften Pisidien, Phrygien und Lykaonien ein.

Welt herauszureißen. So wollte es Gott, unser Vater. *5* Ihm gebührt die Ehre in alle Ewigkeit. Amen[b].

Es gibt nur ein Evangelium

6 Ich muss mich wundern, wie schnell ihr Gott den Rücken zukehrt. Er hat euch gerade erst in die Gnade des Christus hineingerufen, da wendet ihr euch schon einer ganz anderen Heilsbotschaft zu. *7* Dabei gibt es doch keine andere. Es gibt nur ein paar Leute, die euch verwirren und die Heilsbotschaft des Messias[c] auf den Kopf stellen wollen. *8* Aber nicht einmal wir selbst oder ein Engel aus dem Himmel darf euch irgendetwas als Evangelium verkündigen, das dem widerspricht, was wir euch gebracht haben. Wer das tut, der soll verflucht sein! *9* Ich sage es noch einmal: Wer euch etwas als Evangelium verkündigt, was dem widerspricht, das ihr empfangen habt, der soll verflucht sein! *10* Versuche ich so etwa, den Beifall von Menschen zu gewinnen und Menschen zu gefallen – oder nicht vielmehr Gott? Wenn ich jetzt Menschen gefallen wollte, dann wäre ich kein Diener von Christus mehr.

Wem ich das Evangelium verdanke

11 Es muss euch klar sein, liebe Geschwister: Das Evangelium, das ich euch verkündigt habe, ist kein Menschenwort. *12* Ich habe es nicht von Menschen empfangen oder gelernt,

sondern ich erhielt es durch Offenbarung von Jesus Christus.

13 Ihr habt ja gehört, wie ich früher für die jüdische Religion gelebt habe und wie unbarmherzig ich die Gemeinde Gottes verfolgte und sie mit aller Macht zu vernichten suchte. *14* In meinem Eintreten für die jüdische Religion übertraf ich viele meiner Altersgenossen. Ich war ein fanatischer Eiferer für die überlieferten Vorschriften meines Volkes. *15* Aber Gott hatte mich schon im Mutterleib ausgewählt und in seiner Gnade berufen. Als es ihm dann gefiel, *16* mir seinen Sohn zu offenbaren, damit ich die gute Botschaft von ihm unter den nichtjüdischen Völkern bekannt machte, habe ich nicht erst Menschen um Rat gefragt. *17* Ich reiste nicht einmal zu denen nach Jerusalem, die schon vor mir Apostel waren, sondern ging nach Arabien und kehrte dann wieder nach Damaskus zurück.

18 Erst drei Jahre später kam ich nach Jerusalem, um Kephas[d] kennenzulernen. Fünfzehn Tage war ich bei ihm. *19* Von den anderen Aposteln habe ich außer Jakobus, den Bruder des Herrn, niemand gesehen. *20* Was ich euch hier schreibe – ich versichere es euch vor Gott –, ist die reine Wahrheit. *21* Danach bin ich in der Gegend von Syrien[e] und Zilizien[f] gewesen. *22* Den christlichen

---

b 1,5: *Amen.* Hebräisch: *Es werde wahr!* Oder: *So sei es!*

c 1,7: *Messias.* Siehe Vorwort des Übersetzers

---

d 1,18: *Kephas.* Hebräischer Name von Petrus, vgl. Johannes 1,42.

e 1,21: *Syrien.* Land am Mittelmeer, nördlich von Israel.

f 1,21: *Zilizien.* Römische Provinz im Südosten Kleinasiens, Heimat des Paulus.

Gemeinden in Judäa[a] blieb ich persönlich unbekannt. 23 Sie hatten nur gehört: „Unser ehemaliger Verfolger verkündigt jetzt den Glauben, den er früher vernichten wollte, als gute Botschaft." 24 Und sie priesen Gott meinetwegen.

Die Vereinbarung in Jerusalem

2 1 Erst vierzehn Jahre später[b] kam ich wieder nach Jerusalem. Ich reiste mit Barnabas und hatte auch Titus mitgenommen. 2 Diese Reise unternahm ich aufgrund einer göttlichen Offenbarung. In Jerusalem trug ich vor, was ich als Evangelium unter den nichtjüdischen Völkern predige. Ich tat das besonders vor den Angesehenen in der Gemeinde, damit ich nicht ins Leere laufen würde oder bisher vergeblich gearbeitet hätte. 3 Doch nicht einmal mein griechischer Begleiter Titus wurde gezwungen, sich beschneiden[c] zu lassen. 4 Wegen dieser Sache hatten sich nämlich falsche Brüder eingeschlichen. Sie waren eingedrungen, um die Freiheit auszuspionieren, die wir durch Jesus Christus haben, und uns wieder zu versklaven. 5 Denen haben wir keinen Augenblick nachgegeben, damit die Wahrheit des Evangeliums euch ganz erhalten bleibt. 6 Auch von den Angesehenen

in der Gemeinde wurde uns nichts auferlegt. – Was sie früher einmal waren, ist mir übrigens gleichgültig, denn vor Gott ist das Ansehen einer Person ohne Bedeutung. – 7 Ganz im Gegenteil: Als sie sahen, dass mir die Heilsbotschaft für die nichtjüdischen Völker anvertraut war, so wie sie Petrus für die Juden empfangen hatte, – 8 denn Gott bestätigte den Petrus als Apostel für die Juden und wirkte durch mich unter den nichtjüdischen Völkern –, 9 als sie die mir verliehene Gnade erkannten, gaben Jakobus, Kephas und Johannes, die ja als Säulen der Gemeinde angesehen werden, mir und Barnabas als Zeichen der Gemeinschaft die Hand. Wir sollten weiter unter den nichtjüdischen Völkern arbeiten, und sie würden es unter den Juden tun. 10 Sie baten uns nur darum, die Armen in Jerusalem nicht zu vergessen. Dafür habe ich mich auch immer eingesetzt.

Zusammenstoß mit Petrus in Antiochia

11 Als dann aber Kephas nach Antiochia kam, musste ich ihn öffentlich zur Rede stellen, weil er durch sein Verhalten im Unrecht war. 12 Zunächst hatte er ohne Bedenken mit den nichtjüdischen Geschwistern zusammen gegessen. Als dann aber einige Leute von Jakobus kamen, zog er sich aus Furcht vor diesen Verteidigern der Beschneidung von den gemeinsamen Mahlzeiten zurück. 13 Auch die anderen Juden in der Gemeinde hatten sich von seiner Heuchelei anstecken lassen. Selbst Barnabas ließ sich dazu hinreißen. 14 Als ich merkte, dass sie nicht

---

a 1,22: *Judäa.* Von Juden bewohntes Gebiet zwischen dem Toten Meer und dem Mittelmeer.

b 2,1: *vierzehn Jahre später.* Das kann sich auf seinen ersten Besuch beziehen (Galater 1,18) oder auf seine Bekehrung drei Jahre vorher.

c 2,3: *beschneiden.* Siehe 1. Mose 17,9-14!

mehr den geraden Weg gingen, der zur Wahrheit des Evangeliums führt, sagte ich in aller Öffentlichkeit zu Kephas: „Wenn du als Jude wie ein Nichtjude lebst, warum zwingst du dann Nichtjuden, jüdisch zu leben?"

15 Natürlich sind wir von Geburt an Juden und keine nichtjüdischen Sünder. *16* Trotzdem wissen wir, dass kein Mensch vor Gott bestehen kann, wenn er versucht, das Gesetz zu halten. Bestehen kann er nur durch den Glauben an Jesus Christus. Und darum haben wir an ihn geglaubt, um durch den Glauben vor Gott bestehen zu können – und nicht durch Erfüllung des Gesetzes. Kein Mensch kann durch Befolgen des Gesetzes gerecht werden vor Gott.

17 Wenn sich nun aber herausstellt, dass wir Sünder sind, wir, die durch Christus vor Gott als gerecht bestehen wollen, ist dann vielleicht Christus ein Diener der Sünde geworden? Das ist völlig ausgeschlossen! *18* Ich würde vielmehr wieder zum Gesetzesbrecher, wenn ich dem wieder Geltung verschaffte, was ich vorher für ungültig erklärt habe. *19* Denn das Gesetz hat mich dazu gebracht, für das Gesetz gestorben zu sein, damit ich für Gott lebe. Ich bin mit Christus gekreuzigt *20* und lebe praktisch nicht mehr. Christus lebt in mir. Und das Leben, das ich jetzt noch in meinem sterblichen Körper führe, das lebe ich im Glauben an den Sohn Gottes, der mich geliebt und sich selbst für mich geopfert hat. *21* Diese Gnade Gottes werde ich doch nicht zurückweisen. Denn wenn wir durch Erfüllung des

Gesetzes vor Gott bestehen könnten, dann wäre Christus umsonst gestorben.

Vertrauen auf Christus oder auf das Gesetz?

3 *1* Ihr törichten Galater! Wer hat euch nur verzaubert? Euch wurde Jesus Christus doch als gekreuzigt vor Augen gemalt. *2* Nur das eine will ich von euch wissen: Habt ihr den Geist empfangen, weil ihr das Gesetz befolgt oder weil ihr die Botschaft vom Glauben gehört habt? *3* Begreift ihr das nicht? Wollt ihr wirklich in eigener Kraft zu Ende bringen, was ihr im Geist angefangen habt? *4* Habt ihr so große Dinge vergeblich erfahren? Falls es wirklich vergeblich war! *5* Gab Gott euch denn seinen Geist und wirkt er Wunder unter euch, weil ihr das Gesetz befolgt oder weil ihr die Botschaft vom Glauben gehört habt?

6 Denkt an Abraham: „Er glaubte Gott, und das wurde ihm als Gerechtigkeit angerechnet."[d] *7* Begreift doch: Die aus dem Glauben leben, sind Abrahams Kinder! *8* Die Schrift hat vorausgesehen, dass Gott die nichtjüdischen Völker durch den Glauben gerecht sprechen würde, und verkündigte Abraham schon im Voraus die gute Botschaft: „Durch dich werden alle Völker gesegnet werden."[e] *9* Folglich werden die Glaubenden zusammen mit dem gläubigen Abraham gesegnet. *10* Denn alle, die auf die Erfüllung des Gesetzes vertrauen,

---

d 3,6: 1. Mose 15,6

e 3,8: 1. Mose 12,3; 18,18

sind unter einem Fluch, denn es steht geschrieben: „Fluch über jeden, der nicht alles erfüllt, was im Gesetzbuch geschrieben ist."[a] *11* Es ist klar, dass mit Hilfe des Gesetzes niemand vor Gott gerecht werden kann, denn „der Gerechte wird aus Glauben leben".[b] *12* Das Gesetz jedoch gründet sich nicht auf den Glauben. Hier gilt: „Wer seine Vorschriften befolgt, wird durch sie leben."[c] *13* Von diesem Fluch des Gesetzes hat Christus uns freigekauft, indem er an unserer Stelle den Fluch auf sich nahm, denn es steht geschrieben: „Wer am Kreuz hängt, ist verflucht."[d] *14* So sollte der Segen, den Abraham erhielt, durch Jesus Christus zu allen Völkern kommen, damit wir durch den Glauben den zugesagten Geist empfingen.

Das Gesetz hebt die Zusagen Gottes nicht auf

15 Liebe Geschwister, nehmen wir ein Beispiel aus dem täglichen Leben: Wenn jemand ein Testament rechtskräftig aufgesetzt hat, dann kann niemand es für ungültig erklären oder etwas hinzufügen. *16* So ist es auch mit den Zusagen, die Gott dem Abraham und seinem Nachkommen geschenkt hat. Er sagt übrigens nicht: „den Nachkommen", als ob es viele wären, sondern es ist von einem die Rede: „deinem Nachkommen"[e]. Und das ist Christus. *17* Ich will damit sagen: Wenn Gott einen Bund rechtskräftig bestätigt hat, dann wird er durch das 430 Jahre später entstandene Gesetz nicht für ungültig erklärt. Das Gesetz kann die Zusage nicht außer Kraft setzen. *18* Denn wenn der Erhalt des Erbes von der Erfüllung des Gesetzes abhinge, dann käme es nicht mehr aus einem Versprechen. Gott hat es Abraham aber durch ein Versprechen zugesagt.

19 Aber was für einen Sinn hat dann das Gesetz? Es wurde hinzugefügt, um die Gesetzesübertretungen sichtbar zu machen, und zwar so lange, bis der Nachkomme käme, dem das Versprechen galt. Es ist durch Engel mit Hilfe eines Vermittlers erlassen worden. *20* Ein Vermittler steht jedoch nie nur für eine der Parteien. Gott ist aber nur Einer.[f]

21 Spricht das Gesetz denn gegen die Zusagen Gottes? Natürlich nicht! Das wäre nur der Fall, wenn es zum Leben führen könnte. Nur dann würden Menschen durch Erfüllung des Gesetzes von Gott als gerecht angesehen. *22* Aber die Schrift erklärt, dass die ganze Welt von der Sünde gefangen gehalten wird. So sollte das Zugesagte durch den Glauben an Jesus Christus denen geschenkt werden, die glauben.

---

a 3,10: 5. Mose 27,26

b 3,11: Habakuk 2,4 sinngemäß nach der LXX zitiert.

c 3,12: 3. Mose 18,5 nach der LXX zitiert.

d 3,13: 5. Mose 21,23

e 3,16: 1. Mose 13,15; 17,7; 22,18; 24,7

f 3,20: *Einer.* Das heißt: Es braucht keinen Vermittler, wenn Gott selbst handelt.

Das Gesetz führt zu Christus

23 Bevor es diesen Glauben gab, wurden wir vom Gesetz gefangen gehalten. Wir waren eingeschlossen bis zu der Zeit, in der der Glaube bekannt gemacht werden sollte. 24 So führte das Gesetz uns wie ein streng ermahnender Erzieher zu Christus, damit wir durch den Glauben von Gott als gerecht anerkannt würden. 25 Nachdem nun der Glaube gekommen ist, stehen wir nicht mehr unter einem Erzieher, 26 denn durch den Glauben an Jesus Christus seid ihr mündige Kinder Gottes geworden. 27 Denn ihr alle, die ihr auf Christus getauft wurdet, habt euch mit Christus bekleidet. 28 Da gibt es keine Juden oder Nichtjuden mehr, Sklaven oder Freie, Männer oder Frauen, denn durch eure Verbindung mit Jesus Christus seid ihr alle zu Einem geworden. 29 Wenn ihr aber Christus gehört, seid ihr Abrahams Nachkommen und habt Anspruch auf das zugesagte Erbe.

Aus der Sklaverei des Gesetzes befreit

4 1 Ich will Folgendes sagen: Solange der Erbe minderjährig ist, unterscheidet er sich in nichts von einem Sklaven, obwohl ihm doch alles gehört. 2 Bis zu dem Termin, den der Vater bestimmt hat, ist er von Vormündern und Vermögensverwaltern abhängig. 3 Genauso ging es auch uns. Als Unmündige waren wir unter die Prinzipien der Welt versklavt. 4 Als dann aber die Zeit herangekommen war, sandte Gott seinen Sohn. Er wurde von einer Frau geboren und unter das Gesetz gestellt. 5 Er sollte die loskaufen, die unter der Herrschaft des Gesetzes standen, damit

wir das Sohnesrecht bekämen. 6 Weil ihr nun Söhne seid, gab Gott euch den Geist seines Sohnes ins Herz, der „Abba!g Vater!" in uns ruft. 7 Du bist also nicht länger ein Sklave, sondern Sohn! Und wenn du Sohn bist, dann hat Gott dich auch zum Erben gemacht.

8 Früher, als ihr Gott nicht kanntet, habt ihr Göttern, die in Wirklichkeit gar keine sind, wie Sklaven gedient. 9 Aber jetzt kennt ihr Gott – besser gesagt: Gott kennt euch –, wie kann es da sein, dass ihr euch wieder diesen armseligen und schwachen Prinzipien zuwendet und ihnen erneut wie Sklaven dienen wollt? 10 Ihr fangt an, auf besondere Tage, Monate, Zeiträume und Jahre zu achten. 11 Ich fürchte, dass meine Arbeit an euch vergeblich gewesen ist.

Wo ist eure Freude geblieben?

12 Ich bitte euch, liebe Geschwister, werdet so wie ich, denn auch ich bin so wie ihr geworden.h Nein, ihr habt mir kein Unrecht getan. 13 Ihr wisst doch, wie ich zum ersten Mal bei euch war und euch das Evangelium verkündigte. Ich war krank, 14 und mein Zustand war anstößig für euch. Dennoch habt ihr mich nicht verachtet oder verabscheut. Im Gegenteil, ihr habt mich wie einen Engel Gottes aufgenommen, ja, wie Jesus Christus selbst. 15 Wo ist die

---

g 4,6: *Abba* (aramäisch) bedeutet Vater. Der Ausdruck wurde als liebe- und respektvolle Anrede nur im Familienkreis gebraucht.

h 4,12: *so wie ihr geworden,* nämlich frei vom Gesetz.

glückliche Freude von damals nur geblieben? Ich kann euch bezeugen: Wenn es möglich gewesen wäre, hättet ihr euch die Augen ausgerissen und mir gegeben. 16 Bin ich jetzt euer Feind geworden, weil ich euch die Wahrheit vorhalte?

17 Diese Leute wollen euch nur gewinnen, und nicht für etwas Gutes. Sie wollen einen Keil zwischen uns treiben[a], damit ihr euch um sie bemüht. 18 Natürlich ist es immer gut, sich für einen guten Zweck zu bemühen, und das auch nicht nur, wenn ich bei euch bin. 19 Meine lieben Kinder, euretwegen erleide ich noch einmal Geburtsschmerzen, bis Christus in euch Gestalt gewinnt. 20 Gern wäre ich jetzt bei euch, um in anderem Ton zu euch zu sprechen, denn ich weiß nicht, woran ich mit euch bin.

Sinnbilder aus dem Gesetz

21 Ihr wollt euch dem Gesetz unterwerfen? Sagt mir: Hört ihr denn das Gesetz nicht? 22 Es steht doch geschrieben, dass Abraham zwei Söhne hatte. Einer war von seiner Sklavin und einer von seiner Frau. 23 Der Sohn der Sklavin wurde auf die gewöhnliche Weise geboren. Der Sohn seiner Frau aber war die Folge einer Zusage Gottes. 24 Das muss im übertragenen Sinn verstanden werden: Die zwei Frauen bedeuten nämlich zwei Bundesschlüsse. Der eine ist der vom Berg Sinai, der Sklaven hervorbringt. Das ist Hagar. 25 Hagar steht für den Berg Sinai in Arabien, entspricht aber gleichzeitig dem jetzigen Jerusalem, weil das mit seinen Kindern in Sklaverei lebt. 26 Das Jerusalem droben im Himmel ist jedoch frei. Und das ist unsere Mutter. 27 Von ihr steht geschrieben: „Freue dich, du Unfruchtbare, obwohl du keine Kinder gebierst. Juble und jauchze, obwohl du keine Wehen bekommst. Denn die vereinsamte Ehefrau hat viel mehr Kinder als die von ihrem Mann vorgezogene."[b] 28 Doch ihr, liebe Geschwister, seid wie Isaak Kinder der Zusage Gottes. 29 Allerdings verfolgte schon damals der auf normale Weise geborene Sohn den, der sein Leben dem Geist Gottes verdankt. So ist es auch heute. 30 Aber was sagt die Schrift dazu? „Jage die Sklavin und ihren Sohn fort! Der Sohn der Sklavin soll nicht mit dem Sohn der freien Frau zusammen Erbe werden."[c] 31 Deshalb sind wir, liebe Geschwister, nicht die Kinder einer Sklavin, sondern die einer freien Frau.

Lebt als befreite Menschen!

5 1 Christus hat uns befreit, damit wir als Befreite leben. Bleibt also standhaft und lasst euch nicht wieder in ein Sklavenjoch spannen! 2 Merkt euch meine Worte! Ich, Paulus, erkläre: Wenn ihr euch beschneiden lasst, dann wird Christus für euch wertlos sein. 3 Und ich erkläre noch einmal: Jeder, der sich beschneiden lässt, ist verpflichtet, das ganze Gesetz zu befolgen. 4 Wenn ihr durch

---

a 4,17: *Keil ... treiben*. Wörtlich: ausschließen, aussperren (von der Gemeinschaft mit dem Apostel).

b 4,27: Jesaja 54,1

c 4,30: 1. Mose 21,10

das Gesetz vor Gott bestehen wollt, habt ihr euch von Christus getrennt und die Gnade verloren. 5 Wir dagegen haben folgende Hoffnung: Wir erwarten aufgrund des Glaubens durch den Geist Gottes die Gerechtigkeit, die vor Gott Bestand hat. 6 Denn wenn jemand mit Christus verbunden ist, hat weder die Beschneidung noch das Unbeschnittensein irgendeinen Wert. Das Einzige, was zählt, ist der Glaube, der durch Liebe wirkt.

7 Es lief so schön bei euch. Wer hat euch nur daran gehindert, der Wahrheit zu folgen? 8 Was man euch da einredet, kommt nicht von dem, der euch berufen hat. 9 Schon ein wenig Sauerteig durchsäuert den ganzen Teig. 10 Doch ich vertraue dem Herrn, dass ihr nicht anders denkt als ich. Wer euch aber durcheinanderbringt, wird das Urteil zu tragen haben, ganz gleich, wer er ist.

11 Was aber mich betrifft, liebe Brüder: Wenn ich wirklich selbst noch die Beschneidung fordern würde, warum werde ich dann immer noch verfolgt? Dann wäre das Ärgernis des Kreuzes ja beseitigt. 12 Von mir aus sollen sich die, die euch durcheinanderbringen, auch noch kastrieren lassen.

Freiheit, nicht Zügellosigkeit!

13 Ihr seid zur Freiheit berufen, liebe Geschwister! Nur benutzt die Freiheit nicht als Freibrief für das eigene Ich, sondern dient einander in Liebe! 14 Denn das ganze Gesetz ist erfüllt, wenn ihr das eine Gebot haltet: „Liebe deinen Nächsten wie dich selbst!" 15 Doch wenn ihr euch gegenseitig kratzt und beißt, dann passt nur auf, dass euch keiner verschluckt!

16 Ich will damit nur sagen: Lasst den Geist Gottes euer Leben bestimmen, dann könnt ihr der Begierden in euch widerstehen. 17 Denn die menschliche Natur widerstrebt dem Geist Gottes und der Geist Gottes ebenso der menschlichen Natur. Beide stehen gegeneinander, damit ihr nicht einfach macht, was ihr wollt. 18 Wenn ihr aber vom Geist geführt werdet, steht ihr nicht mehr unter Gesetz.

19 Was die menschliche Natur hervorbringt, ist offensichtlich: sexuelle Unmoral, Unsittlichkeit und Ausschweifung, 20 Götzendienst und Zauberei, Feindseligkeit, Streit und Eifersucht, Zornausbrüche, Intrigen, Zwistigkeiten und Spaltungen, 21 Neidereien, Sauforgien, Fressgelage und ähnliche Dinge. Ich warne euch, wie ich das schon früher getan habe: Wer so lebt, wird in Gottes Reich keinen Platz haben.

Die Frucht des Geistes

22 Doch die Frucht, die der Geist wachsen lässt, ist: Liebe, Freude, Frieden, Geduld, Freundlichkeit, Güte, Treue, 23 Sanftmut und Selbstbeherrschung. Dagegen hat das Gesetz nichts einzuwenden. 24 Menschen, die zu Jesus Christus gehören, haben das eigene Ich mitsamt den Leidenschaften und Begierden gekreuzigt.

25 Wenn wir also durch den Geist Gottes das neue Leben haben, dann wollen wir es auch in diesem Geist führen. 26 Wir wollen nicht ehrgeizig unsere Eitelkeit befriedigen und uns gegenseitig herausfordern oder beneiden.

Tragt die Lasten gemeinsam

6 *1* Liebe Geschwister, wenn jemand von euch in eine Sünde hineinstolpert, dann müsst ihr, als vom Geist bestimmte Menschen, ihn verständnisvoll auf den rechten Weg zurückbringen. Du solltest dabei aber gut aufpassen, dass du nicht selbst zu Fall kommst! *2* Helft euch gegenseitig, die Lasten zu tragen! Auf diese Weise erfüllt ihr das Gesetz des Christus. *3* Wenn jemand sich einbildet, etwas zu bedeuten, obwohl er doch nichts darstellt, betrügt er sich selbst. *4* Jeder prüfe vielmehr sein eigenes Tun, dann mag er stolz auf sich sein, ohne sich über jemand anders zu erheben. *5* Denn jeder hat genug mit seinem eigenen Verhalten zu tun.

6 Jeder, der im Wort Gottes unterwiesen wird, soll auch zum Lebensunterhalt seines Lehrers beitragen! *7* Täuscht euch nicht: Gott lässt sich nicht verspotten! Was der Mensch sät, wird er auch ernten. *8* Wer auf sein Eigenleben sät, wird davon das Verderben ernten. Wer jedoch auf den Geist sät, wird davon das ewige Leben ernten. *9* Wir wollen also nicht müde werden, Gutes zu tun, denn wenn die Zeit gekommen ist, werden wir die Ernte einbringen, falls wir nicht aufgeben. *10* Solange wir also noch Gelegenheit haben, wollen wir allen Menschen Gutes tun, am meisten natürlich denen, die zur Glaubensfamilie gehören.

Eigenhändiger Briefschluss

11 Seht, mit was für großen Buchstaben ich euch eigenhändig geschrieben habe. *12* Die Leute, die euch dazu drängen, dass ihr euch beschneiden lasst, wollen nur vor den Menschen gut dastehen. Sie wollen für ihr Bekenntnis zum gekreuzigten Christus nicht verfolgt werden. *13* Doch nicht einmal sie, die ja beschnitten sind, befolgen das Gesetz. Sie wollen aber, dass ihr euch beschneiden lasst, damit sie auf das Stück Haut, das euch entfernt wurde, stolz sein können. *14* Ich jedoch will auf nichts anderes stolz sein als auf das Kreuz unseres Herrn Jesus Christus. In diesem Kreuz ist die Welt für mich gekreuzigt und ich für sie. *15* Schließlich kommt es nicht darauf an, beschnitten oder unbeschnitten zu sein, sondern allein darauf, in Christus neu geschaffen zu sein.

16 Frieden und Barmherzigkeit wünsche ich allen, die diesem Grundsatz folgen, und auch Gottes Volk Israel. *17* Künftig möge mir niemand mehr Schwierigkeiten machen, denn ich trage die Brandmale[a] an meinem Körper, die mich als Eigentum des Herrn Jesus kennzeichnen. *18* Die Gnade unseres Herrn Jesus Christus sei mit euch, liebe Geschwister! Amen.

---

a 6,17: *Brandmale*. Der Begriff wurde für die Brandzeichen gebraucht, mit denen Sklaven oder Tiere als Eigentum gekennzeichnet wurden. Paulus verweist damit auf die Narben, die er während seines missionarischen Dienstes davontrug und die ihn als Eigentum von Jesus Christus kennzeichneten.

Brief des Paulus an die Christen in Ephesus

Es kam anders, als Paulus in seinem Brief an Titus vermutete (Titus 3,12). Mitten im Winter segelte das Gefangenenschiff von Melite, dem südlichen Rumpf der westgriechischen Insel Kephallenia, in Richtung Italien ab. Paulus durfte seine Freunde mitnehmen, musste aber einen von ihnen, Trophimus, wegen einer schweren Erkrankung auf der Insel zurücklassen. Er konnte gerade noch eine Nachricht an Timotheus weitergeben, möglichst umgehend zu ihm nach Rom zu kommen. In Rom durfte Paulus dann mit dem Soldaten, der ihn bewachte, in eine eigene Wohnung ziehen und dort die gute Botschaft von Jesus Christus zwei Jahre lang ungehindert lehren.

In dieser Zeit, also um das Jahr 60 n. Chr., ist der Epheserbrief wahrscheinlich als erster der „Gefangenenbriefe" entstanden, denn Paulus schrieb ihn allein. Er richtete ihn als Rundbrief an die von Ephesus aus entstandenen Gemeinden in der Provinz Asia. Tychikus (6,21) würde den Brief auf seiner Reise nach Kolossä (Kolosser 4,7-8) überbringen.

Im ersten Teil des Briefes (Kapitel 1-3) beschreibt Paulus die Herrlichkeit der Erlösung, die die Christen durch Jesus Christus erhalten haben, und im zweiten Teil (Kapitel 4-6) die Praxis der Erlösung, das Verhalten, das sich für die Christen aus der Erlösung ergibt.

1 *1* Es schreibt Paulus, der nach dem Willen Gottes ein Apostel von Jesus Christus ist. An die Heiligen, die Gläubigen, die mit Jesus Christus verbunden sind.[a] *2* Ich wünsche euch Gnade und Frieden von Gott, unserem Vater, und von Jesus Christus, dem Herrn.

Was Gott uns geschenkt hat

3 Gelobt sei Gott, der Vater unseres Herrn Jesus Christus, der uns durch ihn mit dem ganzen geistlichen Segen aus der Himmelswelt beschenkt hat. *4* Denn in Christus hat er uns schon vor Erschaffung der Welt erwählt, einmal heilig und tadellos vor ihm zu stehen. *5* Und aus Liebe hat er uns schon damals dazu bestimmt, durch Jesus Christus seine Kinder zu werden. Das war sein eigener gnädiger Wille *6* und es diente zum Lob seiner herrlichen Gnade, mit der er uns durch seinen geliebten Sohn beschenkt hat. *7* Durch ihn wurden wir freigekauft – um den Preis seines Blutes –, und in ihm sind uns alle Vergehen vergeben. Das verdanken wir allein Gottes unermesslich großer Gnade, *8* mit der er uns überschüttet hat. Er schenkte uns Einsicht und ließ uns seine Wege erkennen. *9* Und weil es ihm so gefiel, hat er uns in das Geheimnis seines Willens, den

---

a 1,1: Spätere Handschriften fügen „in Ephesus" hinzu. In den ältesten Manuskripten war dieser Zusatz jedoch unbekannt, wie auch einige Kirchenväter bestätigen. Der „Epheserbrief" war wohl ein Rundbrief an die Gemeinden der Provinz Asia, einschließlich ihrer Hauptstadt Ephesus.

er in Christus verwirklichen wollte, Einblick nehmen lassen. *10* Er wollte dann, wenn die richtige Zeit dafür gekommen sein würde, seinen Plan ausführen: alles unter das Haupt von Christus zu bringen, alles was im Himmel und auf der Erde existiert. *11* In ihm haben wir auch ein Erbe zugewiesen bekommen. Dazu hat er uns von Anfang an bestimmt. Ja, das war die Absicht von dem, der alles verwirklicht was er vorhat. *12* Er wollte, dass wir zum Lob seiner Herrlichkeit da sind, wir, die schon vorher auf den Messias gehofft haben. *13* Und nachdem ihr das Wort der Wahrheit, die gute Botschaft von eurer Rettung, gehört habt und zum Glauben gekommen seid, wurdet auch ihr durch ihn mit dem versprochenen Heiligen Geist versiegelt. *14* Dieser Geist ist die Anzahlung auf unser Erbe und die Garantie für die vollständige Erlösung seines Eigentums. Auch das dient zum Lobpreis seiner Herrlichkeit.

Was wir erkennen sollen

15 Das ist auch der Grund, warum ich nicht aufhöre, für euch zu danken, nachdem ich von eurem Glauben an Jesus, den Herrn, gehört habe und von eurer Liebe zu allen, die Gott geheiligt hat. *16* Immer wieder denke ich in meinen Gebeten an euch. *17* Und ich bete, dass der Gott unseres Herrn Jesus Christus, der Vater der Herrlichkeit, euch durch seinen Geist Weisheit gibt und euch zeigt, wie er selbst ist, dass ihr ihn erkennen könnt. *18* Er gebe euren Herzen erleuchtete Augen, damit ihr seht, zu welch großartiger Hoffnung er euch berufen hat, und damit ihr

wisst, wie reich das herrliche Erbe ist, das auf euch, die Heiligen, wartet; *19* damit ihr erkennt, wie überwältigend groß die Kraft ist, die in uns Gläubigen wirkt; die Kraft, die nur zu messen ist an der gewaltigen Macht, *20* die er an dem Messias wirken ließ, als er ihn von den Toten auferweckte und ihn in den himmlischen Welten an seine rechte Seite setzte. *21* Dort thront er jetzt, hoch über allen Gewalten, allen Mächten und Autoritäten; über allem, was Rang und Namen in dieser und auch in der zukünftigen Welt hat. *22* Gott hat ihm alles zu Füßen gelegt, und er hat ihn, der über alles herrscht, auch zum Kopf der Gemeinde gemacht. *23* Die Gemeinde stellt seinen Körper dar und seine Fülle. Es ist die Fülle von dem, der das All und alles erfüllt.

Wozu Gott uns geschaffen hat

2 *1* Auch euch hat er mit Christus lebendig gemacht, obwohl ihr durch eure Sünden und Verfehlungen tot wart. *2* Darin habt ihr früher gelebt, abhängig vom Zeitgeist der Welt, abhängig von der Geistesmacht, die in der Luft herrscht und jetzt noch in den Menschen wirksam ist, die Gott nicht gehorchen wollen. *3* Zu ihnen haben wir früher auch gehört und wurden wie sie von unseren Begierden beherrscht. Wir lebten unsere Triebe und Ideen aus, denn das war unsere Natur. Deshalb waren wir wie alle anderen dem Zorn Gottes ausgeliefert. *4* Aber Gott ist reich an Erbarmen und hat uns seine ganze große Liebe geschenkt *5* und uns mit dem Messias lebendig gemacht – ja, auch

uns, die aufgrund ihrer Verfehlungen für ihn tot waren. Bedenkt: Aus reiner Gnade seid ihr gerettet! *6* Er hat uns mit Jesus Christus auferweckt und uns mit ihm einen Platz in der Himmelswelt gegeben, *7* damit er auch in den kommenden Zeitaltern den unendlichen Reichtum seiner Gnade und Güte in Jesus Christus an uns deutlich machen kann. *8* Denn durch die Gnade seid ihr gerettet worden aufgrund des Glaubens. Dazu habt ihr selbst nichts getan, es ist Gottes Geschenk *9* und nicht euer eigenes Werk. Denn niemand soll sich etwas auf seine guten Taten einbilden können. *10* In Jesus Christus sind wir Gottes Meisterstück. Er hat uns geschaffen, dass wir gute Werke tun, gute Taten, die er für uns vorbereitet hat, dass wir sie in seinem Namen tun.

Was Gott aus uns gemacht hat

11 Deshalb denkt daran, dass ihr früher zu den Völkern gehörtet, die von den Juden die „Unbeschnittenen" genannt werden, obwohl sie selbst nur äußerlich beschnitten sind. *12* Ihr wart damals von Christus getrennt, vom Bürgerrecht Israels ausgeschlossen und standet den Bündnissen Gottes und den damit verbundenen Zusagen als Fremde gegenüber. Ihr hattet keine Hoffnung und lebtet ohne Gott in der Welt. *13* Doch jetzt seid ihr, die ihr damals Fernstehende wart, durch die Verbindung mit Jesus Christus und durch sein Blut zu Nahestehenden geworden. *14* Denn er selbst ist unser Friede, er, der aus beiden eine Einheit gemacht und durch sein körperliches Sterben die Mauer der Feindschaft

niedergebrochen hat. *15* Dadurch hat er das Gesetz mit seinen Vorschriften und Geboten beseitigt, um zwischen Juden und Nichtjuden Frieden zu stiften; ja, um die beiden in seiner Person zu dem einen neuen Menschen zu formen *16* und um sie in diesem einen Leib mit Gott zu versöhnen. Das geschah durch seinen Tod am Kreuz, durch den er auch die Feindschaft zwischen ihnen getötet hat. *17* So ist er gekommen und hat euch, den Fernstehenden, die gute Nachricht vom Frieden gebracht und den Nahestehenden ebenso. *18* Denn durch ihn haben wir beide in einem Geist freien Zugang zum Vater. *19* So seid ihr also keine Fremden mehr, geduldete Ausländer, sondern ihr seid Mitbürger der Heiligen und gehört zur Familie Gottes. *20* Ihr seid auf dem Fundament der Apostel und Propheten aufgebaut, in dem Jesus Christus selbst der Eckstein ist. *21* Er fügt den ganzen Bau zu einem einzigartigen Heiligtum des Herrn zusammen. *22* Und mit ihm verbunden werdet auch ihr als Bausteine in diese geistliche Wohnstätte Gottes eingefügt.

Was unsere Aufgabe ist

3 *1* Das ist auch der Grund, weshalb ich, Paulus, nach dem Willen des Christus euch nichtjüdischen Völkern zugute im Gefängnis bin. *2* Ihr habt doch wohl von der Aufgabe gehört, die mir in Bezug auf euch gegeben ist: Verwalter der Gnade Gottes zu sein. *3* Denn durch eine Offenbarung hat er mir das Geheimnis enthüllt, wie ich es eben kurz beschrieben habe. *4* Wenn ihr meinen

Brief lest, werdet ihr merken, welche Einsicht Gott mir in das Messiasgeheimnis geschenkt hat. *5* Früheren Generationen war das nicht bekannt, er hat es aber jetzt seinen heiligen Aposteln und Propheten durch den Geist enthüllt: *6* Die nichtjüdischen Völker sollen mit am Erbe teilhaben und mit zu dem einen Leib gehören. Und die Zusagen Gottes, die in Christus Wirklichkeit wurden, sollten durch das Evangelium auch ihnen gelten. *7* Durch die Gabe der Gnade Gottes bin ich ein Diener dieser Botschaft geworden. So hat er an mir seine gewaltige Macht erwiesen. *8* Mir, dem Geringsten von allen, die Gott geheiligt hat, wurde die Gnade geschenkt, den nichtjüdischen Völkern verkündigen zu dürfen, dass der unfassbare Reichtum des Messias auch für sie da ist, *9* und ans Licht zu bringen, wie Gott dieses Geheimnis nun verwirklicht hat; diesen Plan, den der Schöpfer aller Dinge vor aller Zeit gefasst hat und bis jetzt verborgen hielt. *10* Erst durch die Gemeinde sollte das den Mächten und Gewalten in der Himmelswelt bekannt werden. Auf diese Weise sollten sie die vielfältige Weisheit Gottes kennen lernen, *11* denn so entsprach es dem ewigen Plan Gottes, den er in Jesus Christus, unserem Herrn, verwirklicht hat. *12* Und weil wir uns auf ihn verlassen, haben wir den freien Zugang zu Gott, den wir in aller Offenheit und voller Zuversicht nutzen. *13* Darum bitte ich euch: Lasst euch nicht irre machen durch das, was ich leiden muss, denn ich ertrage es euretwegen, zur Ehre für euch.

Wofür wir beten sollen

14 Deshalb knie ich mich hin vor dem Vater, *15* dem jede Familie[a] im Himmel und auf der Erde ihr Dasein verdankt: *16* Er möge euch nach dem Reichtum seiner Herrlichkeit mit Kraft beschenken, dass ihr durch seinen Geist innerlich stark werdet; *17* dass Christus durch den Glauben in euren Herzen wohnt und ihr in seiner Liebe fest eingewurzelt und gegründet seid; *18* damit ihr zusammen mit allen, die Gott gehören, imstande seid, das ganze Ausmaß zu erfassen, seine Breite, Länge, Höhe und Tiefe; *19* und zu erkennen, was alle Erkenntnis übersteigt: die unermessliche Liebe, die Christus zu uns hat. So werdet ihr bis zur ganzen Fülle Gottes erfüllt werden.

20 Dem, der so unendlich viel mehr tun kann als wir erbitten oder erdenken und der mit seiner Kraft in uns wirkt, *21* ihm gebührt die Ehre in der Gemeinde und in Jesus Christus von Generation zu Generation in alle Ewigkeit. Amen.

Bewahrt die Einheit!

4 *1* Als einer, der für den Herrn im Gefängnis ist, ermahne ich euch: Lebt so, wie es der Berufung entspricht, die an euch erging: *2* Seid euch der eigenen Niedrigkeit bewusst und begegnet den anderen freundlich, habt Geduld miteinander und ertragt euch gegenseitig in Liebe. *3* Bemüht euch sehr darum, die Einheit, die der Geist Gottes gewirkt hat,

---

a 3,15: Wörtlich: *Vaterschaft*. Gemeint ist eine Gruppe, die von einem Vater geführt wird.

im Verbund des Friedens zu bewahren. *4* Ihr seid ja ein Leib; in euch lebt der eine Geist und ihr habt die eine Hoffnung bei eurer Berufung bekommen. *5* Ihr habt nur einen Herrn, einen Glauben, eine Taufe. *6* Und über allen ist der eine Gott, der Vater von allen, der durch alle und in allen wirkt.

Dient euch gegenseitig!

7 Jeder von uns hat den Anteil an der Gnade erhalten, so wie er ihm von Christus zugemessen wurde. *8* Darum heißt es ja in der Schrift: „Er stieg hinauf in den Himmel, hat Gefangene mit sich geführt und den Menschen Gaben gegeben."[b] *9* Wenn er aber hinaufgestiegen ist, muss er ja zuerst auf die Niederungen der Erde herabgestiegen sein. *10* Der, der zu uns herabstieg, ist auch der, der hoch über alle Himmel aufgestiegen ist und alles Geschaffene mit seiner Macht erfüllt. *11* Und er hat die einen als Apostel gegeben und andere als Propheten. Er gab Evangelisten, Hirten und Lehrer, *12* damit sie die, die Gott geheiligt hat, zum Dienst ausrüsten und so der Leib des Christus aufgebaut wird *13* mit dem Ziel, dass wir alle die Einheit im Glauben und in der Erkenntnis des Sohnes Gottes erreichen; dass wir zu mündigen Christen heranreifen und in die ganze Fülle hineinwachsen, die Christus in sich trägt. *14* Dann sind wir keine unmündigen Kinder mehr, die sich vom Wind aller möglichen Lehren umtreiben lassen und wie Wellen hin- und

hergeworfen werden. Dann fallen wir nicht mehr auf das falsche Spiel von Menschen herein, die andere hinterlistig in die Irre führen. *15* Lasst uns deshalb fest zur Wahrheit und zur Liebe stehen und in jeder Hinsicht zu Christus, unserem Haupt, hinwachsen. *16* Von ihm her wird der ganze Leib zusammengefügt und durch verbindende Glieder zusammengehalten. Das geschieht in der Kraft, die jedem der einzelnen Teile zugemessen ist. So bewirkt Christus das Wachstum seines Leibes: Er baut sich auf durch Liebe.

Lebt als neue Menschen!

17 Ich muss euch nun Folgendes sagen und ermahne euch im Auftrag des Herrn: Ihr dürft nicht mehr so leben wie die Menschen, die Gott nicht kennen. Ihr Leben und Denken ist von Nichtigkeiten bestimmt, *18* und in ihrem Verstand ist es finster, weil sie vom Leben mit Gott ausgeschlossen sind. Das kommt von der Unwissenheit, in der sie befangen sind, und von ihrem verstockten Herzen. *19* So sind sie in ihrem Gewissen abgestumpft und haben sich ungezügelten Lüsten hingegeben, sind unersättlich in sexueller Unmoral und Habgier. *20* Aber ihr habt gelernt, dass so etwas mit Christus nichts zu tun hat. *21* Ihr habt von ihm gehört und auch verstanden, was in Jesus Wirklichkeit ist; *22* dass ihr in Hinsicht auf euer früheres Leben den alten Menschen abgelegt habt. Denn der richtet sich in Verblendung und Begierden zugrunde. *23* Ihr dagegen werdet im Geist und im Denken erneuert, *24* da ihr ja den neuen Menschen angezogen

---

b 4,8: Psalm 68,19 nach dem aramäischen Targum zitiert.

habt, den Gott nach seinem Bild erschuf und der von wirklicher Gerechtigkeit und Heiligkeit bestimmt ist.

25 Als Menschen, die das Lügen abgelegt haben, müsst ihr einander die Wahrheit sagen. Wir sind doch als Glieder miteinander verbunden. *26* Versündigt euch nicht, wenn ihr zornig werdet! Die Sonne darf über eurem Zorn nicht untergehen! *27* Gebt dem Teufel keinen Raum in euch! *28* Wer ein Dieb war, soll nicht mehr stehlen, sondern hart arbeiten und mit eigenen Händen seinen Lebensunterhalt verdienen, damit er Notleidenden davon abgeben kann. *29* Lasst kein hässliches Wort über eure Lippen kommen, sondern habt da, wo es nötig ist, ein gutes Wort, das weiterhilft und allen wohl tut. *30* Sonst kränkt ihr den Heiligen Geist, den Gott euch als Siegel aufgeprägt hat und der die volle Erlösung garantiert! *31* Fort also mit aller Bitterkeit, mit Wut, Zorn und gehässigem Gerede. Schreit euch nicht gegenseitig an und verbannt jede Bosheit aus eurer Mitte. *32* Seid vielmehr umgänglich und hilfsbereit. Vergebt euch gegenseitig, weil Gott auch euch durch Christus vergeben hat.

Seid Nachahmer Gottes!

5 *1* Werdet also Nachahmer Gottes – ihr seid doch seine geliebten Kinder – *2* und lasst euer Verhalten von der Liebe bestimmen, so wie auch der Christus seine Liebe bewiesen hat, als er sein Leben für uns hingab! Er brachte sich als eine Opfergabe dar, an der Gott großes Gefallen hatte.

3 Von sexueller Unmoral jedoch, von Schamlosigkeit jeder Art und von Habsucht soll bei euch nicht einmal geredet werden. Das schickt sich nicht für Menschen, die Gott geheiligt hat. *4* Auch Unanständigkeit, dummes Geschwätz und derbe Späße passen nicht zu euch. Benutzt eure Zunge lieber zum Danken! *5* Denn ihr müsst wissen, dass keiner von denen, die in sexueller Unmoral leben, ein ausschweifendes Leben führen oder von Habgier erfüllt sind – einer Form von Götzendienst –, einen Platz im ewigen Reich von Christus und Gott haben wird. *6* Lasst euch von niemand einreden, dass das alles harmlos sei! Denn gerade wegen dieser Dinge ziehen sich die ungehorsamen Menschen den Zorn Gottes zu. *7* Habt also nichts mit ihnen zu tun! *8* Früher gehörtet ihr zwar zur Finsternis, aber jetzt gehört ihr durch den Herrn zum Licht. Lebt nun auch als Menschen des Lichts! *9* Ein solches Leben bringt als Frucht jede Art von Güte, Gerechtigkeit und Wahrheit hervor. *10* Fragt immer danach, was dem Herrn gefällt, *11* und beteiligt euch nicht an den nutzlosen Dingen, die aus der Finsternis kommen, sondern stellt sie vielmehr bloß. *12* Denn was manche heimlich tun, ist schon auszusprechen unanständig. *13* Wird es aber bloßgestellt, dann wird es durch Gottes Licht offenbar; *14* denn alles, was ans Licht kommt, kann selbst Licht werden. Deshalb heißt es: „Wach auf, du Schläfer, steh auf vom Tod! Und der Messias wird dein Licht sein."ᵃ

Lasst euch vom Geist Gottes erfüllen!

15 Achtet also genau darauf, wie ihr euer Leben führt – nicht als törichte,

---

a 5,14: Jesaja 60,1

sondern als weise Menschen! *16* Nutzt die Gelegenheiten, die Gott euch gibt, denn wir leben in einer bösen Zeit. *17* Seid also nicht leichtsinnig und gedankenlos, sondern begreift, was der Herr von euch will! *18* Und betrinkt euch nicht, denn das führt zu einem zügellosen und verschwenderischen Leben, sondern lasst euch vom Geist Gottes erfüllen! *19* Das geschieht, indem ihr euch gegenseitig mit Psalmen, Lobliedern und anderen geistlichen Liedern ermutigt[b]; indem ihr aus vollem Herzen dem Herrn singt und musiziert; *20* indem ihr Gott, unserem Vater, und dem Herrn Jesus Christus allezeit und für alles dankt; *21* indem ihr euch in der Ehrfurcht vor Christus einander unterordnet.

Unterordnung und Liebe

22 Ihr Frauen, unterstellt euch euren Männern, so wie ihr euch dem Herrn unterstellt. *23* Denn so wie Christus das Oberhaupt der Gemeinde ist – er hat sie ja gerettet und zu seinem Leib gemacht –, so ist der Mann das Oberhaupt der Frau. *24* Und wie die Gemeinde sich Christus unterordnet, so sollen sich auch die Frauen ihren Männern unterordnen, und zwar in allen Dingen.

25 Ihr Männer, liebt eure Frauen, und zwar so, wie Christus die Gemeinde geliebt und sein Leben für sie hingegeben hat. *26* Er tat das, um sie zu heiligen, und reinigte sie dazu durch Gottes Wort wie durch ein Wasserbad. *27* Denn er wollte die Gemeinde wie eine Braut in makelloser Schönheit präsentieren; ohne Flecken, Falten oder sonstige Fehler, heilig und tadellos. *28* So sind auch die Männer verpflichtet, ihre Frauen zu lieben wie ihren eigenen Körper. Wer seine Frau liebt, liebt sich selbst. *29* Niemand hasst doch seinen Körper, sondern ernährt und pflegt ihn. So macht es auch Christus mit der Gemeinde, *30* denn wir sind ja die Glieder seines Leibes. *31* „Darum wird ein Mann seinen Vater und seine Mutter verlassen und sich mit seiner Frau verbinden. Und die zwei werden völlig eins sein."[c] *32* Darin liegt ein tiefes Geheimnis. Ich beziehe es auf Christus und die Gemeinde. *33* Für euch gilt jedenfalls: Jeder liebe seine Frau so wie sich selbst, und die Frau soll ihren Mann achten.

Gehorsam und Erziehung

6 *1* Ihr Kinder, gehorcht euren Eltern, weil ihr mit dem Herrn verbunden seid. Das ist nur recht und billig. *2* „Ehre deinen Vater und deine Mutter" – so lautet das erste Gebot, dem eine Zusage folgt –, *3* „damit es dir gut geht und du ein langes Leben auf der Erde hast."[d]

4 Ihr Väter, reizt eure Kinder nicht, sondern erzieht sie nach den Maßstäben und Ermahnungen des Herrn.

Ehrlichkeit und Nachsicht

5 Ihr Sklaven, gehorcht euren irdischen Herren mit aller Ehrerbietung

---

b 5,19: *Liedern ermutigt.* Das kann durch das Singen geschehen, durch die Texte der Lieder oder auch durch geistlichen Zuspruch.

c 5,31: 1. Mose 2,24.

d 6,3: 2. Mose 20,12.

und Gewissenhaftigkeit. Dient ihnen mit aufrichtigem Herzen, als würdet ihr Christus dienen. *6* Tut es nicht, um gesehen zu werden und euch bei ihnen einzuschmeicheln. Betrachtet euch vielmehr als Sklaven des Christus, die Gottes Willen von Herzen gern tun. *7* Seid euren Herren wohlgesonnen und dient ihnen in der Überzeugung, dass ihr es für den Herrn und nicht für Menschen tut. *8* Ihr wisst doch, dass jeder, der Gutes tut, vom Herrn dafür belohnt wird, egal ob er Sklave ist oder ein freier Mensch.

9 Und ihr Herren, behandelt eure Sklaven im gleichen Sinn. Lasst das Drohen sein! Denkt daran, dass ihr im Himmel einen gemeinsamen Herrn habt, vor dem alle Menschen gleich sind.

Kämpft mit Gottes Waffen!

10 Und schließlich: Lasst euch stark machen durch den Herrn, durch seine gewaltige Kraft! *11* Zieht die volle Rüstung Gottes an, damit ihr den heimtückischen Anschlägen des Teufels standhalten könnt. *12* Wir kämpfen ja nicht gegen Menschen aus Fleisch und Blut, sondern gegen dämonische Mächte und Gewalten, gegen die Weltherrscher der Finsternis, gegen die bösartigen Geistwesen in der unsichtbaren Welt. *13* Greift darum zu den Waffen Gottes, damit ihr standhalten könnt, wenn der böse Tag kommt, und dann, wenn ihr alles erledigt habt, noch steht!

14 Steht also bereit: die Hüften umgürtet mit Wahrheit; den Brustpanzer der Gerechtigkeit angelegt; *15* die Füße mit der Bereitschaft beschuht,

die gute Botschaft vom Frieden mit Gott weiterzutragen! *16* Greift vor allem zum Großschild des Glaubens, mit dem ihr die Brandpfeile des Bösen auslöschen könnt. *17* Setzt auch den Helm des Heils[a] auf und nehmt das Schwert[b] des Geistes, das Wort Gottes, in die Hand! *18* Und betet dabei zu jeder Zeit mit jeder Art von Gebeten und Bitten in der Kraft des Heiligen Geistes, und seid dabei wachsam und hört nicht auf, für alle Gläubigen zu beten.

19 Betet auch für mich, dass Gott mir die richtigen Worte gibt, dass ich dann, wenn ich rede, das Geheimnis des Evangeliums unerschrocken bekannt mache *20* – ich bin ja auch in Ketten ein Gesandter des Evangeliums. Betet, dass ich so offen und frei davon rede, wie ich reden soll.

21 Unser lieber Bruder Tychikus, ein treuer Helfer im Dienst für den Herrn, wird euch erzählen, wie es mir geht und was ich tue. *22* Deshalb habe ich ihn auch zu euch geschickt, damit ihr erfahrt, wie es um uns steht, und er euch ermutigen kann. *23* Allen Geschwistern wünsche ich von Gott, dem Vater, und dem Herrn Jesus Christus Frieden und Liebe verbunden mit dem Vertrauen zu ihm. *24* Die Gnade sei mit allen, die unseren Herrn Jesus Christus in unvergänglicher Treue lieben.

---

a 6,17: Jesaja 59,17.

b 6,17: *Schwert*. Gemeint ist ein Kurzschwert oder ein kurzer, einschneidiger Dolch, eine Waffe für den Nahkampf.

Brief des Paulus an die Christen in Philippi

Kurz nachdem Tychikus, einer der Mitarbeiter des Paulus, abgereist war, kam Epaphroditus mit einer Spende der Gemeinde aus Philippi nach Rom und blieb ein paar Wochen bei dem gefangenen Apostel. In dieser Zeit wurde er schwer krank. Nach seiner Genesung schickte Paulus ihn wieder nach Philippi zurück und gab ihm den Brief mit, den er inzwischen zusammen mit Timotheus an die Gemeinde geschrieben hatte. Das wird um das Jahr 61 n. Chr. gewesen sein. In diesem „Philipperbrief" bedankte er sich für die Unterstützung der Gemeinde und kündigte einen Besuch des Timotheus in Philippi an.

1 *1* Es schreiben Paulus und Timotheus, Sklaven[a] von Jesus Christus. An alle Gläubigen in Philippi[b]; an alle, die durch Jesus Christus geheiligt sind, samt ihren Ältesten und Diakonen. *2* Wir wünschen euch Gnade und Frieden von Gott, unserem Vater, und von Jesus Christus, dem Herrn.

Ich bete mit Freude für euch

3 Jedes Mal, wenn ich an euch denke, danke ich meinem Gott. *4* Und immer, wenn ich ihn um etwas bitte, bete ich mit Freude für euch. *5* Denn ihr habt euch vom ersten Tag an mit mir für die gute Botschaft eingesetzt. Und das tut ihr bis heute. *6* Ich bin ganz sicher, dass Gott das gute Werk, das er in euch angefangen hat, auch weiterführen und an dem Tag, an dem Jesus Christus wiederkommt, vollenden wird. *7* Es ist durchaus angemessen, wenn ich so über euch denke, denn ihr liegt mir besonders am Herzen. Und ihr habt Anteil an derselben Gnade wie ich, auch wenn ich jetzt im Gefängnis die gute Botschaft verteidige und bekräftige. *8* Gott weiß, wie sehr ich mich nach euch allen sehne – mit der herzlichen Liebe von Jesus Christus. *9* Und ich bete auch darum, dass eure Liebe immer reicher an Verständnis und Einsicht wird, *10* damit ihr euch für das entscheidet, worauf es ankommt, und am Tag des Christus rein und tadellos vor ihm steht; *11* erfüllt mit dem, was aus der Gerechtigkeit gewachsen ist, die Jesus Christus euch geschenkt hat. So wird Gott geehrt und gelobt.

Hauptsache, die gute Botschaft wird verkündigt

12 Ihr sollt wissen, liebe Geschwister, dass alles, was mir hier zugestoßen ist, die Verbreitung des Evangeliums

---

a 1,1: Ein *Sklave* (griech. *doulos*) ist ein Mensch, der rechtlich und wirtschaftlich Eigentum eines anderen Menschen ist. Christen verstanden sich als Sklaven von Jesus Christus, weil dieser sie aus der Sklaverei der Sünde „freigekauft" hatte, und betrachteten diesen Titel als Auszeichnung.

b 1,1: *Philippi*. Bedeutendste römische Kolonie in diesem Teil Mazedoniens. In Erinnerung an seinen Sieg 42 v. Chr. über die Cäsarmörder Brutus und Cassius hatte Augustus die Stadt zur Kolonie erhoben. Dort wurden römische Veteranen (ausgediente Soldaten) angesiedelt, erhielten Haus und Land als eine Art Pension. Die Stadt bekam das römische Bürgerrecht.

gefördert hat; 13 denn hier weiß jeder, dass ich für Christus in Ketten liege, sogar die Soldaten der Palastwache. 14 Und die meisten der Brüder hier haben durch meine Gefangenschaft im Vertrauen auf den Herrn Mut gefasst und wagen es, das Wort Gottes ohne Furcht weiterzusagen. 15 Es gibt zwar einige, die aus Neid und Eifersucht predigen; andere aber verkündigen die Botschaft von Christus mit guten Absichten. 16 Sie tun es aus Liebe zu mir, weil sie wissen, dass ich zur Verteidigung des Evangeliums bestimmt bin. 17 Die anderen verkündigen das Wort von Christus aus selbstsüchtigen Motiven. Sie sind nicht aufrichtig, weil sie mir die Fesseln noch schmerzhafter machen wollen. 18 Aber was macht das schon? Es wird doch Christus verkündigt! Ob es nun aus ehrlichen Beweggründen getan wird oder nicht, Hauptsache es wird getan. Und darüber freue ich mich. Ja, ich werde mich auch künftig darüber freuen, 19 denn ich weiß, dass dies alles zu meiner Rettung führen wird – durch euer Gebet und durch die Hilfe des Geistes, der von Jesus Christus kommt.

Hauptsache, Christus wird geehrt

20 Ich erwarte und hoffe sehr, dass ich nichts tun werde, dessen ich mich schämen müsste, sondern dass jetzt genauso wie bisher Christus an mir und durch mich in aller Öffentlichkeit groß gemacht wird – sei es durch mein Leben oder durch meinen Tod. 21 Denn das Leben heißt für mich Christus und das Sterben Gewinn! 22 Wenn ich am Leben bleibe, bedeutet das fruchtbare Arbeit für mich. Und dann weiß ich

nicht, was ich wählen soll. 23 Ich fühle mich hin- und hergerissen. Einerseits sehne ich mich danach, hinüberzugehen und bei Christus zu sein, denn das wäre bei weitem das Beste; 24 andererseits ist es wegen euch nötiger, am Leben zu bleiben. 25 Darauf baue ich und bin deshalb gewiss, dass ich euch erhalten bleibe, damit ihr im Glauben vorankommt und die Freude darin erfahrt. 26 Und wenn ich dann wieder zu euch komme, werdet ihr noch weit mehr Grund haben stolz und froh zu erzählen, was Jesus Christus alles an mir getan hat.

27 Auf jeden Fall müsst ihr auch in der Öffentlichkeit so leben, wie es der Botschaft von Christus entspricht – ob ich nun komme und euch wiedersehe oder nur aus der Ferne von euch höre. Steht in einem Geist fest zusammen und kämpft in derselben Gesinnung für den Glauben, der mit dem Evangelium verbunden ist. 28 Und lasst euch keinesfalls von den Widersachern einschüchtern. Für sie zeigt das nur, dass sie verloren sind, für euch aber ist es eine Bestätigung Gottes, dass ihr gerettet seid. 29 Denn ihr habt das Vorrecht, nicht nur an Christus zu glauben, sondern auch für ihn zu leiden. 30 Ihr habt ja denselben Kampf zu bestehen wie ihr es damals an mir gesehen habt und jetzt wieder davon hört.

Nehmt euch ein Beispiel an Christus!

2 1 Wenn es doch so etwas gibt wie Ermutigung in Verbindung mit Christus; Tröstung, die aus der Liebe kommt; Gemeinschaft, die der Geist Gottes bewirkt; Barmherzigkeit und Mitgefühl, 2 dann macht meine Freude vollkommen, indem ihr in

derselben Einstellung und Liebe von ganzem Herzen zusammensteht. *3* Tut nichts aus Streitsucht oder Ehrgeiz, sondern seid bescheiden und achtet andere höher als euch selbst! *4* Denkt nicht nur an euer eigenes Wohl, sondern auch an das der anderen! *5* Eure Einstellung soll so sein wie sie in Jesus Christus war:

6 Er war genauso wie Gott / und hielt es nicht gewaltsam fest, Gott gleich zu sein. *7* Er legte alles ab und wurde einem Sklaven gleich. / Er wurde Mensch und alle sahen ihn auch so. *8* Er erniedrigte sich selbst und gehorchte Gott bis zum Tod – zum Verbrechertod am Kreuz. *9* Darum hat Gott ihn über alles erhöht / und ihm den Namen geschenkt, der über allen Namen steht: *10* Denn vor dem Namen Jesus wird einmal jedes Knie gebeugt; / von allen, ob sie im Himmel sind, auf der Erde oder unter ihr. *11* Und jeder Mund wird anerkennen: / „Jesus Christus ist der Herr!" So wird Gott, der Vater, geehrt.

Seid Vorbilder in der Welt!

12 Meine Lieben! Als ich bei euch war, habt ihr meine Anweisungen immer befolgt. Jetzt, in meiner Abwesenheit, müsst ihr noch mehr darauf achten, euch mit aller Ehrfurcht und Gewissenhaftigkeit darum zu bemühen, dass eure Rettung sich auswirkt. *13* Denn Gott bewirkt den Wunsch in euch, ihm zu gehorchen, und gibt euch auch die Kraft, zu tun, was ihm gefällt. *14* Tut alles ohne Murren und Diskussion, *15* damit euch niemand Vorwürfe machen kann. Als untadelige Kinder Gottes sollt ihr wie Himmelslichter mitten unter den verdrehten und verdorbenen Menschen dieser Welt leuchten *16* und so die Botschaft des Lebens anschaulich machen. Dann kann ich an dem Tag, an dem Christus wiederkommt, stolz auf euch sein, weil ich das Rennen nicht verloren habe und meine Arbeit nicht vergeblich war. *17* Und wenn mein Leben auch wie bei einer Opferzeremonie als Trankopfer für euren Glauben ausgeschüttet wird, so bin ich doch froh und freue mich mit euch allen. *18* Und auch ihr solltet glücklich darüber sein und euch mit mir freuen.

Zwei meiner treuesten Mitarbeiter

19 Im Vertrauen auf Jesus, unseren Herrn, hoffe ich, Timotheus bald zu euch zu schicken, damit auch ich ermutigt werde, wenn er mir dann berichten kann, wie es euch geht. *20* Ich habe sonst niemand, der so ganz meines Sinnes ist und sich so aufrichtig um euch kümmern wird wie er. *21* Alle sind ja nur auf sich selbst bedacht und kümmern sich nicht um das, was Jesus Christus wichtig ist. *22* Doch ihr wisst, wie gut Timotheus sich bewährt hat. Wie ein Sohn seinem Vater hilft, so hat er sich mit mir zusammen für die gute Botschaft eingesetzt. *23* Ihn also hoffe ich zu euch schicken zu können, sobald ich meine Lage hier übersehe. *24* Ich vertraue aber dem Herrn, dass ich auch selbst bald zu euch kommen kann.

25 In der Zwischenzeit hielt ich es allerdings für nötig, Epaphroditus zu euch zurückzuschicken, meinen

Bruder, Mitarbeiter und Mitkämpfer. Ihr hattet ihn als Helfer in meiner Not zu mir geschickt. *26* Und jetzt hat er große Sehnsucht nach euch und war sehr beunruhigt, weil ihr von seiner Krankheit erfahren hattet. *27* Er war auch wirklich sehr krank und wäre fast gestorben. Aber Gott hatte Erbarmen mit ihm – und auch mit mir, damit ich nicht von Kummer überwältigt würde. *28* Umso schneller schicke ich ihn jetzt zu euch zurück, damit ihr durch seinen Anblick wieder froh werdet und auch ich eine Sorge weniger habe. *29* Nehmt ihn also im Namen des Herrn mit Freude in Empfang und haltet solche Männer in Ehren. *30* Denn er hat sein Leben für Christus aufs Spiel gesetzt und hat sich an eurer Stelle für mich aufgeopfert. Er tat für mich das, was ihr aus der Ferne nicht tun konntet.

Baut nicht auf menschliche Vorzüge!

3 *1* Noch eins, liebe Geschwister, freut euch, dass ihr mit dem Herrn verbunden seid! Das zu schreiben ist mir keine Last, und euch macht es sicher. *2* Doch nehmt euch in acht vor diesen bösartigen Kötern: den falschen Missionaren, den Propheten der Verstümmelung[a]! *3* Ich nenne sie so, weil wir die echten Beschnittenen sind, wir, die Gott durch den Geist anbeten. Wir verlassen uns nicht auf

menschliche Anstrengungen, sondern sind stolz darauf, zu Jesus Christus zu gehören. *4* Natürlich könnte ich mich auch auf menschliche Vorzüge berufen. Wenn andere Grund haben, darauf zu vertrauen, hätte ich das noch viel mehr. *5* Ich wurde beschnitten, als ich acht Tage alt war. Von Geburt bin ich ein Israelit aus dem Stamm Benjamin, ein Hebräer reinster Abstammung. Und was das Gesetz betrifft, gehörte ich zur strengen Richtung der Pharisäer. *6* Dem Eifer nach war ich ein unerbittlicher Verfolger der Gemeinde; und gemessen an der Gerechtigkeit, die aus der Befolgung des Gesetzes kommt, war ich ohne Tadel.

7 Früher hielt ich diese Dinge für einen Gewinn, aber jetzt, wo ich Christus kenne, betrachte ich sie als Verlust. *8* Ja wirklich, alles andere erscheint mir wertlos, wenn ich es mit dem unschätzbaren Gewinn vergleiche, Jesus Christus als meinen Herrn kennen zu dürfen. Durch ihn habe ich alles andere verloren und betrachte es auch als Dreck. Nur er besitzt Wert für mich. *9* Und zu ihm möchte ich um jeden Preis gehören. Deshalb vertraue ich nicht mehr auf meine Gerechtigkeit, die aus dem Befolgen des Gesetzes kam, sondern auf die Gerechtigkeit, die ich durch den Glauben an Christus habe, auf die Gerechtigkeit, die von Gott kommt und dem Glaubenden zugesprochen wird. *10* Ich möchte nichts anderes mehr kennen als Christus, und ich will die mächtige Kraft, die ihn aus den Toten auferstehen ließ, an meinem eigenen Leib erfahren. Ich möchte lernen, was es heißt, mit ihm zu leiden und

---

a 3,2: *Verstümmelung*. Sarkastisches Wortspiel. Es meint die „Verstümmelung" des männlichen Gliedes bei der Beschneidung von nichtjüdischen Erwachsenen durch Abtrennen der Vorhaut. Gott hatte die Beschneidung für die Israeliten, aber nicht für alle Völker angeordnet (1. Mose 17,9-14).

in ihm zu sterben, *11* um dann auch unter denen zu sein, die aus den Toten heraus auferstehen[b] werden.

Lauft wie ich auf das Ziel zu!

12 Ich will nicht behaupten, das Ziel schon erreicht zu haben oder schon vollkommen zu sein; doch ich strebe danach, das alles zu ergreifen, nachdem auch Christus von mir Besitz ergriffen hat. *13* Nein, ich bilde mir nicht ein, es schon geschafft zu haben, liebe Geschwister; aber eins steht fest: Ich vergesse das Vergangene und schaue auf das, was vor mir liegt. *14* Ich laufe mit aller Kraft auf das Ziel zu, um den Siegespreis droben zu gewinnen, für den Gott uns durch Jesus Christus bestimmt hat. *15* Und zu allen „Vollkommenen" sage ich: Lasst uns das bedenken! Doch wenn ihr in irgendeinem Punkt anderer Meinung seid, wird Gott euch auch darüber Klarheit schenken. *16* Auf jeden Fall sollen wir festhalten, was wir schon erreicht haben.

17 Nehmt mich als Vorbild, Geschwister; und lernt von denen, die unserem Beispiel folgen! *18* Denn es gibt viele, vor denen ich euch schon oft gewarnt habe und es jetzt unter Tränen wiederholen muss. Durch ihr Verhalten zeigen sie, dass sie Feinde vom Kreuz des Christus sind. *19* Sie werden im Verderben enden, denn ihr Bauch ist ihr Gott, und sie sind stolz auf das, was ihre Schande ist. Sie denken nur an die irdischen Dinge. *20* Doch wir haben unser Bürgerrecht im Himmel. Von dort her erwarten wir auch unseren Retter und Herrn Jesus Christus. *21* Er wird unseren armseligen vergänglichen Leib verwandeln, sodass er dann seinem verherrlichten Körper entsprechen wird. Das geschieht mit der Kraft, mit der er sich alle Dinge unterwerfen kann.

4 *1* Deshalb bleibt dem Herrn absolut treu, meine lieben Geschwister! Ich sehne mich nach euch, denn ihr seid meine Freude und die Belohnung für meine Arbeit.[c]

Vertragt euch!

2 Und nun habe ich eine herzliche Bitte an Evodia und Syntyche: Bitte vertragt euch als Schwestern im Glauben! *3* Und dich, mein treuer Syzygus[d], bitte ich, den beiden zu helfen! Sie haben ja mit mir zusammen für die Verbreitung der guten Botschaft gekämpft; auch mit Klemens und meinen anderen Mitarbeitern, deren Namen im Buch des Lebens stehen.

Freut euch!

4 Freut euch jeden Tag, dass ihr mit dem Herrn verbunden seid! Ich sage es noch einmal: Freut euch! *5* Lasst alle sehen, wie herzlich und freundlich ihr seid! Der Herr kommt bald. *6* Macht euch keine Sorgen, sondern bringt eure Anliegen im Gebet mit Bitte und Danksagung vor Gott!

---

b 3,11: *heraus auferstehen*. Der Begriff „Heraus-Auferstehung" kommt nur hier vor und bezieht sich auf die Auferstehung der Gläubigen wie 1. Thessalonicher 4,16; 1. Korinther 15,23.

c 4,1: *und … Arbeit*. Wörtlich: Und mein Siegeskranz.

d 4,3: *Syzygus* heißt „Gefährte". Hier als Eigenname gebraucht.

7 Und sein Frieden, der alles menschliche Denken weit übersteigt, wird euer Innerstes und eure Gedanken beschützen, denn ihr seid ja mit Jesus Christus verbunden.

8 Ansonsten denkt über das nach, meine Geschwister, was wahr, was anständig und gerecht ist! Richtet eure Gedanken auf das Reine, das Liebenswerte und Bewundernswürdige; auf alles, was Auszeichnung und Lob verdient! 9 Und handelt nach dem, was ihr von mir gelernt und gehört, und was ihr auch an mir gesehen habt! Dann wird der Gott des Friedens mit euch sein.

Ich danke euch herzlich

10 Es war mir eine große Freude und ein Geschenk vom Herrn, dass eure Fürsorge für mich wieder aufgeblüht ist. Ich weiß natürlich, dass ihr immer um mich besorgt wart, aber eine Zeit lang hattet ihr keine Gelegenheit dazu. 11 Ich sage das nicht, weil ich unbedingt etwas gebraucht hätte; denn ich habe gelernt, mit dem zufrieden zu sein, was ich habe. 12 Ich kann in Armut leben und mit Überfluss umgehen. Ich bin in alles eingeweiht. Ich weiß, wie es ist, satt zu sein oder zu hungern; ich kenne Überfluss und Mangel. 13 Durch den, der mich stark macht, kann ich in allem bestehen. 14 Aber es war sehr lieb von euch, dass ihr an meinen Schwierigkeiten Anteil genommen habt. 15 Ihr wisst ja, dass ihr Philipper am Beginn meines Dienstes, damals, als ich das Evangelium von Mazedonien aus weitertrug, die einzige Gemeinde wart, die mich finanziell unterstützt hat. 16 Schon nach Thessalonich habt ihr mir mehrmals Hilfe zukommen lassen. 17 Nicht dass ich es auf euer Geld abgesehen hätte; mir ist es viel wichtiger, dass euer Geben euch selbst beschenkt. 18 Im Augenblick habe ich alles, was ich brauche. Es ist mehr als genug. Durch das, was Epaphroditus von euch überbracht hat, bin ich reichlich versorgt. Es ist mir wie der Duft eines Opfers, das Gott bejaht und erfreut. 19 Mein Gott wird euch aus seiner überaus reichen Herrlichkeit durch Jesus Christus alles geben, was ihr braucht. 20 Gott, unserem Vater, gebührt alle Ehre für immer und ewig. Amen.

21 Grüßt alle Gläubigen, alle, die Jesus Christus für sich ausgesondert hat! Es grüßen euch die Brüder, die bei mir sind. 22 Auch alle anderen Gläubigen hier lassen euch grüßen; besonders die, die im kaiserlichen Dienst stehen. 23 Die Gnade des Herrn Jesus Christus sei mit euch!

Brief des Paulus an die Christen in Kolossä

Kurze Zeit nachdem Paulus seinen Brief an die Epheser geschrieben hatte, trafen Timotheus, einer der treusten Mitarbeiter des Paulus, und Epaphras, der Gründer der Gemeinde von Kolossä, in Rom ein. Als der Apostel den Bericht des Epaphras vernommen hatte, verfasste er zusammen mit Timotheus einen Brief an die Gemeinde in Kolossä. Dieser Brief ist dem Epheserbrief sehr ähnlich, ist aber kein Rundschreiben, sondern richtet sich an eine einzelne Gemeinde. Tychikus wird ihn zusammen mit dem Epheserbrief (Epheser 6,21) überbringen und dabei von Onesimus begleitet werden (Kolosser 4,7-9).

1 *1* Es schreiben Paulus, der nach dem Willen Gottes ein Apostel von Jesus Christus ist, und Timotheus, der Bruder. *2* An die heiligen und treuen Geschwister in Kolossä[a], die mit Christus verbunden sind. Wir wünschen euch Gnade und Frieden von Gott, unserem Vater.

Dank und Fürbitte für die Gemeinde

3 Immer, wenn wir für euch beten, danken wir Gott, dem Vater unseres Herrn Jesus Christus, *4* weil wir von eurem Glauben an Christus Jesus gehört haben und von eurer Liebe zu allen, die Gott geheiligt hat. *5* Ausgelöst wurde das durch die Hoffnung, die der Himmel für euch bereithält. Von ihr habt ihr ja schon gehört, als die Wahrheit des Evangeliums zu euch kam. *6* Diese Botschaft ist nicht nur bei euch, sondern auch in der ganzen Welt bekannt. Überall breitet sie sich aus und bringt Frucht. So ist es auch bei euch geschehen, seit ihr sie das erste Mal gehört und die Wahrheit der Gnade Gottes erkannt habt. *7* Gelernt habt ihr das alles von Epaphras, der ein lieber Mitarbeiter für uns ist und ein treuer Diener von Christus – was euch zugutekommt. *8* Er hat uns auch von der Liebe erzählt, die der Heilige Geist euch geschenkt hat.

9 Seitdem hören wir nicht auf, inständig für euch zu beten. Wir bitten Gott, dass er euch erkennen lässt, was sein Wille ist, und dass er euch mit Weisheit und geistlichem Verständnis erfüllt. *10* Denn ihr sollt den Herrn mit eurem Leben ehren und ihn erfreuen mit allem, was ihr tut. Euer Leben wird dann als Frucht alle Art von guten Werken hervorbringen, und ihr werdet Gott immer besser verstehen. *11* Und ihr werdet auch die herrliche Kraft Gottes an euch erfahren, damit ihr alles geduldig und standhaft ertragen könnt. *12* Dann werdet ihr mit Freude dem Vater danken, dass er euch fähig gemacht hat, an dem Erbe

---

a 1,2: Jahrhunderte lang war *Kolossä* eine führende Stadt in Kleinasien. Sie lag im fruchtbaren Tal des Lykos-Flusses und an der großen west-östlichen Handelsroute, die bis zum Euphrat ging. Zur Zeit des Paulus hatte Kolossä an Bedeutung verloren, war aber immer noch eine wohlhabende Stadt. Etwa ein Jahr, nachdem Paulus diesen Brief geschrieben hatte, wurde Kolossä durch ein Erdbeben zerstört, wovon sich die Stadt nie mehr erholte.

teilzuhaben, das für sein heiliges Volk im Licht bestimmt ist. *13* Er hat uns aus der Gewalt der Finsternismächte befreit und uns unter die Herrschaft seines lieben Sohnes gestellt. *14* Ja, durch ihn, unseren Herrn, wurden wir freigekauft, und durch ihn sind uns die Sünden vergeben.

Wir haben einen großartigen Herrn
15 Er, Christus, ist das Abbild des unsichtbaren Gottes, der Erstgeborene, der über allem Geschaffenen steht. *16* Denn durch ihn ist alles, was es im Himmel und auf der Erde gibt, erschaffen worden: das Sichtbare und das Unsichtbare; Thronende und Herrschende; Mächte und Gewalten; alles ist durch ihn und für ihn geschaffen. *17* Er steht über allem und alles besteht durch ihn. *18* Er ist auch das Haupt der Gemeinde, und die Gemeinde ist sein Leib. Er ist der Anfang, und er ist als Erster von den Toten zu einem unvergänglichen Leben auferstanden. In jeder Hinsicht sollte er der Erste sein. *19* Denn Gott wollte mit seiner ganzen Fülle in ihm wohnen *20* und durch ihn alles mit sich versöhnen. Durch sein Blut am Kreuz schloss er Frieden mit allem, was es auf der Erde und im Himmel gibt. *21* Das gilt auch für euch. Ihr wart weit von Gott entfernt, ihr wart seine Feinde; und diese Gesinnung zeigte sich in eurem bösen Tun. *22* Doch nun hat Gott euch mit sich ausgesöhnt. Jesus Christus hat seinen Körper dafür in den Tod gegeben. So steht ihr nun heilig, unangreifbar und ohne jeden Makel vor Gott, *23* wenn ihr wirklich im Glauben fest gegründet bleibt und euch auch nicht von der Hoffnung abbringen lasst, die euch mit dem Hören des Evangeliums geschenkt wurde. Diese gute Botschaft ist in der ganzen Welt gepredigt worden; und ich, Paulus, stehe in ihrem Dienst.

Wie Paulus für die Gemeinde kämpft
24 Jetzt freue ich mich in den Leiden, die ich für euch ertrage. Ich setze also meinen Körper für das ein, was den Leiden des Messias für seine Gemeinde noch aussteht. *25* Gott hat mich beauftragt, ihr zu dienen und so auch bei euch sein Wort voll und ganz zu verkündigen. *26* Es geht nämlich um das Geheimnis, das seit ewigen Zeiten und Generationen verborgen war, jetzt aber denen enthüllt wurde, die zu ihm gehören. *27* Ihnen, seinen Heiligen, wollte Gott diesen herrlichen Reichtum zeigen. Denn sein Geheimnis ist auch für die anderen Völker bestimmt: und das ist Christus – Christus, der in euch lebt und eure Hoffnung auf die Herrlichkeit ist. *28* Diesen Christus verkündigen wir, indem wir die Menschen ermahnen und sie mit aller Weisheit, die Gott uns geschenkt hat, belehren. Denn wir möchten sie als Menschen, die in Christus erwachsen geworden sind, vor Gott hinstellen. *29* Für dieses Ziel setze ich mich mit aller Kraft ein und vertraue dabei auf das, was er in mir schafft, er, der so mächtig in mir wirkt.

2 *1* Ihr sollt wissen, wie sehr ich um euch und um die Geschwister in Laodizea[a] kämpfe und um viele

---

a 2,1: *Laodizea* lag nur 15 km nordwestlich von Kolossä. Auch dort gab es eine Gemeinde (Offenbarung 3,14-22).

andere, die mich nie persönlich gesehen haben. *2* Denn ich möchte, dass sie ermutigt werden und in Liebe zusammenhalten, um die tiefe und reiche Gewissheit zu erhalten, die mit der Erkenntnis von Christus zusammenhängt. Denn er ist das Geheimnis Gottes, *3* und in ihm sind alle Schätze der Weisheit und Erkenntnis verborgen. *4* Ich sage das, damit euch niemand durch seine Überredungskünste zu Trugschlüssen verleitet. *5* Denn obwohl ich nicht direkt bei euch sein kann, im Geist bin ich euch nah. Und ich freue mich, weil ich euer ordentliches Leben und die Festigkeit eures Glaubens an Christus sehe. *6* Lebt nun auch so mit Jesus Christus, wie ihr ihn als Herrn angenommen habt! *7* Seid in ihm verwurzelt und gründet euch ganz auf ihn! Steht fest in dem Glauben, der euch gelehrt worden ist, und seid immer voller Dankbarkeit!

Woran man Verführer erkennt

8 Lasst euch nicht durch spekulative Weltanschauungen und anderen hochtrabenden Unsinn einfangen. So etwas kommt nicht von Christus, sondern beruht nur auf menschlichen Überlieferungen und entspringt den Prinzipien dieser Welt. *9* Denn in Christus wohnt die ganze Fülle des Göttlichen leibhaftig. *10* Und durch die Verbindung mit ihm seid auch ihr mit diesem Leben erfüllt. Er ist der Herr über alle Herrscher und alle Mächte.

11 Und weil ihr ihm gehört, seid ihr auch beschnitten[b], aber nicht durch einen äußeren Eingriff. Eure Beschneidung kam durch Christus und besteht im Ablegen eurer alten Natur. *12* In der Taufe wurdet ihr ja mit ihm begraben und mit ihm zu neuem Leben erweckt. Das ist geschehen, weil ihr an die wirksame Kraft Gottes geglaubt habt, der ihn aus den Toten auferstehen ließ. *13* Ihr wart ja tot in Verfehlungen und eurer unbeschnittenen sündigen Natur. Doch nun hat Gott euch mit Christus lebendig gemacht. Er hat uns alle Verfehlungen vergeben. *14* Er hat den Schuldschein, der mit seinen Forderungen gegen uns gerichtet war, für ungültig erklärt. Er hat ihn ans Kreuz genagelt und damit für immer beseitigt. *15* Er hat die Herrscher und Gewalten völlig entwaffnet und vor aller Welt an den Pranger gestellt. Durch das Kreuz hat er einen triumphalen Sieg über sie errungen.

16 Lasst euch deshalb von niemand verurteilen, nur weil ihr bestimmte Dinge esst oder trinkt, oder weil ihr bestimmte Feste oder Feiertage oder Sabbate nicht beachtet. *17* Denn das alles sind nur Schattendinge von dem, was in Christus leibhaftige Wirklichkeit geworden ist. *18* Lasst euch durch niemand davon abbringen, durch keinen, der sich in Demutsübungen gefällt und Engel verehrt und das mit Visionen begründet, die er gesehen haben will. Solche Menschen haben eine ungeistliche Gesinnung und sind ganz ohne Grund stolz und aufgeblasen. *19* Sie halten sich nicht an das Haupt, von dem doch der ganze Leib zusammengehalten und durch Gelenke und Bänder gestützt wird und nach Gottes Willen wächst.

20 Wenn ihr zusammen mit Christus den Prinzipien dieser Welt

---

b 2,11: *beschnitten.* Siehe 1. Mose 17,9-14!

abgestorben seid, weshalb tut ihr dann so, als würdet ihr noch unter ihrer Herrschaft leben? Ihr lasst euch vorschreiben: 21 „Damit darfst du nichts zu tun haben! Davon darfst du nicht essen! Und das darfst du nicht einmal berühren!" 22 Solche Regeln sind nichts als menschliche Vorschriften für Dinge, die doch nur dazu da sind, um von uns benutzt und verbraucht zu werden. 23 Es sieht zwar so aus, als ob solche eigenwilligen Gottesdienste, Demutsübungen und Misshandlungen des Körpers Zeichen besonderer Weisheit seien. Aber in Wirklichkeit haben sie keinen Wert, sondern befriedigen nur das menschliche Geltungsbedürfnis.

Wie man als neuer Mensch lebt

3 1 Wenn ihr nun mit Christus, dem Messias, zu einem neuen Leben auferstanden seid, dann richtet euch auch ganz nach oben aus, wo Christus ist: auf dem Ehrenplatz neben Gott. 2 Seid auf das Himmlische bedacht und nicht auf das Irdische. 3 Denn ihr seid gestorben und euer Leben ist zusammen mit Christus verborgen in Gott. 4 Wenn Christus, euer Leben, einmal allen sichtbar werden wird, dann wird auch sichtbar werden, dass ihr seine Herrlichkeit mit ihm teilt.

5 Darum tötet alles, was zu eurer irdischen Natur gehört: sexuelle Unmoral, Schamlosigkeit, Leidenschaft, böse Lüste und Habgier, die Götzendienst ist. 6 Diese Dinge ziehen Gottes Zorn nach sich. Er wird die treffen, die ihm nicht gehorchen. 7 Auch ihr habt früher so gelebt, als ihr noch ganz vom Irdischen bestimmt wart. 8 Doch jetzt müsst ihr mit solchen

Dingen wie Zorn, Wut, Bosheit, Beleidigungen und hässlichen Redensarten Schluss machen. So etwas darf nicht mehr über eure Lippen kommen. 9 Hört auf, euch gegenseitig zu belügen, denn ihr habt doch den alten Menschen mit seinen Gewohnheiten ausgezogen 10 und seid neue Menschen geworden, die ständig erneuert werden und so immer mehr dem Bild entsprechen, das der Schöpfer schon in euch sieht. 11 Dann kommt es nicht mehr darauf an, ob ihr Juden oder Griechen seid, beschnitten oder unbeschnitten, ob euer Volk zivilisiert oder primitiv ist, ob ihr Sklaven oder freie Bürger seid; entscheidend ist allein, ob Christus in uns lebt und alles wirkt.

12 Weil Gott euch nun auserwählt hat, zu seinen Heiligen und Geliebten zu gehören, bekleidet euch mit barmherziger Zuneigung, mit Güte, Demut, Milde und Geduld! 13 Ertragt einander und vergebt euch gegenseitig, wenn einer dem anderen etwas vorzuwerfen hat! Wie der Herr euch vergeben hat, müsst auch ihr vergeben! 14 Doch das Wichtigste von allem ist die Liebe, die wie ein Band alles umschließt und vollkommen macht. 15 Wir wünschen euch, dass der Frieden, der von Christus kommt, eure Herzen regiert, denn als Glieder des einen Leibes seid ihr zum Frieden berufen. Und seid dankbar! 16 Gebt dem Wort von Christus viel Raum und lasst es seinen ganzen Reichtum in euch entfalten! Belehrt und ermahnt euch gegenseitig mit aller Weisheit! Und weil ihr Gottes Gnade erfahren habt, singt Gott aus vollem Herzen Psalmen, Lobgesänge und geistliche Lieder! 17 Doch alles,

was ihr tut und sagt, sollt ihr im Namen des Herrn Jesus tun und durch ihn Gott, dem Vater, danken!

Wie das neue Leben in der Familie sichtbar wird

18 Ihr Frauen, ordnet euch euren Männern unter, wie es der Herr von euch erwartet!

19 Ihr Männer, liebt eure Frauen und lasst euch nicht gegen sie aufbringen!

20 Ihr Kinder, gehorcht euren Eltern in allem, denn das gefällt dem Herrn!

21 Ihr Väter, provoziert eure Kinder nicht, sonst verlieren sie den Mut!

22 Ihr Sklaven, gehorcht euren irdischen Herren in jeder Hinsicht! Tut es aber nicht nur, wenn ihr gesehen werdet, um euch anzubiedern, sondern gehorcht ihnen bereitwillig, weil ihr Furcht vor dem Herrn im Himmel habt! *23* Bei allem, was ihr tut, arbeitet von Herzen, als würdet ihr dem Herrn dienen und nicht den Menschen! *24* Ihr wisst ja, dass ihr vom Herrn mit dem himmlischen Erbe belohnt werdet. Ihr dient doch Christus, dem Herrn! *25* Wer jedoch Unrecht tut, wird den Lohn für sein Unrecht erhalten, da wird niemand bevorzugt.

4 *1* Ihr Herren, behandelt eure Sklaven gerecht. Denkt daran, dass auch ihr einen Herrn im Himmel habt!

Wie man beten und reden soll

2 Seid treu, ausdauernd und wach im Gebet und im Dank an Gott! *3* Vergesst auch nicht, für uns zu beten, dass Gott uns eine Tür öffnet und

wir die Botschaft vom Geheimnis des Messias weiter bekannt machen dürfen, für die ich auch im Gefängnis bin! *4* Betet, dass ich diese Botschaft so klar verkündige, wie ich sollte!

5 Seid weise im Umgang mit Menschen von draußen und nutzt die Gelegenheiten, die Gott euch gibt! *6* Eure Worte seien immer freundlich und angenehm gewürzt! Ihr sollt wissen, wie ihr jedem Einzelnen antworten müsst!

Grüße und Segenswünsche

7 Wie es mir geht, wird euch mein lieber Bruder Tychikus ausführlich berichten. Er ist ein treuer Diener und mit mir zusammen ein Sklave[a] für den Herrn. *8* Ich habe ihn gerade deshalb zu euch geschickt, damit ihr alles über uns erfahrt und er euch ermutigen kann. *9* Außerdem schicke ich euch den treuen und lieben Bruder Onesimus mit, der ja einer von euch ist. Sie werden euch alles berichten, was hier geschehen ist. *10* Aristarch, der mit mir im Gefängnis sitzt, lässt euch grüßen, ebenso Markus, der Neffe von Barnabas. Seinetwegen habt ihr ja schon Anweisungen erhalten. Nehmt ihn freundlich auf, wenn er zu euch kommt! *11* Auch Jesus, den wir Justus nennen, lässt euch grüßen. Von den Juden sind sie die einzigen, die hier mit mir für das Reich Gottes arbeiten. Sie sind mir

---

a 4,7: Ein *Sklave* (griech. *doulos*) ist ein Mensch, der rechtlich und wirtschaftlich Eigentum eines anderen Menschen ist. Christen verstanden sich als Sklaven von Jesus Christus, weil dieser sie aus der Sklaverei der Sünde „freigekauft" hatte, und betrachteten diesen Titel als Auszeichnung.

ein wirklicher Trost. *12* Es grüßt euch auch Epaphras, der ja ebenfalls von euch kommt. Er ist ein treuer Diener von Jesus Christus und kämpft in seinen Gebeten ständig für euch, damit ihr euch als gereifte Christen voller Überzeugung nach Gottes Willen richtet. *13* Ich kann bezeugen, dass er viel Mühe für euch und auch für die Gläubigen in Laodizea[a] und Hierapolis[b] auf sich nimmt. *14* Unser lieber Arzt Lukas grüßt euch und ebenso Demas. *15* Grüßt auch ihr die Geschwister in Laodizea, besonders auch Nympha[c] und die Gemeinde in ihrem Haus! *16* Und wenn ihr diesen Brief bei euch vorgelesen habt, sorgt dafür, dass er auch in der Gemeinde von Laodizea gelesen wird! Und lest auch den Brief, den ich an sie geschrieben habe! *17* Sagt Archippus: „Bemühe dich, die Aufgabe zu erfüllen, die der Herr dir aufgetragen hat!" *18* Den Gruß schreibe ich, Paulus, mit eigener Hand. Denkt an meine Fesseln! Gottes Gnade sei mit euch!

---

a 4,13: *Laodizea*. Die Stadt am unteren Ende des fruchtbaren Lykos-Tals war durch Wollindustrie und eine medizinische Schule bekannt. Sie besaß nicht genügend Wasserquellen und musste das Wasser aus 10 km nördlich gelegenen Heißwasserquellen über Aquädukte heranleiten.

b 4,13: *Hierapolis*. 10 km von Laodizäa und 23 km von Kolossä entfernt. Der Ort ist durch seine heißen Quellen berühmt, die über Terrassen von Tropfsteinbildungen herabfließen.

c 4,15: *Nympha*. Vom Grundtext her ist nicht sicher zu entscheiden, ob es sich um einen Mann oder eine Frau handelt.

Erster Brief des Paulus an die Christen in Thessalonich

Einige Zeit nach der Apostelversammlung im Jahr 48 n. Chr. besuchte Paulus die von ihm gegründeten Gemeinden im südlichen Galatien. In Lystra gewann er Timotheus als Mitarbeiter und zog mit ihm und Silas weiter bis nach Troas. Von dort setzten sie ihre Reise nach Philippi fort, wo ebenfalls eine Gemeinde entstand. Als sie die Stadt verlassen mussten, reisten sie auf der „Via Egnatia" Richtung Westen über Amphipolis nach Thessalonich weiter. Nachdem Paulus an drei aufeinander folgenden Sabbaten in der Synagoge gepredigt hatte, kamen viele von den Griechen, die sich der Synagoge angeschlossen hatten, zum Glauben an Jesus Christus. Das machte die Juden eifersüchtig, und sie sorgten dafür, dass Paulus die Stadt verlassen musste. Doch inzwischen war eine Gemeinde entstanden, die aber jederzeit mit Verfolgung rechnen musste.

In dem 80 km entfernten Beröa arbeiteten die Missionare weiter und es entstand durch die Gnade Gottes wieder eine Gemeinde. Aber die Juden aus Thessalonich stifteten auch hier Unruhe, sodass Männer der Gemeinde Paulus nach Athen brachten. Dorthin ließ Paulus seine Mitarbeiter später nachkommen. Aus der Sorge um die weitere Entwicklung der Gemeinden schickte er sie aber bald wieder nach Mazedonien zurück. Er selbst reiste nach seiner berühmten Areopag-Rede weiter nach Korinth und wartete dort sehnsüchtig auf die Rückkehr seiner Mitarbeiter.

Endlich trafen Silas und Timotheus in Korinth ein und brachten gute Nachrichten von den Gemeinden – besonders aus Thessalonich – mit, und außerdem eine finanzielle Unterstützung. Voller Freude setzte sich Paulus hin und schrieb mit ihnen zusammen einen ersten Brief an die Christen in Thessalonich. Das wird im Jahr 50 oder 51 n. Chr. geschehen sein.

1 *1* Es schreiben Paulus, Silvanus[a] und Timotheus[b]. An die Gemeinde der Thessalonicher[c], die in Gott, dem Vater, und dem Herrn Jesus Christus geborgen ist. Gnade und Frieden seien mit euch!

Eine vorbildliche Gemeinde

2 Jeden Tag danken wir Gott für euch alle und erwähnen euch jedes Mal in unseren Gebeten. *3* So erinnern wir uns vor Gott, unserem Vater, an euer tatkräftiges Glaubensleben, eure aufopfernde Liebe und eure unerschütterliche Hoffnung, die ganz auf Jesus Christus, unseren Herrn, ausgerichtet ist. *4* Ihr seid von Gott geliebt, Geschwister, und wir wissen,

---

a 1,1: *Silvanus (Silas)* stammte aus Jerusalem und war ein enger Mitarbeiter des Paulus.

b 1,1: *Timotheus.* Ausgezeichneter Mitarbeiter des Paulus aus Lystra, vgl. Apostelgeschichte 16,1-3.

c 1,1: *Thessalonich* war die bedeutendste Stadt Mazedoniens, etwa 200 000 Einwohner groß. Es war Hauptstadt des zweiten mazedonischen Bezirks und ein wichtiger Seehafen. Heute: Thessaloniki.

dass er euch erwählt hat. *5* Das wurde schon deutlich, als wir euch die gute Botschaft brachten. Gott sprach damals nicht nur durch unsere Worte zu euch; seine Macht zeigte sich auch im Wirken des Heiligen Geistes und in der großen Zuversicht, mit der wir bei euch auftreten konnten. Ihr wisst ja, dass es uns um euch ging. *6* Und als ihr das Wort trotz vieler Anfeindungen mit einer Freude aufgenommen habt, wie sie nur der Heilige Geist schenken kann, seid ihr unserem Beispiel gefolgt und auch dem des Herrn. *7* So wurdet ihr für alle Gläubigen in Mazedonien und Achaja[a] selbst zu Vorbildern. *8* Ja, von euch aus hat sich die Botschaft des Herrn in ganz Mazedonien und Achaja verbreitet. Es gibt inzwischen kaum noch einen Ort, wo man nicht von eurem Glauben an Gott gehört hätte. Wir brauchen niemand etwas davon zu erzählen. *9* Denn wo wir hinkommen, redet man davon, welche Wirkung unser Besuch bei euch hatte. Die Leute erzählen, wie ihr euch von den Götzen abgewandt habt und zu dem wahren und lebendigen Gott umgekehrt seid, um ihm zu dienen *10* und auf seinen Sohn zu warten, der aus dem Himmel zurückkommen wird, das ist der, den er aus den Toten erweckt hat, Jesus, der uns vor dem kommenden Gericht rettet.

Das Vorbild der Mitarbeiter

2 *1* Ihr wisst ja selbst, liebe Geschwister, dass unser Besuch bei euch nicht vergeblich war. *2* Vorher, in Philippi[b], hatten wir noch viel zu leiden und waren misshandelt worden, wie ihr ebenfalls wisst. Doch dann schenkte Gott uns neuen Mut, euch trotz vieler Widerstände das Evangelium offen zu verkündigen. *3* Denn unsere mahnende Botschaft ist keinem Irrtum entsprungen, und wir haben auch keine unsauberen oder betrügerischen Absichten dabei. *4* Nein, Gott hat uns geprüft, für geeignet gehalten, und uns so das Evangelium anvertraut. Deshalb verkünden wir diese Botschaft – nicht um Menschen zu gefallen, sondern wir tun es in der Verantwortung vor Gott, der unsere Motive hinterfragt. *5* Ihr wisst, dass wir nie versucht haben, uns mit schönen Worten bei euch einzuschmeicheln oder uns gar an euch zu bereichern. Dafür ist Gott unser Zeuge. *6* Wir haben auch niemals die Ehre von Menschen gesucht – weder von euch noch von anderen. *7* Obwohl wir als Apostel des Messias mit Autorität hätten auftreten können, sind wir behutsam mit euch umgegangen wie eine Mutter, die liebevoll für ihre Kleinen sorgt. *8* Wir hatten euch so sehr ins Herz geschlossen, dass wir bereit waren, nicht nur die gute Botschaft von Gott weiterzugeben, sondern unser eigenes Leben mit euch zu teilen.

9 Ihr erinnert euch doch noch an unsere Mühe und Anstrengung, liebe Geschwister, dass wir – als wir euch die gute Botschaft Gottes predigten – Tag und Nacht gearbeitet haben, um niemand von euch zur Last zu fallen.

---

a 1,7: *Mazedonien und Achaja*. Römische Provinzen, die den nördlichen bzw. südlichen Teil Griechenlands umfassten.

b 2,2: *Philippi*. Vergleiche Apostelgeschichte 16,12-14!

10 Ihr selbst könnt es bestätigen und auch Gott ist unser Zeuge, wie unser Verhalten bei euch in jeder Hinsicht korrekt und tadellos war, und von der Ehrfurcht zu Gott bestimmt wurde. *11* Ihr wisst ja, dass wir uns um jeden Einzelnen von euch gekümmert haben wie ein Vater um seine Kinder *12* und dass wir euch ermahnt, ermutigt und beschworen haben, so zu leben, dass es Gott Ehre macht; dem Gott, der euch dazu beruft, an seiner Herrschaft und Herrlichkeit teilzuhaben.

13 Immer wieder danken wir Gott dafür, dass ihr die Botschaft, die wir euch in seinem Auftrag gebracht haben, nicht als Lehre von Menschen aufgenommen habt, sondern als das, was sie tatsächlich ist: als Wort Gottes. Und weil ihr diesem Wort glaubt, wirkt es auch an euch. *14* Denn ihr, liebe Geschwister, seid dem Beispiel der Gemeinden Gottes in Judäa gefolgt, die mit Christus verbunden sind. Ihr habt von euren Landsleuten dasselbe erdulden müssen wie die Christen in Judäa von den Juden. *15* Das sind die Juden, die unseren Herrn Jesus getötet und das Gleiche schon mit den Propheten gemacht haben und auch uns verfolgen. Sie missfallen Gott und sind mit allen Menschen verfeindet, *16* weil sie uns hindern wollen, den anderen Völkern die rettende Botschaft zu verkündigen. So machen sie das Maß ihrer Sünden endgültig voll, und der Zorn Gottes wird unweigerlich über sie hereinbrechen.[c]

17 Nachdem wir von euch getrennt worden waren, liebe Geschwister, kamen wir uns richtig verwaist vor – natürlich nur äußerlich und nicht in unseren Herzen. Wir sehnten uns danach, euch wiederzusehen, und haben schon alles Mögliche dazu unternommen. *18* Wir waren entschlossen, zu euch zu kommen. Ich, Paulus, habe es mehr als einmal versucht, aber der Satan hat uns daran gehindert. *19* Wer ist denn unsere Hoffnung und unsere Freude? Wer ist unser Ehrenkranz, wenn unser Herr Jesus wiederkommt? Seid nicht gerade ihr das? *20* Ja, ihr seid unsere Ehre und unsere Freude.

Nachsorge für die Gemeinde

3 *1* Schließlich hielten Silvanus und ich es nicht länger aus und beschlossen, allein in Athen zurückzubleiben. *2* Wir schickten Timotheus, unseren Bruder, der als Mitarbeiter Gottes die gute Botschaft des Messias verkündigt, zu euch. Er sollte euch im Glauben stärken und ermutigen, *3* damit niemand von euch unsicher wird – bei allem, was ihr jetzt ertragen und erleiden müsst. Ihr wisst ja selbst, dass wir als Christen leiden müssen. *4* Schon als wir bei euch waren, haben wir euch immer wieder gesagt, dass sie uns verfolgen werden. Und was das bedeutet, wisst ihr jetzt.

5 Aus diesem Grund habe ich Timotheus zu euch geschickt. Ich wollte unbedingt erfahren, wie es um euren Glauben steht. Meine Sorge war, dass es dem Versucher gelungen sein

---

c 2,16: *hereinbrechen.* Paulus war keineswegs Antisemit. Schließlich war er selbst Jude und liebte sein Volk sehr (siehe Römer 9,1-3). Doch er berichtet die Tatsachen, wie sie waren, und hat vor allem die Juden im Auge, die das Evangelium ablehnten.

könnte, euch zu Fall zu bringen, und unsere Arbeit vergeblich gewesen wäre.

6 Doch jetzt ist Timotheus mit guten Nachrichten von eurem Glauben und eurer Liebe zu uns zurückgekommen. Er hat uns erzählt, dass ihr uns in guter Erinnerung habt und ebenso wie wir nach einem Wiedersehen sehnt. 7 Dass ihr euren Glauben bewahrt habt, liebe Geschwister, das hat uns in unserer eigenen Not und Bedrängnis getröstet. 8 Ja, wir leben richtig auf, wenn wir wissen, dass ihr treu zum Herrn steht. 9 Wie können wir unserem Gott nur genug für die Freude danken, die ihr uns gemacht habt? 10 Tag und Nacht bitten wir ihn inständig um ein Wiedersehen mit euch. Gern würden wir euch an den Punkten weiterhelfen, wo es euch im Glauben vielleicht noch fehlt. 11 Wir bitten Gott, unseren Vater, und Jesus, unseren Herrn, dass er uns den Weg zu euch frei macht. 12 Und für euch erbitten wir eine immer größere Liebe zueinander und zu allen Menschen; eine Liebe, wie wir sie auch für euch empfinden. 13 Unser Herr möge euch innerlich so stark machen, dass ihr in untadeliger Heiligkeit vor Gott, unseren Vater, treten könnt, wenn Jesus, unser Herr, mit allen seinen Heiligen wiederkommt.

Ein ordentlicher Lebenswandel

4 1 Noch eins, liebe Geschwister: Wir haben euch gelehrt, wie ihr euch verhalten sollt, um Gott zu gefallen. Und ihr tut das ja auch. Nun bitten und ermahnen wir euch im Namen unseres Herrn Jesus, dass ihr weitere Fortschritte darin macht.

2 Ihr wisst ja, welche Anweisungen wir euch im Auftrag des Herrn Jesus gegeben haben. 3 Gott will, dass ihr heilig lebt, dass ihr ihm ganz gehört. Das bedeutet, dass ihr euch von allen sexuellen Sünden fernhaltet. 4 Jeder von euch soll seinen eigenen Körper so unter Kontrolle haben[a], dass es Gott und den Menschen gefällt. 5 Lasst euch nicht von Leidenschaften und Begierden beherrschen wie Menschen, die Gott nicht kennen. 6 Keiner darf sich in dieser Sache Übergriffe erlauben und seinen Bruder betrügen. Denn solche Vergehen wird der Herr selbst rächen. All das haben wir euch auch schon früher mit aller Deutlichkeit gesagt. 7 Gott hat uns nicht dazu berufen, ein unmoralisches, sondern ein geheiligtes Leben zu führen. 8 Wer sich deshalb über diese Anweisungen hinwegsetzt, verachtet nicht einen Menschen, sondern den, der seinen Heiligen Geist in euch wohnen lässt – Gott.

9 Was allerdings die geschwisterliche Liebe betrifft, muss man euch nicht extra schreiben. Denn Gott selbst hat euch schon gelehrt, einander zu lieben, 10 und das befolgt ihr ja auch gegenüber allen Geschwistern in ganz Mazedonien. Wir bitten euch aber dringend, liebe Geschwister, darin noch vollkommener

---

a 4,4: *unter Kontrolle haben.* Wörtlich: *sein eigenes Gefäß gewinnen.* Das kann den Körper, aber auch die Ehefrau meinen. Andere übersetzen deshalb: Jeder von euch soll seine Ehefrau so zu gewinnen suchen (so mit ihr zusammenleben), dass es Gott und Menschen gefällt.

zu werden. *11* Und setzt eure Ehre darein, ruhig und besonnen zu leben. Kümmert euch um eure eigenen Angelegenheiten, wie wir euch das gesagt haben, und sorgt selbst für euren Lebensunterhalt, *12* damit ihr auch für Außenstehende als anständige Menschen geltet und niemand zur Last fallt.

Das Wiederkommen des Herrn

13 Nun zur Frage nach den Gläubigen, die schon gestorben sind. Wir wollten euch darüber nicht im Unklaren lassen, liebe Geschwister, denn ihr müsst nicht traurig sein wie die Menschen, die keine Hoffnung haben. *14* Wenn wir nämlich glauben, dass Jesus gestorben und wieder auferstanden ist, dann können wir auch darauf vertrauen, dass Gott die, die im Glauben an Jesus gestorben sind, ebenso auferwecken wird. *15* Denn mit einem Ausspruch des Herrn kann ich euch versichern, dass sie uns gegenüber – soweit wir bei der Wiederkunft des Herrn noch am Leben sind – nicht benachteiligt sein werden. *16* Denn der Herr selbst wird vom Himmel herabkommen. Ein Kommando wird gerufen und die Stimme eines Engelfürsten und der Schall der Posaune Gottes werden zu hören sein. Dann werden zuerst die Menschen auferstehen, die im Glauben an Christus gestorben sind. *17* Danach werden wir, die noch am Leben sind, mit ihnen zusammen in Wolken fortgerissen werden zur Begegnung mit dem Herrn in der Luft. Und dann werden wir für immer bei ihm sein. *18* Damit sollt ihr euch gegenseitig trösten.

5 *1* Was aber die Frage nach Zeit und Stunde betrifft, brauche ich euch nichts zu schreiben, liebe Geschwister. *2* Ihr wisst ja genau, dass der Tag des Herrn so unerwartet kommen wird wie ein Dieb in der Nacht. *3* Wenn die Leute sagen: „Jetzt haben wir Frieden und Sicherheit!", wird plötzlich Gottes vernichtendes Strafgericht über sie hereinbrechen wie die Wehen über eine Schwangere. Da gibt es kein Entkommen. *4* Doch ihr lebt ja nicht in der Finsternis, liebe Geschwister, dass euch der Tag wie ein Dieb überraschen könnte, *5* denn ihr seid Menschen des Lichts und Kinder des kommenden Tages. Nein, wir gehören nicht zu Finsternis und Nacht! *6* Deshalb wollen wir auch nicht schlafen, wie die anderen, sondern wachen und nüchtern sein. *7* Denn wer schläft, schläft in der Nacht, und wer sich betrinkt, tut es in der Nacht. *8* Wir aber gehören zum Tag und wollen darum nüchtern sein, gerüstet mit dem Brustpanzer des Glaubens und der Liebe und mit dem Helm der Hoffnung auf Rettung. *9* Denn Gott hat uns nicht dazu bestimmt, dass wir seinem Zorngericht verfallen, sondern dass wir durch unseren Herrn Jesus Christus das Heil in Besitz nehmen. *10* Er ist ja für uns gestorben, damit wir für immer mit ihm leben, ganz gleich, ob wir noch am Leben sind, wenn er kommt, oder nicht. *11* Macht also einander Mut und baut euch gegenseitig auf, wie ihr es ja auch jetzt schon tut.

Gemeinderegeln

12 Wir bitten euch aber, liebe Geschwister: Erkennt die an, die sich besonders für euch einsetzen und sich im Auftrag des Herrn um euch kümmern und euch den rechten Weg zeigen. *13* Wegen ihrer Mühe sollt ihr ihnen besondere Achtung und Liebe entgegenbringen. Haltet Frieden untereinander!

14 Außerdem bitten wir euch, liebe Geschwister: Weist die zurecht, die ein ungeordnetes Leben führen! Ermutigt die Ängstlichen! Helft den Schwachen! Habt Geduld mit allen! *15* Achtet darauf, dass niemand von euch Böses mit Bösem vergilt! Bemüht euch vielmehr bei jeder Gelegenheit, einander und auch allen Menschen Gutes zu tun!

16 Freut euch allezeit! *17* Hört niemals auf zu beten! *18* Dankt Gott unter allen Umständen! Das alles will Gott von euch und das hat er euch durch Jesus Christus möglich gemacht.

19 Unterdrückt nicht das Wirken des Heiligen Geistes! *20* Verachtet prophetische Aussagen nicht, *21* prüft aber alles und behaltet das Gute! *22* Meidet das Böse in jeder Gestalt!

23 Gott selbst, der Gott des Friedens, möge euch geben, ein völlig geheiligtes Leben zu führen. Er bewahre euch ganz nach Geist, Seele und Leib, damit bei der Wiederkunft unseres Herrn Jesus Christus nichts Tadelnswertes an euch ist. *24* Der, der euch beruft, ist treu. Er wird euch auch ans Ziel bringen.

25 Betet auch für uns, liebe Geschwister! *26* Grüßt alle in der Gemeinde mit einem heiligen Kuss!ᵃ *27* Ich beschwöre euch beim Herrn, diesen Brief allen Geschwistern vorzulesen. *28* Die Gnade unseres Herrn Jesus Christus sei mit euch!

---

a 5,26: *einem heiligen Kuss.* Der Begrüßungskuss auf Stirn oder Wange war unter Familienangehörigen und Freunden üblich. Unter Gläubigen drückte ein keuscher Kuss die geistliche Verwandtschaft aus.

Zweiter Brief des Paulus an die Christen in Thessalonich

Nachdem Paulus seinen ersten Brief an die Thessalonicher geschrieben hatte, predigte er mit großer innerer Freiheit in der Synagoge in Korinth und machte den Juden deutlich, dass der Messias, den sie erwarteten, schon gekommen war und Jesus hieß, Jesus von Nazaret. Daraufhin kam es – wie überall – zur Trennung von der Synagoge. So entstand in Korinth eine große Gemeinde, die anderthalb Jahre lang von Paulus betreut wurde. In dieser Zeit erhielt der Apostel wieder Nachrichten aus der Gemeinde in Thessalonich, die einerseits sehr erfreulich waren, ihn andererseits aber veranlassten, zusammen mit Silas und Timotheus einen zweiten Brief an die Christen dort zu schreiben. In der Gemeinde waren nämlich falsche Lehren über den sogenannten „Tag des Herrn" aufgetaucht, hatten die Gläubigen verwirrt und einige sogar dazu gebracht, ihren Beruf aufzugeben.

1 *1* Es schreiben Paulus, Silvanus[a] und Timotheus[b]. An die Gemeinde der Thessalonicher[c], die in Gott, unserem Vater, und dem Herrn Jesus Christus geborgen ist.

2 Gnade und Frieden sei mit euch von Gott, dem Vater, und von Jesus Christus, dem Herrn.

Verfolgung und Vergeltung

3 Wir müssen Gott immerzu für euch danken, liebe Geschwister. Und das ist richtig so, denn euer Glaube wächst überaus stark und die gegenseitige Liebe nimmt bei jedem Einzelnen von euch zu. *4* Mit stolzer Freude erzählen wir den Gemeinden Gottes von eurer Standhaftigkeit und Glaubenstreue in allen Verfolgungen und Bedrückungen, denen ihr ausgesetzt seid. *5* Daran lässt sich jetzt schon erkennen, dass Gottes Entscheidung gerecht ist und ihr gewürdigt seid, zum Reich Gottes zu gehören, für das ihr ja auch leidet.[d] *6* Denn so zeigt sich, dass Gott gerecht ist: Er wird es denen, die euch unter Druck setzen, mit Unterdrückung heimzahlen *7* und euch, den Bedrängten, mit dem Ende alles Leidens. Das werden wir miteinander erleben, wenn sich der Herr Jesus vom Himmel her mit den Engeln seiner Macht *8* in loderndem Feuer zeigen wird. Dann wird er es denen heimzahlen, die von Gott nichts wissen wollten und dem Evangelium unseres Herrn Jesus nicht

---

a 1,1: *Silvanus (Silas)* stammte aus Jerusalem und war ein enger Mitarbeiter des Paulus.

b 1,1: *Timotheus*. Ausgezeichneter Mitarbeiter des Paulus aus Lystra, vgl. Apostelgeschichte 16,1-3.

c 1,1: *Thessalonich* war die bedeutendste Stadt Mazedoniens, etwa 200 000 Einwohner groß. Es war Hauptstadt des zweiten mazedonischen Bezirks und ein wichtiger Seehafen. Heute: Thessaloniki.

d 1,5: *leidet*. Wer bereitwillig Nachteile auf sich nimmt, beweist damit, dass er zu Gott gehört.

gehorcht haben. *9* Sie werden mit ewigem Verderben bestraft: Sie sind dann für immer vom Herrn getrennt und von seiner Macht und Herrlichkeit ausgeschlossen. *10* Das wird an dem Tag geschehen, an dem er kommt und seine Herrlichkeit sich in seinen Heiligen spiegelt. Dann wird er von denen, die ihm geglaubt haben, umjubelt werden – auch von euch, denn ihr habt ja unserem Zeugnis Glauben geschenkt.

11 Im Blick darauf beten wir immer für euch. Wir bitten Gott, dass er euch dieser Berufung würdige und durch seine Macht jede gute Absicht und jede Tat des Glaubens zur Vollendung führe. *12* So soll der Name unseres Herrn Jesus durch euch geehrt werden und auch ihr durch ihn – wie es der Gnade unseres Gottes und des Herrn Jesus Christus entspricht.

Der große Verführer

2 *1* Was nun das Kommen unseres Herrn Jesus Christus und unsere Vereinigung mit ihm betrifft, bitten wir euch, liebe Geschwister: *2* Lasst euch durch die Behauptung, der Tag des Herrn wäre schon angebrochen, nicht so schnell aus der Fassung bringen oder gar in Schrecken versetzen. Glaubt es nicht, auch wenn sich jemand auf eine Geistesoffenbarung, eine angebliche Aussage oder einen Brief von uns beruft. *3* Lasst euch von niemand und auf keine Weise täuschen! Zuerst muss der Aufruhr gegen Gott kommen und der „Mensch der Gesetzlosigkeit"[a], der zur Vernichtung

bestimmt ist, muss auftreten. *4* Er wird sich auflehnen und über alles hinwegsetzen, was Gott oder Heiligtum genannt wird, bis er sich schließlich im Tempel Gottes niederlässt und für Gott ausgibt.

5 Erinnert ihr euch nicht, dass ich euch das alles schon gesagt habe, als ich noch bei euch war? *6* Und nun wisst ihr ja, wodurch es noch zurückgehalten wird, denn er soll erst dann auftreten, wenn seine Zeit gekommen ist. *7* Zwar ist die geheime Kraft der Gesetzlosigkeit schon am Werk, doch muss erst der, der sie noch zurückhält, aus dem Weg sein. *8* Dann erst wird der Gesetzlose offen hervortreten. Aber der Herr Jesus wird ihn durch einen Hauch seines Mundes beseitigen, ihn vernichten durch sein Erscheinen.

9 Dieser Gesetzlose wird mit Satans Hilfe auftreten und alle möglichen Machttaten, Zeichen und Wunder vollbringen und die Menschen verblenden. *10* Alle, die ins Verderben gehen, wird er mit seinen Verführungskünsten zum Bösen verleiten. Sie werden ihm erliegen, weil sie es abgelehnt haben, die Wahrheit zu lieben, die sie gerettet hätte. *11* Aus diesem Grund liefert Gott sie der Macht der Täuschung aus, dass sie der Lüge glauben. *12* Denn alle, die der Wahrheit nicht geglaubt und Gefallen am Unrecht gefunden haben, werden verurteilt werden.

Fest im Glauben bleiben!

13 Aber für euch, vom Herrn geliebte Geschwister, sind wir immer zum

---

a 2,3: *Mensch der Gesetzlosigkeit.* Ein Mensch, der alles Böse verkörpert und der Anführer der endzeitlichen Rebellion gegen Gott sein wird.

Dank verpflichtet. Denn Gott hat euch von Anfang an dazu ausgewählt, dass ihr gerettet werdet, gerettet durch das heiligende Wirken des Geistes und durch den Glauben an die Wahrheit. 14 Und durch unser Evangelium hat er euch dazu berufen, denn ihr sollt einmal an der Herrlichkeit unseres Herrn Jesus Christus teilhaben. 15 Bleibt also standhaft, liebe Geschwister, und haltet euch an die Überlieferungen, an alles, was wir euch mündlich oder schriftlich gelehrt haben. 16 Gott, unser Vater, hat uns geliebt und uns in seiner Gnade ewigen Trost und gute Hoffnung geschenkt. 17 Er möge zusammen mit unserem Herrn Jesus Christus eure Herzen ermutigen und sie in jedem guten Werk und Wort stark machen.

Gebetsanliegen

3 1 Noch eins, liebe Geschwister, betet für uns, dass die Botschaft des Herrn sich schnell ausbreitet und in ihrer Herrlichkeit offenbar wird, wie es auch bei euch geschehen ist. 2 Betet darum, dass Gott uns vor den niederträchtigen und bösartigen Menschen bewahrt. Denn nicht alle wollen etwas vom Glauben wissen.

Anweisungen und Mahnungen

3 Aber der Herr ist treu. Er wird euch stärken und vor dem Bösen beschützen. 4 In ihm haben wir das Vertrauen zu euch, dass ihr jetzt und auch in Zukunft tun werdet, was wir euch anweisen. 5 Der Herr lenke eure Herzen zur Liebe Gottes und zur Geduld des Messias. 6 Im Namen unseres Herrn Jesus Christus ordnen wir an: Zieht euch von jedem Bruder und

von jeder Schwester zurück, die unordentlich leben und den Anweisungen, die ihr von uns bekommen habt, nicht folgen. 7 Ihr wisst ja, wie ihr unserem Beispiel folgen müsst, denn wir haben weder unsere Pflichten bei euch vernachlässigt 8 noch je auf Kosten anderer gelebt. Im Gegenteil: Wir haben mit Mühe und Anstrengung Tag und Nacht gearbeitet, um keinem von euch zur Last zu fallen. 9 Nicht dass wir kein Recht auf eure Hilfe gehabt hätten, nein, wir wollten euch ein Vorbild sein, damit ihr uns folgt. 10 Denn schon als wir bei euch waren, haben wir ausdrücklich gesagt: „Wer nicht arbeiten will, der soll auch nicht essen." 11 Nun hören wir, dass einige von euch ein unordentliches Leben führen: Sie arbeiten nicht, sondern treiben sich nur herum. 12 Solchen Leuten befehlen wir im Namen des Herrn Jesus Christus mit allem Nachdruck: Sie sollen Ordnung in ihr Leben bringen, einer geregelten Arbeit nachgehen und sich ihren Lebensunterhalt selbst verdienen.

13 Doch ihr, liebe Geschwister, werdet nicht müde, das zu tun, was gut und richtig ist. 14 Sollte aber jemand unserer brieflichen Weisung nicht gehorchen wollen, dann merkt ihn euch[b] und geht ihm aus dem Weg, damit er beschämt wird. 15 Betrachtet ihn aber nicht als Feind, sondern weist ihn als Bruder zurecht.

---

b 3,14: *merkt ihn euch.* Oder: *kennzeichnet ihn.* Das könnte dadurch geschehen, dass die Gemeinde sich öffentlich von seinem Verhalten distanziert.

Gruß und Unterschrift

16 Der Herr des Friedens selbst schenke euch allezeit und auf jede Weise seinen Frieden. Der Herr sei mit euch allen.

17 Den Gruß schreibe ich, Paulus, mit eigener Hand. So sieht meine Handschrift aus, das Kennzeichen in jedem meiner Briefe. *18* Die Gnade unseres Herrn Jesus Christus sei mit euch allen.

Erster Brief des Paulus an Timotheus

Während Lukas noch an seinem Evangelium arbeitete, wartete Paulus im Gefängnis in Cäsarea auf seine Freilassung. Von dort aus schrieb er um das Jahr 58 n. Chr. einen Brief an Timotheus, den er gebeten hatte in Ephesus zu bleiben. Zu dieser Zeit hoffte er noch, Timotheus bald besuchen zu können. Falls sich dieser Besuch aber verzögern würde, wollte Paulus seinem Mitarbeiter noch einige Instruktionen über die geistlichen Ordnungen im Haus Gottes geben.

Bemerkenswert ist, dass Paulus in diesem Brief ein Jesus-Wort als Schriftwort zitiert, das sich aber nur im Lukasevangelium findet (1Tim 5,18; Lk 10,7). Das bedeutet, er könnte das gerade verfasste Evangelium seines Mitarbeiters Lukas schon als Heilige Schrift betrachtet haben.

1 1 Es schreibt Paulus, ein Apostel von Jesus Christus, der diesen Dienst im Auftrag von Gott, unserem Retter, ausübt und im Auftrag von Jesus Christus, der unsere Hoffnung ist. 2 An Timotheus, an den, der durch den Glauben ein richtiger Sohn für mich geworden ist.

Ich wünsche dir Gnade, Barmherzigkeit und Frieden von Gott, unserem Vater, und von Jesus Christus, unserem Herrn.

Warnung vor falschen Lehrern

3 Schon als ich nach Mazedonien reiste, bat ich dich, in Ephesus zu bleiben. Du solltest einigen Leuten dort verbieten, falsche Lehren zu verbreiten. Das gilt immer noch. 4 Sie sollten sich nicht mit jüdischen Legenden und endlosen Abstammungsregistern abgeben, denn das führt nur zu spekulativen Streitereien und fördert nicht den Heilsplan Gottes, der zum Glauben führt. 5 Das Ziel jeder Anweisung und Unterweisung ist aber die Liebe, und zwar Liebe aus reinem Herzen, gutem Gewissen und ungeheucheltem Glauben. 6 Dieses Ziel haben einige Leute aus den Augen verloren und sich nutzlosem Geschwätz hingegeben. 7 Sie bilden sich ein, Lehrer des Gesetzes zu sein, und verstehen überhaupt nichts von dem, was sie sagen und was sie so sicher behaupten.

8 Wir alle wissen, dass das Gesetz gut ist, wenn man es sachgemäß gebraucht. 9 Man muss sich nämlich darüber im Klaren sein, für wen es bestimmt ist. Es ist nicht für Menschen da, die tun, was vor Gott recht ist, sondern für die, die nicht nach Gottes Willen leben und sich gegen ihn auflehnen. Es richtet sich an gottlose und sündige Menschen, denen nichts heilig ist, die keine Ehrfurcht kennen, die sich an Vater und Mutter vergreifen und selbst vor einem Mord nicht zurückschrecken. 10 Es gilt für Menschen, die in sexueller Unmoral leben und für Männer, die sich an Knaben oder ihresgleichen vergehen, für solche, die Menschenhandel treiben, Lügen verbreiten, falsche Eide schwören oder sonst etwas tun, was mit der

gesunden Lehre nicht vereinbar ist. *11* Es richtet sich gegen alles, was dem Evangelium nicht entspricht; dem Evangelium, das mir anvertraut wurde und in dem Gott seine Herrlichkeit sichtbar macht; Gott, der in sich selbst vollkommen glücklich ist.

Dankbarkeit für Gottes Gnade

12 Ich danke unserem Herrn Jesus Christus, der mir die nötige Kraft schenkt, dass er mich überhaupt für vertrauenswürdig hielt und in seinen Dienst genommen hat, *13* obwohl ich ihn doch früher verhöhnt und seine Gemeinde mit grausamer Härte verfolgt habe. Doch er hat sich über mich erbarmt, weil ich in meinem Unglauben nicht wusste, was ich tat. *14* Die Gnade unseres Herrn hat mich förmlich überschüttet. Er hat mir einen Glauben und eine Liebe geschenkt, wie nur Jesus Christus sie geben kann.

15 Ja, diese Botschaft ist absolut zuverlässig und verdient unser volles Vertrauen: „Jesus Christus ist in die Welt gekommen, um Sünder zu retten" – und ich bin der schlimmste von ihnen. *16* Eben deshalb hatte Jesus Christus Erbarmen mit mir. Gerade an mir wollte er zeigen, welche Menschen durch den Glauben ins ewige Leben hineingerettet werden können.

17 Dem König der Ewigkeit, dem unvergänglichen, unsichtbaren, alleinigen Gott gebührt Ehre und Herrlichkeit für immer und ewig! Amen.

Verantwortung des Timotheus

18 Diese Anordnung lege ich dir ans Herz, Timotheus, mein lieber Sohn. Sie schließt sich genau an die prophetischen Worte an, die damals über dich gesagt wurden. Lass dich von ihnen ermutigen, den guten Kampf zu kämpfen. *19* Bleib in deinem Glauben fest und bewahre dir ein reines Gewissen. Einige haben das leider von sich gestoßen und dadurch im Glauben Schiffbruch erlitten. *20* Zu ihnen gehören auch Hymenäus und Alexander, die ich dem Satan ausgeliefert habe, damit sie erzogen werden, Gott nicht mehr zu lästern.

Gebete im Gottesdienst

2 *1* Zuallererst fordere ich die Gemeinde zum Gebet für alle Menschen auf: zum Bitten und Flehen, zu Fürbitten und Danksagungen, *2* besonders für die Regierenden, und alle, die Macht haben. Wir beten für sie, damit wir in Ruhe und Frieden ein Leben führen können, das Gott in jeder Hinsicht ehrt und das auch von Menschen geachtet werden kann. *3* Das ist gut, und es gefällt Gott, unserem Retter. *4* Er will ja, dass alle Menschen gerettet werden und die Wahrheit erkennen. *5* Denn es gibt nur einen Gott und nur einen Vermittler zwischen Gott und den Menschen: Das ist Jesus Christus, der Mensch wurde *6* und sich selbst als Lösegeld für alle ausgeliefert hat. Damit wurde zur rechten Zeit das Zeugnis erbracht, dass Gott die Menschen retten will. *7* Und dafür hat er mich als Verkündiger und Apostel eingesetzt – das ist die Wahrheit, ich lüge nicht – als Lehrer, der die nichtjüdischen Völker im Glauben und in der Wahrheit unterrichten soll.

8 Ich will nun, dass die Männer an jedem Versammlungsort beten und dabei ihre Hände mit reinem

Gewissen erheben, frei von Zorn und Streit. *9* Ebenso will ich, dass die Frauen sich anständig kleiden und sich mit Schamgefühl und Zurückhaltung schmücken. Sie sollen nicht durch aufwendige Frisuren, Gold, Perlen oder teure Kleider auffallen, *10* sondern durch gute Werke. Das ist der Schmuck von Frauen, die Ehrfurcht vor Gott haben. *11* Eine Frau suche Belehrung durch stilles Zuhören in aller Unterordnung. *12* Zu lehren erlaube ich einer Frau jedoch nicht, auch nicht, über den Mann zu herrschen, sondern ich will, dass sie sich still zurückhält. *13* Denn zuerst wurde Adam geschaffen, dann Eva. *14* Es war auch nicht Adam, der betrogen wurde. Die Frau ließ sich verführen und übertrat das Gebot. *15* Doch auch sie wird gerettet werden – gerade wenn sie Kinder zur Welt bringt – vorausgesetzt, dass sie im Glauben und in der Liebe bleibt und verantwortungsbewusst ein geheiligtes Leben führt.

Leiter in der Gemeinde

3 *1* Es ist ein wahres Wort: Wenn sich jemand um einen Leitungsdienst in der Gemeinde bemüht, dann sucht er eine schöne Aufgabe. *2* Doch ein Leiter muss ein Mann ohne Tadel sein, der seiner Frau treu ist. Er muss sich besonnen und verantwortungsbewusst verhalten, darf keinen Anstoß erregen, muss gastfreundlich und zum Lehren befähigt sein. *3* Er soll kein Trinker und gewalttätiger Mensch sein, sondern ein freundlicher und rücksichtsvoller Mann. Er darf auch nicht am Geld hängen. *4* Er muss sich in vorbildlicher Weise um seine Familie kümmern, sodass seine Kinder ihn achten und

ihm gehorchen. *5* Denn wenn jemand seiner eigenen Familie nicht vorstehen kann, wie soll der für die Gemeinde Gottes sorgen können? *6* Er darf nicht erst vor Kurzem zum Glauben gekommen sein, sonst könnte er sich schnell etwas einbilden und zu Recht vom Teufel angeklagt werden. *7* Auch außerhalb der Gemeinde muss er einen guten Ruf haben, damit er nicht in übles Gerede kommt und der Teufel ihm daraus einen Strick drehen kann.

8 Auch die Diakone müssen ehrbare Männer sein. Auf ihr Wort muss man sich verlassen können. Sie dürfen weder dem Alkohol noch dem Geld verfallen sein *9* und müssen das Geheimnis des Glaubens in einem reinen Gewissen bewahren. *10* Doch auch sie müssen zuerst auf ihre Eignung geprüft werden. Nur wenn nichts an ihnen auszusetzen ist, sollen sie ihren Dienst ausüben.

11 Dasselbe gilt für Frauen, denen eine solche Aufgabe übertragen wird. Man muss sie achten können. Sie dürfen nicht verleumderisch sein und müssen sich durch Besonnenheit und Zuverlässigkeit in jeder Hinsicht auszeichnen.

12 Verheiratete Diakone müssen ihrer Frau treu sein und sich in vorbildlicher Weise um ihre Kinder und die ganze Familie kümmern. *13* Wer seinen Diakonendienst gut versieht, erwirbt sich hohes Ansehen und große Zuversicht im Glauben an Jesus Christus.

Jesus, die Wahrheit des Glaubens

14 Lieber Timotheus, ich schreibe dir das alles, obwohl ich hoffe, dich bald besuchen zu können. *15* Wenn sich mein Kommen aber verzögert, dann sollst du durch den Brief wissen, wie man sich im Haus Gottes verhalten muss. Damit meine ich die Gemeinde des lebendigen Gottes, den Stützpfeiler und das Bollwerk der Wahrheit. *16* Und niemand kann bestreiten, wie groß und einzigartig die geheimnisvolle Wahrheit unseres Glaubens ist:

Er hat sich gezeigt in Fleisch und Blut / und wurde beglaubigt durch Gottes Geist, / und so haben ihn die Engel gesehen. / Er wird gepredigt unter den Völkern / und findet Glauben in aller Welt / und ist im Himmel mit Ehre gekrönt.

Am Ende der Zeit

4 *1* Der Geist Gottes sagt ausdrücklich, dass am Ende der Zeit manche vom Glauben abfallen werden. Sie werden auf betrügerische Geister achten und den Lehren dunkler Mächte folgen – *2* getäuscht von scheinheiligen Lügnern, die in ihrem eigenen Gewissen gebrandmarkt sind. *3* Diese Lügner verbieten das Heiraten und fordern den Verzicht auf bestimmte Speisen, die Gott doch geschaffen hat, damit sie von denen, die an ihn glauben und die Wahrheit erkannt haben, mit Dankbarkeit genossen werden. *4* Denn alles, was Gott geschaffen hat, ist gut. Wir müssen nichts davon ablehnen, wenn wir es mit Dank an Gott angenommen haben. *5* Es wird ja durch Gottes Wort für rein erklärt und durch das Gebet geheiligt.

Ein guter Diener von Christus

6 Wenn du das den Geschwistern ans Herz legst, wirst du ein guter Diener von Jesus Christus sein. Du zeigst damit, dass du von den Worten des Glaubens lebst, von der guten Lehre, der du gefolgt bist. *7* Doch all die gottlosen und kindischen Legenden jener Lügner weise ab. Übe dich aber darin, Gott immer eine liebevolle Ehrerbietung entgegenzubringen. *8* Sich in körperlichen Entbehrungen zu üben, bringt nur wenig Nutzen. Aber zu üben, wie man Gott liebt und ehrt, ist in jeder Hinsicht nützlich, weil das ein Versprechen für das jetzige und das zukünftige· Leben in sich trägt. *9* Das ist ein wahres Wort und verdient unser volles Vertrauen. *10* Denn dafür arbeiten und kämpfen wir, weil wir unsere Hoffnung auf den lebendigen Gott gesetzt haben, den Wohltäter für alle Menschen und besonders die Gläubigen.

11 Das sollst du lehren und den Geschwistern einschärfen. *12* Niemand soll dich wegen deiner Jugend verachten! Du musst aber den Gläubigen in allem, was du sagst und tust, ein Vorbild sein, ein Vorbild in deiner Liebe, in deinem Glauben, in deiner Reinheit. *13* Widme dich bis zu meinem Kommen ganz dem Vorlesen der Heiligen Schrift, dem Ermutigen der Gläubigen und dem Lehren. *14* Lass die Gabe nicht ungenutzt, die Gott dir aufgrund eines prophetischen Wortes und durch Handauflegung der Ältesten geschenkt hat! *15* Mühe dich um das, was dir aufgetragen ist! Dann werden deine Fortschritte allen offenbar sein. *16* Pass immer gut auf dich auf und auf das, was du lehrst. Wenn du das tust, wirst du sowohl dich selbst retten als auch die, die auf dich hören.

5 *1* Wenn du einen Älteren ermahnen musst, dann fahre ihn nicht hart an, sondern rede mit ihm, als wäre er dein Vater. Jüngere ermahne wie Brüder, *2* ältere Frauen wie Mütter, jüngere wie Schwestern mit allem Anstand!

Umgang mit Witwen

3 Kümmere dich darum, dass die Witwen, die auf sich allein gestellt sind, versorgt werden! *4* Wenn eine Witwe nämlich Kinder oder Enkel hat, dann sollen diese zuerst lernen, ihre Pflicht in der eigenen Familie zu erfüllen. Sie sollen ihre Ehrfurcht vor Gott dadurch zeigen, dass sie für ihre Eltern und Großeltern sorgen. So können sie sich dankbar für das erweisen, was sie von ihnen empfangen haben, denn das gefällt Gott. *5* Die Gemeinde soll nur für die Witwen sorgen, die wirklich auf sich allein gestellt sind. Solche Witwen hoffen auf Gott. Sie bitten ihn Tag und Nacht um Hilfe und hören überhaupt nicht auf, zu ihm zu beten. *6* Wenn eine Witwe jedoch ihrem Vergnügen nachgeht, ist sie schon bei lebendigem Leibe tot.

7 Wenn du ihnen das einschärfst, wird man ihnen nichts vorwerfen können. *8* Wenn aber jemand sich weigert, für seine Angehörigen zu sorgen – vor allem für die, die mit ihm unter einem Dach leben –, dann hat er seinen Glauben verleugnet und ist schlimmer als ein Ungläubiger.

9 Eine Frau darf erst dann in das Witwenverzeichnis aufgenommen werden, wenn sie mindestens 60 Jahre alt ist und ihrem Mann treu war. *10* Sie muss bekannt dafür sein, dass sie Gutes getan hat, dass sie zum Beispiel Kinder aufgezogen hat und gastfreundlich gewesen ist, dass sie Gläubigen die Füße gewaschen[a] und Menschen in Not geholfen hat. Sie muss sich in jeder Hinsicht bemüht haben, Gutes zu tun.

11 Nimm keine jüngeren Witwen in das Verzeichnis auf. Denn das Verlangen nach einem Mann kann bei ihnen dazu führen, die Verpflichtung zu vergessen, die sie Christus gegenüber eingegangen sind, als sie sich ins Verzeichnis aufnehmen ließen. Dann wollen sie wieder heiraten *12* und ziehen sich den Vorwurf zu, ihrem vorher gegebenen Versprechen untreu geworden zu sein. *13* Außerdem werden sie faul und gewöhnen sich daran, in den Häusern von anderen herumzusitzen. Dann werden sie geschwätzig, mischen sich in fremde Angelegenheiten ein und reden über Dinge, die sie nichts angehen. *14* Ich möchte deshalb, dass jüngere Witwen heiraten, Kinder bekommen und sich um ihren Haushalt kümmern. Dann werden sie auch einem Gegner des Evangeliums keinen Anlass zu übler Nachrede geben. *15* Denn einige haben sich tatsächlich schon abgewandt und sind dem Satan gefolgt.

16 Wenn also eine gläubige Frau Witwen in ihrer Verwandtschaft hat, soll sie für sie sorgen. Dadurch wird die Gemeinde nicht belastet und kann den alleinstehenden Witwen helfen.

Umgang mit Ältesten

17 Älteste, die gute Vorsteher in der Gemeinde sind, haben nicht nur

---

a 5,10: *Füße gewaschen.* Einem Besucher die staubig gewordenen Füße zu waschen war ein Zeichen der Gastfreundschaft (vgl. Lukas 7,44; Johannes 13,4-5).

Anerkennung verdient, sondern auch den entsprechenden Lohn, besonders wenn sie im Predigt- und Lehrdienst arbeiten. *18* Denn die Schrift sagt: „Du sollst einem Ochsen beim Dreschen nicht das Maul zubinden" und: „Wer arbeitet, hat Anspruch auf Lohn."[a] *19* Anschuldigungen gegen Älteste hör dir nur dann an, wenn sie durch zwei oder drei Zeugen bestätigt werden. *20* Doch wenn ein Ältester sich wirklich etwas zuschulden kommen lässt, dann weise ihn vor allen[b] zurecht, damit auch die anderen gewarnt sind. *21* Ich beschwöre dich vor Gott, vor Christus und den auserwählten Engeln: Befolge dies alles ohne Vorurteil und begünstige niemand. *22* Lege niemand vorschnell die Hände auf,[c] sonst machst du dich mitschuldig, wenn er sich versündigt. Bewahre dich rein.

Eigene Krankheit und fremde Sünde

23 Trink übrigens nicht immer nur Wasser. Nimm aus Rücksicht auf deinen Magen und dein häufiges Kranksein auch ein wenig Wein zu dir.

24 Bei einigen Menschen liegen die Sünden schon jetzt offen zutage. Sie laufen dem Gericht Gottes gleichsam voraus. Bei anderen kommen sie erst dann ans Licht. *25* Ebenso sind auch die guten Taten schon jetzt für alle sichtbar. Und selbst wenn es einmal nicht so ist, können sie doch nicht verborgen bleiben.

Ratschläge für Sklaven

6 *1* Alle, die das Joch der Sklaverei zu tragen haben, sollen ihren Herren uneingeschränkte Achtung entgegenbringen, damit der Name Gottes und die Lehre des Evangeliums nicht in Verruf kommen. *2* Und wer einen gläubigen Herrn hat, soll sich ihm gegenüber nicht Weniger respektvoll verhalten, nur weil er sein Bruder ist. Er muss ihm sogar noch besser dienen, denn sein Dienst kommt jemand zugute, der an Christus glaubt und von ihm geliebt wird.

Hochmut und Habsucht

Das sollst du lehren und alle in diesem Sinn ermutigen. *3* Wenn jemand von den gesunden Worten unseres Herrn Jesus Christus nichts wissen will und sich nicht an die Lehre hält, die einer liebevollen Ehrfurcht vor Gott entspricht, *4* dann ist er von Hochmut verblendet und weiß überhaupt nichts. Er hat einen krankhaften Hang zu Streitfragen und Wortgefechten. Das führt aber nur zu Neid und Streit, Beleidigungen, bösen Verdächtigungen *5* und endlosen Auseinandersetzungen. Das Denken solcher Menschen ist so verdorben, dass sie von

---

a 5,18: 5. Mose 25,4. Das zweite Zitat findet sich nicht im Alten Testament, sondern wörtlich in Lukas 10,7 (und sinngemäß in Matthäus 10,10). Das ist bemerkenswert, weil dadurch im Neuen Testament eine neutestamentliche Schrift dem Alten Testament gleichgestellt wird.

b 5,20: *vor allen*. Es ist nicht sicher zu entscheiden, ob hier die ganze Gemeinde oder die ganze Ältestenschaft gemeint ist.

c 5,22: Offenbar, um ihm so eine Aufgabe in der Gemeinde zu übertragen, siehe 2. Timotheus 1,6; Apostelgeschichte 6,6; 8,17.

der Wahrheit abgekommen sind und meinen, die Gottesfurcht sei ein Mittel, um sich zu bereichern. *6* Freilich ist die Ehrfurcht vor Gott ein großer Gewinn, aber nur wenn sie mit persönlicher Genügsamkeit verbunden ist. *7* Was haben wir denn in die Welt mitgebracht? Nichts! Und wir werden auch nichts mitnehmen können, wenn wir sie verlassen. *8* Wenn wir also Nahrung und Kleidung haben, soll uns das genügen. *9* Wer unbedingt reich werden will, wird sich in einem Netz von Versuchungen verfangen und allen möglichen unsinnigen und schädlichen Wünschen erliegen, die einen Menschen zugrunde richten und ins Verderben stürzen. *10* Denn die Liebe zum Geld ist eine Wurzel für alles Böse. Manche sind ihr so verfallen, dass sie vom Glauben abgeirrt sind und sich selbst die schlimmsten Qualen bereitet haben.

Hinweise für Timotheus

11 Aber du, als Mann Gottes, fliehe vor alldem. Strebe dagegen nach Gerechtigkeit, Ehrfurcht vor Gott, Glauben, Liebe, Standhaftigkeit und Freundlichkeit. *12* Kämpfe den guten Kampf, der zu einem Leben im Glauben gehört, und ergreife das ewige Leben, zu dem Gott dich berufen hat und für das du vor vielen Zeugen das gute Bekenntnis abgelegt hast. *13* Vor dem Gott, von dem alles Leben kommt, und vor Jesus Christus, der vor Pontius Pilatus das klare Bekenntnis abgelegt hat, fordere ich dich auf: *14* Erfülle deinen Auftrag tadellos und sauber bis unser Herr Jesus Christus sichtbar wiederkommt. *15* Wann das geschieht, wird bestimmen

der in sich vollkommene und alleinige Herrscher, / der König aller Könige und Herr aller Herren, *16* der als einziger Unsterblichkeit besitzt / und ein unzugängliches Licht bewohnt, / den kein Mensch je gesehen hat und kein Mensch jemals sehen kann. / Ihm gebührt Ehre und ewige Macht! Amen.

17 Ermahne die, die nach den Maßstäben dieser Welt reich sind, nicht überheblich zu sein und ihre Hoffnung nicht auf den unsicheren Reichtum zu setzen, sondern auf Gott. – Denn Gott gibt uns alles reichlich, was wir brauchen, und wir dürfen es genießen. – *18* Sie sollen Gutes tun, freigebig sein und ihren Besitz mit anderen teilen. Wenn sie so in guten Werken reich werden, *19* schaffen sie sich einen sicheren Grundstock für die Zukunft und werden das wirkliche Leben gewinnen.

20 Lieber Timotheus, bewahre, was dir anvertraut ist, und meide das gottlose Geschwätz dieser Leute und die fragwürdigen Behauptungen einer fälschlich so genannten „Erkenntnis". *21* Schon manche, die sich darauf eingelassen haben, sind vom Weg des Glaubens abgekommen.

Die Gnade sei mit euch allen!

Zweiter Brief des Paulus an Timotheus

Paulus war mit Ketten gefesselt (2,9), als er diesen letzten Brief schrieb. Onesiphorus musste lange suchen, bis er ihn im Gefängnis in Rom gefunden hatte (1,16-17). Die Haftbedingungen des Apostels hatten sich sehr verschlechtert, und er erwartete seine Hinrichtung (4,6). Es war wohl im Herbst 62 n. Chr. als er Timotheus bat, möglichst schnell zu ihm zu kommen (4,21). Nach der Überlieferung wurde Paulus bald darauf unter Kaiser Nero hingerichtet.

1 *1* Es schreibt Paulus, der durch den Willen Gottes ein Apostel von Jesus Christus wurde und den Auftrag erhielt, das Leben zu verkünden, das in Jesus Christus versprochen ist. *2* An Timotheus, seinen lieben Sohn. Ich wünsche dir Gnade, Barmherzigkeit und Frieden von Gott, dem Vater, und von Jesus Christus, unserem Herrn.

Ermutigung zur Treue

3 In meinen Gebeten denke ich immer wieder an dich. Tag und Nacht danke ich Gott, dem ich wie meine Vorfahren mit reinem Gewissen diene. *4* Und wenn ich an deine Abschiedstränen denke, sehne ich mich nach der Freude des Wiedersehens. *5* Ich habe deinen aufrichtigen Glauben vor Augen, den Glauben, der zuerst deine Großmutter Loïs und deine Mutter Eunike erfüllte und der nun auch – da bin ich ganz sicher – dein Leben bestimmt.

6 Darum erinnere ich dich an die Gabe Gottes, die du empfangen hast, als ich dir die Hände auflegte: Entfache sie neu in dir! *7* Denn Gott hat uns nicht einen Geist der Zaghaftigkeit gegeben, sondern den Geist der Kraft, der Liebe und der Selbstbeherrschung. *8* Darum schäme dich nicht, unseren Herrn zu bekennen und auch zu mir zu stehen, seinem Gefangenen. Sei bereit, für die Heilsbotschaft zu leiden. Gott wird dir die Kraft dazu geben – *9* Gott, der uns gerettet und berufen hat, zu seinem heiligen Volk zu gehören. Er hat sich dabei nicht nach unseren Leistungen gerichtet, sondern nach dem, was er lange vorher selbst beschlossen hatte, und der Gnade, die er uns in Jesus Christus schon vor allen Zeiten geben wollte. *10* Das ist jetzt mit dem Kommen unseres Retters Jesus Christus Wirklichkeit geworden. Er hat den Tod entmachtet und uns durch die gute Botschaft unvergängliches Leben geschenkt. *11* Für diese Heilsbotschaft bin ich als Verkündiger, Apostel und Lehrer eingesetzt. *12* Deshalb muss ich auch dies alles hier erdulden. Aber dafür schäme ich mich nicht, denn ich weiß ja, wem ich geglaubt habe, und ich bin überzeugt, dass er die Macht hat, das mir anvertraute Gut bis zum Tag seines Kommens sicher zu verwahren. *13* Nimm die gesunden Worte, die du von mir gehört hast, als Muster für deine eigene Verkündigung, und tritt für diese Botschaft mit dem Glauben und der Liebe ein, die in Jesus Christus zu finden sind. *14* Verwahre dieses kostbare Gut, das dir anvertraut wurde, sicher durch den Heiligen Geist, der in uns wohnt.

15 Wie du weißt, haben sich alle in der Provinz Asia[a] von mir abgewandt, auch Phygelus und Hermogenes. *16* Nur Onesiphorus stand mir bei. Möge der Herr seiner Familie Barmherzigkeit schenken. Er hat mich oft ermutigt und sich meiner Ketten nicht geschämt. *17* Im Gegenteil: Als er in Rom war, hat er so lange nach mir gesucht, bis er mich gefunden hatte. *18* Der Herr möge ihm sein Erbarmen an jenem großen Tag schenken, an dem er vor dem Herrn stehen wird. Und was er in Ephesus[b] für die Gemeinde getan hat, weißt du besser als ich.

Weisungen zum Glaubenskampf

2 *1* Und du, mein Kind, sei stark in der Gnade, die uns in Jesus Christus gegeben ist. *2* Und die Wahrheit, die du vor vielen Zeugen von mir gehört hast, sollst du treuen und zuverlässigen Menschen anvertrauen, die fähig sind, wieder andere zu lehren. *3* Und sei als ein guter Soldat von Jesus Christus bereit, die dazugehörigen Leiden auf dich zu nehmen. *4* Kein Soldat, der in den Krieg zieht, lässt sich in Alltagsgeschäfte verwickeln, denn er will dem gefallen, der ihn angeworben hat. *5* Auch wenn jemand an einem sportlichen Wettkampf teilnimmt, kann er nur dann den Siegeskranz gewinnen, wenn er sich an die Regeln des Kampfes gehalten hat. *6* Ein Bauer, der sich auf dem Feld abmüht, hat immer das erste Anrecht an den Früchten seiner Arbeit. *7* Denk über meine Worte nach! Denn der Herr wird dir in all diesen Dingen das nötige Verständnis geben.

8 Richte deine Gedanken immer wieder auf Jesus Christus aus – auf ihn, der von den Toten auferweckt wurde und aus der Nachkommenschaft Davids stammt. Er ist der Inhalt der guten Botschaft, die mir anvertraut wurde. *9* Ihretwegen habe ich Böses erfahren und bin jetzt wie ein Verbrecher gefesselt. Doch das Wort Gottes kann man nicht in Fesseln legen. *10* Deshalb ertrage ich das alles für die, die Gott erwählt hat, damit auch sie durch Jesus Christus gerettet werden und an der ewigen Herrlichkeit teilhaben. *11* Es ist ein wahres Wort:

Wenn wir mit Christus gestorben sind, / werden wir auch mit ihm leben. *12* Wenn wir standhaft bleiben, / werden wir auch mit ihm herrschen. / Wenn wir ihn aber verleugnen, / wird er auch uns verleugnen, *13* und wenn wir untreu sind, / bleibt er dennoch treu, / denn er kann sich selbst nicht verleugnen.

Umgang mit Irrlehrern

14 Daran musst du sie immer wieder erinnern. Beschwöre sie vor Gott,

---

a 1,15: *Asia*. Römische Provinz, die den westlichen Teil Kleinasiens umfasste.

b 1,18: *Ephesus* war die Hauptstadt der Provinz Asia und zweitgrößte Stadt des römischen Reiches. Der reiche Handelsknotenpunkt lag etwa 5 km vom Meer entfernt am Fluss Kaystros, auf dem man praktisch bis in den Hafen der Stadt segeln konnte. Berühmt war Ephesus durch seinen Artemis-Tempel (römisch: Diana), der zu den sieben Weltwundern zählte.

sich nicht auf Diskussionen einzulassen, bei denen nur um Worte gezankt wird. Das führt zu nichts und schadet den Zuhörenden. *15* Setze alles daran, dich Gott als bewährter Mitarbeiter zur Verfügung zu stellen, der sich für sein Tun nicht schämen muss und das Wort der Wahrheit klar und unverkürzt vertritt. *16* Lass dich nicht auf das leere Geschwätz gewisser Leute ein, die alles Heilige in den Schmutz ziehen. Solche Menschen werden immer tiefer in der Gottlosigkeit versinken *17* und ihre Lehre wird wie ein Krebsgeschwür um sich fressen. Hymenäus und Philetus gehören auch zu ihnen. *18* Sie haben sich so weit von der Wahrheit entfernt, dass sie behaupten, die Auferstehung sei schon geschehen. Und damit zerstören sie bei manchen den Glauben. *19* Aber Gott hat ein massives, unverrückbares Fundament gelegt. Es trägt den Abdruck seines Siegels mit folgender Inschrift: „Der Herr kennt die, die zu ihm gehören" und: „Wer den Namen des Herrn nennt, meide das Unrecht."

20 In einem großen Haushalt gibt es nicht nur Gefäße aus Gold und Silber, sondern auch aus Holz und Ton. Die einen sind für besondere Anlässe bestimmt, die anderen dienen als Behälter für den Abfall. *21* Wer sich nun von Menschen fernhält, die Abfallbehältern gleichen, wird ein Gefäß sein, das ehrenvollen Zwecken dient, das heilig ist, dem Hausherrn nützt und zu jedem guten Werk bereitsteht.

22 Hüte dich vor den Leidenschaften, die besonders junge Menschen in Gefahr bringen! Strebe zusammen mit denen, die den Herrn aufrichtig

und mit reinem Gewissen anbeten, nach einem Leben, das von Gerechtigkeit, Glauben, Liebe und Frieden erfüllt ist! *23* Weise dumme Spitzfindigkeiten und unsinnige Spekulationen ab! Du weißt ja, dass sie nur zu Streitigkeiten führen.

24 Ein Diener des Herrn darf aber nicht streiten, sondern soll allen freundlich begegnen. Er muss die Lehre klar vermitteln, darf sich aber nicht provozieren lassen, *25* sondern muss die Widerspenstigen mit Güte und Geduld zurechtweisen. Vielleicht gibt ihnen Gott die Möglichkeit zur Änderung ihrer Einstellung, dass sie die Wahrheit erkennen, *26* wieder zur Besinnung kommen und sich aus der Schlinge befreien, in der sie der Teufel gefangen hält, um sie für seine Absichten zu missbrauchen.

Zeichen der Zeit vor dem Ende

3 *1* Du musst wissen, dass die Zeit vor dem Ende sehr schlimme Phasen haben wird. *2* Die Menschen werden selbstsüchtig sein, geldgierig, großtuerisch und eingebildet. Sie werden Gott und Menschen beleidigen, ihren Eltern nicht gehorchen und vor nichts mehr Ehrfurcht haben. Sie sind undankbar, *3* lieblos und unversöhnlich. Sie werden ihre Mitmenschen verleumden und sich hemmungslos ausleben. Sie sind gewalttätig und hassen das Gute. *4* Zu jedem Verrat bereit, sind sie leichtsinnig und werden vom Hochmut verblendet. Sie leben nur für ihr Vergnügen und kümmern sich nicht um Gott. *5* Sie geben sich zwar einen frommen Anschein, aber von der Kraft wahrer Gottesfurcht wollen sie nichts wissen.

Halte dich von solchen Menschen fern! *6* Zu ihnen gehören nämlich auch die, die sich in Häuser einschleichen und das Vertrauen von Frauen gewinnen, in deren Leben sich viel Sünde angesammelt hat. Solche Weibsbilder werden von allen möglichen Begierden getrieben. *7* Sie wollen immerzu etwas Neues hören und sind doch unfähig, jemals zur Erkenntnis der Wahrheit zu kommen. *8* So wie Jannes und Jambres[a] sich einst gegen Mose stellten, so widersetzen sich auch diese Verführer der Wahrheit. Es sind durch und durch verdorbene Menschen, deren Glaube keiner Prüfung standhält. *9* Doch sie werden nicht weit damit kommen, denn ihr Unverstand wird sich allen zeigen, wie es auch bei jenen Ägyptern der Fall war.

10 Doch du bist meiner Lehre treu gefolgt. Du hast dir mein Verhalten und mein Lebensziel zu eigen gemacht und dir meinen Glauben, meine Geduld und meine Liebe zum Vorbild genommen. Du kennst meine Standhaftigkeit *11* in den Verfolgungen und Leiden, wie sie mir in Antiochia[b],

Ikonion[c] und Lystra[d] widerfahren sind. Welche Verfolgungen ertrug ich da! Und aus allen hat der Herr mich gerettet. *12* Übrigens werden alle, die zu Jesus Christus gehören und so leben wollen, wie es Gott gefällt, Verfolgung erleben. *13* Böse und betrügerische Menschen dagegen werden es immer schlimmer treiben, andere in die Irre führen und selbst irregeführt werden.

Die Bedeutung der Heiligen Schrift

14 Du aber bleib bei dem, was du gelernt hast und was dir zur völligen Gewissheit wurde! Du weißt ja, wer deine Lehrer waren, *15* und bist von frühester Kindheit an mit den heiligen Schriften vertraut, die dir die Weisheit vermitteln können, die zur Rettung nötig ist – zur Rettung durch den Glauben an Jesus Christus. *16* Die ganze Schrift ist von Gottes Geist gegeben und von ihm erfüllt. Ihr Nutzen ist entsprechend: Sie lehrt uns die Wahrheit zu erkennen, überführt uns

---

a 3,8: *Jannes* (etwa: *der Verführer*) *und Jambres* (etwa: *der Rebell*). Wahrscheinlich waren das symbolische Namen für die ägyptischen Zauberer, die die Wunder Moses nachahmten (siehe 2. Mose 7-9).

b 3,11: *Antiochia*. Stadt in der römischen Provinz Galatien dicht an der Grenze zu der Landschaft Pisidien, etwa 1000 Meter hoch gelegen, römische Kolonie. Die Juden dort hatten dafür gesorgt, dass Paulus aus der Stadt vertrieben wurde (Apostelgeschichte 13,50-52).

c 3,11: *Ikonion*, das heutige Konja, lag 140 km südöstlich vom pisidischen Antiochia, in der römischen Provinz Galatien an der „Via Sebaste". Als römische Ehrenkolonie erhielt es die Verfassung einer hellenistischen Stadt. Man sprach Griechisch. Von den Juden war ein Teil der Bevölkerung gegen Paulus aufgehetzt worden, um ihn zu misshandeln und zu steinigen, sodass er aus der Stadt fliehen musste (Apostelgeschichte 14,1-6).

d 3,11: *Lystra*. 30 km südwestlich von Ikonion, römische Kolonie, Heimatstadt des Timotheus. In Lystra schafften es die Juden aus Antiochia und Ikonion, die Bevölkerung zu überreden, und Paulus wirklich zu steinigen (Apostelgeschichte 14,19-20).

von Sünde, bringt uns auf den richtigen Weg und erzieht uns zu einem Leben, wie es Gott gefällt. *17* Mit der Schrift ist der Mensch, der Gott gehört und ihm dient, allen seinen Aufgaben gewachsen und zu jedem guten Werk gerüstet.

Das Vermächtnis des Apostels

4 *1* Ich beschwöre dich vor Gott und vor Jesus Christus, der über die Lebenden und die Toten Gericht halten wird; ich flehe dich an vor ihm, der sichtbar wiederkommen und seine Herrschaft antreten wird: *2* Verkündige die Botschaft Gottes! Tritt für sie ein, ob es den Leuten passt oder nicht. Rede ihnen ins Gewissen, warne und ermahne sie! Verliere dabei aber nicht die Geduld, unterweise sie gründlich! *3* Denn es wird eine Zeit kommen, da werden sie die gesunde Lehre unerträglich finden und sich Lehrer nach ihrem Geschmack aussuchen, die ihnen nur das sagen, was sie gern hören wollen. *4* Vor der Wahrheit werden sie dann ihre Ohren verschließen und sich stattdessen mit Legenden und Spekulationen abgeben.

5 Doch du musst in jeder Hinsicht nüchtern bleiben! Sei bereit, Druck zu ertragen, und erfülle deinen Auftrag als Verkündiger des Evangeliums. Tu alles was zu deinem Dienst gehört! *6* Für mich ist die Zeit des Abschieds gekommen. Denn mein Leben wird bereits wie ein Trankopfer ausgegossen. *7* Ich habe einen guten Kampf gekämpft und habe das Ziel erreicht! Den Glauben habe ich unversehrt bewahrt. *8* Jetzt liegt der Ehrenkranz für mich bereit, die Gerechtigkeit, die der Herr als gerechter Richter mir an jenem großen Tag zuerkennen wird – aber nicht nur mir, sondern auch allen anderen, die sich auf sein sichtbares Wiederkommen freuen.

Persönliches

9 Beeile dich und komm so bald wie möglich zu mir! *10* Denn Demas hat mich verlassen und ist nach Thessalonich[a] gegangen. Ihm war diese Welt lieber. Kreszens ging nach Galatien[b] und Titus nach Dalmatien[c]. *11* Nur Lukas ist noch bei mir. Wenn du kommst, bring Markus mit,[d] denn ich könnte ihn hier gut gebrauchen. *12* Tychikus habe ich nach Ephesus geschickt.[e] *13* Bring auch den Rollenbehälter und die Schriftrollen mit, wenn du kommst, – ich habe ihn bei

---

a 4,10: *Thessalonich*. Bedeutendste Stadt Mazedoniens, etwa 200 000 Einwohner, Hauptstadt des zweiten mazedonischen Bezirks, wichtiger Seehafen. Heute: Thessaloniki.

b 4,10: *Galatien* ist der Name einer Landschaft im nördlichen Kleinasien. Die römische Provinz Galatien schloss aber seit einigen Jahrzehnten auch die südlicher liegenden Landschaften Pisidien, Phrygien und Lykaonien ein.

c 4,10: *Dalmatien*. Römische Provinz im Gebirge nordöstlich der Adria.

d 4,11: *bring Markus mit*. Wahrscheinlich hielt Markus sich noch in Kolossä auf, wohin er nach Aussage von Kolosser 4,10 kommen sollte.

e 4,12: *Tychikus* war zuletzt in Kolossä gewesen und hatte dort Onesimus zu seinem Herrn zurückgebracht und den Kolosserbrief übergeben (Kolosser 4,7-9). Nun sollte er offenbar Timotheus in Ephesus ablösen.

Karpus in Troas[f] liegenlassen – vor allem aber die Notizhefte[g].

14 Alexander, der Schmied, hat mir viel Böses angetan. Der Herr wird ihm seine Untaten vergelten. *15* Nimm dich sehr in acht vor ihm, denn er hat sich unserer Verkündigung heftig widersetzt.

16 Als ich das erste Mal vor Gericht stand und mich verteidigen musste, stand mir niemand bei. Sie haben mich alle im Stich gelassen. Möge es ihnen nicht angerechnet werden. *17* Aber der Herr stand mir zur Seite und gab mir Kraft, sodass ich meinen Auftrag, allen Völkern seine Botschaft zu verkündigen, auch bei dieser Gelegenheit zu Ende führen konnte. Und so hat er mich noch einmal aus dem Rachen des Löwen gerettet. *18* Er wird mich auch weiterhin vor allen bösen Anschlägen retten und mich sicher in sein himmlisches Reich bringen. Ihm gebührt die Ehre für immer und ewig. Amen.

19 Grüße Priska und Aquila[h] und die Familie des Onesiphorus[i]. *20* Erastus ist in Korinth[j] geblieben, und Trophimus[k] habe ich krank in Milet[l] zurücklassen müssen. *21* Beeile dich, dass du noch vor dem Winter hier bist. Eubulus, Pudens, Linus, Klaudia und alle anderen Geschwister lassen dich grüßen. *22* Der Herr sei mit dir und seine Gnade mit euch allen!

---

weiter, die Timotheus gut kennt. Erastus war mit ihm zusammen auf eine Reise nach Mazedonien geschickt worden (Apostelgeschichte 19,22). Er befindet sich jetzt in Korinth, dieser wichtigen Stadt in Griechenland, die auf der Landenge zum Peloponnes den Handel vom Norden und dem Süden beherrschte und durch zwei Häfen auch den Seehandel von Ost nach West. Es war Hauptstadt der römischen Provinz Achaja.

k 4,20: *Trophimus* stammte aus Ephesus und hatte Paulus auf der Rückreise von Griechenland (bis nach Ephesus war auch Timotheus dabei, Apostelgeschichte 20,4) bis nach Jerusalem begleitet, wo er ungewollt der Anlass für dessen Gefangennahme gewesen war (Apostelgeschichte 21,29). Vermutlich hatte er ihn dann mit dem Gefangenentransport noch bis nach Milet begleiten können.

l 4,20: *krank in Milet.* Hier ist wahrscheinlich das *Melite* von Apostelgeschichte 28,1-10 gemeint, nämlich der südliche Rumpf der westgriechischen Insel Kephallenia, an der das Schiff mit dem gefangenen Paulus gestrandet war. Dort grassierte alljährlich im Herbst die gefährliche Malaria, deren Hauptsymptome hohes wiederkehrendes Fieber und kolikartige Durchfälle und Krämpfe sind. Weil Paulus selbst als Gefangener weiter nach Rom gebracht wurde, musste er seinen Mitarbeiter Trophimus krank zurücklassen.

---

f 4,13: *Troas.* Ein bedeutender Hafen im Nordwesten der römischen Provinz Asia, 20 km südlich von Troja.

g 4,13: *Notizhefte.* Das waren zusammengeheftete Pergamentblätter, die Vorläufer für unsere Bücher.

h 4,19: *Priska und Aquila.* Das missionarische Ehepaar, das die letzten fünf Jahre in der Gemeinde in Rom mitgearbeitet hatte (Römer 16,3-5), wohnte inzwischen wieder in Ephesus.

i 4,19: *Onesiphorus.* Siehe 1,16-18.

j 4,20: *Erastus ist in Korinth.* Paulus gibt nun zwei Nachrichten von Mitarbeitern

Brief des Paulus an Titus

Nach dem Amtsantritt des Prokurators Porcius Festus im Jahr 59 n. Chr. in Cäsarea fand endlich die öffentliche Gerichtsverhandlung gegen Paulus statt. Dabei berief sich dieser auf den Kaiser in Rom und wurde deshalb in einem Gefangenentransport nach Rom eingeschifft. Einige Freunde begleiteten den Apostel, unter ihnen waren Lukas, Titus und Aristarch. Widrige Winde zwangen die Seeleute, Kurs auf Kreta zu nehmen. Dort hatten Paulus und seine Freunde offenbar genügend Zeit, die christlichen Gemeinden auf der Insel zu besuchen und vielleicht sogar einige zu gründen (Apostelgeschichte 2,11; 27,3; Titus 3,13). Deswegen ließ der Apostel seinen Mitarbeiter Titus auf Kreta zurück, um die Missionsarbeit fortzusetzen und die Gemeinden zu stabilisieren. Doch kurz nach seiner Abreise geriet das Schiff in einen schweren Sturm. Das Schiff trieb nach Nordwesten in die äußere Adria und strandete nach 14-tägiger Irrfahrt an einer Insel. Die Gestrandeten werden von den Inselbewohnern sehr freundlich behandelt und erfahren, dass sie auf Melite gelandet waren, einem Küstenstreifen der westgriechischen Insel Kephallenia (Apostelgeschichte 28,1).

Paulus hatte erfahren, dass der Hauptmann in der aufstrebenden westgriechischen Großstadt Nikopolis überwintern wollte. Diese war nur 40 Kilometer entfernt und verfügte über geeignete Unterkünfte für die mehr als 200 Gefangenen und Soldaten. Deshalb schrieb Paulus bald nach der Ankunft auf Kephallenia den Titusbrief, in dem er seinen Mitarbeiter auf Kreta bat, zu ihm nach Nikopolis zu kommen.

1 *1* Es schreibt Paulus, ein Sklave[a] Gottes und Apostel von Jesus Christus. Gott hat mich dazu berufen, den Glauben der Menschen zu fördern, die er sich erwählt hat, und sie in der Erkenntnis jener Wahrheit voranzubringen, die der Ehrfurcht vor Gott entspricht. *2* So wird auch ihre Hoffnung auf das ewige Leben gestärkt, auf dieses Leben, das Gott schon vor dem Anfang der Zeit versprochen hat – und er lügt nie. *3* Aber jetzt ist die Zeit dafür gekommen. Gott selbst hat diese Botschaft ans Licht gebracht, weil er uns retten will. Und mich hat er beauftragt, sie zu verkünd igen.

4 An Titus, der mir im Glauben wie ein echter Sohn verbunden ist. Ich wünsche dir Gnade und Frieden von Gott, dem Vater, und von Jesus Christus, unserem Retter.

---

a 1,1: Ein *Sklave* (griech. *doulos*) ist ein Mensch, der rechtlich und wirtschaftlich Eigentum eines anderen Menschen ist. Christen verstanden sich wie Mose, Josua, die Propheten als Sklaven Gottes, der sie in seinen Dienst gestellt hatte, und betrachteten diesen Titel als Auszeichnung.

Schwierige Aufgaben anpacken

5 Ich habe dich auf Kreta zurückgelassen, damit du das noch nicht Erledigte in Ordnung bringst und so, wie ich es dir aufgetragen habe, in den einzelnen Städten Älteste eingesetzt. *6* Einem

Ältesten darf niemand etwas nachsagen können. Er muss seiner Frau treu sein und vertrauenswürdige Kinder haben, die nicht als zügellos oder ungehorsam bekannt sind. *7* Denn ein Leiter in der Gemeinde darf keinerlei Anlass zum Tadel geben, denn er verwaltet das Haus Gottes. Er darf nicht eigenmächtig oder jähzornig sein, kein Trinker und kein Schläger. Er darf nicht darauf aus sein, sich zu bereichern[b], *8* sondern soll gastfreundlich und ein Freund des Guten sein. Er soll einen gesunden Menschenverstand besitzen, gerecht und gottgefällig leben und sich selbst beherrschen können. *9* Es muss ein Mann sein, der sich an das zuverlässige Wort Gottes hält, wie es gelehrt worden ist. Dann wird er in der Lage sein, die Gläubigen mit der gesunden Lehre zu ermahnen und die Gegner zu widerlegen.

10 Es gibt ja viele Schwätzer und Schwindler, die sich nicht unterordnen wollen, besonders unter denen, die sich früher beschneiden[c] ließen. *11* Ihnen muss man den Mund stopfen, weil sie ganze Hauskreise mit ihren ungehörigen Lehren durcheinanderbringen, und das nur in der schändlichen Absicht, sich zu bereichern. *12* Einer von den Kretern muss ein Prophet gewesen sein, als er sagte: „Die Kreter sind immer Lügner, wilde Bestien und faule Bäuche."[d] *13* Er hat die Wahrheit gesagt. Darum musst du diese Leute scharf zurechtweisen, damit ihr Glaube gesund wird. *14* Sie dürfen sich nicht mehr mit jüdischen Fabeleien beschäftigen und sich von Leuten, die der Wahrheit den Rücken gekehrt haben, Vorschriften machen lassen. *15* Für Reine ist nämlich alles rein; für Ungläubige und Unreine dagegen ist nichts rein. Ihr Denken ist genauso beschmutzt wie ihr Gewissen. *16* Sie behaupten zwar, Gott zu kennen, verleugnen ihn aber durch ihr ganzes Tun. Solch unbelehrbare Menschen sind abscheulich; sie sind nicht in der Lage, irgendetwas Gutes zu tun.

Gesunde Lehre fördern

2 *1* Aber du musst ihnen sagen, was der gesunden Lehre entspricht: *2* Die älteren Männer sollen sachlich sein, ehrbar und besonnen, außerdem gesund im Glauben, in der Liebe und in der Standhaftigkeit. *3* Den älteren Frauen musst du sagen, dass ihre Lebensführung des Heiligen angemessen sein soll. Dazu gehört, dass sie niemand verleumden und sich nicht dem Trunk ergeben. Als Lehrmeisterinnen guten Verhaltens *4* sollen sie die jungen Frauen anleiten, ihre Männer und Kinder zu lieben, *5* besonnen, zuchtvoll und gütig zu sein, ihren Haushalt gut zu versorgen und sich ihren Männern unterzuordnen, und zwar deshalb, damit das Wort Gottes nicht in Verruf kommt. *6* Die jüngeren Männer musst du ebenfalls ermahnen. Sie sollen vernünftig sein. *7* Vor allem aber sei du selbst ihnen ein Vorbild im Gutestun. In deiner Lehre zeige Unverdorbenheit und den

---

b 1,7: *sich zu bereichern.* Oder: Er darf kein unsauberes Gewerbe treiben.

c 1,10: *beschneiden.* Siehe 1. Mose 17,9-14!

d 1,12: Das Zitat stammt von dem Dichterphilosophen Epimenides aus Knossos auf Kreta, 6. Jh. v. Chr.

gebührenden Ernst *8* in gesunden, unanfechtbaren Worten, damit jeder Gegner sich beschämt fühlt und uns nichts Schlechtes nachsagen kann. *9* Die Sklaven sollen ihren Herren in allem gehorchen und ihnen gefällig sein. Sie sollen nicht widersprechen *10* und nichts unterschlagen, sondern ihnen treu und zuverlässig dienen, damit sie in allem der Lehre von unserem Gott und Retter Ehre machen.

11 Denn die Gnade Gottes ist jetzt sichtbar geworden, um allen Menschen die Rettung zu bringen. *12* Sie erzieht uns dazu, die Gottlosigkeit und die weltlichen Begierden zu verleugnen und besonnen, gerecht und mit Ehrfurcht vor Gott in der heutigen Welt zu leben, *13* als Menschen, die auf die beglückende Erfüllung ihrer Hoffnung warten und auf das Sichtbarwerden der Herrlichkeit unseres großen Gottes und Retters Jesus Christus. *14* Er hat sich für uns ausgeliefert, damit er uns von aller Gesetzlosigkeit loskaufen und sich ein reines Volk schaffen könne, das darauf brennt, Gutes zu tun. *15* So sollst du zu ihnen reden, sie ermahnen und zurechtweisen. Rede ihnen mit allem Nachdruck ins Gewissen und lass dich von niemand geringschätzig behandeln.

Gute Werke tun

3 *1* Schärfe ihnen ein, sich den staatlichen Autoritäten und den Behörden unterzuordnen. Sie sollen die Gesetze befolgen und zu jedem guten Werk bereit sein. *2* Ermahne sie, über niemand schlecht zu reden, nicht streitsüchtig zu sein und allen Menschen gütig und freundlich zu

begegnen. *3* Denn auch wir waren früher unverständig und ungehorsam und waren vom rechten Weg abgeirrt. Wir waren Sklaven aller möglichen Leidenschaften und Begierden. Unser Leben war von Bosheit und Neid erfüllt, wir waren verhasst und hassten uns gegenseitig. *4* Als dann aber die Güte und Menschenliebe von Gott, unserem Retter, sichtbar wurde, *5* hat er uns aus reinem Erbarmen gerettet und nicht, weil wir gute und gerechte Taten vorweisen konnten. Durch die Wiedergeburt hat er uns gewaschen und durch den Heiligen Geist uns erneuert. *6* Diesen Geist hat er durch Jesus Christus, unseren Retter, in reichem Maß über uns ausgegossen. *7* So sind wir durch seine Gnade gerecht gesprochen und zu Erben des ewigen Lebens eingesetzt worden, auf das wir voller Hoffnung warten.

8 Diese Botschaft ist absolut vertrauenswürdig und ich will, dass du mit Nachdruck dafür eintrittst, damit alle, die zum Glauben an Gott gekommen sind, sich ernsthaft um gute Werke bemühen. Das ist gut und bringt den Menschen Nutzen. *9* Beteilige dich dagegen nicht an törichten Streitfragen, Diskussionen über Geschlechtsregister und Auseinandersetzungen über das jüdische Gesetz. Das ist nutzlos und führt zu nichts. *10* Einen Menschen, der Irrlehren in der Gemeinde verbreitet, verwarne einmal und noch ein zweites Mal. Dann weise ihn ab, *11* denn du weißt ja, dass er auf verkehrte Wege geraten ist und sündigt. Damit spricht er sich selbst das Urteil.

12 Wenn ich Artemas oder Tychikus zu dir schicke, komm so bald wie möglich zu mir nach Nikopolis[a], wo ich voraussichtlich den Winter verbringen[b] werde. *13* Sorge dafür, dass der gesetzeskundige Zenas und Apollos alles bekommen, was sie für ihre Weiterreise brauchen. *14* Auch unsere Leute sollen lernen, überall da, wo es die Bedürfnisse erfordern, Gutes zu tun, damit sie kein fruchtloses Leben führen.

15 Alle, die hier bei mir sind, lassen dich grüßen. Grüße unsere Freunde im Glauben. Die Gnade sei mit euch allen!

---

a 3,12: *Nikopolis.* Westgriechische Küstenmetropole, die durch eine wichtige Straße mit Apollonia verbunden war, das gegenüber der süditalienischen Hafenstadt Brundusium lag.

b 3,12: *Winter verbringen.* Offenbar änderte der Hauptmann seine Meinung, nachdem Paulus den Titusbrief abgeschickt hatte, und entschloss sich den großen Frachter, der im Hafen von Kephallenia lag und bei günstigem Wetter nach Italien auslaufen sollte, zur Weiterreise zu benutzen (Apostelgeschichte 28,11).

Brief des Paulus an Philemon

Ein Mitarbeiter des Paulus, Tychikus, brach wahrscheinlich noch im Jahr 60 n. Chr. von Rom auf und nahm den Epheserbrief, den Kolosserbrief und den entlaufenen Sklaven Onesimus mit nach Kleinasien. Für Onesimus gab Paulus ein Begleitschreiben an dessen Herrn Philemon mit. In diesem Brief setzte sich Paulus mit großer seelsorgerlicher Weisheit bei seinem Freund Philemon für dessen entlaufenen Sklaven Onesimus ein.

1 *1* Es schreiben Paulus, der für Jesus Christus im Gefängnis sitzt, und Timotheus, der Bruder. An Philemon, unseren geliebten Mitarbeiter, *2* sowie an unsere Schwester Aphia, unseren Mitstreiter Archippus und an die Gemeinde, die sich in deinem Haus versammelt. *3* Ich wünsche euch Gnade und Frieden von Gott, unserem Vater, und von Jesus Christus, unserem Herrn.

4 Immer wenn ich für dich bete, Philemon, danke ich meinem Gott, *5* denn ich höre ja von deinem Glauben an Jesus, den Herrn, und deiner Liebe zu allen Heiligen[a]. *6* Ich bete, dass unser gemeinsamer Glaube in dir zunimmt und du erkennst, wie viel Gutes wir in Christus haben. *7* Es hat mir viel Freude und Trost gebracht, Bruder, dass durch dich und deine Liebe die Heiligen ermutigt worden sind.

8 Nun könnte ich dir als Apostel von Christus befehlen, was sich eigentlich von selbst versteht. *9* Doch um der Liebe Raum zu geben, bitte ich dich nur – ich, Paulus, ein alter Mann, der jetzt für Jesus Christus im Gefängnis sitzt. *10* Ich bitte dich für meinen geistlichen Sohn Onesimus, der hier durch mich zum Glauben gefunden hat. *11* Er war ein Nichtsnutz, als er noch bei dir war; doch jetzt ist er für uns beide ein wirklich brauchbarer Mitarbeiter, ein rechter Onesimus[b] geworden. *12* Ich schicke ihn zu dir zurück und damit mein eigenes Herz. *13* Eigentlich wollte ich ihn bei mir behalten, damit er mir an deiner Stelle dient, jedenfalls solange ich für die Verbreitung der guten Botschaft im Gefängnis bin. *14* Aber ohne deine Zustimmung wollte ich nichts tun, denn du solltest dich nicht gezwungen fühlen, mir Gutes zu erweisen. *15* Vielleicht ist er ja nur deshalb eine Zeit lang von dir getrennt gewesen, damit du ihn für immer zurückbekommst, *16* jetzt aber nicht mehr als einen Sklaven, sondern viel mehr als das: als einen geliebten Bruder. Das ist er besonders für mich, wie viel mehr aber für dich – als Mensch und als Christ.

17 Wenn du mich nun als Freund betrachtest, dann nimm ihn auf wie mich. *18* Wenn er dir aber in

---

a 1,5: *Heilige*. Damit sind im Neuen Testament immer alle gemeint, die an Jesus Christus glauben und den Heiligen Geist empfangen haben, nicht etwa nur einige besonders Fromme.

b 1,11: *Onesimus* heißt „der Nützliche".

irgendeiner Weise Schaden zugefügt hat oder dir etwas schuldet, dann stell es mir in Rechnung. *19* Ich, Paulus, schreibe das hier mit eigener Hand: Ich werde es dir erstatten. – Natürlich brauche ich dir nicht zu sagen, dass du dich selbst mir schuldig bist. *20* Ja, Bruder, lass mich Nutznießer deiner Liebe zum Herrn sein. Mach mir doch diese Freude, Christus zuliebe!

21 Im Vertrauen auf deine Einwilligung und in der Zuversicht, dass du noch mehr tust, als ich erbitte, schreibe ich dir diesen Brief. *22* Halt bitte ein Gästezimmer für mich bereit, denn ich hoffe, dass Gott eure Gebete erhört und mich bald zu euch zurückkehren lassen wird. *23* Epaphras, der mit mir für Christus im Gefängnis sitzt, lässt dich grüßen, *24* ebenso Markus, Aristarch, Demas und Lukas, meine Mitarbeiter. *25* Die Gnade unseres Herrn Jesus Christus sei mit euch!

Brief an die Hebräer

Der jüdische Aufstand gegen die Römer, der im Jahr 66 n. Chr. begonnen hatte, wurde immer blutiger. Auch jüdische Parteien bekämpften sich untereinander. In Galiläa mussten Christen für einige Zeit ins Ostjordanland flüchten. Erst als die Römer die entsprechenden Gebiete erobert hatten, konnten sie zurückkommen.

Gegen Ende des Jahres 67 wurde Petrus in Rom hingerichtet. Timotheus, der dort eine Zeit lang in Haft war, kam nach dem Tod des Kaisers Nero im Jahr 68 frei (13,23). Irgendwo in Italien (13,24) wurde in dieser Zeit der Hebräerbrief geschrieben. Wer der Verfasser war, ist uns nicht bekannt. Der Brief ist an Christen gerichtet, die stark vom jüdischen Denken herkamen und in Gefahr standen, in ihren alten Glauben zurückzufallen.

Jetzt redet Gott durch seinen Sohn

1 *1* Früher hat Gott viele Male und auf vielfältige Weise durch Propheten zu unseren Vorfahren gesprochen. *2* Jetzt, am Ende dieser Zeiten, sprach er durch den Sohn zu uns. Ihn hat er zum Erben über alles eingesetzt, ihn, durch den er das ganze Universum erschuf. *3* Seine Herrlichkeit leuchtet aus ihm und sein Wesen ist ihm völlig aufgeprägt. Durch die Macht seines Wortes trägt er das All. Und nachdem er das Opfer gebracht hat, das von Sünden reinigt, hat er den Ehrenplatz im Himmel eingenommen, den Platz an der rechten Seite der höchsten Majestät.

4 Er steht so hoch über den Engeln, wie der Sohnesname, den er erbte, jeden Engelsnamen übertrifft. *5* Oder hat Gott je zu einem der Engel gesagt: „Du bist mein Sohn. Ich habe dich heute gezeugt"ᵃ? Oder: „Ich werde ihm Vater und er wird mir Sohn sein"ᵇ? *6* Wenn er den Erstgeborenen aber wieder in unsere Welt einführt, sagt er: „Alle Engel Gottes sollen ihn anbeten!"ᶜ *7* Von den Engeln heißt es zwar: „Seine Engel macht er zu Sturmwinden, seine Diener zu Feuerflammen"ᵈ, *8* vom Sohn aber: „Gott, dein Thron hat für immer Bestand. Dein Zepter bürgt für eine Herrschaft in Gerechtigkeit. *9* Du hast das Recht geliebt und das Unrecht gehasst. Darum, Gott, hat dein Gott dich gesalbt mit dem Öl der Freude wie keinen deiner Begleiter."ᵉ *10* Und: „Du, Herr, hast am Anfang die Erde geschaffen und die Himmel mit deinen Händen geformt. *11* Sie werden vergehen, du aber bleibst. Sie werden veralten wie ein Gewand. *12* Wie einen Umhang wirst du sie zusammenrollen und wie ein Kleidungsstück sie auswechseln.

---

a 1,5: Psalm 2,7

b 1,5: 2. Samuel 7,14; 1. Chronik 17,13

c 1,6: Psalm 97,7.

d 1,7: Psalm 104,4

e 1,9: Psalm 45,7-8.

Du aber bleibst der, der du bist, und deine Jahre enden nicht."[f] 13 Oder hätte Gott jemals zu einem Engel gesagt: „Setz dich an meine rechte Seite, bis ich deine Feinde zur Fußbank für dich gemacht habe"[g]? 14 Nein, die Engel sind alle nur Diener. Es sind Wesen der himmlischen Welt, die Gott als Helfer zu denen schickt, die an der kommenden Rettung teilhaben sollen.

Wir müssen ihm unbedingt zuhören!

2 1 Deshalb müssen wir im höchsten Maß auf das achten, was wir gehört haben, damit wir nicht am Ziel vorbeitreiben. 2 Denn schon das Gesetz, das durch Engel verkündet wurde, war verbindlich, und wer es übertrat oder nicht darauf hören wollte, erhielt die verdiente Strafe. 3 Wie sollen wir da der Strafe entgehen, wenn wir eine so großartige Rettungsbotschaft missachten? Es war ja der Herr selbst, durch den die Rettung zuerst verkündet wurde. Und uns wurde die Botschaft von denen bestätigt, die ihn mit eigenen Ohren gehört haben. 4 Deren Zeugnis wiederum hatte Gott selbst durch Zeichen und Wundertaten und viele Beweise seiner Macht bestätigt, und auch dadurch, dass er den Heiligen Geist nach seinem Ermessen austeilte.

5 Außerdem sind es nicht die Engel, denen er die zukünftige Menschheit, von der wir hier sprechen, unterstellt hat, 6 denn es gibt eine Stelle in der Schrift, an der ausdrücklich gesagt wird: „Was ist der Mensch,

dass du, Gott, an ihn denkst? Was ist der Menschensohn, dass du für ihn sorgen solltest? 7 Für kurze Zeit hast du ihn geringer gemacht als die Engel, dann aber hast du ihn mit Herrlichkeit und Ehre gekrönt 8 und hast ihm alles unter die Füße gelegt."[h] Ihm hat Gott alles unterworfen. Es gibt nichts, worüber er nicht Herr wäre. Im Moment können wir das freilich noch nicht erkennen. 9 Doch Jesus sehen wir bereits, der für kurze Zeit geringer als die Engel gemacht wurde und jetzt wegen seines Todesleidens mit Herrlichkeit und Ehre gekrönt ist. Denn er hatte den Tod auf sich genommen, damit auf diese Weise Gottes Gnade zu allen Menschen käme.

10 Weil Gott viele Menschen als seine Kinder in die Herrlichkeit führen wollte, hat er den Wegbereiter ihrer Rettung durch Leiden vollkommen gemacht. Das war der angemessene Weg für ihn, der Ursprung und Ziel aller Dinge ist. 11 Er, der heilig macht, und die, die von ihm geheiligt werden, haben nämlich alle denselben Vater. Deshalb schämt er sich auch nicht, sie seine Geschwister zu nennen. 12 So sagt er zum Beispiel: „Deinen Namen will ich meinen Brüdern bekannt machen; mitten in der Gemeinde will ich dir Loblieder singen."[i] 13 oder: „Ich will mein Vertrauen auf ihn setzen!" und dann: „Hier bin ich mit den Kindern, die Gott mir gegeben hat."[j]

14 Weil diese Kinder nun Menschen von Fleisch und Blut sind, ist

---

f 1,12: Psalm 102,26-28

g 1,13: Psalm 110,1

h 2,8: Psalm 8,5-7

i 2,12: Psalm 22,23

j 2,13: Jesaja 8,17-18

auch er ein Mensch von Fleisch und Blut geworden. So konnte er durch seinen Tod den Teufel entmachten, der die Macht über den Tod hatte, *15* und konnte die befreien, die durch Angst vor dem Tod ihr ganzes Leben lang versklavt waren. *16* Außerdem wissen wir ja, dass er sich nicht für Engel einsetzt, sondern für die Nachkommen Abrahams. *17* Deshalb musste er seinen Geschwistern in jeder Hinsicht gleich werden, um vor Gott ein barmherziger und treuer Hoher Priester für uns sein zu können; ein Hoher Priester, durch den die Sünden des Volkes gesühnt werden. *18* Und weil er selbst gelitten hat, als er versucht wurde, kann er auch denen helfen, die in Versuchungen geraten.

Auf Jesus sehen!

3 *1* Aus diesem Grund sollt ihr euer Augenmerk auf Jesus richten, liebe Geschwister, auf den Apostel[a] und Hohen Priester unseres Bekenntnisses. Ihr seid ja auch für Gott ausgesondert und zur Teilnahme an der himmlischen Welt berufen. *2* Haltet euch vor Augen, wie treu er dem dient, der ihn eingesetzt hat. In dieser Hinsicht war er wie Mose, der ein treuer Diener für das ganze Haus Gottes war. *3* Ihm jedoch kommt größere Ehre zu als Mose. Denn der Erbauer eines Hauses genießt größeren Ruhm als das Haus. *4* Jedes Haus hat ja einen Erbauer, aber der, der alles erbaut hat, ist Gott. *5* Und wenn

Mose sich in Gottes ganzem Haus als treu erwies, bezieht sich das auf seinen Dienst als Verwalter. Damit war er ein Hinweis auf das, was später verkündigt werden sollte. *6* Christus aber erweist seine Treue als Sohn und damit als Herr über das Haus Gottes. Und dieses Haus sind wir – vorausgesetzt, wir halten voll Zuversicht und Stolz an der Hoffnung fest, bis wir am Ziel sind.

Auf Gott hören!

7 Darum beherzigt, was der Heilige Geist sagt: „Wenn ihr heute die Stimme Gottes hört, *8* verschließt euch seinem Reden nicht, wie es das Volk in der Wüste an dem Tag tat, als es gegen ihn rebellierte!" *9* „Damals", sagt Gott, „haben eure Vorfahren mich herausgefordert und meine Geduld auf die Probe gestellt, obwohl sie vierzig Jahre lang meine Wunder gesehen hatten. *10* Deshalb hat mich diese ganze Generation angewidert. ‚Ihr Eigenwille führt sie ständig in die Irre', sagte ich, ‚sie begreifen einfach nicht, welche Wege ich sie leiten will.' *11* Schließlich schwor ich in meinem Zorn: ‚Sie werden niemals die Ruhe finden, die ich ihnen geben wollte!'"[b]

12 Achtet also darauf, liebe Geschwister, dass keiner von euch durch inneren Widerspruch dem Unglauben Raum gibt und sich von dem lebendigen Gott abwendet. *13* Ermahnt euch gegenseitig jeden Tag, solange es dieses „Heute", von dem die Schrift spricht, noch gibt, damit niemand auf den Betrug der Sünde hereinfällt und

---

a 3,1: *Apostel*. Jesus wird hier selbst Apostel, Gesandter, genannt, weil er vom Vater auf die Erde gesandt worden war (siehe Johannes 20,21).

b 3,11: Psalm 95,7-11

hart wird. *14* Denn wir gehören wirklich zum Messias und haben Anteil an allem, was ihm gehört – vorausgesetzt, wir halten die Zuversicht, die wir am Anfang hatten, mit aller Entschiedenheit fest.

15 Noch einmal zu dem, was gesagt ist: „Wenn ihr heute die Stimme Gottes hört, verschließt euch seinem Reden nicht, wie bei jener Rebellion." *16* Wer waren denn die Menschen, die sich gegen Gott auflehnten, obwohl sie seine Stimme hörten? Waren es nicht gerade die Leute, die Mose aus Ägypten geführt hatte? *17* Und wer erregte vierzig Jahre lang den Zorn Gottes? Waren es nicht gerade die, die gesündigt hatten und deren Leiber dann tot in der Wüste lagen? *18* Und wen meinte Gott mit seinem Schwur, dass sie nie die von ihm versprochene Ruhe finden würden – wenn nicht die, die ihm den Gehorsam verweigerten? *19* Wir sehen also, dass sie wegen ihres Unglaubens nicht hineinkamen.

Das Ziel erreichen!

4 *1* Hüten wir uns also davor, zu meinen, jemand sei zu spät gekommen. Denn die Zusage, in Gottes Ruhe hineinzukommen, gilt ja noch. Wir müssen deshalb alles tun, dass so etwas nicht geschieht. *2* Denn die gute Botschaft wurde uns genauso verkündigt, wie jenen damals in der Wüste. Aber ihnen nützte es nichts, weil ihr Hören nicht mit Glauben verbunden war. *3* Denn nur wir, die zum Glauben gefunden haben, werden in Gottes Ruhe hineinkommen, in die Ruhe, auf die Gott sich bezog als er sagte: „So schwor ich in meinem Zorn: ,Sie werden niemals in meine Ruhe hineinkommen!'"[c] Nun sind Gottes Werke zwar schon seit Vollendung der Schöpfung fertig, *4* denn wo vom siebten Schöpfungstag die Rede ist, steht geschrieben: „Am siebten Tag, nach Vollendung seiner Werke, ruhte Gott."[d] *5* Doch an der vorhin genannten Stelle sagte Gott: „Sie werden niemals in meine Ruhe hineinkommen!"

6 Es bleibt also dabei, dass einige in die Ruhe hineinkommen werden, obwohl die, denen die gute Botschaft damals gesagt wurde, durch ihren Ungehorsam ausgeschlossen blieben. *7* Gott hat nun für eine neue Gelegenheit gesorgt, ein neues „Heute", von dem er lange nach jenem Geschehen durch David gesagt hat: „Wenn ihr heute Gottes Stimme hört, verschließt euch seinem Reden nicht!" *8* Denn wenn Josua das Volk schon in die eigentliche Ruhe hineingeführt hätte, würde Gott nicht später von einem anderen Tag geredet haben. *9* Es gibt also noch eine besondere Ruhe[e] für das Volk Gottes. *10* Denn wer in diese Ruhe hineinkommt, wird sich von all seiner Arbeit ausruhen so wie Gott von der seinen ruht. *11* Wir wollen deshalb alles dransetzen, zu dieser Ruhe zu gelangen, um nicht wie jene frühere Generation durch den gleichen Ungehorsam zu Fall zu kommen.

12 Das Wort Gottes ist lebendig und wirksam. Es ist schärfer als das schärfste zweischneidige Schwert,

---

c 4,3: Psalm 95,11

d 4,4: 1. Mose 2,2

e 4,9: *besondere Ruhe.* Wörtlich: Sabbatruhe.

das die Gelenke durchtrennt und das Knochenmark freilegt. Es dringt bis in unser Innerstes ein und trennt das Seelische vom Geistlichen. Es richtet und beurteilt die geheimen Wünsche und Gedanken unseres Herzens. 13 Vor Gott ist ja nichts verborgen. Alles liegt nackt und bloß vor den Augen dessen da, vor dem wir Rechenschaft ablegen müssen.

Am Bekenntnis festhalten!

14 Weil wir nun einen großen Hohen Priester haben, der alle Himmel bis zum Thron des Höchsten durchschritten hat – Jesus, den Sohn Gottes –, lasst uns am Bekenntnis zu ihm festhalten! 15 Dieser Hohe Priester versteht unsere Schwächen, weil ihm die gleichen Versuchungen begegnet sind, wie uns – aber er blieb ohne Sünde. 16 Darum wollen wir mit Zuversicht vor den Thron unseres überaus gnädigen Gottes treten, damit wir Gnade und Erbarmen finden und seine Hilfe zur rechten Zeit empfangen.

5 1 Denn jeder menschliche Hohe Priester wird für seine Mitmenschen eingesetzt. Er hat die Aufgabe, vor Gott für sie einzutreten und Gaben und Opfer für ihre Sünden darzubringen. 2 Und weil er die menschliche Schwäche aus eigener Erfahrung kennt, kann er nachsichtig mit denen umgehen, die aus Unwissenheit oder Versehen vom richtigen Weg abgekommen sind. 3 Deshalb muss er nicht nur für ihre, sondern auch für seine eigenen Sünden opfern.

4 Niemand kann sich selbst zum Hohen Priester ernennen; man muss von Gott zu diesem Dienst berufen

werden – wie es einst bei dem ersten Hohen Priester Aaron geschah. 5 So hat auch der Messias sich nicht selbst die Würde eines Hohen Priesters verliehen, sondern es war der, der zu ihm gesagt hatte: „Du bist mein Sohn. *Ich habe dich heute gezeugt.*"[a] 6 An einer anderen Stelle sagt Gott nämlich: „*Du sollst für immer Priester sein, ein Priester nach der Art des Melchisedek.*"[b]

7 Als Jesus noch hier auf der Erde lebte, hat er unter Tränen und mit lautem Schreien gebetet und zu dem gefleht, der ihn aus der Gewalt des Todes retten konnte. Und wegen seiner ehrerbietigen Scheu vor Gott wurde er auch erhört. 8 Obwohl er Gottes Sohn war, hat er an dem, was er durchmachen musste, gelernt, was Gehorsam bedeutet. 9 Doch jetzt, wo er zur Vollendung gelangt ist, wurde er für alle, die ihm gehorchen, der Begründer des ewigen Heils. 10 Und Gott selbst hat ihn als Hohen Priester begrüßt, einen Hohen Priester nach der Art des Melchisedek.

Im Glauben erwachsen werden!

11 Darüber könnten wir noch viel sagen, aber es lässt sich schwer darlegen, weil ihr nicht mehr richtig hinhören wollt. 12 Eigentlich müsstet ihr längst andere unterrichten können, stattdessen braucht ihr jemand, der euch noch einmal die Anfangselemente der Botschaft Gottes beibringt. Ihr braucht wieder Milch statt fester Nahrung. 13 Wer aber nur

---

a 5,5: Psalm 2,7

b 5,6: Psalm 110,4; vergleiche 1. Mose 14,18-20.

Milch verträgt, ist noch ein Kind. Er ist nicht in der Lage, die Lehre von der Gerechtigkeit Gottes zu begreifen. *14* Feste Nahrung dagegen ist für Erwachsene, für reife Menschen, die durch ständigen Gebrauch geschärfte Sinne haben, um zwischen Gut und Böse zu unterscheiden.

6 1 Deshalb wollen wir jetzt die Lektionen vom Anfang unseres Lebens mit Christus hinter uns lassen und im Glauben erwachsen werden. Wir müssen euch doch nicht immer wieder erklären, wie wichtig es ist, sich von toten religiösen Werken abzuwenden und an Gott zu glauben. *2* Ihr braucht keine weitere Unterweisung über die Bedeutung der Taufe im Unterschied zu anderen Waschungen, über die Handauflegung, die Auferstehung der Toten und das letzte Gericht mit seinem ewig gültigen Urteil. *3* Nein, wir werden jetzt weitergehen; und wenn Gott will, wird es gelingen.

4 Denn eins steht fest: Wenn Menschen schon einmal erleuchtet worden sind, wenn sie die gute Gabe des Himmels gekostet haben und Anteil am Wirken des Heiligen Geistes erhielten, *5* wenn sie schon einen Vorgeschmack bekamen von dem guten Wort Gottes und den Kräften der kommenden Welt *6* und sich dann doch wieder abgewendet haben, ist es unmöglich, sie wieder zur Änderung ihrer Einstellung zu bewegen. Denn sie nageln den Sohn Gottes praktisch noch einmal ans Kreuz und setzen ihn dem öffentlichen Spott aus. *7* Wenn ein Stück Land durch häufigen Regen gut bewässert wird und nützliche Pflanzen

für die wachsen lässt, die es bebaut haben, ist es von Gott gesegnet. *8* Wenn es aber nichts als Dornen und Disteln hervorbringt, ist es unbrauchbar. Es zieht den Fluch Gottes auf sich und wird am Ende abgebrannt.

9 Doch wir sind trotz des Gesagten überzeugt, liebe Geschwister, dass für euch der bessere Teil dieses Vergleichs zutrifft und eure Rettung keineswegs in Frage gestellt ist. *10* Denn Gott ist nicht ungerecht. Er vergisst nicht, wie ihr ihm eure Liebe bewiesen und für ihn gearbeitet habt, indem ihr den anderen Gläubigen dientet und das noch immer tut. *11* Wir wünschen nur, dass jeder von euch diesen Eifer bis ans Ende beweist, damit ihr voller Zuversicht an der Hoffnung festhalten könnt. *12* Dann werdet ihr auch nicht träge, sondern folgt dem Vorbild derer, die durch Glauben und Geduld empfingen, was Gott ihnen zugesagt hatte.

13 Ein Beispiel dafür ist Abraham. Als Gott ihm die Zusage machte, schwor er bei sich selbst, weil es keinen Größeren gibt, bei dem er hätte schwören können: *14* „Ich versichere dir", sagte er, „ich werde dich mit Segen überschütten und dir eine zahllose Nachkommenschaft geben."c *15* Und so wartete Abraham geduldig und empfing schließlich, was Gott ihm versprochen hatte.

16 Wenn Menschen schwören, tun sie das bei einem Größeren. Ihr Eid bekräftigt die Aussage und beseitigt jeden Widerspruch. *17* So hat auch Gott sich mit einem Eid für seine

---

c 6,14: 1. Mose 22,16-17

Zusage verbürgt, denn er wollte den Erben dieses Versprechens die feste Gewissheit geben, dass er seine Zusage wirklich einlöst. *18* Zwar ist es sowieso unmöglich, dass Gott lügen kann, doch hier wollte er sich in doppelter Weise festlegen – durch die Zusage und den Eid, die beide unumstößlich sind. Das ist für uns eine starke Ermutigung, denn wir haben ja unsere Zuflucht zu dieser Hoffnung genommen und wollen alles daran setzen, sie zu erreichen. *19* In ihr haben wir einen sicheren und festen Anker, der uns mit dem Innersten des himmlischen Heiligtums verbindet. *20* Dorthin ist Jesus bereits vorausgegangen, er, der unser ewiger Hoher Priester geworden ist, ein Hoher Priester nach der Art des Melchisedek.

Unser Hoher Priester ist wie Melchisedek

7 *1* Denn dieser Melchisedek war König von Salem und Priester des höchsten Gottes. Er ging Abraham entgegen, als dieser vom siegreichen Kampf gegen die Könige heimkehrte, und segnete ihn. *2* Abraham gab ihm damals den zehnten Teil von seiner Beute. Der Name Melchisedek bedeutet „König der Gerechtigkeit", und König von Salem bedeutet „König des Friedens". *3* Es gibt keinen Hinweis auf seinen Vater, seine Mutter oder einen seiner Vorfahren. Es wird uns weder der Anfang noch das Ende seines Lebens mitgeteilt. Darin gleicht er dem Sohn Gottes und bleibt sozusagen für immer Priester. *4* Wie groß dieser Mann war, seht ihr daran, dass selbst Abraham, der Stammvater unseres Volkes, ihm den zehnten Teil von

seiner Beute gab. *5* Nach den Bestimmungen des Gesetzes steht der Zehnte den Nachkommen Levis zu, denen das Priesteramt übertragen ist. Sie erheben ihn vom Volk, obwohl das ihre eigenen Brüder sind, also auch Nachkommen Abrahams wie sie. *6* Melchisedek aber gehörte gar nicht zu Abrahams Volk und hat dennoch den Zehnten von Abraham entgegengenommen. Und außerdem hat er den Träger der Zusage gesegnet. *7* Dabei ist zweifellos derjenige, der segnet, größer als der, der gesegnet wird. *8* Im Fall der Leviten nehmen sterbliche Menschen den Zehnten entgegen, doch im Fall von Melchisedek einer, von dem bezeugt wird, dass er lebt. *9* Man könnte sogar sagen, dass durch Abraham auch Levi den Zehnten gegeben hat, obwohl der doch normalerweise den Zehnten empfängt; *10* denn als Melchisedek und Abraham sich begegneten, war Levi als späterer Nachkomme Abrahams sozusagen schon dabei.

11 Wenn nun das levitische Priestertum zur Vollkommenheit hätte führen können – denn das Gesetz, das unserem Volk gegeben wurde, beruhte ja darauf – warum hätte Gott dann noch einen Priester einsetzen sollen, der zu einer ganz anderen Priesterordnung gehört, nämlich zu der von Melchisedek, anstatt zu der von Aaron? *12* Denn sobald das Priestertum geändert wird, ändert sich notwendigerweise auch das Gesetz. *13* Denn der, von dem wir reden, gehört zu einem anderen Stamm, von dem nie jemand den Dienst am Altar versehen hat. *14* Denn wie wir wissen, kommt unser Herr aus Juda. Doch Mose hat Juda nie in Verbindung mit dem Priestertum erwähnt.

15 Das Ganze wird noch viel deutlicher, wenn sich die Einsetzung dieses Priesters – genau wie bei Melchisedek – *16* nicht auf eine vom Gesetz vorgeschriebene Abstammung gründet, sondern auf die Kraft eines unzerstörbaren Lebens. *17* Denn die Schrift sagt über ihn: „Du sollst für immer Priester sein, ein Priester nach der Art des Melchisedek."[a] *18* Damit wird die frühere Bestimmung außer Kraft gesetzt, weil sie schwach und nutzlos war. *19* Denn das Gesetz hat nichts zur Vollkommenheit führen können. Stattdessen wird etwas eingeführt, das uns eine viel bessere Hoffnung gibt und uns den ungehinderten Zugang zu Gott verschafft.

20 Außerdem wurde der neue Priester durch einen Eid bestätigt. Bei den früheren Priestern gab es keinen solchen Eid. *21* Nur ihm sagte Gott das Priestertum mit einem Eid zu: „Der Herr hat geschworen und wird diese Zusage nie zurücknehmen: ‚Du sollst für immer Priester sein, ein Priester nach der Art des Melchisedek.'"[b] *22* Deshalb ist Jesus auch der Garant eines besseren Bundes geworden.

23 Es gibt noch einen weiteren Unterschied: Nach der alten Ordnung musste es viele Priester geben, denn wenn einer starb, musste ein anderer seinen Platz einnehmen. *24* Jesus aber bleibt in Ewigkeit, sein Priestertum wird nie enden. *25* Deshalb kann er auch alle, die durch ihn zu Gott kommen, vollkommen

retten, weil er immer lebt, um sich für sie einzusetzen.

26 Ein solcher Hoher Priester war auch für uns notwendig, einer der vollkommen heilig und ohne Sünde ist, an dem Gott nichts auszusetzen hat; einer, der sich grundsätzlich von uns sündigen Menschen unterscheidet und den höchsten Ehrenplatz über allen Himmeln erhalten hat. *27* Er muss nicht Tag für Tag Opfer darbringen wie die Hohen Priester vor ihm. Er muss auch nicht zuerst für die eigenen Sünden und dann für die des ganzen Volkes opfern. Nein, er hat das ein für alle Mal getan, als er sich selbst zum Opfer brachte.

28 Das Gesetz konnte nur schwache, mit Fehlern behaftete Menschen zu Hohen Priestern machen, das Wort des Eidschwurs aber, das viel später als das Gesetz kam, ernannte den Sohn, der für immer und ewig vollkommen ist.

Unser Hoher Priester ist Vermittler eines besseren Bundes

8 *1* Der entscheidende Punkt bei allem Gesagten ist der: Wir haben diesen Hohen Priester, der sich auf den höchsten Ehrenplatz an der rechten Seite der göttlichen Majestät im Himmel gesetzt hat *2* und der seinen Dienst im wahren Heiligtum versieht, in dem Zelt, das nicht von Menschen, sondern von Gott, dem Herrn, errichtet wurde. *3* Jeder Hohe Priester wird ja eingesetzt, um Gaben und Opfer darzubringen. Deshalb muss auch unser Hoher Priester etwas haben, das er Gott opfern kann. *4* Wäre er hier auf der Erde, dann wäre er nicht einmal Priester, denn hier gibt

---

a 7,17: Psalm 110,4

b 7,21: Psalm 110,4

es schon Priester, die vom Gesetz dazu bestimmt sind, die Opfer darzubringen. 5 Ihr Dienst vollzieht sich allerdings in einem Heiligtum, das nur ein Schatten, eine unvollkommene Nachbildung des himmlischen Heiligtums ist. Denn als Mose daranging, das heilige Zelt zu errichten, erhielt er von Gott die Weisung: „Achte darauf, dass alles genau nach dem Vorbild angefertigt wird, das dir auf dem Berg gezeigt wurde."ᵃ

6 Der Dienst, der Jesus übertragen wurde, hat dagegen eine unvergleichlich größere Bedeutung. Er ist ja auch der Vermittler eines viel besseren Bundes geworden, der sich auf viel weitreichendere Zusagen stützt. 7 Hätte der erste Bund keine Mängel gehabt, so wäre kein zweiter nötig gewesen. 8 Denn Gott tadelte sein Volk, als er sagte: „Es wird ein Tag kommen, sagt der Herr, an dem ich mit dem Volk von Israel und dem Volk von Juda einen neuen Bund schließen werde. 9 Er wird anders sein als der, den ich damals mit ihren Vätern schloss, als ich sie bei der Hand nahm und aus Ägypten herausführte. Denn diesem Bund sind sie nicht treu geblieben, und ich habe auch nicht mehr auf sie geachtet, spricht der Herr.

10 Der neue Bund, den ich dann mit dem Volk Israel schließen will, wird so aussehen: Ich werde ihnen meine Gesetze in Herz und Gewissen schreiben. Ich werde ihr Gott, und sie werden mein Volk sein. 11 Keiner muss dann noch seinen Mitbürger belehren und niemand zu seinem Bruder sagen:

,Komm und lerne den Herrn kennen!' Denn alle – vom Kleinsten bis zum Größten – werden mich bereits kennen, 12 weil ich ihnen ihr Unrecht vergebe und nie mehr an ihre Sünden denke."ᵇ 13 Wenn Gott also von einem neuen Bund spricht, hat er den ersten für veraltet erklärt. Was aber alt ist und ausgedient hat, wird bald verschwunden sein.

Der alte Bund hat ausgedient

9 1 Nun hatte auch schon der erste Bund Vorschriften für den Gottesdienst und das irdische Heiligtum, 2 das damals ein Zelt war. Es hatte einen vorderen Teil, das Heiligtum, in dem sich der Leuchter und der Tisch mit den geweihten Broten befanden. 3 Dahinter lag, durch einen weiteren Vorhang abgetrennt, das sogenannte Höchstheilige. 4 Dazu gehörten der goldene Räucheraltar und die ganz mit Gold überzogene Bundeslade, in der sich ursprünglich der goldene Krug mit dem Manna befand, der Stab Aarons, der Blüten getrieben hatte, und die beiden Steintafeln mit dem Bundesgesetz. 5 Auf der Bundeslade standen zwei Cherubimᶜ, die auf die Anwesenheit Gottes hinwiesen. Ihre Flügel breiteten sie über die Deckplatte der Lade aus, den Ort der Versöhnung. Aber davon soll jetzt nicht im Einzelnen die Rede sein.

---

b 8,12: Jeremia 31,31-34

c 9,5: Cherub, Mehrzahl: Cherubim: Majestätisches (Engel)Wesen, das Gottes Herrlichkeit repräsentiert. Sie erscheinen vor allem dort, wo Gott persönlich gegenwärtig ist, vgl. 2. Mose 25,17-21; Hesekiel 1 und 10.

---

a 8,5: 2. Mose 25,40

6 So jedenfalls sah das Heiligtum aus. Jeden Tag gingen die Priester in den vorderen Teil des Zeltes, um dort ihre Pflichten zu erfüllen. 7 Den hinteren Teil aber durfte nur der Hohe Priester betreten, und zwar nur ein einziges Mal im Jahr, und auch nicht ohne Blut. Dieses Blut opferte er für sich und für die Verfehlungen des Volkes. 8 Damit macht der Heilige Geist deutlich, dass der Weg ins eigentliche Heiligtum solange nicht offen ist, wie die Bestimmungen des vorderen Zeltes gelten. 9 Das Ganze ist nämlich ein Bild für unsere heutige Zeit: Die vom Gesetz verlangten Gaben und Opfer können das Gewissen der Opfernden nicht wirklich von Schuld befreien. 10 Denn diese Vorschriften beziehen sich auf Essen und Trinken und rituelle Waschungen, also auf äußere Bestimmungen, die nur so lange gelten, bis eine neue und bessere Ordnung eingeführt wird.

Christus bringt den neuen Bund

11 Aber jetzt ist Christus als Hoher Priester der wirklichen Heilsgüter gekommen. Er hat das größere und vollkommenere Zelt durchschritten, das nicht von Menschen gemacht wurde – also nicht von dieser Schöpfung ist – 12 und hat das eigentliche Heiligtum ein für alle Mal betreten. Er kam auch nicht mit dem Blut von Böcken und Kälbern, sondern mit seinem eigenen Blut, und hat uns eine Erlösung gebracht, die für immer gilt. 13 Zwar konnte auch das Blut von Böcken und Stieren oder die in Wasser aufgelöste Asche einer jungen Kuh einen Menschen von ritueller Unreinheit reinigen. Doch diese

Reinheit war nur äußerlich. 14 Das Blut des Christus bewirkt viel mehr, weil er sich in der Kraft des ewigen Geistes Gott als fehlerloses Opfer dargebracht hat. Sein Blut reinigt unser Gewissen von all diesen toten Werken, damit wir nun dem lebendigen Gott dienen.

15 Christus ist also der Vermittler eines neuen Bundes, damit alle, die Gott berufen hat, als Erlöste das ewige Erbe empfangen können, das er ihnen zugesagt hat. Denn Christus ist in den Tod gegangen, um so für die Übertretungen zu bezahlen, die unter dem ersten Bund begangen wurden. 16 Mit dem neuen Bund ist es wie mit einem Testament. Ein Testament kann erst vollstreckt werden, wenn der gestorben ist, der es aufgesetzt hat. 17 Erst durch seinen Tod tritt es in Kraft; solange er lebt, hat es keine Bedeutung.

18 Aus demselben Grund konnte schon der erste Bund nicht ohne Blut als Beweis für den Tod in Kraft treten. 19 Denn nachdem Mose dem Volk alle Bestimmungen des Gesetzes vorgelesen hatte, nahm er das Blut von Kälbern und Böcken und besprengte mit Hilfe von Wasser, roter Wolle und Ysopzweigen[d] das Gesetzbuch und das ganze Volk. 20 Dabei erklärte er: „Das ist das Blut des Bundes, auf den Gott euch verpflichtet hat."[e] 21 Auch das heilige Zelt und alles, was für den

---

d 9,19: *Ysop*, ein Busch mit stark riechenden Blättern, der bei Reinigungsopfern zum Besprengen verwendet wurde. Seine Stängel werden bis zu 80 Zentimeter lang.

e 9,20: 2. Mose 24,8.

Gottesdienst gebraucht wurde, besprengte Mose mit dem Blut. *22* Nach dem Gesetz muss fast alles mit Blut gereinigt werden. Und ohne das Blut eines Opfers gibt es keine Vergebung.

Christus, das endgültige Opfer

23 Mit solchen Mitteln müssen also die Einrichtungen des alten Bundes, die ja nur Abbilder der himmlischen Dinge sind, gereinigt werden. Die himmlischen Dinge selbst brauchen bessere Opfer. *24* Denn um sich vor Gott für uns einzusetzen, ist Christus ja nicht in ein von Menschen gemachtes Heiligtum eingetreten, eine Nachbildung des eigentlichen Heiligtums, sondern in den Himmel selbst. *25* Er ging aber nicht in den Himmel, um sich immer wieder zu opfern, so wie der irdische Hohe Priester Jahr für Jahr mit dem Blut von Tieren das Höchstheilige betritt. *26* Wenn das nötig gewesen wäre, hätte Christus seit Erschaffung der Welt viele Male leiden und sterben müssen. Er kam aber nur einmal in die Welt, jetzt, am Ende der Zeiten, um durch seinen Opfertod die Sünde zu beseitigen. *27* Und so wie jeder Mensch nur einmal sterben muss und dann vor das Gericht Gottes gestellt wird, *28* so wurde auch der Messias nur einmal geopfert, um die Sünden vieler Menschen wegzunehmen. Wenn er zum zweiten Mal erscheinen wird, kommt er nicht mehr wegen der Sünde, sondern wird die endgültige Rettung für die bringen, die auf ihn warten.

Nur Christus macht uns vollkommen

10 *1* Das Gesetz lässt also nur ein Schattenbild der künftigen Güter

erkennen, nicht die Gestalt der Dinge selbst. Deshalb kann es die Menschen, die Jahr für Jahr mit denselben Opfern vor Gott hintreten, niemals völlig von ihrer Schuld befreien. *2* Hätte man sonst nicht längst mit den Opfern aufgehört? Denn jeder Opfernde wäre ja mit einem Mal rein, weil die Sünden sein Gewissen dann nicht mehr belasten würden. *3* Doch das Gegenteil ist der Fall. Durch das Opfer wurden die Menschen jedes Jahr nur wieder an ihre Sünden erinnert. *4* Das Blut von Stieren und Böcken ist eben nicht imstande, Sünden wegzunehmen.

5 Deshalb sagte Christus bei seinem Eintritt in die Welt: „Opfer und Gaben hast du nicht verlangt, doch einen Leib hast du mir gegeben. *6* Über Brand- und Sündopfer freust du dich nicht. *7* Da habe ich gesagt: ‚Ja, ich bin bereit, mein Gott! Ich werde tun, was du willst – so wie es in der Schrift von mir steht.'"[a] *8* Zuerst sagte er: „Opfer und Gaben hast du nicht verlangt, über Brand- und Sündopfer freust du dich nicht", obwohl diese Opfer doch vom Gesetz vorgeschrieben sind. *9* Und dann fährt er fort: „Ja, ich bin bereit! Ich werde tun, was du willst." Auf diese Weise hebt er die erste Ordnung auf, um die zweite in Kraft zu setzen. *10* Und aufgrund dieses Willens sind wir geheiligt, weil Jesus Christus seinen Leib ein für alle Mal als Opfer dargebracht hat.

11 Jeder andere Priester steht Tag für Tag vor dem Altar und bringt Gott viele Male die gleichen Opfer, die doch niemals Sünden

a 10,7: Psalm 40,7-9

wegnehmen können. *12* Dieser Hohe Priester aber hat nur ein einziges Opfer für die Sünden dargebracht und sich dann für immer auf den Ehrenplatz an Gottes rechter Seite gesetzt. *13* Dort wartet er, bis Gott ihm seine Feinde als Schemel unter die Füße legt. *14* Denn mit einem einzigen Opfer hat er alle, die er für sich ausgesondert hat, völlig und für immer von ihrer Schuld befreit. *15* Auch der Heilige Geist versichert uns das, denn er hat in der Schrift gesagt: *16* „Der neue Bund, den ich dann mit ihnen schließen will, wird so aussehen: ‚Ich werde ihnen meine Gesetze in Herz und Gewissen schreiben‘, spricht der Herr." *17* Und dann fährt er fort: „Nie mehr werde ich an ihre Sünden und ihre Gesetzwidrigkeiten denken."[b] *18* Wo aber die Sünden vergeben sind, ist kein Opfer mehr nötig.

Wir haben freien Zugang zu Gott

19 Wir haben also jetzt einen freien und ungehinderten Zugang zum wirklichen Heiligtum, liebe Geschwister. Jesus hat ihn durch sein Blut für uns eröffnet. *20* Er hat uns einen neuen Weg durch den Vorhang hindurch gebahnt, einen Weg, der zum Leben führt. Das war sein eigener Körper. *21* Und wir haben auch einen Hohen Priester, dem das ganze Haus Gottes unterstellt ist. *22* Deshalb wollen wir mit aufrichtigem Herzen voller Vertrauen und Zuversicht in die Gegenwart Gottes treten. Denn unsere Herzen wurden ja mit dem Blut von Christus besprengt. Damit ist unser Gewissen von Schuld befreit und

unser Körper mit dem Reinigungswasser gewaschen. *23* Wir wollen unbeirrbar an der Hoffnung festhalten, zu der wir uns bekennen. Denn auf Gott ist Verlass; er hält, was er zugesagt hat. *24* Und lasst uns aufeinander achten und uns gegenseitig zur Liebe und zu guten Taten anspornen. *25* Deshalb ist es wichtig, unsere Zusammenkünfte nicht zu versäumen, wie es sich schon einige angewöhnt haben. Wir müssen uns doch gegenseitig ermutigen, und das umso mehr, je näher ihr den Tag heranrücken seht, an dem der Herr kommt.

Werft das Vertrauen auf Christus nicht weg!

26 Denn wenn wir absichtlich in Sünde leben, nachdem wir mit Gottes Hilfe die Wahrheit erkannt haben, verwerfen wir das einzige Opfer, das Sünden wegnehmen kann. *27* Dann bleibt nur noch das furchtbare Warten auf das Gericht und das wütende Feuer, das alle verschlingen wird, die sich gegen Gott gestellt haben. *28* Schon wenn jemand das Gesetz des Mose absichtlich übertrat, gab es kein Mitgefühl. Er musste auf die Aussage von zwei oder drei Zeugen hin sterben. *29* Was meint ihr denn, um wie viel schlimmer der bestraft werden muss, der den Sohn Gottes mit Füßen tritt und das Blut des Bundes entweiht, das ihn doch geheiligt hat, und der den Heiligen Geist verhöhnt, ohne den er Gottes Gnade nie erkannt hätte? *30* Denn wir kennen den, der gesagt hat: „Die Rache gehört mir; ich werde vergelten!", und auch: „Der Herr wird sein Volk

b 10,17: Jeremia 31,33-34

richten!"ᵃ *31* Es wird schrecklich sein, dem lebendigen Gott in die Hände zu fallen.

32 Denkt doch einmal an die Zeit zurück, als Gott euch die Augen für die Wahrheit geöffnet hat. Damals musstet ihr so viel ertragen, und wie standhaft habt ihr durchgehalten. *33* Einige von euch wurden öffentlich beleidigt und misshandelt; und die anderen standen denen, die das ertragen mussten, treu zur Seite. *34* Ihr habt mit den Gefangenen mitgelitten. Und als man euch den Besitz wegnahm, habt ihr das mit Freude ertragen. Denn ihr wusstet, dass ihr etwas Besseres besitzt, das ihr nie verlieren werdet.

35 Werft diese Zuversicht doch jetzt nicht weg – und mit ihr eine so große Belohnung! *36* Was ihr braucht, ist Standhaftigkeit. Denn wenn ihr weiterhin nach Gottes Willen handelt, werdet ihr alles bekommen, was er euch zugesagt hat. *37* „Es ist nur noch eine ganz, ganz kurze Zeit, dann wird der kommen, der kommen soll", hat Gott gesagt, *38* und: „Durch seinen Glauben wird der Gerechte leben." Und: „Wenn er sich abwendet, werde ich keine Freude an ihm haben."ᵇ *39* Doch wir gehören nicht zu denen, die sich abwenden und so in ihr Verderben rennen. Nein, wir gehören zu denen, die glauben und so das Leben gewinnen.

Was Glaube ist

11 *1* Was ist also der Glaube? Er ist die Grundlage unserer Hoffnung, ein Überführtsein von Wirklichkeiten, die man nicht sieht. *2* Darin haben unsere Vorfahren gelebt und die Anerkennung Gottes gefunden.

3 Aufgrund des Glaubens verstehen wir, dass die Welt durch Gottes Befehl entstand, dass also das Sichtbare aus dem Unsichtbaren kam.

Vorbilder des Glaubens

4 Aufgrund des Glaubens brachte Abel ein besseres Opfer dar als Kain. Deshalb nahm Gott seine Gaben an und stellte ihm das Zeugnis aus, vor ihm bestehen zu können. Durch seinen Glauben redet er heute noch, obwohl er doch gestorben ist.

5 Aufgrund des Glaubens wurde Henoch in den Himmel aufgenommen, ohne zu sterben. Niemand konnte ihn mehr finden, weil Gott ihn zu sich genommen hatte. Bevor die Schrift von diesem Geschehen berichtet, stellt sie ihm das Zeugnis aus, dass sein Leben Gott gefallen hatte.ᶜ *6* Aber ohne Glauben ist es unmöglich, Gott zu gefallen. Wer zu Gott kommen will, muss glauben, dass es ihn gibt und dass er die belohnt, die ihn aufrichtig suchen.

7 Aufgrund des Glaubens baute Noah eine Arche, um seine Familie zu retten. Er gehorchte der göttlichen Weisung in ehrfürchtiger Scheu, obwohl von dem angedrohten Unheil noch nichts zu sehen war. Durch dieses Vertrauen auf Gott verurteilte

---

a 10,30: 5. Mose 32,35-36; Psalm 135,14

b 10,38: Habakuk 2,3-4; sinngemäß nach der LXX zitiert.

---

c 11,5: 1. Mose 5,24

er die damalige Welt und wurde ein Erbe jener Gerechtigkeit, die aus dem Glauben stammt.

8 Aufgrund des Glaubens gehorchte Abraham dem Ruf Gottes. Er verließ seine Heimat und zog in ein anderes Land, das Gott ihm zum Erbbesitz geben wollte. Er ging, ohne zu wissen, wohin er kommen würde. *9* Aufgrund des Glaubens siedelte er sich in dem zugesagten Land an, auch wenn er dort wie ein Fremder lebte und mit Isaak und Jakob, denen Gott dieselbe Zusage gegeben hatte, in Zelten wohnte. *10* Er wartete auf die Stadt, die feste Fundamente hat, deren Baumeister und Schöpfer Gott selbst ist. *11* Aufgrund des Glaubens erhielt selbst Sara die Kraft, Mutter zu werden, obwohl sie unfruchtbar war und schon ein Alter erreicht hatte, in dem sie nicht mehr schwanger werden konnte. Sie war nämlich überzeugt, dass Gott sein Versprechen halten würde. *12* Deshalb stammt auch von einem einzigen Mann, noch dazu von einem, der schon so gut wie tot war, ein ganzes Volk ab, ein Volk, so unzählbar wie die Sterne am Himmel und wie die Sandkörner am Ufer des Meeres.

13 All diese Menschen haben Gott bis zu ihrem Tod vertraut, obwohl sie noch nicht erhielten, was er ihnen zugesagt hatte. Doch sie sahen die Erfüllung der Zusagen von fern und freuten sich darauf. Ganz offen sagten sie, dass sie hier auf der Erde nur Gäste und Fremde seien. *14* Damit gaben sie zu verstehen, dass sie noch auf der Suche nach einer Heimat waren. *15* Hätten sie dabei an das Land gedacht, aus dem sie gekommen waren, dann hätten sie genügend Zeit gehabt, dorthin

zurückzukehren. *16* Aber sie suchten nach etwas Besserem, einer Heimat im Himmel. Deshalb schämt Gott sich nicht, ihr Gott genannt zu werden, denn er hat ihnen eine Stadt im Himmel gebaut.

17 Aufgrund des Glaubens war Abraham bereit, Isaak zu opfern, als Gott ihn auf die Probe stellte. Abraham, der die Zusage Gottes empfangen hatte, war bereit, seinen einzigen Sohn zu opfern, *18* obwohl Gott ihm versprochen hatte: „Durch Isaak gebe ich dir die zugesagte Nachkommenschaft."[d] *19* Denn Abraham ging davon aus, dass Gott Isaak wieder zum Leben erwecken konnte. Und bildlich gesprochen hat er seinen Sohn ja auch vom Tod zurückerhalten.

20 Aufgrund des Glaubens segnete Isaak seine Söhne Jakob und Esau im Blick auf das, was kommen würde.

21 Aufgrund des Glaubens segnete Jakob auf seinem Sterbebett jeden der Söhne Josefs besonders; und auf seinen Stab gestützt neigte er sich anbetend vor Gott.

22 Aufgrund des Glaubens sprach Josef kurz vor seinem Tod vom Auszug der Israeliten aus Ägypten und bestimmte, was dann mit seinen Gebeinen geschehen sollte.

23 Aufgrund des Glaubens wurde Mose nach seiner Geburt drei Monate lang von seinen Eltern versteckt gehalten. Sie sahen seine Schönheit und hatten keine Angst, dem Befehl des Königs zu trotzen.

24 Aufgrund des Glaubens wollte Mose, als er groß geworden war, sich

---

d 11,18: 1. Mose 21,12

nicht mehr Sohn der Pharaotochter nennen lassen. 25 Lieber wollte er mit dem Volk Gottes misshandelt werden, als sich dem flüchtigen Genuss der Sünde hinzugeben. 26 Er war sicher, dass die Schätze Ägyptens nicht so viel wert waren wie die Schmach, die auch der Messias trug. Denn er sah auf die Belohnung, die Gott für ihn bereithielt. 27 Aufgrund des Glaubens verließ er Ägypten, ohne sich vor dem Zorn des Königs zu fürchten. Er ging entschlossen seinen Weg, weil er den unsichtbaren Gott vor Augen hatte. 28 Aufgrund des Glaubens führte er das Passafest[a] ein und ließ das Blut der Passalämmer an die Türpfosten streichen, damit der todbringende Engel ihre Erstgeborenen nicht antastete.

29 Aufgrund des Glaubens zogen die Israeliten durch das Rote Meer als wäre es trockenes Land. Als die Ägypter das auch versuchten, ertranken sie alle. 30 Aufgrund des Glaubens stürzten die Mauern Jerichos ein, nachdem die Israeliten sieben Tage um die Stadt gezogen waren.

31 Aufgrund des Glaubens blieb die Hure Rahab vor dem Untergang Jerichos bewahrt. Sie hatte die Kundschafter freundlich aufgenommen, während die anderen Einwohner sich Gott widersetzten.

32 Wie viele andere wären noch zu nennen! Doch die Zeit würde mir fehlen, wenn ich von Gideon und Barak erzählen wollte, von Simson, Jiftach und David, von Samuel und den Propheten. 33 Aufgrund des Glaubens haben sie Königreiche niedergezwungen, für Gerechtigkeit gesorgt und bekommen, was Gott ihnen versprochen hatte. Sie verschlossen Löwen das Maul, 34 löschten glühendes Feuer und entkamen dem tödlichen Schwert. Aus Schwäche gewannen sie Kraft, im Kampf wurden sie stark und schlugen feindliche Heere zurück. 35 Es kam sogar vor, dass Frauen ihre verstorbenen Angehörigen durch Auferstehung zurückerhielten.

Andere dagegen, die auch Gott vertrauten, wurden zu Tode gefoltert. Sie hofften auf eine bessere Auferstehung als nur ihre Freiheit wiederzuerlangen. 36 Wieder andere ertrugen Spott und Auspeitschungen, Ketten und Gefängnis. 37 Sie wurden gesteinigt, zersägt und mit dem Schwert umgebracht. Heimatlos zogen sie umher, in Schaf- und Ziegenfelle gehüllt, Not leidend, bedrängt, misshandelt. 38 Die Welt war es nicht wert, solche Menschen zu tragen, die dann auch noch in der Wüste und in den Bergen, in Höhlen und in Klüften ihre Zuflucht suchen mussten.

39 Doch sie alle, die durch ihr Vertrauen auf Gott ein rühmliches Zeugnis erhielten, haben die Erfüllung der Zusagen nicht erlebt, 40 und zwar deshalb, weil Gott für unsere Zeit etwas Besseres vorgesehen hat. Deshalb können sie erst zusammen mit uns die Vollendung erreichen.

Werdet nicht müde!

12 1 Wir sind also von einer ganzen Wolke von Zeugen umgeben. Deshalb wollen auch wir den Wettkampf bis zum Ende durchhalten und jede Last ablegen, die uns behindert, besonders die Sünde, die uns so

---

a 11,28: *Passa.* Siehe 2. Mose 12-13.

leicht umschlingt. *2* Und dabei wollen wir auf Jesus schauen. Er hat gezeigt, wie der Glaubenslauf beginnt und wie er zum Ziel führt. Weil er wusste, welche Freude auf ihn wartete, hat er das Kreuz und die Schande dieses Todes auf sich genommen. Nun sitzt er auf dem Ehrenplatz an Gottes rechter Seite. *3* Schaut euch an, wie er die Anfeindung sündiger Menschen ertragen hat. Dann werdet auch ihr nicht müde und verliert nicht den Mut. *4* Immerhin habt ihr im Kampf gegen die Sünde noch nicht das Leben lassen müssen. *5* Trotzdem werdet ihr schon mutlos. Habt ihr denn ganz vergessen, was Gott zu seinen Kindern sagt: „Mein Sohn, missachte nicht die strenge Hand des Herrn, werde nicht mutlos, wenn er dich zurechtweist! *6* Denn es ist so: Wen der Herr liebt, den erzieht er streng, und wen er als Sohn annimmt, dem gibt er auch Schläge."b *7* Was ihr ertragen müsst, dient also eurer Erziehung. Gott behandelt euch so wie ein Vater seine Söhne. Oder habt ihr je von einem Sohn gehört, der nie bestraft wurde? *8* Wenn Gott euch nicht mit strenger Hand erziehen würde, wie er das bei allen macht, dann hätte er euch nicht als Kinder anerkannt.

9 Auch unsere menschlichen Väter hatten uns streng erzogen. Trotzdem achteten wir sie. Müssen wir uns nicht noch viel mehr dem Vater des Geistes unterordnen, um geistliches Leben zu haben? *10* Unsere leiblichen Väter haben uns auch nur für kurze Zeit in Zucht genommen, und zwar so, wie es ihren Vorstellungen entsprach. Unser himmlischer Vater aber weiß wirklich, was zu unserem Besten dient. Er erzieht uns, damit wir Anteil an seiner Heiligkeit bekommen. *11* Jede Bestrafung tut weh. Sie ist zunächst alles andere als eine Freude. Später jedoch trägt eine solche Erziehung reiche Frucht: Menschen, die durch diese Schule gegangen sind, führen ein friedfertiges und gerechtes Leben.

12 Stärkt also eure müden Hände und die zitternden Knie *13* und geht auf geraden Wegen, damit lahm gewordene Füße nicht auch noch verrenkt, sondern vielmehr geheilt werden!

14 Bemüht euch ernstlich um Frieden mit allen und um ein geheiligtes Leben, ohne das niemand den Herrn sehen wird. *15* Achtet aufeinander, damit niemand von Gottes Gnade ausschließt! Lasst nicht zu, dass eine bittere Wurzel zur Giftpflanze wird, durch die dann viele von euch zu Schaden kommen! *16* Achtet auch darauf, dass keiner von euch ein ausschweifendes Leben führt oder mit heiligen Dingen so geringschätzig umgeht wie Esau, der für eine einzige Mahlzeit sein Erstgeburtsrecht verkaufte! *17* Ihr wisst ja, wie es ihm später erging, als er den Segen von seinem Vater bekommen wollte: Er wurde von Gott verworfen und fand keine Möglichkeit mehr, das rückgängig zu machen, obwohl er sich unter Tränen darum bemühte.

18 Nun habt ihr Gott nicht so erfahren wie die Israeliten damals am Berg Sinai.c Sie kamen zu einem Berg, den man anfassen konnte, auf dem

---

b 12,6: Sprüche 3,11-12; nach der LXX zitiert.

c 12,18; Siehe 2. Mose 19,16-19; 20,18-21; 5. Mose 5,22-27.

ein Feuer loderte und der in dunkle Wolken gehüllt war. Es herrschte Finsternis und es tobte ein Sturm. *19* Es dröhnte wie eine gewaltige Posaune und dann erschallte eine so furchtbare Stimme, dass sie baten, kein weiteres Wort mehr hören zu müssen. *20* Sie wichen zurück, als Gott anordnete: „Wenn auch nur ein Tier den Berg berührt, soll es gesteinigt werden."[a] *21* Das ganze Geschehen war so Furcht erregend, dass selbst Mose sagte: „Ich zittere vor Angst."[b]

22 Ihr dagegen seid zum Berg Zion und zur Stadt des lebendigen Gottes gekommen, zu dem Jerusalem im Himmel, wo sich unzählbare Engelscharen zu einem Fest versammelt haben. *23* Ihr seid zur Gemeinde der erstgeborenen Kinder Gottes gekommen, deren Namen im Himmel aufgeschrieben sind. Ihr seid zu Gott selbst gekommen, dem Richter von allen und zu den Gerechten, die schon am Ziel sind, denn ihr Geist ist bei Gott. *24* Ihr seid zu Jesus gekommen, dem Vermittler eines neuen Bundes, und zu dem Reinigungsblut, das viel besser redet als das Blut Abels.

25 Hütet euch also davor, den abzuweisen, der zu euch spricht. Schon die Israeliten entkamen ihrer Strafe nicht, als sie den abwiesen, der von einem Ort auf der Erde zu ihnen sprach. Wie viel schlimmer wird es uns ergehen, wenn wir den ablehnen, der vom Himmel her zu uns spricht. *26* Damals erschütterte seine Stimme die Erde, aber jetzt hat er angekündigt: „Ich werde noch einmal eine Erschütterung kommen lassen, aber nicht nur über die Erde, sondern auch über den Himmel."[c] *27* Die Worte „noch einmal" zeigen, dass bei dieser Erschütterung die ganze geschaffene Welt umgewandelt werden soll; bleiben wird nur das, was nicht erschüttert werden kann. *28* Auf uns wartet also ein unerschütterliches Reich. Deshalb wollen wir dankbar sein, denn dadurch dienen wir Gott wie es ihm gefällt: in Ehrfurcht und heiliger Scheu. *29* Denn auch unser Gott ist ein vernichtendes Feuer.

Lebt so, wie es Christus gefällt!

13 *1* Die geschwisterliche Liebe möge euch ganz erhalten bleiben! *2* Vergesst nicht, Gastfreundschaft zu üben! Denn auf diese Weise haben einige, ohne es zu wissen, Engel bei sich aufgenommen. *3* Denkt an die Gefangenen, als wärt ihr selbst mit ihnen im Gefängnis, und an die Misshandelten, als wär's euer eigener Körper!

4 Haltet die Ehe in Ehren und bleibt einander treu! Denn Menschen, die in sexueller Unmoral und fortwährendem Ehebruch leben, werden von Gott gerichtet. *5* Lasst nicht die Geldgier euer Leben bestimmen! Begnügt euch mit dem, was ihr habt! Denn Gott hat gesagt: „Nie werde ich dich aufgeben, niemals dich im Stich lassen."[d] *6* Deshalb können wir

---

a 12,20: 2. Mose 19,13

b 12,21: 5. Mose 9,19

c 12,26: Haggai 2,6

d 13,5: 5. Mose 31,6

getrost sagen: „Der Herr steht mir bei, nun fürchte ich nichts! Was kann ein Mensch mir schon tun?"[e]

7 Denkt an eure Führer, die euch damals das Wort Gottes gebracht haben! Erinnert euch an das, was aus ihrem Leben hervorgegangen ist, und nehmt euch ihren Glauben zum Vorbild! **8** Denn Jesus Christus ist immer derselbe – gestern, heute und in alle Ewigkeit. **9** Lasst euch nicht von irgendwelchen fremden Lehren mitreißen! Denn durch die Gnade Gottes wird euer Herz fest, nicht durch das Befolgen von Speisegeboten. Die haben noch niemand wirklichen Nutzen gebracht.

10 Wir haben einen Altar, an dem die Priester des irdischen Heiligtums keinen Anteil haben. **11** Denn die Körper der Tiere, deren Blut vom Hohen Priester zur Sühnung der Sünden ins innere Heiligtum hineingebracht wird, werden ja draußen vor dem Lager verbrannt. **12** Deshalb musste auch Jesus außerhalb der Stadtmauern leiden, um durch sein Blut das Volk zu heiligen. **13** Lasst uns also zu ihm hinausgehen, vor das Lager, und die Schande ertragen, die auch er getragen hat! **14** Denn hier auf der Erde haben wir keine Heimat. Unsere Sehnsucht gilt jener künftigen Stadt, zu der wir unterwegs sind.

15 Durch Jesus wollen wir Gott ein immer währendes Dankopfer bringen, denn das Lob aus unserem Mund ist unser Bekenntnis zu ihm. **16** Vergesst auch nicht, Gutes zu tun und mit anderen zu teilen! Denn solche Opfer gefallen Gott.

17 Hört auf die Führer in eurer Gemeinde und fügt euch ihren Weisungen! Es ist ihre Aufgabe, über eure Seelen zu wachen, und sie werden Gott einmal Rechenschaft über ihren Dienst geben müssen. Sorgt also dafür, dass sie ihre Aufgabe mit Freude tun können, anstatt mit Seufzen und Stöhnen, denn das wäre sicher nicht gut für euch.

18 Betet für uns! Wir sind überzeugt, ein gutes Gewissen zu haben, denn wir möchten in jeder Weise ein Leben führen, wie es gut und richtig ist. **19** Gerade jetzt brauche ich eure Gebete besonders, weil ich hoffe, dann umso eher wieder zu euch zu kommen.

20 Es ist der Gott des Friedens, der den großen Hirten seiner Schafe von den Toten zurückbrachte, unseren Herrn Jesus, und mit dessen Blut den ewigen Bund in Kraft setzte. **21** Er rüste euch mit allem Guten aus, damit ihr seinen Willen tun könnt. Durch Jesus Christus möge er das, was ihm gefällt, in euch bewirken. Ihm sei die Ehre für immer und ewig. Amen.

22 Ich bitte euch, liebe Geschwister, weist dieses Wort der Ermutigung nicht ab! Ich habe mich ja so kurz wie möglich gefasst. **23** Ihr sollt wissen, dass unser Bruder Timotheus freigelassen worden ist. Wenn er rechtzeitig hier eintrifft, werden wir euch gemeinsam besuchen.

24 Grüßt alle eure Führer und die ganze Gemeinde der Heiligen. Die Geschwister aus Italien lassen euch grüßen. **25** Die Gnade sei mit euch allen!

---

e 13,6: Psalm 118,6 nach der LXX zitiert.

Brief des Jakobus an das Volk Gottes

Jakobus stammte aus der gleichen Familie, in der auch Jesus Christus aufgewachsen war. Doch erst nach der Auferstehung seines Halbbruders Jesus begann er an ihn zu glauben. Von Anfang an gehörte er aber zur Gemeinde der „Nazoräer" in Jerusalem. So nannte man die Christen damals in Israel. Als nach zwei bis drei Jahren ungestörten Wachstums die erste Verfolgung über die Gemeinde hereinbrach, blieb er mit den anderen Aposteln in der Stadt. Sein Dienst in der weiter wachsenden Gemeinde bestand vor allem im Gebet und der persönlichen Seelsorge. Nachdem im Jahr 42 n. Chr. Jakobus Ben-Zebedäus hingerichtet worden war und Petrus die Stadt verlassen musste, wurde Jakobus eine der „Säulen" der Gemeinde. Auch von seinen jüdischen Mitbürgern wurde er so hoch geachtet, dass sie ihm den Beinamen „der Gerechte" verliehen.

Jakobus hatte sich nie eine Führerrolle angemaßt. Dennoch wurde er für fast 30 Jahre der anerkannte Führer der Gemeinde in Jerusalem. Seine Autorität reichte noch weit darüber hinaus und übertraf sogar die von Petrus und Johannes. Tausende von Juden, die an Jesus Christus gläubig geworden waren, hatten in ihm einen Hirten, der die Liebe zu seinem Herrn, zu seinen jüdischen und nichtjüdischen Glaubensgeschwistern und zu seinem eigenen Volk jeden Tag neu unter Beweis stellte. Seine tiefe Demut, sein großer Eifer zum Gebet, seine herzliche Brüderlichkeit und seine praktische Art machen ihn bis heute zu einem ausgezeichneten Vorbild für alle Gläubigen.

Etwa 15 Jahre nach der Auferstehung des Herrn, um 45 n. Chr., schrieb Jakobus einen Brief an jüdische Christen, von denen sich ein Großteil wohl schon während der ersten Verfolgung in jüdische und ausländische Städte geflüchtet hatte. Jakobus ermutigte sie, die Echtheit ihres Glaubens an den Messias Jesus vor allem durch ihr Handeln zu beweisen. Nur so würden sie ihren jüdischen Mitbürgern zeigen können, dass ihr Glaube an den gekreuzigten und auferstandenen Herrn nicht tot war.

Bewährungsproben und Versuchungen

1 *1* Es schreibt Jakobus, ein Sklave[a] Gottes und des Herrn Jesus, des Messias. An das Volk Gottes, das in der Fremde lebt[b].

---

a 1,1: Ein *Sklave* (griech. *doulos*) ist ein Mensch, der rechtlich und wirtschaftlich Eigentum eines anderen Menschen ist. Christen verstanden sich als Sklaven von Jesus Christus, weil dieser sie aus der Sklaverei der Sünde „freigekauft" hatte, und betrachteten diesen Titel als Auszeichnung.

b 1,1: *in der Fremde lebt.* Wörtlich: *die zwölf Stämme in der Diaspora.* Gemeint sind jüdische Christen, die sich in der ersten Christenverfolgung von Jerusalem aus in ausländische Städte geflüchtet und an vielen Stellen neue

2 Haltet es für reine Freude, meine Geschwister[c], wenn ihr in verschiedener Weise auf die Probe gestellt werdet. *3* Ihr wisst ja, dass ihr durch solche Bewährungsproben für euren Glauben Standhaftigkeit erlangt. *4* Die Standhaftigkeit wiederum bringt das Werk zum Ziel: Ihr sollt zu einer Reife kommen, der es an nichts mehr fehlt und die kein Makel entstellt. *5* Wenn jemand von euch nicht weiß, wie er das tun soll, dann darf er Gott um diese Weisheit bitten. Er wird sie ihm ohne weiteres geben und ihm deshalb keine Vorwürfe machen, denn er gibt allen gern. *6* Doch wenn er diese Bitte vorbringt, soll er das mit Gottvertrauen tun und sich nicht Zweifeln hingeben. Ein Zweifler ist nämlich wie eine vom Wind gepeitschte hin- und herwogende Meereswelle. *7* Ein solcher Mensch kann nicht erwarten, etwas vom Herrn zu empfangen. *8* Er ist in sich gespalten und unbeständig in allem, was er unternimmt.

9 Wenn ein Bruder niedrig gestellt ist, rühme er sich des Ansehens, das er bei Gott genießt. *10* Wenn er reich ist, rühme er sich seiner Armseligkeit vor Gott, denn er wird wie eine Wiesenblume vergehen. *11* Wenn nämlich die Sonne aufgeht und mit ihr die Hitze kommt, lässt sie das Gras verdorren. Die Blüte verwelkt und es ist vorbei mit ihrer ganzen Schönheit. So wird auch der Reiche samt seinen Unternehmungen verschwinden.

12 Wie glücklich ist der, der die Erprobung standhaft erträgt. Denn nachdem er sich so bewährt hat, wird er den Ehrenkranz des Lebens erhalten, den Gott denen versprochen hat, die ihn lieben.

13 Wenn jemand in Versuchung gerät, soll er nicht sagen: „Gott hat mich in die Versuchung geführt." Denn Gott kann nicht vom Bösen verführt werden und führt auch selbst niemand in Versuchung. *14* Nein, jeder wird von seiner eigenen Begierde in die Falle gelockt. *15* Wenn die Lust auf diese Weise schwanger geworden ist, bringt sie Sünde zur Welt, und die Sünde, wenn sie voll ausgewachsen ist, den Tod. *16* Täuscht euch nicht, liebe Geschwister! *17* Vom Vater der Himmelslichter kommen nur gute und vollkommene Gaben. Bei ihm gibt es keine Veränderung, auch nicht den Schatten eines Wechsels. *18* Aus freiem Liebeswillen hat er uns durch das Wort der Wahrheit neues Leben geschenkt, damit wir gewissermaßen die ersten Geschöpfe seiner neuen Schöpfung wären.

Täter des Wortes sein

19 Denkt daran, liebe Geschwister: „Jeder Mensch sei schnell zum Hören bereit – zum Reden und zum Zorn, da lasse er sich Zeit." *20* Denn im Zorn tut keiner, was vor Gott recht ist. *21* Legt deshalb jede Gemeinheit und alle Bosheit von euch ab und nehmt das Wort, das in euch hineingepflanzt wurde, bereitwillig auf. Denn das hat die Macht, euch zu retten. *22* Es genügt aber nicht, das Wort

---

christliche Gemeinden gegründet hatten (Apostelgeschichte 8,1; 11,19).

c 1,2: *Geschwister*. Wörtlich: *Brüder*. Die Mehrzahlform des griechischen Wortes für *Bruder* meint je nach Zusammenhang auch *Geschwister*. Hier ist die ganze christliche Gemeinschaft am Ort angesprochen, nicht nur die Männer.

nur zu hören, denn so betrügt man sich selbst. Man muss danach handeln. *23* Jeder, der das Wort nur hört und nicht in die Tat umsetzt, ist wie ein Mann, der sein Gesicht in einem Spiegel betrachtet. *24* Er schaut sich an, läuft davon und hat schon vergessen, wie er aussah. *25* Doch wer sich in das vollkommene Gesetz vertieft, in das Gesetz der Freiheit,[a] wer es immer vor Augen hat und nicht vergisst was er wahrnimmt, sondern danach handelt, der wird glücklich und gesegnet sein. *26* Wenn jemand sich einbildet, Gott zu dienen, aber seine Zunge nicht im Zaum hält, der macht sich selbst etwas vor. Sein Dienst für Gott hat keinen Wert. *27* Wer Gott, dem Vater, wirklich gefallen will, der helfe Waisen und Witwen in ihrer Not und beschmutze sich nicht am Treiben der Welt.

Das königliche Gesetz

2 *1* Meine Brüder, haltet den Glauben an Jesus, den Messias, unseren herrlichen Herrn, frei von jeder Parteilichkeit. *2* Nehmen wir an, es kommt ein Mann in eure Versammlung, der goldene Ringe an den Fingern hat und teure Sachen trägt, und dann kommt ein Armer in schmutziger Kleidung herein. *3* Und ihr wendet euch dem gut gekleideten Mann zu und sagt: „Hier ist ein schöner Platz für dich!" Zu dem Armen aber sagt ihr: „Du kannst dort stehen bleiben!" oder: „Setz dich hier an meinen Fußschemel!" *4* Seid ihr da nicht in Widerspruch mit euch selbst geraten und zu Richtern mit bösen Hintergedanken geworden? *5* Hört zu, meine lieben Brüder! Hat Gott nicht gerade die, die in den Augen der Welt arm sind, ausgewählt, reich im Glauben und Erben jenes Reiches zu sein, das er denen versprochen hat, die ihn lieben? *6* Aber ihr habt den Armen zurückgesetzt! Sind es nicht gerade die Reichen, die euch tyrannisieren? Ziehen nicht sie euch vor die Gerichte? *7* Sind nicht sie es, die den guten Namen dessen, dem ihr gehört,[b] in Verruf bringen?

8 Wenn ihr wirklich das königliche Gesetz in der Schrift erfüllt: „Liebe deinen Nächsten wie dich selbst!"[c], dann tut ihr recht. *9* Wenn ihr aber bestimmte Menschen bevorzugt, dann begeht ihr eine Sünde und werdet vom Gesetz als Übertreter überführt. *10* Denn wer das ganze Gesetz hält und nur in einem Punkt dagegen verstößt, ist an allen Geboten schuldig geworden. *11* Denn der, der gesagt hat: „Du sollst die Ehe nicht brechen!", hat auch gesagt: „Du sollst nicht morden!"[d] Wenn du nun keinen Ehebruch begehst, aber jemand umbringst, dann hast du das Gesetz übertreten. *12* Redet und handelt als Menschen, die im

---

a 1,25: *Gesetz der Freiheit* meint den Willen Gottes wie ihn Jesus und die Apostel gelehrt haben, wodurch die Menschen befreit werden, nach ihrer Bestimmung zu leben.

b 2,7: *dem ihr gehört.* Wörtlich: *der über euch ausgerufen wurde.* Das ist vielleicht ein Hinweis auf die Taufe, denn die Gläubigen wurden auf den Namen von Jesus Christus getauft (Apostelgeschichte 2,38).

c 2,8: 3. Mose 19,18

d 2,11: 2. Mose 20,13-14.

Begriff stehen, durch das Gesetz der Freiheit^e gerichtet zu werden. *13* Denn das Gericht wird erbarmungslos mit dem verfahren, der kein Erbarmen gezeigt hat.^f Barmherzigkeit aber ist dem Gericht überlegen.

Ein Glaube ohne Werke ist tot

14 Was für einen Wert hat es, liebe Geschwister, wenn jemand behauptet, Glauben zu haben, aber keine Werke aufweisen kann? Kann solcher Glaube ihn etwa retten? *15* Stellt euch vor, jemand von euren Brüdern oder Schwestern hat nicht genug anzuziehen und zu essen. *16* Und dann sagt einer von euch zu ihnen: „Lasst es euch gut gehen! Hoffentlich könnt ihr euch warm anziehen und habt genug zu essen!", aber er gibt ihnen nicht, was sie zum Leben brauchen. Was nützt ihnen das? *17* Genauso ist es mit einem Glauben, der keine Werke aufweist. Für sich allein ist er tot.

18 Aber es könnte jemand sagen: „Der eine hat eben Glauben und der andere Werke." Zeig mir doch einmal deinen Glauben, wenn du keine Werke vorweisen kannst. Und ich werde dir meinen Glauben aus meinen Werken beweisen. *19* Du glaubst, dass es nur einen Gott gibt. Gut! Aber die Dämonen glauben das auch – und zittern vor Angst. *20* Du gedankenloser Mensch! Willst du nicht begreifen, dass der Glaube ohne Werke tot ist?

21 Wurde unser Stammvater Abraham nicht wegen seines Handelns als gerecht betrachtet – eben weil er Isaak, seinen Sohn, auf den Opferaltar legte? *22* Du siehst also: Der Glaube wirkte mit seinem Tun zusammen. Erst durch das Tun wurde der Glaube vollendet. *23* Erst so erfüllte sich das Wort der heiligen Schrift: „Abraham glaubte Gott, und das wurde ihm als Gerechtigkeit angerechnet."^g Er wurde sogar „Freund Gottes" genannt^h. *24* Ihr seht also, dass ein Mensch durch seine Taten gerecht gesprochen wird und nicht aus Glauben allein.

25 Wurde nicht sogar die Hure Rahab aufgrund ihrer Taten gerecht gesprochen? Denn sie nahm die Boten auf und ließ sie auf einem anderen Weg entkommen.^i

26 Genauso wie der Körper ohne Geist tot ist, so ist auch der Glaube ohne Werke tot.

Die gefährliche Macht der Worte

3 *1* Drängt euch nicht danach, Lehrer zu sein, meine Brüder. Ihr wisst ja, dass wir als Lehrer ein strengeres Gericht zu erwarten haben, *2* denn wir alle machen oft Fehler. Wer beim Reden keine Fehler macht, der ist ein vollkommener Mann und kann auch seinen Körper im Zaum halten. *3* Wenn wir den Pferden Zaumzeug ins Maul legen, um sie uns gefügig zu machen, lenken wir damit das ganze Tier. *4* Seht euch die großen Schiffe

---

e 2,12: Siehe Fußnote zu Jakobus 1,25.

f 2,13: *gezeigt hat.* Denn solch ein Mensch beweist damit, dass er weder Glauben noch Liebe im Herzen hat.

g 2,23: 1. Mose 15,6

h 2,23: 2. Chronik 20,7

i 2,25: *entkommen.* Vergleiche die Begebenheit, die in Josua 2 berichtet wird.

an, die von starken Winden getrieben werden. Von einem sehr kleinen Ruder werden sie dorthin gesteuert, wohin der Steuermann es will. *5* So ist auch die Zunge nur ein kleines Glied und kann sich doch großer Wirkungen rühmen. Und ein kleines Feuer kann einen großen Wald in Brand stecken. *6* Auch die Zunge ist so ein Feuer, das von der Hölle angezündet wird, eine Welt voll Unrecht unter unseren Gliedern. Sie beschmutzt den ganzen Menschen und macht ihm das Leben zur Hölle. *7* Der Mensch hat es gelernt, jede Art von wilden Tieren, Vögeln, Schlangen und Seetieren zu bändigen. *8* Aber die Zunge, dieses rastlose Übel voll tödlichen Giftes, kann kein Mensch bändigen. *9* Mit ihr preisen wir unseren Herrn und Vater und mit ihr verfluchen wir andere Menschen, die nach Gottes Bild geschaffen sind. *10* Aus demselben Mund kommen Segen und Fluch heraus. Aber so sollte es gerade nicht sein, liebe Geschwister. *11* Eine Quelle lässt doch nicht aus derselben Öffnung süßes und bitteres Wasser hervorsprudeln. *12* Ein Feigenbaum trägt doch keine Oliven, meine Geschwister, und ein Weinstock keine Feigen. Und eine Salzquelle kann niemals Süßwasser geben.

Die Weisheit von oben

13 Wer von euch ist denn weise und verständig? Er soll das durch seinen Lebenswandel zeigen, und zwar in der Bescheidenheit, die aus der Weisheit kommt. *14* Wenn ihr aber bittere Eifersucht und Eigenliebe in eurem Herzen habt, dann rühmt euch nicht und verdreht nicht die Wahrheit!

15 Solch eine Weisheit kommt nicht von Gott. Sie ist irdisch, sinnlich und teuflisch. *16* Wo nämlich Eifersucht und Eigenliebe herrschen, gibt es Unfrieden und jede Art von Gemeinheit. *17* Dagegen ist die Weisheit von oben erst einmal rein, dann friedfertig, gütig und nachgiebig. Sie ist voller Erbarmen und guter Früchte, unparteiisch und ohne Heuchelei. *18* Solche Gerechtigkeit können nur die ernten, die Frieden ausgesät haben.

Die Liebe zur Welt

4 *1* Woher kommen denn die Kriege und Streitereien unter euch? Sind es nicht eure eigenen Begierden, die sich regelrechte Schlachten in euren Gliedern liefern? *2* Ihr seid gierig und bekommt doch nichts. Ihr mordet und neidet und könnt auch so eure Wünsche nicht erfüllen. Ihr streitet und bekriegt euch – und habt nichts, weil ihr nicht darum bittet. *3* Und selbst wenn ihr betet, bekommt ihr nichts, weil ihr in böser Absicht bittet und eure Gier befriedigen wollt. *4* Wisst ihr Treulosen[a] denn nicht, dass Freundschaft mit der Welt Feindschaft gegen Gott bedeutet? Wer also ein Freund der Welt sein will, stellt sich als Feind Gottes dar. *5* Meint ihr denn, die Schrift redet umsonst? Gott wacht eifersüchtig über den Geist, den er in uns wohnen ließ. *6* Aber Gnade gibt er umso mehr. Deshalb sagt er: „Den Hochmütigen widersteht Gott,

---

a 4,4: *Treulosen*. Wörtlich: *Ehebrecherinnen*. Gemeint sind Menschen, die durch ihr Verhalten das Liebesverhältnis zu Gott aufkündigen.

aber den Demütigen gibt er Gnade."[b]
7 So unterwerft euch nun Gott, widersteht aber dem Teufel! Der wird dann von euch fliehen. 8 Nähert euch Gott, dann wird er sich euch nähern. Wascht die Hände, ihr Sünder, reinigt eure Herzen, ihr Zwiespältigen! 9 Fühlt euer Elend, trauert und weint! Euer Lachen sollte sich in Trauer verwandeln und eure Freude in Kummer[c]. 10 Demütigt euch vor dem Herrn, dann wird er euch erhöhen.

11 Redet nicht schlecht übereinander, liebe Geschwister. Wer seinen Bruder verleumdet oder seine Schwester verurteilt, der verleumdet und verurteilt das königliche Gesetz der Liebe.[d] Wenn du freilich über das Gesetz urteilst, machst du dich zu seinem Richter, anstatt es zu befolgen. 12 Es gibt aber nur einen Gesetzgeber und Richter. Nur er kann freisprechen oder verurteilen. Wer bist du eigentlich, der sich da zum Richter über seinen Nächsten aufspielt?

13 Nun zu euch, die ihr sagt: „Heute oder morgen wollen wir in die und die Stadt ziehen. Wir werden ein Jahr dort bleiben, Geschäfte machen und Geld verdienen." 14 Ihr wisst doch nicht einmal, was morgen sein wird. Was ist denn euer Leben? Es ist nur ein Dampf, der kurze Zeit sichtbar ist und dann verschwindet. 15 Ihr solltet vielmehr sagen: „Wenn der Herr es will, werden wir leben und dieses oder jenes tun." 16 Aber so gebt ihr großtuerisch mit euren Plänen an. Doch solche Angebereien sind ausnahmslos böse.

17 Wer also weiß, was richtig ist, und tut es nicht, für den ist es Sünde.

Die Ankunft des Herrn

5 1 Nun zu euch, ihr Reichen. Weint und klagt über das Elend, das mit dem Gericht Gottes über euch kommen wird! 2 Euer Reichtum wird dann verfault und eure Kleidung ein Fraß für die Motten geworden sein. 3 Euer Gold und Silber wird verrostet sein, und dieser Rost wird euch anklagen und euer Fleisch wie Feuer fressen. Selbst in diesen Tagen des Endes[e] habt ihr Reichtümer gehortet. 4 Hört doch, wie der Lohn, um den ihr die Erntearbeiter betrogen habt, zum Himmel schreit. Das Geschrei der Arbeiter ist vor dem Herrn, den Allmächtigen, gekommen. 5 Ihr habt allen Luxus auf der Erde genossen und euch noch am Tag eurer Schlachtung gemästet[f]. 6 Ihr habt den Unschuldigen verurteilt und zu Tode gebracht. Er hat sich nicht gewehrt.

7 Haltet also geduldig aus, liebe Geschwister. Wartet auf das Wiederkommen des Herrn. Seht, wie der Bauer auf die köstliche Frucht der Erde wartet und sich ihretwegen geduldet, bis sie den Herbst- und Frühjahrsregen bekommt. 8 So habt auch ihr Geduld und fasst Mut, denn das Kommen des

---

b 4,6: Sprüche 3,34; nach der LXX zitiert.

c 4,9: *Kummer*. Sie sollen endlich ihre Sünde einsehen.

d 4,11: Siehe 3. Mose 19,18.

e 5,3: *Tagen des Endes*. Wörtlich: *letzten Tagen*. Gemeint sind die letzten Tage vor dem versprochenen Wiederkommen des Herrn Jesus Christus.

f 5,5: *gemästet*. Das heißt: Sie handeln wie unvernünftige Tiere, die nicht wissen, dass sie bald geschlachtet werden.

Herrn steht bevor. *9* Jammert nicht übereinander, liebe Geschwister. Ihr wollt doch nicht gerichtet werden. Seht, der Richter steht schon vor der Tür! *10* Nehmt euch die Propheten, die im Namen des Herrn gesprochen haben, als Beispiel. Wie standhaft haben sie ihre Leiden getragen. *11* Ihr wisst ja, dass wir die glücklich preisen, die durchhalten. Von der Standhaftigkeit Hiobs habt ihr gehört und gesehen, wie der Herr ihn am Ende belohnt hat. Der Herr ist voller Mitgefühl und Erbarmen.

12 Vor allem aber lasst das Schwören, liebe Geschwister! Schwört weder beim Himmel noch bei der Erde noch sonst einen Eid. Lasst vielmehr euer Ja ein Ja sein und euer Nein ein Nein! Ihr wollt doch nicht dem Gericht verfallen!

Gebet für Schwache und Kranke

13 Wenn jemand von euch Schweres durchmacht, soll er beten. Ist jemand voller Zuversicht, soll er Loblieder singen. *14* Wenn jemand von euch schwach oder krank ist, soll er die Ältesten der Gemeinde zu sich rufen, damit sie ihn im Namen des Herrn mit Öl einreiben und über ihm beten. *15* Das vertrauensvolle Gebet wird den Kranken retten. Der Herr wird ihn aufrichten und ihm vergeben, wenn er Sünden begangen hat. *16* Bekennt also einander die Sünden und betet füreinander, damit ihr geheilt werdet. Das Gebet eines Gerechten vermag viel und erweist sich als wirksam. *17* Elija war genauso ein Mensch wie wir. Als er einmal dringend betete, dass es nicht regnen solle, da regnete es dreieinhalb Jahre lang nicht mehr im Land. *18* Er betete noch einmal, da schenkte der Himmel Regen, und die Erde brachte ihre Frucht.

19 Wenn jemand unter euch von der Wahrheit abirrt, meine Brüder, und einer bringt ihn zur Umkehr, *20* dann denkt daran: Wer einen Sünder von seinem falschen Weg zurückbringt, wird dessen Seele vom Tod retten und eine Menge Sünden zudecken.

Erster Brief des Petrus

Am Ende seines Briefes notiert Petrus: „Durch den Bruder Silvanus, dessen Treue ich sehr schätze, habe ich euch diese wenigen Zeilen geschrieben … Die Gemeinde in dem Babylon hier lässt euch grüßen, auch Markus, der mir wie ein Sohn ist." Silvanus (Silas), der auch mit Paulus zusammengearbeitet hatte, verfasste also den Brief für Petrus auf Griechisch. Sie befanden sich damals offenbar in Rom, das wegen seinem dekadenten Luxus auch von römischen Schriftstellern mehrfach als „babylonisch" bezeichnet wurde.

Der Brief könnte schon im Jahr 59 entstanden sein, kurz bevor Paulus als Gefangener in Rom eintraf.

Petrus will die Gläubigen in der Erkenntnis ihres Heils befestigen und ihnen die Größe ihrer gegenwärtigen und zukünftigen Rettung zeigen, damit sie die Kraft haben, bei allen Anfeindungen und Bedrohungen ihrem Herrn treu zu bleiben. Die im ersten Vers genannten Provinzen und Landschaften umfassen praktisch die ganze nördliche Hälfte der heutigen Türkei, ein Gebiet von etwa 300 km Breite und 1500 km Länge südlich des Schwarzen Meeres, das westlich von dem Ägäischen Meer und östlich von Armenien begrenzt wird.n die Christen in Thessalonich. Das wird im Jahr 50 oder 51 n. Chr. geschehen sein.

1 *1* Es schreibt Petrus, ein Apostel von Jesus Christus. An die von Gott Erwählten, die als Fremde unter ihren Landsleuten leben und zwar in Pontus, Galatien, Kappadozien, der Provinz Asia und in Bithynien. *2* Gott, der Vater, hat euch aufgrund seiner Allwissenheit erwählt und durch das Wirken seines Geistes zu geheiligten Menschen gemacht, zu Menschen, die Jesus' Christus gehorchen und die durch sein Blut von aller Schuld gereinigt sind. Gnade und Frieden mögen sich reichlich vermehren bei euch.

Das Ziel des Glaubens

3 Gepriesen sei Gott, der Vater unseres Herrn Jesus Christus! In seiner großen Barmherzigkeit hat er uns wiedergeboren und uns durch die Auferstehung von Jesus Christus aus den Toten eine lebendige Hoffnung geschenkt. *4* Ein makelloses Erbe hält er im Himmel für euch bereit, das nie vergehen wird und seinen Wert nie verliert. *5* Und weil ihr an ihn glaubt, wird Gott euch durch seine Macht für die Rettung bewahren, die schon bereitliegt, um dann in der letzten Zeit offenbar zu werden. *6* Deshalb jubelt ihr voller Freude, obwohl ihr jetzt für eine Weile den unterschiedlichsten Prüfungen ausgesetzt seid und manches Schwere durchmacht. *7* Doch dadurch soll sich euer Glaube bewähren und es wird sich zeigen, dass er wertvoller ist als das vergängliche Gold, das ja auch durch Feuer geprüft wird. Denn wenn Jesus Christus sich offenbart, wird auch die Echtheit eures Glaubens sichtbar werden und euch Lob, Ehre und Herrlichkeit einbringen. *8* Ihn liebt ihr ja, obwohl ihr ihn noch nie gesehen habt, an ihn glaubt ihr, obgleich ihr ihn auch jetzt nicht seht, und jubelt in unsagbarer, von Herrlichkeit erfüllter Freude. *9* So werdet ihr das Ziel eures Glaubens erreichen: eure Rettung.

10 Nach dieser Rettung suchten und forschten schon die Propheten, die angekündigt haben, welches Gnadengeschenk für euch bestimmt ist. *11* Sie forschten danach, auf welche Zeit und welche Umstände der Geist von Christus, der schon in ihnen wirkte, hinwies. Er zeigte ihnen nämlich im Voraus die Leiden, die über Christus kommen, und die Herrlichkeiten, die danach folgen würden. *12* Gott ließ sie erkennen, dass sie nicht sich selbst, sondern euch dienten. Euch ist das alles jetzt von denen verkündigt worden, die euch mit der guten Botschaft vertraut gemacht haben. Sie taten das in der Kraft des Heiligen Geistes, den Gott vom Himmel gesandt hat. Selbst Engel brennen darauf, Einblick in diese Dinge zu bekommen.

Das heilige Leben

13 Darum seid innerlich bereit und fest in eurem Sinn. Bleibt nüchtern und setzt eure Hoffnung ganz auf die Gnade, die euch beim Offenbarwerden von Jesus Christus erwartet. *14* Und weil ihr jetzt vom Gehorsam bestimmt seid, lasst euch nicht mehr von den Begierden beherrschen, wie ihr das früher getan habt, als ihr noch unwissend wart. *15* Im Gegenteil: Euer Leben soll jetzt ganz von dem heiligen Gott geprägt sein, der euch berufen hat. *16* Denn die Schrift sagt: „Seid heilig, denn ich bin heilig!ᵃ"

17 Und weil ihr den als Vater anruft, der ein unparteiisches Urteil über die Taten jedes Menschen sprechen wird, führt ein Leben in Gottesfurcht, so lange ihr noch hier in der Fremde seid. *18* Ihr wisst ja, dass ihr nicht mit vergänglichen Dingen wie Silber oder Gold aus dem sinnlosen Leben freigekauft worden seid, das ihr von euren Vorfahren übernommen hattet, *19* sondern mit dem kostbaren Blut eines reinen, makellosen Opferlammes, dem Blut von Christus. *20* Schon vor Erschaffung der Welt ist er zu diesem Opfer ausgesucht worden. Aber erst jetzt, am Ende der Zeiten, wurde er euch zugut auf der Erde offenbart. *21* Durch ihn glaubt ihr an Gott, der Jesus aus den Toten auferweckt und ihm dann die Herrlichkeit verliehen hat. Damit ist euer Glaube zugleich Hoffnung auf Gott.

22 Ihr habt der Wahrheit gehorcht und euch dadurch gereinigt, sodass ihr jetzt zu aufrichtiger geschwisterlicher Liebe fähig seid. Bleibt nun auch dabei, euch gegenseitig mit reinem Herzen zu lieben, *23* denn ihr seid ja von neuem geboren worden. Dazu kam es nicht durch die Zeugung eines sterblichen Menschen, sondern durch den Samen des unvergänglichen, lebendigen und bleibenden Wortes Gottes. *24* Denn „alle Menschen sind wie das Gras und ihre ganze Schönheit wie die Blumen auf der Wiese. Das Gras vertrocknet und die Blumen verwelken, *25* aber das Wort des Herrn bleibt ewig

---

a 1,16: 3. Mose 19,2.

in Kraft."[b] Und genau dieses Wort ist euch als gute Botschaft verkündigt worden.

2 *1* Legt also alle Bosheit von euch ab, alle Falschheit und Heuchelei, allen Neid und alle Verleumdungen! *2* Verlangt stattdessen wie Neugeborene nach der reinen Muttermilch – dem Wort Gottes. Ihr braucht sie, um in die ewige Rettung hineinzuwachsen. *3* Geschmeckt habt ihr ja schon wie gütig der Herr ist.[c]

Der lebendige Stein

4 Kommt zu ihm, dem lebendigen Stein! Die Menschen haben ihn zwar als unbrauchbar weggeworfen, vor Gott aber ist er eine ausgesuchte Kostbarkeit. *5* Und lasst euch selbst als lebendige Steine zu einem geistlichen Haus aufbauen, zu einer heiligen Priesterschaft, die geistliche Opfer bringt. Durch Jesus Christus nimmt Gott solche Opfer gern an. *6* Darum steht auch in der Schrift: „Seht her, ich lege in Zion einen ausgesucht kostbaren Eckstein als Grund. Wer sich auf ihn verlässt, wird nicht zugrunde gehen."[d] *7* Für euch, die ihr glaubt, ist dieser Stein eine Kostbarkeit. Für die Ungläubigen aber gilt: „Gerade der Stein, der von den Fachleuten als unbrauchbar verworfen wurde, ist zum Eckstein geworden.[e] *8* Er ist ein Stein, an dem die Menschen sich stoßen, ein Felsblock, an dem sie zu Fall kommen."[f] Weil sie dem Wort Gottes nicht gehorchen, stoßen sie sich an ihm. Doch dazu sind sie auch bestimmt. *9* Aber ihr seid ein ausgewähltes Geschlecht, eine königliche Priesterschaft, ein heiliges Volk,[g] das Gott selbst gehört. Er hat euch aus der Finsternis in sein wunderbares Licht gerufen, damit ihr verkündigt, wie unübertrefflich er ist. *10* Früher wart ihr nicht sein Volk, aber jetzt seid ihr Gottes Volk, früher gab es für euch kein Erbarmen, aber jetzt habt ihr sein Erbarmen gefunden.

Christen im Staat

11 Ihr wisst, liebe Geschwister, dass ihr in dieser Welt nur Ausländer und Fremde seid. Deshalb ermahne ich euch: Gebt den menschlichen Begierden nicht nach, denn die kämpfen gegen euch. *12* Euer Leben muss gerade unter Menschen, die Gott nicht kennen, einwandfrei sein. Wenn sie euch als Böse verleumden, sollen sie eure guten Taten sehen, damit sie zur Einsicht kommen und Gott preisen, wenn er einmal in ihr Leben eingreift.

13 Fügt euch allen von Menschen gesetzten Ordnungen, weil der Herr das so will. Das gilt sowohl dem König gegenüber, der an höchster Stelle steht, *14* als auch seinen Statthaltern. Er hat sie eingesetzt, um Verbrecher zu bestrafen und Menschen, die Gutes tun, zu belohnen. *15* Denn Gott will, dass ihr durch gute Taten das dumme Gerede unwissender Menschen zum

---

b 1,25: Jesaja 40,6-8.

c 2,3: Zitat aus Psalm 34,9.

d 2,6: Jesaja 28,16

e 2,7: Psalm 118,22

f 2,8: Jesaja 8,14

g 2,9: Zitat aus 2. Mose 19,6.

Schweigen bringt. **16** Lebt als freie Menschen, die Sklaven Gottes sind, und missbraucht eure Freiheit nicht als Deckmantel für das Böse. **17** Begegnet allen mit Achtung, liebt die Gemeinschaft mit den Glaubensgeschwistern, habt Ehrfurcht vor Gott und ehrt auch den König!

Abhängige Christen

18 Ihr Sklaven in den Häusern! Gehorcht euren Dienstherren mit aller Ehrerbietung, und zwar nicht nur den guten und gerechten, sondern auch den verbogenen! **19** Es ist nämlich eine Gnade Gottes, wenn jemand Kränkungen ertragen kann und unschuldig leidet, weil er in seinem Gewissen an Gott gebunden ist. **20** Denn was wäre das für ein Ruhm, wenn ihr wegen einer Verfehlung Misshandlungen ertragt? Wenn ihr aber Gutes tut und dafür leiden müsst, dann ist das eine Gnade von Gott, **21** denn genau dazu seid ihr berufen worden. Auch Christus hat für euch gelitten und euch ein Beispiel gegeben, damit ihr seinen Fußspuren folgt. **22** Er hat keine Sünde begangen und kein unwahres Wort ist je über seine Lippen gekommen.[a] **23** Er wurde beleidigt und schimpfte nicht zurück, er litt und drohte nicht mit Vergeltung, sondern überließ seine Sache dem, der gerecht richtet. **24** In seinem Körper hat er unsere Sünden auf das Holz hinaufgetragen,[b] damit wir

---

a 2,22: Das ist ein Zitat aus Jesaja 53,9.

b 2,24: Andere übersetzen: „auf dem Holz getragen". In der LXX wird diese Wendung für das Darbringen des Opfers gebraucht (Hesekiel 43,18; Psalm 51,21; Esra 3,2).

– für die Sünden gestorben – nun so leben, wie es vor Gott recht ist. Durch seine Striemen seid ihr heil geworden. **25** Denn ihr wart wie Schafe, die sich verlaufen haben. Jetzt aber seid ihr zu eurem Hirten, dem Hüter eurer Seelen, zurückgekehrt.

Christen in der Ehe

3 **1** In derselben Weise sollt auch ihr Frauen euch euren Männern unterordnen. Damit werden auch solche Männer gewonnen, die nicht auf das Wort Gottes hören wollen. Das geschieht ohne Worte, einfach durch das Verhalten ihrer Frauen, **2** denn sie sehen, wie rein und gottesfürchtig ihr lebt. **3** Ihr sollt nicht durch äußerlichen Schmuck wirken wollen, durch aufwendige Frisuren, durch Gold oder prächtige Kleider. **4** Gott schätzt besonders den Schmuck, den man nicht sieht, der aber von unvergänglicher Schönheit ist: ein freundliches und stilles Herz. **5** Das ist die Schönheit, mit der die heiligen Frauen sich früher geschmückt haben. Sie haben ihre Hoffnung auf Gott gesetzt und sich ihren Männern untergeordnet. **6** Sara, zum Beispiel, gehorchte Abraham und nannte ihn „Herr". Und wenn ihr Gutes tut und euch nicht von Furcht überwältigen lasst, dann seid ihr ihre Töchter geworden.

7 Ihr Männer müsst euch entsprechend verhalten, damit eure Gebete nicht vergeblich sind. Seid also rücksichtsvoll im Umgang mit euren Frauen, denn sie sind die Schwächeren. Achtet und ehrt sie, denn sie haben genauso wie ihr Anteil am Geschenk des ewigen Lebens.

Christen untereinander

8 Schließlich sage ich euch allen: Seid euch in der gleichen Gesinnung einig, habt Mitgefühl füreinander und begegnet euch in geschwisterlicher Liebe! Seid barmherzig und demütig! 9 Vergeltet Böses nicht mit Bösem und Schimpfwort nicht mit Schimpfwort, sondern tut das Gegenteil: wünscht ihnen Gutes und segnet sie so! Das erwartet Gott von euch, damit er euch an seinem Segen teilhaben lässt.

10 „Denn wer das Leben liebt und gute Tage sehen will, der hüte seine Zunge. Kein böses Wort und keine Lüge verlasse seinen Mund. 11 Er wende sich vom Bösen ab und tue das Gute und mühe sich um Frieden! 12 Denn der Herr hat die im Blick, die das Rechte tun, und für deren Bitten ein offenes Ohr. Doch wer Böses tut, hat ihn immer gegen sich."c

Leiden für gute Taten

13 Und wer würde euch schaden wollen, wenn ihr euch bemüht das Gute zu tun? 14 Wenn ihr aber trotzdem leiden müsst, weil ihr tut, was vor Gott recht ist, dann dürft ihr euch glücklich preisen. ‚Habt also keine Angst vor ihren Drohungen und lasst euch nicht einschüchtern. 15 Lasst vielmehr Christus, den Herrn, die Mitte eures Lebens sein!'d Und wenn man euch nach eurer Hoffnung fragt, seid immer zur Rechenschaft bereit! 16 Doch antwortet freundlich und mit dem gebotenen Respekt. Bewahrt euch ein reines Gewissen! Wenn die Leute euch dann etwas Böses nachsagen, werden sie beschämt werden, weil euer vorbildliches Leben mit Christus sie Lügen straft. 17 Auf jeden Fall ist es besser, für gute Taten zu leiden, wenn Gott das so will, als für schlechte.

18 Auch Christus hat einmal für die Sünden gelitten, der Gerechte starb für die Ungerechten, um uns zu Gott hinführen zu können. Als Mensch wurde er getötet, durch den Geist aber wieder lebendig gemacht. 19 In diesem Geist hatte er auch den in der Sünde gefangenen Geistern gepredigt e, 20 den Menschen, die zur Zeit Noahs ungehorsam waren. Damals wartete Gott geduldig auf ihre Umkehr, bis Noah die Arche fertig gebaut hatte. Doch nur acht Menschen wurden in der Arche durch das Wasser der Sintflut hindurch gerettet. 21 Das ist ein Bild für die Taufe, die jetzt euch rettet. Die Taufe dient ja nicht zur körperlichen Reinigung. Sie ist vielmehr Ausdruck einer Bitte an Gott um ein gutes Gewissen. Diese Rettung verdanken wir der Auferstehung von Jesus Christus, 22 der jetzt auf dem Ehrenplatz an Gottes rechter Seite sitzt, und dem nach seinem Weggang in den Himmel die Engel, Gewalten und Mächte unterworfen sind.

---

c 3,12: Psalm 34,13-17

d 3,15: Jesaja 8,12-13

e 3,19: *Geistern gepredigt.* Vers 20 legt nahe, dass Christus das durch Noah tat. Dass er ins Totenreich gegangen wäre, um den Toten dort zu predigen, geht weder aus dem Wortlaut noch aus dem Zusammenhang dieser Stelle hervor.

Leben für Gott

4 *1* Weil nun Christus als Mensch gelitten hat, solltet auch ihr dazu bereit sein. Denn wer körperlich leidet, hat von der Sünde gelassen. *2* Der Rest eures Lebens wird dann nicht mehr von euren Leidenschaften bestimmt, sondern von dem, was Gott will. *3* Es ist schlimm genug, dass ihr früher getan habt, was die Menschen ohne Gott von euch wollten. In hemmungsloser Gier habt ihr euch mit ihnen zusammen Ausschweifungen hingegeben, ihr habt euch betrunken, habt an wüsten Fress- und Saufgelagen teilgenommen und wart in einem abscheulichen Götzendienst gefangen. *4* Eure früheren Freunde sind jetzt natürlich befremdet, dass ihr euch nicht mehr in diesen Strudel der Leidenschaften hineinreißen lasst, und beschimpfen euch deswegen. *5* Aber sie werden sich vor dem verantworten müssen, der bald sein Urteil über alle Menschen sprechen wird, über die Lebenden und über die Toten. *6* Denn aus diesem Grund ist die gute Botschaft auch denen gepredigt worden, die inzwischen gestorben sind, damit sie wie Gott das Leben im Geist haben, obwohl ihr Körper wie bei allen Menschen mit dem Tod bestraft werden musste.

7 Das Ende aller Dinge ist nah. Seid also besonnen und klar in euren Gebeten. *8* Vor allem aber hört nicht auf, euch gegenseitig zu lieben, denn die Liebe deckt viele Sünden zu. *9* Seid gastfrei untereinander, ohne zu murren.

10 Gott hat jedem von euch Gaben geschenkt, mit denen ihr einander dienen könnt. Tut das als gute Verwalter der vielfältigen Gnade Gottes! *11* Wenn jemand redet, soll Gott durch ihn sprechen können. Wenn jemand anderen hilft, soll er es in der Kraft tun, die Gott ihm schenkt. Dann wird Gott in allem geehrt werden. Möglich ist das durch Jesus Christus geworden, dem die Herrlichkeit gehört und die Macht in alle Ewigkeit. Amen.

Christen unter Druck

12 Liebe Geschwister, wundert euch nicht über die Anfeindungen, die wie ein Feuersturm über euch gekommen sind, als wäre das etwas Außergewöhnliches. *13* Freut euch vielmehr darüber, dass ihr so Anteil an den Leiden des Messias habt. Denn wenn er dann in seiner Herrlichkeit erscheint, werdet ihr mit Jubel und Freude erfüllt sein. *14* Wenn ihr beschimpft werdet, weil ihr zu Christus gehört, seid ihr glücklich zu nennen, denn dann ruht der Geist der Herrlichkeit Gottes auf euch. *15* Natürlich darf es nicht sein, dass jemand von euch leiden muss, weil er ein Mörder ist oder ein Dieb oder ein anderer Verbrecher, oder weil er sich in fremde Angelegenheiten einmischt. *16* Wenn er aber leidet, weil er Christ ist, muss er sich nicht schämen. Er preise vielmehr Gott, dass er diesen Namen tragen darf. *17* Denn in der jetzigen Zeit nimmt das Gericht bei der Familie Gottes seinen Anfang. Wenn aber selbst wir gerichtet werden müssen, was wird dann erst die erwarten, die der guten Botschaft Gottes nicht gehorchen wollten? *18* Denn „wenn schon die Gerechten kaum auf Rettung hoffen dürfen, wo werden sich dann die Gottlosen und Sünder wiederfinden?"[a] *19* Wer also nach dem Willen Gottes zu leiden hat, soll sich seinem treuen Schöpfer anbefehlen und nicht aufhören, Gutes zu tun.

Die Hirten und die Herde

5 *1* Als Mitältester wende ich mich jetzt an eure Gemeindeältesten, weil ich sowohl Zeuge vom Leiden des Messias bin als auch Teilhaber an seiner Herrlichkeit, die bald erscheinen wird. *2* Sorgt gut für die Herde Gottes, die euch anvertraut ist. Tut es nicht, weil ihr euch dazu gezwungen fühlt, sondern freiwillig, wie es Gott gefällt. Hütet sie aber nicht aus Gewinnsucht, sondern weil ihr dem Herrn dienen wollt. *3* Führt euch auch nicht als Herrscher in euren Gemeinden auf, sondern seid Vorbilder für eure Geschwister. *4* Dann werdet ihr den unvergänglichen Ehrenkranz der Herrlichkeit erhalten, wenn der höchste Hirt erscheinen wird.

5 Euch Jüngeren sage ich: „Ordnet euch den Ältesten unter!" Doch alle müsst ihr im Umgang miteinander Bescheidenheit an den Tag legen. Denn „Gott widersetzt sich den Hochmütigen, nur den Demütigen erweist er Gnade."[b] *6* Demütigt euch deshalb unter Gottes mächtige Hand, dann wird er euch auch zur richtigen Zeit erhöhen. *7* Und werft so alle eure Sorgen auf ihn, denn er sorgt sich um alles, was euch betrifft.

8 Seid nüchtern und wachsam! Euer Todfeind, der Teufel, streicht wie ein brüllender Löwe herum und sucht nach einem Opfer, das er verschlingen kann. *9* Dem müsst ihr im festen Glauben widerstehen! Dabei sollt ihr wissen, dass eure Geschwister in der ganzen Welt die gleichen Leiden durchmachen.

10 Der Gott, von dem alle Gnade kommt, hat euch berufen, mit Christus zusammen für immer in seiner Herrlichkeit zu leben. Er wird euch aufbauen, stärken, kräftigen und auf festen Grund stellen, auch, wenn ihr jetzt eine Weile leiden musstet. *11* Ihm gehört die Macht in Zeit und Ewigkeit! Amen.

Briefschluss

12 Durch den Bruder Silvanus, dessen Treue ich sehr schätze, habe ich euch diese wenigen Zeilen geschrieben. Ich wollte euch ermutigen und euch bestätigen, dass es die wahre Gnade Gottes ist, die ihr erlebt.

13 Die Gemeinde in dem Babylon hier[c] lässt euch grüßen, auch Markus, der mir wie ein Sohn ist. *14* Grüßt euch mit dem Kuss geschwisterlicher Liebe. Friede sei mit euch allen, die ihr in Christus verbunden seid!

---

a 4,18: Sprüche 11,31; nach der LXX zitiert.

b 5,5: Sprüche 3,34 nach der LXX zitiert.

c 5,13: *Babylon hier*. Damit meint Petrus offenbar Rom.

Zweiter Brief des Petrus

Petrus, der sich immer noch in Rom aufhielt, hatte bisher der Verfolgung durch Kaiser Nero im Jahr 64 n. Chr. entkommen können, der Paulus bereits zum Opfer gefallen war. Inzwischen wusste er aber, dass auch er nicht mehr lange zu leben hatte (1,14-15) und verfasste deshalb einen zweiten Brief an die Christen in Kleinasien (3,1). Diesmal schrieb er ihn entweder selbst oder bediente sich eines anderen Sekretärs als im ersten Brief.

Petrus hatte erfahren, dass falsche Lehrer in einige Gemeinden Kleinasiens eingedrungen waren. Leider musste er davon ausgehen, dass diese Lehrer in Zukunft noch mehr Ärger machen würden und wollte die Gläubigen deshalb dringend warnen.

Der Brief ist so etwas wie das geistliche Vermächtnis des Petrus. Es ist bemerkenswert, dass er ebenso wie Paulus in seinem letzten Brief (siehe 2.Timotheus 1,1 Vorwort) die Gläubigen auf die Heilige Schrift verweist. Kurze Zeit später (67 n. Chr.) wurde auch er hingerichtet.

1 *1* Es schreibt Simon Petrus, ein Sklave[a] und Apostel von Jesus Christus. An alle, die denselben wertvollen Glauben empfangen haben wie wir. Das ist der Glaube, der uns durch die Gerechtigkeit unseres Gottes und Retters Jesus Christus geschenkt wurde. *2* Gnade und Frieden vermehre sich bei euch dadurch, dass ihr Gott und unseren Herrn Jesus immer besser erkennt.

Geistliches Wachstum

3 In seiner göttlichen Macht hat er uns alles geschenkt, was wir zu einem Leben in liebevoller Ehrfurcht vor Gott brauchen. Er hat uns den erkennen lassen, der uns kraft seiner Herrlichkeit und Wundermacht berufen hat. *4* Auf diese Weise hat er uns die allergrößten und wertvollsten Zusagen gegeben. Dadurch hat er nämlich versprochen, dass ihr Anteil an seiner göttlichen Natur bekommt. Ihr seid ja dem Verderben entkommen, dem diese Welt durch ihre Leidenschaften verfallen ist.

5 Deshalb müsst ihr nun auch allen Fleiß daransetzen, eurem Glauben ein vorbildliches Leben beizufügen, und diesem Leben die Erkenntnis. *6* Der Erkenntnis muss die Selbstbeherrschung folgen, der Selbstbeherrschung die Geduld und der Geduld die liebevolle Ehrfurcht vor Gott. *7* Diese Gottesfurcht wiederum führt zur geschwisterlichen Liebe und aus der Liebe zu den Gläubigen folgt schließlich die Liebe zu allen Menschen. *8* Je mehr ihr in dieser Hinsicht vorankommt, desto mehr wird sich das auswirken und Frucht bringen,

---

a 1,1: Ein *Sklave* (griech. *doulos*) ist ein Mensch, der rechtlich und wirtschaftlich Eigentum eines anderen Menschen ist. Christen verstanden sich als Sklaven von Jesus Christus, weil dieser sie aus der Sklaverei der Sünde „freigekauft" hatte, und betrachteten diesen Titel als Auszeichnung.

und ihr werdet unseren Herrn Jesus Christus immer besser erkennen. *9* Wer das alles aber nicht hat, ist blind oder doch sehr kurzsichtig. Er hat vergessen, dass Gott ihn von seinen früheren Sünden gereinigt hat. *10* Ihr müsst deshalb alles daransetzen, liebe Geschwister, eure Berufung und Erwählung festzumachen. Dann werdet ihr auch nicht ins Stolpern kommen, *11* und Gott wird euch die Tore weit öffnen und euch in das ewige Reich unseres Herrn und Retters Jesus Christus einziehen lassen.

Glaubwürdige Zeugen

12 Aus diesem Grund will ich euch immer wieder an diese Dinge erinnern, auch wenn ihr die Wahrheit schon kennt und fest in ihr gegründet seid. *13* Aber ich halte es für meine Pflicht, euch durch die Erinnerung wach zu halten, so lange ich lebe. *14* Denn ich weiß, dass mein Zelt hier auf der Erde bald abgebrochen wird. Das hat unser Herr Jesus Christus mir zu erkennen gegeben. *15* Deshalb will ich dafür sorgen, dass ihr euch auch nach meinem Tod jederzeit an diese Dinge erinnern könnt.

16 Denn wir haben uns keineswegs auf Mythen oder frei erfundene Geschichten gestützt, als wir euch von der Macht unseres Herrn Jesus Christus und seinem Wiederkommen erzählten. Nein, wir haben seine herrliche Größe mit eigenen Augen gesehen. *17* Denn er empfing von Gott, dem Vater, Ehre und Herrlichkeit, damals, als Gott diese Worte mit herrlicher hoheitsvoller Stimme an ihn richtete: „Dies ist mein lieber Sohn. An ihm habe ich meine

Freude." *18* Wir haben diese himmlische Stimme gehört, als wir mit ihm auf dem heiligen Berg waren.[b]

19 Und eine noch festere Grundlage haben wir im prophetischen Wort, und ihr tut gut daran, darauf zu achten wie auf ein Licht, das an einem dunklen Ort leuchtet, bis der Tag anbricht und der Morgenstern in euren Herzen aufgeht. *20* Vor allem aber müsst ihr wissen, dass keine prophetische Aussage der Schrift aus einer eigenen Deutung stammt.[c] *21* Denn niemals wurde eine Weissagung ausgesprochen, weil der betreffende Mensch das wollte. Diese Menschen wurden vielmehr vom Heiligen Geist gedrängt, das zu sagen, was Gott ihnen aufgetragen hatte.

Gefährliche Irrlehrer

2 *1* Doch es gab in Israel auch falsche Propheten, so wie es unter euch falsche Lehrer geben wird. Sie werden ihre verderblichen Sonderlehren heimlich einschleusen. Damit verleugnen sie ihren eigenen Herrn[d], der sie doch freigekauft hat, und ziehen sich selbst ein schnelles Verderben zu. *2* Mit ihrem zügellosen Lebensstil werden sie jedoch viele Anhänger finden, und ihretwegen wird der Weg der Wahrheit in Verruf geraten. *3* In ihrer Habgier werden sie geschickte Lügen erfinden, um an

---

b 1,18 Siehe Markus 9,2-9!

c 1,20: *aus einer eigenen Deutung stammt.* Entweder ist gemeint: aus einer eigenen Deutung (Erfindung) des Propheten, oder: eine eigene (eigenwillige) Deutung zulässt.

d 2,1: *eigenen Herrn.* Wörtlich den Herrscher, den Gebieter.

euer Geld zu kommen. Doch das Urteil über sie ist längst gefällt, sie werden ihrem Verderben nicht entgehen.

Göttliches Urteil

4 Gott hat nicht einmal die Engel verschont, die sich gegen ihn vergangen hatten, sondern hat sie bis zum Tag des Gerichts mit Finsternis gefesselt und in Höhlen des Abgrunds verwahrt. 5 Er hat auch die frühere Welt nicht verschont. Nur Noah, der die Menschen ermahnte, Gott zu gehorchen, wurde mit den sieben Mitgliedern seiner Familie gerettet, als Gott die Flut über die Welt der Gottlosen brachte. 6 Auch die Städte Sodom und Gomorra hat Gott in Schutt und Asche sinken lassen, um an ihrem Beispiel zu zeigen, wie es den Gottlosen künftiger Zeiten ergehen würde. 7 Nur Lot hat er gerettet, weil der ein gerechter Mann war, der unter dem zügellosen Leben der Gottesverächter litt. 8 Denn täglich musste dieser Mann bei seinen Mitbürgern Dinge sehen und hören, die seinem Gewissen Qualen bereiteten, obwohl er selber tat, was vor Gott recht war. 9 Ihr seht also, dass der Herr weiß, wie er die Gottesfürchtigen aus der Versuchung retten, die Ungerechten aber bis zum Tag des Gerichts festhalten kann, wo sie bestraft werden, 10 und zwar besonders die, die ihren schmutzigen Begierden folgen und niemand als Herrn über sich anerkennen.

Verkommene Menschen

Solche Menschen sind frech und anmaßend. Sie schrecken nicht davor zurück, überirdische Mächte zu lästern. 11 Das wagen nicht einmal die Engel, die doch viel stärker und mächtiger sind. Niemals würden sie solche Mächte mit ihrem Urteil vor Gott lächerlich machen. 12 Aber diese Menschen handeln wie unvernünftige Tiere, die nur geschaffen sind, um gefangen und getötet zu werden. Sie machen sich über Mächte lustig, die sie nicht einmal kennen, und sie werden mit ihnen zusammen umkommen. 13 So bekommen sie den verdienten Lohn für ihre Bosheit. Sie lieben es ja sogar, schon am helllichten Tag üppige Gelage zu veranstalten. Diese Schmutz- und Schandflecken schwelgen in ihren Betrügereien und mästen sich auch noch an euren Liebesmahlen. 14 Keine leichtsinnige Frau entgeht ihren lüsternen Blicken. Ständig sind sie auf Sünde aus. Es macht ihnen Freude, unsichere Menschen zur Sünde zu verleiten. Habgier ist ihre zweite Natur geworden; sie sind verloren und verflucht. 15 Wie Bileam haben sie den geraden Weg verlassen. Ja, sie sind dem Sohn Beors gefolgt, der das Geld liebte, das er für seine böse Tat bekommen sollte. 16 Doch er musste sich sein Unrecht vorhalten lassen: Ein stummes Lasttier, ein Esel, sprach ihn mit der Stimme eines Menschen an und stellte sich dem irrsinnigen Vorhaben des Propheten in den Weg. 17 Diese Menschen sind wie Brunnen, die kein Wasser haben, wie Nebelschwaden im Sturm. Sie werden in der dunkelsten Finsternis enden. 18 Mit hochtrabenden Worten schwingen sie große Reden, und durch die Verlockung ihres ausschweifenden Lebens ziehen sie Menschen an, die doch gerade erst solch einem falschen Leben entkommen sind. 19 Sie versprechen ihnen

Freiheit und sind doch selbst Sklaven ihrer moralischen Verkommenheit. Wovon man sich beherrschen lässt, von dem ist man versklavt. *20* Denn wenn sie vom Schmutz der Welt losgekommen sind, weil sie Jesus Christus, unseren Herrn und Retter, kennen gelernt haben, sich dann aber wieder davon fangen und überwältigen lassen, dann wären sie am Ende schlimmer dran als am Anfang. *21* Ja wäre es besser für sie gewesen, sie hätten den rechten Weg nie gekannt, als ihn zu erkennen und sich dann doch von der heiligen göttlichen Weisung, die ihnen übergeben wurde, wieder abzuwenden. *22* Es ist ihnen genauso ergangen wie das Sprichwort sagt: „Ein Hund kommt zum Erbrochenen zurück und eine gewaschene Sau wälzt sich wieder im Dreck."[a]

Leichtfertige Spötter

3 *1* Das ist bereits mein zweiter Brief an euch, liebe Geschwister. Durch meine Schreiben wollte ich längst Bekanntes auffrischen und euch in eurer guten Einstellung bestärken. *2* Ich möchte, dass ihr euch an das erinnert, was die heiligen Propheten vor langer Zeit sagten, und an das, was die Apostel euch als Weisung unseres Herrn und Retters übergeben haben. *3* Vor allen Dingen müsst ihr wissen, dass in den letzten Tagen Spötter auftreten werden, die sich über die Wahrheit lustig machen, aber doch nur ihren selbstsüchtigen Wünschen folgen. *4* Sie werden sagen: „Er hat doch versprochen wiederzukommen!

Wo bleibt er denn? Inzwischen sind unsere Väter gestorben, aber alles ist immer noch so, wie es seit Anfang der Schöpfung war." *5* Wer das behauptet, will nicht wahrhaben, dass es die Himmel schon längst gab und die Erde aus dem Wasser hervorgetreten und mit Wasser umgeben war. Gott hatte sie durch sein Wort geschaffen. *6* Dennoch wurde die Welt damals bei der großen Flut auf Gottes Wort hin durch Wasser überschwemmt und vernichtet. *7* Durch dasselbe Wort Gottes werden nun auch die jetzigen Himmel und die jetzige Erde für das Feuer aufgespart. Sie werden bewahrt bis zum Tag des Gerichts, an dem die Gottlosen zugrunde gehen.

Gnädige Verzögerung

8 Eins dürft ihr dabei nicht übersehen, liebe Geschwister: Für den Herrn ist das, was für uns ein Tag ist, wie tausend Jahre; und was für uns tausend Jahre sind, ist für ihn wie ein einziger Tag. *9* Der Herr verzögert seine Zusage nicht, wie manche das meinen. Im Gegenteil: Er hat Geduld mit euch, denn er will nicht, dass irgendjemand ins Verderben geht, sondern dass alle Gelegenheit haben, zu ihm umzukehren. *10* Der Tag des Herrn wird aber so unerwartet kommen wie ein Dieb. Dann wird der Himmel unter schrecklichem Lärm vergehen und die Himmelskörper im Feuer verglühen. Die Erde und alles, was der Mensch auf ihr gemacht hat, werden dann verbrannt[b] werden. *11* Wenn sich das alles nun so auflösen wird, was

---

a 2,22: Sprüche 26,11

b 3,10: Nach anderen Handschriften: „nicht mehr gefunden".

für ein Anliegen müsste es euch dann sein, ein Leben in Heiligkeit und Ehrfurcht vor Gott zu führen, *12* den Tag Gottes zu erwarten und seine Ankunft zu beschleunigen – den Tag, an dem die Himmel im Feuer verbrennen und die Elemente im Brand zerschmelzen werden. *13* Aber nach dem, was Gott uns versprochen hat, erwarten wir neue Himmel und eine neue Erde, in denen Gerechtigkeit regiert.

Nötige Wachsamkeit

14 Weil ihr das alles erwartet, liebe Geschwister, beeilt euch, dass ihr rein und tadellos und innerlich im Frieden vor euren Herrn hintreten könnt. *15* Und haltet die Geduld unseres Herrn für eine Chance zur Rettung. Genau das hat euch auch unser lieber Bruder Paulus geschrieben, dem Gott in all diesen Fragen viel Weisheit geschenkt hat. *16* In seinen Briefen redet er mehrfach davon. Freilich ist einiges darin auch schwer zu verstehen, was dann von unverständigen oder im Glauben nicht gefestigten Leuten verdreht wird. Aber so machen sie es ja auch mit den anderen Texten der Heiligen Schrift – zu ihrem eigenen Verderben.

17 Weil ihr das alles jetzt schon wisst, liebe Geschwister, passt auf, dass ihr nicht von dem Irrsinn der Gesetzesverächter mitgerissen werdet und euren festen Stand verliert. *18* Nehmt vielmehr in der Gnade zu und lernt unseren Herrn und Retter Jesus Christus immer besser kennen. Ihm gehört alle Herrlichkeit und Ehre, schon jetzt und auch in alle Ewigkeit! Amen.

Erster Brief des Johannes

Um das Jahr 90 herum schrieb Johannes seine drei Briefe, vermutlich von Ephesus aus. Bei den Empfängern handelte es sich wahrscheinlich um Christen in der römischen Provinz Asia. Vermutlich sind es dieselben Empfänger, die auch die Offenbarung erhielten. Anlass seines Schreibens war die mangelnde Heilsgewissheit bei den Gläubigen und das Eindringen von Irrlehren in den Gemeinden.

Das Leben

1 *1* Es war von Anfang an da; wir haben es gehört und mit eigenen Augen gesehen; wir haben es angeschaut und mit unseren Händen berührt: das Wort des Lebens. *2* Ja, das Leben ist erschienen. Das können wir bezeugen. Wir haben es gesehen und verkündigen es euch: das ewige Leben, das beim Vater war und bei uns sichtbar geworden ist. *3* Und was wir selbst gesehen und gehört haben, verkündigen wir auch euch, denn wir möchten, dass ihr mit uns verbunden seid. Und die Gemeinschaft, die uns verbindet, ist zugleich Gemeinschaft mit dem Vater und mit seinem Sohn Jesus Christus. *4* Wir schreiben euch das, damit unsere gemeinsame Freude vollkommen wird.

Das Licht

5 Folgende Botschaft haben wir von ihm gehört und geben sie hiermit an euch weiter: „Gott ist Licht; in ihm gibt es keine Spur von Finsternis." *6* Wenn wir behaupten, mit Gott Gemeinschaft zu haben und trotzdem in der Finsternis leben, dann lügen wir: Unser Tun steht im Widerspruch zur Wahrheit. *7* Wenn wir aber im Licht leben, so wie Gott im Licht ist, sind wir miteinander verbunden, und das Blut seines Sohnes Jesus macht uns von jeder Sünde rein. *8* Wenn wir behaupten, ohne Schuld zu sein, betrügen wir uns selbst und verschließen uns der Wahrheit. *9* Wenn wir unsere Sünden eingestehen, zeigt Gott, wie treu und gerecht er ist: Er vergibt uns die Sünden und reinigt uns von jedem begangenen Unrecht. *10* Wenn wir behaupten, wir hätten nicht gesündigt, machen wir Gott zum Lügner. Dann lebt sein Wort nicht in uns.

Unser Anwalt

2 *1* Meine lieben Kinder, ich schreibe euch das, damit ihr nicht sündigt. Wenn es aber doch geschieht, sollt ihr wissen: Wir haben einen Anwalt beim Vater – Jesus Christus, den Gerechten. Er, der nie Unrecht getan hat, *2* ist zum Sühnopfer für unsere Sünden geworden und nicht nur für unsere Sünden, sondern auch für die der ganzen Welt.

Seine Gebote

3 Wenn wir seine Gebote halten, wird uns bewusst, dass wir ihn kennen. *4* Wenn jemand behauptet: „Ich kenne Gott!", aber seine Gebote nicht hält, ist er ein Lügner. In ihm wohnt die Wahrheit nicht. *5* Wer sich aber nach seinem Wort richtet, bei dem ist die Liebe Gottes zum Ziel gekommen. Und genau daran erkennen wir, dass wir mit Christus verbunden sind. 6 Wer also behauptet, mit Christus verbunden zu sein, soll auch so leben wie Christus gelebt hat.

7 Was ich euch jetzt schreibe, meine Lieben, ist kein neues Gebot, sondern das alte, das ihr von Anfang an kennt. Es ist die Botschaft, die euch verkündigt wurde. 8 Und doch ist es auch ein neues Gebot, das ich euch schreibe. Das Neue ist eine Tatsache, die sich in Christus und in euch als wahr erweist. Die Finsternis weicht ja zurück und das wahre Licht leuchtet schon. 9 Wer behauptet, im Licht zu leben und dabei seinen Bruder oder seine Schwester hasst, ist immer noch in der Dunkelheit. 10 Doch wer seine Geschwister liebt, lebt im Licht und dort gibt es nichts, was ihn zu Fall bringen kann. 11 Wer seine Geschwister hasst, lebt in der Finsternis. Er tappt im Finstern umher und weiß nicht, wohin er geht. Die Dunkelheit hat ihn blind gemacht.

Die Briefempfänger

12 Euch, meinen Kindern, schreibe ich, weil euch die Sünden vergeben sind. Das verbürgt uns sein Name. 13 Euch Vätern schreibe ich, weil ihr den erkannt habt, der von Anfang an da ist. Euch Jugendlichen schreibe ich, weil ihr den Bösen besiegt habt.

14 Ich will es noch einmal sagen: Ihr Kinder, ich erinnere euch daran, dass ihr den Vater kennt. Ihr Väter, ich erinnere euch daran, dass ihr den erkannt habt, der von Anfang an da ist. Ihr Jugendlichen, ich erinnere euch daran, dass ihr stark seid und

das Wort Gottes in euch lebt und in euch bleibt und ihr den Bösen überwunden habt.

Die Welt

15 Hängt euer Herz nicht an die Welt und an nichts, was zu ihr gehört! Wenn jemand die Welt liebt, hat er keinen Platz für die Liebe zum Vater. 16 Denn diese Welt wird von der Sucht nach körperlichem Genuss bestimmt, von gierigen Augen und einem unverschämten Geltungsdrang. Nichts davon kommt vom Vater. Es gehört alles zur Welt. 17 Und diese Welt mit ihren Begierden wird verschwinden. Doch wer tut, was Gott will, bleibt und lebt in Ewigkeit.

Die Christusfeinde

18 Kinder, die letzte Stunde ist da. Ihr habt gehört, dass der Antichristus kommen wird. Und inzwischen sind viele solche Christusfeinde aufgetreten. Daran erkennen wir, dass die letzte Stunde angebrochen ist. 19 Diese Christusfeinde waren früher mit uns zusammen, aber sie gehörten nie wirklich zu uns. Hätten sie zu uns gehört, wären sie bei uns geblieben. Doch sie haben sich von uns getrennt, damit jedem klar würde, dass sie nie zu uns gehörten. 20 Ihr aber habt vom Heiligen selbst den Heiligen Geist[a] erhalten. Und durch diese Salbung

---

a 2,20: *den Heiligen Geist.* Wörtlich: das Salböl, bzw. die Salbung. Im Alten Testament wurden Könige und Priester bei ihrer Einsetzung gesalbt. Diese Symbolik sollte daran erinnern, dass Gott sie berufen und für ihren Auftrag ausgerüstet hatte.

kennt ihr alle die Wahrheit. *21* Ich schreibe euch also nicht, weil ihr die Wahrheit nicht kennt, sondern weil ihr sie kennt und wisst, dass aus der Wahrheit keine Lüge hervorgehen kann. *22* Wer ist nun der Lügner? Es ist der, der abstreitet, dass Jesus der Messias[b], der Christus, ist. Wer das leugnet, ist der Christusfeind. Er lehnt nicht nur den Sohn, sondern auch den Vater ab. *23* Denn wer den Sohn leugnet, hat keine Verbindung zum Vater. Wer sich aber zum Sohn bekennt, gehört auch zum Vater.

24 Doch ihr, haltet an der Botschaft fest, die ihr von Anfang an gehört habt! Wenn ihr das tut, dann bleibt ihr mit dem Sohn und mit dem Vater verbunden. *25* Und durch diese Verbindung erfüllt sich seine Zusage: Wir haben das ewige Leben.

26 Soviel zu denen, die euch verführen wollen. *27* Für euch aber gilt: Der Heilige Geist, mit dem Christus euch gesalbt hat, bleibt in euch! Deshalb braucht ihr keinen, der euch darüber belehrt, sondern der Geist[c] lehrt euch das alles. Und was er lehrt, ist wahr, es ist keine Lüge. Bleibt also bei dem, was er euch lehrt und lebt mit Christus vereint.

Gottes Kinder

28 Ja, meine lieben Kinder, bleibt in Christus, denn wenn wir so mit ihm verbunden sind, werden wir bei seinem Wiederkommen zuversichtlich vor ihn treten können und müssen nicht fürchten, beschämt zu werden. *29* Wenn ihr wisst, dass der Sohn Gottes gerecht ist, dann könnt ihr auch sicher sein, dass jeder, der sich wie Christus nach dem Willen Gottes richtet, die Neugeburt aus Gott empfangen hat.

3 *1* Seht doch, welche Liebe der Vater uns erwiesen hat: Wir sollen seine Kinder heißen – und wir sind es tatsächlich! Die Menschen dieser Welt verstehen das nicht, weil sie den Vater nicht kennen. *2* Ihr Lieben, schon jetzt sind wir Kinder Gottes und was das in Zukunft bedeuten wird, können wir uns jetzt noch nicht einmal vorstellen. Aber wir wissen, dass wir von gleicher Art sein werden wie er, denn wir werden ihn so sehen, wie er wirklich ist. *3* Wer auf so etwas hofft, wird immer darauf achten, sich von Sünde zu reinigen, um rein zu sein wie er.

Die Sünde

4 Wer absichtlich sündigt[d], lehnt sich gegen Gottes Ordnung auf, denn Sünde ist Auflehnung gegen Gott. *5* Und ihr wisst, dass Jesus auf der Erde erschien, er, der selbst ganz ohne Sünde ist, um die Sünden der Menschen wegzunehmen. *6* Wer mit ihm verbunden lebt, der sündigt nicht bedenkenlos weiter[e]. Wer

---

b 2,22: *der Messias.* Siehe Vorwort des Übersetzers.

c 2,27: *der Geist.* Wörtlich: das Salböl. Siehe Fußnote zu Vers 20.

d 3,4: *absichtlich sündigt.* Wörtlich: „der die Sünde Tuende". Es kann auch übersetzt werden: „Wer gewohnheitsmäßig sündigt".

e 3,6: *bedenkenlos weiter.* Der Zusatz ergibt sich aus der grammatischen Form

gewohnheitsmäßig sündigt, hat ihn nie gesehen und nie begriffen wer er ist. *7* Meine Kinder, lasst euch doch von niemand verführen! Nur wer das Rechte tut, ist gerecht und kann wie Christus vor Gott bestehen. *8* Wer in der Sünde lebt, stammt vom Teufel, denn der sündigt von Anfang an. Der Sohn Gottes ist jedoch erschienen, um die Taten des Teufels zu vernichten. *9* Wer von Vater hat, lebt nicht mehr in der Sünde, weil das Erbgut seines Vaters jetzt in ihm wirkt. Deshalb kann er nicht immer weiter[a] sündigen, denn er stammt von Gott. *10* Man kann also erkennen, wer ein Kind Gottes und wer ein Kind des Teufels ist: Wer nicht das Rechte tut, stammt nicht von Gott, und wer seinen Bruder und seine Schwester nicht liebt, auch nicht.

Die Liebe

11 Denn darum geht es bei der Botschaft, die ihr von Anfang an gehört habt: Wir sollen einander lieben. *12* Wir dürfen nicht wie Kain sein, der zum Bösen gehörte und seinen Bruder umbrachte. Und weshalb ermordete er ihn? Weil die Taten Kains böse waren, die seines Bruders aber gerecht. *13* Wundert euch also nicht, Geschwister, wenn die Welt euch hasst. *14* Wir sind ja aus dem geistlichen Tod ins Leben übergewechselt. Das wissen wir, weil wir unsere

Geschwister lieben. Wer nicht liebt, ist noch immer tot. *15* Jeder, der seinen Bruder oder seine Schwester hasst, ist ein Mörder. Und ihr wisst, dass kein Mörder ewiges Leben in sich trägt. *16* Die Liebe haben wir ja daran erkannt, dass Christus sein Leben für uns hergegeben hat. So müssen auch wir bereit sein, das Leben für unsere Geschwister hinzugeben. *17* Stellt euch vor, da ist jemand, der seinen Lebensunterhalt gut verdienen kann, und er sieht einen von den Gläubigen in Not; aber er verschließt sein Herz vor ihm und hat kein Mitleid. Wie kann da Gottes Liebe in ihm bleiben? *18* Meine Kinder, unsere Liebe darf nicht nur in schönen Worten bestehen; unser Tun muss ein echter Beweis dafür sein.

Das Gewissen

19 Denn daran erkennen wir, dass die Wahrheit Gottes unser Leben bestimmt. Wir bringen unser Gewissen vor ihm zur Ruhe, *20* warum auch immer es uns anklagen mag, denn Gott ist größer als unser Gewissen und weiß um alles. *21* Wenn das Gewissen uns nicht verklagt, liebe Geschwister, können wir uns voller Zuversicht an Gott wenden *22* und werden alles bekommen, was wir von ihm erbitten, denn wir halten ja seine Gebote und tun, was ihm gefällt. *23* Sein Gebot ist: Wir sollen an seinen Sohn Jesus Christus glauben und einander lieben, wie er es uns aufgetragen hat. *24* Wer Gottes Gebote befolgt, lebt in Gemeinschaft mit Gott und Gott lebt in ihm. Dass Gott wirklich in uns lebt, wissen wir durch den Heiligen Geist, den er uns gegeben hat.

---

des Verbs. Ebenso die Beifügung „gewohnheitsmäßig" im nächsten Satz.

a 3,9: *immer weiter.* Der Zusatz ergibt sich aus der grammatischen Form des Verbs. Gemeint ist: Er kann in seinem Leben keine Sünde mehr dulden.

Falsche Propheten

4 *1* Ihr Lieben, glaubt nicht jedem, der behauptet, er sei mit Gottes Geist erfüllt, sondern prüft, was er sagt, ob es wirklich von Gott kommt. Denn viele falsche Propheten verbreiten ihre Lehren in der Welt. *2* Ob jemand den Geist Gottes hat, könnt ihr an diesem Merkmal erkennen: Wer bekennt, dass Jesus Christus als wirklicher Mensch zu uns kam, hat den Geist Gottes. *3* Wer sich nicht so zu Jesus bekennt, gehört nicht zu Gott. Aus ihm spricht der Geist des Antichristus. Ihr habt ja gehört, dass dieser Geist in die Welt kommen soll, und er ist auch schon da. *4* Ihr gehört zu Gott, liebe Kinder, und habt diese Lügenpropheten besiegt, weil der, der in euch lebt, stärker ist als der in der Welt. *5* Jene gehören zur Welt, und was sie sagen, hat seinen Ursprung in der Welt, und deshalb hört alle Welt auf sie. *6* Wir dagegen gehören zu Gott. Wer Gott kennt, hört auf uns. Wer nicht zu Gott gehört, hört nicht auf uns. So können wir den Geist der Wahrheit vom Geist der Verführung unterscheiden.

Einander lieben

7 Liebe Geschwister, wir wollen einander lieben, denn die Liebe kommt von Gott. Jeder, der liebt, ist von Gott geboren und kennt Gott. *8* Wer nicht liebt, hat Gott nicht erkannt, denn Gott ist Liebe. *9* Gottes Liebe zu uns ist darin sichtbar geworden, dass er seinen einzigen Sohn in die Welt sandte, um uns in ihm das Leben zu geben. *10* Die Liebe hat ihren Grund nicht darin, dass wir Gott geliebt haben, sondern dass er uns geliebt und seinen Sohn als Sühnopfer für unsere Sünden gesandt hat.

11 Ihr Lieben, wenn Gott uns so geliebt hat, müssen auch wir einander lieben. *12* Ihn selbst hat nie jemand gesehen. Doch wenn wir einander lieben, lebt Gott in uns und seine Liebe ist in uns zum Ziel gekommen. *13* Dass wir in ihm leben und er in uns, erkennen wir an dem Anteil, den er uns von seinem Geist gegeben hat.

14 Außerdem haben wir mit eigenen Augen gesehen und können bezeugen, dass der Vater den Sohn als Retter der Welt gesandt hat. *15* Und wenn sich jemand zu Jesus als dem Sohn Gottes bekennt, dann lebt Gott in ihm und er in Gott. *16* Wir haben jedenfalls erkannt, dass Gott uns liebt; und wir glauben an seine Liebe. Gott ist Liebe und wer in der Liebe lebt, der lebt in Gott und Gott lebt in ihm.

17 Auch darin ist die Liebe mit uns zum Ziel gekommen. Und dem Tag des Gerichts können wir mit Zuversicht entgegensehen, denn wir sind hier in dieser Welt ebenso mit dem Vater verbunden, wie Jesus es war. *18* In der Liebe gibt es keine Furcht, denn Gottes vollkommene Liebe vertreibt jede Angst. Wer noch Angst hat, rechnet mit Strafe. Bei ihm hat die Liebe ihr Ziel noch nicht erreicht. *19* Wir lieben doch, weil er uns zuerst geliebt hat.

20 Wenn jemand sagt: „Ich liebe Gott!", aber seinen Bruder oder seine Schwester hasst, ist er ein Lügner. Denn wer seine Geschwister nicht liebt, die er ja sieht, wie kann er da Gott lieben, den er nie gesehen hat? *21* Denkt an das Gebot, das Gott uns gegeben hat: Wer Gott liebt, soll auch seine Geschwister lieben.

Der Sieg

5 *1* Wer glaubt, dass Jesus der Messias, der Christus, ist, der wurde aus Gott geboren. Und jeder, der Gott als seinen Vater liebt, liebt auch die anderen Kinder dieses Vaters. *2* Dass wir die Kinder Gottes lieben, erkennen wir daran, dass wir Gott lieben und seine Gebote halten. *3* Unsere Liebe zu Gott zeigt sich im Befolgen seiner Gebote, und das ist nicht schwer. *4* Denn jeder, der aus Gott geboren ist, siegt über die Welt; er besiegt sie durch den Glauben. *5* Aber wer würde denn die Welt besiegen können, wenn nicht der, der glaubt, dass Jesus der Sohn Gottes ist?

Drei Zeugen

6 Jesus Christus ist gekommen mit der Bestätigung Gottes durch das Wasser seiner Taufe und das Blut seines Kreuzes[a]; nicht nur durch das Wasser, sondern durch das Wasser und das Blut[b]. Auch der Geist bestätigt uns das, denn der Geist Gottes ist die Wahrheit. *7* Wir haben also drei Zeugen – *8* den Geist, das Wasser und das Blut – und alle drei stimmen überein. *9* Wenn wir schon menschlichen Zeugen Glauben schenken, wie viel mehr dann dem Zeugnis Gottes. Gottes Aussage hat ungleich größeres Gewicht, zumal er damit für seinen Sohn eingetreten ist. *10* Wer an den Sohn Gottes glaubt, weiß in seinem Inneren, dass wahr ist, was Gott sagt. Wer es nicht glaubt, macht Gott zum Lügner, weil er nicht wahrhaben will, was Gott über seinen Sohn ausgesagt hat. *11* Und was bedeutet das für uns? Es besagt: Gott hat uns ewiges Leben geschenkt, das Leben, das in seinem Sohn ist. *12* Wer also mit dem Sohn Gottes verbunden ist, hat das Leben. Wer nicht ist, hat es nicht.

Zuversichtlich beten

13 Ich habe euch das alles geschrieben, damit ihr wisst, dass ihr das ewige Leben habt, denn ihr glaubt ja an Jesus als den Sohn Gottes. *14* Deshalb können wir auch voller Zuversicht sein, dass Gott uns erhört, wenn wir ihn um etwas bitten, das seinem Willen entspricht. *15* Und wenn wir wissen, dass er uns bei allem erhört, was wir erbitten, können wir auch sicher sein, dass er uns das Erbetene gibt – so, als hätten wir es schon erhalten.

16 Wenn jemand sieht, dass sein Bruder oder seine Schwester sündigt, und es sich dabei um eine Sünde handelt, die nicht zum Tod führt, dann soll er für sie bitten und Gott wird ihnen das Leben geben. Das betrifft aber nur die, deren Sünde nicht zum Tod führt. Denn es gibt auch

---

a 5,6: *seines Kreuzes.* Zusatz zur Verdeutlichung, weil Johannes mit Wasser und Blut offenbar den Anfang und die Vollendung des irdischen Dienstes unseres Herrn meint.

b 5,6: *Blut.* Diese Bemerkung bezieht sich wahrscheinlich auf eine frühgnostische Irrlehre (Doketismus), die behauptete, dass bei der Taufe ein vom Himmel kommender Christus auf den Menschen Jesus herabkam und diesen vor seinem Tod am Kreuz wieder verlassen habe. Johannes betont deshalb, dass gerade auch der Kreuzestod, also das Blut, das Jesus vergossen hat, ihn als Sohn Gottes bestätigte.

Sünde, die den Tod nach sich zieht[c]. Die habe ich nicht gemeint, wenn ich sagte, dass ihr beten sollt. **17** Zwar ist jedes Unrecht Sünde, aber nicht jede Sünde führt zum Tod.

Dreifache Gewissheit

18 Wir wissen, dass jemand, der ein Kind Gottes geworden ist, nicht bedenkenlos weiter[d] sündigt, denn wer von Gott gezeugt worden ist, hütet sich vor der Sünde und der Böse tastet ihn nicht an.

19 Wir wissen, dass wir von Gott stammen und dass die ganze Welt um uns herum vom Bösen beherrscht wird.

20 Und wir wissen, dass der Sohn Gottes gekommen ist und uns fähig gemacht hat, den einzig wahren Gott zu erkennen. Mit ihm, dem Wahrhaftigen, sind wir durch seinen Sohn Jesus Christus verbunden, der selbst der wahre Gott und das ewige Leben ist.

21 Kinder, hütet euch vor den falschen Göttern!

---

c 5,16: *Tod nach sich zieht.* Johannes meint hier vielleicht das bewusste Festhalten an einem Leben in Sünde, wie es bei vielen Anhängern gnostischer Irrlehren der Fall war, die sich selbst ja als Christen betrachteten. Die vorsätzliche Weigerung, wirklich zu Christus umzukehren, führt in die Gottesferne, den ewigen Tod. Es ist aber auch möglich, dass Johannes hier Gläubige meint, die Gott mit dem physischen Tod bestraft, weil sie trotz grundsätzlicher Bekehrung immer weiter sündigten (1. Korinther 11,30).

d 5,18: *bedenkenlos weiter.* Der Zusatz ergibt sich aus der grammatischen Form des nachfolgenden Verbs.

Zweiter Brief des Johannes

Der zweite Johannesbrief sieht wie ein persönlicher Brief aus, ist vom Inhalt und den Anredeformen her aber wohl eher an eine Gemeinde gerichtet. Er warnt vor der Gefahr, reisende Irrlehrer aufzunehmen.

1 *1* Es schreibt der Älteste. An die von Gott erwählte Herrin und ihre Kinder, an die Gemeinde[a], die ich aufrichtig liebe, wie es alle tun, die Gottes Wahrheit kennen. *2* Denn diese Wahrheit bleibt in uns und wird für immer in unseren Herzen sein. *3* Gnade, Barmherzigkeit und Frieden von Gott, dem Vater, und von Jesus Christus, seinem Sohn, werden auch künftig mit uns sein, und damit auch die Wahrheit und die Liebe.

Das grundlegende Gebot

4 Ich habe mich sehr gefreut, unter deinen Kindern einige zu finden, die so in der Wahrheit leben, wie es uns der Vater aufgetragen hat. *5* Und damit bin ich bei dem eigentlichen Anliegen meines Schreibens, liebe Herrin. Freilich sage ich dir dadurch nichts Neues; ich möchte dich aber an das Gebot erinnern, das uns von Anfang an gegeben war. Es lautet: Wir sollen einander lieben! *6* Und die Liebe wird gerade darin deutlich, dass wir uns nach Gottes Geboten richten. Einander zu lieben, ist nämlich das Gebot, das ihr von Anfang an gehört habt, das alle anderen zusammenfasst und das euer Leben bestimmen soll.

Vorsicht vor Verführern!

7 Ich schreibe euch das, weil viele Verführer in der Welt unterwegs sind. Sie leugnen, dass Jesus Christus ein Mensch von Fleisch und Blut wurde. Wer das tut, ist der Verführer schlechthin, der Antichristus. *8* Achtet darauf, dass ihr nicht verliert, was wir erarbeitet haben, sondern sorgt dafür, dass ihr einst den vollen Lohn empfangt. *9* Denn wer nicht bei der Lehre vom menschgewordenen Christus bleibt, sondern darüber hinausgeht, wird keine Gemeinschaft mit Gott haben. Aber wer bei dieser Lehre bleibt, bleibt auch mit dem Vater und dem Sohn verbunden. *10* Wenn jemand zu euch kommt und diese Lehre nicht vertritt, dann nehmt ihn nicht auf und heißt ihn nicht willkommen, *11* denn wer ihn willkommen heißt, macht sich mitschuldig an seinem bösen Tun.

12 Ich hätte euch noch viel zu sagen, will das aber nicht mit Papier und Tinte tun. Ich hoffe vielmehr, dass ich zu euch kommen und persönlich mit euch sprechen kann. Dann wird nichts mehr unsere Freude trüben. *13* Die Kinder deiner ebenfalls von Gott erwählten Schwester, der Gemeinde, lassen dich grüßen.

---

a 1,1: *an die Gemeinde* ist hinzugefügt. Entweder schreibt Johannes an eine unbekannte Christin in Kleinasien oder – was nach dem übrigen Text wahrscheinlicher ist – an eine örtliche Gemeinde und ihre Mitglieder.

Dritter Brief des Johannes

Der dritte Johannesbrief ist an einen Mann namens Gajus gerichtet, der sich um durchreisende Missionare kümmerte. Es ist ein sehr persönliches Schreiben, setzt sich aber zugleich mit einem innergemeindlichen Problem auseinander.

Gajus

1 *1* Es schreibt der Älteste. An seinen lieben Freund Gajus, dem ich durch die Wahrheit verbunden bin. *2* Mein lieber Gajus, ich wünsche, dass es dir in jeder Hinsicht gut geht und dass dein Körper so gesund ist wie deine Seele. *3* Vor Kurzem kamen einige Brüder zu mir und berichteten, wie treu du zur Wahrheit stehst. Darüber habe ich mich sehr gefreut. *4* Es gibt keine größere Freude für mich, als zu hören, dass meine Kinder der Wahrheit gemäß leben.

5 Mein Lieber, du bist sehr treu in deinen Bemühungen um die Brüder, selbst wenn sie dir unbekannt sind. *6* Sie haben hier vor der ganzen Gemeinde von deiner liebevollen Freundlichkeit berichtet. Es ist gut und richtig, wenn du sie auch künftig mit allem versorgst, was sie für ihre Reise brauchen. Damit ehrst du Gott, *7* denn sie sind unterwegs, um den Namen unseres Herrn bekannt zu machen, und sie nehmen nichts von Leuten an, die den Herrn nicht kennen. *8* Ja, wir sind verpflichtet, solche Menschen aufzunehmen, denn so werden wir Mitarbeiter im Dienst für die Wahrheit.

Diotrephes

9 Ich habe der Gemeinde einen Brief geschrieben. Aber Diotrephes, der sich für den ersten Mann in der Gemeinde hält, will nicht auf uns hören. *10* Ich werde deshalb sein Verhalten zur Sprache bringen, wenn ich komme. Denn er lügt und verbreitet unglaubliche Dinge über uns. Vor allem aber verweigert er den durchreisenden Brüdern die Gastfreundschaft. Und wenn andere sie aufnehmen wollen, hindert er sie nicht nur daran, sondern stößt sie sogar aus der Gemeinde.

Demetrius

11 Lieber Gajus, lass dich aber nicht vom Bösen beeinflussen, sondern vom Guten. Denk daran: Wer Gutes tut, ist Gottes Kind. Wer Böses tut, hat Gott nie gekannt. *12* Von Demetrius berichten alle nur Gutes. Ja, die Wahrheit selbst, die sich in seinem Leben zeigt, stellt ihm das beste Zeugnis aus. Auch wir verbürgen uns für ihn, und du weißt, dass wir wahrhaftig sind.

Die Freunde

13 Ich hätte dir noch viel zu sagen, will das aber nicht mit Tinte und Feder tun. *14* Ich hoffe vielmehr, dass ich bald zu dir kommen und persönlich mit dir reden kann. *15* Friede sei mit dir! Deine Freunde hier lassen dich grüßen. Grüße auch unsere Freunde persönlich von mir!

Der Brief des Judas

Nach mehrjähriger Belagerung wurde Jerusalem im Jahr 70 n. Chr. von den Römern erobert. Der Tempel ging in Flammen auf. 73 n. Chr. fiel die letzte jüdische Festung Massada. Um diese Zeit kehrte ein Teil der Gemeinde nach Jerusalem zurück, fing an, die Ruinen zu bewohnen und baute den Abendmahlssaal wieder auf.

Um das Jahr 80 n. Chr. schrieb Judas, der Halbbruder des Herrn, einen Brief an jüdische und nichtjüdische Christen. Er stellte fest, dass die falschen Lehrer, die Petrus in seinem zweiten Brief angekündigt hatte, sich bereits in die Gemeinde eingeschlichen hatten und ermutigte die Gläubigen, für den Glauben, den Gott uns übergeben hat, zu kämpfen.

1 1 Es schreibt Judas, ein Sklave[a] von Jesus Christus und Bruder von Jakobus. An die Berufenen, die von Gott, dem Vater, geliebt und durch Jesus Christus bewahrt werden. 2 Gottes Barmherzigkeit, sein Frieden und seine Liebe erfülle euch immer mehr!

Setzt euch für euren Glauben ein!

3 Liebe Geschwister, ich hatte schon lange vor, euch über unsere gemeinsame Rettung zu schreiben, sah mich aber jetzt genötigt, euch mit diesem Brief zu ermahnen. Kämpft für den Glauben, der allen, die Gott für sich ausgesondert hat, ein für alle Mal übergeben worden ist! 4 Bei euch haben sich nämlich gewisse Leute eingeschlichen, die schon längst für das Gericht Gottes vorgemerkt sind. Es sind Menschen, denen die Ehrfurcht vor Gott fehlt. Sie

missbrauchen die Gnade Gottes, um ein zügelloses Leben zu führen, und verleugnen damit Jesus Christus, unseren einzigen Herrscher und Herrn.

Die Schandflecke unter euch

5 Und obwohl ihr das Folgende alles wisst, will ich euch dennoch daran erinnern: Zunächst hat der Herr sein Volk aus Ägypten gerettet, dann aber doch alle vernichtet, die ihm nicht glauben wollten. 6 Auch die Engel, die ihre Vollmacht überschritten und den Platz verließen, den Gott ihnen zugewiesen hatte, hat er mit ewigen Fesseln in der Finsternis verwahrt, um sie an jenem großen Tag zu richten. 7 Mit Sodom und Gomorra und mit ihren Nachbarstädten war es ähnlich. Ihre Bewohner lebten in maßloser sexueller Unmoral und trieben widernatürlichste Dinge. Sie sind ein warnendes Beispiel und müssen die Strafe ewigen Feuers erleiden.

8 Genauso schänden diese Wirrköpfe auch ihren eigenen Körper. Sie ordnen sich keiner Herrschaft unter und verspotten überirdische Mächte. 9 Selbst der Engelsfürst Michael wagte es nicht, ein abwertendes Urteil über

---

a 1,1: Ein *Sklave* (griech. *doulos*) ist ein Mensch, der rechtlich und wirtschaftlich Eigentum eines anderen Menschen ist. Christen verstanden sich als Sklaven von Jesus Christus, weil dieser sie aus der Sklaverei der Sünde „freigekauft" hatte, und betrachteten diesen Titel als Auszeichnung.

den Teufel zu fällen, als er mit ihm über den Leichnam von Mose stritt. Er sagte nur: „Der Herr bestrafe dich!" *10* Aber diese Menschen machen alles schlecht, was sie nicht kennen. Wie unvernünftige Tiere folgen sie ihrem inneren Trieb und laufen so in ihr eigenes Verderben. *11* Es wird ihnen schlimm ergehen! Sie haben denselben Weg eingeschlagen wie Kain. Wie Bileam waren sie für Geld zu allem bereit und wie Korach gehen sie an ihrer Aufsässigkeit zugrunde. *12* Diese Leute sind Schandflecke bei euren Liebesmahlen. Sie besitzen die Frechheit, überhaupt daran teilzunehmen und mästen sich an euch. Es sind Wolken ohne Wasser, die der Wind vorbeitreibt, Bäume ohne Frucht, kahl, tot und entwurzelt. *13* Es sind wilde Meereswogen, die den Schmutz ihrer Schändlichkeiten aufschäumen, aus der Bahn geworfene Kometen. Sie werden für immer in der dunkelsten Finsternis bleiben müssen. *14* Schon Henoch, der Nachkomme Adams in siebter Generation, hat ihnen diese Strafe angekündigt: „Passt auf! Der Herr kommt mit Abertausenden, die alle zu ihm gehören, *15* und wird Gericht halten. Er wird all die Gottlosen von ihrer Auflehnung gegen ihn überführen und sie für ihr bösartiges Treiben und ihr gottloses Reden verurteilen." *16* Diese Menschen haben ständig etwas zu meckern, sie begehren auf und sind mit ihrem Schicksal unzufrieden. Dabei folgen sie doch nur ihren Begierden. Sie sind großspurige Angeber und schleimige Schmeichler, die nur auf den eigenen Vorteil aus sind.

17 Doch ihr, liebe Geschwister, solltet euch daran erinnern, was die Apostel unseres Herrn Jesus Christus euch vorausgesagt haben. *18* Sie sagten nämlich, dass in der letzten Zeit Spötter auftreten werden, die nur ihren gottlosen Begierden folgen. *19* Und genau diese Leute sind es, die Spaltungen unter euch verursachen. Es sind triebhafte Menschen, die den Geist Gottes nicht besitzen.

Baut auf das richtige Fundament!

20 Doch ihr, meine lieben Geschwister, habt euer Leben auf das Fundament eures höchst heiligen Glaubens gegründet. Baut weiter darauf und betet so, wie der Heilige Geist es euch lehrt. *21* Bleibt im Schutz der Liebe Gottes und wartet darauf, dass unser Herr Jesus Christus euch in seiner Barmherzigkeit zum ewigen Leben bringen wird. *22* Seid auch selbst barmherzig mit denen, die ins Zweifeln gekommen sind! *23* Andere könnt ihr vielleicht gerade noch aus den Flammen des Gerichts herausreißen. Mit wieder anderen sollt ihr zwar Erbarmen haben, müsst euch aber sehr vorsehen und den Kontakt mit ihnen meiden, dass ihr nicht von ihren Sünden angesteckt[b] werdet.

24 Dem, der die Macht hat, euch vor jedem Fehltritt zu bewahren, und der euch makellos und mit Freude erfüllt vor seine Herrlichkeit treten lassen kann, *25* diesem einzigartigen und alleinigen Gott, der durch unseren Herrn Jesus Christus unser Retter geworden ist, ihm gehört Herrlichkeit, Majestät, Gewalt und Macht – vor aller Zeit, jetzt und in alle Ewigkeit! Amen.

---

b 1,23: *Sünden angesteckt.* Wörtlich: *indem ihr das vom Fleisch befleckte Kleid hasst.* Vermutlich sind vor allem sexuelle Sünden gemeint, von denen man Abstand halten muss.

Offenbarung von Jesus Christus an Johannes

Anfang der 90er Jahre begann Kaiser Domitian das Denunziantentum im Römischen Reich zu fördern und ließ die Christen systematisch verfolgen. So musste sich um 95 n. Chr. ein Enkel jenes Judas, der den Judasbrief verfasst hatte und ein Halbbruder von Jesus war, vor Domitian verantworten. Zur gleichen Zeit wurde der Apostel Johannes auf die Insel Patmos verbannt.

Dort empfing er eine besondere Offenbarung seines Herrn und schrieb auf, was ihn Gott sehen und hören ließ. Anschließend schickte er das Buch als Rundschreiben an sieben ausgewählte Gemeinden in Kleinasien.

Diese Offenbarung hat als letztes inspiriertes Buch der Bibel eine besondere Bedeutung, weil in ihm die Linien der Heilsgeschichte, die im 1. Buch Moses beginnen, zusammengeführt werden.

Für wen diese prophetischen Worte bestimmt sind

1 *1* In diesem Buch enthüllt Jesus Christus, was Gott ihm für seine Diener anvertraut hat. Sie sollten wissen, was bald geschehen muss. Deshalb schickte er seinen Engel mit dem Auftrag zu seinem Diener Johannes, ihn das alles sehen zu lassen. *2* Dieser Johannes berichtet nun alles genauso, wie es ihm gezeigt worden ist und wie er es als Wort Gottes von Jesus Christus empfangen hat. *3* Glücklich ist, wer diese prophetischen Worte liest, und alle, die sie hören und danach handeln. Denn schon bald wird sich alles erfüllen.

4 Johannes an die sieben Gemeinden in der Provinz Asia[a]: Gnade und Frieden wünsche ich euch von dem, der immer gegenwärtig ist, der schon immer war und der kommen wird, von den sieben Geistern vor seinem Thron *5* und von Jesus Christus, dem vertrauenswürdigen Zeugen für diese Dinge, der als Erster von den Toten zu dauerndem Leben auferstand und Herr ist über die Herrscher der Erde. Ihm, der uns liebt und uns durch sein Blut von unseren Sünden gereinigt hat; *6* ihm, der uns zu einem Königsvolk[b] gemacht hat, zu Priestern für seinen Gott und Vater: Ihm sei Ehre und Macht für immer und ewig! Amen[c].

7 Passt auf! Mit den Wolken wird er wiederkommen. Alle werden ihn sehen, auch die, die ihn durchbohrt haben! Sein Anblick wird alle Völker auf der Erde in schmerzliche Trauer versetzen. Das ist gewiss! Amen. *8* „Ich bin das Alpha und das Omega, der Ursprung und das Ziel", sagt Gott, der Herr, der immer gegenwärtig ist, der immer war und der kommen wird, der Allmächtige.

---

a 1,4: *Asia*. Römische Provinz im westlichen Teil Kleinasiens.

b 1,6: *Königsvolk*. Ein Volk, dessen König Jesus ist. Siehe auch Offenbarung 5,10.

c 1,6: *Amen*. Hebräisch: *Es werde wahr!* Oder: *So sei es!*

Wie Johannes den Auftrag bekam

9 Ich, Johannes, euer Bruder, teile mit euch die Bedrängnis, aber auch den Anteil an Gottes Reich und das geduldige Warten darauf, weil ich wie ihr mit Jesus verbunden bin. Und weil ich das Wort Gottes verkündige und für die Botschaft von Jesus eintrete, bin ich auf die Insel Patmos[d] verbannt worden. 10 An einem Sonntag[e], dem Tag des Herrn, wurde ich vom Geist Gottes ergriffen: Ich hörte hinter mir eine laute Stimme, die wie eine Fanfare klang 11 und mir befahl: „Schreibe das, was du siehst, in ein Buch und schicke es an die sieben Gemeinden in den Städten[f] Ephesus, Smyrna, Pergamon, Thyatira, Sardes, Philadelphia und Laodizea."

12 Als ich mich umdrehte, um zu sehen, wer da mit mir sprach, sah ich sieben goldene Leuchter 13 und mitten zwischen den Leuchtern jemand, der aussah wie der Menschensohn[g]. Er trug ein Gewand, das bis zu seinen Füßen reichte, und ein breites goldenes Band um die Brust. 14 Das Haar auf seinem Kopf war weiß wie schneeweiße Wolle. Seine Augen brannten wie lodernde Flammen. 15 Seine Füße glänzten wie leuchtendes Gold, das im Schmelzofen glüht, und seine Stimme klang wie das Donnern der Brandung. 16 Sieben Sterne hielt er in seiner rechten Hand und aus seinem Mund kam ein scharfes, auf beiden Seiten geschliffenes Schwert. Sein Gesicht leuchtete wie die Sonne in ihrem höchsten Stand.

17 Als ich ihn sah, fiel ich wie tot vor seine Füße. Aber er legte seine rechte Hand auf mich und sagte: „Hab keine Angst! Ich bin der Erste und der Letzte 18 und der Lebendige. Ich war tot, aber jetzt lebe ich in alle Ewigkeit und habe die Schlüssel für Hölle[h] und Tod. 19 Schreib alles auf, was du gezeigt bekommst, ob es die Gegenwart betrifft oder erst in späteren Zeiten geschehen wird. 20 Ich will dir erklären, was das Geheimnis der sieben Sterne ist, die du in meiner rechten Hand gesehen hast, und was die sieben goldenen Leuchter bedeuten: Die sieben Sterne sind die Engel[i] der sieben Gemeinden und die sieben Leuchter sind die sieben Gemeinden."

---

d 1,9: *Patmos*. Felsige Insel in der Ägäis, 90 km südwestlich von Ephesus, 12 km lang und 7 km breit.

e 1,10: *einem Sonntag*. Hinzufügung, weil von frühester nachapostolischer Zeit an der erste Tag der Woche als Tag des Herrn bezeichnet wurde. Vergleiche auch Johannes 20,19; Apostelgeschichte 20,7; 1. Korinther 16,2.

f 1,11: Die *Städte* lagen alle in der römischen Provinz Asia.

g 1,13: *Menschensohn* ist eine von Jesus bevorzugte Selbstbezeichnung. Er knüpft damit an Daniel 7,13 an, wo der zukünftige Herrscher des Gottesreiches angekündigt wird.

h 1,18: *Hölle*. Griechisch: *Hades*. Das Neue Testament meint damit aber kein neutrales Totenreich, sondern den Todeszustand, der für Ungläubige schon vor dem Endgericht eine schreckliche Qual bedeutet (Lukas 16,23).

i 1,20: *Engel*. Oder: *Boten*. Entweder handelt es sich um Boten der Gemeinden, die bei Johannes waren oder zu ihm kommen würden, oder um himmlische Repräsentanten der genannten Gemeinden oder der Begriff ist ein symbolischer Ausdruck für die jeweilige Gemeinde selbst.

Die Botschaft an die Gemeinde in Ephesus

2 *1* „Schreibe an den Engel der Gemeinde in Ephesus[a]: Der, der die sieben Sterne in seiner rechten Hand hält und zwischen den sieben goldenen Leuchtern umhergeht, lässt der Gemeinde Folgendes sagen: *2* Ich kenne dein Tun, deinen unermüdlichen Einsatz und deine Ausdauer. Ich weiß auch, dass du niemand ertragen kannst, der Böses tut. Du hast die, die sich als Apostel ausgeben, geprüft und sie als Lügner entlarvt. *3* Du hast geduldig für mich gelitten und nicht aufgegeben. *4* Doch den einen Vorwurf muss ich dir machen: Du hast deine Anfangsliebe vernachlässigt! *5* Denk einmal darüber nach, wie weit du davon abgekommen bist! Ändere deine Einstellung und handle so wie am Anfang! Wenn du dich nicht änderst, werde ich gegen dich vorgehen und deinen Leuchter von seinem Platz unter den Gemeinden wegstoßen. *6* Doch es spricht für dich, dass du die Taten der Nikolaiten[b] genauso verabscheust wie ich. *7* Wer hören will, achte auf das, was der Geist den Gemeinden sagt! Wer den Kampf besteht, dem werde ich im Paradies Gottes vom Baum des Lebens zu essen geben."

Die Botschaft an die Gemeinde in Smyrna

8 „Schreibe an den Engel der Gemeinde in Smyrna[c]: Der Erste und der Letzte, der tot war und wieder lebendig wurde, lässt der Gemeinde Folgendes sagen: *9* Ich weiß von deiner Bedrängnis und Armut – obwohl du eigentlich reich bist! Ich weiß auch, wie bösartig du von Leuten verleumdet wirst, die behaupten, Juden zu sein, aber in Wirklichkeit eine Synagoge des Satans sind. *10* Es werden noch manche Leiden auf dich zukommen. Der Teufel wird einige von euch ins Gefängnis bringen, um euch auf die Probe zu stellen, und ihr werdet zehn Tage lang Schweres durchmachen. Hab keine Angst davor und bleibe mir treu, selbst wenn es dich das Leben kostet. Dann werde ich dir als Ehrenkranz das ewige Leben geben. *11* Wer hören will, achte auf das, was der Geist den Gemeinden sagt! Wer den Kampf besteht, dem wird der zweite Tod nichts anhaben können."

---

a 2,1: *Ephesus* war die Hauptstadt der Provinz Asia und zweitgrößte Stadt des römischen Reiches. Der reiche Handelsknotenpunkt lag etwa 5 km vom Meer entfernt am Fluss Kaystros, auf dem man praktisch bis in den Hafen der Stadt segeln konnte. Berühmt war Ephesus durch seinen Artemis-Tempel (römisch: Diana), der zu den sieben Weltwundern zählte.

b 2,6: *Nikolaiten.* Anhänger einer frühchristlichen Irrlehre, die freizügig okkulte und sexuelle Praktiken ihrer ungläubigen Umwelt mit dem Glauben verbinden wollten.

c 2,8: *Smyrna.* Die Stadt lag etwa 55 km nördlich von Ephesus und war für ihre Schönheit berühmt. Das heutige Izmir war damals eine wohlhabende Stadt und stark mit dem römischen Kaiserkult verbunden. Die große jüdische Bevölkerungsgruppe war der Gemeinde feindlich gesonnen.

Die Botschaft an die Gemeinde in Pergamon

12 „Schreibe an den Engel der Gemeinde in Pergamon[d]: Der, der das scharfe zweischneidige Schwert hat, lässt der Gemeinde Folgendes sagen: 13 Ich weiß, dass du dort wohnst, wo der Thron des Satans[e] steht. Trotzdem hast du dich zu mir bekannt und den Glauben an mich nicht verleugnet, auch damals nicht, als mein treuer Zeuge Antipas in eurer Stadt, dieser Hochburg Satans, ermordet wurde. 14 Doch den einen Vorwurf muss ich dir machen: Du duldest Leute in deiner Mitte, die an der Lehre Bileams[f] festhalten. Bileam hatte Balak gezeigt, wie er die Israeliten zu Fall bringen könnte. Er verführte sie zum Essen von Opferfleisch, das den Götzen geweiht war, und zu sexueller Zügellosigkeit. 15 Demnach gibt es bei euch auch Leute, die den Lehren der Nikolaiten folgen. 16 Ändere deine Einstellung! Wenn du nicht umkehrst, werde ich nicht zögern, gegen dich vorzugehen und diese Leute mit dem Schwert meines Mundes zu bekämpfen. 17 Wer hören will, achte auf das, was der Geist den Gemeinden sagt! Wer den Kampf besteht, dem werde ich von dem Manna zu essen geben, das jetzt noch verborgen ist. Und ich werde ihm einen weißen Stein geben, auf dem ein neuer Name eingraviert sein wird, den nur der kennt, der ihn empfängt."

Die Botschaft an die Gemeinde in Thyatira

18 „Schreibe an den Engel der Gemeinde in Thyatira[g]: Der Sohn Gottes, dessen Augen wie lodernde Flammen brennen und dessen Füße wie leuchtendes Gold glänzen, lässt der Gemeinde Folgendes sagen: 19 Ich kenne dein Tun, dein Lieben, deinen Glauben, dein Dienen und deine Geduld. Ich weiß auch, dass du heute noch mehr tust als früher. 20 Doch den einen Vorwurf muss ich dir machen: Du unternimmst nichts gegen diese Isebel, die sich als Prophetin ausgibt. Und dabei verführt sie mit ihrer Lehre meine Leute zu sexueller Zügellosigkeit und zum Essen von Götzenopferfleisch. 21 Ich habe ihr Zeit gelassen, ihre Einstellung zu ändern. Doch sie weigert sich, ihre unmoralische Lebensweise aufzugeben. 22 Darum werfe ich sie jetzt aufs Krankenbett. Und alle, die Sex mit ihr hatten, lasse ich in größte Not geraten,

d 2,12: *Pergamon*. Die Stadt lag ungefähr 80 km nördlich von Smyrna und war auf einem kegelförmigen Hügel erbaut, der sich 300 Meter über dem umliegenden Tal erhob.

e 2,13: *Thron des Satans*. Pergamon war das Zentrum des Kaiserkultes in der Provinz Asia. Auf der Akropolis stand der berühmte Zeusaltar, der sich heute im Pergamonmuseum in Berlin befindet. Außerdem besaß die Stadt ein Heiligtum des Asklepios Soter, des Gottes der Heilkunst. Welcher dieser Tempel oder Altäre mit dem Thron Satans gemeint ist, bleibt unsicher.

f 2,14: *Bileam*. Vergleiche die Geschichte Bileams 4. Mose 22-24 und besonders 4. Mose 25,1-3 und 31,16.

g 2,18: *Thyatira*. Handels- und Industriestadt mit Färbereien, Textilproduktion, Kupferverarbeitung, 60 km südöstlich von Pergamon.

es sei denn, sie ändern ihre Einstellung und wenden sich von dem ab, was diese Frau tut. 23 Isebels Kinder werde ich nicht am Leben lassen. Sie müssen sterben. Dann werden alle Gemeinden wissen, dass mir auch die geheimsten Gedanken und Wünsche nicht verborgen bleiben und dass ich jedem von euch das gebe, was er verdient. 24 Aber ihr anderen in Thyatira, die dieser Lehre nicht gefolgt sind und von den sogenannten ‚Tiefen des Satans' nichts wissen wollten, euch sage ich: Ich werde nichts weiter von euch verlangen; 25 haltet nur fest, was ihr habt, bis ich komme. 26 Wer den Kampf besteht und bis zuletzt das tut, was ich will, dem werde ich Macht über die Völker geben. 27 Er wird sie mit eisernem Zepter beherrschen und wie Tontöpfe zerschmettern. 28 Ich verleihe ihm die Macht, die auch ich von meinem Vater bekommen habe. Und als Zeichen dafür werde ich ihm den Morgenstern geben. 29 Wer hören will, achte auf das, was der Geist den Gemeinden sagt!"

Die Botschaft an die Gemeinde in Sardes

3 1 „Schreibe an den Engel der Gemeinde in Sardes[a]: Der, bei dem die sieben Geister Gottes sind und der die sieben Sterne in seiner Hand hält, lässt der Gemeinde Folgendes sagen: Ich kenne dein Tun und weiß, dass du im Ruf stehst, eine lebendige Gemeinde zu sein, aber in Wirklichkeit

bist du tot. 2 Werde wach und stärke den Rest, der noch Leben hat, damit er nicht vollends stirbt! Was du tust, kann vor meinem Gott noch nicht bestehen. 3. Denk daran, wie bereitwillig du die Botschaft gehört und angenommen hast. Daran halte fest und ändere deine jetzige Einstellung! Wenn du weiter schläfst, werde ich dich wie ein Dieb überraschen und du weißt nicht, wann ich komme. 4 Doch einige bei euch in Sardes haben sich nicht besudelt. Sie werden einmal in weißen Festgewändern neben mir hergehen, denn sie sind es wert. 5 Wer den Kampf besteht, wird mit einem weißen Festgewand bekleidet werden. Ich werde seinen Namen nicht aus dem Buch des Lebens streichen, sondern mich vor meinem Vater und seinen Engeln zu ihm bekennen. 6 Wer hören will, achte auf das, was der Geist den Gemeinden sagt!"

Die Botschaft an die Gemeinde in Philadelphia

7 „Schreibe an den Engel der Gemeinde in Philadelphia[b]: Der Heilige und Wahrhaftige, der den Schlüssel Davids hat, der öffnet, so dass niemand schließen kann, und der zuschließt, so dass niemand öffnen kann, lässt der Gemeinde Folgendes sagen: 8 Ich kenne dein Tun und ich habe dir eine Tür geöffnet, die niemand schließen kann. Du hast nur wenig Kraft, aber du hast dich nach meinem Wort gerichtet und dich zu meinem Namen bekannt. 9 Pass auf, ich werde dafür

---

a 3,1: *Sardes*. 50 km südlich von Thyatira. Der Wohlstand von Sardes galt zur Zeit des Königs Krösus als sprichwörtlich für Reichtum.

b 3,7: *Philadelphia*. 50 km südöstlich von Sardes. Philadelphia war auf Textil- und Lederproduktion spezialisiert.

sorgen, dass Leute aus der Synagoge des Satans zu dir kommen und sich vor dir niederwerfen. Diese Leute behaupten, Juden zu sein, obwohl sie das gar nicht wirklich sind. Sie sollen erkennen, dass ich dich liebe. 10 Weil du meine Aufforderung zur Standhaftigkeit beherzigt hast, werde auch ich dich bewahren vor der Zeit der Versuchung, in der die ganze Menschheit den Mächten der Verführung ausgesetzt sein wird. 11 Ich komme bald. Halte fest, was du hast, damit dir niemand deinen Ehrenkranz nimmt. 12 Wer den Kampf besteht, den werde ich zu einer Säule im Tempel meines Gottes machen und er wird diesen Platz für immer behalten. Ich werde ihn mit dem Namen meines Gottes kennzeichnen und mit dem Namen der Stadt meines Gottes, des neuen Jerusalem, das von ihm aus dem Himmel herabkommen wird. Und mein eigener, neuer Name wird auf ihm geschrieben stehen. 13 Wer hören will, achte auf das, was der Geist den Gemeinden sagt!"

Die Botschaft an die Gemeinde in Laodizea

14 „Schreibe an den Engel der Gemeinde in Laodizea^c: Der, der Amen heißt, der treue und wahrhaftige Zeuge, der Ursprung von allem, was Gott geschaffen hat, lässt der Gemeinde Folgendes sagen: 15 Ich kenne dein Tun und weiß, dass du weder heiß

---

c 3,14: *Laodizea*. Reiche Handelsstadt, 50 km südlich von Philadelphia. Sie wurde von lauwarmem Wasser aus den 10 km nördlich gelegenen Heißwasserquellen versorgt.

noch kalt bist. Wenn du doch das eine oder andere wärst! 16 Doch du bist lau, weder heiß noch kalt. Darum werde ich dich aus meinem Mund ausspucken. 17 Du sagst: ‚Ich bin reich und wohl versorgt; mir fehlt nichts.' Aber du weißt nicht, wie erbärmlich und jämmerlich du dran bist: arm, nackt und blind. 18 Ich rate dir, Gold von mir zu kaufen, Gold, das im Feuer geläutert ist, damit du reich wirst, und weiße Kleider, damit du etwas anzuziehen hast und man die Schande deiner Nacktheit nicht sieht, und Salbe für deine Augen, damit du sie einsalben und dann wieder sehen kannst. 19 Alle, die ich gern habe, weise ich zurecht und erziehe sie. Mach darum Ernst und ändere deine Einstellung. 20 Merkst du nicht, dass ich vor der Tür stehe und anklopfe? Wer mich rufen hört und mir öffnet, zu dem gehe ich hinein und wir werden miteinander essen – ich mit ihm und er mit mir. 21 Wer den Kampf besteht, dem werde ich das Recht geben, mit mir auf meinem Thron zu sitzen, so wie auch ich den Kampf bestanden und mich mit meinem Vater auf seinen Thron gesetzt habe. 22 Wer hören will, achte auf das, was der Geist den Gemeinden sagt!"

Der Thron im Himmel

4 1 Danach blickte ich auf und sah im Himmel eine offene Tür. Die gleiche Stimme, die schon vorher mit mir gesprochen hatte, und die wie eine Fanfare klang, sagte: „Komm hier herauf! Ich werde dir zeigen, was nach diesen Dingen geschehen muss." 2 Im gleichen Augenblick wurde ich vom Geist ergriffen. Ich sah einen Thron

im Himmel stehen, und auf dem Thron saß jemand. *3* Seine Gestalt funkelte wie ein Diamant und glühte wie ein roter Karneol. Über dem Thron leuchtete ein Regenbogen wie ein grüner Smaragd. *4* Um den Thron herum standen im Kreis 24 andere Throne. Darauf saßen 24 Älteste, die in weiße Gewänder gehüllt waren und goldene Siegeskränze trugen. *5* Aus dem Thron in der Mitte zuckten Blitze, man hörte ein Dröhnen und Donnerschläge. Vor dem Thron loderten sieben Fackeln. – Das sind die sieben Geister Gottes. – *6* Die Fläche vor dem Thron war wie ein gläsernes Meer von kristallener Klarheit. In der Mitte, im innersten Kreis um den Thron, standen vier mächtige Wesen, die vorn und hinten voller Augen waren. *7* Das erste Wesen glich einem Löwen, das zweite einem jungen Stier. Das dritte hatte ein Gesicht wie ein Mensch und das vierte glich einem fliegenden Adler. *8* Jedes der vier hatte sechs Flügel, die ebenfalls innen und außen mit Augen besetzt waren. Und immer wieder, bei Tag und Nacht, rufen diese mächtigen Wesen:

„Heilig, heilig, heilig / ist Gott, der Herr, / der allmächtige Herrscher, / der war, der ist und der kommt!"

9 Immer wenn diese Wesen dem, der auf dem Thron sitzt und in alle Ewigkeit lebt, Ehre erweisen, wenn sie ihn rühmen und ihm ihren Dank bringen, *10* werfen sich auch die 24 Ältesten nieder und beten ihn an – ihn, der auf dem Thron sitzt und in alle Ewigkeit lebt. Sie legen ihre Siegeskränze vor dem Thron nieder

und sagen: *11* „Würdig bist du, unser Herr und Gott, dir gebührt Ehre und Ruhm und alle Macht, denn du hast alle Dinge erschaffen. Du hast es gewollt, und die Schöpfung entstand."

Wer die sieben Siegel brechen darf

5 1 Jetzt sah ich eine Schriftrolle auf der rechten Hand dessen liegen, der auf dem Thron saß. Sie war innen und außen beschrieben und mit sieben Siegeln verschlossen. *2* Dann sah ich, wie ein mächtiger Engel mit lauter Stimme ausrief: „Wer ist würdig, das Buch zu öffnen? Wer hat das Recht, die Siegel zu lösen?" *3* Aber im ganzen Himmel, auf der Erde und selbst unter der Erde war niemand, der das Buch öffnen und hineinblicken konnte. *4* Es war keiner zu finden, der würdig gewesen wäre, das Buch zu öffnen und zu sehen, was darin stand. Deshalb weinte ich sehr. *5* Da sagte einer der Ältesten zu mir: „Weine nicht! Sieh doch, einer hat gesiegt! Es ist der Löwe aus dem Stamm Juda, der Spross, der aus dem Wurzelstock Davids herauswuchs. Er wird die sieben Siegel aufbrechen und das Buch öffnen."
6 Da sah ich mitten im Thron, in der Mitte der vier mächtigen Wesen und der Ältesten, ein Lamm stehen, das wie geschlachtet aussah. Es hatte sieben Hörner und sieben Augen. – Die sieben Augen sind die sieben Geister Gottes, die in alle Teile der Erde ausgesandt sind. – *7* Das Lamm trat zu dem, der auf dem Thron saß und nahm das Buch aus seiner rechten Hand. *8* Als das geschah, warfen sich die vier mächtigen Wesen und die 24 Ältesten vor dem Lamm nieder. Jeder

von den Ältesten hatte eine Harfe und außerdem goldene Schalen, die mit Weihrauch gefüllt waren. – Das sind die Gebete der von Gott geheiligten Menschen. – 9 Und sie singen ein neues Lied:

„Du bist würdig, das Buch zu nehmen / und seine Siegel zu öffnen! / Denn du wurdest als Opfer geschlachtet. / Und mit deinem vergossenen Blut / hast du Menschen erkauft, / Menschen aus allen Stämmen und Völkern, / aus jeder Sprache und Kultur. / Du hast sie freigekauft für unseren Gott 10 und sie zu einem Königsvolk und zu Priestern für ihn gemacht. / Sie regieren in Zukunft die Welt."

11 Dann sah und hörte ich eine unzählbar große Schar von Engeln, es waren Tausende und Abertausende. Sie standen im Kreis um den Thron, um die mächtigen Wesen und die Ältesten 12 und riefen in gewaltigem Chor:

„Würdig ist das Lamm, das geopfert worden ist, / würdig zu empfangen die Macht / und Reichtum und Weisheit, / Stärke und Ehre, / Ruhm und Anbetung!"

13 Und jedes Geschöpf, das es gibt – im Himmel und auf der Erde, unter der Erde und im Meer – hörte ich mit einstimmen:

„Dem, der auf dem Thron sitzt und dem Lamm: / Preis und Ehre, Ruhm und Macht / für immer und ewig!"

14 „Amen!", sagten die vier mächtigen Wesen. Und die Ältesten warfen sich nieder und beteten an.

Das Lamm bricht die ersten sechs Siegel

6 1 Dann sah ich, wie das Lamm das erste von den sieben Siegeln der Schriftrolle aufbrach, und ich hörte eines der vier mächtigen Wesen mit Donnerstimme rufen: „Komm!" 2 Da erblickte ich ein weißes Pferd. Der Reiter auf ihm trug einen Bogen und erhielt jetzt einen Siegeskranz. Triumphierend ritt er hinaus, um den Sieg zu erringen.

3 Als das Lamm das zweite Siegel aufbrach, hörte ich das zweite mächtige Wesen rufen: „Komm!" 4 Wieder erschien ein Pferd. Es war feuerrot. Seinem Reiter wurde ein großes Schwert gegeben und er bekam die Macht, den Frieden von der Erde wegzunehmen, so dass die Menschen sich gegenseitig abschlachten würden.

5 Dann brach das Lamm das dritte Siegel auf und ich hörte das dritte der mächtigen Wesen rufen: „Komm!" Jetzt sah ich ein schwarzes Pferd. Sein Reiter hatte eine Waage in der Hand. 6 Und eine Stimme, die aus der Mitte der vier Lebewesen zu kommen schien, rief: „Ein Kilo[a] Weizen für einen Denar[b]! Drei Kilo Gerste für

---

a 6,6: *Kilo*. Griechisch: *Choinix*. Das Getreidemaß fasste etwa einen Liter und stellte eine Tagesration für eine Person dar.

b 6,6: *Denar*. Tageslohn eines Arbeiters. Eine Tagesration Weizen für einen Tageslohn entsprach einer acht- bis zwölffachen Verteuerung.

einen Denar! Öl und Wein zum alten Preis!"

7 Als das Lamm das vierte Siegel aufbrach, hörte ich das vierte mächtige Wesen rufen: „Komm!" 8 Dann sah ich ein leichenfahles Pferd. Sein Reiter hieß Tod und der Hades[a] folgte ihm. Sie wurden ermächtigt, ein Viertel der Menschen durch Krieg, Hunger, tödliche Seuchen und wilde Tiere umkommen zu lassen.

9 Nun brach das Lamm das fünfte Siegel auf. Da sah ich unten am Altar die Seelen von denen, die man abgeschlachtet hatte, weil sie an Gottes Wort festhielten und ihm als seine Zeugen treu geblieben waren. 10 Sie riefen mit lauter Stimme: „Du heiliger und wahrhaftiger Herrscher! Wie lange dauert es noch, bis du unser Blut an den Bewohnern der Erde rächst und sie richtest?" 11 „Habt noch eine kurze Zeit Geduld!", bekamen sie zur Antwort, während jeder von ihnen ein weißes Gewand erhielt. Erst müsse noch eine bestimmte Zahl ihrer Glaubensgeschwister zum Ziel kommen und so wie sie getötet werden.

12 Als das Lamm das sechste Siegel aufbrach, erschütterte ein schweres Beben die Erde. Die Sonne wurde dunkel wie ein Trauersack und der Mond erschien auf einmal rot wie von Blut. 13 Dann fielen Sterne vom Himmel auf die Erde wie vom Sturm geschüttelte Winterfeigen. 14 Der Himmel verschwand wie eine Schriftrolle, die man zusammenrollt, und kein Berg und keine Insel blieben an ihrer Stelle.

15 Da versteckten sich die Könige der Erde, die Herrscher und die Generäle, die Reichen und die Mächtigen, aber auch alle anderen Menschen – Sklaven wie Freie. Sie versteckten sich in Höhlen und Felsspalten 16 und flehten die Berge und Felsen an: „Fallt auf uns und verbergt uns vor den Blicken dessen, der auf dem Thron sitzt, und vor dem Zorn des Lammes! 17 Denn jetzt ist der furchtbare Tag ihres Zorns gekommen. Wer kann da bestehen?"

Wer das besondere Siegel Gottes bekommt

7 1 Danach sah ich vier Engel an den äußersten Enden der Erde stehen. Sie hinderten die Winde aus den vier Himmelsrichtungen daran, über das Land,* das Meer und die Bäume zu blasen. 2 Und von da, wo die Sonne aufgeht, sah ich noch einen anderen Engel herkommen, der das Siegel des lebendigen Gottes in der Hand hatte. Er rief den vier Engeln, denen Gott die Macht gegeben hatte, der Erde und dem Meer Schaden zuzufügen, mit lauter Stimme zu: 3 „Verwüstet weder das Land noch das Meer und richtet auch an den Bäumen noch keinen Schaden an! Erst müssen wir allen, die Gott gehören und ihm dienen, sein Siegel auf die Stirn drücken." 4 Ich hörte, wie viele Menschen das Siegel bekamen: Es waren 144 000 aus allen Stämmen Israels: 5 12 000 aus Juda, 12 000 aus Ruben, 12 000 aus Gad, 6 12 000 aus Ascher, 12 000 aus Naftali, 12 000 aus Manasse, 7 12 000 aus Simeon, 12 000 aus Levi, 12 000 aus Issachar, 8 12 000 aus Sebulon, 12 000 aus Josef, 12 000 aus Benjamin.

---

a 6,8 *Tod* und *Hades* werden hier symbolisch personifiziert. Zu Hades siehe Fußnote zu Offenbarung 1,18!

Die Menschenmenge vor dem Thron Gottes

9 Danach sah ich eine riesige Menschenmenge aus allen Stämmen und Völkern, Sprachen und Kulturen. Es waren so viele, dass niemand sie zählen konnte. Sie standen mit Palmzweigen in den Händen weißgekleidet vor dem Thron und dem Lamm *10* und riefen mit lauter Stimme: „Die Rettung kommt von unserem Gott, von dem, der auf dem Thron sitzt, und dem Lamm!" *11* Und alle Engel, die um den Thron, herum standen, um die Ältesten und die vier mächtigen Wesen, warfen sich mit dem Gesicht zum Boden vor dem Thron nieder und beteten Gott an. *12* „Amen!", sagten sie.

„Anbetung, Ehre und Dank, /
Herrlichkeit und Weisheit, /
Macht und Stärke / gehören ihm, /
unserem Gott, / für immer und
ewig! / Amen!"

13 Dann fragte mich einer der Ältesten: „Weißt du, wer diese weißgekleideten Menschen sind und woher sie kommen?" *14* Ich erwiderte: „Du musst es mir sagen, mein Herr, du weißt es." Er sagte: „Diese Menschen haben die größte Bedrängnis überstanden, die es je gegeben hat. Sie haben ihre Gewänder gewaschen und im Blut des Lammes weiß gemacht. *15* Darum stehen sie vor dem Thron Gottes und dienen ihm Tag und Nacht in seinem Tempel. Und der, der auf dem Thron sitzt, wird ihnen seine Gegenwart schenken. *16* Sie werden keinen Hunger mehr haben und auch Durst wird sie nie

mehr quälen. Die Sonne wird nicht mehr auf sie herabbrennen und auch keine andere Glut wird sie versengen. *17* Denn das Lamm, das mitten auf dem Thron sitzt, wird sie weiden und zu den Quellen führen, wo das Wasser des Lebens ist. Und Gott wird jede Träne von ihren Augen abwischen."

Der Aufbruch des letzten Siegels löst sieben weitere Katastrophen aus

8 *1* Als das Lamm das siebte Siegel aufbrach, war es im Himmel eine halbe Stunde lang völlig still. *2* Dann sah ich die sieben Engel, die zum Dienst für Gott abgestellt sind. Ich sah, wie ihnen sieben Posaunen gegeben wurden. *3* Dann trat ein anderer Engel, der ein goldenes Räucherfass trug, an den Altar. Er bekam eine große Menge Weihrauch und sollte ihn zusammen mit den Gebeten aller Menschen, die Gott geheiligt hat, auf dem goldenen Altar darbringen, der vor dem Thron stand. *4* So stiegen die Gebete der Heiligen mit dem Duft des Weihrauchs zu Gott auf. *5* Dann füllte der Engel das Räucherfass mit Glut vom Altar und schleuderte es auf die Erde. Da donnerte und dröhnte es heftig, es blitzte und die Erde bebte. *6* Jetzt machten sich die sieben Engel bereit, die sieben Posaunen zu blasen.

7 Nachdem der erste Engel die Posaune geblasen hatte, prasselten Hagel und Feuer mit Blut vermischt auf die Erde. Ein Drittel der Erdoberfläche und ein Drittel aller Bäume und alles Gras verbrannten.

8 Nachdem der zweite Engel die Posaune geblasen hatte, wurde etwas ins Meer geworfen, das wie ein großer brennender Berg aussah. Ein Drittel des Meeres wurde zu Blut. *9* Ein Drittel aller Lebewesen im Meer starb und ein Drittel aller Schiffe wurde zerstört.

10 Nachdem der dritte Engel die Posaune geblasen hatte, stürzte ein großer Stern vom Himmel herab, der wie eine Fackel brannte. Er fiel auf ein Drittel aller Flüsse und auf die Quellen. *11* Der Stern hieß Wermut[a] und machte ein Drittel von allem Süßwasser bitter. Viele Menschen starben an diesem verseuchten Wasser.

12 Nachdem der vierte Engel die Posaune geblasen hatte, wurde ein Drittel der Sonne, des Mondes und der Sterne getroffen, so dass ein Drittel des Tages und ein Drittel der Nacht kein Licht mehr schien. *13* Dann sah ich einen Adler hoch am Himmel fliegen und hörte ihn mit lauter Stimme schreien: „Weh denen, die auf der Erde leben! Weh ihnen, wenn die letzten drei Engel in ihre Posaunen stoßen, weh ihnen!"

9 *1* Nachdem der fünfte Engel die Posaune geblasen hatte, sah ich einen Stern, der vom Himmel auf die Erde gestürzt war. Dieser Stern erhielt den Schlüssel zum Schacht in den Abgrund *2* und öffnete ihn. Da quoll Rauch heraus wie von einem riesigen Schmelzofen und verdunkelte die Luft und die Sonne. *3* Aus dem Rauch kamen Heuschrecken hervor, die wie Skorpione stechen konnten, und schwärmten über die ganze Erde aus. *4* Doch es wurde ihnen verboten, das Gras abzufressen oder an Bäumen und anderen Pflanzen irgendwelchen Schaden anzurichten. Sie durften nur Menschen angreifen und zwar die Menschen, die das Siegel Gottes nicht auf der Stirn trugen. *5* Töten durften sie diese Menschen zwar nicht, aber sie hatten die Macht, sie fünf Monate lang zu quälen. Die Menschen würden unerträgliche Schmerzen erleiden, wie durch den Stich eines Skorpions. *6* In dieser Zeit werden die Menschen den Tod suchen, aber nicht finden. Sie werden sich danach sehnen zu sterben, aber der Tod wird vor ihnen fliehen. *7* Die Heuschrecken sahen aus wie Pferde, die in die Schlacht ziehen. Auf ihren Köpfen hatten sie etwas, das wie ein goldener Kranz aussah, und ihre Gesichter glichen denen von Menschen. *8* Sie hatten lange Haare wie Frauen und Zähne wie Löwen. *9* Ihr Rumpf war wie mit eisernen Rüstungen gepanzert und ihre Flügel machten einen Lärm wie ein Heer von Pferden und Streitwagen, die in die Schlacht ziehen. *10* Ihre Hinterleiber waren wie die Schwänze eines Skorpions geformt und mit Stacheln bestückt. Damit verursachen sie die Qualen, denen die Menschen fünf Monate lang ausgesetzt sein werden. *11* Als König haben sie den Engel des Abgrunds über sich. Er heißt „Verderber", auf Hebräisch Abaddon, auf Griechisch Apollyon.

12 Das erste Unheil, das der Weheruf angekündigt hat, ist vorüber, doch zwei weitere stehen noch bevor.

13 Nachdem der sechste Engel die Posaune geblasen hatte, hörte ich eine

---

a 8,11 *Wermut.* Heilpflanze, deren bittere Aromastoffe auch für Getränke verwendet werden, zum Beispiel in Wermutwein.

Stimme, die aus den vier Hörnern des goldenen Altars zu kommen schien, der vor Gott stand. *14* Sie sagte zu dem sechsten Engel mit der Posaune: „Lass die vier Engel frei, die am großen Strom, dem Euphrat, in Ketten liegen!" *15* Da wurden die vier Engel von ihren Fesseln befreit. Auf dieses Jahr, diesen Monat, diesen Tag, ja genau auf diese Stunde hatten sie gewartet, um ein Drittel der Menschen zu töten. *16* Sie verfügten über ein Heer von zweihundert Millionen berittenen Soldaten – ich hörte, wie ihre Zahl genannt wurde. *17* Und dann sah ich sie in meiner Vision: Die Reiter trugen feuerrote, violette und schwefelgelbe Brustpanzer. Die Köpfe der Pferde sahen wie Löwenköpfe aus und aus ihren Mäulern schossen Feuer, Rauch und Schwefel. *18* Mit diesen drei Waffen – dem Feuer, dem Rauch und dem Schwefel – töteten sie ein Drittel der Menschheit. *19* Die tödliche Macht der Pferde geht sowohl von ihrem Maul als auch von ihren Schwänzen aus, denn diese Schwänze glichen Schlangen mit Köpfen, die ebenfalls Menschen angriffen. *20* Aber die Menschen, die diese Plage überlebten, waren nicht bereit, ihre Einstellung zu ändern. Sie hörten nicht auf, Dämonen anzubeten und sich vor Götterbildern aus Gold, Silber, Bronze, Stein und Holz niederzuwerfen, die sie mit eigenen Händen gemacht hatten und die weder sehen noch hören noch gehen können. *21* Nein, sie kehrten nicht um, sie hörten nicht auf zu morden, sich mit okkulten Dingen zu beschäftigen, außereheliche Sex zu haben und zu stehlen.

Der Engel mit dem kleinen Buch

10 *1* Dann sah ich, wie ein anderer mächtiger Engel aus dem Himmel herabkam. Er war von einer Wolke umgeben und ein Regenbogen stand über seinem Kopf. Sein Gesicht leuchtete wie die Sonne und seine Beine glichen Feuersäulen. *2* Er hielt eine kleine geöffnete Schriftrolle in der Hand und setzte seinen rechten Fuß auf das Meer und seinen linken auf das Festland. *3* Seine Stimme dröhnte wie das Brüllen eines Löwen und laut krachend antworteten ihm sieben Donnerschläge. *4* Als es wieder still war, wollte ich aufschreiben, was die sieben Donner gesagt hatten. Aber da hörte ich eine Stimme aus dem Himmel rufen: „Halte geheim, was die sieben Donner gesagt haben. Schreibe es nicht auf!"

5 Der Engel, den ich auf dem Meer und auf dem Festland stehen sah, hob jetzt seine rechte Hand zum Himmel *6* und sagte: „Ich schwöre bei dem, der in alle Ewigkeit lebt, der den Himmel, die Erde, das Meer und alles Lebendige in ihnen geschaffen hat, ich schwöre: Die Frist ist abgelaufen! *7* Denn wenn der siebte Engel seine Posaune geblasen hat, wird Gottes geheimer Plan zur Vollendung kommen, so, wie er es seinen Dienern, den Propheten, als gute Botschaft verkündigt hat." *8* Dann sprach die Stimme aus dem Himmel mich noch einmal an. Sie sagte: „Geh zu dem Engel, der auf dem Meer und dem Land steht und lass dir die kleine offene Schriftrolle geben!" *9* Ich ging zu dem Engel und bat ihn um die kleine Schriftrolle. Er sagte: „Nimm und iss sie auf! Sie ist so bitter, dass sich dein Magen zusammenziehen wird, aber solange du sie im Mund hast, wird sie süß wie Honig sein." *10* Ich nahm die kleine Schriftrolle aus seiner Hand und aß sie auf. Tatsächlich war sie so süß wie Honig, als ich sie im Mund hatte. Aber als ich sie hinunterschluckte, war sie so bitter, dass sich mir der Magen zusammenkrampfte. *11* Dann wurde mir gesagt: „Du musst noch mehr prophetische Worte aussprechen und verkünden, was Gott mit den Völkern, Sprachen, Kulturen und mit vielen Königen vorhat."

Die zwei Zeugen

11 *1* Dann wurde mir eine Art Messstab aus Schilfrohr gegeben und jemand sagte: „Geh und miss den Tempel Gottes, den Altar, und zähle die Menschen, die dort anbeten! *2* Den äußeren Vorhof des Tempels lass beim Messen aus, denn er ist den nichtjüdischen Völkern preisgegeben worden. Sie werden die Heilige Stadt unterwerfen und 42 Monate lang besetzt halten. *3* Doch ich werde meine beiden Zeugen zu ihnen schicken, und sie werden die ganze Zeit, nämlich 1260 Tage lang, mit dem Trauersack bekleidet als Propheten zu ihnen reden."

4 Diese zwei Zeugen sind die zwei Ölbäume und die zwei Leuchter, die vor dem Herrn der Erde stehen. *5* Und wenn ihnen einer schaden will, fährt Feuer aus ihrem Mund und verbrennt ihn bei lebendigem Leib. So vernichten sie alle ihre Feinde. *6* Sie haben die Macht, den Himmel zu verschließen, damit in der Zeit ihres prophetischen Wirkens kein Regen fällt, sie haben auch die Macht, jedes Gewässer in

Blut zu verwandeln. Sie können jedes erdenkliche Unheil über die Erde bringen. *7* Und wenn sie ihren Auftrag erfüllt haben, wird das Tier aus dem Abgrund kommen und gegen sie kämpfen. Es wird sie besiegen und sie töten. *8* Ihre Leichen wird man auf offener Straße mitten in der großen Stadt liegen lassen, in der Stadt, in der auch ihr Herr gekreuzigt wurde und die geistlich gesprochen Sodom oder auch Ägypten heißt. *9* Dreieinhalb Tage lang werden Menschen aus allen Völkern und Stämmen, Sprachen und Kulturen sich am Anblick ihrer Leichen ergötzen. Sie werden nicht gestatten, dass sie in ein Grab gelegt werden. *10* Überall auf der Welt werden die Menschen jubeln und feiern und sich gegenseitig Geschenke schicken, denn diese beiden Propheten hatten ihnen das Leben zur Qual gemacht.

11 Doch nach den dreieinhalb Tagen wird der Lebensgeist Gottes in die Propheten zurückkehren, und sie stehen wieder auf. Das blanke Entsetzen wird alle überfallen, die das beobachten. *12* Dann werden die beiden Propheten eine mächtige Stimme aus dem Himmel hören: „Kommt hier herauf!" Und vor den Augen ihrer Feinde werden sie in einer Wolke zum Himmel hinaufsteigen. *13* In diesem Augenblick wird ein heftiges Erdbeben die Stadt erschüttern und ein Zehntel von ihr vernichten. 7000 Menschen werden dabei umkommen. Die Überlebenden werden zu Tode erschrocken sein und Gott im Himmel die Ehre erweisen, die ihm zusteht. *14* Das zweite Unheil, das der Wehruf angekündigt hat, ist vorüber, doch das dritte steht unmittelbar bevor.

Das Unheil, das die siebte Posaune bringt

15 Nachdem nun der siebte Engel die Posaune geblasen hatte, erklang ein mächtiger Lobgesang im Himmel: „Jetzt gehört die Herrschaft über die Welt unserem Herrn und seinem Christus,ᵃ und er wird herrschen in alle Ewigkeit!" 16 Da warfen sich die 24 Ältesten, die vor Gott auf ihren Thronen sitzen, mit dem Gesicht zum Boden nieder und beteten Gott an:

17 „Wir danken dir, Herr,
unser Gott, / du allmächtiger
Herrscher, / der du bist und
immer warst! / Denn nun hast
du deine große Macht bewiesen /
und die Herrschaft angetreten.
18 Die Völker hatten sich wütend
gegen dich aufgelehnt, / doch jetzt
entlädt sich dein Zorn über sie. /
Jetzt ist die Zeit gekommen, / wo
du Gericht über die Toten hältst /
und wo du die verdirbst, die die
Erde verderbenᵇ. / Doch es ist auch
die Zeit, / wo deine Diener ihren
Lohn erhalten: / die Propheten
und alle, die du geheiligt hast, /
alle Kleinen und Großen, / alle, die
deinen Namen ehren."

19 Dann wurde der Tempel Gottes im Himmel geöffnet und man konnte die Lade seines Bundes sehen. Blitze zuckten auf, Donnerschläge dröhnten, die Erde bebte und ein schwerer Hagel ging nieder.

Die Frau und der Drache

12 1 Dann war im Himmel eine außergewöhnliche Erscheinung zu sehen: Eine Frau, die mit der Sonne bekleidet war; unter ihren Füßen hatte sie den Mond und auf dem Kopf trug sie einen Kranz von zwölf Sternen. 2 Sie war schwanger und stand kurz vor der Geburt. Die Wehen hatten bereits begonnen und sie schrie vor Schmerzen. 3 Dann kam es zu einer anderen Erscheinung im Himmel: Man sah einen riesigen feuerroten Drachen, der sieben Köpfe und zehn Hörner hatte und auf jedem seiner Köpfe ein Diademᶜ trug. 4 Mit seinem Schwanz fegte er ein Drittel der Sterne vom Himmel und schleuderte sie auf die Erde. Dann stellte er sich vor die Frau hin und wollte das Kind gleich nach der Geburt verschlingen. 5 Doch ihr Kind wurde sofort zu Gott hinaufgenommen und vor seinen Thron gebracht. Es war der Sohn, der einmal alle Völker der Erde mit eisernem Stab regieren würde. 6 Die Frau selbst floh in die Wüste, wo ihr Gott einen Zufluchtsort geschaffen hatte, an dem sie 1260 Tage lang mit allem Nötigen versorgt würde.

7 Dann brach im Himmel ein Krieg aus: Der Engelfürst Michael kämpfte mit seinen Engeln gegen den Drachen.

---

a 11,15: *Christus* bedeutet der (zum König) *Gesalbte*. Hebräisch: *Messias*.

b 11,18: *die Erde verderben*. Damit sind nicht etwa Verursacher von Umweltschäden gemeint, sondern solche, die Gottlosigkeit und Götzendienst gefördert haben, vergleiche 1. Mose 6,11.

c 12,3: Ein *Diadem* ist keine Krone sondern ein schmales Band aus Seide, Leinen oder Edelmetall, das oft mit Perlen oder Edelsteinen besetzt ist. Es symbolisiert königliche Würde und Macht.

Der Drache und seine Engel wehrten sich, **8** aber sie konnten nicht standhalten. Von da an war für ihn und seine Engel kein Platz mehr im Himmel. **9** Der große Drache, die uralte Schlange, die auch Teufel oder Satan genannt wird und die ganze Menschheit verführt hatte, wurde mit all seinen Engeln auf die Erde hinabgestürzt.

10 Da hörte ich eine laute Stimme im Himmel rufen:

„Jetzt ist es geschehen! / Die Rettung ist da! / Gott hat seine Macht unter Beweis gestellt / und die Herrschaft gehört ihm. / Von jetzt an regiert Christus, / sein gesalbter König! / Und der, der unsere Geschwister Tag und Nacht bei Gott verklagt hat, / ist aus dem Himmel hinausgeworfen worden. **11** Und sie haben ihn besiegt, / weil das Lamm sein Blut für sie vergossen hat / und weil sie ohne Rücksicht auf ihr Leben / sich zur Botschaft des Lammes bekannten, / bereit, auch dafür zu sterben. **12** Darum freue dich, Himmel! / Jubelt, die ihr darin wohnt! / Doch wehe dir, Erde, / und wehe dir, Meer! / Denn der Teufel ist zu euch herabgekommen / und rast vor Wut, / weil er weiß, dass er nicht mehr viel Zeit hat."

13 Als der Drache nun sah, dass er auf die Erde geworfen war, begann er, die Frau zu verfolgen, die den Sohn geboren hatte. **14** Aber der Frau wurden Flügel gegeben, die beiden Flügel des großen Adlers. So konnte sie an den Ort in der Wüste fliehen, wo sie vor der Schlange sicher war, und dreieinhalb Jahre lang[a] mit allem Nötigen versorgt werden würde. **15** Da spie die Schlange einen mächtigen Wasserstrom hinter der Frau her, der sie mit sich fortreißen sollte. **16** Aber die Erde kam der Frau zur Hilfe. Sie öffnete sich und schluckte den Strom, den der Drache aus seinem Rachen stieß. **17** Da geriet der Drache außer sich vor Wut und bekämpfte jetzt alle, die zu dieser Frau gehörten. Das sind die Menschen, die nach den Geboten Gottes leben und sich zur Botschaft von Jesus bekennen. **18** Dann trat der Drache ans Ufer des Meeres.

Das Tier aus dem Meer

13 **1** Da sah ich ein Tier aus dem Meer heraufsteigen, das zehn Hörner und sieben Köpfe hatte. Auf jedem Horn trug es ein Diadem und auf den Köpfen standen gotteslästerliche Namen. **2** Das Tier sah aus wie ein Leopard, aber es hatte Tatzen wie ein Bär und ein Maul wie ein Löwe. Der Drache übergab ihm seine Macht, seinen Thron und alle Befehlsgewalt. **3** An einem seiner Köpfe hatte das Tier eine schwere, ja tödliche Verletzung. Aber seine Todeswunde wurde geheilt und die ganze Welt folgte ihm mit staunender Bewunderung. **4** Den Drachen beteten sie an, weil er dem Tier die Macht gegeben hatte. Und das Tier beteten sie an, weil sie sagten: „Wer kann sich denn mit dem Tier vergleichen? Wer kann es überhaupt mit ihm aufnehmen?"

---

a 12,14: *dreieinhalb Jahre lang.* Wörtlich: eine, zwei und eine halbe Zeit. Vergleiche Daniel 7,25.

5 42 Monate lang durfte es seinen Einfluss ausüben und anmaßende gotteslästerliche Reden führen. Niemand hinderte es daran. 6 Es riss sein Maul auf und stieß Lästerungen gegen Gott aus, es verhöhnte seinen Namen und sein Heiligtum und alle, die im Himmel wohnen. 7 Es wurde ihm erlaubt, mit allen Menschen, Krieg zu führen, mit allen, die zu Gott gehören – und sie zu besiegen. Über jeden Stamm und jedes Volk, jede Sprache und jede Kultur durfte es seine Macht ausüben. 8 Alle Menschen auf der Erde werden das Tier[b] anbeten, alle außer denen, deren Namen seit Erschaffung der Welt im Lebensbuch des geopferten Lammes stehen.

9 Wer hören will, achte auf das, was gesagt wird! 10 Wenn einer zur Gefangenschaft bestimmt ist, kommt er in Gefangenschaft. Wer für den Tod durch das Schwert bestimmt ist, wird mit dem Schwert getötet werden. Hier muss sich der Glaube und die Standhaftigkeit der Menschen bewähren, die zu Gott gehören.

Das Tier aus der Erde

11 Dann sah ich ein anderes Tier aus der Erde heraufsteigen. Es hatte zwei Hörner wie ein Lamm, aber es redete wie ein Drache. 12 Es handelte unter Aufsicht und mit Vollmacht des ersten Tieres und brachte die ganze Erde und alle ihre Bewohner dazu, das erste Tier anzubeten, das Tier, dessen Todeswunde geheilt worden war. 13 Dieses zweite Tier tat große Wunder und ließ vor den Augen der Menschen sogar Feuer vom Himmel fallen. 14 Mit Hilfe dieser außergewöhnlichen Dinge, zu denen es das erste Tier befähigt hatte, verführte es die Bewohner der Erde. Es überredete sie, ein Standbild zu Ehren jenes ersten Tieres zu errichten, das von einem Schwert tödlich getroffen und doch wieder lebendig geworden war. 15 Es bekam sogar die Macht, das Standbild des ersten Tieres zu beleben, so dass das Standbild reden konnte und bewirkte, dass alle getötet wurden, die das Bild nicht anbeteten. 16 Außerdem sorgte das zweite Tier dafür, dass sich alle Menschen – Hohe und Niedrige, Reiche und Arme, Freie und Sklaven – ein Kennzeichen an ihre rechte Hand oder ihre Stirn machen ließen. 17 Ohne dieses Kennzeichen – das war der Name des Tieres beziehungsweise die Zahl seines Namens[c] – würde niemand mehr etwas kaufen oder verkaufen können. 18 Hier ist Weisheit gefragt! Wer Verstand hat, kann herausfinden, was die Zahl des Tieres bedeutet, denn sie steht für den Namen eines Menschen. Die Zahl ist 666.

Das Lamm

14 1 Dann sah ich das Lamm auf dem Zionsberg stehen. Bei ihm waren 144 000 Menschen, auf deren Stirn sein Name und der Name seines

---

b 13,8: *Tier*. Wörtlich: *ihn*. Das Tier symbolisiert eine männliche Person.

c 13,17: *Zahl seines Namens*. Weil die Buchstaben des hebräischen und griechischen Alphabets auch Zahlenwerten entsprechen, lässt sich aus einem Namen eine Zahl errechnen, zum Beispiel: Jesus, Griechisch: *IESOUS* = 10 + 8 + 200 + 70 + 400 + 200 = 888.

Vaters geschrieben waren. *2* Dann hörte ich vom Himmel her ein Geräusch, das wie das Tosen einer mächtigen Brandung und wie ein gewaltiges Donnerrollen klang, sich aber gleichzeitig wie Gesang von Harfenspielern anhörte. *3* Dieser große Chor sang ein neues Lied vor dem Thron, den vier mächtigen Wesen und den Ältesten. Und niemand außer den 144 000 Erlösten, die Gott aus der Menschheit freigekauft hat, konnte dieses Lied lernen. *4* Sie hatten sich dem Lamm gegenüber durch keinerlei Untreue schuldig gemacht, sondern sich wie eine Braut unberührt und rein gehalten, und sie folgen dem Lamm, wohin es auch geht. Als Erste waren sie für Gott und das Lamm freigekauft worden. *5* Sie sind ohne Tadel. Keine Falschheit kann ihnen vorgeworfen werden.

Die drei Engel

6 Dann sah ich einen anderen Engel hoch am Himmel fliegen. Er hatte eine Botschaft von ewiger Bedeutung, die er allen Bewohnern der Erde verkündigen sollte, allen Völkern und Stämmen, den Menschen jeder Sprache und Kultur. *7* Laut rief er: „Fürchtet Gott und gebt ihm die Ehre, die ihm gebührt! Denn jetzt ist die Stunde gekommen, in der er Gericht hält. Betet den an, der Himmel und Erde, das Meer und alle Quellen geschaffen hat!"

8 Ein zweiter Engel folgte dem ersten und rief: „Gefallen! Gefallen ist das mächtige Babylon, das mit dem Wein seiner leidenschaftlichen sexuellen Unmoral alle Völker getränkt hat."

9 Ein dritter Engel folgte ihnen und rief mit lauter Stimme: „Jeder, der das Tier und sein Standbild anbetet und das Kennzeichen seines Namens an Hand oder Stirn anbringen lässt, *10* jeder von ihnen wird den unverdünnten Wein von Gottes furchtbarem Grimm aus seinem Zornesbecher trinken müssen. Vor den Augen des Lammes und der heiligen Engel wird er mit Feuer und brennendem Schwefel gequält werden. *11* Keiner von denen, die sich vor dem Tier und seinem Standbild niederwerfen und das Kennzeichen seines Namens tragen, wird jemals wieder Ruhe finden, weder am Tag noch in der Nacht. Der Rauch von diesem schrecklichen Feuer ihrer Qual wird für immer und ewig zum Himmel aufsteigen."

12 Hier muss sich die Standhaftigkeit der Menschen bewähren, die zu Gott gehören, die seine Gebote befolgen und auf Jesus vertrauen.

13 Aus dem Himmel hörte ich eine Stimme sagen: „Schreibe: Wie glücklich sind die, die dem Herrn treu bleiben bis zu ihrem Tod. Das gilt jetzt mehr als je zuvor." – „Ja", erwiderte der Geist, „sie werden sich von aller Mühe ausruhen, denn ihre Taten sprechen für sie."

Die Ernte

14 Dann sah ich eine leuchtende Wolke, auf der jemand thronte, der wie ein Menschensohn aussah. Er trug einen goldenen Kranz und hielt eine scharfe Sichel in seiner Hand. *15* Nun kam ein Engel aus dem Tempel und rief dem, der auf der Wolke saß mit lauter Stimme zu: „Gebrauche deine Sichel, denn die Zeit zum Ernten ist gekommen! Die Erde ist überreif für die Ernte." *16* Da ließ der, der auf der

Wolke saß, seine Sichel über die Erde fahren und erntete sie ab. *17* Noch ein anderer Engel kam aus dem Tempel im Himmel. Auch er hatte eine scharfe Sichel bei sich. *18* Schließlich kam ein Engel vom Altar – es war der, dem das Feuer unterstellt war – und rief dem, der die scharfe Sichel hatte, mit lauter Stimme zu: „Lass deine scharfe Sichel schneiden und ernte die Trauben vom Weinstock der Erde ab! Seine Beeren sind reif." *19* Da ließ der Engel seine Sichel durch den Weinstock der Erde fahren und erntete ihn ab. Die Trauben warf er in die große Weinpresse des göttlichen Zorns *20* außerhalb der Stadt. Als sie gekeltert wurden, schoss das Blut aus der Presse bis an die Zügel der Pferde hoch. Das Ganze erstreckte sich 300 Kilometer[a] weit.

Ankündigung der letzten schrecklichen Plagen

15 *1* Dann sah ich im Himmel eine andere außergewöhnliche Erscheinung: Sieben Engel standen bereit, die letzten sieben schrecklichen Plagen auszulösen, die den Zorn Gottes vollenden würden. *2* Dazu sah ich etwas wie ein Meer, durchsichtig wie Glas und leuchtend wie Feuer. An seinem Ufer sah ich die stehen, die dem Tier standgehalten hatten – alle, die sein Bild nicht angebetet und die

Zahl seines Namens nicht angenommen hatten. Sie hatten von Gott Harfen bekommen *3* und sangen das Lied von Mose, dem Diener Gottes, und das Lied vom Lamm.

> „Groß und wunderbar sind deine Werke, / Herr, du allmächtiger Gott! / Gerecht und wahrhaftig ist alles, was du planst und tust, / du König aller Völker! *4* Wer sollte dich nicht fürchten, Herr, / und deinen Namen nicht preisen? / Denn du allein bist heilig! / Alle Völker werden kommen / und niederfallen vor dir. / Sie beten dich an, / weil dein gerechtes Tun offen vor ihnen liegt."

5 Dann sah ich, wie der Tempel im Himmel, die heilige Wohnung des Gesetzes, sich öffnete *6* und die sieben Engel mit den sieben schrecklichen Plagen kamen heraus. Jeder war in ein strahlend weißes Leinengewand gehüllt und hatte ein breites goldenes Band um die Brust. *7* Eines der vier mächtigen Wesen reichte den Engeln sieben goldene Schalen, die mit dem Zorn Gottes gefüllt waren, dem Zorn dessen, der in alle Ewigkeit lebt. *8* Da füllte sich der ganze Tempel mit dem Rauch der Herrlichkeit und Macht Gottes. Und niemand konnte ihn betreten, bis die sieben schrecklichen Plagen der sieben Engel ihr Ziel erreicht hatten.

Die sieben Schalen voller Unheil

16 *1* Dann hörte ich aus dem Inneren des Tempels eine laute Stimme, die den sieben Engeln zurief: „Geht jetzt und gießt die sieben

---

a 14,20: *300 Kilometer*. Wörtlich: *1600 Stadien*, das entspricht etwa der Nord-Süd-Länge Israels. Die große endzeitliche Schlacht (Offenbarung 16,16; 19,11-21; Hesekiel 39) wird offenbar außerhalb *der Stadt* Jerusalem im ganzen Gebiet von Israel wüten.

Schalen mit dem Glutfluss von Gottes Zorn über die Erde!"

2 Der erste Engel trat vor und goss seine Schale über dem Festland aus. Da brach an allen Menschen, die das Malzeichen des Tieres trugen und sein Standbild anbeteten, ein schlimmes bösartiges Geschwür aus.

3 Der zweite Engel trat vor und goss seine Schale über das Meer. Da wurde das Wasser im Meer zu Blut, das wie das geronnene Blut einer Leiche aussah; und alle Lebewesen dort gingen zugrunde.

4 Der dritte Engel goss seine Schale über die Flüsse und Quellen aus. Da wurde alles Wasser zu Blut, 5 und ich hörte den Engel, dem die Gewässer unterstellt waren, sagen: „Gerecht bist du, heiliger Gott, der da ist und schon immer war! Dein Gericht ist gerecht! 6 Denn Blut hast du denen zu trinken gegeben, die das Blut deiner Heiligenᵃ und Propheten vergossen haben. Sie haben es nicht anders verdient!" 7 Dann hörte ich eine Stimme vom Altar her sagen: „Ja, Herr, du allmächtiger Gott! Wahr und gerecht sind die Urteile deines Gerichts."

8 Der vierte Engel goss seine Schale über der Sonne aus und die Menschen wurden von ihrer Glut versengt. 9 Die Hitze war so schlimm, dass ihnen die Haut am Körper verbrannte. Da lästerten sie Gott, der für diese Plagen verantwortlich war, und verfluchten seinen Namen. Doch ihre Einstellung änderten sie nicht und verweigerten Gott die Ehre, die ihm gebührt.

10 Der fünfte Engel goss seine Schale über den Thron des Tieres aus. Da wurde sein ganzes Reich in Finsternis gestürzt und die Menschen zerbissen sich die Zunge vor Qual. 11 Sie verfluchten Gott im Himmel wegen ihrer Schmerzen und ihrer Geschwüre. Doch ihre Taten bereuten sie nicht.

12 Der sechste Engel goss seine Schale über den großen Strom aus, den Euphrat. Da trocknete dieser völlig aus, so dass ein Weg für die Könige gebahnt wurde, die vom Osten her kommen würden. 13 Dann sah ich aus dem Rachen des Drachen, aus dem Maul des Tieres und aus dem Mund des falschen Propheten drei böse Geister hervorkommen, die wie Frösche aussahen. 14 Es waren Dämonen, die Aufsehen erregende Wunder taten. Sie brachten alle Könige der Erde dazu, ihre Truppen zu dem Krieg aufmarschieren zu lassen, der an jenem großen Tag des allmächtigen Gottes beginnt. – 15 „Passt auf! Ich komme so unerwartet wie ein Dieb. Wie glücklich wird dann der sein, der wach geblieben ist und seine Kleidung bei sich hat. Dann wird er nicht nackt dastehen und sich schämen müssen, wenn ich komme."ᵇ – 16 Jene Geistesmacht führte die Könige an einen Ort, der auf Hebräisch Harmagedonᶜ, Berg von Megiddo, heißt.

---

a 16,6: *Heilige* sind Menschen, die Gott geheiligt hat, also alle, die zu seinem Volk gehören.

b 16,15: Das ist eine Zwischenbemerkung für die Leser der Offenbarung.

c 16,16: *Harmagedon.* Eine strategisch wichtige Stadt in der Jesreel-Ebene im Norden Israels, die auch Schauplatz wichtiger Schlachten in der alttestamentlichen Geschichte war.

17 Der siebte Engel goss seine Schale in die Luft aus. Da verkündete eine mächtige Stimme, die vom Thron aus dem Tempel herkam: „Jetzt ist alles geschehen!" 18 Blitze zuckten über dem Himmel auf, der Donner krachte und dröhnte und ein schreckliches Beben erschütterte die Erde. Seit Menschen auf der Erde leben, hat es noch nie ein so schweres Erdbeben gegeben. 19 Die große Stadt zerriss in drei Teile und die Städte aller Völker wurden zerstört. Jetzt wurde mit dem großen Babylon abgerechnet. Gott ließ es den Kelch austrinken, der mit dem Wein seines unerbittlichen Zorns gefüllt war. 20 Alle Inseln versanken im Meer und auch die Berge verschwanden spurlos. 21 Ein furchtbarer Hagel ging über die Erde nieder; zentnerschwer fielen die Eisbrocken vom Himmel auf die Menschen. Und die Menschen verfluchten Gott wegen des Hagels, der eine außerordentlich schreckliche Plage für sie war.

Die große Hure auf dem Tier

17 1 Nun trat einer von den sieben Engeln, die die Schalen gehabt hatten, zu mir. „Komm", sagte er, „ich will dir zeigen, wie Gott die große Hure richten wird, die an den vielen Wasserläufen thront, 2 mit der sich die Mächtigen der Erde eingelassen haben und die mit dem Wein ihrer sexuellen Unmoral die ganze Menschheit betrunken gemacht hat."

3 Da versetzte mich der Engel im Geist in eine Wüste. Dort sah ich eine Frau auf einem scharlachroten Tier sitzen, das über und über mit Namen bedeckt war, die Gott beleidigen sollten. Es hatte sieben Köpfe und zehn Hörner. 4 Die Frau selbst trug Purpur und scharlachrote Kleidung und alles an ihr glitzerte von Gold, Edelsteinen und Perlen. Sie hielt einen goldenen Becher in der Hand, der von Abscheulichkeiten überquoll und mit dem widerlichen Dreck ihrer sexuellen Unmoral gefüllt war. 5 Ein geheimnisvoller Name stand auf ihrer Stirn: „Babylon, die Große, die Mutter aller Huren und Abscheulichkeiten der Erde."

6 Ich sah, dass die Frau betrunken war, berauscht vom Blut der Menschen, die Gott geheiligt und die als Zeugen für Jesus umgebracht worden waren. Erschüttert und betroffen starrte ich sie an. 7 „Warum bist du so betroffen?", fragte mich der Engel. „Ich werde dir zeigen, was das Geheimnis dieser Frau ist und was sich hinter dem Tier mit den sieben Köpfen und zehn Hörnern verbirgt, auf dem sie sitzt. 8 Das Tier, das du gesehen hast, war schon einmal da. Jetzt ist es nicht mehr da, aber es wird wieder aus dem Abgrund heraufsteigen, um dann endgültig ins Verderben zu gehen. Alle Bewohner der Erde – alle außer denen, deren Namen seit Erschaffung der Welt im Lebensbuch stehen – werden über die Rückkehr des Tieres staunen, das schon einmal da war.

9 Hier braucht es einen Verstand, der Weisheit von Gott hat. Die sieben Köpfe bedeuten zunächst die sieben Hügel, auf denen die Frau thront. Gleichzeitig stehen sie für sieben Könige, 10 von denen fünf schon gestürzt sind. Einer ist gerade an der Macht und der letzte ist noch nicht gekommen. Wenn er dann kommt, wird er nur eine kurze Zeit herrschen. 11 Und das Tier, das schon einmal da war, ist

der achte König, aber zugleich auch einer von den sieben, und es läuft seinem Untergang entgegen. *12* Die zehn Hörner, die du gesehen hast, sind zehn Könige, die ihre Herrschaft noch nicht angetreten haben. An der Seite des Tieres werden sie für eine Stunde königliche Macht erhalten. *13* Alle verfolgen sie das gleiche Ziel und stellen ihre Macht und ihren ganzen Einfluss dem Tier zur Verfügung. *14* Gemeinsam werden sie gegen das Lamm Krieg führen. Doch das Lamm wird sie besiegen, denn es ist Herr über alle Herren und König über alle Könige. Und bei ihm sind die, die Gott berufen und ausgewählt hat, seine treuen Mitstreiter."

15 Und weiter erklärte mir der Engel: „Die Wasserläufe, die du gesehen hast, an denen die Hure thront, bedeuten Scharen von Menschen und Völkern aller Sprachen und Kulturen. *16* Und die zehn Hörner, die du gesehen hast, und das Tier selbst werden von Hass auf die Hure erfüllt sein. Sie werden sie verwüsten und nackt dastehen lassen. Zuletzt werden sie ihr Fleisch fressen und alles verbrennen, was von ihr übrig bleibt. *17* Denn Gott hat ihnen den Plan eingegeben, mit dem Tier gemeinsame Sache zu machen und ihm ihre Herrschaftsgewalt zu überlassen, bis sich Gottes Voraussagen erfüllt haben. *18* Die Frau, die du gesehen hast, ist die große Stadt, die über alle Könige der Erde herrscht."

Der Untergang Babylons

18 *1* Danach sah ich einen anderen Engel vom Himmel herabkommen. Er war mit großer Vollmacht ausgestattet, und die Erde wurde von seiner Herrlichkeit erleuchtet.

2 Er rief mit mächtiger Stimme: „Babylon ist gefallen! Die große Stadt ist gefallen! Sie ist zu einer Behausung für Dämonen geworden, zu einem Schlupfwinkel für böse Geister aller Art, zu einem Tummelplatz für alles unreine und Abscheu erregende Getier. *3* Alle Völker haben von dem schweren Wein ihrer gierigen sexuellen Unmoral getrunken. Die Könige der Erde haben es mit ihr getrieben, und die Kaufleute der Welt sind durch ihren verschwenderischen Luxus reich geworden." *4* Dann hörte ich eine andere Stimme aus dem Himmel sagen: „Verlass die Stadt, mein Volk! Komm heraus, damit du nicht in ihre Sünden verstrickt wirst und ihre Plagen nicht dich treffen! *5* Denn ihre Sünden türmen sich bis zum Himmel auf, und Gott wird sie dafür zur Rechenschaft ziehen.

6 Vergeltet ihr, wie sie auch euch vergolten hat! / Zahlt ihr doppelt heim, was sie anderen antat! / Gießt ihr ein doppelt so starkes Getränk in ihren eigenen Kelch! *7* Gebt ihr so viel Qual und Trauer wie sie in Prunk und Luxus schwelgte!

Denn sie dachte ja: ‚Ich bin Königin auf meinem Thron! Ich bin keine hilflose Witwe, mir wird nichts geschehen!' *8* Darum werden die Nöte des Todes und der Trauer und des Hungers an einem einzigen Tag über sie kommen und sie wird in Schutt und Asche gelegt. Denn stark ist Gott, der Herr, der sie gerichtet hat.

9 Wenn dann die Mächtigen der Erde, die sich mit ihr eingelassen und das ausschweifende Leben in vollen Zügen genossen haben, den Rauch sehen, der von den brennenden Trümmern aufsteigt, werden sie klagen und jammern. *10* ‚Was für ein Unglück!‘, werden sie rufen und aus Furcht vor ihrer Qual weit entfernt stehen bleiben. ‚Was für ein Unglück! Babylon, du große und mächtige Stadt! In einer einzigen Stunde ist das Unglück über dich gekommen!‘

11 Auch die Kaufleute in aller Welt werden um sie klagen und trauern, denn niemand kauft ihnen ihre Waren mehr ab: *12* das Gold und das Silber, die Edelsteine und Perlen, die Gewänder aus Seide und feinem Leinen, die Purpurstoffe und scharlachroten Kleider, das Sandelholz, die Gegenstände aus Elfenbein, Edelholz, Bronze, Eisen und Marmor, *13* den Zimt und den Haarbalsam, Duftstoffe, Salböl und Weihrauch, Wein und Olivenöl, Feinmehl und Weizen, Rinder und Schafe, Pferde und Wagen, Leibeigene und Sklaven.

14 Auch die Früchte, die du so sehr liebtest, / gibt es nicht mehr! / Dahin ist all dein Glanz und deine Pracht! / Und nichts davon kommt jemals zurück!

15 So werden die Kaufleute jammern, die durch ihren Handel mit Babylon reich geworden sind. Aus Furcht vor ihrer Qual sehen sie alles aus der Ferne an und weinen vor Trauer und Schmerz. *16* ‚Was für ein Unglück!‘, werden sie rufen. ‚Was für ein Unglück! Diese mächtige Stadt! Sie war es gewohnt, sich in feines Leinen zu kleiden, sie hüllte sich in Purpur und scharlachrote Stoffe und schmückte

sich mit Gold, Edelsteinen und Perlen. *17* In einer einzigen Stunde ist solch ein Reichtum verschwunden!‘

Und alle Steuerleute, alle Handelsreisenden, alle Matrosen, überhaupt alle, die auf See ihren Unterhalt verdienten, beobachteten von fern *18* den Rauch, der von den brennenden Trümmern aufstieg, und riefen: ‚An diese großartige Stadt kam keiner heran!‘ *19* Vor Trauer streuten sie sich Staub auf den Kopf und klagten weinend: ‚Was für ein Unglück! Wie furchtbar für diese großartige Stadt. Durch ihre Schätze sind alle reich geworden, die Schiffe auf dem Meer haben. Und nun ist sie in einer einzigen Stunde vernichtet worden!‘

20 Ihr Himmel, jubelt über ihren Untergang! / Freut euch ihr Heiligen, freut euch Apostel und Propheten! / Für alles, was sie euch antat, / hat Gott nun sein Urteil an ihr vollstreckt!"

21 Dann hob ein starker Engel einen Felsbrocken hoch, der so groß wie ein Mühlstein war, und warf ihn ins Meer. Dabei sagte er: „Genauso geht es Babylon, der großen Stadt / Mit Wucht wird sie in die Tiefe gestürzt / und für immer verschwinden.

22 Nie mehr wird man Harfenklänge / und Gesang in deinen Mauern hören, / nie mehr Flötenspiel und Trompetenklang! / Nie mehr wird ein Handwerker in dir arbeiten; / und das Geräusch der Mühle wird verstummen. *23* Das Licht der Lampen ist für immer erloschen; / und der Jubel von Bräutigam und Braut für immer verstummt. / Denn deine Kaufleute waren die Großen der Welt / und mit deiner Magie hast du alle Völker verführt.

24 Blut floss in ihr, das Blut von Propheten / und von Menschen, die Gottes Eigentum sind, / und von denen, die man auf der Erde umgebracht hat."

Jubel über den gerechten Richter

19 *1* Danach hörte ich im Himmel einen gewaltigen Jubelchor:

„Halleluja!ª Gepriesen sei Gott! / Die Rettung kommt von ihm allein! / Unserem Gott gehört alle Ehre und Macht! *2* Denn seine Urteile sind wahr und gerecht. / Die große Hure hat er hingerichtet, / die mit ihrer Unmoral die ganze Erde verdarb, / und das Blut seiner Diener hat er an ihr gerächt."

3 Und von neuem klangen die Jubelrufe auf:

„Halleluja! Gepriesen sei Gott! / Der Rauch dieser Stadt / wird aufsteigen in alle Ewigkeit!"

4 Auch die 24 Ältesten und die vier mächtigen Wesen beteten Gott an. Sie fielen vor seinem Thron nieder und sagten: „Amen! Halleluja!" *5* Dann war eine Stimme zu hören, die vom Thron herkam und rief: „Lobt

unseren Gott, ihr Geringen und ihr Großen, alle, die ihr ihm gehört und ihm ehrfürchtig dient!"

Die Hochzeit des Lammes

6 Dann hörte ich einen Jubelgesang, der von einem vielstimmigen Chor zu kommen schien. Er klang wie das Tosen einer starken Brandung und gleichzeitig wie lautes Donnerrollen:

„Halleluja! Gepriesen sei Gott! / Unser Herr, der allmächtige Gott, / hat nun die Herrschaft angetreten! *7* Wir wollen uns freuen und jubeln / und ihm die Ehre geben! / Denn jetzt ist die Hochzeit des Lammes gekommen / und seine Braut hat sich dafür schön gemacht, *8* eingekleidet in strahlend weißes Leinen."

Die feine Leinwand steht für die gerechten Taten der Heiligen. *9* Dann befahl mir der Engel: „Schreibe: Glücklich sind alle, die zum Hochzeitsmahl des Lammes eingeladen sind!" Und er fügte hinzu: „Das sind Gottes zuverlässige Worte."

10 Da warf ich mich ihm zu Füßen, um ihn anzubeten. Aber er sagte zu mir: „Tu das nicht! Ich bin auch nur ein Diener Gottes wie du und deine Brüder, die ihr an der Botschaft von Jesus festhaltet. Bete Gott an! Denn die prophetische Botschaft ist die Botschaft von Jesus."

Christus, der Sieger

11 Dann sah ich den Himmel geöffnet und auf einmal erschien ein weißes Pferd. Der Reiter heißt „der Treue und Wahrhaftige". Er führt einen

---

a 19,1: *Halleluja.* Hebräischer Jubelruf: „Lobt Jahwe!", kommt im Neuen Testament nur in diesem Kapitel vor.

gerechten Krieg und richtet gerecht. *12* Seine Augen lodern wie Feuerflammen, auf seinem Kopf trägt er eine Krone, die aus vielen Diademen[b] besteht, und an seiner Stirn steht ein Name, dessen Bedeutung nur er selber kennt. *13* Sein Mantel ist voller Blut. Er heißt „das Wort Gottes". *14* Die Heere des Himmels folgen ihm. Sie reiten auf weißen Pferden und sind in reines weißes Leinen gekleidet. *15* Aus dem Mund des Reiters kommt ein scharfes Schwert heraus, mit dem er die Völker besiegen wird. Und mit eisernem Zepter wird er über sie herrschen. Er vollstreckt den furchtbaren Zorn des allmächtigen Gottes und wird die Völker wie reife Trauben in der Kelter zertreten. *16* Auf der Seite seines Mantels steht noch ein Name: „König der Könige und Herr der Herren!"

17 Dann sah ich einen Engel in der Sonne stehen, der allen Vögeln, die oben am Himmel flogen, laut zurief: „Kommt her! Sammelt euch zum großen Mahl, das Gott euch gibt. *18* Fresst euch satt am Fleisch von Königen und Generälen, fresst das Fleisch von Mächtigen, von Pferden und ihren Reitern, fresst das Fleisch von Freien und Sklaven, von Großen und Geringen!"

19 Schließlich sah ich, wie das Tier die Könige der Erde zusammenbrachte, und wie sie mit ihren Heeren gegen den Reiter auf dem weißen Pferd und seinem Heer in den Kampf zogen.

20 Doch das Tier wurde gefangen genommen und mit ihm der falsche Prophet, der unter den Augen des Tieres all die auffälligen Wunder getan hatte, durch die alle verführt worden waren, die das Zeichen des Tieres angenommen und sein Standbild angebetet hatten. Beide wurden lebendig in den Feuersee geworfen, einen See der mit brennendem Schwefel gefüllt ist. *21* Alle anderen wurden mit dem Schwert umgebracht, das aus dem Mund des Reiters auf dem weißen Pferd kam. Und alle Vögel fraßen sich an ihrem Fleisch satt.

Die tausendjährige Herrschaft

20 *1* Dann sah ich einen Engel aus dem Himmel herabsteigen, der den Schlüssel zum Abgrund und eine schwere Kette in der Hand hatte. *2* Er packte den Drachen, die uralte Schlange, die auch Teufel oder Satan genannt wird, und legte ihn für tausend Jahre in Ketten. *3* Dann warf er ihn in den Abgrund, verschloss den Eingang und versiegelte ihn, sodass der Teufel bis zum Ablauf der tausend Jahre die Völker nicht mehr verführen konnte. Danach muss er nach dem Willen Gottes noch einmal für kurze Zeit losgelassen werden.

4 Dann sah ich Throne und sah, wie alle, die darauf Platz nahmen, ermächtigt wurden, Gericht zu halten. Ich sah auch die Seelen derer, die enthauptet worden waren, weil sie sich zur Botschaft von Jesus bekannt hatten und öffentlich für Gottes Wort eingetreten waren. Sie hatten das Tier und sein Standbild nicht angebetet und das Kennzeichen des Tieres an Hand oder Stirn nicht angenommen.

---

b 19,12: Ein *Diadem* ist keine Krone sondern ein schmales Band aus Seide, Leinen oder Edelmetall, das oft mit Perlen oder Edelsteinen besetzt ist. Es symbolisiert königliche Würde und Macht.

Jetzt wurden sie wieder lebendig und herrschten tausend Jahre lang zusammen mit dem Messias. 5 Das ist die erste Auferstehung. Die übrigen Toten wurden erst nach dem Ende der tausend Jahre zum Leben erweckt. 6 Alle, die an dieser ersten Auferstehung teilhaben dürfen, sind glücklich zu preisen. Sie gehören zu Gottes heiligem Volk und der zweite Tod wird keine Macht über sie haben. Sie werden Gott und Christus als Priester dienen und die tausend Jahre zusammen mit Christus regieren.

Der letzte Aufstand gegen Gott

7 Wenn die tausend Jahre dann vorüber sind, wird Satan aus seinem Gefängnis freigelassen. 8 Er wird in alle vier Himmelsrichtungen losziehen, um die Völker der ganzen Erde, die Gog und Magog[a] genannt werden, zu verführen. Er wird sie dazu bringen, gemeinsam in den Krieg zu ziehen. Ihre Zahl wird sein wie der Sand am Meer. 9 Sie werden die Erde überschwemmen und das Heerlager der Heiligen und die von Gott geliebte Stadt umzingeln. Doch dann wird Feuer vom Himmel fallen und sie vernichten. 10 Und der Teufel, der sie verführt hatte, wird in den Feuersee geworfen, den See, der mit brennendem Schwefel gefüllt ist, in dem sich schon das Tier und der falsche Prophet befinden. Dort werden sie für immer und ewig Tag und Nacht schreckliche Qualen erleiden.

Das Weltgericht

11 Dann sah ich einen großen weißen Thron und sah, wie Erde und Himmel vor dem, der darauf saß, entflohen. Sie konnten seine Gegenwart nicht ertragen und verschwanden ohne Spur. 12 Vor dem Thron aber sah ich die Toten stehen, vom Größten bis zum Kleinsten. Es wurden Bücher aufgeschlagen, in denen alle Taten aufgeschrieben sind. Und aufgrund dieser Eintragungen wurden die Toten gerichtet. Jeder bekam das Urteil, das seinen Taten entsprach. Gleichzeitig wurde noch ein anderes Buch geöffnet: das Buch des Lebens. 13 Auch das Meer gab seine Toten heraus, ebenso der Tod und der Hades. Jeder Einzelne bekam das Urteil, das seinen Taten entsprach. 14 Schließlich wurde der Tod selbst in den Feuersee geworfen, und der Hades[b] dazu. Der Feuersee ist der zweite Tod. 15 Wenn also jemand nicht im Buch des Lebens eingetragen war, wurde er in den Feuersee geworfen.

Das neue Jerusalem

21 1 Dann sah ich einen ganz neuen Himmel und eine völlig neuartige Erde. Der erste Himmel und die erste Erde waren vergangen, auch das Meer gab es nicht mehr. 2 Ich sah, wie die Heilige Stadt, das neue Jerusalem, von Gott aus dem Himmel herabkam. Sie war schön wie eine Braut, die sich für ihren Bräutigam geschmückt hat. 3 Und vom Thron her hörte ich eine laute Stimme rufen: „Jetzt ist

---

a 20,8: *Gog und Magog.* Symbolische Namen für alle Völker der Endzeit, die Gott feindlich gegenüberstehen. Vergleiche Hesekiel 38-39.

---

b 20,14: *Hades.* Siehe Fußnote zu Offenbarung 6,8.

Gottes Wohnung[c] bei den Menschen. Unter ihnen wird er wohnen und sie alle werden seine Völker sein. Gott selbst wird als ihr Gott bei ihnen sein. 4 Jede Träne wird er von ihren Augen wischen. Es wird keinen Tod mehr geben und auch keine Traurigkeit, keine Klage, keinen Schmerz. Was früher war, ist für immer vorbei."

Wort an die Leser

5 „Seht, ich mache alles ganz neu!", sagte der, der auf dem Thron saß, und wandte sich dann zu mir: „Schreib diese Worte auf! Sie sind zuverlässig und wahr." 6 Und er fuhr fort: „Nun ist alles erfüllt. Ich bin das Alpha und das Omega[d], der Ursprung und das Ziel. Wer Durst hat, dem werde ich umsonst zu trinken geben: Wasser aus der Quelle des Lebens. 7 Wer den Kampf besteht, wird das alles erben. Ich werde sein Gott und er wird mein Sohn sein. 8 Aber die Feiglinge, die Treulosen und die, die sich mit abscheulichen Dingen abgeben, die sexuell unmoralisch leben, und alle, die okkulte Praktiken ausüben, die Mörder, die Götzendiener und alle Lügner – sie erwartet der See, der mit brennendem Schwefel gefüllt ist, das heißt: der zweite Tod."

Beschreibung der Stadt

9 Einer von den sieben Engeln, die die Schalen mit den sieben letzten Plagen ausgeschüttet hatten, kam zu mir und sagte: „Komm her! Ich will dir die Braut des Lammes zeigen, die Frau, die zu ihm gehört." 10 Dann nahm er mich im Geist auf einen sehr hohen Berg mit und zeigte mir die Heilige Stadt Jerusalem, die von Gott aus dem Himmel herabgekommen war. 11 Gottes Herrlichkeit erfüllte sie, und sie leuchtete wie ein überaus kostbarer Edelstein, sie funkelte wie ein Diamant. 12 Die Stadt war von einer sehr hohen Mauer umgeben und hatte zwölf Tore, auf denen zwölf Namen standen, die Namen der zwölf Stämme Israels. Sie wurden von zwölf Engeln bewacht. 13 Drei Tore gingen nach Osten, drei nach Norden, drei nach Süden und drei nach Westen. 14 Die Stadtmauer war auf zwölf Grundsteinen errichtet, auf denen ebenfalls zwölf Namen standen, die Namen der zwölf Apostel des Lammes.

15 Der Engel, der mit mir sprach, hatte einen goldenen Messstab in der Hand, womit er die Stadt, die Tore und ihre Mauern ausmessen wollte. 16 Die Stadt war quadratisch angelegt, Länge und Breite waren gleich. Als er die Stadt ausmaß, ergaben sich je 2200 Kilometer[e] in Länge, Breite und Höhe. 17 Dann maß er die Höhe der Stadtmauer. Sie betrug, nach menschlichem Maß gerechnet, wie der Engel es gebrauchte, 72 Meter[f]. 18 Die Mauer

---

c 21,3: Das griechische Wort für *Wohnung* bedeutet auch Zelt und ruft das Zeltheiligtum der Israeliten in der Zeit der Wüstenwanderung in Erinnerung.

d 21,6: *Alpha und Omega.* Erster und letzter Buchstabe des griechischen Alphabets.

e 21,16: *2200 Kilometer.* Wörtlich: *Zwölftausend Stadien.* Stadion ist ein griechisches Längenmaß von etwa 185 Metern. Alle im Text angegebenen Maße sind durch 12 teilbar.

f 21,17: Wörtlich: *144 Ellen,* siehe 1. Mose 6,15.

bestand aus Diamant[a]. Die Stadt selbst war aus reinem Gold gebaut, das wie Kristallglas schimmerte. *19* Die Fundamente der Stadtmauer waren mit verschiedenartigsten kostbaren Steinen geschmückt. Beim ersten Grundstein war es Diamant, beim zweiten Saphir, beim dritten Rubin, beim vierten Smaragd, *20* beim fünften Achat, beim sechsten Karneol, beim siebten Chrysolith, beim achten Beryll, beim neunten Topas, beim zehnten Chrysopras, beim elften Hyazinth, beim zwölften Amethyst. *21* Die zwölf Stadttore bestanden aus zwölf Perlen, jedes Tor war aus einer einzigen Perle geformt. Die Hauptstraße war aus reinem Gold, durchsichtig wie Kristallglas.

22 Einen Tempel sah ich nicht in der Stadt. Der Herr selbst ist ihr Tempel, der allmächtige Gott und das Lamm. *23* Die Stadt braucht weder Sonne noch Mond, damit es hell in ihr wird. Ihr Licht ist das Lamm, und die Herrlichkeit Gottes erleuchtet sie. *24* Die Völker der Erde werden in ihrem Licht leben, und ihre Könige werden kommen und ihren Reichtum in die Stadt tragen. *25* Ihre Tore werden den ganzen Tag offen stehen, ja noch mehr: Weil es dort keine Nacht gibt, werden sie immer offen sein. *26* Die herrlichsten Schätze und Kostbarkeiten der Völker werden in die Stadt gebracht.

Wort an die Leser

27 In diese Stadt wird nie etwas Unreines kommen. Wer immer wieder tut, was Gott verabscheut, wer vom Lügen bestimmt ist, wird niemals dort hineinkommen, sondern nur der, der im Lebensbuch des Lammes eingetragen ist.

Beschreibung der Stadt

22 *1* Der Engel zeigte mir auch einen kristallklaren Strom, der aus dem Thron von Gott und dem Lamm hervorkam. Es war der Strom mit dem Wasser des Lebens, *2* der in der Mitte der Hauptstraße durch die Stadt floss. An seinen beiden Ufern wuchs der Baum des Lebens, der zwölfmal im Jahr Früchte trägt, jeden Monat einmal, und dessen Blätter zur Gesundheit der Völker dienen. *3* Dort wird es nichts mehr geben, was unter dem Fluch Gottes steht. Der Thron von Gott und dem Lamm wird in der Stadt sein und ihre Bewohner werden ihm als Priester dienen. *4* Sie werden sein Gesicht sehen und seinen Namen an ihren Stirnen tragen. *5* Dann wird es keine Nacht mehr geben, so dass man keine Beleuchtung mehr braucht, nicht einmal das Sonnenlicht. Denn Gott, der Herr, wird über ihnen leuchten. Und sie werden regieren – für immer und ewig.

Schlusswort an die Leser

6 Er sprach zu mir: „Alles, was dir gesagt wurde, ist zuverlässig und wahr. Der Herr selbst – der Gott, dessen Geist durch die Propheten

---

a 21,18: *Diamant.* Der in Offenbarung 21,11.18-19 erwähnte Edelstein wird im Griechischen als *Jaspis* bezeichnet, aber gleichzeitig als überaus glänzend und wertvoll beschrieben. Diese Eigenschaften treffen viel mehr auf den *Diamant* zu, als auf den heute bekannten minderwertigen Halbedelstein Jaspis, der undurchsichtig und bräunlich bis grün gefärbt ist.

spricht – hat seinen Engel gesandt, um seinen Dienern zu zeigen, was bald geschehen muss. 7 Gebt acht! Ich komme bald! Jeder, der sich nach den prophetischen Worten dieses Buches richtet, ist glücklich zu nennen.“

8 Ich, Johannes, habe alles gesehen und gehört, was hier berichtet ist. Überwältigt von dem, was ich gehört und gesehen hatte, warf ich mich vor dem Engel nieder, der mir das alles gezeigt hatte, und wollte ihn anbeten. 9 Doch er sagte: „Tu das nicht! Ich bin ein Diener Gottes genauso wie du und deine Brüder, die Propheten, und wie alle, die sich nach den Worten dieses Buches richten. Bete Gott an!“

10 Dann sagte er zu mir: „Versiegle dieses Buch nicht! Halte seine prophetischen Worte nicht geheim, denn sie werden sich bald erfüllen! 11 Wer Böses tut, mag es weiterhin tun, wer an schmutzigen Dingen Gefallen hat, mag sich weiter beschmutzen. Wer aber gerecht ist, soll weiter gerecht handeln und wer heilig ist, soll weiterhin ein geheiligtes Leben führen. 12 Ja, ich komme bald. Und ich bringe jedem den Lohn mit, der seinen Taten entspricht. 13 Ich bin das Alpha und das Omega, der Erste und der Letzte, der Ursprung und das Ziel.“

14 Wie glücklich werden dann alle sein, die ihre Kleider gewaschen haben. Die Tore der Stadt werden ihnen offenstehen und sie haben das Recht, vom Baum des Lebens zu essen. 15 Doch die Hunde[b] müssen draußen bleiben und mit ihnen alle, die okkulte Praktiken betreiben oder in sexueller Unmoral leben, alle Mörder und Götzenanbeter, überhaupt alle, die sich für die Lüge entschieden haben, die sie lieben und tun.

Jesus selbst bürgt für die Wahrheit

16 „Ich, Jesus, habe meinen Engel gesandt, damit diese Botschaft den Gemeinden bekanntgemacht wird. Ich bin der Wurzelspross und Nachkomme Davids, der glänzende Morgenstern.“

17 Der Geist Gottes und die Braut rufen: „Komm!“ Und wer es hört, soll in den Ruf mit einstimmen: „Komm!“ Und wer Durst hat, der komme. Wer will, der trinke vom Wasser des Lebens! Er bekommt es umsonst.

18 Ich erkläre jedem, der die prophetische Botschaft dieses Buches hört: „Wenn jemand etwas zu dem hinzufügt, was hier geschrieben steht, dem wird Gott die Plagen zufügen, die in diesem Buch beschrieben sind. 19 Und wenn jemand irgendetwas von den prophetischen Worten dieses Buches unterschlägt, dem wird Gott das wegnehmen, was ihm in diesem Buch als Anteil zugesprochen ist, das Recht, in der heiligen Stadt zu wohnen und vom Baum des Lebens zu essen.

20 Der, der sich für die Wahrheit dieser Dinge verbürgt, sagt: „Ja, ich komme bald!“ – „Amen, komm doch, Herr Jesus!“ 21 Die Gnade des Herrn Jesus sei mit allen!

---

b 22,15: *Hunde*. Ein Ausdruck, der nach Philipper 3,2 dem Evangelium feindliche Personen bezeichnet, nach 5. Mose 23,18-19 sogar männliche Prostituierte.

DIE PSALMEN

Die Psalmen

Das Buch der Psalmen in der Mitte unserer Bibel enthält nur Gebete und Lieder. Die meisten stammen von David (73 von 150). Der hebräische Titel der Psalmen lautet „Buch der Lobpreisungen". Unser deutsches Wort „Psalmen" kommt aus der griechischen Übersetzung des Alten Testamentes und bedeutet „von Saiteninstrumenten begleitete Gesänge". Die Psalmen werden in fünf Bücher eingeteilt, von denen jedes mit einem Lobpreis Gottes endet (41,14; 72,18-20; 89,53; 106,48 und 150). Viele Psalmen haben am Anfang eine Autorenangabe, Hinweise zum Gesang, zur Musikbegleitung oder zur Aufführung im Gottesdienst. Diese Angaben gehören zum inspirierten Text.

Erstes Buch

Das Glück in Gottes Wort

1 *1* Wie beneidenswert glücklich ist der, / der nicht auf den Rat von Gottlosen hört, / der sich an Sündern kein Beispiel nimmt / und nicht mit Spöttern zusammensitzt, *2* sondern Gefallen hat an der Weisung Jahwes[a] / und über sein Gesetz Tag und Nacht sinnt! *3* Er ist wie ein Baum, am Wasser gepflanzt, / der seine Frucht zu seiner Zeit bringt / und dessen Laub niemals verwelkt. / Ja, was er auch tut, es gelingt!

4 Doch so sind die Gottlosen nicht. / Sie werden vom Wind verweht wie die Spreu. *5* Gottlose bestehen nicht in Gottes Gericht / und Sünder nicht in der Gemeinschaft von Gottes Volk.

6 Um den Weg der Gerechten sorgt sich Jahwe, / doch von den Gottlosen bleibt zuletzt keine Spur.

Gott ist der Richter der Welt

2 *1* Was soll das Toben der Völker? / Was soll ihr sinnloser Plan? *2* Die Großen der Welt lehnen sich auf, / verschwören sich gegen Jahwe. / Gegen seinen Messias gehen sie an:[b] *3* „Los, wir zerreißen die Fessel, / befreien uns von ihrem Strick."

4 Doch der im Himmel thront, lacht, / der Herr lacht sie nur spöttisch aus. *5* Dann fährt er sie an in glühendem Zorn / und erschreckt sie durch heftige Wut: *6* „Ich habe den König gesalbt und geweiht", sagt er, / „hier auf dem Zion[c], meinem heiligen Berg!"

7 Nun will ich[d] verkünden Jahwes Beschluss! / Er sagte zu mir: „Du bist mein Sohn! / Ich habe dich heute gezeugt. *8* Sprich mich nur an, und

---

a *1,2: Jahwe.* Siehe Vorwort des Übersetzers.

b *2,2:* Wird im Neuen Testament von der Gemeinde in Jerusalem zitiert: Apostelgeschichte 4,25-26.

c *2,6: Zion.* Hügel in Jerusalem, oft als Bezeichnung für die ganze Stadt gebraucht.

d *2,7: ich.* Die Verse 7-9 sind die Worte des Messias, der ein Gesetz Jahwes verkündet.

ich gebe dir Völker, / ja, die ganze Erde zu deinem Besitz! 9 Du wirst sie regieren mit eiserner Faust / und zerschmettern wie Töpfergeschirr."

10 Und nun, ihr Könige, kommt zur Vernunft! / Lasst euch warnen, Richter der Welt! 11 Unterwerft euch Jahwe und zittert vor ihm – und jubelt ihm zu! 12 Verehrt den Sohn, sonst wird er zornig / und bringt euch auf eurem Weg um, / denn sein Zorn erregt sich leicht! / Doch in seinem Schutz haben alle es gut!

Zuversicht in Bedrängnis

3 1 Ein Harfenlied Davids, als er vor seinem Sohn Abschalom auf der Flucht war.

2 Jahwe, es sind viele, die mich bedrängen! / So viele stehen auf gegen mich. 3 Viele gibt es, die von mir sagen: / „Selbst Gott rettet ihn nicht mehr!" ♪

4 Aber du, Jahwe, bist ein Schild um mich her, / du bist meine Ehre, du richtest mich auf. 5 Immer wieder schrie ich zu Jahwe. / Er antwortete mir von seinem heiligen Berg. ♪

6 Ich legte mich nieder und schlief ein. / Ich bin erwacht, weil Jahwe mich hält. 7 Ich fürchte nicht die vielen tausend Krieger, / die mich von allen Seiten umstellen.

8 Steh auf, Jahwe! / Rette mich, mein Gott! / Denn du zerschlägst meinen Feinden den Kiefer, / den Gottlosen zerbrichst du das Gebiss.

---

a 3,3: ♪ steht für das hebräische Sela, das vielleicht mit Empor! wiedergegeben werden kann, aber nicht sicher zu übersetzen ist. Wahrscheinlich war es ein Zeichen für die Musik.

9 Bei Jahwe ist Rettung! / Dein Segen sei auf deinem Volk! ♪

Gottes Schutz in der Nacht

4 1 Dem Chorleiter. Ein Psalmlied für Saiteninstrumente von David.

2 Wenn ich rufe, antworte mir, / Gott meiner Gerechtigkeit! / Als sie mich bedrückten, schufst du mir Raum, / nun sei mir gnädig und höre mein Gebet!

3 Ihr mächtigen Herren, / wie lange noch ist meine Ehre in Schande verkehrt? / Was sucht ihr die Lüge, / liebt Sinnlosigkeit? ♪

4 Seht es doch ein, dass Jahwe mich ausgewählt hat, / dass er sich einen suchte, der ihm die Treue hält, / und dass er auf mein Schreien hört.

5 Regt euch auf und zittert, / doch sündigt ja nicht dabei! / Auf eurem Lager denkt still nach und schweigt! ♪ 6 Bringt ehrliche Opfer / und vertraut auf Jahwe!

7 „Wer lässt uns denn Gutes erwarten?", fragen so viele. / Lass du dein Gesicht über uns leuchten, Jahwe!

8 Du hast mir so viel Freude geschenkt, / mehr als sie je hatten mit vielem Korn und Wein. 9 In Frieden lege ich mich hin zum Schlaf – zwar bin ich ganz allein, / doch Jahwe lässt mich in Sicherheit sein.

Morgengebet um Schutz

5 1 Dem Chorleiter. Für Blasinstrumente. Ein Psalmlied von David.

2 Hör meine Worte, Jahwe, / auf mein Seufzen hab acht! 3 Vernimm doch meinen Hilfeschrei, / mein König und mein Gott, / denn zu dir will ich beten. 4 Frühmorgens schon

hörst du meine Stimme. Jahwe. / In aller Frühe bringe ich dir mein Gebet und warte auf dich.

5 Du bist kein Gott, dem das Unrecht gefällt, / bei dir darf der Böse nicht bleiben. 6 Überhebliche Prahler willst du nicht sehen. / Wer Böses tut, ist dir verhasst. 7 Die Lügner lässt du zugrunde gehen. / Mörder und Betrüger sind Jahwe ein Gräuel.

8 Ich darf dein Haus betreten / dank deiner großen Gunst. / In Ehrfurcht bete ich zu dir, / neige mich zu deinem Heiligtum hin. 9 Führ mich, Jahwe, auf den richtigen Weg / tu es meinen Feinden zum Trotz! / Und bahne mir den Weg, den ich gehen soll!

10 Denn aus ihrem Mund kommt kein verlässliches Wort, / ihr Inneres ist voller Verderben. / Ihre Kehle ist wie ein offenes Grab / und mit ihrer Zunge formen sie Lügen. 11 Lass sie dafür büßen, Gott! / Stürze sie durch ihren eigenen Plan! / Verstoße sie wegen ihrer vielen Vergehen, / denn sie haben gegen dich rebelliert.

12 Dann werden die sich freuen, die bei dir geborgen sind. / Ihr Jubel wird kein Ende haben, weil du sie beschirmst. / Und die, die deinen Namen lieben, freuen sich an dir! 13 Ja, du wirst den Gerechten segnen, Jahwe! / Wie ein Schild umgibt ihn deine Gunst.

Bitte um Verschonung[b]

6 1 Dem Chorleiter. Mit Saitenspiel im Bass. Ein Psalmlied von David.
2 Straf mich nicht in deinem Zorn, Jahwe, / züchtige mich nicht in deinem Grimm! 3 Sei mir gnädig, Jahwe, denn mir ist ganz elend! / Heile mich, Jahwe, denn der Schreck sitzt mir in den Knochen 4 und ich bin ganz verstört. / Wie lange dauert das noch, Jahwe?

5 Komm zurück, Jahwe, und rette mich! / Befreie mich, weil du doch gnädig bist! 6 Denn im Tod denkt niemand an dich, / von den Toten bekommst du kein Lob.

7 Vom Stöhnen bin ich erschöpft, / ich weine die ganze Nacht. / Mein Bett ist nass von den Tränen. 8 Meine Augen sind vor Kummer schwach, / gealtert wegen meiner Bedränger.

9 Macht euch fort, ihr Verbrecher![c] / Denn Jahwe hat mein Weinen gehört. 10 Mein Flehen hat Jahwe vernommen. / Jahwe nimmt mein Beten an. 11 Meine Feinde sind blamiert und ganz bestürzt, / sie ziehen ab und schämen sich.

Gott sorgt für Gerechtigkeit

7 1 Lied in freien Rhythmen von David. Er sang es Jahwe, als Kusch[d], ein Mann aus Benjamin, ihn beschuldigte.
2 Jahwe, mein Gott, bei dir suche ich Schutz; / rette mich vor allen, die mich hetzen; / schütze mich doch, 3 dass man mir nicht das Leben nimmt, / mich nicht zerfleischt wie ein Löwe / und dann keiner da ist, der mir hilft!

4 Jahwe, mein Gott, wenn ich es getan habe, / wenn Unrecht an

---

b 6,1: Psalm 6 ist der erste der sieben Bußpsalmen.

c 6,9: Wird im Neuen Testament von Jesus Christus zitiert: Matthäus 7,23.

d 7,1: *Kusch*. Vermutlich war das einer der Begleiter Sauls, die in 1. Samuel 24,10 erwähnt werden.

meinen Händen klebt, 5 wenn ich
friedfertigen Menschen Böses antat, /
wenn ich die beraubte, die mich jetzt
grundlos verklagen, 6 dann soll mein
Feind mich verfolgen und packen, /
dann richte er mein Leben zugrunde/
und trete meine Ehre in den Dreck! ♪

7 Steh auf in deinem Zorn,
Jahwe! /Stell dich gegen die Wut
meiner Bedränger! / Greif ein
und stell das Recht wieder her!
8 Versammle die Völker um dich zum
Gericht / und kehre dann in die Höhe
zurück!

9 Jahwe wird die Völker richten. /
Verschaffe mir Recht, Jahwe, / denn
ich bin doch im Recht! / Du weißt,
dass ich aufrichtig bin. 10 Lass die
Bosheit der Boshaften enden / und gib
dem Gerechten Bestand, / gerechter
Gott, der Herz und Nieren prüft!

11 Gott ist mein Schild über mir. /
Er rettet die, die aufrichtig sind.
12 Gott ist ein gerechter Richter, / ein
Gott, der täglich bestraft. 13 Schon
schärft er sein Schwert, / spannt
seinen Bogen und zielt. 14 Seine
tödlichen Waffen liegen bereit, / die
Brandpfeile brennen.

15 Wer Böses im Sinn hat, / geht
schwanger mit Unheil / und wird
Falschheit gebären. 16 Er gräbt eine
Grube und schaufelt tief aus / und
fällt selbst in die Falle, die er andern
gestellt hat. 17 Seine Bosheit kommt
zu ihm zurück / und fällt ihm selbst
auf den Kopf.

18 Ich preise Jahwe für sein
gerechtes Tun. / Ich besinge den
Namen des Höchsten, / den Namen
Jahwe!

Gottes Schöpferherrlichkeit

8 *1 Dem Chorleiter: schwungvoll
begleiten! Ein Psalmlied von David.*
2 Jahwe, du unser Herr, / wie herrlich
ist dein Name überall auf der Welt! /
Über den Himmel breitest du deine
Hoheit aus, 3 und aus dem Mund
von Kindern und Säuglingen schaffst
du dir Lob,[a] / ein Bollwerk, das deine
Gegner beschämt / und alle Feinde
zum Schweigen bringt.

4 Sooft ich den Himmel ansehe,
das Werk deiner Hand, / den Mond
und die Sterne, die du gemacht hast:
5 Was ist da der Mensch, dass du an
ihn denkst, / der Adamssohn, dass du
ihm nahe bist?

6 Du hast ihn nur wenig unter
die Engel[b] gestellt / und krönst ihn
mit Ehre und Pracht. 7 Du lässt ihn
herrschen über alles, / was durch
deine Hände entstand:[c] 8 über Schafe
und Rinder / und auch die wilden
Tiere im Feld, 9 die Vögel in der
Luft, / die Fische im Meer, / ja alles,
was die Meere durchzieht.

10 Jahwe, du unser Herr, / wie
herrlich ist dein Name überall auf der
Welt!

Jahwe hilft Bedrängten

9 *1 Dem Chorleiter. Nach der Weise
„Stirb für den Sohn". Ein Psalmlied
von David.*

---

a 8,3: Wird im Neuen Testament von Jesus Christus zitiert: Matthäus 21,16.

b 8,6: *Engel*. Wörtlich: *Elohim*. Das Wort
bedeutet sonst „Gott", meint hier aber
himmlische Wesen, vgl. Hebräer 2,7.

c 8,7: Wird im Neuen Testament von
Paulus und im Hebräerbrief zitiert: 1.
Korinther 15,27; Hebräer 2,6-8.

2 Mit ganzem Herzen will ich dich preisen, Jahwe, / will all deine Wunder verkünden! 3 Ich will jubeln und mich freuen an dir, / will dir zur Ehre singen, du Höchster!

4 Denn meine Feinde zogen sich zurück. / Sie stürzten und kamen um. 5 Du hast mein Recht und meine Sache geführt. / Als gerechter Richter sitzt du auf dem Thron.

6 Du weist Nationen zurecht, / Gottlose lässt du verschwinden, / radierst ihre Namen für ewig aus. 7 Der Feind ist erledigt, / zertrümmert für immer. / Ihre Städte hast du zerstört, / ihr Andenken gelöscht.

8 Doch Jahwe regiert immer! / Er hat seinen Thron zum Gericht aufgestellt. 9 Er spricht ein gerechtes Urteil über die Welt, / richtet geradlinig über die Völker.

10 So wird Jahwe eine sichere Burg für Unterdrückte sein, / eine Fluchtburg in Zeiten der Not. 11 Darum vertrauen dir die, die deinen Namen kennen, / denn du lässt die nicht im Stich, die dich suchen, Jahwe.

12 Singt[d] Jahwe, der Zion bewohnt, / verkündet unter den Völkern sein Tun! 13 Denn er, der jede Bluttat rächt, hat an sie gedacht, / vergaß das Schreien der Wehrlosen nicht.

14 Sei mir gnädig, Jahwe! / Sieh das Elend an, in das meine Hasser mich brachten! / Hol mich weg von den Toren des Todes, 15 damit ich das Lob, das dir gebührt, / in Zions Toren erzähle / und über deine Hilfe jubeln kann.

16 Völker versanken in der Grube, die sie selber gruben. / Im Netz, das sie heimlich legten, verfing sich ihr eigener Fuß. 17 Jahwe hat sich zu erkennen gegeben. / Er hat Gericht gehalten: / Der Gottlose lief in die eigene Falle. (Zwischenspiel) ♪

18 Hinab zu den Toten gehören sie alle, / die Völker, denen Gott unwichtig ist! 19 Denn der Arme bleibt nicht für immer vergessen, / seine Hoffnung ist nicht für immer dahin.

20 Greif ein, Jahwe! / Der Mensch soll nicht die Oberhand haben! / Zieh die Völker vor Gericht / und sprich das Urteil über sie! 21 Bring Furcht über sie, Jahwe! / Die Völker sollen erkennen, / dass sie nur Menschen sind. ♪

Hilferuf gegen Gewalttäter[e]

10 1 Warum, Jahwe, stehst du fern, / verbirgst dich in Zeiten der Not? 2 Durch den Hochmut der Gottlosen fiebert der Arme. / Mögen sie sich verfangen im eigenen Plan!

3 Der Gottlose rühmt sich seiner Gier, / der Habsüchtige prahlt; er verachtet Jahwe. 4 Der Gottlose sagt im Größenwahn: „Gott forscht nicht nach!" / „Es gibt keinen Gott", sind all seine Gedanken.

5 Sein Tun glückt ihm zu jeder Zeit; / deine Strafe hat er nicht im Blick, / und seine Feinde verachtet er nur. 6 Er sagt zu sich selbst: „Was kann mich schon erschüttern? / An mir geht jedes Unglück vorbei; / und so wird es auch bleiben."

7 Er flucht, er lügt, er droht. / Nichts als Unheil richtet er an. 8 Er

---

d 9,12: *Singt*. Das meint in diesem Psalm immer Singen mit Begleitung von Saiteninstrumenten.

e Psalm 10: Siehe Fußnote zu Psalm 9.

liegt auf der Lauer in den Gehöften, / mordet den Unschuldigen im Versteck. / Seine Augen spähen dem Wehrlosen nach.

9 Er lauert im Versteck wie ein Löwe im Dickicht, / er lauert darauf, den Schwachen zu fangen, / er fängt sein Opfer in seinem Netz. 10 Er schlägt zu, und die Schwachen fallen, / sie erliegen seiner gewaltigen Kraft. 11 Er sagt sich: „Gott hat es vergessen, / er wendet sich ab und sieht uns nicht mehr."

12 Steh auf, Jahwe! Gott, erhebe deine Hand! / Vergiss die Armen nicht! 13 Weshalb darf der Böse Gott lästern? / Weshalb darf er sich sagen: „Du forschst ja nicht nach"?

14 Aber du hast es gesehen, / du schaust ja auf Kummer und Not / und nimmst die Sache in die Hand. / Dir überlässt es der Schwache, / dir, dem Helfer der Waisen.

15 Zerbrich den Arm des gottlosen Bösen! / Bestrafe seine Gottlosigkeit, / dass du sie nicht mehr ansehen musst! 16 Jahwe ist König für immer und ewig! / Einst werden alle, die ihn missachten, aus seinem Land verschwunden sein.

17 Du hast die Sehnsucht der Armen gestillt, Jahwe, / du stärkst ihr Herz, du hörst auf sie. 18 Du schaffst den Waisen und Bedrückten Recht; / kein Mensch auf der Erde muss mehr erschrecken.

Jahwe hat alles im Blick

11 *1 Dem Chorleiter. Von David.* Bei Jahwe suche ich Schutz. / Wie könnt ihr zu mir sagen: / „Flieh, Vogel, in die Berge!"? *2* Da! Die Gottlosen spannen den Bogen, / legen den Pfeil auf die Sehne, /

um die, die aufrichtig sind, / aus dem Dunkel zu treffen. *3* Ist die Grundordnung zerbrochen, / was richtet da der Gerechte noch aus?

4 Jahwe ist in seinem heiligen Palast, / Jahwe – im Himmel ist sein Thron. / Seine Augen schauen auf die Menschen herab, / keiner entgeht seinem prüfenden Blick. *5* Jahwe prüft den, der ihm gehorcht. / Doch wer Unrecht und Gewalt liebt, / den hasst er aus tiefster Seele. *6* Über die Gottlosen lasse er Fangnetze regnen, / Feuer, Schwefel und Glutwind fülle ihren Kelch! *7* Denn Jahwe ist gerecht und liebt Gerechtigkeit. / Wer redlich ist, den schaut er an.

Jahwe greift ein

12 *1 Dem Chorleiter. Mit Bassbegleitung. Ein Psalmlied von David.*

2 Hilf, Jahwe! Es gibt keinen mehr, der zu dir hält, / die Treuen unter den Menschen sind weg. *3* Einer belügt den anderen. / Mit ihren Worten schmeicheln sie / und spielen doch ein doppeltes Spiel.

4 Alle Schmeichler und großmäuligen Schwätzer: / Jahwe soll sie vernichten! *5* Alle, die behaupten: / „Durch unser Reden siegen wir, / unsere Worte sind unsere Stärke, / gegen uns kommt niemand an." *6* „Ja", sagt Jahwe, „jetzt greife ich ein! / Denn die Armen erleiden Gewalt, / die Schwachen seufzen nur noch. / Ich bringe den Bedrückten Befreiung!"

7 Die Worte Jahwes sind rein wie Silber, / geschmolzen im Tiegel aus Ton, / siebenfach von Schlacke befreit. *8* Jahwe, du hältst immer, was du versprichst, / bewahrst den

Schwachen vor dieser Brut, **9** auch wenn die Gottlosen überall sind / und die Bosheit der Menschen immer schlimmer wird.

Wie lange noch, Gott?

13 *¹ Dem Chorleiter. Ein Psalmlied von David.*

2 Wie lange noch, Jahwe, vergisst du mich ganz? / Wie lange noch verbirgst du dich vor mir? **3** Wie lange noch sollen die Sorgen mich quälen, / ist Tag für Tag Kummer in mir? / Wie lange noch wird der Feind mich bedrängen?

4 Schau doch her! Antworte mir, / Jahwe, mein Gott! / Gib Licht meinen Augen, / dass ich nicht in Todesnacht falle, **5** dass mein Feind nicht sagen kann: / „Jetzt habe ich ihn besiegt!", / dass meine Bedränger nicht jubeln, / weil ich ins Stolpern kam.

6 Ich aber, ich baue auf deine Gunst, / mein Herz soll über deine Rettung jubeln. / Singen will ich Jahwe, / denn er hat mir Gutes getan!

Dummköpfe denken: „Es gibt keinen Gott!"

14 *¹ Dem Chorleiter. Von David.* Dummköpfe denken: „Es gibt keinen Gott." / Sie richten Unheil an / und tun abscheuliche Dinge. / Keinen gibt es, der Gutes tut.

2 Jahwe blickt vom Himmel auf die Menschen herab, / will sehen, ob einer verständig dort ist, / nur einer, der Gott wirklich sucht. **3** Doch alle haben sich von ihm entfernt, / sie sind alle verdorben. / Keiner tut Gutes, nicht einer davon.[a]

---

a 14,3: Wird im Neuen Testament von Paulus zitiert: Römer 3,10-12.

4 Wissen die Bösen denn nicht, was sie tun? / Sie fressen mein Volk, als wäre es Brot, / und zu Jahwe rufen sie nicht. **5** Doch werden sie mit Schrecken erfahren, / dass Gott zu den Gerechten steht.

6 Die Hoffnung der Armen wollt ihr zerstören?! / Doch Jahwe gibt ihnen sicheren Schutz. **7** Wenn doch die Rettung aus Zion bald käme! / Wenn Jahwe die Not seines Volkes wendet, / wird Israel jubeln und Jakob sich freuen.

Wer bei Gott sein darf

15 *¹ Ein Psalmlied von David.* Jahwe, wer darf Gast in deinem Zelt sein? / Wer darf wohnen auf deinem heiligen Berg?

2 Wer vorbildlich lebt und tut, was recht ist vor dir; / wer durch und durch wahrhaftig ist **3** und andere nicht schlecht macht; / wer seinem Freund nichts Böses antut / und seinen Nachbarn nicht kränkt.

4 Wer den Verworfenen verachtet, / aber die Gottesfürchtigen ehrt; / wer sein Versprechen nicht ändert, / auch wenn es ihm Nachteile bringt; **5** wer keine Wucherzinsen nimmt / und sich nicht bestechen lässt, gegen Unschuldige auszusagen; / der steht immer auf sicherem Grund.

Zuflucht bei Gott

16 *¹ Ein Gedicht von David.* „Beschütze mich, Gott, ich vertraue auf dich!" **2** Ich sagte Jahwe: / „Du bist mein Herr! / Du bist mein einziges Glück!"

3 Ich freue mich an den Heiligen im Land, / denn an denen zeigt sich Gottes Herrlichkeit.

4 Schwer gestraft sind die, / die
hinter Götzen her sind. / Für Götzen
spende ich niemals Trankopferblut, /
und nie kommt ihr Name in meinen
Mund.

5 „Mein Hab und Gut bist du,
Jahwe, / und auch meine Zukunft
gehört dir! 6 Ein herrliches Land
hast du mir zugeteilt, / einen
wunderschönen Besitz!"

7 Ich lobe Jahwe, der mich beraten
hat! / Selbst nachts erinnert mich
mein Gewissen daran. 8 Ich habe mir
ihn immer vor Augen gestellt. / Und
weil Jahwe mir beisteht, stehe ich fest.

9 Ich freue mich sehr: / Mein Herz
ist von Jubel erfüllt. / Auch mein
Körper ruht in Sicherheit. 10 „Denn
du gibst mich nicht dem Totenreich
preis, / dein treuer Diener wird
die Verwesung nicht sehen. 11 Du
zeigst mir den Weg, der zum Leben
hinführt. / Und wo du bist, hört die
Freude nie auf. / Aus deiner Hand
kommt ewiges Glück."[a]

Gebet eines Verfolgten

17 1 *Ein Gebet von David.*
Jahwe, hör auf die gerechte
Sache, / horche auf mein Schreien, /
vernimm mein Gebet! / Meine
Lippen lügen nicht.

2 Von dir wird mein Freispruch
kommen, / denn du siehst, dass
ich aufrichtig bin. 3 Prüfst du mein
Herz, / suchst du mich heim in der
Nacht, / forschst du mich aus, /
findest du nichts. / Mein Denken geht
nicht über mein Reden hinaus.

4 Ich halte mich an dein Wort im
Treiben der Menschen / und hüte
mich vor den Wegen der Gewalt.
5 Meine Schritte folgten deiner Spur /
und kamen dabei nicht zu Fall.

6 Ich rufe dich an, mein Gott, /
du hast eine Antwort für mich. /
Hab doch ein offenes Ohr / und hör
auf mein Gebet. 7 Zeig die Wunder
deiner Gnade, / du Retter aller, die
Schutz bei dir suchen, / Schutz vor
dem Feind! 8 Schütze mich, wie man
den Augapfel schützt! / Verbirg mich
im Schatten deiner Flügel 9 vor den
Gottlosen, die mir Gewalt antun, / vor
meinen Feinden, die mich umstellen!

10 Ihr Herz ist ohne Mitgefühl, / ihr
Mund überheblich und stolz. 11 Jetzt
schleichen sie um unsere Schritte / und
reißen uns gleich zu Boden / 12 wie
Löwen es mit ihrer Beute tun. / Wie
junge Löwen lauern sie im Versteck.

13 Steh auf, Jahwe, und komm
dem Verbrecher zuvor! / Zwing ihn
zu Boden und rette mich mit deinem
Schwert! 14 Rette mich vor diesen
Leuten mit deiner Hand, Jahwe! / Ihr
Los ist im Leben dieser Welt. / Gib
ihnen, was sie verdienen, / fülle ihren
Bauch damit, / dass ihre Söhne genug
davon haben / und noch den Enkeln
übrig bleibt.

15 Doch mich lässt du gerecht vor
dir sein und ich darf dich sehen. /
Wenn ich erwache, will ich mich
sattsehen an dir.

Danklied des Königs

18 1 *Dem Chorleiter. Von David,
dem Diener Jahwes, der Jahwe
dieses Lied sang, nachdem er ihn
vor Saul und allen anderen Feinden
gerettet hatte. An dem Tag sang er:*

---

a 16,11: Wird im Neuen Testament von
Petrus und Paulus zitiert: Apostelgeschichte 2,25-28.31; 13,35.

2 Ich liebe dich, Jahwe, du meine Stärke! / 3 Jahwe, mein Fels, mein Schutz und mein Retter, / mein Gott, meine Burg, in der ich mich berge, / mein Schild, meine Zuflucht und mein sicheres Heil. 4 Ich rufe: „Jahwe, sei gelobt!" / Schon bin ich von meinen Feinden befreit. 5 Ich war in den Fesseln des Todes gefangen, / Sturzbäche des Unheils erschreckten mich. 6 Mit Stricken des Todes war ich gebunden, / die Todesfalle schlug über mir zu. 7 Ich rief zu Jahwe in meiner Angst, / schrie um Hilfe zu meinem Gott.

Er hörte mich in seinem Tempel, / mein Hilfeschrei erreichte sein Ohr. 8 Da wankte und schwankte die Erde, / es zitterten die Gründe der Berge. / Sie bebten, denn er wurde zornig. 9 Rauch stieg auf von seiner Nase, / und Feuer schoss aus seinem Mund, / glühende Kohlen sprühten hervor. 10 Er neigte den Himmel tief auf die Erde / und fuhr auf dunklen Wolken herab. 11 Er flog auf einem Cherub[b], / er schwebte auf den Schwingen des Sturms.

12 Er hüllte sich in Finsternis wie in ein Zelt, / in Regendunkel und schwarzes Gewölk. 13 Vor seinem Glanz zogen die Wolken vorbei / mit Hagel und feuriger Glut. 14 Am Himmel ließ Jahwe den Donner erdröhnen, / laut krachte die Stimme des Höchsten / mit Hagel und feuriger Glut. 15 Er schoss seine Pfeile und verjagte die Feinde, / er schleuderte Blitze und verwirrte

sie. 16 Da zeigte sich der Grund der Gewässer, / die Fundamente der Welt wurden entblößt / vor deinem Drohen, Jahwe, / vor dem Schnauben deines zornigen Atems.

17 Aus der Höhe griff seine Hand nach mir, / sie fasste mich und zog mich aus der Flut. 18 Er entriss mich den mächtigen Feinden, / die stärker waren als ich und mich hassten. 19 Sie überfielen mich am Tag meines Unglücks. / Doch Jahwe wurde mein Halt. 20 Er führte mich hinaus ins Weite, / befreite mich, weil er mich mochte.

21 Jahwe hat mir mein gerechtes Tun vergolten, / mich nach der Reinheit meiner Hände beschenkt. 22 Denn ich ging auf den Wegen Jahwes, / fiel nicht schuldig von meinem Gott ab. 23 Seine Gebote standen mir immer vor Augen, / seine Befehle wies ich nicht ab. 24 Ich tat, was er von mir wollte, / und nahm mich in acht vor der Sünde. 25 So hat Jahwe mir für mein gerechtes Tun belohnt, / denn in seinen Augen waren meine Hände rein.

26 Einem Gütigen zeigst du dich gütig, / einem treuen Mann treu. 27 Dem Reinen zeigst du dich rein, / doch dem Falschen bist du verdreht. 28 Ja, du rettest das verarmte Volk, / doch stolze Augen zwingst du nieder. 29 Ja, du lässt mein Lebenslicht brennen. / Jahwe, mein Gott, macht das Dunkel mir hell. 30 Ja, einen Schutzwall erstürme ich mit dir, / mit meinem Gott überspring ich die Mauer.

31 Ja, Gott – sein Weg ist vollkommen, / Jahwes Wort ist unverfälscht. / Ein Schild ist er für

---

b 18,11: *Cherub* (Mehrzahl: *Cherubim*): majestätisches (Engel)Wesen, das Gottes Herrlichkeit repräsentiert.

alle, / die Schutz bei ihm suchen.
32 Ja, wer ist Gott, wenn nicht
Jahwe! / Wer ist ein Fels, wenn
nicht unser Gott! *33* Dieser Gott ist
meine Kraft, / er hält mich auf dem
richtigen Weg. *34* Er macht meine
Füße gazellenflink / und standfest auf
allen Höhen. *35* Er lehrt meine Hände
das Kämpfen / und meine Arme, den
bronzenen Bogen zu spannen.

36 Du gabst mir den Schild deines
Heils, / und deine Hand hat mich
gestützt. / Deine Demut machte
mich groß! *37* Du schafftest meinen
Schritten Raum, / meine Knöchel
blieben fest. *38* Ich jagte meinen
Feinden nach und holte sie ein. / Erst
als sie vernichtet waren, kehrte ich
um. *39* Zerschmettert habe ich sie, /
sie stehen nicht wieder auf. / Besiegt
lagen sie mir vor den Füßen. *40* Du
gabst mir Kraft für den Kampf, /
zwangst meine Gegner vor mir auf
die Knie.

41 Du hast meine Feinde zur
Flucht gezwungen, / ich konnte meine
Hasser vernichten. *42* Sie schrien,
aber da war kein Retter, / zu Jahwe,
doch er hörte sie nicht. *43* Ich zerrieb
sie wie Staub vor dem Wind, / leerte
sie wie Straßendreck aus. *44* Du hast
mich den Streitigkeiten des Volkes
entrissen, / hast mich zum Haupt der
Völker gesetzt. / Ein Volk, das ich
nicht kannte, dient mir. *45* Sie hörten
mir zu und gehorchten sofort. /
Fremde Menschen schmeichelten
mir. *46* Zitternd kamen sie aus ihren
Burgen / und gaben ihren Widerstand
auf.

47 Jahwe lebt! Gepriesen sei mein
Fels, / erhoben der Gott meines
Heils! *48* Denn Gott hat mir Rache

verschafft, / hat mir die Völker
unterworfen / *49* und mich gerettet
vor zornigen Feinden. / Du hast mich
über meine Gegner erhoben, / mich
vom Mann der Gewalttat befreit.
50 Darum will ich dich loben, Jahwe, /
deinen Ruhm vor den Völkern
besingen, *51* der seinem König
große Siege verschafft, / der seinem
Gesalbten[a] Gnade erweist, / David
und seinen Nachkommen allen.

Gottes Schöpfung und Gottes Gesetz

19 *1 Dem Chorleiter. Ein
Psalmlied von David.*
2 Der Himmel rühmt die
Herrlichkeit Gottes, / und die
Wölbung bezeugt des Schöpfers
Hand. *3* Ein Tag sprudelt es dem
anderen zu / und eine Nacht gibt der
nächsten die Kunde davon. *4* Sie sagen
kein Wort; / man hört keinen Laut,
5 und doch geht ein Klingen über die
Erde, / ein Raunen bis zum Ende der
Welt.[b]

Und am Himmel hat er die Sonne
hingestellt. *6* Wie ein Bräutigam am
Hochzeitstag kommt sie hervor, /
und wie ein strahlender Sieger betritt
sie die Bahn. *7* An einem Ende des
Himmels geht sie auf / und läuft
hinüber bis zum anderen Rand. /
Nichts bleibt ihrem feurigen Auge
verhüllt.

8 Das Gesetz Jahwes ist
vollkommen; / es gibt dem Leben

---

a 18,51: *Gesalbten*. In Israel wurden die
  Könige und die Hohen Priester bei ihrer Einsetzung mit kostbarem Öl gesalbt.

b 19,5: Wird im Neuen Testament von
  Paulus zitiert: Römer 10,18.

neue Kraft. / Das Zeugnis Jahwes ist verlässlich; / es macht den Einfältigen klug. *9* Die Befehle Jahwes sind richtig; / sie erfreuen das Herz. / Das Gebot Jahwes ist ganz rein; / es schenkt einen klaren Blick. *10* Die Ehrfurcht vor Jahwe ist echt / und hat für immer Bestand. / Die Bestimmungen Jahwes sind wahr, / und sie sind alle gerecht *11* und wertvoller als das reinste Gold / und süßer als der beste Honig.

12 Auch dein Diener ist durch sie gewarnt; / und jeder, der sie befolgt, wird reich belohnt. *13* Wer kann schon merken, wie oft er versagt? / Vergib mir auch die verborgene Schuld! *14* Und halte mich vor dem Hochmut · zurück, / dass er nie über mich herrscht! / Dann stehe ich ohne Tadel da / und werde vor großem Unrecht bewahrt. *15* Mögen die Worte, die ich sage, / und die Gedanken, die ich fasse, / dir gefallen, / Jahwe, mein Fels und mein Erlöser.

Gebet für den König

20 *1 Dem Chorleiter. Ein Psalmlied von David.*

2 Jahwe gebe dir Antwort am Tag der Not. / Der Name von Jakobs Gott möge dich schützen. *3* Er sende dir Hilfe vom Heiligtum her, / unterstütze dich von Zion aus. *4* Er möge an deine Speisopfer denken, / nehme dein Brandopfer gnädig an. ♪ *5* Er gebe dir, was dein Herz begehrt, / er lasse deine Pläne gelingen. *6* Dann wollen wir jubeln über dein Heil, / im Namen unseres Gottes die Fahne erheben. / Jahwe erfülle dir all deine Bitten!

7 Jetzt weiß ich, dass Jahwe seinem Gesalbten hilft. / Aus seinem heiligen Himmel erhört er ihn / durch die Machttaten seiner rettenden Hand. *8* Die einen denken an Wagen, andere an Pferde; / wir aber denken an Jahwe, an den Namen von unserem Gott. *9* Sie krümmen sich und fallen, / wir aber stehen und halten stand. *10* Hilf uns, Jahwe, du unser König! / Erhöre unser Rufen noch am selben Tag!

Die Freude des Königs

21 *1 Dem Chorleiter. Ein Psalmlied von David.*

2 An deiner Macht, Jahwe, freut sich der König, / über deine Hilfe jubelt er laut. *3* Den Wunsch seines Herzens hast du ihm erfüllt, / du schlugst ihm seine Bitte nicht ab. ♪ *4* Du kamst ihm entgegen mit Segen und Glück, / hast ihm die Krone aus Gold aufgesetzt. *5* Er bat dich um Leben, du hast es gegeben / und noch unendlich viele Tage dazu. *6* Groß ist sein Ruhm durch deine Hilfe, / mit Pracht und Hoheit umgibst du ihn. *7* Du hast ihn zum ewigen Segen bestimmt, / schenkst ihm die Freude deiner Gegenwart.

8 Denn der König vertraut auf Jahwe. / Durch die Güte des Höchsten steht er sicher und fest.

9 Deine Hand spürt alle deine Feinde auf, / deine Rechte trifft die, die dich hassen. *10* Du wirst sie in lodernden Flammen vernichten, / sobald du erscheinst. / Dein Zorn, Jahwe, wird sie verschlingen; / sie werden von Feuer verzehrt. *11* Du fegst ihre Brut von der Erde weg, / lässt sie aus der Menschheit verschwinden. *12* Haben sie auch Böses gegen dich vor, / verwegene

Anschläge ersonnen, / zustande bringen sie nichts. *13* Denn du richtest den Bogen auf sie / und jagst sie alle in die Flucht. *14* Steh doch auf, Jahwe, in deiner Kraft! / Dir wollen wir singen / und mit Instrumenten preisen deine Macht.

Von Gott verlassen

22 *1 Dem Chorleiter. Nach der Weise „Hirschkuh im Morgenrot". Ein Psalmlied von David.*

2 Mein Gott, mein Gott! / Warum hast du mich verlassen?[a] / Warum bist du so weit weg? / Du hörst mein Schreien nicht! *3* Mein Gott, ich rufe am Tag, / doch du antwortest nicht, / ich rufe bei Nacht / und finde nicht Ruh!

4 O Heiliger du, / der in Israels Lobliedern wohnt! *5* Unsere Väter vertrauten auf dich, / sie vertrauten, / und du hast sie befreit. *6* Sie schrien zu dir, / haben Rettung gefunden; / sie vertrauten auf dich, / wurden niemals enttäuscht.

7 Aber ich bin ein Wurm und kein Mann, / ein Spott der Leute, / verachtet vom Volk. *8* Die mich sehen, / die spotten über mich, / verziehen die Lippen, / schütteln den Kopf. *9* „Er hat es auf Jahwe gewälzt, / der mag ihn jetzt retten, / er hat ja Gefallen an ihm!"[b]

10 Aus dem Mutterleib hast du mich gezogen, / an der Brust meiner Mutter mich Vertrauen gelehrt. *11* Du

bist mein Schutz, seit mein Leben begann, / und mein Gott, von meiner Mutter Leib an. *12* Sei mir nicht fern in meiner Not! / Nur Angst ist bei mir, / keine Hilfe ist nah.

13 Gewaltige Stiere kreisen mich ein, / von Büffeln aus Baschan[c] bin ich bedrängt. *14* Sie reißen die Mäuler gegen mich auf; / raubgierige Löwen brüllen mich an. *15* Ich zerlaufe wie Wasser auf trockener Erde, / ausgerenkt sind meine Glieder, / und mein Herz zerschmilzt wie Wachs, / als ob es in meinen Gedärmen zerfließt. *16* Meine Kraft ist vertrocknet, / dürr wie ein Scherben. / Meine Zunge klebt, / am Gaumen haftet sie fest.

In den Staub des Todes hast du mich gelegt, *17* denn mich umlauert die Meute der Hunde. / Übles Gesindel hat mich umringt / und hat mir Hände und Füße durchbohrt. *18* All meine Knochen könnte ich zählen. / Sie stehen dabei und gaffen mich an. *19* Meine Kleider teilen sie unter sich auf, / und mein Gewand verfällt ihrem Los.[d]

20 O Jahwe, du, / bleib mir nicht fern! / Du, meine Stärke, / hilf mir ganz schnell! *21* Rette mich vor dem Schwert meiner Feinde, / mein Leben aus der Gewalt dieser Hunde. *22* Reiß mich aus dem Rachen des Löwen, / von den Hörnern der Büffel ziehe mich weg.[e]

---

a 22,2: Diesen Vers betete Jesus am Kreuz (Matthäus 27,46).

b 22,9: Das erfüllte sich wörtlich bei der Kreuzigung von Jesus Christus (Matthäus 27,43).

c 22,13: *Baschan.* Sehr fruchtbare Hochebene östlich vom See Gennesaret.

d 22,19: Wird im Neuen Testament von Johannes zitiert: Johannes 19,24.

e 22,22: *Büffel ziehe mich weg.* Man kann den Text auch so auffassen, dass der

23 Ich will deinen Namen den Brüdern verkünden. / Vor der ganzen Gemeinde preise ich dich![f] 24 Lobt Jahwe, alle, die ihr ihn fürchtet! / Ihr Nachkommen Jakobs, bringt ihm das Lob! / Israels Enkel, erschauert vor ihm! 25 Er hat nicht verachtet, / den Bedürftigen nicht verschmäht, / hat sein Gesicht nicht abgewandt, / hat seinen Hilfeschrei gehört.

26 Dir gilt mein Lob in der großen Gemeinde. / Meine Versprechen, die löse ich ein. / Und die Gott fürchten, sehen mir zu. 27 Die sich vor ihm beugen, die essen sich satt. / Die ihn suchen, die loben Jahwe. / Für immer lebe euer Herz auf!

28 Es werden daran denken die Enden der Erde, / zu Jahwe sich kehren die Völker der Welt / und sich beugen vor ihm. 29 Denn Jahwe ist der König, / er herrscht über jedes Volk.

30 Dann beugen sich nieder alle Reichen der Erde, / dann knien vor ihm, die zum Staub hinabfuhren, / und jeder, der sich nicht selbst am Leben erhält. 31 Ein neues Geschlecht darf ihm nun dienen, / erzählen vom Herrn dem künftigen Stamm. 32 Sie werden kommen und seine Gerechtigkeit schildern / dem Volk, das noch geboren wird, / denn er hat es vollbracht.

Der gute Hirt

23 *1 Ein Psalmlied von David.* Jahwe[g] ist mein Hirt, / mir fehlt es an nichts. *2* Er bringt mich auf saftige Weiden / und führt mich zum Rastplatz am Wasser. *3* Er schenkt mir wieder neue Kraft. / Und weil sein Name dafür steht, / lenkt er mich immer in die richtige Spur. *4* Selbst auf dem Weg durch das dunkelste Tal / fürchte ich mich nicht, / denn du bist bei mir. / Dein Wehrstock und dein Hirtenstab,[h] / sie trösten und ermutigen mich.

5 Vor den Augen meiner Feinde / deckst du mir einen Tisch, / nimmst mich herzlich in Empfang[i] / und schenkst mir den Becher voll ein. *6* Nur Güte und Liebe verfolgen mich jeden Tag, / und ich kehre für immer ins Haus Jahwes zurück.

Der König kommt

24 *1 Ein Psalmlied von David.* Sein ist die Erde und was sie erfüllt, / die Welt und ihre Bewohner.[j] *2* Jahwe hat sie auf Meere gegründet, / gab ihr über Strömen festen Bestand.

Umschwung schon in diesem Versteil sichtbar wird. „.... der Büffel. Du hast mich erhört."

f 22,23: Wird im Neuen Testament zitiert: Hebräer 2,12.

g 23,1: *Jahwe.* Andere schreiben: „Der Herr". Siehe aber das Vorwort des Übersetzers zum Namen Gottes im Alten Testament.

h 23,4: Mit dem *Wehrstock,* einer eisenbeschlagenen Keule, wurden Raubtiere abgewehrt, mit dem langen *Hirtenstab* die Schafe gelenkt.

i 23,5: Wörtlich: *Du salbst mir das Haupt mit Öl.* Das gehörte damals zur Begrüßung eines Gastes.

j 24,1: Wird im Neuen Testament von Paulus zitiert: 1. Korinther 10,26.

3 Wer darf stehen auf Jahwes Berg, / betreten seinen heiligen Platz? 4 Wer reine Hände hat und ein reines Gewissen, / wer nicht auf Götzen vertraut / und keine falschen Eide schwört. 5 Der wird empfangen den Segen Jahwes / und das Recht vom Gott seines Heils. 6 So ist das Volk, das ihn sucht, / das wahre Geschlecht, das seine Nähe verlangt. ♪

7 „Schaut auf, ihr Tore, und öffnet euch weit; / schwingt auf, ihr ewigen Pforten: / Der König zieht ein, / mit Ehre geschmückt!" 8 „Wer ist dieser König, / so herrlich geehrt?" / „Es ist Jahwe, mächtig und stark, / Jahwe, der Sieger im Kampf!" 9 „Schaut auf, ihr Tore, und öffnet euch weit; / schwingt auf, ihr ewigen Pforten: / Der König zieht ein, / mit Ehre geschmückt!" 10 „Wer ist dieser König, so herrlich geehrt?" / „Es ist Jahwe, von Heeren umringt! / Er ist der König, herrlich geehrt!" ♪

Bitte um Vergebung und Führung[a]

25 1 Von David.
Zu dir erhebe ich meine Seele, Jahwe. 2 Mein Gott, ich vertraue auf dich: / Lass mich nicht im Stich! / Gönn meinen Feinden nicht diesen Triumph! 3 Wer auf dich hofft, wird niemals enttäuscht, / doch wer dich treulos verlässt, wird beschämt.

4 Zeig mir, Jahwe, deine Wege, / lehre mich tun, was du willst. 5 Leite mich durch deine Wahrheit und lehre mich, / denn du bist der Gott, der mir hilft. / Täglich hoffe ich auf dich. 6 Denk an dein Erbarmen, Jahwe, / und an die Beweise deiner Gunst, / denn sie waren immer schon da. 7 Denk nicht an meine Jugendsünden / und an meine Vergehen! / Denk nur in deiner Liebe an mich; / tu es, weil du gütig bist, Jahwe.

8 Jahwe ist gut und gerecht, / darum belehrt er die Sünder. 9 Den Demütigen zeigt er, was richtig ist, / und lehrt sie, seinen Weg zu erkennen. 10 Alles, was Jahwe tut, ist nur Güte und Wahrheit / für die, die seinen Bund und seine Gebote beachten. 11 Um deines Ansehens willen, Jahwe, / vergib mir meine so große Schuld!

12 Was ist mit dem, der Jahwe fürchtet? / Ihm zeigt er den Weg, den er wählen soll. 13 Er lebt in Frieden und Glück / und seinen Kindern gehört das Land. 14 Den Gottesfürchtigen vertraut Jahwe. / Er weiht sie ein in seinen Bund.

15 Meine Augen haben Jahwe immer im Blick, / denn er zieht meine Füße aus dem Netz. 16 Wende dich gnädig mir zu! / Denn ich bin einsam und elend. 17 Befreie mein Herz von der Angst / und nimm den Druck von mir weg! 18 Sieh mein Elend an und meine Not! / Und alle meine Sünden – vergib sie mir!

19 Schau, meine Feinde sind viele geworden! / Sie verfolgen mich mit abgrundtiefem Hass. 20 Erhalte mein Leben und rette mich! / Lass mich nicht zugrunde gehen, / denn ich suche Unterschlupf bei dir! 21 Mögen Unschuld und Ehrlichkeit mich schützen, / denn ich rechne mit dir!

22 O Gott, erlöse Israel aus all seiner Not!

---

a 25,1: Alphabetischer Psalm. Siehe Anmerkung zu Psalm 9.

Sehnsucht nach Gottes Nähe

26 ¹ *Von David.*
Richte du mich, Jahwe, /
denn ich war immer ehrlich vor dir. /
Ich habe Jahwe vertraut, / ich werde
nicht fallen. ² Prüf mich, Jahwe, und
erprobe mich, / prüfe mich auf Herz
und Nieren! ³ Ich hatte deine Gnade
vor Augen, / deine Treue bestimmte
mein Leben.

⁴ Ich hatte nichts mit Betrügern
zu tun. / Ich gab mich nicht mit
Heuchlern ab. ⁵ Die Gesellschaft
von Bösen ist mir verhasst, / bei den
Gottlosen sitze ich nicht.

⁶ In Unschuld wasche ich meine
Hände / und gehe um deinen Altar
herum. ⁷ Ich lasse laut ein Danklied
hören / und erzähle all deine Wunder,
Jahwe. ⁸ Ich liebe das Haus, in dem du
wohnst, / wo deine Herrlichkeit uns
nahe ist.

⁹ Raff mich nicht mit den Sündern
weg, / nimm mir nicht mit den
Mördern das Leben! / ¹⁰ Schandtaten
kleben an ihren Händen, / und ihre
Taschen sind durch Bestechungen voll.

¹¹ Doch ich gehe ehrlich meinen
Weg. / Erlöse mich und sei mir
gnädig! ¹² Jetzt stehe ich auf sicherem
Boden, / und ich preise Jahwe vor
allem Volk.

Gemeinschaft mit Gott

27 ¹ *Von David.*
Jahwe ist mein Licht und
mein Heil: / Vor wem sollte ich
mich fürchten? / Jahwe ist die
Schutzburg meines Lebens: /
Vor wem sollte ich erschrecken?
² Dringen Böse auf mich ein, / um
mich zu verschlingen, / bedrängen
mich meine Feinde, / sind sie es, die

stolpern und fallen. ³ Selbst wenn
ein Heer mich umzingelt, / habe ich
keine Angst. / Und wenn es zum
Kampf gegen mich kommt, / bleibe
ich voller Zuversicht.

⁴ Eins nur hab ich von Jahwe
erbeten, / das ist alles, was ich will: /
Mein Leben lang im Haus Jahwes
zu wohnen, / um die Freundlichkeit
Jahwes zu schauen / und
nachzudenken über ihn – dort in
seinem Heiligtum. ⁵ Wenn schlimme
Tage kommen, / verbirgt er mich in
seinem Haus, / unter seinem Dach
gibt er mir Schutz. / Hoch auf einen
Felsen stellt er mich.

⁶ Erhobenen Hauptes sehe ich
dann auf meine Feinde herab. / Mit
Jubel bringe ich Opfer in Jahwes
Zelt, / mit Singen und Spielen preise
ich ihn.

⁷ Hör mich, Jahwe, wenn ich rufe, /
sei mir gnädig und antworte mir!
⁸ Mein Herz spricht dir nach: „Sucht
meine Nähe!" / Ich suche deine Nähe,
Jahwe. ⁹ Wende dein Gesicht nicht
ab, / weise deinen Diener nicht zornig
zurück! / Du hast mir doch immer
geholfen, Gott meines Heils! / Gib
mich nicht auf, verlass mich bitte
nicht! ¹⁰ Auch wenn mich Vater und
Mutter verlassen, / Jahwe nimmt mich
bei sich auf.

¹¹ Lehr mich, Jahwe, deinen Weg, /
leite mich auf gerader Bahn – meinen
Feinden zum Trotz. ¹² Gib mich nicht
ihrem Mutwillen preis / denn falsche
Zeugen verklagen mich. / Sie wüten
und drohen mit Gewalt. ¹³ Doch ich
bin mir sicher, dass ich leben bleiben /
und sehen werde, wie gütig Jahwe
ist. ¹⁴ Vertraue auf Jahwe, / sei stark
und fasse Mut, / vertraue auf Jahwe!

Gebet um Schutz und Kraft

28 [1] *Von David.*
Zu dir, Jahwe, will ich rufen! / Hüll dich nicht in Schweigen, mein Fels! / Wenn du mich schweigend von dir weist, / bin ich wie ein Toter im Grab.
[2] Höre mein Flehen, ich schreie nach dir, / wenn ich meine Hände ausstrecke zu deinem Heiligtum!

[3] Reiß mich nicht mit den Gottlosen fort und mit den Verbrechern, / die mit allen freundlich reden, / im Herzen aber auf Böses aus sind! [4] Zahl ihnen ihre bösen Taten heim, / bestrafe sie für ihr Tun, / gib ihnen, was sie verdienen! [5] Denn sie achten nicht auf die Taten Jahwes, / noch auf das Werk seiner Hände. / Darum reißt er sie nieder, / und richtet sie nicht wieder auf.

[6] Gelobt sei Jahwe, / denn er hat mein Flehen gehört. [7] Jahwe ist meine Kraft und mein Schild, / auf ihn hat mein Herz vertraut. / Als mir geholfen wurde, jubelte ich. / Mit meinem Lied will ich ihn preisen. [8] Jahwe ist Kraft und Schutz für sein Volk, / die Rettungsburg für seinen König, für den Gesalbten. [9] Rette dein Volk und segne dein Erbe, / weide und trage sie bis in Ewigkeit!

Lob der Herrlichkeit Gottes

29 [1] *Ein Psalmlied von David.*
Gebt Jahwe, ihr himmlischen Wesen, / gebt Jahwe Ehre und Macht! [2] Gebt Jahwe die Ehre, die ihm gebührt, / betet ihn an in heiliger Pracht!

[3] Die Stimme Jahwes schallt über den Fluten, / der Gott der Herrlichkeit lässt Donner grollen, / Jahwe über den mächtigen Wassern. [4] Die Stimme Jahwes ist voller Gewalt, / herrlich und furchtbar zugleich. [5] Die Stimme Jahwes spaltet mächtige Bäume, / Libanonzedern zersplittern vor ihm.
[6] Der Libanon hüpft vor ihm wie ein Kalb, / wie ein junger Büffel springt der Hermon[a] auf.

[7] Die Stimme Jahwes sprüht zuckende Flammen. [8] Die Wüste zittert vor diesem Ton. / Jahwe lässt die Wüste von Kadesch[b] erbeben.
[9] Die Stimme Jahwes wirbelt Eichen empor, / reißt ganze Wälder kahl. / Und in seinem Tempel ruft alles: Ehre sei Gott!

[10] Jahwe thront über den Fluten, / er herrscht als ewiger König!
[11] Seinem Volk verleiht er Kraft / und segnet es mit Frieden!

Vom sicheren Tod gerettet

30 [1] *Ein Psalm von David. Lied zur Einweihung des Hauses[c].*
[2] Ich will dich erheben, Jahwe, / denn du hast mich aus der Tiefe geholt, / gönntest meinen Feinden keinen Triumph über mich.
[3] Jahwe, mein Gott, / zu dir hab ich gestöhnt, / und du hast mich geheilt.
[4] Aus dem Totenreich hast du meine

---

a 29,6: *Der Libanon* ist das „weiße Gebirge" nördlich von Israel. Der *Hermon* ist der südliche Teil des sogenannten Antilibanon.

b 29,8: *Kadesch.* Ort in der Wüste Zin südlich von Israel.

c 30,1: *Haus.* Gemeint ist entweder das heilige Zelt Davids (2. Samuel 6,17) oder der Tempelplatz (1. Chronik 21,26; 22,1)

Seele geholt, / auf dem Weg zum Grab riefst du mein Leben zurück.

5 Singt Jahwe, ihr seine Getreuen, / denn so denkt ihr an seine Heiligkeit! **6** Sein Zorn währt einen Augenblick, / doch seine Gunst ein Leben lang. / Wenn man am Abend auch weint, / am Morgen ist die Freude wieder da.

7 Ich dachte in meiner Zufriedenheit: / „Was kann mir denn jemals geschehen?" **8** Denn deine Güte, Jahwe, / stellte mich auf sicheren Grund. / Doch dann verdecktest du dein Gesicht, / und ich verlor allen Mut.

9 Ich rufe zu dir, Jahwe! / Meinen Herrn flehe ich an: **10** Welchen Gewinn bringt dir mein Blut? / Was nütze ich dir im Grab? / Lobt dich vielleicht der Staub? / Verkündigt er, wie treu du bist? **11** Höre, Jahwe, und schenke mir Gunst! / Sei du meine Hilfe, Jahwe!

12 Nun hast du meine Trauer verwandelt in einen fröhlichen Tanz, / mein Sackgewand entfernt und mich mit Freude umhüllt! **13** Darum singt dir mein Herz / und ist nicht mehr stumm. / Jahwe, mein Gott, / für immer danke ich dir!

In Gottes Händen geborgen

31 **1** *Dem Chorleiter. Ein Psalmlied von David.*

2 Bei dir, o Jahwe, suche ich Schutz! / Lass mich niemals enttäuscht von dir sein. / Rette mich in deiner Gerechtigkeit! **3** Leih mir dein Ohr, / befreie mich schnell! / Sei mir ein schützender Fels, / eine rettende Burg! **4** Ja, du bist Halt und Festung für mich. /

Sei du mein Führer, / denn du bist mein Gott! **5** Zieh mich aus dem Netz, / das sie heimlich gelegt, / denn du bist mein Schutz. **6** In deine Hand gebe ich meinen Geist. / Jahwe, du hast mich erlöst, / du, der wahrhaftige Gott.

7 Ich verabscheue alle, die Götzen verehren, / die sich klammern an Nichtse aus Dunst, / denn ich habe Jahwe vertraut. **8** Ich juble vor Freude, / dass deine Gnade mich beglückt. / Du hast mein Elend gesehen, / die Angst meiner Seele erfasst, **9** mich nicht dem Feind ausgeliefert, / sondern mir Raum zum Leben verschafft.

10 Jahwe, sei mir gnädig, denn ich bin in Angst. / Vom Weinen zeigt sich mein Auge verquollen. / Meine Seele ist matt / und müde mein Leib. **11** In Kummer schwindet mein Leben dahin, / in Seufzen vergehen meine Jahre. / Meine Kraft ist gebrochen durch meine Schuld / und meine Glieder versagen den Dienst.

12 Zum Spott meiner Feinde bin ich geworden, / meinen Nachbarn zur Last / und ein Schrecken für meine Bekannten. / Wer mich sieht auf den Gassen, / läuft scheu von mir weg. **13** Wie ein Toter vergessen, / wie zerbrochenes Geschirr, / so bin ich ihnen geworden. **14** Ich höre sie tuscheln. / Ein Grauen ringsum! / Sie tun sich zusammen, / halten Rat gegen mich, / um mich zur Strecke zu bringen.

15 Doch ich, Jahwe, / ich vertraue auf dich, / ich sage: „Du bist mein Gott." **16** In deiner Hand ist all mein Geschick. / Reiß mich aus der Gewalt meiner Feinde, / rette mich vor den Verfolgern. *17* Lass dein Gesicht leuchten über mir, / in deiner Güte hilf deinem Diener heraus. *18* Jahwe, ich rufe zu dir, / beschäme mich nicht. / Lass beschämt werden diese Verbrecher, / zum Schweigen gebracht bei den Toten! *19* Verstummen sollen die Lippen der Lüge, / die gegen die Gerechten geifern / mit Frechheit, Hochmut und Stolz.

20 Wie groß ist deine Güte, / die du verwahrt hast für die, die dich fürchten, / die du denen gewährst, / die Zuflucht suchen bei dir. *21* Du verbirgst sie im Schutz deiner Nähe / vor den Ränken der Bösen, / vor den zänkischen Zungen / unter sicherem Dach.

22 Gelobt sei Jahwe, der mir Gnade erwiesen, / der seine Wunder zeigte in der belagerten Stadt. *23* Bestürzt sagte ich: „Er hat mich verstoßen!" / Doch du hast mein flehendes Schreien gehört.

24 Liebt Jahwe, ihr seine Getreuen! / Denn die ihm treu sind, die behütet Jahwe. / Doch wer hochnäsig handelt, / dem zahlt er es heim. *25* Seid stark und habt Mut, / die ihr Jahwe vertraut!

Das Glück der Vergebung[a]

32 *1* *Ein Lehrgedicht von David.* Wie glücklich ist der, / dem sein Unrecht verziehen, / dem die Sünde zugedeckt ist. *2* Wie glücklich zu preisen der Mensch, / dem Jahwe

die Schuld nicht zumisst[b] / und dessen Geist frei ist von Betrug.

3 Solange ich schwieg, / verfiel auch mein Leib, / denn unaufhörlich schrie es in mir. *4* Du hattest deine Hand schwer auf mich gelegt – bei Tag und bei Nacht, / es hörte nie auf. / Mein Lebensmut verdorrte in der Sommerglut. ♪

5 Da endlich bekannte ich dir meine Schuld / und verschwieg mein Unrecht nicht länger vor dir. / Da sprach ich es aus: / „Ja, ich gebe es zu, / ich bekenne meine Vergehen, Jahwe!" / Und du, du hast mich befreit von der Schuld, / hast die Sünden vergeben, / das Böse bedeckt. ♪

6 Darum: Wer dich liebt, / der bete, wann immer er dich antreffen kann. / Wenn dann die gewaltige Flut einbricht, / ihm werden die Wasser nichts tun. *7* Bei dir bin ich sicher geborgen, / beschützt in jeder Gefahr / und vom Jubel der Rettung umschallt. ♪

8 Ich will dich belehren, / und ich zeig dir den richtigen Weg. / Ich will dich beraten, / und ich behalte dich im Blick. *9* Sei nicht wie ein Pferd und wie ein Maultier ohne Verstand, / deren Wildheit du bändigen musst mit Zügel und Zaum; / sonst folgen sie nicht.

10 Wer ohne Gott lebt, schafft sich viel Schmerz; / doch wer Jahwe vertraut, wird von Güte umhüllt.

11 Freut euch an ihm und jauchzt, / die ihr Jahwe gehorcht! / Jubelt auf, ihr ehrlichen Herzen!

---

a 32,1: Psalm 32 ist der zweite der sieben Bußpsalmen.

b 32,2: Wird im Neuen Testament von Paulus zitiert: Römer 4,7-8.

Der mächtige und gütige Gott

33 *1* Jubelt über Jahwe, ihr Gerechten! / Zum Redlichen gehört der Lobgesang. *2* Preist Jahwe mit der Leier, / musiziert ihm auf zehnsaitigen Harfen! *3* Singt ihm ein neues Lied, / spielt ihm schön mit Jubelklang^c!

4 Das Wort Jahwes ist richtig, / er beweist es durch sein Tun. *5* Er liebt Gerechtigkeit und Recht. / Die Erde ist voll von der Güte Jahwes. *6* Durch Jahwes Wort entstand der Himmel, / sein ganzes Heer durch den Hauch seines Mundes. *7* Er fasst das Meereswasser wie mit einem Damm, / in Kammern legt er die Fluten.

8 Alle Welt fürchte Jahwe; / vor ihm sollen beben die Bewohner der Erde! *9* Denn er sprach, und es geschah; / er gebot, und es stand da. *10* Jahwe zerbricht die Beschlüsse der Völker, / vereitelt ihre stolzen Gedanken. *11* Der Ratschluss Jahwes bleibt ewig bestehen, / die Pläne seines Herzens überdauern die Zeit.

12 Wie glücklich das Volk, das Jahwe zum Gott hat, / das Volk, das er als Eigentum wählte! *13* Jahwe schaut vom Himmel herab / und sieht jeden Menschen. *14* Von seinem Thronsitz schaut er nieder / auf alle Bewohner der Welt. *15* Er hat ihnen allen das Herz gebildet, / er schaut auf alle ihre Werke.

16 Den König rettet nicht ein starkes Heer; / ein Held kommt nicht frei durch große Kraft. *17* Das Pferd ist eine trügerische Hilfe, / mit seiner großen Stärke rettet es nicht. *18* Das Auge Jahwes ruht auf denen, die ihn fürchten, / die auf seine Güte warten, *19* dass er ihre Seele vom Tod errette, / in Hungerzeit ihr Leben erhalte.

20 Auf Jahwe warten wir, / er ist uns Hilfe und Schild. *21* Ja, an ihm freuen wir uns, / denn auf den heiligen Gott ist Verlass. *22* Lass deine Gnade über uns sein, Jahwe, / so wie wir es von dir erhofften.

Von Ängsten befreit ^d

34 *1* *Von David, als er sich vor Abimelech^e wahnsinnig stellte und dieser ihn fortjagte.*

2 Jahwe will ich preisen allezeit, / immer sei sein Lob in meinem Mund. *3* Aus tiefster Seele lobe ich Jahwe. / Die Mutlosen hören es und freuen sich. *4* Erhebt Jahwe mit mir, / lasst uns gemeinsam ihn ehren!

5 Ich suchte Jahwe, und er hat mich erhört, / hat mich von meinen Ängsten befreit. *6* Wer auf ihn blickt, wird strahlen; / sein Vertrauen wird niemals enttäuscht.

7 Der Hilflose rief, und Jahwe hörte / und half ihm aus all seinen Nöten. *8* Wer Jahwe fürchtet und ehrt, / den umgibt sein schützender Engel / und befreit ihn.

---

c 33,3: *Jubelklang*. Das hebräische Wort zeigt, dass der Jubel von Hörnern begleitet ist oder aus dem Blasen der Hörner besteht.

d Psalm 34: Alphabetischer Psalm. Siehe Anmerkung zu Psalm 9.

e 34,1: *Abimelech* war der Titel aller Philisterkönige, so wie die ägyptischen Könige alle Pharao hießen. Die Geschichte von David und König Achisch wird in 1. Samuel 21,11-16 berichtet.

9 Schmeckt und seht wie gütig Jahwe ist![a] / Glücklich ist jeder, der Schutz bei ihm sucht! 10 Fürchtet Jahwe, die ihr ihm gehört! / Denn wer ihn ehrt, hat keine Not! 11 Selbst junge Löwen müssen hungern, / doch wer Jahwe sucht, hat alles, was er braucht.

12 Kommt, ihr jungen Leute, hört mir zu! / Ich will euch lehren, Jahwe zu fürchten. 13 Wer will etwas vom Leben haben? / Wer will lange glücklich sein? 14 Der passe auf, was er sagt, / dass er nicht lügt und niemand verleumdet. 15 Der tue das Gute und wende sich vom Bösen ab, / der bemühe sich um Frieden mit seiner ganzen Kraft.

16 Jahwe blickt auf die Gerechten / und hört auf ihre Bitten. 17 Wer Böses tut, dem stellt er sich entgegen / und lässt sein Andenken von der Erde verschwinden.[b] 18 Doch wenn seine Treuen rufen, hört er sie / und rettet sie aus jeder Bedrängnis.

19 Nah ist Jahwe den gebrochenen Herzen, / bedrückten Seelen hilft er auf. 20 Viel muss der Gerechte leiden, / doch Jahwe reißt ihn aus allem heraus. 21 Er behütet all seine Glieder, / dass nicht eins davon zerbrochen wird.

22 Die Böses tun, wird Bosheit töten, / und wer Gerechte hasst, muss dafür büßen. 23 Jahwe rettet seinen Dienern das Leben; / wer Schutz bei ihm sucht, wird nicht für schuldig erklärt.

---

a 34,9: Wird im Neuen Testament von Petrus zitiert: 1. Petrus 2,3.

b 34,17: Die Verse 13-17 werden im Neuen Testament von Petrus zitiert: 1. Petrus 3,10-12.

Rufmord und kein Ende?

35 1 Von David.
Verklage meine Kläger, Jahwe, / bekämpfe, die mich bekämpfen! 2 Ergreife Schild und Waffen! / Steh auf, um mir zu helfen! 3 Pack Speer und Streitaxt gegen meine Verfolger! / Gib mir die Zusage, dass du mir hilfst!

4 Schimpf und Schande über die, / die mich umbringen wollen. / Zurückweichen und erbleichen sollen alle, / die Böses gegen mich planen. 5 Lass sie sein wie Spreu vor dem Wind. / Der Engel Jahwes treibe sie davon. 6 Dunkel und glatt sei ihr Weg. / Der Engel Jahwes verfolge sie! 7 Denn grundlos haben sie mir Fallen gestellt, / eine Grube gegraben, ein Netz gelegt. 8 Verderben soll über sie kommen, / sie sollen es nicht merken! / Ihr Netz, das sie stellten, fange sie selbst! / Fallen sie doch in die eigene Grube!

9 Und ich werde jubeln über Jahwe, / mich freuen, dass er mich befreite. 10 Aus tiefstem Herzen werde ich sagen: / „Keiner, Jahwe, ist wie du! / Du rettest den Schwachen vor dem, der stärker ist, / den wehrlos Armen vor dem, der ihn beraubt."

11 Gewaltsame Zeugen sagen gegen mich aus, / sie werfen mir Verbrechen vor, von denen ich nichts weiß. 12 Sie vergelten mir Gutes mit Bösem. / Ich bin verlassen und einsam.

13 Als sie erkrankten zog ich den Trauersack an, / ich quälte mich ab mit Fasten. / Nun kehrt mein Gebet in mein Inneres zurück. 14 Er war mir wie ein Bruder und Freund. / Ich trauerte wie um die eigene Mutter, / ging bedrückt und traurig umher.

15 Doch sie haben sich über meinen Sturz gefreut, / sie taten sich zusammen. / Lästermäuler versammelten sich / und ziehen nun ständig über mich her. 16 Mit solchen, die Gott verachten und spotten, / fletschen sie die Zähne gegen mich.

17 Herr, wie lange siehst du das an? / Rette mein Leben vor diesen Tieren, / mein einziges Gut vor ihrem Gebrüll. 18 Ich will dich preisen in der Gemeinde, / dich loben vor zahlreichem Volk!

19 Über mich sollen die sich nicht freuen, / die mich anfeinden ohne Grund. / Die mich ohne Ursache hassen[c], / sollen vergeblich die Augen zukneifen. 20 Denn was sie reden, dient nicht dem Frieden. / Gegen die Stillen im Land / denken sie sich Verleumdungen aus. 21 Ihr Maul reißen sie weit gegen mich auf / und höhnen: „Haha! Haha! / Wir haben es genau gesehen!"

22 Du hast es gesehen, Jahwe. / Schweige doch nicht Herr, / bleib mir nicht fern! 23 Steh auf und greif ein! / Verschaffe mir Recht, mein Gott! / Herr, führ du meinen Streit! 24 Jahwe, du bist gerecht; / sprich mich doch frei, mein Gott, / dass sie nicht über mich lachen.

25 Lass sie nicht denken: „Haha, das freut uns!" / Sie sollen nicht sagen: „Den haben wir erledigt!" 26 Die sich an meinem Unglück freuen, / sollen selbst im Stich gelassen sein! / Schimpf und Schande soll über die kommen, / die jetzt über mich triumphieren!

27 Alle, die meinen Freispruch wünschen, / sollen jubeln und sich freuen. / Stets sollen sie sagen: „Groß ist Jahwe, / der Freude hat am Wohl seines Dieners!" 28 Ich selbst will von deiner Gerechtigkeit sprechen, / von deinem Lob den ganzen Tag.

Gott, die Quelle des Lebens

36 1 Dem Chorleiter. Von David, dem Diener Jahwes.

2 Die Sünde des Gottlosen macht meinem Herzen klar: / „Er kennt kein Erschrecken vor Gott."[d] 3 Ja, er gefällt sich darin, / Sünde zu tun und andere zu hassen. 4 Lug und Trug ist alles, was er sagt. / Er hat aufgehört, zu begreifen und Gutes zu tun. 5 Schon im Bett brütet er die Bosheit aus. / Er bleibt bei seinem schlimmen Treiben, / nichts hält ihn von seiner Bosheit zurück.

6 Deine Güte, Jahwe, reicht bis zum Himmel, / deine Treue bis zu den Wolken. 7 Dein Recht steht wie die Gottesberge, / dein Richten wie das gewaltige Meer. / Menschen und Tieren hilfst du, Jahwe. 8 Wundervoll ist deine Güte, Gott! / Im Schatten deiner Flügel suchen Menschenkinder Schutz. 9 Sie genießen den Reichtum deines Hauses. / Vom Bach deiner Freude lässt du sie trinken.

10 Denn bei dir ist die Quelle des Lebens, / in deinem Licht sehen wir das Licht. 11 Erhalte deine Gnade denen, die dich kennen, / deine Gerechtigkeit denen, die aufrichtig sind. 12 Der Fuß der Stolzen soll mich nicht treten, / die Hand der Gottlosen

---

c 35,19: Wird im Neuen Testament von Jesus Christus zitiert: Johannes 15,25.

d 36,2: Wird im Neuen Testament von Paulus zitiert: Römer 3,18.

vertreibe mich nicht! *13* Da! Die
Bösen sind gefallen, / sie sind gestürzt
und stehen nicht mehr auf.

Beneide den Gottlosen nicht![a]

37 *1 Von David.*
Reg dich nicht über die Bösen
auf, / beneide die Verbrecher nicht!
2 Sie verdorren schnell wie das
Gras, / welken wie das grüne Kraut.
3 Vertrau auf Jahwe und tue das
Gute, / wohne im Land, sei ehrlich
und treu! *4* Erfreu dich an Jahwe!
Er gibt dir, was dein Herz begehrt.
5 Lass Jahwe dich führen! / Vertraue
ihm, dann handelt er. *6* Er wird dein
Recht aufgehen lassen wie das Licht, /
deine Gerechtigkeit wie die Sonne am
Mittag. *7* Sei still vor Jahwe und warte
auf ihn! / Reg dich nicht über den
auf, dem alles gelingt, / über den, der
böse Pläne ausführt. *8* Steh ab vom
Zorn und lass den Grimm! / Reg dich
nicht auf! Das führt nur zum Bösen.
9 Denn die, die Böses tun, werden
vernichtet. / Die auf Jahwe hoffen,
erben das Land. *10* Noch kurze Zeit,
dann ist der Gottlose fort, / und du
findest keine Spur mehr von ihm.
11 Demütige Menschen erben das
Land / und werden sich am Frieden
erfreuen.
12 Der Gottlose plant,
dem Gerechten zu schaden, /
zähneknirschend, voller Hass. *13* Der
Herr aber lacht über ihn, / denn
er weiß: Der Tag der Abrechnung
kommt. *14* Die Bösen haben das
Schwert gezogen, / schon ist ihr
Bogen gespannt, / um Wehrlose

und Arme zu fällen / und aufrechte
Menschen zu schlachten. *15* Doch
das Schwert dringt ihnen ins
eigene Herz, / und ihre Bogen
werden zerbrochen. *16* Besser
arm und gerecht / als Überfluss
und Gottlosigkeit. *17* Denn Jahwe
zerbricht die Arme der Bösen, / er
stützt nur die, die gerecht vor ihm
sind. *18* Jahwe kennt das Leben der
Seinen, / ihr Erbe hat ewig Bestand.
19 In böser Zeit enttäuscht er sie
nicht, / in Hungertagen werden
sie satt. *20* Die Gottlosen gehen
zugrunde, / auch die Feinde Jahwes. /
Sie vergehen wie Wiesenblumen, /
verwehen als Rauch.
21 Der Böse muss borgen und zahlt
nicht zurück; / wer mit Gott lebt,
kann freigebig schenken. *22* Wen Gott
segnet, der besitzt das Land; / wen er
verflucht, der kommt um. *23* Jahwe
bestätigt die Schritte des Mannes, /
wenn sein Weg ihm gefällt. *24* Auch
wenn er stolpert, stürzt er nicht
hin, / denn Jahwe hält ihn fest an der
Hand. *25* Ich war jung und bin nun alt
geworden: / Nie sah ich die Gerechten
verlassen, / nie ihre Kinder auf der
Suche nach Brot. *26* Immer können
sie freigebig leihen, / und ihre Kinder
werden zum Segen. *27* Meide das Böse
und tue das Gute! / Dann wohnst du
für immer im Land. *28* Denn Jahwe
liebt das Recht, / die zu ihm stehen,
die verlässt er nicht, / er beschützt sie
allezeit. / Doch die Kinder der Sünder
kommen um. *29* Die Gerechten
besitzen das Land / und wohnen für
immer darin.
30 Wer Gottes Willen tut, spricht
Worte der Weisheit; / er sagt, was
recht vor Jahwe ist. *31* Die Weisung

---

a Psalm 37. Alphabetischer Psalm. Siehe
   Anmerkung zu Psalm 9.

seines Gottes trägt er im Herzen, /
er bleibt fest auf dem richtigen Weg.
32 Der Gottlose lauert ihm auf / und
versucht ihn zu töten. *33* Doch Jahwe
überlässt ihn nicht seiner Hand, /
lässt nicht zu, dass er verurteilt wird.
34 Hoffe auf Jahwe / und bleib auf
seinem Weg! / Dann wird er dich
ehren / und schenkt dir das Land. /
Und du wirst sehen, wie er die Bösen
beseitigt. *35* Ich sah einen Gottlosen,
bereit zur Gewalt, / der entfaltete sich
wie ein mächtiger Baum. *36* Dann
ging ich vorbei, da war nichts mehr
da. / Ich suchte ihn, doch ich fand
keine Spur. *37* Achte auf geradlinige
Menschen, / sieh dir die Ehrlichen
an, / denn ein Mann des Friedens
hat Zukunft. *38* Doch die, die Gott
verachten, werden ausgelöscht. /
Die Zukunft der Gottlosen ist
schon vorbei. *39* Die Rettung der
Gerechten kommt von Jahwe. / Er
ist ihre Zuflucht in Zeiten der Not.
40 Jahwe steht ihnen bei, / er lässt sie
entkommen; / und sie entfliehen den
Bösen. / Er hilft ihnen, / denn bei ihm
suchen sie Schutz.

Zermürbt von Krankheit und Schuld[b]

38

1 Ein Psalmlied von David. Zur
Erinnerung für Gott.

2 Straf mich nicht, Jahwe, in
deinem Zorn, / züchtige mich nicht
in deinem Grimm! *3* Deine Pfeile
bohren sich in mich hinein, / deine
Hand liegt schwer auf mir. *4* Mein
ganzer Körper ist wund durch deinen
Zorn, / und durch meine Sünde ist
keins von meinen Gliedern heil.

5 Meine Schuld wächst mir über
den Kopf. / Sie wiegt zu schwer,
ich kann sie nicht tragen. *6* Meine
Wunden stinken und eitern, / weil
ich so unvernünftig war. *7* Gekrümmt
und tief gebeugt / schlepp ich mich
trauernd durch den Tag. *8* Brennender
Schmerz quält meine Seite, / nichts ist
mehr heil an mir. *9* Müde bin ich und
ganz zerschlagen; / ich brülle, weil
mein Herz so rast.

10 Du weißt, wonach ich verlange,
Herr! / Du hast ja mein Stöhnen
gehört. *11* Mein Herz pocht und
meine Kraft ist fort, / auch meine
Augen versagen den Dienst. *12* Vor
meiner Plage scheuen Freunde und
Gefährten zurück, / auch meine
Verwandten halten sich fern. *13* Die
meinen Tod wollen, stellen mir
Fallen; / die mein Unglück suchen,
verleumden mich. / Intrigen spinnen
sie den ganzen Tag. *14* Doch ich stelle
mich taub und höre nicht, / ich bleibe
stumm und sage kein Wort. *15* Ich bin
wie einer, der nichts hört / und keine
Widerrede mehr hat.

16 Auf dich verlasse ich mich,
Jahwe. / Du wirst antworten, Herr,
mein Gott. *17* Sie sollen sich nicht
freuen über mich, / nicht großtun,
wenn ich falle. *18* Denn es fehlt nicht
viel zu meinem Sturz, / mein Schmerz
erinnert mich daran. *19* Doch ich
bekenne meine Schuld, / ich sorge
mich um meine Sünde. *20* Meine
Todfeinde sind stark. / So viele hassen
mich ohne Grund. *21* Sie vergelten mir
Gutes mit Bösem. / Weil ich Gutes
suche, feinden sie mich an. *22* Verlass
mich nicht, Jahwe! / Mein Gott, bleib
mir nicht fern! *23* Eile zu meiner Hilfe,
mein Herr, / du mein Heil!

---

b 38,1: Psalm 38 ist der dritte der sieben
Bußpsalmen.

Vergänglich wie ein Hauch

39 *¹ Dem Chorleiter. Für Jedutun^a. Ein Psalmlied von David.*

2 Ich nahm mir vor, auf mich zu achten, / dass ich nicht mit Reden sündigte; / dass mein Mund in Zaum gehalten ist, / wenn Gottlose vor mir stehen. *3* Ich habe mich in Schweigen gehüllt, / schwieg von dem Guten. / Da regte sich mein Schmerz. *4* Das Herz wurde mir heiß in der Brust. / Meine Gedanken entzündeten das Feuer. / Da musste ich reden: *5* Lass mich erkennen, Jahwe, mein Ende; / zeig mir das Maß meiner Tage, / dass ich weiß, wie vergänglich ich bin. *6* Mein Leben ist nur ein paar Handbreit lang, / meine Lebenszeit vor dir wie ein Nichts. / Wie fest meint jeder Mensch zu stehen / und ist doch nur ein Hauch. ♪

7 Wie ein Schatten geht der Mensch daher, / macht Lärm um Kleinigkeiten; / er sammelt und speichert und weiß nicht einmal, wer es bekommt. *8* Was habe ich da noch zu hoffen, Herr? / Ich setze meine Hoffnung auf dich! *9* Befreie mich von all meiner Schuld / und mach mich nicht zum Gespött dieser Narren.

10 Ich bin jetzt still, / mache den Mund nicht mehr auf, / er sammelt und bist es, der alles getan hat. *11* Nimm nun diese Plage von mir, / denn ich vergehe von der Wucht deiner Hand. *12* Mit Strafen für Schuld schlägst du den Mann, / zerstörst seine Schönheit

wie Motten das Kleid. / Nur ein Hauch ist jeder Mensch. ♪

13 Höre mein Gebet, Jahwe! / Achte auf mein Schreien! / Schweige nicht zu meinen Tränen! / Ich bin doch nur ein Gast bei dir, / ein Fremder wie alle meine Väter. *14* Schau von mir weg, damit ich aufatmen kann, / bevor ich gehen muss und nicht mehr bin.

Ich liebe zu tun, was dir gefällt!

40 *¹ Dem Chorleiter. Ein Psalmlied von David.*

2 Ich hoffte und hoffte auf Jahwe, / da hat er sich mir zugewandt, / hat mein Rufen gehört. *3* Er zog mich hoch aus dem brodelnden Loch, / aus Schlick und Schlamm. / Er stellte mich auf festen Fels / und gab meinen Schritten sicheren Grund. *4* Er gab mir ein neues Lied in den Mund, / einen Lobgesang auf unseren Gott. / Erschauernd werden viele es sehen – und Jahwe vertrauen! *5* Wie glücklich der Mann, der Jahwe vertraut; / der in ihm seine Sicherheit hat, / sich nicht an ungestüme Menschen hängt / und keinen Lügnern Glauben schenkt.

6 Jahwe, mein Gott! / Du hast so viel für uns getan; niemand ist wie du! / Deine Pläne, deine wunderbaren Taten! / Wollte ich von ihnen erzählen, / es wären mehr, als man aufzählen kann. *7* Opfer und Gaben gefallen dir nicht, / aber Ohren hast du mir gegeben; / und ich weiß, dass du weder Brand- noch Sündopfer willst. *8* Nun sage ich: „Da komme ich! / Denn das steht in deinem Buch über mich. *9* Ich liebe

---

a **39,1:** *Jedutun* war Levit, einer der Vorsänger im Tempel, der auch seine Söhne in Musik unterwies (1. Chronik 16,41; 2. Chronik 5,12).

zu tun, was dir gefällt, Gott! / Denn dein Gesetz ist tief in mir verwahrt."[b] 10 Vor der ganzen Versammlung werde ich sagen, / wie treu du deine Versprechen einlöst. / Meine Lippen verschließe ich nicht, / du weißt es, Jahwe. 11 Deine Gerechtigkeit verberge ich nicht / in der Tiefe meines innersten Seins. / Von deiner Treue und Hilfe hab ich erzählt; / der großen Versammlung beschrieb ich / deine Wahrheit und Güte. 12 Du, Jahwe, entziehst mir dein Erbarmen doch nicht, / deine Gnade und Treue bleiben mein ständiger Schutz!

13 Unheil bedroht mich von allen Seiten, / und meine Sünden holen mich ein, / sodass ich nicht mehr aufblicken kann. / Sie sind mehr als die Haare auf meinem Kopf. / Da verlässt mich mein Mut. 14 Komm schnell und rette mich, Gott! / Hilf mir, Jahwe! 15 Sie suchen meinen Tod. / Schämen sollen sie sich! / Schande über sie! / Sie genießen meine Not. / Lass sie abziehen mit Schmach, 16 erschrecken mit Scham; / sie, die hämisch riefen: „Haha! Haha!" 17 Die dich suchen, sollen jubeln / und sich freuen an dir! / Die dich als Retter lieben, / sollen sagen: „Groß ist Jahwe!" 18 Doch ich bin elend und arm. / Der Herr denkt an mich. / Meine Hilfe und mein Retter bist du! / Mein Gott, zögere nicht!

Mein Freund erhob sich gegen mich

41 1 Dem Chorleiter. Ein Psalmlied von David.

2 Wie glücklich ist der, der sich für Schwache einsetzt. / Wenn ihn ein Unglück trifft, wird Jahwe ihn retten. 3 Jahwe beschützt ihn und erhält ihn am Leben. / Glücklich gepriesen wird er im ganzen Land. / Du gibst ihn nicht der Willkür seiner Feinde preis. 4 Wenn Krankheit ihn befällt, steht Jahwe ihm bei. / Du verwandelst seine Krankheit in Kraft.

5 Ich sagte: „Jahwe, sei mir gnädig! / Heile mich, denn an dir hab ich gesündigt!" 6 Meine Feinde reden böse über mich: / „Wann ist er endlich tot und vergessen?" 7 Kommt einer, mich zu besuchen, redet er falsch. / Er nimmt nur Schlechtes in sich auf, / geht hinaus und verbreitet üble Gerüchte.

8 Die mich hassen, stecken die Köpfe zusammen / und denken sich Böses gegen mich aus: 9 „Den hat es böse erwischt! / Wer so liegt, der steht nicht wieder auf!" 10 Selbst mein Freund, dem ich vertraute, / der mit mir zusammen aß, / gab mir einen Tritt.[c]

11 Sei du mir gnädig, Jahwe! / Richte mich auf, / dass ich es ihnen vergelte! 12 Dann weiß ich, dass ich dir gefalle, / wenn mein Feind nicht triumphiert. 13 In meiner Unschuld warst du mein Halt / und hast mich für immer vor dich gestellt.

14 Gelobt sei Jahwe, der Gott Israels, / in alle Zeit und Ewigkeit! / Amen, ja, so soll es sein!

---

b 40,9: Wird im Neuen Testament zitiert: Hebräer 10,5-7.

c 41,10: Wird im Neuen Testament von Jesus Christus zitiert: Johannes 13,18.

Zweites Buch

Ich sehne mich nach Gott[a]

42 *1 Dem Chorleiter. Ein Lehrgedicht von den Söhnen Korachs[b].*

2 Wie ein Hirsch nach klarem Wasser lechzt, / so sehne ich mich nach dir, mein Gott. 3 Meine Seele dürstet nach Gott, / nach dem lebendigen Gott. / Wann darf ich wieder kommen, / wann vor seinem Angesicht stehn? 4 Tränen waren Tag und Nacht mein Brot, / denn sie sagten täglich zu mir: / „Wo ist denn nun dein Gott?" 5 Darüber denke ich nach, / und es bricht mir das Herz. / Wie gern zog ich mit der fröhlichen Schar, / mitten im Lärm der feiernden Menge, / und führte sie mit Jubel und Dank in Gottes Haus.

6 Was bist du so verwirrt, meine Seele, / was stöhnst du in mir? / Hoffe auf Gott! Denn ich werde ihn noch loben / für die Rettung, die von ihm kommt.

7 Mein Gott, ich bin ganz aufgelöst. / Darum denke ich an dich / aus dem Land des Jordan, / der Hermongipfel und des Kleinen Bergs[c]. 8 Die Tiefe ruft der Tiefe zu /

beim Tosen deiner Wasserfälle. / All deine Wogen und Wellen / gehen über mich hin. 9 Am Tag bietet Jahwe seine Gnade auf, / nachts ist sein Lied bei mir, / ein Gebet zum Gott meines Lebens. 10 Sagen will ich zu Gott, meinem Fels: / „Warum hast du mich vergessen? / Warum laufe ich trauernd herum, / bedrückt durch den Feind?" 11 Mörderische Qual in meinen Knochen / ist der Hohn meiner Bedränger, / die mich täglich fragen: „Wo ist denn dein Gott?"

12 Was bist du so verwirrt, meine Seele, / was stöhnst du in mir? / Hoffe auf Gott! Denn ich werde ihn noch loben / für die Rettung, die von ihm kommt, meinem Gott.

43 *1 Verschaffe mir Recht, mein Gott! / Verteidige mich gegen treuloses Volk! / Lass mich den Lügnern und Betrügern entkommen! 2 Du warst doch immer mein Schutz. / Warum hast du mich verworfen? / Warum laufe ich trauernd herum, / bedrückt durch den Feind? 3 Sende dein Licht und deine Wahrheit; / dass sie mich leiten, / mich bringen zu deinem heiligen Berg, / zu den Orten deiner Gegenwart, 4 dass ich komme zu Gottes Altar; / zum Gott meiner jubelnden Freude, / und dich preise auf der Zither, Gott, mein Gott!

5 Was bist du so verwirrt, meine Seele, / was stöhnst du in mir? / Hoffe auf Gott! Denn ich werde ihn noch loben / für die Rettung, die von ihm kommt, meinem Gott.

---

a Psalm 42 und 43 ist ein Doppelpsalm, der eigentlich zusammengehört. Man beachte den Refrain 42,6.12 und 43,5 und das Fehlen der Angaben zum Psalm in 43,1.

b 42,1: Die *Söhne Korachs* bezeichnen den Levitenchor, der sich aus den Nachkommen Korachs zusammensetzte. Zur Zeit Davids leitete Heman (Psalm 88) den Chor.

c 42,7: *Kleiner Berg*, hebräisch: *har misar*. Ein Berg dieses Namens ist in Israel

---

nicht bekannt. Vielleicht ist im Gegensatz zum Hermon der Berg Zion in Jerusalem gemeint.

Von Gott verstoßen?

44 ¹ *Dem Chorleiter. Ein Lehrgedicht von den Söhnen Korachs.*

² Gott, mit eigenen Ohren haben wir es gehört; / unsere Väter haben uns von dem Werk erzählt, / das du gewirkt hast in ihren Tagen, / den Tagen längst vergangener Zeit. ³ Mit eigener Hand hast du Völker vertrieben, / sie aber eingepflanzt. / Nationen hast du Schaden zugefügt, / sie aber ausgebreitet. ⁴ Denn nicht mit ihrem Schwert nahmen sie das Land, / es half ihnen nicht die eigene Kraft. / Nein, dein Arm hat ihnen geholfen / und das Licht deiner Gegenwart. / Denn du fandest Gefallen an ihnen.

⁵ Du bist mein König, Gott. / Befiehl die Befreiung Jakobsᵈ! ⁶ Mit dir stoßen wir unsere Bedränger nieder, / in deinem Namen zertreten wir unsere Gegner. ⁷ Denn ich vertraue nicht auf meinen Bogen, / mein Schwert wird mich nicht retten. ⁸ Nein, du rettest uns vor denen, die uns bedrängen; / du lässt scheitern, die uns hassen. ⁹ Wir rühmen uns den ganzen Tag, solch einen Gott zu haben, / und werden deinen Namen immer preisen. ♪

¹⁰ Doch du hast uns verworfen und in Schande gebracht / und ziehst nicht aus mit unserem Heer. ¹¹ Du lässt uns fliehen vor unserem Gegner. / Menschen, die uns hassen, plündern uns aus. ¹² Du gibst uns hin wie Vieh zum Verzehr, / zerstreust uns unter die Völker. ¹³ Für ein Spottgeld verkaufst du dein Volk, / hast nichts durch den Kaufpreis verdient. ¹⁴ Du machst uns zum Schimpf für die Nachbarn, / zum Hohn und Spott für alle um uns her. ¹⁵ Du machst uns zum Sprichwort für die Völker, / Nationen schütteln den Kopf über uns. ¹⁶ Immer steht mir die Schande vor Augen, / und Scham bedeckt mein Gesicht, ¹⁷ wenn ich die Spötter und Lästerer höre / und die rachsüchtigen Feinde bemerke.

¹⁸ All das ist über uns gekommen, / und doch haben wir dich nicht vergessen, / den Bund mit dir nicht verraten. ¹⁹ Unser Herz wich nicht von dir ab, / unser Schritt hat deinen Pfad nicht verlassen. ²⁰ Doch du hast uns zu Boden geschlagen, / wir hausen wie Schakale in Trümmern, / bedeckt mit dem Schatten des Todes. ²¹ Hätten wir den Namen unseres Gottes vergessen, / zu einem fremden Gott die Hände erhoben, ²² hätte Gott das nicht bemerkt? / Er kennt doch die Geheimnisse des Herzens. ²³ Nein, wegen dir werden wir täglich getötet, / wie Schlachtvieh sieht man uns an.ᵉ

²⁴ Erwache doch! Warum schläfst du, Herr? / Wach auf! Verstoß uns nicht für immer! ²⁵ Warum wendest du dich ab, / vergisst unsere Not und Bedrängnis? ²⁶ Erniedrigt liegen wir am Boden, kraftlos hingestreckt in den Staub. ²⁷ Steh auf und komm uns zur Hilfe! / Erlöse uns, weil du so gütig bist!

---

d 44,5: *Jakob.* Gemeint sind die Nachkommen Jakobs, also Israel.

e 44,23: Wird im Neuen Testament von Paulus in Römer 8,36 zitiert.

Lied zur Hochzeit des Königs

45 *1 Dem Chorleiter. Nach der Melodie „Lilien"ª. Ein Lehrgedicht von den Söhnen Korachs. Ein Liebeslied.*

2 Gute Worte bewegen mein Herz. / Dem König trag ich meine Lieder vor. / Meine Zunge sei wie die Feder eines guten Poeten!

3 Du bist schöner als andere Menschen, / anmutig strömen die Worte aus dir. / Darum hat Gott dich gesegnet für ewig. *4* Gürte dein Schwert an die Hüfte, du tapferer Held, / umhülle dich mit Majestät und Pracht! *5* Deiner Herrlichkeit wird es gelingen. / Zieh aus für die Sache der Wahrheit, / für Sanftmut und Gerechtigkeit! / Furchterregende Taten / vollbringe dein mächtiger Arm! *6* Deine Pfeile sind scharf. / Unterwirf dir die Völker, / triff deine Feinde mitten ins Herz! *7* Gott, dein Thron hat für immer Bestand! / Dein Zepter ist Gerechtigkeit. *8* Du liebst das Recht und hasst Gottlosigkeit. / Darum, Gott, hat dein Gott dich gesalbt / mit dem Öl der Freude wie keinen deiner Gefährten.ᵇ *9* Von Myrrheᶜ, Aloëᵈ

und Kassiaᵉ duften deine Gewänder, / aus Elfenbeinhallen erfreut dich Saitenspiel.

10 Königstöchter stehen da / mit deinen Kostbarkeiten. / Die Braut steht dir zur Rechten, / mit feinstem Gold aus Ofir geschmückt. *11* Hör zu, Tochter! Sieh her und neige dein Ohr! / Vergiss dein Volk und Vaterhaus! *12* Begehrt der König deine Schönheit, / – er ist dein Herr – ergib dich ihm! *13* Die Leute von Tyrus bringen Geschenke, / die Reichen des Volkes huldigen dir. *14* Ganz herrlich steht die Königstochter drinnen, / mit Gold durchwirkt ist ihr Gewand. *15* In buntbestickten Kleidern wird sie zum König geführt, / unberührte Mädchen folgen ihr. / So bringt man sie zum König. *16* Sie werden geführt unter Freude und Jubel, / sie ziehen in den Palast des Königs. *17* An die Stelle deiner Väter treten einst deine Söhne; / du setzt sie als Fürsten im ganzen Land ein.

18 Ich will deinen Namen bekennen lassen von Kind zu Kindeskind. / Darum werden die Völker dich preisen immer und ewig.

Gott, unsere Burg

46 *1 Dem Chorleiter. Ein Lied von den Söhnen Korachs. Vorzutragen mit hohen Stimmen.*

2 Gott ist uns Zuflucht und Stärke, / ein Helfer in Zeiten der Not. *3* Darum fürchten wir uns nicht, / auch wenn die Erde bebt / und die

---

a 45,1: *Lilien.* Hebräisch: Schoschannim. In Hohelied 2,1 beschreibt der Ausdruck die Anmut der Prinzessin. Hier ist wahrscheinlich die Art der Musik gemeint.

b 45,8: Die Verse 7 und 8 werden im Neuen Testament in Hebräer 1,8-9 zitiert.

c 45,9: *Myrrhe.* Ein sehr kostbares wohlriechendes Harz afrikanisch-arabischer Herkunft, das in Salbölen und Arzneien verarbeitet wurde.

d 45,9: *Aloë.* Öl aus dem Harz eines Baumes, der in Indien wuchs.

---

e 45,9: *Kassia.* Gemeint sind wahrscheinlich Duftstoffe und das Öl, das aus der Rinde des Zimt-Kassienbaums in Südchina gewonnen wurde.

Berge im Meer versinken, *4* wenn die Fluten toben und tosen / und Berge vor ihrem Wüten erzittern. ♪

5 Ein Strom aus vielen Bächen erfreut die Gottesstadt, / das Heiligtum, die Wohnung des Höchsten. *6* Gott ist in ihrer Mitte, nichts kann sie erschüttern. / Gott hilft ihr, wenn der Morgen anbricht. *7* Völker toben, Weltreiche wanken, / seine Stimme erschallt, die Erde schmilzt.

8 Jahwe, der Allmächtige, ist bei uns, / der Gott Jakobs ist unsere Burg. ♪ᶠ

9 Kommt und seht die Taten Jahwes, / der Entsetzen auf der Erde verbreitet. *10* Er beseitigt die Kriege auf der ganzen Welt, / zerbricht den Bogen, zerschlägt den Speer / und verbrennt die Wagen im Feuer. *11* Lasst ab und erkennt: Ich bin Gott! / Ich werde erhöht sein unter den Völkern, / erhaben auf der ganzen Erde.

12 Jahwe, der Allmächtige, ist bei uns, / der Gott Jakobs ist unsere Burg. ♪

Der höchste Herr

47 *1* Dem Chorleiter. Ein Psalmlied von den Söhnen Korachs.

2 Ihr Völker alle, klatscht in die Hände! / Begrüßt unseren Gott mit Freudengeschrei! *3* Denn Furcht gebietend ist Jahwe, der Höchste, / ein großer König über die ganze Erde. *4* Eʀ zwingt die Völker unter uns, / Fremdvölker unter unsere Füße. *5* Er erwählte das Erbland für sein geliebtes Volk, / den ganzen Stolz der Israeliten. ♪ *6* Unter Jubel stieg Gott empor, / Jahwe, beim Ton des Widderhornsᵍ.

7 Singt und spielt zu Gottes Ehre, / singt und spielt unserem König! *8* Denn Gott ist König der ganzen Erde, / singt ihm euer schönstes Liedʰ! *9* Gott ist König über die Völker; / Gott sitzt auf seinem heiligen Thron. *10* Die Großen der Völker kommen herbei / als Volk des Gottes Abrahams, / denn die Herrscherⁱ der Völker gehören Gott; / er steht ja hoch über allen.

Gottes Stadt

48 *1* Ein Lied, ein Psalmlied. Von den Söhnen Korachs.

2 Groß ist Jahwe und sehr zu loben / in der Stadt unseres Gottes, / auf seinem heiligen Berg. *3* Schön ragt empor – eine Freude für die ganze Welt – der Zionsberg, der sich nach Norden erstreckt. / Dort liegt die Stadt des großen Königs. *4* Gott ist in ihren Palästen, / und er ist bekannt als ein sicherer Schutz.

---

f 46,8: ♪ steht für das hebräische *Sela,* das vielleicht mit *Empor!* wiedergegeben werden kann, aber nicht sicher zu übersetzen ist. Wahrscheinlich war es ein Zeichen für die Musik.

g 47,6: Das *Widderhorn* war aus den gewundenen Hörnern des männlichen Fettschwanzschafes hergestellt und brachte einen dumpfen, durchdringenden Ton hervor.

h 47,8: *schönstes Lied.* Wörtlich: Singt ihm ein Maskil, ein Lehrgedicht. Oder: Singt ihm mit Verstand!

i 47,10: *Herrscher.* Wörtlich: *die Schilde.* Die Könige wurden als Schutzschilde ihrer Völker angesehen.

5 Denn seht: Die Könige vereinten sich / und zogen gemeinsam heran. 6 Doch was sie sahen, ließ sie erstarren; / bestürzt ergriffen sie die Flucht. 7 Dort kam das Zittern über sie / wie die Wehen über eine Frau. 8 Durch den Sturm vom Osten / zertrümmerst du das größte Schiff.

9 Wie wir es hörten, so haben wir es gesehen / in Jahwes Stadt, der Stadt unseres allmächtigen Gottes. / Gott wird sie erhalten bis in Ewigkeit. ♪ 10 Gott, wir denken an deine Güte / im Innern deines Tempels. 11 Wie dein Name, Gott, so reicht dein Ruhm / bis an das Ende der Welt. / Gerechtigkeit füllt deine rechte Hand.

12 Es freue sich der Zionsberg, / auch Judas Städte sollen jubeln / wegen deiner gerechten Gerichte. 13 Zieht um die Zionsstadt, umkreist sie und zählt ihre Türme! 14 Bewundert ihre befestigten Mauern, / betrachtet ihre Paläste / und erzählt es den kommenden Generationen. 15 Denn so ist Gott, unser Gott, für immer und ewig. / Noch über den Tod hinaus wird er uns leiten.

Leben kann man nicht kaufen

49 1 *Dem Chorleiter. Ein Psalmlied von den Söhnen Korachs.*

2 Hört dies an, ihr Völker alle, / merkt auf, alle Bewohner der Welt; 3 Menschenkinder, Prominente, / miteinander Arm und Reich! 4 Mein Mund soll weise Worte reden, / mein Herz bemüht sich um Einsicht. 5 Ich höre selbst auf weise Sprüche, / erkläre sie beim Zitherspiel.

6 Warum soll ich mich fürchten in schlimmer Zeit, / wenn menschliche Bosheit mich umstellt? 7 Sie verlassen sich auf ihr Vermögen, / mit ihrem großen Reichtum geben sie an. 8 Doch niemand kann sein Leben kaufen / und Gott ein Lösegeld geben. 9 Für das Leben ist jeder Kaufpreis zu hoch, / man muss für immer darauf verzichten.

10 Kein Mensch kann für immer leben, / am Sterben führt kein Weg vorbei. 11 Denn man sieht: Die Weisen sterben. / Auch Tor und Dummkopf kommen um. / Ihr Vermögen lassen sie anderen. 12 Sie denken, ihre Wohnung blieb ihnen ewig, / ihre Häuser hätten immer Bestand – hatten sie doch Ländereien nach sich benannt.

13 Kein Mensch bleibt ewig in Prunk und Pracht, / er geht zugrunde wie das Vieh.

14 So geht es denen, die auf sich selbst vertrauen, / so enden die, denen die eigenen Worte gefallen. ♪ 15 Wie Schafe weidet sie der Tod. / Sie sinken zu den Toten hinab, / und schon bald kommen ehrliche Leute an die Macht. / Ihr Körper verwest, / ihre Wohnung ist bei den Toten. 16 Doch Gott kauft meine Seele los, / er reißt mich aus den Krallen des Todes. ♪

17 Fürchte dich nicht, wenn ein Mann sich bereichert, / wenn der Wohlstand seines Hauses sich mehrt. 18 Denn im Tod nimmt er das alles nicht mit, / sein Reichtum folgt ihm nicht ins Grab. 19 Wenn er sich auch sein Leben lang lobt / und sich sagt: „Man schmeichelt dir, wenn du es dir gut gehen lässt!", 20 so muss er doch dorthin, wo seine Väter sind, / die niemals mehr das Licht erblicken.

21 Der Mensch, in seiner Pracht: Hat er nicht Einsicht, / geht er zugrunde wie das Vieh.

Echte Gottesverehrung

50 1 Ein Psalmlied von Asaf[a].
Gott, der Allmächtige, Gott, Jahwe[b], / er redet und ruft über die Welt. / Von dort, wo die Sonne aufgeht, / bis dahin, wo sie versinkt; 2 von Zion her, der vollkommenen Schönheit, / zeigt Gott sich in strahlendem Glanz. 3 Unser Gott kommt, und er schweigt nicht. / Feuer frisst vor ihm her, / und um ihn tobt ein gewaltiger Sturm. 4 Er ruft den Himmel oben und die Erde / zum Gericht seines Volkes herbei: 5 „Holt meine Getreuen zusammen, / die beim Opfer den Bund mit mir schlossen!" 6 Die Himmel verkünden seine Gerechtigkeit / und dass Gott selbst der Richter ist. ♪

7 „Höre, mein Volk, und lass mich reden! / Israel, ich klage dich an, / ich, Gott, dein Gott! 8 Nicht wegen deiner Opfer tadle ich dich, / deine Brandopfer sind immer vor mir. 9 Doch ich nehme deine Opfer nicht an. / Ich brauche keinen Stier aus deinem Stall / und keinen Bock aus deinem Pferch! 10 Denn mein ist alles Wild im Wald, / die Tiere auf den tausend Bergen. 11 Ich kenne alle Vögel dort. / Was sich regt auf dem Feld, ist mir bekannt. 12 Hätte ich Hunger, müsste ich es dir nicht sagen, / denn mein ist die Welt und was sie erfüllt. 13 Soll ich denn das Fleisch von Stieren essen? / Trink ich denn Blut von den Böcken?

14 Opfere Gott Dank / und löse ihm deine Versprechen ein! 15 Und wenn du in Not bist, rufe mich an! / Dann will ich dich retten – und du wirst mich ehren!"

16 Zum Gottlosen aber spricht Gott: / „Was redest du von meinen Geboten, / nimmst meinen Bund in deinen Mund? 17 Du lässt dir ja nichts von mir sagen, / schlägst jede Mahnung in den Wind. 18 Mit Dieben freundest du dich an, / bist bei Ehebrechern zu Haus. 19 Du lässt deinen Mund zum Bösen los / und deine Zunge knüpft Lügengewebe. 20 Du ziehst über deinen Bruder her, / selbst den Sohn deiner Mutter machst du schlecht. 21 Das hast du getan, und ich schwieg. / Hast du gemeint, ich sei so wie du? / Ich werde dich strafen! / Ich halte es dir vor! 22 Hört zu, die ihr Gott vergessen habt, / sonst reiß ich euch in Stücke! / Dann hilft euch keiner mehr.

23 Dank ist die Opfergabe, die mich ehrt. / Wer diesen Weg einschlägt, wird das Heil Gottes sehen!"

Schaffe mir, Gott, ein reines Herz![c]

51 1 Dem Chorleiter. Ein Psalmlied von David. 2 Es entstand, als der Prophet Natan zu ihm kam, nachdem David mit Batseba geschlafen hatte.[d]

---

a 50,1: Asaf war einer der Leiter der Levitenchöre im Heiligtum zur Zeit Davids (1. Chronik 15,17-19; 16,4-5).

b 50,1: Hebräisch: El, Elohim, Jahwe.

c Psalm 51 ist der vierte der sieben Bußpsalmen.

d 51,2: geschlafen hatte. Siehe 2. Samuel 11!

3 Gott, sei mir gnädig nach deiner Güte, / lösche meine Vergehen, weil du voller Barmherzigkeit bist! 4 Wasche meine Sünde ganz von mir ab, / reinige mich von meiner Schuld! 5 Ja, ich erkenne meine Vergehen, / meine Sünde ist mir stets gegenwärtig. 6 Gegen dich allein habe ich gesündigt, / ich habe getan, was böse vor dir ist! / Darum hast du recht mit deinem Urteil, / rein stehst du als Richter da.ª

7 Ja, schuldverstrickt kam ich zur Welt, / in Sünde empfing mich meine Mutter. 8 Du freust dich, wenn jemand ganz aufrichtig ist. / So lehrst du mich im Verborgenen, weise zu sein. 9 Entsündige mich, wie der Priester das mit einem Ysop-Büschel tut, dann werde ich rein, / wasche mich, dann bin ich weißer als Schnee. 10 Lass mich wieder Fröhlichkeit und Freude hören, / dann jubeln die Glieder, die du zerschlagen hast. 11 Sieh meine Sünde nicht mehr an / und lösche meine ganze Schuld aus!

12 Schaffe mir, Gott, ein reines Herz, / erneuere in mir einen festen Geist! 13 Vertreib mich nicht aus deiner Nähe / und nimm deinen Heiligen Geist nicht von mir! 14 Lass mir wiederkehren die Freude des Heils / und stütze mich mit einem willigen Geist! 15 Ich will die Übertreter deine Wege lehren, / dass die Sünder umkehren zu dir. 16 Herr, nimm die Blutschuld von mir, / Gott, du Gott meines Heils! / Dann werde ich laut deine Gerechtigkeit preisen.

17 Löse mir die Zunge, Herr, / dass mein Mund dein Lob verkünde! 18 Schlachtopfer gefallen dir nicht, ich gäbe sie dir. / Aus Brandopfern machst du dir nichts. 19 Das Opfer, das Gott gefällt, ist ein zerbrochener Geist. / Ein zerschlagenes Herz wirst du, Gott, nicht verachten.

20 Tu Zion Gutes in deiner Güte, / baue die Mauern Jerusalems auf! 21 Dann wirst du dich an rechten Opfern freuen, / den Brandopfern, die Ganzopfer sind. / Dann wird man Stiere opfern auf deinem Altar.

Die Arroganz des Bösen

52 1 *Dem Chorleiter. Ein Lehrgedicht von David,* 2 *als der Edomiter Doëg zu Saul gekommen war und ihm berichtet hatte, David sei bei Ahimelech gewesen.*ᵇ

3 Was gibst du mit dem Bösen an, du Starker, / wo Gottes Güte täglich um mich ist? 4 Du Intrigant, du planst Verderben, / mit Lügenworten messerscharf! 5 Du liebst das Böse mehr als das Gute, / die Lüge mehr als Ehrlichkeit. ♪ 6 Es macht dir Spaß, mit Worten Verderben zu bringen, / du hinterhältiges Großmaul! 7 Darum wird Gott dich für immer bestrafen, / dich packen und aus deinem Zuhause vertreiben, / dich entwurzeln aus dem Land der Lebenden! ♪

8 Die Gerechten werden es sehen und erschauern. / Dann werden sie über ihn lachen: 9 „Seht den Mann! Er nahm keine Zuflucht bei Gott; / er hat stattdessen auf Reichtum vertraut / und auf seine Niedertracht gebaut."

---

a 51,6: Wird im Neuen Testament von Paulus in Römer 3,4 zitiert.

b 52,2: *bei Ahimelech gewesen.* Siehe 1. Samuel 21,7; 22,8-10.18-21!

10 Doch ich bin wie ein grünender Ölbaum, / der im Tempelgelände wächst. / Immer und ewig werde ich / auf Gottes Güte vertrauen. *11* Ich will dich ewig preisen, weil du es wirkst. / Auf deinen Namen hoffe ich mit denen, die dich lieben, / denn dein Name ist gut.

Die Unvernunft des Gottlosen

53 *1 Dem Chorleiter. Auf schwermütige Weise zu singen. Ein Lehrgedicht von David.*

2 Dummköpfe denken: „Es gibt keinen Gott." / Sie richten Unheil an; / ihr Tun ist abscheuliches Unrecht. / Keinen gibt es, der Gutes tut.

3 Gott blickt vom Himmel auf die Menschen herab, / will sehen, ob einer verständig dort ist, / nur einer, der wirklich Gott sucht. *4* Doch alle haben sich von ihm entfernt, / sie sind alle verdorben. / Keiner tut Gutes, nicht einer davon.*c*

5 Wissen die Bösen denn nicht, was sie tun? / Sie fressen mein Volk, als wäre es Brot. / Gott rufen sie gewiss nicht an. *6* Da trifft sie Furcht und Schrecken, / obwohl doch nichts zu fürchten ist. / Gott hat die Leichen deiner Bedränger zerstreut. / Du hast sie scheitern lassen, / denn Gott hat sie verworfen.

7 Wenn doch die Rettung aus Zion bald käme! / Wenn Gott dann die Not seines Volkes wendet, / wird Israel jubeln und Jakob sich freuen.

Hilferuf des Bedrohten

54 *1 Dem Chorleiter. Mit Saitenspiel. Ein Lehrgedicht von David, 2 als die Männer von Sif Saul meldeten, dass David sich bei ihnen versteckt hielt.*d

3 Gott, durch deinen Namen rette mich! / Schaff mir Recht durch deine Macht! *4* Gott, höre mein Gebet, / gib den Worten meines Mundes ein Ohr!

5 Denn Fremde stehen gegen mich auf, / Gewalttäter wollen mir ans Leben. / Sie haben Gott nicht vor Augen. ♪ *6* Seht, Gott ist mein Helfer! / Der Herr beschützt mein Leben. *7* Lenk das Böse auf meine Feinde zurück! / Weil du treu bist, bring sie zum Schweigen!

8 Aus freien Stücken bring ich dir Opfer, / ich danke dir, Jahwe, weil du so gütig bist. *9* Ja, aus aller Not hat er mich gerettet, / und ich sehe auf meine Feinde herab.

Verraten und alleingelassen

55 *1 Dem Chorleiter. Mit Saitenspiel. Ein Lehrgedicht von David.*

2 Gott, höre auf mein Gebet, / entziehe dich nicht meinem Flehen! *3* Höre auf mich und antworte mir! / Ich irre mit meiner Klage umher. / Verstört bin ich *4* vom Geschrei des Feindes, / vom Druck des Bösen. / Sie wälzen Unheil auf mich, / verfolgen mich mit zornigem Hass. *5* Die Angst schnürt mir die Kehle zu, / Todesfurcht hat mich überfallen. *6* Furcht und Zittern

---

c 52,4: Wird im Neuen Testament von Paulus zitiert: Römer 3,10-12.

d 54,2: *versteckt hielt.* Siehe 1. Samuel 23,19-24!

packten mich, / kaltes Grauen stieg
in mir hoch.

7 Da wünschte ich mir: / Hätte ich
Flügel wie die Taube, / ich flöge fort
und ließ mich nieder. 8 Weit fort würde
ich fliehen, / die Nacht in der Wüste
verbringen. ♪ 9 Ich würde schnell zu
einer Zuflucht eilen, / wo ich sicher bin
vor dem rasenden Sturm.

10 Reiß sie auseinander, Herr,
verwirre ihre Sprache! / In der Stadt
sehe ich nur Streit und Gewalt, 11 die
Tag und Nacht auf den Mauern
kreisen, / während Unheil und Elend
drin herrschen. 12 Verderben breitet
sich in ihr aus, / Gewalt und Betrug
weichen nicht vom Platz.

13 Denn nicht mein Feind
beschimpft mich, / das würde ich
ertragen; / nicht mein Hasser tut
groß gegen mich, / vor ihm könnte
ich mich verstecken. 14 Doch du, ein
Mensch wie ich, / mein Freund und
mein Vertrauter! 15 Wie haben wir
unsre Gespräche genossen, / vereint
mit der Menge in Gottes Haus.

16 Sie alle soll der Tod überfallen, /
mögen sie lebend hinab zu ihm
fahren, / denn die Bosheit füllt ihr
Inneres aus.

17 Doch ich, ich rufe zu Gott, /
und Jahwe wird mir helfen.
18 Abends und morgens und
mittags / muss ich klagen und
stöhnen. / Da hat er meine Stimme
gehört, 19 befreite meine Seele zum
Frieden, / dass niemand mir zu nahe
kommt. / Denn viele gingen gegen
mich an. 20 Gott wird mich hören
und sie unterdrücken, / er, der seit
Ewigkeiten herrscht. ♪ Sie kennen
keine Verantwortung, / sie fürchten
Gott nicht.

21 Der Verräter vergreift sich an
seinen Freunden, / er bricht den
feierlichen Bund. 22 Seine Worte
sind süß wie Sahne, / doch sein Herz
denkt nur an Krieg. / Glatt wie Öl
fließt seine Rede, / doch jedes Wort
ist wie ein Dolch.

23 Wirf auf Jahwe deine Last, / und
er wird dich erhalten. / Niemals lässt er
zu, dass der Gerechte fällt. 24 Du, Gott,
wirst sie in den Abgrund stürzen, / die
Männer von Blut und Betrug. / Noch
vor der Lebensmitte sterben sie. / Ich
aber weiß mich sicher bei dir.

Vertrauen auf Gott

56 1 Dem Chorleiter. Nach der
Melodie „Verstummte Taube in
der Ferne". Ein Gedicht von David, als
die Philister ihn in Gat festgenommen
hatten.

2 Sei mir gnädig, Gott! / Denn
Menschen schnappen nach mir. / Sie
bekriegen mich, / bedrängen mich
den ganzen Tag. 3 Meine Feinde
dringen ständig auf mich ein, / viele
bekämpfen mich von oben herab.
4 Doch wenn ich Angst bekomme, /
vertraue ich auf dich.

5 Auf Gott, dessen Wort ich
rühme, / auf Gott vertraue ich und
habe keine Angst: / Was könnte ein
Mensch mir schon tun?

6 Täglich zweifeln sie meine
Worte an / und überlegen, wie sie
mir schaden. 7 Sie liegen auf der
Lauer, / bespitzeln mich auf Schritt
und Tritt / und wollen mir an die
Kehle. 8 Sollten sie mit solcher
Bosheit entkommen? / Gott, wirf sie
zu Boden in deinem Zorn!

9 Du zählst, wie oft ich fliehen
muss. / Gieß meine Tränen in deinen

Schlauch[a]! / Hast du ihre Zahl nicht notiert? 10 Dann lassen meine Feinde von mir ab, / dann, wenn ich dich zu Hilfe rufe; / denn ich habe erkannt: Gott ist für mich!

11 Auf Gott – ich lobe sein Wort–, / auf Jahwe – ich lobe sein Wort–, 12 auf Gott vertraue ich und habe keine Angst: / Was könnte ein Mensch mir schon tun?

13 Ich schulde dir, Gott, meine Gelübde; / ich werde meine Dankesschuld zahlen. 14 Denn du hast mich vor dem Tod gerettet, / meine Füße vor dem Sturz bewahrt, / dass ich im Licht der Lebendigen / weiterlebe vor dir, mein Gott.

Neue Gewissheit

57 1 Dem Chorleiter. Nach der Melodie „Verdirb nicht!". Ein Gedicht von David, als er vor Saul in die Höhle floh.

2 Sei mir gnädig, Gott, / schenk mir dein Erbarmen, / denn ich flüchte mich zu dir! / Im Schatten deiner Flügel berge ich mich / bis das Verderben vorbei ist. 3 Ich rufe zu Gott, dem Höchsten, / zu Gott, der meine Sache führt. 4 Er schickt mir Hilfe vom Himmel, / auch wenn mein Verfolger höhnt. ♪ Gott sendet seine Gnade und Wahrheit. 5 Mir ist, als wäre ich von Löwen umringt, / die gierig auf Menschenfleisch sind. / Ihre Zähne sind Spieße und Pfeile, / ihre Zunge ein geschliffenes Schwert.

6 Zeig deine Hoheit am Himmel, Gott, / deine Herrlichkeit über der Erde!

7 Meinen Füßen hatten sie ein Netz gelegt, / denn sie wollten mich beugen. / Sie hatten mir eine Grube gegraben / – und fielen selber hinein. ♪ 8 Gott, mein Herz ist fest gegründet. / Ich will dir singen und spielen. 9 Wach auf, meine Seele! / Harfe und Zither, wacht auf! / Ich will das Morgenrot wecken. 10 Ich will dich preisen, Herr, unter den Völkern, / dir vor den Nationen lobsingen. 11 Denn deine Gnade reicht bis zum Himmel hinauf / und deine Wahrheit so weit, wie die Wolken nur ziehen.

12 Zeig deine Hoheit am Himmel, Gott, / deine Herrlichkeit über der Erde!

Gott, der gerechte Richter

58 1 Dem Chorleiter. Nach der Melodie „Verdirb nicht!" Ein Gedicht von David.

2 Sprecht ihr wirklich Recht und schweigt? / Richtet ihr die Menschen gerecht? 3 Ihr habt das Unrecht schon im Herzen, / und mit Gewalt beherrscht ihr das Land.

4 Von Geburt an sind die Frevler auf der schiefen Bahn, / von klein auf ans Lügen gewöhnt. 5 Ihr Gift gleicht dem Gift einer Schlange, / einer tauben Kobra, die ihr Ohr verschließt 6 und nicht auf die Beschwörer hört, / die die Zaubersprüche kennen.

7 Schlag ihnen die Zähne ein, Gott! / Zerbrich das Gebiss dieser Löwen, Jahwe! 8 Lass sie verschwinden wie versickerndes Wasser! / Lass ihre Pfeile das Ziel nicht erreichen! 9 Lass sie wie Schnecken im Schleim zerfließen / und wie eine Fehlgeburt die Sonne nicht sehn!

---

a 56,9: Schlauch. Sack aus Ziegenfell zur Aufbewahrung von Wasser, Milch und Wein.

10 Bevor der Dornenstrauch unter euren Töpfen brennt, / hat er ihn schon – grün oder dürr – im Wirbelsturm verweht.

11 Der Gerechte wird sich freuen, wenn er die Vergeltung sieht. / Er badet seine Füße in des Gottlosen Blut. 12 Dann wird man sagen: Doch, dem Gerechten wird Lohn! / Doch, es gibt einen Gott, der für das Recht auf der Erde sorgt.

Gott ist meine Burg

59 1 Dem Chorleiter. Nach der Melodie „Verdirb nicht!" Ein Gedicht von David, als Saul sein Haus umstellen ließ, um ihn zu töten.ª

2 Entreiß mich meinen Feinden, mein Gott! / Schütze mich vor meinen Gegnern! 3 Befreie mich von diesen Verbrechern! / Rette mich, sie wollen mein Blut! 4 Schau doch! Sie wollen mir ans Leben, / Starke greifen mich an. / Es ist nicht mein Vergehen, nicht meine Schuld, Jahwe. 5 Ohne Schuld meinerseits stürmen sie vor und stellen sich auf. / Wach auf, komm mir entgegen und sieh! 6 Jahwe, du allmächtiger Gott, Israels Gott! / Werde wach und rechne mit den Völkern ab! / Hab kein Erbarmen mit diesen Verbrechern! ♪

7 Jeden Abend kommen sie zurück, / heulen wie Hunde, umkreisen die Stadt. 8 Geifer spritzt aus ihrem Maul. / Jedes ihrer Worte ist wie ein Dolch! / Sie denken, dass es niemand hört. 9 Doch du, Jahwe, du lachst über sie; / du spottest über all diese Fremden. 10 Du bist stark, auf dich will ich achten! / Denn Gott ist mein sicherer Schutz. 11 Mein Gott – seine Güte kommt mir zuvor! / Gott lässt mich herabsehen auf meine Gegner.

12 Töte sie nicht, damit mein Volk es nicht vergisst! / Treib sie durch deine Macht umher; / stürze sie nieder, Herr, unser Schild! 13 Sünde ist jedes Wort aus ihrem Mund. / Lass sie sich im Stolz verfangen! / Denn sie fluchen und verbreiten nur Lügen. 14 Vernichte sie im Zorn! / Vernichte sie, dass nichts von ihnen bleibt! / Dann wird man wissen, dass Gott in Israelᵇ herrscht / und bis an das Ende der Erde. ♪

15 Jeden Abend kommen sie zurück, / heulen wie Hunde, umkreisen die Stadt. 16 Sie streunen umher, gierig nach Fraß. / Werden sie nicht satt, dann knurren sie. 17 Doch ich will singen von deiner Macht, / frühmorgens deine Güte rühmen! / Denn du bist eine Burg für mich, / eine Zuflucht in Zeiten der Not. 18 Dir, meine Stärke, spiel ich mein Lied! / Denn Gott ist mein sicherer Schutz, / der Gott meiner Liebe.

Gebet nach Rückschlag

60 1 Dem Chorleiter. Nach der Melodie „Lilien". Ein Zeugnis- und Lehrgedicht von David, 2 als er mit den Syrern von Mesopotamien und denen von Zoba kämpfte, als Joab zurückkehrte und 12 000 Edomiter im Salztal erschlug.

3 Gott, du hast uns verworfen, / unsere Reihen zerrissen. / Du warst

---

a 59,1: Siehe 1. Samuel 19,11-17.

b 59,14: Israel. Wörtlich: Jakob.

zornig auf uns. / Richte uns doch wieder auf! 4 Du hast das Land erschüttert und gespalten. / Heile seine Risse, denn es wankt! 5 Du hast dein Volk hart geprüft, / tränktest uns mit betäubendem Wein. 6 Du hast doch denen, die dich ehren, / ein Siegeszeichen geschenkt, / damit es sich für die Wahrheit erhebt. ♪

7 Damit befreit werden, die du liebst, / greif ein mit deiner Macht, erhöre uns! 8 Gott hat in seiner Heiligkeit gesprochen: / „Ich will jubeln über meinen Sieg, / will Sichem^c verteilen, / die Ebene Sukkot^d vermessen. 9 Gilead^e ist mein, und auch Manasse^f gehört mir. / Der Helm auf meinem Kopf ist Efraïm^g, / und Juda ist mein Herrscherstab. 10 Moab^h muss mir als Waschschüssel dienen, / und auf Edomⁱ werfe ich

meinen Schuh. / Juble über mich, Philisterland!^j 11 Wer wird mich zur Festungsstadt bringen, / wer mich nach Edom hinführen?"

12 Wer außer dir, Gott, könnte das tun? / Doch du hast uns ja verworfen, / ziehst nicht mit unseren Heeren aus. 13 Bring uns doch Hilfe im Kampf mit dem Feind! / Menschenhilfe nützt uns nichts. 14 Mit Gott werden wir Großes vollbringen. / Er wird unsere Feinde zertreten.

Fürbitte für den König

61 1 *Dem Chorleiter. Mit Saitenspiel. Von David.*

2 Höre, Gott, mein Schreien, / achte auf mein Gebet! 3 Vom Ende der Erde ruf ich zu dir, / denn mein Herz ist in Angst. / Bring mich auf den Felsen hinauf, / der zu hoch für mich ist! 4 Du bist die Zuflucht für mich, / ein fester Turm gegen den Feind. 5 Lass mich immer Gast sein in deinem Zelt, / mich bergen im Schutz deiner Flügel. ♪

6 Ja, du hast auf meine Versprechen gehört, Gott, / hast mir das Erbe für solche gegeben, / die deinen Namen ehren. 7 Gib dem König ein langes Leben, / das fortbesteht über Generationen hin. 8 Er herrsche für immer vor Gott. / Behüte ihn mit Güte und Wahrheit!

9 Dann singe ich dir immer mein Lied. / So halte ich täglich meine Versprechen.

---

c 60,8: *Sichem* war eine strategisch und religiös bedeutende Stadt auf dem Pass (*Sichem* = Schulter) zwischen den Bergen Ebal im Norden und Garizim im Süden.

d 60,8: *Sukkot* liegt etwa 34 Kilometer nordöstlich von Jericho auf der Ostseite des Jordan und der Nordseite des Jabbok.

e 60,9: *Gilead* bezeichnet das mittlere, manchmal auch das ganze Ostjordanland.

f 60,9: *Manasse*. Einer der zwölf Stämme Israels. Die Hälfte dieses Stammes hatte sich im Ostjordanland niedergelassen.

g 60,9: *Efraïm*. Einflussreichster Stamm im Nordreich Israels. Sein Name kann für das ganze Nordreich stehen.

h 60,10: Die *Moabiter* lebten östlich des Toten Meeres zwischen den Flüssen Arnon und Zered.

i 60,10: *Edom*. Land östlich der Araba im

Süden des Toten Meeres, bewohnt von den Nachkommen Esaus.

j 60,10: Die *Philister* bewohnten die südliche Küstenebene von Kanaan.

Vertrauen auf Gott

62 ¹ *Dem Chorleiter. Für Jedu-thun.*[a] *Ein Psalmlied von David.*

2 Nur bei Gott wird meine Seele still, / von ihm kommt meine Hilfe. 3 Nur er ist mein Fels, meine Rettung, meine sichere Burg. / Wie sollte ich da stürzen?

4 Wie lange stürmt ihr auf den einen ein, / ihr alle, um ihn niederzustrecken / wie eine überhängende Wand, / eine angestoßene Mauer? 5 Von seiner Höhe wollen sie ihn stoßen. / An Lügen haben sie Gefallen. / Ihr Mund spricht Segenswünsche aus, / doch ihr Herz verflucht den anderen. ♪

6 Nur bei Gott wird meine Seele still, / von ihm kommt meine Hoffnung. 7 Nur er ist mein Fels, meine Rettung, meine sichere Burg. / Wie sollte ich da stürzen? 8 Bei Gott liegt mein Heil und meine Ehre. / In Gott ist meine Zuflucht, / er ist mein schützender Fels. 9 Vertraut immer auf ihn, ihr sein Volk! / Schüttet euer Herz vor ihm aus! / Gott ist unsere Zuflucht. ♪

10 Die Menschen sind nur Nebeldunst, / Männer ein täuschendes Nichts. / Auf der Waage schnellen sie hoch; / leichter als Luft sind sie alle. 11 Vertraut nicht auf Erpressung! / Betrügt euch nicht durch Raub! / Und wenn euer Wohlstand wächst, / hängt das Herz nicht daran! 12 Einmal hat Gott geredet, / zweimal habe ich dies gehört: / Gott gehört die Macht;

13 und dir, mein Herr, die Güte. / Denn du vergiltst jedem, / wie er es verdient.

Sehnsucht nach Gott

63 ¹ *Ein Psalmlied von David, als er in der Wüste Juda war.*

2 Gott, du bist mein Gott! Ich suche nach dir! / Nach dir hat meine Seele Durst, / nach dir sehnt sich mein Körper / in einem trockenen, erschöpften Land, wo kein Wasser mehr ist. 3 So schaue ich nach dir im Heiligtum aus, / um deine Macht und Herrlichkeit zu sehen.

4 Ja, deine Gnade ist besser als Leben. / Meine Lippen sollen dich loben. 5 Ich preise dich mit meinem Leben, / erhebe meine Hände zu dir im Gebet. 6 Wie bei einem Fest machst du mich satt und froh. / Mit jubelnden Lippen preise ich dich.

7 In nächtlichen Stunden auf meinem Bett / gehen meine Gedanken zu dir. / Flüsternd sinne ich über dich nach, 8 denn du bist mir Hilfe gewesen. / Ich juble im Schutz deiner Flügel. 9 Ich klammere mich an dich, / und deine rechte Hand hält mich fest.

10 Aber sie, die mich verderben, mir ans Leben wollen, / müssen hinab in die Tiefen der Erde. 11 Der Macht des Schwertes ausgeliefert / werden sie ein Fraß der Schakale sein. 12 Doch der König wird sich freuen an Gott. / Und jeder, der bei Gott schwört, darf jubeln. / Doch allen Lügnern wird das Maul gestopft.

Bitte um Schutz vor den Feinden

64 ¹ *Dem Chorleiter. Ein Psalmlied von David.*

---

a 62,1: *Jeduthun.* Siehe Fußnote zu Psalm 39,1!

2 Höre, Gott, mein lautes Klagen, / bewahre mein Leben vor dem schrecklichen Feind! 3 Versteck mich vor der Schar der Bösen, / vor dem Toben derer, die Böses tun. 4 Ihre Zungen sind wie geschliffene Schwerter. / Sie halten den Bogen gespannt. / Ihr Pfeil ist das giftige Wort, 5 das sie plötzlich und ohne Scheu / aus dem Hinterhalt auf Unschuldige schießen.

6 Sie stacheln sich zum Bösen an. / Sie reden davon, Fallen zu stellen, / und sagen sich: „Wer wird es schon sehn?" 7 Sie brüten Gemeinheiten aus: / „Wir sind fertig. Der Plan ist gefasst." / Ja, das Innere des Menschen, / ja das Herz ist ein Abgrund.

8 Da schießt Gott mit einem Pfeil auf sie, / und plötzlich trifft sie selbst der Schlag. 9 Sie werden zum Stolpern gebracht. / Ihre eigenen Worte bringen sie zu Fall. / Alle, die es sahen, schüttelten den Kopf. 10 Da wurden alle von Furcht erfüllt / und verkündeten Gottes Tun / und verstanden sein Werk.

11 An Jahwe freut sich der Gerechte / und sucht seine Zuflucht bei ihm. / Und wer von Herzen aufrichtig ist, / darf stolz und glücklich sein.

Dank für Gottes Gaben

65 1 Dem Chorleiter. Ein Lied, ein Psalmlied von David.

2 Gott, dir gebührt der Lobgesang in Zion, / dir erfüllt man seine Versprechen. 3 Du erhörst Gebet, / darum kommen alle zu dir. 4 Die Folgen der Sünde überwältigen mich. / Doch du wirst unsere

Vergehen vergeben. 5 Wie glücklich ist der, den du erwählst / und in deine Nähe kommen lässt, / dass er in deinen Höfen wohnt! / Vom Gut deines Hauses, / deinem heiligen Tempel, / werden wir satt.

6 Mit Ehrfurcht gebietenden Taten / antwortest du uns in Gerechtigkeit, / du Gott unseres Heils, / du Hoffnung aller Enden der Erde / und des allerfernsten Meeres; 7 der die Berge gründet in seiner Kraft, / der umgeben ist mit Macht, 8 der das Brausen der Meere stillt / und den Aufruhr der Völker. 9 Die Bewohner am Ende der Erde / fürchten sich vor deinen Zeichen. / Ost und West hast du mit Jubel erfüllt.

10 Du sorgst für das Land und begießt es, / du machst es fruchtbar und reich. / Gottes Bach ist gut mit Wasser gefüllt. / So lässt du das Korn für die Menschen wachsen: 11 Du feuchtest die Furchen und ebnest die Schollen, / du lockerst sie mit Rieselregen, / du segnest, was dort wächst. 12 Du hast das Jahr mit deiner Güte gekrönt, / deine Spuren triefen von Segen. 13 Die Steppe füllt sich mit saftigem Gras, / die Hügel sind von Jubel umringt. 14 Die Weiden schmücken sich mit Herden, / die Täler hüllen sich in wogendes Korn; / alles ist voll Jubel und Gesang.

Zum Jubel befreit

66 1 Dem Chorleiter. Ein Lied, ein Psalmlied.

Jubelt Gott zu, alle Völker der Welt! 2 Besingt die Schönheit seines Namens, / ehrt ihn mit eurem Lobgesang! 3 Sagt zu Gott: „Wie Ehrfurcht gebietend sind deine

Taten! / Wegen deiner gewaltigen Macht / heucheln deine Feinde Ergebung. *4* Die ganze Welt wird dich anbeten: Sie musizieren vor dir / und sie werden deinen Namen besingen." ♪

5 Kommt und seht die Großtaten Gottes! / Sein Tun erfüllt uns mit Staunen und Furcht. *6* Er verwandelte das Meer in trockenes Land. / Sie zogen zu Fuß durch den Strom. / Dort freuten wir uns an ihm. *7* Für immer herrscht er mit gewaltiger Macht / und behält die Völker im Auge, / dass die Rebellen sich nicht erheben. ♪

8 Preist, ihr Völker, unseren Gott! / Lasst sein Lob deutlich hören! *9* Er erhielt uns am Leben, / bewahrte uns vor dem Fall. *10* Denn du hast uns geprüft, Gott, / hast uns wie Silber geläutert. *11* Du hast uns ins Gefängnis gebracht, / uns schwere Lasten aufgelegt. *12* Du hast uns niedertrampeln lassen. / Wir gingen durch Feuer und Wasser. / Doch dann hast du uns mit Überfluss beschenkt.

13 Mit Brandopfern komm ich in dein Haus / und will dir meine Versprechen erfüllen, *14* die meine Lippen von sich gaben / und mein Mund in der Not versprach. *15* Fette Brandopfer will ich dir aufsteigen lassen, / mit dem Rauch von Schafböcken zusammen. / Ziegenböcke und Rinder bereite ich dir zu. ♪

16 Kommt und hört, ihr Gottesfürchtigen! / Ich will erzählen, was er für mich tat. *17* Zu ihm hatte ich um Hilfe geschrien, / und schon konnte ich ihn dafür preisen. *18* Hätte ich Böses im Sinn gehabt, / dann würde der Herr nicht hören. *19* Gott aber hat mich erhört, / er hat auf mein Beten geachtet. *20* Gelobt sei Gott, der mein Gebet nicht verwarf, / seine Gnade mir nicht entzog.

Dank für Gottes Segen

67 *1* Dem Chorleiter. Mit Saitenspiel. Ein Lied, ein Psalmlied.

2 Gott sei uns gnädig und segne uns; / er lasse sein Angesicht über uns leuchten, ♪ *3* dass man seinen Weg auf der Erde erkennt, / seine Hilfe unter allen Nationen.

4 Die Völker sollen dich loben, Gott, / alle Völker sollen dir danken! *5* Nationen freuen sich und jubeln, / denn du richtest die Völker gerecht. / Du lenkst alle Nationen der Erde. ♪

6 Die Völker sollen dich loben, Gott, / alle Völker sollen dir danken! *7* Die Erde gibt ihren Ertrag. / Es segnet uns Gott, unser Gott. *8* Gott wird uns segnen, / und fürchten wird ihn die ganze Welt.

Gottes Sieg

68 *1* Dem Chorleiter. Ein Lied, ein Psalmlied von David.

2 Gott steht auf und zerstreut seine Feinde; / und die ihn hassen, ergreifen die Flucht. *3* Wie Rauch, der verweht, so treibst du sie fort. / Und wie Wachs vor dem Feuer zerfließt, / vergehen Gottlose vor Gott. *4* Doch wer vor Gott lebt, wird sich freuen, / wird jubeln vor ihm, / überwältigt von Glück.

5 Singt Gott zu, musiziert seinem Namen; / bahnt dem, der durch die Wüste fährt, einen Weg. / Jahwe ist sein Name, / freut euch vor ihm. *6* Vater der Waisen und

Anwalt der Witwen, / das ist Gott in seiner heiligen Wohnung. *7* Gott bringt Einsame nach Hause, / führt Gefangene hinaus ins Glück. / Rebellen bleiben in Dürre zurück.

8 Gott, als du voranzogst deinem Volk, / als du die Wüste durchschrittest, ♪ *9* da bebte die Erde, / da strömte der Regen vom Himmel / vor dir, dem Gott vom Sinai, Israels Gott. *10* Gott, du ließest reichlich regnen / und belebtest dein erschöpftes Land. *11* Deine Schar ist darin sesshaft geworden, / so gütig sorgtest du für die Armen, Gott.

12 Der Herr spricht das entscheidende Wort / für die Botinnen der Freude in ihrer großen Schar: *13* „Die feindlichen Könige fliehen, / ihre Heere sind auf der Flucht. / Die Frauen zu Hause verteilen die Beute. *14* Wer bleibt da noch bei den Herden liegen? / Die Flügel der Taube schimmern von Silber, / ihr Gefieder ist mit glänzendem Gold überdeckt.ᵃ *15* Wenn der Allmächtige die Könige vertreibt, / fällt Schnee auf dem Zalmonᵇ.“

16 Der Baschansbergᶜ ist ein Gottesberg, / ein Gebirge mit vielen Gipfeln. *17* Was blickt ihr neidisch, ihr Berge und Gipfel, / auf den Berg, den Gott zu seiner Wohnung nahm? / Für immer wird Jahwe dort wohnen. *18* Zehntausende von blitzenden Wagen hat Gott, / in ihrer Mitte ist der Herr, / der vom Sinai ins Heiligtum kam.ᵈ *19* Du stiegst hinauf in die Höhe, / führtest Gefangene mit, / nahmst Gaben von den Menschen,ᵉ / selbst von den Rebellen, / damit Jahwe, Gott, eine Wohnung hat.

20 Gepriesen sei der Herr! / Tag für Tag trägt er uns die Last, / er, der Gott unseres Heils. ♪ *21* Gott ist ein Gott, der uns tatkräftig hilft; / und bei Jahwe, dem Herrn, entkommt man dem Tod. *22* Ja, Gott zerschmettert den Kopf seiner Feinde, / den Schädel derer, die Verbrechen nicht lassen. *23* Der Herr sprach: „Aus Baschan bringe ich sie zurück, / selbst aus den Tiefen des Meeres. *24* Du wirst waten im Blut deiner Feinde, / selbst deine Hunde lecken es mit ihrer Zunge auf.“

25 Gott, deinen Triumphzug haben sie gesehen, / den Einzug meines Gottes, / meines Königs, ins Heiligtum. *26* Voran gingen die Sänger, / danach die Saitenspieler, / umringt von Tamburin schlagenden Mädchen. *27* Preist Gott, wenn ihr euch versammelt! / Lobt Jahwe, ihr aus Israels Quell. *28* Voran geht Benjamin, der kleinste Stamm, / im fröhlichen Zug die Fürsten von Juda, / dazu auch die von Sebulon und Naftali.

---

a 68,14: *Gold überdeckt*. Israel, Gottes „Taube“, wird reich durch die Beute.

b 68,15: *Zalmon*, der Dunkle, vielleicht ein bewaldeter Hügel bei Sichem.

c 68,16: *Baschansberg* ist möglicherweise ein anderer Ausdruck für den schneebedeckten Hermon, der die fruchtbare, wasserreiche Baschanebene im Norden begrenzt und den man von Baschan aus sieht.

d 68,18: *Sinai ... kam*. Wörtlich: *der Sinai im Heiligtum.*

e 68,19: Wird im Neuen Testament von Paulus zitiert: Epheser 4,8

29 Gott, biete auf deine Macht, / die Gottesmacht, die du an uns erwiesen hast! 30 In deinem Tempel über Jerusalem / bringen die Könige dir ihren Tribut. 31 Bedrohe das Biest im Schilf, / die Horde der Stiere unter den Kälbern der Völker! / Tritt denen entgegen, die nach Silber rennen! / Zerstreue die Völker, denen Krieg gefällt! 32 Aus Ägypten werden Gesandte kommen, / Nubien[a] streckt seine Hände zu Gott aus.

33 Singt Gott, ihr Königreiche der Erde! / Singt und spielt für den Herrn! ♪ 34 Der hinfährt im höchsten, dem ewigen Himmel. / Hört, wie mächtig seine Stimme erschallt! 35 Erkennt die Herrschaft Gottes an! / Seine Hoheit ruht auf Israel, / seine Macht in den Wolken. 36 Furchterregend ist Gott, / wenn er aus seinem Heiligtum tritt. / Er ist der Gott Israels. / Seinem Volk verleiht er Stärke und Kraft. / Gepriesen sei Gott!

Rette mich, ich versinke!

69 1 Dem Chorleiter. Nach der Melodie „Lilien". Von David.
2 Rette mich, Gott, / das Wasser steht schon am Hals! 3 Ich versinke im strudelnden Moor; / meine Füße verlieren den Grund. / Ich bin in tiefes Wasser geraten, / die Strömung reißt mich weg.

4 Und vom Rufen bin ich erschöpft; / meine Kehle ist wund, und meine Augen erlöschen / vom Warten auf meinen Gott. 5 Ich habe mehr Feinde als Haare auf dem Kopf, / und sie hassen mich ohne Grund.[b] / Die mich vernichten wollen, sind mächtig. / Sie zwingen mich herauszugeben / den Raub, den ich nie nahm.

6 Du kennst meine Dummheit, Gott, / und meine Vergehen sind dir bekannt. 7 Mein Herr Jahwe, Allmächtiger, / lass nicht zu, dass die, die auf dich hoffen, enttäuscht werden durch mich! / Du Gott Israels, / lass nicht zu, dass die, die dich suchen, beschämt sind wegen mir!

8 Weil ich dir gehöre, werde ich beschimpft. / Schamröte bedeckt mein Gesicht. 9 Ein Fremder bin ich für meine Brüder geworden, / ein Ausländer für meine Geschwister. 10 Denn der Eifer um dein Haus ist wie ein Feuer in mir, / und wenn sie dich beschimpfen, trifft es mich tief.[c]

11 Als ich weinte und beim Fasten war, / verhöhnten sie mich. 12 Als ich Trauer trug, / gossen sie ihren Spott über mir aus. 13 Selbst im Rathaus ziehen sie über mich her, / und im Wirtshaus bin ich der Spottgesang.

14 Doch an dich, Jahwe, richte ich mein Gebet, / denn bei dir ist immer Gnadenzeit. / Hilf mir, Gott, denn deine Güte ist groß; / erhöre mich, denn auf dich ist Verlass. 15 Zieh mich aus dem Schlamm, / lass mich nicht versinken; / rette mich vor meinen Hassern, / ziehe mich aus tiefen Wassern. 16 Sonst spült die Strömung

---

a 68,32: *Nubien*. Hebräisch: Kusch. Land am Oberlauf des Nil, südlich von Ägypten.

b 69,5: Wird im Neuen Testament von Jesus Christus zitiert: Johannes 15,25.

c 69,10: Wird im Neuen Testament von Johannes und Paulus zitiert: Johannes 2,17; Römer 15,3.

mich fort, / der Strudel zieht mich in die Tiefe / und die Grube schließt sich über mir.

17 Erhöre mich, Jahwe, denn deine Gnade tut gut! / In deinem großen Erbarmen wende dich mir zu. *18* Verbirg dein Gesicht nicht vor mir, / ich bin doch dein Diener! / Ich bin voller Angst, / erhöre mich bald! *19* Komm bitte zu mir, erlöse mein Leben; / rette mich und mache meine Feinde still.

20 Du, du kennst meine Schmach, / den Schimpf und die Schande, / und meine Feinde hast du im Blick. *21* Der Hohn brach mein Herz / und machte es unheilbar krank. / Auf Mitleid hoffte ich, es war umsonst; / auf Tröster, doch keiner war in Sicht.

22 Ins Essen haben sie mir Galle gegeben / und Essig für meinen Durst. *23* Ihr Tisch werde zur Falle für sie / und zum Strick für die, / die sich so sicher sind. *24* Lass ihre Augen erlöschen / und ihre Hüften kraftlos sein.[d] *25* Schütte deinen Zorn über sie aus, / die Glut deines Grimms erreiche sie bald! *26* Ihr Lagerplatz möge verwüstet / und ihre Zelte sollen menschenleer sein.[e] *27* Denn sie haben den gejagt, den du geschlagen hast. / Schadenfroh erzählen sie von Schmerz / bei denen, die du verwundet hast. *28* Schütte Schuld auf ihre Schuld / und erkläre sie nie für gerecht! *29* Lösche ihre Namen aus dem Buch

des Lebens aus! / Sie sollen nicht bei den Gerechten stehen!

30 Ich aber bin elend und von Schmerzen geplagt. / Dein Eingreifen, Gott, gewähre mir Schutz! *31* Dann kann ich dich loben im Lied / und dich hoch ehren mit Dank. *32* Das wird dich mehr erfreuen als ein Stier, / ein Opferstier mit Horn und Huf. *33* Die Gebeugten sehen es und werden froh. / Ihr, die ihr Gott vertraut, fasst neuen Mut! *34* Jahwe hört der Hilflosen Schrei, / seine Gefangenen verachtet er nicht.

35 Loben sollen ihn Himmel und Erde, / die Meere und alles, was sich dort regt. *36* Denn Jahwe wird Zion befreien / und Judas Städte wieder bauen. / Dann wird sein Volk dort wohnen, / es besitzt wieder das Land. *37* Die Söhne seiner Diener werden es erben, / und die, die seinen Namen lieben, wohnen darin.

Komm schnell und rette mich!

70 *1 Dem Chorleiter. Von David. Zur Erinnerung.*
2 Komm schnell und rette mich, Gott! / Hilf mir, Jahwe!

3 Sie suchen meinen Tod. / Schämen sollen sie sich! / Schande über sie! / Sie genießen meine Not. / Lass sie abziehen mit Schmach, *4* sich davonschleichen in Scham, / sie, die hämisch riefen: „Haha!"!

5 Die dich suchen, sollen jubeln und sich freuen an dir! / Die dich als Retter lieben, sollen sagen: „Groß ist Gott."

6 Doch ich bin elend und arm. / Gott, eile zu mir! / Meine Hilfe und mein Retter bist du – Jahwe, zögere nicht!

---

d 69,24: Wird im Neuen Testament von Paulus zitiert: Römer 11,9-10.

e 69,26: Wird im Neuen Testament von Petrus zitiert: Apostelgeschichte 1,20.

Verlass mich auch im Alter nicht

71 *1* Bei dir, Jahwe, bin ich geborgen, / da werde ich niemals enttäuscht! 2 In deiner Gerechtigkeit rette mich und reiß mich heraus! / Leih mir dein Ohr und hilf mir! 3 Sei mir ein schützender Fels, die rettende Burg, / zu der ich immer kommen kann. / Du hast doch befohlen, mich zu befreien! / Du bist mein Fels und meine Burg. 4 Rette mich aus der Gewalt der Gottlosen, mein Gott, / aus der Faust brutaler Schurken!

5 Denn du bist meine Hoffnung, Jahwe, mein Herr, / meine Zuversicht von meiner Jugend an. 6 Von Mutterleib an verließ ich mich auf dich. / Du hast mir aus dem Mutterschoß geholfen. / Dir gilt stets mein Lobgesang. 7 Ich war wie ein Zeichen für viele, / denn du bist mein mächtiger Schutz. 8 Mein Mund ist voll von deinem Lob, / von deinem Ruhm den ganzen Tag. 9 Verwirf mich nicht in der Zeit des Alters, / verlass mich nicht beim Schwinden meiner Kraft.

10 Denn meine Feinde reden schlecht von mir; / die mir ans Leben wollen, beraten sich. 11 „Gott hat ihn verlassen!", sagen sie. / „Verfolgt und ergreift ihn! / Einen Retter hat er nicht." 12 Gott, du bist so weit weg! / Komm doch und hilf mir schnell! 13 Lass zuschanden werden und vergehen / alle, die mich beschuldigen! / Schimpf und Schande komme über die, / die versuchen, mich ins Unglück zu bringen.

14 Doch ich will jederzeit hoffen / und vermehren dein Lob. 15 Mein Mund wird von deiner Gerechtigkeit reden, / von deinen Wohltaten jeden Tag, / Taten, die ich nicht mehr zählen kann. 16 Da komme ich mit den Großtaten Jahwes, den Taten meines Herrn. / Ich preise deine Gerechtigkeit, deine allein. 17 Gott, von Jugend auf hast du mich gelehrt. / Von deinen Wundern erzähl ich bis heute 18 und bis zum Alter und zum grauen Haar.

Verlass mich nicht, mein Gott; / dass ich der Nachwelt von deiner Stärke erzähle, / künftigen Generationen von deiner Macht; 19 von deiner Gerechtigkeit, Gott, die bis zum Himmel reicht. / Große Dinge hast du vollbracht. / Gott, wer ist wie du? 20 Du ließest uns viel Angst und Not erfahren. / Du wirst uns wieder beleben, / uns wieder heraufbringen / aus den Tiefen der Erde. 21 Du bringst mich wieder zu Ehren / und wirst mich abermals trösten.

22 Dann will ich dich loben mit meiner Harfe. / Ich rühme deine Treue, mein Gott, / du Heiliger Israels! / Auf der Zither will ich dir spielen. 23 Mit jubelnden Lippen musiziere ich dir; / ja ich, denn du hast mich erlöst. 24 Von früh bis spät will ich von deiner Gerechtigkeit reden; / denn die mein Unglück suchten, wurden schwer beschämt.

Der Friedefürst

72 *1* Für Salomo.[a] Gott, gib dein Richteramt

---

a 72,1: *Für Salomo.* Oder: *Von Salomo.* Doch diesen, seinen vermutlich letzten Psalm, schrieb David (siehe V. 20) für seinen Sohn Salomo, den König.

dem König, / dem Königssohn deine Gerechtigkeit, *2* dass er dein Volk in Gerechtigkeit richte / und helfe den Hilflosen zum Recht. *3* Dann tragen die Berge Frieden, / die Hügel Gerechtigkeit dem Volk. *4* Er soll Recht verschaffen den Gebeugten im Land, / Hilfe bringen den Kindern der Armen / und ihre Unterdrücker zertreten.

5 Man wird dich fürchten, / solange Sonne und Mond uns scheinen, / von Generation zu Generation. *6* Er gleiche dem Regen, der auf gemähte Wiesen fällt, / dem Regenschauer, der das Land erfrischt. *7* In seiner Zeit blüht der Gerechte auf, / Fülle von Frieden wird sein, / bis der Mond nicht mehr ist. *8* Er wird herrschen von Meer zu Meer, / vom Euphrat bis zu den Enden der Erde.

9 Die Wüstenvölker knien vor ihm / und seine Feinde lecken den Staub. *10* Die Könige von Tarschisch und den fernsten Inseln bringen ihm Geschenke. / Die Könige von Scheba[b] und Saba[c] bringen Tribut. *11* Alle Herrscher huldigen ihm / und alle Völker werden ihm dienen.

12 Denn er befreit den Armen, der um Hilfe ruft, / den Gebeugten, dem niemand hilft. *13* Er erbarmt sich des Geringen und Schwachen, / er rettet das Leben des Armen. *14* Von Druck und Gewalt erlöst er ihre Seele, / denn vor ihm hat ihr Leben einen Wert! *15* Der König möge leben! / Mit Gold aus Saba beschenke man ihn. / Man bete beständig für ihn / und segne ihn den ganzen Tag.

16 Es sei Überfluss an Korn im ganzen Land, / es gedeihe bis auf die Gipfel der Berge. / Wie der Libanon möge seine Frucht erblühen. / Es sprieße aus den Städten wie das Grün der Erde. *17* Sein Name soll ewig bestehen, / an der Sonne wachse sein Ruhm. / In seinem Namen wünsche man sich Segen, / glücklich preisen ihn alle Nationen.

18 Gelobt sei Jahwe, der Gott Israels! / Er tut Wunder, er allein. *19* Ewig gepriesen sei der Name seiner Majestät! / Seine Herrlichkeit erfülle die ganze Welt! / Amen, ja, so soll es sein!

20 Hier enden die Gebete von David Ben-Isai.

Drittes Buch

Das scheinbare Glück der Gottlosen

73

1 *Ein Psalm von Asaf.* Ich weiß es: Gott ist gut zu Israel, / zu Menschen mit reinem Gewissen. *2* Und ich, fast wäre ich gestolpert, / um ein Haar wäre ich gestürzt. *3* Als ich sah, wie gut es den Gottlosen ging, / wurde ich selbst auf die Maulhelden neidisch.

4 Sie leiden keine Qualen, / sie sind gesund und wohlgenährt. *5* Sie sind frei von den Lasten gewöhnlicher Menschen / und werden nicht mit den anderen geplagt. *6* Darum tragen sie ihren

---

b 72,10: *Scheba* war ein Land in der Nähe von Kusch (Nubien).

c 72,11: *Saba* war ein Land südlich von Israel (siehe Matthäus 12,42), vielleicht auf der südwestlichen arabischen Halbinsel in der Nähe des heutigen Jemen. Die genaue Lage ist ungewiss.

Stolz wie eine Kette am Hals, /
Gewalt umhüllt sie wie ein Gewand.

7 Aus dem Fett glotzt ihr Auge
hervor, / Einbildungen überfluten
ihr Herz. 8 Höhnisch und boshaft
reden sie, / setzen zynisch Menschen
unter Druck. 9 Sie reißen ihr Maul bis
zum Himmel hin auf, / ihre Zunge
verschont nichts auf der Erde.

10 Darum läuft selbst Gottes Volk
ihnen nach / und lauscht begierig
auf ihr Geschwätz. 11 „Gott merkt ja
doch nichts", sagen sie. / „Wie will der
Höchste das wissen?" 12 Ja, das sind
die, die Gott verachten; / ungestört
mehren sie ihre Macht.

13 Ganz umsonst hielt ich mein
Herz rein; / wusch in Unschuld meine
Hände, 14 war ich doch geplagt den
ganzen Tag / und bin jeden Morgen
schon gestraft.

15 Hätte ich gesagt: „Ich will
ebenso reden!", / dann hätte ich deine
Kinder verraten. 16 Da dachte ich
nach, um das zu begreifen. / Es war
eine große Mühe für mich, 17 bis ich
in Gottes Heiligtum ging / und dort
ihr Ende bedachte.

18 Ja, du stellst sie auf rutschigen
Grund / und stürzt sie in ihr
Verderben. 19 Wie plötzlich waren
sie vor Entsetzen erstarrt, / sie alle
nahmen ein Ende mit Schrecken.
20 Wie einen Traum nach dem
Erwachen, / so verachtest du, Herr,
wenn du aufstehst, ihr Bild.

21 Als mein Herz verbittert war /
und ich stechenden Schmerz in den
Nieren verspürte, 22 da war ich dumm
und ohne Verstand, / wie ein Stück
Vieh stand ich vor dir. 23 Doch ich
bleibe stets bei dir. / Du hältst mich
an der rechten Hand.

24 Mit deinem Rat leitest du mich /
und nimmst mich am Ende in Ehren
auf. 25 Wen hab ich im Himmel
außer dir? / Und neben dir wünsch
ich mir nichts auf der Erde. 26 Auch
wenn ich Leib und Leben verliere, /
bleibt Gott doch mein Fels und mein
Anteil für immer.

27 Ja, wer sich fern von dir hält,
geht zugrunde. / Du bringst jeden
zum Schweigen, der dir die Treue
bricht. 28 Doch ich bekenne: Die
Gottesnähe tut mir gut! / Ich fand
meine Zuflucht bei Jahwe, dem
Herrn. / Nun will ich all deine Taten
erzählen.

Klage über das zerstörte Heiligtum

74 1 *Ein Lehrgedicht. Für Asaf*[a].
Gott, hast du uns für immer
verstoßen? / Warum raucht dein
Zorn noch gegen deine Herde? /
2 Denk an deine Gemeinde, die du
einst erworben hast; / die du als
Stamm für dein Erbteil erlöstest, /
den Zionsberg, auf dem du wohnst.
3 Komm doch und sieh dir diese
ewigen Ruinen an! / Alles hat der
Feind im Tempel verwüstet.

4 In deiner Versammlungsstätte
haben deine Feinde gebrüllt / und
dort ihre Siegeszeichen hingestellt.
5 Sie haben sich benommen / wie die
Axt im Walddickicht.

6 Und jetzt sind alle Schnitzereien /
mit Axt und Hammer zerschlagen. /
7 Sie haben Feuer in dein Heiligtum

---

a 74,1: *Für Asaf.* Siehe Fußnote zu
Psalm 50,1! Die Psalmen 74 und 79
stammen offenbar von Nachkommen
Asafs, weil sie die Zerstörung des
Tempels beklagen.

geworfen, / die Wohnung deines Namens bis auf den Grund entweiht. 8 Sie sagten sich: „Lasst uns sie alle vernichten!" / Alle Gotteshäuser haben sie niedergebrannt.

9 Wir sehen keine Zeichen für uns. / Kein Prophet ist mehr da. / Keiner weiß, wie lange das noch geht. 10 Bis wann, Gott, darf der Bedränger noch höhnen, / der Feind deinen Namen immerfort lästern? 11 Warum ziehst du deine Hand zurück und greifst nicht ein? / Zieh sie doch aus deinem Gewand und mach endlich ein Ende!

12 Dennoch ist Gott von alters her mein König, / der Rettungstaten auf der Erde vollbringt. 13 Mit deiner Macht hast du das Meer geteilt, / zerschmetterst die Köpfe der Seeungeheuer. 14 Dem Leviatan[b] hast du die Köpfe zerschlagen / und gabst ihn den wilden Tieren zum Fraß.

15 Du hast Quellen und Bäche sprudeln lassen / und mächtige Ströme zum Versiegen gebracht. 16 Dein ist der Tag, dein auch die Nacht. / Du stelltest Mond und Sonne hin. 17 Du hast die Grenzen der Erde bestimmt, / Sommer und Winter hast du gemacht.

18 Jahwe, denk doch daran: Der Feind hat dich verhöhnt. / Ein gottloses Volk hat deinen Namen verachtet. 19 Gib deine Turteltaube doch nicht den Raubtieren preis! / Vergiss das Leben deiner Armen doch nicht für immer! 20 Blick

hin auf deinen Bund! / Denn in unserem Land sind die versteckten Winkel / voll von Verbrechen und Gewalt.

21 Lass den Bedrückten nicht beschämt weggehn! / Lass die Gebeugten, lass den Armen deinen Namen loben! 22 Steh auf, Gott, und verschaffe dir Recht! / Bedenk, wie diese Toren dich täglich verspotten. 23 Vergiss nicht das Geschrei deiner Gegner, / das ständig aufsteigende Getöse gegen dich!

Gott, der gerechte Richter

75 1 Dem Chorleiter. Nach der Melodie: „Zerstöre nicht!" Ein Psalmlied von Asaf.

2 Wir danken dir, Gott, und loben dich sehr! / Dein Name ist nah, deine Wunder erzählen es uns.

3 „Zur Zeit, die ich selber bestimme, / halte ich ein gerechtes Gericht. 4 Mag auch die Erde beben, / mögen ihre Bewohner zittern, / ich habe ihre Säulen befestigt." ♪

5 Ich sagte zu den Großmäulern: „Haltet den Mund!"; / zu denen, die Gottes Gebote missachten: „Spielt euch nicht so auf! 6 Pocht nicht so auf eure Gewalt; / hört auf, so vermessen zu reden! 7 Nicht vom Osten, nicht vom Westen, / auch nicht aus der Wüste könnt ihr etwas erwarten. 8 Denn Gott selbst ist der Richter, / der den einen erniedrigt und den anderen erhöht."

9 Jahwe hält einen Becher in der Hand, / gefüllt mit scharfem, gärendem Wein. / Und von dem schenkt er ein. / Ja, seine Hefe müssen schlürfen und trinken / alle Gottlosen der Erde.

---

b 74,14: Leviatan. Verkörperung einer gottfeindlichen Macht, besonders des ägyptischen Heeres, das die Israeliten verfolgte und im Roten Meer umkam.

10 Ich aber, ich will es immer verkündigen, / will singen und spielen Jakobs Gott!

11 „Ich will die Kraft der Gottlosen brechen / und die Macht der Gerechten erhöhen!"

Gott, der furchtbare Richter

76 1 Dem Chorleiter. Mit Saitenspiel. Ein Psalmlied von Asaf.

2 Bekannt ist Gott in Juda, / sein Name ist in Israel groß. 3 In Salem[a] stand sein Zelt, / auf dem Zion[b] seine Wohnung. 4 Dort zerbrach er alles Kriegsgerät: / die Pfeile, Schwerter und Schilde. ♪

5 Von Glanz bist du umgeben, / herrlicher als Berge von Beute. 6 Furchtlose Krieger sind beraubt, / sie sinken in den letzten Schlaf. / Allen Helden versagen die Hände. 7 Wenn du drohst, Gott Jakobs, / erstarren Pferde und Wagen.

8 Furchtbar bist du. / Wer kann vor dir bestehen, / vor der Gewalt deines Zorns? 9 Wenn du vom Himmel her das Urteil verkündest, / erschrickt die Erde und hält sich still, 10 wenn Gott sich erhebt zum Gericht, / um zu helfen allen Hilflosen der Erde. ♪

11 Selbst das Wüten der Menschen vermehrt deinen Ruhm, / mit ihrem Zorn umgürtest du dich. 12 Legt Gelübde ab und erfüllt sie Jahwe, eurem Gott! / Alle, die ihr um ihn seid, bringt dem Furchtgebietenden Geschenke! 13 Er stutzt der Landesherren Übermut, / lehrt auch die Herrscher der Erde das Fürchten.

Trost in großer Not

77 1 Dem Chorleiter. Nach der Weise Jedutuns. Ein Psalm Asafs.

2 Ich schreie zu Gott, so laut ich kann. / Ich schreie zu Gott, dass er mich hört. 3 In meiner Not suche ich den Herrn, / nachts strecke ich die Hand nach ihm aus / und lasse ihn nicht los. / Ich weigere mich, getröstet zu werden. 4 Denk ich an Gott, so stöhne ich, / sinne ich nach, verliere ich den Mut. ♪

5 Meine Augenlider hältst du offen, / ich bin verstört und kann nicht reden. 6 Ich denke über früher nach, / die längst vergangenen Jahre, 7 an mein Saitenspiel in der Nacht. / Ich erwäge es im Herzen, / durchforsche es mit meinem Geist.

8 Wird der Herr denn für immer verwerfen? / Wird er nicht wieder gnädig sein? 9 Ist seine Gnade für immer zu Ende? / Gilt sein Versprechen in Zukunft nicht mehr? 10 Hat Gott vergessen, gnädig zu sein? / Hat er im Zorn sein Erbarmen versperrt? ♪

11 Da sagte ich: „Das ist mein Schmerz, / dass der Höchste sich jetzt anders verhält." 12 Ich will denken an die Taten Jahwes, / dein wunderbares Wirken von einst. 13 Ich will dein Handeln bedenken, / verstehen, was du bewirkst. ♪

14 Alles, was du tust, ist heilig, Gott! / Wer ist ein so großer Gott wie du? 15 Du bist der Gott, der Wunder tut, / hast deine Macht an den

---

a 76,3: *Salem* = Jerusalem.

b 76,3: *Zion*. Hügel in Jerusalem, oft als Bezeichnung für die ganze Stadt gebraucht.

Völkern bewiesen. *16* Du hast dein Volk mit starker Hand befreit, / die Nachkommen Jakobs und Josefs. ♪

17 Es sahen dich die Meere, Gott, / sie sahen dich und bebten / und erzitterten bis in die Tiefe. *18* Die Wolken vergossen Ströme von Regen, / sie ließen den Donner grollen, / und deine Pfeile fuhren hin und her. *19* Dein Donner dröhnt im Wirbelsturm, / Blitze erhellten die Welt, / es zitterte und bebte die Erde.

20 Dein Weg führt durch das Meer, / deine Pfade durch Wassertiefen. / Doch deine Spuren konnte niemand sehn. *21* Wie eine Herde führtest du dein Volk / durch deine Diener Mose und Aaron.

Gottes Geschichte mit seinem Volk

78 *1 Ein Lehrgedicht von Asaf.* Hör, mein Volk, auf meine Weisung! / Gebt alle acht auf das, was ich sage! *2* Ich will euch Weisheitssprüche vermitteln, / Rätsel der Vorzeit erklären.[c] *3* Was wir hörten und erkannten, / was unsre Väter uns erzählten, *4* wollen wir ihren Söhnen nicht verschweigen, / das sollen auch künftige Generationen erfahren: / die Ruhmestaten und die Stärke Jahwes, / und die Wunder, die er tat.

5 Er stellte sein Gesetz in Jakob auf, / seine Weisung in Israel, / und gebot unseren Vätern, / es ihre Kinder zu lehren; *6* damit auch die nächste Generation sie kennt, / die Kinder, die noch geboren werden, / dass auch sie es ihren Kindern erzählen. *7* Damit

sie auf Gott ihr Vertrauen setzen, / die Taten Gottes nicht vergessen / und seine Gebote befolgen. *8* Damit sie nicht ihren Vorfahren gleichen, / einer launischen Generation voll Trotz und Empörung, / deren Geist nicht festhielt an Gott.

9 Die Männer vom Stamm Efraïm[d], / mit Pfeil und Bogen gerüstet, / ergriffen am Kampftag die Flucht. *10* Sie hielten sich nicht an Gottes Bund, / sie weigerten sich, nach seiner Weisung zu leben. *11* Sie vergaßen seine machtvollen Taten, / die Wunder, die er ihnen zeigte. *12* Wunderbares hat er vor ihren Vätern getan / im Land Ägypten, der Gegend von Zoan[e]. *13* Er teilte das Meer und führte sie durch, / er ließ das Wasser stehen wie einen Damm. *14* Am Tag führte er sie mit einer Wolke, / die ganze Nacht mit einem Feuerschein. *15* Er spaltete Felsen in der Wüste, / aus Wasserfluten durften sie trinken. *16* Er ließ Bäche aus den Felsen kommen, / das Wasser floss in Strömen herab.

17 Doch sie hörten mit Sündigen nicht auf, / trotzten dem Höchsten in der Wüste. *18* Sie forderten Gott heraus / und verlangten Speise nach ihrem Geschmack. *19* Sie redeten gegen Gott und sagten: „Ist Gott überhaupt imstande, / uns einen Tisch in der Wüste zu decken? *20* Den Felsen hat er zwar geschlagen, / es floss auch Wasser heraus, / die Bäche strömten. / Aber kann er uns auch

---

c 78,2: Wird im Neuen Testament in Matthäus 13,35 zitiert.

d 78,9: *Efraïm.* Einflussreichster Stamm in Zentralisrael.

e 78,12: *Zoan* ist wahrscheinlich mit Tanis identisch, das im nordöstlichen Teil des Nildelta liegt.

Brot besorgen, / kann er Fleisch verschaffen seinem Volk?" *21* Als Jahwe das hörte, wurde er zornig. / Feuer flammte gegen Jakob auf, / ja, Zorn stieg ihm gegen Israel hoch; *22* denn sie hatten ihrem Gott nicht vertraut / und nicht auf seine Hilfe gebaut.

23 Trotzdem gab er den Wolken Befehl / und öffnete die Tore des Himmels. *24* Er ließ Manna auf sie regnen zur Speise, / er gab ihnen das Korn des Himmels.ª *25* Sie alle aßen das Brot der Engel, / und Gott machte sie alle satt. *26* Am Himmel setzte er den Ostwind frei / und zwang den Südwind heran. *27* Dann ließ er Fleisch auf sie regnen wie Staub / und Vögel wie den Sand am Meer. *28* Mitten ins Lager ließ er sie fallen, / rings um Israels Zelte. *29* Da aßen sie und wurden völlig satt. / Er brachte ihnen, was sie verlangten.

30 Doch ihre Gier war noch nicht gestillt, / noch war die Speise in ihrem Mund, / *31* da wurde Gott zornig über sie. / Er streckte ihre Stärksten nieder / und brachte die jungen Männer Israels um.

32 Aber trotzdem sündigten sie weiter / und vertrauten seinen Wundern nicht. *33* Da nahm er ihrem Leben den Sinn / und ließ ihre Jahre in Schrecken vergehen. *34* Immer, wenn er tötete, fragten sie nach ihm; / dann kehrten sie um und suchten nach Gott. *35* Dann dachten sie, er sei doch ihr Fels, / Gott, der Höchste, sei ihr Befreier. *36* Doch sie betrogen ihn mit ihrem Mund / und belogen ihn mit ihrer Zunge. *37* Denn ihr Herz war nicht fest bei ihm, / sie blieben seinem Bund nicht treu. *38* Trotzdem blieb er voll Erbarmen, / vergab ihre Schuld und tötete sie nicht. / Oft hielt er seinen Zorn zurück / und ließ seine Wut nicht erwachen. *39* Er wusste ja, dass sie vergänglich sind, / ein Hauch, der verweht und nicht wiederkehrt.

40 Wie oft haben sie ihm in der Wüste getrotzt, / wie oft ihn in der Steppe gekränkt. *41* Immer wieder provozierten sie Gott, / kränkten den Heiligen Israels. *42* Sie dachten nicht mehr an seine mächtigen Taten, / an den Tag, als er sie vom Unterdrücker befreite; *43* als er seine Zeichen in Ägypten setzte, / seine Wunder in der Gegend von Zoan: *44* Er verwandelte all ihre Flüsse in Blut, / ungenießbar wurden ihre Bäche. *45* Er schickte ihnen Fliegen, die sie quälten; / Frösche verseuchten ihr Land. *46* Den Heuschrecken gab er ihren Ernteertrag, / den grässlichen Fressern, was sie erarbeitet hatten. *47* Ihren Weinstock zerschlug er mit Hagel, / ihre Maulbeerfeigen mit dem Wettersturz. *48* Ihr Vieh gab er dem Hagel preis / und ihre Herden den Blitzen.

49 Er ließ seinen glühenden Zorn auf sie los, / rasende Wut, furchtbare Plagen, / eine Schar von Unheilsengeln. *50* Er ließ seinem Zorn freien Lauf, / verschonte sie nicht vor dem Tod, / sondern lieferte sie aus an die Pest. *51* Jede Erstgeburt in Ägypten tötete er, / die Erstlinge ihrer Kraft in den Zelten Hamsᵇ. *52* Wie

---

a 78,24: Wird im Neuen Testament von den Juden zitiert: Johannes 6,31.

b 78,51: *Ham* war der zweite Sohn Noahs (1. Mose 9,18-19) und wird hier mit Ägypten verknüpft.

Schafe führte er sein Volk weg, / wie eine Herde brachte er sie durch die Wüste. 53 Er führte sie sicher, dass sie nicht erschraken, / aber ihre Feinde bedeckte das Meer. 54 Er brachte sie in sein heiliges Land, / zu diesem Berg, den er erworben hatte. 55 Er vertrieb die Völker vor ihnen, / verteilte ihr Land unter sein Volk / und ließ in ihren Zelten die Stämme Israels wohnen.

56 Doch sie stellten Gott auf die Probe. / Sie trotzten dem Höchsten / und hielten sich nicht an seine Gebote. 57 Sie kehrten sich ab, verrieten ihn wie ihre Väter. / Wie ein kaputter Bogen schnellten sie herum. 58 Durch ihre Opferhöhen erbitterten sie ihn, / ihre Götzen reizten ihn zur Eifersucht. 59 Gott hörte es. Da entbrannte sein Zorn, / und er verwarf Israel ganz. 60 Er gab seine Wohnung in Schilo auf^c, / das Zelt, in dem er bei den Menschen wohnte. 61 Seine Kraft^d gab er in Gefangenschaft, / seine Herrlichkeit in die Hand der Bedränger. 62 Sein Volk lieferte er dem Schwert aus, / so zornig war er über sein Erbe. 63 Seine jungen Männer fraß das Feuer, / den Mädchen sang keiner das Hochzeitslied. 64 Seine Priester fielen durch das Schwert, / seine Witwen konnten nicht mehr weinen.

65 Da erwachte der Herr, als hätte er geschlafen, / wie ein Held, der wieder nüchtern wird. 66 Er schlug seine Feinde zurück, / bedeckte sie mit ewiger Schande. 67 Doch er verwarf die Nachkommen Josefs, / lehnte den Stamm Efraïm als Führer ab, 68 wählte aber den Stamm Juda aus / und den Zionsberg, den er liebte. 69 Wie Himmelshöhen baute er sein Heiligtum, / wie die Erde, die er auf ewig gegründet hat. 70 Als seinen Diener wählte er David, / nahm ihn weg von den Pferchen der Schafe. 71 Von den Muttertieren holte er ihn weg, / dass er weiden sollte Jakob, sein Volk, / und Israel, sein Eigentum. 72 Aufrichtig sorgte David für sie / und führte sie mit kluger Hand.

Gebet in schwerer Not

79 ¹ *Ein Psalm für^e Asaf.* Gott, Völker sind eingedrungen in deinen Besitz, / haben deinen heiligen Tempel geschändet / und Jerusalem zu einem Trümmerhaufen gemacht. 2 Die Leichen deiner Diener gaben sie den Vögeln zum Fraß, / das Fleisch deiner Getreuen warfen sie dem Raubwild hin.

3 Sie haben ihr Blut wie Wasser vergossen / im ganzen Umkreis von Jerusalem. / Niemand war da, der die Toten begrub. 4 Unseren Nachbarn wurden wir zum Hohn. / Alle, die rings um uns wohnen, / lachen und spotten über uns. 5 Wie lange, Jahwe, willst du immerfort zürnen? / Wie lange noch lodert dein Eifer wie Feuer?

6 Lass deinen Zorn an den Völkern aus, / die dich nicht anerkannt

---

c 78,60: *Er gab … auf.* Siehe Jeremia 7,12!

d 78,61: *Kraft, Herrlichkeit.* Gemeint ist die Bundeslade (1. Samuel 14,17-20).

---

e 79,1: *für.* Siehe Fußnote zu Psalm 74,1.

haben, / an den Königreichen, / die deinen Namen nicht rufen. 7 Denn sie haben Jakob[a] gefressen / und seine Weiden verwüstet.

8 Rechne uns nicht die Schuld der Vorfahren an, / komm uns schnell mit Erbarmen entgegen, / denn wir sind völlig am Ende! 9 Hilf uns, Gott, unser Retter! / Die Ehre deines Namens steht auf dem Spiel. / Rette uns und bedecke unsere Sünden, / weil es um deinen Namen geht!

10 Warum dürfen die Völker sagen: / „Wo ist denn ihr Gott?" / Lass die Völker vor unseren Augen erkennen, / dass du das vergossene Blut deiner Diener rächst!

11 Lass vor dich kommen das Stöhnen des Gefangenen. / Mit deinem starken Arm erhalte die Todgeweihten! 12 Zahle unseren Nachbarn ihren Hohn zurück, / zahl es ihnen siebenfach heim, Herr!

13 Wir sind doch dein Volk / und die Herde deiner Weide! / Für immer und ewig wollen wir dich loben, / und von Generation zu Generation erzählen, wie groß du bist.

Gebet für den verbrannten Weinstock

80 1 Dem Chorleiter. Nach der Melodie „Lilien"[b]. Ein Zeugnis, ein Psalm von Asaf.

2 Höre doch, du Hirte Israels, / der die Nachkommen Josefs wie eine Herde führt! / Strahle hervor, / der über den Cherubim[c] thront!
3 Erscheine vor Efraïm, Benjamin und Manasse, / entfalte deine gewaltige Macht / und komm uns zu Hilfe!
4 Stell uns wieder her, Gott; / blick uns wieder freundlich an, / dann sind wir gerettet!

5 Jahwe, du allmächtiger Gott, / wie lange bist du noch zornig, / während doch dein Volk zu dir betet? 6 Du hast uns Tränenbrot zu essen gegeben / und becherweise Tränen zu trinken. 7 Du hast uns für unsere Nachbarn zum Zankapfel gemacht, / und unsere Feinde spotten über uns. 8 Stell uns wieder her, allmächtiger Gott; / blick uns wieder freundlich an, / dann sind wir gerettet!

9 Einen Weinstock grubst du in Ägypten aus, / vertriebst ganze Völker und pflanztest ihn ein.
10 Für ihn hast du den Boden freigemacht. / Er schlug Wurzeln und füllte das Land. 11 Die Berge wurden von seinem Schatten bedeckt, / ja selbst die mächtigen Zedern. 12 Seine Ranken streckte er aus bis ans Meer, / bis zum Euphrat seine Triebe.

13 Warum hast du seine Mauern eingerissen, / dass jeder Vorbeikommende ihn plündern kann? 14 Das Wildschwein aus dem

---

a 79,7: *Jakob*. Gemeint sind die Nachkommen Jakobs, also Israel.

b 80,1: *Lilien*. Hebräisch: *Schoschannim*:. In Hohelied 2,1 beschreibt der Ausdruck die Anmut der Prinzessin. Hier ist wahrscheinlich die Art der Musik gemeint.

c 80,2: *Cherub* (Mehrzahl: *Cherubim*): Majestätisches (Engel)Wesen, das Gottes Herrlichkeit repräsentiert. Das einzige himmlische Wesen, das bildlich dargestellt werden durfte – im Tempel auf den Vorhängen und als Plastik über der Bundeslade.

Wald verwüstet ihn, / die wilden Tiere fressen ihn kahl. *15* Kehr doch zurück, allmächtiger Gott! / Blick vom Himmel herab und sieh / und nimm dich dieses Weinstocks an! *16* Schütze ihn, den du selber pflanztest, / den Sprössling, der dir seine Kraft verdankt.

17 Schon haben sie ihn verstümmelt, mit Feuer versengt. / Doch wenn du ihnen drohst, kommen sie um. *18* Leg deine Hand auf den Mann an deiner Seite, / auf den Menschensohn, den du dir hast stark werden lassen. *19* Dann werden wir nie mehr von dir weichen. / Erhalte uns am Leben, dass wir dich anrufen können! *20* Stell uns wieder her, / Jahwe, allmächtiger Gott, / blick uns wieder freundlich an, / dann sind wir gerettet!

Eine Festrede Gottes

81 *1 Dem Chorleiter. Nach dem Kelterlied. Von Asaf.*

2 Freut euch über Gott, unsere Stärke! / Jubelt dem Gott Jakobs zu! *3* Stimmt den Lobgesang an, und schlagt die Tamburine, / die milde Zither und die Harfe dazu. *4* Stoßt am Neumond ins Horn, / am Vollmond und zum Tag unseres Festes!

5 Denn das ist für Israel Vorschrift, / eine Verordnung von Jakobs Gott. *6* Diese Regel gab er Josefs Volk, / als er gegen Ägypten kämpfte. / Nun hörte ich eine Sprache, die ich nicht kannte:

7 Ich habe deine Schultern von der Last befreit, / dir den Tragkorb aus den Händen genommen. *8* Du riefst in deiner Not und ich befreite dich, / ich antwortete dir in Donnerwolken[d]. / Am Wasser von Meriba[e] prüfte ich dich. ♪

9 Hör, mein Volk, ich muss dich warnen! / Wenn du doch hören würdest, Israel! *10* Es soll kein anderer Gott bei dir sein, / du darfst keinen fremden Gott anbeten! *11* Ich bin Jahwe, dein Gott. / Ich habe dich aus dem Land Ägypten befreit. / Öffne deinen Mund weit, dass ich ihn füllen kann.

12 Aber mein Volk hat nicht auf mich gehört, / Israel wollte mich nicht. *13* Da überließ ich sie ihrer Starrköpfigkeit, / und sie folgten ihren eigenen Plänen. *14* Wenn mein Volk doch auf mich hörte! / Wenn Israel auf meinen Wegen blieb!

15 Wie bald würde ich ihre Feinde bezwingen, / mich gegen ihre Gegner erheben. *16* Die Jahwe hassen, müssten ihm schmeicheln, / und ihre Zeit wäre für immer vorbei. *17* Doch Israel würde er versorgen mit dem besten Korn / und sättigen mit Honig aus dem Felsen.

Gericht über die Götter

82 *1 Ein Psalm. Von Asaf.* Gott steht auf in der Götterversammlung[f], / im Kreis der Götter hält er Gericht.

---

d 81,8: *Donnerwolken.* Siehe 2. Mose 19,16-19!

e 81,8: *Meriba.* Siehe 2. Mose 17,1-7!

f 82,1: *Götterversammlung.* Im Alten Orient wurden manchmal auch menschliche Herrscher als Götter bezeichnet, siehe Fußnote zu 1. Mose 6,2. Es können aber auch die Himmelsmächte gemeint sein wie in Kolosser 1,16 oder Epheser 6,12.

2 Wie lange noch wollt ihr ungerecht richten, / gottlose Verbrecher noch fördern? ♪ 3 Schafft den Geringen und dem Waisenkind Recht! / Verschafft Gerechtigkeit den Gebeugten und Armen! 4 Rettet den Geringen und Bedürftigen, / reißt ihn aus den Klauen seiner Unterdrücker!

5 Doch sie erkennen und verstehen nichts, / sie tappen im Dunkeln umher, / und die Fundamente der Welt kommen ins Wanken. 6 Ich sagte zwar: „Ihr seid Götter, / Söhne des Höchsten ihr alle!"[a] 7 Doch werdet ihr wie Menschen sterben / und fallen wie einer der Fürsten.

8 Steh bitte auf, Gott, und regiere die Erde, / denn dir sollen alle Völker gehören!

Gebet in Kriegsgefahr

83 1 Ein Psalmlied von Asaf. 2 Gott, bleib doch nicht stumm! / Schweige nicht und tue etwas, Gott! 3 Sieh doch, wie deine Feinde toben, / wie hoch deine Hasser den Kopf erheben! 4 Gegen dein Volk heckten sie listige Pläne aus, / gegen deine Schützlinge berieten sie sich. 5 „Kommt!", sagten sie, „Wir löschen Israel aus; / an dieses Volk soll niemand mehr denken!"

6 Ja, sie alle hielten einmütig Rat / und schlossen einen Bund gegen dich: 7 das ganze Edom und die Ismaëliten, / Moab und die Hagariter[b], 8 Gebal[c], Amalek und Ammon, / Philistäa samt den Bewohnern von Tyrus. 9 Auch Assyrien schloss sich ihnen an / und brachte den Nachkommen Lots Verstärkung. ♪

10 Schlage sie wie Midian[d] und Sisera, / wie Jabin[e] am Bach Kischon. 11 Sie wurden bei En-Dor[f] vernichtet / und blieben als Dünger auf dem Feld. 12 Behandle ihre Edelleute wie Oreb und Seeb[g], / ihre Fürsten wie Sebach und Zalmunna[h], 13 sie alle, die beschlossen haben: „Wir wollen Gottes Land erobern!"

14 Mein Gott, mach sie einer Raddistel[i] gleich, / wie Spreu vor dem

---

a 82,6: Wird im Neuen Testament von Jesus Christus zitiert: Johannes10,34.

b 83,7: *Hagariter* meint eventuell die Nachkommen von Abrahams Sklavin Hagar, zu denen dann auch die Nachkommen ihres Sohnes Ismaël (*Ismaëliten*) gehörten. Der Stammesverband lebte östlich der von Israel bewohnten Gebiete im Ostjordanland.

c 82,8: *Gebal* meint die phönizische Stadt Byblos.

d 83,10: *Midian*. Vergleiche Richter 7!

e 83,10: *Sisera* und *Jabin*. Vergleiche Richter 4!

f 83,11: *En-Dor* lag etwa 10 km nordwestlich von Schunem und 5 km südlich vom Tabor. Heute: Endur.

g 83,12: *Oreb und Seeb*. Vergleiche Richter 7,23 – 8,3!

h 83,12: *Zalmunna*. Vergleiche Richter 8,4-21!

i 83,14: *Raddistel*. Vertrocknete und vom Wind verwirbelte Teile der Gundelia (ein Taumelkraut), die als große Bälle weit durch die Steppe getrieben werden konnten.

Wind. *15* Sei ihnen wie Feuer, das den Wald verbrennt, / wie eine Flamme, die die Berge versengt! *16* Verfolge sie mit deinem Sturm, / erschrecke sie durch einen Orkan.

17 In Schamröte glühe ihr Gesicht, / damit sie nach dir fragen, Jahwe! *18* Lass sie für immer beschämt und abgeschreckt sein, / lass sie zugrunde gehen in Schande! *19* Sie sollen erkennen, dass du allein, / der Jahwe heißt, / der Höchste in aller Welt bist.

Die Freude am Haus Gottes

84 *1 Dem Chorleiter. Nach der Weise der Keltertreter. Ein Psalm der Nachkommen Korachs.*

2 Wie liebenswert sind deine Wohnungen, / Jahwe, allmächtiger Gott! *3* Mein Inneres verzehrt sich in Sehnsucht / nach den Höfen im Tempel Jahwes. / Mit Leib und Seele juble ich dem lebendigen Gott zu.

4 Selbst der Vogel hat ein Haus gefunden / die Schwalbe fand ein Nest für sich, / in das sie ihre Jungen legt: / deine Altäre, / Jahwe, Allmächtiger, / mein König und mein Gott. *5* Wie glücklich sind die, die in deinem Haus wohnen. / Immerzu loben sie dich! ♪

6 Wie glücklich sind die, deren Stärke in dir ist, / die sich zur Wallfahrt rüsten. *7* Wenn sie durchs Tränental ziehen, / wird es zum Quellort durch sie, / und der Herbstregen hüllt es in Segen. *8* Mit jedem Schritt wächst ihre Kraft, / bis sie vor Gott in Zion erscheinen.

9 Jahwe, allmächtiger Gott, / höre mein Gebet! / Vernimm es bitte, Jakobs Gott! ♪ *10* Blick

freundlich auf den König, unseren Schutz, / schau deinen Gesalbten wohlwollend an! *11* Denn ein Tag in den Höfen des Tempels / ist besser als tausend andere sonst. / Lieber will ich Torwächter im Haus meines Gottes sein, / als in den Zelten des Unrechts zu wohnen! *12* Denn Jahwe, Gott, ist Sonne und Schild. / Jahwe schenkt Gnade und Ehre. / Denen, die aufrichtig leben, / wird Gott nichts Gutes versagen. *13* Jahwe, Allmächtiger! / Glücklich der Mensch, der auf dich vertraut!

Bitte um neuen Segen

85 *1 Dem Chorleiter. Ein Psalm der Nachkommen Korachs.*

2 Jahwe, du hast Gefallen an deinem Land, / hast die Gefangenschaft Jakobs beendet. *3* Das Unrecht deines Volkes hast du vergeben / und alle seine Sünden zugedeckt. ♪ *4* Du hast zurückgezogen deinen Zorn, / hast abgewendet seine schreckliche Glut.

5 Wende dich uns wieder zu, Gott unseres Heils! / Lass deinen Unmut gegen uns schwinden! *6* Willst du denn ewig auf uns zornig sein? / Hört dein Groll denn nie mehr auf? *7* Willst du uns nicht selbst wieder beleben, / damit dein Volk sich über dich freut? *8* Lass uns deine Gnade erleben, Jahwe, / und schenke uns wieder dein Heil!

9 Hören will ich, was Gott sagt, / was Jahwe zu uns reden wird. / Gewiss spricht er vom Frieden für sein Volk / und für alle, die ihm gehorchen. / Doch sollen sie ihre Torheit nie wiederholen! *10* Ganz sicher ist sein Heil bei denen, die ihn fürchten. / Dann wohnt Herrlichkeit in unserem Land.

11 Gnade und Wahrheit sind sich begegnet, / Gerechtigkeit und Friede küssen sich. 12 Die Treue sprießt aus der Erde hervor, / und die Gerechtigkeit schaut vom Himmel herab. 13 Jahwe wird Gelingen geben, / und unser Land bringt reichen Ertrag. 14 Gerechtigkeit geht vor ihm her / und bereitet seinen Füßen den Weg.

Hilferuf in großer Not

86 1 Ein Gebet von David.
Höre mich, Jahwe, und antworte mir! / Denn ich bin elend und arm. 2 Bewahre mein Leben, ich gehör doch zu dir! / Hilf deinem Diener, der dir vertraut, du bist doch mein Gott! 3 Sei mir gnädig, mein Herr! / Zu dir ruf ich den ganzen Tag.

4 Herr, schenk deinem Diener wieder Freude! / Ich habe großes Verlangen, bei dir zu sein. 5 Denn du, Herr, bist gut und zum Vergeben bereit, / groß ist deine Gnade für alle, die zu dir rufen. 6 Jahwe, höre doch auf mein Gebet, / achte auf mein lautes Flehen! 7 Am Tag meiner Not ruf ich dich an, / denn du wirst mich erhören.

8 Keiner der Götter ist wie du, Herr, / und nichts kommt deinen Werken gleich. 9 Alle Völker, die du schufst, werden kommen / und dich anbeten, Herr, / und deinen Namen ehren. 10 Denn du bist groß, ein Gott, der Wunder tut; / nur du bist Gott, du allein!

11 Lehr mich, Jahwe, deinen Weg: / Ich will leben in deiner Wahrheit! / Gib mir nur dieses eine Verlangen: /

dich und deinen Namen zu fürchten! 12 Von ganzem Herzen will ich dich loben, / Herr, mein Gott, / und deinen Namen ewig ehren! 13 Denn deine Gnade ist groß über mir. / Aus der tiefsten Totenwelt hast du mein Leben gerissen. 14 Unverschämte Leute greifen mich an, Gott, / eine Bande von Gewalttätern will mir ans Leben. / Sie alle fragen nicht nach dir.

15 Aber du, mein Herr, bist Gott, barmherzig und gnädig, / sehr geduldig und reich an Güte und Treue. 16 Wende dich mir zu und sei mir gnädig! / Schenk deinem Diener deine Kraft / und rette den Sohn deiner Magd. 17 Gib mir ein sichtbares Zeichen von deiner Güte, / damit meine Hasser sich schämen, / weil du, Jahwe, mir hilfst und mich tröstest.

Zion, von Gott geliebte Stadt

87 1 Ein Psalmlied der Nachkommen Korachs.
Auf den heiligen Bergen liegt die von ihm erbaute Stadt. 2 Und Jahwe liebt die Zionsstadt mit ihren Toren / noch mehr als alle Wohnstätten Jakobs[a].

3 Herrliches wird von dir gesagt, du Gottesstadt! ♪ 4 Ich rechne Ägypten und Babylon / zu denen, die mich kennen, / dann aber auch die Philister, die Tyrer und die Nubier, / von denen man sagt: Dieser ist dort geboren.

5 Doch von Zion wird man sagen: / Jeder hat das Heimatrecht in dir. / Und der Höchste befestigt

---

a 87,2: *Jakobs.* Gemeint sind dessen Nachkommen, also Israel.

die Stadt. *6* Wenn Jahwe alle Völker registriert, schreibt er: / „Dieser hat in Zion Heimatrecht." ♪ *7* Singend und tanzend werden sie dann sagen: „Zion, in dir sind wir daheim!"[b]

Am Rand des Todes

88 *1 Ein Psalmlied der Nachkommen Korachs. Dem Chorleiter. Zu singen auf schwermütige Weise. Ein Lehrgedicht von Heman, dem Esrachiter.*

2 Jahwe, Gott meines Heils, / Tag und Nacht schrei ich zu dir! *3* Lass mein Gebet zu dir kommen! / Hör doch auf mein Rufen! *4* Mit Leid bin ich gesättigt, / mein Leben ist dem Tode nah.

5 Ich werde schon zu den Toten gezählt. / Ich bin wie ein Mann ohne Kraft. *6* Ich bin wie einer, der schon im Massengrab liegt, / ein Erschlagener, an den du nicht mehr denkst. / Deine Hilfe erreicht ihn nicht mehr. *7* Du hast mich in die tiefste Grube gelegt, / in die finstersten Tiefen.

8 Schwer liegt dein Zorn auf mir, / mit Wellen und Wogen drückst du mich nieder. ♪ *9* Meine Freunde hast du von mir entfernt, / sie wenden sich mit Abscheu von mir ab. / Ich bin gefangen und kann nicht heraus. *10* Meine Augen sind vom Weinen verquollen.

Jeden Tag rufe ich zu dir, Jahwe, / und strecke meine Hände nach dir aus. *11* Wirst du an den Toten Wunder tun? / Sollen die Gestorbenen dich loben? ♪ *12* Wird man im Grab von

deiner Gnade erzählen, / im Abgrund von deiner Treue? *13* Werden in der Finsternis deine Wunder bekannt, / und deine Gerechtigkeit im Land des Vergessens?

14 Ich aber, Jahwe, ich schreie zu dir. / Jeden Morgen trifft dich mein Gebet. *15* Warum, Jahwe, verabscheust du mich, / verbirgst du dein Gesicht vor mir? *16* Elend und todkrank von Jugend auf / trage ich erstarrt deine Schrecken.

17 Wie ein Feuer rast dein Zorn über mich hin, / deine Schrecken vernichten mich. *18* Wie tödliche Fluten dringen sie auf mich ein, / von allen Seiten bedrohen sie mich. *19* Freunde und Nachbarn hast du mir entfremdet, / mein einziger Begleiter ist die Finsternis.

Hat Gott das Haus Davids verworfen?

89 *1 Ein Lehrgedicht von Etan, dem Esrachiter.*

2 Von den Gnadentaten Jahwes will ich ewig singen, / mein Mund soll deine Treue noch den kommenden Generationen verkünden! *3* Ja, ich sage: „Deine Gnade ist auf ewig gebaut, / deine Treue steht fest wie der Himmel!" *4* Ich schloss einen Bund mit meinem Erwählten / und schwor meinem Diener David: *5* „Deinen Nachkommen gebe ich ewigen Bestand; / für immer wird dein Königshaus bestehen!" ♪

6 Der Himmel preist deine Wunder, Jahwe, / die Versammlung der Engel[c] deine Treue. *7* Wer über

---

b 87,7: *daheim.* Wörtlich: Alle meine Quellen sind in dir!

c 89,6: *Engel.* Wörtlich: *der Heiligen.* Gemeint ist auf jeden Fall eine himmlische Versammlung. Siehe Psalm 82,1!

den Wolken ist so wie Jahwe, / wer von den Göttern gleicht ihm? 8 Gott ist gefürchtet im himmlischen Rat; / Ehrfurcht packt alle, die rings um ihn sind. 9 Jahwe, allmächtiger Gott, wer ist wie du? / Mächtig bist du, Jahwe, und deine Treue ist rings um dich her.

10 Du beherrschst das Ungestüm des Meeres, / wenn seine Wellen toben, bändigst du sie. 11 Du hast Ägypten wie einen Leichnam zertreten, / mit starkem Arm hast du deine Feinde zerstreut. 12 Dir gehört der Himmel, / du besitzt auch die Erde. / Du schufst die Welt und alles, was sie erfüllt.

13 Norden und Süden hast du gemacht, / Tabor[a] und Hermon[b] jubeln dir zu. 14 Dein ist der Arm mit gewaltiger Kraft, / dein die siegreich erhobene Hand. 15 Gerechtigkeit und Recht stützen deinen Thron, / Gnade und Wahrheit gehen vor dir her.

16 Wie glücklich ist das Volk, das den Festjubel kennt! / Sie leben im Licht deiner Nähe. 17 In deinem Namen freuen sie sich jeden Tag, / in deiner Gerechtigkeit richten sie sich auf. 18 Denn der Ruhm ihrer Stärke bist du, / und deine Gnade vermehrt unsere Kraft. 19 Denn unser König gehört Jahwe, / unser Schild Israels heiligem Gott.

20 Damals sprachst du in einer Vision, / du sagtest zu denen, die dich lieben: / Einen Helden habe ich zum Helfer gemacht, / einen Erwählten erhöht aus dem Volk. 21 Ich habe meinen Diener David gefunden / und ihn mit heiligem Öl zum König gesalbt. 22 Ich halte ihn immer fest / und stärke ihn durch meine Macht.

23 Kein Feind soll ihn bedrängen, / kein Aufstand ihn bezwingen. 24 Seine Gegner zerschlage ich vor ihm, / und die ihn hassen, stoße ich nieder. 25 Meine Treue und Gnade sind ihm sicher, / und durch meinen Namen wächst seine Macht. 26 Ihm unterwerfe ich das Meer / und auch die großen Ströme.

27 Er wird zu mir sagen: „Du bist mein Vater, / du bist mein Rettungsfelsen und mein Gott!" 28 Ich mache ihn zum erstgeborenen Sohn, / zum größten aller Könige der Erde. 29 Meine Gnade will ich ihm ewig bewahren, / ich stehe zu meinem Bund mit ihm. 30 Sein Königsgeschlecht will ich für immer erhalten; / sein Thron wird bleiben, solange der Himmel besteht.

31 Wenn seine Söhne meine Weisung verlassen / und nicht nach meinen Ordnungen leben, 32 wenn sie meine Gesetze entweihen / und meine Gebote nicht halten, 33 dann bestrafe ich ihr Vergehen mit dem Stock, / ihre Ungerechtigkeit mit Schlägen. 34 Aber meine Gnade entziehe ich ihm nicht, / und meine Treue verleugne ich nicht.

35 Ich werde meinen Bund nicht entweihen, / meine Zusagen ändere ich nicht. 36 Einmal schwor ich bei meiner Heiligkeit: / „Ich

---

a 89,13: *Tabor*. Kegelförmiger Berg 8 km östlich von dem späteren Nazaret gelegen, 588 m über N.N.

b 89,13: *Hermon*. Drei fast gleich hohe (über 2800 m) schneebedeckte Gipfel in Nordgaliläa.

werde David niemals belügen.
37 Sein Königsgeschlecht soll ewig bestehen, / sein Thron solange es die Sonne gibt. **38** Er stehe ewig fest wie der Mond. / Denn dieser Zeuge in den Wolken ist treu."♪

39 Und doch hast du verstoßen und verworfen; / du wurdest zornig auf deinen Gesalbten, **40** hast den Bund mit deinem Diener widerrufen, / seine Krone in den Schmutz getreten. **41** All seine Mauern hast du eingerissen, / seine Burgen in Trümmer gelegt. **42** Alle, die vorbeikommen, plündern ihn aus. / Den Nachbarn dient er zum Gespött.

43 Seinen Gegnern gabst du den Sieg, / alle seine Feinde hast du erfreut. **44** Sein Schwert hast du stumpf werden lassen, / ließest ihn im Kampf nicht bestehen. **45** Seinem Glanz hast du ein Ende gemacht, / seinen Thron zu Boden gestürzt. **46** Du hast ihn vorzeitig alt werden lassen, / mit Schimpf und Schande ihn bedeckt. ♪

47 Wie lange noch, Jahwe, willst du dich ständig verbergen, / lodert dein Zorn noch wie Feuer? **48** Denk doch daran, wie kurz mein Leben ist, / wie vergänglich du die Menschen erschufst! **49** Wo ist der Mann, der unsterblich ist, / der sein Leben aus der Macht des Todes befreit? ♪

50 Herr, wo sind deine früheren Gnadenerweise, / die du David bei deiner Treue geschworen hast? **51** Herr, denk doch daran, wie man deine Diener beschimpft, / wie ich es von den vielen Völkern ertrug, **52** wie deine Feinde höhnten, Jahwe, / wie

sie deinen Gesalbten auf Schritt und Tritt verlachten.

53 Gelobt sei Jahwe für immer! Amen[c], ja, Amen!

Viertes Buch

Vergänglichkeit

90 **1** *Ein Gebet von Mose, dem Mann Gottes.*

Herr, du selbst warst unsere Wohnung in jeder Generation. **2** Noch ehe die Berge geboren waren / und die ganze Welt in Wehen lag, / warst du, Gott, da / und bleibst in alle Ewigkeit.

3 Du führst die Menschen zum Staub zurück / und sprichst: „Kehrt wieder, Menschenkinder!" **4** Denn tausend Jahre sind für dich / wie der Tag, der gestern verging, / und wie eine Wache in der Nacht[d] weg.

5 Du schwemmst sie hinweg, es ist wie ein Schlaf; / und am Morgen sprießen sie auf wie das Gras. **6** Am Morgen blüht und wächst es auf, / am Abend ist es welk und verdorrt.

7 Durch deinen Zorn vergehen wir, / durch deinen Grimm sind wir bestürzt. **8** Unsere Sünden liegen offen vor dir; / was wir versteckt haben, bringst du ans Licht.

9 Dein Zorn lässt unsere Tage verrinnen, / lässt unsere Jahre wie einen Seufzer vergehen. **10** Unser Leben dauert nur siebzig Jahre, /

---

c 89,53: *Amen.* Hebräisch: *Es werde wahr!* Oder: *So sei es!*

d 90,4: *Wache in der Nacht.* In Israel teilte man die Nacht in drei Wachen zu je vier Stunden ein.

achtzig, wenn es voll Kraft war. / Und das meiste davon war nur Mühe und Last. / Schnell geht es vorbei, und schon fliegt es davon.

11 Wer kennt denn die Macht deines furchtbaren Zorns, / wer nimmt sich das wirklich zu Herzen? 12 So lehre uns doch unsere Tage zu zählen, / dass Weisheit in unser Herz einzieht.

13 Kehr zurück, Jahwe! Wie lange dauert es noch? / Hab doch Erbarmen mit uns, deinen Dienern. 14 Mach uns schon am Morgen mit deiner Gnade satt, / dann sind unsere Tage von Freude und Jubel erfüllt. 15 Erfreue uns so viele Tage, wie du uns niedergebeugt hast, / so viele Jahre, wie wir das Unglück sahen.

16 Lass an deinen Dienern sichtbar werden dein Tun, / deine Herrlichkeit an deinen Kindern. 17 Herr, unser Gott, zeig uns deine Freundlichkeit, / lass unsre Arbeit nicht vergeblich sein, / ja, lass gelingen, was wir tun!

Unter dem Schutz des Höchsten

91 1 Wer unter dem Schutz des Höchsten bleibt, / unter dem Schatten des Allmächtigen wohnt, 2 der sagt zu Jahwe: / „Du bist meine Zuflucht, meine sichere Burg, / du bist mein Gott, auf den ich vertraue."

3 Er bewahrt dich vor den Fallen, die man dir stellt, / vor der tödlichen Pest. 4 Mit seinen Schwingen behütet er dich, / unter seinen Flügeln findest du Schutz. / Seine Treue ist Schutzwehr und Schild. 5 Du musst dich nicht fürchten vor dem Schrecken der Nacht, / dem Pfeil, der dir am Tag entgegenfliegt, 6 der Seuche, die durchs Dunkel schleicht, / dem Fieber, das am Mittag glüht.

7 Auch wenn tausend neben dir fallen, / zehntausend rings um dich her, / zu dir wird es nicht kommen. 8 Du siehst es noch mit eigenen Augen, / wie er es den Gottlosen heimzahlt.

9 „Ja, du Jahwe, bist meine Zuflucht!" / So hast du den Höchsten zum Schutz erwählt. 10 Darum wird dir nichts Böses geschehen / und kein Unheil kommt in dein Haus.

11 Denn er schickt seine Engel für dich aus, / um dich zu beschützen, wohin du auch gehst. 12 Sie werden dich auf Händen tragen, / dass dein Fuß sich an keinem Stein stößt.[a] 13 Über Löwen und Kobras wirst du schreiten, / Junglöwen und Schlangen zertreten.

14 „Weil er an mir hängt, will ich ihn retten! / Weil er mich achtet, schütze ich ihn. 15 Wenn er mich ruft, antworte ich. / Wenn er in Not ist, steh ich ihm bei, / ich hol ihn heraus und bring ihn zu Ehren. 16 Ich gebe ihm ein langes und erfülltes Leben / und zeige ihm mein Heil."

Es ist gut, Gott zu danken

92 1 Ein Psalmlied für den Sabbattag.

2 Wie schön ist es, Jahwe zu danken, / deinem Namen, du Höchster, zu singen, 3 am Morgen deine Güte zu rühmen / und deine Treue in den Nächten, 4 zur Harfe mit zehn Saiten / und zum Zitherklang.

---

a 91,12: Wird vom Teufel zitiert: Matthäus 4,6; Lukas 4,10-11.

5 Denn was du tust, macht mich froh, Jahwe, / ich juble über deine Taten. 6 Wie groß sind deine Werke, Jahwe! / Sehr tief sind deine Gedanken! 7 Ein dummer Mensch erkennt das nicht, / ein Narr wird nichts davon verstehen.

8 Wenn auch die Gottlosen wuchern wie Gras, / wenn auch Verbrecher gut gedeihen, / dann nur, um für immer beseitigt zu werden. 9 Doch du, Jahwe, / ewig stehst du über allen. 10 Ja, sieh doch deine Feinde, Jahwe, / sieh, deine Feinde kommen um! / Alle, die Böses tun, werden zerstreut.

11 Du hast mir die Kraft eines Wildstiers gegeben, / mit frischem Öl hast du mich gesalbt. 12 Ich werde den Sturz meiner Feinde genießen, / mich weiden an denen, die gegen mich stehn. 13 Der Gerechte sprosst wie die Palme, / schießt auf wie die Zeder auf dem Libanon.

14 Wer in Jahwes Haus eingepflanzt ist, / wird sprießen in den Höfen unseres Gottes. 15 Noch im Alter tragen sie Frucht, / sind voller Saft und Kraft, 16 um zu verkünden, dass Jahwe gerecht ist, / mein Fels, an dem es nichts Unrechtes gibt.

Der ewige König

93 1 Jahwe ist König, / mit Hoheit umhüllt! / Jahwe hat sich bekleidet / und sich umgürtet mit Kraft! / Ja, fest steht die Welt, / sie stürzt nicht zusammen. 2 Dein Thron steht fest von Anbeginn, / von Ewigkeit her bist du.

3 Es erhoben die Fluten, Jahwe, / es erhoben die Fluten ihr donnerndes Tosen, / es erhoben die Fluten ihr mächtiges Lied. 4 Mehr als das Wüten gewaltiger Fluten, / das Brausen der Brandung am Meer / ist Jahwe, der Herr, in der Höhe!

5 Was du bezeugst, hat sich völlig bewährt. / Heiligkeit gebührt deinem Haus, Jahwe, für alle Zeit.

Recht muss doch Recht bleiben!

94 1 Du Gott der Vergeltung, Jahwe, / Gott der Rache, strahle hervor! 2 Greif ein, du Richter der Welt, / zahl den Stolzen ihre Taten zurück! 3 Wie lange noch, Jahwe, / wie lange noch sollen die Gottlosen jubeln?

4 Sie sprudeln über, reden frech, / die Bösen überheben sich stolz. 5 Sie zertreten dein Volk, Jahwe, / sie bedrücken, was dir gehört. 6 Die Witwe und den Fremden bringen sie um, / die Verwaisten morden sie hin. 7 „Jahwe sieht es nicht", sagen sie, / „der Gott Jakobs merkt es nicht."

8 Ihr Dummen im Volk, denkt endlich nach! / Wann werdet ihr Schwachköpfe nur klug? 9 Der das Ohr gemacht hat, sollte der nicht hören? / Der das Auge schuf, sollte der nicht sehen? 10 Der die Völker erzieht, sollte der nicht tadeln, / er, der den Menschen Erkenntnis beibringt? 11 Jahwe kennt die Pläne der Menschen, / er weiß, sie sind nur Dunst.[b]

12 Wie glücklich ist der, den du erziehst, Jahwe, / den du belehrst aus deinem Gesetz. 13 Das schafft ihm Ruhe vor den bösen Tagen, / bis dem Gottlosen das Grab geschaufelt wird.

---

b 94,11: Wird im Neuen Testament von Paulus zitiert: 1. Korinther 3,20.

14 Jahwe wird sein Volk gewiss nicht verstoßen, / wird nicht verlassen, was ihm gehört. 15 Bald kehrt das Recht zur Gerechtigkeit zurück, / und alle Aufrechten folgen ihm nach.

16 Wer hilft mir gegen die Verbrecher? / Wer steht mir gegen die Boshaften bei? 17 Hätte Jahwe mir nicht geholfen, / wohnte ich schon in der Stille der Toten. 18 Wann immer ich sagte: „Jetzt falle ich hin!", / da stützte mich deine Gnade, Jahwe. 19 War mir das Herz von Sorgen schwer, / dann liebkoste dein Trost meine Seele.

20 Kann der ungerechte Richter mit dir verbündet sein, / der Unheil stiftet gegen dein Gesetz? 21 Nein, sie vergreifen sich an den Gerechten, / unschuldige Menschen verurteilen sie. 22 Da wurde Jahwe mir zur Burg, / mein Gott zum Fels meiner Zuflucht. 23 Er zahlt ihnen ihre Verbrechen heim, / er rottet sie in ihrer Bosheit aus. / Jahwe, unser Gott, vernichtet sie.

Anbetung und Gehorsam

951 Kommt, lasst uns jubeln vor Jahwe / und uns freuen am Fels unseres Heils! 2 Wir wollen vor ihn treten mit Lob, / ihm zujubeln mit Psalmen.

3 Denn ein mächtiger Gott ist Jahwe, / ein großer König, über alle Götter. 4 Ihm gehören die Tiefen der Erde, / die Höhen der Berge sind ebenfalls sein. 5 Sein ist das Meer, denn er hat es gemacht, / und das Festland ist von seinen Händen geformt.

6 Kommt, lasst uns anbeten, / uns beugen vor ihm! / Lasst uns vor Jahwe knien, / der uns erschuf! 7 Denn er ist unser Gott, / und wir sind sein Volk. / Er führt uns wie eine Herde / und sorgt für uns wie ein Hirt.

Und wenn ihr heute seine Stimme hört, 8 verschließt euch seinem Reden nicht / wie Israel es damals bei Meriba tat, / an dem Tag in der Wüste bei Massa[a]. 9 Mich hatten sie dort auf die Probe gestellt! / Mich haben eure Väter versucht / und sahen meine Taten doch selbst.

10 Vierzig Jahre lang ekelte mich dieses Geschlecht. / „Sie sind ein Volk, dessen Herz sich verirrt", sagte ich, / „denn meine Wege kennen sie nicht." 11 So habe ich geschworen in meinem Zorn: / „Die kommen nie zur Ruhe in meinem Land!"[b]

Der Schöpfer und Richter der Welt

961 Singt Jahwe ein neues Lied, / singe Jahwe, ganze Erde! 2 Singt Jahwe, lobt seinen Namen, / verkündet seine Rettung jeden Tag! 3 Erzählt bei den Völkern von seiner Herrlichkeit, / von seinen Wundern bei allen Nationen!

4 Denn Jahwe ist groß und sehr zu loben, / zu fürchten mehr als alle Götter. 5 Denn alle Götter der Völker sind Nichtse, / doch Jahwe hat den Himmel gemacht. 6 Macht und Hoheit strahlt er aus, / Pracht und Herrlichkeit in seinem Heiligtum.

7 Gebt Jahwe, ihr Völkerstämme, / gebt Jahwe Ehre und Macht! 8 Gebt

---

a 95,8: *Meriba … Massa*. Hebräisch: *Prüfung* und *Streit*, vergleiche 2. Mose 17,7.

b 95,11: Die Verse 7-11 werden im Neuen Testament zitiert: Hebräer 3,7-11.

ihm seines Namens Herrlichkeit! /
Kommt in seine Höfe mit Opfern.
9 Beugt euch vor Jahwe in heiligem
Schmuck! / Die ganze Welt erzittere
vor ihm!

10 Sagt den Völkern: „Jahwe ist
König!" / Darum steht die Erde
fest und wankt nicht. / Er wird den
Völkern ein gerechter Richter sein.
11 Der Himmel freue sich, es juble
die Erde! / Es tose das Meer und was
es erfüllt! 12 Es jauchze das Feld und
alles darauf!

Auch die Bäume im Wald
sollen jubeln 13 vor Jahwe, wenn er
kommt! / Denn er kommt, um die
Erde zu richten. / Mit Gerechtigkeit
regiert er die Welt, / mit Wahrheit alle
Völker.

Der Herrscher der Welt

97 1 Jahwe ist König! / Die
Erde soll jubeln! / Die vielen
Küstenländer freuen sich! 2 Gewölk
und Wetterdunkel umgeben ihn, /
auf Recht und Gerechtigkeit steht
sein Thron. 3 Feuer geht vor ihm her /
und verzehrt all seine Feinde.

4 Seine Blitze erleuchten die
Welt, / die Erde sieht es und zittert.
5 Die Berge zerfließen wie Wachs
vor Jahwe, / vor dem Herrscher der
ganzen Erde. 6 Seine Gerechtigkeit
wird vom Himmel bezeugt / und
seine Wahrheit von allen Völkern
gesehen.

7 Alle Bildanbeter werden sich
schämen, / die, die der Nichtse sich
rühmten. / Alle Götter, werft euch
nieder vor ihm! 8 Zion hörte es
und freute sich; / die Töchter Judas
jubelten, / Jahwe, über deine Gerichte.
9 Denn in der ganzen Welt bist du der

Höchste, Jahwe. / Du stehst sehr viel
höher als alle Götter.

10 Die ihr Jahwe liebt, hasst das
Böse! / Er beschützt die, die sich
treu zu ihm halten, / aus der Gewalt
der Bösen rettet er sie. 11 Ein Licht
erstrahlt dem Gerechten, / Freude
den ehrlichen Herzen. 12 Freut euch
an Jahwe, ihr Gerechten, / und denkt
voller Dank an seine Heiligkeit.

Der königliche Richter der Welt

98 1 Ein Psalm.
Singt Jahwe ein neues Lied, /
denn er hat Wunder getan. / Seine
Rechte errang ihm den Sieg. / Ja,
Sieg errang sein heiliger Arm! 2 Sein
Heil hat Jahwe den Völkern gezeigt, /
seine Gerechtigkeit allen enthüllt.
3 Er dachte an sein Versprechen, / an
seine Treue zu seinem Volk. / Nun ist
bekannt bis ans Ende der Welt, / dass
unser Gott uns befreit.

4 Jubelt Jahwe, alle Welt! / Singt
und spielt auf! 5 Lobsingt Jahwe zum
Saitenspiel, / mit Harfe und frohem
Gesang! 6 Trompeten und Hörner
sollen erklingen! / Jauchzt vor Jahwe,
dem König!

7 Es brause das Meer und was es
erfüllt, / die Erde und was auf ihr
lebt! 8 Die Ströme klatschen in die
Hände, / und die Berge jubeln im
Chor 9 – vor Jahwe! Denn er kommt
und richtet die Welt. / Er richtet
den Erdkreis gerecht, / die Völker
unparteiisch und wahr.

Der heilige Gott

99 1 Jahwe ist König – es zittern
die Völker, / er thront über
Cherubim – es bebt die Erde. 2 Groß
ist Jahwe in der Zionsstadt, / über

allen Völkern erhaben. 3 Sie sollen deinen Namen loben, / den großen, Furcht gebietenden / – geheiligt ist er –, 4 und die Macht des Königs, der das Recht liebhat! / Du hast Ordnungen festgesetzt, / Recht und Gerechtigkeit in Israel[a]; / du, du hast sie gewirkt.

5 Rühmt Jahwe, unseren Gott, / fallt nieder am Schemel seiner Füße! / Heilig ist er.

6 Mose und Aaron von seinen Priestern, / Samuel von denen, die zu ihm rufen, / sie riefen Jahwe an und er antwortete immer. 7 Aus der Wolkensäule sprach er zu ihnen. / Sie hielten seine Gebote, / die Ordnung, die er ihnen gab. 8 Jahwe, unser Gott, du erhörtest sie; / du warst ihnen ein vergebender Gott, / doch auch ein Rächer ihrer Taten.

9 Rühmt Jahwe, unseren Gott, / fallt an seinem heiligen Berg nieder; / denn heilig ist Jahwe, unser Gott!

Lobt unseren Gott!

100 *1 Ein Psalm für die Dankopferfeier.*
Jauchzet Jahwe alle Welt! 2 Dient Jahwe mit Freude! / Kommt mit Jubel zu ihm! 3 Erkennt es: Nur Jahwe ist Gott! / Er hat uns geschaffen, sein sind wir, / sein Volk und die Herde auf seiner Weide. 4 Geht durch die Tempeltore mit Dank, / kommt mit Lobgesang in seine Höfe. / Dankt ihm, preist seinen Namen! 5 Denn Jahwe ist gut; / ewig bleibt seine Gnade, / seine Treue für alle Generationen.

Gelöbnis des Königs

101 *1 Von David. Ein Psalm.*
Von Gnade und Recht will ich singen, / dich, Jahwe, ehrt meine Musik. 2 Ich will einsichtig handeln auf dem richtigen Weg. / Wann kommst du zu mir? / Mit redlichem Herzen will ich bestehen / auch in Familie und Haus! 3 Keine schandbaren Dinge / stell ich mir vor Augen. / Ich hasse es, Unrecht zu tun. / So etwas soll nicht an mir kleben! 4 Falschheit sei meinem Herzen fern, / ich will das Böse nicht kennen.

5 Wer seinen Nächsten heimlich verleumdet, / den mache ich stumm. / Wer stolz und überheblich auf andere blickt, / den will ich nicht dulden. 6 Ich sehe auf die Treuen im Land, / dass sie bei mir wohnen. / Wer auf rechten Wegen geht, / der darf mir dienen. 7 Wer andere betrügt, / hat keinen Platz in meinem Haus. / Wer Lügen ausspricht, / muss mir aus den Augen.

8 Morgen für Morgen mach ich mich auf / Gottlose zum Schweigen zu bringen. / Jahwes Stadt befreie ich / von allen, die das Böse tun.

Gebet eines Unglücklichen[b]

102 *1 Gebet eines Unglücklichen, wenn er seine verzweifelte Klage vor Jahwe ausgießt.*
2 Jahwe, höre mein Gebet! / Lass mein Schreien vor dich kommen! 3 Verbirg dein Gesicht nicht vor mir, / wenn ich in Bedrängnis bin! / Hör mir doch zu, wenn ich rufe! / Bitte erhöre mich bald!

---

a 99,4: *In Israel.* Wörtlich: in Jakob.

b Psalm 102 ist der fünfte der sieben Bußpsalmen.

4 Meine Tage gehen auf in Rauch, /
mein Körper glüht wie ein Ofen.
5 Wie Gras ist mein Herz gemäht
und verdorrt, / denn das Essen
ist mir vergangen *6* vor lauter
Stöhnen. / Ich bin nur noch Haut
und Knochen.

7 Dem Nachtkauz in der Wüste
gleiche ich, / der Eule, die in Ruinen
haust. *8* Ich liege wach und fühle
mich / wie ein einsamer Vogel auf
dem Dach. *9* Den ganzen Tag haben
mich meine Feinde beschimpft. /
Und die mich verspotten, nutzen
meinen Namen zum Fluch.

10 Ja, Staub habe ich wie Brot
gegessen / und mein Getränk
mit Tränen gemischt, *11* denn
dein furchtbarer Zorn hat mich
getroffen. / Du hast mich gepackt
und zu Boden geschmettert. *12* Wie
Schatten dehnen meine Tage sich
aus / und ich verdorre wie das
Gras.

13 Doch du, Jahwe, du thronst
für immer, / deinen Namen kennt
jede Generation. *14* Du wirst dich
erheben und dich Zions erbarmen, /
wenn es Zeit ist, ihm gnädig
zu sein, / wenn die rechte Zeit
gekommen ist. *15* Denn deine Diener
lieben ihre Steine, / haben Mitleid
mit ihrem Schutt.

16 Dann werden die Völker
den Namen Jahwes fürchten, /
die Herrscher der Erde deine
Herrlichkeit; *17* wenn Jahwe Zion
wieder aufgebaut hat, / wenn er sich
gezeigt hat in Würde, *18* wenn er die
Gebete der Verlassenen hört / und
ihre Bitten nicht verschmäht.

19 Dies sei geschrieben für ein
späteres Geschlecht. / Dann wird ein

neu geschaffenes Volk Gott^c loben:
20 „Gewiss, Jahwe schaut herab aus
heiliger Höhe, / vom Himmel hat
er auf die Erde geblickt, *21* um das
Stöhnen der Gefangenen zu hören, /
sie zu retten vor dem sicheren Tod,
22 damit man Jahwes Namen in Zion
verkündigt / und in Jerusalem sein
Lob, *23* wenn die Völker sich alle
versammeln, / die Königreiche ihm
dienen."

24 Auf dem Weg brach er meine
Kraft, / er hat mein Leben verkürzt.
25 Darum bat ich ihn: „Nimm
mich nicht weg in der Mitte des
Lebens!" / Du selbst überdauerst die
Generationen. *26* Einst hast du die
Erde gegründet, / und der Himmel ist
das Werk deiner Hand.

27 Sie werden vergehen, du aber
bleibst, / sie werden zerfallen wie
ein altes Kleid. / Wie ein Gewand
wechselst du sie, / und sie werden
verschwinden. *28* Du aber bleibst
derselbe, / und deine Jahre enden nie.^{d}
29 Die Kinder deiner Diener bleiben
hier wohnen / und ihre Kinder
werden vor dir gedeihen.

Das große Dankgebet

103
1 *Von David.*
Auf, meine Seele, preise
Jahwe, / und alles in mir seinen
heiligen Namen! *2* Auf, meine Seele,
lobe Jahwe, / und vergiss es nie, was
er für dich tat. *3* Er vergibt dir all
deine Schuld. / Er ist es, der all deine

---

c 102,19: *Gott.* Wörtlich: *Jah.* Meist in
poetischen Texten verwendete Form
für Jahwe.

d 102,28: Die Verse 26-28 werden im Neu-
en Testament zitiert: Hebräer 1,10-12.

Krankheiten heilt, *4* der dein Leben vom Verderben erlöst, / dich mit Liebe und Erbarmen bedeckt, *5* der mit Gutem dein Alter sättigt / und wie beim Adler dein Jungsein wieder erschafft[a].

6 Jahwe greift heilbringend ein, / und allen Bedrückten schafft er ihr Recht. *7* Seine Pläne gab er Mose bekannt, / und Israel hat er die Taten gezeigt. *8* Jahwe ist barmherzig und mit Liebe erfüllt, / voll unendlicher Gnade und großer Geduld. *9* Er klagt uns nicht beständig an, / wird nicht ewig auf uns zornig sein. *10* Er straft uns nicht, wie wir es verdienten, / zahlt die Verfehlungen uns nicht heim.

11 Denn so hoch der Himmel über der Erde steht, / so groß ist die Gnade für jeden, der Gott fürchtet und ehrt. *12* So weit wie der Osten vom Westen entfernt ist, / so weit schafft er unsere Schuld von uns weg. *13* Wie sich ein Vater über Kinder erbarmt, / so erbarmt sich Jahwe über jeden, der ihn respektvoll ehrt. *14* Er weiß ja, wie vergänglich wir sind; / er vergisst es nicht: Wir bestehen aus Staub.

15 Das Leben des Menschen ist wie das Gras, / es blüht wie eine Blume im Feld. *16* Die Glut aus der Wüste fegt über sie hin. / Schon ist sie weg, hinterlässt keine Spur. *17* Doch die Güte Jahwes hat ewig Bestand, / für immer gilt sie dem, der ihn fürchtet

und ehrt; / ja selbst seinen Kindern und Enkeln, *18* wenn sie sich an seinen Bund halten / und wenn sie ihm gehorsam sind.

19 Im Himmel hat Jahwe seinen Thron aufgestellt / und herrscht als der König über alles, was ist. *20* Auf, lobt Jahwe, ihr Engel vor ihm, / ihr mächtigen Wesen, die ihr tut, was er sagt; / und gehorsam seine Befehle ausführt. *21* Ja, lobt Jahwe, ihr himmlischen Heere, / ihr seine Diener, die tun, was er will. *22* Ihr Geschöpfe des Herrn: Auf, lobt Jahwe, / wo immer ihr lebt und er euch regiert! / Auch du, meine Seele, auf, preise Jahwe!

Lob des Schöpfers

104 *1* Auf, meine Seele, preise Jahwe! / Jahwe, mein Gott, du bist sehr groß, / bekleidet mit Hoheit und Pracht. 2 Du, der das Licht wie ein Tuch um sich schlingt, / den Himmel wie ein Zeltdach ausspannt; 3 der sich aus Wasser seine Kammern baut; / der Wolken zu seinen Wagen macht / und schwebt auf den Schwingen des Sturms; 4 der die Winde zu seinen Boten erwählt, / loderndes Feuer zu seinen Gehilfen.[b]

5 Er gab der Erde ein festes Fundament, / dass sie durch nichts mehr zu erschüttern ist. *6* Die Flut bedeckte sie wie ein Kleid, / das Wasser stand über den Bergen. *7* Vor deiner Zurechtweisung musste es fliehen, / deine Donnerstimme trieb es fort. *8* Da hoben sich die Berge, die

---

a 103,5: *wieder erschafft*. Der Adler dien-te sprichwörtlich als Symbol für Vitali-tät und Freiheit. Vielleicht ist dabei auch an die Mauser gedacht, die jähr-liche auffällige Erneuerung des Gefie-ders.

b 104,4: Wird im Neuen Testament zi-tiert: Hebräer 1,7.

Täler senkten sich / an den Ort, den du für sie bestimmt hast. *9* Du hast dem Wasser Grenzen gesetzt, / es darf sie nie überschreiten, / nie wieder wird es die Erde bedecken.

10 Du lässt Quellen entspringen, sie werden zu Bächen, / zwischen den Bergen fließen sie hin. *11* Wilde Tiere trinken aus ihnen, / die Wildesel löschen dort ihren Durst. *12* An diesen Bächen wohnen die Vögel, / aus dichtem Laub ertönt ihr Gesang. *13* Du bewässerst die Berge aus deinen Kammern, / durch dein Wirken wird die Erde satt.

14 Gras lässt du sprossen für das Vieh, / Pflanzen für die Arbeit des Menschen. / So zieht er Nahrung aus der Erde *15* und Wein, der den Menschen erfreut, / Öl, mit dem er seinen Körper pflegt, / und Brot, mit dem er sich stärkt. *16* Die Bäume Jahwes trinken sich satt, / die von ihm gepflanzten Libanonzedern. *17* Die Vögel bauen ihre Nester darin. / Der Storch hat sein Haus in Zypressenᶜ. *18* Die hohen Berge gehören dem Steinbock, / dem Klippdachsᵈ bieten die Felsen Schutz.

19 Er hat den Mond gemacht, um Zeiten zu bestimmen, / die Sonne, die ihren Untergang kennt. *20* Du lässt die Dunkelheit kommen, und es wird Nacht; / da regen sich alle Tiere im Wald. *21* Die Junglöwen brüllen nach Beute, / sie fordern ihr Fressen von

Gott. *22* Geht die Sonne auf, ziehen sie sich zurück / und suchen ihr Lager im Versteck. *23* Dann geht der Mensch an seine Arbeit / und tut seine Pflicht bis zum Abend.

24 Wie zahlreich sind deine Werke, Jahwe! / Du hast sie alle mit Weisheit gemacht. / Von deinen Geschöpfen ist die Erde erfüllt. *25* Da ist das Meer, groß und weit nach allen Seiten hin; / da wimmelt es von Leben, groß und klein und ohne Zahl. *26* Da ziehen Schiffe ihre Bahn, / auch der Leviatan, der Riesenfisch, / den du erschufst, um mit ihm zu spielen.

27 Alle deine Geschöpfe warten auf dich, / dass du ihnen Nahrung gibst zur richtigen Zeit. *28* Du gibst ihnen, und sie sammeln sie ein. / Du öffnest deine Hand: Sie werden an guten Dingen satt. *29* Du verbirgst dein Gesicht: Sie werden verstört. / Du entziehst ihren Atem: Sie sterben / und werden wieder zu Staub. *30* Du sendest deinen Lebensgeist: Sie werden geschaffen. / Du erneuerst das Gesicht der Erde.

31 Die Herrlichkeit Jahwes bleibe ewig! / Jahwe freue sich an seinen Werken! *32* Blickt er die Erde an, bebt sie; / berührt er die Berge, speien sie Rauch. *33* Mein Leben lang will ich Jahwe besingen, / will meinem Gott spielen, so lange ich bin. *34* Mög ihm gefallen, was ich erdachte, / denn ich selbst freu mich an Jahwe! *35* Mögen die Sünder von der Erde verschwinden / und die Gottlosen nicht mehr sein! / Auf, meine Seele, lobe Jahwe! / Hallelujaᵉ!

---

c 104,17: *Zypressen*. Schlanke, kegelförmige Nadelbäume, bis zu 50 m hoch.

d 104,18: Der *Klippdachs* oder Kapklippschliefer ist ein hasengroßes Säugetier und in Syrien, Israel und ganz Afrika heimisch.

e 104,35: *Halleluja*. Hebräischer Jubelruf, der nur in den Psalmen und der

Lob des Herrn der Geschichte

105 1 Lobt Jahwe! Ruft aus seinen Namen, / macht den Völkern seine Taten bekannt! 2 Singt ihm, spielt ihm / und redet von all seinen Wundern! 3 Rühmt euch seines heiligen Namens! / Die ihn suchen, können sich freuen!

4 Fragt nach Jahwe und seiner Macht, / sucht seine Nähe zu aller Zeit! 5 Denkt an die Wunder, die er tat, / die Beweise seiner Macht und seine Rechtsentscheide. 6 Ihr Nachkommen seines Dieners Abraham, / ihr Söhne Jakobs, seine Erwählten: 7 Das ist Jahwe, unser Gott! / Seine Rechtsentscheide gelten in der ganzen Welt.

8 Niemals vergisst er seinen Bund / – sein Versprechen gilt tausend Generationen –, 9 den er mit Abraham schloss, / und seinen Eid mit Isaak. 10 Er gab ihn Jakob als Ordnung, / Israel als ewigen Bund. 11 Er sagte: Dir will ich das Land Kanaan geben / als Erbland, das euch zugeteilt ist.

12 Sie waren damals leicht zu zählen, / nur wenig Leute und Fremde dabei. 13 Sie zogen von einem Volk zum anderen, / von einem Reich zu einem anderen Volk. 14 Er erlaubte keinem Menschen, sie zu bedrücken, / ihretwegen wies er Könige zurecht: 15 „Tastet meine Gesalbten nicht an, / tut meinen Propheten nichts Böses!"

16 Dann brachte er eine Hungersnot über das Land, / entzog jeden Vorrat an Brot[a]. 17 Er schickte ihnen einen Mann voraus: / Josef wurde als Sklave verkauft. 18 Sie zwängten seine Füße in Fesseln, / Eisen umschloss seinen Hals, 19 bis eintraf, was er vorausgesagt hatte, / bis das Wort Jahwes seine Unschuld bewies.

20 Der König befahl, seine Fesseln zu lösen, / der Herrscher über Völker ließ ihn frei. 21 Er setzte ihn zum Herrn über sein Haus, / zum Herrscher über seinen ganzen Besitz, 22 um seine Oberen durch seinen Willen zu fesseln, / seine Ältesten Weisheit zu lehren. 23 Dann kam Israel nach Ägypten, / Jakob wurde Gast im Lande Hams.

24 Gott ließ sein Volk sehr fruchtbar sein, / machte es stärker als seine Bedränger. 25 Er änderte ihr Herz zum Hass gegen sein Volk, / sie begannen seine Diener zu täuschen. 26 Da schickte er Mose, seinen Diener, / und Aaron, den Mann seiner Wahl. 27 Sie taten die angekündigten Zeichen, / seine Machtbeweise im Land der Hamiten.

28 Er schickte Finsternis, machte es finster, / diesmal widersprachen sie nicht. 29 Er verwandelte ihre Gewässer in Blut, / ließ ihre Fische darin sterben. 30 Das Land wimmelte von Fröschen / bis in den Palast ihres Königs. 31 Auf seinen Befehl kam das Ungeziefer, / Stechmücken über das ganze Gebiet.

Offenbarung vorkommt. *Hallelu* = lobt; *Jah* = poetische Kurzform für Jahwe.

---

a 105,16: *Vorrat an Brot.* Wörtlich: *zerbrach jeden Brotstab.* In die Mitte der Brotfladen wurde schon vor dem Backen mit dem Finger ein Loch gebohrt, sodass sie anschließend auf einen Stab gereiht aufbewahrt werden konnten.

32 Er gab ihnen Hagel als Regen, /
Blitze flammten über das Land.
33 Er ließ Trauben und Feigen
verderben, / zerbrach die Bäume
in ihrem Gebiet. 34 Er befahl: Da
kamen Heuschreckenschwärme /
und ihre Larven waren ohne Zahl.
35 Sie fraßen alles Grün im Land, /
sie fraßen alle Felder kahl.

36 Er erschlug alle Erstgeburt
in ihrem Land, / die Ersten ihrer
Manneskraft. 37 Dann führte er sie
heraus, beladen mit Silber und Gold, /
kein Gebrechlicher fand sich in all
ihren Stämmen. 38 Ägypten war froh,
als sie zogen, / denn die Angst vor
ihnen hatte sie gepackt.

39 Er breitete eine Wolke als Decke
aus, / ein Feuer, um die Nacht zu
erleuchten. 40 Sie forderten; da ließ er
Wachteln kommen / und sättigte sie
mit Himmelsbrot. 41 Er öffnete den
Felsen; da floss Wasser heraus. / Es
lief wie ein Strom in die Wüste.

42 Ja, er dachte an sein heiliges
Wort / und an seinen Diener
Abraham. 43 Er führte sein Volk
in Freude heraus, / in Jubel seine
Erwählten. 44 Er gab ihnen die
Länder der Völker, / sie erhielten
den Ertrag fremder Arbeit, 45 damit
sie seinen Ordnungen folgten / und
seinen Weisungen gehorchten. /
Halleluja, preist Jahwe!

Gottes Güte – Israels Undank

106 1 Halleluja, lobt Jahwe! /
Dankt Jahwe, denn er ist
gut! / Seine Gnade hört niemals auf.
2 Wer kann die Machttaten Jahwes
nur nennen, / gebührend würdigen
seinen Ruhm? 3 Wie glücklich sind
die, die sich halten ans Recht, / die

jederzeit tun, was er will! 4 Denk
an mich, Jahwe, wenn du deinem
Volk deine Zuneigung zeigst! /
Komm mit deiner Hilfe dann auch
zu mir, 5 damit ich das Glück der
Erwählten sehe, / die Freude deiner
Nation, / und juble mit allen, die dir
gehorchen.

6 Wir haben gesündigt wie unsere
Väter; / wir haben Unrecht getan,
sind gottlos gewesen. 7 Unsere
Väter in Ägypten verstanden deine
Wunder nicht, / sie vergaßen die
vielen Beweise deiner Gunst. / Schon
am Schilfmeer widerstrebten sie dir.
8 Doch seinetwegen rettete er sie, /
um seine Macht zu erweisen. 9 Er
bedrohte das Schilfmeer, da wurde
es trocken. / Er führte sie durch die
Fluten wie auf einem Wüstenboden.
10 Er rettete sie aus der Gewalt des
Hassers, / erlöste sie aus Feindes
Hand. 11 Das Wasser bedeckte ihre
Bedränger, / nicht einer von ihnen
blieb übrig. 12 Da vertrauten sie
seinen Worten, / besangen wiederholt
seinen Ruhm. 13 Doch schnell
vergaßen sie seine Taten, / warteten
nicht auf seinen Rat. 14 In der Wüste
entflammte ihre Gier, / sie versuchten
Gott in der Öde. 15 Da gab er ihnen,
was sie verlangten – und schickte
Magersucht in ihre Seele.

16 Sie empörten sich gegen
Mose im Lager, / gegen Aaron,
den Heiligen Jahwes. 17 Da wurde
Datan von der Erde verschlungen, /
die Gruppe Abirams von Erdreich
bedeckt. 18 Feuer flammte auf in
ihrer Schar / und verzehrte die
rebellische Horde. 19 Sie machten
ein Stierkalb am Horeb, / beugten
sich vor einem gegossenen Bild.

20 Sie vertauschten den, der ihre Herrlichkeit war, / mit dem Bild eines Gras fressenden Rinds. **21** Sie vergaßen Gott, ihren Retter, / seine großen Taten in Ägypten, **22** seine Wunder im Land der Nachkommen Hams, / sein Furcht gebietendes Tun am Schilfmeer. **23** Jetzt sprach er davon, sie auszurotten, / wäre da nicht Mose gewesen, sein Erwählter. / Der trat in die Bresche vor ihm, / um abzuwenden seinen lodernden Zorn, / sodass sie nicht ausgelöscht wurden.

24 Dann verschmähten sie das herrliche Land, / denn sie glaubten seinen Worten nicht. **25** Sie murrten in ihren Zelten, / hörten nicht auf die Stimme Jahwes. **26** Da schwor er mit erhobener Hand, / sie in der Wüste niederzuschlagen **27** und ihre Nachkommen in alle Welt zu zerstreuen, / sie zu zersprengen unter die Länder. **28** Sie hängten sich an Baal, den Götzen von Peor[a], / und aßen von den Opfern für tote Gebilde. **29** Sie reizten ihn zum Zorn mit ihrem Tun, / und plötzlich kam das Unheil über sie. **30** Da trat Pinhas vor und vollzog das Gericht, / so kam die Plage zum Stillstand. **31** Das wurde ihm als Gerechtigkeit angerechnet, / auch seinen Nachkommen für alle Zeit. **32** Am Wasser von Meriba erregten sie seinen Zorn, / und Mose erging es übel ihretwegen. **33** Sie hatten ihn so sehr gereizt, / dass er sich zu unbedachten Worten hinreißen ließ.

34 Sie rotteten die Völker nicht aus, / die Jahwe ihnen genannt hatte. **35** Sie vermischten sich mit ihnen / und nahmen ihre Gebräuche an. **36** Sie dienten ihren Götzen, / und die wurden ihnen zur Falle. **37** Ihre Söhne und ihre Töchter / opferten sie den Dämonen. **38** Sie vergossen unschuldiges Blut, / das Blut ihrer Söhne und Töchter, / die sie den Götzen Kanaans weihten. / So wurde das Land durch Blutschuld entweiht. **39** Sie wurden unrein durch ihr Tun, / sie hurten durch ihr Treiben. **40** Da entflammte Jahwes Zorn gegen sein Volk, / er verabscheute die, die ihm gehörten. **41** Er lieferte sie an fremde Völker aus, / ihre Hasser übten über sie herrschen. **42** Ihre Feinde unterdrückten sie. / Sie beugten sich unter ihre Gewalt. **43** Viele Male rettete er sie, / aber sie blieben stur bei ihrem Plan / und versanken in ihrer Schuld.

44 Doch er sah ihr Elend an, / als er ihre Schreie hörte. **45** Dann dachte er wieder an seinen Bund, / weil er sie liebte, tat es ihm leid. **46** Bei denen, die sie verschleppten, / ließ er sie Erbarmen finden. **47** Rette uns, Jahwe, unser Gott! / Führe uns aus den Völkern heraus, / dass dein heiliger Name gepriesen wird / und wir uns deines Lobes rühmen!

48 Gelobt sei Jahwe, der Gott Israels, / in alle Zeit und Ewigkeit! / Das ganze Volk sage: Amen! Halleluja!

---

a 106,28: *Peor.* Berg in Moab, von dem aus man über das Jordantal blicken konnte. Auf seinem Gipfel befand sich vermutlich ein Baals-Heiligtum.

Fünftes Buch

Das Danklied der Geretteten

107 ¹ „Preist Jahwe, denn er ist gut!" / Ja, seine Güte hört niemals auf!", 2 so sollen sagen die Erlösten Jahwes. / Er hat sie aus der Gewalt ihrer Unterdrücker befreit, 3 aus fremden Ländern wieder heimgebracht, / vom Osten und vom Westen her, / vom Norden und vom Meer.

4 Sie irrten umher in wegloser Wüste, / eine Stadt als Wohnort fanden sie nicht. 5 Von Hunger und Durst gequält, / schwand ihr Lebenswille dahin. 6 Sie schrien zu Jahwe in ihrer Not, / der rettete sie aus ihrer Bedrängnis. 7 Er brachte sie auf den richtigen Weg / und führte sie zu einer bewohnbaren Stadt. 8 Sie sollen Jahwe loben für seine Gnade, / für seine Wunder, die er an Menschen tut. 9 Denn er hat den Verdurstenden zu Trinken gegeben, / den Hungernden gute Nahrung verschafft.

10 Die in Dunkelheit und Finsternis lebten, / gefesselt in Elend und Eisen, 11 sie hatten den Worten Gottes getrotzt / und den Rat des Höchsten verachtet. 12 Nun beugte er durch harte Schläge ihren Trotz, / sie lagen am Boden und keiner half. 13 Sie schrien zu Jahwe in ihrer Not, / der rettete sie aus ihrer Bedrängnis, 14 führte sie aus dem Dunkel heraus / und zerbrach ihre Fesseln. 15 Sie sollen Jahwe loben für seine Gnade, / für seine Wunder, die er an Menschen tut. 16 Denn er hat die Bronzetore zerbrochen, / zerschlagen die eisernen Riegel.

17 Die dumm und trotzig aufbegehrten / mussten für ihre Vergehen leiden. 18 Sie ekelten sich vor jeder Speise, / sie standen direkt vor dem Tod. 19 Sie schrien zu Jahwe in ihrer Not, / der rettete sie aus ihrer Bedrängnis, 20 schickte sein Wort und heilte sie / und bewahrte sie so vor dem Grab. 21 Sie sollen Jahwe loben für seine Gnade, / für seine Wunder, die er an Menschen tut. 22 Sie sollen Dankopfer bringen, / jubelnd erzählen, was er tat.

23 Die das Meer mit Schiffen befahren, / ihre Arbeit auf dem weiten Wasser tun, 24 sie sahen die Werke Jahwes, / seine Wunder in der Tiefe; 25 wenn er sprach und einen Sturm bestellte, / der die Wellen in die Höhe warf, 26 sodass sie gen Himmel stiegen und wieder in die Tiefen sanken / und ihre Seele vor Angst verging. 27 Wie Betrunkene schwankten und taumelten sie, / sie waren mit ihrer Weisheit am Ende. 28 Sie schrien zu Jahwe in ihrer Not, / der rettete sie aus ihrer Bedrängnis 29 und brachte den Sturm zur Stille, / dass die Wellen sich legten. 30 Sie freuten sich, dass es still geworden war, / und er führte sie in den ersehnten Hafen. 31 Sie sollen Jahwe loben für seine Gnade, / für seine Wunder, die er an Menschen tut. 32 In der Versammlung des Volkes sollen sie ihn rühmen, / in der Sitzung der Ältesten ihn loben!

33 Er konnte Ströme zur Wüste machen / und Wasserquellen zu dürrem Land, 34 fruchtbares Land zur salzigen Steppe / wegen der Bosheit seiner Bewohner. 35 Er konnte auch Wüsten zum Wasserteich machen, /

Trockenland zu Wasserquellen.
36 Er siedelte dort die Hungernden an. / Sie gründeten einen Wohnort, **37** bestellten die Felder und legten Weinberge an, / und brachten reiche Ernten ein. **38** Er segnete sie und sie vermehrten sich sehr, / auch ihr Vieh wurde immer mehr. **39** Dann wurden sie geringer an Zahl, / bedrückt durch Unglück und Kummer. **40** Er goss Verachtung über Vornehme aus, / ließ sie irren in wegloser Wüste. **41** Er holte die Armen aus dem Elend heraus, / und ihre Familien vermehrten sich sehr.

42 Die Anständigen sehen es und freuen sich, / und alle Falschen müssen verstummen.

43 Wer weise ist, soll sich das merken / und die Gnadentaten Jahwes verstehen.

Dankbare Gewissheit

108 **1** *Ein Psalmlied von David.* **2** Gott, mein Herz ist bereit. / Ich will singen und spielen. / Wach auf, meine Ehre! **3** Wach auf, Harfe und Zither! / Ich will das Morgenrot wecken. **4** Vor allen Menschen will ich dich loben, / ich spiele dir mein Lied vor den Völkern. **5** Denn deine Güte reicht bis zum Himmel, / deine Treue bis zu den Wolken. **6** Zeig dich erhaben über den Himmel, Gott, / deine Herrlichkeit überstrahle die Erde! **7** Damit befreit werden, die du liebst, / greif ein mit deiner Macht, erhöre mich!

8 Aus seinem Heiligtum antwortet Gott: / „Jubelnd werde ich Sichem verteilen / und die Ebene Sukkot vermessen. **9** Das

Gebiet von Gilead gehört mir, und das von Manasse dazu. / Der Helm auf meinem Kopf ist der Stamm Efraïm, / und Juda ist mein Herrscherstab. **10** Das Land Moab muss mir als Waschschüssel dienen, / und auf Edom werfe ich meinen Schuh. / Ich juble über das Philisterland. **11** Wer wird mich zur Festungsstadt bringen, / und wer führt mich nach Edom hin?"[a]

12 Hast du uns nicht verworfen, Gott, / ziehst nicht mit unseren Heeren aus? **13** Schaff uns Hilfe vor dem, der uns bedrängt! / Menschenhilfe nützt ja nichts. **14** Mit Gott vollbringen wir Großes, / denn er wird unsere Feinde zertreten.

Erbarmungslose Feinde

109 **1** *Dem Chorleiter. Ein Psalmlied von David.* Gott, den ich lobe, / schweige doch nicht! **2** Denn sie reißen ihren gottlosen Mund, / ihr Lügenmaul, gegen mich auf / und lügen mir ins Gesicht. **3** Mit gehässigen Reden umringen sie mich / und bekämpfen mich ohne Grund. **4** Für meine Liebe feinden sie mich an, / doch ich bleibe stets im Gebet. **5** Sie gaben mir Böses anstelle von Gutem / und Hass anstelle von Liebe:[b]

6 „Bestellt einen Gottlosen gegen ihn, / ein Ankläger stehe an seiner Seite! **7** Stellt er sich dem Gericht, werde er schuldig gesprochen! / Selbst

---

a 108,11: *nach Edom hin.* Siehe Psalm 60,8-11!

b 109,5: Die Verse 6-19 sind offenbar die Flüche seiner Feinde.

sein Gebet gelte als Sünde! *8* Er soll möglichst früh sterben, / und sein Amt soll ein anderer bekommen![c]
9 Seine Kinder sollen Waisen werden, / seine Frau eine Witwe!
10 Ja, endlos umherirren sollen seine Kinder, / betteln und ihre Trümmer absuchen.

11 Der Gläubiger umstricke alles, was er hat, / ein Fremder plündere den Ertrag seiner Arbeit. *12* Es soll keinen geben, der freundlich an ihn denkt, / keinen, der seinen Waisen gnädig ist. *13* Seine Nachkommen soll man vernichten, / sein Name erlösche schon in der nächsten Generation! *14* Nie vergesse Jahwe die Schuld seiner Väter! / Die Sünde seiner Mutter bleibe ungesühnt!
15 Nichts davon soll Jahwe vergessen! Er lasse ihr Andenken von der Erde verschwinden!

16 Weil er nicht daran dachte, gnädig zu sein, / hat er den Armen und Hilflosen gejagt / und wollte den Verzweifelten töten. *17* Er liebte den Fluch, so treffe er ihn, / er wollte keinen Segen, so bleib er ihm fern! *18* Er zog den Fluch an wie ein Hemd, / so dringe er wie Wasser in sein Inneres, / wie Öl in seine Gebeine! *19* Er soll ihn bedecken wie ein Gewand, / ihn wie ein Gürtel umschließen!"

20 So soll Jahwe mit meinen Feinden verfahren, / mit denen, die mich verleumden. *21* Aber du, Jahwe, mein Herr, / tu mir, was deinem Namen entspricht, / denn deine Gnade ist gut! Reiß mich heraus!

22 Denn ich bin elend und hilflos, / im Innersten verwundet. *23* Wie ein Schatten, der sich streckt, gehe ich hin; / wie ein Insekt schüttelt man mich ab. *24* Vom Fasten zittern mir die Knie, / mein Körper fällt vom Fleisch.

25 Ich bin ihnen zum Gespött geworden. / Wenn sie mich sehen, schütteln sie den Kopf. *26* Hilf mir, Jahwe, mein Gott! / In deiner Gnade rette mich! *27* Lass sie erkennen, dass es deine Hand war, / dass du es so getan hast. *28* Sie mögen fluchen, du aber segnest. / Greifen sie mich an, müssen sie scheitern, / und dein Diener darf sich freuen. *29* Lass meine Feinde sich in Schande kleiden, / ihre Schmach sei wie ein Mantel für sie.

30 Mit lauter Stimme will ich Jahwe preisen, / mitten in der Menge will ich ihn loben. *31* Denn er steht dem Armen zur Seite, / um ihn vor seinen Richtern zu retten.

Der Priesterkönig

110

1 Ein Psalm. Von David. So spricht Jahwe zu meinem Herrn: / „Setz dich zu meiner Rechten hin, / bis ich deine Feinde zum Schemel für dich mache, / auf den du deine Füße stellst.[d] *2* Dich hat Jahwe zum König gemacht. / Von Zion aus herrsche über den Feind! *3* Dein Volk kommt willig, wenn deine Macht erscheint. /

---

c 109,8: Wird im Neuen Testament von Petrus zitiert: Apostelgeschichte 1,20.

d 110,1: Wird im Neuen Testament von Jesus Christus, von Petrus und im Hebräerbrief zitiert: Matthäus 22,44; Markus 12,36; Lukas 20,42-43; Apostelgeschichte 2,34-35; Hebräer 1,13.

Geschmückt wie der Tau in heiliger Pracht / kommt deine junge Mannschaft zu dir."

4 Jahwe hat geschworen und bereut es nicht: / „Du bist mein Priester für ewige Zeit, / so wie Melchisedek[a] es seinerzeit war."[b] 5 Der Herr wird dir zur Seite stehen, / der am Tag seines Zorns Könige zermalmt, 6 der Gericht hält über die Völker der Welt. / Er füllt alles mit Leichen und zerschmettert das Haupt, / das sich über die Lande erhebt. 7 Er trinkt aus dem Bach neben dem Weg. / Er hebt sein Haupt und erringt den Sieg.

Groß sind die Werke Jahwes[c]

111

1 Halleluja, preist Jahwe! / Von Herzen will ich Jahwe loben / mit allen, die aufrichtig sind, und mit der Gemeinde!

2 Gewaltig sind die Taten Jahwes, / erforschbar für alle, die sich daran erfreuen. 3 Pracht und Majestät ist sein Wirken, / und seine Gerechtigkeit bleibt.

4 Ein Gedenken[d] schuf er seinen Wundern. / Gnädig und barmherzig ist Jahwe. 5 Alle, die ihn fürchten, macht er satt. / Niemals vergisst er seinen Bund.

6 Die Kraft seiner Taten zeigte er seinem Volk, / um ihm das Erbe der Völker zu geben. 7 Was er tut, ist zuverlässig und recht, / seine Gebote verdienen Vertrauen.

8 Für alle Zeiten stehen sie fest, / geschaffen in Treu und Redlichkeit. 9 Er hat seinem Volk Erlösung geschenkt, / seinen Bund für immer geschlossen. Heilig und furchtbar ist sein Name. 10 Der Anfang aller Weisheit ist die Ehrfurcht vor Jahwe. / Wer dies besitzt, beweist Verstand; / sein Lob besteht auf Dauer.

Das Glück der Gottesfurcht[e]

112

1 Halleluja, preist Jahwe! / Wie glücklich ist, wer Jahwe fürchtet, / wer große Freude an seinen Geboten hat!

2 Seine Nachkommen werden mächtig im Land. / Gesegnet ist das Geschlecht der Aufrichtigen. 3 Vermögen und Reichtum sind in seinem Haus, / und seine Gerechtigkeit bleibt.

4 Den Aufrichtigen strahlt Licht in der Finsternis auf, / gnädig, barmherzig, gerecht. 5 Wohl dem, der gütig ist und leiht, / der sich ans Recht hält in seinem Geschäft!

6 Niemals gerät er ins Wanken / und nie wird der Gerechte vergessen sein. 7 Schlimme Nachricht macht ihm keine Angst, / mit ruhigem Herzen vertraut er Jahwe.

8 Verankert ist sein Herz, er fürchtet sich nicht, / denn bald schaut er auf seine Feinde herab. 9 Großzügig

---

a 110,4: *Melchisedek*. Siehe 1. Mose 14,17-20.

b 110,4: Wird im Neuen Testament zitiert: Hebräer 5,6; 7,17.21.

c Psalm 111. Alphabetischer Psalm. Siehe Anmerkung zu Psalm 9.

d 111,4: *Gedenken*. Vielleicht sind damit die Gedenktage, die Feiertage Israels gemeint.

---

e Psalm 112. Alphabetischer Psalm. Siehe Anmerkung zu Psalm 9.

beschenkt er den Armen, / seine Gerechtigkeit bleibt.[f]

Er bekommt Ehre und Macht. 10 Der Gottlose sieht es mit Zorn, / er knirscht mit den Zähnen und vergeht vor Wut. / Seine bösen Pläne zerrinnen in nichts.

Lob der Güte Gottes

113 1 Halleluja, preist Jahwe! / Lobt, ihr Diener Jahwes, / lobt den Namen Jahwes! 2 Der Name Jahwes werde gepriesen / von jetzt an bis in Ewigkeit! 3 Vom Aufgang der Sonne bis zu ihrem Niedergang / werde gelobt der Name Jahwes!

4 Jahwe ist über alle Völker erhaben, / seine Herrlichkeit über den Himmel. 5 Wer gleicht Jahwe, unserem Gott, / im Himmel und auf Erden, 6 ihm, der in der Höhe thront, / ihm, der hinabschaut in die Tiefe?

7 Der aus dem Staub den Geringen erhebt, / den Armen, der im Schmutz liegt, erhöht, 8 um ihn bei den Vornehmen sitzen zu lassen, / bei den Edelleuten seines Volks. 9 Der die unfruchtbare Ehefrau / sich freuen lässt als Mutter von Söhnen. / Halleluja, preist Jahwe!

Das Wunder der Befreiung Israels

114 1 Als Israel von Ägypten fortzog, / als Jakobs Stamm das fremd redende Volk verließ, 2 da wurde Juda sein Heiligtum, / Israel das Gebiet seiner Herrschaft.

3 Das Meer sah es kommen und floh, / und der Jordan staute sich

zurück. 4 Die Berge hüpften wie die Böcke, / die Hügel wie die jungen Schafe.

5 Du, Meer, was ist geschehen, dass du flohst? / Du, Jordan, weshalb zogst du dich zurück? 6 Ihr Berge, warum hüpft ihr wie die Böcke, / weshalb ihr Hügel wie die jungen Schafe?

7 Ja, Erde, bebe du nur vor dem Herrn, / vor dem Erscheinen von Jakobs Gott. 8 Er hat Felsen in Teiche verwandelt / und Kieselsteine in Quellen.

Gott allein gebührt die Ehre

115 1 Nicht uns, Jahwe, nicht uns, / deinen Namen bringe zu Ehren! / Denn du bist gnädig und treu. 2 Warum dürfen Heidenvölker sagen: / „Wo ist er denn, ihr Gott?"? 3 Unser Gott ist im Himmel und was er will, das macht er auch.

4 Ihre Götzen sind ja nur Silber und Gold, / Werke, von Menschen gemacht. 5 Sie haben Münder, die nicht reden, / Augen, die nicht sehen, 6 Ohren, die nicht hören, / und Nasen, die nicht riechen. 7 Sie haben Hände, die nicht greifen, / und Füße, die nicht gehen. / Aus ihren Kehlen kommt kein Laut. 8 Wer solches macht, / auf sie vertraut, / wird ihnen gleich.

9 Du, Haus Israel, vertraue auf Jahwe! / Er ist deine Hilfe und dein Schild. 10 Du, Haus Aaron, vertraue auf Jahwe! / Er ist deine Hilfe und dein Schild. 11 Ihr alle, die ihr Jahwe verehrt, vertraut auf Jahwe! / Er ist eure Hilfe und der Schild, der euch schützt. 12 Jahwe denkt an uns und segnet uns. / Er wird segnen das Haus Israel / und segnen das Haus Aaron. 13 Er wird

---

f 112,9: Wird im Neuen Testament von Paulus zitiert: 2. Korinther 9,9.

segnen die, die Jahwe verehren, / die Kleinen und die Großen.

14 Jahwe möge euch mit Nachwuchs segnen, / euch und alle eure Kinder. 15 Ihr seid gesegnet von Jahwe, / der Himmel und Erde gemacht hat. 16 Der Himmel gehört Jahwe, / aber die Erde hat er den Menschen gegeben. 17 Die Toten, die können Jahwe nicht loben, / keiner von denen, die ins Schweigen hingehn. 18 Doch wir, wir wollen Jahwe preisen / von jetzt an bis in Ewigkeit: Halleluja!

Dank für die Rettung vor dem Tod

116 1 Ich liebe Jahwe, denn er hört meine Stimme, / hört mein flehendes Rufen. 2 Er neigte sein Ohr und hörte mir zu. / So lange ich lebe, verkünde ich das. 3 Gefangen war ich in Stricken des Todes, / getroffen von den Schrecken seiner Macht, / versunken in Elend und Angst. 4 Da rief ich den Namen Jahwes an: / „Ach, Jahwe, rette mein Leben!"

5 Jahwe ist gnädig und gerecht, / unser Gott ist voll Erbarmen. 6 Jahwe behütet den, der ihm einfältig traut. / Ich war ganz elend, und er hat mir geholfen. 7 Beruhige dich, meine Seele, / denn Jahwe hat dir Gutes getan. 8 Ja, du hast mein Leben vom Tod gerettet, / mein Auge von den Tränen / und meinen Fuß vom Sturz. 9 Ich darf bleiben im Land der Lebendigen / und, leben in der Nähe Jahwes.

10 Ich habe ihm immer vertraut, / obwohl ich sagte: „Ich liege am Boden!"[a] 11 und voll Bestürzung rief: / „Sie lügen alle, die Menschen!" 12 Wie kann ich Jahwe vergelten, / was er mir Gutes tat? 13 Den Becher der Rettung will ich erheben / und anrufen den Namen Jahwes. 14 Meine Versprechen, die löse ich ein / in Gegenwart all seines Volkes.

15 Kostbar für Jahwe sind Menschen, die ihn lieben. / Dem Tod gibt er sie nicht so leicht preis. 16 Jahwe, ich bin wirklich dein Diener, / ich diene dir, wie schon meine Mutter es tat! / Meine Fesseln hast du gelöst. 17 Opfer des Lobes will ich dir bringen, / anrufen den Namen Jahwes. 18 Meine Versprechen, die löse ich ein / in Gegenwart all seines Volkes, 19 in den Vorhöfen des Hauses Jahwes, / Jerusalem, mitten in dir. / Halleluja!

Alle Völker, lobt Jahwe!

117 1 Alle Nationen, lobt Jahwe! / All ihr Völker, rühmt ihn![b] 2 Denn machtvoll ist Jahwes Gnade, / und ewig währt seine Treue. / Halleluja!

Gemeinsamer Dank

118 1 Dankt Jahwe, denn er ist freundlich, / seine Gnade hört nie auf! 2 Ganz Israel rufe: / „Seine Gnade hört nie auf!" 3 Das Haus Aaron bekenne: / „Seine Gnade hört nie auf!" 4 Die ihr Jahwe fürchtet, sagt: / „Seine Gnade hört nie auf!"

---

a 116,10: Wird im Neuen Testament von Paulus zitiert: 2. Korinther 4,13.

b 117,1: Wird im Neuen Testament von Paulus zitiert: Römer 15,11.

5 In Bedrängnis schrie ich zu Jah[c], / Befreiung war seine Antwort. 6 Jahwe steht mir bei. Ich fürchte mich nicht. / Was können Menschen mir tun?[d] 7 Jahwe steht mir als Helfer zur Seite. / Als Sieger blick ich herab auf die, die mich hassen. 8 Auf Jahwe zu vertrauen ist besser, / als auf Menschen zu bauen. 9 Auf Jahwe zu vertrauen ist besser, / als auf die Hilfe der Mächtigen zu schauen.

10 Feindliche Völker kreisten mich ein, / ich trieb sie zurück im Namen Jahwes. 11 Sie umringten mich, sie schlossen mich ein, / doch ich hab sie zerschlagen im Namen Jahwes. 12 Wie ein Schwarm von Bienen umschwirrten sie mich, / wie Feuer im Dornbusch verlöschten sie. / Und ich wehrte sie ab im Namen Jahwes. 13 Ich wurde gestoßen und stürzte schon, / doch Jahwe half mir wieder auf.

14 Er ist meine Stärke und Jah ist mein Gesang, / er ist mir zur Rettung geworden. 15 Hört die jubelnden Stimmen, die Lieder des Heils, / sie kommen aus dem Zelt der Gerechten: / „Jahwe, er hat uns seine Macht gezeigt! 16 Jahwes Hand ist siegreich erhoben! / Jahwe, er hat uns seine Macht gezeigt!" 17 Ich werde nicht sterben, sondern darf leben / und erzählen die Taten Jahwes. 18 Wohl hat mich Jahwe geschlagen, / doch dem Tod übergab er mich nicht.

19 Öffnet mir die Tore der Gerechtigkeit[e]: / Ich will eintreten und loben Jahwe! 20 Dies ist das Tor zu Jahwe. / Die Gerechten ziehen hier ein. 21 Ich will dich loben, du hast mich erhört! / Du wurdest mein Heil! 22 Der Stein, den Fachleute verwarfen, / der ist zum Eckstein[f] geworden. 23 Das hat Jahwe bewirkt, / ein Wunder vor unseren Augen.[g]

24 Dies ist der Tag, den Jahwe gemacht hat; / freuen wir uns und seien fröhlich an ihm. 25 Hilf doch, Jahwe! / Jahwe, gib uns Gelingen! 26 Gesegnet, der kommt im Namen Jahwes; / vom Haus Jahwes aus segnen wir euch! 27 Jahwe ist Gott, sein Licht leuchtet uns. / Schwingt mit Zweigen beim Reigen / bis hin zu den Hörnern[h] am Altar. 28 Du bist mein Gott, dir will ich danken, / mein Gott, mit Lob will ich dich ehren.

29 Dankt Jahwe, denn er ist freundlich, / seine Gnade hört nie auf!

---

c 118,5: Siehe Anmerkung zu Psalm 102,19.

d 118,6: Wird im Neuen Testament nach der LXX zitiert: Hebräer 13,6.

e 118,19: *Tore.* Offenbar die Tore des Tempels.

f 118,22: *Eckstein.* Großer behauener Stein, der zwei aneinander stoßende Mauern eines Gebäudes verbindet.

g 118,23: Wird im Neuen Testament von Jesus Christus und Petrus zitiert: Matthäus 21,42; Markus 12,10-11; Lukas 20,17; Apostelgeschichte 4,11; 1. Petrus 2,7.

h 118,27: *Hörnern.* Die vier Ecken des Brandopferaltars waren wie Hörner nach oben gezogen; Sinnbild göttlicher Macht.

Großes Lob auf Gottes Wort[a]

119

I Álef[b]

1 Wie glücklich sind die, die tadellos leben, / die sich richten nach Jahwes Gesetz[c]! *2* Wie glücklich die, die glauben, was er bezeugt[d], / die, deren Herz nach ihm fragt? *3* Sie wollen kein Unrecht mehr tun, / sie gehen gern auf Gottes Weg[e]. – *4* Du befahlst uns deine Vorschriften[f] an, / damit wir sie eifrig befolgen. *5* Ich wünschte mir Beständigkeit / im Achten auf dein Gesetz[g]. *6* Dann muss ich mich nicht schämen, / wenn mein Blick auf deine Gebote[h] fällt. – *7* Deine Bestimmungen[i] merke ich mir / und danke dir ehrlich dafür. *8* Deine Gesetze halte ich gern. – Verlass mich nicht und stehe mir bei!

II Bet

9 Wie hält ein junger Mann sein Leben rein? / Indem er tut, was du ihm sagst! – *10* Von ganzem Herzen suche ich dich, / halte mich bei deinem Gebot! *11* Dein Wort[j] trag ich im Herzen, / weil ich nicht gegen dich sündigen will. – *12* Ich will dich loben, Jahwe! / Bring mir deine Ordnungen bei! *13* Was du mich lehrtest / erzähle ich weiter. *14* Es macht mir Freude zu tun, was du sagst, / mehr als aller Reichtum Freude macht. *15* Über deine Gebote denke ich nach, / und ich achte auf deinen Weg[k]. *16* An

---

a Psalm 119: Der Psalm, der auch *das goldene ABC* genannt, wird, preist das Wort Gottes mit zehn verschiedenen Synonymen, die beim ersten Vorkommen hier näher beschrieben werden.

b 119,1: *Álef.* Jede der 22 Strophen dieses Psalms ist von einem Buchstaben in der Reihenfolge des hebräischen Alphabets bestimmt, das heißt, jeder der acht Verse in einer Strophe beginnt mit demselben Buchstaben.

c 119,1: *Gesetz.* Hebräisch *Tora*, was auf die Wurzel *jarah* = lehren/leiten zurückgeht und Belehrung, Unterweisung oder Gesetz bedeutet.

d 119,2: Wörtlich: *seine Zeugnisse.* Hebräisch *Edut.* Feierliche Verordnungen, Gesetz. Mit *Edut* werden die Gebote und Ordnungen vor allem als Zeugnisse des Bundes zwischen Jahwe und seinem Volk verstanden. Die Bundeslade wird *aron ha-edut* genannt, Lade des Zeugnisses.

e 119,3: *Weg.* Hebräisch *Däräq.* Weg, Straße, Wandel, Verhalten.

f 119,4: *Vorschriften.* Hebräisch *Piqqudim.* Von *paqad* – Heimsuchen, anweisen. Befehle, Ersuchen, Vorschriften.

g 119,5: *Gesetz.* Hebräisch *Choq.* Von *chaqaq* – einritzen, schreiben. Das geschriebene Gebot, die erlassenen Gesetzte, Regeln, Rechte, Satzungen.

h 119,6: *Gebote.* Hebräisch *Mizwah.* Gebote, Befehle, Anweisungen (eines Lehrers), Verpflichtungen, die sich für Israel aus dem Bundesverhältnis mit Gott ergeben.

i 119,7: *Bestimmungen.* Hebräisch *Mischpat.* Von *schafat* – richten, Recht sprechen. Eine juristische Entscheidung, durch die verbindliches Recht geschaffen wird, Urteil, Rechtsspruch, Recht, die übliche Bestimmung einer Sache.

j 119,11: *Wort.* Hebräisch *Imrah.* Von *amar* – sagen, sprechen. Poetisches Synonym für *dabar*, Gottes Wort.

k 119,15: *Weg.* Hebräisch *Orah.* Von *arah* – unterwegs sein, wandern, wandeln. (Lebens)Weg, Pfad, Wandel.

deinen Ordnungen habe ich Lust, /
und deine Worte[l] vergesse ich nicht.

III Gímel

17 Tu Gutes an mir, dein Diener bin
ich, / dann lebe ich auf und halte dein
Wort. *18* Öffne du mir die Augen, /
damit ich erkenne die Wunder in
deinem Gesetz. – *19* Ich bin nur
ein Gast, ein Fremder im Land: /
Enthalte mir deine Gebote nicht vor!
20 Ich verzehre mich vor Verlangen
danach, / ich sehne mich immer
nach deinem Gesetz. – *21* Du hast
die Stolzen bedroht. / Ja, verflucht
sind sie, / die abweichen von deinem
Gebot. *22* Wälze Verachtung und
Hohn von mir ab, / denn ich habe
stets dein Zeugnis bewahrt. *23* Selbst
wenn die Oberen sitzen / und Rat
gegen mich halten – dein Diener sitzt
über deinem Gebot. *24* An deinen
Weisungen freue ich mich. / Sie geben
immer guten Rat.

IV Dálet

25 Ich liege ohne Kraft, / ich klebe am
Staub; / belebe mich nach deinem
Wort! *26* Ich klagte mein Leid; / du
hörtest mich an. / Belehre mich
durch dein Gesetz! *27* Lass mir deine
Vorschriften einsichtig sein; / über
deine Wunder sinne ich nach. *28* Vor
lauter Kummer muss ich weinen: /
Richte mich auf nach deinem Wort!
– *29* Vom Weg der Lüge halte mich
fern! / Begnadige mich mit deinem
Gesetz! *30* Ich hab mich entschieden

für Wahrheit und Treue, / habe vor
mich gestellt dein göttliches Recht.
31 An deinen Zeugnissen halte ich
fest. / Jahwe, beschäme mich nicht!
32 Den Weg deiner Vorschriften
werde ich gehen, / denn du machst
mein Herz dafür weit.

V He

33 Den Weg deiner Vorschriften zeig
mir, Jahwe, / damit ich ihm folge
zum Ziel. *34* Gib mir Verstand für
dein Gesetz, / ich will es entschieden
befolgen! *35* Hilf mir zu folgen dem
Pfad der Gebote, / denn diesen
Weg gehe ich gern. *36* Lenk meinen
Sinn auf dein Gebot, / und nicht auf
Güter und Geld! *37* Wende meine
Augen von Eitelkeit ab; / erfrische
mich auf deinem Weg! – *38* Halte
deinem Diener deine Zusage ein, / die
jedem gilt, der Ehrfurcht vor dir hat.
39 Wende ab die Schande, vor der mir
so graut! / Doch was du entscheidest,
ist gut. – *40* Nach deinen Vorschriften
sehne ich mich. / Durch deine Treue
belebe mich, Gott.

VI Waw

41 Jahwe, deine Gnade komme
zu mir, / die Rettung, wie du sie
versprachst, *42* damit ich dem Lästerer
antworten kann. / Ich nehme dich
bei deinem Wort. *43* Entzieh meinem
Mund die Wahrheit nicht ganz, /
denn ich vertraue auf dein Gericht. –
44 Beständig befolge ich dein Gesetz; /
und das will ich allezeit tun! *45* So lebe
ich in einem weiten Raum, / denn ich
habe deine Befehle erforscht. *46* Ich
halte sie selbst den Königen vor / und
schäme mich deiner Zeugnisse nicht.
47 An deinen Geboten habe ich Lust, /

---

l 119,16: *Worte*. Hebräisch *Dabar*. Das
gesprochene Wort, von *dabar* – reden,
sprechen. Auch die Zehn Gebote (5.
Mose 4,13) heißen „Zehn Worte".

ich liebe sie sehr, *48* und ich hebe die Hände zu ihnen auf. / Ich denke über deine Ordnungen nach.

VII Zájin

49 Denk an das, was du mir versprachst / und was meine Hoffnung war! *50* In all meinem Elend ist das mir der Trost, / dass dein Wort mich wieder belebt. *51* Gehässig griffen die Stolzen mich an, / doch ich wich nicht ab von deinem Gesetz. *52* Denke ich an dein ewiges Recht, / Jahwe, dann bin ich getrost. *53* Bei all den Gottlosen packt mich der Zorn, / frech verlassen sie dein Gesetz. *54* Deine Ordnungen sind mir wie ein Lied, / solange ich Gast in dieser Welt bin. *55* Auch in der Nacht denk ich an dich, Jahwe, / und auf deine Weisung habe ich acht. *56* Dass ich deinen Regeln gefolgt bin, / ist mein Geschenk und mein Glück.

VIII Het

57 Mein Anteil, Jahwe, bist du, / ich werde mich richten nach deinem Wort. *58* Von ganzem Herzen bitte ich dich, / sei mir gnädig, wie du zugesagt hast! *59* Meine Wege lenke ich um / und kehre zu deiner Weisung zurück. *60* Ich eile und zögere nicht, / deinem Auftrag gehorsam zu sein. *61* Fesselt mich auch der Gottlosen Strick, / dein Gesetz vergesse ich nicht. *62* Selbst mitternachts stehe ich auf / und danke für dein gerechtes Gesetz. – *63* Den Gottesfürchtigen bin ich ein Freund, / allen, die deinen Befehlen vertrauen. – *64* Jahwe, deine Güte erfüllt alle Welt. / Lehre mich, deinen Willen zu tun!

IX Tet

65 Du hast deinem Diener viel Gutes getan, / wie du es versprachst, Jahwe. *66* Nun lehre mich das Gute verstehen, / denn ich glaube deinem Gebot. *67* Ich irrte, bevor ich gedemütigt war, / jetzt aber tue ich, was du befiehlst. *68* Gütig bist du und tust Gutes an mir, / deine Ordnungen lehre mich, Herr! *69* Man hat mich besudelt, mit Lügen behängt, / doch ich halte dein Gebot fest. *70* Das Herz der Stolzen ist stumpf und fett, / doch ich erfreue mich an deinem Gesetz. *71* Gut war für mich, dass ich gedemütigt wurde, / so lernte ich deine Ordnungen neu. *72* Die Weisung aus deinem Mund gilt mir mehr / als Berge von Silber und Gold.

X Jod

73 Du hast mich mit deinen Händen gemacht; / hilf mir zu verstehen, was du willst! *74* Die Deinen sehen mich und freuen sich, / denn ich verlasse mich auf dein Wort. *75* Ich erkannte, Jahwe: / Deine Beschlüsse sind recht, / zu Recht hast du auch mich niedergebeugt. *76* Nun gebe deine Gnade mir Trost, / denn du hast mir zugesagt, *77* dass dein Erbarmen mein Leben erhält, / denn dein Gesetz ist meine Lust. – *78* Bring doch die schamlosen Lügner zu Fall! / Sie haben mir böse Unrecht getan. / Ich aber denke über deine Vorschriften nach. *79* Lass die zu mir kommen, die dich ehren, / denn denen ist deine Weisung bekannt. *80* Mein Herz weiche nie von deinem Gebot, / nie soll diese Schande über mich kommen!

XI Kaf

81 Meine Seele verzehrt sich
nach deinem Heil, / und meine
Hoffnung setze ich auf dein Wort.
82 Sehnsüchtig halte ich Ausschau
nach dir: / Wann wirst du mich
trösten, ja wann? *83* Denn wie ein
alter Schlauch hänge ich im Rauch. /
Doch deine Ordnungen vergesse
ich nie. *84* Wie viele Tage hat dein
Diener noch? / Wann hältst du über
meine Verfolger Gericht? *85* Die
Stolzen haben mir Gruben gegraben /
und missachten frech dein Gesetz.
86 Doch was du befiehlst, darauf ist
Verlass. / Hilf mir, denn sie jagen
mich ohne Grund! *87* Sie hätten mich
fast vernichtet im Land, / doch ich
verlasse dein Gesetz nicht. *88* Sei mir
gnädig und belebe mich, / dann kann
ich befolgen, was du gesagt hast.

XII Lámed

89 Dein Wort steht fest für alle
Zeit, / so fest wie der Himmel,
Jahwe. *90* Deine Treue gilt in
jeder Generation. / Du hast die
Erde gegründet. Sie steht. *91* Nach
deinem Willen besteht sie bis jetzt, /
denn das All steht bereit, dir zu
dienen. – *92* Wäre nicht dein Gesetz
meine Lust, / ich wäre im Elend
zerstört. *93* Deine Regeln vergesse
ich nie, / denn du gabst mir Leben
durch sie. *94* Ich bin dein, Herr,
rette mich doch! / Ich habe deine
Befehle erforscht. *95* Es lauern mir
Verbrecher auf, / doch ich gebe auf
deine Weisungen acht. *96* Ich weiß:
Auch das Vollkommene hat eine
Grenze. / Doch dein Gebot ist völlig
unbeschränkt.

XIII Mem

97 Wie sehr liebe ich dein Gesetz! /
Es füllt mein Denken den ganzen
Tag. *98* Mehr als meine Feinde
macht es mich klug, / denn es ist
für immer bei mir. *99* Mehr als alle
meine Lehrer begreife ich, / weil
ich bedenke, was dein Gebot mir
sagt. *100* Mehr als die Alten kann ich
verstehen, / denn ich achte stets auf
dein Gebot. *101* Von jedem Unrecht
hielt ich mich fern, / um das zu tun,
was du befohlen hast. *102* Von deiner
Verordnung wich ich nicht ab, /
denn du, du hattest mich belehrt.
103 Wie köstlich sind deine Worte im
Mund, / wie Honig bekommen sie
mir. *104* Durch dein Gesetz werde
ich klug, / und ich hasse jeden
krummen Weg.

XIV Nun

105 Dein Wort ist eine Leuchte
vor meinem Fuß / und ein Licht
auf meinem Weg. *106* Ich habe
geschworen und halte es ein, /
ich tue, was du festgelegt hast. –
107 Wie bin ich so niedergeschlagen,
Jahwe! / Belebe mich nach deinem
Wort! *108* Nimm meinen Dank als
Opfergabe an, / und lehre mich deine
Bestimmungen, Jahwe! *109* Mein
Leben ist ständig in Todesgefahr, /
doch dein Gesetz vergesse ich nie.
110 Schlingen legen die Bösen mir
aus, / doch ich irre nicht ab von
deinem Gebot. – *111* Deine Weisung
ist mein Schatz für alle Zeit / und
große Freude für mein Herz.
112 Entschieden folge ich deinem
Wort. / Das soll mein Lohn für alle
Zeit sein.

XV Sámech

113 Geteilte Herzen verabscheue ich, / aber dein Gesetz habe ich lieb. *114* Du bist mein Schutz und mein Schild, / auf dein Versprechen verlasse ich mich. *115* Ihr Unheilstifter, macht euch fort! / Ich halte mich an meines Gottes Gebot. *116* Halte mich nach deinem Wort, damit ich leben kann! / In meiner Hoffnung beschäme mich nicht! *117* Bestätige mich, und ich bin befreit! / Ich schaue immer auf dein Gesetz. *118* Wer abweicht von deinem Gebot, den schickst du fort, / denn sein Denken ist Lug und Betrug. *119* Deine Verächter entfernst du wie Müll, / darum habe ich deine Gebote so lieb. *120* Meine Haut erschaudert vor Furcht; / ich fürchte mich vor deinem Gericht.

XVI Ájin

121 Ich handelte nach Recht und lebte gerecht. / Gib mich meinen Feinden nicht preis! *122* Bürge du jetzt für mich, dann wird alles gut, / und die Frechen quälen mich nicht mehr. *123* Meine Augen sehnen sich nach deinem Heil, / nach dem Wort deiner Gerechtigkeit. *124* Lass deine Güte deinem Diener sichtbar sein, / und lehre mich erkennen, was dein Wille ist. *125* Ich bin dein Diener, gib mir Verstand, / dass ich deine Weisung verstehe! – *126* Es ist Zeit zum Handeln, Jahwe, / denn viele brechen dein Gesetz. *127* Doch ich liebe dein Gebot, / mehr als das allerfeinste Gold. *128* Alle deine Regeln sind für mich recht, / und ich hasse jeden krummen Weg.

XVII Pe

129 Wunderwerke sind deine Zeugnisse, / darum halte ich an ihnen fest. *130* Das Öffnen deines Wortes bringt Erleuchtung, / selbst Unerfahrene finden Einsicht darin. *131* Weit geöffnet hat sich mein Mund, / denn ich verlange nach deinem Gebot. *132* Sei mir gnädig und wende dich zu mir, / wie es denen, die dich lieben, gebührt. *133* Durch dein gutes Wort mach meinen Schritt fest, / und gib keinem Unrecht Macht über mich! *134* Von Bedrückung durch Menschen mache mich frei, / dann halte ich deine Vorschriften fest. *135* Blick freundlich auf mich, deinen Diener, / und bring mir deine Ordnungen bei! *136* Tränen überströmen mein Gesicht, / weil man dein Gesetz hier nicht hält.

XVIII Sadé

137 Wahrhaftig bist du, Jahwe, / und deine Urteilssprüche sind gerecht. *138* Auch deine Weisungen sind recht, / sie bezeugen deine Wahrheit und Treue. *139* Weil ich dich liebe, packt mich der Zorn, / denn meine Feinde vergessen dein Wort. *140* Dein Spruch ist lauter und wahr, / und dein Diener liebt ihn sehr. *141* Ich bin verachtet und gering, / doch deine Regeln vergesse ich nicht. *142* Dein Recht ist ewiges Recht, / und dein Gesetz ist wahr. *143* Ich bin getroffen von Sorge und Angst, / doch deine Gebote sind meine Lust. *144* Deine Weisung steht für ewiges Recht. / Gib mir Verständnis, damit ich lebe!

XIX Qof

145 Ich flehe dich an, antworte, Jahwe! / An deine Ordnungen halte ich mich. *146* Ich habe gerufen, rette mich doch! / Deiner Weisung gehorche ich gern. *147* Schon frühmorgens schreie ich zu dir! / Auf dein Wort habe ich gehofft. *148* Selbst in Stunden der Nacht liege ich wach / und grüble nach über dein Wort. *149* In deiner Gnade hör mein Gebet, / belebe mich, Jahwe, gemäß deinem Recht! – *150* Üble Verfolger sind hinter mir her, / von deinem Gesetz sind sie fern. *151* Du aber bist nahe bei mir, Jahwe, / alle deine Gesetze sind wahr. *152* An deinen Geboten erkenne ich, / dass du sie für immer angeordnet hast.

XX Resch

153 Sieh mein Elend an und befreie mich! / Denn dein Gesetz vergaß ich nie. *154* Sorge du für mein Recht und mache mich frei, / schenk mir das Leben, wie du es versprachst! *155* Deine Hilfe ist den Gottlosen fern, / denn nach deiner Weisung fragen sie nicht. *156* Jahwe, dein Erbarmen ist groß, / mach mir Mut nach deinem Recht. *157* Viele verfolgen und bedrängen mich, / doch ich wich nie von deinem Zeugnis ab. *158* Sah ich Verräter – es ekelte mich an, / denn sie richten sich nicht nach deinem Gesetz. *159* Du siehst, dass ich deine Vorschriften mag. / Belebe mich nach deiner Gnade, Jahwe! *160* Dein ganzes Wort ist verlässlich und wahr, / dein gerechtes Urteil gilt für alle Zeit.

XXI Sin/Schin

161 Die Großen verfolgten mich ohne Grund, / doch nur vor deinen Worten bebte mein Herz. *162* Mit jubelnder Freude erfüllt mich dein Wort, / als hätte ich große Beute gemacht. *163* Ich hasse die Lüge und verabscheue sie, / doch dein Gesetz habe ich lieb. *164* Ich preise dich täglich wohl sieben Mal, / denn deine Gerichte sind gut und gerecht. *165* Wer dein Gesetz liebt, hat Frieden und Glück, / kein Hindernis bringt ihn zu Fall. *166* Ich hoffe auf deine Befreiung, Jahwe! / Nach deinen Geboten richte ich mich. *167* Deinen Worten habe ich gerne gehorcht, / ich schloss sie fest in mein Herz. *168* Du gabst mir Gebot und Weisung dazu, / und ob ich gehorche, weißt du genau.

XXII Taw

169 Lass mein Schreien zu dir dringen, Jahwe! / Gib mir Einsicht nach deinem Wort! *170* Mein Flehen komme vor dein Angesicht! / Rette mich gemäß deinem Spruch! *171* Von meinen Lippen erklinge dein Lob, / weil du mich deinen Willen lehrst. *172* Und meine Zunge besinge dein Wort, / denn deine Gebote sind recht. *173* Um mir zu helfen, reich mir deine Hand, / denn deine Weisung hab ich erwählt! *174* Ich sehne mich nach deiner Hilfe, Jahwe. / Und dein Gesetz ist meine Lust. *175* Ich möchte leben und dich loben! / Deine Ordnung helfe mir dabei! *176* Wie ein verlorenes Schaf verirrte ich mich. / Such deinen Diener, denn deine Gebote vergaß ich nicht!

Die Feinde des Friedens

120 *1 Ein Lied für den Aufstieg zum Tempel.*

Zu Jahwe rief ich in meiner Not, / und er antwortete mir. *2* „Jahwe, rette mich vor diesen Lügnern, / vor den falschen Zungen!"

3 Was soll Gott dir tun, was alles dir antun, / du falsche Zunge? *4* Scharfe Pfeile eines Kriegers, / die wie glühende Holzkohlen[a] sind?

5 Weh mir, dass ich Gast in Meschech[b] war, / dass ich in Kedars[c] Zelten wohnte! *6* Viel zu lange lebte ich / bei denen, die den Frieden hassen. *7* Ich will Frieden, so rede ich auch, / doch sie sind für den Krieg.

In Gottes Schutz

121 *1 Ein Lied für den Aufstieg zum Tempel.*

Ich blicke hinauf zu den Bergen: / Woher kann ich Hilfe erwarten? *2* Meine Hilfe kommt von Jahwe, / dem Schöpfer von Himmel und Erde. *3* Er wird nicht zulassen, dass du fällst. / Er gibt immer auf dich Acht. *4* Nein, der Beschützer Israels / schläft und schlummert nicht.

5 Jahwe ist dein Beschützer, / Jahwe ist dein Schatten / an deiner Seite. *6* Am Tag darf dir die Sonne nicht schaden, / noch der Mond in der Nacht. *7* Jahwe wird dich vor allem Bösen behüten / und dein Leben bewahren. *8* Jahwe wird dich behüten, / wenn du fortgehst und wenn du wiederkommst, / von jetzt an und für immer.

Frieden für Jerusalem

122 *1 Ein Lied für den Aufstieg zum Tempel. Von David.*

Ich freute mich, als man mir sagte: / „Zum Haus Jahwes wollen wir gehen!" *2* Unsere Füße standen dann / in deinen Toren, Jerusalem. *3* Jerusalem, du bist gebaut / als eine fest in sich geschlossene Stadt. *4* Zu dir ziehen die Stämme hinauf, / die Stämme Jahwes.

Ein Zeugnis für Israel ist es, / den Namen Jahwes zu preisen. *5* In Jerusalem stehen Gerichtssitze bereit, / Sitze für das Königshaus Davids.

6 Erbittet Frieden für Jerusalem! / Ruhe mögen finden, die dich lieben. *7* Frieden wohne in deinen Mauern, / in deinen Häusern Geborgenheit. *8* Wegen meiner Brüder und Freunde / will ich sagen: Frieden sei mit dir! *9* Wegen des Hauses Jahwes, unseres Gottes, / will ich dein Bestes suchen.

Aufblick zu Gott

123 *1 Ein Lied für den Aufstieg zum Tempel.*

Ich richte meinen Blick hinauf zu dir, / zum Himmel hoch, wo du thronst. *2* Ja, wie die Augen von Dienern / auf die Hand ihres Herrn, / die Augen der Magd / auf die der Gebieterin blicken, / so richten sich

---

a 120,4: *Holzkohlen*. Gemeint ist die besonders gute Holzkohle, die aus Ginsterholz gewonnen wurde.

b 120,5: *Meschech*. Das Volk der Moscher im Gebiet zwischen dem Schwarzen und dem Kaspischen Meer.

c 120,5: *Kedar*. Räuberischer Nomadenstamm in der syrisch-arabischen Wüste. *Meschech und Kedar* stehen für „Barbaren".

unsere Augen auf Jahwe, unseren Gott, / bis er uns seine Gnade zeigt.

3 Sei uns gnädig, Jahwe, sei uns gnädig! / Denn Verachtung hatten wir genug. 4 Wir haben das Gespött dieser Sorglosen satt / und die Verachtung der Stolzen.

Befreit

124 *1 Ein Lied für den Aufstieg zum Tempel. Von David.*

Wäre Jahwe nicht bei uns gewesen, / so soll Israel sagen, 2 wäre Jahwe nicht bei uns gewesen, / als Menschen gegen uns standen, 3 dann hätten sie uns wutentbrannt / lebendig verschlungen. 4 Dann hätten uns die Fluten fortgeschwemmt, / ein Wildbach uns überströmt, 5 unser Leben wäre fortgerissen / durch das tobende Wasser.

6 Gelobt sei Jahwe, / der uns nicht ihren Zähnen / als Beute überließ. 7 Wie ein Vogel aus dem Netz des Fängers sind wir entkommen; / das Netz ist zerrissen, und wir sind frei. 8 Unsere Hilfe kommt von Jahwe, / der Himmel und Erde gemacht hat.

Von Gott umgeben

125 *1 Ein Lied für den Aufstieg zum Tempel.*

Wer auf Jahwe vertraut, steht fest wie der Zionsberg, / der niemals wankt und immer bleibt. 2 Berge umgeben Jerusalem. / So umgibt Jahwe sein Volk, / von jetzt an und für immer.

3 Denn die Herrschaft der Gottlosigkeit / wird nicht mehr auf dem Besitz der Gerechten lasten, / damit nicht auch sie anfangen, Unrecht zu tun.

4 Tu bitte Gutes, Jahwe, an den Guten / und an denen, die aufrichtig sind. 5 Doch alle, die auf eigenen krummen Wegen gehen, / lasse Jahwe mit den Bösen verschwinden. / Frieden über Israel!

Tränen und Jubel

126 *1 Ein Lied für den Aufstieg zum Tempel.*

Als Jahwe die Gefangenen Zions befreite, / da waren wir wie Träumende. 2 Da war unser Mund mit Lachen erfüllt / und unsere Zunge mit Jubel. / Damals sagte man unter den Völkern: / „Jahwe hat Großes für sie getan!" 3 Ja, Großes hat Jahwe für uns getan! / Und wie glücklich waren wir!

4 Jahwe, wende auch jetzt unser Geschick, / so wie du mit Wasser füllst die Bäche im Negev. 5 Wer mit Tränen sät, / wird mit Jubel ernten. 6 Weinend trägt er den Saatbeutel hin, / doch mit Jubel bringt er die Garben heim.

An Gottes Segen ist alles gelegen

127 *1 Ein Lied für den Aufstieg zum Tempel. Von Salomo.*

Wenn Jahwe das Haus nicht baut, / arbeiten die Bauleute vergeblich. / Wenn Jahwe die Stadt nicht bewacht, / wacht der Wächter umsonst. 2 Vergebens steht ihr frühmorgens auf / und setzt euch spät nieder, / um das Brot der Mühsal zu essen. / Das gibt Gott seinen Lieben im Schlaf.

3 Ja, Söhne sind ein Geschenk Jahwes, / Kinder eine Belohnung. 4 Wie Pfeile in der Hand eines Helden / sind die Söhne aus den

Jahren der Jugend. 5 Wie glücklich ist der Mann, / der viele solcher Pfeile in seinem Köcher hat. / Wenn er mit Feinden im Stadttor reden muss, / wird ihn niemand beschämen.

So segnet Gott

128 *1 Ein Lied für den Aufstieg zum Tempel.*

Wie glücklich ist der, der Jahwe fürchtet, / der auf seinen Wegen geht! 2 Die Frucht deiner Arbeit wirst du genießen. / Glücklich bist du, ja, gut geht es dir.

3 Deine Frau ist wie ein fruchtbarer Weinstock / drinnen in deinem Haus. / Deine Söhne sind wie Ölbaumsprosse / rings um deinen Tisch. 4 Seht, so wird der gesegnet sein, / der Jahwe fürchtet und ehrt.

5 Jahwe segne dich vom Zionsberg aus, / dass du ansehen kannst das Glück Jerusalems, / solange du lebst, 6 und auch die Kinder deiner Kinder siehst! / Frieden über Israel!

Bedrängt, aber lebendig

129 *1 Ein Lied für den Aufstieg zum Tempel.*

Von Jugend an haben sie mich bedrängt – so soll Israel sagen –, 2 von Jugend an haben sie mich bedrängt / und mich dennoch nicht erdrückt. 3 Meinen Rücken haben sie aufgerissen wie ein Feld, / in das man tiefe Furchen pflügt. 4 Doch Jahwe ist gerecht! / Er zerschnitt den Strick der Gottlosen.

5 Jeder, der Zion hasst, / verschwinde beschämt! 6 Er soll sein wie das Gras auf dem Dach, / das schon verdorrt, kaum dass man es sieht; 7 das kein Schnitter je in die Hand nimmt, / und für das kein Garbenbinder sich bückt, 8 damit nie jemand vorbeigeht und zu ihnen sagt: / „Segen Jahwes über euch! / Wir segnen euch im Namen Jahwes!"

Aus tiefster Not[a]

130 *1 Ein Lied für den Aufstieg zum Tempel.*

Aus der Tiefe rief ich dich, Jahwe. 2 Herr, höre mich doch! / Sei bitte nicht taub für mein Flehen! 3 Wenn du die Sünden anrechnen wolltest, / Jahwe, mein Herr, wer könnte bestehen? 4 Doch bei dir ist Vergebung, / damit man Ehrfurcht vor dir hat.

5 Ich hoffe auf Jahwe, / alles in mir hofft. / Und ich warte auf sein Wort. 6 Ich warte auf den Herrn / mehr als die Wächter auf den Morgen, / mehr als die Wächter auf den Morgen. 7 Israel, hoffe auf Jahwe! / Denn bei Jahwe ist Gnade und volle Erlösung. 8 Ja, er wird Israel erlösen / von allen seinen Sünden.

Wie ein zufriedenes Kind

131 *1 Ein Lied für den Aufstieg zum Tempel. Von David.*

Jahwe, ich will nicht hoch hinaus, / ich schaue auch auf niemand herab. / Ich gehe nicht mit Dingen um, / die mir zu groß und wunderbar sind.

2 Nein, ich habe mich beruhigt, / hab meine Seele besänftigt. / Wie ein gestilltes Kind bei seiner Mutter, / wie ein zufriedenes Kind bin ich geworden.

---

a Psalm 130 ist der sechste der sieben Bußpsalmen.

3 Israel, hoffe auf Jahwe / von jetzt an und für immer!

Eine Wohnung für Gott

132 *1 Ein Lied für den Aufstieg zum Tempel.*

Denk doch an David, Jahwe, / an all die Mühe, die er auf sich nahm! *2* Der Jahwe feierlich schwor, / dem starken Gott Jakobs versprach: *3* „Ich will mein Haus nicht mehr betreten, / ich will mein Bett nicht mehr besteigen, *4* meinen Augen keinen Schlaf gestatten, / mir keine Ruhe mehr gönnen, *5* bis ich einen Platz für Jahwe finde, / eine Wohnung für den starken Gott Jakobs."

6 Wir hörten, dass die Lade in Efrata[b] sei, / und fanden sie im Gebiet von Jáar[c]. *7* Kommt, wir gehen in seine Wohnung, / fallen vor seinem Fußschemel nieder! *8* Erhebe dich bitte, Jahwe, und geh zu deinem Ruheplatz, / du und die Bundeslade deiner Macht. *9* Deine Priester sollen sich in Gerechtigkeit kleiden, / und die dir treu sind, sollen jubeln!

10 Deinem Diener David zuliebe / weise deinen Gesalbten nicht ab. *11* Jahwe hat David einen Treueid geschworen / und nimmt diesen Schwur nicht zurück: / „Einen deiner Söhne / setze ich auf deinen Thron. *12* Wenn deine Söhne meinen Bund halten / und mein Wort, das ich sie lehre, / dann sollen auch ihre Söhne / für immer auf deinem Thron sitzen."

13 Denn Jahwe hat den Berg Zion erwählt, / hat ihn zu seinem Wohnsitz bestimmt: *14* „Hier soll für immer mein Ruheplatz sein, / hier will ich wohnen, hier wollte ich sein! *15* Ich werde ihn reichlich versorgen, / auch seine Armen mache ich satt. *16* Deine Priester will ich in Gerechtigkeit kleiden, / und die dir treu sind, sollen laut jubeln!

17 Dort will ich Davids Nachkommen mächtig werden lassen, / dort soll mein Gesalbter ein Licht in seinen Nachkommen haben. *18* Seine Feinde will ich mit Schande bedecken; / doch auf ihm wird seine Krone strahlen."

Bruderliebe

133 *1 Ein Lied für den Aufstieg zum Tempel. Von David.*

Seht, wie wunderbar schön es ist, / wenn Brüder in Frieden zusammenstehen.

2 Es ist so kostbar wie das duftende Öl, / das in Aarons[d] Bart hinunterrann / bis in den Saum seines Priestergewandes. *3* Es tut wohl wie der Tau, / der vom Hermon[e] stammt und Zion erfrischt, / der sich senkt auf die Hügel der Stadt.

Denn dort hat Jahwe Segen befohlen, / das Leben, das immer besteht.

---

d 133,2: *Aaron.* Der erste Hohe Priester Israels, Bruder von Mose.

e 133,3: *Hermon.* Gebirge im Norden Israels. Die drei Gipfel des schneebedeckten Hermon, deren höchster 2814 m hoch ist, gehören zu den charakteristischsten Bergen Israels.

---

b 132,6: *Efrata* ist nach 1. Mose 35,19 Bethlehem.

c 132,6: *Jáar* ist wahrscheinlich ein poetischer Name für Kirjat-Jearim im Gebiet von Efrata (1. Samuel 6,21–7,1).

Nächtliches Lob

134 *1 Ein Lied für den Aufstieg zum Tempel.*

Auf, ihr Diener Jahwes, lobt den Namen Jahwes, / die ihr steht in den Nächten im Hause Jahwes! *2* Hebt eure Hände zum Heiligtum auf / und lobt Jahwe!

3 Jahwe, der Himmel und Erde gemacht hat, segne dich vom Zionsberg aus!

Gottes Ruhm endet nie

135 *1* Halleluja, preist Jahwe! / Lobt ihr Diener Jahwes, lobt den Namen Jahwes, *2* die ihr steht im Hause Jahwes, / in den Höfen am Haus unseres Gottes! *3* Halleluja, lobt Jahwe, denn er ist gut! / Spielt seinem Namen, denn Jahwe ist freundlich! *4* Denn Jahwe erwählte sich Jakob, / nahm Israel als Eigentum an.

5 Ja, ich weiß, dass Jahwe groß ist, / unser Herr ist vor allen Göttern. *6* Alles, was Jahwe gefällt, / tut er im Himmel und auf der Erde, / in den Meeren und in allen Tiefen. *7* Der Nebel aufsteigen lässt vom Ende der Erde, / der es blitzen lässt zum Regen / und den Wind aus seinen Kammern holt.

8 Der die Erstgeborenen Ägyptens erschlug, / beim Menschen und beim Vieh; *9* der in Ägypten Zeichen und Wunder geschehen ließ / am Pharao und all seinen Dienern, *10* Er besiegte viele Völker, brachte starke Könige um: *11* Sihon, den König der Amoriter, / und Og, den König von Baschan,ᵃ / und alle Königtümer

Kanaans. *12* Und ihre Länder teilte er Israel zu, / gab sie seinem Volk als Erbbesitz. *13* Jahwe, dein Name bleibt für immer bestehen, / jede Generation wird ihn kennen. *14* Denn Jahwe verschafft seinem Volk Recht / und erbarmt sich über seine Diener.

15 Die Götzen der Völker sind ja nur Silber und Gold, / Werke von Menschen gemacht. *16* Sie haben Münder, die nicht reden, / Augen, die nicht sehen, *17* und Ohren, die nicht hören. / Kein Atem ist in ihrem Mund. *18* Wer so etwas baut / und darauf vertraut, / der wird so wie sie.

19 Lobt Jahwe, ganz Israel! / Auch ihr Nachkommen Aarons, lobt Jahwe! *20* Auch ihr Leviten, lobt Jahwe! / Alle, die ihr Jahwe fürchtet, lobt Jahwe! *21* Gelobt sei Jahwe vom Zionsberg aus, / er, der in Jerusalem wohnt! / Halleluja, preist Jahwe!

Seine Güte hört nie auf

136 *1* Dankt Jahwe, denn er ist freundlich! / Seine Gnade hört nie auf. *2* Dankt dem Gott aller Götter! / Seine Gnade hört nie auf. *3* Dankt dem Herrn aller Herren, / seine Gnade hört nie auf.

4 Er allein tut große Wunder, / seine Gnade hört nie auf. *5* Er hat die Himmel mit Weisheit gemacht, / seine Gnade hört nie auf; *6* die Erde über die Wasser gebreitet, / seine Gnade hört nie auf. *7* Er hat die großen Lichter gemacht, / seine Gnade hört nie auf; *8* die Sonne, zu regieren den Tag, / seine Gnade hört nie auf; *9* den Mond und die Sterne zur Nacht. / Seine Gnade hört nie auf.

---

a 135,11: ... *Baschan*. Siehe 4. Mose 21,21-35!

10 Er schlug die Erstgeburt der Ägypter, / seine Gnade hört nie auf; *11* und führte Israel heraus, / seine Gnade hört nie auf, *12* mit siegreich gewaltiger Macht. / Seine Gnade hört nie auf. *13* Er hat das Schilfmeer zerteilt, / seine Gnade hört nie auf, *14* und Israel mitten hindurch geführt. / Seine Gnade hört nie auf. *15* Er trieb ins Schilfmeer Pharaos Heer, / seine Gnade hört nie auf, *16* und führte sein Volk durch die Wüste. / Seine Gnade hört nie auf.

17 Er ist es, der große Könige schlug, / seine Gnade hört nie auf, *18* und mächtige Herrscher besiegte; / seine Gnade hört nie auf: *19* den amoritischen König Sihon, / seine Gnade hört nie auf; *20* und Og, den Herrscher von Baschan. / Seine Gnade hört nie auf. *21* Ihr Land wurde Israels Besitz, / seine Gnade hört nie auf. *22* Sein Diener empfing es als Erbe. / Seine Gnade hört nie auf.

23 Er dachte an uns, als man uns unterdrückte, / seine Gnade hört nie auf. *24* Er entriss uns unsern Feinden, / seine Gnade hört nie auf. *25* Er gibt Nahrung jedem Geschöpf. / Seine Gnade hört nie auf. *26* Dankt dem Gott, der die Himmel regiert! / Seine Gnade hört nie auf.

Heimweh nach Zion

137 *1* An den Strömen Babylons, / da saßen wir und weinten, / und wir dachten an Zion. *2* An die Pappeln dort / hängten wir unsere Zithern. *3* Denn die uns verschleppt hatten, forderten Strophen von uns; / unsere Peiniger verlangten

Freudengesang: / „Ja, singt uns eins der Zionslieder!"

4 Wie könnten wir ein Jahwelied singen / auf dem Boden der Fremde? *5* Wenn ich dich vergesse, Jerusalem, / dann versage meine Hand ihren Dienst! *6* Die Zunge bleibe mir am Gaumen kleben, / wenn ich nicht mehr an dich denke, / wenn ich Jerusalem nicht / zu meiner höchsten Freude erhebe.

7 Vergiss den Edomitern nicht, Jahwe, / den Tag Jerusalems, / als sie sagten: „Reiß es nieder! / Reiß es nieder bis auf den Grund!" *8* Du Tochter Babylon, Verwüsterin! / Glücklich, wer dir heimzahlt, / was du uns angetan hast. *9* Glücklich, wer deine Kinder packt / und sie am Felsen zerschmettert!

Dankbare Gewissheit

138 *1* Von David.
Von ganzem Herzen will ich dich preisen, / vor „Göttern"[b] spiele ich dir mein Lied. *2* Ich neige mich zu deinem Heiligtum hin. / Ich lobe deinen Namen für deine Güte und Treue. / Denn du hast dein Wort erfüllt / und deinen Namen groß über alles gemacht. *3* Du hast mich erhört am Tag, als ich rief, / hast die Kraft meines Lebens vermehrt.

4 Alle Könige der Erde sollen dich, Jahwe, loben, / wenn sie die Worte aus deinem Mund hören. *5* Sie sollen singen von den Wegen Jahwes, / denn die Herrlichkeit Jahwes ist groß.

---

b 138,1: *Götter*. Das meint entweder heidnische Könige (siehe Verse 4-5) oder die Götter, die sie repräsentierten (siehe auch Fußnote zu Psalm 82,1).

6 Gewiss, Jahwe ist erhaben, / aber den Niedrigen sieht er doch / und den Stolzen erkennt er von fern.

7 Selbst wenn man mich schwer bedrängt, belebst du mich. / Du nimmst mich in Schutz vor der Wut meiner Feinde, / deine mächtige Hand wird mich retten. 8 Jahwe vollbringt es für mich. / Deine Liebe hat niemals ein Ende. / Gib die Werke deiner Hände nicht auf!

Von Gott durchschaut

139 1 *Dem Chorleiter. Ein Psalmlied von David.*

Jahwe, du hast mich erforscht und erkannt. 2 Ob ich sitze oder stehe, du weißt es, / du kennst meine Gedanken von fern. 3 Ob ich ruhe oder gehe, du prüfst es, / mit all meinen Wegen bist du vertraut. 4 Noch eh das Wort auf meine Zunge kommt, / hast du es schon gehört, Jahwe. 5 Von allen Seiten umschließt du mich, / ich bin ganz in deiner Hand. 6 Das ist zu wunderbar für mich zu begreifen, / zu hoch, dass ich es versteh!

7 Wohin kann ich gehen, um dir zu entkommen, / wohin fliehen, dass du mich nicht siehst? 8 Steige ich zum Himmel hinauf, so bist du da, / lege ich mich zu den Toten, da bist du auch. 9 Nehme ich die Flügel des Morgenrots / und lasse mich nieder am Ende des Meeres, 10 auch dort wirst du mich führen, / und deine Hand wird mich fassen. 11 Sage ich: „Die Finsternis soll nach mir schnappen, / das Licht um mich werde Nacht!" 12 Auch Finsternis ist nicht finster vor dir, / die Nacht leuchtet bei dir wie der Tag, / die Finsternis wie das Licht.

13 Gewiss, du selbst hast mein Inneres gebildet, / mich zusammengefügt im Leib meiner Mutter. 14 Ich preise dich, dass ich auf erstaunliche Weise wunderbar geworden bin. / Wunderbar sind deine Werke, / das erkenne ich sehr wohl. 15 Als ich im Verborgenen Gestalt annahm, / kunstvoll gewirkt in den Tiefen der Erde, / war ich nicht unsichtbar für dich. 16 Du sahst mich schon, als ich ein Mini-Knäuel[a] von Zellen war. / Und bevor mein erster Tag begann, / stand mein Leben längst in deinem Buch.

17 Wie kostbar, Gott, sind mir deine Gedanken! / Es sind so unfassbar viele! 18 Wollt ich sie zählen, so wären sie mehr als der Sand. / Und wenn ich erwache, bin ich noch immer bei dir. 19 Würdest du, Gott, doch den Gottlosen töten! / Ja, ihr Mörder, macht euch fort! 20 Sie reden nur mit Hinterlist von dir, / deine Feinde missbrauchen deinen Namen. 21 Sollte ich nicht hassen, die dich hassen, Jahwe, / und verabscheuen, die gegen dich aufstehen? 22 Ich hasse sie mit äußerstem Hass. / Sie sind mir zu Feinden geworden.

23 Erforsche mich, Gott, und erkenne mein Herz! / Prüf mich und erkenne meine Gedanken! 24 Sieh, ob ein gottloser Weg mich verführt, / und leite mich auf dem ewigen Weg!

---

a 139,16: *Mini-Knäuel*. Gemeint sein könnte die frühe embryonale Entwicklung im Mutterleib, die Morula.

Hinterlistige Feinde

140 *1 Dem Chorleiter. Ein Psalmlied von David.*

2 Rette mich, Jahwe, vor bösen Menschen, / schütze mich vor rohen Männern, 3 die ständig über Bosheiten brüten, / die täglich Streit anfangen. 4 Sie haben scharfe Zungen wie Schlangen. / Ihre Worte sind wie Natterngift. ♪

5 Bewahre mich, Jahwe, vor den Händen der Bösen! / Gib mir Schutz vor den gewalttätigen Männern, / die mich zu Fall bringen wollen. 6 Die Stolzen haben mir Fallen gestellt, / mir Schlingen und Netze gelegt, / mir den Wegrand gefährlich gemacht. ♪

7 Ich sage zu Jahwe: „Du bist mein Gott! / Hör mein Flehen, Jahwe, ich schreie zu dir! 8 Jahwe, mein Herr, du Macht meines Heils! / Am Tag der Waffen hast du meinen Kopf beschützt. 9 Gib dem Gottlosen nicht, was er will, Jahwe! / Lass ihre Anschläge niemals gelingen! / Sie würden sonst noch überheblicher." ♪

10 Wenn meine Feinde rundum sich erheben, / dann fallen ihre bösen Worte auf sie selbst zurück. 11 Es regne glühende Kohlen auf sie! / Ins Feuer stürze er sie, / in tiefe Schluchten, dass sie sich nicht mehr erheben! 12 Kein Platz für böse Zungen sei im Land! / Unglück hetze die Gewalttäter bis zum Sturz!

13 Ich weiß, dass Jahwe sich um die Belange der Schwachen / und das Recht der Armen kümmern wird. 14 Gewiss, die Gerechten loben deinen Namen, / und die Aufrichtigen wohnen vor dir.

Bitte um Bewahrung vor Sünde

141 *1 Ein Psalmlied von David.* Jahwe, ich rufe dich an, komm bitte schnell! / Hör doch auf mich, wenn ich rufe! 2 Lass wie Weihrauch mein Gebet vor dir sein, / meine erhobenen Hände wie ein Opfer zur Nacht. 3 Stell eine Wache vor meinen Mund, / einen Posten, der meine Lippen bewacht!

4 Lass nicht zu, dass ich nach bösen Dingen verlange; / dass ich mit schlechten Leuten böse Taten begehe; / dass ich nach ihren Leckerbissen gierig bin! 5 Ein Gerechter möge mich schlagen, / das betrachte ich als Freundlichkeit, / als Wohltat, die ich gern annehmen will.

Doch mein Gebet ist gegen jene Bösen gerichtet.[b] 6 Und wenn dann ihre Führer vom Felsen gestürzt sind, / werden sie sehen, wie milde mein Urteil noch war: 7 „Wie einer das Erdreich aufreißt und pflügt", sagen sie, / „so sind unsere Gebeine ins Tor der Toten gestreut."

8 Auf dich, Jahwe, sind meine Augen gelenkt; / zu dir, Herr, fliehe ich hin. / Schütte mein Leben nicht aus! 9 Und schütze mich vor dem Netz, das die Bösen mir legten, / den Fallen, in die ich hineinstürzen soll. 10 Lass sie stolpern in ihren eigenen Strick, / und führe mich sicher an ihnen vorbei.

---

b 141,5: *gegen jene Bösen.* Führt offenbar den Gedanken von Vers 4 fort. Die Übersetzung bis Vers 7 ist aber unsicher.

In schwerer Bedrängnis

142 *1 Lehrgedicht von David, als er in der Höhle war. Ein Gebet.*

2 Ich schreie zu4 Jahwe, so laut ich kann, / ich flehe Jahwe um Hilfe an. 3 Ich klage ihm meine ganze Not / und sage ihm, was mich quält. 4 Auch als ich den Mut verlor, / wusstest du, wie es weitergeht. / Auf dem Weg, den ich gehen musste, / haben sie mir heimlich eine Schlinge gelegt. 5 Schau nach rechts und sieh doch, / da ist niemand, der mich beachtet. / Jede Zuflucht ist mir verloren gegangen, / ich habe keinen, der nach mir fragt.

6 Darum schreie ich zu dir, Jahwe, / und sage: „Du bist meine Zuflucht, / mein Anteil im Land der Lebendigen." 7 Hör auf mein Schreien, denn ich bin sehr schwach! / Rette mich vor meinen Verfolgern, sie sind mir zu stark. 8 Befreie mein Leben aus dem Gefängnis, / damit ich dich lobpreisen kann! / Die Gerechten werden sich um mich scharen, / weil du mir Gutes getan hast.

Geh nicht mit mir ins Gericht![a]

143 *1 Ein Psalmlied. Von David.* Hör mein Gebet, Jahwe, achte auf mein Flehen! / Erhöre mich, denn du bist treu und gerecht! 2 Geh mit deinem Diener nicht ins Gericht, / denn vor dir kann kein Lebendiger bestehen!

3 Der Feind verfolgt meine Seele, / tritt mein Leben mit Füßen / und stößt mich in eine Dunkelheit, / wie bei den Toten im Grab. 4 Mein Geist ist erstarrt, / ich bin vor Angst wie gelähmt.

5 Ich denke an die vergangene Zeit, / grüble nach über dein Tun / und überlege, was du geschaffen hast. 6 Betend breite ich meine Hände zu dir aus, / meine Seele verlangt nach dir wie ein ausgetrocknetes Land. ♪

7 Jahwe, erhöre mich bald! / Denn mein Geist zehrt sich auf. / Verbirg dein Gesicht nicht vor mir! / Sonst gleiche ich bald denen im Grab.

8 Der Morgen bringe mir Worte deiner Güte, / denn ich setze mein Vertrauen auf dich. / Zeig mir den Weg, den ich gehen soll, / denn auf dich richte ich meinen Sinn! 9 Rette mich vor meinen Feinden, / Jahwe, denn bei dir suche ich Schutz!

10 Lehre mich zu tun, was dir gefällt, / denn du bist mein Gott! / Dein guter Geist führe mich auf ebenes Land!

11 Zur Ehre deines Namens – erhalte mein Leben, Jahwe! / Gerechter Gott, befreie mich aus dieser Not! 12 Sei so gnädig und vernichte den Feind, / lass umkommen den, der mein Leben bedrängt, / ich bin doch dein Diener!

Danklied des Königs

144 *1 Von David.* Gepriesen sei Jahwe, mein Fels, / der meine Hände das Kämpfen lehrt, / meine Finger den Waffengebrauch. 2 Meine Gnade und meine Burg, / meine Festung und mein Retter, / mein Schild, bei dem ich sicher bin, / der mir mein Volk unterwirft. 3 Was ist denn der Mensch, Jahwe, dass du an ihn

---

a Psalm 143 ist der siebte der sieben Bußpsalmen.

denkst, / ein Menschenkind, dass du es beachtest? *4* Der Mensch ist wie ein Hauch, / sein Leben wie ein flüchtiger Schatten.

5 Neige deinen Himmel, Jahwe, und steige herab! / Berühre die Berge, dass sie rauchen! *6* Lass Blitze blitzen und zerstreue den Feind! / Schieß deine Pfeile und verwirre sie! *7* Streck deine Hände vom Himmel herab, / reiß mich heraus aus der tödlichen Flut, / aus der Macht der feindlichen Völker! *8* Mit ihren Worten betrügen sie, / und mit ihrer Hand schwören sie falsch.

9 Gott, ich singe dir ein neues Lied, / auf der zehnsaitigen Harfe spiele ich dir: *10* „Er gibt den Königen Sieg, / auch David, seinem Diener, / und entreißt ihn dem tödlichen Schwert." *11* Rette mich aus der Gewalt der Fremden. / Denn mit ihren Worten betrügen sie, / und mit ihrer Hand schwören sie falsch.

12 Unsere Söhne seien wie junge Bäume, / großgezogen in ihrer Jugend. / Unsere Töchter seien Ecksäulen gleich, / geschnitzt für einen Palast. *13* Unsere Scheunen seien gut gefüllt, / uns mit Vorräten aller Art zu versorgen. / Unser Kleinvieh möge sich tausendfach mehren, / zehntausendfach auf unseren Weiden. *14* Unsere Kühe mögen trächtig sein / und ohne Schaden und Fehlgeburt kalben. / Auf unseren Plätzen höre man kein Klagegeschrei. *15* Wohl dem Volk, dem es so ergeht! / Wie glücklich das Volk, das Jahwe zum Gott hat!

Gottes unendliche Güte[b]

145 *1 Ein Lobgesang. Von David.*

Dich will ich rühmen, mein Gott und König, / deinem Namen ewig lobsingen. *2* An jedem Tag will ich dich loben, / deinen Namen preisen allezeit.

3 Groß ist Jahwe und sehr zu loben, / seine Größe ist nicht zu erforschen. *4* Eine Generation verkünde der nächsten den Ruhm deiner Werke / und erzähle von deinem gewaltigen Tun. *5* Die herrliche Pracht deiner Majestät / und deine Wundertaten will ich bedenken. *6* Von der Macht deiner furchtbaren Taten soll man sprechen, / und von deinen Großtaten will ich erzählen.

7 Die Erinnerung an deine große Güte lasse man sprudeln / und deine Gerechtigkeit sollen sie jubelnd preisen. *8* Gnädig und barmherzig ist Jahwe, / langsam zum Zorn und voller Güte. *9* Jahwe ist zu allen gut, / er erbarmt sich aller seiner Geschöpfe. *10* Es loben dich, Jahwe, all deine Werke, / und deine Treuen preisen dich.

11 Sie sprechen vom Glanz deines Reiches, / sie reden von deiner Macht, *12* damit die Menschen deine Großtaten erfahren / und die Herrlichkeit deines Reiches. *13* Dein Reich ist ja ein Reich aller Zeiten, / und deine Herrschaft hört niemals auf.

Jahwe ist verlässlich in allem, was er sagt, / und gütig in allem,

---

b Psalm 145. Alphabetischer Psalm. Siehe Anmerkung zu Psalm 9.

was er tut.[a] *14* Jahwe stützt alle, die zusammenbrechen, / und richtet alle Gebeugten auf. *15* Alle blicken voll Hoffnung auf dich, / und du gibst ihnen ihre Speise zur rechten Zeit. *16* Du öffnest deine wohltätige Hand, / und alles, was lebt, wird durch dich satt.

17 Jahwe ist in all seinem Handeln gerecht / und voller Güte in allem, was er tut. *18* Nah ist Jahwe allen, die zu ihm rufen, / allen, die dabei aufrichtig sind. *19* Die Bitten derer, die ihn fürchten, erfüllt er. / Er hört ihr Schreien und hilft. *20* Alle, die ihn lieben, behütet Jahwe; / doch alle, die ihn missachten, vernichtet er.

21 Mein Mund soll Jahwes Ruhm verkünden; / und alles, was lebt, lobe seinen heiligen Namen – für immer und für alle Zeit.

Gottes ewige Treue

146 *1* Halleluja, preist Jahwe! Auf, meine Seele, preise Jahwe! *2* Mein Leben lang will ich Jahwe besingen, / will meinem Gott spielen, solange ich bin.

3 Verlasst euch nicht auf Edelleute, / sie sind Menschen, die können nicht helfen. *4* Sie müssen sterben und zerfallen zu Staub, / am selben Tag sind ihre Pläne verloren. *5* Wie glücklich ist der, dessen Hilfe der Gott Jakobs ist, / der seine Hoffnung auf Jahwe, seinen Gott,

setzt! *6* Er hat Himmel und Erde gemacht, / das Meer und alles darin. / Seine Treue hört niemals auf.

7 Er schafft Recht den Unterdrückten, / gibt den Hungrigen Brot. / Jahwe lässt Gefangene frei. *8* Jahwe gibt den Blinden Licht, / er richtet die Gebeugten auf. / Jahwe liebt die Gerechten. *9* Jahwe behütet die Fremden. / Immer wieder hilft er Waisen und Witwen. / Doch den Weg der Gottlosen macht er zum Irrweg.

10 Jahwe bleibt König für alle Zeit; / dein Gott, Zion, herrscht in jeder Generation. Halleluja, preist Jahwe!

Gottes gewaltige Macht

147 *1* Halleluja, preist Jahwe! Ja, es ist gut, aufzuspielen unserem Gott! / Ihn zu loben, ist wunderschön! *2* Jahwe baut Jerusalem auf, / die Verschleppten von Israel bringt er zurück. *3* Er heilt die, deren Herzen gebrochen sind, / und verbindet ihre schmerzenden Wunden. *4* Er hat die Sterne alle gezählt / und nennt sie alle mit Namen. *5* Groß ist der Herr, gewaltig seine Kraft, / unermesslich sein Verstand. *6* Den Rechtlosen richtet er auf, / doch Gottlose schmettert er hin.

7 Stimmt Jahwe ein Danklied an, / mit Harfen spielt unserem Gott! *8* Ihm, der den Himmel mit Wolken bedeckt, / die Erde mit Regen beschenkt / und auf den Bergen das Gras sprießen lässt. *9* Der dem Vieh sein Futter gibt, / den jungen Raben, wonach sie schreien. *10* Die Kraft eines Pferdes beeindruckt ihn nicht, / die Muskeln des Mannes lassen ihn

---

a 145,13: *Jahwe … tut.* Dieser Satz fehlt in fast allen hebräischen Handschriften. Er entspricht der Zeile, die mit N beginnt und findet sich nur in *einer* hebräischen Handschrift, der LXX und den alten syrischen Übersetzungen.

kalt. *11* Doch die, die ihn fürchten, gefallen Jahwe; / die, die seiner Güte vertrauen.

12 Jerusalem, rühme Jahwe, / Zion, lobe deinen Gott! *13* Er macht die Riegel deiner Tore fest / und segnet die Kinder in dir. *14* Er schafft Frieden in deinem Gebiet, / mit bestem Weizen macht er dich satt. *15* Er sendet sein Wort auf die Erde, / sehr schnell kommt es ans Ziel. *16* Er breitet den Schnee wie Wolle aus / und streut den Reif wie den Staub. *17* In Brocken wirft er sein Eis herab. / Wer kann bestehen vor seinem Frost?

18 Dann schickt er ein Wort, / und alles schmilzt weg; / die Wasser rinnen, / wenn sein Wind weht. *19* Er hat Jakob sein Wort offenbart, / Israel seine Gesetze geschenkt. *20* Das hat er mit keinem Volk sonst gemacht, / sie kennen seine Rechtsordnungen nicht. Halleluja, preist Jahwe!

Alles soll Gott loben

148 *1* Halleluja, preist Jahwe! Lobt Jahwe vom Himmel her, / lobt ihn in den Höhen! *2* Lobt ihn, alle seine Engel! / Lobe ihn, du himmlisches Heer! *3* Lobt ihn, Sonne und Mond! / Lobt ihn, ihr leuchtenden Sterne! *4* Lobt ihn, ihr allerhöchsten Himmel / und das Wasser da oben am Firmament! *5* Sie alle sollen loben den Namen Jahwes, / denn sie alle entstanden durch sein Gebot. *6* Er stellte sie hin für ewige Zeit, / gab ihnen ein Gesetz, das keiner je bricht.

7 Lobt Jahwe auch von der Erde her, / ihr Meeresriesen und ihr tiefen Ozeane, *8* Feuer, Hagel, Nebel und Schnee; / du Sturmwind, der sein Wort ausführt; *9* ihr Berge und Hügel, / Fruchtbäume und Zedern, *10* ihr wilden Tiere und ihr Weidevieh, / ihr Vögel und alles Gewürm; *11* ihr Könige der Erde und ihr Völker alle, / ihr Oberen und ihr Richter der Welt; *12* ihr jungen Männer und Frauen, / ihr Alten mit den Jungen!

13 Loben sollen sie den Namen Jahwes! / Denn nur sein Name ist immer erhöht. / Über Himmel und Erde ragt sein Ruhm! *14* Er hat seinem Volk einen Starken[b] geschenkt, / zum Loblied für all seine Treuen, / für die Israeliten, die ihm so nahe stehn. Halleluja, preist Jahwe!

Siegesgesang

149 *1* Halleluja, preist Jahwe! Singt Jahwe ein neues Lied, / sein Lob in der Gemeinschaft seiner Getreuen. *2* Es freue sich Israel an seinem Schöpfer, / über ihren König sollen die Kinder der Zionsstadt jubeln. *3* Seinen Namen sollen sie loben beim Reigentanz, / ihm aufspielen mit Handpauke und Zither.

4 Denn Jahwe hat Gefallen an seinem Volk, / er schmückt die Gebeugten mit Heil. *5* Seine Treuen sollen sich in Herrlichkeit freuen, / in Jubel ausbrechen auf ihren Lagern! *6* Lob Gottes sei in ihrem Mund / und ein zweischneidiges Schwert in ihrer Hand;

7 um Vergeltung an den Völkern zu vollziehen, / Gottes Gerichte an den Nationen; *8* um ihre Könige mit

---

b 148,14: *Starken.* Wörtlich: *Horn*, was hier einen Starken symbolisiert, einen König.

Ketten zu binden, / ihre Edlen mit eisernen Fesseln, **9** um an ihnen zu vollstrecken geschriebenes Recht! / Das ist eine Ehre für seine Getreuen! Halleluja, preist Jahwe!

Das große Halleluja

150 **1** Halleluja, preist Jahwe! Lobt Gott in seinem Heiligtum! / Lobt ihn in seiner himmlischen Macht! **2** Lobt ihn für

sein gewaltiges Tun! / Lobt ihn für seine große Majestät.

3 Lobt ihn mit dem Ton des Widderhorns, / mit Harfen und mit Lautenklang! **4** Lobt ihn mit Tamburin und Reigentanz, / mit Flöten und mit Saitenspiel! **5** Lobt ihn mit dem Schall von Becken / und mit hellem Zimbelton!

6 Alles, was atmet, lobe Jahwe! Halleluja, preist Jahwe!

Wo man Hilfe findet

Wichtige Themen
Zum Lesen empfohlene Bibelstellen

Bibelleseplan
In einem Jahr durchs Neue Testament

Januar
01 ☐ Matth.1
02 ☐ Matth.2
03 ☐ Matth.3
04 ☐ Matth.4
05 ☐ Matth.5,1-26
06 ☐ Matth.5,27-48
07 ☐ Matth.6
08 ☐ Matth.7
09 ☐ Matth.8
10 ☐ Matth.9,1-17
11 ☐ Matth.9,18-38
12 ☐ Matth.10,1-23
13 ☐ Matth.10,24-42
14 ☐ Matth.11
15 ☐ Matth.12,1-21
16 ☐ Matth.12,22-50
17 ☐ Matth.13,1-32
18 ☐ Matth.13,33-58
19 ☐ Matth.14,1-21
20 ☐ Matth.14,22-36
21 ☐ Matth.15,1-20
22 ☐ Matth.15,21-39
23 ☐ Matth.16
24 ☐ Matth.17

25 ☐ Matth.18,1-20
26 ☐ Matth.18,21-35
27 ☐ Matth.19,1-15
28 ☐ Matth.19,16-30
29 ☐ Matth.20,1-16
30 ☐ Matth.20,17-34
31 ☐ Matth.21,1-22

Februar
01 ☐ Matth.21,23-46
02 ☐ Matth.22,1-22
03 ☐ Matth.22,23-46
04 ☐ Matth.23,1-22
05 ☐ Matth.23,23-39
06 ☐ Matth.24,1-22
07 ☐ Matth.24,23-51
08 ☐ Matth.25,1-30
09 ☐ Matth.25,31-46
10 ☐ Matth.26,1-19
11 ☐ Matth.26,20-54
12 ☐ Matth.26,55-75
13 ☐ Matth.27,1-31
14 ☐ Matth.27,32-66
15 ☐ Matth.28
16 ☐ Mark.1,1-22

17 ☐ Mark.1,23-45
18 ☐ Mark.2
19 ☐ Mark.3,1-21
20 ☐ Mark.3,22-35
21 ☐ Mark.4,1-20
22 ☐ Mark.4,21-41
23 ☐ Mark.5,1-20
24 ☐ Mark.5,21-43
25 ☐ Mark.6,1-32
26 ☐ Mark.6,33-56
27 ☐ Mark.7,1-13
28 ☐ Mark.7,14-37
29 ☐ Mark.8,1-21

März
01 ☐ Mark.8,22-38
02 ☐ Mark.9,1-29
03 ☐ Mark.9,30-50
04 ☐ Mark.10,1-31
05 ☐ Mark.10,32-52
06 ☐ Mark.11,1-19
07 ☐ Mark.11,20-33
08 ☐ Mark.12,1-27
09 ☐ Mark.12,28-44
10 ☐ Mark.13,1-13

11 □ Mark.13,14-37
12 □ Mark.14,1-26
13 □ Mark.14,27-52
14 □ Mark.14,53-72
15 □ Mark.15,1-26
16 □ Mark.15,27-47
17 □ Mark.16
18 □ Luk.1,1-23
19 □ Luk.1,24-56
20 □ Luk.1,57-80
21 □ Luk.2,1-24
22 □ Luk.2,25-52
23 □ Luk.3
24 □ Luk.4,1-30
25 □ Luk.4,31-44
26 □ Luk.5,1-16
27 □ Luk.5,17-39
28 □ Luk.6,1-26
29 □ Luk.6,27-49
30 □ Luk.7,1-30
31 □ Luk.7,31-50

April
01 □ Luk.8,1-21
02 □ Luk.8,22-56
03 □ Luk.9,1-36
04 □ Luk.9,37-62
05 □ Luk.10,1-24
06 □ Luk.10,25-42
07 □ Luk.11,1-28
08 □ Luk.11,29-54
09 □ Luk.12,1-34
10 □ Luk.12,35-59
11 □ Luk.13,1-21
12 □ Luk.13,22-35
13 □ Luk.14,1-24
14 □ Luk.14,25-35
15 □ Luk.15,1-10
16 □ Luk.15,11-32
17 □ Luk.16,1-18
18 □ Luk.16,19-31
19 □ Luk.17,1-19
20 □ Luk.17,20-37

21 □ Luk.18,1-17
22 □ Luk.18,18-43
23 □ Luk.19,1-27
24 □ Luk.19,28-48
25 □ Luk.20,1-26
26 □ Luk.20,27-47
27 □ Luk.21,1-19
28 □ Luk.21,20-38
29 □ Luk.22,1-30
30 □ Luk.22,31-53

Mai
01 □ Luk.22,54-71
02 □ Luk.23,1-26
03 □ Luk.23,27-38
04 □ Luk.23,39-56
05 □ Luk.24,1-35
06 □ Luk.24,36-53
07 □ Joh.1,1-28
08 □ Joh.1,29-51
09 □ Joh.2
10 □ Joh.3,1-21
11 □ Joh.3,22-36
12 □ Joh.4,1-30
13 □ Joh.4,31-54
14 □ Joh.5,1-24
15 □ Joh.5,25-47
16 □ Joh.6,1-21
17 □ Joh.6,22-44
18 □ Joh.6,45-71
19 □ Joh.7,1-31
20 □ Joh.7,32-53
21 □ Joh.8,1-20
22 □ Joh.8,21-36
23 □ Joh.8,37-59
24 □ Joh.9,1-23
25 □ Joh.9,24-41
26 □ Joh.10,1-21
27 □ Joh.10,22-42
28 □ Joh.11,1-17
29 □ Joh.11,18-46
30 □ Joh.11,47-57
31 □ Joh.12,1-19

Juni
01 □ Joh.12,20-50
02 □ Joh.13,1-17
03 □ Joh.13,18-38
04 □ Joh.14
05 □ Joh.15
06 □ Joh.16,1-15
07 □ Joh.16,16-33
08 □ Joh.17
09 □ Joh.18,1-23
10 □ Joh.18,24-40
11 □ Joh.19,1-22
12 □ Joh.19,23-42
13 □ Joh.20
14 □ Joh.21
15 □ Apg.1
16 □ Apg.2,1-13
17 □ Apg.2,14-47
18 □ Apg.3
19 □ Apg.4,1-22
20 □ Apg.4,23-37
21 □ Apg.5,1-16
22 □ Apg.5,17-42
23 □ Apg.6
24 □ Apg.7,1-19
25 □ Apg.7,20-43
26 □ Apg.7,44-60
27 □ Apg.8,1-25
28 □ Apg.8,26-40
29 □ Apg.9,1-22
30 □ Apg.9,23-43

Juli
01 □ Apg.10,1-23
02 □ Apg.10,24-48
03 □ Apg.11
04 □ Apg.12
05 □ Apg.13,1-24
06 □ Apg.13,25-52
07 □ Apg.14
08 □ Apg.15,1-21
09 □ Apg.15,22-41
10 □ Apg.16,1-15

11 ☐ Apg.16,16-40
12 ☐ Apg.17,1-15
13 ☐ Apg.17,16-34
14 ☐ Apg.18
15 ☐ Apg.19,1-22
16 ☐ Apg.19,23-41
17 ☐ Apg.20,1-16
18 ☐ Apg.20,17-38
19 ☐ Apg.21,1-14
20 ☐ Apg.21,15-40
21 ☐ Apg.22
22 ☐ Apg.23,1-11
23 ☐ Apg.23,12-35
24 ☐ Apg.24
25 ☐ Apg.25
26 ☐ Apg.26
27 ☐ Apg.27,1-26
28 ☐ Apg.27,27-44
29 ☐ Apg.28,1-15
30 ☐ Apg.28,16-31
31 ☐ Röm.1

August
01 ☐ Röm.2
02 ☐ Röm.3
03 ☐ Röm.4
04 ☐ Röm.5
05 ☐ Röm.6
06 ☐ Röm.7
07 ☐ Röm.8,1-18
08 ☐ Röm.8,19-39
09 ☐ Röm.9
10 ☐ Röm.10
11 ☐ Röm.11,1-24
12 ☐ Röm.11,25-36
13 ☐ Röm.12
14 ☐ Röm.13
15 ☐ Röm.14
16 ☐ Röm.15,1-21
17 ☐ Röm.15,22-33
18 ☐ Röm.16
19 ☐ 1.Kor.1
20 ☐ 1.Kor.2

21 ☐ 1.Kor.3
22 ☐ 1.Kor.4
23 ☐ 1.Kor.5
24 ☐ 1.Kor.6
25 ☐ 1.Kor.7,1-24
26 ☐ 1.Kor.7,25-40
27 ☐ 1.Kor.8
28 ☐ 1.Kor.9
29 ☐ 1.Kor.10,1-13
30 ☐ 1.Kor.10,14-33
31 ☐ 1.Kor.11,1-15

September
01 ☐ 1.Kor.11,16-34
02 ☐ 1.Kor.12
03 ☐ 1.Kor.13
04 ☐ 1.Kor.14,1-20
05 ☐ 1.Kor.14,21-40
06 ☐ 1.Kor.15,1-32
07 ☐ 1.Kor.15,33-58
08 ☐ 1.Kor.16
09 ☐ 2.Kor.1
10 ☐ 2.Kor.2
11 ☐ 2.Kor.3
12 ☐ 2.Kor.4
13 ☐ 2.Kor.5
14 ☐ 2.Kor.6
15 ☐ 2.Kor.7
16 ☐ 2.Kor.8
17 ☐ 2.Kor.9
18 ☐ 2.Kor.10
19 ☐ 2.Kor.11,1-15
20 ☐ 2.Kor.11,16-33
21 ☐ 2.Kor.12
22 ☐ 2.Kor.13
23 ☐ Gal.1
24 ☐ Gal.2
25 ☐ Gal.3
26 ☐ Gal.4
27 ☐ Gal.5
28 ☐ Gal.6
29 ☐ Eph.1
30 ☐ Eph.2

Oktober
01 ☐ Eph.3
02 ☐ Eph.4
03 ☐ Eph.5
04 ☐ Eph.6
05 ☐ Phil.1
06 ☐ Phil.2
07 ☐ Phil.3
08 ☐ Phil.4
09 ☐ Kol.1
10 ☐ Kol.2
11 ☐ Kol.3
12 ☐ Kol.4
13 ☐ 1.Thess.1
14 ☐ 1.Thess.2
15 ☐ 1.Thess.3
16 ☐ 1.Thess.4
17 ☐ 1.Thess.5
18 ☐ 2.Thess.1
19 ☐ 2.Thess.2
20 ☐ 2.Thess.3
21 ☐ 1.Tim.1
22 ☐ 1.Tim.2
23 ☐ 1.Tim.3
24 ☐ 1.Tim.4
25 ☐ 1.Tim.5
26 ☐ 1.Tim.6
27 ☐ 2.Tim.1
28 ☐ 2.Tim.2
29 ☐ 2.Tim.3
30 ☐ 2.Tim.4
31 ☐ Titus1

November
01 ☐ Titus2
02 ☐ Titus3
03 ☐ Philemon
04 ☐ Hebr.1
05 ☐ Hebr.2
06 ☐ Hebr.3
07 ☐ Hebr.4
08 ☐ Hebr.5
09 ☐ Hebr.6

10 ☐ Hebr.7
11 ☐ Hebr.8
12 ☐ Hebr.9
13 ☐ Hebr.10,1-23
14 ☐ Hebr.10,24-39
15 ☐ Hebr.11,1-19
16 ☐ Hebr.11,20-40
17 ☐ Hebr.12
18 ☐ Hebr.13
19 ☐ Jak.1
20 ☐ Jak.2
21 ☐ Jak.3
22 ☐ Jak.4
23 ☐ Jak.5
24 ☐ 1.Petr.1
25 ☐ 1.Petr.2
26 ☐ 1.Petr.3
27 ☐ 1.Petr.4

28 ☐ 1.Petr.5
29 ☐ 2.Petr.1
30 ☐ 2.Petr.2

Dezember
01 ☐ 2.Petr.3
02 ☐ 1.Joh.1
03 ☐ 1.Joh.2
04 ☐ 1.Joh.3
05 ☐ 1.Joh.4
06 ☐ 1.Joh.5
07 ☐ 2.Joh.
08 ☐ 3.Joh.
09 ☐ Judas
10 ☐ Offb.1
11 ☐ Offb.2
12 ☐ Offb.3
13 ☐ Offb.4

14 ☐ Offb.5
15 ☐ Offb.6
16 ☐ Offb.7
17 ☐ Offb.8
18 ☐ Offb.9
19 ☐ Offb.10
20 ☐ Offb.11
21 ☐ Offb.12
22 ☐ Offb.13
23 ☐ Offb.14
24 ☐ Offb.15
25 ☐ Offb.16
26 ☐ Offb.17
27 ☐ Offb.18
28 ☐ Offb.19
29 ☐ Offb.20
30 ☐ Offb.21
31 ☐ Offb.22

Buchempfehlung

NeÜ bibel.heute

Standardausgabe
Altes und Neues Testament
Motiv Holzkreuz / Ähre
Gb., 1.768 S.
Format 14,5 x 21,5 cm
Bestell-Nr.
271 305 / 271 306
ISBN 978-3-86353-305-1
ISBN 978-3-86353-306-3

Eine sinngenaue Bibelübersetzung mit einer klaren Orientierung am Grundtext – eine Übersetzung in eine zeitgemäße Sprache für Leute, die die Bibel so leicht lesen wollen wie eine Tageszeitung.